中国年鉴精品工程
High Quality Project of China's Yearbook

黄冈年鉴

HUANGGANG NIANJIAN 2023

（总第27卷）

黄冈市史志研究中心 编

方志出版社
Publishing House of Local Records

图书在版编目（CIP）数据

黄冈年鉴. 2023 / 黄冈市史志研究中心编. —北京：方志出版社，2023.12

ISBN 978-7-5144-6127-5

Ⅰ. ①黄… Ⅱ. ①黄… Ⅲ. ①黄冈－2023－年鉴 Ⅳ. ①Z526.33

中国国家版本馆CIP数据核字(2023)第253002号

责任编辑：范锐超
责任校对：张玉霞
责任印制：梅中英
出 版 者：方志出版社
地　　址：北京市朝阳区潘家园东里9号（国家方志馆4层）
邮　　编：100021
网　　址：http://www.zgfzcb.cn
发　　行：方志出版社图书营销中心（010-67110500）
印　　刷：武汉新鸿业印务有限公司
开　　本：889毫米×1194毫米　1/16
印　　张：29.75印张　插页：1.75印张　地图：1幅
字　　数：1486千字
版　　次：2023年12月第1版
印　　次：2023年12月第1次印刷
定　　价：280.00元

《黄冈年鉴》编纂委员会

《黄冈年鉴》编辑人员

序

国务院办公厅2015年8月印发的《全国地方志事业发展规划纲要（2015—2020年）》（以下简称《规划纲要》）要求，到2020年要做到地方综合年鉴一年一鉴，公开出版，实现省、市、县三级综合年鉴全覆盖。《规划纲要》还要求，坚持存真求实，正确处理质量与进度的关系，将精品意识贯穿于年鉴编纂出版工作全过程。2015年12月，中国地方志指导小组办公室启动中国年鉴精品工程，将其与先期实施的中国志书精品工程视为姊妹工程，一道作为加强地方志质量建设的重要抓手。

实施中国年鉴精品工程有助于推动中华优秀传统文化传承发展。近年来，在党中央、国务院的高度重视和关心支持下，全国地方志事业发展迎来最好的发展时期。年鉴编纂发端于欧洲，鸦片战争后被引入我国，在我国走过了100多年的发展历史。在长期的编纂中，年鉴在内容和形式上不断发展，逐渐演变成为适合反映中国国情、具有鲜明中国特色的一种文化载体，并在改革开放后出现了快速发展的局面。2006年5月，国务院《地方志工作条例》颁布施行，明确将地方综合年鉴纳入地方志工作范畴，年鉴工作走上了有法可依的轨道。《规划纲要》出台，为从依法编鉴转变到依法治鉴指明了方向。2016年12月，中国地方志指导小组印发《全国年鉴事业发展规划（2016—2020年）》，更进一步明确了到2020年全国年鉴事业的任务书、时间表、路线图。经过多年的发展，年鉴工作已经成为地方志工作的重要组成部分，成为中华民族优秀文化传统的有机组成部分，其存史、育人、资政作用日益彰显。实施中国年鉴精品工程，是年鉴工作者紧扣时代脉搏、坚持创新发展的一项重要举措，对于坚定文化自信，传承弘扬好中华优秀传统文化意义重大。

实施中国年鉴精品工程有助于为全面建成小康社会提供更多智力支持和历史借鉴。党的十八大作出全面建成小康社会的战略部署。党的十八届五中全会提出到2020年如期实现全面建成小康社会的目标要求。完成《规划纲要》确定的目标任务是年鉴工作者的神圣使命，更是年鉴工作者以自身力量为全面建成小康社会献上的厚礼。一方面，可以更好地利用年鉴这种年度资料性文献，及时记录各地区在全面建成小康社会伟大征程中每年取得的新成绩和新经验、出现的新情况和新问题、涌现的优秀人物和典型事迹等；另一方面，可以更好地积累地情、国情资料，为推动经济社会发展和深化改革提供智力支持，为推进国家治理体系和治理能力现代化提供历史借鉴。

实施中国年鉴精品工程有助于全面推进地方志事业转型升级。地方志不是单纯修志编鉴工作，而是全体方志人"修志问道，以启未来"的一项事业，这项事业包含着巨大的时代担当与使命追求。地方志工作要在"五大建设"总体布局和"四个全面"战略布局中发挥与其自身价值、功能相匹配的作用，就要因时而谋、乘势而上、顺势而为，全面推进地方志事业转型升级。转型升级，当下最重要的目标就是完成"两全"目标，包括"年鉴全覆盖"目标；长远的目标就是基本形成地方志编修体系、理论研究和学科建设体系、质量保障体系、资源开发利用体系、工作保障体系“五位一体”的地方志事业发展综合体系，包括“五位一体”的年鉴事业发展综合体系。中国年鉴精品工程是一项探索工程，也是一项创新工程，是推进地方志事业转型升级的重要内容。通过实施中国年鉴精品工程，不仅有助于确保年鉴质量，不断编纂出版具有鲜明时代特征、年度特点和地域特色的精品年鉴，也有助于推动年鉴工作适应经济社会发展形势和时代需要，不断改革创新，与时俱进。

多年来，在中国地方志指导小组办公室的指导和全国各级地方志工作机构的共同努力下，年鉴种类数量快速增长，年鉴成果粲然可观，为实施中国年鉴精品工程奠定了坚实的基础。实施中国年鉴精品工程，就是要在全国地方志系统起到示范作用，进一步培育精品意识，打造精品年鉴，以点带面，在提高年鉴质量方面探索出一条切实可行之路，使这项探索工程和创新工程能够积累经验，发挥引领作用。

“万山磅礴，必有主峰；龙衮九章，但挈一领。”实施中国年鉴精品工程，是筑牢地方志事业特别是年鉴事业发展根基之举，其意义与价值不言而喻。但编修出年鉴精品佳作，绝非朝夕之功，需要付出长期艰辛的努力。希望通过实施中国年鉴精品工程，能够进一步推进年鉴质量建设，使年鉴真正成为传承中华民族优秀传统文化的重要载体，成为展示中国国情、地情的重要窗口，成为“为当代提供资政辅治之参考、为后世留下堪存堪鉴之记述”的资源宝库，在全面建成小康社会过程中作出更大贡献。

是为序。

中国社会科学院原副院长
原中国地方志指导小组常务副组长

编辑说明

一、《黄冈年鉴》是由黄冈市史志研究中心编纂出版的年度资料性文献。自1997年起逐年编纂公开出版，《黄冈年鉴（2023）》为第27卷。

二、《黄冈年鉴（2023）》以马克思列宁主义、毛泽东思想、邓小平理论、“三个代表”重要思想、科学发展观、习近平新时代中国特色社会主义思想为指导，坚持辩证唯物主义和历史唯物主义的立场、观点和方法，全面、系统地记述2022年1月1日至12月31日黄冈市自然、政治、经济、文化、社会、生态文明建设等方面的概貌和发展情况。

三、《黄冈年鉴（2023）》采用分类编辑法。按照类目、分目、条目的框架结构组成主体内容，不同层次的标题和正文用不同字体加以区别，全书条目标题统一用黑体加“【】”表示。增设“大健康产业”“建筑业”“房地产业”“水利”“乡村振兴”“区域发展”类目；“经济综合管理”类目更名为“经济管理”，“经济合作”类目更名为“经贸合作”，“邮政·通讯”类目更名为“邮政·通信”，“城乡建设”类目更名为“城市建设”，“人物”类目更名为“人物·荣誉”。增加分目设置，丰富年鉴内容，突出黄冈地域特色和年度特点。

四、《黄冈年鉴（2023）》卷首设图片专题、特载、大事记、黄冈概览，主体内容分设中国共产党黄冈市委员会、黄冈市人民代表大会、黄冈市人民政府、中国人民政治协商会议黄冈市委员会、中共黄冈市纪律检查委员会·黄冈市监察委员会、民主党派·工商联、群众团体、法治、军事、经济管理、大健康产业、农业、工业、建筑业、商贸服务业、旅游业、房地产业、金融业、经贸合作、交通运输、邮政·通信、水利、城市建设、乡村振兴、区域发展、生态环境建设、科学技术、教育、文化、卫生健康、体育、社会生活、应急管理、县（市、区）、人物·荣誉35个类目，有277个分目（含5个次分目）、1836个条目，卷末设附录、索引。收录图片231幅，表格118张。

五、《黄冈年鉴（2023）》内容由各地各单位撰稿人撰写提供，并经供稿单位领导审核。条目署作者名，同一分目的所有条目为同一作者的在最后一个条目后署名。统计资料由市统计局提供，由于统计口径不同等原因，有关部门和县（市、区）所用数据与市统计局提供的统计资料中的数据可能不完全一致，请读者查阅和引用时注意。

六、《黄冈年鉴（2023）》数字用法、标点符号用法分别采用国家标准《出版物上数字用法》（GB/T 15835—2011）、《标点符号用法》（GB/T 15834—2011），计量单位采用国家技术监督局1993年12月发布的《量和单位》系列国家标准。

七、《黄冈年鉴（2023）》配有双重检索系统，正文前有目录，后有索引。

2022 黄冈荣誉

★ 国家卫生城市

★ 全国双拥模范城

★ 全国首批“四好农村路”建设市域突出单位

★ 全国“科创筑梦”助力“双减”科普行动试点城市

★ 全国政府采购支持绿色建材促进建筑品质提升政策实施范围城市

★ 全国无偿献血先进市

★ 湖北省生态文明示范市

★ 平安湖北建设示范市

★ 湖北省服务业发展贡献市

★ 湖北省投资和项目建设贡献奖

★ 湖北省河湖长履职担当成绩突出地区

★ 湖北省自然资源资产编制平衡表试点市

★ 湖北省公共应急决策指挥系统试点市

黄冈市遗爱湖（阿明 摄）

2022 数字黄冈

DIGITAL HUANGGANG

- 常住人口：579.02万人
- 辖区总面积：17457.2平方千米
- 地区生产总值：2747.9 亿元
- 三次产业结构：19.9∶34.4∶45.7
- 一般公共预算收入：140.85亿元
- 农林牧渔业总产值：980.73亿元
- 规模以上工业企业：1451家
- 高新技术产业增加值：327.9亿元
- 投资项目：2692个
- 新发展五类市场主体：106708户
- 进出口总额：132.5亿元
- 社会消费品零售总额：1451.29亿元
- 实际利用外资：3293万美元
- 旅游总收入：303.16亿元
- 金融机构本外币存款余额：4946.89亿元
- 金融机构本外币贷款余额：2954.36亿元

- 新三板、新四板挂牌企业：612家
- 普通高等学校：4所
- 中等专业学校：21所
- 中小学校：1003所
- 幼儿园：1089所
- 医疗卫生机构：4180个
- 卫生机构床位：46880张

- 城镇常住居民人均可支配收入：36312元
- 农村常住居民人均可支配收入：17855元
- 城乡居民医疗保险参保人数：552.25万人
- 森林公园和湿地公园：35处
- 国家AAAA级旅游景区：21家
- 自然保护地：65处
- 市区空气质量优良天数：314天

黄冈市遗爱湖（柳斌 摄）

黄冈市境内奇峰俊秀、风光旖旎，海拔1千米以上山峰96座，大别山主峰天堂寨位于罗田、英山两县交界处，海拔1729.13米。天堂寨、龟峰山、天台山、五脑山、薄刀峰、三角山、雾云山等为国家AAAA级旅游景区。黄冈市境内江河湖泊密布，拥有倒水、举水、巴水、浠水、蕲水和华阳河六大水系，长江流经215.5千米，境内有水库1199座、中小河流3700条、湖泊114个，平均水资源总量占全省12%，地表水国控、省控断面好于Ⅲ类水体比例在92.3%以上。

红色驿站等载体，组织党员干部下沉村组塆落、小区楼栋、工厂车间，与群众同围一张桌、同坐一条凳“聊天唠事”，把政府想做的告诉群众，群众想要的告诉政府，变“干部定”为“群众定”。据统计，2022年共同缔造试点扩面以来，全市各地召开塆组群众会超30万场次，征求到群众对村庄规划、环境整治、产业发展等方面意见建议和诉求超100万条。

二是激发共建热情。通过配套资金、以奖代补等方式，以群众容易参与、乐于参与的实事小事为切入点，引导群众参与“家门口”的民生工程，发动群众自筹资金开展房屋、院落绿化美化，最大限度实现“自己的事自己办”“花小钱办实事”。麻城市阎家河镇古城村老石匠、泥瓦匠主动参与当家塘改造，既节省建设成本，又延续本村独特的建筑风貌。红安县永佳河镇叶河村49名党员带领78名村民自己动手修建村组道路10余千米，修整景观塘9口，极大改善人居环境。红安县城关镇梅潮村积极动员在外能人反哺家乡、支持家乡建设，每年募捐资金20万余元用于共同缔造活动，有力缓解资金紧缺难题。

三是完善共管办法。针对农村、社区公共设施无人管护等问题，探索推行公共设施群众自主管理机制，采取就近就便义务管、公益性岗位专门管、热心群众轮流管等方式，将公共文体设施、文化广场、绿化带等交由群众负责管理维护，变“干部管”为“大家管”，不断激发群众主人翁意识和责任感。麻城市堰头垸村组建以老干部、老教师、退役老军人等“五老”为成员的人居环境整治协会，确保公共设施“平时有人管、坏了有人修”、公共场所“天天有人管、处处有人扫”。为激励群众自主管理，一些地方还建立“积分超市”“爱心超市”“自强超市”，通过积分奖励方式，激励群众参与公共设施共建共管。全市登记积分3956.26万分，兑换物资4198.76万元。

四是建立共评机制。坚持效果共评听民声，变“部门评”为“群众评”。按照“项目服务谁、谁评价项目”原则，建立全过程的评价标准和评价机制，组织群众对项目建设、活动实效等进行评价和反馈，倒逼把好事办实、把实事办好。红安县柏林寺村建立共评机制方法，事先明确评比内容与细则，事中组织本村中小学生和理事会成员为主的评定团认真评比，事后张榜公布成绩并给予物质和精神奖励，起到很好的监督和激励效果。

五是构建共享格局。建立完善成果共享规则，让全体群众平等享有经济发展成果与产业收益，平等享有良好人居环境与服务设施，平等享有良好的精神风尚与温馨的社区氛围，塑造“勤勉自律、互信互助、开放包容、共建共享”的社区共同精神，增进居民融洽融合、增进党群干群关系、增进社会和谐幸福。红安县柏林寺村建设老年人爱心食堂，发动党员、乡贤捐款，为65岁以上老人提供免费就餐服务；设置紧急医疗救治站，解决村内留守老人较多，看病不方便等问题，让老年人真正老有所养、老有所医。

三、对接群众需求，缔造幸福生活

坚持以群众满不满意、高不高兴、答不答应作为工作的出发点和落脚点，精准对接群众需求，用“小切口”推动“大变化”，让共同缔造的成果看得见摸得着，让幸福生活成色更足。

一是改善人居环境。把城乡人居环境整治作为重中之重，建成运营乡镇生活污水治理及配套管网项目108个，实现所有非城区建制乡镇全覆盖。农村生活垃圾无害化处理率、行政村通光网率、通客车率100%，自来水普及率95.29%。出台《黄冈市分类指导乡村振兴示范片区建设的指导意见》，谋划实施巩固拓展脱贫攻坚成果同乡村振兴有效衔接项目2348个，重点推进黄州区环幸福水库、团风县牛车河、红安县七里坪等20个片区建设，片区示范效应初步显现，团风牛车河、黄梅邢绣娘、罗田燕儿谷、英山九龙湾等乡村振兴示范片区已经成为乡村旅游消费新热点。

二是优化公共服务。推进资源服务平台下沉，做实镇、村两级政务服务窗口，实现全市127个乡镇（街道）政务服务中心、3926个村（社区）政务服务网全覆盖，生育证明、社保办理、救助补贴等270余个政务服务高频事项全部下放到村（社区）。聚焦群众急难愁盼问题，统筹谋划19个市级惠民实事项目，新增市区停车位3181个，新建成义务教育学校14所，增加学位2.88万个，扩充普惠性幼儿园学位3500个，提供就业岗位2.35万个。扎实开展党员干部下基层察民情解民忧暖民心实践活动，截至目前，市、县“四大家”领导班子成员推动解决问题2360个，市、县部门领导班子成员推动解决问题1.16万个，普通党员干部推动解决问题2.3万个。

三是提升治理水平。落实机关企事业单位党员下沉报到联系、服务纪实等六项制度，市县两级961家机关企事业单位与193个城市社区结对联系，组织派遣2541名党员轮流脱产到社区工作，5.8万名在职党员主动参与居住地小区治理。深化组织设置、队员管理、村民自治、文明创建和公共服务“五进塆组”，健全自治、法治、德治相结合的乡村治理体系，构建“纵向到底、横向到边、共建共治共享”的社会治理新格局。出台县乡村三级综治中心规范化建设指引，建成市区一体及9个县市综治中心、127个乡镇（街道）综治中心，持续开展矛盾纠纷大走访大排查大化解，2022年以来全市排查各类矛盾纠纷1.85万件，化解率99%。深化拓展网格化服务，2万余个网格居民微信群覆盖到100万余人，群众反映问题更加便捷、解决诉求更加高效。

（2022年11月《湖北党建》杂志）

责任编辑：江 明 刘 慧　　责任校对：席想楼

大事记

1　月

5—8日　政协黄冈市第六届委员会第一次会议在黄州召开。洪再林当选政协黄冈市第六届委员会主席。会议审议通过政协常委会工作报告决议、提案审查情况报告、政治决议等。

6日　市委副书记、市长李军杰视频连线参加深圳市平板显示行业协会2021年度会员大会暨2022迎春会，作产业招商推介。

6—9日　黄冈市第六届人民代表大会第一次会议在黄州召开。会议选举张社教为市六届人大常委会主任，李军杰为市人民政府市长。会议表决通过市六届人大各专门委员会组成人员人选名单，关于市政府工作报告的决议等6项决议。

7日　黄冈职业技术学院入选湖北省高水平高职院校和专业群建设计划立项建设单位名单的高水平高职院校建设单位（A档）。

9日　市政府召开六届一次全体（扩大）会议，贯彻落实中央和省委、市委经济工作会议精神，贯彻市第六次党代会和市“两会”精神，分解落实《政府工作报告》目标任务，安排部署2022年市政府工作。

△　市农科院选育的冈棉9号、冈棉10号、冈杂棉10号、益9优650，通过第八届国家农作物品种审定委员会审定。

10日　全市2022年1月份招商引资“开门红”项目集中签约活动举行。现场签约亿元以上项目89个，协议投资额301.17亿元。

11日　武汉新港唐家渡港区一类水运口岸工程项目入选全省平安工地示范名单。

12日　全市深入推进优化营商环境大会召开。会上，观看暗访专题片、典型案例片，市委政法委、市政务服务和大数据管理局、市市场监管局交流发言。

14日　省文化和旅游厅公布省级旅游度假区名单，英山县桃花冲旅游度假区入选。

15日　省经济和信息化厅公布湖北省第五批支柱产业细分领域隐形冠军企业，湖北绿宇环保有限公司等30家企业入选。全市省级支柱产业细分领域隐形冠军企业突破百家。

17日　武冈城际黄冈西站恢复运营。

18日　黄冈代表队滑雪运动员周亮在湖北省第十六届运动会上获得首枚金牌。

19日　省残疾人联合会“中国残疾人冰雪运动季　冬残奥宣讲及体验活动”在英山县大别山南武当旅游区举行，主题为“拥抱冬残会　一起向未来”。

△　市人力资源和社会保障局、市财政局、市乡村振兴局、市残疾人联合会联合启动市直2022年就业援助月活动。

△　湖北大别山国家级自然保护区红外相机拍摄的野生动物白冠长尾雉，再次登上中央电视台《秘境之眼》栏目。

21日　第九届“中国百强中学”名单发布，黄冈中学入选。

22日　全市12项科技成果获省政府科学技术奖励，市农科院参与完成的“作物种质资源收集保存、鉴定评价与创新利用”“直播油菜优质丰产机理与高效栽培技术研究及应用”获省科学技术进步奖一等奖。

23日　农业农村部发布《关于表彰全国粮食生产先进集体和先进个人的决定》，市农业农村局被表彰为“全国粮食生产先进集体”，浠水县种粮大户、湖北禾溢园家庭农场负责人黄金安被表彰为“全国粮食生产先进个人”

△　市区枫杨园口袋公园建成开放。该公园位于黄州城区栖霞路与沿江路交会处，面积约960平方米。

24日　国道347巴河特大桥全桥贯通。该大桥连接浠水县巴河镇长春村和黄州区陶店乡孙镇村，全长1.76千米，是黄团浠一体化发展重要项目之一。

26日　15时30分，市气象灾害应急（气象灾害防御）指挥部启动气象灾害（暴雪）Ⅳ级应急响应。

28日　黄冈市召开处置罗田县输入性关联疫情指挥长会议。副省长杨云彦出席会议。

△　交通运输部、财政部、农业农村部、国家乡村振兴局印发通知，黄冈市获全国首批“四好农村路”建设市域突出单位称号，浠水县获“四好农村路”全国示范县称号。全市创建国家示范县2个，省级示范县4个，示范乡镇18个，获奖励

资金1.065亿元，创建数量、奖励资金均位列全省市州第一位。

2 月

2日 全市唯一火炬手，伊利集团液态奶事业部黄冈工厂总经理樊庆垚参加北京冬奥会火炬接力活动。

8日 2022年一季度全省重大项目集中开工活动举行，黄冈市以浠水县绿色建材循环经济产业园项目为现场，举行同步开工活动。该项目总投资56.2亿元。

10日 市纪委六届二次全体会议召开。审议通过市纪委常委会《用好新时代党的自我革命宝贵经验开创黄冈纪检监察工作高质量发展新局面》工作报告。

△ 全市党史学习教育总结会议召开。会议传达学习习近平总书记重要指示精神和中央、省党史学习教育总结会议精神，总结全市党史学习教育工作。

14日 全市2022年2月份重大项目集中开工仪式在罗田县平坦原抽水蓄能项目现场举行。活动以“云开工”的方式进行。全市新开工5000万元以上项目125个，投资394.01亿元。

△ 市区创建全国文明城市工作动员会召开。会议通报国家卫生城市创建工作中表现突出单位和个人，解读创建工作方案。

△ 黄冈市纺织产业及人才战略联盟与武汉纺织大学在罗田县签订合作框架协议。

△ 黄冈首个数字农业产业园项目——麻城中稹数字现代农业产业园项目在白果镇开工。

18日 全市绿色建材产业链招商推介暨2月份招商引资集中签约大会在麻城市举行。该次签约亿元以上项目60个，协议投资额464.29亿元，其中，绿色建材项目27个，协议投资额251.25亿元。

22日 省教育厅发布第一批中小学生劳动教育实践基地和第二批中小学生研学实践基地（营地）名单，黄冈春阳乐耕园研学实践教育基地、黄梅东山小镇等11家单位入选。

25日 全市首台政务服务流动车在团风县“发车”。

28日 黄冈市与葛洲坝集团签订《黄冈市赤壁单元城市更新项目合作协议》。葛洲坝集团对赤壁单元实施非文物建筑更新改造等，助力黄冈市建成区域性文化旅游中心。

△ 黄冈市首个“荆楚楷模”主题文化长廊在黄州区青砖湖公园建成开放，展示21名“荆楚楷模”事迹。

3 月

1日 省委、省政府在黄冈市召开推动黄冈建设鄂东省域区域性中心城市座谈会。省委书记应勇出席并讲话，省委副书记、省长王忠林主持座谈会并讲话。会上，听取黄冈市工作情况汇报，研究支持黄冈建设鄂东省域区域性中心城市的举措。

3日 省委宣传部命名第七批“湖北省学雷锋活动示范点”“湖北省岗位学雷锋标兵”，黄州区赤壁街道建新社区、黄州万景城小区综合党支部委员张飞入选。

13日 蕲春艾灸全国“千城万店”活动启动，全国首家“蕲春艾灸馆”在北京开馆。

16日 省委副书记、省长王忠林到黄冈市、长江沿岸铁路集团，调研武汉至杭州高铁黄冈至黄梅段、沿江高铁湖北段建设情况，慰问一线建设人员。

17日 黄冈市党政代表团到黄石市学习考察中心城区与大冶市一体化发展、经济技术开发区与铁山区一体化发展、电子信息产业发展等。

18日 富乐德·长飞半导体黄冈产业园项目签约。省委书记应勇与富乐德集团（中国）董事局主席贺贤汉视频连线，副省长赵海山参加视频连线，市委书记张家胜主持签约仪式。

△ 黄冈市与国家开发银行湖北省分行签订《开发性金融支持黄冈市“十四五”时期高质量发展战略合作协议》。

21日 蕲春县与无锡星亿智能环保装备股份有限公司签订战略合作协议，投资210亿元的华首超材料及新型显示晶电科技园项目落户李时珍医药工业园区。

26日 省委常委、武汉市委书记郭元强，武汉市委副书记、市长程用文率队到黄冈市调研武汉城市圈同城化发展，实地考察武汉新港唐家渡港区一类水运口岸、中船重工黄冈水中装备动力有限公司，并召开座谈会，签订《光谷黄冈科技产业园与武汉光电工业技术研究院共建黄冈协同创新中心》等7项协议。

△ 第六届市委常委会第12次会议召开。会议传达学习习近平总书记在中央政治局常务委员会会议上的重要讲话精神、国务院联防联控机制电视电话会议精神和全省新冠肺炎疫情防控工作电视电话会议精神，研究部署全市疫情防控工作；听取武汉城市圈同城化发展黄冈市工作进展情况汇报，审议《黄冈市推进武汉城市圈同城化发展2022年度工作要点》，研究下一步重点工作；传达《中共中央办公厅印发〈关于加强巡视整改和成果运用的意见〉的通知》精神，听取五届市委巡察整改工作情况，审议有关文件，研究部署市委巡察工作。

△ 全市新能源产业链招商推介暨3月份招商引资集中签约活动在黄梅县举行。现场签约新能源产业项目17个，协议投资额293.4亿元。

27日 全市汲取河南郑州“7·20”特大暴雨灾害教训专题学习会暨防汛工作培训视频会召开。市委副书记、市长李军杰主持，中国水利水电科学研究院研究室主任刘昌军通过视频连线作专题辅导。市委常委、常务副市长刘忠诚作专题讲解。

28日 黄冈社工学院在黄冈职业技术学院揭牌成立，由黄冈职业技术学院与市民政局合作共建。

4 月

1日 省委书记王蒙徽到红安县，瞻仰黄麻起义和鄂豫皖苏区革命烈士纪念碑，缅怀革命先烈，看望老区群众，调研城关镇小丰山村乡村振兴。

△ 长征国家文化公园英山园区、

毕昇纪念园开工建设。英山园区位于英山县陶家河乡陶家河村，主要项目为长13.7千米的红二十五军长征集结地历史步道；毕昇纪念园位于英山县草盘地镇伍桂墩村，占地面积6.3万平方米。

5日 中共中央宣传部、文化和旅游部、国家广播电视总局公布第九届全国服务农民、服务基层文化建设先进集体名单，黄冈市新农村数字电影院线有限公司入选。

7日 省委副书记、省长王忠林到罗田县白庙河镇潘氏祠村育秧基地、大河岸镇谢家铺村、湖北名羊农业科技发展有限公司、湖北燕儿谷生态观光农业有限公司等地调研春耕生产、粮食安全、农业产业化和乡村振兴等工作。

△ 全市累计生成不动产登记电子证照140万余份，市不动产登记证照生成率100%。

8日 市政府常务会议召开，审议并原则通过《黄冈长江高水平保护十大攻坚提升行动方案》《黄冈市贯彻落实第二轮中央生态环境保护督察报告整改方案（送审稿）》等。

12日 省经济和信息化厅公布2022年省级第四批专精特新“小巨人”企业名单，湖北李时珍现代生物医药集团有限公司等80家企业入选。至此，全市共培育省级以上企业163家，其中国家级企业9家。

13日 省委副书记、省长、省疫情防控指挥部指挥长王忠林到麻城市顺河镇、罗家铺中学指导疫情防控工作，并召开座谈会。

△ 市市场监管局批准发布《医疗废物暂存间卫生管理规范》地方标准，是全国首个医疗废弃物管理规范地方标准。

△ 湖北卫尔康健康产业集团有限公司团支部、黄梅县大学生联合会团支部获“全国五四红旗团支部”称号。

14日 湖北省鄂东（黄冈）重大疫情救治基地核酸检测气膜实验室投入使用，检测能力每日200万人次。

15日 第六届市委常委会第15次会议召开。会议传达学习习近平总书记重要讲话精神，研究贯彻落实工作；传达省疫情防控指挥部会议精神和省委副书记、省长、省疫情防控指挥部指挥长王忠林在麻城市指导疫情防控工作时的讲话精神，通报麻城市疫情防控工作情况，研究部署下一步重点工作；传达共青团湖北省委十四届六次全会、湖北省妇联十二届六次执委会会议精神，研究部署贯彻落实工作。

△ 市政府发布《2022年汛期河道和水库禁止采砂的通告》，决定全市境内中小河流和水库禁采时间为2022年5月1日至10月15日，以及相应河段河道水位超警戒水位时；长江干流禁采时间为2022年6月1日至9月30日，以及相应河段河道水位超警戒水位时。

△ 由湖北电影制片有限责任公司、罗田县联合摄制的电影《青云之梦》获第16届全国党员教育电视片文艺片类一等奖。

20日 市委、市政府召开全市贯彻落实第二轮中央生态环境保护督察反馈问题整改动员部署会议。市委书记张家胜出席并讲话。市委副书记、市长李军杰主持会议。

22日 黄冈至黄梅高速铁路开通运营活动在黄梅县黄梅东站举行。省委书记王蒙徽出席活动。省委常委、省委秘书长，常务副省长董卫民主持活动。黄黄高铁从武冈城际铁路黄冈东站引出，接入安九高铁黄梅东站，全线设黄冈东、浠水南、蕲春南、武穴北、黄梅东5座车站，正线全长125.2千米，设计速度为每小时350千米，投资约177亿元。黄黄高铁开通后，武汉至黄梅1小时28分。

△ 省委书记王蒙徽到黄冈市三台河生态治理工程一期项目现场、伊利乳业有限责任公司黄州分公司、湖北科峰智能传动股份有限公司、黄州区赤壁街道青砖湖公园小区等地调研经济社会高质量发展。

23日 “书香迎盛会·荆楚谱新篇”4·23全民阅读暨遗爱湖书城阅读季活动启动。市委书记张家胜推荐《习近平讲党史故事》《平语近人：习近平喜欢的典故（第二季）》《数字经济时代：大数据与人工智能驱动新经济发展》《长江文明》4本书籍。

24日 中共黄冈市第六届委员会第三次全体会议召开。全会投票确定56名黄冈市出席中国共产党湖北省第十二次代表大会代表候选人预备人选，表决通过《中国共产党黄冈市代表会议方案（草案）》《中国共产党黄冈市代表会议选举办法（草案）》。

25—26日 市工商业联合会（总商会）第六次代表大会在黄州召开。

△ 市六届人大常委会第二次会议在黄州召开。会议表决通过《关于加快推进黄冈融入武汉城市圈同城化发展的决定》等。

26日 黄冈市首个国际铁海联运班列——麻城中韩铁海联运专列开通。

△ 黄冈伊利酸奶工厂获全国首张电碳市场双认证的“绿色电力交易凭证”。

28日 全市推进武汉同城化招商暨4月份招商引资集中签约活动在黄州举行。活动现场签约亿元以上项目15个，协议投资额149亿元。

29日 麻（城）安（康）高速公路麻城东段开通运营，黄冈市区可直达红安。该路段全长15.865千米，设计速度为每小时100千米。

30日 共青团黄冈市委、市青年联合会联合表彰“黄冈青年五四奖章”，21名个人和11个集体获表彰。

5 月

1日 零时起，9座及以下客车以ETC方式免费通行鄂黄长江公路大桥，截至时间为2032年12月13日。

3日 罗田籍快递小哥张裕获第26届“中国青年五四奖章”。

8日 中央广播电视总台、央视新闻栏目组、中央人民广播电台直播报道黄冈市3次。上午10时至11时，中央广播电视总台特别节目《走进老区看新貌（湖北篇）》，报道红安革命歌谣、麻城堰头垸村、麻城杜鹃花、罗田燕窝垸村、黄黄高铁、黄冈土特产。上午11时至11时30分，中央人民广播电台中国之声特别直播《走进老区看新貌（湖北篇）》，连线黄冈广播电视台记者报道黄冈市新发展。14时至15时，央视新闻频道系列直播节目《看见锦绣山河老区行》，现场直播麻城堰头垸村。

9日 中国共产党黄冈市代表会议在黄州召开，选举黄冈市出席中国共产党湖北省第十二次代表大会代表，49人当选。

△ 省生态环境保护委员会公布：黄州区、团风县获湖北省生态文明建设

示范市(县、区)。至此,全市创建国家生态文明建设示范区1个、省级生态文明建设示范市(县、区)9个、省级生态乡镇81个、省级生态村592个。

△ 黄冈市第二届"老君眉杯"茶叶职业技能大赛暨红安县第六届中国老君眉茶文化节开幕。红安县产春茶2.8万吨,实现综合产值5.3亿元,联农带农1.2万户。

10日 全省首个生态茶质量检测中心"湖北省大别山生态茶产品质量检测中心"在英山县筹建。

10—11日 黄冈市第三次归侨侨眷代表大会在黄州召开。会议听取并审议市侨联第二届委员会工作报告。

12日 湖北联投鄂东投资有限公司在黄州揭牌,并与黄冈高新区签署战略合作协议。市委副书记、市长李军杰,湖北联投集团董事长刘俊刚共同揭牌。市委常委、常务副市长刘忠诚主持签约仪式。

13日 第六届市委常委会第19次会议召开。会议传达学习习近平总书记在庆祝中国共产主义青年团成立100周年大会上的重要讲话精神、对湖南长沙居民自建房倒塌事故作出的重要指示精神,传达全国自建房安全专项整治电视电话会议和全省安全生产电视电话会议精神、全国巡视工作会议暨十九届中央第九轮巡视动员部署会精神,研究部署贯彻落实措施和相关工作。

△ 市政府出台《黄冈市支持工业企业降本增效若干措施》,包括降低融资成本、加大担保贷款支持力度、规范企业用电行为、降低用气成本等11条措施。

14日 副省长宁咏率调研组到英山县湖北志顺茶业有限公司等地调研茶产业发展工作。

△ 国务院台湾事务办公室2022年重点对台交流项目——"同唱黄梅戏,共叙同胞情"首届海峡两岸黄梅戏文化交流活动开幕式,在黄冈市和台北市以视频连线方式举办。海峡两岸的黄梅戏专家学者、在黄台胞台商、在台湖北籍台胞等500余人参加活动。

△ 第29个国际家庭日,全国妇联表彰第十三届全国五好家庭、全国家庭工作先进集体、全国家庭工作先进个人和全国最美家庭。麻城市乘马岗镇郑尊元家庭被表彰为"第十三届全国五好家庭",武穴市蔡秋容家庭被表彰为"2022年全国最美家庭",黄冈市静远社会工作服务中心主任张静被表彰为"第十三届全国家庭工作先进个人"。

△ 市区两级联合召开街道赋权改革创新工作推进会,首次赋权街道办事处事项191项,市级部门下放事项110项,区级部门下放事项81项,包括交通运输、林业、民政、农业农村、水利、卫健、医保、应急、自然资源规划、住建和城市管理11个领域,涉及城市管理104项。

19日 省政协主席孙伟到黄冈市调研光谷黄冈科技产业园、团风县牛车河乡村振兴示范区、黄州区和团风县街道社区福利院等,看望市政协机关干部,实地了解"协商在一线"工作、模范机关建设等情况。

△ 第12个中国旅游日,黄梅东山问梅村、罗田天堂寨薄刀峰和英山四季花海、天马寨、桃花冲、大别山南武当向全国游客免门票。非物质文化遗产保护项目黄州农民画和宣纸烙画在"中国旅游日"湖北分会场展示。

20日 市委组织部、市委宣传部、市科学技术协会、市科技局联合发文公布,30人被评为2022年黄冈市"最美科技工作者"。

△ 市河湖长办发布2022年1号令,启动全市碧水保卫战"十大专项整治行动"。

23日 黄冈市召开庆祝中国共产主义青年团成立100周年座谈会。

△ 首届大别山绿色生态经济带政协主席联席会议在麻城市召开,围绕"推进文旅融合发展,助力乡村振兴,加快大别山绿色生态经济带高质量发展"协商建言。

△ 《黄冈市妇女发展规划(2021—2030年)》《黄冈市儿童发展规划(2021—2030年)》印发实施。

24日 全市党员干部下基层察民情解民忧暖民心实践活动动员大会召开。会议作《中共黄冈市委关于开展党员干部下基层察民情解民忧暖民心实践活动的实施方案》说明。

27日 全市5月份重大项目集中开工活动仪式在蕲春至太湖高速公路蕲春东段项目现场举行。该月,全市新开工5000万元以上项目92个、投资241.6亿元。

△ 黄冈市中心医院完成鄂东南首例左心耳封堵术。

28日 黄冈唐家渡港区临港新城综合码头开港,"黄冈港—湛江港"江海联运集装箱首航启动。

29—30日 黄冈市到浙江省杭州市开展招商考察和项目对接活动,实地参观考察杭州中欣晶圆半导体股份有限公司、中化蓝天集团有限公司等。

30日 中国科学技术协会、教育部等7部委公布首批全国科学家精神教育基地,李四光纪念馆入选,是全省市州唯一入选单位。

△ 白莲河示范区首艘生态海事趸(接驳)船下水,是黄冈市非自然水域首艘生态海事趸船。

6 月

6日 全国"放鱼日",团风县在长江投放花白鲢、青鱼、草鱼、鳊鱼1300万尾。

7日 国家发展和改革委员会印发《革命老区重点城市对口合作工作方案》,黄冈市(大别山革命老区)与宁波市建立对口合作关系,截至时间为2030年。

△ 2022年全国普通高考举行。全市高考报名人数5.83万人,比上年增加7729人,增长15.3%。

△ "浙江工匠"、黄梅籍90后青年工人杨杰的事迹被写入2022年浙江高考作文题。

14日 省人大常委会党组书记、常务副主任王玲到湖北龙感湖小蓝虾科技有限公司等企业调研小龙虾产业链发展情况,开展党员干部下基层察民情解民忧暖民心实践活动。

△ 2022年第一期黄冈楷模名单公布,红安伟杰现代农业发展有限公司董事长韩德校等7人入选。

15日 市医保局在鄂州市设立定点慢性病药店,慢性病就医购药实现"跨市通办"。

17日 黄冈市代表队在省第十一届残运会中获7枚金牌、6枚银牌、9枚铜牌,获奖牌总数位列全省前列。

19—21日 全市13.43万名考生参加中考。

21日 中国共产党湖北省第十二次代表大会闭幕。市委书记张家胜，市委副书记、市长李军杰，红安县委书记刘堂军当选中国共产党湖北省第十二届委员会委员。

23—24日 市六届人大常委会第三次会议在黄州召开。会议审议通过《关于加快推进科技强市建设的决定》等。

26日 全市6月份重大项目集中开工活动在麻城市热电汽循环产业园项目现场举行。该月，项目开工101个，投资211.32亿元。

28日 市委宣传部策划，市史志研究中心、黄冈日报社、黄冈广播电视台共同推出“党史上的黄冈粮食”重大主题宣传。

30日 湖北强大包装实业有限公司（伟立控股）在香港联合交易所主板上市。

7月

1日 省级重点项目鄂东水厂建设项目管道敷设，总长度约130千米。

2日 全市“市场主体评议科长”启动，63名科长参评，评选得分前6名科长获评优秀科长，全市通报表彰；得分后3名科长被评为不满意科长，由所在单位主要负责人约谈。

4日 国家发展和改革委员会、交通运输部印发《国家公路网规划（2022—2035年）》，黄冈市境内规划12条公路线路与全国贯通相连，其中国家高速4条、国道8条。

6日 省政府表彰第三届全省“百佳村民委员会”“百佳社区居民委员会”和社区建设先进工作者。黄州区陈策楼镇陈策楼村等14个村民委员会，武穴市武穴街道下港社区等8个社区居民委员会，欧运英等10名社区工作者获表彰。

△ 鄂东南地区首个ERCP专用手术室在大别山区域医疗中心投入使用。

9日 湖北省2022年度省市县乡考试录用公务员黄冈分考区笔试在黄州区开考。全市计划招录公务员842名，1.6万余名考生参加笔试。

12日 省政府批复同意黄梅经济开发区、武穴经济开发区、罗田经济开发区扩区调区，核准面积分别由527.43公顷调整为1493.4公顷、280.04公顷调整为1419公顷、460.24公顷调整为917.5公顷。

△ 村村兴数字化平台在黄州区135个村（社区）上线运行。该平台为全国第一款专门服务于乡村振兴和农业农村现代化的微信小程序。

△ 浠水县率先在全省实现双季稻双直播技术规模化运用，双季稻面积比上年增加0.13万公顷。

△ 英山县首条旅游定制公交线开通，全长25千米。

△ 红安县与河南省新县首例不动产登记“跨省通办”。

13日 湖北合创重工自主研发的6000吨级江船下水，该船长110米、宽16.2米。

△ 湖北鸿路钢结构有限公司通过国家知识产权管理体系认证，为团风县首家通过知识产权贯标企业。

15日 学习贯彻“习近平总书记考察湖北重要讲话精神 推进落实省第十二次党代会决策部署”省委宣讲团黄冈报告会暨市委理论学习中心组（扩大）集体学习会议召开。市委书记张家胜主持，省委宣讲团成员、省委党校副校长汤红兵作专题辅导报告。

△ 市区垃圾焚烧发电厂启动运营，日处理生活垃圾1200吨。

19日 中华全国工商业联合会印发通报，确认麻城市工商联、蕲春县工商联为全国“五好”标杆县级工商联。

△ 省知识产权局公布地理标志产业发展十大典型案例，英山云雾茶和蕲艾入选。

△ 蕲春县多式联运事业发展中心成立，是黄冈市首家。

20日 2022年第一期中央单位定点帮扶工作示范培训班在蕲春县开班。国家乡村振兴局党组成员、副局长洪天云出席并讲话，省委副书记李荣灿致辞，市委书记张家胜介绍黄冈市乡村振兴工作开展情况。

21日 全市美好环境与幸福生活共同缔造活动现场推进会在麻城市召开。与会人员参观麻城市黄土岗镇堰头垸村、阎家河镇石桥垸村、龙池桥街道城西社区刘家畈小区。

22日 人力资源和社会保障部、国家文物局联合发布《关于表彰全国文物系统先进集体、先进工作者和劳动模范的决定》，市博物馆被表彰为“全国文物系统先进集体”，为全省市州唯一获奖单位。

25日 全省领导干部美好环境与幸福生活共同缔造专题培训班在湖北红安干部学院开班。省委副书记、省委党史学习教育领导小组副组长、办公室主任李荣灿出席并讲话。

26—27日 2022年黄冈市少年儿童跆拳道锦标赛在黄州举行，共10支代表队614人参加。

27日 人力资源和社会保障部、司法部联合发布《关于表彰全国司法行政系统先进集体、先进工作者和劳动模范的决定》，市司法局被表彰为“全国司法行政系统先进集体”。

28日 全市文化旅游产业链招商推介活动在黄州举行，现场签约亿元以上文化旅游产业链项目19个。

△ 蕲春县至英山县县际公交专线开通。

28—29日 全国人大宪法和法律委员会调研组到黄冈市开展《中华人民共和国畜牧法（修订草案）》立法调研。

29日 教育部与科学技术部、工业和信息化部、生态环境部、国家卫生健康委员会、国家文物局、国家乡村振兴局、中国关心下一代工作委员会联合公布首批“大思政课”实践教学基地，湖北省红安青少年研学实践教育营地、湖北黄冈大别山世界地质公园、红安县黄麻起义和鄂豫皖苏区纪念园入选。

30日 全国政协副主席、民建中央常务副主席辜胜阻一行到黄冈市调研。

31日 湖北科峰智能传动股份有限公司“智能剥虾机”科技成果，经湖北省专家组评定，达到同类技术国际水平，为全国首台智能剥虾机。

8月

2日 市教育局、国网湖北综合能源服务有限公司、国网电动汽车服务湖北有限公司、国网黄冈供电公司启动“清凉教室”工程，投资1.5亿元，为全市1100余所中小学安装空调2.8万台。

3日 《湖北省磷石膏污染防治条例》实施座谈会在武穴市召开。该条例是全国首部防治磷石膏污染的地方性法规，于9月1日起实施。

5日 全市领导干部警示教育大会召开。市委书记张家胜出席并讲廉政党课。

6日 麻城市市场监管局与安徽省金寨县、河南省新县市场监管部门签订协议，建立跨区域知识产权协同保护机制。

7日 农业农村部公布2022年农业现代化示范区创建名单，麻城市入选。

10日 市委常委会（扩大）会议暨县（市、区）党委书记座谈会召开。会议传达学习习近平总书记有关重要讲话精神和省委常委会（扩大）会议暨市州党委书记座谈会精神，研究当前经济形势和经济工作，安排部署下半年工作。

12日 全省三季度重大项目集中开工活动举行，黄冈市同步在武穴市新能源纳米材料循环经济二期项目现场，举行8月份重大项目开工活动。

△ 黄冈高新区生物医药创新型产业集群、麻城经开区高端装备制造创新型产业集群，入选2022年湖北省创新型产业集群。全市省级创新型产业集群实现零突破。

△ 市水利和湖泊局决定，15时启动水旱灾害防御抗旱Ⅲ级应急响应。

12—13日 市中心医院《5G+急危重症一体化救治平台建设》案例获全国医院“卓越案例”奖。

14日 农业农村部专家组到浠水县巴河镇新港村、汪岗镇陈庙河村、大畈村、马石庙村指导抗旱救灾。

15日 市农科院主导培育的冈甜1号玉米等7个农作物新品种通过湖北省农作物品种审定，数量位居全省市州前列。

16—17日 全市有8个县（市、区）开展人工增雨作业24次，发射人工增雨炮弹194发，人工增雨火箭弹88枚，全市4站暴雨、16站大雨、26站中雨、71站小雨。

16—18日 省文化和旅游厅“沿着长江读懂中国——湖北千里长江行”活动探访团到黄冈东坡赤壁、李时珍纪念馆、黄麻起义和鄂豫皖苏区纪念园等地采访。

17日 中共中央政治局委员、全国人大常委会副委员长王晨率全国人大常委会执法检查组到黄冈市检查乡村振兴促进法执行情况。执法检查组先后到麻城市阎家河镇石桥垸村、古城村和罗田县骆驼坳镇燕窝垸村、湖北名羊农业科技发展有限公司开展检查。省委书记王蒙徽等参加活动。

22日 湖北四季花海旅游发展有限公司、黄麻起义和鄂豫皖苏区纪念园入选2022年湖北省级文明旅游示范单位。

△ 湖北大广茶业集团160吨红茶搭乘中欧班列运往俄罗斯。

23日 全国高素质青年农民培育工作启动暨2022年湖北省高素质青年农民培训班开班仪式在黄梅县举行。团中央书记处书记傅振邦出席并讲话。

23—24日 市六届人大常委会第四次会议在黄州召开。会议表决通过《武汉城市圈公共交通一体化促进条例》等。

25日 省人大常委会党组副书记、副主任梁伟年率执法检查组到黄冈市，检查《中华人民共和国长江保护法》贯彻实施情况，并召开座谈会。

△ 市政府办印发《关于促进高新技术产业创新发展若干措施》，从技术创新、研发投入、创业平台建设等14个方面对企业进行奖励和补助。

△ 黄冈晨鸣浆纸有限公司通过中国海关AEO高级认证，为全市第二家认证企业。

△ 湖北科峰智能传动股份有限公司“谐波减速器”获“恰佩克年度卓越品牌奖”。

26日 《黄冈市畜禽养殖污染防治条例》公布。

29日 市区创建全国文明城市工作推进会召开。会上，通报2022年市区一、二季度创文工作考评排名情况，黄州区、市公安局、市城管执法委、黄州区赤壁街道办事处发言。

30日 黄州区委常委、组织部部长阮利红获全国“人民满意的公务员”称号。

△ 《中药材夏枯草——菊花轮作栽培技术规程》《毛豆秋繁制种栽培技术规程》《棚式牛粪养殖蚯蚓技术规程》3项市级地方标准公布，于9月30日起实施。

31日 全市科技创新大会在黄州举行。市委书记张家胜出席会议，并为湖北科峰智能传动股份有限公司颁奖。市委副书记、市长李军杰主持会议。会上，宣读《市人民政府关于对湖北科峰智能传动股份有限公司重大技术创新成果兑现政策奖励的决定》。

△ 省委第四巡视组对黄冈市开展营造“三个环境”专项巡视进驻动员会召开。巡视组组长薛红文出席并讲话，市委书记张家胜主持并作表态发言。

9　月

1日 市区新建的黄冈市齐安学校、文昌学校、第三实验小学、第四小学4所义务教育阶段学校投入使用。

3日 黄冈—珠海（大湾区）产业合作暨招商推介会在珠海市举行。黄冈市现场签约亿元以上项目14个，涵盖现代物流、数字经济等产业。

6日 黄冈市普惠型商业补充医疗保险“黄惠保”上线。

10日 黄梅牧原农牧有限公司第二分场生产基地被认定为粤港澳大湾区“菜篮子”生产基地。

13日 工信部公布第四批专精特新“小巨人”企业名单，黄冈鲁班药业股份有限公司等9家企业入选。至此，全市累计培育国家级专精特新“小巨人”企业18家。

15日 黄冈市科技馆入选湖北省十大科技馆。黄州区科技志愿服务队入选2022年全省十佳科技志愿服务队。

16日 第四届湖北省“人民满意的公务员”和“人民满意的公务员集体”表彰大会在武汉举行。浠水县人民法院程呈友等5人被授予“人民满意的公务员”称号；黄冈市应急管理局等4个集体被授予“人民满意的公务员集体”称号。

18日 首届燕儿谷乡村振兴助农大直播活动在罗田县开幕。国家乡村振兴局党组成员、副局长黄艳，副省长杨云彦出席并讲话。该次活动持续到10月11日，湖北、河南、广西、湖南、吉林、安徽、浙江等14个省市的抖音“三农”直播带货头部团队比赛带货。

20日 襄阳市党政代表团到黄冈市考察学习美好环境与幸福生活共同缔造工作，实地了解红安县城关镇曹家畈村、七里坪镇柏林寺村，麻城市阎家河镇石桥垸村、古城村“共谋、共建、共管、共评、共享”创新实践。

△ 中部战区总医院专家医疗队到黄冈市优抚医院开展“服务老区健康行”义诊活动，服务各类对象和群众200人次。

23日 2022年中国农民丰收节湖北主会场活动在麻城市启动。省委副书记、省长王忠林宣布活动启动，并为“2022年全省十佳农民”颁奖。

24日 全市9月份重大项目开工活动在团风县钢结构绿色智能装配基地项目现场举行。该月，全市开工重点项目76个、总投资186.9亿元。

25日 中国共产党第二十次全国代表大会代表名单公布，出席中共二十大代表2296名，其中黄冈市2名，分别为市委书记张家胜，英山县孔家坊乡农村福利院院长邹倩。

26日 市人大常委会开展7部地方性法规实施情况专题询问，12名人大代表询问，市委文明办、市公安局、英山县政府等11个部门、政府主要负责人应询作答。

△ 中国黄冈·大别山三省（鄂豫皖）五市中华诗词区域联盟新田园诗大赛颁奖大会在黄州举行。麻城市诗人周胜辉获一等奖。

27日 市政协六届三次常委会会议在黄州召开，聚焦全面从严治党、全面依法治国以及优化营商环境等开展知情明政、议政协商。

△ 黄冈东坡赤壁入选第十批中国华侨国际文化交流基地。

28日 全国最大无染色纺缝纫线基地，黄冈无染彩35万锭色纺缝纫线项目在龙感湖管理区开工。

30日 2022年湖北省烈士纪念日向英雄烈士敬献花篮仪式在红安县黄麻起义和鄂豫皖苏区纪念园举行。省委书记王蒙徽，省委副书记、省长王忠林，省政协党组书记、主席孙伟等同社会各界代表一起参加仪式。

10 月

1日 英山县石头咀镇凉亭村首次发现国家一级保护动物——桃花水母。

8日 市政府办印发《黄冈市工业经济稳增长促发展若干措施》，包括支持企业提升规模、推动县域工业加快发展等6条措施。

13日 省住房和城乡建设厅发布湖北省2022年“最美城市公园”评选结果，黄州区宝塔公园、黄梅县东禅公园入选。

14日 全市县级主要领导干部“深入学习贯彻习近平总书记考察湖北重要讲话精神 推进落实省第十二次党代会决策部署”专题培训班第七次专题辅导暨结业式举行。市委副书记、市长李军杰作“对外开放与城市转型”专题辅导并讲话。武汉市规划研究院总规划师胡冬冬作专题辅导。

19日 国家知识产权局批准成立英山云雾茶国家地理标志产品保护示范区，为全省首个国家地理标志产品保护示范区。

△ 湖北黄冈大别山生态保护和近零碳绿色发展项目获批列入国家利用亚洲开发银行贷款2022—2024年备选项目规划，投资26.2亿元。

△ 全市首个人才主题公园在浠水县揭牌。

20日 2022年“大国农匠”全国农民技能大赛获奖选手名单公布，浠水县黄金安获种养能手类之作物种植二等奖。

22日 市政府印发《关于修改和废止部分行政规范性文件的决定》，一揽子修改行政规范性文件7件，废止规范性文件19件。

23日 红色题材大型现代黄梅戏《铸魂天山》在黄梅戏大剧院首演，为黄冈市首次以黄梅戏方式演唱中共一大代表陈潭秋的故事。

25日 全市传达学习中共二十大精神会议召开。市委书记张家胜主持，市委副书记、市长李军杰传达中共二十大精神。

26日 住房和城乡建设部公布第六批中国传统村落名录名单，红安县七里坪镇盐店河村等13个村落入选，数量位列全省第一位。

27日 文化和旅游部发布第四批全国乡村旅游重点村名单，红安县七里坪镇八一村入选。

△ 央视纪录片《定风波》摄制组到黄冈市挖掘黄州东坡文化，实地拍摄东坡赤壁、遗爱湖等。该纪录片5集，每集50分钟。

27—28日 市六届人大常委会第五次会议在黄州召开。会议审议《黄冈市武山湖太白湖龙感湖保护条例（草案三审稿）》等。

28日 全市推进主城崛起暨10月招商引资签约活动在黄州举行。现场签约亿元以上项目30个，协议投资额214.52亿元，其中三利谱超宽幅偏光片项目投资过百亿元。

29日 全市首个夜游小镇——罗田县鸠兹古邑文旅休闲街区开街。

11 月

1日 S207黄冈化工园至南湖工业园段改建工程采用“钢铁穿山甲”下穿大广高速，该技术为黄冈市普通国省道公路首次应用。

3日 应急管理部发布《关于表彰第六届全国119消防先进集体和先进个人的决定》，黄冈市消防救援支队新港大道特勤站被授予“第六届全国119消防先进集体”称号。

△ 2022湖北民营企业百强名单发布，黄冈市运鸿集团股份有限公司等4家企业入选。

4日 全省四季度重大项目集中开工活动举行，黄冈市同步在黄梅紫云山抽水蓄能电站项目现场举行开工活动。

6日 全市首家电商基地农产品质量安全检测机构——罗田燕儿谷农产品质量安全检测中心启用。

10日 农业农村部办公厅印发通知，红安县七里坪镇八一村入选2022年中国美丽休闲乡村。

13日 武汉、鄂州、黄石、黄冈四市签订武鄂黄黄(武汉都市圈核心区)河湖长制一体化发展工作方案,共同推进跨市河湖治理和管护。

17日 学习贯彻党的二十大精神湖北省委宣讲团黄冈报告会暨市委理论学习中心组(扩大)学习会举行。省委宣讲团成员、省生态环境厅党组书记、厅长何开文作"全面学习把握落实党的二十大精神 奋力谱写全面建设社会主义现代化国家的荆楚篇章"宣讲报告。

17—20日 黄冈市代表团参加第十二届(眉山)东坡文化节系列活动,见证江苏省常州市加入东坡文化联盟城市,与河南省开封市、江苏省徐州市、浙江省杭州市等联合发布《全国东坡遗址遗迹地18城市倡议书》。

18日 中国共产党黄冈市第六届委员会第四次全体会议在黄州召开。审议通过《中共黄冈市委关于认真学习宣传贯彻党的二十大精神的意见》《中国共产党黄冈市第六届委员会第四次全体会议决议》。

△ 抗美援朝老兵、原黄冈市黄州区面粉厂党支部书记陈世礼入选2022年第三季度敬业奉献类"中国好人榜"。

24日 全市县级领导干部学习贯彻党的二十大精神集中轮训班开班暨市委理论学习中心组(扩大)学习会议举行。市委书记张家胜作首场专题辅导报告。市委副书记、市长李军杰主持活动。集中轮训班分5期举办,县(市、区)和市直单位县级干部全覆盖培训学习。

25日 第六届市委常委会第40次会议召开。会议传达学习习近平总书记对河南安阳"11·21"特别重大火灾事故作出的重要指示精神和省委书记王蒙徽批示精神,传达全省稳增长工作推进会精神,研究部署全市贯彻落实措施和相关工作。

12 月

1日 文化和旅游部遴选发布10家红色旅游融合发展试点单位,红安县为全省唯一入选试点单位。

△ 湖北省农业农村厅公布2022年度清廉村居名单,黄州区陈策楼镇盂钵桥村等15个村入选。

5日 市政府出台《黄冈市激发市场活力稳住经济增长若干措施》,包括支持首店经济发展、支持会展业加快恢复、支持品牌连锁店发展等12条措施。

6日 市政府印发《黄冈市优化生育政策促进人口长期均衡发展若干措施》,自2023年1月1日起实施。

7日 教育部公布国家级职业教育"双师型"教师培训基地名单(2023—2025),黄冈职业技术学院土建施工类入选,为全省土建施工类唯一入选高校。

9日 由湖北省文旅厅、省文明办、省交通运输厅联合主办,省图书馆承办的"灵秀湖北欢迎您"——首届万名司机讲家乡故事大赛总决赛举行。黄冈正富出租车公司驾驶员徐平获评"银牌家乡宣讲员"。

10日 住房和城乡建设部在红安县召开红安和麻城定点帮扶部县联席会议,总结2022年定点帮扶红安和麻城工作情况,研究谋划2023年帮扶工作。住房和城乡建设部党组成员、副部长秦海翔出席并讲话。

△ 黄冈师范学院、湖北省教育科学研究院、黄冈市教育局共同成立黄冈基础教育发展研究院。

△ 众多野生白天鹅在长江黄州段江滩栖息。野生白天鹅是国家二级保护动物,对栖息地选择苛刻,它的出现反映长江十年禁渔计划实施以后,长江生态明显改善。

13日 黄梅县因公牺牲民警程凯入选2022年9—10月"荆楚楷模"。12月8日,入选2022年第三季度"湖北好人"。

15日 市六届人大常委会第六次会议在黄州召开。会议审议通过《黄冈市人民代表大会专门委员会工作规则》等。

15—16日 黄冈市红十字会第四次会员代表大会在黄州召开。会议听取并审议第三届理事会工作报告,聘请市委副书记、市长李军杰担任名誉会长,副市长肖红娟当选会长。

16—19日 省新冠肺炎疫情防控指挥部物资保障专班分5批次向黄冈市调拨布洛芬175万片、抗原检测试剂53万人份、布洛芬混悬液1600瓶和小儿清肺颗粒5400盒。此外,全市多方争取布洛芬水剂1.3万瓶。

21日 黄冈市与宜昌市举行乡村振兴区域协作线上座谈会。

△ 水利部公布《红色基因水利风景区名录》,武穴梅川水库水利风景区入选。

26日 市政府常务会议召开。会议传达贯彻中央、省委经济工作会议精神,审议并原则通过《2023年全市一季度"开门红"工作方案(送审稿)》等。

△ 国务院综合核查组组长、国务院国资委秘书长彭华岗到麻城市调研,实地察看黄土岗镇堰头垸网红基地、阎家河镇石桥垸共同缔造展馆等地。

△ 黄黄高铁新增杭州西—武汉、武汉—台州2对列车。

27日 中共黄冈市第六届委员会第五次全体会议暨市委经济工作会议在黄州举行。会议听取和审议市委常委会2022年以来传达学习贯彻落实习近平总书记重要讲话和重要指示批示精神情况报告,总结2022年全市经济工作,部署2023年全市经济工作。

28日 黄冈与黄石区域协作线上座谈视频会召开,双方深化区域全方位务实合作。

△ 市政协六届四次常委会会议在黄州召开。会议听取市政府关于提案办理情况的通报,审议通过《关于学习贯彻中国共产党第二十次全国代表大会精神的决议》等。

△ 投资140亿元的蕲春县石鼓冲绿色建材基地项目启动仪式在狮子镇举行。该项目矿区面积411.93公顷,资源储量可采12.5亿吨,开采规模为每年7000万吨。

30日 市六届人大常委会第七次会议在黄州召开。会议审议通过市人大常委会代表资格审查委员会关于部分代表的代表资格的报告等。

责任编辑:王 俊 责任校对:黄 荣

黄冈概览

自然地理

【位置面积】 黄冈市位于湖北省东部、大别山南麓、长江中游北岸。北接河南省，东连安徽省，南与鄂州市、黄石市、九江市隔江相望。地理方位为北纬29°45′～31°40′、东经114°24′～116°07′。黄冈市党、政、军机关驻地黄州区，西距省会武汉市78千米。全市总面积1.75万平方千米，占湖北省总面积的9.4%。全市总面积中，平原占12.2%，岗地占10.3%，丘陵占43.3%，山地占34.2%。东西最长距离168千米，南北最宽跨度208千米。

【地形地貌】 黄冈市自北向南逐渐倾斜，东北部与豫皖交界为大别山脉，主脊呈西北—东南走向，有海拔1000米以上山峰96座，位于罗田、英山两县交界处的天堂寨主峰海拔1729.13米，为全市最高点。中部为丘陵区，海拔多在300米以下，高低起伏，谷宽丘广，冲、垅、塝、畈交错。南部为狭长的平原湖区，海拔高度在10～30米，河港、湖泊交织，30公顷以上湖泊38个。发源于大别山脉的倒水、举水、巴水、浠水、蕲水和华阳河六大水系，均自北向南汇入长江。长江流经215.5千米，有“黄金水道”之称。

黄冈及邻区震情 2022年，黄冈市邻区（北纬29°69′～31°36′　东经115°73′～116°12′）发生M2.0级以上地震6次。

（王　俊　王毕勇　邓美玲）

【气候水文】 黄冈市属亚热带大陆性季风气候，江淮小气候区，四季光热界限分明，光照丰富，雨量充足。常年太阳辐射量每平方厘米106.49～113.31千卡，年均日照时数1913.5～2161.5小时，西北部日照高于东南部，全市日照率43%～49%。年平均气温15.7℃～16.9℃，气温随季风转换而变化，温度由南往北递减。年平均降雨量1116～1409毫米，年降水总量222.37亿立方米，降雨日数（≥0.1毫米日数）115～147天。空气年均绝对湿度15.5～17.4毫巴，相对湿度平均在75%以上。全市气候要素分布不均

表1　2022年黄冈市邻区M2.0级以上地震情况一览表

序号	发震时间	纬　度	经　度	深度（千米）	震级（M）	参考位置
1	2022.3.21	31°364′	116°115′	8	2.1	安徽霍山
2	2022.7.3	29°691′	115°733′	8	2.0	江西瑞昌
3	2022.7.8	31°188′	115°969′	5	2.3	安徽霍山
4	2022.10.10	31°355′	116°108′	9	3.2	安徽霍山
5	2022.10.10	31°363′	116°110′	8	2.2	安徽霍山
6	2022.12.28	31°408′	116°188′	8	2.7	安徽霍山

（资料来源：市应急管理局）

表2　2022年黄冈市气温一览表

单位：℃

站名	年平均气温	年平均气温距平	年极端最高气温	极端最高气温出现日期	年极端最低气温	极端最低气温出现日期
黄州	18.5	0.9	40.1	8月19日	-4.9	12月18日
红安	18	1.5	40.3	8月19日	-6	12月18日
麻城	18	0.9	40.3	8月19日	-6.8	12月18日
罗田	17.9	1	39.6	8月13日	-7.3	12月18日
英山	18.1	1.3	40.1	8月19日	-6.7	12月18日
浠水	18.5	0.8	40.3	8月19日	-5.9	12月18日
蕲春	18.2	0.5	40.5	8月19日	-5.9	12月18日
黄梅	18.3	0.7	39.6	8月23日	-4.8	12月18日
武穴	18.4	0.9	40.5	8月15日	-4.6	12月18日

（资料来源：市气象局）

表3 2022年黄冈市降水量一览表

单位：毫米

站名	年降水量	年降水量距平(%)	年最大日降水量	最大日降水量出现日期	年降水量≥0.1毫米日数	年降水量≥50毫米日数	年降水量≥100毫米日数
黄州	1027.9	-24.3	67	3月17日	105	4	0
红安	1005.4	-15.4	91.1	7月 20日	98	6	0
麻城	1067.3	-15.3	99.4	7月 20日	95	8	0
罗田	1169.1	-12.1	188	6月24日	109	4	1
英山	1149	-18.6	95.6	3月25日	109	7	0
浠水	944.9	-31.3	89	3月25日	112	2	0
蕲春	1221.2	-14	110.1	3月17日	119	6	1
黄梅	1170.3	-19.8	75.1	3月17日	122	5	0
武穴	1175.1	-19.9	67.1	6月28日	131	4	0

（资料来源：市气象局）

表4 2022年黄冈市日照时数一览表

单位：小时

站名	年日照时数	年日照时数距平	站名	年日照时数	年日照时数距平
黄州	1891.4	-41.6	浠水	2051.9	211.4
红安	1938.8	175	蕲春	1906.7	-0.1
麻城	1935.4	-87.4	黄梅	1927.7	162.6
罗田	1925.3	183.2	武穴	1910.5	82.3
英山	1988	164.9			

（资料来源：市气象局）

匀，有洪涝、干旱、低温冷冻、高温灾害。

春季低温阴雨 春季3—5月，黄冈市常年天气冷暖多变，冷空气活动频繁，易带来低温阴雨天气过程，一般每年出现3～4次，多的年份7次，少的年份有1～2次。持续10天以上的低温阴雨天气过程，一般每年1～2次，少数年份未曾出现，南部多于北部。

秋季寒露风 平均3～4年一遇。秋寒一般出现在秋分前后，北部9月22—24日，南部9月25—28日。秋寒出现最早的年份是1981年，全市大部分县（市、区）出现在9月26日。秋寒影响时，最长持续12天。

洪涝 据气象部门1959年以来记录，境内出现全域性洪涝有21个年份，分别是1959年、1962年、1964年、1969年、1970年、1980年、1982年、1983年、1987年、1988年、1989年、1991年、1993年、1995年、1996年、1998年、1999年、2002年、2010年、2016年、2020年。

干旱 全市有冬旱、春旱、夏旱、秋旱4种干旱，以夏旱、秋旱影响最大。1959年以来，境内出现大旱28次，分布年份为1961年、1965年、1966年、1967年、1968年、1971年、1972年、1974年、1976年、1978年、1979年、1981年、1984年、1985年、1988年、1990年、1992年、1995年、1997年、1999年、2000年、2006年、2007年、2011年、2013年、2018年、2019年、2022年。

气候 2022年1—2月，黄冈市平均气温5.4℃，与历史同期相比偏低0.2℃。累计平均降水量130.2毫米，与历史同期相比正常略偏高，各县（市、区）降水量78（红安县）～197.4毫米（武穴市），降水距平减少16.3%～26.9%。1月21—27日，出现连续性阴雨天气。2月6—7日，出现大到暴雪、局部大暴雪，最大积雪深度18厘米（英山县）。3—5月，出现9次暴雨强对流天气过程。3月16—17日，出现大到暴雨、局部大暴雨，伴有短时强降水、8～12级大风、冰雹等强对流天气，风速最大的是浠水县巴驿每秒34.8米（12级）。夏季，黄冈市平均气温突破历史极值；雨量分布不均，全市均偏少，浠水县偏少近6成；日照时数整体偏多。全市国家站累计平均降水量412.3毫米，较历史同期偏少30.2%。8月1—26日，出现持续晴热高温天气，全市平均气温32.2℃，比常年偏高3.7℃，位列历史同期第一位，各县（市、区）均突破历史极值。秋季，黄冈市平均气温19.7℃，较历史同期偏高1.4℃。累计平均降水量112.6毫米，较历史同期偏少4成，各县（市、区）降水量91.9（黄冈市区）～151.5毫米（武穴市）。受持续高温少雨天气影响，地面蒸发量大，土壤失墒快，黄冈市大部出现重度干旱，森林火险等级偏高。11月30日，黄冈市正式入冬，比常年（11月22日）偏晚8天。冷空气活动频繁，整体势力强。12月，全市平均气温偏低1.4℃。

长江水情 2022年6月上旬，黄冈市沿江水位涨至汛期最高水位19.27（黄梅县）～23.26米（团风县），距设防水位0.23～1.35米，比上年同期水位高1.27（罗家沟）～2.72米（小池）。梅雨期结束后，受上游来水减少和高温少雨天气共同影响，沿江水位下降。10月上旬，降至汛期最低水平7.6～10.7米，比汛期最高水位低11.6～12.6米，比常年同期偏低8～10米，为历史同期最低水平。

河道、湖泊水情 2022年梅雨期间，黄冈市主要中小河流相继出现汛期最大洪水，巴水马家潭站最大流量每秒1090立方米，相应水位22.93米；浠水英山站出现洪峰流量每秒486立方米，相应水位103.46米；其余内河最大流量在每秒100～400立方米。梅雨期结束后，内河出现汛期返枯现象，主要中小河流来水大幅偏少，长时间处于低枯水位运行。8月以后，全市内河来水量比常年同期偏少7～8成。汛期，武山湖、太白湖、龙感湖水势总体较平稳，太白湖、龙感湖均未出现明显汛情，水位均在设防水位以下。

蒸发和土壤墒情 2022年梅雨期结束后，受高温少雨天气持续发展影响，7月中下旬起，各县（市、区）陆续出现土壤失墒过程。团风县、麻城市等地土壤相对湿度最低降至40%以下，为严重干旱等级，持续天数超过70天。罗田县、红安县等地土壤相对湿度最低降至25%以下，为特大干旱等级，持续天数10天。8月上旬起，全市日蒸发量开始大幅度增加，8月7日麻城站、8月13日蕲春西河驿站蒸发量均超有记录以来历史最大值，分别为8.9毫米和9.3毫米。

（崔芸嘉 陈 慧 刘泽统）

【自然资源】土地资源 2022年，黄冈市土地总面积174.57万公顷，其中，耕地面积48.28万公顷，园地面积7.39万公顷，林地面积75.88万公顷，草地面积1.10万公顷，城镇村及工矿用地面积16.29万公顷，交通运输用地（含农村道路）面积3.56万公顷，水域及水利设施（含水工建筑）面积18.90万公顷，湿地面积5622.35公顷，其他土地面积2.60万公顷。

矿产资源 黄冈市境内发现矿产46种（含亚矿种54个），查明资源储量的非油气类矿产29种（含能源矿产2种、黑色金属矿产3种、有色金属矿产5种、贵金属矿产2种、分散元素矿产2种、冶金辅助原料矿产3种、化工原料非金属矿产3种、建筑材料及其他非金属矿产9种）、亚矿种35个。其中，地热、花岗岩、硅石、水泥用石灰岩等矿产资源储量丰富，是黄冈市优势资源和矿业开发支柱矿种；萤石、脉石英、石灰岩、饰面用花岗岩、饰面用大理岩、金红石等矿产有较大资源潜力。

水利资源 2022年，黄冈市水能资源理论蕴藏量46.4万千瓦，其中可开发水能资源34.8万千瓦。有大中小型水库1199座，塘堰28万口。水利工程有效灌溉面积23.64万公顷。

动植物资源 2022年，黄冈市境内有陆生脊椎野生动物650种，其中：国家一级保护动物有安徽麝、白头鹤等16种；国家二级保护动物有虎纹蛙、水獭等75种；省级重点保护动物116种。全市有植被型组4个，植被型10个，群系29个，分布高等维管束植物235科、1055属、2783种，国家一级保护植物有大别山五针松、银杏、南方红豆杉等13种，国家二级保护植物有金毛狗、金钱松、厚朴等63种，国家珍稀濒危保护植物35种。

旅游资源 2022年，黄冈市有国家AAAA级旅游景区21家，国家AAA级旅游景区62家，国家AA级旅游景区4家。全长458千米的大别山红色旅游公路，是全国12个重点红色旅游景区线路之一。全市建有各类自然保护地65处，总面积23万公顷。东坡赤壁、青云塔、七里坪、红安烈士陵园、大圣寺塔、天台山、龟峰山、柏子塔、天堂山（寨）、斗方山、舍利宝塔、笔架飞瀑、李时珍墓、五祖寺、十方佛塔、飞虹桥、释迦多宝如来佛塔、毗卢塔、鲁班亭、灵润桥、高塔寺塔、双善洞、郑公塔23处旅游景点载入《中国名胜词典》。

（何 剑 陈 慧 孔阳春 周 鹏）

历史人文

【历史述要】西周早期，境内即生产粳稻。1958年8月，考古发掘蕲春毛家嘴木构建筑中有成堆的粳型稻谷，经专家考证为西周早期遗物。汉初，迁移南郡“蛮”民7000余人，安置巴水、蕲水、浠水、赤亭水（今举水）、西归水（今倒水）一带，称“五水蛮”。三国时，吴在寻阳（今黄梅县）及巴水侧屯田，“引水灌溉”。南北朝时，刘宋武陵王刘骏起兵巴河，即位为孝武帝，诏免西阳郡租布3年。唐代会昌二年（842），杜牧出任黄州刺史，在其《黄州刺史谢上表》中记载“风俗谨朴，法令明具，久无水旱疾疫，人业不耗，谨奉贡赋，不为罪恶”。黄州年贡紫苎布10匹、端虫2斤以及连翘、松萝茶，蕲州年贡白苎布15匹、乌蛇脯以及鹿毛笔、白花蛇、茶。唐代分贡布为九等，黄州贡布第一，蕲州蕲门团黄为茶中极品。至北宋，朝廷在蕲州设榷货务及马祺、洗马、石桥镇及麻城山场，专营茶叶。庆历四年（1044），蕲州、黄州设教授，办学授课。明代注重兴修水利，督筑江堤，开垦土地，蕲州“洪武初垦田三千九百七十余顷，至万历野无遗土”。万历年间，蕲州即开始采煤，“以代薪炊爨锻炼铁石，大为民利”。明代276年中，黄州府考中进士317名，举人1465名。《明史》有传46人。黄冈籍在外经商的有“黄州帮”之称，经营棉、麻、丝、茶、烟叶。光绪二年（1876），武穴为约开口岸，停靠外轮，成为原料输出、外国货物流入的港口，市场一度繁荣。1912年武穴趸船开业，1914年蕲水信泰面粉厂开始使用机器，1918年武穴创办光明电灯厂，1929年黄梅小池创办机制砖瓦厂，1930年蕲州创办祥太肥皂厂，开始出现现代工业。黄冈晒烟和广济章水泉竹器于1915年被征集为巴拿马赛会展品，获农商部奖。1938年9月，日本军队入侵，沿江重镇沦陷，经济遭到严重破坏。至1949年，工农业总产值仅5.23亿元。

黄冈人民素有革命斗争传统。清末，境内不断爆发反抗外国侵略的教案，广济是全省发生教案最多的县。辛亥革命及其前后，王汉、张振武、詹大悲、宛思演、居正、田桐等革命先驱做出贡献。中国共产党创立时期，黄冈籍最早加入中国共产党有31人，其中董必武、陈潭秋、包惠僧参加中国共产党的第一次代表大会后，董必武、陈潭秋回到家乡，宣传党的主张和反帝、反封建的革命思想，并秘密发展党的组织。在第一次国共合作中，帮助建立国民党县党部，领导国民革命，开展农民运动。境内农协会员76.5万人，占全省农协会员总数的三分之一。自1924年起，黄冈籍徐会之、韩浚、彭干臣、张其雄、林彪等140人投身黄埔军校1～4期学习，多数成为国共两党军事骨干。1927年“四一二”反革命政变后，潘忠汝等领导黄麻起义，黄冈成为鄂豫皖革命根据地核心区。中国工农革命军鄂东军，中国工农革命军第六军、第七军、第八军，红十一军三十一师，红一军、红十五军、红四军、红四方面军、红二十五军、红二十七军和红二十八军先后在此组建或改编成立。抗日战争开始，实现第二次国共合作，红二十八军在七里坪改编为新四军第四支队，东进抗日。中共地方组织发动抗日救亡运动，独立游击第五大队、新四军游击第六大队、新四军江北游击第八大队、新四军五师十四旅开展敌后抗战。解放战争时期，黄冈人民群众积极支援刘邓大军高山铺战役和第四野战军渡江战役，迎来全境解放。

【建置沿革】早在旧石器时代，境内即有人居住。夏商时代，即有行政建置。秦汉之际，为郡国之属。自东晋以后，形成大体完整的郡州。隋唐五代直至明初，基本处于黄州、蕲州两郡（府、路）并治状况。明代以后，蕲州归属黄州府管辖。东晋咸和四年（329），设置西阳郡，黄冈作为省县之间一级行政区，至2022年有1693年的历史。

东晋以前 夏商时期，禹“封皋陶之后于英六”（《史记·夏本纪》），为皋陶后人封地（英六即英山、六安一带）。春秋战国时，属楚国。秦统一六国推行郡县制，分属南郡和九江郡，后属衡山郡。楚汉之际，楚项羽以衡山郡立衡山国，国都邾城（今黄州区禹王城）。西汉高祖四年（前203），恢复为衡山郡，属淮南国。元狩二年（前121），分衡山郡及南郡14县置江夏郡，驻西陵（今新洲区），黄州区、蕲春县等地属江夏郡，黄梅县、武穴市等地属庐江郡。东汉建武二十三年（47），立蕲春侯国（传三世），后为蕲春县。三国时，分属魏弋阳郡和吴蕲春郡。西晋太康元年（280），撤销蕲春郡，辖地划入武昌郡。永嘉三年（309），晋惠帝恢复司马羕西阳王爵位，先后将西陵、邾、蕲春等县划属西阳国（都址系今河南省光山县）。

东晋至民国　西晋永嘉年间发生内乱，北方人渡淮南移。东晋咸和四年（329），西阳国司马羕获罪被诛，西阳国改置为西阳郡，郡址在邾城附近，辖西阳、邾（今黄州区）、西陵、蕲春等县。太元三年（378），在九江王英布旧城置南新蔡郡（今黄梅县西南），辖蕲阳（即蕲春更名）及侨置4县，属南豫州，开始为两郡并治。

南朝齐时，建元二年（480），又置齐安郡，驻齐安（麻城市西南），置安蛮左郡，驻木兰（今红安县西南）。永明四年（486），又置齐昌郡，驻齐昌（今蕲春县）。南朝梁时，西阳郡仍属郢州，并分西阳县置信安县。又在蒙笼城（今麻城市东北）置定州，在白沙关城（今麻城市西北）置沙州，在大活关（今孝感市大悟县东）置湘州，在鹿城关（今红安县）置北江州。北朝占领江北时沿袭南朝旧制，北齐天保年间，曾在境内置巴州（今黄州区）、衡州（今麻城市）、罗州（今蕲春县）等，北周废巴州置弋州，改罗州为蕲州，置永宁县（今武穴市），并将置于黄城镇（今武汉市黄陂区东）的南司州改名为黄州。

隋开皇五年（585），移置黄州于衡州，分设黄州、蕲州总管府。开皇九年（589），改两府为两州，将永兴改为新蔡县，永宁并入齐昌县，西阳并入南安县，在义城置罗田县。开皇十八年（598），改南安为黄冈、齐昌为蕲春、新蔡为黄梅、梁安为木兰、信安为麻城。大业三年（607），又将两州改为两郡，黄州改为永安郡，治所移驻黄冈（今武汉市新洲区属地），辖黄冈、黄陂、木兰、麻城4县。蕲州改为蕲春郡，治所驻蕲春，辖蕲春、浠水、蕲水、黄梅、罗田5县。

唐武德三年（620），永安郡改为黄州，且置总管府（武德七年改为都督府），辖黄冈、堡城（由黄冈分置）、阳城（由麻城分置）。贞观元年（627），撤销都督府，天宝元年（742），改黄州为齐安郡，蕲州为蕲春郡，两郡并治。五代时，黄蕲二州先后属杨吴、南唐和后周，其州县隶属仍沿袭唐朝旧制。

宋朝仍为黄州、蕲州并治，先属淮南路。北宋熙宁五年（1072），属淮南西路。南宋景定三年（1262），蕲州治所迁至今蕲州，辖蕲春、蕲水、广济、黄梅4县。咸淳三年（1267），分蕲水县置英山县。黄州辖黄冈、黄陂、麻城3县。

元代改两州为两路，各设总管府，两路并治。至元十二年（1275），复置罗田县。至元十五年（1278），英山划属安徽六安州。至元十八年（1281），在黄州设黄蕲州宣慰司，辖黄州、蕲州、光州3路。黄州路辖黄冈、黄陂、麻城3县，蕲州路辖蕲春、蕲水、广济、黄梅、罗田5县。

明洪武元年（1368），改黄州路、蕲州路为黄州府、蕲州府，两府并治，同属湖广行省，并在黄州修筑城池。洪武十一年（1378），蕲州仅代辖广济、黄梅2县，属黄州府管辖，此后，蕲州与黄州合二为一。嘉靖四十二年（1563），置黄安县。至此，黄州府辖有黄冈、麻城、黄陂、黄安、蕲水、罗田、广济、黄梅8县和蕲州。

清代基本沿袭明制。康熙三年（1664），蕲州不再辖县，黄州府属湖北布政司。雍正七年（1729），黄陂县划属汉阳府，黄州府辖黄冈、黄安、麻城、罗田、蕲水、广济、黄梅7县和蕲州（“黄州八属”）。

民国元年（1912），废黄州府，改蕲州为蕲春县，各县属湖北省武汉黄德道（后又改名为鄂东道、江汉道）。民国15年（1926），废道，各县直属湖北省政府。民国21年（1932），划为湖北省第三、四行政督察区，各设专署，为省政府辅助机关。三专署驻蕲州，辖蕲春、广济、黄梅、蕲水、罗田和从安徽划入的英山县。四专署驻黄安，辖黄安、黄冈、麻城和划入的黄陂县，次年初，分置礼山县，为四专署管辖。民国22年（1933）6月，改蕲水县为浠水县。民国25年（1936）3月，第三、四行政督察区在蕲州合并为第二行政督察区。1937年元月，治所迁黄州。民国29年（1940）元月，第二行政区署在黄冈县北部的黄土岭改组为鄂东行署，代行省政府职权，并先后增辖孝感县和第三行政区。民国34年（1945），鄂东行署迁回黄州，恢复为湖北省第二行政督察专员公署。

革命根据地至中华人民共和国成立后　1921年，建立中共党组织。1927年，黄麻起义爆发后，成立黄安县农民政府。1931年，红四方面军攻克黄安，改黄安县为红安县。相继成立红安、麻城、黄冈、蕲春、广济、黄梅等县苏维埃政府。1941年，成立黄冈（中心）县抗日民主政府及豫鄂边区行政公署鄂东办事处，后改为鄂东行政专员公署。1943年，成立长江行政专员公署。1947年，成立鄂豫行署第四、五专署，各县先后成立人民民主政府。四专署辖黄冈、新洲、麻城、麻东、浠水、罗田等县，五专署辖蕲南、蕲北、广济、黄梅、英山等县。1949年3—5月，各县相继解放。第四、五专署在浠水县合并为黄冈行政区专员公署。6月，更名为黄冈区行政公署。7月，迁黄州。辖黄冈、麻城（麻东、麻西合并）、罗田、英山、浠水、蕲春（蕲南、蕲北合并）、广济、黄梅8县。黄冈县治所驻团风。

1951年5月，黄冈区行政公署更名为黄冈区专员公署，为湖北省人民政府派出机构。6月，分黄冈县置新洲县。1952年6月，大冶、阳新、鄂城、黄安4县划归黄冈专署管辖。8月，分置兵堡县。9月，更名为胜利县，黄安县更名为红安县。1955年5月，黄冈专署更名为黄冈专员公署。8月，撤销胜利县。10月，黄冈县驻地由团风迁黄州。1959年1月，大冶县划属黄石市。1965年9月，鄂城、阳新2县划属咸宁专区。“文化大革命”期间，成立黄冈地区抓革命促生产指挥部，为地区领导机关。1968年1月，成立黄冈地区革命委员会，1978年11月撤销，设黄冈地区行政公署，为省政府派出机构。1979年12月，鄂城县划归黄冈地区，并建置鄂城市，亦驻鄂城。1983年10月，划鄂城县、市及黄冈县的黄州镇，建置地区级鄂州市，直属省政府管辖。同时，划新洲县属武汉市。1986年7月，撤销麻城县，设麻城市。1987年5月，撤销鄂州市黄州区，恢复为黄州镇，划归黄冈县。12月，撤销广济县，设武穴市。1990年12月，撤销黄冈县，设黄州市。黄冈地区行署辖黄州、麻城、武穴3市和红安、罗田、英山、浠水、蕲春、黄梅6县。1995年12月23日,国务院批准,撤销黄冈地区和黄州市,设立地级黄冈市,治所驻黄州,并建置团风县和黄州区。2010年10月9日,省委、省政府明确龙感湖农场设立黄冈市龙感湖管理区,由黄冈市管理。

(王 俊)

【行政区划】2022年,黄冈市辖团风、红安、英山、罗田、浠水、蕲春、黄梅7县,麻城、武穴2市,黄州1区和龙感湖管理区、黄冈高新区、黄冈市临空经济区、白莲河生态保护和绿色发展示范区。至年底,全市有乡镇(街道办事处)127个,村(社区)3926个。

【人口】2022年末,黄冈市常住人口579.02万人,其中城镇286.21万人、乡村292.81万人,城镇化率49.43%。黄州区50.12万人,团风县26.51万人,红安县49.71万人,麻城市87.14万人,罗田县46.36万人,英山县30.45万人,浠水县70.46万人,蕲春县76.06万人,武穴市65.92万人,黄梅县76.29万人。据第七次人口普查结果,全市常住人口中,男性人口298.66万人,占51.58%;女性人口280.36万人,占48.42%。有家庭户200.79万户,家庭户人口552.74万人,平均每个家庭户人口2.75人。从分年龄段人口数占比情况看,全市15~59岁人口349.38万人,占比最大,为60.34%。

(袁济峰 彭俊端)

【民族】2022年,黄冈市境内居民以汉族为主,散居有土家族、壮族、苗族、回族、藏族、侗族、彝族、黎族、布依族、瑶族、维吾尔族、满族、仡佬族、白族、朝鲜族等44个少数民族。超过200人的有土家族、壮族、苗族、回族、藏族、侗族、彝族、黎族、布依族、瑶族、维吾尔族、满族12个少数民族。

(徐 拓 严志成)

【红色文化】从五四运动到新中国成立,黄冈人民在中国共产党的领导下,不屈不挠,英勇奋斗,创造28年红旗不倒、22年武装斗争不断、21年革命根据地活动不停的红色奇迹。黄冈是鄂豫皖苏区根据地的核心区,中国共产党的重要建党

表5 2022年黄冈市行政区划一览表

县(市、区)	乡(个)	镇(个)	办事处(个)	村民委员会(个)	社区居委会(个)
合 计	16	99	12	3610	316
黄州区	1	3	5	90	48
团风县	2	8	0	193	17
红安县	1	10	0	369	24
罗田县	2	10	0	397	28
英山县	3	8	0	299	12
浠水县	1	12	0	623	21
蕲春县	1	13	0	494	35
黄梅县	4	12	0	435	53
麻城市	1	15	3	429	23
武穴市	0	8	4	281	55

说明:此表不含龙感湖管理区数据;乡、镇、办事处数据来源市统计局,村、社区数据来源市民政局

基地,中国革命的重要策源地,人民军队的重要发源地,中国革命走向胜利的重要转折地,治党治国治军人才的重要培育地。在建党之初和大革命时期、土地革命战争时期、抗日战争时期、解放战争时期,有44万黄冈儿女牺牲,登记在册革命烈士5.6万人,走出董必武、陈潭秋、包惠僧3位中共一大代表,董必武、李先念2位国家主席,王树声、韩先楚、陈再道、陈锡联、秦基伟等100位开国将帅;邓小平、刘伯承、贺龙、徐向前、许继慎、蔡申熙等多位军事家在此留下战斗足迹,为新中国成立做出不可磨灭的贡献。黄冈红色文化遗址遗迹众多,认定不可移动革命文物655处,博物馆藏革命文物1.56万件(套),革命烈士纪念设施1.64万处,面积294.89万平方米。在革命斗争中形成"万众一心,紧跟党走,朴诚勇毅,不胜不休"的红安精神、黄冈革命老区精神,是黄冈红色文化的鲜明标识,是伟大建党精神的重要组成部分,是大别山精神的重要特质元素,丰富和诠释了中国共产党人的精神谱系。黄冈革命老区精神成为新时代黄冈高质量发

2022年5月26日,湖北省委党史研究室调研组在"重温红色历史、传承奋斗精神"清廉黄冈研学线路中的李先念故居纪念园参观 (市史志研究中心 供图)

展，谱写中国式现代化黄冈篇章的强大精神动力。

（江 明）

【方言】黄冈市东面与江淮官话区接壤，西面同西南官话区和孝感市相连，南面跟赣语区隔江相望，北面和中原官话区毗邻。黄冈方言归属存在争议。赵元任等将其和孝感方言一起称为“楚语”，认为今属黄冈市辖的红安、罗田、浠水、黄梅、武穴、蕲春等地方言“有‘下江话’的风味”。袁家骅则坚持将其划入西南官话区。詹伯慧认为，“湖北鄂东一带的‘楚话’，跟以汉口为代表的‘西南方言’固然大不相同，跟东面的‘江淮方言’又难以归到一起”。中国社会科学院和澳大利亚人文学院的《中国语言地图集》则将其划归江淮官话，与孝感方言一起合称为“黄孝片”。

【风俗】黄冈境内民俗受宋、明多次大规模移民，特别是南宋后江西人迁入影响，在汉俗基础上的赣俗成为基本风俗。

崇尚勤俭，珍爱诚实 居家，精打细算，省吃俭用，“今朝有酒今朝醉”“寅年支付卯年粮”“游手好闲”多受贬斥。处世，注重亲历，不虚妄狂热、言过其实。待人，诚实笃厚，讲信用，鄙弃虚情假意。处事，果决勇敢，计出必行，行必有终，不见异思迁。说话，一是一，二是二，所谓“一点雨，一点湿”，不转弯抹角、巧言令色、阿谀奉承。

尚农尊读，乐土重乡 “种田是根本，吃穿拿得稳”“七十二行，庄稼为上”，在精于农事的同时，对后代教育特别看重，各家各户节衣缩食培养孩子，以勤学故事激励后辈，“爱子重先生”古习延续至今。重耕读的同时形成乐土重乡的习气，“美不美家乡水，亲不亲故乡人”，固守家园、眷恋故乡的感情十分厚重，对子孙忘祖、浪荡弃业者特别鄙视。

急公好义，崇尚气节 有生息与共、忧患同当、急公好义、乐善好施、扶危济困的良好风气。宋、元、明、清时，境内发生反对民族和阶级压迫的群众斗争近20次。在近、现代前赴后继，奋不顾身，为革命、为真理勇于捐躯者无以数计。

殷勤好客，注重礼仪 家有来客不论亲疏贵贱一律以礼相迎，看座、奉茶、敬烟。待客，拿出最好的食物；留客，拿出最好的被褥；交谈，和颜悦色；交换，公平礼让。亲友、邻里婚嫁、生育、寿筵、乔迁、考学、参军等送礼祝贺，“礼多人不怪，油多菜不馊”“莫问人待我，多想我待人”。

（王 俊）

【宗教】2022年，黄冈市有登记宗教活动场所536处，其中佛教368处、道教149处、基督教16处、天主教3处。全市认定备案教职人员889人，其中佛教667人、道教196人、基督教25人、天主教1人。宗教团体24个，其中市属团体3个（市佛协、市道协、市基督教三自爱国运动委员会）、县属团体21个。

（徐 拓 严志成）

【著名人物】黄冈自古多豪杰，名人总量众多，分布面广，贡献卓著。据《二十四史》《辞海》《湖北通志·人物志》《湖北历史名人》等记载，黄冈历代名人1600余位，其中进士944人、近现代名人466人，分布于各个历史时期，涉及政治、军事、科技、经济、文化等领域。“惟楚有才，黄郡实当其半”。

政治领域 如唐朝中后期宰相周墀，直言敢谏、不避权贵，参与牛李党争，为“牛党”重要人物；明代宰相姚明恭，宅心仁厚，“洁己爱民，虚心听狱，严胥役，禁家奴”，改漕米“兑军”（作为年粮缴纳，由军队验收）为“兑会城”（漕米直接交专收粮的机构），百姓得免其苦；民主斗士闻一多，中国现代爱国主义者、民主战士，中国民主同盟早期领导人，中国共产党的挚友，新月派代表诗人和学者，在昆明发表演说《最后一次讲演》，被国民党特务杀害；中国共产党创始人、中国共产党一大代表，中华人民共和国副主席、代主席董必武；中国共产党创始人、中国共产党一大代表陈潭秋；中国人民政治协商会议第七届全国委员会主席、中华人民共和国主席李先念等。

军事领域 如南宋军事家余玠，抗金抗蒙名将，在四川实施“山城防御体系”，挫败蒙古精锐，填补战争史上的空白；农民皇帝徐寿辉，元末农民起义军红巾军领袖，拥兵百万余，在蕲水称帝，建立天完国，历时九年；辛亥革命元勋张振武、田桐、詹大悲、居正和同盟会员82人，黄埔军校黄冈籍学员132名，民国时期授予的黄冈籍将军204人，中华人民共和国授予的开国将帅100人等。

科技领域 如北宋毕昇，中国古代四大发明之一的活字印刷术发明人；当代地质学家李四光，提出“构造体系”地质力学理论，推翻“中国贫油”理论，找到大庆、大港、胜利、华北等油田；“两弹一星”元勋彭桓武，中国科学院院士、物理学家，核潜艇动力方案的领导者，领导和参加原子弹设计方案的制定、氢弹的原理设计和试验，参加中国第一次地下核试验的理论领导工作，2006年6月13日，国际天文学联合会小天体命名委员会批准，命名国际永久编号第48798号小行星为“彭桓武星”；“水杉之父”干铎，林学家、林学教育家，水杉发现的重要信息提供者，中国当代森林经理学的开拓者之一，探索形成中国式的森林经理方法；水稻院士朱英国，植物遗传学专家、中国工程院院士、中国杂交水稻研究先驱者和杂交水稻事业重要奠基人之一，培育出新型不育系和选育杂交水稻新品种，红莲型、马协型杂交稻和两系杂交稻实现产业化等。

经济领域 如中国第一个翻译《资本论》的经济学家王亚南，首倡“中国经济学”概念，代表作之一《中国经济学原论》，被称为“中国的《资本论》”；发展经济学奠基人张培刚，历时10年写成《农业与工业化》，是发展经济学的奠基之作，国际经济学界称之为“世界发展经济学之父”等。

哲学领域 如方志学家王葆心，撰有方志著作170余种，《方志学发微》集方志学之大成，是方志学的开山之作，董必武为其题写“楚国以为宝，今人失所师”；哲学家、现代新儒家学派创始人熊十力，出版《唯识论》《新唯识论：语体文本》等著作20余种，英国《大不列颠百科全书》称“熊十力为中国当代哲学之杰出人物”；近代语言文字学家、音韵训诂学家、国学大师黄侃，“章黄学派”创始人，“集乾嘉汉学之大成”，对古音作出切合实际分类，重要著述有《音略》《说文略说》等数十种；哲学家、佛学家、教育家、国学大师汤用彤，与陈寅恪、吴宓并称“哈佛三杰”，著作有《汉魏两晋南北朝佛教史》《印度哲学史略》《魏晋玄学论稿》等。

医学领域 如中华脉祖王叔和，西晋著名医学家，整理《伤寒论》，编著中国现存最早脉学专著《脉经》；北宋医王庞安时，撰成《伤寒总病论》6卷，主张区分温病和伤寒，发展外感病学；明代医学家、药物学家李时珍，历时27年编成《本草纲目》，是中国古代药物学总结性巨著，2011年《本草纲目》被联合国教科文组织列入世界记忆遗产名录，另著有《奇经八脉考》《濒湖脉学》等多种，被后世尊为“医圣”“药圣”；明代医圣万密斋，擅长儿科、妇科，著有《万密斋医学全书》，与《千金要方》同为中医学全书，清康熙皇帝追封为“医圣”；清代解毒圣手杨继泰，撰成《医学述要》，广搜验方组合出6副戒毒方剂，帮数十万烟民脱毒消瘾，民间称“南有林则徐断绝毒源，北有杨继泰解除病根”等。

文学领域　如北宋文学家吴淑，编纂《太平御览》《太平广记》《文苑英华》等书；北宋江西派诗人潘大临，“满城风雨近重阳”为文学史上著名的“一句诗”；明代大学者耿定向，与弟耿定理、耿定力居天台山创设书院，讲学授徒，潜心学问，合称“天台三耿”，著有《冰玉堂语录》《硕辅宝鉴要览》等；清代“一代霸才”顾景星，著述430卷，其中，《来耕集》《南渡集》75卷编入《四库全书》，《黄公说字》有47卷编入《四库全书》，《四库全书存目提要》称其“记诵渊博，才气尤纵横不羁；诗文雄赡，亦为一时之霸才”；清嘉庆状元陈沆，为清代“古赋七大家”之一，与龚自珍、魏源并立，著有《近思录补著》等；现代小说家冯文炳，作品以田园牧歌风格和诗化意境，在中国现代小说史上独树一帜，被称为“田园小说”和“诗化小说”；儿童文学家叶君健，同时用中文、英文、世界语三种文字发表作品，用10余种文字进行文学创作和翻译，翻译《安徒生童话》等，获丹麦国旗勋章，为世界文化理事会“达·芬奇文学奖”评委；茅盾文学奖获得者熊召政、刘醒龙，鲁迅文学奖获得者邓一光等。

佛教领域　如中国佛教禅宗的六代祖师中，禅宗四祖道信、五祖弘忍弘建“弘法道场”，创“东山法门”，分别在黄梅县西山、东山建四祖寺、五祖寺，弘扬禅法、农禅并重，六祖慧能“菩提本无树，明镜亦非台；本来无一物，何处惹尘埃”偈语脍炙人口，黄梅县成为中国禅宗的发源地，素有“蕲黄禅宗甲天下，佛教大事问黄梅”之说等。

戏曲领域　如京剧鼻祖余三胜，在徽调汉剧合流形成京剧的过程中，首个结合汉调皮簧和徽调皮簧，创作皮簧唱腔，创制二簧反调，成为京剧初期“汉派”代表人物，梨园三鼎甲之一，其子余紫云被称为京剧青衣泰斗，其孙余叔岩被称为余派代表人；黄梅戏创始人邢绣娘，以扮演《蔡鸣凤辞店》中的卖饭女、《上天台》中的祝英台、《白扇记》中胡金莲等小旦而闻名，有“北方梆子有二，黄梅调子无双”“不接京城大戏王，愿请黄梅邢绣娘”之称，是黄梅戏从民间小戏发展成高台大戏的奠基人，清乾隆皇帝御赐“采茶名伶”等。

商贾领域　如明弘治初年，贾庙巨富林千一及其后裔，靠种植烟叶、棉花及纺织发家，家族延续400余年，置田地0.53万公顷，在贾庙百丈崖建有2.5万平方米、房屋400余间建筑群落；民国黄州商帮领袖程栋臣，创办汉口“永福庆棉花商号”，创建武昌第一棉纱厂，是长江流域棉花贸易巨商、汉口最大资本家，有“湖北首富、中国第七”之说等。

此外，客籍黄冈名人众多，如唐宋八大家之一、北宋中期文坛领袖苏轼，谪居黄州四年零四个月，创作753篇作品，代表作《赤壁赋》《后赤壁赋》《念奴娇·赤壁怀古》，黄州之后称苏东坡；邓小平、刘伯承、贺龙、徐向前、许继慎、蔡申熙等多位共和国开国军事家在此留下战斗足迹；等等。

（江　明）

2022年6月10日，黄冈市开展非遗文化——黄梅戏进校园、进景区、进村组活动
（市文化和旅游局 供图）

经济社会发展

【经济发展】2022年，黄冈市地区生产总值增速位列全省第五位，连续5个季度保持在全省第一方阵；规模以上工业增加值、固投、社零等主要经济指标增速持续保持快于全省、稳中有进的良好势头，信贷、用电、收入等关联指标协调增长。全年全市落实稳经济一揽子措施，分行业制定针对性政策，深化“千人进千企”，推动市场主体降本增效。推进专业招商，新签约项目个数比上年增长42.1%，到位资金额比上年增长21.3%。能源投资成为生力军，在建新能源项目总投资415亿元，位列全省第一位。大别山电厂、李时珍医药集团产值过50亿元，祥云集团产值超百亿元，实现百亿级工业企业零的突破。强大包装完成上市，宏源药业完成过会。全市新增“四上”企业个数突破1000家，其中规模以上工业企业新增、净增个数均位列全省第三位。有省级及以上专精特新企业163家。高新技术企业总数突破700家。民间投资比上年增长25.8%，工业投资比上年增长44.4%，工业技改比上年增长12.1%。

【深化改革】2022年，黄冈市全面深化政治、经济、文化、社会等领域改革，创新体制机制，加快建设武汉都市圈重要功能区建设。集成化推进“十大改革攻坚”，全年实施改革项目235个。推进市属国有企业改革，组建黄冈国投公司。深化黄冈高新区园区体制机制改革，5

个省级开发区完成扩区调区，4个化工园通过合规认定。入选全国政府采购支持绿色建材试点，组建大别山网红学院，市场主体评议科长、义务教育学区化集团化办学等27项改革经验在省级以上主流媒体宣传推介。复制推广湖北自贸区改革试点经验，外贸综合服务中心实现全覆盖，临港新城综合码头开港运营，唐家渡一类水运口岸通过省级验收，市进出口产业服务中心建设加快推进。全市培育进出口企业235家，全年实现外贸进出口总额132.5亿元，比上年增长40.1%。加快融入武汉都市圈发展。推动黄冈主城区与光谷（武汉新城中心）紧密协同、与花湖机场全面对接、与鄂州同城发展，推进黄冈高新区与东湖高新区合作。率先设立武汉科技成果转化黄冈分平台，引进三利谱偏光片等产业同链项目57个，黄黄高铁开通运营，燕矶长江大桥、武红高速、G347等硬联通项目加快建设，鄂黄长江大桥9座及以下客车实现免费通行，410个高频事项“一圈通办”。编制国土空间规划、城市更新规划和黄团浠一体化发展规划，实施安国寺片区等9个城市片区更新工程。深化扩权赋能强县改革，推进以县城为重要载体的城镇化建设，探索建设“飞地园区”“托管园区”“共建园区”。以控制成本为核心优化营商环境，出台《黄冈市控制成本优化营商环境若干措施》，持续深化“放管服”改革，实现最多跑一次高频事项800个，98%政务服务事项一网通办。深化“证照分离”“照后减证”改革，全市新登记市场主体10.67万户，总量位列全省第二位。创新设立信贷风险补偿金和企业“白名单”制度，为401家困难企业担保贷款30.6亿元。“首席服务官”制度、“无证明城市创建”等入选湖北省优化营商环境典型案例。

【文化事业】2022年，黄冈市加强文化强市建设，推进文化事业高质量发展。先后出台科技、教育、文化、卫生、体育等领域“十四五”规划。全市谋划建设医药化工产业中试基地，首次在武汉市设立离岸科创中心，推动科技人才、科研成果、招商项目转化落地黄冈。全年争取省级以上科技计划项目49个，争取资金2649万元。推动“教联体”改革工作，推动学前教育、基础教育、职业教育联动改革，推进全市义务教育学校规划布局和教育资源整合，谋划建设幼儿园32所，增加学位8570个，新建、改扩建义务教育学校106所，新建、改扩建普通高中7所。建设完善一批公共文化服务基础设施，提高公共服务覆盖率，促进文化成果共享均等化。全市建有文化馆、公共图书馆、博物馆、书店、农家书屋等4000余个，广播电视覆盖率99.7%。推进全市医疗资源整合和院前急救体系建设，深化医疗卫生体制改革、疾病预防控制体系改革和公共卫生体系建设，制定《黄冈市DIP预分组病种目录库》，印发《10分钟医保服务圈示范点建设实施方案》，申报2022年卫生健康领域投资项目6个，争取中央预算内投资1.55亿元，完成固定资产投资72.2亿元。全市有社会体育组织170家，举办全民健身日系列活动，参加120万人次；举办乡镇（村）体育赛事活动600余次，参加70万人次；参加省十六运会，获金牌28枚、银牌27枚、铜牌54枚，137个小项进入前八名。

【社会民生】2022年，黄冈市坚持在发展中保障和改善民生，养老、救助等社会保障体系实现全覆盖，城乡低保、临时救助、残疾人“两项补贴”等政策措施全面落实。加强困难群众帮扶，加大低保和特困供养政策落实力度，对符合条件的生活困难群众家庭，及时纳入保障范围，规范社会救助办理流程，压缩事项办理时限。加强特殊群体关爱，开展“助老纾困”专项行动，有序开展第五批居家和社区养老服务改革试点。提升机构护理能力，开展关心关爱困难儿童行动。完善住房保障体系和住房市场体系，新开工城市棚户区改造600户，建成2937套。推进就业创业工作，通过“春风行动”“直播带岗”等各种线上线下招聘活动平台，为企业招聘员工2.12万人。全市发放创业担保贷款15.9亿元，带动就业2.2万人。开展社保扩面工作，全市参加城镇职工基本养老保险113.56万人，完成年度目标103.84%。全市城乡居民生活水平不断提高，收入稳定增长，全年城镇常住居民人均可支配收入36312元，比上年增长6.7%；农村常住居民人均可支配收入17855元，比上年增长8.5%。

【生态环境】2022年，黄冈市持续开展长江高水平保护十大攻坚提升行动，持续打好蓝天、碧水、净土保卫战。全市国控断面水质优良率92.9%，跨市（州）界断面水质、县级以上集中式饮用水水源地水质达标率均为100%。深化生态文明建设，创建国家生态文明建设示范区1个、省级生态文明建设示范区9个。开展赤壁、遗爱湖、长河等城市公园的环境综合整治，扎实推进全域省级森林城市创建。

（张 煜）

2022年4月2日，黄州区被湖北省生态环境保护委员会授予湖北省生态文明建设示范区称号。图为黄州区滨江公园

（市生态环境局 供图）

责任编辑：严 静　责任校对：赵舒逸

中国共产党黄冈市委员会

综　述

【学习贯彻中共二十大精神】 2022年，黄冈市坚持把学习习近平总书记重要讲话和重要指示批示精神作为市委常委会会议第一议题，作为市委理论学习中心组学习首要内容，市委常委会传达学习、研究贯彻落实措施39次，市委理论学习中心组举行16次学习会集中研讨。传达学习贯彻习近平总书记考察湖北重要讲话精神和省第十二次党代会部署，举办县级主要干部专题培训班7期。中共二十大召开后，第一时间传达学习，召开市委六届四次全会系统部署，出台学习宣传贯彻意见，分5期集中轮训在职县级干部和乡镇（街道）党（工）委书记1598名，组建"两团多队"（党委宣讲团、青年宣讲团、多样化宣讲队）"五路大军"（驻村干部、青年骨干、专家学者、文艺工作者、先进典型）全覆盖宣讲，创新运用黄梅戏等艺术形式宣传宣讲，组织市县主要媒体宣传，掀起学习宣传贯彻热潮。

【加强党的政治建设】 2022年，黄冈市委常委会会议专题研究意识形态工作4次，推动各级落实"五纳入"（把意识形态工作纳入党建工作责任制，纳入领导班子和领导干部目标管理，纳入执行党的纪律监督检查之中，纳入综合目标管理，纳入干部考核内容）、"三报告"（每半年向上级党委报告意识形态工作责任制落实情况；每年向同级党委全会报告意识形态工作责任制落实情况；每年向纪委全会报告意识形态工作责任制落实情况）工作制度，层层压实网络安全工作责任，加强民族、宗教、高校等重点阵地建设管理，"扫黄打非"工作考核位列全省第一位。组织开展大型主题报道活动，举办新闻发布会24场。支持黄麻起义和鄂豫皖苏区纪念园建设发展，推动县乡村三级实践中心(所、站)、志愿服务队伍全覆盖，4个志愿服务项目在全国、全省获金、银奖。深入打好"五大攻坚战"，推进全国文明城市创建。选树道德模范，2人登"中国好人榜"。推出文艺精品73件，组织开展红色文艺轻骑兵等文化惠民活动1500余场次。推进文旅产业高质量发展行动，全市规上文化产业营收增速位列全省第二位。启动长征国家文化公园英山园区、长江国家文化公园黄冈段建设，编制实施《黄冈市革命文物保护利用规划》。

【推动高质量发展】 2022年，全市推进专业招商、产业链招商，每月举办项目"集中签约+集中开工"活动，新签约5000万元以上项目数、总投资额分别比上年增长38.15%、44.25%，引进百亿项目5个；新开工、新入库项目数均创历史新高。蕲太高速东段、宏源药业氟化工等重大项目加速推进。落实援企惠企政策，累计减免退缓税费59.9亿元。推进工业强市、产业兴市。深化"千人进千企"行动，全市新增"四上"企业1002家，新增数量位列全省前三位，其中新增规上工业企业229家，总数1451家；入选省级以上专精特新"小巨人"企业163家，入选省级支柱产业细分领域隐形冠军企业102家。实施企业上市"破零翻番"计划，强大包装上市，宏源药业过会，打破黄冈市连续22年无新增上市企业困局。湖北祥云集团成为黄冈市首个产值超百亿元工业企业。实施创新驱动发展战略。出台支持科技创新硬政策13条，推进光谷科创大走廊黄冈功能区建设，做实黄冈（光谷）离岸科创中心，加快黄冈智能科技产业园建设，拥有国家级高新区1家，省级高新区、省级农业科技园区数量位列全省第一位，创建省级创新型县（市）2家。发挥企业创新主体作用，深化校企合作，高新技术企业总数777家，新入库科技型中小企业1333家；完成技术合同成交额148亿，位列全省第四位。推进乡村振兴。坚持粮食安全党政同责，做好抗旱保丰收工作，全年粮食总产稳定在50亿斤以上。全力抓好农业产业化，"一县一品""一业一品"扶持壮大粮食、生猪等百亿产业，全年新增规上农产品加工企业57家，规上农产品加工产值比上年增长38.11%，蕲艾全产业链产值突破100亿元。落实防返贫动态监测与帮扶机制，3.5万名"三类对象"（脱贫不稳定户，边缘易致贫户，突发严重困难户）消除返贫致贫风险。启动20个乡村振兴示范片区建设，铺开乡村建设行动，农村自来水普及率95.29%。加快建设人与自然和谐共生的美丽黄冈。编制黄冈市流域综合治理和统筹发展规划，确定各类区域正负面清单。推进建设垃圾焚烧发电项目6个，建成运营4个。持续打好蓝天、碧水、净土保卫战，全市国控断面水质优良率92.9%，跨市（州）界断面、县级以上集中式饮用水水源地水质达标率均为100%。深化生态文明建设，创建国家生态文明建设示范区1个、省级生态文明建设示范区9个。推动绿色低碳发展，麻城市石材产业绿色化转型做法被中央生态环保督察组充分肯定，黄冈市磷石膏综合利用率60.21%。总投资110亿元的罗田县平坦原、总投资105.8亿元的黄梅县紫云山、总投资25亿元的团风魏家冲等抽水蓄能电站启动建设，全市在建新能源项目投资415亿元，新能源装机362.64万千瓦，均位列全省首位。

【加强党对人大、政协等工作的领导】 2022年，黄冈市委支持和保证市人大及其常委会依法行使立法权、监督权、决定权、任免权，制定和修订地方性法规4件，听取和审议专项工作报告23项，开展执法检查5次，专题询问2次，作出重大事项决议决定4项，任免国家工作人员105人次，全国人大立法调研组充分肯定黄冈市地方立法工作。支持市政协履行政治协商、民主监督、参政议政主要职能和凝聚共识重要职能，开展"一线协商·共同缔造"行动，建立委员活动小组18个，开展一线协商624次，办理协商交办事项387件。加强统一战线工作，组织开展政党协商活动6次，创建新时代同心实践创新基地94个，实施"万企兴万村"产业项目978个，扎实做好民族、宗教、港澳台侨海外统战工作。持续深化群团改革，工青妇科侨和残联、红十字会等群团组织政治功能有效发挥。着力建设更高水平法治黄冈，落实法治建设"一规划两方案"(《法治中国建设规划(2020—2025年)》《法治社会建设实施纲要(2020—2025年)》《法治政府建设实施纲要(2021—2025年)》)，全面推行行政执法"三项制度"(行政执法的公示制度，行政执法全过程的记录制度，重大执法决定的法制审核制度)，持续擦亮"市长审案"品牌，市县乡三级公共法律服务平台覆盖率100%，组织开展全市首届"十大法治人物""十大法治事件"选树活动。大力支持国防和军队建设，黄冈市双拥创建经验做法在全国推介。

【全面从严治党】 2022年，黄冈市落实全面从严治党主体责任，制定完善关于坚决维护以习近平同志为核心的党中央权威和集中统一领导的具体规定、黄冈市贯彻中央八项规定实施细则精神实施办法、市委工作规则和市委常委会自身建设意见。推进中央和省委巡视、督察反馈意见整改落实。加强干部和人才队伍建设，做好换届"后半篇文章"，举办高质量发展等各类培训班38期，出台"十四五"人才发展规划，组建武汉都市圈人才发展联盟，新引进硕士及以上高层次人才478人。实施基层组织建设三年行动计划，持续开展基层党建示范县乡创建行动，实施党建引领乡村基层治理促进乡村振兴，创新实施小区"五个基本"建设。坚持不敢腐、不能腐、不想腐一体推进，全市纪检监察机关立案3227件，处分3310人。

(张　煜)

重要会议

【中国共产党黄冈市第六届委员会全体会议】 2022年，中国共产党黄冈市第六届委员会召开全体会议4次。

1月17日，中国共产党黄冈市第六届委员会第二次全体会议在黄州召开。全会由市委常委会主持。市委书记张家胜出席并讲话。市委常委、组织部部长何飞向全会作关于黄冈市推荐提名湖北省出席中共二十大代表候选人情况的说明。会议讨论并表决通过黄冈市推荐提名湖北省出席中共二十大代表候选人名单。全会应到市委委员55名，实到50名，符合规定人数。

4月24日，中国共产党黄冈市第六届委员会第三次全体会议在黄州召开。全会由市委常委会主持。市委书记张家胜出席并讲话。全会听取市委常委、组织部部长何飞关于推荐提名黄冈市出席中国共产党湖北省第十二次代表大会代表候选人预备人选情况的说明。全会依照党内有关规定，投票确定56名黄冈市出席中国共产党湖北省第十二次代表大会代表候选人预备人选，表决通过《中国共产党黄冈市代表会议方案(草案)》《中国共产党黄冈市代表会议选举办法(草案)》。全体市委委员、候补委员参加会议。

11月18日，中国共产党黄冈市第六届委员会第四次全体会议在黄州召开。全会由市委常委会主持。全会听取和讨论市委常委会向市委六届四次全会的工作报告，审议通过《中共黄冈市委关于认真学习宣传贯彻党的二十大精神的意见》《中国共产党黄冈市第六届委员会第四次全体会议决议》。受市委常委会委托，市委书记张家胜就《中共黄冈市委关于认真学习宣传贯彻党的二十大精神的意见(讨论稿)》起草情况作说明并讲话。市委副书记、市长李军杰出席会议。出席全会的有市委委员39人，市委候补委员9人。有关方面负责人列席会议。

【市委经济工作会议】 2022年12月27日，中共黄冈市委六届五次全体会议暨市委经济工作会议在黄州召开。全会由市委常委会主持。全会以习近平新时代中国特色社会主义思想为指导，深入学习贯彻中共二十大和中央经济工作会议精神，认

2022年12月27日，中共黄冈市委六届五次全体会议暨市委经济工作会议在黄州召开

(胡　辉　摄)

真贯彻落实省委十二届三次全体会议暨省委经济工作会议精神，听取和审议市委书记张家胜受市委常委会委托作的2022年以来传达学习贯彻落实习近平总书记重要讲话和重要指示批示精神情况报告，总结2022年全市经济工作，部署2023年全市经济工作。市委书记张家胜，市委副书记、市长李军杰分别讲话。出席全会的有市委委员48人，市委候补委员10人。有关方面负责人和部分市第六次党代会代表列席会议。

【全市实践活动动员大会】2022年5月24日，全市党员干部下基层察民情解民忧暖民心实践活动动员大会在黄州召开。市委书记张家胜出席并讲话。市委副书记、市长李军杰主持会议。市人大常委会党组书记、主任张社教出席会议。市委副书记、政法委书记金鑫就《中共黄冈市委关于开展党员干部下基层察民情解民忧暖民心实践活动的实施方案》作说明。黄州区、红安县、市委直属机关工委、市教育局、市经信局负责人作表态发言。市委常委，市政府副市长，市检察院主要负责人，市委、市政府秘书长、副秘书长，市直单位党组（党委）主要负责人，金融机构负责人等在主会场参加会议。会议以电视电话会形式召开，各县（市、区）设分会场。

（张　煜）

全面深化改革

【概况】2022年，黄冈市六届市委深改委第三次会议提出学习贯彻落实中共二十大报告有关全面深化改革重大部署工作举措，第二次会议专题学习研究省党代会有关全面深化改革部署。市委常委会、市政府常务会列入改革议题90个，审议通过78项改革方案文件。18名市级领导领衔重大改革项目22项，统筹实施改革集成项目38项，改革实施项目240个。建立健全领导领衔推进、部门协同攻关、改革项目化管理、月度提示提醒、改革质效第三方评估、分类精细考评等机制。自查整改2020年以来中央和省委深改委部署的改革任务落实情况。构建“10+3”（优化区域发展布局、优化营商环境、推进科技创新、推进城乡融合发展、完善司法和社会治理、构建现代产业体系、健全财税金融体制、完善民生保障体制、健全生态文明体制、加强党的建设十个方面，涵盖行政、经济、社会三大领域）重点改革项目推进和考核机制。在全省率先设立市州改革项目促进资金。开展“奋进新征程 建功新时代·讲好黄冈改革故事”主题宣传，推出改革故事短视频60个、优秀改革案例70个。召开“黄冈改革这十年”新闻发布会，开设《改革攻坚面对面》电视访谈节目。召开全面深化改革工作现场推进会，总结推广武穴市经验。

【经济体制改革】2022年，黄冈市加快融入武汉都市圈，黄州主城纳入武鄂黄黄核心区，规划打造科技新城、商贸强城、文旅名城。鄂黄长江大桥实现惠民免费通行，推进燕矶长江大桥、武汉至红安高速建设。加快建设光谷科创大走廊黄冈功能区，黄冈（光谷）离岸科创中心投入运营；黄冈高新区与武汉东湖高新区对接合作加快。武汉都市圈住房公积金同城化服务平台上线运行。加快推动产业转型升级，做实制造业重点产业链“双链长制”，推进制造业和服务业融合发展，十大重点农业产业链改革成效显著，麻城创建“全国石材产业高质量发展示范城市”。整合市区分散园区，构建“一区多园”新体制，高新区规划面积扩大至131.3平方千米。新组建黄冈国有资本投资运营集团有限公司。国企改革三年行动改革任务全面完成。建立企业融资纾困“白名单”制度，创新设立信贷风险补偿金，科技融资担保体系市域全布局。知识产权质押、碳排放权质押等创新产品落地，拓展“信易贷”模式，建立全省首个再贷款支持乡村振兴示范点。建立沿江产业协同发展、集群发展机制，持续深化黄冈—九江跨江合作。组织县（市、区）承接省、市下放经济社会管理权限115项，出台进一步激发全市科技创新活力的若干措施。农村承包地“三权分置”改革持续推进，武穴市、麻城市入选全国农村集体产权制度改革典型地区，英山县创建国家农村产业融合发展示范园。

【政治体制改革】2022年，黄冈市地方性法规实施监督和评估机制不断完善，建立市县政府向同级人大常委会报告国有资产管理等制度。推进社情民意信息反映机制改革，政协委员主体作用发挥明显。开展行政备案规范管理改革试点，为湖北省向国务院提供行政备案建议清单提供依据。司法体制改革持续深入，执法司法监督机制不断完善。公安机关现代警务实战训练体系改革取得实质性进展。提升基层商会建设水平，全市127个乡镇（街道）商会实现全覆盖。红安县、武穴市县域共青团改革试点通过团中央验收。市县红十字会理顺管理体制，英山县红十字“救”在身边志愿服务项目获评全国学雷锋服务“四个100”最佳志愿服务项目。

【文化体制改革】2022年，黄冈市在全省率先推动市级主流媒体改革，以全媒体思维重塑组织架构，建立大部制机构运行模式。建成“新媒体首发、全媒体跟进、融媒体传播”的运作模式。文物保护利用“五个一”工程落地实施，红安县创建第二批国家革命文物保护利用示范区。文化旅游深度融合发展，国有文艺院团改革有效落实，黄梅戏品牌地位巩固提升。

【社会治理体制改革】2022年，黄冈市创建全国市域社会治理现代化试点合格城市，融入“五治五共”（政治引领、法治保障、自治强基、德治教化、智治支撑，共识、共建、共办、共荣、共享）理念，变条线“单一管”为融合“多元治”。在全省率先建成“情指勤舆”合成作战大闭环，县（市、区）及乡镇（街道）形成矛盾纠纷联调、社会治安联防、平安建设联创、重点工作联动、特殊人群联管、突发事件联处工作格局，团风县“一站受理、多元化解”模式被广泛复制推广。构建全市应急管理“一网两系统三平台”，风险预警、指挥救援、行业监管水平走在全省前列。义务教育“双减”工作长效机制加快建设，教育评价改革持续深化，建立中小学校党组织领导的校长负责制，创建省级教师教育综合改革实验区，启动县域教联体改革试点。公共卫生体系和疾病预防控制体系全面重塑，基层医疗卫生机构全面推行规范化、标准化建设，公立医院改革稳步实施，推动市区医疗资源优化整合，搭建组织架构，创建首批省市共建省级区域医疗中心。深化医疗保障制度改革，启动“黄惠保”普惠型补充商业健康保险；推进DIP医保支付方式改革，药品和耗材集中带量采购改革提速增效，创建全国

2022年5月17日，黄冈市市域社会治理研究中心揭牌仪式在黄冈师范学院举行

（黄冈师范学院　供图）

医疗保障服务示范窗口。探索“政府主导、企业参与、线上线下相结合”的居家社区养老服务模式。殡葬改革深入推进。推进社保卡“一卡通”在居民服务各业务领域广泛应用。

【生态保护体制改革】 2022年，黄冈市创建省级生态文明建设示范市，9个县（市、区）创建省级生态文明建设示范区。开展“两山”转化试点建设。全域编制自然资源资产表，开展领导干部自然资源资产离任审计，实施生态环境损害赔偿制度。统筹推进龙感湖、太白湖、武山湖流域综合治理。在巴河、“三湖”地区、白莲河库区流域建立生态补偿机制。编制《白莲河国家生态产品价值实现机制试点创建工作方案》。建立市、县、乡、村四级林长组织体系，形成“山有人管、责有人担”责任体系，完善“林长+检察长”协作机制，推进“森林警长”试点。英山县启动碳汇开发项目试点。推进排污权抵质押贷款。初步形成以湿地类型自然保护区为主体、湿地自然公园为补充的湿地保护体系格局。统筹使用主要污染物排放总量控制指标，有力支持全市重点项目建设。

【基层治理和事业单位改革】 2022年，黄冈市共同缔造探索社会治理新经验，全域扩面在112个村（社区）开展试点。红安县探索出“低投入、见实效，拓内涵、见精神，管长效、建机制”模式。麻城市成为全国共同缔造活动首批精选试点市、首批培训基地。创新开展基层党组织“红色引领　绿色发展　全域提升”三年行动计划，深化小区“四个全覆盖”，加强农村“四型”塆组创建。制定《黄冈市向用人主体授权“双随机、一公开”监督管理办法（试行）》，探索下放职业技能等级认定权限。实施县以下事业单位管理岗位职员等级晋升制度。制定《黄冈市直行政事业编制周转池管理办法（试行）》，统筹市直单位分配未使用沉淀编制。构建政治生态分析研判新机制，制定政治生态评价指标体系，创新构建培训会商机制、预研预判机制、政策答疑机制、流程清单机制。

【入选中国改革典型案例】 2022年，中国经济体制改革杂志社主办“学习贯彻党的二十大精神——中国改革2022年度案例征集活动”，黄冈市“政务服务向基层延伸，健全服务‘三农’政务体系”“黄商集团混合所有制改革”分别入选中国改革2022“年度市域案例”和“年度地方全面深化改革典型案例”。黄冈市以“高效办成一件事”为导向，推动121个政务服务事项向基层延伸，在乡镇、村可办理从出生登记、社保、就业、卫生健康、医疗保障、养老、身故等个人全生命周期和个体户登记、畜牧养殖、林木采伐、农村土地使用等农村生产全生命周期服务事项，初步建成服务农村生产生活的政务服务体系，有效服务于农业发展、农村稳定、农民增收。黄商集团是黄冈市商贸龙头企业。近年来，该企业以市场化、系统化、科学化思维推进国有资本投资公司改革，把混合所有制改革作为突破口，大力推进股份制改革，健全管理制度，注重人才培养，创新经营模式，从一家只有500余名员工的独立商场，发展到如今拥有100余家卖场、万余名员工的黄商集团，成为湖北省市州及以下仅存发展规模不断壮大的国有控股零售企业。

（胡　溢）

组织工作

【概况】 2022年，黄冈市新发展党员5871人，至年底，全市党员人数36.15万人，其中，预备党员6880人，女党员7.37万人，少数民族党员538人。党的基层组织1.58万个，其中，党委756个，总支部1618个，党支部1.34万个，覆盖全市10个县（市、区），4个功能区，127个乡镇（街道），3609个村，320个社区。黄冈市委组织部红色美丽村庄建设、激励关爱乡村干部经验被《人民日报》和中组部《组工信息》推介，激励干部担当作为、党建引领高质量发展、干部教育培训、干部信息统计、公务员管理、人才工作等经验在全省交流。全省共同缔造培训班在黄冈市举办。选人用人“一报告两评议”、干部人事档案专审、干部信息统计工作位列全省前列。

【基层党组织建设】 2022年，黄冈市创新实施“红色引领　绿色振兴　全域提升”基层党建三年行动计划，建立“市级部署、县级主责、乡镇主抓、社区（村）动员、群众参与”工作机制，推动资源服务平台下沉。推进中央和省级14个红色美丽村庄建设，创新开展农村塆组党建。红色美丽村庄建设、党建引领高质量发展、党建引领共同缔造等工作经验在全省交流。新华社、《人民日报》《湖北党建》《组工信息》等报道黄冈市基层党建经验350余篇（条）。基层党组织战斗堡垒和党员先锋模范作用发挥。组织基层党组织1.5万个、“党员突击队”371支、下沉一线党员32万名，当好疫情防控宣传员、采购员、信息员。推动2102支驻村工作队就地转化为“抗旱救灾先锋队”，调水取水、抗旱保苗。深化“千人进千企”行动，704个驻企服务专班下沉包保重点企业976家、重点项目592个。开展党员干部下基层察民情解民忧暖民心实践活动，市县领导班子下基层4500余次，解决问题1968个。推行“窗口办、自助办、掌上办、代你办”，乡村两级分别可办理服务事项274项、114项。探索“红色代办”行动，选配乡镇（街道）政务代办专员128名、村（社区）代办员3926名，打造“好邻居”工作站，开展“家门口”服务。健全“街道党工委+社区大党委+小区综合党支部+楼栋党小组+党员中心户”和“乡镇党委+村级党组织+塆组党小组+党员中心户”架构，从群众房前屋后的小事做起，发动群众投工投劳，共建共管，累计整合资金超3亿元，村（居）民出资出工折合占8%。全省共同缔造培训班在黄冈市举办，承接省内外参观学习720批次。党建引领乡村治理促进乡村振兴。落实“四个一”工作机制，实施“六个一”整顿措施，整顿转化软弱涣散党组织201个。加强对村干部特别是“一肩挑”人员管理监督，开展换届“回头看”，及时调整村党组织书记13名、“两委”78名，全覆盖培训村党组织书记3610人、“两委”1.54万人。深化“培育新青年 振兴新农村”活动，储备35岁以下后备干部1.09万名。构建人员、经费、场所、政策“四位一体”乡村振兴保障体系，市财政安排村级组织运转经费0.81亿元，乡村振兴衔接资金1.03亿元。选派驻村第一书记3196名、工作队员8084名，市级举办150人示范培训、县级全员培训，约谈履职不到位第一书记和所在单位主要负责人，通报表扬工作实绩优秀驻村第一书记。坚持发展新型村级集体经济和“消薄”攻坚“两手抓”，全面审计2019—2021年省级新型村级集体经济扶持村521个，帮扶指导2022年省级新型村级集体扶持项目148个，669个新型村级集体经济扶持项目收益累计超3800万元。出台《关于激励发展壮大村级集体经济的若干措施》，开展20万元以下薄弱村消薄攻坚。推广“村企共建”“三产融合”“抱团开发”等模式，推行村干部报酬与村级集体经济经营绩效挂钩奖励政策，指导村级组织运用共同缔造理念领办农民专业合作社2973个，实现村均集体经济收入7.6万元，收入超50万元村178个，工作经验被《湖北日报》推介。推动党建引领乡村治理进塆入户，建立塆组党支部（党小组）1.7万个，建设塆组“红星之家”1.23万个。推行党员户挂牌，落实党员设岗定责、承诺践诺等机制，推动每名有劳动能力党员联系10—15户普通群众。城市基层党建引领基层社会治理。印发《黄冈市深化城市基层党建引领基层治理工作任务清单》，召开城市党建引领城市基层治理专题研讨班。建立市（区）委书记担任组长的领导协调机制，全覆盖组建12个街道“大工委”和193个社区“大党委”，累计召开委员会780余次，成员单位联席会议390余次，开展服务活动1700余次。开展街道体制改革工作“回头看”和党工委运行情况调研，优化内设机构运行，推进“互联网+党务政务服务”向街道社区延伸。推行社区党组织书记按事业岗位管理，建立能上能下管理机制。核定城市社区员额制工作者1716人，持证社工658人，深化小区党组织建设，推进小区党组织、业委会、物业服务、矛盾调处机制、群众参与治理“五个全覆盖”，组建小区综合党组织3076个、楼栋党小组1.1万个。召开黄州城区小区治理现场办公会，协调落实“三无”小区、破产改制小区物业覆盖启动资金1000万元。组织拍摄以老旧小区改造为题材的电影《天大的事》。出台《黄冈市机关企事业单位党员干部下沉社区（小区）工作制度》等规范性文件6个，优化“组织派遣、志愿服务、应急派遣”应急梯次队伍3支。开发“小区微服务”“家门口服务”“党群e家”等智慧平台，推动“工作在单位、服务在社区、奉献双岗位”。各领域党建工作。开展党支部标准化规范化建设，分6个领域编印《黄冈市党支部标准化规范化建设系列指导丛书》。健全“两新”工作机制，开展“标准型、示范型、红旗型”支部创建，培训两新组织党务工作者127人，实现14个省级以上园区和556家有党员的园区非公企业实现综合党委和党组织应建尽建。17家国有企业完成党建入章和党委书记、董事长“一肩挑”。推进公立医院党建入章、医院党组织会议和院长办公会议事项决策规则修订，完成率100%，51家二级以上公立医院均落实党委领导下的院长负责制，“双带头人”比例95.3%。调整在黄4所高校党组织隶属关系和党建工作归口，举办2022年高校基层党支部书记网络培训示范班培训。开展中小学党组织领导的校长负责制试点工作，确定试点学校120所。举办民办学校党组织书记和党务干部示范培训班，培训450人。

2022年5月15日，武穴市委组织部摄制的老旧小区改造题材电影《天大的事》开机拍摄 （黄冈日报社 供图）

【领导班子和干部队伍建设】2022年，黄冈市委组织部激励干部担当作为工作经验在全省组织部长会议上作交流发言，重点调研课题《推动和激励干部担当作为典型案例研究》获2022年度全省党建研究课题一等奖，县以下事业单位管理岗位职员等级晋升工作被省委组织部、省人社厅充分肯定。做好中央、省级换届和市级领导班子建设服务工作。推荐提名黄冈市出席第十四届全国人民代表大会代表初步人选9名、出席省十四届人民代表大会代表54名和省十三届政协委员人选22名；完成市六届人大一次会议、市政协六届一次会议会务服务、换届选举等各项工作任务；完成市六届人大二次会议选举及市党代表会议选举省党代会代表服务工作；配合完成换届后省管干部市管职务调整、市州领导班子和干部队伍专题调研等工作。换届后领导班子政治思想建设。开展县乡领导班子运行情况调研评估，制定出台《关于加强领导班子和干部队伍建设的若干措施》《关于进一步加强乡镇领导班子建设的若干意见》等文件。建立日常了解接触干部的硬性制度，注重在疫情防控、防汛抗旱、创文创卫等工作一线发现识别干部，掌握先进典型。“新时代年轻干部成长工程”。招录引进生1人、选调生69人，市直事业单位引进高层次人才165人、公开招聘工作人员327人。制定出台全市干部挂职锻炼工作总体方案，从市直部门和县(市、区)选派优秀年轻干部85名进行上下交流挂职，选派市县领导干部8名到上海、浙江跟班学习，选派优秀年轻干部11名到省直单位和武汉市挂职。考核抽调到市招商分局参与专业招商的第一批期满干部30名，抽调第二批参与专职招商干部43名。举办年轻干部培训班，运用年轻干部调研成果，点名调训优秀年轻干部50名，推荐4名优秀年轻干部到省委党校年轻干部培训班学习。改革工作和干部队伍宏观管理。健全规范事业单位人事综合管理，全面推行县以下事业单位管理岗位职员等级晋升，实现制度入轨，全市职员等级晋升5291人，占符合条件人数84%。研究制定《黄冈市直事业单位公开遴选工作人员办法(试行)》《关于规范事业单位工作人员辞聘解聘程序有关事宜的通知》等规范性文件。开展事业单位调整优化后人员转隶，市直事业单位转隶402人。加强援藏援疆干部人才管理服务，开展援藏援疆干部人才述职，择优选派参加援藏医疗专业人才2名。加强选调生到村任职管理，检查督办选调生到村任职，建立履职尽责项目清单和工作情况报告制度，出台《关于进一步加强和规范选调生到村任职补助资金使用和管理工作的通知》。安置团职干部1名、招聘随军家属6名，完成市工商联(总商会)、市侨联、市残联、市社科联、市红十字会等群团组织换届选举工作。规范推进竞争性选调和干部调配工作，从严规范领导干部社团企业兼职、出国(境)、学历认定等业务审批程序，办理学历认定800余人次。

【干部教育与监督管理】2022年，黄冈市统筹办好主体班10期、专题班17期，示范领办乡镇(街道)党政正职、县(市、区)直部门主要负责人轮训和村(社区)正职示范培训，指导推动市县乡三级对六大类4.3万名基层干部培训全覆盖。选派参加中央和省级各类班次培训领导干部200余名。率先举办领导干部学习贯彻党的十九届六中全会和党的二十大精神集中培训，轮训“关键少数”干部1496人次和1503人次参训。《学好用好〈习近平谈治国理政〉(第四卷)》等经验做法在全省会上作交流发言。开展中组部新时代干部专业化能力培训课题研究，开展贯彻落实《2018—2022年干部教育培训规划》评估。市委党校入选全省党校首届教学管理优秀奖。更新完善课程体系，《刘邓大军千里跃进大别山》课程入选全省党校系统第三届精品课，在“国家安全大宣讲”活动中获省优秀奖、市一等奖，4篇案例入选全省党校系统案例。研究出台《在干部监督中加强政治监督的实施意见(试行)》，开展领导干部个人有关事项报告查核，推行“一填二核三审”的预填报制，加大事前预审提醒力度，完成1162名市管干部个人有关事项集中填报、信息录入和汇总分析，重点抽查628人，随机抽查117人，如实报告一致率94.63%。严格任前审核把关，制定《干部监督特别档案部内信息沟通工作机制》，系统整合干部监督工作联席会成员单位各类负面信息，形成负面清单1600余条，掌握干部政治表现、廉洁情况和综合素质情况，全年征求廉政意见47批1655人、4家集体，公示16批273人。制定《黄冈市委组织部结合市委巡察开展选人用人专项检查的工作流程》，完成六届市委第一轮巡察15家单位选人用人专项检查及183个问题反馈工作，指导协调红安县、团风县、罗田县、英山县、蕲春县做好十二届省委第二轮巡视选人用人专项检查迎检各项工作。畅通“四位一体”举报渠道，办理信访举报75件，澄清正名7件，提醒谈话8人，批评教育2人，责令作出书面检查2人，给予党内严重警告处分1人、党内警告处分2人。制定出台《黄冈市副厅级及以上领导干部配偶、子女及其配偶经商办企业禁业范围的规定》，印发《关于加强对“一把手”和领导班子监督的工作提示》，经济责任审计28家单位30名主职。常态化推进因私出国(境)、超职数配备干部、领导干部违规兼职、“带病提拔”倒查等专项整治。

【黄冈市出席中共湖北省第十二次代表大会代表选举】2022年5月9日，中国共产党黄冈市代表会议在黄州召开，选举黄冈市出席中国共产党湖北省第十二次代表大会代表。会议由市委常委会主持。市委书记张家胜出席并讲话，市委副书记、市长李军杰，市委副书记、政法委书记金鑫，市人大常委会主任张社教，市政协主席洪再林，市委常委胡爱民、李初敏、董波、余友斌、何飞、刘忠诚、赵建新、李玲等出席会议。省换届风气巡察督导组到会指导。会议应到代表286名，实到272名，符合规定人数。会议以无记名投票方式进行选举，49人当选黄冈市出席中国共产党湖北省第十二次代表大会代表。

【公务员队伍建设】2022年，黄冈市公务员全周期管理、平时考核经验先后被省

2022年5月9日，中国共产党黄冈市代表会议在黄州召开，选举黄冈市出席中国共产党湖北省第十二次代表大会代表
(黄冈日报社 供图)

委组织部组工信息刊发，公务员信息采集更新工作连续三年位列全省第一位。公务员法律法规的学习贯彻和招录遴选工作。公务员法律法规学习和培训覆盖面90%以上，实现公务员法宣讲在党校主体班、公务员初任培训、选调生岗前培训全覆盖。完成公务员招录遴选工作，坚持科学谋划、规范推进、精细服务、部门联动，确保考录工作安全顺利；黄冈考区参加笔试1.66万人，全市招录公务员801人；开展市直机关公开遴选公务员工作，为22家市直单位遴选公务员36名。公务员精细化管理。推进法官、检察官单独职务序列改革，全面实施人民警察执法勤务、警务技术职级序列，探索行政执法和专业技术类公务员制度改革，推动公务员分类改革向纵深迈进。指导武穴市完成全国公务员平时考核工作联系点和干部考核基层综合观测点有关工作，召开全市公务员平时考核工作现场推进会，以点带面，示范引领抓紧抓实公务员平时考核工作，全市党政机关和参公管理单位非领导成员公务员全部纳入平时考核。“人民满意公务员”和“人民满意公务员集体”推荐评选工作。组织市直机关和县（市、区）广泛宣传择优确定推荐对象，黄冈市1人获全国“人民满意的公务员”称号，5人获湖北省“人民满意的公务员”称号，4个集体获湖北省“人民满意的公务员集体”称号，4名个人和2个集体被省委、省政府记一等功，黄冈市获省级以上“人民满意的公务员”表彰的个人和集体数均位列全省第三位。

【人才工作】2022年，黄冈市编制实施“十四五”人才发展规划，制定出台加强和改进新时代人才工作的实施意见，“一季度一主题”分领域召开人才工作现场推进会。开展全市各级党委（党组）书记抓人才工作述职评议活动，县（市、区）和市直单位党委（党组）书记认领并办结人才工作项目68个。组建武汉都市圈人才发展联盟，召开联盟第一次全体会议。黄冈市人才工作考核被评为全省A+等次，在全省人才工作重点任务推进会和全省“三大都市圈”人才发展联盟工作座谈会上交流发言。人才引育。实施事业单位“招硕引博”“百万年薪招博”等人才招引计划，引进硕士及以上学历高层次人才478人，其中博士研究生14人、硕士研究生464人。实施“青年拔尖人才”“一村多名大学生”等青年人才培养计划，选派优秀青年农民257名到黄冈职业技术学院接受大专学历教育，遴选重点培养优秀青年人才10名。开展“才聚荆楚·梦圆黄冈”企业引才进高校活动，引进技能人才945人。分产业领域举办两期黄冈市高质量发展管理人才培训班。贯彻落实省“万名专业人才智汇基层”活动，开展“千名人才服务基层行动”，对接138名省派专业人才，选派3427名市县两级专业人才到基层一线和中小企业开展服务，帮助企业解决技术难题1810个，转化科技成果391项。人才平台。采取“市级牵头、县市参与、企业为主、院校支持”模式，先后组建纺织、光电子信息等产业及人才战略联盟，成立武汉科技成果转化平台黄冈分平台，发布技术需求67项，转化科技成果40项。组建湖北省蕲艾产业技术研究院、鄂东纺织新材料技术研究院，成立湖北省心脑同治产业技术研究院。开展全市优秀人才创新创业平台评选，支持27家人才创新创业平台440万元。人才服务。落实党委联系服务专家制度，28名市领导示范带动全市180余名党员领导干部走访慰问专家人才320人，组织全市30名优秀专家人才开展国情研修和疗养活动。开展“我为人才办实事”活动，全市办理人才实事项目321件。认定黄冈市高层次人才166名，兑现研究生生活津贴402万元，162套人才公寓配置300万余元生活设施。组织4600名大学生到重点企业顶岗实习，发放企业顶岗实习补贴40万余元，发放实习生生活补贴145万元。全市增加就业见习基地65家、见习岗位550个，组织515名离校未就业高校毕业生到岗见习。开发“黄冈人才通”，高频人才服务事项实现“网上通办”，开展“人才服务月”活动，组织实施15个大类、46个小类、216项人才服务事项，筹集人才保障住房2584套，组织1029名高层次人才健康体检，解决457名高层次人才子女入学问题。

【党员常态化下沉社区】2022年，黄冈市推进党员下沉的组织动员、力量调度、督促检查、考核评价、制度建设等工作。构建市、县（市、区）、街道（乡镇）、村（社区）、塆组（小区）五级防控网络，研发建立“党员下沉包联数据系统”，推动市县两级961家机关企事业单位与193个城区社区结对联系，组织派遣2541名党员轮流脱产到社区工作，推动5.9万余名在职党员干部常态化下沉社区。运用共同缔造理念，出台《黄冈市市区机关事业单位党员常态化下沉实施意见》等制度性文件10余个，定期组织各类线上线下业务培训90余场（次），印发党员下沉工作提示24期，常态化暗访检查社区（村）230余次，发现并反馈问题900余个，编发督查通报60余期。

（何 浩）

2022年6月28日，黄冈市科技人才现场会暨“千名人才服务基层行动”启动会召开。图为与会人员参观武穴市人才新城（市科技局 供图）

【美好环境与幸福生活共同缔造活动】2022年，黄冈市开展美好环境与幸福生活共同缔造活动，选定试点村（社区）112个，分类分片编制共同缔造重要节点试点村（社区）治理规划，印发全市共同缔造试点工作评估考核方案，建立“村级自评、乡级初评、县级复评、市级审核”考核流程，考评结果与评先表彰、选拔任用、资金奖补直接挂钩。开展共同缔造促进环境提升、乡村建设、城市更新、治理创新、经济振兴、乡风文明等“六大行动”，谋划民生实事项目392项，打造一批生态宜居村、产业发展村、民俗风情村、特色文化村、文明示范村。全年召开塆组夜话、星空夜话、板凳会等群众会30万余场（次），征求意见建议100万余条，以群众容易参与、乐于参与的实事小事为切入点，引导群众参与“家门口工程”，采取就近就便义务管、公益性岗位专门管、热心群众轮流管等方式，推动全民共商、共识、共建、共担、共享。年内，中共中央政治局委员、全国人大常委会副委员长王晨，省委书记王蒙徽等到黄冈市专题调研。黄冈市探索形成“党建引领、群众主体、市场参与、问题导向、因地制宜、机制创新”经验在全省交流推广，多家中央、省级媒体宣传推介。

【共同缔造专题培训班】2022年7月25—27日，湖北省委党史学习教育领导小组办公室主办的市（州）县和省直机关领导干部共同缔造专题培训班在湖北红安干部学院举办，省委副书记、省委党史学习教育领导小组副组长、办公室主任李荣灿出席7月25日举行的开班式并讲话。李荣灿强调，要把握共同缔造的操作路径，把“共谋、共建、共管、共评、共享”的工作方法贯穿始终；探索实施一批面向城乡社区的“以奖代补”实事项目，充分调动群众参与共同缔造活动的积极性和创造性；加强党建引领和保障，发挥好基层党组织战斗堡垒作用，把党的领导落实到共同缔造的全过程各方面。省委党校（省行政学院）常务副校（院）长赵斌出席并主持开班式。培训班安排专题授课2次、经验交流2次、现场教学1次、分组讨论1次。其中，现场教学选在红安县七里坪镇柏林寺村、麻城市阎家河镇石桥垅村和古城村，学员实地学习观摩“共同缔造”成果，助推理论与实践结合。结业式上，8名学员代表交流发言；省委副秘书长、省委办公厅主任、省委党史学习教育领导小组办公室常务副主任王兴於出席结业式并作总结讲话。各市（州）县和省直机关领导干部等有关人员178人参加培训。培训旨在深入贯彻落实习近平总书记考察湖北重要讲话精神和省第十二次党代会决策部署，深入推进党员干部下基层察民情解民忧暖民心实践活动，准确把握开展“共同缔造”活动的理论依据、深刻内涵、精神要义和路径方法，推动“共同缔造”活动在全省广泛开展，不断取得实效。

（席想楼）

表6　2022年黄冈市美好环境与幸福生活共同缔造试点村一览表

序号	区　属	试点湾组（小区）	类　别	户（人）数
1	黄州区（10个）	陈策楼镇王福湾村五组	示范湾组	58户、178人
2		陶店乡幸福村枫家湾	示范湾组	49户、185人
3		南湖街道城东社区	先进小区	138户、560人
4		陈策楼镇石头湾村四组	示范湾组	33户、114人
5		赤壁街道青砖湖社区青砖湖公园小区	示范小区	206户、459人
6		赤壁街道安居社区安居小区	示范小区	868户、2015人
7		堵城镇军岭村文昌小区	示范小区	776户、2201人
8		西湖街道西湖社区瑞丰世家小区	示范小区	843户、1920人
9		赤壁街道四海社区江家湾片区	示范湾组	1086户、2632人
10		禹王街道万福还建小区	示范小区	551户、1550人
11	团风县（7个）	杜皮乡杜皮村土门坳小组	示范湾组	23户、85人
12		团风镇十里湖小区	示范小区	212户、512人
13		贾庙乡牛车河村铺咀坳湾	示范湾组	36户、127人
14		总路咀镇白坳村阮家竹林湾	示范湾组	41户、108人
15		总路咀镇肖石坳村郑家下湾	示范湾组	42户、140人
16		贾庙乡茶冲村芦子冲湾	示范湾组	21户、78人
17		贾庙乡漆柱山村凹里湾	示范湾组	31户、104人

续表

序号	区属	试点湾组(小区)	类别	户(人)数
18	红安县(20个)	杏花乡百罗村郑家榜湾	示范湾组	91户、293人
19		杏花乡两道桥村刘家榜湾	示范湾组	86户、298人
20		杏花乡龙潭寺村梅财芳湾	示范湾组	42户、176人
21		七里坪镇观音阁村秦家畈湾	示范湾组	120户、368人
22		七里坪镇柏林寺村大塘黄格湾	示范湾组	112户、522人
23		七里坪镇八一村王锡九湾	示范湾组	115户、466人
24		七里坪镇盐店河村秦罗庄湾	示范湾组	78户、276人
25		七里坪镇贡家河村贡吴家河湾	示范湾组	160户、680人
26		华家河镇祝楼村祝楼湾	示范湾组	476户、1976人
27		高桥镇程河村许家田湾	示范湾组	488户、1969人
28		城关镇金沙社区谢家田湾	示范湾组	247户、794人
29		太平桥镇龙王山村艾家湾	示范湾组	34户、132人
30		觅儿寺镇尚古山村旧楼河湾	示范湾组	38户、112人
31		高桥镇王德湾村方家榜	示范湾组	48户、256人
32		永佳河镇叶河村乌鸦边湾	示范湾组	39户、146人
33		城关镇小丰山村郑格湾	示范湾组	73户、320人
34		觅儿寺镇李家畈村石门湾	示范湾组	36户、103人
35		城关镇曹家畈村曹家畈湾	示范湾组	85户、301人
36		二程镇西林村王家田湾	示范湾组	51户、167人
37		上新集镇石古岭村邓家田湾	示范湾组	45户、167人
38	麻城市(20个)	黄土岗镇张家墩村李家楼	示范湾组	68户、258人
39		乘马岗镇江树村江树湾	示范湾组	150户、600人
40		龙池桥街道松鹤社区老屋湾小区	示范小区	199户、827人
41		鼓楼街道朝圣门社区罗家墩小区	示范小区	629户、2099人
42		黄土岗镇桐枧冲村大湾	示范湾组	165户、605人
43		龙池桥街道白塔河村张家湾	示范湾组	191户、780人
44		龟山镇熊家铺村熊家墩	示范湾组	47户、128人
45		阎家河镇凉亭村曾家稻场	示范湾组	479户、1874人
46		黄土岗镇洪家河村洪家河湾	示范湾组	50户、200人
47		南湖街道万家堰社区张家院子小区	示范小区	689户、2876人
48		乘马岗镇乘马岗村各组	示范湾组	536户、2088人
49		三河口镇黄土咀村曾家咀	示范湾组	69户、272人
50		五脑山林场虎形地村李家坝	示范湾组	42户、146人
51		阎家河镇石桥垸村徐家寨	示范湾组	118户、360人
52		龟山镇花桥河村沈家湾	示范湾组	18户、78人
53		阎家河镇古城村古城湾	示范湾组	221户、911人
54		黄土岗镇堰头垸村各组	示范湾组	735户、2586人
55		鼓楼街道朝圣门社区宋家塆小区	示范小区	830户、3258人
56		阎家河镇桃林河村徐家墩	示范湾组	123户、686人
57		福田河镇大旗山村大旗山湾	示范湾组	61户、238人

续表

序号	区属	试点湾组(小区)	类别	户(人)数
58	罗田县(7个)	三里畈镇苍葭冲村八、九组	示范湾组	107户、477人
59		凤山镇上石源河村汪家咀	示范湾组	66户、210人
60		凤山镇金马社区凤城名居小区	示范小区	484户、1553人
61		九资河镇圣人堂村四组中心村	示范湾组	86户、309户
62		骆驼坳镇燕窝垸村郭家大湾	示范湾组	85户、313人
63		白庙河镇付家庙村九组、十组	示范湾组	25户、103人
64		九资河镇河西畈村水口垸	示范湾组	11户、48人
65	英山县(8个)	金家铺镇龙珠村新村湾	示范湾组	57户、193人
66		草盘地镇伍桂墩村五组	示范湾组	67户、223人
67		南河镇付家坊村河车湾	示范湾组	83户、329人
68		陶家河乡陶家河村武陵第	示范湾组	77户、285人
69		红山镇乌云山村葡萄园湾	示范湾组	101户、465人
70		温泉镇陵园社区长安小区	示范小区	2278户、4885人
71		杨柳湾镇烂柴河村六、七组	示范湾组	55户、193人
72		孔家坊乡四顾墩村沈下垸	示范湾组	26户、76人
73	浠水县(10个)	蔡河镇太平桥村汪家咀湾	示范湾组	29户、102人
74		洗马镇燕毛咀村周家湾	示范湾组	12户、37人
75		竹瓦镇朱店村黄上湾	示范湾组	38户、203人
76		团陂镇野鹤山村祠堂湾	示范湾组	22户、98人
77		绿杨乡冷水井村邓家湾	示范湾组	42户、158人
78		关口镇华咀村三组	示范湾组	82户、252人
79		清泉镇莲花池社区徐家田小区	示范小区	59户、190人
80		巴河镇长江村三组、四组	示范湾组	150户、418人
81		巴河镇洪江村五组	示范湾组	54户、210人
82		开发区翟港社区鑫港巷小区	示范小区	87户、268人
83	蕲春县(10个)	漕河镇飞跃村高新塆	示范湾组	62户、237人
84		蕲州镇西角湖村贡塆	示范湾组	10户、72人
85		横车镇长石村余八房湾	示范湾组	68户、263人
86		赤东镇马铺村民众家园小区	示范小区	360户、1352人
87		张塝镇韩塝村官塘湾	示范湾组	80户、347人
88		株林镇许家山村竹林咀湾	示范湾组	80户、332人
89		檀林镇槐树村胡家塆	示范湾组	44户、197人
90		狮子镇长林村新农村聚居点	示范湾组	32户、75人
91		漕河镇南门畈社区教师公寓小区	示范湾组	102户、680人
92		青石镇大屋村幸福新村	示范湾组	126户、320人

续表

序号	区　属	试点湾组(小区)	类　别	户(人)数
93	武穴市(10个)	刊江街道朱木桥社区梅园小区	示范小区	1703户、3466人
94		武穴街道二里半社区家湖小区	示范小区	244户、917人
95		大金镇苏垴社区宋煜垸	示范湾组	281户、1573人
96		武穴街道下港社区翡翠一品小区	示范小区	245户、762人
97		梅川镇饶为市村饶为市大垸	示范湾组	112户、365人
98		四望镇高垴村张家咀垸	示范湾组	54户、195人
99		石佛寺镇陈德容村新垸	示范湾组	52户、217人
100		余川街道徐冲村四组	示范湾组	58户、175人
101		田家镇街道郭冲社区樟树下小区	示范小区	126户、326人
102		龙坪镇五里村施家垸	示范湾组	69户、360人
103	黄梅县(10个)	黄梅镇五里墩社区二组	示范湾组	50户、215人
104		杉木乡藕塘村一组	示范湾组	41户、175人
105		濯港镇栗林村八组	示范湾组	39户、108人
106		黄梅镇西河桥社区滨河国际小区	示范小区	1035户、2993人
107		孔垄镇新安社区四组	示范湾组	60户、233人
108		独山镇柯思湖村柯大墩	示范湾组	270户、1232人
109		小池镇莲湖村四组	示范湾组	86户、328人
110		刘佐乡占圩村七组	示范湾组	55户、286人
111		分路镇余桥村九组	示范湾组	50户、210人
112		柳林乡老铺村老祠堂塆	示范湾组	25户、107人
总计	112个试点村			27732户、72918人

（资料来源：市委组织部）

宣传工作

【概况】2022年，黄冈市运用黄梅戏唱讲党的创新理论，打造黄冈宣传品牌。开展“爱心冰柜”志愿服务活动，被中央和省级媒体报道，全网阅读量超6亿次。推进村级新时代文明实践站、智能广播、公益电影、农家书屋、百姓舞台、扫黄打非六大“村字号”工程建设，在全省宣传系统交流经验做法。创新实施文物保护“五个一工程”和古籍保护“八项硬招”，市博物馆获评湖北省市州唯一的全国文物工作先进单位，市图书馆创建中部地区首家“中华经典传习所”、全省市州首家古籍保护分中心。红十字“救在身边”志愿服务项目获评全国学雷锋志愿服务“四个100”最佳志愿服务项目先进典型。全市获全国青年志愿服务项目大赛银奖1项，获全省新时代文明实践志愿服务大赛金奖2项、银奖1项。年内，陈世礼、张裕上榜“中国好人榜”，程凯上榜“湖北好人榜”；邪锦辉获“荆楚楷模”年度人物；程凯、张闯等6人获“荆楚楷模”；张飞获“省级岗位学雷锋标兵”称号。年内，市委宣传部“扫黄打非”工作位列全省第一位、全国先进，获评“全省普法工作先进单位”“全省打击侵权假冒工作先进集体”“全省网络市场监管工作先进单位”“全市党的二十大信访维稳安保工作表现突出的集体”。

【理论学习与宣讲】2022年，黄冈市委宣传部坚持“思想引领、学习在先”机制，服务市委理论学习中心组围绕学习习近平新时代中国特色社会主义思想举行集体学习16次，其中邀请专家学者作专题辅导讲座7次，开展集体研讨学习6次，21名成员作交流发言。制定《2022年党委(党组)理论学习中心组专题学习重点内容安排》，督促指导各级党委(党组)理论学习中心组结合实际制定年度学习计划，半年通报学习情况1次。将党委(党组)理论学习中心组学习工作纳入意识形态工作巡察、督查、考核重要内容，及时通报发现问题，不断提升规范化、制度化水平。主题宣讲。组织开展学习贯彻中共二十大精神“十讲十进”大宣讲活动，市委主要领导带头宣讲，市委常委全员在各战线、各行业开展宣讲。围绕学习宣传贯彻中共二十大精神、习近平总书记考察湖北重要讲话精神、省第十二次党代会精神等重大专题，全市组建各类宣讲团队178支，开展各类宣讲活动3000场。推出黄梅戏《紧跟核心去远征》、歌曲《听见中国》、湖北大鼓《省会阳光照黄冈》等一批原创节目，“黄梅戏唱讲党的二十大精神”“移动讲堂”等特色宣讲活动被中央和省级媒体宣传推介。制定印发《党的二十大黄冈市新闻宣传工作方案》《黄冈市深化迎接党的二十大宣传报道方案》，统筹安排全市各级媒体推进迎接中共二十大和大会期间宣传报道工作。大会期间，20余家中央和省级媒体刊发报道47条，市级全媒体刊发报道940条，用稿量和传播量均突破历史。《人民日报》专访中共二十大代表、市委书记张家胜，聚焦黄冈市代表热议报告发出黄冈好声音，引发网友广泛关注；《人民日报》海外版、中央电视台高度关注黄冈市代表邹倩，推出《人民大会堂前，一支英山民歌谢党恩》短视频在全网刷屏。市直新闻单位采取图解、海报、视频等形式推出《二十大特别报道》《我的美好生活》《聚焦党的二十大》等重点专题。《黄冈日报》连续推出“党的二十大特别报道·黄冈回响”7个整版系列报道，省委宣传部称为“形神兼备市州唯一”。组织媒体开展省第十二次党代会精神宣传报道，开设《深入学习贯彻习近平总书记考察湖北重要讲话精神》专栏，设置《在建设全国构建新发展格局先行区中奋勇争先》通栏题，报道各县(市、区)、市直重点部门学习贯彻动态、行动情况，推出相关稿件395篇。

【新闻宣传】2022年，黄冈市组织开展主题宣传，在中央和省级媒体多形式、多角度全景反映黄冈成就与变化，至年底，推出各类稿件693篇，其中专版专题43个。协调中央电视台、《人民日报》《光明日报》《经济日报》等中央媒体聚焦黄冈，开展“老区换新颜”“走进县城看发展”重大采访报道活动，启动“沿着黄黄高铁看黄冈”主题采访活动，全网声量持续放大。省市媒体密集推出武汉都市圈发展、招商引资、重点项目建设等主题宣传，为推动黄冈经济高质量发展营造良好舆论氛围。开展“千人进千企”系列活动，组织黄冈日报社、黄冈广播电视台领导班子成员、业务骨干到园区采访。市直主要新闻单位组织记者103人次到10个县(市、区)、市区5个工业园区蹲点采访，开设“优化营商环境”专题专栏专版，累计刊发各类稿件282篇(条)。开展“喜迎二十大·奋进看黄冈”大型主题报道活动，开辟“锚定新发展 建设先行区”专栏，重点聚焦重大项目建设、服务企业、惠企纾困主题。重点推进疫情防控政策和疫情防控成效宣传，新媒体矩阵103家成员单位精准、及时发布通告、政策解读、健康教育科普知识等疫情防控权威信息，市级媒体刊发各类稿件2600篇(条)，新媒体总阅读量突破5700万人次。年内，举办优化营商环境、推进品牌强市建设等新闻发布会24场，各级媒体累计刊发原创稿件985篇，多篇重点稿件被“学习强国”学习平台、人民网、中国网等转载。黄冈广播电视台和黄冈日报社发布的抖音短视频阅读量再创新高。新闻发布经验做法被国家和省级期刊推广，多个市州借鉴学习，发布数量稳列全省第一梯队。全市推出一批有影响力的宣传报道，在省级以上媒体刊发各类稿件1.07万篇(条)，其中，上央视《新闻联播》13次，《人民日报》24篇，《湖北日报》头版头条7次、头版稿件36篇，湖北新闻383条，实现历史性突破。自采自编新闻质量不断提高，9件作品获评湖北新闻奖，位列全省第一方阵。推出《党的二十大·黄冈回响》《二十大精神20人讲》《党史上的黄冈粮食》等大型专题报道，被“学习强国”学习平台等转发，社会反响强烈。

【文明创建活动】2022年，黄冈市推进全国文明城市创建，坚持党委统一领导、党政齐抓共管，市委书记、市长任指挥长，市“四大家”分管领导任副指挥长。指挥部办公室下设18个实地点位，创建包保工作组分解落实9个测评项目、72项测评内容、140条创建任务，通过全省、全国文明城市及未成年人思想道德建设模拟测评。参加全省全国文明城市地级提名城市拉练交流活动，根据拉练交流反馈的重点问题和先进市州做法，逐条梳理创文测评要求，全面复盘创文标准。将社会主义核心价值观落实情况纳入领导干部综合评价和领导班子建设目标管理体系，纳入文明城市、文明村镇、文明单位、文明家庭、文明校园测评细则。

【文明实践活动】2022年，黄冈市建立实践中心10个、实践所143个、新时代文明实践站3931个，组建志愿服务队伍8524支，登记在册志愿者92.13万名，占居住人口15.6%，实现县、乡、村三级志愿服务队伍全覆盖。召开全市志愿服务协调小组联席会议、市区志愿服务供需对接会，推动市级资源下沉，启动新时代文明实践志愿服务项目大赛。开展“七彩假期”新时代文明实践暑期辅导等活动，开办25个社区未成年人辅导站，组织200名志愿者，开展暑期托管辅导未成年人632名，获群众普遍好评。《“五共”实践缔造幸福生活》等7个案例收录全省新时代文明实践典型案例汇编。开展暑期“爱心冰柜”志愿服务活动，在城区20个点位设置“爱心冰柜”，为高温下的劳动者们免费提供饮用水，广受社会各界好评。

【文化惠民活动】2022年，黄冈市组织“红色文艺轻骑兵”开展文化服务进企业、进乡村、进校园、进社区和送戏下乡、戏曲进校园、双进双促等群众性文化活动2000余场。推进全市清廉文化建设工作，开展廉洁文化主题农民画巡展活动。4部文艺作品获屈原文艺奖，原创杂技节目《双人吊子》参加第十一届全国杂技展演，黄梅戏《铸魂天山》获2022年国家艺术大型舞台剧资助项目。《空中体操》获第六届湖北杂技菊花奖全省杂技展演金奖。2部黄梅戏唱讲作品获全省百姓宣讲大赛一等奖，黄梅戏《缘》冲刺第三十一届“中国戏剧奖·梅花表演奖”，7部优秀网络作品获评全省“网络宣传好作品”。

【网络信息安全】2022年，黄冈市加强党对互联网工作的领导，分级分类建立网媒负责人、网络宣传员、互联网社会组织负责人等队伍。全市8家新媒体账号入选全省百佳新媒体账号。创办黄冈市“自媒体之家”，吸收入驻全市知名网红、自媒体80人(家)，引导讲好黄冈故事、传播正能量。加强市网络舆情应急中心建设，完成市网络舆情应急中心岗位设置，通过事业单位公开招聘渠道，引进舆情监测等方面专业人才5名。落实网络安全工作责任制，压实各级党委(党组)网络安全主体责任、行业主管监管部门指导监管责任，层层压实网络安全监测排查整改责任。组织开展全市网络安全大排查、大演练，组织检查浪潮公司等重点信息基础设施单位网络安全工作。

【“喜迎二十大·奋进看黄冈”主题报道】2022年7月13日，黄冈市启动“喜迎二十大·奋进看黄冈”大型主题报道活动，黄冈广播电视台成立10个报道专班，开展全媒体采访报道，与各县（市、区）融媒体中心合作，把镜头对准基层一线和广大群众，讲好讲活英雄黄冈、英雄人民的生动故事，讲好讲活全市高质量发展、乡村振兴、共同缔造的鲜活典型，展现人民群众获得感、幸福感。10月6—16日，黄冈广播电视台推出献礼中共二十大特别节目《喜迎二十大·奋进看黄冈》，每天聚焦一个县（市、区），聚焦党的十八大以来，革命老区黄冈红色大地上发生的历史性变革、取得的历史性成就，展示全市人民喜迎中共二十大的精神风貌和生动实践。

【“党史上的黄冈粮食”主题宣传】2022年，由市委宣传部策划，黄冈市史志研究中心、黄冈日报社、黄冈广播电视台围绕粮食“国之大者”，共同推出《党史上的黄冈粮食》主题宣传活动。该宣传分为新民主主义革命时期的粮食斗争史、社会主义革命和建设时期的粮食奋斗史、改革开放和社会主义现代化建设新时期的粮食改革史、新时代黄冈粮食的非凡十年四个专题，以报纸专版、电视专题、新媒体产品的方式，讲述黄冈粮食重大事件、重要人物和重要作用，形成《感悟百年粮食史 踔厉奋发向未来——党史上的黄冈粮食综述》专题研究成果，推进党史学习教育常态化长效化走深走实，在社会上引起强烈反响。宣传活动从4月启动，到8月圆满收官，累计推出专版14个、原创短视频13条，被“学习强国”学习平台、新浪财经、长江网、腾讯网、四川党史文献网等媒体转发，社会反响强烈。省委常委、省委宣传部部长许正中高度肯定，全国知名党史专家、省委党史研究室主任何光耀批示全省推广。

【志愿服务项目获金奖、银奖】2022年12月8日，湖北省志愿服务项目大赛成绩揭晓，黄冈市选送参赛项目4个，获金奖2项、银奖1项，其中，罗田县“诚信栗花”助留守儿童看世界项目、浠水县“爱心联盟 益路筑梦”项目获民生服务类金奖，红安县“小小红色讲解员”项目获理论政策宣讲类银奖。市委文明办获优秀组织奖。

【典型选树】2022年，黄冈市组织开展“荆楚楷模”、最美人物等系列推选活动，启动第七届道德模范选树活动。罗田县燕窝垸村第一书记徐志新入选央视“乡村振兴群英汇”展播人物。漆虹入选2022年“荆楚楷模·最美应急人”，胡玉莲入选“2022荆楚楷模·最美健康守护者”，方祥辉入选第二届“荆楚楷模·最美消防卫士”，李清扬入选“2022年湖北省新时代好少年”。开展道德讲堂、寻找“最美家庭”、十星文明户、好婆媳、好儿女、五好家庭、身边好人等创建活动，评选最美家庭60户，征集全市“万户家庭讲家风故事”优秀音视频作品121件，评选2022年黄冈市新时代好少年11名。

2022年5月7日，黄冈市委宣传部策划，黄冈市史志研究中心、黄冈日报社、黄冈广播电视台共同推出《党史上的黄冈粮食》主题宣传　（黄冈广播电视台 供图）

【张裕、陈世礼入选“中国好人榜”】2022年，黄冈市2人登上“中国好人榜”。罗田县张裕，火场救出一家三口，上榜二季度“中国好人榜”。黄冈籍老兵陈世礼，参军报国不惧硝烟，转业回乡克己奉公，上榜第三季度“中国好人榜”。

（杜清泉）

统一战线工作

【概况】2022年，黄冈市委、市政府主要领导带头参加统战工作会议，与党外代表人士联谊交友，调研重点统战服务对象，参加重大统战工作活动，指示批示统战工作。县（市、区）党委书记带头抓基层统战工作，全党加强统战工作的意识不断增强，氛围逐渐浓厚。年内，学习传达贯彻中共二十大精神、习近平总书记考察湖北重要讲话精神、省第十二次党代会精神，学习贯彻《中国共产党统一战线工作条例》《湖北省实施〈中国共产党统一战线工作条例〉办法》，开展“矢志不渝跟党走，携手奋进新时代”政治交接等各领域主题教育，使坚定捍卫“两个确立”、坚决做到“两个维护”成为全市统一战线最鲜明的政治底色。树牢总体国家安全观，落实意识形态工作责任制，守牢底线，维护民族团结、宗教和顺、社会和谐。

【政党协商】2022年，黄冈市制定出台《2022年度政党协商工作方案》，围绕长江生态环境保护、发展壮大龙头企业，促进粮食生产安全、就业创业、工业经济高质量发展等主题，组织开展政党协商活动6次、立法协商活动1次，党外人士提出建设性意见建议80条。调研民主党派基层组织建设状况，形成专题调研报告。出台《黄冈市民主党派成员之家建设打造方案》，召开民主党派基层组织建设推进会，全市建成管理规范、运行较好的党派成员之家10个，为党派基层组织团结引领党派成员提供阵地保障。引导各党派立足自身特色，围绕文化教育、医疗卫生等主题，开展“烛光行动”“思源工程”“农工助医”等社会服务活动，向浠水县闻一多小学、白莲河抽水蓄能有限公司赠送价值10万元文体用品、医药物资，到黄州区南湖街道兴农社区开展义诊活动。

【民营经济领域统战工作】 2022年，黄冈市委统战部摸底建立全市民营经济代表人士人才库，完成市工商联换届工作。举办全市工商联干部能力提升暨商会组织建设培训班、全市精细化工和原料药产业高质量发展管理人才培训班等。召开全市“万企兴万村”行动工作推进会，坚持“政府主导、企业引领、科技支撑、农民主体、银行保险参与”的“五位一体”协同路径，探索“高效农业带动”“电商直播带动”“文旅融合带动”“产业工人带动”“供应链带动”村企合作新模式；全年获评全省“万企兴万村”行动标兵企业5家，获评全省“光彩之星”企业5家。组织150家中小企业参加惠企政策宣讲会，申请台资企业奖励扶持资金20万元，协调解决市工商联会员企业湖北彤鑫发动机有限责任公司不良征信历史遗留问题。重点调研课题《全面提升基层商会建设水平，在建设全国构建新发展格局先行区中奋勇争先》，列入市委深化改革重点项目，推进乡镇(街道)商会全覆盖。全市乡镇(街道)商会提供招商信息601条，招引项目168个，协议投资额107.98亿元；助力乡村振兴发展产业项目284个，投资额37.58亿元。

【党外知识分子和新的社会阶层人士统战工作】 2022年，黄冈市出台《关于加强新时代全市党外知识分子思想政治工作和无党派代表人士队伍建设的具体措施及任务分工》《黄冈市贯彻落实〈湖北省2021—2025年推动新的社会阶层人士统战工作发展的实施意见和任务分工〉的具体措施》《关于加强全市自由职业人员统战工作的方案》等文件，推动中央、省委相关要求落地落实。探索构建新的社会阶层人士综合评价工作体系，打造新的社会阶层人士统战工作实践创新基地。全市建成新的社会阶层实践创新基地15家，设立黄冈市“自媒体之家”等活动阵地，凝聚网络人士力量，打造网上舆论“新阵地”。打造“同心·黄冈行”活动品牌。开展学习活动，召开网络人士代表座谈会，成立大别山网红学院，培育网络直播人才，规范网络直播营利行为，促进直播行业健康发展；开展助农活动，发挥黄冈市网络直播协会会员作用，擦亮“千人直播助农团”活动品牌，形成麻城“堰头红”、罗田“燕归园”、蕲春“艾都·同心”等特色品牌。在英山县举办首届黄冈优品直播带货大赛，抖音话题量5000万次，带动黄冈优品销售2000万元，拉动线上网络销售5亿元。开展“寻美湖北 寻美黄冈”活动，微博话题量75万，抖音话题量418.6万；举办两期“网络大V黄冈行”活动，挖掘宣传黄冈自然风光和典型事例。

【侨务工作】 2022年，黄冈市参加2022年“华创会”，实现重点招商项目签约，举办李时珍中医药国际健康论坛；联合20名市侨联组织在黄侨界人士开展“聚侨心、叙乡情、共筑梦”主题联谊活动，通过实地考察、座谈交流等方式，推介黄冈优势资源和招商引资政策，制定《黄冈市实施〈华侨回国定居办理工作规定〉办法》，编制《黄冈市涉侨政务服务事项规范化手册》，推动“让数据多跑路、群众少跑路”落到实处，服务广大侨胞、归侨侨眷。

【对台工作】 2022年，黄冈市举办国台办重点对台交流项目——“首届海峡两岸黄梅戏文化交流活动”，围绕“同唱黄梅戏，共叙同胞情”主题，在黄冈市和台北市分别设立会场，线上交流研讨黄梅戏文化，表演互赏黄梅戏经典曲目。组织在鄂重点台商、台青参加“送黄梅戏进涉台园区”活动，中国新闻网、中国台湾网、两岸头条、台湾工作通讯、湖北与台湾网、《湖北日报》《黄冈日报》、黄冈广播电视台等主流媒体全程报道。开展“惠台政策落实年”“我为台企台胞办实事”行动。落实系列惠台政策，梳理问题13个，督促协调相关部门解决问题11个，办实事20件，争取涉台专项经济资金105万元。

【基层统战工作】 2022年，黄冈市合力建设好基层统战组织、开展好活动，打造党外知识分子及新的社会阶层人士“同心·黄冈行”、民族团结进步主题演讲比赛等系列活动品牌。建立基层统战工作经验交流学习机制、统战品牌项目化机制、跟踪督办反馈机制等，探索形成红安“4334”(着力“四化推进”，统筹谋划夯基础；构建“三级网络”，整合资源建阵地；打造“三支队伍”，志愿服务亮品牌；聚焦“四个领域”，齐心协力促振兴)、英山“五子”(以摸清底子建台账、搭好台子夯基础、扮靓面子强品牌、吹好号子扩影响、结好对子交朋友)等系列特色工作法，打造“一县一品”。

【新时代同心实践创新基地创建】 2022年，黄冈市委统战部制定《黄冈市新时代同心实践创新基地创建工作指南》，规范各领域统战工作实践创新基地建设，统一全市基地标识、展示板内容模板等，创建同心统战实践创新基地94个，纵向分布市县乡村、横向涵盖各领域统战成员。创新开展“指尖统战”，打造触手可及的身边“同心圆”，开通“云直播”进行线上宣讲、互动，开启“云互动”随时与统战成员沟通信息，开展“云服务”定期进行线上惠企政策解读，开展法律咨询一对一等活动，为民营企业排忧解难。

【“万企兴万村”产业项目】 2022年，黄

2022年2月21日，黄冈市委统战部调研组到黄州区陶店乡调研新时代同心实践创新基地建设
(市委统战部 供图)

冈市探索推广高效农业、电商直播、产业工人、农文旅融合、产业链带动等模式，推进“万企兴万村”产业项目。全市1624家民营企业及商会组织与889个村完成结对，兴建产业项目978个，总投入72.77亿元。

（岳 磊）

政策研究

【概况】2022年，黄冈市委政研室抽调副主任1名担任市委党史学习教育领导小组办公室材料简报组组长、1名干部全脱产参与市委学教办工作，起草讲话、文件、简报等160余篇。开展党员干部下基层察民情解民忧暖民心实践活动，室务会成员5项实事项目均办结销号，机关全体党员到所在社区（小区）报到，开展理论宣讲、文明劝导等志愿服务活动300小时。8名党员下沉赤壁街道建新社区，包保建新四组居民600余人。为红安县七里坪镇柳林河村解决化肥5吨，助力村级蕲艾、红薯和羊肚菌三大产业发展。为湖北君言医疗科技有限公司协调天然气报装和惠企政策落实、为黄冈骆驼户外用品有限公司解决招工等问题。推进清廉机关建设，室务会成员运用第一种形态开展批评教育、谈话提醒10人次。加强干部人才队伍建设，获市委提拔重用领导干部1名，调入省委办公厅领导干部1名，遴选到省委政研室正科级干部1名，提拔科长2名、副科长1名，晋升一级主任科员1名，从基层遴选调入优秀年轻干部2名。

【文稿服务】2022年，黄冈市委政研室建立健全重要文稿集体研讨、分头起草、统筹修改、集中审核、复盘讲解的工作机制，高质量完成市委向省委专题汇报及市委全会、市委经济工作会议、市委农村工作会议、全市营商环境大会、全市科技创新大会等文稿，起草、修改、审核、整理各类文稿400余篇，获市委主要领导充分肯定。推进中共二十大、省第十二次党代会、全国和省市“两会”文稿服务保障工作，完成各项文稿30余篇，获市委通报表扬。牢牢把握“党媒姓党”根本定位，加强《黄冈通讯》专题策划，开设学思践悟、基层探索、调研报告、党刊交流等专栏，刊发各类文章200余篇。加强“黄冈政研”公众号运营管理，全年推送黄冈市优秀改革案例展播等工作信息80余篇。

【调查研究】2022年，黄冈市委政研室围绕贯彻落实省第十二次党代会精神，会同有关部门和第三方专家团队，开展共建以武鄂黄黄为核心的武汉都市圈、推动以流域综合治理为基础的四化同步发展等重大战略研究，研究成果获省委主要领导肯定。注重点面结合、上下结合、内外结合，加强全局性重大课题调研，完成《奋力建设鄂东省域区域性中心城市》《深化大别山区域旅游与经济协作》2个省委重大调研课题，开展黄冈与全国20个革命老区重点城市发展情况比较分析、促进全市人口长期均衡发展、乡村物流发展、红安苕产业发展等系列课题调研，2篇调研报告成果转化为市委、市政府决策和文件，2篇调研报告获市委主要领导肯定性批示并印发各县（市、区）参考。加强成果转化推广，在中央媒体发表文章宣传推介黄冈特色工作经验，在省级以上主流媒体发表调研宣传成果9篇。

【财经研究】2022年，黄冈市委政研室聚焦市委经济工作会议确定的目标任务，出台年度财经工作要点，提出做大做强中心城区、加快融入武汉都市圈、突破性发展县域经济等10项重点任务。聚焦市委重大经济政策落实，推进市委财经委会议服务工作，推动部署专业招商、政府债务管理、“千人进千企”行动等经济领域重点工作研究。聚焦经济高质量发展热点难点问题，组织相关单位开展中医药产业发展、加快构建以水铁联运为主的集疏运体系、增强开放功能、文旅融合一体化发展等15个重点课题研究，形成一批含金量较高的研究成果。

（张 旭）

机构编制管理

【概况】2022年，黄冈市率先在全省开展市县两级机构编制“不见面”审批，推动“数字编办”向“数智编办”转化，中央编办、省委编办先后到黄冈市专题调研；承办全省机构编制业务网上办培训班，经验做法在湖北省编办主任会上作交流、在中央编办《中国机构编制》刊发。开展机构编制“五重”（重点调研项目、重要改革项目、重要创新项目、重点难题攻坚、重要民生实事）工作“揭榜挂帅、比学争先”活动，综合行政执法改革项目获全省优秀项目评估第一名，数智编办、事业单位登记管理预警机制项目入选全省30强，入选项目数量位列全省第一位。黄冈市委编办连续三年获全省机构编制综合考评一等奖，被评为全省机构编制信息宣传先进集体，在《中国机构编制》《机构与行政》、中国机构编制网等中央编办发文60余篇，制作专题片2部。

【机构职能体系建设】2022年，黄冈市委编办深化机构改革，构建系统完备、科学规范、运行高效的机构职能体系。全年调研评估10个县（市、区）和58家市直单位，梳理具体问题和整改建议6大类54个，督促相关部门整改落实，持续推动机构、职能、队伍深度融合。加强部门权责清单、内设机构职责清单、部门职责边界清单“三张清单”管理，推动政府部门依清单办事，按清单履职。调整优化市城管执法委、市住建局、市自然资源和规划局等部门职权事项246项。围绕“高效办成一件事”，全面梳理机构改革后部门职能职责、工作环节、运行管理现状，优化发改、商务、招商等部门职能配置和机构设置，推动审批事项业务流程和服务流程再造，促进经济部门转变职能、提高效能。规范议事协调机构，评估调研12个党委重大议事协调机构和党委职能部门使用政府机构牌子、履行行政职能运行情况。

【重点领域体制机制改革】2022年，黄冈市机构编制部门统筹推进重点领域体制机制改革创新。黄冈高新区管理机构升级副厅级，实行“一区多园”管理体制，推进扩权赋能强县改革，组织县（市、区）有序承接115项省级经济社会权限。服务优化营商环境，有序设立县（市、区）项目建设服务中心、区域发展和重点项目服务中心、中小企业服务中心等机构。巩固深化街道管理体制改革成果，优化3个区（市）12个街道管理体制和运行机制，推动资源、服务、平台下沉，经验做法被中央编办《中国机构编制》推介。推进全省街道(乡镇)权责清单试点工作,编制完成街道(乡镇)权责清单、履职清单、行政执法目录。统筹推进小池、梅川、蕲州等经济发达镇改革体制,经验做法被新华社《瞭望》周刊推介。推进六大领域综合行政执法改革落地落实,完成市县两级队伍组建和挂牌,设置综合执法机构53家,在编人员2914名,职责明确、边界清晰、运转有效的综合行政执法体系基本建立。市直交通、卫健、住建等18个部门112个事业单位厘清职权。调整优化事业单位布局,市直机构减少事业单位55个(正县3个、副县2个、正科42个、副科8个),收回事业编制202个。核定龙感湖管理区、白莲河示范区行政编制30名,解决“行政机构使用事业编制”难题。探索空余编制所有权与使用权适度分离,市直统筹230名编制建立机关事业单位编制“周转池”,全市统筹1000名编制建立中小学教职工编制“周转池”。

【编制资源配置统筹优化】2022年,黄冈市推动编制资源向教育、卫生等民生领域和基层一线倾斜。深化基础教育“县管校聘”改革,全市核增教师编制485名。落实义务教育属地管理,将市直7所学校整建制移交黄州区,划转事业编制994名。探索建立中小学教职工编制跨地区、跨部门、跨层级编制动态调剂机制,推动全市中小学教职工编制全面达标。设置公共卫生应急管理机构,核增市县疾控机构编制304名。创新探索公立医院人员编制备案制管理,市中心医院和市妇幼保健院原核定1060名事业编制调整为2080名人员编制控制数。推行医疗卫生人员“县管乡用”“乡管村用”改革。科学设置社会治安综合治理、群众信访、生态环境和食品药品犯罪侦查、粮食发展、文物保护等机构,在全省率先设立市政府专职消防救援机构。

【机构编制问题整改落实】2022年,黄冈市推进巡视反馈问题整改工作,核销市县自行设置领导职务23名,组织自查自纠机构编制“条条干预”问题;推动机构编制工作纳入六届市委巡察选人用人专项检查。落实机构编制报告制度,制定报告制度模板,指导县(市、区)和市直单位按时完成年度报告工作。联合组织、人社等部门出台《关于市直机关事业单位干部调配和人才引进的若干规定》等机构编制管理规范性文件3份。

(邹才胜)

市直机关党建

【概况】2022年,黄冈市直机关工委成立服务企业和项目工作专班,到企业调研6次,帮助企业协调设备融资500万元。调研指导乡村振兴工作4次,协调解决健身器材8套。加强市直单位的人武工作管理,完成基干民兵整组,组织全体民兵参加军分区民兵点验和训练。年内,市直机关工委健全《中共黄冈市委直属机关工委新闻发言人制度》《中共黄冈市委直属机关工委论坛、讲座、报告会等活动管理办法》等制度,向市委专题报告意识形态工作,调整意识形态工作领导小组,执行意识形态“五纳入”工作要求,上线黄冈机关党建网,制定《黄冈机关党建网安全运维管理办法》,为市直机关党建工作提供服务平台。联合团市委开展“喜迎二十大 奋进新征程”黄冈红色故事征文演讲比赛。组织市直单位党员代表观看原创红色黄梅戏《铸魂天山》,在黄冈机关党建网设置“学习宣传党的二十大精神”专栏。

【理论学习】2022年,黄冈市直机关工委印发市委年度中心组学习重点,部署市直单位开展中心组学习,印发中共二十大精神、《习近平谈治国理政》第四卷、习近平总书记考察湖北重要讲话精神和省第十二次党代会精神等重要学习内容工作提示3期。印发支部主题党日工作提示12期,邀请专家专题辅导14次,举办党务干部培训班4期。督促市直各级党组织和党员跟进学习中共二十大、省第十二次党代会和市第六次党代会等重要会议精神。开展庆祝中国共产党成立101周年“六个一”系列活动,590余名党员领导干部带头讲党课、宣讲省第十二次党代会精神。

【党组织建设】2022年,黄冈市直机关工委制定《黄冈市直机关党支部建设“达标提质”三年行动规划(2022—2024年)》,打造“政治引领强、支部班子强、制度机制强、组织设置优、党员管理优、工作创新优”党支部。督促市直单位领导干部建立党建联系点,指导联系点党支部示范创建。召开红旗党支部创建现场观摩推进会,开展机关党建工作品牌和“红旗党支部”评选,以先进典型示范引领,推动党建与业务有机融合。制定《2022年度市直机关基层党建考核评分办法》,建立日常考核管理台账,动态管理各单位党组织换届、发展党员、党费收缴等。开展半年督查,派出督导组5个,全覆盖督导检查市直单位,“一对一”反馈问题并及时跟进督办,督促整改问题273个。组织市直单位自查党费收缴使用和党务外包情况,整改突出问题20个。夯实队伍基础,选优配强机关党组织书记,指导市直38家党组织完成换届选举。举办各类党务干部培训班,培训党务干部317人次。

【清廉机关创建】2022年,黄冈市直机关工委开展提能善政大课堂,市经济和信息局、市发展和改革委员会、市政务服务和大数据管理局等单位,先后举办提能善政课堂210余场次,培训党员干部职工6200余人次。制定清廉机关建设重点任务清单,督促市直单位开展行业突出问题作风整治。召开市直单位清廉机关示范点建设推进会和成员单位联席会议,推进清廉岗位、清廉科室、清廉窗口、清廉项目和清廉工地示范创建。制定《关于机关党建引领优化营商环境的具体措施》,推动支部建在窗口、建在项目、建在急难险重工作任务一线。开展创建红旗党支部、争创党员先锋岗等活动,引导党员争当落实突破的最红战旗。推进“一事联办”,向市直各单位、党员征集“一事联办”项目,交办第一批“一事联办”项目12个。

【市直单位党员干部下沉社区】2022年,黄冈市直机关工委落实“双报到双报告”制度,按照应下尽下原则,将市直88家党组织全部编入市区社区,在职党员全部编入网格。建立专班制度,各驻点单位选派1名政治过硬、作风扎实的班子成员或副县级干部常驻社区,帮助社区开展下沉人员管理、创文创卫等各项重点工作。开展党员下沉服务活动,

1570余名下沉党员认领小区党支部委员、楼栋长和业委会成员岗位，党员参与志愿服务项目2600余个，服务时长19.2万小时。市直机关党组织帮助社区解决困难问题691个。下发防控工作提示12期，督促市直各单位党员干部按要求下沉社区，开展政策宣传、物资代买和群众包保等工作。

【精神文明创建活动】 2022年，黄冈市直机关工委组织专班检查验收市直级文明单位，命名市直级文明单位56家。招募市区志愿者，常态化开展“礼让斑马线”文明出行交通劝导志愿服务。指导市政务服务和大数据管理局举办窗口单位文明礼仪专题培训。开展文明行为养成活动，文明行为相关的各项条例和礼仪知识等纳入党员干部学习教育内容，《黄冈市文明行为促进条例》《黄冈市养犬管理办法》纳入市直机关支部主题党日活动学习内容，督促各级文明单位开展文明礼仪、文明餐桌和文明养犬宣传教育活动。

【红旗党支部创建观摩会】 2022年6月27日，黄冈市直机关党建工作暨红旗党支部创建现场观摩推进会议在黄州召开。会议要求，市直机关各级党组织要进一步提高模范机关创建工作的自觉性，深入学习贯彻习近平总书记“三个表率、一个模范”重要论述，提升红旗党支部战斗力。推动党建工作创新提质，以高质量机关党建引领黄冈高质量发展。市城管执法委、市公安局、市政务服务和大数据管理局、市文化和旅游局作典型发言。会前，市直100余家党建工作负责人实地观摩国家税务总局黄冈市税务局等红旗党支部现场。

【黄冈红色故事征文演讲比赛】 2022年9月16日，黄冈市委直属机关工委、共青团黄冈市委举办市直机关“喜迎二十大 奋进新征程”黄冈红色故事演讲比赛活动。前期红色故事征文比赛获奖单位选送15名选手参赛，来自市社科联、市委直属机关工委、团市委、市文联、市史志研究中心和黄冈师范学院的6位评委现场评分。黄冈红色故事征文比赛共评出一等奖2篇，二等奖5篇，三等奖8篇，优胜奖10篇。

（苏立东）

机要和保密工作

【概况】 2022年，黄冈市机要和保密局推动党的建设和业务工作深度融合，教育引导机要保密干部传承红色基因，坚决拥护“两个确立”，做到“两个维护”。机关干部王建峰被外交部选调到驻外大使馆工作2年，李思宇被湖北省委机要保密局授予“技术能手”称号。

【保密宣传教育】 2022年，黄冈市机要和保密局组织黄冈市2名中共二十大代表观看学习《党的二十大保密知识技能教育片》，赠阅《党的二十大保密知识手册》。组织开展“保密故事大家讲”主题宣讲活动，《衬衣密信》获国家局“保密故事新锐讲述人”奖，《永不生锈的钥匙》获省一等奖，市机要和保密局获评优秀组织奖。

【保密监管】 2022年，黄冈市机要和保密局开展机要和保密工作大检查，整改“回头看”检查重点单位18家，检查发现的重要问题报市委巡察办，作为政治巡察线索依据。严肃处置微信失泄密等行为，党内、行政警告处分5人。服务市保密资质（资格）单位，业务指导中期复查企业2家、保密资格升级企业1家、现场审查企业2家，申报保密资格企业2家。全省军工企业保密培训班在红安县举办。

【“规范化管理年”活动】 2022年，全市机要和保密系统开展“规范化管理年”活动，推进机要保密工作“一本账”制度。分别在市委办、蕲春县和红安县召开现场会，部署推进“一本账”制度落实，获省局领导高度评价。

（李思宇）

老干部工作

【概况】 2022年，黄冈市委老干部局组织召开局务会、理论学习中心组学习、支部主题党日、专题辅导83次。打造青年读书班品牌，每月开展学习活动1~2次。成立机关党委、机关纪委和市老年大学党委，出台《市委老干部局非领导成员公务员平时考核工作实施办法》。开展“六好”老干部党支部建设，7个老干部支部获评省级示范党支部，26个获评市级示范党支部。市委老干部局获评省级节约型机关。

【学习教育】 2022年，黄冈市召开老干部学习宣讲党的二十大精神会议和全市经济社会发展情况通报会，组织老干部学

2022年11月28日，黄冈市委直属机关工委、共青团黄冈市委举办市直机关“喜迎二十大 奋进新征程”黄冈红色故事演讲比赛

（市直机关工委 供图）

2022年6月8日，省委老干部局调研组到浠水县调研老年大学向基层延伸工作，实地查阅老年大学资料　　（市委老干部局　供图）

习宣讲中共十九届六中全会、中共二十大和省第十二次党代会、市第六次党代会精神，开展集中学习61次，通报情况27次，参观考察24次。落实阅读文件、参观学习、党性教育、健康体检、荣誉退休等制度，为老党员过"政治生日"、颁发"光荣在党50年"纪念章。

【管理服务】2022年，黄冈市走访慰问离退休干部及遗属4000人次，看望生病住院老干部350人次。联合市卫健委在老干部所居小区开展免费医疗活动5次，协调市区4家医院设立离休干部绿色通道；开展全员体检，建立"四个一"就医服务制度。新冠疫情期间，为老干部发放"防疫大礼包"，协调老干部及时入院就医，协助办理老干部丧事56人。通过党内关怀等形式，帮扶生活困难离退休干部600人，为老干部办实事170件，调整元旦（春节）老干部慰问金标准，解决老干部用车、保健和看病就医、部分事业单位离休干部住院医药费不足、老年服务进社区（小区）等问题。

【活动阵地建设】2022年，黄冈市加快推进老干部学习活动阵地建设，按照"六有"标准，推进老年大学向乡镇（街道）和村（社区）延伸。6月8日，省委老干部局调研组到浠水县调研老年大学向基层延伸工作。全市127个乡镇（街道）建立老年大学分校，1550个村（社区）建立老年大学教学点。疫情防控期间，线上学习学员3.7万人次。围绕庆祝建党101周年和喜迎中共二十大胜利召开主题，举办老干部"喜迎二十大"文艺演出、书画摄影展、门球赛等活动60余场次。

【"老有所为"典型事迹评选】2022年，黄冈市围绕党的建设、疫情防控、乡村振兴、基层治理、共同缔造、创文创卫等工作，搭建平台，引导老干部发挥优势作用，开展"老有所为"典型事迹评选活动。黄冈市统计局退休干部王礼端、蕲春县水利局退休干部王佑、红安县离休干部李友孝、武穴市退休干部蔡秋容等老干部典型事迹被中央和省市媒体宣传报道。

（南　英）

关心下一代工作

【概况】2022年，黄冈市成立关心下一代工作委员会组织2600个，纵向到底、横向到边的关工委组织网络基本形成。配齐配强各县（市、区）关工委领导班子，关工委主任平均年龄62岁，年龄结构优化。麻城市、罗田县、英山县、浠水县、蕲春县、武穴市、黄梅县设立关心下一代工作服务（指导）中心等工作机构，各配套工作经费20万元。关心下一代工作纳入各级党委（党组）议题，纳入基层党建目标责任制考核、领导班子年度目标考核。依托各单位离退休干部党支部、老干科织密组织网络，调整充实48家市直单位关工委组织。联合市委老干部局、市退役军人事务局、市人社局、市教育局、市总工会分门别类建立"五老"信息库，组建57人的市级关心下一代宣讲报告团。全市组建"五老"宣讲报告团13个，参与宣讲"五老"300名，向青少年宣讲600场，受众15万人次。

【红色基因传承教育】2022年，黄冈市创建青少年关爱教育实践基地，首批授牌陈潭秋故居纪念馆等80家单位，其中党史国史教育基地26家，关心下一代教育基地15家。红安县利用黄麻起义和鄂豫皖苏区纪念园、李先念纪念馆等打造红色精品基地。全年结合"老少同声颂党恩　携手喜迎二十大""中华魂"活动，组织"五老"宣讲报告团开展"四史"宣讲30场（次）。黄州区关工委开展"缅怀革命先烈　传承红色基因"暨庆祝中国共产主义青年团诞生100周年，"老少同声颂党恩　携手喜迎二十大"暨秋季开学第一课活动。

【关心下一代活动开展】2022年，黄冈市关心下一代工作委员会联合市人大常委会等单位执法检查全市贯彻落实《未成年人保护法》情况。市人民检察院联合14个部门出台《关于落实侵害未成年人合法权益强制报告制度工作指引》。市中级人民法院61名法官被聘任为法治副校长或法治辅导员。印发"助力产业育人　助推乡村振兴"工作方案，发挥"五老"及农业专家作用，助推全市产业发展、农村青年产业人才培育。蕲春县发挥湖北孺子牛鞋业集团有限公司龙头企业作用，为老专家、老技师、老鞋匠提供"传帮带"平台，在15个乡镇兴办"家门口幸福工厂"16家，安置就业591人，减少留守儿童800人。白莲河示范区组织老村支部书记示范宣讲乡村振兴成果和经验。市妇联组建"彩虹行动"志愿服务队开展"六个一"关爱帮扶活动，招募1500名"爱心妈妈"结对帮扶困境儿童。市残联提供15岁以下残疾儿童康复救助服务2563人次。

【"三五工程"开展】2022年，黄冈市关心下一代工作委员会印发"五项活动　五进五提"（简称"三五工程"）实施意见和工作方案，明确相关单位工作职责以及"五进"试点工作任务。全年开展"三五工程"示范活动6场次，受教育青少年1.5万人次。在英山县召开全市"三五工程"推进会，红安县、黄梅县举行"三五工程"暨红色文化

2022年5月18日，黄冈市关工委"五项活动"进校园启动仪式在黄冈思源实验学校举行 （市关工委 供图）

进家庭、进校园启动仪式，市农业农村局、蕲春县关工委开展"进农村"系列活动，武穴市关工委召开"进企业"现场推进会。在黄冈思源实验学校举行"五项活动"进校园启动仪式，英山县举办"万名'五老'、党员干部结对帮扶万名留守儿童"启动仪式，参与捐资助学、奉献爱心等结对帮扶活动党员干部、"五老"人员超过6000人次，受益留守儿童7160名。"五项活动五进五提"活动指开展红色文化教育、优秀传统文化教育、法治文化教育、科技素质和劳动意识教育、关心关爱活动"五项活动"，进学校、进社区、进农村、进家庭、进企业，实现提升青少年思想政治觉悟、道德文化素养、法治素养、科技素养和劳动意识、获得感和幸福感。

（张有科）

党校工作

【概况】 2022年，黄冈市委党校聚力"六个一流"市州党校建设，深化办学体制改革，市委常委会听取党校办学质量评估汇报，撤销黄州区委党校机构，相关培训任务及功能并入市委党校，成立城区党校工作处。推进"五优"创建工作，深化业务指导，推动实施县级党校分类建设，举办示范性教学观摩活动和科研能力素养培训活动2次。招录博士和硕士研究生各1名，全校35岁以下教师14人，占比35%，专兼职教师中研究生学历28人，占比70%。实施"年轻教师成长工程"，开展集体备课20次，"学术沙龙"6期。全年选派教师外出参加学习20人次，选派外出挂职教师2名。培养教学科研人才经验文章被中央党校《学习时报》刊发。举办全市县级领导干部学习贯彻党的二十大精神集中轮训班5期，培训1500余人，组织全体教师开展集体交流研讨，参加中国干部网络学院培训。联合《黄冈日报》理论版，刊发教师专版理论阐释文章和多篇学员体会文章。联合黄冈电视台开设"学习二十大，党校青年讲"专栏，录制宣传短片17期，在黄冈电视台黄金时段播出，并在"学习强国"学习平台转载。

【干部教育培训】 2022年，黄冈市委党校举办主体班14期，累计培训711人。其中，县级干部培训班3期，科局级干部培训班3期，年轻干部培训班、党史学习教育培训班、党性教育培训班、市直单位副科级干部培训班各1期，黄州区干部培训班4期。实施开放办学，举办外训班43期，培训5800余人。

【教学改革与创新】 2022年，黄冈市委党校理论教育和党性教育占总课时比重87.23%，其中，党性教育课程占比29.79%。综合运用讲授式、案例式、模拟式、体验式、结构化研讨等教学方法。开展"十个一"系列活动，举行党史知识竞赛、电视问政、拓展训练等创新性教学活动103次，组织课前论坛、学员交流、讨论、主题党日等活动。举办县（市、区）长论坛，4名县（市、区）长交流地方发展经验。举办全市统战系统（社院系统）精品课比赛。成立市委党校集体备课委员会，加强备课指导和攻关，获全省党校（行政学院）系统首届教学管理优秀奖，1名教师课程入选全省党校（行政学院）系统第三届习近平新时代中国特色社会主义思想精品课，1名教师在"国家安全大宣讲"活动中获省优秀奖、市一等奖，2名教师的统战课程入选全市"统战精品课"，1名教师在市委组织部举办的电视片创作大赛中获三等奖。

【科研咨政】 2022年，黄冈市委党校出台科研诚信制度，修订完善科研经费资助、科研积分管理、项目管理等制度，成立市委党校决策咨询委员会，设立共同缔造、红色文化和武汉都市圈3个研究中心。完成省以上课题10项，其中，中组部、省委组织部课题3项，在《人民日报》内刊《党建参阅》发表文章1篇，并被中央政策研究室《学习与研究》采用。《鄂豫皖特区苏维埃银行的实践与启示》决策咨询报告获湖北省原副省长宁咏签批，《武汉都市圈工业产业人才一体化发展路径研究》获省委组织部、市委组织部高度肯定；《武汉都市圈科技创新一体化研究》被市政协采用，与市纪委合作课题研究成果，经市委主要领导签批，作为市委深改委会议重大改革文件审议通过；上报市社科联课题9项，二等奖1项、三等奖3项、优秀奖1项；《黄冈日报》刊发党校理论文章44篇。主办2022年武汉都市圈党校区域协同发展党校论坛年会，都市圈9所党校和武汉市14所区委党校280人参会。组建全市党校系统科研人才库，入库青年科研人才42名。参与编写全省党校系统《习近平新时代中国特色社会主义思想在湖北实践案例》，全市入选4篇，市委党校入选1篇。

（李怀中）

责任编辑：胡文珍　责任校对：席想楼

黄冈市人民代表大会

综　述

【人大代表构成】2022年，黄冈市各县（市、区）人民代表大会和中国人民解放军驻黄部队11个选举单位，实际选举产生黄冈市第六届人民代表大会代表528名。在选举产生的528名代表中，一线工人农民代表82名，占代表总数15.5%；专业技术人员代表113名，占代表总数21.4%；党政领导干部代表153名，占代表总数28.9%；解放军代表15名，占代表总数2.8%；妇女代表194名，占代表总数36.7%；少数民族代表10名，占代表总数1.9%；非中共党员代表193名，占代表总数36.6%。具有大专及以上学历代表464名，占代表总数87.9%，其中研究生及以上学历代表90名，占代表总数17%。35岁以下代表55名，占代表总数10.4%；36岁至55岁代表433名，占代表总数82%；56岁以上代表40名，占代表总数7.6%。连任代表203名，占代表总数38.4%。

【专题调研】2022年，黄冈市人民代表大会常务委员会（以下简称“黄冈市人大常委会”）围绕树牢安全发展理念，突出粮食安全“国之大者”，调研全市国有粮食企业改革和资产管理情况，听取审议市政府关于全市粮食安全工作情况报告，督促市政府落实粮食安全责任制。关心关爱妇女儿童、老年人和残疾人等特殊群体，先后专题调研《未成年人保护法》《残疾人保障法》《湖北省反家庭暴力条例》和《黄冈市养老服务促进条例》实施情况，推动政府加快构建多层次社会保障体系。专题调研《黄冈市违法建设治理条例》《黄冈市城市公共交通条例》等5部法规，推动地方性法规实施。

【履职服务】2022年，黄冈市人大常委会举办“提高全市人大工作质量”培训班，累计3800余人次参加。优化以评促干，开展“四评”工作机制，组织机关45周岁以下年轻干部围绕六大项目揭榜领衔，为年轻干部成长成才搭建平台。修订《市人大常委会议事规则》，增加全过程人民民主相关内容和要求；制订《市人大专委会工作规则》，明确专委会的组织机构、工作职责和议事规则。加强机关自身建设，首次编纂《黄冈人民代表大会志》，系统记录人民代表大会制度在黄冈市的发展历程和工作成效。在全省首家启动“智慧人大”建设，建成覆盖市县乡三级人大立法、监督、代表工作等各领域各环节整体信息平台，打造全省人大系统信息化建设黄冈样板。

（阮　航）

【人大常委会自身建设】2022年，黄冈市人大常委会全面加强自身建设，实施机关干部素质能力提升工程，打造政治坚定、服务人民、尊崇法治、发扬民主、勤勉尽责的人大队伍。加强履职能力建设。坚持以学提能，举办提高全市人大工作质量培训班，围绕推动新时代人大立法、监督、代表等工作高质量发展安排十二讲内容，以视频会议形式覆盖市县人大机关，参训3800余人次。优化以评促干，持续开展干部每月评星、常委会议题质效评估、半年各委室工作评特、年终考核评优的“四评”工作机制，“四评”等五项工作获选湖北人大创新工

2022年1月6—9日，黄冈市第六届人民代表大会第一次会议在黄州召开

（市人大常委会办公室　供图）

作60例。创新以赛练兵,组织机关45周岁以下年轻干部围绕六大项目揭榜领衔,为年轻干部成长成才搭建平台。加强工作制度建设。修订《市人大常委会议事规则》,增加全过程人民民主的相关内容和要求,进一步完善审议程序,提高审议质量;制订《市人大专委会工作规则》,明确专委会的组织机构、工作职责和议事规则;优化专(工)委机构设置,将原大会机构预算委员会调整为工作机构预算工作委员会,将教育科学文化卫生委员会与民族宗教侨务外事委员会合并。加强机关建设。全省首家启动"智慧人大"建设,建成覆盖市县乡三级人大的综合信息平台,打造全省人大系统信息化建设的黄冈样板。建成"市人大代表之家",获省人大常委会肯定。编印年度新闻宣传作品合集——《黄冈人大之声》,建好用好媒体矩阵,讲好黄冈人大故事。开展党员干部下基层察民情解民忧暖民心实践活动,推进节约型机关建设,不断改进文风会风。

重要会议

【市六届人大一次会议】2022年1月6—9日,黄冈市第六届人民代表大会第一次会议在黄州召开。会议应到代表528人,实到509人。会议选举张社教为市六届人大常委会主任,李军杰为市人民政府市长;选举詹旺民、陈少敏、黄强胤、屈凯军、吴晓文、郭小野为市六届人大常委会副主任,黄智敏为市六届人大常委会秘书长;选举刘忠诚、王玺玮、肖红娟、荣先国、潘国林、王文忠、马艳舟为市人民政府副市长;选举胡爱民为市监察委员会主任,肖笛为市中级人民法院院长,万强为市人民检察院检察长;选举左志学等33人为市六届人大常委会委员。会议表决通过市六届人大各专门委员会组成人员人选名单,表决通过市六届人大一次会议关于市政府工作报告的决议、关于黄冈市2021年国民经济和社会发展计划执行情况及2022年计划的决议、关于黄冈市2021年预算执行情况和2022年预算的决议、关于市人大常委会工作报告的决议、关于市中级人民法院工作报告的决议、关于市人民检察院工作报告的决议。市委书记张家胜出席会议并讲话。

【市六届人大常委会会议】2022年,黄冈市召开六届人大常委会会议7次。

（阮 航）

表7 2022年黄冈市六届人大常委会会议一览表

时 间	次 数	主 要 内 容
2月28日至3月1日	市六届人大常委会第一次会议	传达学习习近平总书记在中央政治局第三十六次集体学习时重要讲话精神;审议《黄冈市畜禽养殖污染防治条例(草案二审稿)》;听取审议市人大常委会法制工作委员会关于2021年备案审查工作情况的报告、市政府关于2020年市级预算执行和其他财政收支审计查出问题整改情况的报告,并开展满意度测评;表决通过《黄冈市人大常委会关于开展第八个五年法治宣传教育的决议》《黄冈市人民代表大会常务委员会议事规则(修订稿)》;会议决定任命新一届市政府工作部门主要负责人、市监察委员会部分组成人员及市法院有关工作人员,新任职人员进行宪法宣誓。会议决定接受何兰田辞去市六届人大常委会委员职务
4月25—26日	市六届人大常委会第二次会议	传达学习习近平总书记在北京冬奥会、冬残奥会总结表彰大会上重要讲话精神;表决通过《黄冈市人大常委会关于加快推进黄冈融入武汉城市圈同城化发展的决定》;审议《黄冈市畜禽养殖污染防治条例(草案三审稿)》《黄冈市饮用水水源地保护条例(修订草案)》;听取审议并通过市政府关于全市公安机关执法规范化建设促进高质量发展情况、关于全市宗教工作情况、关于2021年度全市环境状况和环境保护目标完成情况、关于《医疗保障基金使用监督管理条例》贯彻实施情况的报告,以及市政府关于2021年度国有自然资源资产管理情况专项报告、关于2021年度国有资产管理情况综合报告;表决通过有关人事任免事项
6月23—24日	市六届人大常委会第三次会议	传达学习习近平总书记在中共中央政治局第三十八次集体学习时重要讲话精神;表决通过《黄冈市畜禽养殖污染防治条例》;表决通过《黄冈市人大常委会关于加快推进科技强市建设的决定》;审议《黄冈市饮用水水源地保护条例(修订草案二审稿)》《黄冈市华阳河流域保护条例(草案)》《武汉城市圈公共交通一体化促进条例(草案)》,市人大常委会执法检查组关于检查《中华人民共和国环境保护法》《黄冈市白莲河库区水环境保护条例》实施情况的报告;审议通过市政府关于全市现代物流业发展情况和关于全市粮食安全工作情况的报告。会议审议有关人事任免议案,决定任命王亚凌为副市长并进行宪法宣誓,免去董波、王玺玮副市长职务

续表

时　间	次　数	主　要　内　容
8月23—24日	市六届人大常委会第四次会议	传达学习习近平总书记在省部级主要领导干部“学习习近平总书记重要讲话精神，迎接党的二十大”专题研讨班上重要讲话精神；表决通过《武汉城市圈公共交通一体化促进条例》；审议《黄冈市武山湖太白湖龙感湖保护条例（草案二审稿）》《黄冈市饮用水水源地保护条例（修订草案三审稿）》；审议通过《湖北省社会信用信息管理条例》执法检查报告、市政府关于2022年上半年国民经济和社会发展计划执行情况的报告、关于2021年市本级决算及2022年上半年预算执行情况的报告、关于2022年市本级财政预算调整方案的报告、关于2021年市级预算执行和其他财政收支审计工作情况的报告、关于全市文物资源资产管理情况的报告，审查批准2021年市本级决算、2022年市本级财政预算调整方案；听取审议市中级人民法院关于2022年上半年工作暨基层人民法庭建设情况的报告、市人民检察院关于2022年上半年工作暨检察机关法律监督工作情况的报告，表决通过《黄冈市人大常委会关于加强新时代检察机关法律监督工作的决定》；审议通过有关人事议案，新任职人员进行宪法宣誓。会议决定接受骆明正辞去市六届人大常委会委员职务
10月27—28日	市六届人大常委会第五次会议	传达学习中国共产党第二十次全国代表大会精神；审议《黄冈市武山湖太白湖龙感湖保护条例(草案三审稿)》；表决通过《黄冈市饮用水水源地保护条例》；听取和审议市人大常委会执法检查组关于检查《中华人民共和国审计法》贯彻实施情况的报告；审议通过市政府关于2022年市本级财政预算调整方案的报告、关于全市进一步减轻义务教育阶段学生作业负担和校外培训负担工作情况的报告、关于2021年优化营商环境专题询问有关问题整改情况的报告，审查批准2022年市本级财政预算调整方案；听取和审议市监委关于全市开展扫黑除恶“打伞破网”专项工作情况的报告
12月15日	市六届人大常委会第六次会议	传达学习习近平总书记在中共中央政治局第一次集体学习时重要讲话精神；审议通过《黄冈市人民代表大会专门委员会工作规则》；听取和审议市人大常委会执法检查组关于检查《中华人民共和国档案法》实施情况的报告；审议通过市政府关于“擦亮小城镇”建设美丽城镇行动工作情况的报告、关于市六届人大一次会议以来代表建议、批评和意见办理情况的报告；审议通过《关于召开黄冈市第六届人民代表大会第二次会议的决定》；会议审议并原则通过市人大常委会工作报告稿和2023年工作要点稿
12月30日	市六届人大常委会第七次会议	传达学习中央经济工作会议精神；审议通过关于部分代表的代表资格报告；审议通过《关于调整黄冈市第六届人民代表大会第二次会议召开时间的决定》及有关事项；审议通过有关人事议案、有关接受辞职请求的决定

（资料来源：市人大常委会办公室）

人大立法

（参见《法治·人大立法》）

重大事项决定

【《关于开展第八个五年法治宣传教育的决议》】2022年，黄冈市人大常委会根据《全国人民代表大会常务委员会关于开展第八个五年法治宣传教育的决议》《湖北省法制宣传教育条例》和《法治黄冈建设规划（2021—2025年）》精神和要求，结合黄冈市实际，作出《关于开展第八个五年法治宣传教育的决议》，为全民普法工作提供保障。主要内容为：以习近平法治思想引领全民普法工作；突出宣传教育重点；提升公民法治素养；提供精准普法服务；加强法治文化建设；推进依法治理实践；加强组织实施和监督检查。

【《关于加快推进黄冈融入武汉城市圈同城化发展的决定》】2022年，黄冈市人大常委会按照市第六次党代会作出加速主城崛起的重大决策部署，作出《关于加快推进黄冈融入武汉城市圈同城化发展的决定》。主要内容为：推进黄冈融入武汉城市圈同城化发展的重大意义，推进黄冈融入武汉城市圈同城化发展的目标定位和工作举措，推进黄冈融入武汉城市圈同城化发展的强大合力。

【《关于加快推进科技强市建设的决定》】2022年，黄冈市人大常委会加快实施创新驱动发展战略，作出《关于加快推进科技强市建设的决定》，聚焦技术创新、成果转化、科技人才等重点工作加强制度供给，为高水平科技自立自强贡献法治力量。主要内容为：推进科技强市建设的重大意义；推进科技强市建设成势见效；推进科技强市建设的使命担当。市政府召开全市科技创新大会，出台促进高新技术产业创新发展“黄金14条”。

【《关于加强新时代检察机关法律监督工作的决定》】2022年，黄冈市人大常委会深化监察和司法工作监督，作出《关于加强新时代检察机关法律监督工作的决定》。主要内容为：把握新时代法律监督工作总体要求；助推社会治理体系和治理能力现代化；持续优化刑事检察工作；精准开展民事检察工作；全面深化行政检察工作；推进公益诉讼检察工作；创新开展未成年人检察工作；健全完善监督制约机制；进一步提升法律监督质量；

市、县两级人民政府、监察机关应当加强与检察机关的联系、配合和协调，为检察机关开展法律监督工作提供必要的支持和保障；审判机关、公安机关、刑罚执行和监管机关、行政执法机关应当依法接受并积极配合检察机关的法律监督工作；相关单位和个人应当自觉维护法律监督的刚性；市、县两级人民代表大会及其常务委员会应当加强对检察机关法律监督工作的监督。

（阮 航）

人事任免

【概况】2022年，黄冈市人大常委会依法选举和任免地方国家机关工作人员，坚持党管干部、充分发扬民主、依法任免的有机统一，把党的领导贯穿于人大及其常委会依法履职的全过程、落实到人大工作的各个方面。全年依法任免国家机关工作人员105人次。

【政府工作人员任免】2022年，黄冈市第六届人民代表大会常务委员会第一次会议、第三次会议、第四次会议、第七次会议依法任免政府工作人员49人次，接受辞去第六届人民代表大会常务委员会委员职务并报市六届人民代表大会备案1人次，接受辞去黄冈市第六届人民代表大会法制委员会主任委员职务并报市六届人民代表大会备案1人次。

【监察委、法院、检察院工作人员任免】2022年，黄冈市第六届人民代表大会常务委员会第一次会议、第二次会议、第七次会议依法任免市监察委、市法院、市检察院工作人员54人次。

（阮 航）

人大监督

【执法检查】2022年，黄冈市人大常委会开展《中华人民共和国乡村振兴促进法》和《湖北省乡村振兴促进条例》执法检查，配合完成全国人大常委会执法检查组的服务保障工作；听取审议《关于推进实现巩固拓展脱贫攻坚成果同乡村振兴有效衔接的决定》贯彻落实情况报告；调研《关于加强农村村民建房管理推进乡村建设行动的议案》办理情况；以“促进乡村振兴”为主题召开基层人大代表座谈会。开展《中华人民共和国环境保护法》《中华人民共和国长江保护法》《黄冈市白莲河库区水环境保护条例》等多部法律法规执法检查；针对执法检查中发现医疗废物中转站建设滞后等突出问题开展代表约见，推动相关问题整改落实；开展“环保世纪行”活动，依法推动环境质量持续提高。组织开展《中华人民共和国审计法》《中华人民共和国档案法》《湖北省社会信用信息管理条例》等法律法规执法检查，推动正确有效实施。执法检查《黄冈市白莲河库区水环境保护条例》。聚焦医疗教育，听取审议市政府关于《医疗保障基金使用监督管理条例》实施情况报告，监督管理医保基金筹集、运行、使用全流程，保障基金安全，提高使用效益。助推义务教育优质均衡发展，听取审议市政府关于进一步减轻义务教育阶段学生作业负担和校外培训负担工作情况报告。

【专题询问】2022年，黄冈市人大常委会把优化营商环境作为助力高质量发展的重要突破口，开展法律法规执法检查，组织五级人大代表深入开展“优化营商环境代表在行动”，常委会安排相关议题，听取审议专项工作报告，专题询问发现的突出问题。推动市政府出台工业、文旅、房地产等重点领域帮扶措施10余项，支持市场主体发展。市人大常委会聚焦优化营商环境，以钉钉子精神完成监督工作的黄冈探索经验被省人大常委会推介。全年专题询问7部地方性法规实施中突出问题，督促政府及相关部门切实担负法规实施主体责任。

【监察和司法监督】2022年，黄冈市人大常委会贯彻《中共中央关于加强新时代检察机关法律监督工作的意见》和省委实施意见，作出《关于加强新时代检察机关法律监督工作的决定》，保障支持检察机关依法履行法律监督职责、提升法律监督质效。强化监督司法活动，听取审议全市公安机关执法规范化建设促进高质量发展情况、市法院2022年上半年工作暨基层人民法庭建设情况、市检察院2022年上半年工作暨检察机关法律监督工作情况等专项工作报告。

【经济运行监督】2022年，黄冈市人大常委会监督国民经济和社会发展计划执行情况，提出针对性意见建议，推动年度计划实施。深化预算审查监督重点向支出预算和政策拓展改革，强化审查监督预算绩效，管好人民的“钱袋子”。贯彻落实党中央关于建立国有资产管理情况报告制度改革要求，连续三年监督行政事业性国有资产管理情况，相关做法被省人大常委会充分肯定并向全省推介。听取审议市政府关于全市文物资源资产管理情况报告。首次听取审议国有自然资源资产管理情况专项报告，实现企业、金融企业、行政事业、自然资源四大类别国有资产管理监督全覆盖。

（阮 航）

2022年10月28日，黄冈市人大常委会法治化营商环境专题询问联组会议在黄州召开

（市人大常委会研究室 供图）

代表工作

【学习培训】2022年，黄冈市人大常委会开展初任人大代表培训，提高528名新当选市人大代表的政治素质和履职意识。开展履职培训，为347名新任基层代表量身定制多样培训内容。开展专题培训，结合"小切口"立法工作需求，组织常委会组成人员和专委会委员55人到山西省开展专题培训。开展业务培训，组织乡镇人大主席围绕乡镇人大是什么、干什么、怎么干等问题开展培训。

【代表联系】2022年，黄冈市人大常委会出台《黄冈市人大常委会关于推动美好环境与幸福生活共同缔造的实施方案》，邀请代表146人次参与各项履职活动，常委会会议邀请基层代表列席。推进"家站点"等代表履职平台建设，支持浠水县、武穴市作为全省试点先行先试，并在浠水县召开现场推进会，总结推广试点经验。至年底，全市建成代表履职平台990个，各地利用平台组织代表开展接待选民等各类活动。

【建议办理】2022年，黄冈市人大常委会在市六届人大一次会议期间建立代表审议意见"快速反应、及时回应"工作机制，及时研究交办代表在闭会期间提出的意见建议。建立完善主任会议成员重点督办、市政府负责人带头领办、专委会对口督办、相关单位主动承办、人大代表全程参与的建议办理工作格局，做到"民有所呼，我有所应"。市六届人大一次会议代表提出141件建议全部办理完毕并答复代表，市政府领导领办开通工业园区公交专线等建议成效明显，黄冈市创新工作方法提高代表建议办理质效工作经验获全国人大推介。

【市人大代表之家启用】2022年4月2日，黄冈市人大代表之家在市人大常委会办公楼二楼开馆并投入使用。市人大之家主要为人大代表依法履职活动场所。常委会会议期间，是参会常委会组成人员、列席人大代表和有关人员会前会后查询资料、阅读报告场所。市人大代表之家面积近400平方米，围绕"宣传法治的阵地、联系群众的桥梁、民主协商的平台、人大工作的窗口和中国特色社会主义制度宣传教育的学校"五大功能定位，划分联系协商区、履职工作区、陈列展示区和阅读查询区四个区域。

表8 2022年黄冈市六届人大一次会议建议一览表

编号	领衔人	标题	主办单位	会办单位
1	方　杰	关于解决3所建制未满划转学校和4所规划新建学校2022年教师招聘所需全额事业编制及资金的建议	市委编办、市财政局	黄州区政府
2	左志学	关于建设黄冈市中药质量溯源体系公共服务平台的建议	市卫生健康委	市经信局、市市场监管局、市发展改革委、市农业农村局
3	释崇谛	关于取消东坡赤壁景区门票收费的建议	市文化和旅游局	—
4	方婷婷	关于推进市区一体发展改善营商环境的建议	市政务服务和大数据管理局、市发展改革委	黄州区政府
5	张正林	关于黄州工业园调规扩区的建议	市自然资源和规划局、黄州区政府	—
6	方婷婷	关于深化主城崛起推进赋权强区的建议	市委编办、市委政研室	市交通运输局、市市场监管局、市文化和旅游局、市城管执法委、市商务局
7	刘艳莉	关于开通黄冈化工园、黄州工业园、南湖工业园公交专线的建议	市交通运输局	齐安国投
8	陈新利	关于完善市区自然资源管理工作体制机制的建议	市自然资源和规划局	黄州区政府
9	郭　薇	关于黄州区提高社区干部薪酬待遇的建议	市委组织部	黄州区政府
10	吴　敏	关于解决城区内"停车难"的建议	市城管执法委	齐安国投
11	涂　寅	关于打造龙王山七一水库周边文化阵地的建议	市城管执法委	市文化和旅游局
12	张　燕	关于加强珠宝路市政基础设施环境 补短板建设的建议	市城管执法委、市住建局	黄州区政府
13	邹春林	关于黄冈市区"双减"之下小学课后服务的建议	市教育局	黄州区政府
14	陈　艳	关于加强全市义务教育学校专职卫生技术人员队伍建设的建议	市教育局	市卫生健康委、各县(市、区)政府
15	郭　薇	关于取缔沿江路反修闸段货车停放的建议	市城管执法委、市公安局	—
16	涂　寅	关于进一步完善黄冈城区智慧公交服务的建议	齐安国投	—
17	张　鄂	关于黄州城区中环路至江北一级公路 道路连通建设的建议	市住建局	黄州区政府、黄冈市临空经济区管委会

续表

编号	领衔人	标题	主办单位	会办单位
18	张　燕	关于打通文峰路北段的建议	市住建局	黄州区政府
19	郭　薇	关于加强闲置国有资产综合利用的建议	市政府国资委	黄州区政府
20	陈　艳	关于健全市区120院前急救服务体系的建议	市卫生健康委	黄州区政府
21	欧运英	关于解决城乡电线电缆乱搭乱拉问题的建议	省楚天视讯网络黄冈分公司、市供电公司、市经信局	市移动公司、市联通公司、市电信公司、市铁塔公司、各县(市、区)政府
22	王建鹏	关于团风临港经济示范区空间布局规划调整的建议	市自然资源和规划局	团风县政府
23	马智玉	将黄冈革命烈士陵园创建为4A级景区，市县共建、打造鄂东红色爱国主义教育基地的建议	市退役军人事务局、市文化和旅游局	市委宣传部、市史志研究中心
24	易瑶	关于推进武黄市域铁路(团风段)项目的建议	市交通运输局	团风县政府
25	钟丽华	关于畅通人才引进绿色通道和岗位异动的建议	市委人才办	市人社局、市卫生健康委(临床专业技术人员)
26	张友娥	关于确保乡村医生的稳定与乡村卫生室发展的建议	市卫生健康委	各县(市、区)政府
27	张友娥	关于将防范儿童性侵教育纳入学校必修课的建议	市教育局	—
28	张友娥	关于加强农村养老服务的建议	市民政局	各县(市、区)政府
29	张　庆	关于规范直播行业发展着力构建跨部门、多领域长效监管机制的建议	市商务局、市市场监督管理局、市司法局	—
30	吴　边	关于建设一支政治坚、业务精、活力强、数量足的红色讲解员队伍的建议	市文旅局	红安县政府
31	宋　萍	关于完善老旧小区改造的建议	市住建局	各县(市、区)政府
32	刘定齐	关于发展乡土树种　实施国土绿化的建议	市林业局	市农业农村局、市城管执法委
33	刘春霞	关于加强农村教育信息化建设　促进城乡均衡发展的建议	市教育局	市经信局
34	汪秋怀	关于对黄冈律师行业给予政策性扶持的建议	市司法局	—
35	汪　静	关于加强青少年禁毒教育的建议	市公安局	市委宣传部、市教育局
36	丁鸿鸣	关于切实加强黄州老城区梧桐污染治理的建议	市城管执法委	黄州区政府
37	陈　杨	关于乡村建设生态污水处理系统的建议	市农业农村局、市生态环境局	各县(市、区)政府
38	王海鹰	关于推进红安红色教育和旅游融合发展的建议	市文化和旅游局	市委组织部、市委宣传部
39	郭学敏	关于重点支持红安高新区全面发展的建议	黄冈高新区	市住建局、市交通运输局、市财政局
40	王雄国	关于支持红安加快国家县城新型城镇化示范建设的建议	市发展改革委	红安县政府
41	尹章勇	关于推进乡村产业振兴发展的建议	市农业农村局	市乡村振兴局、市科技局
42	陈业西	关于切实加大支持大红安率先融入大武汉的建议	市交通运输局、市自然资源和规划局	红安县政府
43	戴　鹏	关于加强黄冈市基层市场监管执法队伍和能力建设的建议	市市场监督管理局	市委编办、各县(市、区)政府
44	高　瞻	关于实施数字乡村建设工程推动“数智”乡村振兴和农业农村现代化的建议	市经信局、市农业农村局	各县(市、区)政府
45	蒋俊坡	关于建立长期护理保险制度的建议	市人社局	市民政局、市医保局
46	农春燕	关于积极探索农旅一体化发展模式　因地制宜兴产业的建议	市农业农村局	市文化和旅游局、麻城市政府
47	李道刚	关于扶持发展农村闲置荒山土地种植中药材的建议	市农业农村局	各县(市、区)政府
48	童保红	关于做好黄冈市“优师计划”积极创建国家级教师教育综合改革实验区的建议	市教育局	黄冈师院
49	李恒章	关于解决麻城石材产业园用地指标的建议	市自然资源和规划局	麻城市政府
50	张　平	关于加快推进湖北上进山抽水蓄能电站项目的建议	市发展改革委、市林业局	麻城市政府、市自然资源和规划局、团风县政府、市水利和湖泊局
51	胡文燕	关于大力支持麻城设置高职院校校区的建议	市教育局	麻城市政府

续表

编号	领衔人	标　　题	主办单位	会办单位
52	陈利民	关于支持麻城市人民医院建设鄂东北区域医疗中心的建议	市医保局、市人社局、市卫生健康委	麻城市政府
53	刘锦秀	关于请求进一步推进大别山振兴规划进入国家“十四五”重点支持区域进行落地的建议	市发展改革委	—
54	刘锦秀	关于将罗田打造为农产品智慧物流示范县的建议	市农业农村局	罗田县政府
55	胡华胜	关于在全市开展耕地抛荒专项整治的建议	市农业农村局	各县(市、区)政府
56	姜安心	黄冈职业技术学院设置附属黄冈市中医医院的建议	市教育局	市卫生健康委、黄冈职院
57	姜安心	关于在黄冈职业技术学院(含桃园街片区)建设校园排涝泵站的建议	市城管执法委	黄冈职院、市水利和湖泊局
58	杨　柳	关于拨付专项补助资金支持县域疫情防控的建议	市财政局	市卫生健康委
59	徐　赤	关于加大县级及县级以下医疗卫生机构、人才建设支持力度的建议	市卫生健康委	各县(市、区)政府
60	何大平	关于适当放宽耕地占补平衡、用地增减挂钩指标跨区交易的建议	市自然资源和规划局	罗田县政府
61	方　勇	关于建设麻安高速延伸线的建议	市交通运输局	罗田县政府
62	刘锦秀	关于加快武汉至安庆、鄂州至罗田高铁项目立项建设的建议	市交通运输局	罗田县政府
63	项晓鹏	关于支持白莲河示范区匡河镇片区库区村产业发展和水污染整治的建议	罗田县政府	白莲河示范区管委会
64	滕岳青	关于支持罗田大健康产业发展的建议	市文化和旅游局、市发展改革委、市卫生健康委	罗田县政府
65	尹　聃	关于将罗田经济开发区列入湖北黄冈高新技术产业开发区罗田园区的建议	黄冈高新区	罗田县政府
66	项晓鹏	关于加快大别山国家级自然保护区整合优化调整的建议	市林业局	罗田县政府、英山县政府
67	马志猛	关于先行启动白莲河库区上游旅游开发的建议	白莲河示范区管委会	市文化和旅游局、英山县政府、罗田县政府、浠水县政府
68	付琼燕	关于解决农村公厕后续管理的建议	市农业农村局	各县(市、区)政府
69	黄　蕊	关于支持英山县创建国家“两山”理论实践创新基地的建议	市发展改革委、市水利和湖泊局	英山县政府
70	黄　蕊	关于加强专业招商队伍建设的建议	市招商服务中心	各县(市、区)政府
71	段　鹏	大力培育文旅主播,加快文旅产业发展	市文化和旅游局	市商务局
72	付琼燕	关于解决山区高塝农田机耕路的建议	市农业农村局	市交通运输局
73	刘小敏	关于定向联合培养中小学专任教师的建议	市教育局	黄冈师院
74	范红莉	进一步加快青少年精神健康、抑郁症防控工作落实建议	市卫生健康委、市教育局	各县(市、区)政府
75	杜艳红	关于加大对农村小河流域整治力度的建议	市水利和湖泊局	各县(市、区)政府
76	郑　怀	关于加大对香榧产业发展支持力度的建议	市林业局	市水利和湖泊局、市农业农村局
77	杜艳红	关于提高农村居民养老保险待遇的建议	市人社局	各县(市、区)政府
78	沈丽萍	关于对特殊困难企业降低扶持门槛的建议	市经信局	市发展改革委、市地方金融工作局
79	叶文青	关于加强黄州城区无障碍设施建设和管理的建议	市住建局	黄州区政府、市自然资源和规划局、市城管执法委、市公安局、市残联
80	张　雄	关于退还大别山产业发展资金的建议	市财政局	浠水县政府
81	毕德胜	关于补齐集镇生活污水处理短板的建议	市住建局	各县(市、区)政府
82	卢　明	关于支持浠水县团陂高级中学设立“武汉体育学院附属体育艺术高中”的建议	市教育局	浠水县政府
83	肖　艳	关于加快推进巴水河流域浠水段综合整治的建议	市水利和湖泊局	浠水县政府
84	胡细梅	关于支持浠水公路建设,加快推进黄团浠交通一体化的建议	市交通运输局	浠水县政府
85	刘维芳	关于进一步加大中小企业政策扶持力度的建议	市地方金融工作局、市发展改革委、市经信局	市人社局

续表

编号	领衔人	标　　题	主办单位	会办单位
86	罗志宏	关于加大“僵尸企业”破产案件受理力度有效解决破产案件启动难问题的建议	市中院	—
87	李　蔚	关于化解住宅小区物业管理矛盾，促进小区综合管理的建议	市委组织部、市住建局	各县(市、区)政府
88	李　蔚	关于支持创建黄冈油菜薹公共品牌，助推黄冈乡村产业发展的建议	市农业农村局	—
89	陈　涛	关于擦亮浠水县“洗马花灯会”旅游名片的建议	市文化和旅游局	浠水县政府
90	周志鹏	关于依法落实农业“乡改”人员劳务报酬及按现有职称套改档案工资衔接保险的建议	市委组织部、市人社局	—
91	潘新星	关于支持我市智慧农业发展的建议	市农业农村局	各县(市、区)政府
92	夏　林	关于公安机关保障律师调查权的建议	市委政法委、市司法局	市检察院、市公安局、市法院
93	胡细梅	关于充分发挥中小学(幼儿园)家长学校功能的建议	市教育局	各县(市、区)政府
94	夏　林	关于全市民政部门主动作为，切实将符合条件的事实孤儿纳入社会兜底保障的建议	市民政局	各县(市、区)政府
95	张　林	关于大力发展菱角产业推动散花现代农业升级的建议	市农业农村局	浠水县政府
96	程海宴	关于白莲河饮用水源管理的建议	白莲河示范区管委会	市水利和湖泊局
97	李建忠	关于打击取缔“黑车”客运，培育壮大市场主体，促进我市道路客运事业突破性发展的建议	市交通运输局	市公安局、市市场监管局
98	董喜亮	关于请求协调解决浠水县兰溪镇大广高速兰溪出口道路改扩建的建议	市交通运输局	浠水县政府
99	陈　静	关于基层事业单位干部队伍建设问题的建议	市委组织部、市人社局	—
100	范得迟	关于支持浠水三角山建设千里大别山红色文化主题公园的建议	市委宣传部、市文化和旅游局	浠水县政府
101	范得迟	关于擦亮省级非遗名片创建中国杂技之乡的建议	市文联、市文化和旅游局	黄冈师院、黄冈艺术学校、市人社局
102	戴汉奇	关于加快推进黄冈临空经济区浠水巴河核心区同步建设的建议	市自然资源和规划局、市交通运输局	浠水县政府、市临空经济区管委会
103	杨景涛	关于支持蕲春打造跨江合作示范区的建议	市发展改革委	市交通运输局、市经信局、市文化和旅游局、市生态环境局、市招商服务中心
104	高志清	关于将蕲艾全产业链标准体系上升为省级和国家级标准应用的建议	市市场监管局	蕲春县政府
105	赵　秀	关于促进非遗文化与旅游融合发展的建议	市文化和旅游局	蕲春县政府
106	张源泉	关于市委、市政府加强与招商局集团合作对接的建议	市招商服务中心、市水利和湖泊局	蕲春县政府
107	张迪畅	关于支持市县两级生态环境监测机构能力建设 为深入打好污染防治攻坚战推动美丽黄冈绿色崛起 提供技术支撑的建议	市委编办、市生态环境局	—
108	徐　俊	关于将棋盘洲大桥更名为“蕲春长江大桥”的建议	市交通运输局	蕲春县政府
109	孙利伟	关于通过推动全市医药联动，构建中医中药协同创新发展的大健康产业链，支持蕲春县打造以蕲艾为主的大健康产业集群，加快建成中国中医药健康城核心区的建议	市卫生健康委、市医保局	蕲春县政府
110	裴　玲	关于加快完善城市防洪排涝工程体系的建议	市水利和湖泊局、市城管执法委	各县(市、区)政府
111	李　文	关于发挥保险经纪市场主体作用，解决复杂民生安全保障问题的建议	市地方金融工作局	—
112	李保国	关于全面推进蕲春中医药事业发展的建议	市卫生健康委	蕲春县政府
113	李保国	关于实施乡村振兴战略进程中重视解决精神病群体问题的建议	市卫生健康委、市民政局	各县(市、区)政府
114	何建平	关于加快管窑镇“陶艺小镇”建设的建议	市发展改革委、市文化和旅游局	蕲春县政府
115	郭文利	关于请求将屏风寨景区开发项目纳入全市全域旅游创建示范区重点项目的建议	市文化和旅游局、市大别山旅游开发公司	蕲春县政府

续表

编号	领衔人	标题	主办单位	会办单位
116	郭文利	关于贯通蕲春三角山旅游公路至浠水绿杨公路的建议	市交通运输局	蕲春县政府
117	方文妃	关于加强全市县级医院专业技术人才队伍建设的建议	市委编办、市卫生健康委、市人社局	各县(市、区)政府
118	陈　红	关于支持湖北黄冈应急管理职业技术学院建设特色高水平专业群的建议	市教育局	市人社局、市财政局
119	陈　红	关于建立市区中等职业教育经费保障机制的建议	市教育局	市财政局、市应急管理局
120	曾恩学	关于关注中小学生心理健康的建议	市教育局	各县(市、区)政府
121	苏　玲	关于加强对公立医院过度检查、药品价格的监管	市卫生健康委、市市场监管局	—
122	张朝霞	关于提升基层妇幼保健能力,应对三孩时代来临的建议	市医保局、市卫生健康委	各县(市、区)政府
123	孟志丹	关于大力提升长江生态环境保护质效的建议	市农业农村局、市生态环境局、市水利和湖泊局	浠水县政府、武穴市政府、黄梅县政府、黄州区政府、团风县政府、蕲春县政府
124	张锦军	关于培育医药化工人才,助力黄冈医药化工行业高质量发展的建议	黄冈职院、市教育局	武穴市政府、市中职集团
125	梅银国	关于支持武穴加快五洲特纸项目建设的建议	市自然资源和规划局、市发展改革委、市生态环境局	武穴市政府
126	张国芬	关于支持武穴实施跨江合作的建议	市交通运输局、市商务局	武穴市政府
127	胡华文	关于支持武穴建设海关监管场所的建议	市商务局	武穴市政府
128	蔡　军	关于加快实施220国道武穴至瑞昌过江通道项目的建议	市交通运输局	武穴市政府、市自然资源和规划局
129	查　俊	关于支持武穴打造循环经济千亿园区的建议	市自然资源和规划局、市商务局、市发展改革委、黄冈高新区管委会	武穴市政府
130	胡　昊	关于支持武穴多式联运项目建设的建议	市发展改革委、市交通运输局	武穴市政府
131	詹丽君	关于大力支持小池实施跨省跨江合作高质量发展三年行动计划的建议	市发展改革委、市自然资源和规划局	黄梅县政府
132	万新焰	关于打造"一县一品",统筹推进绿色电能规范发展的建议	市发展改革委	—
133	钱　燕	关于大力支持黄梅县创建以非遗禅文化为主的AAAAA景区的建议	市交通运输局、市文化和旅游局	黄梅县政府
134	梅冠南	关于加强户外广告专项治理,美化市容环境的建议	市城管执法委	各县(市、区)政府
135	刘　花	关于进一步加大龙感湖流域综合治理支持力度的建议	市水利和湖泊局	市农业农村局、市司法局、市自然资源和规划局、市公安局
136	骆明正	关于加强全民科学素质建设的建议	市财政局、市科协	市自然资源和规划局、市委宣传部
137	於春明	关于支持建立龙感湖地区区域协同,生态协作,发展协力的协调推进机制的建议	市林业局、市自然资源和规划局	龙感湖现代农业示范区
138	杨仕英	关于促进养老托育家政服务业发展的建议	市妇联、市卫生健康委	各县(市、区)政府
139	杨仕英	关于加强职工托幼服务的建议	市卫生健康委、市教育局	各县(市、区)政府
140	徐　锐	关于恢复黄州鄂州轮渡营运的建议	市政府国资委	市交通运输局、黄州区政府
141	张正林	关于接通新港大道与新港二路交会处地下排水管道的建议	市城管执法委	—

(资料来源:市人大常委会办公室)

【武穴市开展人大代表行动】2022年5月21日,武穴市创新开展代表行动,组织7名教育界人大代表,走上街头,跟选民们进行面对面交流,利用代表们专业优势,为选民提供服务。该次活动线上线下联动,搭建"问题征集云平台",调研选民最为关注急难愁盼问题,并通过直播方式,由代表们推进跟踪和落实,为更多在家选民答疑解惑。湖北电视台《人大聚焦》栏目对此进行采访报道。

(阮　航)

责任编辑:胡文珍　席想楼　**责任校对:**黄荣

黄冈市人民政府

综　述

【经济运行】2022年，黄冈市人民政府坚持稳中求进工作总基调，统筹疫情防控和经济社会发展，有效应对经济下行和多重超预期冲击，全年经济发展迎难而上、稳中向好，主要经济指标保持增长，就业物价总体稳定，人民生活持续改善，产业发展韧性增强，高质量发展迈出新步伐，经济社会大局和谐稳定。全市三次产业结构由2021年的19.7∶33.2∶47.1调整为19.9∶34.4∶45.7，居民消费价格指数比上年上涨1.5%，发展五类（含内资、私营、外资、个体、农民专业合作社）市场主体10.67万户。深化"千人进千企"，推动市场主体降本增效，全市减税降费59.9亿元，贷款降息8.3亿元。推进专业招商，能源投资位列全省第一位，麻城百万千瓦新能源基地一期投产，平坦原、紫云山、魏家冲抽水蓄能项目开工，华电武穴、大别山电厂三期纳入全省新增煤电规划。新增"四上"企业1002家，新入库项目1783个，增量拉动效应明显。大别山电厂、李时珍医药集团产值过50亿元，祥云集团产值超百亿、实现百亿级工业企业零的突破。专精特新企业163家，数量位列全省第四位。高新技术企业净增200家以上、总数777家，实施技改项目402个，发展动能明显增强。工业、社零、投资等主要指标保持快速增长、全面进位，信贷、用电、收入等关联指标协调增长，经济运行稳健向好。全市地区生产总值完成2747.9亿元，按不变价格计算，比上年增长4.9%，高于全省0.6个百分点。规模以上工业增加值比上年增长12.6%，高于全省5.6个百分点，位列全省第二位。固定资产投资比上年增长17.4%，高于全省2.4个百分点，位列全省第八位。社会消费品零售总额1451.29亿元，比上年增长3.4%，高于全省0.6个百分点，增速位列全省并列第五。

【区域协同发展】2022年，黄冈市编制国土空间规划、流域综合治理和统筹发展规划，划定"三区三线"，有效统筹全域发展方向、重点和路径。加快推进同城化，黄黄高铁开通运营，燕矶长江大桥、武红高速、G347等硬联通项目加快建设，鄂黄长江大桥9座及以下客车实现免费通行。与东湖高新区共建的黄冈（光谷）科技产业园二期项目启动建设，与省联投共建的智能科技产业园开工建设。引进三利谱偏光片、TCL智能制造产业园等产业同链项目57个。人福药业试产，临港新城综合码头开港运营，智慧农博城、顺丰冷运中心等开工建设。东坡赤壁片区起步区启动建设。

【改革创新】2022年，黄冈市深化"放管服"改革，800个高频事项实现最多跑一次，98%政务服务事项实现一网通办。创新设立信贷风险补偿金和企业"白名单"制度，为401家困难企业担保贷款30.6亿元。实行经营性资产集中管理，推进市属国有企业改革，组建黄冈国投公司。以黄冈高新区为主体，改革整合市区园区。5个省级开发区完成扩区调区，4个化工园通过全省合规认定核查。强大包装在香港联交所上市，宏源药业过会。入选全国政府采购支持绿色建材试点城市。组建大别山网红学院，举办首届燕儿谷乡村振兴助农大直播、黄冈优品直播带货大赛。承办农民丰收节湖北主会场活动。中韩铁海联运石材专列开通，英山茶叶中欧班列首发。外贸进出口额突破百亿元。

【民生实事】2022年，黄冈市城镇新增就业6.6万人，养老、医保、救助等社会保障体系实现全覆盖。落实城乡低保、特困供养、临时救助、残疾人"两项补贴"，发放社会救助金15.02亿元。改造老旧小区561个，适老化改造1761户。探索租购并举机制，为4978名从事基本公共服务人员解决住房困难。落实防止返贫动态监测和帮扶机制，3.5万名"三类对象"消除返贫致贫风险。启动20个乡村振兴示范片区建设，开展首批112个共同缔造试点，推进全国市域社会治理现代化试点城市创建。

法治惠民生实事项目　黄冈市确定"保障新发展法治惠民生"10件实事项目，纳入年度考核评价指标体系。推进"法律明白人"培养工程，举办培训200余场，培训1万余人次。市经信局牵头"政策找企业 专班抓兑现"项目，收集企业反映问题611个，解决513个，问题解决率83.96%。浠水县法院申报、推进"胜诉退费当天办结"项目，为胜诉当事人办理网上退费1175笔、退费307.68万元，其中为企业退费182笔，退费70.87万元。市城管执法委推进"路长制"实事项目，解决群众家门口市容环境卫生问题。市委宣传部牵头黄梅戏普法实事项目，推出5部黄梅戏普法视频，受众超过200万余人。

惠企政策落实　黄冈市制定《规上工业企业可享受20项政策清单》，市级包保联系规上企业330家，组建一对一服务专班330个。落实惠企政策，全市减免税费18.34亿元，留抵退税31.53亿元，缓税9.57亿元。协调落实"2022年中小微企业宽带和专项平均资费再降10%"政策，惠及企业6678家，运营商让利1033.8万元。兑现2021年度先进制造业、工业高质量发展、稳规进规、5G产业发展等奖励政策，奖励全市356家企业5357.4万元。出台工业降本增效措施11条，助力企业纾困解难。

学前教育和义务教育学位增加　黄冈市优化城区学校布局，落实《黄冈市中心城区教育设施专项规划(2018—2030年)》，新建黄冈市齐安学校、文昌学校、第三实验学校、第四小学4所义务教育阶段学校。新增校舍面积11.5万余平方米、新增学位1.02万个，投资5.77亿元。9月1日，4所学校投入使用。年内，全市新增义务教育学位2.28万个，学前教育学位8570个。

普惠型商业补充医疗保险"黄惠保"上线　9月6日，黄冈市普惠型商业补充医疗保险"黄惠保"上线。"黄惠保"筹资标准为每人每年89元，全年享受最高260万元赔付限额。"黄惠保"具有"参保门槛低、保障范围广、缴费标准低、保障额度高、参保缴费便利、理赔服务高效、健康服务全"等特点，解决医保政策范围外医疗费用负担问题和重特大疾病患者巨额药品费用问题。至12月底，全市保险机构承保"黄惠保"79.8万人次，保费7102.2万元，保障额度2.07万亿元。

(张　攀　余美乐　周珺玉　吕鉴蕾)

重要会议

【概况】2022年，黄冈市政府召开全体会议1次，贯彻落实中央和省市委经济工作会议精神，贯彻市第六次党代会和市两会精神，分解落实《政府工作报告》目标任务，安排部署2022年市政府工作。召开市政府常务会议20次，研究经济社会发展、产业转型升级、生态建设、招商引资、为民办实事以及法治政府建设等工作。

【市政府六届一次全体(扩大)会议】2022年1月9日下午，市政府六届一次全体(扩大)会议在黄州召开。会议强调，各级领导干部要着力提升战略谋划、资源整合和资源转化能力，在武汉城市圈同城化发展的大背景下找准战略定位，围绕现有特色和资源优势，推动比较优势市场化转化。经济部门主要任务是招大商、服务重大项目落地、全面提升服务效能。要落实"双链长制"，在招引战略性新兴产业上重点突破，推动产业链重构。城市建设和管理部门主要任务是把大资金引进来、把大项目落下去、高标准管理和服务城市。主城区要按照武汉新区的标准来提升城市功能，挖掘文化内涵，改善城市风貌，提升城市品位。社会事业领域各部门在抓好公共服务的同时，要围绕更好吸引外来产业人口和消费人口，主动谋划市场化、产业化项目。沿江地区构建多式联运和商贸物流体系，把交通区位优势发挥出来，推进跨江合作，在更大的市场经济体中参与分工。大别山地区要大力推进农产品物流配送大通道建设，发展现代化供应链管理体系，把更多绿色生态产品"送出去"，把更多外来消费人口和新型服务业产业人口"引进来"。会议要求，要建立问题清单、任务清单和销号台账，对标全省标杆，对标"五最"营商环境要求，深入查找"有风险不管、怕麻烦不管、没好处不管"等本位主义问题，深入查找思想转变不到位、职能转变不到位、作风转变不到位问题，制定整改措施，建立工作台账，实行动态管控、销号管理。市委常委、常务副市长刘忠诚主持会议，市委副书记、市长李军杰出席会议并讲话，市委常委、副市长董波、王玺玮，副市长肖红娟、荣先国、潘国林、王文忠、马艳舟，市政府秘书长蔡绪安出席会议。

【市政府常务会议】2022年，黄冈市政府召开常务会议20次，市长李军杰主持召开。

(张　攀)

表9　2022年黄冈市政府常务会议一览表

时　间	会　议	主　要　内　容
1月12日	第六届市政府第一次常务会议	审议并原则通过《黄冈市人民政府工作规则(送审稿)》《黄冈市县域经济土地节约集约利用考核办法(送审稿)》《黄冈市开发区(园区)土地节约集约利用考核办法(送审稿)》，审议并原则通过《2022年全市安全生产工作要点(送审稿)》，听取春节前安全生产工作情况汇报
1月26日	第六届市政府第二次常务会议	审议并原则通过《关于加强磷石膏综合治理促进磷化工产业高质量发展的若干措施(送审稿)》《关于支持养老服务业发展的若干措施(送审稿)》《黄冈市关于推进多式联运高质量发展的实施方案(送审稿)》
2月16日	第六届市政府第三次常务会议	传达省委书记应勇在全省市厅级主要领导学习贯彻党的十九届六中全会精神专题研讨班上的讲话精神，研究部署全市贯彻落实工作；传达学习省委农村工作会议精神，审议并原则通过《关于做好2022年全面推进乡村振兴重点工作的实施意见(送审稿)》《黄冈市"十四五"人才发展规划(送审稿)》
3月21日	第六届市政府第四次常务会议	听取推进武汉城市圈同城化发展工作情况汇报，听取河南郑州"7·20"特大暴雨灾害教训的情况汇报，审议并原则通过《黄冈市防汛抗旱应急预案(送审稿)》《黄冈市"三湖"地区及西隔堤防汛保安应急预案(送审稿)》《黄冈市森林火灾应急预案(送审稿)》《黄冈市"三湖"地区防洪工程联防联控调度方案(送审稿)》《黄冈市区城市排涝应急预案(送审稿)》，听取关于推进鄂黄长江大桥免费通行惠民政策情况汇报

续表

时　间	会　议	主　要　内　容
4月6日	第六届市政府第五次常务会议	审议并原则通过《黄冈长江高水平保护十大攻坚提升行动方案》《黄冈市贯彻落实第二轮中央生态环境保护督察报告整改方案（送审稿）》《黄冈市第二轮中央生态环境保护督察未纳入报告问题线索整改工作方案（送审稿）》《黄冈市"三湖"地区生态补偿实施方案（送审稿）》《黄冈市白莲河库区生态补偿实施方案（送审稿）》
4月26日	第六届市政府第六次常务会议	审议并原则通过《黄冈市农村人居环境整治提升行动实施方案（送审稿）》《黄冈至黄梅高速铁路沿线环境整治提升工作方案（送审稿）》《黄冈市气象灾害应急预案（送审稿）》
5月10日	第六届市政府第七次常务会议	传达学习习近平总书记对湖南长沙居民自建房倒塌事故作出的重要指示批示精神、全国自建房安全专项整治电视电话会议和全省安全生产电视电话会议暨2022年省安委会第三次全会精神，研究黄冈市贯彻落实措施；审议并原则通过《关于支持工业企业降本增效的若干措施（送审稿）》《黄冈市妇女发展规划（2021—2030年）（送审稿）》《黄冈市儿童发展规划（2021—2030年）（送审稿）》
5月23日	第六届市政府第八次常务会议	研究支持重点服务业进规入限工作，审议并原则通过《支持文化旅游业市场主体纾困解难的若干措施（送审稿）》《黄冈市交通运输业纾困解难措施（送审稿）》《关于推动全市批发、零售、住宿、餐饮业纾困解难恢复发展的措施（送审稿）》《关于促进黄冈市区房地产市场平稳健康发展的若干措施（送审稿）》等
5月30日	第六届市政府第九次常务会议	审议并原则通过《黄冈市县域经济高质量发展考核办法（试行）（送审稿）》《武汉城市圈公共交通一体化促进条例（草案）（送审稿）》
6月27日	第六届市政府第十次常务会议	审议并原则通过《黄冈市深入打好污染防治攻坚战工作方案（送审稿）》《黄冈市突发环境事件应急预案（送审稿）》《黄冈市火灾事故调查处理规定（送审稿）》《黄冈市企业融资纾困"白名单"管理办法（试行）（送审稿）》《关于进一步促进黄冈市区房地产市场平稳健康发展的补充措施（送审稿）》《黄冈市促消费补充政策措施（送审稿）》
7月4日	第六届市政府第十一次常务会议	审议并原则通过《黄冈市城市更新工作指导意见（送审稿）》《黄冈市能源发展"十四五"规划（送审稿）》
7月11日	第六届市政府第十二次常务会议	审议并原则通过《黄冈市国有土地上房屋征收和补偿操作指引（送审稿）》，听取2022年市区建设项目工作计划情况汇报
7月11日	第六届市政府第十三次常务会议	听取黄冈（光谷）离岸科创中心情况汇报，研究部署加强高温天气防范应对工作
7月25日	第六届市政府第十四次常务会议	审议并原则通过《黄冈市粮食产业发展"十四五"规划（送审稿）》《黄冈市生态环境保护"十四五"规划（送审稿）》《关于实施"才聚荆楚·梦圆黄冈"工程促进高校毕业生就业创业的若干措施（送审稿）》
8月2日	第六届市政府第十五次常务会议	传达全省科技创新大会精神，研究下半年科技创新工作；审议并原则通过《黄冈市农业农村"十四五"规划（送审稿）》《黄冈市卫生健康事业发展"十四五"规划（送审稿）》
9月14日	第六届市政府第十六次常务会议	听取贯彻落实省政府激发市场主体活力稳住经济增长若干措施情况的汇报；审议并原则通过《黄冈市优化生育政策促进人口长期均衡发展的若干措施（送审稿）》；听取全省生态环境保护委员会2022年全体（扩大）会议精神汇报，研究黄冈市贯彻落实措施
9月26日	第六届市政府第十七次常务会议	传达学习习近平总书记在第五个"中国农民丰收节"到来之际作出的重要指示，省委副书记、省长王忠林在黄冈麻城调研讲话精神，研究黄冈市贯彻落实工作；听取当前干旱灾害防范应对工作情况、安全生产工作情况汇报；审议并原则通过《黄冈市工业经济稳增长促发展若干措施（送审稿）》
10月17日	第六届市政府第十八次常务会议	听取全市社会信用建设工作情况汇报，审议《黄冈市区极端干旱天气供水应急响应预案（送审稿）》《黄冈市重特大疾病医疗保险和医疗救助实施办法（送审稿）》《市"十四五"畜禽养殖污染防治规划（送审稿）》等
10月24日	第六届市政府第十九次常务会议	听取《湖北省河湖长制工作规定》主要精神及我市落实情况汇报，审议并原则通过《黄冈市"一老一小"整体解决方案（送审稿）》，听取关于2022年度乡村振兴战略实绩考核相关指标推进情况、全市第一批农业科技赋能技术需求征集情况的汇报
12月26日	第六届市政府第二十次常务会议	传达贯彻中央、省委经济工作会议精神，审议并原则通过《2023年全市一季度"开门红"工作方案（送审稿）》；听取2023年市级政府投资项目情况汇报；审议并原则通过《黄冈市深化产教融合的若干措施（送审稿）》

（资料来源：市政府办公室）

政务服务

【概况】 2022年，黄冈市坚持"一窗通办、一事联办"，全力打造"黄冈没有难办的事"政务服务品牌。印发《黄冈市深化"高效办成一件事"若干措施的通知》，部署22个方面、100项重点工作，逐项明确目标任务、工作职责和完成时限。出台《黄冈市加强基层政务服务体系建设实施方案》，县（市、区）出台对乡镇便民服务机构建设的指导性文件或奖补政策。推广"六有一能"（有场所、有人员、有制度、有网络、有设备、有经费、能办事）标准，统筹推进基层便民场所标准化建设。印发《全市政务服务系统作风专项整治工作方案》，推行首席代表制、首问负责制、AB角制、"只说YES不说NO"等制度，组织市直单位360名窗口工作人员开展综合素质培训；组织9家市直部门将下放事项业务受理、审查、出件培训延伸到村级。全市10个县（市、区）政务服务中心设置窗口1055个；126个乡镇（街道）设置综合大厅窗口1016个，进驻工作人员1551人，平均每个大厅约11人；89个大厅运营经费实现财政全额保障；乡镇电子政务外网全部联通，88%大厅实现与公安、人社、医保等部门专网联通。

【"一窗通办"政务服务】 2022年，黄冈市梳理编制事项颗粒化手册，组织场景化梳理市区两级审批事项受理流程、申请材料、办理时限等要素，逐项制定全新流程图。市县两级按照"无差别受理和分领域综合受理"相结合方式同步推进"一窗"综合受理改革，政务服务事项综合受理率在90%以上。市级大厅进驻52家单位设置综合窗口62个（无差别综合窗口2个、跨部门综合窗口60个）；县级大厅平均设置综合窗口20个；乡镇均按"1+N+Z"模式设置窗口，综合窗口设置实现全覆盖。

【"一事联办"改革】 2022年，黄冈市紧盯企业、群众关注点，推动跨部门、跨层级、跨区域审批，实现"一件事、一次办"。100个主题事项（省定41个、自主推进59个）实现常态化"一事联办"。全市审批服务事项平均办理时间、申请材料分别压减86%和35%。探索实施医保社保"一窗通办"改革，"一次性告知、一套表申报、一个窗受理、一次性办成"大综合窗口，实现医保社保业务一窗通办、一事联办。红安县"新生儿落户'4+2'一事联办工作法"在全省推广。

【工程项目审批服务】 2022年，黄冈市项目审批服务实现"一窗综合受理、网上并联审批、全程代办、限时办结"。推行工业项目"五证同发"和施工许可告知承诺制，项目在完成立项备案、规划方案预审、环评文件编制后可核发《施工通知单》；土地出让合同签订后实行"五证同发"即可开工。政府投资工程、社会投资工程、一般工业项目审批时间分别压缩至60个、40个、20个工作日，申请材料减少60%。推广企业开办"直通车"服务，推行"多证合一"，探索"210标准+G（公共服务）+X（行政许可）"模式，将公积金、医保、水、电、气、网6项公共服务事项与企业开办一体化办理。投入近300万元，启动"两库一平台"（政策库、企业库、惠企政策精准推送和免申即享平台）建设。完成18个市直部门及其对应县（市、区）部门管理账号和审核账号配置工作。开展3轮政策梳理，涉及政策文件175份、政策事项158项。组织专班完成9轮对接申请，获取企业信息48类。市区114个项目享受政策，兑现财政奖补资金计1.6亿余元。推出免费印章服务，为市区（含龙感湖）465家新设企业免费提供印章2000余枚。

【"互联网+监管"】 2022年，黄冈市全面清理部门监管事权，发布市县乡三级监管事项目录，其中市级保留监管事项951项、县级1196项、乡镇（街道）115项，对监管主体、对象、范围、方式、流程统一公开。实行精准监管，利用全省"互联网+监管"平台，对监管进行画像，归集监管行为数据300万余条，分类建立监管事项清单库、监管对象信息库、执法人员信息库等基础数据库8个；以企业统一社会信用代码为索引，全市9万余家企业建立数据档案。制定《全市"四新"经济包容审慎监管指导意见》，使各行业主管部门对新业态新模式普遍实行包容审慎监管。其中，市市场监管系统首次违法不予处罚案件583件，涉及金额800万余元。

【政务服务优化提升】 2022年，黄冈市通过权限下放、委托受理、帮办代办三种模式，推动自助谋划的100项、省定31项高频服务事项下沉，其中延伸至乡镇（街道）和村（社区）可办的事项数分别为121项、61项。延伸事项实现全程网办50项，实现跨层级办理79项；现场办件9万余件，其中通过自助机办理业务7万余件，掌上办业务23万余件。开展"上门办"服务，联合医保、公安等7个部门发布首批14个"上门办"事项清单。在全省率先启动"跨域通办"，与10省、54市实现"跨域通办"。出台《武汉城市圈"跨市通办"政务服务事项清单（2022

2022年11月2日，黄冈市行政服务中心税务部门窗口，导税员为办事群众解说政策
（黄冈日报社 供图）

年)》,新增户口迁移、商事登记、公积金提取、不动产登记、社会保障卡服务、医疗保险费用报销等通办事项100项,武汉都市圈内"一圈通办"高频事项410项。市、县两级政务服务大厅均设置"跨域通办"综合受理窗口,跨域通办事项按时办结率、群众满意率均100%。黄州区进驻市政务服务中心项目审批事项132项,全部实行"一窗受理、一链办理、一站服务";涉及民生的400项审批服务事项市区两级政务服务中心实现同时办理。

【政务信息公开】2022年,黄冈市整体并入政务服务热线27条(超国办清单14条),双号并行13条,实现"12345"热线"一号对外",涵盖市县乡三级成员单位658家。全市政务服务热线一体化平台建成运行,市县两级实现"共用一个呼叫中心、运行一个受理平台、共享一个数据库,执行一套标准",受理公众来电30.6万个,热线接通率、评价较好率超98%。助力精准抗疫,建立急事特办"直通车",对重特大疫情防控线索、事态处置情况、政务舆情动态以"快报"形式及时报市领导。推进政府网站和新媒体运行管理,关停并转396家,保留政府网站46家,完成政府网站IPv6改造。市政府门户网站长期保持全国百强,规范管理254个政务新媒体账号,组建新媒体矩阵,形成一批20万+粉丝量的精品政务新媒体账号。

【数字政府建设】2022年,黄冈市投入7亿余元,建成政务云、网格化平台、公安局监管视频巡查指挥情报中心、智慧应急和智慧交通等系统,启动"智慧黄冈"城市运行管理中心项目建设。投入1000万元,完成统一自助政务服务平台试运行。市级政务事项网办率95%以上,电子证照及电子印章系统化投入使用,汇集电子证照200万余本,"应制尽制"电子印章678个,身份证、营业执照、不动产产权证等51类高频电子证照实现"免提交"。红安县被确定为全省"进一步扩大电子证照、电子签章等应用范围"优化营商环境改革先行区。率先在全省医保系统推出视频远程服务平台"智慧晓屋",在"鄂汇办"App创建黄冈旗舰店,上线高频事项144个、办理业务23万余件;布设政务服务自助机103台,上线房产信息查询、天然气缴费等13个部门129个事项,办理业务7万余件。在全省首创政银合作模式,实现33个高频事项在建行ATM机上办理。

(罗建超)

政务督查

【概况】2022年,黄冈市承接国务院大督查1次,省委、省政府实地督查2次,省指挥部疫情防控督查9次。组织市政府专项督查2次,开展疫情防控督查7次,实地核查环保督察反馈问题销号件8批次41件。统筹办理书记、市长批示件199件,办结销号188件、推进办理11件。跟踪办理市长文件签批件509件,牵头办理市长签批市政府办文件84件,汇总呈阅"两张表"49期。收转办理文件139件,制发督查通报18期、督办函件140件。开展专题调研和督查调查,完成调研报告12篇。办理回复国务院"互联网+督查"平台、人民网省长留言板和市长留言板诉求121件。

【国务院和省级大督查】2022年,黄冈市政府督查室承接国务院第九次大督查保产业链供应链稳定专题组到团风县、麻城市实地督查,实现零问题反馈。承接省委、省政府、省纪委优化营商环境暨稳经济政策落实督查、省稳住经济大盘督导服务组实地督导、省疫情防控指挥部指导督查。

【专项督查】2022年,黄冈市政府督查室专项督查全市惠企政策措施落实情况、"一揽子"政策落实情况,发现并反馈针对性问题13个方面、47条,提出决策建议8条,助力"千人进千企"行动。探索建立政策落实监测点工作机制,遴选40家企业(市场主体)作为监测点,创建监测点信息管理库,执行定期联系反馈、及时回访问效、严格督办处理的监测点运行制度。

【督查调查】2022年,黄冈市政府督查室组织《联投2号地块征迁退地情况的调查报告》《遗爱湖水环境综合治理排口及管网整治工作的调查报告》《关于燕矶大桥施工用砂有关情况调查》等督查调查6次,剖析问题、一事一查,推动问题解决落实。完成《"两潭"片区基本情况及开发分析调研报告》《东坡赤壁历史文化区保护与更新提升调研报告》《关于我市发展铁水联运的对策研究》《全市各类馆藏(馆舍)信息统计分析报告》《黄冈市区高管人才住房项目的调研报告》《我市黄砂资源项目化利用分析报告》专题调研报告6篇,为政府决策提供参谋。

【"一局一档"管理机制建立】2022年,黄冈市政府常务会议审议通过《关于建立市政府部门(单位)工作绩效和作风纪律档案管理机制的工作方案(送审稿)》,建立市政府部门(单位)工作绩效和作风纪律档案管理机制。推进市政府部门(单位)工作绩效考核、强化市政府部门(单位)作风纪律建设,压实市政府部门(单位)主体责任,整治"领导不研究业务、市不管县、部门本位主义"和"怕麻烦不管、有风险不管、没好处不管"等顽瘴痼疾和不良风气。

【"两案"领衔办理模式优化】2022年,黄冈市政府督查室承办省人大代表建议、政协委员提案(简称"两案")26件、市"两案"516件,均按时办结。创新优化领导领衔办理"两案"模式,市政府领导和市政府各承办部门(单位)班子成员领衔办理"两案"270余件,市级"两案"领导领衔办理率52.32%,《全国人大报》推介黄冈"两案"办理做法。黄冈市"两会"期间,市政府推行"快速反应、及时回应"机制回应民声、民意,梳理发送代表、委员反馈意见建议督办函47件,涉及事项102项,督促责任部门快速沟通办结89项,从交办到回复12小时,获人大代表、政协委员高度评价。

(张 攀)

政策研究

【概况】2022年,黄冈市政府研究室围绕"健全千人进千企服务机制"项目,起草"开门红"十大重点指标考核方案,建立问题台账,每周调度、动态销号。围绕"推动市区产业园区整合和功能提升"项目,牵头开展优化市区园区布局调研,起草《城东片区工业企业退区入城实施方案》，参与《黄冈高新区"一区多园"总体发展规划》编制工作。围绕"深化产业园区人事和薪酬制度改革"项目，参与起草黄冈高新技术产业开发区财税体制实施细则、高新区一区多园整合方案等文件。服务优化营商环境，研究稳增长一揽子政策措施。开展党员干部下基层察民情解民忧暖民心实践活动，深入联系点走访慰问、结对帮扶，推动新昌纺织网络化智能化生产工艺改造项目、四海社区江家湾增设路灯、陈策楼村环境整治等实事项目。

【文稿起草】2022年，黄冈市政府研究室起草政府工作报告、市政府六届一次全会、市委经济工作会议等大型综合材料，完成县(市、区)委书记座谈会、疫情防控、安全生产、市属国企改革等各类工作会、专题会领导讲话稿起草，参与上级领导到黄冈市调研、湖北农民丰收节、重大项目开工、招商项目集中签约等重要活动文稿服务工作，起草文稿700余篇。

【决策研究】2022年，黄冈市政府研究室加强政策研究，围绕城市更新、市区人口聚集、高水平对外开放等专题，起草《决策参考》多期，获市政府领导肯定。研究国、省稳经济一揽子政策，形成《稳住经济一揽子清单》《2022年惠企纾困政策摘编》。研究政府专项债券、政策性开发性金融工具、制造业中长期贷款等相关政策和投向，深度参与项目策划和包装，提升项目谋划精准度。围绕加快新旧动能转换、推进高水平对外开放、以流域综合治理统筹四化同步发展、创新供应链管理、教育科技人才支撑等方面，开展战略性研究，提出务实管用建议。组织参与起草重点产业链招商、市场主体培育、城东片区工业企业退区入城实施方案等重要文件。围绕省委提出的"建设全国构建新发展格局先行区"，分析比较优势，提出贯彻落实建议。开展经济运行研究。深入研究GDP核算9大行业等经济指标背后的逻辑和支撑，围绕经济增长点培育、人均效益指标等，逐月、逐季开展经济运行情况分析，形成全市高质量发展突出问题、各县(市、区)经济运行突出问题及重点工作提示等分析材料，定期向市委、市政府报告经济社会发展情况。推进"开门红"十大行动、房地产平稳健康发展等重点工作顶层设计，起草形成工作方案。开展专题研究。组织起草工业降本增效、重点服务业、房地产、消费、文旅、市区天然气价格临时补贴等配套政策14项。组织开展推进高水平对外开放、高新区体制机制改革、科技创新、对接花湖机场、大别山农产品供应链建设、东坡文化示范区改造、产业链和市场主体培育、数字经济治理和产业发展、涉农行业税收分析等专题调研，为领导决策超前思考、谋划。调研文章《立足都市圈 建设先行区》在《黄冈日报》发表。智库建设。争取黄冈区域公用品牌建设、大别山区域省际合作、"两山"实践创新基地建设等上升到省级战略。《黄冈地标优品市场化研究》等课题纳入省政府智力成果采购项目。《黄冈大健康产业发展研究》获湖北省优秀调研成果三等奖，获省委、省政府表彰。向省政府报送动态信息经验做法在全省推广。

(李　晨)

人事管理

【概况】2022年，黄冈市城镇新增就业7.13万人，完成年度目标任务的118.87%。全年举办及参与各类线上线下招聘、直播带岗、校园宣讲等36场，参加企业1212家，提供就业岗位8.45万个，入场求职和线上参与人数59.05万人次，达成就业意向4770人。开展"院士专家企业行""智慧之光"湖北专家创新创业成果转化对接活动，解决企业技术难题，促进科技成果转化。组织有技术需求的重点企业参加对接会，达成项目合作意向。全年向5801家企业发放稳岗返还资金5609.75万元；向614家企业发放吸纳就业补贴1017.90万元；落实阶段性降费政策，减免失业保险费1.69亿元。建立人社服务专员制度，实行"一对一"帮扶重点企业337家，助力招聘员工2.12万人，完成率98.12%。实名登记离校未就业高校毕业生1.49万人，落实就业去向率92.2%，高于省人社厅目标任务。认定就业援助对象8808人，帮助援助对象就业1.89万人。市劳动人事争议仲裁院仲裁庭被省厅授予省级"规范仲裁庭"称号。年内，市人社局与黄石市、鄂州市人社部门签署社会保险领域互通互认合作协议书，全面融入武汉都市圈。召开全市人社系统行风建设暨优化营商环境视频会、全市人社系统营商环境工作推进会、市直人社系统窗口工作座谈会。推进社保、医保"窗口共建""一窗受理"，实现关联业务"一窗通办"。出台《市直人社系统政务服务窗口管理办法》《市直人社系统干部实践锻炼管理办法(试行)》，采取机关干部跟班、窗口导服、仲裁实训、专班抽调、考评服务、集体活动和应急行动7种方式开展实践锻炼活动。

【事业单位人事管理】2022年，黄冈市人社局以"服务中心、改革创新、规范管理"为主线，出台《黄冈市直事业单位公开遴选工作人员办法(试行)》，印发《关于规范事业单位工作人员辞聘解聘程序有关事宜的通知》。出台《关于做好全市事业单位公开招聘考试成绩最低合格控制线设置工作的通知》，印发《关于做好事业单位公开招聘和人事档案管理有关工作的通知》《关于统筹做好全市事业单位公开招聘工作的通知》等文件，实施"才聚荆楚·梦圆黄冈"计划，全市事业单位招聘3556人。

【事业单位人才引进】2022年，黄冈市推行高层次人才引进、统一公开招聘、专项招聘"三位一体"招聘模式，组织公开招聘67批次，招聘录用3556人，其中，博士14人、硕士464人。培育"黄冈工匠"品牌，完成全省第三届优秀技能人才选拔推荐工作，4人获省政府授予"技能人才"称号。分别在麻城市举办"福菊杯"全国首届花卉园艺工职业技能竞赛，在团风县举办"湖北工匠杯"全省钢结构行业职业技能竞赛。出台《2022年度全市人社系统人才工作方案》，联合市委组织部召开全市专家人才代表座谈会，举办全市人才服务和评价工作现场推进会。

【县级以下事业单位晋升制度实施】2022年，黄冈市实施县以下事业单位管理岗位职员等级晋升制度，完成首批职员等级晋升工作，核定10个县(市、区)职员等级晋升数额2.16万个，完成职员等级晋升5291人，占符合条件人数的

84%。全市晋升岗位等级2万余人。首次开展专业技术三级岗位选聘工作，选聘54人。

【劳动关系治理能力建设】 2022年，黄冈市加强劳动关系治理能力建设，出台《黄冈市协调劳动关系三方委员会工作规则》，建立劳动关系风险监测预警机制，完成"两节""两会"等重要节点风险防范。承办全国和谐劳动关系创建示范企业巡回演讲团在黄冈巡回演讲活动。提请市政府专题研究维护新就业形态劳动者劳动权益保障工作。市人力资源和社会保障局联合市经济和信息化局、市司法局建立多元化解矛盾纠纷调处机制，避免一事多方受理，劳动人事争议上门服务被市政府列为全市服务企业十大实事。

【专家服务】 2022年，黄冈市人才事业发展中心开展"院士专家企业行"活动，省厅选派专家32名，解决企业技术难题45项，促成科技成果转化12项，推动科技成果转化16项，开展培训405人次，引进人才18人，达成项目协议20项。开展"智慧之光"湖北专家创新创业成果转化对接活动，13家参会企业负责人与11名专家教授开展对接洽谈，达成项目合作意向8个，湖北兴和电力新材料公司与武汉理工大学材料学专家麦立强现场签约。落实"楚才卡"管理服务，为全市251名新认定高层次人才发放人才绿卡及荣誉证书。承办人才绿卡小程序项目，提供账户注册、政策查询、业务线上办理等9类公共服务。

【流动人员档案管理服务】 2022年，黄冈市流动人员档案管理实行"一网覆盖、一网通办"和"一窗口受理、一次性办结"全流程线上线下无障碍服务。年内，全市流动人员档案管理40万余份。市人才事业发展中心管理未就业高校毕业生和非公经济组织就业人员人事档案9.45万份，其中，新增流动人员档案580份，调出1355份，提供流动人员职称申报、身份证明、存档查阅等人事代理服务8500人次。

（陈科宇 晏越颖）

信访工作

【概况】 2022年，黄冈市信访局处置涉访预警信息140批162人次。提请市委常委会3次、市委深化改革委员会1次、市政府常务会1次、市长办公会1次专题研究信访工作。向市委、市政府报送调查报告、情况报告34份，编发报送信访快报50期，市领导作出重要批示31批次。团风县信访局、武穴市信访局、市公安局获2018—2020年度"全省信访工作先进单位"称号。

【信访事项化解】 2022年，黄冈市委领导包案国家信访局交办的重复信访事项，采取集中接访、主动约访、带案下访等方式，推动问题解决。19名市级领导包案37件，化解32件，推进化解5件。优化来信办理，坚持"三有"推定原则，办理市委书记签批转交信访事项72件、市长签批信访事项12件，推动化解陈某某等一批疑难信访事项，群众赠送锦旗6面、感谢信5封。推进"治理重复信访、化解信访积案"专项行动，逐案落实市、县级领导包案。用好215万元中央、省、市信访解难资金，化解占某、张某某等持续重复上访历史积案。国家信访局交办黄冈市重复信访事项化解率95.62%。

【信访事项复查复核】 2022年，黄冈市信访局加强市、县级信访事项复查复核委员会和办公室建设，组建复查复核专家库，推动疑难信访问题解决。3月，市政府信访事项复查复核委员会首次集中会审蕲春县周某、黄冈日报社王某信访事项。全年接待信访事项复查复核群众67批，办结信访事项复查4件、复核5件，不予受理告知6件，开展信访事项调查调解15次，召开信访事项复核听证会1次。

【信访服务保障】 2022年，黄冈市委办公室、市政府办公室印发《关于进一步做好市委、市政府门前异常上访接访处置工作的通知》，修订完善《市委、市政府门前大院非正常上访应急处置工作方案》，加强"两办"、公安、信访及责任单位协调联动，建立健全值班巡逻、短信告知、快速应急反应处置机制、宣传教育惩处机制，坚持"问题就问题解决、行为就行为处理"原则。市委、市政府门前大院异常访与上年同期相比，人次下降29%。

【信访工作机制创新】 2022年，黄冈市信访局制订出台《关于加强和改进信访事项办理工作的实施意见》，明确5个方面20项工作责任，加强和改进群众网上投诉、来信、走访、来电等处理流程规范，确保群众初信初访"有人理、有人办、有人管"。畅通网信渠道，加强与人民网"领导留言板"、市政府门户网站等协

2022年10月11日，团风县信访事项中介民主评议现场　（市信访局 供图）

作，将群众在网络留言的“操心事”“烦心事”“揪心事”，导入网上信访事项办理。发挥信访工作领导小组联席制度，联合市直相关部门，联动处理跨行业疑难信访问题。4月，组织市区21家职能部门到翡翠一品小区开展联合接访，接待小区业主42批83人次，集中交办信访诉求29个，推动解决反映强烈的急难愁盼问题。

【信访终结退出改革】2022年，黄冈市被省信访局确定为全省终结退出改革试点市，市信访局制订《黄冈市信访制度改革试点工作架构图》《推进改革试点工作的任务清单与时间安排》，明确26项重点工作目标任务及完成时限。探索“1+4”试点改革制度体系建设，提请市委深改委会议审议通过《黄冈市信访事项终结退出试点工作实施方案》《黄冈市信访事项终结退出实施办法》《黄冈市信访工作专家库管理办法》《黄冈市信访事项听证和评议办法》《黄冈市信访事项专家评审办法》。建立“4+1+X”专家评议评审机制，筛选17个类别927名专家组建信访工作专家库，制作信访事项终结退出工作流程参考模板38个，形成1个完整闭环。举办首场全市县级听证评议会，召开市级专家评审会，初选疑难复杂信访案件32件，完成市级信访评议评审信访事项4件，省级认定备案2件。全省信访工作制度改革培训会在团风县召开，市信访局、团风县委主要负责人分别就信访事项依法终结有序退出、矛调中心建设交流经验。

（曹 瑜）

外事工作与涉港澳事务

【概况】2022年，黄冈市成立鄂港合作机制领导小组、海外利益安全和“一带一路”工作领导小组，召开鄂港合作工作推进会、“一带一路”相关工作协调会，谋划鄂港合作项目23个，签约大湾区（含港澳）项目48个。在全省外办主任会议上作外事工作经验交流，在全省鄂港合作机制专题推进会上作机制建设交流发言。

【对外交流合作】2022年，黄冈市委外事办参加“纪念中新建交50周年暨路易·艾黎诞辰125周年”湖北—新西兰周青少年绘画作品展等活动，出席省外办湖北—新西兰友城工作视频会，探讨与新西兰维斯兰市合作，参与依木斯市旗帜飞舞节线上庆祝活动。参与长江中游城市群国际友城合作论坛和国际友城互联平台建设，联手武汉都市圈城市外事办筹备黄冈李时珍中医药文化全球推介活动。指导黄冈职业技术学院2022中荷园艺技术交流会暨花艺设计大赛、黄梅县草堆部落艺术节、红安县中德产业园与中德职教合作交流峰会等涉外活动。接待韩国驻汉总领馆总领事姜承锡一行到黄冈访问。

【涉外管理】2022年，黄冈市委外事办推进领事保护，传达家属合理诉求，加强政策宣传，做好涉外维稳工作，协调处置海外领事保护（案）事件6起6人次。推进预防性领事保护宣传与疫情防控宣传一体部署、一体落实，开展领事保护宣传进机关、进校园、进企业、进社区系列活动。推进国家安全知识进机关、进党建活动区，提高领导干部防渗反间能力；出台《2022年度涉外领域风险防控工作要点》，制定涉外意识形态领域和国家安全海外利益领域2022年度工作要点和风险防范清单，开展风险排查和化解，维护涉外领域安全和稳定。每月分析研判外事领域意识形态风险，制定党的二十大期间意识形态工作方案等。

【外事服务】2022年，黄冈市委外事办强化疫情防控外事组工作，探索形成入境人员集约化管理和“市级统筹、部门联动、专班补缺、社区兜底”工作经验，副省长赵海山、杨云彦批示并转发各市州学习借鉴。全市入境4888人，来自123个国家。指导蕲春县参加韩国堤川市2022国际韩方生物产业博览会，展示蕲艾系列产品，推动蕲春县建立蕲艾国际会客厅。对接黄冈师范学院、黄冈职业技术学院，找准外事切入点，助力李时珍大健康研究院、李时珍中医康养学院国际化建设。全年办理光谷黄冈科技产业园等单位邀请外国人到黄冈手续3批4人次，申办APEC商务旅行卡6张。

【中荷园艺技术交流会暨花艺设计大赛】2022年5月20日，为庆祝中荷建交五十周年，湖北省对外科技交流中心、荷兰贸易促进委员会武汉代表处主办，黄冈职业技术学院和荷兰朗蒂斯教育集团承办，荷兰奥斯特兰学院、荷兰韦斯特兰学院、金华职业技术学院、湖北生物科技职业学院、新洲职高、黄梅理工中专、湖北兴赤生态农业有限公司等12支代表队参加的2022中荷园艺技术交流会暨花艺设计大赛在黄冈职业技术学院举办。大赛设奖12项，线上线下同频直播比拼。通过角逐，黄冈职业技术学院选送作品《中荷交流合作》获特等奖、荷兰

2022年5月20日，黄冈职业技术学院和荷兰朗蒂斯教育集团举办2022中荷园艺技术交流会暨花艺设计大赛。图为特等奖作品《中荷交流合作》（黄冈职院 供图）

奥斯特兰学院选送作品《世纪之轮》获一等奖。

【港澳交流合作】2022年，黄冈市邀请澳门城市大学副校长叶桂平一行来黄访问交流。争取香港应善良基金会120万元，捐建3条村道，新华网等4家主流媒体专题报道。指导各县（市、区）申报湖北省第一批鄂港澳青少年教育交流基地项目，红安县黄麻起义和鄂豫皖苏区纪念园入选。省委外办党组成员、省友协专职副会长司晴川一行到黄冈市调研中医药产业国际合作，省委外办副主任陈汉华同7位港澳企业家到浠水县、蕲春县调研指导李时珍学院蕲春校区建设，助力蕲艾产品走向东南亚市场。

（雷　婕）

市直机关事务管理服务

【概况】2022年，黄冈市推进市疫情防控指挥部物资保障，制订《黄冈市物资保障和接收捐赠工作应急预案》《2022年县（市、区）物资保障和接收捐赠工作考核细则》《黄冈市常态化防疫物资保障管理办法》，规范全市疫情防控物资保障和接收捐赠管理机制。采购防疫物资35批次、95.8万件，保障生活物资1.2万件、医护及后勤人员住房2797间、供餐4万份。新建停车场、清理“僵尸”车、增加交通标识牌，解决市委、市政府机关院内停车难问题。减免64家中小微企业和个体工商户租金32.32万元，回购原市旅游大楼资产。市机关事务服务中心被省机关事务管理局授予“湖北省公共机构生活垃圾分类示范点”称号。

【办公用房管理】2022年，黄冈市出台《黄冈市党政机关办公用房管理实施细则》，建立办公用房巡查制度，督促整改超面积使用办公用房，避免资产闲置、浪费。启动党政机关办公用房权属统一登记工作，完成62家市直单位办公用房权属统一登记，面积19.08万平方米，完成80.52%，工作进度全省领先，工作经验全省推广。优化市直单位办公用房布局，推进集中或相对集中办公。整合资源，调剂落实省生态环境厅黄冈生态环境监测中心办公用房，发挥国有资产效益。提高维修办事效率，理顺工作体制机制，明确办理事项，简化办事流程。改革市直单位办公用房维修粗放管理为集约管理，实行一次申请、一家审核（市机关事务服务中心）、一个标准、一步到位（设计、资金、施工、结算等专人负责）。

【国有资产管理】黄冈市机关事务服务中心利用现有资源，分类管理国有资产，保值增值经营性资产92处、保低效资产发挥效益4处、处置再利用无效资产3处，实现国有资产效益最大化。按照“宜商则商，宜公则公”原则和“应划尽划，应转尽转”要求，划转非经营性资产为经营性资产230处，划转市国资委经营性资产92处。

【财务采购管理】2022年，黄冈市机关事务服务中心完成市第六次党代会、省委巡视等物资采购263批次，资金节约率7%。开展机关食堂餐饮反浪费行动，加强宣传、优化内部管理、把控关键节点，全方位构建反浪费长效机制。严格党政机关办公用房维修审批关，维修改造项目下降52%。工程建设从简设计、从严招标，完成工程量635万元，资金节约率9.2%。

【公务用车管理】2022年，黄冈市推进新能源汽车推广应用，全市党政机关配备更新新能源汽车比例67.31%，超额完成省市目标任务。加强公务用车管理，制定《市直党政机关事业单位公务用车全生命周期管理制度》《市直党政机关社会化车辆定点租赁企业管理办法》，推进公务用车全生命周期管理。加强公务用车日常监管，建成全省公务用车管理信息系统“一张网”，实现省、市、县三级联通、实时监管，杜绝公车私用。

【机关办公区与生活区服务】2022年，黄冈市机关事务服务中心加强市“四大家”机关办公区、生活区服务管理。优化升级市“四大家”机关监控系统，建立安保岗位巡查、季度考核等制度，加强保安队伍管理，提高安保人防、技防能力。定期开展消防应急演练，常态化开展安全隐患排查，发现问题及时整改，市“四大家”机关实现连续多年安全稳定，无火灾事故、无治安案件发生。工程建设实行“三统一”全程负责制，事前统一要求设计，事中统一标准监管，事后统一规定结算，完成市委、市政府视频会议室、市乡村振兴局办公楼等维修改造项目157个、零星维修1000余次。改革会务服务保障方式，提升市委小礼堂、市委东一楼会议室、市政府会议室会务保障水平，服务市委全会、市政府全会、疫情防控等重要会议547场次。

（刘　益）

2022年3月29日，黄冈市机关事务服务中心与黄冈市住房和城乡建设局工作人员进行办公用房权属证件交接

（市机关事务服务中心　供图）

责任编辑：胡文珍　　责任校对：席想楼

中国人民政治协商会议黄冈市委员会

综　述

【委员构成】政协黄冈市第六届委员会委员总名额493名，根据推荐提名并经2021年12月22日政协黄冈市第五届委员会常务委员会第二十一次会议审议通过，实际产生政协黄冈市第六届委员会委员484名。在484名市政协委员中：中共党员委员194名，占40%；非中共党员委员290名，占60%。妇女委员137名，占28.3%。少数民族委员13名，占2.7%。35岁以下委员（1986年12月以后出生）49名，占10.1%；35岁以上55岁以下委员（1986年11月以前至1966年12月以后出生）386名，占79.8%。具有大专及以上学历委员445名，占91.9%；其中研究生及以上学历委员87名，占18%。连任委员153名，占31.6%。

【党政领导督办重点提案】2022年，黄冈市委书记张家胜领衔办理重点提案《关于持续优化营商环境，助力建设现代化区域性中心城市的建议》，先后召开全市营商环境建设大会、优化营商环境专题座谈会，在市优化营商环境工作简报上签批2次，推动开展“创品牌、树标杆”、先行区建设、营商环境大讲堂等行动。市委副书记、市长李军杰领衔办理《关于加快黄冈物流行业发展的建议》，多次专题调研物流运输项目，专题听取物流发展规划，指导相关部门从物流要素保障、物流通道建设、物流园区布局、市场主体培育、招商引资5个方面开展工作。全年市级领导领衔督办重点提案44件，均及时办复，委员满意率100%。

【“一线协商·共同缔造”行动】2022年，中国人民政治协商会议黄冈市委员会（以下简称“黄冈市政协”）落实省政协《关于加强省市县政协联动 深入推进“协商在一线”工作的通知》文件精神，在全市政协系统开展美好环境与幸福生活共同缔造“协商在一线”活动。年内，召开全市县（市、区）政协主席座谈会暨全市政协“一线协商·共同缔造”行动现场推进会，市政协党组书记、主席洪再林出席会议并讲话。制定《市、区两级政协委员下沉社区开展“一线协商·共同缔造”工作方案》，推动“一线协商”向基层延伸、向全域拓展。全市开展“协商在一线”活动624次，解决民生实事1267件。

【“四双”工作】2022年，黄冈市政协落实主席会议成员走访联系常委、常委走访联系委员、党员委员走访联系党外委员、委员走访联系界别群众等制度，制定《关于深化和拓展“双联双创、双协双评”工作的实施意见》，推动工作实践和制度完善相互促进。推动委员创新创业，建立主席会议成员联系服务企业家委员机制，走访联系委员企业29家，解决实际问题57个。落实市委关于加强党的领导做好政协向“一府两院”交办协商事项办理工作规程，开展协商事项“双评”工作，有效提高协商事项办理实效。市政协共向“一府两院”交办协商事项387件，均及时办复，委员满意率100%。

【“两带”政协主席联席活动】2022年，黄冈市政协开展政协主席联席活动2次。年内，在麻城市召开首届“大别山绿色生态经济带”政协主席联席会议，围绕“推进文旅融合发展，助力乡村振兴，加快大别山绿色生态经济带高质量发展”协商建言、凝聚共识。市政协党组书记、主席洪再林出席会议并讲话。麻城市委介绍有关情况，红安、麻城、罗田、英山4个县市政协负责人围绕主题交流发言，市直有关部门作回应发言。会议协商通过《大别山绿色生态经济带政协主席联席会议工作规则》《2022年大别山绿色生态经济带政协主席联席会议纪要》。在武穴市召开首届“沿江高质量发展带”政协主席联席会议，围绕“全面推进园区建设，助力黄冈沿江经济带高质量发展”协商建言、凝聚共识。市政协党组书记、主席洪再林出席会议并讲话。武穴市委介绍有关情况，黄州、团风、浠水、蕲春、武穴、黄梅6个县（市、区）政协负责人围绕主题交流发言，市直有关部门作回应发言。

（詹建文）

重要会议

【概况】2022年，黄冈市政协召开全体会议1次，常委会会议4次。

【市政协六届一次会议】2022年1月5—8日，政协黄冈市第六届委员会第一次会议在黄州召开。会议应出席委员484人，实到462人。市委书记张家胜在开幕会、联组讨论会上讲话。市委副书记、市长李军杰等市领导出席开幕会和闭幕会，听取委员大会发言，深入联组与委员共商黄冈发展大计。市政协主席洪再林、副主席闻武斌受常务委员会委托分别作常委会工作报告和提案工作报告。政协委员列席市六届人大一次会议，听取《政府工作报告》等，开展分组和联组讨论。10名政协委员作大会发言。会议期间，收到提案427件，经审查，立案391件。会议宣布得票结果和选举结果，洪再林当选政协黄冈市第六届委员会主席，何东英、詹汉彬、郭应虎、王银芬、黄玉琴、詹才红、周银芝、夏志东、蔡艮生当选副主席，余凡当选秘书长，丁建怀等75名委员当选为常务委员。会议以举手表决方式，依次通过常委会工作报告决议、提案审查情况报告和全会政治决议等。

【市政协常委会会议】2022年，黄冈市政协召开常委会会议4次。

1月8日，市政协六届第一次常委会会议在黄州召开。市政协党组书记、主席洪再林主持会议并讲话。常务委员会组成人员出席会议。会议听取市委组织部有关人事安排情况说明；审议通过新一届市政协副秘书长和政协专门(工作)委员会主任、副主任人选；审议通过有关制度。

5月24日，市政协六届第二次常委会会议在黄州召开，专题议政协商“建设武汉城市圈重要功能区，加快推进黄冈高质量发展”。市委书记张家胜出席并讲话，市政协党组书记、主席洪再林主持并讲话。常务委员会组成人员出席会议。会议学习贯彻习近平总书记关于加强和改进人民政协工作的重要思想和习近平总书记近期重要讲话、重要指示批示精神，省委书记王蒙徽和省政协党组书记、主席孙伟到黄冈调研时的讲话精神，省委、市委关于推进武汉城市圈同城化发展系列决策部署、省市政协相关文件精神和市委相关会议精神，审议通过有关制度和人事事项。会上，市发展和改革委员会介绍相关情况，市政协7名常委及有关方面代表建言，市人力资源和社会保障局、市自然资源和规划局就提问作回应发言。

9月27日，市政协六届第三次常委会会议在黄州召开。市政协党组书记、主席洪再林出席会议并讲话。常务委员会组成人员出席会议。会议学习习近平总书记关于“四个全面”重要论述，习近平总书记近期重要讲话、重要指示批示精神，省第十二次党代会精神和省市关于“共同缔造”有关部署要求。围绕《中国共产党政治协商工作条例》、美好环境与幸福生活共同缔造开展专题学习。会上，市纪委监委、市委组织部、市中级人民法院、市人民检察院、市公安局、市公共资源交易中心通报有关情况。市政协5名常委建言。

12月28日，市政协六届第四次常委会会议在黄州召开。市政协党组书记、主席洪再林出席会议并讲话，市委常委、常务副市长刘忠诚通报全市1—11月经济工作情况。常务委员会组成人员出席会议。会议学习贯彻党的二十大精神，习近平总书记近期重要讲话、指示批示精神和省委、市委全会精神，围绕全市经济工作协商议政。听取市政府关于提案办理情况通报，审议通过《政协黄冈市委员会常务委员会关于学习贯彻中国共产党第二十次全国代表大会精神的决议》和其他有关事项。

（詹建文）

2022年1月5—8日，中国人民政治协商会议黄冈市第六届委员会第一次会议在黄州召开

（市政协办公室 供图）

协商议政

【概况】2022年，黄冈市政协紧扣市委、市政府中心工作，围绕高质量发展聚共识、建真言，围绕深化改革聚共识、献良策，围绕民生改善聚共识、出实招，一批意见建议被及时转化为推动黄冈高质量发展的实际举措。统筹协商内容、协商形式、协商成果“三要素”，统筹履职时间、履职方式、履职力量“三维度”，提升“14627+2+N”协商议政新格局，开展“一线协商·共同缔造”行动，构建基层协商“主阵地”，一批意见建议被及时转化为推动黄冈高质量发展的实际举措。推进制度化协商平台建设，打通委员履职链，围绕保护利用红色资源、打造“武鄂黄黄”综合交通枢纽、唱响农业特色品牌、农民工市民化等议题在省政协平台建言29次，委员读书、文史、提案、凝聚共识等多项工作在全省交流，“一线协商·共同缔造”、文旅融合专题协商等在《人民政协报》专题报道。利用全体会议、常委会会议等平台，围绕市党代会报告、市政府工作报告、“十三五”规划实施、“十四五”规划和2035年远景目标纲要等事关全市发展的重大事项，以及民生热点难点问题，开展协商讨论。围绕大别山革命老区振兴发展规划实施、精准扶贫精准脱贫、县域经济发展、优化营商环境、推进科技创新、智慧城市建设、基层社会治理、乡村振兴等

70个议题，组织开展议政性常委会会议等协商活动，公共卫生服务体系建设、中医药健康产业发展等一批协商成果得到转化。

【产业振兴建言】2022年3月14日，黄冈市政协第1次双月协商会议在黄州召开。聚焦“加快产业振兴，助推巩固拓展脱贫攻坚成果同乡村振兴有效衔接”协商建言。会前，市政协组织部分市政协常委、委员到黄梅县、英山县和市直相关部门调研座谈，形成调研报告和委员建言材料。会上，市政协党组书记、主席洪再林，市政府党组成员、副市长马艳舟出席会议并讲话，副主席周银芝作主题发言。市乡村振兴局负责人介绍黄冈市乡村振兴工作情况，卢峰、曹慧、陈展鹏、郑永良等委员围绕延链强链补齐产业短板、做好乡村振兴示范片的产业发展、强化绿色高产高效新模式的研发应用、人才振兴等建言资政。市政协委员尹冉等现场提问，市农业农村局、市乡村振兴局现场回应。

【电信网络诈骗治理建言】2022年4月25日，黄冈市政协第2次双月协商会议在黄州召开。聚焦“依法打击治理电信网络诈骗，建设更高水平的平安法治黄冈”协商建言。市政协党组书记、主席洪再林，市政府副市长、市公安局局长王文忠出席会议并讲话，市政协副主席黄玉琴作主题发言。市公安局负责人介绍黄冈市电信网络诈骗打击治理工作情况，杨飞、邹才发、张飞、冯扬4名政协委员围绕“本土化”警企合作、织密涉诈重点人员管控网络、增强反诈宣传影响力、加强“两卡”管理等建言。市政协委员李秋元、王子文现场提问，市公安局、市移动公司现场回应。

【中医药产业集群发展建言】2022年5月25日，黄冈市政协第3次双月协商会议在黄州召开。聚焦“发展中医药产业集群，推进中国中医药健康城建设”协商建言。会前，市政协组织部分政协常委、委员及黄冈师范学院李时珍中医药学院、市卫健委、市大健康办等单位，围绕会议主题到蕲春县、英山县调研，形成综合调研报告。会上，市政协党组书记、主席洪再林，市政府副市长潘国林出席会议并讲话，副主席詹才红作主题发言。市卫健委介绍黄冈市中医药产业集群发展情况，马志斌、李强、黄自立、陈小野、居建新等委员、基层代表围绕实施专项工程、壮大中医药龙头企业、开展高质量招商、打造良种产业链、发展中医药健康产业集群等建言。市政协委员、相关专家学者左苗、邓爱明、何峰现场提问，市医疗保障局、市市场监管局、省药品监管局黄冈分局现场回应。

【养老服务职业教育发展建言】2022年6月23日，黄冈市政协第4次双月协商会议在黄州召开。聚焦“发展养老服务职业教育，推动养老事业和养老产业协同发展”协商建言。会前，市政协组织部分政协常委、委员和有关部门，围绕会议主题到黄州区、蕲春县、英山县调研，形成综合调研报告。市政协党组书记、主席洪再林，副市长肖红娟出席会议并讲话，副主席郭应虎作主题发言。市民政局介绍黄冈市关于养老事业和养老产业协同发展情况，李国忠、夏文秀、罗军、王笔峰、葛长军等委员围绕做好康养融合文章、养老服务人才培养、发展养老服务职业教育、健全养老服务体系、加大政策扶持力度等建言。市政协委员徐长喜、郝美卿现场提问，市卫生健康委员会、市医疗保障局现场回应。

【文旅产业发展建言】2022年7月18日，黄冈市政协第5次双月协商会议在黄州召开。聚焦“大力发展文旅产业，加快建设文旅强市”协商建言。市委副书记、市长李军杰出席会议并讲话，市政协党组书记、主席洪再林主持会议，副主席蔡艮生作主题发言。市文化和旅游局介绍文旅产业发展有关情况，市农旅投开发公司董事长刘明和市政协委员张凤珍、冯扬、龚家雄、刘芳、余萍围绕整体开发市域旅游资源、点燃红色旅游引擎、建设东坡文化旅游区、激发非遗文化活力、加强文旅产业网络推介、助推文旅制造业融合发展等协商建言。市政协委员余红霞、漆浩围绕文旅产业发展现场提问，市农业农村局、市交通运输局现场回应。

【生态康养产业发展建言】2022年8月24日，黄冈市政协第6次双月协商会议在黄州召开。聚焦“发展生态康养产业，推进大别山绿色生态经济带建设”协商建言。市政协党组书记、主席洪再林，市委常委、副市长荣先国出席会议并讲话，副主席何东英作主题发言。市生态环境局介绍全市生态康养产业发展情况，倪志勇、肖云丽、卢峰、杜勇、陈浩等委员围绕生态康养产业发展与生态环境保护、驱动生态康养产业内涵式发展、打造华中地区文旅康养核心区、强化政策支持、加快智慧旅游平台建设等建言。市政协委员秦媛、帅芳现场提问，市林业局、市卫生健康委员会现场回应。

【提案办理协商】2022年，黄冈市政协收到提案444件，其中，六届一次会议期间收到提案427件，会后收到大会发言转为提案17件。经审查，立案408件（含并案32件），占提案总数的91.89%，其中：委员个人和联名提案357件，占87.5%；集体提案51件，占12.5%。年内，市政协开展提案交办协商，邀请市委督查室、市政府政务督察室全程参与提案审查立案工作，同步开展提案预交办、交办前协商等工作，并分别联合举办政府系统提案集中交办会、非政府系统重点提案集中交办会，探索“重点提案+同类提案”打包交办，提高提案交办准确率。发挥市政协主席会议领导作用、提案委牵头作用、各专委会以及各民主党派、人民团体和界别联系作用，通过提办双方采取重点提案高层协商、面上提案集中协商、难点提案专题协商等方式，把沟通协商作为提案办理必经环节，推动提案办理商以求同、协以成事。组织提案“双评”协商，深化“承办单位评提案质量、提案者评办理质量”的提案工作“双评”活动，采取现场调研视察、电话回访委员、小组综合评议、会议民主评议等方式，并在黄冈智慧政协平台上开设委员网上投票专栏，通过组织提办双方双向评价、会同有关方面协商，实现以评促提、以评促办效果。

（詹建文）

表10 2022年黄冈市政协六届一次会议优秀提案一览表

序号	提案号	提　　案	提　案　者
1	001	关于持续优化营商环境，助推黄冈高质量发展的建议	民建黄冈市委会，钟坤、李志辉、高先明、郭朝阳
2	002	关于加快黄冈物流行业发展的建议	市工商联，石磊
3	005	关于提升人力资源服务能力，破解企业用工难问题的建议	兰飞
4	013	关于建设城市口袋公园的建议	郭文晋
5	016	关于加快推进黄冈城市更新的建议	周永
6	022	关于加强职业技能人才留黄发展助力主城崛起的建议	万小勇
7	028	关于加强我市县域医共体建设与慢病管理统筹发展的建议	汪义雄
8	083	关于推进黄冈数字乡村建设，加快提升乡村治理能力的建议	肖红亮
9	098	关于加强我市乡村医生队伍建设的建议	市政协教科卫体委，徐大明
10	112	关于持续发力解决黄州城区“车停哪？”的建议	尹冉
11	114	关于实施“招人引才”工程，助力建设现代化区域性中心城市的建议	施振宇
12	131	关于加快发展民宿经济，助推乡村振兴的建议	农工党黄冈市委会，王子文
13	132	关于加大农业种源攻关力度，助推产业链高质量发展的建议	陈展鹏
14	153	关于延长蔬菜产业链，助力乡村振兴发展的建议	肖明兆
15	154	关于加快我市农业产业融合发展，夯实乡村振兴基础的建议	邱索黎
16	158	关于发展我市电子商务的建议	民建黄冈市委会，何晓艳
17	184	关于促进蕲艾大健康产业高质量发展的建议	程桂君
18	185	关于大力支持黄梅非遗文化旅游区创建国家级旅游度假区的建议	龙启超
19	187	关于加快打造白莲河有机鱼产业链发展的建议	何建朝
20	206	关于大力发展现代茶产业，促进黄冈茶产业高质量发展的建议	文家旺
21	220	关于大力发展我市食药用菌产业，助力乡村振兴的建议	郑永良
22	225	关于深入推进我市农文旅融合发展的建议	李果
23	232	关于促进我市工业企业高质量发展的建议	李涛
24	234	关于加强我市中药产业链建设的建议	左苗
25	251	关于推进我市企业上市工作的建议	民进黄冈市委会，游锡火
26	258	关于落实“双减” 政策，办好人民满意教育的建议	市政协教科卫体委、民进黄冈市委会、民盟黄冈市委会，王凤华、汪东、吴春、易小琴、徐长喜、童亮、彭意、彭文广、曾红波
27	274	关于提升职业教育培训实效，助推黄冈经济社会高质量发展的建议	民进黄冈市委会，杨飞
28	297	关于发挥科技人才智力优势，服务乡村产业振兴发展的建议	民盟黄冈市委会，肖云丽
29	300	关于发展普惠性托育服务体系的建议	崔永亮
30	305	关于打造红色文化品牌，促进黄冈革命老区加快发展的建议	董全丽
31	310	关于将《黄冈市非物质文化遗产保护条例》列入立法规划的建议	余赤
32	311	关于深化“放管服”改革，持续优化营商环境的建议	妇联界别，李琴
33	320	关于加强人民法庭司法便民工作的建议	市政协社法委，李秋元
34	326	关于加强黄州城区梧桐树毛絮污染治理的建议	江冠华、胡红军、黄智利
35	327	关于在全市宗教界建立宗教中国化主题活动日制度的建议	孙新民
36	340	关于筑牢长江生态环境保护屏障，促进黄冈经济社会绿色发展的建议	民进黄冈市委会，周素梅

续表

序号	提案号	提　　案	提　案　者
37	346	关于白莲河水域生态环保修复工作的建议	余萍
38	355	关于餐余废弃物资源化利用的建议	江丽霞
39	365	关于推进区域产城协同，共建黄冈沿江高质量发展带的建议	夏志军
40	367	关于加强我市红色资源保护与利用的建议	民盟黄冈市委会，段晶

（资料来源：市政协提案委）

民主监督

【概况】2022年，黄冈市政协注重发挥协商式监督优势，以促进中央和省委、市委重大决策部署的贯彻落实为重点，加强政协民主监督。全年开展助推黄团浠协同发展、优化营商环境专项民主监督活动2次，召开座谈会2次，参加委员42人次，向市委呈报专项民主监督报告2份。

【助推黄团浠协同发展专项民主监督】2022年，黄冈市政协围绕“加大园区建设力度，助推黄团浠协同发展”组织开展专项民主监督活动。7月29日，黄冈市政协党组成员、副主席蔡艮生带领部分市政协常委、委员和市各民主党派、工商联以及黄州区、团风县、浠水县政协相关负人，到黄冈高新区开展民主监督活动，视察黄冈人福药业项目、东湖高新黄冈智能科技产业园选址、长河西路绿化提升项目等现场。并召开专项民主监督座谈会，黄冈高新区管委会介绍园区建设与发展情况，部分市政协常委、委员以及市各民主党派和工商联负责人协商建言，黄冈高新区、黄冈市临空经济区、光谷黄冈科技产业园等有关方面负责人现场回应。通过监督视察，形成《关于“加大园区建设力度，助推黄团浠协同发展”民主监督视察报告》，提出坚持解放思想突出高新化发展战略、坚持协同推进突出差异化园区功能、坚持基础先行突出优质化投资条件、坚持项目带动突出特色化产业集群、坚持要素保障突出市场化动能引擎、坚持改革创新突出效能化工作机制等建议，报请市政府推动落实。

【优化营商环境专项民主监督】2022年，黄冈市政协围绕“高效办成一件事，优化营商环境”组织开展专项民主监督活动，并联合麻城市政协同步开展监督调研。9月下旬，市政协党组成员、副主席詹才红带领部分市政协常委、委员及市优化营商环境领导小组办公室负责人到市政务服务和大数据局、团风县政务服务中心及有关镇、村便民服务站点实地监督视察。并召开座谈会，市政协委员协商建言，提出监督建议，形成《关于“高效办成一件事，优化营商环境”民主监督情况的报告》，提出持续提升审批效能、持续推进政务服务改革、进一步增强市场主体获得感、进一步规范行政执法行为等意见建议，呈报市委作为决策参考。

视察调研

【概况】2022年，黄冈市政协贯彻落实市委决策部署，围绕加快产业振兴、治理电信网络诈骗、中医药产业集群等开展视察调研6次，参加委员210余人次，形成视察调研报告6份，委员微建言260余条。加强委员履职能力建设，提高委员视察调研能力，举办委员培训班13批次、参训委员3000余人次，推荐1400余人次参加协商议政、视察调研、民主监督等活动，提交提案、社情民意信息、调研报告1800余份。

【加快产业振兴视察调研】2022年2月，黄冈市政协围绕“加快产业振兴，助推巩固拓展脱贫攻坚成果同乡村振兴有效衔接”开展视察调研，到黄梅县、英山县开展视察调研。采取看现场、听汇报和座谈方式进行，实地察看湖北康宏粮油食品有限公司、湖北邢绣娘林农生态科技发展有限公司、英山县杨柳湾镇茶叶谷乡村振兴示范片、英山县四季花海乡村振兴先行示范区。分别在黄梅县和英山县组织召开由县委组织部、县人社局、农业农村局、乡村振兴局等相关部门负责人及部分市场主体参加的座谈会，听取相关人员关于加快产业振兴，助推巩固拓展脱贫攻坚成果同乡村振兴有效衔接的汇报。视察调研后，形成《关于加快“产业振兴，助推巩固拓展脱贫攻坚成果同乡村振兴有效衔接”的调研报告》，提出规划引领突出地域特色、政策引领推动要素下乡、市场引领推进深度融合、目标引领夯实人才基础等建议。

【电信网络诈骗治理视察调研】2022年3月中旬，黄冈市政协副主席黄玉琴、詹才红带领部分市政协常委、委员到市公安局和武穴部分镇处、社区（村）、企业调研打击治理电信网络诈骗，建设平安黄冈、法治黄冈。视察调研后，形成《关于“依法打击治理电信网络诈骗，建设更高水平的平安法治黄冈”的调研报告》，提出提高政治站位筑牢反诈安全防线、开展精准宣传增强群众反诈能力、依法严厉打击突出重点治理环节、坚持源头治理提升打击治理成效等建议。

【中医药产业集群发展视察调研】2022年5月上旬，黄冈市政协党组成员、副主席詹才红带领部分市政协常委、委员及黄冈师范学院李时珍中医药学院、市卫健委、市大健康办等单位负责人，围绕“发展中医药产业集群，推进中国中医药健康城建设”主题，先后到蕲春县、英山县开展视察调研，听取蕲春县、英山县及县发展改革委、农业农村等部门情况介绍，开展协商讨论。并与罗田县、麻城市政协开展联动调研，与市发展改革委、经信、科技、农业农村等市直部门开展多次协商讨论。视察调研后，形成《关于“发展中医药产业集群，推进中国中医药健康城建设”的调研报告》，提出培育壮大集群龙头、着力打造区域品牌、完善公共服务体系、强化政策支持等建议。

【养老事业产业协同发展视察调研】2022年6月7—9日，黄冈市政协副主席郭应虎带领部分市政协常委、委员和有关部门负责人到蕲春县、黄梅县开展“发展养老服务职业教育，推动养老事业和养老产业协同发展”视察调研。视察调研后，形成《关于“发展养老服务职业教育，推动养老事业和养老产业协同发展”的调研报告》，提出坚持高位推动引领、积极推进政策落实、加快完善养老服务体系、加强人才队伍建设、大力营造浓厚氛围等建议。

【文旅强市建设视察调研】2022年7月上旬，黄冈市政协主席洪再林，副主席王银芬、蔡艮生带领部分市政协常委、委员到市直有关部门和部分县（市），围绕“大力发展文旅产业 加快建设文旅强市”开展视察调研。视察调研后，形成《关于“大力发展文旅产业 加快建设文旅强市”的调研报告》，提出强化发展定位、强化招商质效、强化市场主体、强化融合发展、强化宣传营销、强化政策支持等建议。

【生态康养产业发展视察调研】2022年7月上旬，黄冈市政协副主席何东英带领部分市政协委员，先后到罗田县、英山县及黄冈市生态和环境保护局，采取实地调研和召开座谈会等形式，围绕“发展生态康养产业，推进大别山绿色生态经济带建设”开展专题调研，同时组织英山、罗田、麻城、红安4县（市）政协同步开展调研。视察调研后，形成《关于“发展生态康养产业，推进大别山绿色生态经济带建设”的调研报告》，提出加快黄冈市生态康养产业发展做好顶层设计加强统筹协调、完善产业政策加大扶持力度、发挥生态优势开发特色产品、保护发展并重、加强行业监管等建议。

委员工作

【概况】2022年，黄冈市政协结合庆祝新中国暨人民政协成立70周年、庆祝建党100周年、纪念“五一口号”发布75周年等重大活动，组织市政协常委会组成人员开展“感受新成就、领悟新思想”视察学习活动，组织住黄冈省政协委员开展市区重点项目视察等知情明政活动，组织全体委员签订扫黑除恶专项斗争承诺书，组织开展下基层察民情解民忧暖民心实践活动，参加视察调研、协商监督等活动，提交报告建议、社情民意信息960篇。引导政协组织和政协委员在建言资政、凝聚共识上双向发力，增强“四个意识”、坚定“四个自信”、做到“两个维护”，增进“四个认同”。

【学习培训】2022年，黄冈市政协开展“喜迎中共二十大、干出政协新样子”主题读书活动，举办“书香政协·同心讲堂”、同读“书记荐书”书目等活动，召开学习宣传贯彻中共二十大精神暨委员读书工作经验交流会，开展政协委员读书进校园、进企业活动，组织引导广大政协委员多读书、读好书、善读书，共建“书香政协”，传递书香力量。年内，按照“懂政协、会协商、善议政，守纪律、讲规矩、重品行”要求，强化委员能力提升，利用各种方式，加强学习培训，分批组织委员到红安干部学院等地开展专题培训。全年举办委员培训班13批次、参训委员3000人次，参加协商议政、视察调研、民主监督等活动1400人次，提交提案、调研报告1800份。出台《市政协委员年度履职考评量化标准（试行）》，将委员“六个一” 要求纳入考评内容，激励委员做好“委员作业”，发挥好委员作用。

【政协委员助力乡村振兴行动】2022年6月27日，黄冈市政协召开全市“委员助力乡村振兴行动”动员会，制定实施方案和委员小组工作方案，开展宣传动员。成立委员小组67个，实行四级委员联动，当好助力乡村振兴宣讲员、参谋员、战斗员、监督员。开展“委员助力乡村振兴行动”帮助助力村协调产业项目90个、开展就业技能培训600人次，办实事210件，投入资金3000万元。

【委员读书进企业活动】2022年10月31日，黄冈市政协开展“团结汇力量，奋斗正当时”委员读书进企业活动。市政协党组成员、副主席詹才红出席并讲话，市政协部分常委、委员及机关干部40人参加活动。张飞、程华等5名委员结合自身工作实际，交流学习宣传贯彻中共二十大精神心得体会，黄冈职业技术学院青年团干冯爱利围绕《奋斗着，正青春》主题讲团课，现场还开展中共二十大精神知识测试。

（詹建文）

2022年6月16日，市政协调研组到麻城市黄土岗镇桐枧冲村开展下基层察民情解民忧暖民心实践活动暨专题调研（市政协研究室 供图）

责任编辑：胡文珍　责任校对：何 思

中共黄冈市纪律检查委员会
黄冈市监察委员会

综 述

【一体推进“三不腐”工作】 2022年，黄冈市各级纪检监察机关准确把握反腐败斗争阶段性特征，统筹推进查改治建，持续深化一体推进“三不腐”(不敢腐、不能腐、不想腐)工作。以案促改以案促治，扎牢不能腐的笼子，全市制发纪检监察建议1473份。推进清廉黄冈建设，增强不想腐的自觉，确定清廉载体建设示范联系点287个。组织开展各类纪法集中学习活动5100余场次、廉政谈话600余场次、警示教育活动3100余场次，推动党纪国法入脑入心入行。7月28日，黄冈市召开纪检监察半年工作推进会暨一体推进“三不腐”工作研讨会，黄冈职业学院纪委书记、监察专员胡燕作“提高一体推进‘三不腐’能力和水平，促进高校权力在阳光下运行”交流发言。年内，市财政局配合派驻纪检组紧盯政策力度大、投资密集、资源集中的重点领域和关键环节，常态化开展日常工作纪律、节假日廉洁纪律随机检查。团风县委落实黄冈市纪委发出的《关于对中共团风县委的纪律检查建议》，建立健全年轻干部廉政教育课程体系，通过综合运用案例分析讨论、举办年轻干部廉政讲堂、组织开展红廉文化研学活动等方式，教育引导年轻干部筑牢拒腐防变“防火墙”。

【清廉黄冈建设】 2022年，黄冈市纪检监察机关坚持清廉黄冈、共建共享，压实主体责任、牵头责任，加强分类指导、示范推动，建立示范联系点287个，引领清廉载体建设向纵深推进。清廉文化建设考核排名全省第一，清廉机关建设连续两年被评为全省优秀等次，15个村(社区)被评为2022年度清廉村居建设省级典型村。

【理论学习】 2022年，黄冈市纪检监察机关把学习宣传贯彻党的二十大精神作为首要政治任务，市纪委常委会跟进研学6次，理论学习中心组专题研讨5次，领导班子成员专题宣讲30场次，组织开展全员测试2次，引导纪检监察干部深学细悟。坚持思想引领、学习在先，把学习习近平总书记重要讲话和重要指示批示精神作为市纪委常委会会议第一议题和理论学习中心组第一主题，集中学习54次，专题研学13次，其中围绕习近平总书记关于坚持和完善党和国家监督体系重要论述、关于一体推进“三不腐”重要讲话、考察湖北重要讲话精神和省第十二次党代会精神组织专题学习研讨8场次，组织学习《习近平谈治国理政》第四卷，在思想对标、行动紧跟中坚定正确方向。

【“市场主体评议科长”活动】 2022年，黄冈市纪委监委开展“市场主体评议科长”活动，护航优化营商环境。选择市直54家具有行政审批和公共服务职能部门，对其63名科室(窗口)负责人在2021年7月1日至2022年6月30日期间服务态度、办理水平、办事效率和廉洁行政4个方面开展评议。评议实行打分制，经对抽样调查结果测分、好差评系统评分和问题投诉核算，得出最终分值。得分前6名科长获评优秀科长，全市通报表彰；得分后3名科长被评为不满意科长，由所在单位主要领导约谈，并向市优化营商环境领导小组报送整改结果。评议结果同时作为市纪委监委开展个人廉洁意见回复以及所在单位党风政风评议和优化营商环境工作综合考评的依据。

【群众身边腐败和作风问题专项整治】 2022年，黄冈市开展惠民惠农财政补贴资金“一卡通”突出问题，不合理医疗检查问题、“三假”(假病人、假病情、假票据)问题，中小学校食堂服务保障学生不到位问题，食品安全问题，专业化物业服务收费不透明问题，侵占挪用养老保险基金、骗取养老保险待遇问题等群众身边腐败和作风问题“1+5”专项整治，建立一个专项整治项目、一名纪委监委班子成员包保、一个部门牵头、一个方案部署、一个专班跟进监督的“五个一”工作机制，制定《群众身边腐败和作风问题专项整治工作进展情况摸底自查表》，召开专项整治推进会，取得系列工作实效。至年底，在专项治理中，全市财政部门发现问题资金2224.59万元，追缴收回资金355.06万元，通报曝光88次96人。全市卫健部门督促医疗机构自查问题753个，查处问题160个，处罚、追缴、退还金额41.25万元。全市医保部门督促医疗机构自查违规报销、诈骗、套取医保问题934个，处罚、追缴、退还资金1074.88万元。全市教育部门纠治学校教职工食堂就餐与学生同质不同价等问题463个，追责问责379人次，补缴清退资金823.7万元。全市市场监管部门处理抽检不合格食品40批次，查处超范围经营、标示虚假信息市场主体142家，集中约谈订餐平台及分支机构60次，下达责令整改通知书625份，查处食品生产经营违法案件387起，罚没288.75万元，移送公安机关案件6起。全市住建（房管）部门下达整改通知书226份，联合有关部门对22家物业企业违规违法行为予以信用扣分、罚款、没收违法所得等行政处罚，责令清退违规收费金额97.96万元，移送问题线索89条。市人社局联合市公安局核实死亡冒领等问题线索92条，收（追）回养老保险基金665.37万元。全市纪检监察机关查处有关问题2761个，批评教育帮助和处理2866人，移送司法机关处理2人，通报典型案例235起。

（文　龙　席想楼　汪小华）

重要会议

【市纪委六届二次全体会议】 2022年2月10日，中共黄冈市第六届纪律检查委员会第二次全体会议在黄州举行。出席全会的有市纪委委员38人，列席90人。市委书记张家胜出席并讲话。市委、市人大常委会、市政府、市政协负责人，市中级人民法院院长、市人民检察院检察长出席会议。全会学习贯彻党的十九届六中全会、十九届中央纪委六次全会和省委十一届十次全会、省纪委十一届六次全会精神，落实市第六次党代会部署，总结2021年全市纪检监察工作，部署2022年任务，审议通过《用好新时代党的自我革命宝贵经验 开创黄冈纪检监察工作高质量发展新局面》工作报告。

【全市领导干部警示教育大会】 2022年8月5日，全市领导干部警示教育大会召开，市委书记张家胜出席会议并讲廉政党课，市、县、乡三级1500名领导干部在主会场和分会场同上警示教育课。会上，参会人员观看市纪委监委组织拍摄的警示教育片。会议强调，全市各级领导干部要落实“四个管好”重要要求，以案为鉴、警钟长鸣，永葆清正廉洁的政治本色。要坚定不移推进全面从严治党，建设风清气正的清廉黄冈，为加快建设武汉都市圈重要功能区、奋力推动黄冈高质量发展，提供坚强有力的纪律作风保障。

（文　龙）

党风廉政建设

【概况】 2022年，黄冈市纪检监察机关强化效能提升，调整内设机构和派驻机构设置，优化“室组地”联动监督协作区，推动更好发挥系统优势。强化内控机制建设，制定上级监委指定管辖留置案件廉政风险防范监督管理办法等制度，健全案件质量评查等工作机制，召开全系统警示教育大会2次，做细做实日常监督管理。强化刀刃向内，立案查处违纪违法纪检监察干部6人，调整岗位2人，“双开”1人。强化自觉接受监督，完成市县两级监委向本级人大常委会报告专项工作。强化全员培训，举办集中轮训、“云培训”等23场次，新进干部一律先到监督执纪执法一线实战实训，选派108人次到上级纪委监委跟案代训。全市纪检监察机关6个集体、16名个人获省级以上表彰或嘉奖，其中市纪委监委机关1名干部获中央纪委国家监委嘉奖、1名干部被评为“全国优秀办信员”、2个集体7名个人获省委表彰。

【“两个责任”落实】 2022年，黄冈市纪检监察机关贯彻《党委（党组）落实全面从严治党主体责任规定》，做实做细日常监督，加强对“一把手”和领导班子监督，综合运用约谈函询、民主生活会督导、述职述廉等方式，推动“两个责任”[落实全面从严治党，党委（党组）负主体责任，纪委负监督责任]贯通联动、一体落实。市纪委监委负责人同下级“一把手”谈话89人次，协助市委书记约谈信访反映较多“一把手”3人。推进严肃精准问责，全市查处管党治党失职失责问题141个，问责党员领导干部173人。严把选人用人廉洁关，回复党风廉政意见5.74万人次，提出暂缓或否定性意见499人次。

【纪法宣传教育】 2022年，黄冈市纪检监察机关聚焦“六大纪律”“五大纪律处分”等纪法ABC知识，市纪委领导班子成员分片包干开展纪法宣讲，受教育对象8万人。全面推广“纪检委员讲纪律”“支部主题党日学党纪”，用好用活《容易违反的党纪国法知识摘编》口袋书，推动党纪法规全覆盖、无遗漏。全媒体开设专题专栏，深入解读“案说101个职务犯罪罪名”等纪法政策和普法产品。坚持以考促学，组织77家市直单位班子成员和机关纪委成员893人参加《派驻机构工作规则》测试，平均分96.34分。

【警示教育】 2022年，黄冈市纪委监委发挥典型案例警示作用，突出“一把手”和领导班子、年轻干部等警示教育重点，协助市委召开全市警示教育大会，制作警示教育片《迷失》，编印《市管干部忏悔录》，引导党员干部知敬畏、存戒惧、守底线。全市各级党委（党组）召开警示教育大会460场次，受教育对象22万人次。聚焦“同级同类”干部特点，把警示教育课堂搬到职务犯罪庭审、处分决定宣布现场，用身边事教育身边人，累计开展“零距离”教育2万人次。全市接收信访举报在过去5年年均降幅31%基础上，比上年下降17%，其中检举控告类信访举报下降31.41%，政治生态持续好转。人民群众对党风廉政建设和反腐败工作满意度97.84%，位列全省前列。

（文　龙）

监督执纪

【概况】 2022年，黄冈市纪检监察机关聚焦“两个维护”强化监督，严明政治纪律和政治规矩，及时准确发现有令不行、有禁不止，做选择、搞变通、打折扣等问题。聚焦党中央和省委、市委重大战略部署强化监督，精准运用“四种心态”，督促各地各单位细化实化发展思路、实施路径和工作措施，及时发现问题、纠正偏差、推动落实。

【政治监督】 2022年，黄冈市纪检监察机关围绕落实习近平总书记重要指示批示精神，出台《关于加强政治监督推动营造平稳健康的经济环境、国泰民安的社会环境、风清气正的政治环境的意见》，细化8个方面28项重点内容，结合巡视、督察等反馈问题整改，清单式监督、常态化调度、全过程跟进，发现并督促整改问题1.07万个，约谈6794人次，谈话提醒2879人次，以严明纪律营造“三个环境”。因时因势组织开展疫情防控监督5轮次，发现并督促整改问题5892个，处理643人，保障防控措施精准落地。协助市委建立政治生态分析研判联席会议制度，履行联席会议办公室职责，组织政治生态自评全市副处级以上单位和地方党委（党组）全覆盖，集中研究其中22个单位和地方党委（党组）。

【优化营商环境“护航行动”】 2022年，黄冈市纪检监察机关围绕贯彻落实稳住经济一揽子政策措施、“千人进千企”、集中签约项目落地等中心工作，结合“开门红”“双过半”“保目标”等阶段任务开展专项监督，发现并督促整改问题143个，助推全市各级党组织和党员干部统筹做好稳增长、增信心、防风险、推改革、惠民生各项工作。聚焦加快打造“五最”营商环境，组织开展优化营商环境暨提升公共服务质量专项监督，督促职能部门开展“新官不理旧账”“神仙副职”“以罚代管、一罚了之”“乱收费、乱罚款、乱处罚”等问题专项治理，查处损害营商环境问题837个，处理1068人，其中党纪政务处分531人。旗帜鲜明保护干事创业，精准运用“四种形态”处理1.15万人次，其中第一、第二种形态分别占比70.9%、25.3%；坚持将容错纠错纳入办案必经程序，容错800人，教育回访受处理处分干部1371人次；在全省率先开展查处诬告陷害行为专项行动，查处诬告陷害行为101起，澄清正名823人次。

（文 龙）

审查调查

【概况】 2022年，黄冈市纪检监察机关严肃整治享乐主义、奢靡之风，重点纠治形式主义、官僚主义，持续加固中央八项规定堤坝，推动作风建设常态化长效化。坚持不敢腐、不能腐、不想腐一体推进，以零容忍态度反腐惩恶，深入整治群众身边的腐败问题，着力铲除腐败滋生土壤和条件，坚决打赢反腐败斗争攻坚战持久战。

【正风肃纪】 2022年，黄冈市纪检监察机关紧盯“四风”老问题新动向，查处形式主义、官僚主义问题176个，处理259人，其中给予党纪政务处分222人；查处享乐主义、奢靡之风问题324个，处理443人，其中给予党纪政务处分372人。推进大数据监督检查，查实脱贫攻坚成果巩固、乡村振兴和民生领域问题线索4.28万条，追责问责3955人，其中给予党纪政务处分37人，追缴退缴违规资金231万元。组织开展惠民惠农财政补贴资金“一卡通”突出问题和不合理医疗检查、中小学食堂服务保障学生不到位等问题“1+5”专项整治，推动职能部门整改问题2687个，查处腐败和作风问题2761个，处理2866人，其中给予党纪政务处分156人。开展下基层察民情解民忧暖民心实践活动、美好环境与幸福生活共同缔造活动作风监督，督促整改问题1425个，处理1513人。组织开展市、县、乡纪委领导干部巡回下沉遍访1556场次，督促解决群众急难愁盼问题432个，处理73人。

【“全周期管理”反腐斗争】 2022年，黄冈市纪检监察机关坚持有案必查、有腐必惩，处置问题线索1.09万件，立案3227件，处分3310人，留置37人，移送司法机关59人；立案审查调查县处级干部32人，处分县处级干部25人、乡科级干部242人。办理上级纪委监委指定管辖案件13件、协商管辖案件3件。注重以案促改促治，制发纪检监察建议书1473份，对重点个案“一案一督改”，深化“类案系统改”，坚持“边查边促改”，推动标本兼治。

（文 龙）

巡察工作

【概况】 2022年，黄冈市巡察机构深入学习贯彻党的二十大精神和习近平总书记关于巡视工作重要论述，围绕中心、服务大局，推动巡察工作向深拓展、向专发力、向下延伸。协助市委落实巡察工作主体责任，市委常委会召开会议8次，专题研究部署巡视巡察工作。市委主要负责人履行第一责任人职责，常态化听取情况汇报，首轮巡察点人点事15件。市委巡察工作领导小组全面落实组织实施责任，先后召开会议5次，推进全覆盖任务、巡视巡察整改、机构队伍建设等工作。省委巡视办领导多次调研肯定黄冈市巡察工作，相关经验做法在《湖北巡视巡察》推介。2022年省委党建考核，黄冈市巡察工作位列全省第六位。

【政治巡察】 2022年，黄冈市委巡察办协助市委编制《六届黄冈市委巡察工作五年规划(2022—2026年)（试行）》，明确全覆盖监督对象、进度安排、工作重点及总体要求，构建市县巡察“规划一张图、任务一盘棋、推进一张表”工作体系。六届市委任期内，市县两级计划巡察858家单位、3911个村（社区）。配合省委巡视联动任务，综合运用专项、提级、交叉等方式，巡察县（市、区）部分单位。

【巡察督导】 2022年，黄冈市委巡察办协助市委考核办制定巡察工作考评细则，通过实地调研、报告报备、印发提示等，加强县（市、区）党委巡察工作指导督导，有效传导责任压力、工作要求。与省委巡视机构对接，配合推进省委营造“三个环境”专项巡视、涉粮问题专项巡视反馈、巡察工作专项检查等工作。统筹市县巡察力量，联动开展开发区（功能区）及其周边村（社区）巡察。制定出台《关于深入推进党委巡察与其他监督贯通协作的实施意见》，增强监督合力。坚持做到向全市“两代表一委员”发送巡前进驻信息，畅通人大监督、民主监督渠道。

【巡察工作规范建设】 2022年，黄冈市委巡察办加强巡察工作规范建设，强化巡察工作规范。市、县党委巡察办统一设在同级纪委，巡察办主任均由同级纪委领导班子成员担任，实现市委巡察组组长专职化。通过“以干代训”“上挂下派”“送课上门”等方式，从县（市、区）选派科级干部2名到市巡察办挂职，抽调巡察干部10名到巡察组锻炼，开展业务培训500余人次。组建信息化工作专班，指导督促运用巡视巡察单机系统和网络工作平台，明确专人日常维护管理，以信息化促规范化。8个县（市、区）信息数据中心组建，核定批复事业编制36名。

【巡察监督】 2022年，黄冈市纪委监委制定六届市委巡察工作规划，常规巡察15个县（市、区）经济开发区（功能区），同步开展选人用人、落实意识形态工作责任制专项检查，发现问题420个、问题线索20件。指导推动县（市、区）党委共巡察单位党组织87个、村（社区）党组织551个，发现问题6160个、问题线索230件。

【巡察整改和成果运用】 2022年，黄冈市委巡察办协助市委制定《黄冈市落实巡察整改和成果运用责任清单》《黄冈市落实巡察整改和成果运用工作流程图》，压实党委（党组）整体主体责任，规范纪委监委机关、组织部门、巡察机构整改职能发挥。完成五届市委未整改到位问题34个，持续跟踪督办，推动见底清零、整体提升。开展巡察为民办实事活动，通过督促问题整改，推动解决群众急难愁盼问题224个。

（毛 鼎）

责任编辑：胡文珍　责任校对：席想楼

民主党派·工商联

中国民主同盟黄冈市委员会

【概况】2022年，中国民主同盟黄冈市委员会(以下简称“民盟黄冈市委”)制定理论学习中心组专题学习方案，召开理论学习中心组集中学习6次，发放线上学习资料9期，组织40人次参加市委统战部举办的各类培训班。组织盟员300名在15个会场集中收看中共二十大开幕会，制定《中国民主同盟黄冈市委员会“盟员热议二十大”活动方案》，组织盟员开展“欢庆二十大·参观苏轼行迹与书法碑刻拓片展”活动，研究制定《关于学习贯彻中共二十大精神的实施方案》，引导全市盟员学习领会中共二十大精神，坚定理想信念跟党走。深入开展“不忘合作初心，继续携手前进”主题教育活动，推进中共党史学习教育，加强盟员思想政治引领工作，不断增进政治共识，夯实共同思想政治基础；健全新闻宣传工作长效机制，以纪念民盟先贤闻一多先生为契机，弘扬、挖掘红烛精神，开展理论征文、学术研究、书法绘画等活动，讲好民盟故事，传播正能量。全年向民盟湖北省委、黄冈市委统战部投稿宣传信息62篇，比上年增长129.6%，投稿量位列全省第五位，民盟湖北省委网站采用率100%，被民盟中央评为“2022年度民盟思想政治建设和宣传工作先进集体”。

【思想建设】2022年，民盟黄冈市委召开“矢志不渝跟党走、携手奋进新时代”政治交接主题教育动员会，制定《民盟黄冈市委员会“矢志不渝跟党走、携手奋进新时代”政治交接主题教育工作方案》，组织参加市委统战部主题教育动员会。组织盟员到闻一多纪念馆、陈潭秋故居开展主题教育现场教学活动；到青岛市闻一多故居开展“纪念闻一多殉难76周年缅怀先烈”活动；到浙江省温州市参加苏步青诞辰120周年纪念活动；到武穴市开展理论学习中心组学习暨重点课题调研；到闻一多中学举行“红烛颂”诗歌演唱会等。

【组织建设】2022年，民盟黄冈市委修订完善委员联系基层组织工作制度，完善民盟主委会议、民盟市委会议等议事决策制度，召开专题民主生活会并开展述职述廉民主测评，提升基层组织领导班子能力。全年发展新盟员13人，平均年龄35岁，均为大学以上学历，其中博士3人、硕士3人；从事文化、教育及相关科研领域工作9人，在行政事业单位任职4人。至年底，全市有盟员459人，基层组织11个。组织6名盟员参加全市党外干部培训班，提升青年骨干盟员综合能力。配合民盟湖北省委换届工作安排，推荐7名骨干盟员进入民盟湖北省委各专委会履职，民盟黄冈师院总支推荐3名博士副教授作为学校后备党外干部人选。召开2019—2021年先进基层组织和优秀盟员表彰大会，表彰先进基层组织9个、优秀盟员40名。

2022年4月22日，民盟黄冈市委员会调研组到武穴市开展理论学习中心组学习暨重点课题调研
(民盟黄冈市委 供图)

【参政议政】2022年，民盟黄冈市委围绕教育、文化、医疗卫生、民生经济等方面开展研讨、献计献策，提交集体提案6件，个人提案39篇，大会发言1篇，其中集体提案《关于发挥科技人才智力优势，服务我市乡村产业振兴发展的建议》被市政协列为重点提案，《关于加强我市红色资源保护与利用的建议》被市政协列为重点提案并由市委常委、市委宣传部部长李初敏领办，民盟黄冈市委获评"黄冈市政协六届一次会议先进提案单位"。加强长江大保护民主监督工作质效，印发《关于进一步细化2021—2025年民盟黄冈市委员会长江生态环境保护民主监督任务的通知》，开展长江生态环境保护民主监督工作专题培训。浠水县工委、黄州区支部、教育支部、综合支部、新阶层支部部分盟员加入"益心为公"检察云平台志愿者，参与长江生态保护民主监督。

【社会服务】2022年，民盟黄冈市委推进"烛光行动"，开展公益活动、助力乡村振兴、参与疫情防控。6月1日，到闻一多小学开展"农村教育烛光行动"暨"六一"慰问活动，现场捐赠价值8万元的图书、电脑及文体用品；由民盟黄冈市委委员张安岚主创，10名盟员艺术工作者共同参与的红色题材大型现代黄梅戏《铸魂天山》入选湖北省"喜迎二十大 礼赞新时代"百部优秀舞台艺术作品展演剧目；参与共同缔造活动，向黄州区南湖街道兴农社区捐赠现金1万元。文化支部盟员配合宣传部门开展"黄冈市红色文艺轻骑兵文化惠民下基层"活动；县市支部黄梅小组律师盟员配合当地司法局主题教育实践活动安排，开展"送法下基层"系列活动；选派黄冈师院总支盟员张龑为"院士专家企业行"项目参与人。年内，民盟黄冈市委获评民盟中央"社会服务先进集体"。

【社情民意信息工作】2022年，民盟黄冈市委关注经济、社会、民生，撰写意见建议，向民盟湖北省委报送社情民意信息24篇，被民盟湖北省委采用13篇，被民盟中央采用3篇。民盟黄冈市委员会被评为"民盟湖北省委2017—2022年度反映社情民意信息工作突出贡献单位""民盟湖北省委2022年度反映社情民意信息工作先进单位"，秦媛获评"民盟湖北省委2017—2022年度反映社情民意信息工作突出贡献个人"。

（王鸣蓝）

中国民主建国会
黄冈市委员会

【概况】2022年，中国民主建国会黄冈市委员会(以下简称"民建黄冈市委")获评2022年度民建中央中华思源工程基金会、新浪扬帆公益基金"爱心合作单位"。3份提案被列为市级领导领衔督办政协重点提案；1份被列为市政协重点督办提案；4份提案被市政协评为2022年度优秀提案。全年向民建省委报送社情民意112篇。其中，省政协采用3篇，民建省委采用67篇，排名全省前列。民建黄冈市委被民建湖北省委授予2022年度理论研究"优秀组织奖"，副主委孟志丹获评"2021年度反映社情民意工作先进个人"。民建黄冈市委引导市直三支部、黄冈职院支部分别与武穴支部开展横向交流学习，推进支部工作。

【思想建设】2022年，民建黄冈市委引导会员学习贯彻习近平新时代中国特色社会主义思想和中共二十大精神，开展中心组学习、专题培训班、联合学习、集中交流，累计举办培训班30余次、培训1500余人次；组织全体会员收看中共二十大会议实况，并分层级召开专题会议学习、讨论、交流；联合民建海淀三支部等全国20余家民建组织开展中共二十大精神线上专题学习，邀请中央社会主义学院马克思主义理论教研部主任左鹏作专题辅导，民建市委理论学习中心组成员、市委委员、会员代表及各党派成员代表100余人参加活动。年内，民建黄冈市委组织各基层组织、会员开展"矢志不渝跟党走 携手奋进新时代"政治交接主题教育活动。学习贯彻中共十九大及十九届历次全会精神，习近平总书记考察湖北重要讲话精神、湖北省第十二次党代会精神、《中国共产党统一战线工作条例》《中国共产党政治协商工作条例》等重点内容，组织民建市委班子成员及基层组织负责人，通过理论学习中心组学习平台，分专题开展学习，并结合自身学习工作实际，开展学习交流活动。

【组织建设】2022年，民建黄冈市委持续深化"三联三访"活动，开展基层组织自身建设专题调研，民建市委领导班子到联系的支部、会员单位和会员企业走访，了解基层组织发展中存在的困难和问题，帮助解决"急难愁盼"。开展迎"六一"送温暖活动，向团风县但店小学捐赠价值20万元物资。增设机关办公室、会员事务部、同心(老干)支部(筹建)，指导企业总支、市直总支和同心支部共建高标准会员之家，实现支部会员之家全覆

2022年5月31日，民建黄冈市委员会、共青团黄冈市委、黄冈市青年联合会在团风县但店小学举行迎"六一"送温暖活动 （民建黄冈市委 供图）

盖。年内，民建黄冈市委发展新会员7名，平均年龄36岁，其中大学学历6人。至年底，全市有会员207人，民建黄冈市委下属11个基层组织。

【参政议政】2022年，民建黄冈市委先后以“优化产业结构，推动长江生态环境保护修复”“发展壮大龙头企业，促进粮食生产安全”为主题，开展政党协商交流发言，为黄冈市贯彻新发展理念、做强产业支撑、抓实科技创新、优化营商环境献计献策。省政协副主席郭跃进、市政协副主席詹汉彬批示并高度评价会员周永撰写的提案《关于积极推进绿色建材应用、绿色建造技术、绿色建筑发展的建议》《黄冈市工程造价行业全过程人才培养的分析和建议》。开展长江生态环境保护民主监督工作，引导各支部聚焦农业面源污染防治、矿山生态修复、船舶和港口污染防控、水生态保护和修复等重点内容，开展调研与民主监督。

【社会服务】2022年，民建黄冈市委向黄州区南湖街道兴农社区捐款1万元助力“共同缔造美丽兴农”；联合湖北慈善思源爱心基金、思源扬帆公益基金向武穴市余川车坊小学捐赠10个爱心图书角及相关图书，价值3.3万余元；向武穴市思源佑华移民班50名学生发放第二学年助学金10万元；向武穴市余川镇砌石小学捐赠价值0.4万元的书架、书籍等物资。动员会员参与小区值守，捐款捐物助力疫情防控。年内，民建会员湖北省燕加隆集团有限公司董事长何贻信向蕲春县红十字会捐赠30万元，支援当地疫情防控工作。民建黄冈市委会市直总支二支部副主委、黄冈市东坡旅行社总经理、一膳堂食坊董事长卢蕊爱心助农，收购因疫情滞销的蔬菜4000余千克捐赠给困难群众；会员李恒章、熊伟向麻城市顺河镇、白果镇防疫一线工作人员捐赠价值累计3万余元的生活物资。副主委、黄冈百佳物业集团有限公司总经理瞿全胜获市“五一劳动奖章”；社会服务部部长、湖北广昊建设工程有限公司董事长汪子云获“青年五四奖章”；会员陈松乔、贾彦锋注册最高人民检察院“益心为公检察云平台”，成为公益诉讼志愿者；会员企业黄冈山里人农产品有限公司被纳入市级财政产业扶贫发展项目库。

（孟志丹）

中国民主促进会黄冈市委员会

【概况】2022年，中国民主促进会黄冈市委员会（以下简称“民进黄冈市委”）邀请民进湖北省委会资源环境委员会专家到黄冈授课，全年在“黄冈民进”公众号上推文29篇，在民进湖北省委会网站、黄冈市委统战部公众号推送、宣传黄冈民进，报送并发布信息30条。民进市委举办“矢志不渝跟党走 携手奋进新时代”主题教育演讲比赛，民进市委机关会同黄冈师范学院支部，到黄梅县开展“矢志不渝跟党走，携手奋进新时代”主题教育实践活动。印发《民进黄冈市委会2022年信息化建设主题年工作方案》，推动组织、会员基础数据库建设。机关专干余萍被民进中央评为“信息化建设主题年先进个人”。

【思想建设】2022年，民进黄冈市委组织会员学习中共二十大、湖北省第十二次党代会和黄冈市第六次党代会精神。全年民进黄冈市委理论学习中心组集中学习6次、机关集体学习12次，牵头组织民主党派联合学习1次。参加其他民主党派组织的联合学习3次，选派骨干会员先后参加民进中央、中国社科院、省委统战部、民进湖北省委会、湖北省社科院等组织的培训40余人次。10月13日，举办“矢志不渝跟党走 携手奋进新时代”主题教育演讲比赛。民进黄冈市委会各支部选送8名选手参赛，比赛紧扣主题，展示黄冈民进团结友爱、担当有为、开拓创新良好形象，表达坚决拥护中国共产党领导，着力双岗建功决心，传递爱岗敬业、履职尽责、踏实肯干正能量。教育支部会员宋霞获一等奖。

【组织建设】2022年，民进黄冈市委发展新会员4人，平均年龄34岁，均为大学以上学历，其中文化传媒界人士1人。至年底，全市有会员111人，下属11个基层组织。召开各支部宣传组织工作专题工作会，每个支部推选1—2名优秀会员配合开展支部宣传、组织活动，进一步培养、储备骨干会员，完善人才结构，充实后备干部人才库。委派优秀会员参与市委政党协商会前期调研、座谈发言、市政协读书会等活动。创建会员之家3处，会员之家植入会史元素、书画元素，具备读书沙龙、学习交流、联谊活动等功能。

【参政议政】2022年，民进黄冈市委召开政党协商会座谈会4次。主委肖红娟在第二季度政党协商会上，作《促进粮食生产稳定发展 把握粮食生产安全底线》主题发言。组织民进党界别市政协委员参加市政协双月协商和专题协商会，在市

2022年10月26日，民进黄冈市委会调研组到罗田县开展长江生态环境保护民主监督，实地察看污水处理厂
（民进黄冈市委 供图）

政协六届一次会议上，提交集体提案8件，被列为重点提案5件。组织到罗田县、英山县开展长江生态环境保护民主监督工作调研，并形成调研报告。提交《关于提升职业教育培训实效，助推黄冈经济社会高质量发展的建议》，被民进湖北省委会评为“2022年民进湖北省委会市级组织十佳参政议政成果”。

【社会服务】2022年，民进黄冈市委到团风县马曹庙镇参与助力乡村振兴“麦田行动”，到南湖街道兴农社区，参加黄冈市委统战部组织的“助力缔造美丽兴农帮扶共建活动”，捐款1万元；到黄州区江北社区、罗田县凤山镇开展捐赠帮扶活动，捐赠价值1万元的生活物资。黄冈师范学院支部，到黄梅县大河镇岳飞小学开展教学交流。经济支部会员李秋元进单位、进企业开展法律知识讲座，为困难弱势群体提供法律服务，办理多起法律援助案件。卫生支部会员吴义军组织号召会员、社会各界爱心人士捐助罗田失学女孩。直属支部麻城小组会员翁水龙向麻城市顺河疫区捐赠价值6000元爱心生活物资，直属支部英山小组会员朱双生向黄州区、罗田县捐赠价值18万元物资。

（杨　飞）

中国农工民主党黄冈市委员会

【概况】2022年，中国农工民主党黄冈市委员会（以下简称“农工党黄冈市委”）召开主委会9次、全委会6次、中心组学习6次。全年新发展党员8名，其中，博士1名，硕士2名。至年底，全市有党员200人，农工党下辖东坡总支、医卫总支、黄州支部、团风支部4个基层组织。建成农工党“党员之家”，并获省级党员之家授牌。农工党黄冈市委会丁芳获评农工党中央2018—2022年度先进个人，党员董清创办的湖北韩泰智能设备有限公司获黄冈市五一劳动奖状，党员陈中建、陈栋获黄冈市五一劳动奖。郝美卿获2021年市政府“两案办理工作先进个人”、市政协“提案办理工作先进个人”以及教育系统新闻宣传工作先进个人称号。

【思想建设】2022年，农工党黄冈市委开展“矢志不渝跟党走，携手奋进新时代”政治交接主题教育活动。全年组织理论学习中心组学习6次，先后学习中共十九届六中全会精神、习近平总书记关于加强和改进新时代党的统一战线工作的重要思想、统一战线工作条例、政治协商工作条例、习近平总书记在中央统战工作会议和视察湖北时的重要讲话精神、中共二十大精神、农工党十七大精神等，筑牢思想政治根基。全年组织参加农工党中央和省委学习4次，传达学习省市重要会议精神，联合各党派参观学习《永远在路上——中国共产党反腐倡廉历程展》，积极参加市委统战部和各党派联合学习活动。

【参政议政】2022年，农工党黄冈市委组织农工党界别政协委员参加参政议政专题学习，培训50余人，主委詹汉彬作辅导讲座，组织党员100余人，参加农工党黄冈市委会2022年全国参政议政骨干和社情民意信息员线上培训班学习。到鄂州市、黄石市调研，形成《加快打造黄鄂黄全国性综合交通枢纽，支撑武鄂黄黄国际性综合交通枢纽建设》报告，作为省政协十二届十八次常委会书面发言材料；到英山县调研，形成《新形势下茶产业支持政策落地见效调研报告——以英山为例》报告，在省“同心论坛”获奖。组织党派成员参加政党协商调研和座谈会，在长江生态环境保护、粮食生产和创业就业等方面积极建言。在市政协六届一次全会上，提交大会发言2篇、集体提案4篇、个人提案27篇。组织人员参加人大立法协商座谈会，为《黄冈市畜禽养殖污染防治条例》制定提出意见和建议。全年完成省委会课题9个。社情民意信息被农工党中央、省委统战部、省政协采用26篇，采用率90%。

【社会服务】2022年，农工党黄冈市委先后联系农工党武汉市委会、省直总支到黄冈开展社会服务活动。年内，联合武汉市委会到白莲河抽水蓄能公司开展“进企业促发展，进乡村促振兴”社会服务活动，为企业职工和月山村、叶家冲村群众开展免费前列腺癌筛查、甲状腺早癌筛查，发放近万元药品，受益群众200余人次。加强与市直单位的联系，先后与市生态环境局、市侨联等单位联合开展活动。在遗爱湖广场开展环境与健康宣传周活动，发放爱牙护牙宣传资料和相关物资200余份，接受咨询100余人次。推进下基层察民情解民忧暖民心实践活动，倡导居民健康文明生活方式，农工党黄冈市委会联合市委统战部、市侨联到南湖街道兴农社区开展“文明进社区·义诊暖民心”活动。农工党中医全科、儿科、五官科专家，医务人员、志愿者为兴农社区居民提供免费接诊咨询和血压测量，捐赠价值2350元家庭常用药品，诊疗服务居民200余人。联合黄冈麦田公益组织邀请民盟、民建、民进共同在团风县马

2022年6月2日，农工党黄冈市委会在遗爱湖广场开展农工党环境与健康宣传周活动，党员单位皓雅口腔医院现场发放爱牙护牙宣传资料和牙线、牙膏、漱口水等物资200份，接受咨询100余人次

（农工党黄冈市委 供图）

曹庙镇开展“助力乡村振兴，缔造幸福生活”爱心捐赠活动，累计发放价值20万元物资。组织党派成员开展爱心捐赠活动，给黄冈中学家庭困难学生助学金1万元。资助1名大学新生3000元。

【“服务企业发展 助力乡村振兴”活动】 2022年8月18日，农工党湖北省直总支、农工党黄冈市委到罗田县李家楼村和大别山药业股份有限公司调研社会服务及乡村振兴工作，为企业纾困解难。调研组实地察看李家楼村金银花种植基地、村办企业罗鑫锁厂、村口节点建设、人居环境整治工作情况，与村“两委”、省药监局驻村工作队座谈，了解李家楼村乡村振兴工作进展，村产业发展和基础建设情况，中药专家团队现场指导和解答企业药品包装材料变更、检验记录规范性等问题。

（丁 芳）

黄冈市工商业联合会

【概况】 2022年，黄冈市工商业联合会（以下简称“黄冈市工商联”）以学习宣传贯彻习近平新时代中国特色社会主义思想为主线，深入学习习近平总书记关于民营经济发展重要论述、在湖北考察时重要讲话、中共二十大、省第十二次党代会和黄冈市第六次党代会精神；结合庆祝建党101周年，开展“喜迎二十大、奋进新征程、永远跟党走”理想信念教育，中共二十大精神进企业、进商会宣讲活动，持续加强和改进非公经济人士思想政治工作。至年底，全市有基层商会160家，其中，行业商会25家，乡镇街道商会127家，其他类型商会8家，会员企业6800余家，个体工商户会员1.01万余个，助力乡村振兴发展产业项目452个，总投资60亿元，提供招商引资信息695条，招引落地项目192个，协议投资额141亿元，捐款5000万余元，捐物21万件，协议解决矛盾纠纷420余个。全市成立异地黄冈商会组织23家，其中，省级黄冈商会4家（广东、海南、新疆、山东），省会城市及副省级城市成立黄冈商会13家（深圳、西安、武汉、成都、南宁、上海、合肥、天津、南京、济南、杭州、昆明、宁波、南昌），地市（州）级城市成立黄冈商会5家（东莞、宜昌、珠海、江门、襄阳）。异地黄冈商会会员总数6500余个，其中企业会员4800余个，个人会员1700余个。21家异地黄冈商会被黄冈市人民政府授予“双招双引工作站”。汪林朋、陈九霖、周达、阎志、张国雄、喻鹏、陈良刚、罗志华 、潘定国、黎海峰等优秀黄冈楚商被黄冈市人民政府聘为“招商大使”，黄冈楚商返乡投资签约项目8个，投资金额32.2亿元。

【商会建设】 2022年，黄冈市工商联（总商会）开展“四好”商会创建工作，团风县民营企业家协会、麻城市夫子河商会、蕲春县楚商联合会、黄梅县小池镇商会，合肥市黄冈商会、济南市黄冈商会、珠海市湖北黄冈商会、宜昌市黄冈商会被认定为2022年度全国“四好”商会、12个商会被认定为全省“四好”商会。推进全市127个乡镇（街道）商会组织全覆盖，黄冈市成为全省第二个实现基层商会全覆盖市州。指导成立南昌市黄冈商会和古玩艺术品商会，推进北京市黄冈商会、重庆市黄冈商会和长沙市黄冈商会筹建。“推进乡镇商会规范化建设”改革项目完成结项，获评2022年度全市优秀改革项目，获改革项目促进资金10万元。市工商联提高基层商会建设水平做法在全国工商联《工商动态》刊发，《基层商会建设情况调研报告》在全国工商联、湖北省工商联转发推广，麻城市工商联多措并举推动乡镇商会发展做法在全国工商联《工商联改革情况》宣传推广。年内，深圳市黄冈商会换届大会暨第四届第一次会员代表大会召开，来自深圳黄冈各县（市、区）商会311名企业家代表参会。大会还选举产生新一届“两委”班子，新一届商会理事会、监事会。深圳市黄冈商会理事刘惠林当选新一届商会会长、党委书记。南京市黄冈商会爱心会员为蕲春县精神病医院住院病人捐赠一批保暖生活物资，以实际行动回馈社会、奉献爱心，履行企业社会责任。湖北省农业农村厅公布2022年度湖北省农业产业化省级重点龙头企业名单，黄冈商会监事单位湖北佳农食品有限公司等20家企业上榜。至年底，全市培育商会会员企业市级以上重点龙头企业356家，其中国家级重点龙头企业4家，省级重点龙头企业108家。

【服务经济社会发展】 2022年，黄冈市工商联依托商会等平台，先后到珠海、江门、东莞、重庆、成都、宁波、杭州、深圳、海南等地黄冈商会走访调研，开展宣传推介，助力“双招双引”。利用黄冈与宁波城市对口合作契机，主动与宁波市工商联对接，建立友好工商联合作机制，开展招商引资项目对接，推动经济社会发展。开展“万家民企评营商环境”专题调研。会员企业运鸿集团入列中国民营企业500强榜单，4家企业入选湖

2022年3月10日，黄冈市工商联调研组到运鸿集团股份有限公司开展“万家民企评营商环境”专题调研

（市工商联 供图）

北民营企业100强。开展“万企兴万村”助力乡村振兴行动，动员广大民营企业和商会组织主动参与，履行社会责任。组织村企结对，召开现场推进会，评选实验项目，推介先进典型。探索实施“高效农业”“电商直播”“文旅融合”“产业工人”“供应链”等多种兴村模式。全市1624家民营企业及商会组织与889个村完成结对，投入72.77亿元兴建产业项目，投入7.25亿元推进乡村基础设施建设，捐赠资金4635.9万元，吸纳2.6万人就业，为助力全市乡村振兴贡献力量。

【民营经济发展环境优化】2022年，黄冈市工商联优化民营经济发展环境，与市检察院联合建立《保障涉案企业合规第三方监督评估机制》，与市法院联合出台《关于建立完善人民法院与工商联（总商会）常态化协作机制实施办法》，与市司法局联合印发《关于贯彻落实万所联万会机制的实施方案》，配合省工商联出台《非公有制企业诉求受理工作办法》。与市税务局联合开展助力小微市场主体发展“春雨润苗”专项行动，与市人力资源和社会保障局、市教育局联合开展“万家民企助就业”专项行动，与市金融局、人民银行、工商银行等金融机构联合举办“创成型”民营企业融投资对接会和优化民营企业金融服务推进会。开展惠企政策专题调研，形成《民营经济运行及惠企政策落实情况调研报告》，被市委、市政府领导作出肯定批示，并督办落实。

【参政议政】2022年，黄冈市工商联利用网络平台开展线上调研，配合全国工商联、省工商联开展上规模民营企业、履行社会责任、“万家民企评营商环境”等专题调研。建立民营企业调查点321个，完成网上问卷856份，利用投诉平台发布惠企政策落实等问卷，收集掌握第一手资料。撰写《黄冈市民营经济发展报告》等各类调研报告15篇，向省工商联上报政协提案信息13篇，向市政协提交政协发言和提案7篇，推荐民营企业家参加市委季度情况通报会3次，并在会上发言。

【市工商联第六次代表大会】2022年4月25—26日，市工商业联合会（总商会）第六次代表大会在黄州召开。市委书记张家胜出席开幕大会并讲话，强调全市各级工商联组织要坚持党的领导，发挥独特优势，深化改革创新，在坚定正确方向中凝聚新共识，在服务发展大局中实现新作为，在加强自身建设中树立新形象。全市广大民营企业家要坚定理想信念，厚植家国情怀，弘扬优良传统，争做高质量发展的引领者、诚信经营的示范者、社会责任的担当者，脚踏实地把实业办好，集中精力把企业做大。各级党委、政府要高度重视工商联工作，凝聚各方力量，优化工作环境，合力开创工商联事业发展新局面。会议选举产生第六届市工商联（总商会）兼职企业家副主席（副会长）26名，常委60名，执委167名，吸收新会员23人，李果当选市工商联主席、市总商会会长。

【民营经济人士理想信念教育基地授牌】2022年7月8日，黄冈市民营经济人士理想信念教育基地授牌仪式在英山县英山长征精神体验园举行。市工商联机关、全市知名企业家代表50人参加，市委统战部副部长、工商联党组书记蔡花讲话，市工商联主席李果向公司董事长杜勇授牌。参加授牌仪式全体人员参加长征精神体验园红二十五军长征微缩路全程体验，沿途听取讲解员讲述红二十五军长征故事、大别山革命历史文化和党史专家关于大别山精神专题党课。

【全市清廉民企建设工作现场推进会】2022年8月12日，黄冈市工商联在浠水县召开全市清廉民企建设工作现场推进会。会上，市委统战部副部长、市工商联党组书记蔡花全面总结全市各级工商联推进清廉民企建设工作情况，并就如何落实《湖北省清廉民企建设评价标准（试行）》中“三好、四有、五不”（法人好、队伍好、口碑好；有组织、有制度、有文化、有活动；不行贿、不欠薪、不逃税、不侵权、不逃废债）要求安排部署。会前，与会人员到浠水县散花镇商会、湖北恒祥科技股份有限公司观摩学习浠水清廉企业示范点做法经验。

（洪 苗）

2022年7月8日，参加黄冈市民营经济人士理想信念教育基地授牌仪式的黄冈市工商联机关、市知名企业家代表，在英山长征体验园听讲解员讲述红二十五军长征故事

（市工商联 供图）

责任编辑：胡文珍　　责任校对：席想楼

群众团体

黄冈市总工会

【概况】2022年，黄冈市总工会推进“忠诚之家、筑梦之家、温暖之家、活动之家、清廉之家”建设，财务会计工作获评全国总工会“先进单位”，“饿了么”户外职工爱心驿站获评全国总工会“最美工会户外劳动者服务站点”。产业工人队伍建设改革工作、新就业形态劳动者建会入会工作、法院+工会劳动争议诉调对接工作被省总工会评为“优胜”。在全省“安康杯”“工友杯”、网络宣讲和主题征文等工作中被评为优秀组织单位。

【职工学习文体活动】2022年，黄冈市总工会组织开展“喜迎二十大 建功新时代”全市职工网络宣讲和主题征文活动，共收到职工宣讲视频42个、主题征文548篇。组建中共二十大精神劳模工匠宣讲队，采取线上线下相结合形式开展宣讲工作。推进职工书屋建设，建设市级职工书屋20家，配套各类图书价值20万元，推荐省级职工书屋1家。举办黄冈市第六届运动会职工排舞、气排球比赛、市直单位篮球邀请赛等职工文体活动。开展“劳动创造幸福”等主题专栏6个，网络直播2场（次），推送各类信息813篇，在省市主流媒体上发布信息210篇，浏览量及观看直播454万人次。

【劳动和技能竞赛】2022年，黄冈市总工会开展“喜迎二十大 建功‘十四五’奋进新征程”主题的职工劳动和技能竞赛，组织动员全市1200余家企事业单位、11万名职工开展竞赛活动，评选出全市引领性项目20个，其中，被纳入“2022年全省引领性劳动竞赛项目”3个，被纳入“武汉城市圈引领性劳动竞赛项目”1个。组织参加省“工友杯”首届“e有绝活”高技能人才技能大赛，黄冈市获“十佳绝活奖”2个，获“优秀绝活奖”3个。举办黄冈市“工友杯”第二届职工创业创新大赛，进入省复赛优秀职工双创项目8个，获“十佳创业奖”项目1个。开展“技改提能、制造焕新”行动，组织以“五小”为主要内容的群众性技术创新竞赛活动，全市评选创新成果15项；参加第八届全省职工技术创新成果评选活动获三等奖项目1个。

【劳模评选】2022年，黄冈市总工会弘扬劳模精神、劳动精神和工匠精神，召开庆五一劳模工匠座谈会，推荐全国、湖北五一劳动奖和工人先锋号11个，评选2022年黄冈五一劳动奖30个、五一劳动奖章60个、工人先锋号50个。在《黄冈日报》、黄冈电视台等主流媒体开办《弘扬劳模工匠精神 建功立业谱新篇》专栏，专题报道12名劳模工匠故事，营造“劳动光荣、创造伟大”社会氛围。加强工匠选树工作，全市获评2022年“荆楚工匠”3人，获评“湖北产业工匠”1人。组织开展“职工惠游黄冈，助推经济发展”暨劳模、优秀职工和技术工人疗休养活动，各县（市、区）签订互送协议，共组织120批4200名劳模、优秀职工和技术工人参加。

【职工维权与帮扶】2022年，黄冈市总工会筹措资金1433万元，开展送温暖、

2022年5月20日，黄冈市职工劳动和技能竞赛大会在黄冈进出口产业服务中心召开

（市总工会 供图）

送清凉、金秋助学等活动，走访慰问劳模先进和职工群众9280人次。开展职工医疗互助活动，年度增加2088人，217名参保职工获赔付金额231.4万元，推进适龄妇女宫颈癌筛查工作，免费筛查服务困难职工和新就业形态女性劳动者2212名。开展爱心消费帮扶工作，向上争取配套资金824万元，号召全市各级工会组织和职工参与消费扶贫，直接采购和带动采购农副产品1.17亿元。开展集体协商“要约行动”，培育集体协商省市级典型单位24家，签订集体合同75家，覆盖职工1.65万人。推进全国总工会“饿了么、美团集体协商专项行动”，签订全省首份“饿了么”城市代理商集体合同。推进“法院+工会”诉调对接工作，全市劳动争议诉调对接工作室实现全覆盖，全年受理劳动争议案件394件，调解158件，为企业职工挽回经济损失1363.5万元。建成职工服务中心11家、“爱心驿站”73家、“爱心母婴室”62家，办理来信来访945件次，办结率100%。

【基层组织建设】2022年，黄冈市基层工会总数7247个，会员5.93万人。黄冈市总工会开展新就业形态劳动者入会攻坚专项行动，全年新建新就业形态劳动者工会组织113个，发展会员1.5万余人。创新新就业形态劳动者工会组织建设，开展新就业形态劳动者网上建会入会活动，举办集中入会仪式5场次，引导劳动者扫码入会，新就业形态组织网上建会146家、会员1.05万人。推进企业民主管理工作，落实预报制度企事业单位282家，开展“职工代表提案在行动”活动，向湖北省总工会推荐3件优秀职工代表提案，4家企业工会获评全省厂务公开民主管理先进单位。

【产业工人队伍建设改革】2022年，黄冈市总工会拓展“产业工人队伍建设提升年”行动成效，发挥模范、工匠和高技能人才示范引领、创新攻关、培育传承的重要作用，共创建省级和市级劳模(工匠)创新工作室94家、产业工人培训基地40家，推荐评选带徒名师36人、学习型职工76人。湖北广济药业股份有限公司“提升全员技能素质，建设创新学习型企业”项目入选“2022年全省产业工人队伍建设改革典型项目”，获评“湖北省五一劳动奖状”。

【“夏送清凉”活动】2022年7月11日，黄冈市总工会开展党员干部下基层察民情解民忧暖民心送清凉活动，为外卖员和建筑工人(农民工)送去清凉包、矿泉水等慰问物资。总工会党组书记、常务副主席杨艳红与企业工会负责人面对面交流，督促企业开展集体协商工作，构建和谐劳动关系。现场向外卖员代表和企业工会负责人发放劳动保障法治体检调查问卷，了解职工诉求和企业状况。

【“饿了么”首份集体合同签订】2022年，黄冈市总工会将集体协商工作作为建立完善劳动者权益保障机制的重要举措，推进保障新业态劳动者收入，推动平台企业、关联企业与劳动者就收入分成、安全保障等开展协商，构建和谐劳动关系。7月18日，黄冈市总工会指导“饿了么”城市区域代理商首份集体合同在湖北黄商网络科技有限公司集体协商暨首届一次职工代表大会上签订。全市完成新业态企业集体合同签订8家。

【“工友杯”职工创业创新大赛】2022年11月11日，市总工会主办的黄冈市“工友杯”第二届职工创业创新大赛在线上举行，主题为“创业带动就业 创新再续精彩”。参赛项目27个，涵盖现代农业、智能制造、生物技术、医药科技、新型材料、节能环保、旅游服务等领域。8个项目获奖，浠水县长福农业产业化综合服务有限公司“智慧农业打造丘陵水稻标准化模块”获评创业组金奖，“袁夫稻田”“蛋白产业服务平台”“黄梅挑花”获评创业组银奖，湖北神力汽车零部件股份有限公司“汽车半轴动态淬火智能控制系统”获评创新组金奖，“高性能碳纤维增强热塑性复合材料”“环保型高纯二氧化钛技术产业化”“黄州蓝靛染色制作技艺”获评创新组银奖。获奖项目同时获得湖北省“工友杯”第五届职工创业创新大赛复赛资格。

（徐　亮）

中国共产主义青年团黄冈市委员会

【概况】2022年，黄冈市新增“两新”团组织(“新经济组织和新社会组织”团组织)230个，发展团员7850人。至年底，全市有团组织1.1万个，其中，团委438个，团总支227个，团支部1.03万个，有团员21.19万人，团干部5796人。全年开展疫情防控志愿服务项目(活动)3600场次，累计服务时长25.92万小时。全市2人获湖北省青年五四奖章，2个集体获全国五四红旗团支部，3人获评全国优秀少先队员、1人获评全国优秀少先队辅导员、2个集体获评全国优秀少先队集体。

【青少年思想政治引领】2022年，中国共产主义青年团黄冈市委员会(以下“简称共青团黄冈市委”)组织全市各界青年收听收看、传达学习习近平总书记在庆祝中国共产主义青年团成立100周年大会上的重要讲话、在中国人民大学考察时的重要讲话等内容，组织召开主题团日、主题队会等活动7650场(次)。组织“青年宣讲团”“红领巾巡讲团”深入基层宣讲500余场(次)。推出“建团百年正青春不忘初心跟党走”等网宣文化作品23个，在线观看50万余人次。发动青年团员打卡团中央“青年大学习”平台，参与人次超300万。开展“缅怀革命先烈 传承红色基因”清明祭扫活动，线上线下10万余名学生参加。

【青少年群体关爱帮扶】2022年，共青团黄冈市委加强“12355”青少年服务台建设，争取10万元资金建设青少年心理咨询和法律援助阵地2个；争取115万元资金建设农村希望小学2所，帮助230余名家庭贫困子女就学；争取200万余元资金设立“知音学子班”，资助农村贫困学生1497名。开展关爱抗疫医护子女及因疫致困青少年特别行动，落实项目资金200万元，帮扶贫困家庭青少年200人。举办“青春与法同行”2022年全市青少年法治文化节，启动全市“法治进校园”“宪法宣传周”活动，开展“青春不‘毒’行 防‘艾’与法行”青少年禁毒防艾宣传教育。实施矛盾纠纷大走访、大排查、大化解专项行动，落实“希望伴飞”项目，加强对涉罪青少年心理干预。开办暑期“希望家园”140个，服务儿童7396人，筹集“微心愿”礼包650个。联合开展市区防溺水行动，投放救命杆500根。联动开展“青春有约·爱在黄冈”人才联谊交友活

表11 2022年黄冈市“青年拔尖人才”一览表

姓　名	职　　　务	学 历(职称)
王会涛	湖北瑞创信达光电有限公司高级光学工程师	博士研究生
左　苗	湖北卫尔康健康产业集团有限公司总经理	副高(高级经济师)
陈　勇	黄冈艺术学校灯光设计师	硕士研究生
赵现伟	黄冈市中心医院超声医学科副主任	硕士研究生
赵国伟	黄冈师范学院教授	博士研究生
胡　挺	湖北祥云(集团)化工股份有限公司30万吨合成氨项目设计经理	硕士研究生
徐永杰	黄冈中学数学教师	硕士研究生
徐丽荣	黄冈市农业科学院高级农艺师	硕士研究生
彭　达	湖北天井湖农业科技服务有限公司总经理	硕士研究生
舒伟锋	湖北省宏源药业科技股份有限公司总监	硕士研究生

（资料来源：团市委）

动14场，参与青年1560人，现场牵手90余对。

【青年创业就业】2022年，共青团黄冈市委启动“大学生创业扶持项目”，申报项目19个，配套资金60万余元。启动第三期“青创贷”，帮扶项目409个，落实贴息创业贷款1.15亿元。争取黄冈市大学生创业孵化基地等2个创业孵化器纳入省青创园试点。承办全国(全省)高素质青年农民培训班，2人入选“湖北省乡村振兴青年先锋”。落实黄冈市“青年拔尖人才培养计划”第一批“青年拔尖人才”培养扶持资金100万元，组织评选第二批“青年拔尖人才”10人，形成年度评选工作机制。聘任青年创业导师50名，以培训授课、一对一辅导等方式为青年创业提供指导。

【青年社会服务】2022年，共青团黄冈市委开展“美好环境与幸福生活共同缔造”活动，部署试点22个，促成华中农业大学与麻城团市委结对共建。加强志愿服务体系建设，着力打造“青”字号志愿服务品牌。推进市志愿者协会换届工作，举办黄冈市志愿服务项目大赛。策划“爱心冰柜”送清凉战酷暑活动，带动30余家市直单位、80余家企业、400余名志愿者和广大市民捐赠饮用水。组建暑期大学生“三下乡”工作队20余支，促成武汉设计工程学院团队为浠水县汪港镇绘制彩色墙画。对接湖北省博士服务团项目，争取博士13名到黄冈市挂职服务。

【基层团组织建设】2022年，共青团黄冈市委持续推进县域共青团改革，红安县、武穴市县域共青团改革试点通过省级验收，蕲春县、黄梅县等8县(市、区)新一轮县域共青团改革方案出台，红安县、黄梅县青年发展型县域建设试点方案出台。联合市教育局专题部署推进规范发展学生团员和档案管理工作。开展团干部团务基础知识培训、入团积极分子培训，严格团员档案审核，整肃团员入队仪式，及时处置违纪、犯罪团员，规范“升学”“学社”衔接等团务工作，“智慧团建”各项指标均位列全省前列。举办“喜迎二十大 争做好队员”主题队会4650余场(次)，开展“红领巾奖章”评选活动700余次，绘制“少先队实践教育地图”，发布黄冈市首批少先队校外实践教育基地(营地)76个。

2022年5月4日，黄州区青年志愿者在社区进行宣传活动，打造“青”字号志愿服务品牌（团市委 供图）

表12 2022年黄冈市首批少先队校外实践教育基地(营地)一览表

序号	区属	单位名称	地址
1	市直（5个）	黄冈市现代农业科技示范园	黄冈市黄州区团黄大道与343省道交岔口南150米
2		黄冈市科技馆	黄冈市黄州区新港大道150号
3		黄冈市博物馆	黄冈市黄州区明珠大道110号(东方广场西侧)
4		黄冈市图书馆	黄冈市黄州区翠堤路2号
5		黄州区新港大道特勤消防救援站	黄冈市黄州区新港大道35号
6	黄州区（3个）	建新社区青年之家	黄州区西湖三路3号
7		黄州区西湖三路消防救援站	黄州区西湖三路20号
8		遗爱湖书城	黄州区黄州大道97号
9	团风县（4个）	团风县渡江战役纪念馆	团风县团风镇益民路5号
10		团风县人民路消防救援站	团风县团风镇人民路1号
11		团风县新华书店	团风县团风镇团风大道2号
12		黄冈革命烈士陵园	团风县杜皮乡
13	红安县（12个）	黄麻起义和鄂豫皖苏区纪念园	红安县城关镇陵园大道1号
14		李先念故居纪念园	红安县高桥镇长丰村
15		七里坪长胜街革命遗址群	红安县七里坪镇沿河大道与303县道交岔口东100米
16		董必武故居纪念园	红安县城关镇民主街24号
17		陂安南县苏维埃政府旧址（群）	红安县高桥镇庙咀湾村
18		鄂豫皖苏区中心烈士陵园	红安县七里坪镇109省道北50米
19		红安县图书馆	红安县城关镇迎宾大道职工之家北侧
20		红安县文化馆	红安县城关镇迎宾大道职工之家东北侧
21		红安县档案馆	红安县城关镇迎宾大道文化中心
22		红安县科技馆	红安县城关镇迎宾大道文化中心
23		红安县青少年研学实践教育营地	红安县觅儿工业园5号路十字路口
24		红安县城关镇迎宾大道消防救援站	红安县城关镇迎宾大道文化中心
25	麻城市（9个）	大别山青少年综合社会实践活动基地	麻城市南湖办事处五里墩社区徐家山098号
26		麻城市博物馆	麻城市将军路5号
27		麻城市烈士陵园	麻城市陵园路
28		麻城市科学技术馆	麻城市将军路39号
29		乘马会馆	麻城市乘马岗镇乘马岗村
30		夫子河镇蔡济黄党性教育基地	麻城市夫子河镇付兴湾村
31		大别山红星英烈园	麻城市乘马岗镇红星村
32		浮桥河国家湿地公园	麻城市浮桥河街道
33		麻城市金桥大道消防救援站	麻城市金桥大道214号
34	罗田县（6个）	罗田县科技馆	罗田县凤山镇大别山大道白玉兰酒店（塔山湖店）北侧约70米
35		罗田县图书馆	罗田县凤山镇义水北路与万密斋大道交会处江厦大桥旁
36		胜利镇烈士陵园	罗田县胜利镇
37		凤山镇洪恩教育小镇	罗田县凤山镇余三胜大道花语城东北侧约160米

续表

序号	区属	单位名称	地址
38	罗田县（6个）	凤山镇白龙井社区	罗田县凤山镇东岳庙街玉龙雅苑小区
39		罗田大别山大道消防救援站	罗田县凤山镇大别山大道119号
40	英山县（2个）	英山县发展大道消防救援站	英山县温泉镇发展大道
41		英山县新华书店	英山县温泉镇鸡鸣路55号
42	浠水县（10个）	浠水县博物馆	浠水县清泉镇新华正街349号
43		浠水县科技馆	浠水县清泉镇双桥路153-3号
44		浠水县闻一多纪念馆	浠水县清泉镇红烛路1号
45		浠水县图书馆	浠水县清泉镇市民之家2楼
46		竹瓦镇朱店村乡贤馆	浠水县竹瓦镇朱店村村委会
47		洗马镇洗马畈革命纪念馆	浠水县洗马镇洗马畈村3组（浠水县002乡道与洗马街交岔口西100米）
48		兰溪镇李汰清风馆	浠水县兰溪镇李汰新村10组（靠近村部）
49		绿杨乡范冲村红色革命教育基地	浠水县绿杨乡范冲村1组（靠近村部）
50		团陂镇十三庙烈士陵园	浠水县团陂镇方伯祠村5组
51		浠水县彩虹大道消防救援站	浠水县经济开发区百家街119号
52	蕲春县（14个）	横车镇九棵松村史馆	蕲春县横车镇九棵松大道89号
53		刘河镇云林宫高山铺战役总指挥部纪念馆	蕲春县刘河镇凉亭村1组
54		蕲州镇李时珍纪念馆	蕲春县蕲州镇时珍路168号
55		赤东镇白河村红色教育基地	蕲春县赤东镇白河村体育路与杏林大道交岔口西南120米
56		彭思镇张体学纪念馆	蕲春县彭思镇新街80号
57		管窑镇柿外陶园	蕲春县管窑镇管窑工人村126号
58		株林镇红竹小镇	蕲春县株林镇许家山村二组
59		董毓华故居	蕲春县狮子镇董冲村四组董四房塆
60		大同镇党员政治生活馆	蕲春县大同镇大同街道1号
61		蕲东革命烈士纪念陵园	蕲春县向桥乡棠树岭村狮子堰片区5组
62		蕲春县图书馆	蕲春县漕河镇东壁大道与体育路交岔路口往东约170米
63		蕲春县中小学生研学旅行综合实践教育基地	蕲春县八里湖总场街道289号
64		蕲春县青少年影视教育基地	蕲春县漕河镇人民广场1号楼
65		蕲春大道消防救援站	蕲春县漕河镇南阳三路与蕲春大道交岔口南50米
66	武穴市（3个）	武穴市窝陂塘路消防救援站	武穴市武穴街道窝陂塘路27号
67		武穴市科技馆	武穴市武穴街道窝陂塘路30号
68		武穴市新华书店	武穴市武穴街道北川路63号
69	黄梅县（8个）	黄梅县图书馆青年之家	黄梅县黄梅镇滨河西路75号
70		向日葵实践教育营地青年之家	黄梅县五祖镇洪湾路18号
71		杉木乡邓雅声烈士陵园	黄梅县杉木乡邓老屋村
72		柳林乡丹桐红色拓展基地	黄梅县柳林乡老铺村
73		大河镇红十五军纪念馆	黄梅县大河镇吴祥村
74		下新镇宛希先宛希俨烈士陵园	黄梅县下新镇宛大屋村
75		小池镇萌升农业科技营地	黄梅县小池镇冯圈村
76		黄梅县站前大道消防救援站	黄梅县黄梅镇站前大道97号

（资料来源：团市委）

2022年3月2日，共青团黄冈市委、黄冈市青年联合会联合黄冈市林业局在黄州区赤壁街道沿江路开展“喜迎二十大·共植青年林”黄冈市青少年主题义务植树活动

（团市委 供图）

【青少年主题义务植树活动】 2022年3月2日，共青团黄冈市委、黄冈市青年联合会联合黄冈市林业局组织开展“喜迎二十大·共植青年林”黄冈市青少年主题义务植树活动。80余名共青团员、志愿者在黄州区赤壁街道江滩栽种杨树2000余棵。

【团市委五届六次全会】 2022年3月11日，共青团黄冈市委五届六次全体（扩大）会议在黄州召开。会议通报表彰共青团红安县委等30家年度全市共青团工作先进单位，表决通过《永远跟党走 奋进新征程，为“干在实处 加快振兴 谱写新篇”贡献青春力量》工作报告，红安团县委、罗田县大河岸镇团委、武穴祥云集团团委、黄冈职业技术学院团委、黄冈市中医医院团委5家受表彰单位作交流发言。团市委五届委员会委员、乡镇团委书记代表等150人参加会议。

【青年创业发展交流会】 2022年5月16日，黄冈市庆祝建团百年主题团日暨青年创业发展交流会在中共黄冈市委党校举行。市委常委、市委组织部部长何飞出席并讲话，市委常委、市委统战部部长李玲致辞，并为黄冈市“十佳青年创业明星”颁奖。市青年创业导师代表湖北祥云（集团）化工股份有限公司董事长胡华文、谦益农业（湖北）有限公司总经理李明攀分享创业故事，湖北祥云（集团）化工股份有限公司捐赠“新农人”大学生乡村创业帮扶计划专项公益资金100万元，黄冈农村商业银行为创业青年授信5亿元。交流会以线上线下方式进行，收看人次超200万。

【庆祝中国共产主义青年团成立100周年座谈会】 2022年5月23日，黄冈市庆祝中国共产主义青年团成立100周年座谈会召开，市委书记张家胜出席并讲话。中铁大桥局五公司燕矶长江大桥YJTJ-2标锚碇工区经理、青年突击队队长陈明哲等7名青年代表交流发言。

【全国高素质青年农民培育工作启动】 2022年8月23日，全国高素质青年农民培育工作启动暨2022年湖北省高素质青年农民创新创业示范培训班开班仪式在黄梅县举办。共青团中央书记处书记傅振邦、农业农村部科技教育司副司长孙法军出席并讲话。团中央青年发展部、团湖北省委、湖北省农业农村厅、黄冈市及黄梅县的有关负责人和湖北省高素质青年农民培训班学员等参加。全国省（市、区）团委、农业农村厅（局）业务部门负责人，160个国家乡村振兴重点帮扶县团委、农业农村局负责人，首届全国乡村振兴青年先锋等线上收看。仪式上，学员代表徐步升作交流发言。共青团湖北省委与湖北省农业农村厅签署《湖北省乡村振兴青年人才开发行动战略合作框架协议》，计划三年内为全省103个县培育1万余名特色种养、特色三产融合、特色乡村民俗、特色农村电商“四特”乡村振兴青年人才。仪式结束后，100名农村青年创业代表参加为期6天培训。

【青年干部人才联谊】 2022年9月4日，共青团黄冈市委、黄冈市青年联合会在黄州区居然之家垂直森林城市综合体举办青年干部人才联谊活动，市直、黄州区及中央、省在黄单位220名青年干部人才参加。

【红领巾讲解员大赛】 2022年，共青团黄冈市委、市教育局、市少工委、市文化和旅游局联合举办黄冈市红领巾讲解员大赛。大赛以深入学习宣传贯彻党的二十大精神、争做新时代好队员为主题，短视频展示和分享红领巾讲解员实践教育感悟。11月17日，大赛组委会在市博物馆评审100份参赛作品，35人获奖。经推荐，罗田县实验中学丁源西、红安县实验小学叶语萱在11月25日举办的湖北省红领巾讲解员大赛中获二等奖，黄冈市实验小学、黄冈市博物馆校外实践教育基地“红领巾讲解员”邱睿获三等奖。

（吴 伟 叶奎星 张 浪 刘 蕾）

表13 2022年黄冈市红领巾讲解员大赛获奖名单一览表

特等奖			
姓 名	推荐学校或单位	作品名称	指导老师
叶语萱	红安县实验小学	奇袭将军陈锡联	金 花 郑丽欢
邱 睿	黄冈市实验小学	“疯子”战将王近山	张安安 曾 婷

续表

一　等　奖			
姓　名	推荐学校或单位	作品名称	指导老师
丁源西	罗田县实验中学	传承红色基因　致敬革命先烈	赵　展　丁　凡
周敬硕	红安县列宁小学	秦绍勤烈士纪念碑	周　颖　孟　刚
蔡梓桐	黄梅县第一小学	长征精神永不忘　红色基因代代传	王丽琴　周翠霞
李　熔	麻城市第二实验小学	红军干娘周家姆	曾　芬　肖芳兰
吴恩慈	武穴市师范附属小学	红色渡口的故事	郭华英
江胤希	黄冈市实验小学赤壁分校	铭记历史　请党放心　强国有我	邱　霞
徐若溪	黄冈市博物馆	流光溢彩话古灯	张安安　万　珊
二　等　奖			
姓　名	推荐学校或单位	作　品　名　称	指导老师
张翊晨 熊雅琦	黄梅县第三小学	传承黄梅岳家拳　弘扬伟大爱国情	程婷婷　刘　楚
徐雅馨 徐思晨	罗田县实验中学	传承红色基因　致敬革命先烈——罗田县烈士陵园	赵　展　段　勇
瞿辰逸	罗田县义水学校	讲述红色故事　传承红色基因——烈士吴光浩的故事	姜　岭　陈志东
邓雨果	麻城市第二实验小学	“石头人”助力红军作战	邓　慧　李瑞娟
余子奇	麻城市第八小学	少年强　中国强	胡　萍　张巧妮
汪　琪	蕲春县第三实验小学	缅怀革命先烈　传承红色基因	王　青　王　伟
李雅歌	黄冈市博物馆	清廉传千古——苏东坡	王秀清　田雨迁
周若雅	蕲春县第六实验小学	高山铺战斗	叶俊汝　吴淑惠
张　钰	蕲春县实验中学	中国“艾都”——蕲春县	孙天航
三　等　奖			
姓名	推荐学校或单位	作　品　名 称	指导老师
汪妙灵	红安县实验小学	参观红色遗迹　追寻红色记忆	黄永红　金　花
史玉炎	罗田县希望小学	李梯云“三舍”干革命	方　荣　晏　棋
李思悦灵	武穴市师范附属小学江林校区	将军故里——兰杰村	兰　玉　王　琪
汪恋晨	黄冈市东坡小学	非凡的十年　人心的丰碑——庆祝中国共产党“二十大”胜利召开	单　科　匡　赛
程子灵	英山县实验小学	大别山前 天更碧	夏　燕　郑新村
黎梓涵	浠水县实验小学	学习“二十大”　争做好队员——布衣元帅徐向前	谢　琼　陈　晶
江彦哲	红安县实验小学	赓续红色血脉　强国复兴有我——记游董必武故居	周海林　徐　晨
宋子熙	黄冈思源实验学校	陈潭秋故居	齐梦颖　汪小追
邓晨薇	蕲春县第二实验小学	勿忘历史　传承红色基因	周　佩
宋熹然	武穴市第二实验小学	饶汉祥故居	许　珺　徐　琼
潘馨雨	黄冈市博物馆	一床毛毯	单　科　王一轩
周芸曦	武穴市实验小学大桥校区	美丽梅园　幸福大家	何可人　李锦鑫
沈亦晨	浠水县实验小学	传承红色基因　争做时代新人——三角山红色教育基地	谢　琼　陈　晶
白易辰	黄梅县第一小学	传承红色基因　争做时代新人	童周坤　周翠霞
丰安妮	黄州区东门小学	魅力黄冈科技馆	张瑾超

（资料来源：团市委）

黄冈市妇女联合会

【概况】2022年,黄冈市妇女联合会(以下简称“黄冈市妇联”)围绕“巾帼心向党 奋进新征程”主题,在“黄冈姐妹”微信公众号刊载“喜迎二十大、热议二十大”推文20期、视频10期,线上线下开展“党的二十大精神进万家”巾帼红大宣讲活动300余场(次),参与妇女群众10万余人。红安县等地开展红色文化进家庭、进学校活动,厚植少年儿童爱国情怀。开展巾帼志愿服务十大暖心故事、十大感动人物“双十”先进典型推荐展示活动,在蕲春等地建立巾帼志愿服务示范点。开展“爱心妈妈”结对帮扶和“把爱带回家”等志愿服务活动1000余场(次),结对帮扶困境儿童1300余人,走访慰问困境家庭1080户,受益2.1万人,争取关爱资金50.35万元。英山县等地持续推进“爱心妈妈”服务品牌,实现从学校到家庭关爱全覆盖。开展下基层察民情暖民心解民忧实践活动,协调解决包联企业湖北裕泰科技饲料有限公司融资难、融资贵问题,帮助企业获首期贷款980万元。开展“彩虹行动”,全市设立服务站点28个,组建志愿服务队18支,实施志愿服务500余场,服务妇女儿童1万余名。全年为27.58万名适龄妇女开展免费筛查宫颈癌,为133名低收入“两癌”患病妇女争取每人1万元救助金。

【基层妇联组织建设】2022年,黄冈市有县(市、区)妇联组织12个,乡镇(街道)妇联组织132个,村(社区)妇联组织3980个,县(市、区)、乡镇(街道)、村(社区)妇女组织组建率100%。市、县、乡村三级配备妇联主席4123人,执委2.68万人。建有“妇女之家”4605个,巾帼志愿服务组织687个,在册巾帼志愿者1.33万人,妇字号农业示范基地52个,美丽庭院834户,建有市、县级婚姻家庭纠纷人民调解委员会11个,城乡社区儿童之家2456个,家长学校和家庭教育指导服务站点1211个,网上家长学校489个。黄冈市妇联探索在新领域、新业态建设妇女微家,创建“妇女微家”300家、示范“妇女微家”30家,开展各类活动500场(次),服务覆盖1.5万人次。创建“姐妹共建幸福家园”示范点,建成妇女小组2630个,实现党员带头干、妇女挑大梁,群众齐响应局面。麻城市妇女参与共同缔造经验在全省推介,罗田县“流动妇女爱心驿站”建设经验获《中国妇女报》头版报道。持续推进执委大走访活动,市县两级执委认领服务妇女儿童项目694个,联系服务妇女群众7000余人。探索建立执委联系妇女群众、主席轮值、调研走访、关爱帮扶、述职评议等制度,形成执委履职考核闭环体系。实施“基层妇联领头雁培训计划”,举办全市妇联系统干部履职提能培训班,分层分类对市、县、乡、村妇联主席、执委进行轮训,举办基层妇联组织示范培训15场次,培训1200余人,提升基层妇联干部和执委履职能力。

【妇女儿童权益维护】2022年,黄冈市妇联推动市政府颁布《黄冈市妇女发展规划(2021—2030年)》《黄冈市儿童发展规划(2021—2030年)》。发挥市平安家庭建设组作用,每年召开不少于2次联席会议,安排部署平安家庭建设工作,成立黄冈市未成年人“一站式”保护中心,凝聚妇女儿童权益保护合力。武穴市被评为第一批湖北省两纲示范创建工作重点县市。加强反家暴和婚姻家庭纠纷源头预防和早期干预,将家暴警情纳入110接处警平台,推动法院加大人身安全保护令使用力度和对家暴受害人救助力度,全面介入家庭关系辅导,开展家事调解、社会谅解、回访关爱、舆论保护,制作全省首张申请人身安全保护令流程图和公安机关接处家暴警情流程图。制定全市妇联系统“八五”普法规划,以“三八”维权周、反家暴日、国际禁毒日等为契机,开展“妇女干部讲法”主题活动和普法知识讲座294场,发放法治宣传品3.76万件,参加活动妇女2.61万人次,有效提升妇女群众法律素养。

【妇女创业就业】2022年,黄冈市妇联开展乡村振兴巾帼行动,评选出“巾帼创业示范村”10家、“巾帼创业示范基地”20个、“巾帼兴农人”12名,争取扶持资金200万元,给予资金补贴和政策扶持,带动各地创建妇女种养业基地400余个,吸纳2万余人就业。团风县启动“健康青春益成长”公益木兰项目,开展科普培训活动,惠及青春期女性1000余人。联合金融机构推出“巾帼创业贷”,向黄冈市各级女企业家授信34.5亿元。开展“春风行动”女性专场招聘活动62场,提供岗位1.88万个,达成就业协议4653人。全市妇联系统举办各类培训331期,培训1.5万人,帮助4169人实现就业。开展“最美创业女性”选树活动,32名优秀女企业家被评为“最美创业女性”,先进事迹在黄冈电视台连续展播。浠水县妇联举办家政培训16期,培训800余名巾帼能手。召开全市各界妇女代表座谈会,推荐选树城乡妇女岗位建功先进集体和个人,评选“巾帼文明岗”“巾帼建功先进集体”“巾帼建功标兵”60个,推选“全国三八红旗手”1名、湖北省三八红旗手6名、湖北省三八红旗集体5个,入选湖北省“楚凤成才计划”4人。

【乡村振兴巾帼行动】2022年,黄冈市妇联围绕中心、服务大局,聚焦乡村振兴战略,主动对接市农业农村局、市乡村振兴局等单位,在全市范围内创新开展“乡村振兴巾帼行动”系列主题活动,动员和带领广大妇女在乡村振兴中发挥妇女“半边天”作用。

【家庭家风建设】2022年,黄冈市妇联发挥妇联组织在家庭生活中的独特作用,深化家庭教育指导服务和婚姻家庭服务,推进清廉家庭建设,提高家庭服务水平。家庭教育服务。联合市教育局将《家庭教育促进法》《湖北省家庭教育促进条例》纳入2022年春季学期“第一次家长会”宣讲内容,打造5个社区家长学校和家庭教育指导服务站点示范社区。实施“家家幸福安康——家庭教育支持行动”,开展“家学习”“家成长”“家云校”“家活动”等项目,提升广大家长科学育儿能力。婚姻家庭服务。依托家调委、妇女之家和未成年人保护中心等阵地,全市8个县(市、区)设置婚姻家庭辅导室,定期开展婚姻辅导,接案处理婚姻家庭咨询441件,离婚劝导和调解461件。开展平安护万家婚姻家庭矛盾隐患排查化解专项行动,摸排出风险隐患家庭221个,及时介入调处、化解矛盾,促进和谐。清廉家庭建设。高标准打造清廉家庭建设示范点28个,发布黄冈市百万亲子家庭红廉家风打卡路线图,打造“行走的廉政

2022年4月23日，第27个“世界读书日”，黄冈市妇女联合会联合一粟阁书房举办“亲子共沐书香 强国复兴有我”2022年黄冈市家庭亲子阅读活动，吸引20个家庭参与
（市妇联 供图）

课堂”。联合黄州区妇联举办家庭助廉主题教育活动，向全市发布家庭助廉倡议书。开展“亲子共沐书香 强国复兴有我”2022年黄冈市家庭亲子阅读活动和“万户家庭讲家风故事”“红色家风家训征集”等主题宣传教育活动，开展红色家风故事巡讲活动100余场，拍摄红廉家风系列公益宣传片，受众30万余人。黄梅县等地家庭家教家风建设经验被人民网等媒体专题报道。

【关爱留守流动儿童“彩虹行动”】2022年7月12日，黄冈市关爱留守流动儿童“彩虹行动”在黄州区赤壁街道八一社区启动，“彩虹行动”志愿服务队指导老师代表、志愿者代表、家长、儿童等60余人参加启动仪式。仪式上，黄州区妇联主席黄宝雁宣读《暑期关爱留守流动儿童“彩虹行动”倡议书》，倡议家长做儿童健康成长的守护员，学校做儿童安全知识的宣传员，妇联做儿童关爱的服务员。志愿者向参与活动的家长、儿童发放《家庭教育促进法》《湖北省家庭教育促进条例》宣传折页。

【未成年人“一站式”保护中心】2022年7月26日，黄冈市未成年人“一站式”保护中心在市妇幼保健院揭牌成立。保护中心配备身体检查室、心理咨询室、会商室三大功能区。保护中心整体装修风格、家具配置、色彩搭配等紧密贴合未成年人身心特点，使未成年人能在温馨舒适的环境下接受询问和取证，便于办案人员及时有效取证固证，开展未成年人救助、心理疏导等保护工作，最大限度避免产生二次伤害。

【“传承红色基因 共建清廉家庭”主题教育】2022年8月25日，黄冈市开展家庭助廉主题教育活动，市直、区直单位党政主要负责人配偶150人参加，接受廉洁教育，共筑家庭“防腐墙”。黄冈市妇联党组书记、主席张敏宣读《“传承红色基因 共建清廉家庭”家庭助廉倡议书》。该活动是全市党风廉政建设宣传教育月活动之一，旨在发挥家庭反腐倡廉重要作用，推动全市各级党政机关和广大党员干部清廉家风建设。

（袁 静）

黄冈市科学技术协会

【概况】2022年，黄冈市科学技术协会（以下简称“黄冈市科协”）获全国科普日优秀组织单位、全省科协系统先进集体。黄冈市入选全国“‘科创筑梦’助力‘双减’科普行动”试点城市，市科技馆入选2022年度湖北省十大科技馆，麻城市、武穴市创建全国科普示范县（市）。《黄冈市重点产业科技人才状况调查》研究成果在市委参阅件专题刊发。全省科普融媒体联盟联席会暨第六届湖北·武汉城市圈科普信息化高峰论坛在黄冈市举行。黄冈市有县（市、区）科协组织12个，乡镇（社区）科协组织128个。市科协所属学（协）会10个，县（市、区）科协所属学（协）会115个。全市建有园区科协8家，其中国家级高新区科协1家，省级园区科协7家（红安县经济开发区、罗田县经济开发区、赤东湖国家湿地公园、李时珍医药工业园区、蕲春县经济开发区、浠水县洪山工业园区、英山县经济开发区），覆盖企业458家。建有高校科协3家（黄冈师院、黄冈职院、黄冈科技职院）。建有企业科协73家（其中，2022年新建企业科协27家）。

【科普基地建设】2022年，黄冈市委考核办将全民科学素质工作纳入县（市、区）年度目标考核内容，市政府办印发《关于贯彻实施〈湖北省全民科学素质行动计划纲要实施方案（2021—2025年）〉的通知》，召开全民科学素质工作领导小组推进会。指导10个省级特色产业科普基地、4个科普惠民社区（村）、5个科普教育学校、7家科技馆免费开放项目实施，累计争取科普项目转移支付资金1000万元。李四光纪念馆获批全国首批科学家精神教育基地。4所学校入选湖北省太空种子种植学校，5家基地入选湖北省科普教育基地，英山县争取中国科协科普大篷车1台。

【院士专家站建设】2022年，黄冈市科协召开院士专家工作站建设推进会，进一步规范建站工作。全年新建专家工作站14家，推荐湖北斯曼新材料专家工作站入选2022年黄冈市优秀人才创新平台。开展中国化工学会、湖北省机械工程学会“院士专家黄冈行”活动，探索建立国家级学会服务站2家、省级学会服务站1家和省级学会协作站1家。郑裕国、李培根、瞿金平院士及团队25名专家到黄冈市服务，举办产业高峰论坛，开展企业技术需求对接等活动。桂建芳院士及团队到白莲河示范区作水产养殖咨询指导，为水产产业提供高层次人才支撑。举办科创联络员培训班，认定首批市级科创联络员138人，推选省级科创联络员35名，推进优质科技资源下沉

2022年3月23日，黄冈市科学技术协会联合市气象学会到黄州区堵城镇中心小学开展科普进校园送科技下乡科技志愿服务　（市科协 供图）

到产业一线，推动技术、人才、金融等创新要素精准对接。

【科技活动】2022年，黄冈市科协承办全省青少年科学调查体验活动教师能力建设及交流活动，举办青少年科技创新教育推进会暨科技辅导员（志愿者）培训、第十九届青少年科技创新大赛总结暨成果展示启动仪式、青少年校外科普教育基地授牌暨2022年科技辅导员科普研学、“太空种子种植”活动等系列活动，联合市气象学会开展科普进校园送科技下乡科技志愿服务活动。

【学会建设与科技创新】2022年，黄冈市科协支持市康复医学会举行第二届会员代表大会暨学术年会、市农学会举办黄冈市首届新农人论坛、市计算机协会开展2022年度学术交流大会、市药学会开展基层医院药师基本技能培训。出台《黄冈市科协科技创新智库研究课题管理办法（试行）》，征集各类智库课题51个，立项资助19项。《黄冈市重点产业科技人才状况研究报告》以市委参阅件形式向全市推介，《光谷科技创新大走廊发展战略黄冈功能区实施路径研究》在《黄冈信息摘要》刊发。

【科协改革与服务】2022年，黄冈市科协深化改革，加强各级科技志愿服务队建设，全市成立科技志愿服务队51支，科技志愿者注册总人数1.5万人；全市注册科普信息员8319人。年内，印发《关于促进全市农村专业技术协会规范化建设和高质量发展的指导意见》，召开市科协系统全面深化改革、加强农技协建设暨“三科三助”行动现场推进会，推动全市农技协发展。围绕黄冈十大重点农业产业链组建科技助力乡村振兴专家志愿服务队10支，全市范围内确定服务点63个，各领域专家到基层开展志愿服务活动66次。

【市科协五届五次全会】2022年3月4日，黄冈市科协召开五届五次全委（扩大）会议。会议学习贯彻习近平新时代中国特色社会主义思想和中共十九届六中全会精神，传达中共中央书记处重要指示精神、省委、市委关于科协工作的要求以及中国科协十届三次全会和省科协九届十一次常委会精神，听取并审议《黄冈市科学技术协会五届五次全委会议上的工作报告》《黄冈市科学技术协会事业发展“十四五”规划》，部署2022年工作。市委常委、统战部部长李玲出席会议并讲话，市委副秘书长肖燕梅主持会议，市科协党组书记、主席骆明正代表常委会向大会报告工作。会上，武穴市科协、市计算机协会、市科协学会作交流发言。

【首届青少年科技节】2022年8月，首届黄冈市青少年科技节暨第二十届青少年科技创新大赛正式启动。主题为“体验·创新·成长”，由市科协、团市委、市妇联、市教育局、市科技局联合主办，市科技馆和市教育局基础教育科承办。大赛设实践体验类项目、科普培训类项目、互动类项目、网络科普知识竞答、青少年科技创新大赛5项活动。其中，青少年科技创新大赛设青少年科技创新成果、青少年科幻绘画成果、科技创新短视频成果、科技辅导员科技教育创新成果4项比赛活动。

【5家单位入选省科普教育基地】2022年11月4日，省科学技术协会公布《关于命名第二批“湖北省科普教育基地（2022—2026年度）”的通知》，黄冈职业技术学院智慧工程科普馆、黄冈师范学院大别山农耕文化博物馆、龙感湖国家级自然保护区、浠水县科技馆、黄梅县博物馆5家单位入选。

（闵国庆）

黄冈市归国华侨联合会

【概况】2022年，黄冈市归国华侨联合会（以下简称“黄冈市侨联”）发挥侨联工作优势，引导海外华侨华人参与黄冈经济建设。邀请海外重点侨商及专业人士代表20余名参加湖北华创会。省侨联主席多次到黄冈调研侨资企业和基层侨联工作，侨领邝远平、海外顾问吴勇杰等先后到黄冈考察。争取中国华侨公益基金会白内障复明免费手术100例，价值30万余元；侨企向英山县方家咀乡四棵枫村捐赠乡村振兴项目资金25万元；新西兰华侨林青捐赠价值22万元防疫物资。

【华文教育活动】2022年，黄冈市侨联举办2022年“亲情中华 为你讲故事”海外华裔青少年网上夏令营。美国和西班牙海外华裔青少年133名参加黄冈营。参加“追梦中华 奋进新征程 喜迎二十大”华侨华人短视频大赛，短视频《飞黄》被湖北省侨联选用，在“湖北省侨联”微信公众号上展播。市侨联组织开展第四届“亲情中华”世界华侨华人美术书法展，选送书画剪纸作品14幅，其中剪纸作品《辉煌历程》被中国侨联选送到北京参展。

【华人华侨联谊】2022年，黄冈市侨联与美国犹他州华助中心、西班牙巴塞罗那孔子学校等20余个海外社团保持紧密联系。通过发贺电贺信、微信问候、亲朋联络等多种方式和途径，与乐桃文、喻鹏等海外有影响力的侨领保持密切联系。市侨联开展“聚侨心、叙乡情、共筑梦”联谊活动，邀请教育、文化领域以及企业界归侨侨眷代表，到黄冈科技职院团风分校区和黄州区春阳蔬菜合作社等侨资企业参观调研，并召开座谈会；组织开展“侨心向党 情浓中秋”联谊座谈会，部分在黄侨界代表人士参加；组织侨联常委到黄州区陈策楼镇开展下基层察民情解民忧暖民心实践调研活动，推荐潘新星、熊婵2位新侨参加省社院青年侨界人士学习。

【侨胞爱心公益捐赠】2022年，新西兰华侨林青向黄冈市侨联捐赠防疫口罩17.4万只，市场价值约30万元。市侨联将物资捐赠给市福利院、市环卫中心、黄冈职院对外合作处、东坡赤壁管理处、李四光纪念馆、飞黄教育科技有限公司、弘鸿钢构、北京俍辰精密科技、遗爱湖管理处和黄州区长江、兴农、四海社区及浠水县翟铺村。年内，争取澳大利亚魏基成慈善组织向黄冈捐赠冬衣100余件。

【涉侨信访处理】2022年，黄冈市侨联妥善处理团风县归国华侨要求土葬有关事宜，湖北省侨联移交的《关于美籍华人请求帮助寻找合伙人》信访件，湖北省侨联移交的《关于侨眷陈某某请求帮助的函》，协调解决潜江市侨资企业香港大风车教育有限公司与武穴市石佛寺镇官桥幼儿园房屋租赁合同纠纷等信访事项4件。

【华侨国际文化交流基地申报】2022年，黄冈市侨联指导全市申报华侨国际文化交流基地工作，取得明显成效。黄冈东坡赤壁被确定为中国侨联第十批“中国华侨国际文化交流基地”。黄州区陈潭秋故居纪念馆、浠水县闻一多纪念馆申报“湖北省华侨国际文化交流基地”，通过初评报省侨联审批。

【市第三次归侨侨眷代表大会】2022年5月10—11日，黄冈市第三次归侨侨眷代表大会在黄州召开。省侨联党组书记、主席施政到会祝贺，市委书记张家胜出席并讲话。大会选举产生市侨联第三届委员会委员、常委和领导班子，通过《关于黄冈市侨联工作报告决议》《关于聘请黄冈市侨联三届委员会名誉主席的决议》和《关于聘请黄冈市侨联三届委员会海外顾问的决议》。

（熊杭凤）

2022年10月20日，黄冈市青年联合会组织青联委员参加青年宣讲团，在市青年之家学党史、宣讲中共二十大精神
（市青年联合会 供图）

黄冈市青年联合会

【概况】2022年，黄冈市青年联合会举办“青联大讲堂”，委员读书进企业等活动。组织青联委员参加青年宣讲团，宣传中共二十大精神，召开市青联三届四次常委会会议，开展“青联思享汇”，组织青联委员参加“共青团与人大代表、政协委员面对面”主题活动，组织6名优秀新兴青年代表参加“青社工程”培训班，组织3名学员参加省2022年“青马工程”社会组织班暨“伙伴计划”培训班。青联副主席陈浩组织社会各界向团风县但店小学捐赠教学及体育器材，价值20万元，建设“青联希望小屋”。青联委员夏颖锋组织青年给黄州区捐赠价值10万元蔬菜助力抗疫。组织青联委员代表到武汉参加“武鄂黄黄”青联共建都市圈交流学习活动。

【青联社会服务】2022年，黄冈市青年联合会开展公益众筹活动，动员社会力量募集资金物资约40万元，为各地3505名困难青少年送去希望微心愿大礼包。青联委员筹集爱心款项46.5万元，为家庭困难青少年提供学习和生活补助。参与实施“爱心冰柜”送清凉战酷暑活动，募集资金物资10万元。参加“爱心助考”、投放防溺水救命竿、防疫抗旱等志愿服务工作。与团市委联合开展“喜迎二十大·共植青年林”青少年主题义务植树活动，植树2.66万棵，活动覆盖1.1万人次。开展“河”我一起、保护母亲河2022净滩行动，开展净滩行动9场次，500余名青年、志愿者参加。与团市委联合开展黄冈市“十佳青年创业明星”评选表彰活动，举办青年创业发展交流会。实施“千联万聚常引”项目，联系新兴领域青年骨干26名。

（洪　英）

黄冈市文学艺术界联合会

【概况】2022年，黄冈市文学艺术界联合会（以下简称“黄冈市文联”）组织黄冈文艺界开展中共二十大报告专题学习，专题研究制定《黄冈文艺界学习宣传贯彻党的二十大精神工作方案》，推出“黄梅戏唱讲二十大”系列和“黄冈原创歌曲”系列展播节目，文艺宣讲生动活泼。年内，省文联主席刘醒龙，省文联党组书记、常务副主席张士军等领导多次到黄冈调研文艺工作，中国文联、省文联和市委、市政府领导对黄冈文艺工作给予高度评价。在全国文联组联工作会上，市文联作《着眼“一盘棋”，做活“联”文章》经验交流；市文联、罗田县文联经验做法在省文联全委会上作交流。黄冈市文联组织实行团体会员制，有团体会员30个。其中，市级文艺家协会19个，各县（市、区）文联11个。全市有县（市、区）以上会员1.2万余人，其中省级以上会员900余人，国家级文艺家协会会员168人。

【文艺创作】 2022年，黄冈市文联实施文艺作品质量提升工程。推进《黄冈文艺系列丛书 文学卷》编纂工作，初稿整体编写完成70%。启动书法卷编纂工作，形成编纂大纲。推进文艺刊物编辑出版，《东坡文艺》出刊6期，推出一批展示新时代新征程精神气象的文艺作品。黄梅戏《我的乡村我的亲》获评屈原文艺奖。向省文联推荐电影剧本《天大的事》和黄梅戏剧本《常家面馆》等文艺创作扶持项目6项，其中，黄梅戏作品《乡伶外传》、摄影作品《致敬最可爱的人——英山县“中国人民志愿军抗美援朝出国作战70周年纪念章获得者图集”》入选2022年湖北省签约制文艺创作扶持项目；电影《天大的事》杀青。报送省十二届文艺评论奖参选项目1项。向市委宣传部报送电影剧本《百集黄冈经典红色故事》等文艺精品扶持项目2个、重点文艺项目9个。利用黄冈文艺基金，申报资助出版文学作品集项目10个，作品集均进厂排版。市音协音乐作品《听见中国》获湖北省“喜迎二十大”主题原创歌曲征选活动优秀作品奖，歌曲《红安永远红》《中国好精彩》等获入围奖，歌曲《棠树岭上好风光》《美丽沙河》入选2022年湖北省“村村有歌”乡村振兴主题原创歌曲征选活动。市摄协《红叶醉了大别山》等5件作品入选“美好新时代 湘鄂赣一家亲”摄影展湖北区域优秀摄影作品。书法作品入展省书协举办的展览169人次，入展全国单项书法展4人次，入展人数位列全省前列。《一鸣惊人》《楚漆器》2件美术作品入选湖北省“楚国历史文化题材美术创作工程”，中国画《一路欢歌》等5件作品入选“写生湖北”——首届湖北省高校风景题材美术作品展览，雕塑《开国少将—马忠全》、油画《夏日大别山》入选湖北省第六届“学院空间”青年美术作品展。市民协推选的田野调查报告《传统村落英山金上塆》获第二届“湖北省民间文艺杜鹃花奖”，田野调查报告《麻城花挑探源》获入围奖。市剧协选送黄梅戏《梁祝 忆十八》选段，获2022年“湖北少儿戏曲小梅花荟萃”集体节目“小梅花奖”。杨诗琪表演的黄梅戏《梁祝》选段，获2022年“湖北少儿戏曲小梅花荟萃”（业余组）个人“小梅花奖”，在“2022年第26届中国少儿戏曲小梅花荟萃”大赛中获业余A组（地方戏）个人节目“小梅花奖”。

【文艺宣传】 2022年，黄冈市文联推出文艺宣讲中共二十大系列原创歌曲和黄梅戏唱段18首。“黄冈文艺”微信公众平台共发布推文42期，在国家级媒体发稿8篇，其中“学习强国”学习平台发布文章2篇；在“湖北文艺网”、“湖北文艺”微信公众号、“湖北作家网”等省级媒体发稿50篇；在“黄冈新闻网”、黄冈新视窗、黄冈电视台、“云上黄冈”等市级媒体平台发稿38篇。在《黄冈日报》开辟6个整版，宣传报道“喜迎二十大 礼赞新时代”主题采风采访活动与作品展示、文艺助力高质量发展、省文联文艺名家走进黄冈采风创作活动。

【文艺惠民】 2022年，黄冈市文联发挥“荆楚红色文艺轻骑兵”小分队和文艺志愿服务队伍作用，发动文艺工作者进园区、进企业、进农村、进校园、进社区开展写春联、送文艺等志愿服务，全年市县文联开展文艺轻骑兵活动120场。常态化开展传统文化进校园活动，文艺进校园——走进黄冈市实验小学师生音乐会、思源学校文艺名家工作室建设富有特色。2名文艺家获评第七届湖北省优秀文艺志愿者，表彰“黄冈市第二届优秀文艺志愿者”49名。

【文艺人才培养】 2022年，黄冈市文联在“黄冈文艺”等文艺公众平台集中推介全市各艺术门类中的国家级会员和中青年文艺家，专题推介19人。支持拔尖黄梅戏演员申报“梅花奖”，推荐3名优秀人才参评全国德艺双馨文艺家和黄冈专业拔尖人才的选拔表彰；推荐优秀文艺人才参加2022年度湖北省中青年文艺人才库评选，10人入库；推荐6名作家参加鲁迅文学院（武汉）培训学习。组织开展书法、摄影、文学等专题培训，邀请湖北省国画院创作辅导小分队到黄梅县开展美术辅导培训，全年培训1200人次。推荐文艺界出新人，罗田县青年作家匡

2022年1月22日，黄冈市文联主办以“挥毫泼墨送春联 龙飞凤舞迎新春”为主题的“红色文艺轻骑兵”写春联、送文艺活动走进黄冈产业园区。图为书法家现场写春联、送祝福

（市文联 供图）

彬小说集《国境线上晴与雨》、浠水籍青年作家马亿小说集《游荡者》入选“21世纪文学之星丛书”。年内，新增国家级会员8人。

【文艺交流合作】2022年，黄冈市文联参与由中国文艺评论家协会、中国作协创研部、中国青年出版总社、湖北省文联、武汉市文联在英山县举办“一曲弦歌动四方——重温《凤凰琴》系列文艺活动”“中国黄冈·大别山三省五市中华诗词区域联盟新田园诗大赛颁奖大会”。与鄂州市联合开展“乡村振兴暨报告文学创作”采风联谊活动。与黄石市联合开展“文学助力，乡村振兴”文学交流联谊采风活动。组织举办华中街舞挑战赛。参加在眉山市举办的东坡文化节书画展览，出版《“东坡遗韵”黄冈市眉山市惠州市儋州市诸城市书法联展作品集》。

【文艺组织建设】2022年，黄冈市文联指导相关协会及时完成社团年检工作，支持成立浠水县杂技家协会，指导浠水县编制申创材料和杂技非遗馆建设，开展黄冈杂技历史文化研究，形成《鄂东杂技历史文化钩沉》研究成果，《黄冈日报》专版推出《浠水，创建“中国杂技之乡”》专题推介。开展文艺“两新”组织大调研大走访，出台《关于建立新文艺组织和新文艺群体团结引导工作的意见（试行）》，推动执行《黄冈市文艺家协会管理办法》等制度，出台《规范市属文艺家协会文艺活动及资金管理制度》，形成黄冈市文联改革成果总结报告和改革典型案例。

【文艺界职业道德和行风建设】2022年，黄冈市文联组织学习《中国文艺工作者职业道德公约》，加强职业道德和行风建设。党组及时传达、全面部署，制定学习方案，召开黄冈文艺界学习贯彻《公约》座谈会。广泛宣传、全面发动，推动学习全覆盖，通过黄冈市文艺微矩阵转发《公约》《倡议书》，在全市文艺界30余个微信公众号形成集中联动式宣传效应。多形式开展学习活动，策划专题展览和宣传推介主题文艺作品，组织文艺家撰写心得体会文章。市书协举办“学公约写公约书法网络展”2期，展出专题书法作品56件。选树德艺双馨典型，表彰优秀文艺志愿者，弘扬时代风尚，彰显文艺担当。开展巡回宣讲，互相交流学习，推动学习活动横向交流。黄冈文联经验做法在《湖北文艺》刊载。

【主题文艺展演与征文采风创作】2022年，黄冈市文联组织系列主题展演活动，举办“礼赞二十大 奋进新征程”黄冈市首届摄影艺术展，与浠水县共同承办“喜迎二十大 礼赞新时代”第六届湖北杂技“菊花奖”全省杂技展演，浠水县被省杂技家协会命名为“湖北杂技之乡”。组织“喜迎二十大 奋进新征程”征文、“美丽乡村”文学作品征文、《宝藏黄冈——黄冈国家级文物保护单位写意》征文、“清廉黄冈”廉政文学作品征文活动，共收到各类文学作品740件，精选优秀作品结集出版作品集、专刊4册。组织书法工作者代表参与“荆楚书家心向党——湖北书法界二十大报告主题创作工程”，创作主题书法作品17件。举办“喜迎二十大 同心向党”书画作品网络展。举办黄冈市临书临印作品网络展，评选优秀作品25件、入展作品82件。承办省文联“喜迎二十大 礼赞新时代”文艺创作采风活动，与黄冈日报社联合开展主题采风采访活动，邀请省作协“赓续红色血脉 书写荆楚华章”新文学群体小分队到红安县、麻城市、黄梅县开展文学采风创作活动，组织摄影工作者开展旅游摄影宣传采风创作，邀请湖北省美术院画家到英山县、蕲春县采风创作交流。全年开展主题采风交流创作活动23场，系列主题创作采风活动紧扣主题，契合实际，精准发力。

【市文联三届四次全会】2022年4月26—27日，黄冈市文联三届四次全委会暨文艺助力高质量发展推进会在蕲春县召开。会议学习贯彻习近平总书记在中国文联第十一次全国代表大会、中国作协第十次全国代表大会开幕式上的重要讲话精神，《中国文艺工作者职业道德公约》等有关职业道德和行风建设文件精神，认真落实省文联十届五次全委会精神、全市宣传部部长会议精神；总结回顾市文联三届三次全委会以来的工作，安排部署当前全市文艺工作，发动广大文艺工作者团结拼搏，为黄冈高质量发展贡献文艺力量。市委常委、宣传部部长李初敏出席会议并讲话。市文联主席秦龙志代表主席团作题为《培根铸魂 守正创新 为建设鄂东省域区域性中心城市贡献文艺力量》工作报告。会议表彰黄冈市文联系统先进单位和第二届优秀文艺志愿者。

【苏轼行迹与书法碑刻拓片展】2022年9月28日，“尚意千载 东坡遗韵——苏轼行迹与书法碑刻拓片展”在黄冈市遗爱湖美术馆开展。该展览是第七届湖北省书法节活动重要内容之一，与湖北省博物馆“尚意千载 宋代书法主题展”整体联动，相互呼应。展览以东坡人生和行迹城市为主线，集中展示东坡辗转18个城市期间留下的遗址遗迹和艺术作品，展出东坡传世书法碑刻拓片126件、东坡书迹复制品46件，并整理展出当今书法理论界东坡书法研究成果，同时邀请相关城市代表书法家优秀书法作品参展。展览被评为“第七届湖北书法艺术节”优秀项目。

（吴 迪）

黄冈市残疾人联合会

【概况】2022年，黄冈市残疾人联合会（以下简称“黄冈市残联”）落实残疾人“两项补贴”制度，惠及残疾人15.4万人次，发放资金1.41亿元。出台《黄冈市残疾儿童康复救助家庭生活补助实施方案》。为黄冈市援疆对口的博州残疾人捐助价值200万余元辅助器具。全市体育健儿在湖北省第十一届残运会获13金17银27铜。联合市乡村振兴局印发《在全市乡村振兴领域开展“振兴有我 助残同行”专项行动方案》，推动农村残疾人参与乡村振兴，坚持动态监测帮扶。开展“阳光家园计划”托养服务，为2290名残疾人家庭提供托养服务。黄冈市残联在全省残联综合目标考评中位列全省第二位，被评为优秀等次。黄冈市有19.7万名持证残疾人。按性别划分，男性11.23万人，占57.01%，女性8.47万人，占42.99%。按残疾类别划分，视力残疾2.4万人，听力残疾2.2万人，言语残疾0.4万人，肢体残疾7.9万人，智力残疾1.9万人，精神残疾3.5万人，多重残疾1.4万人。按残疾等级划分，一级残疾2.9万人，二级残疾8.6万人，三级残疾

4.5万人，四级残疾3.7万人。

【残疾人就业创业】2022年，黄冈市残联开展残疾人就业政策宣传，在浠水等地举办残疾人专场招聘会20场，新增就业2379人，培训4021人次。举办第二届黄冈市残疾人职业技能大赛，设置竞赛项目11个、展示项目4个，78名残疾人选手参赛，14万人次线上观看比赛。全年投入资金40万元，评选残疾人致富带头人10名和就业创业基地6家。探索就业创业新模式，多次在罗田县燕儿谷举办网红“助残直播”带货活动，帮助残疾人销售手工织品和农产品，助力残疾人就业增收。

【残疾人康复服务】2022年，黄冈市实施《黄冈市残疾儿童康复救助家庭生活补助实施方案》，省定0~6岁补助年龄扩大到15岁，为全市0~15岁残疾儿童提供康复救助服务并发放家庭生活补助2563人次。推进社区康复服务示范点建设，为12.8万名残疾人提供精准康复服务，服务率98.99%，为1.17万名残疾人提供辅助器具适配服务，服务率99.14%，均高于全省平均水平。选派71人次参加国家省级康复人才培训，率先在全省举办市级培训班2期，参加康复专业技术培训150人次，为提升康复服务质量提供人才保障。

【残疾人权益保障】2022年，黄冈市贯彻落实《中华人民共和国残疾人保障法》，市人大常委会到市区企业、康复机构、社区等地开展调研。聘请专业律师团队担任单位法律顾问，开展法治宣传活动2次，为残疾人提供免费法律援助10次。适龄残疾儿童青少年接受义务教育比例95%，开展特教学校向职业教育和康教结合探索。61名残疾考生获高考奖励项目，5名残疾考生申请高考延时、免试英语听力。“12385”残疾人服务热线、智慧信访信息系统接受来电来信来访20件。“残疾人之家”提档升级，开展黄州城区惠民社区综合服务中心“残疾人之家”试点，改造惠康佳苑小区闲置物业用房，加装无障碍电梯，设有“服务大厅”“爱心助残超市”“阳光之家”“社会组织孵化及创业中心”“助残直播间”，建成“政策宣传、社区康复、教育就业、权益维护、文体活动、心理疏导、志愿助残”七位一体“残疾人之家”。全市创建“残疾人之家”143个。

【困难残疾人家庭无障碍改造】2022年，中央、省级下拨黄冈市残疾人家庭无障碍改造任务数4520户，资金941万元。全市残联组织与财政部门对接争取配套资金，制定改造方案，明确责任任务。全市落实配套资金771万元，完成困难残疾人家庭无障碍改造4700户，完成率104%。

2022年5月21日，黄冈市残疾人专场招聘会暨第三十二次“全国助残日”系列活动在黄州区建新社区举办
（市残联 供图）

【康复体育器材进家庭项目试点】2022年，黄冈市作为湖北省试点地区之一实施残疾人康复体育器材进家庭项目，为1000户重度残疾人及有需求的残疾人家庭提供康复体育器材、训练方法、视频教学，并为有需求的残疾人提供入户指导训练，残疾人享受个性化、精细化的居家体育康复服务。该项目选定21种健身康复器材，制作详细的项目器材介绍及使用说明宣传册（含图片、样式、功能、使用视频等技术参数），供服务对象选择。

【残疾人冰雪运动季暨冬残奥宣讲】2022年1月20日，黄冈市残疾人联合会在大别山南武当旅游区主办“黄冈市中国残疾人冰雪运动季暨冬残奥宣讲及体验活动”，推广残疾人大众冰雪运动，宣传2022年北京冬奥会和冬残奥会，普及冬残奥运动知识，加快残疾人冰雪运动发展。活动主题为“拥抱冬残会 一起向未来”，分为冬奥、冬残奥知识宣讲和冰雪比赛、滑雪体验两部分，促进残疾人康复健身，弘扬冬残奥精神，凝聚信心和勇气。

【市残联第四次代表大会】2022年12月8—9日，黄冈市残疾人联合会第四次代表大会在黄州召开。市委书记张家胜出席并讲话。市委副书记、市长李军杰等出席会议。市委常委、市委统战部部长李玲主持会议。大会全面总结过去5年全市残疾人事业取得的新成就，研究部署今后5年残疾人事业发展目标和任务。大会审议并通过胡晓燕代表市残联第三届主席团所作的工作报告，选举产生市残联第四次代表大会主席团和执行理事会。大会主席团聘请李军杰担任市残联第四次代表大会主席团名誉主席，聘请李玲、郭小野、詹才红担任名誉副主席，肖红娟当选为市残联第四次代表大会主席团主席。

（王熠妹）

黄冈市红十字会

【概况】2022年，黄冈市新增红十字会基层组织495个，会员2474人。罗田县列入全省首批县域红十字基层组织建设试点县，实现乡镇、村（社区）、二级医院、中小学红十字设立基层组织全覆盖。全市争取博爱民生项目669.27万元(其中，英山县596.27万元)，新建博爱家园、博爱校医室、景区救护站、学校红十字青少年工作基地等项目37个(其中，英山县26个)。市红十字会获湖北省红十字会2022年度市州红十字会目标管理考核一等奖；英山县红十字救援队被中国红十字会总会表彰为全国红十字模范单位；黄冈市连续6年获“全国无偿献血先进市”称号。

【备灾救援】2022年，黄冈市红十字会争取雪灾救助物资棉被、冲锋衣等价值59.3万元；疫情防控期间，组织全体党员干部下沉小区，开展入户摸排、登记测温、政策宣讲、群众服务工作，展现红十字会党员、志愿者良好形象。争取中国红十字基金会捐赠价值100万元口罩、消毒液等疫情防控物资，支援重点地区疫情防控工作。全国第14个“防灾减灾日”和全省第11个“防震减灾周”暨世界红十字博爱周，联合黄冈市教育局、市应急管理局等单位在黄州中学举行2022年全市教育系统应急疏散演练暨红十字应急救护知识宣传教育活动。

【急救培训与人道救助】2022年，黄冈市召开应急救护工作推进会，联合14家单位成立市应急救护工作领导小组，明确工作职责，形成责任清单，将应急救护知识培训纳入市级文明单位创建内容。打造“红十字救在身边”品牌，与公安、教育等部门联合发文3次，到黄冈职业技术学院等学校、企业、机关单位开展应急救护培训。全市有持证救护员1.25万人，应急救护培训普及人数5.12万人，完成省定目标任务。开展“博爱送万家”活动，采购价值42万元大米、家庭包等生活物资慰问困难家庭，受益人数2万人。全市54个试点社区开展人道救助，救助困难家庭540户，发放价值13万元大米、食用油等生活物资。实施“关爱失智失能老人”项目，每月为城区38个社区204位失智失能困难老人免费配送护理生活包。实施“天使”项目，筛查先心病、白血病患儿28人，资助105万元。

【“三献”工作与志愿服务】2022年，黄冈市召开无偿献血工作视频会，主办黄冈市无偿献血志愿者表彰暨“致敬生命的礼物”答谢晚会，开展“公务员无偿献血月”活动，参与无偿献血13.39万人，献血总量1230万毫升。开展造血干细胞捐献，在城区高校和县(市、区)开展造血干细胞血样采集活动，开展“有爱相‘髓’善行黄冈”无偿献血暨造血干细胞捐献主题宣讲活动，全年受捐造血干细胞3例，新增入库志愿者727人，回访志愿者4903名。持续推动人体器官捐献，英山县举行“生命接力·大爱传递”人体器官捐献宣传活动，黄梅县开展中国器官捐献主题活动日暨湖北省人体器官捐献源头培训启动仪式，全市受捐献人体器官11例，登记捐献志愿者1.86万人。全市新增红十字志愿者5700人，新建志愿服务队60支。利用“3·15学雷锋日”“5·8红十字博爱周”“世界献血者日”、疫情防控等重要节点，动员红十字志愿者开展文明劝导、爱心募捐、“三献”宣传、防疫值守等志愿服务活动。年内，英山县红十字“救”在身边志愿服务项目被中央宣传部、中央文明办等部门评为“四个100”先进典型。

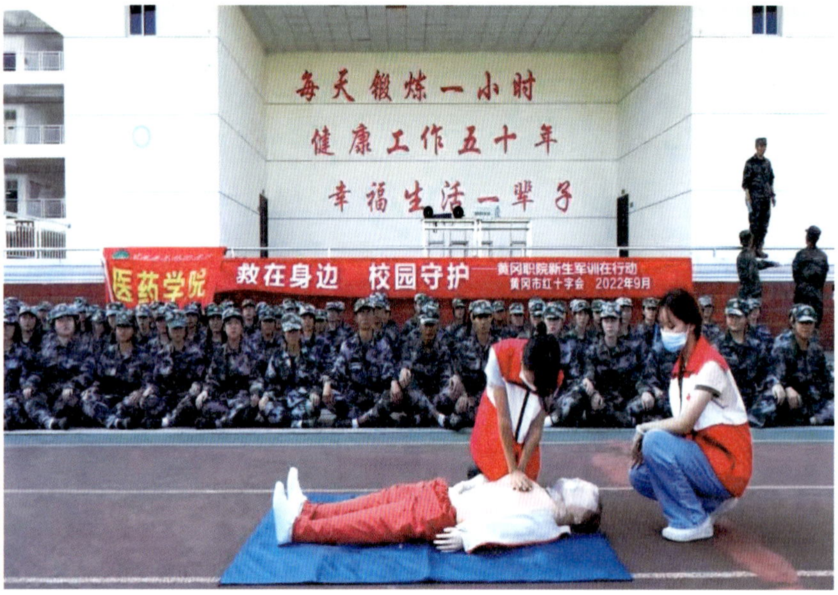

2022年9月13日，黄冈市红十字会为黄冈职业技术学院新生开展应急救护培训

（市红十字会 供图）

【爱心捐赠筹集】2022年，黄冈市争取社会各界爱心捐赠款物4717万元(其中资金2991万元，物资1726万元)。首届“湖北数字公益节”期间，动员线下筹资218.8万元，位列全省第三位；谋划线上公益募捐项目15个，发动参与爱心捐赠1.89万人次，筹款134.23万元，位列全省第二位，黄梅县红十字会线上筹资位列全省县级红十字会第一位。

【市红十字会第四次代表大会】2022年12月15—16日，市红十字会第四次会员代表大会在黄州召开。市委书记张家胜出席大会并讲话，强调要深入学习贯彻中共二十大精神和习近平总书记关于红十字事业的重要指示批示精神，一丝不苟贯彻落实党中央决策部署和省委、市委工作要求，主动融入大局，聚焦主责主业，团结带领广大红十字工作者、会员和志愿者，主动作为、奋发有为、担当善为，为推进黄冈高质量发展加油助力、赋能添彩。会上，宣读国际红十字与红新月运动七项基本原则。大会听取并审议第三届理事会工作报告。大会聘请市委副书记、市长李军杰担任名誉会长，市人大常委会副主任郭小野、市政协副主席郭应虎担任名誉副会长。副市长肖红娟当选市红十字会第四届理事会会长。大会选举产生市红十字会第四届理事会副会长、常务理事，第四届监事会监事长、专职副监事长等。

（汪 莎）

责任编辑：胡文珍　席想楼　陈小萍　**责任校对：**王 俊

人大立法

【概况】 2022年，黄冈市人大常委会制定地方性法规3部，修订1部。制定《黄冈市畜禽养殖污染防治条例》《黄冈市武山湖太白湖龙感湖保护条例》，协同制定《武汉城市圈公共交通一体化促进条例》，修订《黄冈市饮用水水源地保护条例》。开展住宅小区物业管理条例等立法调研。

【地方性法规实施】 2022年，黄冈市人大常委会出台《〈黄冈市革命遗址遗迹保护条例〉立法后评估工作方案》《关于2022年度推进我市地方性法规实施工作方案》《关于地方性法规实施情况专题询问的工作方案》。市人大常委会首次专题询问《黄冈市违法建设治理条例》等7部地方性法规，涉及城区老旧小区改造、治理城市"牛皮癣"、居家养老服务、公交车准点等问题，市公安局、市交通运输局、市文旅局、市城管执法委、黄州区政府、英山县政府等11个市直部门和县（市、区）主要负责人到会接受询问。

【立法工作推进】 2022年，黄冈市人大常委会建立由32人组成的立法咨询专家库和12个基层立法联系点。联合市委统战部召开《黄冈市畜禽养殖污染防治条例》立法协商会，听取9名政协委员、民主党派、无党派以及新的社会阶层代表人士意见建议。8月26日，全市基层立法联系点现场推进会在武穴市召开，会上宣读市六届人大常委会立法咨询专家库成员名单和基层立法联系点名单，向11家基层立法联系点颁发证书。

【规范性文件备案审查】 2022年，黄冈市人大常委会召开全市"八五"普法和规范性文件备案审查工作调研座谈会，组织市、县两级人大常委会全体机关干部参加规范性文件备案审查工作专题培训。市人大常委会第一次会议听取并审议2021年备案审查工作报告。市、县两级人大常委会实现规范性文件报送备案"一张网"、听取和审议规范性文件备案审查报告全覆盖。红安县编制《规范性文件备案审查工作手册》。年内，向省人大常委会报送备案3件，审查市政府和各县（市、区）规范性文件39件。

【《黄冈市畜禽养殖污染防治条例》通过】 2022年6月24日，黄冈市第六届人民代表大会常务委员会第三次会议通过《黄冈市畜禽养殖污染防治条例》，经湖北省第十三届人民代表大会常务委员会第三十二次会议于2022年7月29日批准，自2023年1月1日起施行。条例分总则、规划与建设、防治与利用、监管与保障、法律责任、附则6章、37条，明确规模以下畜禽养殖主体（"散养户"等）养殖污染防治义务，明确监管责任主体，构建多方联动、畜禽养殖污染防治长效机制，填补规模以下畜禽养殖污染防治法治监管空白。

【《武汉城市圈公共交通一体化促进条例》表决通过】 2022年8月23—24日，黄冈市第六届人民代表大会常务委员会第四次会议表决通过《武汉城市圈公共交通一体化促进条例》。该条例报省委批准后与圈内城市同步颁布实施。

【《黄冈市武山湖太白湖龙感湖保护条例》审议】 2022年8月23—24日，黄冈市第六届人民代表大会常务委员会第四次会议审议《黄冈市武山湖太白湖龙感湖保护条例（草案二审稿）》。武山湖位于武穴市，面积16.3平方千米；太白湖位于武穴市与黄梅县交界处，面积29.5平方千米；龙感湖位于黄梅县与安徽省安庆市交界处，面积420平方千米（蓄水位14米），其中黄梅县境内154平方千米。三湖水体联通，均属华阳河流域。域内有武山湖国家湿地公园、龙感湖国家级自然保护区。

【《黄冈市饮用水水源地保护条例》审议】 2022年8月23—24日，黄冈市第六届人民代表大会常务委员会第四次会议审议《黄冈市饮用水水源地保护条例（修订草案三审稿）》。《黄冈市饮用水水源地保护条例》于2016年9月29日黄冈市人大常委会第三十七次会议表决通过，是黄冈市获得地方立法权后制定的首部地方性法规，湖北省首部饮用水水源地实体性地方性法规。修订主要目的是保持与上位法——《中华人民共和国长江保护法》的一致性。

（阮　航　席想楼）

政法委与综治

【概况】2022年，黄冈市委政法系统学习贯彻中共二十大安保维稳工作，全面落实防风险、保安全、护稳定、强治理、严队伍等工作，推进法治黄冈、平安黄冈建设。市委政法委获评平安湖北建设先进单位，维稳指导科获评全省党的二十大安保维稳工作先进单位，“雪亮工程”国家重点支持项目通过中央验收。“法治大别山”今日头条号、一点资讯号、抖音号等9次入选全国政法委月榜单，“长安武穴”今日头条号入选中央政法委第三届“四个一百”优秀政法新媒体榜单，政法宣传矩阵获评“2021年度中国创新型政法新媒体”。

【政法专项行动】2022年，黄冈市委政法委制定年度工作要点，组织全市政法机关开展助企业纾困、为群众办实事、为基层解难题、涉法涉诉信访问题化解、平安稳定风险隐患排查化解、共同缔造、志愿服务、宣传引导等政法工作专项行动。全年办理法律援助案件3518件、援助事项3.26万件，办理涉农民工工资案件589件，追回拖欠农民工工资1870.77万元。排查化解涉法涉诉重点信访案件15件。司法救助171人，发放救助资金220万余元。

【平安黄冈建设】2022年，黄冈市委出台《关于建设更高水平的平安黄冈的实施方案》，调整优化平安黄冈建设领导小组，设专项工作组14个。出台县乡村三级综治中心规范化建设指引，推动全市10个县（市、区）、131个乡镇（街道）、3881个村（社区）综治中心建成运行。市委平安办督导调研8批次，实行“一票否决”浠水县平安建设工作、挂牌督办巴河镇，落实市区21个重点楼盘“一楼盘一专班一方案”措施。打击违法犯罪行为。全市刑事案件破案率比上年上升9.2%，抓获网上逃犯数比上年增长119.9%，打击枪爆、毒品、跨境赌博、制售假药劣药、命案攻坚、长江大保护、团圆行动等10项战果位列全省前列，公安部和省公安厅发贺电表彰9次。全市“黄毒枪赌”四类犯罪破案率分别比上年上升95%、70.3%、13.5%、105%。“盗抢骗”案件发案数比上年下降20.75%，破案数、抓获嫌疑人数分别比上年上升1.32%、56.14%。电信诈骗案件实现发案、损失比上年下降52.79%、34.1%，破案、抓获比上年上升92.8%、115.06%。打击整治养老诈骗，破获养老诈骗案件220起，抓获犯罪嫌疑人313人，追赃挽损5.24亿元，主要指标位列全省前列。扫黑除恶。全市学习宣传贯彻《中华人民共和国反有组织犯罪法》，打掉恶势力犯罪集团1个，破获各类涉黑刑事案件25起，带动办理九类容易滋生黑恶犯罪案件314起，抓获犯罪嫌疑人602人，抓获省公安厅督办涉黑涉恶重点逃犯5名，完成“清零”目标，立案查处涉黑涉恶腐败和“保护伞”5件5人。开展教育、金融放贷、市场流通行业领域整治行动，排查整治安全隐患243个，办理各类违法犯罪案件1911件。公共安全管理。出台命案防范“双十条”措施，可防性案件比上年下降45%。严格散装汽油、管制刀具销售实名登记、物流寄递业“三个100%”、校园安全“四个100%”等管理，守牢“治安、交通、消防、校园、监所”5条安全底线。开展交通事故预防“减量控大”，全市交通亡人事故起数、交通事故亡人数分别下降50.92%和50.6%。开展预防和减少严重精神障碍患者肇事肇祸专项行动，各项管理指标比上年稳定增长，位列全省第一位。推进刑满释放人员大排查大走访专项行动，印发《刑满释放人员回归服务指南》，摸排帮教期内刑满释放人员，实现刑满释放失联人员清零目标。

【市域社会治理现代化】2022年，黄冈市基本完成全国市域社会治理现代化试点城市创建任务，相关做法多次在全国试点创新研讨会及省级会议上交流，5次选入全省试点工作典型案例汇编。出台《关于充分发挥综治中心矛盾纠纷调处功能更好做好信访工作的通知》，推进市县乡村四级综治中心规范化建设。落实《黄冈市矛盾纠纷多元化解工作规定（试行）》，排查矛盾纠纷4.31万件，化解矛盾纠纷4.31万件，化解率99.5%，矛盾纠纷发现数量、有效化解率稳步提升。创新开发“微治便民”网格微信平台，纳入管理微信群2万个、居民120万人，实现重要信息“一点发布、全网接收”，敏感事件“一点触发、迅速预警”。聚焦解决基层基础薄弱问题，启动基层庭所队室标准化建设三年行动，通过“增、调、迁、撤”4种路径，新建人民法庭11个、巡回审判点64个，推动15个法庭转化为专业法庭。司法所建设纳入财政预算，享受中央政法转移支付资金。突出品牌引领，注重分类指导，推进红安县、武穴市、浠水县、团风县省级示范单位创建及推介工作。挖掘工作亮点，一部门一品牌、一县一特色、一镇（街）一亮点基本实现，红安“铜锣联防”志愿服务队、武穴“平安前哨”、团风县“平安在线、e-mi服务”、浠水县“家门口服务”等工作品牌涌现。推动组织、应急管理、市场监管等条线破解治理难题，打造“好邻居”工作法、“智慧应急”“互联网5G+明厨亮灶”等经验亮点。推动共同缔造理念融入基层社会治理，确定创新试点单位11个。

【法治化营商环境优化】2022年，黄冈市开展“千警进千企”活动，深化政法机关“优化法治化营商环境工作提升年”行动，细化6个方面59条具体措施，逐项明确责任单位和完成时限。召开全市政法机关优化法治化营商环境新闻发布会。全市涉营商案件不捕率和不诉率分别高出刑事案件总体不捕率不诉率16.13、19.08个百分点；涉市场主体公益诉讼立案191件，比上年增加37.41%。组织评查重点涉企案件386件，全部整改到位。审理集资诈骗、非法吸收公众存款等涉众型经济犯罪案件12件16人，涉案金额7.5亿元，减免513件破产债权确认纠纷案件受理费1200万元；批捕涉营商刑事犯罪案件13人、起诉57人，清查涉民营企业刑事诉讼“挂案”19件；侦破经济犯罪案件110起，电信诈骗案件1745起；组建32支律师服务团队，476名执业律师深入531家民营企业开展“法治体检”服务，审查合同336份，出具法律意见书87份。

【政法领域改革】2022年,黄冈市出台《黄冈市法院、检察雇员制司法辅助人员等级管理办法(试行)》,建立等级升降、薪酬动态调整等机制。推进"情指勤舆"一体化实战化警务运行,建立重大警情及时干预机制,排查化解重大、突出矛盾纠纷124起。建立涉案企业合规审查机制,推进涉案企业合规性改革,办理企业合规案件35件。深化公证体制机制改革,实现公证事项"最多跑一次"。全面推进政法跨部门大数据协同办案,上线案件1063件,实现"材料全扫描、信息全共享、业务全覆盖、流程全监督"。

【政法队伍建设】2022年,全市政法系统开展政治教育,举办政法领导干部政治轮训班、平安黄冈建设研讨班。组织开展"学习宣传贯彻党的二十大""市域社会治理现代化试点巡礼""打击整治养老诈骗"等主题宣传活动,处置多起涉政涉法舆情,营造良好舆论氛围。贯彻落实中办《关于巩固全国政法队伍教育整顿成果推进全面从严管党治警的意见》和省文件精神,牵头制定黄冈市任务清单63项,压实"四个责任",全面推进从严管党治警。全市政法系统获评"国字号"先进集体6个、先进个人10名,省级先进集体21个、先进个人27名。学习贯彻《新时代政法干警"十个严禁"》,集中开展汪宗兴、方新启等典型案例警示教育,办结"12337"举报平台反馈线索76条,处理处分干警9名,查纠整改执法司法顽疾问题1679个。推动全市政法机关落实防止干预司法"三个规定",记录填报135件,交流调整政法领导干部397人,完成市直政法单位科级干部调整备案5批、95人次,政法委机关研究干部人事11批16人次。加强忠诚教育、开展"一把手"讲党课、支部夜校等线上线下学习活动,培训民警5800余人次;组织党员干部利用"110人民警察节""五四""七一"等节点,开展升国旗、学习训词、重温入党入警誓词、青年民警座谈会、"光荣在党50年"纪念牌发放仪式等活动。举办应急处置、规范执法、信息化应用等培训班53期,培训民警3900余人次。

(周军 雷志)

法治政府建设

【概况】2022年,黄冈市召开法治政府建设工作部署推进会,印发《黄冈市2022年法治政府建设行动方案》;向市委常委会报告法治政府建设工作情况。市政府党组会、常务会审议制定政府工作规则、强化审计监督、加强行政规范性文件管理、规范行政执法等制度。落实市政府领导班子学法计划,市政府党组每季度开展一次集中专题学法活动,推动市县两级党政主要负责人及工作部门全面建立履行推进法治建设第一责任人职责清单。"市长审案"作为中央依法治国办督察正面典型案例,向全国推广;《黄冈刀刃向内打通法治政府建设"堵点"》在《法治日报》刊发。

【依法治市】2022年,黄冈市全面推行党政主要负责人履行推进法治建设第一责任人职责清单管理;开展全市首届"十大法治人物""十大法治事件"选树活动和法治惠民生活动,建立依法治市工作月报简报工作机制。出台年度法治政府建设行动方案,确立法治政府建设重点任务18项;推动落实重大行政决策目录公开,确立重大行政决策事项市级2项、县级34项;开展法治政府建设实地督导检查,到市直24家重点行政执法部门督查主要负责人履行推进法治建设第一责任人职责、法治政府建设重点工作推进情况。选聘法治督察员98名,建立黄冈市法治督察员人才库。组建督察组3个,实地督察浠水县、红安县、团风县和6家市直重点行政执法部门法治化营商环境,发现督促整改问题56个;书面法治化营商环境专项督察其他县(市、区)和市直党政机关。开展贯彻落实"一规划两方案"和推进法治政府建设专项督察2次。

【行政复议】2022年,黄冈市、县两级收案435件,受理332件,审结300件。市本级收案79件,受理55件,审结49件,其中:终止13件,撤销4件,维持8件,驳回21件,调解3件;不予受理24件(含告知17件)。全年审结的各类行政复议案件中,因调解后申请人撤回复议申请而终止审理的案件占总结案数26.7%。为企业纾困解难,加大调解涉企案件力度,助推打造法治化营商环境,全年调解涉企行政复议案件3件。分析全市行政复议纠错案件,建立黄冈市行政复议错案"双报告"制度,强化行政复议层级监督、促进依法行政作用。年内,实施行政复议听证室和案审室信息化项目建设,市本级投资90万余元建设信息化听证室和案审室,罗田县、团风县建成独立的行政复议听证室。落实行政复议决定书公示制度,市本级和麻城市司法局在官网上开设专栏,公开行政复议决定文书。

【行政应诉】2022年,黄冈市政府主要负责人对市政府负责人出庭应诉工作做出批示。7月12日,市政府副市长荣先国代表市政府在市中级人民法院出庭应诉,实现市政府负责人出庭应诉零的突破。全年2位市政府副市长、1位市政府副秘书长出庭应诉。至年底,全市行政机关负责人出庭应诉率超过90%。

【政务服务改革】2022年,黄冈市"一事联办"高频事项55个,与5省多地实现"跨省通办"高频事项1298个,武汉都市圈实现通办事项410个,全市自主终端实现高频服务事项"自助办"150余个。深化"证照分离""一业一证"改革,第一批19个行业颁发行业综合许可证2825张。组织开展市场主体评议科长活动,修订部门联合抽查事项清单,实施部门联合抽查计划374个,创新推动"信用风险分类+双随机"监管模式。强化"互联网+监管",发布市县乡三级监管事项目录,分类建立监管事项清单库、监管对象信息库、执法人员信息库等基础数据库8个,归集监管行为数据300万条。参与全省第二批优化营商环境先行区创建活动,黄冈市入选湖北省优化营商环境创建点名单项目30个。

【政府法制工作】2022年,黄冈市修订《黄冈市行政规范性文件管理办法》,审查政府文件523件、规范性文件133件,提出修改意见1516条。开展4部地方性法规立法调研、起草、审查修改工作。审查政府合同、协议736件,提出意见建议1415条,处理政府法律事务404件。落实行政复议决定书公示制度，推动实施行政复议听证室和案审室信息化建设项目。行政机关负责人出庭应诉率首次90%。全市收到行政复议申请435件（市本级79件），作出决定300件（市本级49件），综合纠错率31.7%。

【规范性文件管理与行政立法】 2022年，黄冈市修订完善《黄冈市行政规范性文件管理办法》，向省政府和市人大常委会报备规范性文件13件，接收规范性文件报备85件，退回不予报备7件。推进优化营商环境"清文件"行动，市政府集中修改规范性文件7件、废止19件，实施后评估重点涉企、涉民生文件8件。推进行政立法工作，向市人大常委会提交《黄冈市武山湖太白湖龙感湖保护条例》等3部地方性法规草案，全面贯彻落实施行的8部实体性地方性法规和5部政府规章。

【行政执法规范化建设】 2022年，黄冈市政府出台《关于进一步规范行政执法工作的若干规定》，全市1.06万名行政执法人员更换执法资格证。印发《行政执法监督流程图》《行政执法争议协调流程图》，有效协调相关部门执法争议。开展涉企行政执法案卷评查、"乱收费、乱罚款、乱处罚"问题专项监督检查、法治化营商环境专项督察和法治政府建设专项督察，检查各县（市、区）政府、24家市直重点行政执法部门法治政府建设工作，立案查处行政执法违法行为30起，作出处理决定6份，提出监督建议24份，移送纪检监察部门线索14条。推进行政执法体制改革，深化城市管理、市场监管、生态环境、文化市场、交通运输、应急管理、农业农村7大领域综合执法改革，推进乡镇（街道）综合行政执法改革，黄州区、麻城市、武穴市等地成立街道综合执法支队（中心）12个。

【行政权力监督】 2022年，黄冈市政府及组成部门按期办结市人大代表建议134件、市政协提案345件，人大代表建议办理满意率98.58%、政协提案办理满意率100%。按期完成重大政策措施落实情况跟踪审计、财政审计、投资审计、经济责任审计和自然资源资产审计等专项监督67项。畅通社会监督渠道，推进"12345"热线市县一体化运行，全年热线拨打突破30万次，热线接通率、评价较好率超98%。推进政务公开，完成黄冈市政府网站集约化平台升级改造，入库信息10.87万条，编辑发布《市长一周政务》46期，制作网络专题20个。

【首届"十大法治人物""十大法治事件"选树】 2022年，黄冈市弘扬社会主义法治精神，传播社会主义法治理念，挖掘宣传法治先进典型。市委依法治市办公室经过申报、初选、公示、评审环节，选树出黄冈市首届"十大法治人物""十大法治事件"。

【"市长审案"经验推向全国】 2022年12月29日，中央依法治国办通报市县法治建设工作实地督察发现典型经验做法8个，黄冈市行政复议"市长审案"经验名列其中，并推向全国。2012年7月，黄冈市推行行政复议体制改革，成立行政复议委员会，形成行政复议案件办理"三集中"模式——对市政府部门的行政复议权限实行相对集中，实行行政复议案件集中受理、集中审理、集中决定。2014年，黄冈市开始探索由市长、副市长轮流主持审理行政复议案件制度。"市长审案"结合当期出席审案市长分管领域，选择案情复杂、社会影响较大、群众关注度高，具有教育意义、与民生息息相关、有利优化营商环境案件，解决一批重点民生问题。其中，征地拆迁、工伤认定、市场监管等领域案件占总数80%以上。

（余晓峰）

表14　黄冈市首届"十大法治事件"一览表

序号	事件名称	单位
1	黄冈市出台《法治黄冈(2021—2025年)规划》《法治政府建设实施方案(2021—2025年)》《法治社会建设实施方案(2021—2025年)》"一规划两方案"	黄冈市委全面依法治市委员会办公室
2	罗田县蝉联全国平安建设最高奖"长安杯"	罗田县委全面依法治县委员会办公室
3	让文明之花开满黄冈大地　市人大常委会出台《黄冈市文明行为促进条例》	黄冈市人大常委会办公室
4	警企联防联控构建全民反电信诈骗新格局	黄冈市公安局、黄冈移动公司、农业银行黄冈分行
5	"三化三全"开启武穴行政执法监管新模式	武穴市委全面依法治市委员会办公室
6	建强市县乡三级综治中心　全力打造"一站式矛调超市"	黄冈市委政法委
7	黄梅戏唱响"八五"普法	黄冈市委宣传部、黄冈市司法局
8	深化"一业一照、一事联办"改革　加快市场监管法治化进程	黄冈市市场监督管理局
9	"三个"坚持破难题开新局　全力打造黄冈人民法庭规范化建设升级	黄冈市中级人民法院
10	出台《黄冈市保障农民工工资支付实施办法》　形成保障农民工工资支付长效机制	黄冈市人力资源和社会保障局

（资料来源：市委依法治市办公室）

公　安

【概况】 2022年，黄冈市公安局围绕中共二十大安保主线，推进保稳定、护安全、促发展、强队伍各项工作，保障全市政治社会大局持续稳定。公安部和省市主要负责人作出肯定批示10次，市公安局党的二十大安保专班获评"全国党的二十大安保维稳工作先进集体"，并被公安部记集体一等功，年度重点工作绩效考核位列全省第五位。全市7个集体19名个人获省部级表彰，67个集体489名个人立功受奖，罗田县王燕、红安县吴庚学获省委、省政府专项表彰，黄梅县因公牺牲民警程凯先进事迹被20余家中央、省级主流媒体集中报道，黄冈市2个集体和4名个人在全国公安系统英雄模范立功集体表彰大会上获表彰。多项维稳工作被公安部、省公安厅主要领导批示肯定，“黄冈经验”在全省公安机关专题会上2次授课推广。市公安局获“全国卷烟打假工作先进集体”称号，打击银行卡犯罪工作连续2年被银安委表彰。“11·14”非法采矿案打响湖北省2022年长江大保护破案攻坚第一枪，公安部和省公安厅3次致电表彰；加强创文交通整治，机关全警下沉执行高峰勤务，城市道路交通秩序管理“六率”指标位列全省前列。

【刑事案件侦查】2022年，黄冈市打掉恶势力犯罪集团3个，打掉恶势力犯罪团伙4个，打击犯罪嫌疑人58人，破获刑事案件121起；破获涉网黑恶势力犯罪案件85起，打击犯罪嫌疑人141人；向重点行业领域发布公安提示函39份。在全省公安机关追捕“漏网之鱼”行动中，5名涉黑恶逃犯全部到案，率先完成清零目标。打防电信诈骗。全市电信诈骗立案2998起，比上年下降49.95%，损失2.5亿元，比上年下降33.33%；破获电信诈骗案件1742起，比上年上升56.23%，抓获犯罪嫌疑人4275人，比上年上升163.23%。退还被骗资金1489.5万元，比上年上升71.7%，退还群众损失资金占全省总额的16.56%，返还率大幅高于全省平均值。打击电信诈骗破案数、抓获数均创历史新高。侦办大案要案。坚持“命案必破”原则，快侦快破现行命案，连续保持11年现行命案全破；发挥技术优势，奋力开展命案积案攻坚行动，破获陈年命案积案案发时间最长27年，侦破蕲春“2010.2.11”未知名女尸案，麻城“1995.7.7”抢劫、强奸杀人案，黄梅抢劫金店案、公安部督办的黄梅“2003.9.23”灭门案等命案积案。全市抓获逃犯1010人，其中外省逃犯211人、本地逃犯799人。打击盗窃抢劫。坚持“小案快侦、抢案必破、盗案多破、有赃即追”，破获侵犯财产类案件2375起，比上年上升42.39%，抓获“盗抢”类案件犯罪嫌疑人1496人，比上年上升78.83%，检察机关起诉“盗抢”类作案成员629人，“盗抢”类案件比上年下降17.06%，挽回群众财产损失2000万元。发挥黄冈市反拐联席会议统筹协调机制，侦破涉拐积案54起，打击处理涉案人员70人，找回失踪被拐人员86人。辗转福建省泉州、龙岩、福州、厦门等多地，于6月29日在福建省南平市抓获公安部督办重大涉拐潜逃26年逃犯罗某亮，破获拐卖儿童积案11起，解救儿童11名，公安部、省公安厅专程致电祝贺。

【社会治安管理】2022年，黄冈市加强治安打击整治，推进夏季治安打击整治“百日行动”、打击整治枪爆违法犯罪、黄赌整治、欠薪处置、“扫黄打非”等专项行动。严打黄赌违法犯罪，立案侦办涉赌刑事案件457起，涉黄刑事案件92起，刑事拘留493人；侦办黄赌行政案件2048起，行政处罚7935人；打击恶意欠薪犯罪，办理拒不支付劳动报酬案14起，刑事拘留9人，督促解决欠薪6200万元。抓获网上逃犯36名，协助破案480余起，抓获违法犯罪人员650余人。推动构建党政统筹下的市县乡村四级“情指勤舆”一体化合成作战“闭环”体系，推进大型活动安保，完成“闹元宵”、惠民演出、焰火晚会、中国农民丰收艺术节（湖北分会场）等大型活动安保30余场次。组织景区安全大检查，督促企业和主管部门落实责任，整改突出安全隐患、开展治安巡逻。部署铁路护路工作，与铁路公安签订合作协议，联合制发隐患排查“找堵防”方案，集中整改787处铁路沿线安全隐患。推进立体化防控体系建设，87个“人防到位、物防完善、技术先进”智慧平安小区投入运行。开展派出所建设三年行动，全市投入1.2亿元，加强基层派出所建设。推动派出所警务机制改革，市区东门派出所、浠水县散花派出所等34个派出所开展“两队一室”试点。开展“枫桥式公安派出所”创建，涌现浠水县“绿杨红色义警”、罗田县“兴旺义警”、红安县“铜锣联防”、蕲春县“艾都义警”等品牌，罗田县大河岸、蕲春县城东、团风县总路咀3家派出所入围省级“枫桥式公安派出所”评选名单。持续推行“零门槛”准入政策，市区新增常住人口1.4万人，登记流动人口1.1万人，办理居住证1171个。城区“犬证一事联办”登记办理证件1784个。

【“找堵防”专项行动】2022年，黄冈市公安机关开展“找堵防”（“找窟窿、堵窟窿、防透风”）专项行动。专项行动实行“晨研晚调”警情纠纷日研判、日清零制度，对重复性、重大性警情，依托“情指勤舆”一体化、民调等机制，共同化解，务求发现在早、化解在小，矛盾纠纷调处率94.3%，矛盾纠纷重复报警数比上年下降46.7%。黄梅县孔垄镇派出所化解三代人52年积怨，被《人民公安报》专题报道。全面提级校园护学岗，强化火灾隐患整治；开展交通事故预防“减量控大”，查处酒驾醉驾1万余起、超载超限5000余起；全市监所连续12年安全“零事故”。

2022年10月10日，黄冈市公安局特巡警支队在遗爱湖遗爱清风景区巡逻

（市公安局 供图）

【"雷火2022"行动】2022年，黄冈市公安机关打掉恶势力犯罪集团2个；侦办公安部督办贩运毒品案、公安部督办特大非法采砂案、制售假药案等系列要案，被公安部和省公安厅发贺电表彰9次，3起主办案件被评为"全省十大精品案件"；打击"黄赌毒枪"突出违法犯罪，全市打击团伙犯罪效能、缉毒执法位列全省第二位，"扫黄打非"成效位列全省第一位，全市"黄赌毒枪"4类犯罪立案数、破案率均比上年大幅上升；集中打击整治街面扒窃、盗窃车辆、砸车玻璃、电信网络诈骗、养老诈骗等影响群众切身利益的民生案件；破获侵财民生小案2378起，破案率从14.04%上升至26.44%。其中"盗抢骗"案件发案数比上年下降17.05%，破案数、抓获犯罪嫌疑人数比上年上升42.57%、80.02%，持续推进"见面""断卡""扫楼""断流"等专项行动，电信诈骗发案数、损失数比上年下降49.95%、30.88%，破案率、抓获率比上年上升56.33%、163.2%。关停涉诈号码19万个，堵截异常开设银行账户1000余次。

【夏季治安攻坚百日行动】2022年6月25日，黄冈市公安局启动夏季治安攻坚百日行动。行动期间，黄冈市构建"1+2+3+N"一体化工作格局，加强巡控大型商超、公园广场、宵夜摊点等人员密集区，落实巡防"四项机制"和"1、3、5"分钟快速反应要求，屯警街面、动中备勤，提高见警率，提升群众安全感。全市投入警力4.2万人次，盘查车辆1.2万辆次，盘查人员1.6万人次，服务群众求助1490人次，侦办刑事案件2495起，查处行政案件5575起，破获"盗抢"案件276起，破案率较同期提升35.3%，挽回群众经济损失400万余元，电信诈骗立案321起，比上年下降45.2%。

【跨境赌博行为打击治理专项行动】2022年，黄冈市成立副市长、市公安局局长为组长，相关市直单位负责人为成员的全市打击整治跨境赌博领导小组，市公安局成立指挥协调、研判打击、治理管控、保障支撑、考核监督5个工作组。行动期间，管控涉赌资金账户11.8万余个，清除涉赌信息387万余条。梳理汇总涉赌人员名单，按照户籍区划，分至辖区派出所，逐一见面核查，做实"一人一档、应录尽录、应处尽处"；同时按照出入境管控"黑名单"工作制度，涉赌人员名单全部纳入出入境黑名单管控，确保列控率100%。全市公安机关立案侦办跨境赌博及关联犯罪刑事案件1068起，抓获犯罪嫌疑人1212名，移送起诉707人，打掉网赌平台27个，打掉支付跑分平台29个。

【禁毒缉毒】2022年，黄冈市投入资金2000万元夯实禁毒工作基础，建成全省第六家毒品检验鉴定中心，市级禁毒教育基地实现对公众开放。开展"清源断流""雷火2022""剥茧"等专项行动。破获毒品刑事案件220起，抓处犯罪嫌疑人293人，缴获毒品118千克，缴获毒资1000万元。打掉3人以上团伙23个，创历史新高。侦破公安部"2021—451"号毒品目标特大贩卖毒品案件，抓捕违法犯罪嫌疑人100人，缴获毒品100千克，查扣涉毒资产1000万元，被列入2022年全国十大缉毒精品案例，载入2022年全省禁毒大事记。联合市教育部门开展2022"一堂禁毒课"，推送禁毒作品30部。全市学校落实每学期不少于2课时毒品预防教育，组织学生参与全国禁毒知识竞赛，组织开展大型全民禁毒宣传月活动20场次。常态化开展大清查、大收戒、公路查缉、毒驾查缉等行动。全市开展吸毒检测，查获吸毒人员854人。推进"平安关爱"行动，全市帮扶吸毒人员（含家庭成员）826人。加强易制毒化学品行业服务管理，纠正指导35家企业不规范行为。联合市农业农村部门开展"天目—2022"禁种铲毒行动，铲除罂粟3631株。

【经济犯罪侦查】2022年，黄冈市开展"歼击22""猎狐2022""昆仑2022"等专项行动。侦查立案经济犯罪案件281起，破案206起，刑事打击处理323人，移送起诉254人。破获涉企经济类犯罪案件59起，挽回企业经济损失3亿余元。市局经侦支队侦办"12·29非法经营案"、地下钱庄案，抓获犯罪嫌疑人6名，涉案金额35亿元。侦办5万元以上涉烟案件37起，查获非法卷烟2100万支，案值2080万元。破获侵犯知识产权案件20起，涉案金额2.6亿元。"猎狐2022"行动劝返2人。全市公安经侦部门制作、发布视频作品8条，全网浏览量100万次，其中2条作品被"平安湖北"转发推介，发布相关微信文章7篇，浏览量2万次。发放打击非法集资宣传资料1万份，制作展板62块，现场接受群众咨询700人次，制作宣传海报2000份、宣传横幅80条。《人民公安报》作典型报道。市公安机关经侦部门获公安部表彰。

【道路交通安全管理】2022年，黄冈市道路交通事故预防"减量控大"综合考核实现"末位反超"，连续6个月保持全省前3位，经验做法在全省、全市会议上交流推介。市交警支队被评为全市公

2022年6月25日，黄冈市公安机关"夏季治安攻坚百日行动"启动

（市公安局　供图）

安机关党的二十大安保维稳工作成绩突出集体。

隐患治理 治理农村突出隐患路口1426个、隐患路段76处,完成率292.8%,治理数、完成率均位列全省第一位,其中浠水县S409葛洲坝大道与S343丁麻路交会路口治理工程被省公安厅、省交通运输厅选入“2022年度全省隐患突出路口路段治理十大精品案例”,公安部督办3处、省公安厅督办63处隐患路口路段全部整改销号,其中,黄梅县完成公安部督办3处、省公安厅督办10处隐患整改,麻城市、浠水县各完成1处恶劣天气高影响路段整改。

违法整治 全市查处各类道路交通违法行为116.5万起,其中现场执法55.6万,比上年增长48.66%,交警“办公室”真正搬到路面;查处不戴头盔、未使用安全带行为51.29万起;开展“零点”行动,查处酒驾9376起、醉驾1322起。从重惩处道路交通违法行为,5779人驾驶证被扣“满分”,704本驾驶证被注销;行政拘留995人、刑事拘留184人。

信息作战升级 加大公安交通集成指挥平台应用,在全省率先完成人脸识别、以图搜车模块建设,网上预警违法3.85万起,现场处罚3.13万起;自主研判查处无证驾驶1508起,查处量位列全国第八位、全省第一位。

宣传教育 常态化开展“七进”(进企业、进校园、进机关、进农村、进家庭、进网络)和“五大曝光”(事故隐患路段、高危风险企业、突出违法车辆、事故典型案例、终生禁驾人员曝光)行动;“黄冈交警”宣传矩阵粉丝突破100万人,原创作品观看量近2.5亿次;依托“交管12123”向重点车辆驾驶人精准发送宣传短信30.2万条;黄州区、蕲春县、浠水县建成摩托车驾考暨宣教中心,实行宣、考捆绑。

便民利企举措创新 办理车驾管业务108万笔、“无人车管所”自助业务8万笔;开展“预约上门”,送考入社区、进企业、到乡村53场次,在乡村增设驾考点11个、登记服务站38个;落实稳市场经济政策,实现“我要买车”一事联办,车驾档案“网上流转”1万笔,机动车享受“即到即检”35.1万辆;“12123”语音平台接办群众来电7.7万人次;高标准完成全省交管执法管理服务评价系统应用试点工作;蕲春车管所获公安部“全国一等县级车辆管理所”授牌。

协同共治 市委、市政府每月听取交通安全态势报告,市政府第22次常务会专题研究部署,平安办、交安委、创文办统筹推进,与市交通运输部门联合开展公路安全设施和交通秩序管理精细化提升行动,开展恶劣天气重点路段巡逻管控行动,“一超联治”查处超限超载车辆4882辆(其中百吨王159台、非法改装货车427台),处罚货运源头企业15家、停业整顿货运企业16家,注销高风险重点车辆3121台,吊销道路运输证10本;与教育、市场监管部门会商推进非标电动自行车接送学生和市场违规销售整治行动,黄梅县非标电动自行车率先全面退市,校门交通安全警示基本覆盖;与市区城管、住建部门持续推进停车管理、路口改造,通行秩序好转。

【出入境管理】2022年,黄冈市受理、审批中国公民出国境申请8302人次。其中,护照2017人次,往来港澳通行证6122人次,大陆居民往来台湾地区112人次,港澳单程证43人次,出入境通行证8人次。受理审批港澳居民来往内地通行证9人次、台胞证25人次。审批签发外国人居留许可432人次,签发外国人签证45人次,签发外国人出入境通行证13人次。全市侦办跨境赌博案件及关联案件1231起,其中大要案26起,抓获犯罪嫌疑人1137名,移送起诉794人,一审判处实刑率98%。打掉网赌平台27个,打掉支付跑分平台29个,处理参赌人员4912人。联合市金融部门管控涉赌资金账户1.44万个,联合网信部门清理违法涉赌网站信息443万条。侦破妨害国(边)境管理犯罪刑事案件138起,其中,组织他人偷越国(边)境刑事案件37起,大要案件3起,偷越国(边)境刑事案件101起,抓获犯罪嫌疑人270人,打掉42个团伙,抓获蛇头19人。查处“三非”外国人案件48人,遣送出境15人。

【政务一体服务】2022年,黄冈市公安机关落实武汉都市圈“1+8跨市通办”“清减降”“一网通办”“双公示”等系列“放管服”改革措施,制定出台《优化营商环境“十个严禁”》《利企便民13条措施》,定期发布优化营商环境“红黑榜”,推动3家安防企业进规入库,出台省内跨市州户口“一站式迁移”、城区“犬证一事联办”、取消二手车限迁等便民利民措施224项,压减、下放金融网点安防审批等行政许可时限12项,网上公开办理公安行政审批事项68项。

【智慧公安建设】2022年,黄冈市公安局对接智慧黄冈城市运行管理中心项

2022年2月7日,黄冈市普降大雪,黄冈市公安局交警支队迅速启动应急预案,交警到路口大道等重点路段巡逻,全力引导车辆减速慢行,避免交通事故发生

(市公安局 供图)

目，升级改造市县两级“情指勤舆”一体化中心、市局反诈中心，建成大数据中心、智能交通、“智慧防盗砂”、市局机关无纸化办公系统等项目，推进社区警务平台试点，实现“警辅通”App全覆盖。加大市级放权赋能力度，按照能接尽接原则，汇聚公安业务、政府部门、行业系统200余类140亿余条数据，数据容量42.32PB，初步实现共享、闭环流转。

【警务制度改革】2022年，黄冈市公安机关加强执法办案中心“主阵地”和警务综合平台“主航道”双线支撑，建成市县一体执法监督管理中心，实现全市涉案财物管理中心、案件管理中心、执法办案中心全覆盖。推动执法线上监督，41个派出所办案区接入网上执法监督平台，警务综合平台流转警情比上年增加10.66%、受案量比上年增加21.83%，执法信息均进入“数据铁笼”。坚持执法公开，推动黄州分局阳光执法试点，主动公开立案信息2942条，实现立案信息、处理结果等执法要素一网查询，实施“市县主战、派出所主防”战略，推进派出所“两队一室”改革，推动“情指勤舆”平台机制和“一村一警”全覆盖，健全完善每日晨会交办、“两队”联片联动、情报指令精准移交和警情分流等机制，确保情报线索、刑事警情、涉警投诉“动态清零”；深化城乡社区警务战略，落实社区民警611人、社区辅警510人、驻村辅警3637人，“一居一警、一村一辅”覆盖率100%；优化机构设置，推动市公安局食药环支队和森警支队机构整合，白莲河分局挂牌运行，24个警务站实体运行。警务站现场警情自处率80%以上。麻城市阎家河派出所“共同缔造”改革模式在全省公安改革推进会上推广。加快市局巡特警基地等73个新建、搬迁、改造基础项目建设进度，实现市县两级执法办案管理中心建设全覆盖。

【利企便民措施推出】2022年，黄冈市公安局深化公安“放管服”改革，推出利企便民措施13项，实行警企联动联防、机动车检测网上预约、养犬证“一网通”办；现场查处交通违法行为，实施“轻微警告、首违不处”柔性执法；保安员证权限，机动车的注册登记及转移登记业务，本地及异地机动车报废业务，车辆检测审核业务，机动车登记站、4S店登记服务站、二手车登记服务站的车辆查验审核业务均下放县级公安机关。

（胡俊杰）

检　察

【概况】2022年，黄冈市人民检察院（以下简称“黄冈市检察院”）开展“质量建设年”“素能提升年”活动，推进检察领军人才工程，完善“网络+培训+实训”机制，开展业务培训、岗位练兵活动131次，提升依法履职本领，新增进入全国、全省检察人才库干警11名。办理各类案件2.92万件，检察业务质效并列全省第一位，检察工作考核综合位列全省第二位、获年度全省“先进单位”，101个集体和个人获市级以上表彰。全市检察干警在省级以上法治期刊发表论文72篇，其中国家级核心期刊15篇。

【刑事检察】2022年，黄冈市检察机关依法打击各类刑事犯罪，审查逮捕2747人，审查起诉6914人，依法不批捕1337人、不起诉2644人，提前介入侦查711件，监督立案208件，监督撤案122件；纠正漏捕86人，纠正漏诉182人。构建相互制约、依法监督、良性互动工作格局，提出刑事审判活动监督意见159件（次），市县两级检察院检察长列席法院审委会27次。综合运用专项检察、巡回检察等方式，加强刑事执行监督，纠正“减假暂”执行不当93件、监外执行履职不当227件、财产刑执行不当155件。履行职务犯罪检察职能，立案查办司法工作人员职务犯罪8人，起诉职务犯罪52人，职务犯罪检察工作经验在全省推介。

【民事检察】2022年，黄冈市检察院统筹推进裁判结果、审判活动、执行活动监督，提升民事检察监督质效。强化再审检察建议工作，加大对案件的审查把关，对于一次监督后违法问题未能纠正的，及时跟进监督，增强监督刚性。办理3类监督案件263件，提出再审检察建议21件，提出检察建议103件，提请、提出抗诉15件，支持起诉68件。释法说理，加强推进民事检察息诉工作，促成当事人息诉和解84件。

【行政检察】2022年，黄冈市检察院坚持“穿透式监督”理念，构建诉讼内对法院和行政机关违法行为的双向监督，探索诉讼外对行政违法行为直接监督的工作格局，办理行政监督案件206件，提出检察建议、再审检察建议和提请抗诉97件。麻城市检察院办理的熊某行政检察案件入选最高检典型案例。推进行政争议实质性化解，综合运用调查核实、公开听证、司法救助、制发检察建议等手段，化解行政争议34件，向行政机关发出社会治理类检察建议25件，促进案结事了政和。

【公益诉讼检察】2022年，黄冈市检察院聚焦维护国家利益和社会公益、地方立法、民生关切，立案办理公益诉讼案件684件，发出诉前检察建议245件，磋商结案423件，提起行政公益诉讼12件。聚焦耕地保护，会同市公安局、市自然资源和规划局等6家单位建立耕地保护协作机制，办理案件24件。聚焦红色遗址遗迹保护，开展英烈纪念设施和文物保护领域公益诉讼监督，办理案件26件，有效保护红四军军部旧址、紫云区农民协会旧址、万年大戏台等英烈纪念设施和文物。

【检察营商环境优化】2022年，黄冈市检察院制定实施服务保障高质量发展措施58条。推进“充分发挥检察职能　助力打造一流营商环境”专项监督，办理涉市场主体案件1309件，纠正违法“查扣冻”措施11件、涉及金额2.1亿元。推进涉案企业合规改革，办理企业合规案件53件，其中适用第三方监督评估机制案件15件，作出不起诉决定企业35家及相关人员55名。探索开展知识产权检察职能集中统一履职试点工作，加大保护九资河茯苓、蕲艾等大别山地标产品和中医药研发等领域的知识产权。全市检察机关定点联系服务企业157家，帮助协调解决困难276个。

【市域社会治理体系建设】2022年，黄冈市检察院建立权责清单，落实市域社会治理现代化试点市任务29项。开展贯彻实施宪法、民法典、信访工作条例及防范养老诈骗等主题法治宣讲90场

（次）。制发教育医疗、金融放贷、市场流通等领域社会治理类检察建议204份。浠水县检察院以检察建议推动全县176家宾馆酒店开展行业治理。《检察日报》整版报道市检察院推进诉源治理典型做法。开展美好环境与幸福生活共同缔造活动，全市检察机关与35个村（社区）开展联建，市检察院联系点被确定为省级共同缔造活动示范点。

【检察监督】 2022年，黄冈市检察院推进检察建议落实，开展“校园食品安全”“破网断卡”等专项监督活动7个，办理案件402起；依法对4件生产销售有毒有害食品、假药案件当事人提起惩罚性赔偿民事公益诉讼；推进“八号检察建议”落实，“回头看”涉安全生产案件133件，促64家加油站、液化气站等重点场所开展安全隐患整治。罗田县检察院在办理程某集资诈骗、王某等人洗钱案中挽回群众损失2144.9万元。

【特殊群体权益维护】 2022年，黄冈市检察院构建未成年人“六大保护”大格局，会同公安、教育、团委、妇联等14部门建立协作配合机制，督促落实入职查询及从业限制、强制报告等制度。深化“法治进校园”，推进“法治副校长”全覆盖，开展“携手落实两法 共护祖国未来”法治巡讲165场（次），覆盖学生30万余人。市检察院获“全国维护妇女儿童权益先进集体”。办理司法救助案件132件，发放救助金332.3万元。办理拒不支付农民工劳动报酬案件11件，追回欠薪299.1万元，中央电视台《社会与法》栏目报道。

【检察便民服务】 2022年，黄冈市检察院健全便民服务平台，打造一站式12309检察服务中心，提供便捷高效服务，切实减少人民群众诉累。落实“群众信访件件有回复”，探索“三色信”分类办理制度，办理群众来信来访1843件；开展信访积案清理化解工作，化解积案44件，疏解信访人“法结”和“心结”，相关工作经验在全省作交流。蕲春县检察院化解长达26年涉残疾退役军人债务纠纷案1件，省检察院主要负责人批示肯定。强化释法说理，办理公开听证案件2196件，上门简易听证化解矛盾纠纷做法，多次被《湖北日报》《检察日报》报道。

【“保护生态环境，促进绿色发展”专项活动】 2022年，黄冈市检察院突出打击非法采矿、盗伐林木、损毁耕地等破坏生态环境资源刑事犯罪，起诉382人；组织开展长江大保护公益诉讼专项监督，办理船舶污染、违法侵占河道、非法排污等公益诉讼案件335件。做实“专业化监督+恢复性司法+社会化治理”模式，落实河湖（林）长+检察长联运协作机制，督促涉案当事人补植复绿9公顷、治理被污染水域10.3平方千米、增殖放流鱼苗6.2万尾，新华社、《湖北日报》、《检察日报》报道。

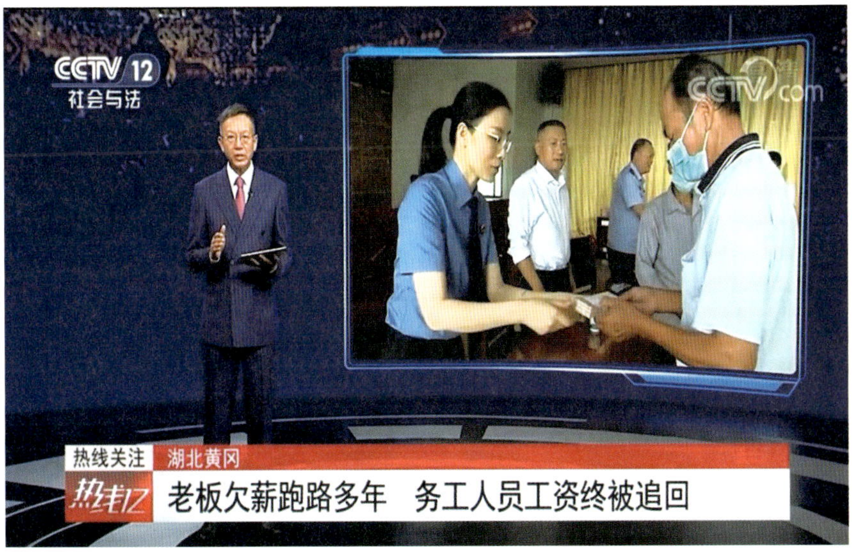

2022年11月15日，黄冈市检察机关助力农民工讨薪在中央电视台《社会与法》栏目播出　（市检察院　供图）

【食药领域惩罚性赔偿民事公益诉讼案】 2022年12月26日，黄冈市人民检察院诉某药店非法销售有毒、有害食品，侵害众多消费者合法权益民事公益诉讼案在黄冈市中级人民法院开庭审理。该案为黄冈市检察院办理的首例食药领域惩罚性赔偿民事公益诉讼案，经过庭审，市中级人民法院支持检察机关全部诉讼请求，当庭判处被告消除危险、公开赔礼道歉，并承担3倍惩罚性赔偿金10.98万元。

（蔡传初）

法　院

【概况】 2022年，黄冈市县两级法院受理案件7.65万件，审执结7.36万件，结案率96.3%，比上年增长2.71%，结案率位列全省第二位。其中，黄冈市中级人民法院受理案件6613件，审执结6223件，结案率94.1%，比上年增长2.09%。全年67个集体、104名个人获市级以上表彰，其中，1名法官被评为“全国法院办案标兵”并入选黄冈市首届“十大法治人物”，浠水县法院入选全国“为群众办实事示范法院”。全年在全国、全省法院系统会议上作典型发言14次，在全国、全省获奖调研报告、学术论文8篇，入选最高法、省法院典型案例21个。

【刑事审判】 2022年，黄冈市县两级法院审结刑事案件3268件4101人。审结故意杀人、抢劫、绑架等严重暴力犯罪案件18件21人，惩处销售有毒有害减肥药等一批危害食品药品安全犯罪。审结非法吸收公众存款、网络电信诈骗等涉众型经济犯罪案件13件，涉案金额4.43亿元。审结贪污、受贿等职务犯罪案件33件37人。审结涉黑涉恶案件8件14人，追缴“黑财”1.4亿余元。开展打击整治养老诈骗专项行动，1件案件被省高院作为典型案例公开发布。坚持宽严相济刑事政策，强化人权司法保障，判处被告人缓刑、管制或免予刑事处罚394名，办理减刑、假释案件226件。加强中共二十大期间信访维稳攻坚战，坚持开门接访、院长约访、带案下访，接待来信来访692件925人，经释法析理、协调处置，实质化解信访案209件。

【商事审判】2022年，黄冈市县两级法院审结各类商事案件2.96万件。落实涉企案件经济影响评估制度，将评估制度贯穿司法办案各环节。开通涉企案件“绿色通道”，涉企案件平均办理时限较同期减少5.7天。推广“破产债权确认诉讼收费100元”，探索破产预重整，健全破产重整信用修复机制。组建破产审判团队，实行专业化审判，出台破产管理人管理办法，强化府院联动，推动破产审判提质增效，全年审结破产案件18件，比上年增加14件，鸿杰服饰执转破案件从立案到审结仅用54天。审结湖北太子奶、力欧石材、康华油脂等一批破产清算案，释放土地资源40公顷，解决职工债权2400万元，麻城市法院健全破产重整企业信用修复机制入选全省优化营商环境改革先行区试点项目。

【行政审判】2022年，黄冈市县两级法院审结行政诉讼案件1786件，裁定准予执行自然资源、城建等行政非诉案件1020件。实质性化解行政争议，经法院协调后和解、撤诉行政案件占32%。引导行政机关负责人出庭应诉，政府主要负责人带头参加案件庭审30余次，全市行政机关负责人出庭应诉率88.7%。推行涉企行政案件经济影响和行政行为“双评估”制度，发出行政机关履职过程中不规范行为司法建议48份，反馈采纳率99%。深化司法与行政良性互动，配合市政府出台《关于进一步规范行政执法的若干规定》，联合市市场监管局下发《关于加强严重违法失信名单管理协作的通知》，会同市政府相关部门召开联席会议，邀请市行政机关人员旁听庭审。

【环境资源审判】2022年，黄冈市县两级法院推进环境资源审判专业机构建设和“三合一”归口审理，审结各类环境资源案件102件，某林业公司诉某保险公司森林保险合同纠纷案入选最高人民法院森林资源民事纠纷十大典型案例。在遗爱湖公园建立“生态环境司法保护基地”，与市检察院联合制定《关于建立检察公益诉讼协作机制的意见》，与市自然资源和规划局、市农业农村局等5家单位联合制定《关于建立耕地保护协作机制的实施意见》，强化环境资源执法与司法协同联动。探索“恢复性司法实践+社会化综合治理”模式，发出生态修复令，适用惩罚性赔偿，督促被告人赔偿修复费用16万元。依法审理长江流域禁捕案件10件，开展非法捕捞现场宣判、增殖放流活动，妥善审理涉长江河道水土流失公益诉讼案，判令怠于履职的行政机关履行法定监管责任。

【民生案件审判】2022年，黄冈市县两级法院审结教育、就业、医疗、住房等民生案件5708件，审结婚姻家庭案件6971件，发出人身保护令85份，及时向疏于家庭监管、子女教育缺位的家庭发出教育令。推行圆桌审判、回访观护等制度，用法治呵护未成年人健康成长。审理教师性侵案，依法定罪量刑，判处禁止从业5年，向教育部门发出司法建议。审结拖欠农民工工资案件1395件，为农民工追回“血汗钱”2836万元。审理涉军案件，维护国防利益及军人军属合法权益。发挥司法救助“托底”功能，发放司法救助金630万元。审理游客户外徒步失足落水身亡侵权案，否定性评价游客“自陷风险”行为，彰显“司法裁判不和稀泥”；审理3岁小孩车祸死亡赔偿案，判决养父获赔偿权、未尽抚养义务生父未获赔偿，彰显“权责一体、养育有恩”；审理两公司合同纠纷案，判决单方解除合同方赔偿守约方可得利益损失，彰显“让守信者受益、让失信者受罚”。

【知识产权审判与司法服务】2022年，黄冈市县两级法院与公安、检察机关共建协同保护机制，审结各类知识产权案件358件，严厉打击假冒商标、“傍名牌”等侵权行为，加大对“李时珍”“大别山”等黄冈知名商标、地理标志保护力度，挽回企业经济损失8000万元。市中级人民法院指导团风县淋山河镇谢河村委会取回“谢河辣椒”商标权被《湖北日报》专题报道。贯彻市人大常委会《关于加快推进黄冈融入武汉城市圈同城化发展的决定》，与武汉都市圈城市法院签订司法协作框架协议。建立“三联”工作机制，提升涉外、涉港澳台纠纷化解实效，审结涉外、涉港澳台民商事案件24件。

【审判监督】2022年，黄冈市中级人民法院依法向市人大常委会报告切实解决执行难、人民法庭建设工作情况，办理市人大代表建议、市政协委员提案113件；出台人民法庭考核办法，举办新任法官宪法宣誓，加大法庭参与基层社会治理考核比重，破解“坐堂办案”多、“出门巡诊”少问题。市县两级法院邀请代表委员开展视察调研、旁听庭审、现场监督执行和参与案件调解，邀请检察长列席审委会27次，办理检察建议71件，人民陪

2022年12月4日，黄冈市中级人民法院举行新任法官宪法宣誓 （市法院 供图）

审员参审案件6312件，一审普通程序陪审率90.5%。

【案件执行】2022年，黄冈市县两级法院开展涉金融、涉民生等专项执行行动76场，执结案件2.78万件，比上年增长8.1%，执行到位标的额52.31亿元。纳入失信黑名单8544人次，发放被执行人履行完毕证明、恢复信用971人次。集中清理执行案款，实现超期未发放、不明案款“双清零”，公开向5910名申请执行人发放执行款4300万元。开展“规范执行提质增效”活动。蕲春法院为守信者“背书”、英山法院“三段”执行法、罗田法院“一站式”执行事务中心受到群众好评。

【诉讼服务】2022年，黄冈市县两级法院提档升级诉讼服务中心软硬件设施，推动“厅网线巡”四位一体诉讼服务建设，建成集导诉服务、登记立案、案件分流、集约送达、诉前保全、非诉衔接、涉诉信访、判后答疑等多功能于一体的诉讼服务中心，实现走进一个门、事务一站清。加强疫情防控常态化司法应对，优化完善12368诉讼服务热线、移动微法院等服务平台，建立当场立案、网上立案、自助立案、跨域立案相结合的多元立案格局，推广“云间”庭审、在线调解、电子送达、电子卷宗等。全市法院电子送达法律文书15.3万次。

【纠纷调解】2022年，黄冈市县两级法院在诉讼服务中心设立代表委员调解室和劳动争议、交通事故、涉企等专门调解室，推行“法院+工会”“法院+商会”等多元解决纠纷模式。加强与行政机关、行业协会、社会团体的协作配合，引入调解组织98个，聘请特邀调解员321名，诉前调解案件2.41万件，成功率80.3%。武穴法院联合人民银行武穴支行设立湖北省首家金融纠纷诉前调解工作室，团风法院“两心一体 三级协同”诉源治理工作在全市作交流发言。全市法院民商事案件调解撤诉率50.88%，一审服判息诉率88.42%，位列全省第二位。

【法庭功能转型】2022年，黄冈市县两级法院优化调整法庭规划布局，推动传统农村法庭功能定位为服务乡村振兴综合性法庭，产业园区法庭功能转型为集中审理涉企案件的专业法庭，城区法庭功能转型为金融、家事等专业法庭，精准服务经济社会发展。年底，完成功能转型法庭15个，黄冈中级人民法院人民法庭规范化建设入选黄冈首届“十大法治事件”，黄梅法院五祖法庭服务景区旅游发展工作经验入选全省人民法庭典型案例，黄州区法院堵城法庭打造涉企专业法庭经验做法被《湖北日报》专题报道。建立26个驻乡镇综治中心法官工作室和64个巡回审判点、便民联络点，参与乡镇综治例会、基层解决纠纷组织联席会议317次，开展巡回审判、法治夜校等活动1700场余次，化解矛盾纠纷5034件。

【“分调裁审”改革】2022年，黄冈市县两级法院成立速裁团队，推动案件繁简分流，加大简易程序适用力度，适用简易程序审理案件3.03万件，庭审直播案件1868件，上网公布裁判文书2.9万份。常态化开展案件质量评查，构建审委会专职委员先行审查、专业法官会议研究咨询、审委会讨论决定的分层过滤机制，完善“四类案件”监督管理机制，实行类案强制检索，规范自由裁量权。建立发回重审、改判案件判前交换意见、判后讲评回复机制，促进法律适用标准统一。全市法院一审案件发改率2.87%，位列全省第二位。

【湖北太子奶公司破产财产分配方案通过】2022年4月28日，湖北太子奶公司破产清算第二次债权人会议在黄冈市中级人民法院召开。黄冈市中级人民法院破产合议庭成员、破产管理人团队代表、审计评估机构代表、职工代表列席会议。61名债权人通过“破产云会议”线上参会。会上，破产管理人汇报第一次债权人会议后依法执行职务、核查确认债权工作，审计机构汇报财务审计工作。破产管理人宣读《提请第二次债权人会议审议破产财产分配方案的报告》和《破产财产分配方案》，提请与会债权人审议和表决。56名线上参会债权人表决同意，其代表的债权额占无财产担保债权总额的96.54%，破产财产分配方案通过。

【市中院电子法律文书送达突破万次】2022年7月1日，黄冈市中级人民法院使用电子送达平台送达法律文书突破1万次。黄冈市中级人民法院全面推动“一站式”数字化科技平台建设工作，提升法律文书送达效率。送达当事人1.83万人次，成功送达1.47万人次，送达率超80%。

【“法院+工会”劳动争议诉调对接工作室成立】2022年11月15日，黄冈市“法院+工会”劳动争议诉调对接工作室在黄冈市中级人民法院诉讼服务中心挂牌成立，黄冈市中级人民法院党组书记、代院长文利红，市总工会党组书记、常务副主席杨艳红共同为工作室揭牌。该室是全市首个劳动争议诉调对接工作室。

（陈文雯）

司法行政

【概况】2022年，黄冈市司法局制定市委巡察反馈问题整改工作方案，整改措施185条、规章制度20余项。开展党员干部“下基层、察民情、解民忧、暖民心”实践活动，全市司法行政系统党员干部下基层3252人次，组织专题调研168次，制定“问题清单”178个，制定“任务清单”161个，制定“效果清单”119个，解决企业、村、社区反映突出问题463个。市司法局获人力资源和社会保障部、司法部全国司法行政系统先进集体表彰，为全省2家市州司法局之一。

【“八五”普法】2022年，黄冈市出台“八五”普法规划，成立讲师团，举办普法骨干培训班，依托“黄冈普法”公众号宣传，开展“服务大局普法行”法治宣传活动3567场次，发放宣传资料30万册。开设“法治黄冈”微信公众号，在黄冈广播电视台开展《法治时空》“一月一法”宣传、“全屏普法”及“黄梅戏普法”，其中5部黄梅戏普法视频被国家、省、市级多家媒体平台转载。黄冈市“红色法治文化”工作经验在全省普法工作会议上交流。细化乡村振兴“法治”工作任务，加强法治乡村建设，在全省率先实施“法律明白人”培养工程，全市3901个村（社区）培育“法律明白人”1.59万人。创建“全国民主法治示范村（社区）”4个，申报“全国法治宣传教育基地”2个。

【社会矛盾纠纷化解】2022年，黄冈市制定行业性专业性调解组织建设备案、人民调解以案定补、人民调解员等级化管理等系列制度，建立行业性专业性人民调解组织98家，建成黄冈市公共法律服务智慧调解平台，调处各类矛盾纠纷3.81万件，调处成功3.76万件，调处成功率98.7%。发挥行政复议化解行政纠纷主渠道作用，收到行政复议申请404件，作出决定319件。开展“市长审案”，决定履行率100%。市长出庭应诉实现“零”突破，行政机关负责人出庭应诉率90%以上。开展“法治体检”活动，组织律师服务团队走进民营企业开展“法治体检”，化解矛盾纠纷。

【社区矫正与帮教戒毒】2022年，黄冈市开展戒毒学员职业技能培训，职业资格认证戒毒人员95名，获电工初级证88名，获证率92.6%。走访排查服务管理期内刑满释放人员，开展帮教期内失联人员清零行动，摸清重点帮教对象底数。加大社矫对象抽查、点检力度，加大“纸面服刑”排查整治，排查漏管对象3例，黄州区收监1例，团风县、麻城市各移交法院1例、检察院调查处理1例。

【司法营商环境优化】2022年，黄冈市印发《关于进一步规范行政执法工作的若干规定》《黄冈市行政执法监督流程图》《黄冈市行政执法争议协调流程图》，市县两级司法局制定《优化营商环境工作方案》及任务清单，建立营商环境重要事项交办机制、督查考评、责任传导和评价成果运用机制。团风县、红安县、麻城市、黄梅县4个司法行政改革事项通过全省第二批优化营商环境先行区创建点验收。推进“高效办成一件事”，完善61项行政服务事项流程；推进优化营商环境行动，清理全市与优化营商环境不一致证明事项、公布可实行告知承诺制证明事项310项。联合市纪委监委、市审计局等部门专项监督检查市县两级15个单位“乱收费、乱罚款、乱处罚”问题；与市纪委监委联合建立双向线索移送机制，与市中级人民法院、市检察院建立府院、府检联席会议机制，与武汉市司法局达成跨区域行政执法合作协议。开展行政执法主体和行政执法人员资格清理工作，评查全市行政执法类案卷90个，发现问题线索28条，立案查处有效线索14条；查办上级机关移送线索案件2件，查办行政复议渠道发现的行政执法违法案3件。省委依法治省办通报黄冈市“加强行政执法监督优化法治化营商环境”专项行动开展有力，在全省推介黄冈市做法。

2022年10月21日，黄冈市委政法委、市法学会、市司法局在市区惠康佳苑举办深入贯彻《中华人民共和国法律援助法》宣传活动（市司法局 供图）

【公共法律服务】2022年，黄冈市司法局推进建设功能完备的公共法律服务工作站，市县乡三级公共法律服务平台覆盖率100%。推行经济困难状况告知承诺制，畅通农民工等特殊群体“绿色通道”，建立公证与不动产登记协同办理模式，评查全市司法鉴定机构及鉴定人准入登记资格、评审案件质量、验证年度司法鉴定能力。制定人民调解案例报送制度，印发人民调解案卷模板；制定《行调组织建设备案》《人民调解案件以案定补》《人民调解员分级管理》等制度，打造智慧调解平台。到企业、园区开展法律服务166场次，接受咨询7705人次，解决涉法问题385个。10月21日，市委政法委、市法学会与市司法局在市区惠康佳苑携手“残疾人之家”共同开展深入贯彻《中华人民共和国法律援助法》宣传活动，现场发放《中华人民共和国法律援助法》《百姓法治宝典》，法律援助、公证、司法鉴定等宣传页300余份。

【司法所建设】2022年，黄冈市完成司法所建设情况调研，实施司法所规范化建设三年行动方案，编印司法工作手册，出台《黄冈市司法所目标管理考核标准》，建成浠水县巴河镇司法所自建样本，指导规范武穴市、黄梅县司法所进驻模式，督导9个县（市、区）司法所开通政务外网，6个县（市、区）落实政府购买服务，2个县（市、区）司法所设置公益性岗位。

【黄州监狱管理】2022年，黄州监狱实现连续21年无罪犯脱逃，连续18年无安全生产事故。引进智慧用电系统，实现监管安全。坚持互监“板块移动”视频全时段监控及每小时报告等制度，加强视频巡查督察，民警直接监控每个时段之下的每一名罪犯。推进重大监管安全设施项目建设，升级改造A门控制系统移交武警管理，安装防攀爬不锈钢隔离网，硬化围墙内巡视道等设备设施。

（余晓峰　许 激）

仲　裁

【概况】2022年，黄冈仲裁委落实“完善仲裁制度，提高仲裁公信力”总体要求，坚持“把非诉讼纠纷解决机制挺在前面”，致力提供高质量仲裁服务，发挥仲裁服务市场经济主体优势作用。全年受案154件，涉案争议标的额约2.7亿元，审结各类民商事纠纷案件148件(含结转案件12件，裁决结案101件，调解及撤案47件，调撤率为30.52%)，结案率88%。其中，裁撤1件，不予执行1件。审理的案件中，进入司法鉴定程序案件5起，启动专家咨询会审程序案件2起，庭审超过3次案件8起。市县两级劳动人事争议调解仲裁机构立案受理劳动人事争议1553件，当期审结案件1609件(含上期)，结案率99.88%，调解成功率86.1%。选聘仲裁员78人，完善制度24项，民商事案件结案率88%。

【劳动人事争议仲裁】2022年，黄冈市劳动人事争议仲裁机构共立案受理劳动人事争议1553件，审结案件1609件，涉案金额6893.69万元，结案率99.88%，调解成功率86.10%。年内，黄冈市劳动人事总裁院通过案件评查和典型案例征集，规范全市仲裁机构办案程序、文书格式、裁决内容，提高法律文书质量及办案专业化水平。麻城市、团风县实行案件调审分类、繁简分流“快调速裁”新模式。强化风险防控，与劳动关系、工伤、监察、社保等机构联动，化解经济性裁员、确认劳动关系、拖欠工资、工伤认定等争议。稳妥处理信访、网络舆情案件和更新《黄冈市劳动人事争议应急工作预案》，与规上企业人力资源负责人、工会负责人建立风险实时互通机制，上门排查星晖新能源、湖北瑞特威、百耐流体、博莱钢构等大中型企业风险。指导团风县建立《群体性事件研判评估机制》，麻城市制订《重大风险隐患防范处置工作方案》，重点追踪和研判涉疫争议、农民工争议、集体争议、患重病职工等案件。举办律师事务所负责人座谈会，与黄冈师院政法学院签订合作协议，会同市总工会举办调解员培训班。

（刘　森　陈科宇　晏越颖）

【仲裁人才建设】2022年，黄冈仲裁委印发《黄冈仲裁委员会新一届(第四届)仲裁员选聘公告》《聘用、解聘仲裁员管理办法》，选聘法律、经贸、金融等领域仲裁员78人。严格执行《黄冈仲裁委员会仲裁员办案规范》，运用仲裁案件专家咨询、仲裁工作研讨会等形式搭建仲裁员业务技能交流学习平台，开展内部案件讨论和专业知识学习12次，组织学习新版《民事诉讼证据若干意见》《民法典》等活动13次；开展业务技能宣讲、经典案例分析，形成同类型案件办案模板6个。

【管理制度体系建设】2022年，黄冈仲裁委完善仲裁规则，规范仲裁程序，检视和梳理规章制度，废止与现行规定相抵触、不一致的制度规定6项，修订完善与新形势新任务要求不相适应制度规定5项，通过研讨、商议、借鉴、创新等方式建立缺位制度7项。形成以研判管理为核心、以队伍管理为关键、以行政管理为保障的制度体系。

【仲裁法规宣传】2022年，黄冈仲裁委定期在《黄冈日报》、黄冈广播电视台开展仲裁法规宣传6次，举办宣传活动8次，受众1200余人次。参与行风热线法律服务专栏，为市场主体提供仲裁法律咨询热线服务256人次。开展仲裁法律制度宣讲活动，到服务村点开展“体验新时代乡村振兴发展，凝聚团队协作互助精神”主题活动，在团风县举办执法单位和公司法务的仲裁法律制度宣讲活动。市人社局、市信访局到团风县回龙镇桃花岭村开展仲裁法规宣传活动。

【市仲裁委第四届换届工作会议】2022年3月30日，黄冈仲裁委员会第四届换届工作会议召开。市政府办公室副县级督查专员徐丰收宣读《市人民政府关于黄冈仲裁委员会换届工作的批复》，批准同意换届工作及第四届黄冈仲裁委员会组成人员人选。会议全面总结第三届黄冈仲裁委员会工作，副市长王文忠为新一届黄冈仲裁委员会组成人员颁发聘书。

（刘　森）

2022年6月10日，黄冈市人社局、黄冈市信访局、黄冈市融资担保集团到团风县回龙镇桃花岭村开展仲裁法规宣传，为群众发放惠民政策手册并开展政策咨询

（市人社局　供图）

责任编辑：胡文珍　　责任校对：席想楼

军事

黄冈军分区

【概况】2022年，黄冈军分区完成年度各项任务，省军区考评的6项工作中有5项进入第一方阵，其中3项位列第一位，军分区年度综合考评第一。年内，落实党委议军、双向兼职等制度，坚持将党管武装纳入地方政府工作实绩考评，将国防教育纳入各级党校授课内容，增强地方党政领导干部国防观念和党管武装意识。协调驻黄部队支持地方经济社会建设，协调任务部队开展防汛险工险段勘察，组织驻军和民兵森林灭火、防汛救灾等演习演训10场余次。申请帮扶经费165万元，推动20个帮扶村乡村振兴及“共同缔造”工作。省委书记王蒙徽到军分区帮扶村——红安县小丰山村考察调研乡村振兴工作，给予高度肯定。开展“八一爱民学校”结对援建，协调援建资金300万余元，改善帮扶学校办学条件、提升教学质量。推动军地“双清单”事项落实，开展庆祝建军95周年系列拥军活动和“九一八”防空演练、烈士公祭日等群众性活动，协调解决军人“三后”(后路、后院、后代)问题和驻军反映的各类问题，彰显黄冈双拥品牌。

【党的建设】2022年，黄冈军分区组织全区党组织书记集中培训，指导人武部、干休所完成党委(支部)换届，严格各类党代表提名推荐及选举，巩固基层党组织建设基础。领导干部带头讲党课，过双重组织生活，自觉落实民主集中制和党员汇报、民主评议等制度。采取送学培训、跟班带训、在岗常训等形式加强人才培养，常态化开展“学法规、明职责、强规矩”活动，每月组织“三优三差”评比。树立“三个非常明确”选人用人导向，按照组织考核、晋升任用、待遇调升标准条件要求，完成各项程序。制定加强对主要领导和党委班子监督措施，完善纪委监委年度工作清单，定期组织提醒式谈心谈话；深入开展党纪法规学习，加大作风纪律明察暗访力度，持续纠治“四风”、减少“五多”，开展行业领域腐败问题整治，严肃处理违规违纪人和事，推动作风纪律建设走深走实。

【思想政治建设】2022年，黄冈军分区落实《改进中校以上军官学风的措施》和“四学”(第一时间学、原原本本学、联系实际学、专题研讨学)机制，每月坚持党委中心组带领机关理论学习，进一步夯实官兵听党指挥、绝对忠诚的思想根基。把学习贯彻中共二十大精神作为首要政治任务，超前研究筹划，制定下发措施，全员全程全方位学习宣传贯彻。军分区学习中共二十大精神“八学”(紧跟大会议程勤学、原原本本通学、以上率下领学、专题辅导深学、互动辨析悟学、营造氛围助学、结合融入践学、持续跟进评学)做法，被“荆楚长城”公众号刊载。聚焦“忠诚维护核心、矢志奋斗强军”深化主题教育，开展“三知三用”(知恩知责知规、用情用心用力)、“四个不能辜负”(不辜负时代、不辜负人民、不辜负组织、不辜负家庭)等专题教育，注重发挥第一教育协作区牵头作用，探索提升教育质效方法，军分区报送的“品味信仰的味道”获省军区精品好课二等奖。

【战备训练】2022年，黄冈军分区落实党委议战议训制度，定期研究练兵备战工作，配套完善军地联合指挥、保障、协作机制，滚动修订各类战备方案，完善各类室库建设，加强通信手段信息化建设。采取专家辅导、专题集训、综合演练等方式，加强基础训练、业务训练和课题训练，定期开展针对性补差训练，军分区参加省军区年度军事训练考核取得全优2项、总分位列第一位，被评为“群众性练兵比武优胜单位”和年度“练兵备战先进单位”。严格会审民兵训练计划，推行训练确认制，采取“四不两直”方式开展训练监察，督导民兵训练有效落实。跟踪热点问题开展前瞻性研究，完成敏感时期维护社会稳定和神舟系列飞船发射回收应急搜救备勤任务，相关做法在军委国防动员部、省军区要讯刊载；军分区制作宣传作品《水瓶》，被中部战区评为二等奖。军分区带英山县民兵分队参加中部战区检查演练受到表扬。组织民兵开展森林灭火、防汛抢险等演练，全方位依案检验指挥控制、编组模式、综合保障等情况。

【国防动员建设】2022年，黄冈军分区推进后备力量建设转型，论证完成《黄冈市民兵建设“十四五”规划》，成立军地联合工作专班，民兵建设在省军区年度考评中排名靠前。统计更新各类潜力数据，逐个核查重点潜力单位，完成黄冈市国防动员潜力资源概况主片和重点领域子片摄制，协调落实黄冈市人民政府国防动员办公室挂牌；完成鄂东北片新任职基层武装部部长集训任务；选送1人参加全省教练员评比，获评精品课目。健全完善高学历兵员潜力数据库，精准发动大学毕业生应征，组织预定新兵全员交叉复查，加强“五率”（报名率、上站率、合格率、择优率、退兵率）动态监控，全过程管控兵员征集，完成全年征集兵员任务。完成市县两级征兵服务站建设试点任务，系列成果在省军区交流并推广。指导高校征兵工作站建设，黄冈师范学院征兵工作站被评为“省级示范高校征兵工作站”。

【综合保障】2022年，黄冈军分区推进迎接军委国防动员部财务安全检查和省军区正规化建设暨后勤行业领域整肃工作，及时查纠整改问题，并举一反三查漏补缺、进行规范。开展“守护戎装”专项行动，推进21式作训服、作业服换发工作。申请专项经费，整修改造军分区机关公寓房。落实武器装备管理制度，全年保障射击训练及考核无差错；完成弹药跨市接领押运和报废武器移交任务，接领发放防汛装备器材，推进全市民兵装备仓库及各县（市）人武部兵器室规范化建设达标。

【基层建设】2022年，黄冈军分区制定年度《抓建基层计划》《为基层办实事计划》，落实党委常委挂钩基层联系点、基层建设形势分析和机关基层双向讲评等制度，常态化开展“帮建党支部、帮带书记、帮抓骨干”和“基层有盼、马上就办”活动，定期组织机关人员业务轮训、专武干部专项集训。指导干休所开展“查思想、查工作、查作风”和“加强政治建设、严守政治纪律”专题教育整顿，组织“岗位对标职能、能力对标需求”练兵等活动，提升干休所全面建设水平。持续抓安全保稳定，常态组织安全教育，规范落实安全制度，严密组织安全隐患“拉网式”排查整治，开展安全大检查和“百日安全”等活动，实现全区安全稳定。代表省军区接受军委国防动员部安全综合大检查，成绩位列中部五省受检军分区第一位。

（陈礼平）

【祭扫革命先烈暨民兵集中点验】2022年4月1日，黄冈军分区联合团风县人民武装部到团风县王家坊抗日根据地旧址开展“缅怀英烈悟思想、不忘初心开新局”清明祭扫暨民兵集中点验活动。现场聆听文史专家讲解王家坊抗日根据地先辈们的抗日革命史。黄冈军分区副司令员刘瑞江，团风县委副书记、政法委书记童国锋向王家坊村颁授“民兵爱国主义教育协作单位”牌匾。王家坊抗日根据地是鄂豫边抗日民主根据地的重要组成部分，是鄂豫边区和新四军第五师补充兵员和给养、输送干部、安置伤病人员、军政人员休整的重要根据地，为支援新四军第五师坚持孤悬敌后抗战，战略包围华中重镇武汉做出重大贡献。

（郭峰　余照）

2022年4月1日，黄冈军分区联合团风县人民武装部到团风县王家坊抗日根据地开展“缅怀英烈悟思想、不忘初心开新局”清明祭扫暨民兵集中点验活动　（黄冈军分区　供图）

【“市级示范高校征兵工作站”授牌】2022年6月29日，黄冈市政府在黄冈职业技术学院征兵广场举行“市级示范高校征兵工作站”授牌仪式。黄冈军分区副司令员、市征兵领导小组副组长、市征兵办主任刘瑞江，市政府副秘书长刘斌，黄冈职业技术学院党委副书记、校长姜安心，黄州区人民武装部政委涂薇出席活动。黄冈职业技术学院党委副书记、武装部部长郑柏松主持活动仪式。刘瑞江、刘斌共同为黄冈职业技术学院“市级示范高校征兵工作站”授牌揭牌。

（朱子正）

武警黄冈支队

【概况】2022年，武警黄冈支队争创“全面建设先进支队”，开展“聚力迎盛会、扎实保稳定”建安创安和“学法规、用法规、守法规”活动，纠治涉网涉密和安全隐患问题1819个，支队实现“六无”，红安中队被总队表彰为“安全工作‘六无’先进单位”。7篇经验做法被武警湖北总队（以下简称“总队”）转发，执勤二大队，红安中队、浠水中队、罗田中队、执勤一中队被表彰为“四铁”先进单位。坚持“还权+支持”“放手+督导”“问责+关心”“自建+帮建”基层建设，蕲春中队完成副楼建设，红安中队、团风中队、浠水中队、执勤一中队的7个创新小招法在总队强军网刊载，蕲春中队警士肖亚明被总队表彰为“践行强军目标标兵”。协调解决官兵家属随调、子女入学入托事宜。

【党的建设】2022年，武警黄冈支队组织中共二十大代表候选人推荐提名，召开支队第一届军人代表大会，原机动中队警士潘旺林当选湖北省第十二次党代会代表、武警部队党代会代表。坚持党性党风党纪一起抓，用好监督执纪“四种形态”。规范基层风气监督员和监察联系点建设，下发《致官兵及家属的一封廉洁信》，创新“监督执纪需求提报”制度，发送廉洁短信4500条，满意答复意见码反映问题12条。

【思想政治建设】2022年，武警黄冈支队党委开展“学训词、迎盛会、谱新篇”教育和“忠诚维护核心、矢志奋斗强军”主题教育，深化“十个基本观”教育，广大官兵听党话、跟党走的思想政治根基更加牢固。保障处原处长王小彬勇救落水群众先进事迹被媒体报道，总队党委作出向王小彬学习的决定。开展“强军风采”系列文化活动，完成基层中队“书香军营”建设、荣誉室和支队史馆改造，承办总队“强军杯”篮球赛，举办优秀老兵事迹报告会，机动中队警士周喆创作美术作品《苍松迎客》获总队建军95周年美术作品征集活动优秀奖，支队在总队“强军战歌献给党”歌咏比赛中获组织奖，支队新时代军民共建精神文明试点工作获省委书记王蒙徽肯定。在各大媒体刊稿136篇，支队被总队表彰为“新闻舆论工作先进单位”，警勤中队指导员祁武辉被表彰为“新闻舆论工作先进个人”。

【战备训练】 2022年，武警黄冈支队深入贯彻习近平强军思想，把战备训练作为第一要务，按照任务牵引、聚焦实战、按纲施训要求，做好指挥技能和专业技能训练，加强战备训练质效。坚持定期党委议战议训、通报执勤制度，加强军事时事学习，密切关注世界政治军事动向，提升军事战备思想武装。落实每日训练检查、每周交班讲评制度，始终保持战备思想状态，做到“召之即来、来之能战、战之必胜”。加强监督检查，落实战备训练“一票否决”制，表彰奖励向战备训练和执行重大任务倾斜。延展战备训练链条，提升应急处突能力，提高官兵综合素质。全年接受上级检验拉动100次，完成各类保障600次。年内，开展东门路劫持公交车事件等演练，完成城市武装巡逻、山林火灾扑救、湖北省“9·30”公祭、跨省长途押解等任务，被中共黄冈市委表彰为党的二十大安保维稳先进单位。

【军事训练】 2022年，武警黄冈支队运用日常训练、群众性练兵比武、执勤安保以及实战训练等手段，构建大军事训练格局。以严促训，以训强基。按计划开展体能训练、擒拿格斗、射击、小组战术等日常训练，夯实军事训练基本，提升官兵体能、技能训练水平。以考促训，以训强能。密集开展群众性练兵比武活动，武警黄冈支队在武警湖北总队参谋业务集训总评中位列第五位，获评教练员集训“优胜单位”，谢寰宇获评优秀学员；武警黄冈支队机动中队在“巅峰”比武中位列团体第四位，胡鑫南获评特战专业尖兵，黄定成获评机要密码工作先进个人，杜晨珲获武警部队作战问题研究征文三等奖。贯彻落实新时代执勤安保规范化集训精神，开展执勤安保使命价值大讨论，与黄冈市公安局召开“三共”（思想共建、队伍共管、共保安全）会议4次，治理执勤隐患67处，完成执勤目标和部队营区倾斜摄影暨三维建模，武警红安中队被武警湖北总队表彰为执勤先进单位，武警红安中队钟林峰、武警浠水中队王长翔被武警湖北总队表彰为执勤先进个人。

【整风整改】 2022年，武警黄冈支队推进武警部队党委巡察、整治基层风气和总队“抓整治、促规范、强基础”专项活动。查摆问题2292个，整改问题2292个，整改率99.7%。在武警部队党委巡察问题整改中，整改完成问题16个；开展整治基层风气活动，修订方案2次，更新问题台账9次，召开攻坚推进会3次，推动整改成果向部队建设实践转化。支队接受巡察情况被总队党委首长认可，被巡察组领导肯定。

【后装战备】 2022年，武警黄冈支队制定后装战备方案，开展战勤编组训练，机动中队警士林志颖、蕲春中队警士李佳琦被总队表彰为“优秀军械器材员”。深化后装重点行业领域整肃治理攻坚和“后装管理年”活动，科学编制2022年度预算并推进预算执行。推进资产累积性难题“两年攻坚行动”，依法依规推进完成大项经费使用、工程项目招标、大宗物资采购，开展打码贴签工作、“文明守纪展风采、安全行车迎盛会”车辆交通安全专项整治。召开卫生工作座谈会，组织医疗巡诊和送医送药活动。开展“后装服务走基层”活动，补充价值18万元给养器材，开设深夜食堂，英山中队实现整体搬迁。

（曹　磊　席想楼）

2022年5月8日，武警黄冈支队某部开展群众性练兵比武活动。图为参加比武活动的武警官兵评看龙虎榜

（武警黄冈支队　供图）

人民防空

【概况】 2022年，黄冈市人防办加强人防工程监督管理，推进疏散基地项目建设，完成遗留项目竣工验收和维修改造早期人防工程等工作。开展人防宣传教育，营造各界了解人防、支持人防、参与人防氛围。在《湖北人防》发表《强基固本、守正创新，推进人防依法行政工作提质增效》经验文章。

【人防工程建设】 2022年，黄冈市人防办加快疏散基地项目建设，优化调整项目建设方案，结合市委党校二期项目融合建设，完成重新立项、项目可研报告征求意见。推进党员干部下基层察民情解民忧暖民心实践活动，开展技术指导培训服务，加强在建人防工程技术指导和监督管理。加强消除安全隐患，美化周边环境，维修改造早期人防工程口部房6处。

【人防指挥通信建设】 2022年，黄冈市推进人防指挥通信建设，武穴机动指挥所完成验收评审，实现机动指挥平台全覆盖。加强人防信息化建设管理力度，完成视频会议、卫星、短波电台、北斗卫星导航定位应用系统与省人防办全部联试联调，联调率100%。加强人防警报管理，开展人防警报“双随机、一公开”执法检查。9月16日，组织全市城区防空警报试鸣，警报鸣响率100%，完成重要节点警报鸣响工作。组织人防专业队参加“5·12国家防灾减灾日活动”和全市防汛抢险救援综合演练活动。推进全市人防“冈越—22”机动指挥训练工作，组织

2022年4月15日，黄冈市人防办在黄州区龙王山社区开展人防法律法规和防空防灾知识宣传 （市人防办 供图）

参加“楚竞—22”竞赛。

【法治人防建设】2022年，黄冈市人防办强化法治人防建设，优化营商环境，按行政审批“清、减、降”要求，推进一窗受理、多审合一、多验合一、先建后验，实行100%网上审批并公示。主动介入招商引资项目，集中培训工业园区代办员，指导企业报建。加强“双随机、一公开”事中事后监管，落实行政执法三项制度，规范行政执法行为。加强法治培训，邀请市纪委监委作《纵深推进人防系统全面从严治党》专题宣讲，举办行政执法培训班和学习贯彻习近平法治思想培训班。

【人防宣传教育】2022年，黄冈市人防办实施“新时代人防宣传载体和机制创新”改革项目，开通运营“黄冈人防”微信公众号，在《黄冈日报》、黄冈广播电视台及新媒体平台开展人防宣传。开展“9·16”试鸣活动，组织全市60万名中小学生开展防空防灾应急疏散演练。组织开展人防知识和法律法规“五进”活动，到62个社区开展专题宣传；到市委党校开展人防宣传。

【人防应急疏散演练】2022年9月16日，黄冈市人防办、市教育局、市应急管理局联合在黄州中学举行2022年黄冈市中小学“9·18”国防教育暨人民防空应急疏散演练活动，全市各级各类学校组织师生同步开展应急疏散演练。演练期间，防空警报响起，各班同学在老师的引导下，几分钟时间就从教室撤离到指定地点。通过警报试鸣演练，全体学生进一步了解和熟悉三种防空警报信号，提高对警报信号的认知能力，让学生在战时状态下采取正确行动，进行有效自我防护，减少生命财产损失。

（贺　珊）

国防教育

【概况】2022年，黄冈市以多种活动为载体普及国防知识，增强国防观念，在全市营造关心国防、支持国防、参与国防、建设国防氛围。市委宣传部、市国防动员办公室在市区学校组织开展防空警报试鸣疏散演练，增强师生安全防范意识，营造平安、和谐校园；组织工作人员、志愿者向商户、市民发放征兵宣传手册、国防教育宣传手册，进一步增强全民国防意识，增强群众爱国情怀和国防观念。红安县配合湖北省委开展湖北省“9·30”烈士公祭日活动；组织中小学生分批次到黄麻纪念园和鄂豫皖苏区中心烈士陵园缅怀革命先烈，开展爱国主义和国防主义教育。蕲春县开展以“踔厉奋发强国防　勇毅前行向复兴”为主题的国防教育进校园暨全国国防教育示范学校授牌仪式，通过“听军旅故事、赏红色戏曲、看国防知识展牌、看军事题材电影”等方式，开展国防教育进校园主题教育活动。团风县组织抗战老兵进校园开展“爱国主义教育活动——那年我们正青春”活动，为3000名学生进行爱国主义、国防教育宣讲，鼓励引导适龄青年参军报国。黄梅县委组织“踔厉奋发强国防　勇毅前行向复兴”主题活动。黄州区利用声、屏、报、网、端等全媒体传播渠道和“两微一抖”等新媒体传播方式，发布全民国防教育日内容60余条，向广大居民普及国防知识。

【国防教育学习宣讲】2022年，黄冈市组建国防教育宣讲队12支，全年面向机关单位、企业和学习开展国防教育宣讲182场次。5月19日，邀请省直部门负责人以“牢固树立总体国家安全观，切实提升防范化解风险能力”为题，为市委理论学习中心组人员、列席人员及有关单位负责人授课。

【国防动员教育与宣传】2022年，黄冈市国防动员委员会将国防教育工作融入拥军优属、军民共建、兵员征集、精神文明创建等常规性工作，结合八一建军节、烈士纪念日等节点，军地联合开展走访慰问军人家庭、祭拜革命先烈等国防教育宣传活动。4月15日，黄冈各地推进“4·15”全民国家安全教育日普法宣传，开展全民国家安全教育进校园宣传活动，全市372所中小学、3所高校、30万余名学生参加活动，200余名司法工作人员讲解国家安全法律知识。9月16日，黄冈市举行2022年“九一八”国防教育暨人民防空应急疏散演练活动，全市380个机关事业单位，390所中小学，近30万人参加演练。

【抗美援朝老兵事迹宣传】2022年6月，老党员、抗美援朝老兵陈世礼被评为“荆楚楷模”2022年度上榜人物。94岁的陈世礼退役前是中国人民解放军第27军80师直属炮营1连1排2班战士，先后参加过淮海战役、渡江战役、抗美援朝战争，荣立三等功两次。在朝鲜战场，陈世礼英勇作战，10个脚趾被冻掉。转业后，陈世礼主动选择回到家乡，在黄冈粮食系统工作至离休。70余年来，陈世礼不居功自傲，面对家庭困难，不向组织提任何要求，坚守初心、深藏功名的故事被媒体报道。

（柳一村　胡文珍）

责任编辑：胡文珍　　责任校对：王　俊

经济管理

宏观经济调控

【概况】2022年，黄冈市认真贯彻"疫情要防住、经济要稳住、发展要安全"重要要求，积极应对经济下行压力、疫情反复冲击、罕见高温等超预期因素影响，全面准确贯彻新发展理念，深化改革创新，推进经济转型升级，推动对接共建，守牢安全底线，增进民生福祉，加强宏观经济调控，稳住经济大盘。每月开展经济运行分析，研判经济形势，实时掌握主要经济指标变化，紧盯重点产业、重点项目、重点企业，剖析存在的问题，研究部署各项应对措施，确保全市经济顶压前行、稳步提升。持续保持快于全省、稳中有进势头，黄冈经济发展实现由长期拖全省后腿向为全省作贡献的重大转变。全市主要经济指标增幅均高于全国，规模以上工业增加值比上年增长12.6%，位列全省第二位；固定资产投资比上年增长17.4%，位列全省第八位；社会消费品零售总额1451.29亿元，比上年增长3.4%，位列全省第五位；全市一般公共预算收入剔除增值税留抵退税完成157.41亿元，比上年增长8.7%；外贸进出口总额比上年增长40.1%，实际利用外资比上年增长73%；城镇居民人均可支配收入36312元、农村居民人均可支配收入17855元，分别比上年增长6.7%、8.5%，城乡居民人均可支配收入比2.03，比上年缩小0.03。

【统筹疫情防控和经济社会发展】2022年，黄冈市面对复杂多变的国际形势、国内疫情和高温干旱等多重超预期因素冲击，坚持稳中求进工作总基调，统筹疫情防控和经济社会发展，克难奋进，落实省政府各项目标。聚焦重点区域、重点行业、重大项目、重点企业，形成市级领导提级调度、包保服务等系列机制。全市地区生产总值、规模以上工业增加值、固定资产投资、社会消费品零售总额、全市一般公共预算收入等主要经济指标增幅高于全国，地区生产总值实现2747.9亿元，增速4.9%，高于全省0.6个百分点。

（何全鑫）

【营商环境优化】2022年，黄冈市在全省率先召开营商环境大会，开展营商环境大讲堂活动，部署安排全市优化营商环境工作。市委、市政府召开营商环境大会4次，就优化营商环境工作作出指示批示5次。市人大常委会组织开展法治化营商环境专题询问，市政协开展优化营商环境专题调研，市纪委监委连续5年开展营商环境护航行动。全市建立优化营商环境日常管理工作台账，加强日常工作督办，每2个月调度省市重点任务清单一次，印发工作通报5期。市发展改革委（市营商办）率先在全省落实企业开办智慧办、秒批，建立不动产登记网上办事大厅，探索"破产债权确认收费100"模式、新生儿落户"4+2"联办工作法在全省推广，黄梅县方便老年人办事、市金融工作局缓解中小微企业融资难融资贵经验做法被《国家营商环境简报》刊发。全市30个创建事项获省试点资格，位列全省第四位，其中，团风县推动"首席服务官制"改革经验在全省复制推广，被评为2022年全省优化营商环境十大典型案例。建立营商环境投诉联动处理机制，开发问题投诉平台二维码，全年受理营商环境投诉问题320件，办结263件。组织拍摄2部营商环境暗访专题片，曝光损害营商环境问题27个。开展"新官不理旧账"专项整治，受理问题30件，化解一批市场主体反映的急难愁盼问题。创新政务服务，"我要开餐馆""我要开药店""退休手续办理"等100项高频事项实现"一事联办"，推动100个政务服务事项向基层下放。持续开展"无证明城市"创建工作，取消政府规章、规范性文件设定的证明事项341项。实行施工许可告知承诺制，推进水电气联动报装，取消低风险工程项目施工图审，全市审批和服务事项平均办事时间、材料分别压减85%和35%，600个高频事项实现最多跑一次，58个事项实现"跨省通办"，106个事项实现武汉城市圈通办。深化"证照分离改革"，取消审批、审批改备案和实行告知承诺许可事项150项。率先在全省推进企业注销许可联办、企业名称变更联办、证照法人变更联办、证照经营地址联办等"一事联办"主题事项4个。"双随机、一公开"监管实现常态化、全覆盖，推行"上一次门查多项事"，跨部门"双随机"联合检查占比在70%以上。

（阮浩文）

【经济运行监测】2022年，黄冈市加强全市经济运行调度，深入开展"千人进千企"、稳经济大盘督导服务、稳经济一揽子政策落实等活动，高规格调度全市经济运行情况，召开经济运行新闻发布会4次、经济形势分析会4次、全市经济运行调度会12次，印发全市经济运行监测报告4次、调研分析报告8篇。

【重大战略实施】2022年，黄冈市加快推进以武鄂黄黄为核心的武汉都市圈建设，融入武汉"1小时通勤圈"；光谷黄冈科技产业园、中国光谷红安高新技术产业园纳入都市圈十大重点工程；公共服务同城化水平提升，武汉都市圈"一圈通办"事项410项；鄂黄第三过江通道、武汉至黄梅高速、武汉至黄冈市域(郊)铁路纳入武鄂黄黄规划建设纲要；新引进亿元以上武汉都市圈企业项目57个、协议投资额509.78亿元，东湖高新智能科技产业园、铭普光磁等项目加速建设。推进长江经济带绿色发展，实施降碳减污扩绿增长十大行动和黄冈长江高水平保护十大攻坚提升行动，实施白莲河库区生态补偿，统筹流域上下游协同合作。编制《黄冈市流域综合治理和统筹发展规划》，细化底图单元，制定措施清单，推动实现人口规模、经济结构、产业布局与水资源、水生态、水环境协调发展。

【产业结构调整】2022年，黄冈市一、二、三产业结构由2021年19.7∶33.2∶47.1调整为19.9∶34.4∶45.7。规模以上农产品加工企业422家、实现产值636.8亿元，分别比上年增长9.04%、15.12%。英山县创建国家农村产业融合发展示范园，武穴市创建国家现代农业产业园。规模以上工业企业1451家、净增229家，产值过亿元企业498家、比上年增加61家。引导企业细分领域，新培育国家级专精特新"小巨人"企业9家、省级80家，新培育单项冠军企业11家。推进制造业十大重点产业链"双链长制"，新兴产业加快发展，占规模以上工业比重30%。月度进规重点服务业企业56家，位列全省第一位。存贷款增速均居全省前列。联投千方网络货运数字产业园、小快科技电商数字物流产业园完成落户，顺丰冷运中心、三峡银岭冷链物流园、武汉北公路港城市物流中心、黄冈智慧冷链仓储物流项目加快推进。

【固定资产投资】2022年，黄冈市完成投资比上年增长17.4%，高于全省2.4个百分点，增速位列全省第八位，比上年前进1位。部分领域投资增长强劲。其中，民间投资比上年增长25.8%，高于全省12.6个百分点，增速位列全省第四位，比上年前进9位；工业投资比上年增长46.3%，高于全省22.1个百分点，增速位列全省第二位，比上年前进7位；制造业投资比上年增长30.7%，高于全省7.5个百分点，增速位列全省第四位。投资结构深度调整，全市民间投资和工业投资占总投资比重再创新高。民间投资占总投资比重72.5%，比上年提高4.8个百分点，高于全省5.4个百分点；蕲春、麻城、黄梅、武穴、团风、红安6个县(市)的民间投资占比高于全市，其中蕲春县、麻城市、黄梅县民间投资占比分别为83.8%、81.1%、80.3%。工业投资占总投资比重38.5%，比上年提高7.6个百分点，高于全省0.8个百分点，首次超过全省平均水平；武穴、黄梅、浠水、红安、蕲春5个县(市)工业投资占总投资比重高于全市，其中武穴工业投资占比50.9%。全年新入库500万以上项目1783个、总投资1899亿元，分别比上年增长49%、14%，其中，武穴市、罗田县、浠水县入库项目总投资分别比上年增长86%、170%、49%。全年全市第一、第二产业投资分别比上年增长41.1%、46.2%，高于总投资增速23.7、28.8个百分点，第一、第二产业投资占总投资比重分别为4.4%、38.4%，比上年提高0.7、7.5个百分点，其中第一产业的农业投资比上年增长124.8%；第二产业的非金属矿采选业投资比上年增长610.9%，占总投资比重1.7%，提高0.3个百分点；农副食品加工业投资比上年增长70.6%，占总投资比重2.1%，提高0.7个百分点；纺织业投资比上年增长102.6%，占总投资比重2.2%，提高1个百分点；医药制造业投资比上年增长63%，占总投资比重2.4%，提高0.7个百分点；设备制造业投资比上年增长46.1%，占总投资比重2.1%，提高0.4个百分点；能源投资比上年增长101.7%，占总投资比重7.1%，提高2.9个百分点。

【重大项目建设】2022年，黄冈市新开工5000万元以上项目997个，总投资2206亿元，分别比上年增加475个、592亿元，增长91%、37%，其中武穴市、黄梅县、罗田县开工项目总投资比上年增长153%、121%、247%。全年争取资金134.8亿元，其中争取中省预算内投资项目167个、资金24.65亿元，争取资金比上年增长18.8%。发行地方政府专项债项目125个，发行债券65.84亿元，分别比上年增长98.4%、18.5%。获批政策性开发性金融工具项目23个、基金额度26.48亿元，投放项目6个、基金6.18亿元。获批重点领域设备购置与更新改造贷款贴息项目66个、贷款需求37.56亿元，签订贷款合同项目33个、金额17.86亿元，完成投放贷款项目26个，实际发放金额10.82亿元。麻城市百万千瓦新能源基地一期投产，平坦原、紫云山、魏家冲抽水蓄能项目开工，华电武穴黄石热电搬迁扩建、大别山电厂三期扩建项目纳入全省新增煤电规划。黄黄高铁、合安九高铁、麻城高端新型建材加工交易区等重大项目如期建成。

【高新技术企业培育】2022年，黄冈市出台促进高新技术产业创新发展举措14条。实施高新技术企业倍增计划，高新技术企业总数777家。组建黄冈(光谷)离岸科创中心，联合武汉高校科研院所共建省级临床医学研究中心1个、协同创新中心3个、产业技术研究院6个。实施技术攻关项目68项，授权专利4849件，12项科技成果获省科学技术奖励。完成技术合同成交额130亿元。

(何金鑫)

自然资源管理

【概况】2022年，黄冈市自然资源和规划局进一步提升自然资源管理工作科学化水平，自然资源管理工作被纳入全省5个自然资源资产编制平衡表试点市之一。年内，对2021年度全市国有自然资源总体现状进行整理分析，对全市土地等国有自然资源资产的数量、价值、分布、利用、生态等信息进行评估、描述和统计；组织开展自然资源调查登记，完成第三次国土调查工作；全市国土变更调查图斑4.56万个，工业用地"标准地"出让260宗。完成宅基地使用权确权登记发证，登记108.99万宗；完成集体建设用地使用权确权发证，登记1.34万宗。颁发不动产权证书2.91万本(含农房发证)。

【用地保障】2022年，黄冈市自然资源和规划局办理房改房上市、个人划拨转出让、土地续期等业务831件，提供上门服务20次，用地规划及矿产业务收件

615件次；办理“两证一书一核实”证件316个；征收个人业务土地出让金963.18万元，征收城市基础设施配套费1.13亿元。土地要素保障。出台《关于做好土地要素保障工作助力2022年一季度“开门红”若干措施》《加强自然资源要素保障服务经济稳增长若干措施》《强化自然资源要素保障稳住经济大盘若干措施》，采取“甘特图”管理模式（通过条状图来显示项目、进度和其他时间相关的系统进展的内在关系随着时间进展的情况），实现2061个重点项目土地要素保障率100%。用地审批。完成市以上建设用地批复465个批次、面积2700公顷，获批建设用地面积位列全省第三位，批次用地项目平均用时约88天（含节假日），提速19.27%以上。全年共批准涉及占用耕地或永久基本农田临时用地项目32宗、总面积251公顷，其中，涉及耕地103.6公顷，永久基本农田68.94公顷。全市交通重点项目完成用地保障28个，正在开用地预审项目9个，用地报批资料报国务院、省政府项目5个，项目用地保障率100%。土地供应。市区土地供应37宗，供应面积451.79公顷，其中出让21宗、面积137.54公顷，出让价款9.36亿元；划拨16宗、面积314.25公顷，划拨价款1.09亿元。规划审批。配合市住建局完成《黄冈市农村住房建筑风貌管控导则》规划编制；完成《黄冈市中心城区城市更新规划》《城西片区（科技新城）控制性详细规划》等编制。完成各类方案审查146件，其中规委会专题会审定通过18件，局业务例会审定通过53件，审批办业务例会审定通过70件。

【土地收储】2022年，黄冈市区完成土地收储19宗、面积137.84公顷。在原中电电气存量收储土地中供给4公顷用于市第四小学建设，收储黄冈齐安学校区思源学校周边3宗土地用于配套停车场项目建设。联合高新区管委会收储司米橱柜（黄冈）公司、湖北天瑞气雾剂制罐有限公司、昆仑能源湖北黄冈液化天然气有限公司工业用地3宗。

【自然资源权益管理与开发利用】2022年，黄冈市实施工业用地“标准地”出让，实现“拿地即可开工”，缩短市区工业项目审批时间，累计工业用地“标准地”出让260宗、面积858.41公顷。集约节约用地。印发2022年度县域经济、开发区土地及全市规模以上工业企业土地节约集约利用考核办法。发布企业“亩产英雄榜”，按一地一策分类处置低效用地。完成低效用地处置23宗，拟退园2宗、亩均税收及亩均产值提升到销号标准13宗。全市批而未供总面积2596.13公顷，闲置土地1080.31公顷，消化批而未供面积878.47公顷，处置率32.19%，超省厅下达目标任务（25%），处置闲置土地602.68公顷，处置率55.79%，超省厅下达目标任务（27%）。矿山储量管理。历时4个月，完成全市矿山2021年储量年报编制，组织专家审查，指导矿山企业按要求完成勘查开采信息公示系统填报，并通过审查。矿产资源开发利用。年内，市自然资源和规划局组织开展矿产资源开发利用统计直报工作，收集、整理、汇总10个县（市、区）矿山信息，分析全市持证矿山企业矿山开发利用情况。至年底，全市矿山开采从业人员5416人，实现工业总产值75亿元、综合利用产值1亿元、矿产品销售收入79亿元、利润总额14亿元，年投资额50亿元。自然资源资产平衡表编制。年内，市自然资源和规划局开展市区范围内全民所有自然资源资产清查，编制平衡表，统筹汇总各县（市、区）自然资源资产清查和平衡表编制成果，完成全市自然资源资产平衡表编制成果验收。

【测绘工作】2022年，黄冈市自然资源和规划局完成黄冈市区基础地形图更新和三维建模项目等测绘，办理湖北欣园测绘有限公司等16家单位测绘资质。办理武穴市地理信息测绘中心2家单位测绘作业证初审并提交省厅发证。制定年度测绘资质、测绘成果质量“双随机、一公开”监督检查工作方案，完成测绘资质检查单位8家，测绘项目成果检查7个，登记测绘项目90个。完成黄冈市域1.74万平方千米航空摄影、控制测量和空三加密、数字正射影像图（DOM）和地形级三维模型制工作质检。推进工程建设项目“多测合一”（在建设项目审批全流程中，将测绘内容相同或属于同一审批阶段的多个测绘业务，整合为一个测绘业务）改革，健全“多测合一”机制建设，搭建黄冈市“多测合一”综合测绘业务管理系统。组织开展“8·29”测绘法宣传日国家版图意识宣传活动。

【不动产登记】2022年，黄冈市自然资源和规划局制定《黄冈市不动产登记业务操作规范（2022年第一版）》，压缩审批时间，做到即来即办，立等可取。开辟绿色通道，针对老年人、军人、孕妇、残疾人等特殊群体及招商引资重大项目，设立专门窗口受理、审核、办结。优化线下办事大厅窗口设置，创新集税务、交易、水、电、气等一窗受理、一体化办理新模式。全市受理各类不动产登记业务4.15万件（含农房发证），颁发不动产权证书2.91万本（含农房发证）、不动产登记证明1.07万份，办理水电气过户800余件。网办延伸服务。与市区20家金融机构62个网点签订业务合作协议，开通抵押、新建商品房转移登记、二手房转移

表15　2022年黄冈市测绘资质、测绘成果质量“双随机、一公开”监督检查情况一览表

序号	单　　位	所在地	资质等级	测绘资质检查情况	测绘成果质量检查
1	湖北精益测绘工程有限公司	黄州区	乙级	符合	批合格
2	黄冈众科测绘有限公司	黄州区	乙级	符合	批合格
3	湖北点线圆勘测有限公司	罗田县	乙级	符合	批合格
4	黄冈隆达测绘有限公司	黄州区	乙级	符合	批合格
5	湖北和致盛房地产评估测绘有限公司	麻城市	乙级	符合	批合格
6	湖北清晨自然资源服务有限责任公司	麻城市	乙级	符合	批合格
7	湖北宇沣规划设计有限公司	黄州区	乙级	符合	无项目
8	黄冈市城市规划设计研究院有限公司	黄州区	乙级	符合	批合格

（资料来源：市自然资源和规划局）

2022年4月2日，湖北省中飞智慧照明集团有限公司负责人一次性收到“不动产权证”“建设用地规划许可证”“建设工程规划许可证”“建设工程规划方案批准书”“建筑工程施工许可证” （市自然资源和规划局 供图）

登记等线上办理业务。全市网上办理不动产业务类型23项，实现不动产登记9类信息网上查询；网上办理各项业务7688件、查询5万余次，全年网上办件量占总办件量(除农房发证外业务)45%以上。帮办代办服务。联合黄冈市政务服务和大数据管理局、市住建局、市税务局等部门，成立“帮办代办”团队，“网上办”“延伸办”“帮代办”为80余家企业办理登记业务149笔，发证174本，上门服务59次；办事群众通过自助取证柜领取证书2849本，自助机打印领取证书2178本、查询1万次以上；党员服务小分队为老弱病残等特殊对象上门服务74次96人，办理证书证明88本；采取“先办后补”方式容缺办理不动产登记33件，累计延时服务超120小时；为个人房屋提供信息查询7000余次，二手房交易缴纳土地出让金信息查询5679份，司法查询3000余次，律师查询800余次，银行查询1200余次，企事业单位查询60余次，纪委查询100余次，相关办事人查询1100余次，司法机关协助(解)封1577份。

【自然资源执法监察】2022年，黄冈市自然资源和规划局制定法治政府建设行动方案，开展执法案卷质量评查，组织开展结案土地、矿产、测绘类执法查处案卷评查4次，累计79卷，其中行政处罚63卷、行政许可13卷、涉企3卷。办理行政复议案件3件，行政诉讼案件27件，主持召开听证会3次，案件协调会2次。办理来信、来访、网上信访等信访事项235件(次)，领导接访21余次，接访人数65人次。

【自然资源调查登记】2022年，黄冈市完成第三次国土调查工作，及时向社会公布调查数据，应用于国土空间规划编制、耕地保护、全域国土综合整治、建设用地报批、卫片执法等自然资源和规划管理全过程。国土变更调查。全市国土变更调查图斑4.56万个、面积1.15万公顷，其中国家下发图斑3.3万个、面积7873.73公顷，各县(市、区)自提图斑1.26万个、面积244.01万公顷。农村不动产确权登记。全市完成宅基地使用权确权登记发证，应登记110.52万宗，登记108.99万宗，其中，房地一体75.25万宗，房地一体登记率68%。完成集体建设用地使用权确权发证，应登记1.35万宗，登记1.34万宗，其中，房地一体1.13万宗，房地一体登记率83%。

【自然资源管理信息化建设】2022年，黄冈市自然资源和规划局统一管理局内数据库，搭建基础信息平台，发布统一标准，将多系统平台数据对接到一个信息平台，随时共享调用所有数据服务，实现一套数据库全系统共享。定制开发各科室单位一键式图层数据压盖分析功能模块，开展“一对一”和集中指导培训，调整优化审批系统中业务流程、业务规则、系统功能等。开展“多规合一”维护更新工作。收集各项多规数据，持续完善一张蓝图底图数据，汇聚更新自然资源一张图，实现带图审批。

【自然资源领域营商环境优化】2022年，湖北省自然资源领域优化营商环境第三方评估二季度评价中，黄冈位列全省第七位，比第一季度提升4位。再优审批模式。黄冈市自然资源和规划局为市重点招商引资项目提供优质服务，审批时长最短53天，审批速度提升30%，审批事项缩减至6项，办理时间平均缩短5天。推广“五证同发”审批模式，与市住建局等多个部门协同联动，在土地公告期内提前介入开展权籍调查、设计方案和施工图审查，将拿地后的有关审批流程调整到拿地前和拿地中，变串联式审批为依申请并联审批，同步审查、办理、发证。4月2日，市区首例“五证同发”业务办理完成。推进“多测合一”。市自然资源和规划局牵头制定并报市营商办印发实施《黄冈市工程建设项目“多测合一”工作实施方案》，合并14个专项测绘事项为1个综合性联合测绘项目，并按报批许可、建设施工、竣工验收及产权登记3个阶段向相关职能部门提供测绘数据和成果，实现同一阶段“一次委托、成果共享”。年内，“多测合一”综合测绘业务管理系统上线试运行，入驻测绘机构9家，登记测绘项目3个。深化“互联网+不动产登记”改革。全市实施湖北政务服务网及“鄂汇办”App开通不动产登记业务，推进不动产登记“黄冈通”市县同办项目建设。启用不动产电子证照，推行二手房转移登记纳税缴费全程网上办，加强不动产登记与银行等金融机构协同服务，市区内抵押登记全覆盖，金融“延伸办、网上办”网点30余个。

【《黄冈市流域综合治理和统筹发展规划》编制】2022年，黄冈市自然资源和规划局采取资料收集、召开推进会、广泛征求意见等方式编制规划，邀请武汉规划设计院、长江水利勘察设计院提供技术支持，形成《黄冈市流域综合治理和统筹发展规划(初稿)》。经市委、市政府审查修改后报省委审定，12月，规划正式发布实施。规划确定全市1个二级流域片区、

7个三级流域片区、27个四级治理单元，分层级确定底线管控负面清单和发展指引正面清单，坚守水安全、水环境安全、粮食和能源资源安全、生态安全底线。

（何　剑）

【“三区三线”划定工作培训会】2022年5月20日，黄冈市自然资源和规划局组织召开全市“三区三线”(城镇空间、农业空间、生态空间，开发边界、基本农田保护红线、生态保护红线)划定工作视频培训会，结合黄冈实际，分类研究具体划定工作中的问题，划定工作重点，成立由相关单位参加的“三区三线”规划工作专班。建立黄冈市重大项目填报系统，为各县市提供专门账号填报重大项目，与各部门统筹推进交通、水利、能源等专项规划和重大项目衔接。

【国土空间规划城市体检评估】2022年，黄冈市自然资源和规划局启动《黄冈市2021年度国土空间规划城市体检评估》工作。市直各相关单位数据和资料收集完成，按照要求编制黄冈市2021年度国土空间规划城市体检评估报告。

（王琛辉）

国有资产监督管理

【概况】2022年，黄冈市政府国有资产监督管理委员会监管企业7户，资产总额821.23亿元，营业收入64.29亿元，利润总额8.27亿元，上缴税费1.85亿元。加强国有企业出资企业党建工作，开展检查通报，反馈基层党建问题21条。根据国企改革需要，调整7家一级企业党组织隶属关系，新设立基层党委2个、党总支6个、党支部2个，撤销基层党委5个，推进党组织设置与企业组织架构运行有机统一。印发《市国资国企系统党员干部下基层察民情解民忧暖民心实践活动实施方案》，解决群众(企业、社区)提出的问题建议73个。全市国企改革三年行动任务完成，退休人员社会化管理、黄冈国投改革、黄商混合所有制改革、县级国资监管机构建设等改革经验被国家、省有关会议或简报推广，市政府国有资产监督管理委员会被评为“二十大信访维稳安保工作先进集体”。

【国企改革重组】2022年，黄冈市委、市政府印发《关于进一步深化市属国资国企改革的意见》《市属国企改革重组整合实施方案》，市政府国有资产监督管理委员会制定《市属国企重组整合重点任务分工方案》，完成国企改革重点任务33项。全市126家国企分为市场竞争类76家、功能保障类30家和金融服务类20家，划分开发与建设、产业投资、城市运营、功能保障、金融服务五大业务板块，实行“集团公司—专业公司—项目公司”三级管理架构，放活企业经营，促进企业市场化转型。制定落实《市直行政事业单位经营性国有资产划转工作方案》，国投集团与省联投集团对接合作，组建供应链管理公司。

【国资国企监管机制】2022年，黄冈市政府国有资产监督管理委员会履行市属国有资产出资人职责，落实市直经营性国有资产统一监管任务，指导县(市、区)加强国资监管改革有关工作，强化实施分级分类监管，构建大国资监管机制。突出以管资本为导向，结合企业改革重组，协助企业规范组织架构和运行机制。按企业自主经营的原则，优化设定权责清单，明确权责边界，完善重大事项报告制度，细化工作标准、程序和具体要求，建立国资监管机构与监管企业之间沟通机制。明确领导人员在国有资产保值增值中的责任，推进企业加强企业领导人员任期激励考核，在国资监管机构与监管企业、各监管企业内部各级企业之间，建立健全责任层层落实、压力层层传递、激励层层衔接的国有资产保值增值责任体系。

【产业培育】2022年，黄冈市完成一类水运口岸省级预验收，垃圾焚烧发电项目点火试运营，潭山还建小区、粮油物资应急保障中心、城铁西站片区中天平路、黄冈师院人行天桥、赤壁单元城市更新先行区环境整治等一批重点项目建设。投入2.97亿元，完成晨鸣纸业二期、人福药业、华甜药业、中周环保、楚维药业、林立新材料、福而嘉、凯伦三期等医药化工、环保、新材料等产业项目、BT项目回购及重点招商引资项目基础建设，加速器项目完成工程量2.75亿元，融创星城项目建成厂房10栋、封顶厂房8栋。

【企业纾困】2022年，黄冈市为1610户服务业小微企业和个体工商户减免房租2000万余元。市区154个市场主体享受气、水费缓缴政策，缓缴金额近400万元。引导全市14家银行机构加入再担保合作体系，联合开发“园区贷”“政采贷”“创业担保贷”等业务。开展“双降一简”(降低反担保门槛、降低担保费率、简化办事流程)试点合作，实现黄州区、高新区、产业园及10个县(市、区)新型政银担业务全覆盖。“融资担保纾困行动”被纳入全市千人进千企“十件实事”之一。为220户市场主体提供担保贷款2.16亿元，服务农业、制造业和服务业三大类17条产业链，重点支持产业化龙头企业28家，交通物流、批零住餐、文化旅游行业困难企业43家。

【国企风险防控】2022年，黄冈市政府国有资产监督管理委员会定期检查联系企业安全生产工作，排查风险隐患。组织专班，采取不定期暗访督查方式，对涉及民生领域的供水、供气、公交等重点企业，开展安全生产大检查，现场下发整改通知书，督促整改。组织排查市扫黑办、市财政局托管的涉黑案件资产安全隐患，垫资10万元整改黄州轮渡驳船、八一路外贸大楼等安全隐患。聘请专业机构对安泰押运、公交公司开展全员毛发验毒检测，加强重点领域、重点对象日常管控。化解蔷薇国际项目业主集中上访问题，督促黄冈国投集团会同融创公司依法依规维护群体利益和国有权益，交付“保交楼”1198套。

【债务风险专项整治】2022年，黄冈市政府国有资产监督管理委员会开展债务风险专项整治，指导各出资企业加快推进债务置换，降低融资成本，缓解还款压力。全市出资企业完成合同融资额比上年增长128%；平均融资成本4.35%，比上年下降1.43个百分点。黄冈国投集团本部首次发行公司债10亿元(5年期)，利率3.29%，创全省同评级同规模中长期私募债历史利率新低，城投公司发行三期公司债创湖北省同评级同品种同期限新低，新区投资公司发行企业债券，创公司市场化发债新低。

【央企省企对接合作】2022年，黄冈市政府国有资产监督管理委员会促成市县与央企新签订一批项目合作协议。全市与央企省企新签订合作协议22个，协议投资额384.6亿元，签约项目新增到位资金20.17亿元。在“共同打造中部地区战略支点积极构建湖北新发展格局——第七届湖北省与中央企业项目对接洽谈会”上，蕲春石鼓冲绿色建材基地、黄梅紫云山抽水蓄能等8个项目签约总额303.82亿元。

【再担科创贷运行】2022年，黄冈市融资担保集团创新开发业务产品“再担科创贷”，由省再担保集团、担保公司、银行、政府四方按4∶3∶2∶1比例分担风险，为科技型小微企业或实际控制人提供经营性信贷融资专项再担保贷款。年内，市融资担保集团联合光大银行黄冈分行、招商银行黄冈分行，为黄冈鲁班药业股份有限公司、湖北安一辰光电科技有限公司发放担保贷款1000万元，为全市首批“再担科创贷”担保业务。

【国投集团公司债券首次发行】2022年10月31日，黄冈国有资本投资运营集团有限公司首次在上交所面向专业投资者非公开发行公司债券(第一期)(简称“22HGGT01”)。此期公司债发行规模10亿元，发行期限5(3+2)年，票面利率3.29%，全场认购倍数2.12倍，非银占比70%。该债券是黄冈国投集团公司首次在资本市场发行，创湖北省同评级同规模中长期私募债历史利率最低。

(梅　鑫)

公共资源交易

【概况】2022年，黄冈市完成进场交易额506.08亿元，比上年增长38.82%。《湖北日报》报道黄冈电子全流程、远程异地评标等经验做法4次，中国招投标协会、省中心、省交易监管局多次刊发黄冈亮点工作，4个改革项目入选黄冈优化营商环境典型案例。在全省营商环境评价中，黄冈招投标指标位列全省第三位，政府采购指标位列全省第五位。

【公共资源项目交易】2022年，黄冈市完成公共资源交易数3940个，比上年下降6.77%；交易额506.08亿元，比上年增长38.82%；节约资金39.26亿元，比上年增长87.60%；增收金额1.09亿元，比上年下降87.21%。

【市县一体化交易平台联动】2022年，黄冈市一体推进招标采购电子化、数字化、智能化建设。10个县(市、区)依托省云平台，实现工程项目电子全流程，建设远程异地评标室18个，部署远程异地评标电脑机位124个；建成政府采购网上商城，实现全市小额零星集中采购项目“一网通采”。实施业务培训联动，召开县(市、区)中心主任座谈会暨业务培训会，举办全市政府采购电子全流程业务培训，覆盖各县(市、区)政府采购工作人员及代理机构236人。统筹实施联动，组织专题督办2次，印发通报2期，出台《县(市、区)公共资源交易量化评价细则》，实行量化考评。

【交易业务规范管理】2022年，黄冈市制定完善《市场主体注册指南》《招标文件的编制与发出指南》《招标项目开标场地预约与变更指南》《政府电子采购平台操作手册》《运程异地评标操作指南》和受理登记、开评标现场管理、政府采购工作规程3个。制定出台《招标计划提前发布制度》，推进招标采购有章可循、规范有序。规范交易文本，依托省云台，推行全省统一房屋市政、水利水电、标准农田建设等项目交易示范文本，统一招标文件编制、评标办法。规范专家和代理机构管理，改造升级开评标场地、音视频监控等设施，实行评标专家“人脸识别”，加强评标区管理。与市交易监管局联合印发《关于进一步规范工程建设项目评标现场管理有关事项的通知》《黄冈市建设工程招标代理机构信用评价办法》，规范专家签到、劳务费发放和评标纪律等重要事项，从9大类19个方面对代理机构服务质量“一标一评”，规范评标专家和代理机构现场管理。全年谈话提醒有差错行为评标专家20名，批评教育和信用评价扣分代理公司17家。规范窗口服务，制定《窗口服务规范》，坚持“五制五服务”，即推行挂牌上岗制、首问负责制、限时办结制、一次性告知制、服务承诺制，提供电子服务、预约服务、提醒服务、一站式服务、24小时“不打烊”服务。

【电子化交易】2022年，黄冈市网上受理报建项目217个，接受业务咨询2000余起；线上完成工程项目全流程112个，政府集中采购电子全流程76个，实现电子交易100%；全市规模标准以上政府投资项目远程异地评标100%。先后与四川、山东、辽宁、内蒙古等5省(自治区)31地

表16　2022年黄冈市公共资源交易情况统计表

序号	区属	交易数(宗)	交易金额(亿元)
1	市本级	316	126.67
2	黄州区	76	6.08
3	团风县	481	27.85
4	红安县	321	23.52
5	麻城市	501	46.58
6	罗田县	355	24.39
7	英山县	190	28.16
8	浠水县	493	62.20
9	蕲春县	364	87.08
10	武穴市	300	29.92
11	黄梅县	498	30.22
12	龙感湖管理区	45	13.41
合　计		3940	506.08

(资料来源：市公共资源交易中心)

2022年10月31日，黄冈国有资本投资运营集团有限公司债券首次发行。图为市政府国资委网站头条新闻报道

(市政府国资委　供图)

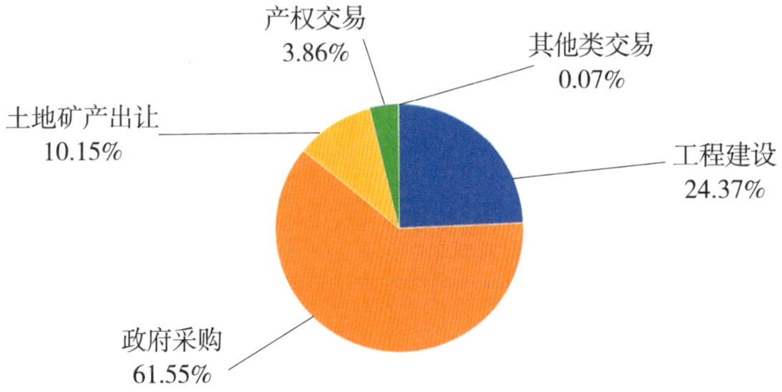

图1　2022年黄冈市各类项目交易数量占比示意图　（市公共资源交易中心 供图）

建立远程异地评标合作；与武汉城市圈、武鄂黄黄都市圈9城签订同城化合作备忘录。与省内外开展远程异地评标147个，其中主场45个、客场102个，共享跨区域评标专家600余人次。10个县（市、区）建成政府采购网上商城，上架商品5.6万款，入驻供应商5126家，成交订单3.53万笔，成交金额6.12亿元。

【打击围标串标专项整治】2022年，黄冈市公共资源交易中心参与市委、市政府打击围标串标专项整治行动。向市交易监管局通报异常情况25次，制止市直2个过亿元项目在招标文件中违规设置限制性条款。加强交易数据统计分析，对雷同内容、异常数据等及时预警，发现23个投标单位数量超20家的交易项目预警异常项目5个，书面通报监管部门。为相关职能部门打击围标串标提供查阅借阅服务60余次、服务"评定分离"项目38个，涉及金额35.83亿元。

【交易采购营商环境优化】2022年，黄冈市公共资源交易中心取消政府采购工程投标保证金和履约保证金，为投标采购企业减少资金占用1.2亿元；取消交易平台信息服务费。全市258个交易项目2934笔使用电子保函，保函金额4.44亿元。提供容缺受理和项目受理登记、安排场地、抽取专家、远程异地评标"四优先"服务项目9个；组织实施200万元以下货物服务、400万元以下工程项目57个，其中47个面向中小企业采购，共计预留采购预算4330.63万元，占比81.51%。

【公共资源交易额突破500亿元】2022年，黄冈市公共资源交易中心进场交易额506.08亿元。市场主体和服务对象通过网络实现"四个不见面"，即不见面"网上报名和受理"、不见面"网上开标"、不见面"远程异地评标"、不见面"网上秒购"。全市工程项目和政府采购电子全流程率100%，规模标准以上项目远程异地评标率100%，与5省31地开展合作，经验做法获上级部门肯定并推广。

【公共资源交易跨区域合作签约】2022年3月31日，湖北、四川、山东、内蒙古自治区4省（自治区）26地市公共资源交易中心跨区域合作视频交流会暨签约仪式举行。会上，各公共资源交易机构针对数字证书（CA）跨区域互认、专家资源跨区域共享、优化营商环境等主题交流发言，黄冈市与4省（自治区）25家公共资源交易机构共同签署《四省公共资源交易跨区域合作战略协议》。

【市级框架协议采购项目评审】2022年8月30日，黄冈市市级行政事业单位机动车保险服务框架协议采购项目完成征集评审，是全省集中采购目录内，首个市级框架协议采购项目。该项目通过"黄冈市政府电子采购平台"实行全流程电子化采购，采用封闭式框架协议采购形式，质量优先法评审，推荐综合评分排序前80%的供应商入围。入围供应商通过黄冈市政府采购网上商城进行展示和交易，采购人登录预算管理一体化系统编报政府采购计划后，依据入围价格、质量及服务便利性、用户评价等因素，择优选定成交供应商。

（张　铮）

财　政

【概况】2022年，黄冈市完成一般公共预算收入140.85亿元，扣除留抵退税因素后157.41亿元，比上年增长8.7%。其中，地方税收收入99.5亿元，扣除留抵退税因素后116.09亿元，比上年增长9.1%；非税收入41.35亿元，比上年增长7.6%。一般公共预算支出559.62亿元。发放创业担保贷款6460笔，首次新增发放创业贷款10亿元。2022年，黄冈市财政局先后被授予全省就业创业先进集体、全省财政政策优秀调研成果优胜单位、全市党的二十大维稳安保信访工作表现突出集体等称号。

【民生领域支出】2022年，黄冈市财政口径民生领域支出451.47亿元，比上年增长9.7%，占一般公共预算支出比重80.7%。全市安排衔接推进乡村振兴资金28.33亿元，巩固拓展脱贫攻坚成果、

表17　2022年黄冈市一般公共预算收入决算情况统计表

单位：万元

项　目	预算数	决算数	决算数比预算数(%)
一、税收收入	1054493	995030	94.4
增值税	441384	354378	80.3
企业所得税	159887	161338	100.9
个人所得税	29598	26669	90.1
资源税	46981	46882	99.8
城市维护建设税	60993	60049	98.5
房产税	28218	32992	116.9
印花税	13566	15911	117.3
城镇土地使用税	24596	26065	106.0
土地增值税	69115	79977	115.7
车船税	22296	20212	90.7
耕地占用税	61558	83234	135.2

续表

项　目	预算数	决算数	决算数比预算数(%)
契税	92450	83260	90.1
烟叶税	—	—	—
环境保护税	3817	3451	90.4
其他税收收入	34	612	1800.0
二、非税收入	390456	413494	105.9
专项收入	50500	53279	105.5
行政事业性收费收入	65085	63729	97.9
罚没收入	155488	157093	101.0
国有资本经营收入	2260	1050	46.5
国有资源(资产)有偿使用收入	78429	106229	135.4
捐赠收入	1295	1106	85.4
政府住房基金收入	19323	21402	110.8
其他收入	18076	9606	53.1
收入总计	1444949	1408524	97.5

说明:其他税收收入为"营改增"前欠缴的营业税

表18　2022年黄冈市一般公共预算支出决算情况统计表

单位:万元

项　目	预算数	决算数	决算数为预算数的%	备　注
一、一般公共服务支出	624935	608376	97.4	
二、国防支出	1451	2923	201.4	决算数含省拨军民融合发展专项资金支出1160万元
三、公共安全支出	214108	198886	92.9	
四、教育支出	1016430	986986	97.1	
五、科学技术支出	76597	71115	92.8	
六、文化旅游体育与传媒支出	93594	88460	94.5	
七、社会保障和就业支出	800060	812857	101.6	
八、卫生健康支出	762145	684218	89.8	
九、节能环保支出	199419	140543	70.5	
十、城乡社区支出	235703	286824	121.7	
十一、农林水支出	880468	852532	96.8	
十二、交通运输支出	349516	375617	107.5	
十三、资源勘探信息等支出	85454	101200	118.4	
十四、商业服务业等支出	27860	18253	65.5	
十五、金融支出	9981	12408	124.3	
十六、援助其他地区支出	240	238	99.2	
十七、自然资源气象等支出	73960	61887	83.7	
十八、住房保障支出	114452	103815	90.7	
十九、粮油物资储备支出	27019	31990	118.4	
二十、灾害防治及应急管理支出	53686	49695	92.6	
二十一、预备费	52126	—	—	执行按支出项目分解到其他科目
二十二、其他支出	19990	-3256	-16.3	2022年黄州区收回以往年度拨付债券资金4500万元,冲销相应支出,导致"其他支出"为负数
二十三、债务付息支出	110559	110151	99.6	
二十四、债务发行费用支出	606	510	84.2	
支出总计	5830359	5596228	96.0	

(资料来源:市财政局)

衔接全面推进乡村振兴。市级筹措资金4850万元,支持农业产业化市场主体培育,推进十大农业重点产业链发展。推动平台、资源、服务下沉,安排村级组织运转经费8.1亿元,支持基层组织运转。支持横向流域生态补偿机制建设,安排"三湖"地区生态补偿资金2400万元、白莲河库区生态补偿资金1400万元,推进龙感湖、太白湖、武山湖和白莲河库区水环境综合整治。争取总投资9.1亿元的大别山区水土保持与生态修复项目,中央预算内资金到位2.79亿元。

【重大项目支出】2022年,黄冈市财政局聚焦重大项目建设,新增政府专项债券65.84亿元,支持公共卫生、交通、市政和产业园基础设施等领域265个重大项目建设,拉动有效投资385亿元。

【财政改革与管理机制建设】2022年,黄冈市推进预算管理制度改革,保障部门人员类经费支出,调整和优化日常公用支出标准,项目支出突出民生保障和政府重点发展性支出。加强政府"四本预算"统筹与衔接、政府非税收入统筹、存量资金统筹与盘活。深化"零基预算"改革,强化绩效评价和结果运用,全市预决算公开质量稳步提升。推进财政资源统筹工作,制定《加快重大项目建设扩大有效投资工作任务清单》,全面清查市直行政事业单位经营性资产和非经营性资产,完成土地、房产、门面等322项经营性资产清查,按"零结转"统筹收回存量资金7.4亿元。

【融资担保】2022年,黄冈市11家政府性融资担保机构在保1894笔、在保余额42.97亿元;注入政府性融资担保公司资本金18.3亿元,设立规模6亿元的信贷风险补偿金;为符合条件的近400家中小微企业和个体工商户提供担保增信,授信15.86亿元,发放纯信用担保贷款11.32亿元;落实小微企业融资担保业务降费奖补政策,支持融资担保机构扩大业务规模,融资担保综合费率降至1%以下。出台《黄冈市企业融资纾困"白名单"管理办法》,对5批次343家"白名单"企业执行优惠利率。

【财政政策落实】2022年,黄冈市为1.4万家企业减免失业保险费1.69亿元、工伤保险费5401万元,为1794个小微企业和个体工商户减免行政事业单位房屋租金1890万元,政府采购授予中小企业份额比例提升至87%;“政采贷”贷款金额10.6亿元,位列全省第二位。拨付各类就业补助资金3.66亿元,拨付稳岗资金5133万元,筹集消费券财政补助资金8210万元,安排惠企纾困资金4.94亿元。年内,全市财政政策落实成效通过国务院第九次大督查保产业链供应链稳定专题组、省委巡视组检查。

【会计管理】 2022年,黄冈市完成全国会计专业资格考试黄冈考区工作,完成2021年和2022年两个年度考生退费和信息采集。开展会计管理工作体系建设调研,调查摸底市直单位代理记账情况并进行问题通报。组织开展线上线下会计业务培训工作,举办黄冈市直行政事业单位财务人员专题培训,培训内容涉及12大类32小类。

【财政监督】 2022年,黄冈市各级财政部门增强风险防范意识,加大重点领域监管力度,确保财政安全运行。出台《黄冈市市级财政资金审批管理办法》《黄冈市市级预算执行检查工作方案》,通过预算执行检查和绩效运行监控,建立完善“1+9”内控体系,强化重大财税政策落实情况监督,加强上级重要决策部署跟进监督,抓好“一卡通”专项治理等工作,重点检查财经纪律执行情况和财经秩序专项检查情况。组织全市财政部门开展财经秩序七大领域专项整治行动、违规兴建楼堂馆所、乱设乱用财政专户、乱存乱放财政资金自查自纠。市财政监督局全覆盖监督检查市直21家单位财政工作,下达《整改通知书》21份,完成21家单位独立检查报告,累计3万余字,梳理、剖析、归类发现问题,在局党组会上专题汇报总体情况,并向市政府上报检查工作情况专题报告。开展落实“树立过紧日子思想”政策专项整治工作,在市直239家单位和各县(市、区)园区开展全覆盖自查自纠的基础上,对市直、龙感湖管理区19家单位实地复查,按时完成省财政厅驻黄冈监督办关于全市专项整治抽检发现问题的回复和整改报告。会计信息质量监督检查。全年全市抽调68人组成34个检查组,检查单位62家(行政事业单位57家、会计师事务所2家、资产评估机构3家),责令限期整改违规违纪行为。各级财政部门开展惠民惠农财政补贴资金“一卡通”突出问题专项治理“回头看”工作。在各县(市、区)自查的基础上,省、市财政部门6次成立专项督导组到10个县(市、区)开展调研督导,下发整改提示函,652个问题均整改到位。梳理补贴政策和项目,形成惠民惠农财政补贴政策清单,在市政府官网上公示。财政监督专题调研。市财政监督局到县(市、区)、机关企业、农村农户开展专题调研,形成调研报告30余篇。市财政局、市银保监分局组成联合调研组,到麻城市、蕲春县开展调研,完成《关于对惠民惠农财政补贴资金“一卡通”便捷取款的思考与探索》调研报告被《财政监督》第24期刊载,获省财政厅监督处和市政府主要领导充分肯定。

【预算绩效管理】 2022年,黄冈市对4662个项目222.98亿元资金开展绩效运行监控,促进项目实施。组织重点评价103家部门(单位)13.76亿元、289个项目59.12亿元、33项政策4.17亿元,再评价18家部门(单位)2.65亿元、142个项目15.05亿元、9项政策1633.9万元,绩效自评1209家部门(单位)3550个项目313.96亿元。

【政府采购制度改革】 2022年,黄冈市搭建市县一体政府采购电子交易系统和监管平台,完善电子卖场特色功能,实现与湖北省政府采购网同步运行、数据互通,打造集监管、服务、采购、信息公开等功能于一体的政府采购全流程交易电子化运行机制。搭建政府采购合同融资平台,全省首位“线上线下同步运行,市县一体化推进”工作模式,推进“政采贷”业务,融资成交337笔、11.25亿元。编制三大类政府采购需求基础模板2000余项,推广应用1600余项,推广应用率80%。印发《关于落实稳住经济一揽子政策 进一步加大政府采购支持中小企业力度的实施方案》,提升中小微企业价格扣除比例至10%~20%;全市政府采购面向中小企业授予合同总额40.69亿元,其中授予小微企业总额27.50亿元,分别占比94.7%、64.0%,高于全省平均水平。黄冈市入选全国政府采购支持绿色建材促进建筑品质提升试点城市。

(吕婧怡)

【政府债务管控】 2022年,黄冈市健全地方政府债务管理机制,严格政府债务预算管理、限额管理,确保政府债务余额控制在省政府下达限额之内。加强政府债务“借用管还”全生命周期监管,完善政府债务月报制度和预警应急处理机制,实行债券申报发行到还本付息全流程闭环管理。做好政府债券申报发行工作,发挥政府债券资金对宏观经济平稳运行的促进作用,支持重点项目建设,补齐民生领域短板。年内,全市债务化解工作全省排名靠前,债务风险总体可控。

【《黄冈市市级财政预算项目库管理指导意见》出台】 2022年,黄冈市财政局出台《黄冈市市级财政预算项目库管理指导意见》,按“分级管理、规范入库、择优选用、严格问效”原则,推动预算项目提前谋划、评估论证、入库储备、预算编制和滚动管理等工作规范化、程序化,建立与现代预算管理制度相适应的项目库管理体系。

(李 峰)

【稳岗资金拨付】 2022年,黄冈市财政局围绕稳就业保民生,按调整最优政策,分行业、分性质、分对象等利用缴费系统大数据,提取进行即时对比,联合审核,测算稳岗返还资金约4500万元,首批发放2977万元,惠及企业3300余家、职工8.4万人。

(王蔓玲 程 刚)

税 务

【概况】 2022年,黄冈市完成税收收入216.58亿元,比上年增收14.75亿元,比上年增长7.3%,快于全省2.3个百分点,其中:完成中央级收入100.48亿元,增收5.06亿元,比上年增长5.3%,快于全省0.5个百分点;完成地方一般公共预算收入116.09亿元,增收9.65亿元,比上年增长9.1%,快于全省3.9个百分点。扣除留抵退税因素还原后,全市税务部门组织各项税费收入440.37亿元,受国有土地使用权出让收入减少96.79亿元影响,减收75.8亿元,下降14.68%,其中:完成社会保险费收入141.01亿元,比上年增长6.1%;完成非税收入81.96亿元,比上年下降54.6%;完成其他收入(工会经费)8215万元,比上年增长4.1%。第一产业完成税收收入3408万元,减收645万元,比上年下降15.91%;第二产业完成税收收入109.88亿元,比上年增长4.44亿元,比上年增长4.21%;第三产业完成税收收入106.36亿元,比上年增长10.37亿元。

表19 2022年黄冈市税务局分税种收入统计表

单位:亿元

序号	项目	收入额
1	国内增值税	103.8
2	国内消费税	16.89
3	企业所得税	40.33
4	个人所得税	6.73
5	资源税	4.69
6	城镇土地使用税	2.61
7	城市维护建设税	6.00
8	印花税	1.59
9	土地增值税	8.00
10	房产税	3.30
11	车船税	2.02
12	车辆购置税	3.50
13	烟叶税	0
14	耕地占用税	8.32
15	契税	8.33
16	环境保护税	0.35
17	其他税收	0.12
税收收入合计		216.58

(资料来源:市税务局)

【减税降费】2022年,黄冈市减免税费及退税缓税费60.51亿元,其中,新增减税降费19.03亿元,增值税留抵退税31.91亿元,缓缴税款9.57亿元。减免失业、工伤保险2.23亿元;阶段性缓缴职工养老保险、失业保险、工伤保险3319.84万元。为全市2819户涉农企业提供税费减免2553.53万元,减免51户服务行业困难企业房产税、城镇土地使用税1026.12万元。风险应对追回留抵退税款7421万元,阻断骗取留抵退税1.46亿元。优化留抵退税流程。完成达标企业核实核查工作,维护"一册三表",掌握企业留抵退税基本情况。办理制造业增量留抵退税申请30户次,退税金额5524.9万元,制止风险纳税人退税8000万余元。完善纳税信用等级评价,促进留抵退税工作开展。全市参与评价户数5.8万户,增幅连续2年超20%,其中,A级纳税人3237户、B级纳税人2.39万户,A、B、M级纳税人合计占总人数86.91%。

【税收法治】2022年,黄冈市基层税务执法单位配备法治指导员100余名,公示信息1.59万条,上传音像记录402条,重大执法决定法制审核62件。税务稽查。全市稽查立案检查78户,查补税款2.4亿元,入库金额2.3亿元。坚持源头管控,"双随机"抽查72户,立案检查17户,查补入库税款1.3亿元、滞纳金1473万元。成立专案组,查处麻城某专案,涉及发票1.69万份、金额15亿元。说理式执法。全市建立公职律师涉税争议咨询调解中心3家,参与涉税争议咨询28次,化解争议25次。组建税务系统税收法律服务人才团队和内部法律顾问团队,与司法、公安等部门加强沟通协作。建立健全"党政领导、税务主责、部门协作、社会协同、公众参与"税收共治新体系,完善税费征管部门协作机制。

【征管改革】2022年,国家税务总局黄冈市税务局(以下简称"黄冈市税务局")发挥税收大数据作用,帮助24户企业完成购销成交金额2.6亿元,为地方党委政府提供决策报告46篇。推动不动产登记"证缴分离"落地,办理登记业务50笔。推进不动产登记"票税分离",办理不动产权证书3份。上线全国统一电子发票服务平台,推广"楚税通"App代开电子发票业务,新办纳税人核定电子专票票种1.41万户,核定率99.84%。2022年企业所得税汇算清缴申报率100%,补缴税额10.87亿元;个人所得税汇缴19.51万人,比上年增长1.97万人,增长11.25%。完成清算审核项目361个,查补土地增值税7.87亿元,其他税费1.44亿元。

【风险管理】2022年,黄冈市税务系统推送风险任务5537条。其中,中高级风险1100条、低级风险4437条。查补税款8.4亿元。其中,增值税1.85亿元、企业所得税2.44亿元、加收滞纳金0.76亿元。年内,建成纳税服务、税源管理、风险应对"三位一体""1+1+1+N"税收管理服务格局。构建以"信用+风险"为基础的新型监管机制,对全市3家"金种子"、5户专精特新纳税人进行专项税收风险纳税辅导,降低风险等级。主动融入政务服务"一张网",深化信息共享应用,与市住建局、自规局、林业局、社保局、公积金中心、公安局和银行等单位交换涉税信息26万余条。

【全面数字化电子发票】2022年,黄冈市税务局进行税收征管数字化升级,从"以票控税"向"以数治税"征管转型,将全面数字化电子发票项目作为承接湖北省优化营商环境先行先试项目,开展全

2022年5月4日,国家税务总局黄冈市税务局工作人员辅导纳税人使用"楚税通"App代开电子发票
(市税务局 供图)

面数字化电子发票试点工作，试点开票纳税人5044户。通过“线上+线下”精准辅导、“网格+事项”等专项精准服务，开展多轮次、全覆盖宣传培训，采取电话沟通、实地走访等方式，协调预约受票企业与试点开票企业做好接受全面数字化电子发票发票各项对接工作。浠水县劲马窑炉公司通过增值税发票综合服务平台（湖北），接收来自广东试点企业开具的全面数字化电子发票，该票为黄冈市接受的首张全面数字化电子发票，标志着全面数字化电子发票先行先试项目实现从开票、受票到报销、入账、归档、存储全流程电子化，降低企业经营成本，为企业提供便利。

【纳税服务】2022年，黄冈市税务局办理业务1232.6万笔，其中线上办理1155.7万笔，占比93.76%。升级“自助办”设施，新建综合办税服务厅2个、自助办税专厅7个，配备自助办税设备174台，功能涵盖90%常用涉税业务，有效缩短纳税时间。打造“无纸办”，实现退税全程“电子化”，平均退税时间提速20%。开展“一把手走流程”工作。市县两级领导班子成员以普通纳税人身份换位体验“非接触式”办税流程和办理税收业务，现场发现督导问题10余个，收集意见建议30余条。开展党员干部下基层察民情解民忧暖民心实践活动，走访重点企业48户、社区3个，收集问题190个、听取意见150个、解决问题163个。开展“我为纳税人缴费人办实事暨便民办税春风行动”，联合市工商联开展2022年助力小微市场主体发展“春雨润苗”专项行动，推行4大类主题活动12项行动措施；联合工信部门开展以“纾困解难 助力发展”为主题的中小企业服务月活动，为小微市场主体解决疑难问题。深化“银税互动”，向商业银行推送符合条件纳税人2.34万户，各商业银行发放贷款3579笔、36.02亿元，缓解融资难题。

（宋 凯）

金融监管

【银行业监管】 2022年，黄冈市银行业处置不良贷款38.16亿元。成立山河集团债委会，协调化解华夏幸福产业园不良贷款8000万元。发挥“府院联动”机制，加快金融不良债权审理和执行，司法执行收回9434万元。加强房地产领域贷款风险，发放第一批“保交楼”专项借款1.48亿元。开展法人银行机构现场检查“清零行动”，现场检查和稽核调查银行10家，罚款3家、260万元。推广“新市民”银行卡办理，联合多部门上线“黄冈市农民工实名制信息化监管系统”，协助建筑施工企业实现用工实名制管理、工资专户管理、工资代发等多项功能，满足新市民金融需求。黄冈银保分局组织各银行机构开展“3·15”消费者权益保护教育宣传周、“守住钱袋子 护好幸福家”防范非法集资宣传月活动。

【保险业监管】2022年，黄冈市保险业开展保险中介市场“多散乱”问题纠治，清理整顿辖区内27家“三无”保险中介机构，工商注销8家。召开全市人身险公司银保渠道业务监管工作会议，进一步规范保险代理销售行为。组织开展“代理退保”黑产乱象专项整治行动，持续净化保险市场环境。

【地方金融监管】2022年，黄冈市金融业部门落实地方金融组织准入、变更及退出流程，提高服务质效。依法加强地方金融组织监管，推进地方类金融组织清理，完成23家企业“双随机、一公开”现场检查。年内，连续梳理8家抽查机构存在业务风险把控不足、资产比例不合规、不良资产计提比例偏低等问题，采取监管通报、风险提示等措施，督促问题整改。清理退出“失联”“空壳”类地方类金融机构，实现减量增质。指导融资担保、典当、小贷、交易中心等规范运行。

【货币政策执行】2022年，中国人民银行黄冈市中心支行制定《黄冈市2022年深化民营和小微企业金融服务方案》，建立金融助企纾困工作专班机制，创新企业融资服务。推动降低企业融资和个人消费信贷成本。至年底，全市人民币各项贷款余额2954亿元，比上年增长15.73%，比年初增加401亿元。货币政策运用。与15家地方法人银行签订64亿元本金互换协议，向法人银行发放激励资金0.98亿元；通过DVP模式为辖内银行机构办理再贴现1.1亿元；为辖区内7家合格银行申报交通物流再贷款0.46亿元；引导地方法人金融机构，运用自有资金及再贷款资金，发放符合交通物流“两企两个”（道路货物运输企业、物流配送企业、道路普通货物运输个体工商户、个体普通货运车辆车主）贷款2亿元；全市13家银行与设备更新改造清单内61%项目达成贷款意向，意向贷款金额23.54 亿元，涉及卫生健康、教育领域。落实惠民政策。市政府印发《黄冈市企业融资纾困“白名单”管理办法》，定向对行业主管部门推荐“白名单”企业予以财政贴息。对地方法人机构发放的创业担保贷款、信贷风险补偿金支持“白名单”企业贷款、地方法人机构发放普惠小微首次贷款，以再贷款、再贴现给予支持，联合市财政局对普惠小微首次贷款实行奖补。

【外汇管理】2022年，黄冈市进出口15.21亿美元，比上年上升9.26%。全市银行结售汇9.12亿美元，外汇衍生品1.54亿美元，比上年增长4.2%。全辖区国际收支统计间接申报笔数1.37万笔，比上年增加20.2%，其中，差错5笔，差错率下降90.1%，11家银行实现零差错。美元升值预期较为明确的形势下，拓展首办户8家，套保率4.84%。全年为36家中小微外贸企业提供新增贷款人民币1.64亿元，平均贷款利率4.22%。市金融监管部门联合商务、海关、税务等部门到6个县（市、区）协力开展助企纾困政策巡回宣讲及银企对接活动，惠及企业160余家；制作、发放外汇便利化政策、汇率风险管理宣传手册4000余份，在政府网站平台、《鄂东晚报》《黄冈日报》等开辟专栏4期，利用公众号、抖音等新媒体投放短视频21余条。

【反洗钱工作】2022年，中国人民银行黄冈市中心支行与市纪委监委、市公安局签订反洗钱执法合作备忘录，联合市检察院、市外管局、武穴市公安局等部门，召开上下两级三方打击洗钱犯罪工作研讨会。开展线索研判移送和协查工作。全年接收重点可疑交易报告17份，移交相关部门7起涉案线索。年内，联合武汉分行为1起地下钱庄案件提供账户协查，协查39家涉案电商公司资金交易情况；为2起涉毒洗钱案件提供账户协查，协查个人账户70户。推动洗钱罪立案、起诉和宣判工作。联合公安、外汇管理等部门开展线索和案情分析7次，分享案件侦办数据5条，配合侦查洗钱涉毒品案件1起。全年推动洗钱罪依法审结并宣判1起，审理在诉2起，立案在办4起。开展评估评价工作。针对19家法人金融机构开展洗钱风险评估，组织对62家非法人金融机构开展反洗钱工作评价。根据风险评估和工作评价结果实施分类监管，下发《反洗钱监管提示函》，监管走访义务机构7家，约见谈话3家。开展执法检查。根据分行交叉检查工作安排，综合执法检查通城惠民村镇银行。完成2家义务机构反洗钱行政处罚程序，罚款金额74.5万元。对2家机构开展执法检查"回头看"，核验整改情况。跨部门反洗钱合作。与黄冈银保监分局签订《反洗钱和反恐怖融资监管合作备忘录》，在完善日常监管、执法检查、处罚问责、信息共享、宣传培训等方面开展合作。与黄冈市房管局建立常态化联系机制，联合开展房地产行业反洗钱业务培训，11家房地产公司33名业务人员参加。

【防范化解金融风险】2022年，黄冈市金融业部门健全防范化解金融风险工作机制。建立"市—县—乡—社区(村组)"四级联动防范化解金融风险工作机制和责任体系。组织开展金融风险隐患排查，及时发现并处置。出台《黄冈市养老服务机构预收资金管理暂行办法(试行)》，加强全市养老领域资金监管。常态化开展防范化解金融风险宣传教育，严控地方类金融机构准入关。推动非法集资案件等风险攻坚，全市非法集资案件销案38件，销案率82.6%，完成省定目标。地方法人网贷平台存量风险清零，外地分支机构退出或转型。全市银行不良贷款率控制在警戒线下。

(郑 浦　陈 功　徐志远)

审 计

【概况】2022年，黄冈市审计机关完成审计项目340个，其中，市审计局完成105个，查出各类问题金额14.17亿元，促进增收节支4674万元，移送案件线索46件，推动相关部门制定整改措施981项。年内，市审计局被省审计厅评为年度工作实绩"优秀"等次；黄冈加强审计监督服务保障稳经济一揽子政策措施落实的"金审24条"、审计"十日谈"等创新做法，获省审计厅肯定；市县11个审计机关通过省级文明单位验收；市人大常委会通过《关于2021年度市级预算执行和其他财政收支的审计工作报告》。全年呈报重要文件或事项报告25份，完成省委审计办和市委审计委员会交办事项8件，出台制度2个。召开六届市委审计委员会第一次、第二次会议，组织市县审计局局长外出考察学习，召开审计工作会议并举办培训班，抽调200余人次参加省厅统一组织的审计项目和各级巡察工作。

【重大政策措施落实情况跟踪审计】2022年，黄冈市完成税收征管、惠企纾困、产业发展资金等重大审计30个，查出11大类89个问题，为市场主体减免或缓缴税费52亿元。

【财政收支审计】2022年，黄冈市审计局完成市本级财务收支审计，利用大数据开展部门预算执行全覆盖审计，查出5大类14小类45个问题，涉及问题金额2.05亿元、清理国有资产2.4万平方米。年内，市审计局代表市政府作《关于2021年度市级预算执行和其他财政收支的审计工作报告》，获市人大常委会通过。

【民生项目审计】2022年，黄冈市审计局完成市直困难群众救助补助资金、黄州区就业补助资金及失业保险基金审计工作，揭示挪用救助资金等5类问题80万元，督促整改落实。完成省审计厅就业补助资金及失业保险基金六批审计疑点核查。浠水县年度基本养老保险基金审计项目获黄冈市涉企行政执法案卷评查唯一优秀案卷。开展惠民惠农财政补贴资金"一卡通"突出问题专项治理"回头看"审计，查出虚报冒领等问题金额1512万元，移送相关部门处理，其中党纪政务处分43人，追缴收回资金88.4万元。

【政府投资审计】2022年，黄冈市审计局完成政府投资审计项目97个、金额42.7亿元，为政府节约资金2.9亿元，从资金结算、工程管理等方面提出规范基本建设程序、及时支付工程款、优化营商环境等审计建议，提请市政府出台《黄冈市促进政府投资项目审计转型发展若干措施》《市区房屋征收项目审计监督实施办法》。

【经济责任审计】2022年，黄冈市审计局完成191家单位247名领导干部经济责任审计，揭示少数部门单位重大经济事项决策不科学不合理、国有资产管理不规范、违规超比例预留工程质保金等问题，并向党委审计委员会和纪检监察及组织部门汇报有关情况。

【自然资源资产审计】2022年，黄冈市审计局完成浠水策湖、白莲河示范区等5家单位领导干部自然资源资产离任审计，揭露非法捕捞、违规侵占湿地林地污染水体、无依据核销国有资产等问题，向有关部门移送案件线索4件。

【审计问题整改】2022年，黄冈市审计局查出并整改问题202项，整改办结率86%。提出审计建议1837条，推动相关部门制定整改措施981项。推动市政府出台《促进政府投资项目审计转型发展若干措施》《市区房屋征收项目审计监督实施办法》等制度文件近10项。10月27日，市政府召开市级预算执行和其他财政收支审计查出问题整改工作部署会议，部署全面抓好审计整改工作。会上，市审计局通报年度市级预算执行和其他财政收支审计发现问题总体情况，涉及财政管理、预算执行、减税降费、民生保障、国有资产等6个方面79个问题，逐一提出整改建议。

【审计服务经济发展】2022年，黄冈市审计局完成投资领域招投标治理、市区涉建领域"三乱"问题检查。出台促进稳经济"一揽子"政策落实的"金审24条"被市政府新闻发布会专题推介及湖北日报等省市主流媒体跟踪报道。推进服务项目、招商引资、培育市场主体及"千人进千企"专项行动，黄冈高科铝业有限公司入选省级专精特新"小巨人"企业，齐兴会计师事务所入限投资审计转型，推动市政府修订《黄冈市市级政府投资管理办法》；联合市人大常委会开展《审计法》执法检查，防范审计风险隐患，完成金审三期改造。向有关部门移送案件线索46件，修订《黄冈市审计局审计事项移送管理制度》，明确审计事项移送流程。推进"三类监督"贯通协同高效，联合市纪委监委开展优化营商环境和环保专项资金检查，深度参与市委巡察工作。

(柯 鹏　李宏洋　余祝泉)

2022年9月7日，黄冈市人大常委会执法检查组到市审计局开展《中华人民共和国审计法》执法检查活动（市审计局 供图）

【《审计法》执法检查】2022年9月7日，黄冈市人大常委会副主任屈凯军带领执法检查组到市审计局开展《中华人民共和国审计法》执法检查活动。检查组听取市审计局关于贯彻执行《中华人民共和国审计法》工作情况汇报，对市审计局在贯彻执行《中华人民共和国审计法》工作给予肯定，并围绕如何加强审计项目的计划科学性、调动内部审计和社会审计力量、统筹纪检监察和巡视巡察监督、做好审计结果公开、提高审计权威性及如何进一步做好《中华人民共和国审计法》宣传贯彻等方面提出相关建议和意见。

（孙思勤　翟文阳）

统计

【概况】2022年，黄冈市推进统计改革，开展“形象提升年、双基建设年、争先创优年”提质工程。率先取得市州电子统计台账试点经验，全省统计工作会上作经验交流2次；全省年度23项业务考核工作中，15项业务工作被评为优良等次，进入第一方阵；撰写统计分析信息219篇。湖北省统计局黄冈调查监测分局（以下简称“黄冈调查监测分局”）撰写各类统计信息37篇、统计分析10篇，刊印《黄冈调查监测报告》3期。国家统计局黄冈调查队（以下简称“黄冈调查队”）完成2轮10个县（市、区）党政领导班子满意度调查，4次全国文明城市创建模拟测评调查。

【统计数据质量】2022年，黄冈市统计局强化名录动态管理，与市场监管、税务、民政等部门行政信息保持关联，做到日维护、勤管理、严进退，完善在库企业信息，实行动态管理，保证3917家“四上”（规模以上工业企业、资质等级建筑企业、限额以上批零住餐企业、国家重点服务业企业）单位数据源清流洁。加强审核查询反馈，坚持即报即审、随报随审，建立查询反馈纪实台账，实行“县级交办、市级复查、企业整改”闭环管理，提高数据匹配性、协调性、真实性。严格投资项目管理，建立县级预报预审、项目实地核查和市级提级联审三级审核机制，严格项目申报凭证真实性、关联性及线上线下互证性审核，确保项目规模与备案、批复相匹配，申报入库资料完整齐备，1570个入库项目真实性。增强数据评估权威，修订完善工业、投资、商贸数据评估办法，优化查询反馈和奇异值率绩效评估权重，严格规范开展数据评估。

【统计基层基础】2022年，黄冈市委、市政府印发《关于促进新时代统计工作高质量发展的意见》《关于加强统计调查基层基础建设的通知》《黄冈市统计工作运行机制实施细则的通知》，完善统计制度体系。优化基层力量配置，全市49个乡镇（街道办）、4个园区均设立独立统计机构。各县（市、区）落实统计补贴1366万余元。全市乡镇（街道办）配备专（兼）职统计人员290人，园区统计机构配备人员38人，“四上”企业统计人员4477人。加强统计台账建设，8个县（市、区）统计台账创建率超90%，其中4个县（市、区）统计台账创建率100%，推进电子统计台账创建示范工作。举办全市统计法治建设暨统计能力培训班，推进统计法进党校。

【统计服务】2022年，黄冈市统计局优化编排《黄冈领导干部手册》，改版扩容《黄冈统计月报》，新增黄冈周边地区、大别山革命老区主要经济指标对比板块，完善调整《黄冈统计年鉴》，按月编印统计快报。创新统计服务方式，多篇统计报告被《黄冈政务信息》《黄冈经济与金融》刊登，获全省统计分析比赛二等奖、三等奖各1篇。

【统计监督】2022年，黄冈市贯彻执行《关于更加有效发挥统计监督职能作用的意见》，探索建立纪检监察监督与统计监督协作配合工作机制，形成统计违纪违法线索移送联席会议制度，常态化报送统计违纪违法线索，构建“监督共同体”；推进统计法治建设，取得国家统计执法资格26人；组织开展全市统计执法检查，加大统计领域违纪违法行为查处。年内，全市统计部门对129家单位（含“双随机”79家）开展统计执法检查，立案查处5家。

（袁济峰　彭俊端）

【统计数据调查监测】2022年，黄冈调查监测分局完成统计数据质量核查、“四下”单位抽样调查、统计调查监测服务等多项目标任务。规范常规业务调查。做好统计数据生产，开展统计预警分析，规范城市年报调查业务，将城市年报指标按24个相关部门细分逐个对接，沟通核实疑问数据，加强部门数据评估审核，减少查询率和差错率。完成规下调查，举办全市统计法治工作暨规下业务培训班。每季度回访调查单位，建立健全台账管理制度，开展报表期平台异动数据监测查询和核实。省调查监测分局反馈数据后第一时间审核反馈，强化“四下”调查与相关专业配合衔接，完善上下联络、数据保障和持续跟踪机制。提高统计数据质量。开展新增投资项目现场核查工作，确保新增投资项目真实性、完整性及规范性。全年现场核查预申报5000万元以上新增投资项目1112个，预审通过862家，通过率77.6%。构建联动机制开展数据质量核查工作，全市开展数据质量核查4次，组织现场核查工业、贸易、服务业等20家企业、75个投资项目。参与统计法治建设工作，抽调执法干部7人，配合市统计局开展“双随机”执法检查36家。优化统计监测服务。

制定《黄冈调查监测系统重点课题名录》，撰写全省调查监测系统重点课题研究专题报告，完成限额以下零售餐饮业和文化服务业疫后重振专项问卷调查，了解疫情企业生产经营影响程度，形成调研报告。

（倪无苦）

【国家统计调查】2022年，黄冈调查队完成10个县（市、区）党政领导班子2轮满意度调查，形成调查报告服务市委目标责任考核。服务全国文明城市创建，完成模拟测评调查4次，向市双创指挥部提交精准问题清单及对策建议。推进住户调查大样本轮换和农作物对地抽样调查样本轮换工作。向政府分管领导汇报住户样本轮换工作6次；开展“为国记账，我来接棒”主题宣传；制定《黄冈市住户样本轮换工作方案》《黄冈市样本轮换工作流程》，开展2轮样本框核实轮换工作。统计调查管理。全市规范住户类调查流程，挖掘“一本通”在访户、指导、编码、信息更新、数据印证等方面潜力，宣传e调查优势，全市住户类专业e调查使用率100%；推进粮食播种面积无人机调查，秋冬播面积国家点推行无人机调查基础上，延续无人机调查早、中稻面积国家点全覆盖；加强畜牧业调查全流程痕迹管理，形成“步步有记录、环环有监督”源头数据质量管控机制，提高基层基础工作规范化水平。统计调查创新。全市文明城市模拟测评调查工作中应用番茄表单开展网络问卷调研；应用钉钉氚云平台开展工价调查电子台账，年终抽查情况显示，各企业每月电子台账及时上报率95%，比上年提升14个百分点；住户调查运用大数据技术监控记账质量；农业调查推广无人机应用；月度劳动力调查采用自主开发数据审核评估小程序；居民消费价格调查运用钉钉氚云建立图片资料库；房地产价格调查运用数据处理工具。持续在黄州区住户、畜禽监测、月度劳动力调查3个项目中推行双点长工作机制。开展“低级红”“高级黑”问题专项整治，全市从10个方面开展自查。年内，配合协助总队对辖区内国家调查点开展统计执法检查。执法检查团风、英山、蕲春、红安4个县统计调查机构、13家企业和8个住户、劳动力调查网点。

（张琳玲）

【统计法治建设培训班】2022年5月18—20日，黄冈市统计法治建设暨统计能力培训班在市委党校举行，市直主要经济部门分管统计工作领导、业务人员，市县两级统计局领导班子成员及业务骨干，黄冈高新区、临空经济区统计工作分管领导及业务人员110余人参加培训。湖北省统计局政法处、核算处、工业处、投资处、贸经处和普查中心等处室7名业务专家授课，重点讲授统计法律法规、统计方法制度、GDP核算、主要专业数据生产方法等。

【经济分析PPT技能赛】2022年10月31日，黄冈市统计局举办的第七届经济形势分析暨PPT制作技能比武大赛在黄州举行，各县（市、区）统计局带队领导及参赛选手、市局及省统计局黄冈调查监测分局全体干部观摩比赛。17名选手围绕全市新常态下产业转型升级、疫情下的消费问题等经济运行中的重点、热点、难点问题分析原因，提出建议，现场用PPT形式演示。市统计局社会科、黄州区统计局代表队获一等奖；市统计局综合科、工业科、蕲春县统计局、罗田县统计局代表队获二等奖，其他代表队获三等奖。

（袁济峰　彭俊端）

2022年8月24日，国家统计局黄冈调查队到蕲春县检查指导住户调查大样本工作

（市国调队　供图）

价格管理

【概况】2022年，黄冈市落实《湖北省“十四五”时期深化价格机制改革行动方案》，市发展和改革委员会研究出台工商业用气价格、困难群众物价补贴等措施，城区天然气价格降幅11%，发放困难群众价格临时补贴1000万余元。国家统计局黄冈调查队执行定时、定点、定人“三定”采价原则，为居民调整价格，低收入价格、工业生产者价格和房地产价格调查，编发物价统计资料。全市开展价格专项治理，采取法规政策宣传、送达提醒告诫、行政约谈、巡查检查、“双随机、一公开”抽查等方式，规范市场价格行为和竞争秩序。

【价格认定】2022年，黄冈市发展和改革委员会开展天然气价格降本增效工作，实行价格临时补贴。制定《黄冈市区工商业用气价格临时补贴实施方案》，实行补贴781.78万元。市县联动部门协同，开展涉企违规收费专项整治工作，自查自纠清退全市水电气领域涉企违规收费47.49万元，配合市场监督管理局开展涉企违规收费联合检查，发现并交办涉企违规收费相关问题。农业水价综合改革。牵头组织市财政局、市水利和湖泊局、市农业农村局召开农业水价综合改革联席会议，联合制定农业水价综合改革年度实施计划，落实农业水价工作任务。调查、规范医疗废物处置、教育、物业等收费标准。组织开展医疗废物处置收费专题调研，与市生态环境局、市卫健委、市医保局会商，拟订调价方案，通过向社会征求意见、集体审议，调整黄冈市医疗废物处置费收费标准，促进行业加大新技术研发及设施设备改造更新投入。2022年出台课后服务收费标准及义务教育阶段线下学科类校外培训收费标准，联合市教育局、市市场监督管理局发布《关于规范义务教育学校课后服务收费行为的通知》。印发公布黄冈市区住宅前期物业服务收费标准，规范物业收费行为。联合市商务局等5个部门，出台《黄冈市落实重要民生商品保供稳价工作方案》。物价补贴。经市政府同意，联合市民政局、市财政局、市人力资源和社会保障局、市退役军人事务局、国家统计局黄冈调查队出台《关于进一步健全社会救助和保障标准与物价上涨挂钩联动机制的通知》《关于阶段性加大对困难群众物价补贴力度的通知》等文件。全市分别于7月、9月、10月启动价格临时补贴，累计发放补贴3900万余元，惠及100万人次。

【价格调整】 2022年，黄冈市年度价格总水平预期调控目标定为：居民消费价格涨幅控制在3%左右。黄冈市加强和完善价格调控，确保居民消费价格运行在合理区间，市医保局结合深化医疗服务价格改革国家试点城市方案，重点围绕总量调控、价格分类形成和动态调整、监测机制开展试点，联合市卫健委统一全市4125项医疗服务项目价格。市发展和改革委员会争取省发展和改革委员会支持降低城区天然气管输价格，每立方米降低3.5分，降幅11%，推进天然气价格改革经验在全省价格调控视频会议上交流发言。全年居民消费价格比上年上涨1.5%，其中，食品烟酒价格上涨1.1%，衣着价格上涨7.1%，居住价格上涨0.1%，生活用品及服务价格下降0.6%，交通通信价格上涨5.3%，教育文化娱乐价格上涨1.0%，医疗保健价格下降0.3%，实现年度预期调控目标。将领取失业补助人员和低保边缘人口两类群体，阶段性新增纳入价格补贴联动机制保障范围，价格补贴联动机制启动条件中的居民消费价格单月比上年同月增长3.5%，阶段性下调为3%，阶段性扩大保障范围、降低启动条件，扩大受益面。动态调整收费标准清单，分别于1月、12月2次动态调整涉企行政事业性收费目录清单，实行政府定价管理的涉企经营服务性收费目录清单，做到清单外无政府定费。

（方秋华）

【价格监测】 2022年，黄冈市加强价格监测，分析居民消费价格指数运行特点和存在问题，预测价格走势，提出对策和建议，撰写黄冈市价格形势分析月报告。黄冈市政府网每月公布黄冈市城区成品粮类、食用油类、猪肉类、畜禽、淡水鱼类、水果类等主副食品价格监测分析，针对部分价格波动较大食品，开展市场调研并与相关部门沟通。

（赵舒逸）

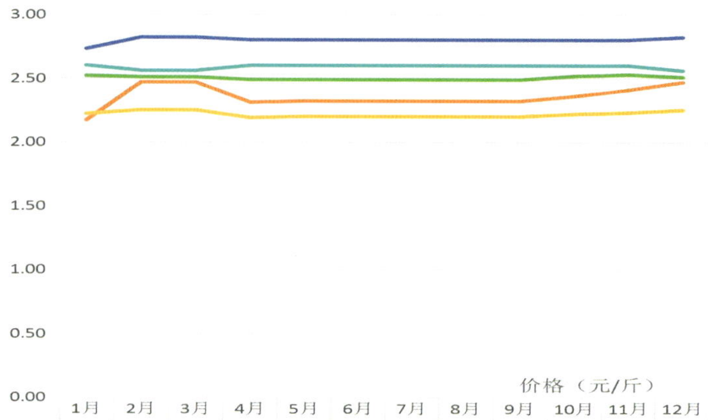

	1月	2月	3月	4月	5月	6月	7月	8月	9月	10月	11月	12月
特制一级粉	2.73	2.82	2.82	2.80	2.80	2.80	2.80	2.80	2.80	2.80	2.80	2.82
标准粉	2.17	2.47	2.47	2.31	2.32	2.32	2.32	2.32	2.32	2.36	2.41	2.47
早籼米	2.22	2.25	2.25	2.19	2.20	2.20	2.20	2.20	2.20	2.22	2.23	2.25
中晚籼米	2.52	2.51	2.51	2.49	2.49	2.49	2.49	2.49	2.49	2.52	2.53	2.51
粳米	2.60	2.56	2.56	2.60	2.60	2.60	2.60	2.60	2.60	2.60	2.60	2.56

图2　2022年黄冈市城区部分成品粮价格走势示意图

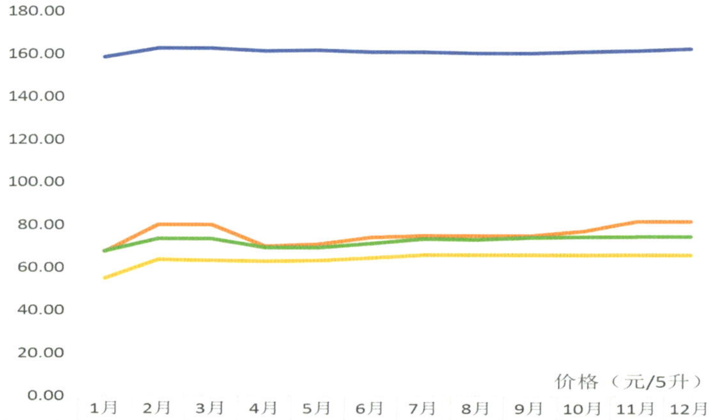

	1月	2月	3月	4月	5月	6月	7月	8月	9月	10月	11月	12月
花生油	158.3	162.4	162.4	161.2	161.6	160.8	160.8	160.2	160.2	161.0	161.4	162.4
菜籽油	67.50	80.00	80.00	70.00	70.90	74.15	75.00	75.00	75.00	77.18	81.67	81.67
大豆油	55.00	63.75	63.33	62.96	63.33	64.57	66.00	66.00	66.00	66.00	66.00	66.00
大豆调和油	67.67	73.48	73.48	69.33	69.33	71.31	73.48	73.15	74.12	74.51	74.70	74.71

图3　2022年黄冈市城区部分食用油价格走势示意图

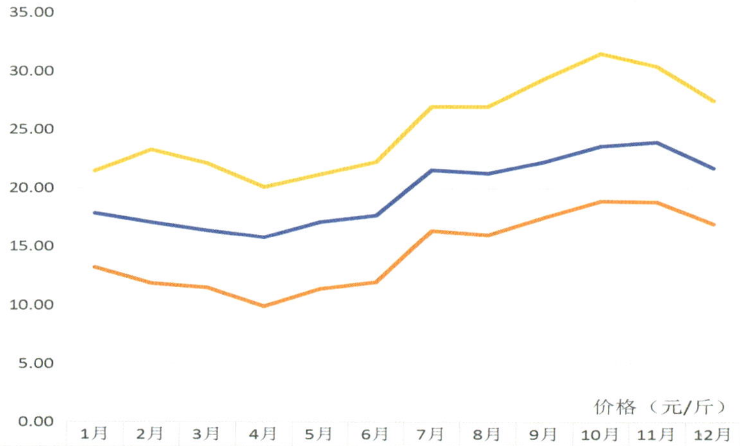

	1月	2月	3月	4月	5月	6月	7月	8月	9月	10月	11月	12月
猪精瘦肉	17.85	17.07	16.38	15.79	17.11	17.67	21.55	21.27	22.25	23.60	23.93	21.73
猪腿夹肉	13.20	11.84	11.48	9.88	11.37	11.95	16.35	16.00	17.51	18.90	18.82	16.96
猪肋排	21.46	23.27	22.11	20.09	21.17	22.24	26.96	26.98	29.38	31.53	30.43	27.51

图4　2022年黄冈市城区部分猪肉类食品价格走势示意图

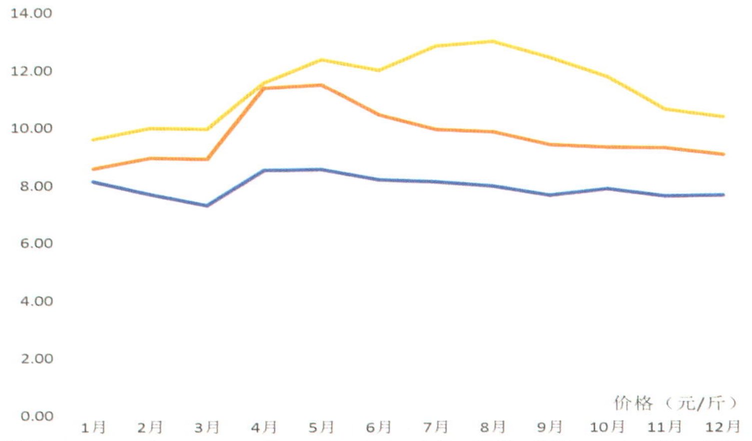

	1月	2月	3月	4月	5月	6月	7月	8月	9月	10月	11月	12月
草鱼	8.12	7.68	7.30	8.52	8.55	8.19	8.12	7.97	7.65	7.87	7.62	7.65
胖头鱼	8.58	8.95	8.92	11.39	11.50	10.45	9.94	9.86	9.41	9.32	9.30	9.07
鲫鱼	9.59	9.98	9.95	11.57	12.37	12.00	12.84	13.00	12.44	11.77	10.63	10.37

图5　2022年黄冈市城区部分淡水鱼类食品价格走势示意图

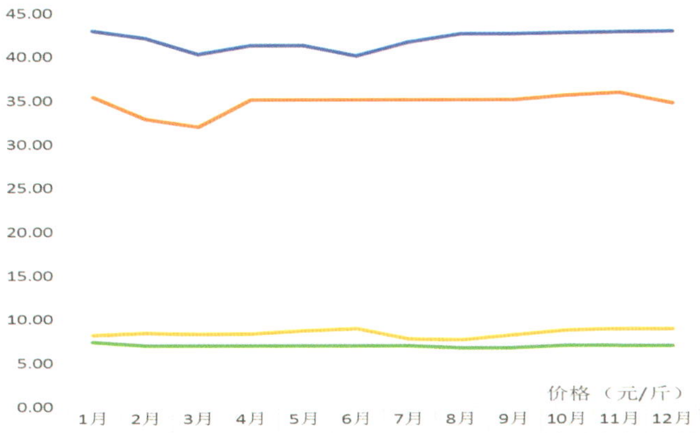

	1月	2月	3月	4月	5月	6月	7月	8月	9月	10月	11月	12月
牛肉	42.90	42.10	40.27	41.27	41.27	40.09	41.66	42.60	42.60	42.72	42.82	42.90
羊肉	35.39	32.91	32.02	35.12	35.12	35.12	35.12	35.12	35.12	35.63	35.94	34.75
鸡肉（冷冻）	8.15	8.42	8.29	8.34	8.69	8.93	7.76	7.65	8.20	8.75	8.90	8.90
鸭肉（冷冻）	7.33	6.95	6.95	6.95	6.95	6.95	6.95	6.70	6.72	6.98	6.95	6.95

图6　2022年黄冈市城区部分畜禽类食品价格走势图

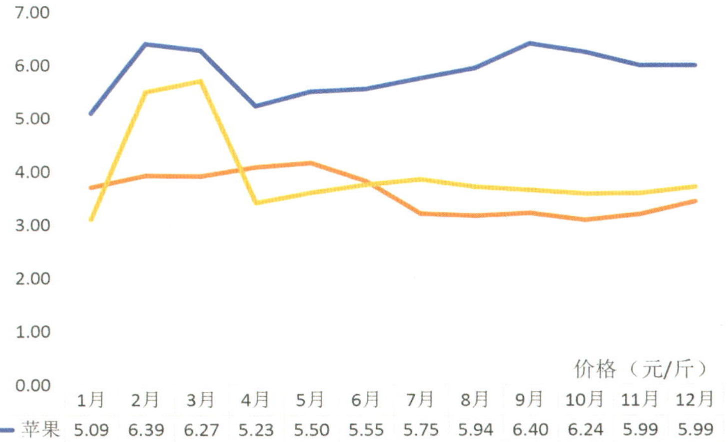

	1月	2月	3月	4月	5月	6月	7月	8月	9月	10月	11月	12月
苹果	5.09	6.39	6.27	5.23	5.50	5.55	5.75	5.94	6.40	6.24	5.99	5.99
香蕉	3.70	3.92	3.91	4.08	4.16	3.82	3.21	3.17	3.22	3.09	3.20	3.44
梨子	3.10	5.49	5.70	3.41	3.60	3.75	3.85	3.71	3.65	3.58	3.59	3.71

图7　2022年黄冈市城区部分水果类食品价格走势示意图

（资料来源：市发展改革委）

【价格监督检查】2022年，黄冈市强化节假日及重要时段价格监督检查，开展医疗领域乱象治理、“春耕护农”、防疫药品和医疗用品、夏粮收购、教育（培训）收费、停车收费、专业化物业服务收费等专项治理。全市巡查、检查、抽查相关经营者2.98万户，立案查处各类涉民生价格违法案件134件，退还消费者多收价款383.4万元。重点检查涉企收费单位592家，立案查处违规收费案件49件，退还企业多收费用391.11万元。

（雷丹丹　陈江华）

【《黄冈市区工商业用气价格临时补贴实施方案》出台】2022年，黄冈市成立专班，调研供气企业与用气企业，组织黄冈中燃、齐安中燃、环乎天然气、伊利、中粮、星晖汽车等12家企业代表及各县（市、区）发改局负责人，召开天然气保供稳价工作座谈会，征求意见和建议。市发展改革委制定《黄冈市区工商业用气价格临时补贴实施方案》，上报市政府常务会议审议通过后，2022年拨付补贴资金300万元。

【困难群众价格临时补贴发放】2022年8月，黄冈市启动价格补贴联动机制，向全市城乡低保对象、特困人员、领取失业保险金人员等7类保障对象，发放7月价格临时补贴1000万余元，惠及32万人次。全市将领取失业补助人员和低保边缘人口2类群体，阶段性新增纳入价格补贴联动机制保障范围，将价格补贴联动机制启动条件中的CPI单月比上年涨幅3.5%阶段性下调为3%，阶段性扩大保障范围、降低启动条件，扩大受益面；密切关注物价变化，第一时间启动联动机制，保障群众基本生活。

（何民杨）

【城区药品物资价格巡查】2022年，黄冈市市场监督管理局联合市医保局、区市场监督管理局开展黄冈城区市场防疫用药及物资价格巡查检查。市市场监督管理局相关责任人带队现场检查和行政指导城区122家医药批发企业、零售药店的相关药品储备情况和价格行为，责令整改12家。黄冈城区医药市场除少数感冒用中成药和退烧药品短缺外，其他用药均有供应，价格基本稳定。

（雷丹丹　张智豪）

市场监督管理

【概况】2022年，黄冈市开展“个体工商户服务月”活动，走访个体工商户4.78万户，收集整理个体工商户反馈意见建议586条。制定《全市市场主体提质增量发展三年行动计划》，实施深化商事制度改革、帮扶企业发展、个体工商户服务三大行动。优化准入环境，落实企业开办“2050”标准（2个环节、0.5天办结、零费用），累计赠送印章3.01万套，免收费用超1000万元。市市场监督管理局药品不良反应监测工作被国家药监局通报表扬，并代表湖北省在全国系统会议上作经验交流。市公共检验检测中心累计出动重大活动快检车26次，检测人员130余人次，完成食品快检1304批次。全年完成定量抽检样品3392批次，其中食品抽检1235批次、药品抽检730批次、化妆品抽检78批次、农产品抽检717批次、粮油产品抽检632批次、合格率99.2%，定性检测样品完成3020批次、合格率99.7%。

【市场主体登记】2022年，黄冈市实有市场主体70.32万户，比上年增长12.57%，总量位列全省第二位；新登记市场主体10.67万户，比上年增长33.03%。

【商事制度改革】2022年，黄冈市持续深化“证照分离”“一业一证”改革，实现新登记注册市场主体30%“一证准营”。争取省营商办批准省先行区试点项目6个，争取省增补省级试点验收项目3个，省批先行区试点项目占全市的三分之一，“深化‘一业一照、一事联办’改革加快市场监管法治化进程”位列黄冈市“十大法治事件”首位。

【“双随机、一公开”监管】2022年，黄冈市完成第二版部门联合抽查事项清单修订，新增11家、4个抽查领域、11个抽查事项，制定年度市场监管领域部门联合双随机抽查计划。全市发起双随机抽查任务1115个，部门联合抽查任务374个，部门联合抽查占比34%；抽查各类检查对象8930户，公示户数8062户。30家市直部门在省级监管平台完成注册，各县（市、区）均印发2022年度部门联合双随机抽查计划，基本实现联合抽查常态化。

【反垄断与反不正当竞争】2022年，黄冈市市场监督管理局印发《黄冈市公平竞争审查信息报送办法》《黄冈市公平竞争审查抽查工作办法》《黄冈市公平竞争审查举报处理办法》，开展反垄断调查，协助省市场监督管理局反垄断调查2件。指导开展反不正当竞争执法专项行动，聚焦民生和新消费领域，重要商品和要素市场等，重点查处严重扰乱市场竞争秩序、侵害经营者和消费者合法权益的商业混淆、商业贿赂和虚假宣传等不正当竞争行为。全年全市开展反不正当竞争法规宣讲、培训和合规指导54次，立案查办各类不正当竞争案件21件。

【商品市场交易监管】2022年，黄冈市规范市场主体登记，组织市场主体开展交叉检查，抽查市场主体户数3366户。依法监管销售禁售、限售商品行为，推进“长江禁捕 打非断链”专项行动，检查水产品加工企业3758家次，检查农（批）贸市场、商超2.72万家次，检查酒店、餐饮单位7.16万家次，巩固野生动物禁食禁售和长江“十年禁渔”工作成果。加强经营异常名录和严重违法失信企业名单管理，推动罗田县成为全省首批10个“列严”工作试点县之一。强化反垄断执法和涉企收费整治，建立黄冈市反不正当竞争联席会议制度。加强民生领域价格监管，在重要时间节点巡查检查相关经营者1.98万余户，责令改正125户。加大广告监管力度，办理广告案件39件。强化“三品一特”安全监管、计量监管，加强商标、地理标志等监管。建立黄冈市消费者权益保护工作联席会议制度，畅通投诉举报渠道，发展ODR企业70家，开展“3·15”国际消费者权益日系列活动。

【网络交易监管】2022年，黄冈市有涉网经营主体8100户，网店9763户。麻城百事卖平台列入市场监管总局全国“百家平台点亮行动”名单（湖北3个）之一。开展2022网络市场专项整治。持续推进黄冈市“网剑行动”，全市清理网上违法违规及有害信息10.2万条，关闭违法违规账号3个，检查网站、网店4369个，查处网络违法案件82件，网络违法犯罪案件118件，处理专利侵权纠纷案件87起。监测网售野生动植物、长江禁捕、专供、特供等商品信息监测1.5万个，督促删除信息160条，移交长江禁捕、未亮照亮证等涉网线索62条，完成处理52条，其中立案3件。

【合同监管】2022年，黄冈市公示“2020—2021年度守合同重信用”企业520户，推荐湖北省第十五届（2020—2021年度）“守合同重信用企业”公示企业288户。推广使用《中小学校外培训服务合同》等合同示范文本3000份。开展合同格式条款专项整治，发挥专家评审机制，审查全市旅游、电信、供水、供电、供气、房屋买卖、住宅装修等格式条款260份，点评问题条款248条，约谈企业186次，发放行政建议书136份，下发责令整改书69份。

【广告监管】2022年，黄冈市市场监督管理局处置《全国互联网广告监测平台》《移动互联网广告监测平台》线索，升级改造传统媒体广告监测设施，创新互联网与户外广告监测模式。全年全市监测广告5244条次，发现涉嫌违法广告121条次。同步开展导向监管、广告监测、专项治理、联合监管、行政指导，围绕借重大活动从事违法违规商业广告宣传、虚假违法广告、儿童青少年近视防控产品违法违规商业营销宣传、涉老欺诈违法广告、暑期教育培训领域广告、医疗美容行业违法广告等开展专项整治行动，公布2022年黄冈市虚假违法广告典型案例，发布《规范商业广告宣传行为导向审查行政指引》《关于规范医疗美容商业营销行为的提醒告知书》《关于防止“涉老欺诈”相关重点领域广告发布审查的提示》，与企业代表签订《黄冈市广告企业合规经营承诺书》。

【市场综合执法】2022年，黄冈市查处假冒伪劣案件351件，结案323件，罚没金额3465.94万元；重点市场查处案件22件，结案16件，罚没16.95万元。推进新冠疫情防控高风险货物排查管控工作，出动执法人员1.11万人次，检查街道（乡、镇）1552个次、市场企业主体4930家次、企业主体货物4426批次、市场个体户主体9089个次、市场个体户主体货物4857批次。发布《公开征集市场监管领域违法线索》公告，畅通“12315”投诉举报通道，开展专项整治，查处行政处罚案件3633件。

【消费维权】2022年，黄冈市建立消费者权益保护工作联席会议制度，推动3家企业获评“2021年度省级放心消费示范单位”，组织31家企业申报2022年度省级放心消费示范单位。创新开展“线下无理由退货”活动，全市首批243家实体店参与，其中8家企业代表获“无理由退货承诺单位”授牌；发展“在线消费纠纷解决”(ODR)企业70家，通过ODR企业和解诉求27件。开展消费教育警示及“维护青少年权益岗”创建活动，全年受理涉及青少年权益消费投诉举报件227件。全市“12315”平台和“12345”平台，累计受理消费者诉求1.87万件，办结率94.18%。

【产品质量安全监管】2022年，黄冈市开展10类重点产品质量安全排查治理专项行动，排查危化品、燃气具、消防产品等高危行业安全隐患，抽检重点产品1571批次，合格1485批次，合格率94.53%。开展质量技术帮扶活动，走访调研食品相关产品生产企业53家，解决企业反映问题66项。全年全市开展产品质量、计量、特种设备、食品安全等培训16期，培训企业378家、608人次，检验各类特种设备1.34万台套，检定计量器具2.84万台件。完成农产品抽检717个，样品源自全市生产基地、超市、屠宰场等场所，包括种植业类产品497个、畜禽产品154个、水产品66个，总体合格率 99.3%，比上年高0.1%。完成粮油产品抽检632批次，样品源自全市，包括好粮油、放心粮油和军供粮油49批次、库存粮食17批次、收购粮食566批次，总体合格率98.9%。好粮油、放心粮油、军供粮油和库存粮食质量状况良好，合格率100%。收购粮食(原粮)主要检测油菜籽、小麦、花生、玉米、稻谷等粮食的质量、品质和重金属含量、真菌毒素等安全指标，其中油菜籽和小麦整体质量较上年明显提升，花生和玉米整体质量状况良好。

【质量强市建设】2022年，黄冈市组织开展“千百十一”质量提升活动，推动1000家中小企业开展质量提升行动，支持100家规模以上企业导入先进质量管理模式，培育质量提升标杆企业10家。实施质量安全、标准计量、认证认可、检验检测、知识产权保护“一站式”服务，配置“一站式”服务站所和窗口42个。推动全市969家企业在企业标准信息公共服务平台、全国团体标准信息平台，公开企业标准7513个、团体标准15个。牵头制定省级地方标准34项、市级地方标准14项；建成国家农业标准示范区18个、省级示范区16个；建成省级质检中心2家，完成批筹8家，申报批筹1家。

【计量管理】2022年，黄冈市完成强制检定计量器具4.69万台件，开展“计量服务中小企业行”活动，推广应用“强制检定工作计量器具业务管理系统”，完成重点用能单位能源计量审查9家。先后开展计量监管专项整治，开展燃气报警器、安全防护类压力仪表、2022年度眼镜制配场所等专项整治行动。“双随机”抽查企业定量包装商品净含量66家131批次，“双随机、一公开”计量监督检查加油站27家、加油枪45把。优化营商环境，蕲春县“取消企业内部使用的最高计量标准器具的考核发证及强制检定”先行区创建试点工作通过省营商办验收。

【认证认可建设】2022年，黄冈市市场监督管理局完成认证从业机构现场见证检查61家，强制性产品认证现场见证检查5家，网上公开检查结果。加强“3C”认证免办监督检查，协助企业申报免办事项，加强后续监管。推进小微企业认证提升行动，组织开展新一轮小微企业认证提升培训，确定李时珍医药集团、罗田县宏源药业2个试点项目，聘请技术专家进行专业辅导，通过质量管理体系认证。

【标准化工作】2022年，黄冈市发布《地理标志产品大别山黑山羊》地方标准，出台《地理标志产品 英山云雾茶》《茶叶贮藏品质控制技术规程》《有机食品 麻城福白菊生产技术规程》《绿色食品 麻城福白菊生产技术规程》等省级标准；《麻城茶油》《黄梅挑花》《夫子河鱼面》《黄梅荷叶茶》《蕲艾条(炷)商品规格与质量》通过专家审查。制定《医疗废物暂存间卫生管理规范》地方标准，填补国内该领域技术空白。发布实施《中药材 夏枯草—菊花轮作栽培技术规程》等3项市级地方标准。黄冈市社会福利中心制订服务类标准158项，罗田赶街服务业标准化、中瑞华窑传统窑炉改造升级工业项目通过验收。

【特种设备安全监管】2022年，黄冈市市场监督管理局检查特种设备使用单位1946家，检查设备5048台(套)，排查隐患2019处。创新推进“963333”电梯应急救援平台建设，开展电梯安全宣传周和安全生产月活动，做好重大节日、重大活动、重点时段期间，特种设备安全应急准备和应急值守工作，全年未发生等级以上安全事故。

【市场重点领域监管】2022年，黄冈市组织开展行政执法主体资格确认和行政执法人员清理工作，开展优化营商环境问题整改、涉企行政执法质量提升、行政执法大讨论等活动。开展食品药品专项整治、“铁拳行动”、重点市场整治、打击养老诈骗、面向未成年人无底线营销食品专项治理、扫黑除恶、长江禁捕、自建房整治等专项行动，深挖市场流通领域涉黑涉恶涉刑案件线索，全年查处行政处罚案件2528件。年内，市市场监管局、市医保局联合开展药品物资价格检查。

【医疗器械监管】2022年，黄冈市有医疗器械批发企业180家，一类医疗器械生产企业48家，医疗器械使用单位5219家。完成医疗器械抽检25批次，排查化解安全隐患751个；医疗器械领域立案33起。全市医疗器械生产、经营企业和使用单位监督检查任务完成率100%，红安县查办疫情防控类经营无合格证明文件医疗器械医用外科口罩案，入选湖北省2022民生领域“铁拳”行动典型案例。规范清理器械备案产品，取消一类产品备案28个，整改24个。主动上门服务办理医疗器械批发许可申请63件、二类经营备案272件、一类医疗器械产品备案99件，2022年新增生产备案企业12家。

【化妆品监管】2022年，黄冈市有化妆品生产企业9家，化妆品经营企业742家。完成化妆品抽检78批次，样品源自全市并兼顾不同区域、场所、类别，包括防晒类、彩妆类、牙膏3类产品，检验项目为防晒剂、重金属、微生物，抽检合格率100%。排查化解安全隐患67个，化妆品领域立案11起。规范清理普通化妆品备案产品，公告取消备案人26家，普通化妆品备案产品56个，处理化妆品备案申请1691件。

【食品安全监管】2022年，黄冈市推进“双安双创”(国家、省食品安全示范城市创建和农产品质量安全县创建)示范引领行动，2022年武穴市创建第一批食品安全县通过省级复审。推动麻城市创建第二批食品安全县，推动其他8个县(区)申报创建第三批食品安全县。开展食品安全“守底线、查隐患、保安全”、校园周边食品安全、网络外卖餐饮等食品安全专项整治，检查市场主体4.37万户，整改完成安全隐患5.4万个。开展农村假冒伪劣食品整治行动，检查食品生产经营者7.8万家次，收缴假冒伪劣食品数量2.75万千克，开展规范化建设农村食品经营店5833个。抽检食品1235批次，样品源自黄冈市高新区、黄州区、黄梅县、武穴市、蕲春县，包括消毒餐饮具、肉及肉制品、酒类、食用油及其制品、粮食及粮食制品、糕点、饼干、蔬菜及其制品、水果及其制品、豆制品、调味品、乳制品、保健食品等29个类别，总体合格率98.4%，比上年提高1.0%。完成涉粮省委巡视和市委巡察反馈问题整改，督促全市97家大米生产企业建立健全食品安全追溯体系。

【药品安全监管】 2022年，黄冈市市场监管系统开展“两品一械”（药品、化妆品、医疗器械）风险隐患排查治理，落实高风险药品全覆盖、全过程监管，率先在全省成立集中打击整治危害药品安全违法犯罪工作领导小组，联合市医保局开展市场药品物资巡查检查，检查药品使用单位1924家次、疾控中心和疫苗接种点624家次，责令改正983份。全市“两品一械”案件立案104件，结案88起，涉刑移交9起、大案要案15起。“红安假药案”入选湖北省2022民生领域“铁拳”行动典型案例。完成药品抽检730批，样品源自全市，包括药品零售及使用环节抽检611批、有因应急抽检26批、中药材（饮片）监督抽检93批，总体合格率99.9%，比上年提高1.2%。

【公共检验检测】 2022年，黄冈市公共检验检测中心举办全市公检中心业务能力提升培训班，各县（市、区）公检中心40余名技术人员参加培训。召开2022年度全市实验室检验检测比对工作培训会，讲解《能力验证活动对实验室能力建设的作用和意义》《2021年度全市实验室比对质量分析报告》，全市市县两级公检中心、辖区内食品药品化妆品生产企业等44家机构70人参加培训。与市农业科学院签订产学研战略合作协议，就共同研发“小麦新品系品质测定”“拔节期氮素用量对小麦蛋白质含量的影响”和“目标亩产千斤优化施肥对小麦籽粒品质的影响”三个项目达成合作。组织专业检测技术团队到罗田燕儿谷开展农产品现场农残检测直播活动，现场直播对售卖的农产品进行农残检测，助力农产品直播带货。

【检测能力建设】 2022年，黄冈市举办公检中心业务能力培训班和实验室检验检测比对培训，累计培训250余人次；组织业务骨干参加国家、省级培训8批次。黄冈市公共检验检测中心参加国家级1项、省级8项、市级1项实验室能力验证；通过省级现场抽取留样复测考核2次，通过农业农村部、省市场监督管理局、省药品监督管理局考核，取得农产品质量安全检测机构考核评审专家1名、检验检测机构资质认定评审专家1名、省级药品生产检查专家2名，高级职称17人，中级职称25人，研究生以上学历人员19人，有各类检测仪器设备815台套。湖北省乳制品质量检验检测中心通过省级验收，并批准设立，是全省唯一一家省级乳制品质检中心，检测乳制品产品14个，检验能力参数126个，产品覆盖率超95%。罗田县燕儿谷农产品质量安全检测中心实验室建成使用，罗田县燕儿谷电商基地“网红”主播新增粉丝10万人，带动农产品销售1000万余元，比上年增长50%。

【黄冈、九江市场监管业务跨省跨江通办】 2022年8月7日，黄冈市、九江市市场监管政务服务事项跨江通办和专利保护跨区域协作签约活动在黄梅县举行。会上，两地市场监管部门签订“跨江通办”合作备忘录，实行市场主体注册登记跨江联办、“一照多址”、新开办企业免费刻章券、特种设备作业人员异地复审4大类业务跨省跨江通办互认，建立撤销冒用他人身份信息取得登记、查处无照经营等工作协作机制，深化两市跨江合作共享机制，惠及一江两岸市场主体创新发展，打造鄂赣合作示范品牌。

（雷丹丹　陈江华　罗新鹏）

2022年12月9日，黄冈市市场监督管理局、黄冈市医保局联合开展市场药品物资巡查检查

（市市场监管局　供图）

知识产权保护

【概况】 2022年，黄冈市授权专利4849件，比上年增长19.91%，总量位列全省第五位；授权发明专利213件，比上年增长58.96%，增幅位列全省第六位；有效发明专利1141件，位列全省第八位。全市登记专利质押融资项目16项，融资额4.66亿元，位列全省第二位。开展“护航”“蓝天”“铁拳”等知识产权保护专项行动，办理各类知识产权行政执法案件112件，查处侵权假冒商品2700余件，办理专利侵权纠纷行政裁决案件164件。全市有中国驰名商标10件，地理标志商标24件，地理标志保护产品47件。

【商标注册】 2022年，黄冈市新增注册商标7488件，累计4.88万件，获地理标志产品湖北省金奖3项、银奖3项和品牌大赛金奖2项。办理国家知识产权局转办案件1件，为涉嫌恶意注册申请奥运健儿姓名商标案。申请纳入《湖北省优势商标名录》（第3批）商标27件。

【地理标志申请】 2022年，麻城福白菊地理标志运用促进工程项目通过国家知识产权局验收，获优秀等次。“黄梅粘”地理标志培育工程、“麻城福白菊”商标品牌运用示范、“红安苕”品牌推广与示范，入选2022年湖北省荆楚品牌培育工程。年内，全市获国家知识产权局核准地理标志专用标志合法使用人233家，其中地理标志保护产品130家，地理标志商标103家。英山云雾茶、蕲艾入选“2022年湖北地理标志产业发展十大典型案例”，英山云雾茶获批国家地理标志产品保护示范区。承办第四届湖北地理标志大会暨地理标志展示品鉴活动。

【知识产权运用】2022年，黄冈市发挥武汉都市圈知识产权保护协作机制作用，向外地移交专利案件4例。全市入选国家级知识产权项目3个，纳入省级知识产权“三大工程”项目10个。开展专利转化工程和知识产权质押融资“入园惠企”行动，依托“知慧桥”专利转化运用公共服务平台，建立动态更新的专利技术需求库。全年共收集企业专利技术需求109项，转让许可专利1316件，位列全省第二位。推进知识产权质押融资，市知识产权局联合市人民银行联合下发《黄冈市知识产权质押融资工作指引（暂行）》，指导全市金融和知识产权系统开展知识产权质押融资工作。全年收集企业融资需求61项，登记知识产权质押融资项目21项，融资额5.02亿元，位列全省第四位。

【知识产权执法】2022年，黄冈市市场监督管理局办理知识产权行政执法案件112件，位列全省第四位。打击侵权假冒行为，查处侵权假冒商品2700余件。加大监管督查代理机构力度，约谈知识产权服务机构13次，规范机构代理行为24起。市中级人民法院、市人民检察院、市公安局指定黄州区检察院管辖办理黄冈市黄州区、浠水县、蕲春县、武穴市、黄梅县、龙感湖管理区的知识产权刑事案件。年内，黄州区检察院办理知识产权犯罪案件12件23人，涉及鞋类、服装类、硒鼓和手游等多个行业领域。

【知识产权服务】2022年，黄冈市新建省级知识产权保护工作站2个，县级知识产权保护工作站21个，商标品牌指导站10个。国家知识产权局登记备案知识产权调解组织16个，数量位列全省第一位。探索社会共治维权援助模式，聘请知识产权专家教授23名，建立专利侵权判定专家库，完善专利侵权纠纷行政裁决技术调查官制度。加强中小微企业维权援助工作，开展服务市场主体专项行动对接，全年办理知识产权维权纠纷案件17件，调解17件。加强“湖北地理标志大赛”“大别山（黄冈）地标优品博览会”“东坡文化美食节”等各类展会活动知识产权保护。

【知识产权宣传】2022年，黄冈市市场监督管理局举办各类知识产权宣传培训活动23次，培训5000人次，培育省级知识产权专员23名。年内，联合各县（市、区）局等单位同步开展主题为“全面开启知识产权强国建设新征程”的知识产权宣传周系列活动。

表20　2022年黄冈市知识产权宣传周活动一览表

名　　称	时　间	内　　容	地点	主办单位
知识产权普及宣传活动	4月20—29日	LED屏幕滚动展播知识产权宣传标语；播放知识宣传片和小视频；发放知识产权宣传册	各广场、大型商超及户外广告	黄冈市市场监管局（黄冈市知识产权局）、各县（市、区）市场监管局（知识产权局）
知识产权下乡	4月20—26日	普及知识产权相关法律法规知识	团风县乡镇	团风县市场监管局（团风县知识产权局）
知识产权质押融资“入园惠企”活动	4月20—26日	联合蕲春县人行、中行开展走访调研，帮助有融资需求的企业创新融资渠道	蕲春县有融资需求的企业	蕲春县市场监管局（蕲春县知识产权局）
知识产权“四进”活动	4月20日至5月31日	全面普及知识产权知识，采集企业实地需要	黄梅县域企业、学校、社区、农村	黄梅县市场监管局（黄梅县知识产权局）
知识产权宣传周保护行动	4月20—29日	打击侵犯知识产权和制售假冒伪劣商品的专项整治	黄梅县	黄梅县市场监管局（黄梅县知识产权局）
知识产权入园宣传服务活动	4月20—26日	宣传知识产权政策，开展面对面服务活动	罗田县园区企业	罗田县市场监管局（罗田县知识产权局）
知识产权进企业“面对面”服务	4月20—29日	进企业走访，召开座谈会，宣传惠企政策，了解企业现状和困难，征询企业需求，并提供针对性咨询服务	黄州区重点企业	黄州区市场监管局（黄州区知识产权局）
知识产权专项执法检查	4月20—29日	对辖区内市场主体开展知识产权专项执法检查活动	黄州区商场、超市及市场集散地	黄州区市场监管局（黄州区知识产权局）
知识产权进企业	4月21日	开展商标品牌指导站调研	团山工业园、马口工业园	武穴市市场监管局（武穴市知识产权局）
知识产权进学校	4月22日	开展知识产权教育试点培育	武穴市实验小学	武穴市市场监管局（武穴市知识产权局）
商标地理标志专题培训	4月22日	商标、地理标志相关知识、申报流程及案例介绍	浠水县市场监管局	浠水县市场监管局（浠水县知识产权局）、县人才创新创业超市
知识产权“五进”活动	4月23日	深入企业解读知识产权发展的政策措施	英山县域部分企业	英山县市场监管局（英山县知识产权局）
实地宣传	5月2日	知识产权普及教育宣讲	遗爱湖公园	黄冈市市场监管局（黄冈市知识产权局）

（资料来源：市市场监管局）

【协同保护机制建设】2022年，黄冈市市场监督管理局发挥武汉都市圈知识产权保护协作机制作用，向其他市州移交专利案件4例。联合九江市、鄂州市、黄石市开展知识产权跨江互认和联合执法行动，引入武汉知识产权服务协会、武汉（汽车零配件）知识产权快速维权中心，为黄冈企业提供面对面服务。年内，选取黄梅县为全市知识产权公证先行试点。协同市中级人民法院开展知识产权“诉调对接”工作。

（雷丹丹　陈江华）

【软件正版化】2022年，黄冈市贯彻落实《黄冈市推进使用正版软件三年行动计划(2021—2023)》，推进软件正版化，将软件正版化检查工作纳入市委督查事项。全年检查市直机关72家次、县区级机关551家次，市县两级举办培训班36次、培训单位558家次、人员3807人次。全市采购软件2776个，金额231.27万元。累计拥有软件许可9.14万个。年度列入完成软件正版化目标企业279家，实际完成242家，累计786家。全市检查企业532家，举办培训班7次，参训企业113家次、人员152人次。纳入统计企业773家，新采购软件3241个，金额302.76万元，升级维护软件支出805.2万元。

（段欣荣）

【武汉城市圈知识产权保护合作协议签署】2022年4月20日，全国知识产权宣传周启动仪式湖北·武汉分会场活动在湖北省科技馆举行。会上，武汉“1+8”城市圈知识产权局负责人签署知识产权保护合作协议。围绕建立会商研讨、联合行政执法、执法证据调用互通、信息交换及资源共享、海外维权协作及交流、高价值专利培育、知识产权公共服务协作、知识产权人才队伍、知识产权文化建设协作9个方面开展合作。

（雷丹丹　金　戈）

【知识产权工作联席会议】2022年10月14日，黄冈市召开知识产权工作联席会议暨知识产权保护大会，会议传达学习《知识产权强国建设纲要（2021—2035年）》《“十四五”国家知识产权保护和运用规划》《关于加快推进知识产权强省建设的实施意见》《湖北省知识产权“十四五”规划》等文件精神。

（雷丹丹　张智豪）

【地标展示品牌位列全省市州首位】2022年12月30日，由湖北省知识产权局举办的第四届湖北地理标志大会暨地理标志展示品鉴活动在武汉举办。全省48个地理标志品牌参加，黄冈市8个品牌参赛，其中进入前十品牌3个，前二十品牌5个，均位列全省市州首位。黄冈市进入前二十强品牌分别为英山茯苓（第5名）、木子店老米酒（第9名）、罗田板栗（第9名）、黄梅挑花（第16名）、麻城茶油（第18名）。

（雷丹丹　张智豪）

信用体系建设

【概况】2022年，黄冈市推进社会信用体系建设，调整市社会信用体系建设领导小组。推进信用平台建设，汇集数据190万余条，评选社会信用体系优秀案例，获评“全国诚信之星”1人。推广信用承诺制度，28项证明事项实施告知承诺制。开展政务诚信、商务诚信等领域专项治理，推进信用分类分员评价，中小微企业平台授信10亿余元。

【信用信息平台建设】2022年，黄冈市社会信用体系建设领导小组强化信用信息归集共享，按照《湖北省社会信用信息管理条例》梳理全市各行业、各部门权力清单，累计向省信用信息平台汇集数据191.9万条，其中“双公示”信息4.78万条。推进智慧金融服务平台建设，授信支持全市中小微企业10.11亿元，缓解中小微企业融资难问题。

【信用监管】2022年，黄冈市社会信用体系建设领导小组推广信用承诺制度，针对28项证明事项全面实施告知承诺制。市市场监督管理局公布9个事项开展证明事项告知承诺制，市级层面办理完成涉及证明事项告知承诺制事项1465件。推进信用分级分类评价。市税务部门对纳入信用评价的5.22万户市场主体，开展A级、B级、C级、D级分类评价，增强纳税人主动纳税意识，A、B级纳税人逐年大幅增加；市人社局开展劳动保障诚信评价工作；市住建部门在建设领域开展“无欠薪诚信项目”评价活动，加大对重大欠薪违法行为公布和“黑名单”管理力度。信用修复。全年市信用办先后完成企业信用修复75家，市市场监督管理局移出异常名录企业9.1万家。

【政务诚信和商务诚信建设】2022年，黄冈市社会信用体系建设领导小组在市场信用主体申报表彰奖励、财政支持、政府采购、项目招投标等方面，严格执行“逢报必查、逢办必查”。全年在推荐2022年湖北五一劳动奖章及黄冈五一劳动奖章对象、市信贷风险补偿金拟定“白名单”企业、2022年度市直劳动保障诚信“红名单”等活动中，重点对被列为失信联合惩戒对象、被列入严重失信违法“黑名单”实行一票否决。罗田县资格联审村（社区）“两委”成员4000余名。蕲春县为入党、干部提拔、公务员考核及人大代表资格审查等提供个人信用查询约1.2万人次。针对经济社会诚信热点问题和群众反映强烈的失信突出问题，重点开展政务诚信、电信网络诈骗、失信被执行人履约、拖欠农民工工资等领域专项治理。

【诚信宣传活动】2022年，黄冈市社会信用体系建设领导小组开展“6·14”信用记录关爱日、“11·22”诚信日等宣传活动，《黄冈日报》发布公益广告，专版宣传诚信案例8个。团风县《夯实信用建设基础 助力优化营商环境》、英山县《信用如金》案例，分别获评2022年度湖北省社会信用体系建设优秀案例、优秀短视频；省信用办推荐罗田县燕儿谷生态公司董事长徐志新参加全国“诚信之星”评选，被中央宣传部、国家发改委评为年度“诚信之星”。

（陈　婷）

【入选省“守合同重信用”企业】2022年，湖北省市场监督管理局公布湖北省第十六届（2020—2021年度）“守合同重信用”企业名单，黄冈市入选企业288家，数量位于全省前列。经企业自愿申报、各地市场监管部门征信审查推荐、市市场监督管理局统一评价审核后，向社会公示企业520家，择优推荐288家参加湖北省第十六届（2020—2021年度）“守合同重信用”企业公示活动。

（雷丹丹　熊紫君）

责任编辑：赵舒逸　　责任校对：严　静

综 述

【政策措施】2022年，黄冈市贯彻落实《关于全面推进黄冈中医药发展的实施意见》《黄冈市大健康产业发展规划（2018—2025年）》《黄冈市支持大健康产业发展若干支持政策》等政策文件，立足全市大健康产业发展现状，坚持系统谋划，有序制定出台新的发展策略，推进“药、医、养、游、健”五位一体融合发展。年内，制定出台《2022年黄冈市大健康产业发展实施方案》《2022年黄冈市大健康产业发展考核办法》等方案办法，从发展定位、空间布局、发展路径上为大健康产业发展提供方向指引、政策支持、激励措施等。成立大健康产业发展领导小组，建立推进大健康产业发展“1114+2+5”工作机制（1个领导小组、1个发展规划、1个年度实施方案、任务+项目+政策+考核4个清单，1个行业协会和1个大健康研究院2个支撑平台，5个工作专班），基本形成以中药材和健康食品为基础、以医药生产加工为支撑、以文旅康养为融合的大健康产业体系。

【产业规模】2022年，黄冈市大力推进大健康产业实现转型升级，全年大健康产业规模超过1000亿元，比上年增长14.11%，其中以蕲春县为代表的大健康产业产值超过150亿元，带动全产业链30万余人就业。年内，因地制宜，构建打造“全市域、多层次、梯度型”的大健康产业空间体系，逐步形成市区高端健康医疗服务核心、蕲春中医药健康养生核心，黄团浠健康产业组团、大别山健康产业组团、黄梅武穴健康产业组团的“两核三组团”发展格局。大力发展现代中医药、绿色健康食品、健康养生旅游、医疗卫生与养老、运动建设等五大重点产业，以及大健康城市品牌创建工程、中医药文化传承工程、大健康产业创新发展工程、大健康重点企业培育工程、大健康助推乡村振兴工程等五大重点工程，推动大健康产业成为黄冈富民强市的特色产业、支柱产业、新动能产业。

【产业管理】2022年，黄冈市加强健康药食材、健康医药食品制造、健康医养、健康文旅体、健康商贸流通五大产业管理，制定《黄冈市大健康产业发展考核办法》，实施前3名奖励、最后1名约谈措施，聘请8位知名专家作为大健康产业发展顾问，为大健康产业发展“把脉问诊”。依托黄冈大别山大健康产业联合会、李时珍大健康研究院等社会组织，为大健康产业发展提供技术支撑。

【产业招商】2022年，黄冈市新签约引进亿元以上大健康产业项目110个，协议投资额246.43亿元，其中：生物医药项目28个，协议投资额65.63亿元；文旅康养项目56个，协议投资额144.85亿元；田园综合体项目26个，协议投资额35.95亿元。蕲春县签约项目个数和协议投资额位列全市第一位，签约项目23个，协议投资额49.6亿元。

【项目建设】2022年，黄冈市编制完成《黄冈市大健康产业发展三年行动计划》《2022年黄冈市大健康产业发展实施方案》，谋划大健康项目200余个，投资额超过2000亿元，建立项目库实行动态调整。实行“月调度、季通报、年考核”制度，全力推动项目开工建设。全市新开工5000万元以上大健康产业项目282个，投资502.02亿元；新投产5000万元以上大健康产业项目76个，投资111.28亿元。投资19亿元的智慧农博城、投资15.8亿元的蕲艾产业融合发展示范园等一批重点项目开工建设。

（范 虎）

产业集群建设

【概况】2022年，黄冈坚持市级主导、区域统筹，因地制宜、分类分步推进大健康产业集群建设，依托深厚的中医药文化底蕴、丰富的中药材和自然养生资源，做大种植基地、做强精深加工、做活流通市场、做深产业链条、做响中医药品牌、做全要素保障，形成药食材种植产业、医药食品制造产业、健康文化旅游业、医疗服务与康养产业、健康商贸流通产业等5类大健康产业集群。全年产值突破千亿元大关，实现产值1027.22亿元，比上年增长14.11%。

【药食材种植产业】2022年，黄冈市药食材种植面积11.68万公顷、总产量40万吨，分别比上年增长2.99%、3.07%，其中，中药材种植面积7.75万公顷、总产量24.04万吨，分别比上年增长18.14%、4.98%。全市中药材新型经营主体1245家，千亩以上集中连片药食材生产示范基地52个。

【医药食品制造产业】 2022年，黄冈市医药食品规模以上工业企业实现产值523.07亿元，比上年增长61.9%，其中：生物医药规模以上企业69家、产值185.62亿元(其中，中药材规模以上加工企业34家、产值82.52亿元)，产值过亿元企业33家，产值过20亿元企业3家(李时珍医药集团54.47亿元、稳健医疗21.99亿元、宏源药业20.92亿元)；健康食品规模以上企业186家、产值337.45亿元，产值过亿元企业73家，产值过20亿元企业2家(伊利乳业28.77亿元、中粮粮油28.77亿元)。

【健康文化旅游业】 2022年，黄冈市建立文化旅游产业链链长制，统筹谋划以红色旅游、生态旅游、康养旅游、乡村旅游为特色的文化旅游产业链发展布局。全市接待游客4149.78万人次，实现旅游总收入303.16亿元。全年新增规模以上文化旅游服务业企业11家，长征国家文化公园英山园区项目开工建设，红安黄麻起义纪念园申报国家AAAAA级景区景观评审材料上报文化和旅游部待审。

【医疗服务与康养产业】 至2022年底，黄冈市创建2个国家级、33个省级、50个市级中医重点专科；创建湖北省中医药服务示范县中医医院1个、湖北省中医药示范乡镇卫生院42个、湖北省中医药示范村卫生室420个。全市10家中医医院均设立治未病科，100%乡镇卫生院、100%社区卫生服务中心、85%社区卫生服务站、65%村卫生室可提供中医药服务。

【健康商贸流通产业】 2022年，黄冈市社会消费品零售总额1451.29亿元，比上年增长3.4%；农产品和医药产品出口1.8亿美元，比上年增长39.5%；新增限额以上大健康商贸企业60家，其中电商企业30家。创建省级电子商务示范基地6家、省级电子商务示范企业5家。湖北省唯一中药材现货交易场所——李时珍中药材交易中心，实现日交易额2000万元，其中蕲艾占比80%。李时珍中药材交易中心成为中部地区蕲艾商品集散中心、信息发布中心和价格形成中心。

（范　虎）

品牌建设

【概况】 2022年，黄冈市有"两品一标"(绿色食品、有机农产品和农产品地理标志)农产品234个，国家地理标志保护产品92个，总数位列全国地市州首位。蕲春蕲艾被纳入湖北省重点打造核心大品牌，蕲春蕲艾、罗田茯苓、英山苍术、麻城菊花等入选湖北省道地药材"一县一品"优势品种，蕲艾、天麻、茯苓、福白菊、苍术等被列入湖北省"十大楚药"品种，虎杖、野菊花被列入湖北省"五大特色药材"。蕲春蕲艾位列中国品牌价值地理标志产品百强榜第30位，品牌价值105.08亿元；"蕲春艾灸师"劳务品牌获"全国我最关注的劳务品牌"。湖北一世缘蕲艾生物科技股份有限公司生产的艾灸产品，收录于工信部《2022年老年用品产品推广目录》。

【蕲春蕲艾品牌】 2022年12月30日，由中国国家品牌网发起，中国品牌建设促进会联合新华社等部门共同举办"点赞2022我喜爱的中国品牌"活动中，蕲春蕲艾被评为"2022我喜爱的中国品牌"。截至2022年底，蕲春县蕲艾种植面积1.48万公顷，涉艾市场主体3000余家，其中，规模以上企业18家、高新技术企业19家，蕲艾产品研发出28个系列1000余个品种，拥有准、械、消、妆字号115个，蕲艾系列注册商标4919件。

【英山道地药材品牌】 2022年，英山县中药材种植面积1.87万公顷，年产药材近8万吨。通过"政企院"联动和采用"龙头企业+专业合作社+基地+种植农户"模式，为药农和药企搭建纵深发展大平台。持续主推苍术、茯苓、天麻、虎杖、桔梗、石斛六大品种，其中：桔梗、天麻、茯苓、苍术先后获评国家地理标志产品；英山茯苓种植基地通过国家GAP认证，被列入全国首批"三无一全"(无硫黄加工、无黄曲霉素超标、无公害、全过程可追溯)示范基地，被国家质量监督检疫局认定为生态原产地保护产品，出口免检；英山苍术种植基地通过国家GAP认证、日本GACP认证。

【麻城福白菊品牌】 2022年，麻城市菊花种植面积基本稳定在1万公顷以上，开发菊花系列产品14类900余款，从事菊花产业人数近20万人，带动3.2万人脱贫致富。麻城福白菊拥有国家地理标志等国家级认证5个、省级认证3个，获得欧盟互认出口贸易通行证，品牌价值12.07亿元。

（范　虎）

大健康文化

【概况】 2022年，黄冈市挖掘历史文化资源推进大健康文化建设，发展康养+旅游、康养+侨学等产业，打造"中国好空气 英山森呼吸"、黄梅东山康养小镇等大健康文化生态旅游品牌，举办论坛节会弘扬大健康文化。年内，先后举办第二十二届"华创会"李时珍中医药国际健康论坛、第三届鄂台青年发展论坛暨李时珍大健康研究院学术年会、李时珍文化高峰论坛和首届李时珍文化节，组织两岸专家学者对中医药及其文化传承与创新进行交流，推介黄冈中医药资源优势，传承中医药文化，弘扬李时珍精神，打造黄冈中医药品牌形象。

【李时珍文化高峰论坛】 2022年1月3日，由承医时珍集团和蕲艾产业协会联合主办的2022李时珍文化高峰论坛暨中华中医药蕲艾文化中医九种体质峰会在蕲春县召开。主题为"传承中医药文化，弘扬李时珍精神"，交流探索中医药文化、中医药产业和蕲艾产业的传承与发展路径，助推中医药大健康产业高质量发展。蕲春县蕲艾协会会长田群、武警北京总队首席医疗官陈学明等出席会议。

【首届李时珍文化节】 2022年5月23日，首届李时珍文化节在黄冈职院医药学院启动，主旨是弘扬李时珍文化精神，引导和鼓舞学生坚定理想信念，树立崇高医德。活动持续至6月上旬，先后举办"扬时珍精神，一起向未来""爱党爱国，厚德精医""珍爱生命，护航青春""时珍文化精神大讲堂""名医文化永流传""室雅兰馨，绽放风华"等主题活动11个。

【李时珍中医药国际健康论坛】 2022年11月17日，由湖北省人民政府、国务院侨务办公室、武汉市人民政府主办，湖北省卫生健康委员会、黄冈市人民政府和湖北中医药大学共同承办的2022年第二十二届华侨华人创业发展洽谈会——李时珍中医药国际健康论坛在武汉举行。论坛围绕"发展中医药事业助力健康老龄化"主题进行主题研讨和学术交流，深入挖掘湖北省中医药资源优势，打造湖北中医药品牌形象，促进湖北中医药产业高质量发展。会上，黄冈市领导推介黄冈中医药文化、资源和产业政策，麻城市、蕲春县、英山县等县市领导介绍本地中医药产业现状、前景及招商情况。

【李时珍大健康研究院学术年会】2022年11月19日，"第三届鄂台青年发展论坛暨李时珍大健康研究院学术年会"在黄冈召开。活动由湖北省人民政府台湾事务办公室指导、黄冈师范学院与中国医药大学(台湾)联合主办，以线上线下相结合的形式召开。湖北会场设在黄冈师范学院，台湾会场设在中国医药大学(台湾)。天津中医药大学教授樊官伟，中国医药大学(台湾)教授张永勋、林民昆、赵嵘，华中科技大学教授范恒，湖北省黄冈市李时珍纪念馆馆长胡庆华分别作题为《高血压的中西医研究进展与防治》《台湾中药质量管理之现况与展望》《中药活性成分之研究——以免疫调节为研究平台》《地道药材、地道标准台湾中药的传承与创新》《"中医药传承发展"之我见》《李时珍中医药文化传承与创新》的学术报告。两岸专家学者聚焦中医药及其文化传承与创新，围绕中医药及其文化领域的重点、热点问题展开交流与探讨。

(范　虎)

宣传推介

【概况】2022年，黄冈市采取召开现场推进会、领导小组会议、电视电话会等方式，压实工作责任，推进大健康产业工作落实。组织企业参加第四届世界大健康博览会，展示黄冈大健康成果，签约一批招商项目，有效提升黄冈大健康品牌影响力。召开"发展中医药产业集群，推进中国中医药健康城建设"政协双月协商会，举办大健康项目策划与抖音直播带货专题培训班，开展2022年中医药文化传播行动。

【大健康产业发展工作推进会】2022年3月15日，黄冈市大健康产业发展工作推进会召开。会议强调，要坚定发展大健康产业的信心和决心，着力推动大健康产业提质增效，持续推动中医药产业突破性发展、健康食品业多样化发展、医养服务业融合性发展、康养旅游业特色化发展，全面推动大健康产业转型升级，加快项目建设力度、强化招商引资力度、加大科研攻关力度、促进产业融合力度，培育一批大健康产品生产基地，全力建设中国中医药健康城。

【抖音直播带货专题培训班】2022年7月15—17日，黄冈市发展和改革委员会(市大健康办)会同大健康产业联合会在罗田县燕儿谷直播基地举办"大健康项目策划与抖音直播带货"专题培训班。各县(市、区)大健康办分管领导、业务科长，市农业农村局、市经济和信息化局、市卫生健康委、市文化和旅游局、市商务局等单位负责人及大健康联合会会员企业人员等70余人参加培训。市发展改革委、武汉抖音基地抖音官方认证讲师、"三农"助农主播、电商主播培训师现场演练。

【世界大健康博览会参展】2022年8月5—7日，由湖北省人民政府、国家卫生健康委员会、武汉市人民政府共同主办的第四届世界大健康博览会在武汉举行。黄冈市李时珍医药集团、卫尔康公司、辰美中药、九州中药、蕲艾堂等44家大健康企业参会，展示大健康产品437种。黄冈馆面积450平方米，以"四大主题"分区展示。黄冈特色展位主要展示黄冈大健康产业发展成果及大健康联合会会员企业相关产品，包括黄冈道地中药材、中药饮片、配方颗粒、中医药产品等；蕲春蕲艾展位主要展示蕲春蕲艾产业发展情况、蕲艾系列产品及李时珍中医药文化，开展艾灸、艾贴现场体验活动；麻城菊花展位主要展示麻城菊花产业发展情况、菊花系列产品及菊花文化；英山药材展位主要展示英山中药材产业发展情况，苍术、茯苓、虎杖、石斛等道地中药材，以及本地企业生产的中药饮片、配方颗粒产品等大健康产品。开幕式上，团风县人民政府与武汉伯森健康科技公司签约投建伯森大健康产业园，总投资6亿元。

(范　虎)

2022年8月5日，第四届世界大健康博览会在武汉国际博览中心开幕，黄冈市44家企业产品在黄冈馆展出
(市发展改革委 供图)

责任编辑：严　静　　责任校对：汪小华

农　业

综　述

【农业发展】2022年,黄冈市推进农业产业化,落实耕地保护制度,建设高标准农田,聚焦十大重点农业产业链,以流通带加工,以加工促生产,打造区域公用品牌,壮大粮食、生猪、蔬菜、水产、中药材等产业,大力培育新型农业经营主体。全年全市完成农林牧渔总产值980.73亿元,比上年增长9.19%,农业结构中,农业产值426.13亿元,比上年增长3.6%;林业产值59.04亿元,比上年增长8.1%;畜牧业产值260.39亿元,比上年增长4.9%;渔业产值155.07亿元,比上年增长4.93%;专业及辅助性活动产值80.11亿元,比上年增长13.1%。全年粮食种植面积39.54万公顷,比上年增长0.05%;棉花种植面积2.4万公顷,比上年增长6.2%;油料种植面积22.26万公顷,比上年增长4.95%;蔬菜种植面积12.84万公顷,比上年增长2.82%。全年粮食产量271.70万吨,比上年减少0.52%;棉花产量2.18万吨,比上年增长9.2%;油料产量59.36万吨,比上年增长7.01%;蔬菜产量369.8万吨,比上年增长2.83%;水果产量32.18万吨,比上年增长8.3%。年内,黄冈市入选全国"一村一品"示范村镇2个,创建部级标准化畜禽养殖示范场2家,建成国家级农业产业强镇7个。有国家级现代农业产业园2家,省级现代农业产业园14家,省级农业产业化联合体28个。有国家级农业龙头企业4家、省级农业龙头企业108家,市级农业龙头企业244家、农民专业合作社1.3万家、家庭农场1.35万家。有"两品一标"(绿色食品、有机农产品和农产品地理标志)234个。有全国百强农产品区域公用品牌2个、省级农业核心大品牌1个。

表21　2022年黄冈市重要农业指标一览表

指　　标	数 值	增加值	增长(%)
农林牧渔业总产值(亿元)	980.73	82.6	9.19
农林牧渔业增加值(亿元)	582.98	50.89	9.56
农村居民人均可支配收入(元)	17855	1399	8.5
粮食面积(万公顷)	39.54	0.02	0.05
粮食产量(万吨)	271.7	-1.4	-0.52
水稻面积(万公顷)	30.95	-0.06	-0.19
水稻产量(万吨)	245	-1.8	-0.73
小麦面积(万公顷)	3.47	-0.2	-5.41
小麦产量(万吨)	10.98	0.02	0.18
油菜籽面积(万公顷)	16.6	1.05	6.77
油菜籽产量(万吨)	40.26	3.36	9.1
蔬菜面积(万公顷)	12.84	0.35	2.82
蔬菜产量(万吨)	369.8	10.2	2.83
生猪出栏量(万头)	456.16	20.61	4.73
家禽出笼量(万只)	6790.25	154.19	2.32
肉类总产量(万吨)	49.12	2.00	4.24
猪肉产量(万吨)	35.40	1.59	4.69
水产品产量(万吨)	48.5	1.7	3.65

(资料来源:市农业农村局)

【重要农产品稳产保供】2022年,黄冈市粮食总产量271.7万吨,完成省定目标任务。全年全市生猪出栏456.16万头,比上年增长4.73%;牛出栏23.99万头,比上年增长2.44%;羊出栏63.63万只,比上年增长12.54%;禽类出笼6790.25万只,比上年增长2.32%;禽蛋产量34.6万吨,比上年增长6.37%。水产品产量48.51万吨,比上年增长3.65%。蔬菜总产量369.8万吨,比上年增长2.83%。2022年全省"菜篮子"市长制考核中,黄冈市位列全省第三位。

【现代农业发展】2022年,黄冈市统筹推进十大重点产业链建设,利用4850万元产业链建设奖补资金,支持492家农业市场主体发展壮大优质稻米、菜籽油、特色淡水产品(小龙虾)、茶叶、蔬菜(食用菌、莲藕)、红安苕、道地药材(蕲艾、菊花)、板栗、生猪、家禽及蛋制品农业产业链。申报省级产业链建设资金2.31亿元，培育省级农业产业化联合体10个，累计28家，带动178家专业合作社、403家家庭农场参与产业链建设。全市新培育农业产业化省级重点龙头企业20家，市级以上重点龙头企业累计356家，其中，国家级重点龙头企业4家，省级重点龙头企业108家，市级重点龙头企业244家。净增规模以上农产品加工企业35家，累计422家；新增年产值过亿元的农产品加工企业32家，累计140家；规模以上农产品加工产值636.8亿元，比上年增长15.12%；年产值过10亿元的企业9家。

（曹 刚）

【粮食产业发展】2022年，黄冈市有入统粮油加工企业185家，其中，大米加工企业98家，油脂加工企业16家（含茶油加工），面粉加工企业6家，其他粮油食品加工企业16家（含米酒加工企业），饲料加工企业23家。生产大米62.83万吨、菜籽油1.67万吨、大豆油9.78万吨、茶油1700吨、饲料207.61万吨、其他食品加工3300吨。全市入统粮油加工企业实现总产值181.98亿元，比上年增加25.2亿元，增长16.1%，其中，大米加工产值45.55亿元、食用植物油加工产值35.5亿元、小麦粉加工产值1.63亿元、粮食食品及副食酿造业产值18.4亿元、饲料及养殖业产值77.1亿元、制酒业产值3.8亿元。全市入统粮油加工企业实现利润6.37亿元，比上年增加1.88亿元，增长41.9%。

（夏 常）

【农业项目建设】2022年，黄冈市农业在库项目456个，完成固定资产投资181.9亿元，比上年分别增长200%、66.7%。其中，第一产业在库项目183个，完成投资77.3亿元，比上年分别增长74.2%、41%；第二产业在库项目224个，完成投资89.9亿元，比上年分别增长128%、97.5%；第三产业在库项目49个，完成投资14.7亿元，比上年分别增长96%、67%。全年争取中央、省级预算内项目资金23亿元，占全省项目资金总额12%。农产品加工产业链签约项目79个、金额185.68亿元，分别完成全年目标任务158%、116%。

【农业绿色发展】2022年，黄冈市完成第二轮中央环保督察反馈问题和省级环保督察“回头看”反馈问题整改，推进农业外来入侵物种全面普查和污染耕地治理，安全利用技术措施治理修复面积2133.33公顷，严格管控类耕地种植结构调整和休耕面积46.54公顷，创建国家级生态农场5家、省级生态农场4家。

【农业结构调整】2022年，黄冈市新建设高标准农田3.06万公顷，复耕复种撂荒耕地1206.67公顷，整治率100%，种植粮食面积39.54万公顷。挖掘畜牧生产潜力，年末生猪存栏299.82万头，其中能繁母猪存栏29.42万头。推进渔业转型发展，全市池塘养殖面积5.34万公顷，比上年增长0.1%；鱼苗产量354.8亿尾，位列全省第一位。巩固特色产业优势，全市茶叶生产面积3.2万公顷，比上年增长4.26%；中药材种植面积7.75万公顷，比上年增长18.14%；蔬菜播种面积12.84万公顷，比上年增长2.78%。

【农业保险】2022年，黄冈市完成农业保险保费收入3.84亿元、赔付金额2.19亿元，比上年分别增长63.21%、42.88%。中央和省级政策性保险品种主要有水稻完全成本保险、育肥猪养殖保险、能繁母猪保险、奶牛养殖保险、油菜种植保险、粮食作物大灾保险、生猪大灾保险、小麦完全成本保险、棉花种植保险等。麻城市、蕲春县、黄梅县、红安县、浠水县、武穴市等地参保水稻完全成本保险，参保面积8.33万公顷，覆盖面约33%；麻城市、蕲春县、红安县、浠水县、黄梅县、武穴市、英山县、罗田县、团风县等地参保育肥猪养殖保险，参保育169万头，覆盖面约57%。地方特色产业保险品种主要有麻城市菊花种植保险，投保面积1000公顷；罗田县、黄梅县、团风县食用菌种植保险，投保香菇面积337万棒；英山县茶叶种植保险，投保面积2000公顷；黄梅县小龙虾保险，投保面积1066.67公顷。

（曹 刚）

【农业综合执法】2022年，黄冈市农业综合执法机构建立常态化联合执法办案机制，护航农业农村经济健康发展。全市立案220起，罚没收入145万元。年内，黄州区江林无证捕捞案、罗田县湖北红泰羊养殖股份有限公司运输依法应当检疫而未检疫动物案，获评全省2022年农业行政处罚优秀案卷。市农业综合执法支队获评2022年全省农业综合执法工作先进单位。

（万为喜）

种植业

【概况】2022年，黄冈市农业产值426.13亿元，比上年增长3.6%，占农林牧渔总产值43.45%。其中，粮食种植面积39.54万公顷、总产量271.7万吨；油料收获面积22.26万公顷、总产量59.36万吨；中药材种植面积7.75万公顷、总产量24.04万吨；茶园收获面积3.20万公顷、总产量4.1万吨。

【粮食种植】2022年，黄冈市粮食收获面积39.54万公顷，比上年增长0.05%，总产量271.7万吨，面积和总产量均位列全省第四位。黄冈市粮食产量连续10年稳定在50亿斤（250万吨）以上。

【油料种植】2022年，黄冈市油料收获面积22.26万公顷、总产量59.36万吨，比上年分别增长4.95%、7.01%，面积和总产量均位列全省第一位，其中，油菜收获面积16.6万公顷、总产量40.26万吨，比上年分别增长6.77%、9.1%。承担中央和省级油菜轮作试点任务面积2.37万公顷，位列全省第二位。浠水县城山村油菜花海被推介为“2022湖北最美油菜花海”，蕲春县美丽汤冲油菜花海被推介为“2022湖北特色油菜花海”，“接福”有机菜籽油被评为“2022年湖北菜籽油特色品牌”。

【中药材种植】2022年，黄冈市中药材种植面积7.75万公顷、总产量24.04万吨、总产值61.14亿元，比上年分别增长18.14%、4.98%、20%。蕲春蕲艾品牌价值105.08亿元。蕲艾、天麻、茯苓、福白菊、苍术等被列入湖北省“十大楚药”品种；虎杖、野菊花被列入“五大特色药材”。

【茶叶种植】2022年，黄冈市茶园收获面积3.2万公顷、总产量4.1万吨、总产值34.45亿元，分别比上年增长4.26%、1.99%、5%。2022年，英山云雾茶被国家知识产权局正式批准成立国家地理标志产品保护示范区，品牌价值27.07亿元；英山“韵红颜”牌红茶在“中茶杯”第十二届国际鼎承茶王赛中获特别金奖。

【高标准农田建设】2022年，黄冈市建设高标准农田3.06万公顷，其中高效节水灌溉面积3100公顷。包括：黄州区1146.67公顷，含高效节水灌溉33.33公顷；团风县3000公顷；红安县4666.67公顷，含高效节水灌溉666.67公顷；麻城市6000公顷，含高效节水灌溉1333.33公顷；罗田县2333.33公顷；英山县1666.67公顷，含高效节水灌溉666.67公顷；浠水1666.67公顷；蕲春2000公顷；武穴2980公顷；黄梅5146.67公顷，含高效节水灌溉400公顷。按照“路相通、渠相连、旱能灌、涝能排”建设标准，打通断头路、断头渠，提升各项目区田间道路通达率和农田有效灌溉率，防止农田水土流失，增强抗灾能力。项目区内农民年人均收入比非项目区平均提高150元，最高300～400元。

【土肥植保】2022年，黄冈市测土配方施肥技术推广面积79.19万公顷，覆盖率92.3%。武穴市、麻城市作为绿色种养循环农业试点县（市），畜禽粪肥就近还田利用。实施耕地质量监测和年度评价，提升耕地质量等级。优化耕地质量监测网络，全市各级耕地质量长期定位监测点133个，达到每6666.67公顷1个监测点标准。完成县域耕地质量评价，2022年度全市耕地质量平均等级5.16，比上年提升0.03。

【农作物病虫害防治】2022年，黄冈市农作物病虫发生面积246.14万公顷，防治面积291.69万公顷，挽回粮食损失39.19万吨，病虫危害损失率在5%以下。病虫害监测预报。开展病虫监测调查，会商分析农作物重大病虫发生趋势，发布重大病虫害长中短期预报119期；完善现代化病虫监测点建设，新增麻城、罗田2个植保能力提升工程——现代病虫田间监测点项目。至年底，武穴市、蕲春县、英山县、罗田县、麻城市5个县市实施该项目。开展以小麦赤霉病和水稻两迁害虫为主的“虫口夺粮保丰收”行动。全市组织开展重大病虫统防统治现场会50余场次，带动水稻病虫统防统治面积58.44万公顷，小麦病虫统防统治面积3.95万公顷，玉米统防统治面积1.40万公顷，覆盖率均在44%以上，实现重大病虫害危害损失率控制在5%以下目标。

2022年11月28日，英山县入围“茶叶百强县域”名单。图为3月18日，英山县孔家坊乡茶叶基地的茶农采摘茶叶　（英山县委办公室　供图）

【农药减量增效】2022年，黄冈市持续开展农药减量行动，围绕重点作物、重大病虫、重点区域以及优质农产品生产，综合化学农药减量增效技术，集成推广一批以生态区域为单元、作物生长全程为主线，经济、有效的绿色防控技术模式，促进绿色防控措施推广应用，增加绿色防控实施面积。全年全市农作物绿色防控面积43.44万公顷，绿色防控覆盖率56.02%；建立国家级绿色防控示范点2个，省级示范点13个。英山湖北志顺茶叶股份公司、蕲春桂康蕲艾种植合作社入选首批100个全国农作物病虫害绿色防控技术示范推广基地。

【植物防疫检疫】2022年，黄冈市按“外防输入、内防扩散”的要求，做好水稻细菌性条斑病、稻水象甲、红火蚁等植物疫情的监测预警、区域阻截和防控处置。年内，全市全面落实小麦扬花期赤霉病预防，科学选用氰烯菌酯等药剂及其复配制剂，提高预防控制效果，降低污染风险。重点落实小麦条锈病早春预防措施，压低菌源基数，及时组织统防统治、应急防治，严防大面积流行危害。

（彭红兵　罗九玲）

【粮食生产责任制落实】2022年，黄冈市严格落实粮食安全党政同责，逐级压紧压实粮食安全主体责任，全年粮食种植面积39.54万公顷和大豆1.68万公顷的生产目标任务分解到各县（市、区），落实到乡镇、村组、田块。强化技术指导服务，实现主要粮食作物耕种收综合机械化率在85%以上，粮食作物统防统治覆盖率在42%以上，化肥、农药使用量持续下降，重大病虫害危害损失率控制在5%以内。争取国家农民一次性种粮补贴和稻谷补贴资金3.38亿元，争取农业救灾资金6726万元。

（万为喜）

【英山县入围“茶叶百强县域”】2022年11月28日，中国茶叶流通协会公布2022年度“茶业百强县域”名单。英山县是黄冈市唯一入围县。该县是《全国茶叶重点区域发展规划》确定的长江中下游名优绿茶重点产区，产茶历史悠久，是“国际绿茶·魅力之乡”“中国茶叶之乡”“全国重点产茶县”“2021中国茶百强县”，全国“茶产业脱贫攻坚、乡村振兴先进典型”“英山云雾茶国家地理标志产品保护示范区”。英山县立足生态优势，深入开展茶产业绿色发展行动，创建国家“两山”实践创新基地，擦亮“大别山生态名茶”金字招牌，打造百亿茶产业。全县有11个乡镇305个村产茶，茶农7.8万户15.6万人。2022年，实现茶叶种植面积3.20万公顷，产量4.10万吨，总产值34.45亿元。英山云雾茶先后获“湖北十大名茶”“湖北名牌产品”“大别山生态名茶”“中国地理标志保护产品”“消费者最喜爱的中国农产品区域公用品牌”“中国茶叶品牌馆入馆品牌”等称号，入选“湖北地理标志产业发展十大典型案例”；参评2022中国茶叶区域公用品牌价值评估，品牌价值27.07亿元。

（安　哲）

林　业

【概况】2022年，黄冈市实现林业产业总产值393.03亿元，比上年增长16.3%，其中，第一产业125.21亿元，第二产业102.56亿元，第三产业165.26亿元。有林业企业、专业合作组织、家庭林场等新型经营主体3000个，其中国家和省级林业重点龙头企业分别有3家、48家。

【林地使用管理】 2022年，黄冈市林业局规范林地审批，严格执行林地定额管理和用途管制，引导企业和个人依法依规使用林地。全年办理民生工程、基础设施建设、重点招商引资和脱贫攻坚等建设项目用地438宗，涉及使用林地面积1500.1公顷。

【造林育林】 2022年，黄冈市完成营造林2.57万公顷，超额完成湖北省林业局下达的年度任务。年内，全市开展爱绿、护绿、植绿宣传活动，组织市民参加义务植树296.5万人次，种植各类苗木1560.5万株。组织开展全市造林绿化空间适宜性评估，全市现有适宜造林绿化图斑6.39万个，规划造林绿化空间面积5.81万公顷。争取上级林业造林项目资金3.45亿元；申报总投资7.9亿元的大别山区水土保持与生态修复项目获批复，到位第一批资金2.97亿元。谋划总投资3.1亿元的中央财政国土绿化试点示范项目通过省级评审，进入财政部和国家林草局组织的竞争性评审；谋划总投资1.2亿元的省级国土绿化流域治理试点示范项目，其中武穴市被纳入2022年试点范围。组织抗旱保苗行动，提升造林质效，实施抗旱保苗面积1.15万公顷，投入抗旱资金3603.85万元。12月9日，黄冈市（建城区）创建省级森林城市工作通过省关注森林活动执行委员会考核验收。黄梅县、蕲春县、武穴市、浠水县的《创建省级森林城市总体规划》先后通过省级评审，至年底，黄冈市辖县（市、区）的《创建省级森林城市总体规划》均通过省级评审。全市有5个镇获“湖北省森林城镇”、27个村获“湖北省森林乡村”授牌。

【林业产业】 2022年，黄冈市发展以板栗、油茶、甜柿等为主的特色经济林和以林药、林菌、林果、林禽等为主的林下经济。全市种植板栗面积8.47万公顷，年产量9万吨，综合产值27亿元，面积与产量均位列全国市州第一位；种植油茶面积8.23万公顷，年产茶籽4.9万吨、茶油近1万吨，综合产值18亿元。油茶产业。出台《黄冈市油茶产业扩面提质增效行动实施方案（2022—2025）》，9个重点县完成行动规划编制，计划到2025年建设油茶新造林3.61万公顷、低产林改造3.29万公顷。品牌建设。新增省级林业重点龙头企业10家，重新认定14家，至年底全市有省级林业重点龙头企业43家。拥有“茗宿老君眉”“四季春茶油”“小Q栗”“邢绣娘”等知名品牌，其中“罗田板栗”品牌价值26.98亿元。森林康养产业建设。全市接待森林康养游客287万人次，带动农民就业5.57万人，实现总产值7.08亿元。全市有18家单位被授予森林康养基地试点建设单位，以森林康养和相关业务为主营业务的各类经济主体80余家。

【林下经济】 2022年，黄冈市林下经济利用林地总面积30.86万公顷，完成总产值122.04亿元，占全市林业总产值36.12%，其中：林下种植利用林地面积16.49万公顷，年产值68.81亿元；林下养殖利用林地面积4.41万公顷，年产值17.35亿元；林产品采集加工利用林地面积4.34万公顷，生产能力1.49万吨，年产值3.26亿元；森林景观利用林地面积5.63万公顷，接待游客1627.08万人次，实现总收入32.62亿元。从事林下经济农民人数55万人，年人均收入3700元。

（黄 辉　傅瑜东）

【鹅掌楸种质资源入选国家资源库】 2022年，在国家林业和草原局公布的第三批国家林木种质资源库名单中，红安县国有紫云寨林场鹅掌楸种源基地入选。红安县国有紫云寨林场积极探索鹅掌楸种源基地建设，截至2022年底，该场建成鹅掌楸种源基地26.67公顷，收集保存鹅掌楸品种145个。

（严 静）

2022年，蕲春县开展油茶产业扩面提质增效行动，实现油茶种植面积1.05万公顷，茶油产品产量1840吨，产值2.2亿元。图为蕲春县油茶种植基地

（蕲春县委办公室 供图）

畜牧业

【概况】 2022年，黄冈市推进生态健康养殖、疫病防控等工作，开展“强监管保安全”专项行动。做好《黄冈市畜禽养殖污染防治条例》立法工作，出台《黄冈市畜禽污染防治规划（2022—2025）》等文件。全市畜牧业完成总产值260.39亿元，比上年增长4.9%，占全市农林牧渔总产值26.6%。

【畜禽产业发展】 2022年，黄冈市确定国家级生猪产能调控基地35家、省级生猪产能调控基地20家，全市生猪规模场保有量2048家，超额完成省定目标任务。市本级财政列支奖补资金950万元，支持生猪、禽蛋产业链发展。为伊利公司纾困解难，协调牧场选址和加工厂奶源供应工作，麻城市、武穴市获部级奶业生产整县推进转移支付项目。完成畜禽遗传普查。全市发现蕲春三角山黄牛、麻城黑猪、团风黄湖雁鸭新畜种3个，其中三角山黄牛和麻城黑猪通过省级专家评审。

【生猪生产】 2022年，黄冈市生猪出栏

456.16万头，位列全省第三位。为30家符合条件的规模养殖场申请贷款贴息81.39万元，推荐省级生猪产业链项目9个，市级支持生猪产业市场主体78个。入选部级标准化畜禽养殖示范场2家。

【肉牛养殖】2022年，黄冈市肉牛出栏23.99万头，比上年增长2.44%。肉牛养殖主要分布在蕲春县、麻城市、浠水县、罗田县等地。各地做强肉牛产业，发展肉牛产业市场主体，扩大养殖规模，同步推进肉牛产业全产业链建设。

【畜禽生态健康养殖】2022年，黄冈市畜禽粪污综合利用率94.77%，高于省定标准。开展部级标准化畜禽养殖示范场创建，浠水金浠农牧有限公司、湖北都宏生态农业发展有限公司完成创建。跟踪中央畜禽粪污资源化利用整县推进项目，按月调度进展。开展畜禽粪污储存池和沼气设施设备安全隐患排查，排查行政村2386个、养殖场（户）3263处，140个养殖户、572个养殖场和1个集中处理场所完成整改。

【重大动物疫病防控】2022年，黄冈市推进春秋两季集中免疫和规模场“先打后补”，规范防疫物资管理，开展免疫效果评价和补免。全市申请“先打后补”规模场2651家，兑付1445家规模养殖场补助资金1759.8万元。推进山羊布病净化，全市采样羊11.9万只，检出阳性羊256只，个体阳性率0.22%，扑杀阳性羊及其同群羊981只。开展非洲猪瘟常态化日常排查，全年排查养殖场163.75万场次、生猪屠宰场5353场次、生猪无害化处理场230场次、生猪5927.75万头次。

【畜禽屠宰管理】2022年，黄冈市开展屠宰行业“强监管保安全”行动，以县际毗邻区和城乡接合部为重点，出动执法人员672人次，处理私屠乱宰案件3起，下达责令整改1份，没收屠宰工具若干，罚款8.04万元。打击违法违规调运动物行为，出动执法人员228人次，检查进出车辆57台，检查生猪1.21万头，办理违规调运生猪案件3例。中粮家佳康（湖北）有限公司入选全国第一批生猪屠宰标准化建设示范单位。

（夏　莉）

【动物卫生监督执法】2022年，黄冈市依托“智慧兽医”平台，加大对生猪屠宰贩运单位执法监管力度，严格检疫申报和运输车辆行程监管。开展“瘦肉精”专项整治、兽用抗菌药专项整治和兽药残留检测等行动，打击私屠滥宰及违法收购、运输、贩卖病死猪及其产品行为。出动检查人员900人次，检查生猪1.21万头，捣毁私屠滥宰窝点3个，查处涉案动物（产品）0.68吨。

（万为喜）

【华中（浠水）蛋品交易中心建成】2022年10月，华中（浠水）蛋品交易中心建成。该项目是浠水县利用原神韵集团资产进行改造，投资2.3亿元，占地约7.33公顷，打造蛋品加工、销售基地，是华中地区最大的蛋品交易中心。主体包括禽蛋交易区、禽蛋加工区、质量检测中心、电商直播中心等“一主一副十中心”。至年底，14家蛋品经销商和蛋品包装、鸡蛋加工企业签订进驻合同。

（严　静）

2022年9月18日，蕲春县“蕲春三角山黄牛”新品种资源通过湖北省农业农村厅专家组评审

（蕲春县农业农村局 供图）

【2家企业入选畜禽养殖示范场】2022年11月28日，农业农村部公布2022年畜禽养殖标准化示范场名单，湖北金浠农牧有限公司、湖北都宏生态农业发展有限公司（麻城市顺河镇垸店村黑山羊养殖场）入选。湖北金浠农牧有限公司是农业产业化国家级龙头企业——武汉市江夏区金龙畜禽有限责任公司旗下全资子公司，一期10万头生猪养殖基地项目于2021年4月竣工投产，现存栏生猪3.37万头，项目总投资1.2亿元。湖北都宏生态农业发展有限责任公司是黄冈市农业产业化重点龙头企业，有标准化羊舍8栋，草场533.33公顷，配套种植材林、山油茶、板栗、苗圃等，存栏黑山羊2000余只，种羊和肉羊及肉羊产品销往全国各地。

（吴　浩　夏　莉　张春飞）

水产业

【概况】2022年，黄冈市发展水产健康养殖，打造4个区域公共品牌，建设水产品产业链，推进水产品深加工，完善水产品流通体系建设，开展“黄冈渔政亮剑2022”专项行动。全年完成渔业产值155.07亿元，比上年增长4.93%；水产品产量48.5万吨，比上年增长3.65%，位列全省第三位。

【水产健康养殖】2022年，黄冈市发展工厂化循环水、池塘圈养、陆基圆池（桶）等设施渔业面积104.5万立方水体，比上年增长147%。争取池塘改造、尾水治理等项目资金8005万元，比上年增长30.8%，改造升级池塘面积1800公顷，设立渔业奖补资金300万元。制定《黄冈市养殖池塘标准化改造和尾水治理专项规划》，示范推广水产养殖尾水治理，完成池塘尾水治理面积7293.33公顷。浠水县福农农业技术开发有限公司完成国家级水产健康养殖和生态养殖示范区创建。

【名特优水产品养殖】2022年，黄冈市扩大小龙虾、鳗鱼、鲈鱼等名特优水产品养殖规模，实现全市名特优（四大家鱼除

2022年3月20日，龙感湖管理区洋湖办事处国家级稻渔综合种养示范区捕捞上岸的小龙虾（龙感湖管理区 供图）

外）水产品产量25万吨，比上年增长7.57%，占比提高1.5个百分点，其中：小龙虾11.69万吨，比上年增长17.51%；鳗鱼3950吨，比上年增长113.51%；鲈鱼3457吨，比上年增长74.68%。

【水产品产业链建设】 2022年，黄冈市推进水产品产业链建设，每季度举行“对手赛”，推进鳗鱼养殖基地建设和白莲河、团风县湖库大水面渔业发展示范点建设，帮助4家水产养殖基地建设融资5.73亿元，市特色淡水产品（小龙虾）产业链工作在2022年十大重点产业链考核中获满分。全年水产品产业链招引鳗鱼养殖企业9家，投资20亿元。

【水产品加工】 2022年，黄冈市推进小龙虾、鳗鱼、鲈鱼等水产品深加工，拓展市场销售渠道，全市水产品加工8.6万吨，其中小龙虾5.2万吨。壮大水产品加工龙头企业，黄梅康宏生态公司小龙虾加工生产线提档升级至3万吨，获评省级龙头企业；团风县湖北百家放心鲜食食品有限公司新建1条加工生产线，用于生产鲫鱼、鳊鱼等淡水产品预制菜。

【水产品流通体系建设】 2022年，黄冈市完善水产品流通体系建设。黄梅小池裕丰公司改造水产品专业交易市场，与潜江虾谷达成合作意向，打造鄂东地区最大的水产品商贸物流平台。龙感湖丰颖图小龙虾每日交易量150吨，成为鄂赣皖小龙虾交易物流集散中心。

【渔业资源养护】 2022年，黄冈市开展“黄冈渔政亮剑2022”系列执法专项行动，实行全天候、全流域、全链条式，打击各种破坏渔业资源的违法犯罪行为。开展水生野生动物救护，团风县首次发现并救助已宣布野外灭绝的长江鲟，沿江县（市、区）江段发现江豚40余头次。全市组织增殖放流活动28场次，投放各类鱼苗9000万余尾。

【渔业安全生产监管】 2022年，黄冈市开展渔业安全生产检查督导916家次，建立安全生产台账，配备救生消防设备渔船506艘，完成率100%。组织开展渔业安全生产警示教育培训74次，开展安全生产宣传咨询日活动37次，开展渔业船舶水上安全应急救助演练活动32次，发现并整改安全隐患问题75个，安全隐患整改率100%，全年未发生渔业重大安全事故。检查水产养殖投入品的相关兽药、饲料和饲料添加剂等企业、商店990家次，检查水产养殖经营主体781次，检查水产制品生产加工企业、小作坊642家次，水产品质量抽检合格率100%。

【渔政执法】 2022年，黄冈市配备渔政执法协助巡护队伍121人、渔政趸船6艘、执法船艇41艘、执法车16辆、无人机13架、“天网工程”智能监控平台9个，组织渔政执法行动3013次，派出执法人员1.74万人次，出动执法船艇2515艘次、执法车2347辆次。检查渔具渔需店、五金店、涉渔餐饮场所1715家次，检查集贸市场、商超1647家次，取缔涉渔“三无”船舶43艘，收缴非法网（钓）具2147套，没收渔获物1191千克，行政处罚案件109起，司法移送案件36起。

（陈振伟 万为喜）

种 业

【概况】 2022年，黄冈市成立种业研发及应用委员会，建立农作物种质资源库，通过国家、省审定新品种7个，其中，“冈特优8024”是湖北省首个红米特种健康稻新品种，“冈甜1号”是黄冈市首个鲜食甜玉米新品种。全市有农作物种子生产经营企业6家，自主生产经营资格4家，代繁代育经营2家，有一定规模从事农作物种子、种苗生产的市场主体23家，已备案注册种畜禽企业13家，国家级畜禽良种场2家、省级3家，国家级水产种质资源保护区7家，从事鱼苗繁育的市场主体44家。

【农业种质资源普查】 2022年，黄冈市农业部门推进农业种质资源普查工作，完成农作物、畜禽遗传、水产养殖资源普查收集、登记、上报、补录工作。完成上报畜禽遗传普查村4204个，完成上报水产养殖资源普查主体5702个。

【畜禽种业】 2022年，黄冈市有种畜禽生产经营企业13家，其中生猪7家（祖代3家）、羊3家（祖代2家）、蛋鸡2家（曾祖代1家）、奶牛1家。省级畜禽遗传资源保护单位4个，国家级生猪核心育种场1家，国家级蛋鸡保种场1家。生猪、黑山羊基本保障产业发展种源需求自给。

【水产种业】 2022年，黄冈市有水产养殖鱼苗繁育市场主体44家，主要以“四大家鱼”为主，年繁育鱼苗300亿尾，总量占全省四分之一，其中黄州区幸福村鱼苗繁育170亿尾，供应国内市场，成为“湖北鱼苗第一村”。有国家级水产种质资源保护区7个，国家水产现代种业示范场1家，国家水产原种场1家，国家水产良种场1家。

【种子市场监管】 2022年，黄冈市农业部门组织开展春夏播、秋播农作物种子检测监管行动，其中：春季组织抽检种子样品480个次，品种抽检覆盖率在90%以上，抽检总合格率99.8%；秋季组织抽查种子样品58个，质量指标合格率100%。会同市场监管、公安等部门，打击制售假劣农资坑农害农违法行为，开展执法检查1615次，出动执法人员6206人次，抽查农资经营主体6279户，抽检农资产品1542个，办理农资打假案件15起。

【优质稻新品种展示示范】2022年，黄冈市制定《2022年优质稻品牌提升暨“种粮工程”示范行动方案》，建设6.67公顷规模的市级农作物新品种展示示范评价基地，征选优质稻展示新品种24个（每个品种0.4公顷），示范品种15个（每个品种0.33～0.67公顷）。实行开放式生产管理模式，每个水稻品种全生育期采用标牌二维码识别应用，实现农技人员、企业、种粮人“看禾选种”。武穴市基地被农业农村部认定为国家级农作物新品种展示示范评价基地，黄冈市现代农业展示与信息中心基地、麻城市基地被省农业农村厅认定为省级农作物新品种展示示范评价基地。

【种业发展能力建设】2022年，黄冈市农业农村局完成“十三五”中央投资项目“大别山黑山羊种质资源保护利用”“黄冈市国家再生稻育种创新基地”2个项目验收工作。引进3家油菜种业企业开展双低油菜种子繁种生产，面积133.33公顷。成立黄冈市农作物种子研发应用委员会和黄冈市农作物种子研发人才战略联盟，推进全市优势特色农作物种子研发应用。

【重点种业企业建设】2022年，黄冈市农业农村局支持湖北隆华种业有限公司申报农业产业化重点龙头企业和高新技术企业，实现黄冈市种业企业申报产业化重点龙头企业、湖北省高新技术企业零的突破；支持湖北金旸（麻城）畜牧公司申报麻城黑山羊国家级核心育种场。

（林耕野）

【新品种通过国家审定】2022年，黄冈市农业科学院选育的4个新品种（棉花新品种3个、水稻新品种1个）通过第八届国家农作物品种审定委员会审定。其中，3个棉花新品种分别为冈棉9号、冈棉10号和冈杂棉10号。冈棉9号、冈棉10号属于转抗虫基因中熟常规棉品种，具有种子生产方便、制种成本低，生长势强，早发不早衰，产量水平高等优点；冈杂棉10号属于转抗虫基因中熟杂交棉品种，具有增产和抗虫抗病等优点。1个水稻新品种为“四特”晚稻系列益9优650，属于籼型三系杂交水稻品种，具有产量高、熟期早、抗倒性强、中感稻瘟病、抗稻曲病、米质优等优点，达到农业行业《食用稻品种品质》标准一级。

（汪　彤）

农业科技

【概况】2022年，黄冈市获全国农牧渔业丰收奖3项、湖北省科技进步奖一等奖2项、实用新型专利3项，转让新品种2个，获批省级地方标准2项。

【农业科技创新与产业链融合发展】2022年，黄冈市组建黄冈农业科技专家咨询委员会，派出68名科技特派员和科技副总，成立6支专家志愿服务队和4支联合服务队，为农业重点产业链发展提供科技支撑，组织专家技术攻关15项产业“卡脖子”问题，与全国30余家高校、科研院所联合开展项目及课题研究30余项，吸引更多高端要素成果在黄冈落地和转化应用。

【农业科技推广】2022年，黄冈市推广应用农业绿色高效技术模式57项次，建设试验示范基地36个，培育农业科技示范主体2170个，脱产培训基层农技人员640名，招募特聘农技员43名。推进高标准农田建设和推广农业新技术新模式，推广良种良法、高产创建、测土配方施肥、深耕深松、节水灌溉、病虫害统防统治等一批稳产高产实用技术，提高项目区农业科技水平，示范带动非项目区农业生产技术提高，推动传统农业改造升级，助推农业供给侧结构性改革。年内，鱼类遗传育种学家，中国科学院院士桂建芳以“渔业科技创新助推新时代生态农业发展与乡村振兴”为题，从科学化布局、高质化育种、生态化养殖、精深化加工、品牌化打造、融合化利用等方面，为黄梅县领导干部作专题辅导。

（王　珂　尹亚林）

【林业科技推广】2022年，黄冈市林业局重点转化“松材线虫注干防治剂研发及推广”“松材线虫综合防控技术研究与应用”“油茶良种应用与高效栽培技术集成”等9项科技成果，转化率在80%以上。推广鄂林油系列、长林系列及罗田板栗、甜柿等良种16个，应用芽苗砧嫁接育苗和高接换种良种改造技术对良种进行快速繁育，全市实现新造林良种普及率98%以上。开展“大别山区森林植被质量提升综合技术研究”“松材线虫病疫区森林植被结构调控技术研究”等多项技术研究。组织市级林业技术专家到各县市开展点对点授课和“科技三下乡”活动；开展“全国科技日”活动，印发各类技术手册3000份。年内，黄冈市油茶高效栽培技术专题培训班在武穴市四望镇举办，邀请省林科院博士杜洋文开展技术讲座和现场教学，参加培训人员122人。组织全市林业科技人员收看国家林草科技大讲堂9期；市科协组织开展“最美科技工作者”评选活动，市林科所工程师万志文获评全市

2022年9月20日，湖北省林科院专家在武穴市四望镇新庙社区油茶基地现场指导

（市林业局　供图）

"最美科技工作者"。

（黄 辉　傅瑜东）

【市农科院2项成果获省一等奖】 2022年6月25日，湖北省科技创新大会在武汉举行，科技部党组书记、部长王志刚，省委书记王蒙徽出席会议并讲话。会上宣读《湖北省人民政府关于2021年度湖北省科学技术奖励的决定》。黄冈市农科院联合申报的2项科技成果"作物种质资源收集保存、鉴定评价与创新利用""直播油菜优质丰产机理与高效栽培技术研究及应用"获湖北省科技进步奖一等奖；张盛、常海滨作为项目完成人，获湖北省科技进步奖一等奖。

【水稻轻简高效模式推广】 2022年7月16日，由黄冈市农业系统技术促进中心举办，浠水县农业农村局和浠水县农业事业发展中心联合筹办的湖北省"515"行动（协同推广）黄冈市水稻轻简高效模式、浠水县粮食作物高效模式早稻机收现场观摩暨测产活动，在浠水县汪岗镇马石庙村举办。与会代表参观水稻轻简高效模式示范基地和观摩早稻机收及测产活动现场后，在湖北禾溢园种植专业合作社召开座谈会。水稻轻简高效模式推广是湖北省"515"行动水稻协同推广及产业技术体系项目中的重点内容，该模式按"六统一"关键技术实施，统一双季稻全程机械化、统一品种搭配、统一水肥管理、统一绿色防控、统一三控杂草、统一秸秆还田，省时省工，节本增效。

（陈 杰）

农业机械化

【概况】 2022年，黄冈市农机总动力409.78万千瓦，主要农作物耕种收综合机械化水平73.5%，拥有拖拉机3.95万台、谷物联合收割机7059台、水稻插秧机7019台、谷物烘干机591台套（其中30吨以上153台）、连栋温室19.13万平方米。有农机工业企业10家、农机维修网点394个、农机经销企业442家、农机培训机构5家。黄州区争创全国主要农作物生产全程机械化示范县。

【农机购置补贴】 2022年，黄冈市实施农机购置补贴政策，发放惠农资金5664.56万元，惠及农户7745户，补贴大型机具1456台。完成农机深松作业面积1.33万公顷，冬小麦机播3万公顷、油菜机播12.53万公顷。

2022年5月22日，大型联合收割机在团风县罗霍洲进行小麦机收作业

（周 伟 摄）

【农机作业水平】 2022年，黄冈市主要粮食作物生产实现全程机械化水平，主要粮食作物生产综合机械化水平保持在81%以上，农机深松整地作业面积1.57万公顷、秸秆综合利用机械化还田面积30.66万公顷。成立小型艾叶收获、茶叶中耕施肥、罗田板栗采摘、油菜低损收获和水生蔬菜短板与再生稻收获等机械研发应用专班，试制英山茶叶中耕施肥机，罗田板栗采摘机二次样机试验，研制蕲春艾叶收获机，投资500万元的浠水县无人化农场试点项目完成。

【农机服务】 2022年，黄冈市组织5.19万台套农业机械投入农业生产，实现小麦机收率97%、油菜机收率69.6%、水稻机收率96.6%。开展主要粮食作物机械化减损提质行动，油菜机收损失率控制在10%以内，比上年降低2个百分点；小麦机收损失率控制在2%以内，比上年降低2个百分点；早中晚稻机收损失率平均控制在1.9%以内，比上年降低0.3个百分点。

【农机安全监管】 2022年，黄冈市开展农业机械安全生产专项整治、农机执法检查和安全生产知识宣传教育，检查农业机械3800余台套，拖拉机、联合收割机驾驶员620余人，查纠违法违规违章行为157起。新增大中型拖拉机、联合收割机列管率均100%。举办全省农业安全生产现场会暨农机事故处置应急演练活动。团风县完成全国"平安农机"示范县创建。

（王 珂　尹亚林　万为喜）

农业产业化经营

【概况】 2022年，黄冈市出台《黄冈市培育壮大农业产业化龙头企业行动方案》《黄冈市人民政府加快推进农业产业发展若干措施》，打造优质稻米、菜籽油、特色淡水产品（小龙虾）、茶叶、蔬菜（食用菌、莲）、红安苕、道地药材（蕲艾、福白菊）、板栗、生猪、家禽及蛋制品十大重点农业产业链。创建蕲春、红安、黄梅、武穴、团风5个省级农业产业化（农产品加工）园区。建成国家级农业产业强镇7个，全国农村一、二、三产业融合先导区1家（黄梅县），创建省级现代农业产业园14家，省级农业产业化联合体28家。有市级以上农业产业化龙头企业356家，其中国家级重点龙头企业4家、省级重点龙头企业108家、市级重点龙头企业244家，规模以上农产品加工企业422家、产值636.8亿元。

【龙头企业培育】 2022年，黄冈市新增省级重点龙头企业20家，净增市级重点龙头企业25家，新增销售收入过50亿元的企业1家，新增销售收入过20亿元的企业1家。新增规模以上农产品加工企业35家，新增年产值过亿元的农产品加工企业32家，规模以上农产品加工企业完成产值636.8亿元，比上年增长15.12%，其中年产值过10亿元的企业9家。

表22　2022年黄冈市农业产业化省级及以上重点龙头企业一览表

序号	企　业　名　称	企业级别	区　属
1	湖北康宏粮油食品有限公司	国家级	黄梅县
2	湖北晨科农牧集团股份有限公司	国家级	浠水县
3	黄冈东坡粮油集团有限公司	国家级	团风县
4	湖北燕加隆九方圆板材有限责任公司	国家级	蕲春县
5	湖北骏源豆制品股份有限公司	省级	黄州区
6	湖北雄峰生物科技有限公司	省级	黄州区
7	中粮粮油工业(黄冈)有限公司	省级	黄州区
8	湖北裕邦食品有限公司	省级	黄州区
9	湖北裕泰科技饲料有限公司	省级	黄州区
10	黄冈新希望饲料科技有限公司	省级	黄州区
11	黄冈月果老农产品有限公司	省级	黄州区
12	湖北雅比家用纺织品有限公司	省级	黄州区
13	湖北黄冈伊利乳业有限责任公司	省级	黄州区
14	湖北地之蓝农业科技有限公司	省级	黄州区
15	中粮饲料(黄冈)有限公司	省级	黄州区
16	湖北佳农食品有限公司	省级	黄州区
17	湖北馥雅食品科技有限公司	省级	团风县
18	湖北永信食品有限公司	省级	团风县
19	湖北团香农业集团股份有限公司	省级	团风县
20	湖北君健米业有限公司	省级	团风县
21	湖北华扬科技发展有限公司	省级	团风县
22	团风开源饲料科技有限公司	省级	团风县
23	湖北启铺食品有限公司	省级	团风县
24	将乡红(湖北)食品集团股份有限公司	省级	红安县
25	湖北红福食品工贸有限公司	省级	红安县
26	湖北闽湖畜牧有限公司	省级	红安县
27	湖北梅霖粮贸股份有限公司	省级	红安县
28	湖北乾康食品有限公司	省级	红安县
29	红安县老君眉茶场	省级	红安县
30	红安县海王星食品有限公司	省级	红安县
31	麻城市高峰科技股份有限公司	省级	麻城市
32	湖北美玉面业股份有限公司	省级	麻城市
33	麻城市木子店东义洲酒业食品股份有限公司	省级	麻城市
34	湖北金兰农业发展有限公司	省级	麻城市
35	湖北金盘酒业有限公司	省级	麻城市
36	麻城大别花乡菊业股份有限公司	省级	麻城市
37	麻城市鸿宇农业开发有限责任公司	省级	麻城市
38	麻城市德应米业股份有限公司	省级	麻城市
39	湖北凤凰白云山药业有限公司	省级	麻城市
40	罗田绿叶农业科技发展有限公司	省级	罗田县
41	湖北正光九资河药业有限公司	省级	罗田县
42	湖北省燕儿谷生态观光农业有限公司	省级	罗田县
43	湖北同一食品有限公司	省级	罗田县
44	湖北益佳食品有限公司	省级	罗田县
45	湖北名羊农业科技发展有限公司	省级	罗田县
46	湖北大别山药业股份有限公司	省级	罗田县
47	罗田县大自然食品股份有限公司	省级	罗田县
48	湖北昌大农牧有限公司	省级	罗田县
49	湖北七月农业开发有限公司	省级	罗田县
50	湖北大别山葛业有限公司	省级	罗田县
51	罗田县外婆桥生态农业发展有限公司	省级	罗田县
52	湖北佳佳食品有限公司	省级	罗田县
53	湖北弘福食品有限公司	省级	罗田县
54	湖北志顺茶业股份有限公司	省级	英山县
55	湖北先秾坛生态农业有限公司	省级	英山县
56	湖北金雷茶业股份有限公司	省级	英山县
57	英山县吉利中药材有限责任公司	省级	英山县
58	湖北英山云雾茶业股份有限公司	省级	英山县
59	湖北宏图中药材科技有限公司	省级	英山县
60	湖北辰美中药有限公司	省级	英山县
61	湖北团黄贡茶有限公司	省级	英山县
62	湖北梦丝家绿色保健制品有限公司	省级	英山县
63	湖北大广茶业集团有限公司	省级	英山县
64	湖北万和农业发展有限公司	省级	英山县
65	湖北皋陶茶业集团有限公司	省级	英山县
66	湖北英山新兴茶业股份有限公司	省级	英山县
67	湖北大别茶访茶业集团有限公司	省级	英山县
68	湖北野山香茶业股份有限公司	省级	英山县
69	湖北一泰生物科技有限公司	省级	英山县
70	湖北利源粮油购销有限公司	省级	浠水县
71	浠水海大饲料有限公司	省级	浠水县
72	湖北鑫成生物饲料有限公司	省级	浠水县
73	湖北华盖现代农业发展有限公司	省级	浠水县
74	浠水县长福农业产业化综合服务有限公司	省级	浠水县
75	湖北全苑生态农业科技有限公司	省级	浠水县
76	浠水晨科饲料科技有限公司	省级	浠水县
77	浠水县福农农业技术开发有限公司	省级	浠水县
78	李时珍保健油(湖北)有限公司	省级	蕲春县
79	蕲春县蕲州棉纺有限公司	省级	蕲春县
80	李时珍医药集团有限公司	省级	蕲春县
81	湖北蕲春中健米业有限公司	省级	蕲春县
82	蕲春县银兴米业有限公司	省级	蕲春县
83	蕲春时珍艾草科技有限公司	省级	蕲春县
84	湖北大明古艾科技有限公司	省级	蕲春县
85	湖北惠春蕲艾健康产业发展有限公司	省级	蕲春县
86	湖北香珍米业有限公司	省级	蕲春县

续表

序号	企业名称	企业级别	区属	序号	企业名称	企业级别	区属
87	湖北鼎艾科技有限公司	省级	蕲春县	100	湖北昌佳林食品有限公司	省级	黄梅县
88	蕲春四方饲料科技有限公司	省级	蕲春县	101	湖北邢绣娘林农生态科技发展有限公司	省级	黄梅县
89	湖北蕲仁堂科技有限公司	省级	蕲春县	102	湖北紫玉蓝莓科技有限公司	省级	黄梅县
90	武穴市嘉发食品有限公司	省级	武穴市	103	黄梅县谦益米业有限公司	省级	黄梅县
91	湖北万星面业股份有限公司	省级	武穴市	104	湖北青山绿水农业开发有限公司	省级	黄梅县
92	武穴市金磊粮油购销股份有限公司	省级	武穴市	105	湖北锦棠农业开发有限公司	省级	黄梅县
93	武穴市福康油脂有限公司	省级	武穴市	106	黄梅县华进粮油有限公司	省级	黄梅县
94	湖北美雅食品有限公司	省级	武穴市	107	湖北中明农业发展有限公司	省级	黄梅县
95	湖北炎美米业有限公司	省级	武穴市	108	黄梅县志民粮油贸易有限公司	省级	黄梅县
96	湖北伟博粮油贸易股份有限公司	省级	武穴市	109	湖北威艾彼农牧科技股份有限公司	省级	黄梅县
97	运鸿集团股份有限公司	省级	武穴市	110	湖北小龙虾产业控股集团康宏有限公司	省级	黄梅县
98	黄梅县永盛米业有限公司	省级	黄梅县	111	湖北省龙感湖帝龙高科技农贸有限公司	省级	龙感湖管理区
99	湖北江山粮油贸易有限公司	省级	黄梅县	112	湖北双迅纺织有限公司	省级	龙感湖管理区

（资料来源：市农业农村局）

【产业强镇建设】 至2022年底，黄冈市建成国家农业产业强镇7个，分别是罗田县三里畈镇、团风县马曹庙镇、红安县二程镇、黄梅县小池镇、麻城市福田河镇、英山县陶家河乡、黄梅县濯港镇，其中黄梅县濯港镇（优质稻）完成2022年国家农业产业强镇申报。

【现代农业产业园建设】 2022年，黄冈市打造团风、黄梅、武穴、红安、蕲春5个省级农业产业化（农产品加工）园区，形成优质稻、食品加工、中药材、肉类、纺织服装和杂粮六大加工产业集群，武穴市完成国家级现代农业产业园（油菜）创建。至年底，全市有国家级现代农业产业园2家，省级现代农业产业园14家。

表23　2022年黄冈市省级及以上现代农业产业园一览表

序号	园区名称	主导产业	园区级别
1	蕲春县现代农业产业园	蕲艾	国家级
2	武穴市现代农业产业园	油菜	国家级
3	黄州区蔬菜现代农业产业园	蔬菜	省级
4	红安县红苕现代农业产业园	红安苕	省级
5	麻城市菊花现代农业产业园	菊花	省级
6	罗田县黑山羊现代农业产业园	黑山羊	省级
7	罗田县板栗现代农业产业园	板栗	省级
8	英山县中药材现代农业产业园	中药材	省级
9	浠水县玉竹现代农业产业园	玉竹	省级
10	蕲春县蕲艾现代农业产业园	蕲艾	省级
11	武穴市粮油现代农业产业园	粮油	省级
12	黄梅县优质稻现代农业产业园	优质稻	省级
13	麻城市蔬菜现代农业产业园	蔬菜	省级
14	龙感湖优质稻现代农业产业园	优质稻	省级
15	黄梅县蓝莓现代农业产业园	蓝莓	省级
16	英山县茶叶现代农业产业园	茶叶	省级

（资料来源：市农业农村局）

【创新创业典型示范建设】 2022年，黄冈市“一村一品”示范村镇总数12家，创建省级休闲农业园区41家，中国美丽休闲乡村6家。罗田县、黄梅县被评为全国农村创新创业典型示范县，黄梅县大胜关山农村创新创业园区被评为国家农村创业创新园区，武穴市现代农业示范中心孵化实训基地被评为全国农村创新创业孵化实训基地。黄梅县下新镇（鱼面）、浠水县散花镇天井湖村（菱角）入选第十二批全国“一村一品”示范村镇，蕲春县漕河镇（蕲艾）入选2022年全国乡村特色产业产值超10亿元镇，麻城市宋埠镇彭店村（辣椒）入选2022年全国乡村特色产业产值超亿元村。

【农民合作社】 2022年，黄冈市有注册登记的农民专业合作社1.3万家，其中，黄州区355家，团风县1054家，红安县1200家，麻城市2222家，罗田县1574家，英山县887家，浠水县1543家，蕲春县1794家，武穴市1035家，黄梅县1345家。全年全市创建“四级联创”示范社984家，其中，国家级示范社51家，省级示范社75家，市级示范社270家，县级示范社588家。年内，全市有131家合作社申报贷款2.07亿元，利息932.12万元，市级审核上报贴息427.39万元，获贷款贴息324万元。蕲春县开展全国农民合作社质量提升整县推进试点，获2022年支持新型农业经营主体发展资金80万元，其中合作社70万元、家庭农场10万元。

【家庭农场】2022年，黄冈市录入全国家庭农场名录系统的家庭农场1.35万家，其中，黄州区189家，团风县473家，红安县761家，麻城市3550家，罗田县752家，英山县235家，浠水县3239家，蕲春县1739家，武穴市1089家，黄梅县1445家。全市"六有"（有合法登记注册、有适度经营规模、有规范财务管理、有先进生产技术、有稳定主导产业、有良好经营效益）家庭农场1670个，创建省市县三级示范农场638家，其中，省级示范农场110家，市级示范农场172家，县级示范农场356家。年内，全市有281家家庭农场申报贷款2.73亿元，利息1094.57万元，市级审核上报贴息424.4万元，获贷款贴息390万元。

【20家企业入选省级重点龙头企业】2022年，湖北省农业农村厅公布2022年度湖北省农业产业化省级重点龙头企业名单，黄冈市有20家企业入选。分别是：红安县海王星食品有限公司、湖北威艾彼农牧科技股份有限公司、湖北小龙虾产业控股集团康宏有限公司、湖北佳农食品有限公司、中粮饲料（黄冈）有限公司、湖北弘福食品有限公司、湖北佳佳食品有限公司、麻城市木子店东义洲酒业食品股份有限公司、湖北蕲仁堂科技有限公司、蕲春四方饲料科技有限公司、湖北启铺食品有限公司、湖北伟博粮油贸易股份有限公司、运鸿集团股份有限公司、湖北全苑生态农业科技有限公司、浠水晨科饲料科技有限公司、浠水县福农农业技术开发有限公司、湖北大别茶访茶业集团有限公司、湖北一泰生物科技有限公司、湖北野山香茶业股份有限公司、湖北英山新兴茶业股份有限公司。

（吴 浩 钱亚军）

农产品质量建设

【概况】2022年，黄冈市有"两品一标"（绿色食品、有机农产品和农产品地理标志）234个，其中，绿色食品189个，有机农产品24个，农产品地理标志产品21个。全市国家地理标志保护产品92件，其中，地理标志商标24件，地理标志产品47件（位列全国市州第一位），农产品地理标志21件。

表24 2022年黄冈市部分绿色农产品一览表

序号	区属	申请单位	产品名称	类别	认证面积（公顷）	认证产量（吨）
1	黄州区	黄冈雅淡生态农业发展有限公司	青鱼	水产品	7	500
2	黄州区	黄州区嘉裕葡萄种植专业合作社	葡萄	水果	20	300
3	团风县	黄冈东坡粮油集团有限公司	兴鄂牌-东坡香	粮食	666.67	2500
4	团风县	湖北团香农业集团有限公司	团香紫云英大米（珍丝香）	粮食	166.67	700
5	团风县	湖北福旦农业科技发展有限公司	红薯粉丝	食品	198.67	1500
6	红安县	红安县二程长青种养殖专业合作社	红薯	粮食	40	1200
7	红安县	湖北优嘉农业科技发展有限公司	优嘉红提葡萄	水果	13.33	200
8	麻城市	湖北金兰农业发展有限公司	麻城福白菊胎菊	茶叶	13.33	30
9	麻城市	湖北兆至现代农业科技股份有限公司	麻城辣椒	蔬菜	45.33	2040
10	麻城市	麻城市福牌有机鱼专业合作社	虾鳖香米	粮食	173.33	878
11	罗田县	罗田县绿叶农业科技发展有限公司	稻香米	粮食	353.33	1400
12	罗田县	湖北名羊农业科技发展有限公司	酮体羊	畜产品	—	560
13	罗田县	湖北大别山葛业有限公司	葛根粉	食品	100	100
14	英山县	湖北志顺茶业股份有限公司	英山云雾茶（绿茶）	茶叶	73.33	45
15	英山县	湖北团黄贡茶有限公司	英山云雾绿茶	茶叶	53.33	36
16	蕲春县	蕲春县赤东湖渔场	鲢鱼（鲜活）	水产品	1733.33	300
17	蕲春县	蕲春县大同水库综合经营处	鳙鱼	水产品	666.67	1000
18	浠水县	湖北双明粮棉油股份有限公司	双低菜籽油（压榨一级）	粮油	1.33万	6000
19	浠水县	浠水县神仙寨猕猴桃种植专业合作社	猕猴桃	水果	38.67	870
20	武穴市	武穴市福康油脂有限公司	纯正低芥酸菜籽油（压榨）	粮油	1.09万	8000
21	武穴市	湖北农二代商务有限公司	武穴佛手山药	蔬菜	80	1500
22	黄梅县	黄梅县永盛米业有限公司	泽众+拼音牌江米（优质糯米）	粮食	3333.33	1万

续表

序号	区属	申请单位	产品名称	类别	认证面积(公顷)	认证产量(吨)
23	黄梅县	湖北大唐慧农生态科技有限公司	源缘五祖牌火龙果	水果	20	300
24	黄梅县	湖北康宏粮油食品有限公司	二度梅+ERDUMEI牌 佛缘米	粮食	5580	9000
25	龙感湖管理区	湖北省龙感湖帝龙科技农贸有限公司	帝龙香粘	粮食	666.67	1625
26	龙感湖管理区	湖北省龙感湖帝龙科技农贸有限公司	龙湖丝苗	粮食		1625
27	龙感湖管理区	湖北省龙感湖帝龙科技农贸有限公司	天鹅香米	粮食		1625
28	市 直	黄冈市太白湖渔场	黄颡鱼	水产品	2000	50
29	市 直	黄冈市太白湖渔场	鳙鱼	水产品		1500
30	市 直	黄冈市太白湖渔场	翘嘴红鲌	水产品		40

(资料来源:市农业农村局)

表25 2022年黄冈市有机农产品一览表

序号	区属	申请单位	产品名称	类别	认证面积(公顷)	认证产量(吨)	产值(万元)
1	红安县	红安县老君眉茶场	茗宿老君眉	茶叶	53.33	33	617.8
2	英山县	英山县绿屏茶叶有限公司	毕昇牌绿茶	茶叶	25.34	5	380
3	英山县	湖北绿羽茶业股份有限公司	丝茅岭牌绿茶	茶叶	16.93	9	320
4	英山县	湖北大象生态农业发展有限公司	大别山龙芽	茶叶	10	2.9	400
5	英山县	英山茶草堂产业科技有限公司	茶草堂绿茶	茶叶	15.87	2.3	480
6	英山县	湖北大广茶业股份有限公司	庆山春绿茶	茶叶	20	6.6	300
7	麻城市	麻城市浮桥河水库管理处	鳙鱼	水产品	1466.67	1000	1100
8	麻城市	麻城市浮桥河水库管理处	鲢鱼	水产品		500	350
9	麻城市	麻城市浮桥河水库管理处	鲌鱼	水产品		150	300
10	麻城市	麻城市浮桥河水库管理处	鲤鱼	水产品		50	30
11	麻城市	麻城市浮桥河水库管理处	鲫鱼	水产品		50	50
12	麻城市	湖北省国营龟山茶场	白茶	茶叶	19.85	4	416
13	麻城市	湖北省国营龟山茶场	绿茶	茶叶			
14	浠水县	湖北全苑生态农业科技有限公司	猕猴桃	水果	25.53	20	—
15	蕲春县	蕲春县围围茶叶种植专业合作社	茶	茶叶	26.67	19.13	300
16	蕲春县	湖北驹龙园茶业有限公司	驹龙园牌绿茶	茶叶	13.33	9	800
17	蕲春县	湖北驹龙园茶业有限公司	茶	茶叶	13.33	36	300
18	蕲春县	谦益农业(湖北)有限公司	稻谷(稻花香二号)	粮食	60	315	2835
19	蕲春县	谦益农业(湖北)有限公司	稻谷(原料)	粮食	18	77.7	699.3
20	蕲春县	谦益农业(湖北)有限公司	大米	粮食	20	48.1	432.9
21	蕲春县	湖北蕲春雾云山茶业股份有限公司	绿茶	茶叶	13.33	2.2	2000
22	蕲春县	湖北蕲春雾云山茶业股份有限公司	红茶	茶叶		1	
23	蕲春县	湖北蕲春雾云山茶业股份有限公司	茶	茶叶		25	
24	黄梅县	湖北省紫云山茶有限公司	有机茶(绿茶)	茶叶	26.67	3	500

(资料来源:市农业农村局)

【农产品“两品一标”建设】2022年，黄冈市登记注册绿色农产品189个。按县(市、区)分布依次为：市直3件、黄州区15件、团风县46件、浠水县17件、蕲春县7件、麻城市12件、罗田县27件、英山县16件、武穴市25件、红安县2件、黄梅县12件、龙感湖管理区7件。按品种依次为：蔬菜类36件、粮油类49件、茶叶类25件、药材类0件、畜产品类12件、水产品类11件、食品类13件、水果类16件、其他5件。登记注册有机农产品24个。按县(市、区)分布依次为：浠水县1件、蕲春县9件、麻城市7件、英山县5件、红安县1件、黄梅县1件。按品种依次为：粮油类3件、茶叶类15件、水产品类5件、水果1件。全市国家地理标志保护产品总量92件。按市直、县(市、区)分布依次为：市直1件、黄州区3件、团风县5件、浠水县9件、蕲春县14件、麻城市13件、罗田县10件、英山县11件、武穴市10件、红安县8件、黄梅县8件。

2022年，中国农产品区域公用品牌百强——大别山黑山羊入驻盒马鲜生。图为罗田锦秀羊肉制品展台

（名羊农业公司 供图）

【农产品区域公用品牌】2022年，黄冈市出台《黄冈市地标优品区域公用品牌和管理实施方案》《关于推进“品牌强农”工程的指导意见》，明确农产品品牌发展目标和路径。至年底，全市有农产品区域公用品牌综合产值近百亿元1个(蕲艾)，综合产值过20亿元3个(麻城福白菊、英山云雾茶、罗田板栗)；品牌价值过10亿元的农产品品牌6个(蕲艾、麻城福白菊、英山云雾茶、罗田板栗、红安苕、大别山黑山羊)。拥有中国农产品区域公用品牌百强2个(蕲艾、大别山黑山羊)，省级农业核心大品牌1个(蕲艾)，全省二十强农业区域品牌4个(英山云雾茶、蕲艾、大别山黑山羊、红安苕)。在2022中国品牌价值评价信息发布活动中，蕲艾以品牌价值105.08亿元位列全国区域品牌(地理标志)第30位，是唯一入围前30强的湖北地标品牌。蕲艾、大别山黑山羊连续三年入选“央视品牌强国工程”主推品牌，麻城福白菊、黄梅挑花、英山云雾茶入选中欧“100+100”地理标志互认名单。黄冈茯苓、苍术、桔梗、天麻列入国家GAP种植计划并获得认证，湖北吉利中药材科技有限公司“楚吉”牌茯苓列入国家首批“三无一全”产品和“出口免检”产品。

（郭小年）

【水产品品牌建设】2022年，黄冈市出台《黄冈市水产品品牌建设工作方案》，打造地方特色区域公共品牌。年内，白莲河示范区重点打造“白莲河黑背胖头鱼”区域公共品牌，浠水县创建“陈庙河小龙虾”区域公共品牌，龙感湖创建“雷池”小龙虾和“雷池虾稻”稻米区域公共品牌。

（陈振伟）

【农产品质量安全监管】2022年，黄冈市农业综合执法部门持续开展食用农产品“治违禁、控药残、促提升”三年行动，不定期突击抽检全市大型蔬菜基地，发现并立案查处蔬菜(瓠瓜、豇豆、空心菜)农残超标案件3起。开展国家农产品质量安全追溯管理信息平台应用推广，至年底，全市有818家生产经营主体在追溯平台试行，逐步建成“生产有记录、信息可查询、流向可跟踪、责任可追溯”的农产品质量追溯体系。

（万为喜）

【农产品质量监测】2022年，黄冈市本级开展农产品例行监测2次、监督抽查3次，抽检农产品712批次，合格率99.3%。全市开展农产品质量安全定量检测9401批次，完成定量检测每千人1.5批次的任务，超出任务量6.5%。年内，农业农村部在全市开展例行监测1次，专项监测1次；省农业农村厅在全市开展例行监测1次，监督抽查3次，专项监测1次，全年，部、省级抽检农产品533批次，总体合格率98.9%，全市未发生重大农产品质量安全事故。

（吴喜梅）

【特色农产品品牌宣传】2022年，黄冈市联合媒体平台增强品牌传播力，蕲春蕲艾、大别山黑山羊、罗田板栗3个区域公用品牌入选央视“品牌强国”工程，26个农产品品牌被“学习强国”学习平台、人民网、湖北电视台等主流媒体专题报道。锦秀羊、麻城福白菊、黄梅蓝莓等入驻阿里巴巴、盒马鲜生、天猫旗舰店、美团优选。罗田燕儿谷“互联网+”农产品出村进城模式被央视专题报道。黄黄高铁本地站点开设农产品品牌展示专区，英山云雾茶、罗田板栗等品牌在武汉天河机场、武汉城铁站推介。300余个农产品品牌参展中国农民丰收节、中国农交会、湖北农博会，26个农产品品牌获最受消费者欢迎奖、农产品金奖。

（严　静）

责任编辑：严　静　　责任校对：赵舒逸

工 业

综 述

【工业运行分析】 2022年，黄冈市实现规模以上工业总产值2170亿元，比上年增长13.8%，实现营业收入1965.7亿元。全市规模以上工业增加值比上年增长12.6%，高于全省平均水平5.6个百分点，位列全省第二位。武穴市(13%)、麻城市(12.8%)、黄州区(12.7%)规模以上工业增加值增速高于全市平均水平。全市工业投资增速46.3%，高于全省平均水平22.1个百分点，位列全省第二位；工业投资占固定资产投资比重38.5%。红安县(115.4%)、黄梅县(80.8%)、龙感湖管理区(77.8%)工业投资增速位列全市前三位。全市规模以上工业企业1451家，其中新增229家，位列全省第四位。2022年，黄冈市工业呈现高开稳走发展态势。

产业链运行情况 全市制造业十大产业链规模以上企业1366家，实现产值2087.7亿元，占规模以上工业总产值96.2%，其中：光电子信息、生物医药、新能源和智能网联汽车、高端装备、节能环保、数字经济(暂无数据)六大战略性新兴产业链产值分别比上年增长18.8%、25.8%、-2.3%、13.6%、31.4%；精细化工、绿色建材、农产品加工、现代纺织四大传统产业链分别比上年增长22.8%、7.1%、18%、9.7%。

工业用电量 全年工业用电量101.57亿千瓦时，比上年增长7.15%，占全社会用电量比重55.31%，其中，制造业用电量67.1亿千瓦时，比上年增长1.74%，占全社会用电量比重36.54%。

主要产品产量 全年重点监测的12种主要工业产品中，5种产品产量比上年增

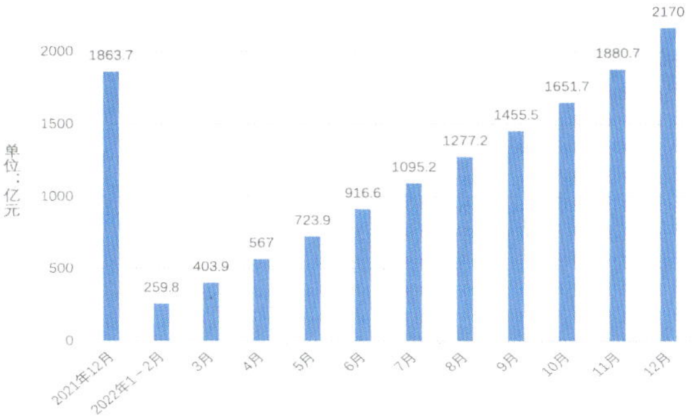

图8　2022年黄冈市规模以上工业总产值情况示意图

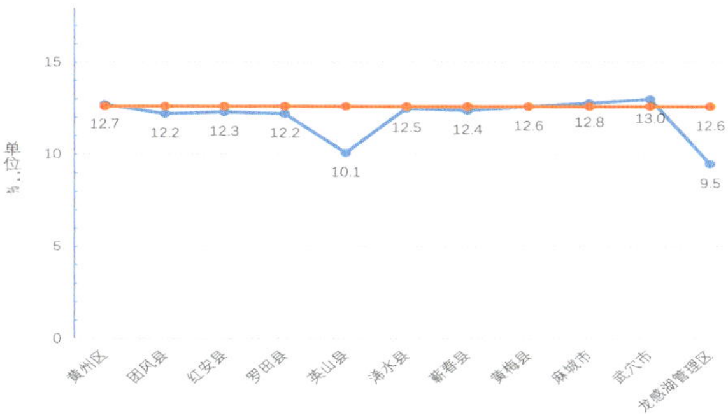

图9　2022年黄冈各县(市、区)规模以上工业增加值增速示意图

表26　2022年黄冈市制造业十大产业链指标完成情况一览表

单位：亿元

产业链	招商签约个数	合同投资额	工业投资额	技改投资
光电子信息	20	177.01	35.1	16.3
生物医药	27	65.10	41.4	11.5
新能源和智能网联汽车	15	38.60	16.8	8.8
数字经济	7	15.00	—	—
高端装备	55	108.45	43.7	12.8
节能环保	41	620.38	146	7.2
精细化工	16	251.50	14.7	4.8
绿色建材	75	345.49	216.7	60.3
农产品加工	74	176.08	63.2	17.5
现代纺织	31	87.77	47.7	19.2
合　计	361	1885.38	625.3	158.4

(资料来源：市经信局)

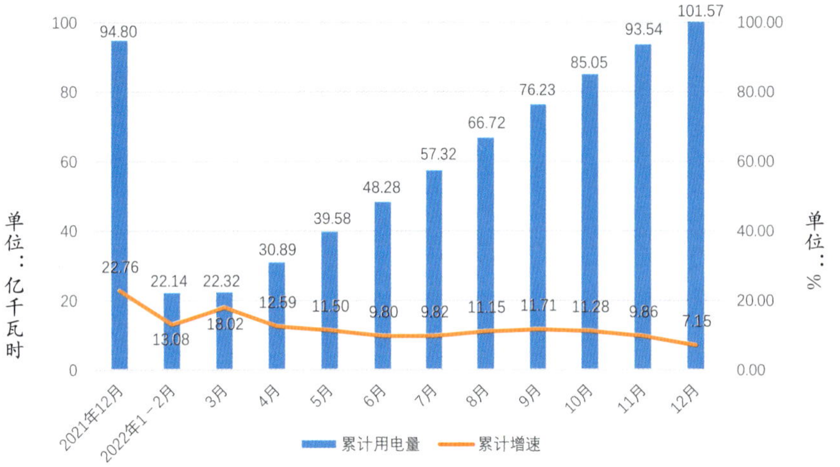

图10　2022年黄冈市工业累计用电量走势示意图　　（资料来源：市经信局）

加，其中：天然花岗石建筑板材1.56亿平方米，比上年增长6.9%；化纤长丝机织物5.65亿米，比上年增长129.7%；饲料230万吨，比上年增长8.9%；汽车仪器仪表72.6万台，比上年增长13.6%；中成药5.7万吨，比上年增长11.8%。7种产品产量比上年减少，其中：瓷质砖4941.9万平方米，比上年减少62.8%；水泥627.5万吨，比上年减少13.6%；钢结构96.3万吨，比上年减少4.4%；家具273万件，比上年减少5.6%；纸浆（原生浆及废纸浆）49.5万吨，比上年减少1.8%；乳制品39.7万吨，比上年减少11.6%；大米70.6万吨，比上年减少4.9%。

【工业和信息化规划】2022年7月19日，黄冈市政府常务会议研究并通过《黄冈市工业和信息化“十四五”规划（2021—2025）》。规划到2025年，培育规模以上工业企业1700家，产值百亿元的工业企业10家，重点培育光电子信息、生物医药、高端装备等5个新兴产业，改造提升精细化工、绿色建材、现代纺织等4个传统产业，稳步壮大工业总体规模，持续优化产业结构，逐步优化绿色发展体系，提升创新能力、企业质效和两化融合水平。年内，全市加强组织领导，建立领导组织协调机制，统筹全市工业和信息化高质量化发展全局性工作，推动落实规划重点工作任务，推进各项任务、政策、项目和举措落实。完善土地、人才、用工、资本和其他要素保障，助力企业降本增效，帮助企业发展。

【工业转型升级】2022年，黄冈市技改投资增速13.9%，与全省平均水平持平，位列全省第九位；技改投资占工业投资比重24.6%，低于全省平均水平18.4个百分点。红安县（156.1%）、龙感湖管理区（69.8%）、罗田县（69%）工业技改投资增速位列全市前三位。高新技术企业与创新创业平台建设。年内，黄冈市申报高新技术企业461家，累计777家，位列全省第四位。新备案规模以上工业企业研发机构672家，获批省级产业技术研究院2家、省级以上创新平台141家。新备案省级星创天地5家、市级星创天地20家，新认定省级众创空间1家、省级以上创业平台81家。新引进科技副总（创新团队）106名，选派科技特派员1000余人，组建科技特派员工作站10个。技改项目规范管理。黄冈市制定《关于进一步规范技改项目管理的指导意见》，设立技改专项资金全覆盖，免费技改咨询诊断企业73家，出具诊断咨询报告50份。

【工业园区发展】2022年，黄冈市有国家级高新区1个，省级经开区9个，黄冈高新技术产业开发区托管黄州火车站经济开发区。全年省级开发区实现规模以上工业产值1014.82亿元，占全市总产值46.9%。

【工业信息化建设】2022年，黄冈市制定出台《黄冈市5G产业发展行动计划（2020—2022年）》规划，聚焦智能制造、数字农业、智慧物流、智慧医疗、智慧教育、智慧文旅、智慧交通等重点行业，着力打造“端网云数”智慧黄冈。索菲亚工业4.0、威马工业互联网、伊利柔性定制、星晖汽车5G应用、科峰传动智能制造等一批智能工厂、智能车间、智能生产线投入生产，实施机器换人、设备换芯、生产换线，推动工业数字化、网络化、智能化转型。全市新增上云标杆企业1032家，累计3500家，打造省级上云标杆企业9家，帮助企业节约IT成本50%以上。

表27　2022年黄冈市省级及以上开发区规模以上工业产值一览表

单位：亿元

序号	名　　称	级 别	产值
1	黄冈高新技术产业开发区	国家级	353
2	湖北武穴经济开发区	省　级	180
3	湖北麻城经济开发区	省　级	111.41
4	湖北蕲春李时珍医药工业园区	省　级	59.17
5	红安高新技术产业园区	省　级	88.30
6	湖北黄梅经济开发区	省　级	52.43
7	湖北罗田经济开发区	省　级	23.26
8	湖北浠水经济开发区	省　级	42.62
9	湖北团风经济开发区	省　级	63.07
10	湖北英山经济开发区	省　级	41.56

（资料来源：市经信局）

【中小工业企业】2022年，黄冈市有省级专精特新企业162家，其中17家同时为国家级；国家级专精特新"小巨人"企业18家，其中专精特新重点"小巨人"企业4家。全市建立规模以上工业企业、创新型中小企业、专精特新中小企业、专精特新"小巨人"4个梯次企业培育库，依托6家示范平台和5家示范基地服务体系，开展一对一专业服务。新培育省级单项冠军企业11家、单项冠军产品47个，省级两化融合示范企业143家，市级两化融合示范企业41家。12月8日，省经济和信息化厅公布湖北省第一批创新型中小企业名单，黄冈市湖北长海新能源科技有限公司等223家企业获"湖北省创新型中小企业"称号，有效期3年。

重点企业发展 2022年，黄冈市产值过亿元企业498家，比上年增加67家；完成产值1772.7亿元，比上年增长19.2%，占规模以上工业总产值81.7%，其中，祥云集团完成产值107.86亿元，实现产值过百亿元工业企业零的突破。全市产值过50亿元工业企业新增2家，其中，李时珍医药集团完成产值54.47亿元、大别山发电公司完成产值50.86亿元。产值过10亿元企业25家。50家重点监测企业完成产值836.03亿元，占全市规模以上工业总产值38.5%，比上年增长20.6%；40家企业产值保持正增长，6家企业产值增速在50%以上，拉动全市工业总产值增长1.6个百分点。

企业帮扶与培训 2022年，黄冈市以"千人进千企"服务企业行动为载体，深入推进"解难题、稳增长、促发展"企业帮扶活动，印发服务规范和问题解决流程图，动态更新三个清单。帮扶企业330家，摸排问题610个，解决销号599个，销号率98.2%。帮助协调龙辰科技等61家企业95名高管子女入学问题；协调解决企业融资问题92个，帮助融资59.8亿元；解决用工问题43个，帮助招工563人；解决人才引进问题33个，引进高层次人才42人；帮助企业协调土地供应和不动产证办理等问题3个。举办黄冈工业大讲堂12期，培训企业人才1200余人次。

惠企纾困政策落实与化解拖欠中小企业账款专项行动 2022年，黄冈市率先在全省出台工业企业降本增效措施11条，出台工业经济"稳增长促发展"措施6项。开展"政策找企业、专班抓兑现"活动，制作规模以上工业企业可享受政策清单20项，采取"一业一单""一企一单"方式，公示惠企政策落实情况。全年兑现先进制造业、工业高质量发展、稳规进规等政策资金5357.4万元，惠及企业356家；协调落实"2022年中小微企业宽带和专项平均资费再降10%"政策，电信运营商让利1033.8万元，惠及企业6678家。年内，市经济和信息化局制定《黄冈市防范和化解拖欠中小企业账款专项行动实施方案》，开展拖欠中小企业账款摸排，清理拖欠资金2笔、金额1318.07万元，清偿率100%。

（许煜 方洋 高雅 付方志）

表28 2022年黄冈市省级单项冠军示范企业一览表

序号	企业名称	主要产品
1	湖北星晖新能源智能汽车有限公司	威马牌电动汽车
2	黄冈美丰化工科技有限公司	紫外线吸收剂
3	黄冈华窑中博窑炉技术有限公司	隧道窑
4	湖北辉创重型工程有限公司	大桥1#桁梁
5	湖北鸿路钢结构有限公司	钢铁结构体部件
6	湖北千川门窗有限公司	防腐生态木门
7	湖北省华建石材股份有限公司	超细复合矿物掺合料
8	湖北神力汽车零部件股份有限公司	汽车半轴
9	湖北艾艾贴健康科技有限公司	艾艾贴牌艾灸贴
10	湖北东瀚空港设备科技有限公司	电动散装货物装载机
11	浠水海大饲料有限公司	海大牌蛋鸡配合饲料

（资料来源：市经信局）

表29 2022年黄冈市国家级专精特新"小巨人"企业一览表

序号	企业名称	区属	级别及批次
1	湖北科峰智能传动股份有限公司	黄州区	国家第二批
2	湖北绿宇环保有限公司	黄州区	国家第三批
3	中船重工黄冈贵金属有限公司	黄州区	国家第三批

续表

序号	企 业 名 称	区 属	级别及批次
4	湖北龙辰科技股份有限公司	黄州区	国家第三批
5	湖北金马塑业有限公司	红安县	国家第三批
6	湖北神力汽车零部件股份有限公司	英山县	国家第三批
7	湖北威风汽车配件股份有限公司	浠水县	国家第三批
8	湖北蕊源电子股份有限公司	蕲春县	国家第三批
9	湖北科普达高分子材料股份有限公司	黄梅县	国家第三批
10	武汉山羽新材料科技有限公司	黄州区	国家第四批
11	湖北黄冈鲁班药业股份有限公司	黄州区	国家第四批
12	黄冈美丰化工科技有限公司	黄州区	国家第四批
13	湖北大帆金属制品有限公司	麻城市	国家第四批
14	湖北中蓝宏源新能源材料有限公司	罗田县	国家第四批
15	湖北三行科技股份有限公司	浠水县	国家第四批
16	黄冈市劲马窑炉机械有限公司	浠水县	国家第四批
17	湖北神风汽车弹簧有限公司	蕲春县	国家第四批
18	湖北江田精密化学股份有限公司	武穴市	国家第四批

（资料来源：市经信局）

表30 2022年黄冈市省级专精特新“小巨人”企业一览表

序号	企 业 名 称	区 属	级别及批次
1	湖北蕊源电子股份有限公司	蕲春县	省第一批
2	湖北黄冈鲁班药业股份有限公司	黄州区	省第一批
3	湖北亿诺瑞生物制药有限公司	黄梅县	省第一批
4	湖北三行科技股份有限公司	浠水县	省第一批
5	湖北科普达高分子材料股份有限公司	黄梅县	省第二批
6	湖北恒祥科技股份有限公司	浠水县	省第二批
7	中船重工黄冈贵金属有限公司	黄州区	省第二批
8	湖北绿宇环保有限公司	黄州区	省第二批
9	湖北广济药业股份有限公司	武穴市	省第二批
10	湖北神力汽车零部件股份有限公司	英山县	省第二批
11	湖北威风汽车配件股份有限公司	浠水县	省第二批
12	湖北龙辰科技股份有限公司	黄州区	省第二批
13	湖北钊晟新材料科技有限公司	麻城市	省第二批
14	湖北金马塑业有限公司	红安县	省第二批
15	湖北孺子牛鞋业集团有限公司	蕲春县	省第二批
16	武汉山羽新材料科技有限公司	黄州区	省第三批
17	湖北正茂新材料科技股份有限公司	黄州区	省第三批
18	湖北卓尔金龙纺织有限公司	麻城市	省第三批
19	湖北大帆金属制品有限公司	麻城市	省第三批
20	湖北创联重工有限公司	浠水县	省第三批
21	湖北泉盛环保科技股份有限公司	浠水县	省第三批
22	湖北进创博生物科技有限公司	武穴市	省第三批

续表

序号	企 业 名 称	区 属	级别及批次
23	湖北美格新能源科技有限公司	黄州区	省第三批
24	湖北武铁山桥轨道装备有限公司	麻城市	省第三批
25	湖北省华建石材股份有限公司	麻城市	省第三批
26	湖北强大包装实业有限公司	红安县	省第三批
27	湖北海成电子有限公司	罗田县	省第三批
28	湖北天雄科技股份有限公司	浠水县	省第三批
29	湖北文盛模具制品有限公司	罗田县	省第三批
30	湖北必图建材科技有限公司	浠水县	省第三批
31	湖北腾鑫塑业科技有限公司	浠水县	省第三批
32	湖北伟通管业科技有限公司	团风县	省第三批
33	优彩科技(湖北)有限公司	浠水县	省第三批
34	湖北浠水蓝天联合气体有限公司	浠水县	省第三批
35	湖北高德急救防护用品有限公司	团风县	省第三批
36	湖北东风世星汽车零部件股份有限公司	英山县	省第三批
37	武汉弘美达幕墙建材有限公司	红安县	省第三批
38	湖北鸣利来合金钻具股份有限公司	黄州区	省第三批
39	黄冈市劲马窑炉机械有限公司	浠水县	省第三批
40	湖北燕沙建材科技有限公司	团风县	省第三批
41	湖北楚维药业有限公司	黄州区	省第三批
42	湖北赛尔新能源材料有限公司	浠水县	省第三批
43	湖北新辉门业有限公司	红安县	省第三批
44	湖北宏中药业股份有限公司	蕲春县	省第三批
45	湖北神风汽车弹簧有限公司	蕲春县	省第三批
46	湖北大二互科技股份有限公司	黄州区	省第三批
47	湖北安一辰光电科技有限公司	黄州区	省第三批
48	湖北领尚电线电缆有限公司	红安县	省第三批
49	罗田县新普生药业有限公司	罗田县	省第三批
50	湖北蕲艾堂科技有限公司	蕲春县	省第三批
51	湖北燕加隆木制品有限公司	蕲春县	省第三批
52	湖北宇星水钻饰品有限公司	黄梅县	省第三批
53	中交二航武汉港湾新材料有限公司	麻城市	省第三批
54	黄冈市蕲春县新天地瓷业有限公司	蕲春县	省第三批
55	湖北美天生物科技股份有限公司	武穴市	省第三批
56	湖北瑞特威科技股份有限公司	团风县	省第三批
57	湖北楚龙兴家具股份有限公司	罗田县	省第三批
58	湖北艾艾贴健康科技有限公司	蕲春县	省第三批
59	湖北雄陶陶瓷有限公司	浠水县	省第三批
60	湖北小蚂蚁金刚石工具有限公司	黄梅县	省第三批
61	湖北瑞林特铝业科技股份有限公司	浠水县	省第三批
62	湖北云泰时代光学仪器有限公司	黄梅县	省第三批
63	湖北铭宇水晶饰品有限公司	黄梅县	省第三批
64	湖北江田精密化学股份有限公司	武穴市	省第三批

续表

序号	企业名称	区属	级别及批次
65	湖北龙翔药业科技股份有限公司	武穴市	省第三批
66	湖北宇洪光电实业有限公司	黄梅县	省第三批
67	湖北安联药业有限公司	武穴市	省第三批
68	黄冈凯伦新材料有限公司	黄州区	省第三批
69	湖北中牧安达药业有限公司	武穴市	省第三批
70	黄梅县永盛米业有限公司	黄梅县	省第三批
71	湖北迅达药业股份有限公司	武穴市	省第三批
72	湖北贵族真空科技股份有限公司	黄州区	省第三批
73	湖北美凯化工有限公司	蕲春县	省第三批
74	武汉青江化工黄冈有限公司	黄州区	省第三批
75	湖北兴和电力新材料股份有限公司	黄州区	省第三批
76	湖北合创重工有限公司	黄州区	省第三批
77	湖北诃力机械设备有限公司	黄州区	省第三批
78	黄冈美丰化工科技有限公司	黄州区	省第三批
79	湖北纳福传动机械股份有限公司	麻城市	省第三批
80	湖北中蓝宏源新能源材料有限公司	罗田县	省第三批
81	湖北双迅纺织有限公司	龙感湖管理区	省第三批
82	湖北韩泰智能设备有限公司	浠水县	省第三批
83	湖北天元电力变压器有限公司	浠水县	省第四批
84	湖北金贝壳科技有限公司	团风县	省第四批
85	湖北大明古艾科技有限公司	蕲春县	省第四批
86	湖北仁齐科技有限公司	麻城市	省第四批
87	黄冈高科铝业压铸有限公司	黄州区	省第四批
88	黄冈昌耀电力器材有限公司	武穴市	省第四批
89	湖北高新明辉模具有限公司	浠水县	省第四批
90	湖北船王特种焊材有限公司	蕲春县	省第四批
91	湖北捷科电子技术股份有限公司	红安县	省第四批
92	湖北晨科农牧集团股份有限公司	浠水县	省第四批
93	武穴市明锐机械股份有限公司	武穴市	省第四批
94	湖北联统机械有限公司	黄州区	省第四批
95	湖北丰杯生物科技有限公司	武穴市	省第四批
96	武汉瑞阳化工有限公司	黄州区	省第四批
97	湖北星晖新能源智能汽车有限公司	黄州区	省第四批
98	黄冈市楚雄化工股份有限公司	黄州区	省第四批
99	湖北捷玛换热设备制造有限公司	黄梅县	省第四批
100	湖北均宝利电力设备制造有限公司	浠水县	省第四批
101	湖北鸿鑫化工有限公司	武穴市	省第四批
102	湖北微控生物科技有限公司	黄州区	省第四批
103	湖北鑫威机床股份有限公司	浠水县	省第四批
104	湖北乾佳化工有限公司	蕲春县	省第四批
105	湖北申田新材料科技有限公司	龙感湖管理区	省第四批
106	湖北健肽生物科技有限公司	红安县	省第四批

续表

序号	企 业 名 称	区 属	级别及批次
107	湖北新二机床有限公司	罗田县	省第四批
108	李时珍国灸集团蕲艾产业(蕲春)有限公司	蕲春县	省第四批
109	湖北力美制动元件有限公司	麻城市	省第四批
110	运鸿集团股份有限公司	武穴市	省第四批
111	麻城博林机电股份有限公司	麻城市	省第四批
112	武汉大农人生物科技有限公司	黄梅县	省第四批
113	浠水华杰窑炉设备有限责任公司	浠水县	省第四批
114	湖北鼎艾科技有限公司	蕲春县	省第四批
115	湖北优百特生物工程有限公司	黄梅县	省第四批
116	湖北辰美中药有限公司	英山县	省第四批
117	湖北荟煌科技股份有限公司	麻城市	省第四批
118	湖北黄冈中大高新包装材料有限公司	黄州区	省第四批
119	湖北亚星电子材料有限公司	团风县	省第四批
120	麻城阳光节能保温材料有限公司	麻城市	省第四批
121	蕲春千年艾科技有限公司	蕲春县	省第四批
122	湖北李时珍现代生物医药集团有限公司	蕲春县	省第四批
123	湖北海汇化工科技有限公司	黄州区	省第四批
124	武汉宜田科技发展有限公司	红安县	省第四批
125	黄冈市维科曼医用材料股份有限公司	黄州区	省第四批
126	湖北鑫京北数码科技有限公司	黄州区	省第四批
127	成都彩虹电器(集团)中南有限公司	武穴市	省第四批
128	李时珍保健油(湖北)有限公司	蕲春县	省第四批
129	湖北燕加隆九方圆板材有限责任公司	蕲春县	省第四批
130	湖北兴雨泵业股份有限公司	武穴市	省第四批
131	湖北楚元环保设备有限公司	蕲春县	省第四批
132	湖北一特新能源有限公司	麻城市	省第四批
133	黄冈银河阿迪药业有限公司	黄州区	省第四批
134	湖北凤凰白云山药业有限公司	麻城市	省第四批
135	湖北恒标塑胶股份有限公司	浠水县	省第四批
136	湖北省腾丰机械科技有限公司	浠水县	省第四批
137	湖北富奕达电子科技有限公司	黄梅县	省第四批
138	中农华威生物制药(湖北)有限公司	蕲春县	省第四批
139	黄冈市华窑中博窑炉技术有限公司	黄州区	省第四批
140	湖北斯曼新材料股份有限公司	红安县	省第四批
141	湖北正寅科技有限公司	红安县	省第四批
142	黄冈兴和电线电缆有限公司	黄州区	省第四批
143	黄冈市华窑中亚窑炉有限责任公司	黄州区	省第四批
144	李时珍医药集团有限公司	蕲春县	省第四批
145	湖北汉成电气有限公司	红安县	省第四批
146	湖北福鑫重型钢结构工程股份有限公司	团风县	省第四批
147	湖北大别山药业股份有限公司	罗田县	省第四批
148	英山县吉利中药材有限责任公司	英山县	省第四批

续表

序号	企业名称	区属	级别及批次
149	湖北一世缘蕲艾生物科技股份有限公司	蕲春县	省第四批
150	武穴市旭日化工有限责任公司	武穴市	省第四批
151	黄冈林立新能源科技有限公司	黄州区	省第四批
152	湖北容涛化工设备有限公司	武穴市	省第四批
153	湖北珍正峰新材料有限公司	武穴市	省第四批
154	湖北华轩自动化科技有限公司	浠水县	省第四批
155	湖北京华陶瓷科技有限公司	浠水县	省第四批
156	湖北丰帛纺织有限公司	龙感湖管理区	省第四批
157	湖北三丰汽配有限公司	罗田县	省第四批
158	黄冈圣饰装饰材料有限公司	黄州区	省第四批
159	湖北千川门窗有限公司	红安县	省第四批
160	湖北硅元新材料科技有限公司	黄州区	省第四批
161	湖北一泰生物科技有限公司	英山县	省第四批
162	湖北亿田鑫科技有限公司	罗田县	省第四批

（资料来源：市经信局）

表31　2022年黄冈市产值10亿元以上工业企业一览表

单位：亿元

序号	企业名称	区属	产值
1	湖北祥云(集团)化工股份有限公司	武穴市	107.86
2	李时珍医药集团有限公司	蕲春县	54.47
3	黄冈大别山发电有限责任公司	麻城市	50.86
4	中船重工黄冈贵金属有限公司	黄州区	39.29
5	湖北鸿路钢结构有限公司	团风县	37.69
6	湖北钰嵘铜材有限公司	红安县	34.99
7	湖北黄冈伊利乳业有限责任公司	黄州区	28.77
8	中粮粮油工业(黄冈)有限公司	黄州区	28.65
9	黄冈晨鸣浆纸有限公司	黄州区	27.68
10	华新水泥(武穴)有限公司	武穴市	24.04
11	稳健医疗(黄冈)有限公司	黄州区	21.99
12	湖北省宏源药业科技股份有限公司	罗田县	20.93
13	索菲亚家居湖北有限公司	黄州区	20.61
14	湖北蕲春中再再生资源有限公司	蕲春县	17.93
15	湖北康宏粮油食品有限公司	黄梅县	17.55
16	湖北云华安化工有限公司	武穴市	16.74
17	中粮家佳康(湖北)有限公司	黄州区	16.48
18	湖北融达再生资源有限公司	麻城市	15.33
19	浠水海大饲料有限公司	浠水县	15.00
20	湖北馥雅食品科技有限公司	团风县	13.91
21	湖北中蓝宏源新能源材料有限公司	罗田县	13.67
22	湖北科普达高分子材料股份有限公司	黄梅县	12.42
23	湖北雄陶陶瓷有限公司	浠水县	12.39
24	湖北兴业钢铁炉料有限责任公司	麻城市	10.68
25	湖北绿宇环保有限公司	黄州区	10.08

（资料来源：市经信局）

光电子信息产业

【概况】2022年，黄冈市加快光电子信息产业发展，编制三年行动方案，建设专业园区，出台专项政策，开展产业链招商。成立黄冈市光电子信息产业技术创新及人才战略联盟，组织开展黄冈光电子信息产业高质量发展管理人才培训班、武黄光电子信息产业供需对接等活动。全年光电子信息产业完成总产值90.2亿元，比上年增长18.8%。

【光电子产业集群发展】2022年，黄冈市编制《光电子信息产业链三年行动方案》，厘清产业链技术结构图、产业布局图、发展路线图、招商地图、应用领域图，明确产业发展思路。黄州区、武穴市、麻城市、罗田县、蕲春县把光电子信息产业作为主导产业培育。初步建成光谷黄冈科技产业园、武穴电子信息产业园两个专业园区，麻城电子信息产业园进入建设阶段。全市有光电子信息产品50余种，集中在光电子信息材料、光电元器件、显示屏、汽车电子四个领域。

（许煜　方洋　高雅　付方志）

【武汉黄冈光电子信息产业供需对接活动】2022年9月21日，由武汉市经济和信息化局、黄冈市经济和信息化局联合主办，以“携手追光·共创未来”为主题的武汉黄冈光电子信息产业供需对接大会在武汉召开。对接会采取线上与线下相结合的方式进行，武汉11家企业、黄冈18家企业及8个县（市、区）经信局负责人参加。黄冈宇洪光电、冠音泰、安一辰、亚星电子、欧雷玛、仁齐科技、一特新能源、凯音电子、众盈电子9家企业作产品推介。黄冈亚星电子、欧雷玛、宇洪光电等6家企业与武汉相关企业现场签订协议，10余家企业达成合作意向。

（吴浩）

【光电子信息人才战略联盟成立】2022年9月22日，黄冈市召开光电子信息产业技术创新及人才战略联盟成立大会。会议向7家理事会成员单位授牌。该联盟由黄冈市30家从事光电子信息行业重点企业、3所高校、3家电信运营商、黄冈市中小企业服务中心自愿组成，是一家自律性、非营利性社会团体组织，旨在为光电子信息产业发展构建产业链、政策链、创新链、人才链、金融链五链融合的产业生态，搭建产、学、研、用、金、才深度对接平台，推动黄冈市光电子信息产业高质量发展。中船重工黄冈贵金属有限公司为联盟理事长单位，湖北科普达高分子材料股份有限公司、湖北一特新能源有限公司、湖北欧雷登显示科技有限公司、湖北蕊源电子股份有限公司、湖北安一辰光电科技有限公司5家企业为副理事长单位，黄冈市中小企业服务中心为秘书长单位。

（李兴芳　陈珂）

【湖北安一辰光电科技有限公司】2022年，湖北安一辰光电科技有限公司完成产值7000万元，获评省级两化融合试点示范企业。3月28日，公司东莞铭普光磁黄冈生产基地项目开工仪式在黄冈产业园举行，项目投资约6亿元，用地约6.67公顷，建设厂房、科研楼、仓库及宿舍楼、办公楼等生活配套设施约13万平方米。至年底，完成一期结构主体封顶。该公司于2017年3月在黄冈市高新技术产业园成立，是一家致力于研发、生产、销售、服务为一体的光通信公司，为光通信光电二极管领域头部供应商，拥有国家实用新型专利权11项。

（许煜　方洋　高雅　付方志）

高端装备制造业

【概况】2022年，黄冈市有高端装备制造业规模以上工业企业196家，完成产值169亿元，占规模以上工业总产值7.8%，户均产值0.9亿元，其中：机器人与系统集成企业13家，产值7.85亿元；船舶装备企业9家，产值3.51亿元；窑炉设备企业5家，产值6.28亿元；基础零部件企业52家，产值47.18亿元；汽车零部件企业49家，产值70.73亿元；其他专用装备企业68家，产值33.42亿元。

【高端装备制造业产业集群发展】2022年，黄冈市机器人及系统集成规模以上企业新投产1家，累计13家，其中，上游核心基础零部件企业4家，中游机器人本体企业2家，下游系统集成与应用企业7家（2家重复）。上游企业科峰传动拥有高端减速机核心技术且具备一定产业规模，中游企业无产品投放市场，下游企业中韩泰智能、中科智能、华轩自动化、小驴机器人等企业具备一定系统集成能力。全市有省级船舶修造资质企业9家，企业个数位列全省第二位；年建造能力260万载重吨、年修理能力170万载重吨，船舶建造能力位列全省第三位。黄冈是“中国窑炉之乡”，

2022年9月21日，武汉黄冈光电子信息产业供需对接大会在武汉召开，黄冈安一辰光电科技有限公司作为企业代表作交流发言　（市经信局 供图）

建有省级黄冈华夏窑炉产业集群，聚集企业100余家，主要制造隧道窑、辊道窑、梭式窑、砖陶窑、冶金窑等产品。

【高端装备制造企业智能化转型升级】2022年，黄冈市支持汽车板簧、半轴、凸轮轴、制动阀等拳头产品企业走专精特新发展之路；支持英创汇智等新能源汽车零部件生产企业发展壮大；依托林立正极材料、中蓝宏源和宏源药业六氟磷酸锂和电解液、比西迪负极材料、力神电池，补齐磷酸铁锂电池细分产业链；支持黄冈水装膜电极、双极板、电堆产业化发展，进一步完善燃料电池汽车产业链；支持本地整车企业与国内外优势企业合作，实现与“中国车谷”产业同链。依托黄冈产业园建设机器人专业园区，支持科峰传动做大做强高精密减速机，延伸拓展机器人模组等领域；与东湖高新区加强合作，引进高性能伺服电机、控制器等零部件制造企业，打造机器人关键零部件产业新优势；发展服务型制造，做大做强机器人系统集成。科峰传动的超低侧隙行星减速机、谐波减速机广泛应用于智能工业机器人和自动化机械设备制造，在减速机领域创造多个“中国第一”；中科智能钢结构智能涂装线和高速重袋自动包装线填补该领域国内空白；韩泰智能拥有各类专利43项，其阳极氧化设备引领国内行业发展，占据市场份额90%以上。依托黄州区、武穴市两个区域，推动绿色智能船舶产业发展试点示范建设，加快推动武穴新能源智能船舶产业园建设，支持华海船舶、江润造船等重点船舶企业技改升级。华海船舶与中船重工第七〇二研究所合作，研发EEDI国际标准的新型节能低碳船型；马勒三环公司的重点关键设备和7条空心气门生产线居世界先进水平。做强水泥回转窑、玻璃池窑、钢铁高炉和转炉、燃烧设备、通风设备、输送设备等优势窑炉产品，鼓励发展锂电窑炉新产品，提升智能化绿色化发展水平。

（许煜　方洋　高雅　付方志）

【湖北强大包装（伟立控股）上市】2022年6月30日，湖北强大包装实业有限公司（伟立控股）登陆香港联合交易所主板。强大包装成立于2011年，注册地为黄冈市红安县，是一家集研发生产于一体的中高端卷烟包装纸制造企业，为国家烟草专卖局“双十五烟草品牌”主要供应商之一。

2022年4月18日，湖北科峰智能传动股份有限公司技术人员测试研发的智能剥虾机　（湖北科峰智能传动股份有限公司　供图）

【高端装备制造产业专场线上揭榜赛】2022年11月12日，由科技部指导，科技部火炬中心、湖北省科技厅、黄冈市人民政府主办，黄冈高新区管委会、黄冈市科技局承办，湖北省中科产业技术研究院协办的“第七届中国创新挑战赛（湖北·黄冈）高端装备制造产业专场线上揭榜赛”举办。9支参赛队伍开展线上揭榜比拼，通过企业介绍技术需求情况和要求、挑战方汇报技术解决方案、专家组质询等环节，武汉理工大学团队、黄冈师范学院团队、湖北省中科产业技术研究院团队获小组优胜奖。收集相关技术需求84项，征集解决方案15项，形成意向合同10余项，签订技术合同7项。

【黄冈凯伦新材料有限公司入选国家级优秀场景】2022年12月19日，工信部、国家发展和改革委员会、财政部、国家市场监督管理总局联合公布2022年度智能制造示范工厂揭榜单位和优秀场景名单，黄冈凯伦新材料有限公司智能仓储、智能协同作业、设备故障诊断与预测3个典型场景入选国家级优秀场景。该公司是凯伦股份在华中地区重要生产基地，主要从事防水卷材、防水涂料及轨道交通新材料的研发、生产与销售。

（严静）

【湖北科峰智能传动股份有限公司】2022年，湖北科峰智能传动股份有限公司完成产值4.54亿元，比上年增长17.79%，上缴税费近3000万元，招收技术、技能人才、应届毕业生等近200人。该公司成立于2010年12月，是一家集设计、研发、生产、销售和服务为一体的伺服用行星减速机、工程机械用行星减速机、谐波减速机、机电一体化产品的高新技术企业。与华中科技大学、武汉理工大学等高校合作，承担省科技厅“机器人用高精度高寿命谐波减速机研发及产业化”等多项科研项目。公司的超高精度行星减速器实现进口产品替代，打破国外垄断；非开挖顶管机用行星减速机国内市场占有率第一；研制的智能剥虾机达到同等技术国际领先水平，获黄冈市首次“重大技术创新成果”奖，获奖励资金100万元。

（许煜　方洋　高雅　付方志）

新能源汽车产业

【概况】2022年，黄冈市新能源汽车产值8.9亿元，比上年下降18.2%。至年底，全市有新能源汽车整车制造企业1家，在建项目5个，主要产品包括乘用车、专用车和商用车。年内，交付车辆6709辆。

【新能源汽车产业链建设】至2022年底，黄冈市出台《黄冈市推进氢能产业发展实施意见》《黄冈市氢能产业发展规划(2021—2030)》，促进新能源汽车产业发展。以麻城市、浠水县等为主体的大别山汽车配件产业集群，集聚汽车零部件生产企业116家，占全市85%，被列入全省重点产业集群行列。武穴市、英山县、蕲春县、黄梅县等汽车及零部件产业不断发展。全市形成以整车生产为核心、上中下游配套衔接的产业链条，汽配件加工产业拥有7个类别、400余个品种、10余个知名品牌。黄冈市与东汽、一汽、上汽、神龙等整车生产企业建立稳定供货关系，上、下游配套分别为62.5%、78.3%。麻城市承接温州市和上海市汽配产业转移，打造100公顷温州汽配产业园和66.67公顷上海汽车零部件产业园。年内，市经济和信息化局组织召开黄冈市新能源和智能网联汽车产业链座谈会，征求省机械行业联合会、省汽车产业技术创新联盟领导和专家意见建议。启动新能源网联汽车等产业链招商分局。至年底，星晖新能源智能汽车、格罗夫氢能汽车等项目相继落户。其中，格罗夫氢能汽车拟建设氢能汽车整车、氢能电池、制氢基地等，申报专利1340项(其中发明专利550项)。

【新能源电池产业发展】2022年，黄冈市新能源电池产业链相关企业的优势产品包括：云翔聚能的正极材料、黄冈林立的磷酸铁、宏源药业的电解质、中蓝宏源的六氟磷酸锂、金马塑业的铝塑膜、红安力神的电池、武穴久安化工的添加剂。祥云化工磷矿资源储量2亿吨，年可产湿法磷酸200万吨、农业级磷酸铵150万吨；“十四五”规划净化磷酸40万吨、工业级磷铵20万吨、氟化氢3万吨、碳酸酯20万吨，可提供磷酸铁锂正极材料和电解液需要的净化磷酸、工业磷铵、无水氟化氢等上游原材料。宏源药业与武汉大学合作的“用流变相反应法生产六氟磷酸锂”技术被湖北省科技厅鉴定为科学技术成果，宏源药业拥有该专利独家使用权。

(许煜 方洋 高雅 付方志)

表32　2022年黄冈市新能源汽车产业细分方向、重点企业、项目和区域一览表

细分方向	重点企业、项目和区域	
整车制造	重点企业	湖北星晖新能源汽车有限公司、格罗夫智能汽车有限公司、湖北龙申电动汽车有限公司
	重大项目	黄冈格罗夫氢能汽车制造基地项目；湖北星晖新能源智能汽车项目；梦柯电动汽车制造；武穴市新能源车产业园项目；麻城市年产5万辆新能源纯电动重型卡车项目、多功能N2、N3类电动物流车项目
	重点区域	黄州区、武穴市、麻城市

(资料来源：市经信局)

表33　2022年黄冈市电池产业链企业一览表

环节	主要产品	重点企业
电池	三元电池模组	红安力神
正极材料	磷酸铁、净化磷酸	云翔聚能、黄冈林立、祥云化工
负极材料	—	—
电解液	六氟磷酸锂、氟代碳酸乙烯酯	中蓝宏源、久安化工
隔膜	—	—
其他	铝塑膜	金马塑业

(资料来源：市经信局)

【湖北星晖新能源智能汽车有限公司】2022年，湖北星晖新能源智能汽车有限公司完成产值8.9亿元，交付车辆6709辆。该公司于2017年3月落户黄冈产业园，占地69.87公顷，建有冲压、车身、涂装、总装、动力电池系统车间及公用动力站房、办公楼、自动驾驶示范区等设施。公司由威马汽车投资建设，具备生产智能新能源汽车整车能力。生产上市EX5、EX6、W6、E5车型4种，其中，EX6PLUS、W6两款车型在黄冈生产。

(严静)

新能源产业

【概况】2022年，黄冈市制定《黄冈市能源发展“十四五”规划》，启动编制《黄冈市建设新能源示范城市实施方案》《黄冈市新能源布局规划》。至年底，全市能源装机779万千瓦，比上年增长12.5%，其中新能源装机362.64万千瓦，比上年增长23%，占全部发电装机容量的46.9%，新能源装机规模位列全省第一位。全市“风光水”发电量47.8亿千瓦时，比上年增长43.5%。其中，光伏发电29.53亿千瓦时，风力发电14.81亿千瓦时，分别比上年增长60.5%、45.76%，水电发电3.46亿千瓦时、下降27.34%，相当于节约143万吨标煤，减少碳排放400万吨。

【新能源项目建设】2022年，黄冈市在建能源重点项目33个，总装机603.6万千瓦，总投资430.7亿元，完成投资124亿元，比上年增长101%，占全市投资7.1%，占全省能源投资25.8%。在建百亿元能源项目2个，在建、拟开工过50亿元项目5个，大型电源、抽水蓄能等项目建设规模均处于全市历史最高水平。全市纳入国家《抽水蓄能中长期规划(2021—2035年)》项目8个，总规模620.3万千瓦，核准开工3个，装机规模309.8万千瓦，核准个数和规模分别占全省30%、24%，其中：罗田平坦原抽水蓄能电站项目是全省“十一五”以来首个核准开工的抽水蓄能项目，已完成投资10亿元；黄梅紫云山和团风魏家冲抽水蓄能电站项目，分别历时6个月、3个月完成前期工作，获省能源局核准，启动配套工程建设。全年全市新增竞争性新能源指标83.5万千瓦。

【新能源产业招商】2022年，黄冈市签约新能源产业亿元以上项目41个（目标任务25个），招商合同投资额620.38亿元（目标任务100亿元），签约个数和协议投资额完成率分别为164%、620.38%。签约项目开工20个，总投资410.85亿元。

（黄英鸽）

【罗田平坦原抽水蓄能电站开工】2022年2月14日，罗田平坦原抽水蓄能电站开工建设，为湖北省自“十一五”以来首个获得核准的抽水蓄能项目。该项目投资额110亿元，装机容量1400兆瓦，设计年发电量14.7亿千瓦时，年抽水电量19.6亿千瓦时，创税收2亿元。该电站枢纽工程主要由上、下水库和输水发电系统等组成。

（黄　鹏）

【武穴风光储一体化基地一期开工】2022年3月，湖北华电武穴风光储一体化基地一期400兆瓦光伏发电项目在武穴市石佛寺镇开工。总投资约20.5亿元，占地面积546.67公顷。年内，主体工程升压站并网，成为华电集团在湖北区域首个并网的新能源大基地项目。

（耿文辉）

【麻城百万千瓦新能源基地一期投产】2022年6月30日，麻城多能互补百万千瓦新能源基地一期400兆瓦（举水光伏）电站并网发电。该项目位于中馆驿镇、铁门岗乡、白果镇等区域，投资额71.6亿元，装机量1300兆瓦，占地面积约1866.67公顷，按照“三产融合”模式规划设计，年发电量19.8亿千瓦时，实现产值8.3亿元，创税收1.5亿元。

（肖　杰）

【大唐龙感湖储能电站项目开工】2022年6月30日，龙感湖管理区举行大唐龙感湖100兆瓦/200兆瓦时集中（共享）式储能电站示范项目开工仪式。该项目是龙感湖管理区首个规模化、锂离子电池储能电站。该项目投资额4.1亿元，规划占地约2.67公顷，是龙感湖管理区与大唐湖北能源开发有限公司继在一期、二期风电能源合作后，开启的第三个能源合作项目。

（王　汉）

【团风魏家冲抽水蓄能电站开工】2022年10月10日，团风县杜皮乡魏家冲抽水蓄能电站项目开工建设。该电站是湖北省能源发展“十四五”规划重点项目，拟装机容量30万千瓦。项目枢纽工程由上、下水库输水发电系统和半地下厂房等建筑物组成。项目工程动态投资约25亿元，固定资产投资27亿元。

（赵林武　肖　超）

【黄梅紫云山抽水蓄能电站开工】2022年11月4日，黄梅紫云山抽水蓄能项目开工建设。该项目投资额105.8亿元，是国家抽水蓄能中长期发展规划“十四五”重点项目，位于黄梅县苦竹乡和五祖镇境内。电站总装机容量1400兆瓦，装机4台，单机容量350兆瓦，单位千瓦静态投资4821元，预计年创利税1.5亿元。工程属一等大（1）型工程，主要永久建筑物按1级建筑物设计，枢纽主要包括上水库、下水库、输水系统、地下厂房系统、地面开关站等。

（严　静）

【湖北白莲河抽水蓄能有限公司】2022年，湖北白莲河抽水蓄能有限公司发电量11.24亿千瓦时，抽水电量14.02亿千瓦时，发电等效利用小时数936.63，抽水等效利用小时数1168.18，完成技改投资额2361.31万元、大修投资额2794.35万元。该公司有30万千瓦可逆式抽水蓄能机组4台，总装机容量120万千瓦，总投资35.33亿元。

（冯钢声）

节能环保产业

【概况】2022年，黄冈市印发《黄冈市2022年生态市建设工作实施方案》，节能环保产业及其产业链建设列入重点工作任务。全市节能环保领域投资额20.8亿元，有废弃资源综合利用规上企业24家，亿元以上企业9家，实现产值121亿元；有垃圾焚烧发电处理项目6个，其中在建2个，建成4个，日处理能力近4000吨。全市生活垃圾焚烧占比超70%。

【再生资源回收体系】2022年，黄冈市建成乡镇再生资源分拣中心56个，村再生资源回收点502个。黄梅县引进北京天溪财富投资管理有限公司入股成立湖北新成环保科技有限公司，落实项目建设用地6.67公顷，建成县域再生资源集并中心。红安县、罗田县、英山县等地争取再生资源回收体系建设项目财政扶持资金近1500万元，红安县供销社利用再生资源回收体系建设项目扶持资金，改造乡镇基层社老旧危房，建成再生资源乡镇分拣中心19个、村级回收点123个。罗田县建成乡镇级再生资源分拣中心11个，每个分拣中心配备经营场地0.2~0.33公顷、公益性岗位1个，补助12万元；建成村级再生资源回收点316个，每个补助5000元。罗田县“户分类、组保洁、村收集、镇转运、县处理”生活垃圾处理体系基本建立，全年回收废旧物资2万余吨，实现垃圾减量近30%，减少财政支出600万元，居民增收4000万余元。罗田县供销社推进再生资源和垃圾分类“两网融合”做法，在全市推广，被省住房和城乡建设厅总结为“罗田模式”。

【回收拆解资质认证企业运行】2022年3月22日，黄冈市首家报废机动车回收拆解资质认证企业——麻城市华祥再生资源循环利用有限公司运行。该公司位于麻城市鼓楼街道小河头返乡创业园，占地1.67公顷，2021年11月通过项目验收，是新标准实施后湖北第三家、黄冈市第一家通过报废机动车回收拆解资质认证企业。拥有先进报废机动车拆解设备和汽车拆解技术，填补黄冈市报废机动车拆解行业空白。该公司年拆解能力1万台，2022年回收拆解报废车6500余台，其中，汽车2000台，二轮三轮电动车、摩托车4500台。2022年6月，该公司获新能源汽车回收拆解资质。

【节能环保排水路面材料项目】2022年5

月26日，湖北皖胜节能环保排水路面材料项目在麻城市歧亭镇大胜山工业园开工。该项目总投资1.2亿元，占地面积4公顷，年产综合节能新型环保排水路面材料40万吨，产值2亿元，创税1000万元。

【生活垃圾焚烧发电项目推进会】2022年8月11日，全省生活垃圾焚烧发电项目推进会在黄冈市召开。会议通报全省生活垃圾焚烧处理情况，黄冈市作交流发言，有关市（州）县（市）作表态发言。黄冈市建成武穴市水泥窑协同处理、红安县绿色动力、麻城市中电官塘、黄冈市区生活垃圾焚烧发电项目4个，在建黄梅县环保能源发电项目、罗田英山联合生活垃圾焚烧发电项目2个。该项工作位列中部8省小城市第24名，排名较上年上升13名。

【市区生活垃圾焚烧发电项目】2022年8月19日，中能建筑集团PC总承包建设的黄冈市区生活垃圾焚烧发电项目“两炉一机”通过72+24小时满负荷试运行，移交投产，戚家岭垃圾填埋场同步关停。黄冈市区垃圾发电项目是国家推行的城乡公共服务基础项目，采用国际领先的炉排式垃圾焚烧发电技术，建有日处理量600吨机械炉排生活垃圾焚烧炉2台、25兆瓦汽轮发电机组1台，日焚烧处理垃圾1200吨，年发电量1.8亿千瓦时。该项目总投资6.44亿元，位于黄州区火车站化工园区，占地面积6.71公顷，由黄冈中电山水环保发电有限公司运营。

【湖北兴业钢铁炉料有限责任公司】2022年，湖北兴业钢铁炉料有限责任公司及子公司湖北融达完成产值16.89亿元。该公司成立于1993年5月，主要从事废旧钢铁收购、加工和配送，报废汽车回收和拆解，再生塑料采购、精加工、销售及高值化应用研发等业务。在麻城火车站旁，自建6.5千米3条专用铁路线与京九线接轨，有专用加工、仓储场地近200公顷，专用加工、运输设备近80台（套），年加工、配送能力50万吨。10月12日，公司与麻城经济开发区举行战略合作签约仪式，双方在再生资源综合利用领域进一步开展合作，麻城市委、市政府出台专项支持政策，推动该项目签约落地。

（邓圣勇 席想楼 何 思）

绿色建材产业

【概况】2022年，黄冈市有绿色建材企业510家，完成产值654.4亿元，比上年增长8.3%，其中：石材企业152家，完成产值242亿元；水泥及制品企业118家，完成产值115亿元；砂石骨料企业32家，完成产值55亿元；钢结构企业31家，完成产值71亿元；陶瓷企业19家，完成产值38亿元；新型建材企业21家，完成产值20亿元。

（许 煜）

2022年8月19日，黄冈市区生活垃圾焚烧发电项目“两炉一机”通过72+24小时满负荷试运行，移交投产

（市城管执法委 供图）

【绿色建材产业集群发展】2022年，黄冈市制定《关于促进绿色建材产业发展的若干措施》，编制绿色建材产业链三年行动方案，发展麻城石材，武穴新型建材，团风装配式建筑，黄州、红安智能家居，浠水、蕲春陶瓷，红安、黄梅新型墙材等产业集群。麻城石材、团风钢结构入选湖北省重点成长型产业集群，千川门窗入选省级智能制造试点示范企业。10月，黄冈市入选财政部、住建部、工信部和国家市场监督管理总局确定的政府采购支持绿色建材促进建筑品质提升政策实施范围城市。

【绿色建材产业招商】2022年，黄冈市建立绿色建材招商引资目标链主企业库，组织开展绿色建材项目集中签约仪式、招商引资推介会等活动，到福建、浙江、北京、南京等地招商，补齐产业短板。年内，完成绿色建材产业链招商项目75个，完成协议投资额345.49亿元，麻城市、团风县、黄梅县签约投资额均超过20亿元。

（曾昱凯）

【绿色建材产业链工作推进】2022年，黄冈市制定《黄冈市2022年绿色建材产业链工作推进方案》，布局六大产业集群，促进产业链集群式发展。构建链长总牵头、牵头部门抓统筹、链长单位抓落实、成员单位协调联动的分级运行机制，整体推进绿色建材产业链工作。把绿色建材招商引资作为产业链发展的“一号工程”，组织开展绿色建材项目集中签约仪式、招商引资推介会、项目洽谈会等活动，引进宁丰板材、航鑫鸿建材、潮流钢结构等绿色石材、智能家居配套、新型建材等强链延链企业。

（李必义 吴展贤）

【麻城市华林公司获“绿色建材”证书】2022年1月20日，麻城市华林商砼建材有限公司获得由中国建筑科学研究院颁发的二星级绿色建材产品认证证书，麻城市预拌混凝土行业绿色建材产品认证实现零的突破。

【武穴市磷石膏无害化项目开工】2022年11月15日，年产100万吨磷石膏无害化及绿色建材项目在武穴市田家镇工业园区开工建设，该项目总投资1.5亿元，占地面积6公顷，是黄冈市首个磷石膏无害化处理利用项目。

（文建华　朱雪曼）

【石鼓冲绿色建材基地项目启动】2022年12月28日，蕲春县石鼓冲绿色建材基地项目启动仪式在狮子镇举行。蕲春县石鼓冲绿色建材基地项目依托刘河镇石鼓冲矿区建筑用片麻岩、花岗岩矿，按照“一次规划、一次实施”原则，建设集开采、运输、加工和销售于一体的绿色建材基地。该项目主要由矿山开采工程、砂石工厂工程、长胶廊道工程、码头及陆域堆场工程4个部分组成，总投资140亿元，生产运营期20年。

（范文强　陈　祥　余　航）

【团风“钢构品牌”打造】2022年，团风县实施“一企一策”品牌培育，开展一对一跟踪服务，搭建梯次培育体系，推动企业强强联合，培育百亿级别重点企业，提高钢结构行业综合竞争力，打造低碳、绿色、环保、可持续发展的“团风钢构”品牌，持续放大品牌效益。年内，团风县有钢构产业及上下游配套企业42家，实现销售收入150.9亿元。

（罗保军）

【湖北鸿路钢结构有限公司】2022年，湖北鸿路钢结构有限公司完成销售收入60.88亿元，实现工业产值37.69亿元，缴纳税费1.52亿元，提供就业岗位近3500个。该公司成立于2007年7月，位于湖北省黄冈市团风县经济开发区，是鸿路集团（股票代码：002541）全资子公司，注册资本金4.66亿元，占地面积106.67公顷，建有标准厂房50万平方米，年产各类钢结构60万吨、板材300万平方米。年内，公司有钢构产品加工技术国家实用新型专利61项、发明专利1项；获省科学技术厅、省财政厅、国家税务总局湖北省税务局联合颁发《高新技术企业证书》。5月20日，团风县市场监督管理局到公司指导申报湖北省第九届长江质量奖工作。至2022年底，公司通过质量体系、环境管理体系、职业健康体系等多种认证，具备钢结构制造特级资质、钢结构专业承包一级资质，先后获国家高新技术企业、湖北省制造业单项冠军示范企业等称号，是华中地区钢结构产业龙头示范企业。

（吴展贤　熊诗硕）

【湖北省华建石材股份有限公司】2022年，湖北省华建石材股份有限公司完成营业总收入3.74亿元，净利润7924万元。该公司成立于2010年，是一家集设计研发、开采生产、工业尾料循环再利用、销售服务的花岗岩全产业链龙头企业。公司在全国首创石材矿山无间隙开采技术，拥有国内石材行业第一台5G智能石材大切机，成为行业内首个5G应用实战案例。年内，公司有石材产品生产加工技术国家实用新型专利16项、发明专利7项，获国家级高新技术企业、湖北省支柱产业细分领域隐形冠军科技小巨人，入选湖北省制造业单项冠军企业（产品）名单。

（吴展贤　徐传祖）

智能家居产业

【概况】2022年，黄冈市有规模以上智能家居产业企业54家，完成产值79.1亿元。主要分布于黄州区、红安县、麻城市、浠水县等地，代表企业有索菲亚家居和顾家家居。年内，投资10亿元的宁丰板材项目开工建设。

（吴展贤）

【智能家居产业链建设】2022年，黄冈市智能家居产业完成黄冈高新区、红安融园家具城布局，重点招引涵盖设计、高端制造、商贸会展、物流集散的综合性智能家居企业，引进现代物流企业，形成研发设计和成果转化能力强、产业配套服务水平高、技术人才储备雄厚等具有较大国内影响力的智能家居产业集成园区。红安县有家居及配套企业155家，其中，上游企业33家、中游家居制造企业99家、下游及配套类企业23家。浠水县家居产业园入驻家居建材产业品牌30个，实现对黄石市、黄冈市、鄂州市3地建材家居产业覆盖。麻城市红星美凯龙项目，总投资5.43亿元，建设集建材市场、商场、仓储、物流为一体的建材经营场地。

（严　静）

【宁丰板材项目开工建设】2022年5月16日，宁丰集团年产50万立方米超强刨花板新材料项目，在红安县新型产业园开工建设。该项目总投资10亿元，占地约23.33公顷，于3月26日与红安县签约。该项目采用先进工艺生产超强刨花板，是红安县家居主导产业上游配套项目。

（韩　振　江　垒　毛红平）

【智能家电产业集聚区建设】2022年6月，黄冈市家电产业集聚区一、二期项目建成。该项目于2021年9月28日动工，投资20.5亿元。设计年产空调300万台（套）、洗衣机150万台（套）和其他智能小家电。2020年9月，黄冈高新区管委会与柳州津晶电器有限公司签订协议，建设黄冈智能家电产业集聚区，总投资35亿元，集智能家电产品研发、制造、供应链、产业规划于一体，分三期实施。

（陈　华）

【索菲亚家居湖北有限公司】2022年，索菲亚家居湖北有限公司完成营业收入22亿元，实现产值18亿元，利税1.14亿元，投入研发资金7200万元，提供就业岗位2058个。该公司是索菲亚家居集团全资子公司，于2014年落户黄冈高新技术产业开发区，占地面积33.33公顷，建有自主知识产权工业4.0智能制造车间，拥有专利80余项。

【顾家家居黄冈有限公司】2022年，顾家家居黄冈有限公司完成营业收入9.12亿元。该公司占地面积2.16万公顷，在岗职工1800人。顾家家居华中（黄冈）基地年产60万标准套软体及400万方定制家居产品项目位于黄冈产业园，是主要建设软体家具、定制家具的生产基地。项目总投资25亿元，一期用地约33.33公顷，二期用地约20公顷。其中，一期完成投资12亿元。建成生产区1#、2#、3#、4#4栋厂房44万平方米。10月，顾家家居国内首个全智能立体库项目建成投入使用，生活区1#食堂和1#、2#、3#、4#、5#5栋宿舍建成，全部宿舍可容纳近5000人。

（许　煜）

纺织服装业

【概况】2022年，黄冈市持续推动全市纺织服装产业集群化、高端化发展，逐步形成以棉花加工、纺纱、织布、成衣为主较为完整的纺织服装业产业链。全市纺织服装规模以上企业169家，完成产值210亿元，比上年增长11.34%，占全市规模以上工业总产值9.68%。

【纺织服装产业集群发展】 2022年，黄冈市纺织服装业以黄梅县和龙感湖管理区为核心，为全省重点性"鄂东纺织服装产业集群"。集群以百丝祥纺织、宇星水钻、霞客色纺、卓尔雪龙纺织等骨干企业为支撑，形成具备高端气流纺、新型环锭纺等纺纱设备160万锭，织布6.8亿米，服装6000万件产能。黄梅县大胜关山工业园纺织服装产业园被授予"第三批全国纺织产业转移示范区""中国长丝织造产业基地"称号。龙感湖纺织产业园建成面积10平方千米，入驻织造企业36家。黄州区、团风县、浠水县依托稳健医疗、洛曼劳仕、蓝帆医疗等龙头企业发展水刺非织造材料、急救、医用纱布等产业。蕲春县依托赛尚服饰融合3D打印技术，实现西装个性化定制智能化生产。

【纺织服装品牌建设】 2022年，黄冈市纺织服装自主品牌获省级以上品牌14个。其中，卓尔雪龙纺织公司生产的"雪龙牌"棉纱被评为湖北省著名商标。美春服饰公司的"STOR CEZON斯多塞尚"品牌被评为中国驰名商标、湖北国际知名品牌、湖北出口名牌、湖北省名牌产品。"梦丝家"绿色家纺产品被评为中国名牌产品，卓尔"蝴蝶鱼"棉纱、怡莲阳光"怡莲"蚕丝被等5个产品被评为省级名牌产品。"百鑫"牌精梳涤棉纱被评为省级名牌产品，"二度梅""恋彩依"被评为省级著名商标。

【湖北宇星水钻饰品有限公司】 2022年，湖北宇星水钻饰品有限公司完成产值6.4亿元，缴纳税费4000多万元，该公司于2011年落户黄梅大胜关山工业园，占地面积19.33公顷，建有办公楼、宿舍、后勤大楼、厂房19万平方米，有员工800余人，是致力于水钻及配件研发、生产、销售于一体的高新技术企业，是水钻行业领军企业，细分行业的隐形冠军和行业标准制定者。年内，公司有水钻生产加工技术领域国家实用新型专利9项、发明专利6项、外观专利3项。成立黄冈市企校联合创新中心，投资1.5亿元，完成工厂高效节能自动化磨钻设备生产线改造、新增第三代全自动水钻磨抛生产线；建立能源监测平台，实现能源情况实时分析；启动人工培育钻石项目并掌握核心技术。建设工业物联网+，打造宇星智能控制平台，逐步实现信息采集智能化、设备运行智能化、信息控制集成化的"三化"智能管理。由宇星智能控制平台搭建集成设备运行、物料库存、销售订单的协作平台，实现客户一键下单，原材料采购适配生产，机器自动调整安排生产，货运发货的全智能化工业4.0平台。截至2022年底，公司获省级专精特新"小巨人"、省级智能制造企业、省级绿色工厂、湖北省上市后备"金种子"企业、湖北省名牌产品称号，并通过质量管理体系、能源管理体系、环境管理体系及职业健康安全管理体系认证。

（许煜 方洋 高雅 付方志）

精细化工产业

【概况】 2022年，黄冈市有化工行业规模以上企业77家，完成产值176.6亿元。全市精细化工产业链依托武穴田镇化工园、黄州火车站化工园、罗田经济开发区化工集中区3个化工园区，形成以武穴市磷化工、核黄素，黄州区电子化学品，罗田县六氟磷酸锂等为特色的产业聚集形态。全市10亿元以上化工企业4家，分别是祥云化工、中船贵金属、宏源药业、中蓝宏源；亿元以上企业31家。

表34 2022年黄冈市精细化工企业一览表

序号	所在行业	企业名称	主营产品
1	化学原料药	湖北省宏源药业科技股份有限公司	甲硝唑、乙二醛
2		湖北广济药业股份有限公司	维生素B2
3		湖北亿诺瑞生物制药有限公司	肝素钠
4		湖北迅达药业股份有限公司	酮洛芬
5		湖北省金谷药业有限公司	兽药消毒剂
6		湖北龙翔药业科技股份有限公司	兽药氟苯尼考
7		湖北楚维药业有限公司	医药原料药
8		湖北中牧安达药业有限公司	兽药氟苯尼考
9		黄冈银河阿迪药业有限公司	甲硝唑
10		湖北凤凰白云山药业有限公司	复方氢溴酸右美沙芬糖浆
11		湖北新诺维化工有限公司	鸟嘌呤、三氨物
12		湖北美天生物科技股份有限公司	兽药氟苯尼考
13		黄冈鲁班药业股份有限公司	奥美沙坦中间体
14		罗田县新普生药业有限公司	褪黑素
15		罗田广惠化工有限责任公司	乙醛酸、乙二醛
16		湖北福尔嘉医药化工有限公司	医药原料
17		湖北宏中药业股份有限公司	抗肿瘤和动物原料药

续表

序号	所在行业	企业名称	主营产品
18	化学原料药	湖北安联药业有限公司	医药成品药
19		湖北江田精密化学股份有限公司	医药中间体
20		湖北五瑞生物科技股份有限公司	肝素钠
21		武汉田田药业有限公司	合剂、栓剂
22		黄冈威尔曼生物科技有限责任公司	L-缬氨酸
23		黄冈市恒兴源化工股份有限公司	医药化工产品
24	电子化学品	中船重工黄冈贵金属有限公司	超细银粉
25	农资产品	湖北祥云(集团)化工股份有限公司	磷酸一铵
26		湖北卡罗利肥业有限公司	高浓度复混肥料
27		湖北富之源生物科技有限公司	生物肥料
28		湖北丰益肥业有限公司	复混肥
29		大广生物科技(湖北)股份有限公司	有机肥料
30		湖北冠军生物科技股份有限公司	有机肥
31		湖北丰杯生物科技有限公司	农药中间体
32		武穴市旭日化工有限责任公司	农药中间体
33		湖北进创博生物科技有限公司	农药中间体
34	有机酸醛酯	黄冈市楚雄化工股份有限公司	甲醛
35		湖北天盟化工有限责任公司	苯2酸2脂
36		武汉亿科德精细化工有限公司	二乙二醇二苯甲政酯
37		湖北乾佳化工有限公司	苯甲醛
38		湖北微控生物科技有限公司	戊二醛
39		武汉格源精细化学有限公司	女贞醛
40		湖北光祥化工科技有限公司	甲基磺酸
41	纺织染料	湖北鸿鑫化工有限公司	荧光增白剂
42		武穴奥得赛化学有限公司	荧光增白剂
43		湖北武穴银莹化工有限公司	荧光增白剂
44		湖北海汇化工科技有限公司	荧光增白剂
45	工业颜料	湖北珍正峰新材料有限公司	环氧树脂(水性油墨)
46		黄冈华亿新材料有限公司	油墨、颜料
47		武汉山羽新材料科技有限公司	工业颜料
48		湖北昱泓高新材料科技有限公司	涂料
49		湖北爱谱森新材料有限责任公司	涂料、油墨、颜料
50	混凝土添加剂	黄冈苏博新型建材有限公司	混凝土外加剂
51		湖北西建新材料科技有限公司	混凝土外加剂
52		中交二航武汉港湾新材料有限公司	混凝土用外加剂

续表

序号	所在行业	企业名称	主营产品
53	日化产品	圣菲之美(湖北)生物科技有限公司	化妆品
54		湖北美凯化工有限公司	紫外线吸收剂二苯甲酮
55		黄冈美丰化工科技有限公司	奥克立林
56		黄冈永安药业有限公司	羟乙基磺酸钠(洗涤用品)
57		黄冈永安日用化工有限公司	羟乙基磺酸钠(洗涤用品)
58	其他	黄冈融锦化工股份有限公司	食品添加剂
59		武穴坤悦生物科技有限公司	香精香料及食品添加剂
60		湖北正荣树脂有限公司	树脂
61		武汉瑞阳化工有限公司	1-氟萘
62		黄冈市强龙化工新材料有限公司	三官能团氮丙环交联剂、聚乙烯亚胺
63		湖北硅元新材料科技有限公司	有机硅
64		湖北中蓝宏源新能源材料有限公司	六氟磷酸锂
65		武汉青江化工黄冈有限公司	无机酸
66		湖北荟煌科技股份有限公司	催化剂
67		麻城凯龙科技化工有限公司	制造业炸药及火工产品
68		麻城市通达阻尼材料股份有限公司	轮船甲板阻尼材料
69		湖北省哈福生物化学有限公司	清洗液
70		湖北浠水蓝天联合气体有限公司	医用氧、液氮、液氩
71		湖北力泰环保科技有限公司	融雪剂
72		罗田县永飞化工有限公司	芦荟大黄素、醋酸盐
73		湖北金勋材料科技有限公司	塑料颗粒
74		湖北煜韩环境科技有限公司	消毒液
75		湖北大西洋焊接材料有限公司	埋弧焊接材料
76		湖北远见高新材料有限公司	纺织复合材料
77		湖北祥云(集团)化工股份有限公司	磷酸铵、硫酸、磷酸

(资料来源:市经信局)

【优势化工产品生产】2022年,黄冈市有原料药企业隐形冠军示范企业2家,国家级专精特新"小巨人"企业3家,其中:宏源药业乙二醛、乙醛酸、甲硝唑、鸟嘌呤,广济药业核黄素,楚维药业左旋肉碱等产品全球市场占有率第一;迅达药业酮洛芬、磷霉素系列消炎镇痛类原料药亚洲市场占有率第一;鲁班药业奥美沙坦中间体国内市场占有率第一;银河阿迪药业甲硝唑,产量位列世界第二位,拥有自营进出口权。

(许煜　方洋　高雅　付方志)

【精细化工产业链招商推介会】2022年6月28日,黄冈市精细化工产业链招商推介暨6月份招商引资集中签约活动在武穴市举行。现场签约亿元以上项目16个,协议投资额251.5亿元。武穴市签约10亿元以上项目3个,其中生态新材料产业园项目内投资额107.2亿元。

【祥云(集团)成为黄冈首家百亿工业企业】2022年,湖北祥云(集团)化工股份有限公司实现产值107.86亿元,是黄冈市首家实现百亿产值的工业企业。祥云股份始建于1970年,前身为广济县化肥厂。经过近20年发展,祥云股份成为集化肥、化工、矿产、商贸为一身的大型化工企业,磷酸一铵产品连续多年位列全国产销量和出口量第一位。拥有控股子公司10家,参股子公司4家,产品畅销国内外市场,连续多年获中国化工企业500强、中国化肥企业100强。

【宏源药业氟产品项目建设】2022年4月27日,武穴宏源药业氟化工系列产品生产项目举行开工仪式,项目分为高端原料药及特色医药中间体、锂电新能源材料两大板块。年内,建设综合楼、多功能车间楼、咪唑车间楼、公用工程仓库、配电站、消防站、气防站、灌区、消防水池等主体工程26个,包括年产20000吨锂电新能源材料一体化项目、年产5000吨锂电池电解液添加剂项目、原料药多功能车间项目、年产3000吨咪唑及衍生物项目、年产45000吨乙醛酸项目等产品生产装置,配套建设配电、污水处理等公辅工程。该项目总投资35亿元,占地面积53.33公顷,计划5年建成。

(严　静)

【湖北省宏源药业科技股份有限公司】2022年,湖北省宏源药业科技股份有限公司完成产值20.92亿元,员工近2000人,下辖全资子公司5家,参股公司3家。公司创立于2002年,注册资本金3.5亿元,总资产18亿元,占地面积60万平

2022年4月27日，武穴市宏源药业科技股份有限公司的氟化工系列产品生产项目开工
（黄冈日报社 供图）

方米，位于罗田经济开发区，是该县重要税源支柱企业。主要产品有药品、保健品、食品及饲料添加剂、新能源、高分子材料、医药中间体等7个系列50余个品种。公司与武汉大学合作研发的六氟磷酸锂，通过国际汽车质量技术认证，成为比亚迪公司一级供应商。

（许 煜）

生物医药产业

【概况】 2022年，黄冈市有医药化工企业109家，完成产值306.3亿元，比上年增长26.5%，其中：生物医药规模以上企业69家，完成产值185.62亿元，过亿元企业33家，过20亿元企业3家；化工企业40家，完成产值239.5亿元。

（许 煜）

【生物医药产业集群】 至2022年底，黄冈市形成以蕲春县、黄州区、武穴市、罗田县四大生物医药产业聚集区域，其中，蕲春县以发展现代中药为主，形成以李时珍医药工业园区等为载体的中医药产业集群；黄州区、武穴市、罗田县以发展化学药为主，形成以黄州火车站经济开发区、武穴市田镇“两型”社会建设循环经济试验区、武穴经济开发区火车站工业园、罗田经济开发区化工集中区4个化工园区为载体的化学原料药产业集群。年内，湖北省科技厅印发《关于公布2022年湖北省创新型产业集群认定结果的通知》，认定黄冈高新区生物医药创新型产业集群为湖北省创新型产业集群，麻城经济开发区高端装备制造创新型产业集群入围湖北省创新型产业集群。

【生物医药项目招引】 2022年，黄冈市生物医药产业链签约项目27个，协议投资额65.1亿元，其中，大型项目1个、中型项目5个。年内，生物医药招商分局挂牌成立，市区生物医药产业签约项目2个，分别为投资10.3亿元的华烁科技股份有限公司科技产业园项目、投资5亿元的武汉康蓝药业抗肿瘤系列原料药生产制造基地项目。

（雷丹丹）

【实用新型专利结晶罐获批】 2022年，湖北广济药业股份有限公司实现总营业收入7.88亿元、比上年增长1.54%，投入研发金额6897.5万元、比上年增长32.49%。年内，公司申报的实用新型专利“一种生产核黄素磷酸钠的结晶罐”获授权，实现2022年申报2022年获批。专利由广济药业独自研发完成，解决传统结晶罐可能导致的污染风险和结晶小颗粒偏多影响后续产品收率和质量问题。广济药业始建于1969年，1999年在深交所上市，主营维生素原料产品的研发、生产和销售，是国有高新技术企业、全国最大的核黄素生产基地，黄冈市第一家主板上市公司、湖北省唯一国资控股医药上市公司。

【鲁班药业入选省单项冠军企业】 2022年，湖北省经济和信息化厅发布《关于2022年湖北省制造业单项冠军企业（产品）名单的公示》，黄冈鲁班药业股份有限公司生产的产品奥美沙坦中间体入选。黄冈鲁班药业主营特色医药中间体的研发、生产及销售，主要产品有奥美沙坦中间体和氨基酸缩合剂EDC等。年内，被认定为湖北省2022—2023年度上市后备“金种子”企业和国家专精特新“小巨人”企业；列入2022年度国家知识产权优势企业名单；“奥美沙坦中间体核心技术知识产权运用示范工程”项目被列入2022年湖北省知识产权运用示范工程立项名单。

【李时珍医药集团有限公司】 2022年，李时珍医药集团有限公司完成产值 54.47亿元，比上年增长15.21%。该公司组建于2002年，位于湖北省蕲春县，有厂房面积15万平方米，建有湖北蕲春本草纲目生物科技园区、厦门美商医药海沧厂区生产基地2个，湖北武汉台湾生物医药科技产业园（医药物流园）1个，辖控股子公司8家，现发展成为集道地药材种植，中成药、中药饮片、中药配方颗粒、保健酒、蕲艾系列大健康产品生产、研发，医药批发与零售，医药文旅，艾灸、推拿等中医适宜技术培训于一体的全产业链式集团公司，拥有中国驰名商标“本草纲目”，湖北省著名商标“李时珍”及黄冈市知名商标“蕲艾”“家方”等品牌，拥有药品生产剂型 20个，主要生产中成药品种近 100 个，中药配方配料品种350 个，生产和经营道地中药饮片品种700余个，蕲艾制品100余个。9月，公司完成中药配方颗粒6个品种上市备案，累计完成品种上市备案9个。11月3—5 日，湖北省药品监督管理局到公司开展中药配方颗粒生产许可认证，认定公司中药配方颗粒生产线符合药品生产质量管理规范，给予生产许可，公司生产剂型增加至15个。年内，公司被湖北省政府授予全省就业创业先进集体、湖北省专精特新“小巨人”企业称号，并入选湖北省智能制造试点示范企业、“两化融合”贯标企业。

（严 静）

农产品加工业

【概况】 2022年，黄冈市有规模以上农产品加工企业422家，比上年增加35家，完成产值636.8亿元，比上年增长15.12%，其中，年产值超亿元的农产品加工企业140家，超10亿元企业9家，超20亿元企业5家，超50亿元企业1家。中粮粮油、康宏食品、中粮家佳康、浠水海大、馥雅食品等重点龙头企业保持高增长。

【农产品加工产业链发展】2022年，黄冈市深入推进农村产业融合发展，创建省级现代农业产业园14家，创建省级农业产业化联合体10家，武穴市获批创建国家级现代农业产业园（油菜），黄梅县濯港镇创建2022年国家农业产业强镇。年内，全市农产品加工产值排名靠前的企业：湖北黄冈伊利乳业有限责任公司、中粮粮油工业（黄冈）有限公司、湖北康宏粮油食品有限公司、中粮家佳康（湖北）有限公司、浠水海大饲料有限公司、湖北馥雅食品科技有限公司等。

【"一县一园"建设】2022年，黄冈市建有省级农产品加工园区5个，形成农产品加工产业体系10个、加工产业集群6个。打造团风县农产品加工园、黄梅县农产品加工园、武穴市农产品加工园、红安县农产品加工园、蕲春县农产品加工园5个省级农产品加工园区（农业产业化示范园区），形成粮食加工、油脂加工、精制茶加工、精品果蔬加工、畜禽加工、乳制品加工、水产品加工、纺织服装、中药饮片、森工家具十大农产品加工产业体系和水稻、油料、中药材、肉类、纺织服装和杂粮六大加工产业集群。

【农产品加工产业链招商】2022年，黄冈市农产品加工产业链招商引资签约金额比上年增长62.8%。5月26日，市委、市政府在红安县举办全市农产品加工产业链招商推介暨5月份招商引资集中签约活动，签约农业项目26个，协议投资额105.53亿元。在麻城市举行2022年中国农民丰收节"拓丰收"招商签约会，签约农业、文旅项目24个，协议投资额118亿元。

（钱亚军）

【英山云雾茶获茶博会金奖】2022年7月1日，第25届中国武汉茶业博览交易会在武汉国际会展中心举行。英山县"毕昇""吉峰""庆山春""皋陶贡茶""团黄""乌山春"6个品牌英山云雾茶，获2022年第25届中国武汉茶业博览交易会金奖。湖北大广茶业集团有限公司与湖北孝感红贡茶有限公司签订2000吨茶叶采购协议，合同金额2950万元。

【康宏粮油公司获国家高新技术企业】2022年，湖北康宏粮油食品有限公司获评国家高新技术企业。该公司是湖北省粮油集团旗下集粮油收购、储存、加工、贸易为一体的农业产业化国家重点龙头企业，通过引入机器手、自卸装备和自动生产线，提高科技含量，打造智慧工厂，"二度梅"等产品被评为省级著名商标。全年实现产值17.5亿元，税收194万元。

（严 静）

2022年7月1日，英山县6家企业组团参加第25届中国武汉茶业博览交易会

（英山县史志研究中心 供图）

【中粮粮油工业（黄冈）有限公司】2022年，中粮粮油工业（黄冈）有限公司完成营业收入28.77亿元。公司隶属于国有企业中粮集团旗下中粮油脂控股有限公司，成立于2010年5月17日，2011年7月建成投产，注册资本5615万美元，总投资6113万美元，占地面积26.27公顷，在岗职工273人。公司年加工油料45万吨，主要产品为"福临门""香谷坊""荆楚花"等品牌食用植物油和"祥瑞"品牌豆粕。自主设计开发蒸煮罐、伸缩溜管、磁选器、轴端联轴器拆卸装置、自动液压压油机、 种浸出器喷淋装置等新型设备和工具，申请专利技术20项。至2022年底，公司全面通过质量管理体系、环境管理体系、职业健康安全管理体系和食品安全管理体系"四合一"管理体系认证，是国家安全生产标准化一级企业。

（许 煜）

电力工业

【概况】2022年，国网黄冈供电公司（以下简称"黄冈供电公司"）完成固定资产投资11.75亿元，其中电网投资8.99亿元。全市完成售电量160.79亿千瓦时，比上年增长9.92%；到户均价每千千瓦时706.94元，比上年提高53.5元；线损率5.30%，比年度计划低0.08个百分点。

【电网发展】2022年，黄冈供电公司主动对接"三区三线"划定工作，滚动修编配电网"十四五"规划，推动电网规划纳入国土规划"一张图"。服务新增新能源并网接入，全年新增新能源装机196万千瓦，累计526万千瓦，新能源发电量比上年增长51.95%。完成黄石特高压配套工程可研取证和14项重点工程核准批复。全力保障特高压工程建设，白鹤滩—江苏、白鹤滩—浙江、荆门—武汉工程建成投产，驻马店—武汉、武汉—南昌工程有序推进。全年新建35千伏及以上线路435.09千米、主变容量90万千伏安，220千伏将军变等21项工程投产送电，110千伏中环变工程获评国网公司华中区域级智慧标杆工地。新建、改造配变容量13.36万千伏安、配电线路1546.95千米，建成黄州新型配电网并送电。白潭湖地下电力综合管廊工程建成贯通。

【电力行业安全生产】2022年，黄冈供电公司提升安全执行力建设，推进安全工作“十件实事”、运检“十大攻坚战”，落实安全执行力建设措施26项。推进“防误操作、防外破、二次系统防误”3个三年专项行动，全覆盖完成变电站运规修编及二次隐患排查219座，整治输电线路外破隐患760处，实现主网通道隐患治理“见底清零”。严格作业计划管控，控制非作业计划在8%以内。推进作业人员轨迹App应用，市、县两级查处严重及以上违章697起。推动安全文化体系建设，建成班组文化墙193个。完成安全生产专项整治三年行动，发现整改安全巡查督查问题224项，管控六级及以上电网风险139项、二级作业风险29起。凝聚政企社、网源荷度夏保供合力，应对电网负荷六创新高考验，最大负荷355.7万千瓦，比上年增长18.3%，守住不拉闸限电红线和民生用电底线。成立市负荷管理中心，完成重大节点期间保电任务。

【电力经营管理】2022年，黄冈供电公司深化“大经营”体系运作，巩固完善提质增效8项机制，完成重点任务104项。深化台区线损百日攻坚行动，400伏综合线损率3.79%，比上年下降0.63个百分点，节省电量3871万千瓦时。开展“雷霆行动”等反窃电专项活动。开展经营诊断分析，深入推进二级内模市场应用，完成三级内模市场建设并吸纳基层班组224个。推进“三清理两提高”工作，压降在建工程余额，压减电网小型基建及生产辅助技改、大修项目未转竣工库总量超50%。

【电力改革创新】2022年，黄冈供电公司全面推广“刷脸办电”业务，推动涉企事项“一证办电、一网通办”“不动产+用电”一体化过户便捷服务落地。成立新兴产业发展公司，开拓“清凉教室”工程、公安系统能源托管新市场。联合市发展改革委、住建局、消防救援支队印发《关于有序推进居民小区电动汽车自用充电基础设施建设的通知》，解决“充电难”问题。组建集主网建设、用户工程、电力迁改等业务于一体的建设分公司，统筹队伍和项目建设。转型酒店业务，建设东源评标基地。实现经研设计一体化运作，有序整合机构、人员及业务。开展“作风建设年”活动。推行专班工作法和一线工作法，干部下沉基层班组。国网武穴市供电公司开展电子信息产业园电动汽车充电站专项检查，黄梅县大河镇供电所通过国家电网公司数字化综合示范终期验收。

2022年2月2日，国网武穴市供电公司工作人员检查维护充电桩安全

（国网黄冈供电公司 供图）

【供电营商环境优化】2022年，黄冈供电公司组织开展报装接电专项治理行动，压缩业扩报装时长。全面推行“先接入、后改造”办电模式，按照客户意向倒排工期，保障用户新建工程按需无障碍接电，坚持“定流程、少环节、减时限”，逐条逐项优化办电环节。全年企业办电过程基本实现“最多跑一次”，小微企业办电可享受“零上门、零审批、零成本”专项服务。着力精简办电资料，推行“免填单”服务，客户在营业厅提交用电申请后，由营业厅工作人员负责填写相关表单，客户只需签字确认即可。推动政府简化涉电行政审批手续，出台电力接入外线工程“一表申请、并联审批、同步办理”政策，将行政审批时长压减至5个工作日以内，低、高压用户申请材料均缩减至2项。10千伏单电源高压用户平均办电时长压缩至38个工作日以内（不含用户自建工程），低压非居民用户平均办电时长压缩至15个工作日以内，对符合直接接入条件的小微企业用户实行1天极简报装服务。扩宽低压“零费用”接入政策，实现全市用电容量160千瓦及以下的小微企业用电报装“零投资”，惠及居民和低压小微企业6.30万户。全市高压客户平均接电时长29.5天，比上年全省压减1.6天；低压居民客户平均接电时长1.94天，比上年全省压减0.18天；低压非居民客户平均接电时长2.34天，比上年全省压减0.43天。

（杜　薇）

【火力发电】2022年，湖北大别山电厂完成发电量115亿千瓦时，产值首次突破50亿元，具备机组4台，装机规模2600兆瓦（260万千瓦）。11月22日，省发展和改革委员会印发《关于加快推进我省部分煤电项目建设前期工作的通知》，大别山电厂三期项目（2×1000兆瓦）纳入湖北省“十四五”电力建设规划。湖北大别山电厂位于麻城市中馆驿镇，主厂区占地面积40余公顷，该电厂是新中国成立以来麻城市投资最大的项目，主要承担向华中电网输送电任务。

（陈　国）

责任编辑：严　静　席想楼　　责任校对：赵舒逸

建筑业

综　述

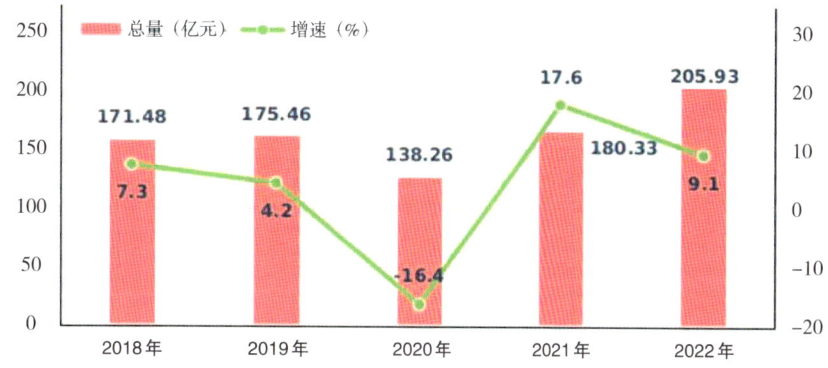

图11　2018—2022年黄冈市建筑业增加值及其增速示意图　（市统计局 供图）

【建筑业发展】2022年，黄冈市新入库建筑企业208家，建筑企业总数1426家，其中资质以上总承包特级4家、一级81家、二级165家。全年建筑单位房屋施工面积7656.26万平方米，比上年增长4.4%。实现增加值205.93亿元，比上年增长9.1%。总产值1164.98亿元，位列全省第四位，比上年增长5.9%，占全市生产总值比重7.49%，比上年提高0.4个百分点，实现逆势发展。年内，全市22家企业获省住房和城乡建设厅简化审批、差异化监管政策支持，被纳入全省建筑业重点培育企业。17家企业晋升工程总承包一级（总承包、专业承包）资质，其中，冶金一级3家、市政一级3家、建筑一级11家。楚通路桥、中杰建设等国企兼并重组，成立黄冈市城市建设有限公司；团风县城投、筑河建筑"增资扩股"，实现产值13亿元；罗田县推进国有建筑承包公司与民营富华建筑公司混改，以联合体形式承接罗田县现代农业融媒体大数据中心、产业园基础设施提升等（EPC）总承包项目4个，合同价10.2亿元；麻城市城市发展投资集团有限公司与湖北麻一建设有限公司达成混改初步意向。黄冈市入选财政部、住房和城乡建设部、工业和信息化部、国家市场监督管理总局确定的政府采购支持绿色建材促进建筑品质提升政策实施范围城市。

2022年9月23日，黄冈市住房和城乡建设局在黄冈智慧冷链仓储物流项目现场举办黄冈市房屋市政工程"质量月"暨现场质量安全观摩活动　（市住建局 供图）

【招商引企】2022年，黄冈市引进中建三局在红安县成立子公司，实现产值70亿元；引进民族建设集团（特级企业）在黄州区设立子公司；引进鑫华源电力公司落户黄州区，实现产值3亿元；武穴市、英山县等地引进二级以上总承包企业5家。

【建筑行业质量宣传】2022年9月20日，黄冈市住房和城乡建设局紧扣"推动质量变革创新 促进质量强国建设"主题，印发《关于组织开展2022年"质量月"活动的通知》，发放宣传资料500余份，悬挂宣传横幅1200余条，举办黄冈市房屋市政工程"质量月"暨安全现场观摩会，组织全

2022年3月15日，黄梅县住房和城乡建设局联合黄梅县消防救援大队，专项检查辖区在建工地施工现场消防安全 （黄梅县住建局 供图）

市学习长安集团等5家企业工程质量安全管理示范。印发《农村自建房安全常识“一张图”》13万余份，培训农村建筑工匠815人次。

【建筑业营商环境优化】2022年，黄冈市住房和城乡建设局优化审批服务流程，压缩工程建设项目审批时限，政府投资项目审批时限压缩至60个工作日，工业项目审批时限压缩至20个工作日，施工许可证实行告知承诺制，申请材料减至3件，审批时间压缩至1个工作日。实行工业项目“五证同发”（《建设用地规划许可证》《建设工程规划许可证》《建设项目规划设计方案批复》《不动产权证书》《建筑工程施工许可证》），39个项目实现拿地即开工。持续打击房屋市政工程领域“三包一挂”（转包、违法分包、违法发包、挂靠）违法行为，全市检查在建工程项目564个，涉及建设单位439家，施工、监理单位501家，查处涉嫌转包、违法分包项目6个、挂靠项目4个，立案13起，处罚金162.2万元，移交城管部门立案2起；查处违反建设程序案件34起，补办施工许可证22个，处罚金38.5万元；下达限期整改通知书103份，警示约谈施工项目19个。配合人社部门兑付农民工工资，全市排查项目658个，拨付欠薪2.74亿万元，涉及农民工2765人。黄冈市工程建设项目审批制度改革工作位列全省第二位。

（曾昱凯）

勘察设计

【概况】2022年，黄冈市有勘察设计企业41家，其中，甲级资质8家、乙级资质13家、丙级资质20家，年总营业收入2.14亿元。黄冈强源电力、湖北中江、湖北恒创三家设计院入围湖北省工程设计和施工双资质重点培育企业。

【工程勘察监管】2022年，黄冈市住房和城乡建设局印发《关于进一步加强建设工程勘察设计市场监管工作的通知》：所有项目实行数字化管理，在湖北省施工图数字化联合审查系统报建、审查；免于审查的低风险建设工程，委托第三方机构抽查，抽查比例不得低于60%，抽查结果向社会公示；未履行审批手续的勘察、设计修改文件，施工单位、监理单位不得组织实施，不得作为工程竣工验收依据，工程质量安全监督机构不予验收备案。年内，组织勘察设计、图审等专家抽查市区项目20个，发现问题17个，全部督促整改到位。

【工程设计管理】2022年，湖北诚联水利水电勘察设计有限公司进规入库，专业甲级设计院湖北中江建筑设计院有限公司进驻黄冈，湖北中江建筑设计院、湖北沐楚水利设计院接受“双随机、一公开”抽查检查。

【施工图审查管理】2022年6月1日，黄冈市住房和城乡建设局印发《关于进一步深化黄冈市施工图审查改革工作的实施意见》，实行勘察设计质量安全承诺制、信用评价管理制、设计人员终身责任制。大型房屋建筑和市政基础设施工程施工图联合审查时限缩短至10个工作日，中型及以下房屋建筑和市政基础设施工程施工图联合审查时限缩短至7个工作日，一般工业建设项目施工图免审。年内，施工图免审备案一般工业项目62个，建筑面积46.01万平方米。湖北省缩小施工图审查范围试点县浠水县施工图审查改革工作通过省住房和城乡建设厅验收。

（曾昱凯）

建筑施工

【概况】2022年，黄冈市建筑业报建项目664个，比上年增长18.9%；报建面积754万平方米，比上年增长14.2%。截至年底，全市在建项目工地856个。黄冈市住房和城乡建设局加强建筑施工安全生产监管，提高施工现场安全防护能力和文明施工水平。全年建设施工安全生产形势总体平稳，未发生安全生产事故。全年举办建筑现场管理人员培训班15期、培训1426人，安全管理人员培训班18期、培训4395人，特种作业人员培训班2期、培训132人，建筑产业工人培训班1期、培训99人。年内，黄冈市评选湖北长安建设集团股份有限公司等42家企业为先进建筑业企业，张正林等36名企业经理为建筑业优秀企业经理，刘瑞君等61名项目经理为建筑业优秀项目经理。湖北长安建设集团股份有限公司承建的湖北省鄂东南（黄冈）应急救援基地救灾物资储备库EPC总承包工程等10个建筑工程项目获评湖北省2021年度建设优质工程“楚天杯”，山河建设集团有限公司等7家企业获评湖北省2021年度优秀建筑业企业，武汉新港唐家渡港区一类水运口岸工程项目入选湖北省平安工地示范名单。

【建筑工程质量监管】2022年，黄冈市纳入建筑工程质量监管的房屋和市政工程项目699个，面积1540万平方米，覆盖

2022年9月9日，黄冈市住房和城乡建设局检查市区水墨江南项目建筑施工安全生产
（市住建局 供图）

率100%；竣工验收单位工程307个，验收合格率100%；施工现场“两书两牌”（《法人授权委托书》《项目负责人工程质量终身责任承诺书》、施工现场临时责任标牌、建设工程永久性责任标牌）落实率100%，住宅工程“一证两书”（《住宅工程质量合格证》《商品住宅质量保证书》《商品住宅使用说明书》）制度执行率100%。全市住建部门发出质量限期整改通知书202份、执法建议书2份，办理行政处罚案件3起。

【房屋建筑工程安全监管】2022年，黄冈市开展防高坠专项整治，督促企业制定防高坠专项方案，完善防高坠硬软件措施，加强务工人员防高坠安全教育。全年开展房屋建筑工程安全监督检查1225次，排查整治安全隐患3159处，下达限期整改通知书370份，下达停工整改通知书30份，隐患整改率100%。

【装配式建筑】2022年，黄冈市新开工装配式建筑项目80个，完成装配式建筑面积198万平方米。全市新开工红安海通智能装配式产业基地等装配式基地3个、建成1个，推进湖北绿源、红安海鸿两家企业国家级装配式产业基地申报工作。麻一建筑公司施工项目城创融大厦获评全省装配式建筑“楚天杯”奖。

【黄冈入选全国政府采购支持绿色建材试点城市】2022年5月，根据财政部、住房和城乡建设部、工业和信息化部、国家市场监督管理总局《关于组织申报政府采购支持绿色建材促进建筑品质提升试点城市的通知》，黄冈市住房和城乡建设局联合黄冈市财政局深入挖掘黄冈产业发展优势，组织试点城市申报工作。10月，黄冈市作为全国48个城市之一，被纳入全国政府采购支持绿色建材促进建筑品质提升政策实施范围城市。重点推进绿色节能环保型建材在黄冈市医院、学校、办公楼、综合体、展览馆、会展中心、体育馆、保障房等政府采购工程项目实施，引领绿色建材和建筑产业高质量发展，打造宜居、绿色、低碳城市。

【建筑工程“大别山杯”】2022年7月26日，黄冈市建筑业协会发布《关于表彰2021年度建筑工程“大别山杯”的决定》，顾家家居华中（黄冈）基地项目1#宿舍楼等28个工程被评为2021年度黄冈市建筑工程“大别山杯”。

（曾昱凯）

表35 2021年度黄冈市建筑工程“大别山杯”一览表

序号	工程名称	建筑面积（万平方米）	结构	施工单位	项目经理
1	顾家家居华中（黄冈）基地项目1#宿舍楼	1.54	框架	湖北玉环建筑工程有限公司	张振
2	黄冈产业园融创“星”城厂房5、6	2.06	框架	湖北君安建设工程集团有限公司	陈云
3	经开黄冈产业促进中心一期工程（东区）综合服务大楼	4.03	框剪	中交第二航务工程局有限公司	毛治国
4	湖北省鄂东南（黄冈）应急救援基地救灾物资储备库EPC总承包工程	1.46	框架	湖北长安建设集团股份有限公司	程家欢
5	湖北纪源医药科技有限公司年产1500吨AE活性酯项目	0.83	框架	湖北乾阳建筑工程有限公司	钟朋友
6	黄冈市妇幼保健院整体搬迁项目综合楼	5.31	框架	陕西建工集团有限公司	郭小龙
7	铁投·书香林语EPC总承包工程项目（一期）5#楼	4.12	剪力墙	中建三局集团有限公司	费伦佳
8	锦绣星城二期10#楼	0.68	框剪	湖北中振建筑工程有限公司	吴建军
9	黄冈居然之家垂直森林城市综合体1、2、3、4、6、7#楼	20.63	框架	中建三局集团有限公司	王健
10	武汉经开区黄冈产业园棚户区改造项目一期工程综合超市、公寓	2.25	框剪	中交一公局集团有限公司	吕金强
11	六福湾棚户区改造还建小区（六福花园）二期18#、19#、20#楼	4.62	框剪	湖北长安建设集团股份有限公司	胡大斗

续表

序号	工　程　名　称	建筑面积（万平方米）	结构	施　工　单　位	项目经理
12	团风县中医院传染病楼	1.50	框　剪	湖北长安建设集团股份有限公司	郑　立
13	浠水县国家综合档案馆	0.73	框　架	湖北久联建筑有限责任公司	张德松
14	浠水县宝塔公租房建设项目3#楼	0.62	框　剪	湖北顺辉建设工程有限公司	陈保青
15	浠水万景凤凰城6#、7#楼	2.69	框　剪	湖北玉环建筑工程有限公司	唐　漫
16	湖北金港汽车公园A区16#楼	1.63	框　剪	湖北刊江建设工程有限公司	陈　华
17	黄梅新城首府2#楼	2.83	框　剪	湖北中进建设工程有限公司	曹高明
18	鑫龙欣海·中央公馆2#楼工程	1.48	剪力墙	中杰建设有限公司	刘衍杰
19	罗田县人民防空1230工程、箱涵及两岸护坡工程	0.24	框　架	湖北富华建筑安装有限公司	张志前
20	罗田县公共实训基地(创新创业服务中心)建设工程	0.86	框　架	湖北富华建筑安装有限公司	何泽林
21	罗田县人武部新营区建设项目	0.58	框　架	湖北富华建筑安装有限公司	张志前
22	欣海世纪城13#楼	2.60	框　剪	湖北锐昊建筑工程有限公司	赵　斌
23	长安世纪城C区5#楼、6#住宅及商业、7#住宅及商业、8#楼、一期地下室及商业	6.83	剪力墙	湖北长安建设集团股份有限公司	胡易媛
24	雍华丝业技改扩建项目	0.73	框　架	湖北金五环建筑有限公司	王雨声
25	麻城市中馆驿镇卫生院门诊住院综合楼建设项目	0.49	框　架	中鑫城发建设集团有限公司	刘学文
26	金丰国际生态城10#楼	1.47	束剪力墙	湖北麻一建设有限公司	袁德珊
27	金桥新天地二期建设项目6#楼	0.69	框　剪	湖北中怡建筑工程有限公司	戴　敏
28	红安城北农贸市场1#楼	1.44	框　剪	湖北立方建设工程有限公司	孟东辉

说明：黄冈市建筑工程“大别山杯”实行跨年度评选，2022年评选上年度工程项目　　（资料来源：市住建局）

【海通智能装配式产业基地一期工程投产】 2022年9月7日，海通智能装配式产业基地一期工程在红安高新技术产业园红海高科技产业园投产。海通智能装配式产业基地是红安县首个高标准国家级装配式建筑基地，一期占地13.33公顷，总建筑面积 5.23万平方米，采用三一重工先进设备聚碳酸酯(简称PC)生产线和蒸压轻质混凝土(简称ALC)生产线，发展低消耗、低排放、高效能的装配式生产技术，致力建筑产业链可持续高质量发展。

（席想楼）

建筑市场管理

【概况】 2022年，黄冈市住房和城乡建设局开展建筑市场“三包一挂”检查4次，检查市区在建项目91个，下达整改通知书29份，全部督促整改到位。印发《关于在全市建设领域实行农民工实名制和工资专用账号管理制度的通知》《关于进一步加强房屋市政工程现场管理工作的通知》，推进建筑工人实名制平台建设，加强人员摸底，稳定人员流动，维护工人合法权益，避免“停工潮”“维权潮”。全年召开建筑工人实名制推进会3次，纳入市区实名制管理平台在建项目166个，实名制覆盖率91.57%，工资专户开户率97.57%，银行代发率84.34%，保证金缴纳率90.36%，维权告示牌覆盖率100%。

【建筑工程计价】 2022年，黄冈市工程造价咨询企业从业人员605人，营业收入1.3亿元，其中：工程造价咨询业务收入9998.13万元，占总收入72.43%；其他业务收入3805.75万元，占总收入27.57%。全年新增工程造价咨询企业14家，数量增长63.64%，营业收入比上年增长18.98%，工程造价咨询业务收入比上年增长37.13%。

【渣土车管理】 2022年，黄冈市区有渣土运输公司14家、渣土车辆164台，均纳入市区渣土智慧监管平台。每台渣土车安装北斗定位、行车记录仪、限速仪、摄像头、车辆盲等设备，实时监测渣土车辆位置、速度、行驶状态，消除驾驶视觉盲区。黄冈市城管执法委定期召开渣土运输公司安全生产专题会议，督促渣土运输公司开展经常性安全生产教育；开展市区工地精细化管理，保持路面干净整洁；全方位巡查管控市区工地出入口，杜绝车辆带泥上路。

【建筑材料管理】 2022年，黄冈市住房和城乡建设局走访19家企业及在建项目，收集房屋建筑、市政工程类劳务合同85份，接待咨询答疑56人次，发布材料信息12次，到7家企业开展惠企送策活动。

【建筑施工企业信用评价】 2022年5月23日，黄冈市住房和城乡建设局出台《黄冈市建筑市场主体信用管理办法（试行）》，联合市公共资源交易监督管理局印发《关于规范我市建筑市场信用评价结果应用的通知》。全市851家建设、施工类市场主体申报信息，核准A级信用企业90家（第一期47家，第二期43家），其中，建筑施工企业37家，发布不良行为记分8条。信用评价结果应用于招标投标、差异化监管、评先评优、融资纾困等方面。

【《黄冈市建筑市场主体信用管理办法（试行）》发布】2022年3月16日，黄冈市住房和城乡建设局发布《黄冈市建筑市场主体信用管理办法（试行）》（以下简称《办法》），自公布之日起施行。《办法》旨在激励授信行为、惩戒失信行为，完善建筑市场信用体系建设，规范工程建设各方主体行为，营造公平竞争、诚实守信的市场环境。《办法》规定，信用评价实行量化计分，基本分为70分，根据建筑市场主体行为表现加减分。每年评价两次，每6个月公布1次信用评价分数。信用评价结果分A、B、C、D、E 5个等级，其中，A级为得分90分以上的排名前5%（含）市场主体，E级为得分60分以下或被列入建筑市场"严重失信主体名单"市场主体。A级等级市场主体实施简化监督和低频率的日常检查，享受工程担保与保险优惠政策，优先推荐评比表彰，在政府投资或国有资金控股的招标工程中同等条件下优先选择。"严重失信主体名单"市场主体，自列入之日起1年内，从严审核市场准入、资质资格管理、招标投标等，取消评优表彰、政策试点和项目扶持。

（曾昱凯）

淋山河镇建筑业总部经济

【概况】2022年，淋山河镇引进"建筑业总部经济"企业123家，其中，建筑工程类企业44家、建筑劳务类企业30家、建筑业相关企业49家。引进建筑企业实现年产值17.97亿元，创造税收2675.93万元。截至年底，团风县淋山河镇"建筑业总部经济"企业总数247家，其中建筑工程类企业49家、建筑劳务类企业81家、建筑业相关企业129家。建筑业总部经济示范带动，淋山河镇相继引进建筑企业分公司19家，引进艺新酵素茶、起雾岗农旅综合开发、生态土猪养殖3个农业项目。

【"鲁班志愿者"实践基地挂牌】2022年7月19日，黄冈职业技术学院建筑学院"鲁班志愿队"实践基地揭牌暨拜师仪式在淋山河镇举行。淋山河镇与黄冈职业技术学院建筑学院负责人为"鲁班志愿队"实践基地揭牌。黄冈职业技术学院建筑学院4名优秀学生（徒弟）向淋山河镇4位"鲁班工匠"敬茶，鞠躬行礼。组建"鲁班志愿者"实践基地旨在培育新时代鲁班传人，为淋山河镇建筑业转型升级提供智力及人才支撑，助力淋山河镇建筑业队伍建设专业化发展。

2022年7月19日，黄冈职业技术学院建筑学院"鲁班志愿队"实践基地揭牌暨拜师仪式在淋山河镇举行（黄冈职院　供图）

表36　2022年淋山河镇"建筑业总部经济"引进企业一览表

序号	企业名称	行业类型	法定代表人（负责人）	经营地址	成立日期	注册资金（万元）
1	湖北锡冠建筑劳务有限公司	建筑装饰、装修和其他建筑业	孙乃国	谢河村	2022.01.07	1000
2	湖北晖冠建筑劳务有限公司	建筑装饰、装修和其他建筑业	胡柏华	胡桥村	2022.01.10	100
3	湖北水玲建筑劳务有限公司	建筑装饰、装修和其他建筑业	朱志明	石盘咀村	2022.01.13	300
4	湖北鸣烈建筑劳务有限责任公司	建筑装饰、装修和其他建筑业	童国庆	淋山河社区	2022.01.13	500
5	湖北鸣利装饰工程有限公司	建筑装饰、装修和其他建筑业	黄志兵	赵家寨村	2022.01.13	200
6	团风县军顺建筑装饰工程有限公司	建筑装饰、装修和其他建筑业	汪卫军	土门村	2022.01.14	200
7	团风源金建筑工程有限公司	建筑装饰、装修和其他建筑业	陈伟杰	孔子河村	2022.01.17	10

续表

序号	企业名称	行业类型	法定代表人（负责人）	经营地址	成立日期	注册资金（万元）
8	湖北奎晟建筑劳务有限公司	建筑装饰、装修和其他建筑业	张　奎	磙子河村	2022.01.17	500
9	湖北基成建筑工程有限公司	建筑装饰、装修和其他建筑业	徐文安	淋山河社区	2022.01.18	500
10	湖北帆亮建筑劳务有限公司	建筑装饰、装修和其他建筑业	孙喜胜	贾家田村	2022.01.18	500
11	湖北悉鹏建筑劳务有限公司	建筑装饰、装修和其他建筑业	吴雪莲	赵家寨村	2022.01.18	500
12	湖北谌发建筑劳务有限公司	建筑装饰、装修和其他建筑业	汪　剑	土门村	2022.01.19	200
13	湖北廷铮建筑劳务有限公司	建筑装饰、装修和其他建筑业	詹　青	张岗村	2022.01.20	100
14	湖北石丰建筑劳务有限公司	建筑装饰、装修和其他建筑业	舒建新	石盘咀村	2022.01.20	300
15	湖北超越隆金属制品有限公司	金属制品业	郭　勇	河铺村	2022.01.20	580
16	湖北辉昭商贸有限公司	批发业	徐建辉	王埑村	2022.01.21	50
17	湖北银朗建筑劳务有限公司	建筑装饰、装修和其他建筑业	汪平安	程湾村	2022.01.21	186
18	湖北爽宏建设工程有限公司	土木工程建筑业	曹　杨	淋山河社区	2022.01.21	500
19	湖北勤畅机械租赁有限公司	租赁业	童俊峰	钓鱼台村	2022.01.26	500
20	湖北元云路桥工程有限公司	土木工程建筑业	钟元林	磙子河村	2022.01.26	1000
21	湖北耀添建材有限公司	批发业	邵建军	金盆村	2022.02.14	100
22	湖北标顺建设工程有限公司	建筑装饰、装修和其他建筑业	刘　慧	程湾村	2022.02.15	500
23	团风立平建筑工程有限公司	建筑装饰、装修和其他建筑业	张利平	钓鱼台村	2022.02.22	200
24	湖北滟松建筑劳务有限公司	建筑装饰、装修和其他建筑业	邵滟松	响水桥村	2022.02.24	500
25	湖北东盾建筑工程有限公司	建筑装饰、装修和其他建筑业	王应发	淋山河社区	2022.03.01	100
26	湖北友记建筑劳务有限公司	建筑装饰、装修和其他建筑业	邹才元	邹冲村	2022.03.02	500
27	湖北添丰建筑工程有限公司	房屋建筑业	钟昌平	付坳村	2022.03.03	1000
28	湖北桦路建材有限公司	批发业	邵雯秀	响水桥村	2022.03.04	200
29	团风景添建筑工程有限公司	建筑装饰、装修和其他建筑业	邵华雄	磙子河村	2022.03.04	10
30	湖北博翠环保科技有限公司	科技推广和应用服务业	皮佑林	河铺村	2022.03.05	500
31	湖北卉鑫建筑劳务有限公司	建筑装饰、装修和其他建筑业	钟咏梅	钓鱼台村	2022.03.07	200
32	黄冈博广环保科技有限公司	科技推广和应用服务业	皮佑林	河铺村	2022.03.08	2000
33	湖北交隆建筑劳务分包有限公司	建筑装饰、装修和其他建筑业	罗志军	九仙山村	2022.03.08	200
34	湖北锦桦钢结构工程有限公司	建筑安装业	邵志平	响水桥村	2022.03.09	500
35	湖北勤越环保技术有限公司	科技推广和应用服务业	连爱梨	宋岩村	2022.03.15	100
36	湖北起雾岗农业科技有限公司	科技推广和应用服务业	邹义红	邹冲村	2022.03.17	500
37	湖北宏垚春建筑劳务有限公司	建筑装饰、装修和其他建筑业	钟宏生	磙子河村	2022.03.22	200
38	湖北锋鹏机械加工有限公司	机械	胡　杰	护林岗村	2022.03.23	100
39	团风万召建筑劳务有限公司	建筑装饰、装修和其他建筑业	许志强	竹林湾村	2022.03.28	200
40	湖北凰聚建筑工程有限公司	建筑装饰、装修和其他建筑业	冯志强	响水桥村	2022.03.29	500

续表

序号	企业名称	行业类型	法定代表人（负责人）	经营地址	成立日期	注册资金（万元）
41	湖北翔添商贸有限公司	批发业	刘翔	张岗村	2022.03.29	5680
42	湖北亿稳建筑劳务有限公司	建筑装饰、装修和其他建筑业	张志刚	张岗村	2022.03.29	200
43	湖北椿莱建筑材料有限公司	批发业	曹智禹	张岗村	2022.03.29	10
44	黄冈浩通窑炉热修有限公司	金属制品、机械和设备修理业	童宝林	宋岩村	2022.03.30	10
45	湖北晟骉建筑工程有限公司	建筑装饰、装修和其他建筑业	范军	范家湾村	2022.04.01	100
46	湖北韬淼商贸有限公司	批发业	徐秋平	范家湾村	2022.04.02	100
47	团风曦君建筑劳务分包有限公司	建筑装饰、装修和其他建筑业	陈铭	刘坳村	2022.04.08	50
48	湖北腾欢建筑工程有限公司	建筑装饰、装修和其他建筑业	徐连欢	张岗村	2022.04.08	100
49	湖北皓丰建筑劳务分包有限公司	建筑装饰、装修和其他建筑业	童海燕	孔子河村	2022.04.12	200
50	湖北铭闻建筑材料有限公司	批发业	邵强	钓鱼台村	2022.04.13	1000
51	湖北炬煋建筑劳务分包有限公司	建筑装饰、装修和其他建筑业	孙震	贾家田村	2022.04.14	266
52	湖北犇越建筑工程有限公司	土木工程建筑业	周鸣峰	护林岗村	2022.04.19	100
53	湖北柏越建筑劳务分包有限公司	建筑装饰、装修和其他建筑业	周鸣峰	赵家寨村	2022.04.19	100
54	湖北桧沧商贸有限公司	批发业	刘文斌	金仓村	2022.04.19	100
55	团风才波建筑劳务分包有限公司	建筑装饰、装修和其他建筑业	陈念波	刘坳村	2022.04.22	100
56	湖北君绍建筑工程有限公司	建筑装饰、装修和其他建筑业	刘远桥	井边寨村	2022.04.24	100
57	湖北烈炫建筑工程有限公司	建筑装饰、装修和其他建筑业	赵喜安	井边寨村	2022.04.24	100
58	湖北先腾建筑工程有限公司	建筑装饰、装修和其他建筑业	刘勇	河铺村	2022.04.25	100
59	团风县真震建筑劳务分包有限公司	建筑装饰、装修和其他建筑业	张勇	护林岗村	2022.04.25	500
60	湖北炎竣市政工程有限公司	建筑装饰、装修和其他建筑业	赵炎山	宋岩村	2022.04.27	1000
61	团风盛博钢结构有限公司	金属制品业	杨六梅	孙家山村	2022.04.28	100
62	湖北瞬旭电气安装有限公司	建筑安装业	操志祥	孔子河村	2022.04.28	30
63	湖北尚廉建筑工程有限公司	建筑装饰、装修和其他建筑业	王星	石盘咀村	2022.04.29	100
64	湖北颖锦建筑工程有限公司	建筑装饰、装修和其他建筑业	詹才祥	张岗村	2022.05.10	300
65	湖北荣聪建筑工程有限公司	建筑装饰、装修和其他建筑业	王姣荣	石盘咀村	2022.05.10	100
66	湖北骏存建筑工程有限公司	建筑装饰、装修和其他建筑业	王国平	井边寨村	2022.05.10	100
67	捷莱通（黄冈）商贸有限公司	批发业	程呈	淋山河社区	2022.05.11	100
68	湖北标拓建筑工程有限公司	建筑装饰、装修和其他建筑业	朱红喜	淋山河社区	2022.05.18	100
69	黄冈隽艺广告有限公司	商务服务业	邱丰燕	傅河村	2022.05.19	30
70	湖北东盼建筑工程有限公司	建筑装饰、装修和其他建筑业	邵焰超	淋山河社区	2022.05.20	100
71	湖北拓憬建筑工程有限公司	建筑装饰、装修和其他建筑业	王得华	王垭村	2022.05.24	2000
72	湖北朱兵建筑劳务分包有限公司	建筑装饰、装修和其他建筑业	朱建兵	凤凰村	2022.05.26	200
73	团风县民志建筑工程有限公司	建筑装饰、装修和其他建筑业	孙进雄	竹林湾村	2022.05.26	500

续表

序号	企业名称	行业类型	法定代表人（负责人）	经营地址	成立日期	注册资金（万元）
74	团风应鑫建筑工程有限公司	建筑装饰、装修和其他建筑业	张应生	眠龙村	2022.05.27	20
75	团风顺垣建筑工程有限公司	建筑装饰、装修和其他建筑业	陈　浩	龙王村	2022.05.30	500
76	湖北新昆建设工程有限公司	建筑装饰、装修和其他建筑业	王应波	九仙山村	2022.05.30	1000
77	湖北武蔺钢结构有限公司	金属制品业	孙培武	孙家山村	2022.05.31	100
78	黄冈市翔梦丰农业科技有限公司	科技推广和应用服务业	邵志强	官冲村	2022.06.01	500
79	湖北轩桦钢结构有限公司	建筑装饰、装修和其他建筑业	孙培华	孙家山村	2022.06.01	100
80	湖北瑜祥建材有限公司	批发业	邹　瑜	护林岗村	2022.06.01	100
81	湖北硕嘉钢结构有限公司	建筑装饰、装修和其他建筑业	孙建武	淋山河社区	2022.06.02	100
82	团风县阳平建材经营部	批发业	欧楚平	河铺村	2022.06.07	20
83	湖北沁枫建筑劳务分包有限公司	建筑装饰、装修和其他建筑业	冯　亮	石盘咀村	2022.06.07	100
84	湖北富溪食品科技有限公司	食品	钟　孚	宋岩村	2022.06.08	100
85	湖北孙秋建筑劳务分包有限公司	建筑装饰、装修和其他建筑业	孙秋田	凤凰村	2022.06.08	200
86	湖北宏秉园林绿化工程有限公司	绿化	杨红兵	竹林湾村	2022.06.09	50
87	湖北正玥建筑劳务分包有限公司	建筑装饰、装修和其他建筑业	胡正东	胡桥村	2022.06.09	100
88	团风县行理建筑劳务分包有限公司	建筑装饰、装修和其他建筑业	夏堂生	竹林湾村	2022.06.09	300
89	团风县亿学建筑安装工程有限公司	建筑装饰、装修和其他建筑业	胡国奇	丁垱村	2022.06.09	80
90	湖北跃鑫建筑劳务分包有限公司	建筑装饰、装修和其他建筑业	孙千洲	土门村	2022.06.09	160
91	湖北钟兴建筑劳务分包有限公司	建筑装饰、装修和其他建筑业	钟继良	金铺山村	2022.06.10	1000
92	湖北睿冠机械租赁有限公司	租赁业	邵仁贵	五云山村	2022.06.10	100
93	团风鸣博建筑劳务分包有限公司	建筑装饰、装修和其他建筑业	石国民	谢河村	2022.06.10	100
94	团风隆乘建筑劳务有限公司	建筑装饰、装修和其他建筑业	戴友生	谢河村	2022.06.10	100
95	湖北鹏怀建筑劳务分包有限公司	建筑装饰、装修和其他建筑业	孙　魁	孙家山村	2022.06.13	200
96	湖北兆禾辉贸易有限公司	批发业	孙　华	程湾村	2022.06.14	100
97	湖北江缨建筑劳务分包有限公司	建筑装饰、装修和其他建筑业	叶　盼	金铺山村	2022.06.14	500
98	湖北昱境钢结构工程有限公司	建筑装饰、装修和其他建筑业	邵　楷	金仓村	2022.06.15	500
99	湖北栈航钢结构工程有限公司	建筑装饰、装修和其他建筑业	赵源泉	金铺山村	2022.06.15	3000
100	湖北左陈建筑劳务分包有限公司	建筑装饰、装修和其他建筑业	陈高东	凤凰村	2022.06.16	500
101	湖北攻书班建设有限责任公司	建筑装饰、装修和其他建筑业	胡桂兰	淋山河社区	2022.06.16	20000
102	湖北濠涌建筑劳务分包有限公司	建筑装饰、装修和其他建筑业	王建国	孔子河村	2022.06.16	80
103	湖北楷泊建筑工程有限公司	建筑装饰、装修和其他建筑业	邵志刚	谢河村	2022.06.17	600
104	湖北翎顶建筑劳务分包有限公司	建筑装饰、装修和其他建筑业	孙汉杰	贾家田村	2022.06.21	500
105	湖北盈亨建筑劳务分包有限公司	建筑装饰、装修和其他建筑业	王志斌	井边寨村	2022.06.21	500

续表

序号	企 业 名 称	行 业 类 型	法定代表人（负责人）	经营地址	成立日期	注册资金（万元）
106	湖北葡金建筑劳务分包有限公司	建筑装饰、装修和其他建筑业	余颖辉	孔子河村	2022.06.22	6000
107	湖北皓德建筑工程有限公司	建筑装饰、装修和其他建筑业	邵嘉明	护林岗村	2022.06.22	200
108	湖北廓然建筑工程有限公司	建筑装饰、装修和其他建筑业	胡国望	丁垱村	2022.06.22	200
109	团风县宏韵建筑劳务分包有限公司	建筑装饰、装修和其他建筑业	李新华	宋岩村	2022.06.23	10
110	湖北柯铭建筑装饰工程有限公司	建筑装饰、装修和其他建筑业	陈 停	赵家寨村	2022.06.24	10
111	湖北建曜钢结构工程有限公司	建筑装饰、装修和其他建筑业	曹 剑	响水桥村	2022.06.28	500
112	湖北顺泉建筑劳务分包有限公司	建筑	冯友平	淋山河社区	2022.07.11	100
113	湖北骏标建筑工程有限公司	建筑装饰、装修和其他建筑业	程 辉	金盆村	2022.07.13	100
114	团风芯友建筑工程有限责任公司	建筑装饰、装修和其他建筑业	刘友华	詹家湖村	2022.07.29	500
115	团风县淋山河光伏发电中心	能源	詹才东	凤凰村	2022.08.02	500
116	湖北冉高运输有限公司	运输	邵 强	钓鱼台村	2022.08.19	100
117	团风时卓建筑工程有限责任公司	建筑装饰、装修和其他建筑业	操东沛	五云山村	2022.08.26	100
118	湖北桦祥钢结构工程有限公司	金属制品业	陈 颖	谢河村	2022.09.01	500
119	湖北韶然建筑工程有限公司	建筑	杜春生	胡桥村	2022.10.12	1000
120	黄冈昌合商贸有限责任公司	商贸	汪水清	磙子河村	2022.10.13	670
121	湖北来卓建筑劳务分包有限公司	建筑装饰、装修和其他建筑业	祝全德	谢河村	2022.10.14	100
122	湖北团维建筑劳务有限公司	建筑装饰、装修和其他建筑业	吏主刚	谢河村	2022.10.27	100
123	恒辉新能源（湖北）有限责任公司	新能源	陈高飞	眠龙村	2022.11.10	500

（资料来源：淋山河镇党政办公室）

【“农村建筑工匠”技能评定】 2022年9月16日，经团风县委、县政府批准，由淋山河镇人民政府、县人社局、县住建局组织实施的团风县第二批“农村建筑工匠”技能评定活动在淋山河镇举行。近100名来自淋山河镇的建筑从业者现场排砌、放线、取砖、抹灰，展示技能。来自团风县人社局、住建局等部门评委综合考评砌体进度、砌体观感、砂浆饱满度、墙面平整度等情况，评定程汉波等合格工匠60名，授予“农村建筑工匠”证书。

（席想楼）

2022年9月16日，团风县第二批“农村建筑工匠”技能评定活动在淋山河镇举行

（团风县委办公室 供图）

商贸流通

【概况】 2022年，黄冈市实现社会消费品零售总额1451.29亿元，比上年增长3.4%。规模位列全省第五位，增速高于全省0.6个百分点、位列全省第五位、上升5位。城镇实现社会消费品零售总额1208.06亿元，农村实现社会消费品零售总额243.23亿元。其中，批发业实现销售额562.89亿元，比上年增长12.2%；零售业实现销售额1021.40亿元，比上年增长4.2%；住宿业实现营业额21.91亿元，比上年增长5.2%；餐饮业实现营业额172.14亿元，比上年增长5.0%。全市外贸综合服务中心第三方绩效评价位列全省第二位，营商环境跨境贸易指标第三方评价位列全省第六位，上升8位。黄冈市在全国县域商业体系建设工作推进会上作交流发言，商贸市场主体培育、促进消费扩容升级、实际利用外资、下沉服务企业等多项重点工作在全省、全市大会上作经验交流发言。

【批发零售业】 2022年，黄冈市注册登记批发零售业市场主体35.1万户(法人企业3.3万户，个体户31.8万户)，其中：限上批发业法人企业290家、个体户4家；限上零售业法人企业717家、个体户531家。全市限上批发业完成销售额361.92亿元，限上零售业完成销售额238.54亿元，比上年分别增长41.9%、16.0%。

表37　2022年黄冈市县(市、区)社会消费品零售总额情况统计表

区 属	绝对量(亿元)	排位	增长(%)	排位
黄冈市	1451.29	—	3.4	—
黄州区	200.13	2	3.5	3
团风县	47.61	10	3.2	8
红安县	107.59	8	3.4	5
罗田县	115.77	7	3.1	9
英山县	51.26	9	3	10
浠水县	180	5	3.3	6
蕲春县	177.48	6	3.6	2
黄梅县	181.8	4	3.5	3
麻城市	206.7	1	3.3	6
武穴市	182.96	3	3.7	1

（资料来源：市商务局）

【商贸行业纾困解难】 2022年，黄冈市商务局调研企业100家次，召开市场主体座谈会8次，出台《推动全市批发、零售、住宿、餐饮业纾困解难恢复发展若干措施》及其补充措施，从降成本、活市场、优环境等方面为商贸企业纾困解难。兑现奖补资金4980万元，支持企业超1000家。

【商贸市场主体培育】 2022年，黄冈市商务局深入开展商贸市场主体培育行动，建立重点企业目录台账，实行服务业细分门类清零，指导企业“入限纳统”，推动限上商贸主体增量提质。全市月度商贸企业入限232家，比上年增长4.2倍；在库企业超过1500家，比上年增加673家，净增数位列全省第一位。促成晨鸣纸业、馥雅食品、人福药业等大型企业设立法人销售公司“入限纳统”。全年新增企业实现零售额65.33亿元，拉动限上零售额增长11.2个百分点。

【消费促进活动】 2022年，黄冈市分7批次发放黄冈消费券7500万元，参与活动商户2.1万户，拉动消费3亿元。开展“荆楚购”专场促销活动19场，支持黄商集团举办首届“荆楚购农民丰收节”。设立2000万元资金池，开展“智趣生活”家电促销活动，拉动家电市场消费1.3亿元。利用国家购置税减半和省、市购车补贴政策发布时机，举办端午汽车展、“金秋惠购”汽车品牌展，推动“黄冈买车、黄冈上牌”，提振汽车消费市场。全年新增“湖北老字号”企业3家，蕲春县漕河镇、浠水县清泉镇、麻城市宋埠镇、罗田县凤山镇获评全省30强消费乡镇，黄商购物中心获评省级繁荣夜间经济集聚示范区。

2022年3月，总投资13亿元的顺丰冷运中心项目开工建设。图为一期主体工程

（市商务局 供图）

【生活必需品保供】2022年，黄冈市商务局健全黄商集团、中商集团、武商集团、中百仓储等企业联保联供机制，健全重点商贸企业库存、销量日报和预警机制，加强市场运行监测，保障重要节点全市生活必需品供应充足稳定。新冠疫情期间，指导重点保供商超推广“线上下单、集中配送”无接触模式，全市线上下单12.2万次，集中配送6.26万次，其中蔬菜8.2万吨、鲜鱼1.2万吨、鲜肉2.3万吨。

【县域商业体系建设】2022年，黄冈市商务局出台县域商业体系建设行动方案，推动乡镇商贸中心建设纳入乡村振兴业绩考核范围。引导黄商集团等龙头企业下沉县乡村末端市场，完善流通网络，建成县城综合商贸中心7个、乡镇商贸服务中心61个。黄州区完成省级县域商业体系建设示范县创建。

【商贸流通产业链招商】2022年，黄冈市商务局牵头商贸流通（供应链管理）招商分局，签约商贸流通（供应链管理）项目19个，协议投资额84.57亿元；签约农产品电商产业链项目12个，协议投资额18.39亿元。吸引智慧农博城、顺丰冷运、三峡银岭、黄冈智慧物联结算与运营中心、江苏铭州等一批龙头企业落户黄冈，增强商贸流通产业链供应链竞争实力。

（邵三阳）

【重点服务业企业进规入库】2022年，黄冈市出台服务业市场主体培育支持政策，建立常态化摸排机制，提高进规入库奖励标准，开展“千人进千企”帮扶活动。全市重点服务业月度进规入库56家，全年进规入库137家，分别位列全省第二位、第三位，入库质效位列全省第一方阵。全年新进规企业实现营收54.3亿元，占规上服务业36.7%，新增企业营收比上年增长128.2%，拉动规上服务业增长25.8个百分点，贡献率102.7%。

（白楚云）

住宿餐饮业

【概况】2022年，黄冈市注册登记住宿餐饮业市场主体5.6万户（法人企业0.2万户、个体户5.4万户），其中，限上住宿业法人企业114家、个体户53家，限上餐饮业法人企业285家、个体户472家。全市限上住宿业完成营业额6.15亿元，限上餐饮业完成营业额19.21亿元，分别比上年增长2.5%、33.6%。春节期间，全市50家重点零售、住餐企业实现销售收入1.7亿元，比上年增长29%，增幅30%以上企业23家。黄商集团销售9300万元，比上年增长28.6%，来客数160万人次，比上年增长13.2%，客单价116.7元，比上年增长10.2%；万达广场客流量27.5万人次，比上年增长6%。其间，市商务局安排专人每日到市区重点商超、宾馆酒店督查新冠疫情防控情况，保障重点场所疫情防控措施落实到位，提醒19次，未发现异常情况。至年底，全市有德尔福、纽宾凯、大东方、龙腾、一方山水、威尼斯得日、艾晶、龙潭宾馆等近60家重点住宿餐饮企业，有三星级及以上旅游饭店27家，网红旅游民宿17家。

（邵三阳　孙志鹏　杨雯皓　唐　震）

【饭店服务技能大赛】2022年7月27—28日，由湖北省文化和旅游厅、省总工会、共青团湖北省委、省妇联联合举办的全国星级饭店服务技能大赛湖北赛区决赛在武汉举办，来自全省14个市（州）的15支代表队60名选手，参加湖北赛区决赛。黄冈市黄州区德尔福大饭店的易三朋获中餐服务个人三等奖，为黄冈市首次。

（吴胜明）

【黄冈纽宾凯瓦尔登酒店】2022年，黄冈纽宾凯瓦尔登酒店完成营业收入3229.5万元，比上年下降17.59%。承接各类宴席450余场，各类大型会议280余场。酒店于2013年在遗爱湖畔建立，员工150人，建筑面积5.04万平方米，设有中西餐厅、会议会展中心、医疗美容、旺斯达幼儿园、鸿都教育等基本设施。

（邵三阳　唐　震）

【黄冈半岛国际酒店】2022年，黄冈半岛国际酒店完成营业收入2438.7万元，比上年下降11.39%。承接各类宴席265场，各类大型会议137场。年内，获翰林管家资格认证、2022年“防疫有我，放心消费”餐饮服务示范单位、携程口碑榜“2022黄冈豪华酒店榜”。酒店于2016年在遗爱湖畔建立，员工135人，建筑面积3万平方米，设有中餐包房、海棠轩湖景餐厅、无柱式多功能国际宴会厅、会议室等基本设施。

（丁　洁）

【黄冈德尔福商贸有限责任公司】2022年，黄冈德尔福商贸有限责任公司完成营业收入2230万元，比上年增长11%。至年底，公司有国家“四钻级酒家”德尔福喜宴楼黄冈味道、国家“三星级酒店”德尔福遗爱湖大酒店、德尔福三清商务酒店和黄冈特色餐饮店、黄冈早餐示范店等餐饮店20余家，安置就业人员近1万人次。公司持续利用黄冈地标产品，挖掘研发创新黄冈地方特色菜品，其中“有机鱼头”“德尔福酱黄瓜”获国家级名菜、名点。

（邵三阳　唐　震）

电子商务

【概况】2022年，黄冈市商务局出台《促进农产品电商产业高质量发展工作方案》《促进农产品电商高质量发展若干措施》，推动电商与农业产业融合。全年限上企业通过线上平台完成销售额15.44亿元，比上年增长179.5%，增速位列全省第一位。

【电商主体培育与平台建设】2022年，黄冈市商务局支持湖北家美鲜电子商务有限公司搭建供需撮合平台，带动100余户订单养殖户日销鸡蛋300万枚；黄冈市北纬三十度乡村电商有限公司实行“电商+直播+农产品+基地”模式，农产品线上销售额超1亿元，招引晓秀生态云平台落户武穴，推动“黄商乐购”平台上线运营；创建省级电子商务示范基地6家、省级电子商务示范企业5家，全年新增限上电商企业30家。

【电商人才培育】2022年，黄冈市商务局推动互联网营销师纳入急需型人才培育目录库，联合黄冈职业技术学院成立大别山网红学院，联合市委组织部举办村党组织书记电商业务示范培训班，培育乡村电商创业带头人102名。全市举办各类电商人才培训130余场，培训人员近1万人次。徐志新、江明、文刚等一批本土“三农”主播成为助力乡村振兴、强县工程的重要力量。

【直播电商发展】2022年，黄冈市常态化开展直播助农活动，相继举办燕儿谷乡村振兴助农大直播、“庆丰收、迎盛会”中国农民丰收节直播带货等活动，推动黄冈优品进入全网供应链。举办首届黄冈优品直播带货大赛，播放量超过5000万次，各类平台观看量1000万人次，拉动限上企业完成网络销售额6亿元。直播大赛推动打造君河高粱糍粑、美玉热干面等“十大网络爆款”，销售额超1000万元。省商务厅主要负责人先后2次走进“谷哥直播间”，为黄冈产品代言。罗田县建成燕儿谷助农直播基地，销售当地农产品200万千克；团风县打造与产品匹配专业直播间，实现年销售额超过1亿元；蕲春县建成特色直播基地6个，推动蕲春珍米、李时珍养生茶等农产品上线销售；麻城市成立老米酒产业电子商务服务中心，带动20余家老米酒企业达成意向订单金额近2亿元。蕲春蕲艾制品、团风五谷磨房等特色产品畅销网络，罗田名羊科技进入盒马鲜生平台。直播电商、社交电商、生鲜电商等业态实现创新发展。

（邵三阳）

【《黄冈市促进农产品电商高质量发展若干措施》实施】2022年8月24日，黄冈市人民政府办公室印发《黄冈市促进农产品电商高质量发展若干措施》（以下简称《措施》）。该《措施》主要聚焦项目、平台等载体，市场主体和人才，畅销网货打造，配套支持等方面，培育壮大电商市场主体规模，提升实物商品网上零售额，形成“主体支撑、示范引领、要素驱动、整体提升”的高质量发展格局。

（彭君雄）

【燕儿谷乡村振兴助农大直播】2022年9月18日，首届燕儿谷乡村振兴助农大直播活动在罗田县开幕。国家乡村振兴局党组成员、副局长黄艳，副省长杨云彦出席开幕式并讲话。市委书记张家胜致辞，市委副书记金鑫主持。罗田县委书记郝爱芳宣布罗田县支持电商助农直播政策措施，黄冈乡村第一书记助农主播徐志新发起组建全国乡村振兴直播助农团倡议，助农主播杨儿杨代表参赛选手发言。省农业农村厅、省乡村振兴局、省商务厅、省邮政管理局主要负责人，广东、湖南、河南、福建、甘肃、山东等省乡村振兴局相关负责人参加开幕式。此次活动持续至10月11日，邀请来自湖北、河南、广西、湖南、吉林、安徽、浙江等14个省（市、区）的抖音“三农”直播带货头部团队进行带货比赛。开播团队17个，完成总销售额679.21万元，成交40.96万单，其中，湖北农产品总销售额398.3万元，占总销售额58.6%。

（熊庆萍）

粮食与物资储备

【概况】2022年，黄冈市收购粮油总量90.28万吨，其中油料5.03万吨，市场化收购率92.84%。有入统粮油加工企业185家，实现总产值181.98亿元，比上年增加25.2亿元，增长16.1%。年内，组织开展2022年世界粮食日和全国粮食安全宣传周活动，宣传爱粮节粮举措和价值观念，推广保障粮食安全典型案例，引

2022年9月18日，首届燕儿谷乡村振兴助农大直播活动在罗田县开幕

（罗田县委办公室　供图）

导形成爱粮节粮良好社会风尚。年内，黄冈市代表队获2022年“湖北工匠杯”技能大赛——第四届全省粮食行业职业技能竞赛团体二等奖，黄冈市发展和改革委员会获优秀组织奖。

【粮油收购】2022年，黄冈市粮食产量271.7万吨，比上年减少0.53%，占全省总产量9.91%，位列全省第四位；大豆产量2.8万吨，比上年减少2.4%；夏收油菜产量40.26万吨，比上年增长9.11%。全年收购粮油总量90.28万吨，市场化收购率92.84%。其中，小麦3.65万吨、早稻3.70万吨、中晚稻77.10万吨、粳稻1500吨、其他6500吨，油料5.03万吨。销售粮食总量159.10万吨，销售油脂油料总量13.55万吨。

【粮食安全风险防范】2022年，黄冈市加强和规范地方储备粮等应急粮源管理，做好军粮供应等粮油应急保障工作，完善应急供应网络，提升应急保障水平，强化粮食质量监管，坚决守住“吃粮买得到”的底线。强化库存安全监督检查，开展“两个安全”（安全储粮和安全生产）隐患排查和专项整治督办，排查隐患120个，整治120个；开展粮食仓容专项整治行动，清查隐患42处。

【粮油应急物资储备】至2022年底，黄冈市建有应急加工企业32家，其中小麦日加工能力20吨、稻谷4770吨、油料478吨。建有应急配送中心12个，其中，市直1个、每个县（市、区）各1个，仓储能力9.75万吨，应急日配送能力1400吨，自有配送车辆46辆。建有粮油应急配送网点245家，日可供应大米1613.15吨、面粉856.03吨、食用油475.55吨，实现城区及乡镇全覆盖。

（夏　常）

供销合作

【概况】2022年，黄冈市供销系统完成销售总额599.4亿元，实现利润总额3.6亿元，所有者权益16.1亿元。市供销社创新性推行“双考核”等措施，综合业绩半年考核位列全省第二位，首次在市委农村工作会议上作经验交流，4次在全省系统会议上作典型发言，被湖北省政府授予“湖北省农村现代流通服务网络体系建设先进集体”称号。

【农业社会化服务】2022年，黄冈市供销社探索以农村土地托管为主要形式的农业社会化服务，复制推广“全程式”“菜单式”“土地股份合作式”等模式。培育发展浠水长福公司、黄梅楚兴农资公司等从事粮食烘干和加工销售的市场主体7个，实现年粮食烘干能力16.14万吨，日均大米加工能力180吨，注册优质稻大米商标7个。建成生产性为农服务中心80个、农村综合服务中心250个，培育发展农业社会化服务市场主体182个，争取农业社会化服务类项目20个、财政扶持资金3000万余元。罗田县供销社建成电商运营中心。全市供销系统托管土地17.29万公顷，托管率32.4%。

【流通体系建设】2022年，黄冈市供销社推进县域产地农产品冷链物流中心建设，改造升级重点农产品批发零售市场，试点建设农村物流寄递网点。建成物流配送中心9个、完成年配送额5.36亿元，拥有冷库库容量2.49万吨，发展快递网点532个、年配送快递120.7万件。对接扶贫“832”“供销e家”“荆选”等电商平台，开展直播带货，培育“月果老”酱菜、“浠长福”粮油等地标优品品牌15个，全年供销市场主体分别入驻扶贫“832”平台47家、“供销e家”平台3家。实施基层网点电商化改造，建成乡镇电商网点127个、村级网点1565个。

【再生资源和垃圾分类“两网融合”】2022年，黄冈市供销社推进全市再生资源和垃圾分类“两网融合”，完善县、乡、村三级回收网络。全市供销系统建成标准规范乡镇分拣中心56个、村级回收点502个，红安县、罗田县、黄梅县三地实现乡镇全覆盖。罗田县“两网融合”模式在全市推广，被湖北省住建厅总结为“罗田模式”。年内，联合市城管执法委开展城区再生资源回收网点专项整治，改造提升网点，促进规范经营，实现招牌、制度牌、信息公示牌、服装、消防器材、经营台账统一覆盖。

【“大药商”培育】2022年，黄冈市供销社实施《黄冈供销“大药商”培育工程三年（2021—2023年）行动方案》，全市培育发展药食材市场主体25个，托管和流转药食材面积2086.67公顷，实物经营量9283.3吨，实现销售收入7.1亿元、利润6100万元。

【农资保供】2022年，黄冈市供销社实行保供运行情况周调度机制，依托全市供销系统9家2022年全省供销社系统春耕保供稳价重点农资企业，完成保供销

2022年4月29日，罗田县供销社采取“电商+供销文化”模式建成的电商运营中心启动运营。图为供销印象展厅（市供销社　供图）

售主要品种肥料14.8万吨，库存主要品种肥料4.9万吨、农药400吨。

（李 俊 邓圣勇）

成品油销售

【概况】2022年，黄冈市销售成品油60.76万吨，其中：中国石化黄冈石油分公司（以下简称“黄冈石化公司”）完成成品油销售41.82万吨；中国石油湖北黄冈销售分公司（以下简称“黄冈石油公司”）完成成品油销售18.94万吨，实现非油收入6276万元，全口径税收712万元。争取惠农政策，免费提供小额配送服务，开辟多条惠农服务绿色通道，保供农业用油2488吨，每吨优惠近450元；保供化肥492吨，每吨优惠近490元。

【成品油项目建设】2022年，黄冈石化公司建成投营加油站3座，取得土地5块，完成25个加油站统筹改造、5个充电站及5个光伏发电等项目建设。推动解决红安环城项目增资、英山新城项目土地问题，新增网点87家。完善加油站服务功能，建设“司机之家”和“爱心驿站”135个。实施非油品销售新模式，开展“门店销售能力提升年”和“六个一”清零行动，打造标杆门店126家。

【成品油企业安全生产】2022年，黄冈市石油企业做好安全管理，实现油品质量合格率100%，全年未发生安全、环保、数质量上报等事故。年内，黄冈石化公司开展共性隐患大排查大整治，排查出问题94项，整改问题94项；开展个性隐患专项整治，治理加油站加油机底部填砂问题42座，整改加油站非标配电柜问题41座，整治2座油库900余点静电接地不规范问题，解决金源油库可燃气体报警器数量不足问题，完成加油站视频监控维修71座，复盘操作井漏油漏气排查出的问题37条，解决东坡站噪声超标、大广4站生活垃圾处理、2座油库污水处理等环保问题；开展重复性问题专项整治行动，处罚146人次。

（赵春峰 唐伟涛）

烟草专卖

【概况】2022年，黄冈市销售卷烟17.61万箱，比上年增长0.06%；实现税利17.75亿元、比上年增长10.76%，其中税收12.46亿元、比上年增长10.08%；实现商业增加值20.29亿元，比上年增长10.61%。制定《新进员工培养管理办法》，新增高级技师1人、二级技师2人、入选全省优秀技能人才库9人。争取现代卷烟零售终端和文明吸烟建设费571万元、乡村振兴资金550万元，减免45户中小微企业和个体工商户租金80万余元，解决帮扶村（共建社区）群众急难愁盼问题。开展“学张闯、做表率、建新功”活动，已故党员张闯获追授“荆楚楷模”“黄冈五一劳动奖章”。年内，市烟草局（公司）营销、专卖、物流、科技创新、烟草学会工作获全省烟草商业系统表彰。

【专卖管理】2022年，黄冈市召开全市公安、烟草全面深入推进卷烟打假市场整顿工作会议，挂牌烟草、公安联合执法工作室12个，24名公安干警驻点办公；与宁波、温州、沈阳等地烟草公司签订合作协议。开展“齐安雷霆”等系列专项行动，查获非法“三烟”2915.41万支、案标值3387.41万元，比上年分别增长44.22%、71.68%。办理省标三级以上案件19起，其中部督案件1起、省督案件2起，协同武汉、黄石和福建漳州等地，联合办理国标案件3起，蕲春“5·28”案件获省卷烟打假市场整顿工作领导小组表彰。加强电子烟过渡期监管，全市有电子烟用烟碱生产企业获批投产1家，电子烟零售户获批许可33户，查处向未成年人销售电子烟案件1起。依申请网办许可事项率99%，完成烟草“12313”热线与“12345”热线工单对接。

【卷烟营销】2022年，黄冈市烟草公司实现与24家工业公司网配全覆盖，省际交易比重比上年提升3.64个百分点。全市5810户零售店实现卷烟扫码销售，1061户实现全商品扫码经营，近3万个市场主体卷烟综合毛利率15.50%。行业客户满意度调查中，市烟草公司满意度位列全省系统第六位。开展送货试点，缩短送货响应时间至30小时以内，单车日配送效率提升15个百分点。全市建成吸烟室10个、吸烟区125个、吸烟点1279个。

（郑剑红）

2022年3月10日，黄冈市公安、烟草部门联合开展卷烟打假市场整顿工作

（市烟草公司 供图）

盐业经营

【概况】2022年，黄冈市完成各类盐总销量2.14万吨，其中小袋食盐1.66万吨，大袋盐4830吨（工业盐1878吨、食品加工用盐2952吨），实现利润459万元。湖北盐业集团有限公司黄冈分公司（以下简称“黄冈盐业公司”）下辖黄州批发部、

麻城分公司、蕲春分公司等10个县(市、区)分公司,主要开展食用碘盐、中高端食盐、果蔬洗涤盐、食品加工用盐、工业用盐、肠衣盐、农牧渔业用盐和其他用盐的销售。

【食盐安全监管】2022年,黄冈盐业公司加强食盐相关产品质量安全管理,要求供应商提供入库食盐的产品检验报告,为客户提供在市场销售食盐产品的合格票据和产品检验报告,便于追溯源头,保障产品质量。配合市县两级市场监督管理局开展市场在售食盐质量抽检活动20余次,抽检结果均为合格。

【盐业储备设施管理】2022年,黄冈市在浠水、蕲春两地有省级食盐储备量2000吨,在10个县市区履行社会责任储备食盐量2000吨,保障全市食盐稳定供应。年内,黄冈市盐业储备设施管理遵循科学合理、安全环保原则,严格执行国家有关标准和规定,建立完善的运行管理制度,确保设施安全、稳定、高效运行。加强日常保养,定期开展储备设施检查维修,及时排除潜在隐患。

(刘 涛)

物流业

【概况】2022年,黄冈市编制完成《黄冈市现代物流业"十四五"发展规划》。全市有在库物流企业1273家,其中:综合型643家,仓储型361家,运输型269家;交通运输业规模以上企业71家,交通运输一套表规模以上企业44家。完成现代物流产业链签约项目14个,投资额80.6亿元,实际(完成)投资49.2亿元。至年底,全市有A级以上物流企业18家,其中,AAAA级企业6家,AAA级企业5家,AA级企业7家。全年规模以上物流企业完成营业收入54.6亿元,比上年增长68.8%,利税4.91亿元,提供就业岗位829个。全市邮政业务总量18.2亿元,比上年增长4.68%,其中,黄州、蕲春、黄梅3地邮政业务总量位列前三位,分别为3.7亿元、2.8亿元、2.5亿元。年内,市道路运输与物流事业发展中心鼓励各类平台对接国家交通运输物流公共信息平台,引进对接"云上多联"等省内外多式联运信息平台,实现各种运输方式信息数据开放共享与互联互通。

【物流园区建设】2022年,黄冈市物流站场建设完成固定资产投资5.7亿元;物流基础设施投资项目12个,完成投资21.57亿元。年内,建成湖北兴业物流有限公司现代物流园和蕲春张塝物流智慧仓储中心,建成运营物流园20个。罗田大别山地标优品智慧物流园、黄冈临空智慧物流园、黄冈智慧农博城等项目开工建设。

表38 2022年黄冈市AA级及以上物流企业一览表

序号	级别	单位名称	区属
1	AAAA	湖北黄商集团股份有限公司	黄州区
2		湖北晨科农牧集团股份有限公司	浠水县
3		黄冈市卫尔康医药有限公司	黄州区
4		黄冈启程物流有限公司	黄州区
5		湖北宇阔物流有限公司	黄州区
6		武穴港航发展有限公司	武穴市
7	AAA	湖北英迅通物流服务有限公司	英山县
8		罗田县兴达物流运输有限公司	罗田县
9		湖北名羊农业科技发展有限公司	罗田县
10		黄冈市如峰汽车咨询服务有限公司	黄州区
11		湖北港口集团黄冈有限公司	黄州区
12	AA	湖北省龙感湖帝龙高科技农贸有限公司	龙感湖管理区
13		黄冈安必达冷链物流有限公司	黄州区
14		黄冈东坡粮油集团有限公司	团风县
15		国药控股麻城有限公司	麻城市
16		国药控股黄梅有限公司	黄梅县
17		红安县三顺物流有限责任公司	红安县
18		黄梅康宏生态农业发展有限公司	黄梅县

(资料来源:市交通运输局)

【冷链物流】2022年，黄冈市有智慧农博城园区1家，冷链物流企业6家，主要承接全市生鲜、低温冷冻、速冻预制食品的加工、存储、运输等，有专业冷库10万平方米，其中智慧农博城有冷库7万平方米。

【农村物流建设】2022年，黄冈市印发《推进农村物流体系建设实施方案》，召开全市农村物流大通道建设现场会，推行罗田县“电商+农户+市场主体+物流”、蕲春县张塝镇“党建+快递进农村+农产品上行”、麻城市农村物流模式。全市建成县级物流配送中心1个，改扩建县级物流配送中心2个，规划建设县级物流配送中心7个。全市115个乡镇建成乡镇物流综合服务站107个，乡镇服务覆盖率93.04%；建成村级物流服务网点1955个，覆盖2724个村，村级物流网点服务覆盖率75.46%，县乡村三级农村物流体系网络基本建成。

【物流统计体系建设】2022年，黄冈市交通运输局、市统计局联合印发《黄冈市社会物流统计报表制度》，建立健全市交通运输局、市统计局、市商务局、市农业农村局、市经济和信息化局、市邮政管理局、市港航事业发展中心等相关部门统计联席机制，拟定全市87家物流统计样本企业名单。招聘武汉现代物流研究院有限公司和中国物流信息中心作为数据统计机构和企业数据平台，每月公布全市物流业景气指数报告，每季度形成全市物流业统计报告，组织公路运输统计年报培训50余人，全市物流业统计体系建设基本完成。

（罗宝华）

新兴服务业

【资产评估】2022年，黄冈市有资产评估机构16家，从业人员114人。年内，黄冈市财政局贯彻落实省财政厅部署，采取线上+线下两种方式，对湖北意嘉城房地产评估有限公司、武穴联诚资产评估事务所、湖北黄梅正信资产评估事务所3家资产评估机构进行业务检查，重点检查资产评估机构的内部治理、风险防范机制、质量控制体系及项目质量、自身会计信息质量等情况，并就检查中发现的问题与被检查机构沟通，提高评估机构的执业质量；对黄冈市公安局高新区分局、黄冈市防汛抗旱服务队、武穴联诚资产评估事务所等 11家单位实施2021年度会计评估监督检查，发现问题5处，年底均整改到位；与黄冈市市场监督管理局联合开展全市 2022年度专利质押融资贴息项目立项申报工作，确定申报项目12个，对项目实施和经费使用情况进行指导和跟踪。黄冈市检察院、黄冈市工商业联合会等13家单位联合成立第三方机制管委会，组建由专家学者、律师、注册会计师、资产评估师等6个类别53 名人员名录库，制定改革配套制度5项，依法推进全市涉案企业合规改革工作，建立健全涉案企业合规第三方监督评估机制。全市完成土地评估项目465个，其中招拍挂及协议出让类48个、个人出让类417个，评估土地总面积296.85万平方米，评估价值33.4亿元。完成公开招采入围的8家土地评估机构排号，全市个人协议出让办理过程中，申请人可通过选号自行选取对应评估公司，宗地出让评估过程中，评估公司配专职估价师现场踏勘，按时出具评估结果。

（何　剑　黄　荣）

【公证服务业】2022年，黄冈市有公证机构12家、公证员36名，办理公证1.14万件。全年提供代办服务210余次，提供邮寄服务700余次，上门办证、核查480余次，减免困难群众公证费30万余元，开设企业绿色通道、减免公证费95.4万元。开展“法律援助进万家，共同缔造新生活”活动，为残疾人、低保户等困难群众提供公证法律服务100余份。优化公证办理流程、精减申办材料，落实“五减便民”举措，提高公证效率，办理公证时间由15个工作日缩短至3～7天，材料齐全的小额存款、亲属关系、声明书、委托书等公证事项，实现当天受理、当天出证，12类高频事项实行清单制。开拓破产公证法律服务，推行“公证+不动产”“法院+公证辅助”“金融+公证赋强”“检察+公证提存”联办模式，成立知识产权公证服务中心。建立信息共享合作协议，开通乡镇远程视频办理公证服务，打造“互联网+公证”模式等公证服务机制。市公证协会出台《关于进一步规范执业秩序 提高公证法律服务质量的通知》《公证业务质量评查制度》等文件，进一步规范行业管理。全市举办法律咨询活动活动30余次，开展公证公益宣传120余次，发放宣传单3000余份。开展公证机构党组织规范化建设，单独建立党支部公证机构5个，成立联合党支部公证机构7家。

【司法鉴定服务】2022年，黄冈市有司法鉴定机构13家，有执业司法鉴定人72人，完成收入1015.9万元，出具司法鉴定意见书1.04万份。年内，市司法局在7个县（市、区）司法局设立司法鉴定涉企优先办理绿色通道，在法律援助中心开展司法鉴定业务咨询指引服务。全年全市办理司法鉴定案件9427件、法律援助案21件，组织开展“鉴定机构进农村”活动8次，发放《司法鉴定业务指南》和宣传手册2500册。办理行政许可初审事项26件，变更6家司法鉴定机构执业范围，暂停2家鉴定机构部分鉴定业务。与人民法院保持涉鉴联席会议工作机制，联合黄冈银保监分局出台《涉保司法鉴定工作联席会议制度》，加强鉴定档案管理，明确2类敏感鉴定业务受理程序全程录像。

（余晓峰）

【科技服务业】2022年，黄冈市建立全市科技服务业在库企业名录库、全市科技服务业拟纳统重点企业名录库，市市场监督管理局跟踪指导，服务田申甲、云之源、伯远生物、世纪百捷4家科技服务业企业纳统入规，其中研究和试验发展业实现规上企业零的突破。年内，全市实施高新技术企业倍增行动，建立科技服务机制，围绕特色产业开展重点培育和精准服务，对543家高新技术产业纳统企业实施分层分级包保服务，纳入“千人进千企”工作调度，解决问题336个。出台《关于促进高新技术产业创新发展若干措施》，针对成果转化、科技园区共建运营、科技型企业引进等方面存在的突出问题，制定措施14条。全年，市本级兑现后补助资金672.5万元，组织实施科技计划项目46项，安排资金1710万元。

（谢素玲　陈江华　雷丹丹）

【广告业】2022年，黄冈市有广告经营单位2537户、从业人员1.2万人、完成经营额6.5亿元，比上年分别增长5.3%、

16.5%、15.9%。

（陈江华　雷丹丹）

【人力资源服务】2022年，黄冈市有人力资源服务企业221家（含劳务派遣企业，下同），比上年增加38家。其中，具备人力资源许可资质企业24家，具备劳务派遣资质企业147家，同时具备两种资质企业50家。规模以上企业26家，占经营性人力资源服务机构11.76%，比上年增加3家。全年完成营业收入22.95亿元，帮助实现就业、择业和流动人口30.24万人次，举办现场招聘会257场次，提供招聘岗位4.99万个，通过网络招聘发布岗位信息15.17万条、求职信息17.07万条。重点培育黄冈市培华劳务派遣有限公司、黄冈锦绣人力资源服务有限公司、黄冈市环友人力资源服务有限公司3家企业进规入库，营业收入均超过1000万元。

（陈科宇　晏越颖）

【律师服务】2022年，黄冈市有律师事务所62个，专职律师580人；有公职律师302人、公司律师13人、聘请政府法律顾问183人；新增公职律师11人，颁发律师执业证25人、新增实习律师43人。年内，23名律师获市级"优秀党员律师"称号。发放2021年度法律职业资格证书203份，组织开展年度黄冈考区客观题考务工作，参加考试1342人。全年代理各类案件1.35万件，其中民事案件1.22万件、刑事案件1417件、行政案件311件。6月7—8日，市司法局联合市经济和信息化局等部门开展送法进园区活动，100余家规上企业、市直单位帮扶专班、100余名律师参加，现场发放宣传资料500余份，湖北齐安律师事务所、湖北得伟君尚（黄冈）律师事务所、湖北文赤壁律师事务所举办法治讲座，开展企业常见法律问题授课，现场提供法律咨询服务。

（余晓峰）

【会计服务】2022年，黄冈市有会计师事务所10家，其中有限责任制6家、普通合伙制4家；有执业会员76人、非执业会员171人，行业从业人员200余人。全市有代理记账机构187个。全年会计师事务所收入4090万元，出具报备报告1437份。年内，黄冈市会计管理局组织完成全国会计专业技术资格考试黄冈考区初级、高级、中级3场考试，其中：报考初级人数6341人，参考3882人，合格1549人，占应考人数26%；报考高级人数63人，参考40人，合格23人，占应考人数38%；报考中级人数2541人。年内，报考财务管理人数2026人，参考2026人，合格304人，占应考人数15%；报考经济法人数2172人，参考2172人，合格405人，占应考人数19%；报考中级会计实务人数2255人，参考2255人，合格382人，占应考人数17%。举办"2022年继续教育培训"，参加培训5265人，考试通过人数4909人，通过率93.24%。举办线上"黄冈市直行政事业单位财务人员专题培训"，培训内容涉及12大类、32小类。

（吕婧怡）

【检验检测服务】2022年，黄冈市30家检验检测机构在省市场监管局组织开展的2022年度检验检测机构能力验证工作中，"水质中硫酸盐含量的测定""电线电缆绝缘平均厚度的测量""食用植物油中铅和苯并[a]芘的检测""热塑性塑料管材、管件维卡软化温度的测定""低温试验、泄漏（接触）电流的测定"5项能力验证工作满意率96%。年内，全市上线中医药健康产业检验检测公共服务平台，36家企业和县级检验检测机构完成注册，接受委托检验269批次、线上线下业务咨询培训80余人次，刊载知识专栏18期，企业节约成本100万余元。完成伊利乳业、宏源药业等26家重点企业委托检验497批次，业务技术培训130余人次，赠送企业检测试剂300余份，企业节约成本100万余元。免费为湖北鑫安康药业检测原辅料、产成品等10余个品种，帮助企业通过GMP符合性检查和恢复生产现场检查，取得药品批准文号41个。黄冈市大别山检测公司在仪器设备、环境条件、检测人员配备及技术能力等方面均达到规定标准，通过ISO9001质量管理体系年度监督审核，获评省市两级"守合同重信用"企业，检验检测能力涵盖食品、能源、化工、建材、家用电器、电线电缆、轻工、纺织、交通工具、环境等30个领域。红安县公共检验检测中心与湖北阿帆食品股份有限公司签订共享共建合作协议，免费提供检测。罗田燕儿谷农产品质量安全检测中心建成运行，补齐农产品服务业供应链检测短板，是全市首家建在乡村的实验室。

（雷丹丹　陈江华　罗新鹏　黄　荣）

【养老服务】2022年，黄冈市建有各类养老机构200家，其中，公办养老机构160家，社会办养老机构40家（其中公建民营15家）。城乡社区居家养老服务设施分别有318个、2552个，覆盖率分别为85%、71%，养老床位总数5.81万张，其中机构床位2.83万张、护理型床位1.54万张。年内，黄冈市养老机构管理人员和护理人员培训班在黄冈职业技术学院举办，20余家养老机构，300余名管理、护理人员参加培训，黄冈职业技术学院教授讲授养老机构管理知识、老年人护理技术等课程。该培训班是全市首次与职业技术学院合办。

（刘　辉　余　嘉　王紫骆）

【托育服务】2022年，黄冈市政府办出台《关于促进3岁以下婴幼儿照护服务发展的实施方案》，市发展和改革委员会、市卫生健康委员会、市民政局联合出台《黄冈市"一老一小"整体解决方案》，推动托育服务高质量发展。全市注册登记托育服务机构213家、托位1.26万个，其中，营利性机构182家，非营利性机构31家。机构经营场所属于自建82家，属于租赁131家。年内，2家托育机构获省级示范性托育机构。争取中央投资资金2205万元，推进普惠托育服务中央投资项目21个（其中黄州城区13个、浠水县3个、罗田县3个、蕲春县1个、武穴市1个），完成普惠性托位2205个。

（南　海）

【家政服务】2022年，黄冈市联合市妇联、黄冈职业技术学院、当地技校等有关部门和专门培训机构共同开发家政服务市场。全市有家政服务培训机构406家，开展家政服务提升培训165期、培训6655人。培训涉及家政服务、职业道德、礼仪习俗、家庭清洁、老幼家庭护理等知识和技能，结业率和就业率均在90%以上。

（陈科宇　晏越颖）

责任编辑：严　静　责任校对：赵舒逸

综述

【旅游业恢复发展】2022年，黄冈市旅游业呈现快速恢复、稳中向好、质效提升的发展态势。全市有国家AA级及以上旅游景区87家，旅游星级饭店41家，旅行社88家，持证导游员700余人。国家全域旅游示范区1家，省级旅游度假区4家，全国乡村旅游重点村3家，湖北省旅游强县4个，旅游名镇7个，旅游名街2个，旅游名村19个。全年未发生重大旅游安全事故、旅游服务质量投诉事件和社会舆情。

【旅游规划】 2022年，黄冈市坚持市县“一盘棋”，加快“一局变三局”职能转变，谋划布局文化旅游产业链四大分链，市政府分管领导担任链长，编制出台《黄冈市文旅深度融合发展规划》，制定《2022年文旅产业高质量发展行动方案》以及任务清单、项目清单，建立健全发展体系，加快文化和旅游业发展。年内，黄冈市出台《黄冈市文化和旅游发展“十四五”规划》，总结“十三五”期间文旅产业发展情况，分析“十四五”期间面临的文旅发展环境，明确发展思路、主要任务、六大重点工程和七项保障措施。

【旅游企业政策扶持】2022年，黄冈市文化和旅游局(以下简称“黄冈市文旅局”)制定出台《黄冈市支持文化旅游业市场主体纾困解难的若干措施》《黄冈城区支持文化旅游业市场主体纾困解难的六条措施》，通过暂退旅行社全部质量保证金、给予“引客入黄”奖补、支持酒店和旅行社合作、助力推广旅游年卡，激励企业宣传营销等方式，加大文旅市场主体纾困力度。先后在荆楚网、长江云、黄冈电视台、黄冈日报等省、市媒体上宣传相关政策。编印《纾困政策汇编》小册子，分发给文旅企业。全市暂退旅行社质量保证金741.5万元、缓缴120万元。支持文旅企业金融纾困，46家文旅企业获得信贷风险补偿金和融资纾困“白名单”支持，落实授信额度8950万元。

【旅游接待】2022年，黄冈市接待游客4149.78万人次、实现旅游综合收入303.16亿元，比上年分别增长3.97%和0.32%，进入全省第一方阵。国庆假期，全市接待游客417.17万人次，比上年下降0.51%；实现旅游总收入18.68亿元，比上年下降0.34%。国家A级旅游景区接待游客139.2万人次，比上年下降0.43%。全市23家正常营业星级酒店可租客房15169间，出租客房数8828间，平均出租率58.2%，比上年下降10.2%。

【全域旅游】2022年，黄冈市全面整合全市旅游资源，以“大别山牌”为统领，建设以红安县、麻城市为主体的红色旅游区，以罗田县、英山县、浠水县为主体的大别山生态旅游区，以黄州区、团风县、黄梅县为主体的文化旅游区三大功能分区，发展全域旅游。黄州区投资3.8亿元，打造陈策楼镇红色农文旅融合示范片和环幸福水库现代水产示范片；投资8.8亿元，启动陈潭秋故居国家AAAA级旅游景区创建等12个重点工程项目建设。

【文旅融合】2022年，黄冈市利用文物遗迹、文化遗产及博物馆、非遗展示馆、游客接待中心、景区等场所开展文化、文物旅游。黄梅县东山问梅村景区，依托“黄梅戏”“黄梅挑花”“岳家拳”等国家级非物质文化遗产资源，打造文旅商街、大型光影秀、东山博览馆、稻田乐园及凤源里社区等特色文旅项目。罗田县燕儿谷“村企联建”推动文旅融合发展项目，获2022年湖北省文旅创新优秀案例二等奖，入选世界旅游联盟旅游减贫案例，燕儿谷景区获评第十六届中国文旅总评榜文旅融合示范景区。

(周锋刚)

旅游资源

【概况】2022年，黄冈市有国家AAAA级旅游景区21家，国家AAA级旅游景区62家。全年新增全国乡村旅游重点村1家、国家AAAA级旅游景区1家、国家AAA级旅游景区9家、省旅游休闲街区1家、自驾车旅居车营地7家，2家旅游景区通过国家AAAA级旅游景区景观价值评审。推进麻城市龟峰山景区国家AAAAA级创建，红安黄麻起义纪念园景观质量评审纳入文化和旅游部计划。

表39　2022年黄冈市国家AAA级及以上旅游景区一览表

序号	景　区　名　称	等级	地　址	类　型	2022年接待游客量（万人次）
1	东坡赤壁景区	AAAA	黄州区公园路	人文景观	26.35
2	黄冈市遗爱湖景区	AAAA	黄冈城区	现代娱乐	557
3	黄麻起义和鄂豫皖苏区纪念园	AAAA	红安县陵园大道	人文景观	169.65
4	红安县李先念故居纪念园	AAAA	红安县高桥镇长丰村	人文景观	未统计
5	红安县天台山风景区	AAAA	红安县天台山	自然景观	10.3
6	麻城市龟峰山景区	AAAA	麻城市龟峰山	自然景观	69.3
7	麻城市烈士陵园	AAAA	麻城市陵园路	人文景观	未统计
8	麻城市五脑山森林公园	AAAA	麻城市五脑山	自然景观	79
9	麻城市孝感乡文化园	AAAA	麻城市湖广大道	人文景观	78.79
10	罗田县天堂寨景区	AAAA	罗田县九资河镇	自然景观	51.2
11	罗田县大别山薄刀峰景区	AAAA	罗田县薄刀峰	自然景观	42.88
12	英山县大别山南武当旅游区	AAAA	英山县石头咀镇	自然景观	未统计
13	英山县桃花冲旅游风景区	AAAA	英山县草盘地镇	自然景观	43.2
14	英山县四季花海景区	AAAA	英山县温泉镇	乡村田园	35.36
15	浠水县三角山旅游风景区	AAAA	浠水县绿杨乡	人文景观	5.38
16	蕲春李时珍医道文化旅游区普阳观	AAAA	蕲春县南阳四路	人文景观	89.7
17	黄冈雾云山生态旅游景区	AAAA	蕲春县檀林镇雾云山村	乡村田园	未统计
18	蕲春县李山生态旅游区	AAAA	蕲春县大同镇李山村	乡村田园	22
19	武穴市广济时光景区	AAAA	武穴市沿江大道	综合吸引	95
20	黄梅县四祖风景区	AAAA	黄梅县大河镇四祖寺村	人文景观	未统计
21	黄梅县东山问梅村景区	AAAA	黄梅县五祖镇	现代娱乐	34.28
22	黄冈市伊利乳业园工业旅游区	AAA	黄州区黄州大道	人文景观	未统计
23	黄冈市博物馆	AAA	黄州区明珠大道	人文景观	31.28
24	黄州区李四光纪念馆	AAA	黄州区体育路	人文景观	未统计
25	黄州区齐安湖生态农庄	AAA	黄州区陶店乡小汊湖村	综合吸引	未统计
26	黄州区陈潭秋故居	AAA	黄州区陈策楼镇陈策楼村	人文景观	37.92
27	黄冈革命烈士陵园	AAA	团风县杜皮乡	人文景观	42.29
28	团风县田园童话	AAA	团风县团风镇	乡村田园	36.41
29	团风大别山传奇家园景区	AAA	团风县贾庙乡长冲村	自然景观	未统计
30	红安县七里坪镇长胜街景区	AAA	红安县七里坪镇	人文景观	未统计
31	红安县吴氏祠景区	AAA	红安县八里湾镇陡山村	人文景观	未统计
32	红安县帝王湖景区	AAA	红安县高桥镇龙王山村	自然景观	27.95
33	红安长河缘生态旅游度假区	AAA	红安县高桥镇	人文景观	未统计
34	红安钓鱼台文旅康养小镇	AAA	红安县发展大道	人文景观	40.1
35	红安知青茶厂景区	AAA	红安县永佳河镇	人文景观	未统计
36	红安李天焕将军故里	AAA	红安县永佳河镇叶河村	人文景观	未统计
37	麻城市博物馆	AAA	麻城市陵园路	人文景观	未统计
38	麻城市菊香人家	AAA	麻城市黄土岗镇张家墩村	乡村田园	未统计
39	麻城市纯阳大峡谷	AAA	麻城市福田河镇纯阳山村	自然景观	未统计
40	麻城市杏花村	AAA	麻城市歧亭镇杏花村	乡村田园	未统计
41	麻城古孝感乡都景区	AAA	麻城市鼓楼街道沈家庄村	现代娱乐	未统计
42	麻城市东垸古村	AAA	麻城市龟山镇东垸村	乡村田园	未统计

续表

序号	景区名称	等级	地址	类型	2022年接待游客量（万人次）
43	麻城市乘马会馆	AAA	麻城市乘马岗镇	人文景观	25.76
44	罗田县燕儿谷生态农庄	AAA	罗田县骆驼坳镇燕窝垸村	乡村田园	未统计
45	罗田县天堂湖景区	AAA	罗田县九资河镇大地坳村	自然景观	29.8
46	罗田县胜利红色旅游区	AAA	罗田县胜利镇	人文景观	26.1
47	罗田县潘家湾景区	AAA	罗田县白庙河镇潘家湾村	乡村田园	25.4
48	罗田县圣人堂景区	AAA	罗田县九资河镇圣人堂村	乡村田园	35.9
49	罗田县塔山公园	AAA	罗田县大别山大道	人文景观	51.2
50	罗田县进士河文化旅游区	AAA	罗田县大河岸镇	自然景观	未统计
51	英山县烈士陵园	AAA	英山县温泉镇	人文景观	24.5
52	英山县乌云山茶叶公园	AAA	英山县红山镇乌云山村	乡村田园	41.3
53	英山县大别山丽景风景区	AAA	英山县金铺镇乐冲村	综合吸引	30.5
54	英山县神峰山庄	AAA	英山县孔家坊乡新铺村	自然景观	未统计
55	英山县童玩谷生态园	AAA	英山县杨柳镇黄泥畈村	现代娱乐	26.1
56	英山县天马寨景区	AAA	英山县雷家店镇上沟村	自然景观	未统计
57	英山县九龙岛生态旅游度假区	AAA	英山县方家咀乡千斤坪村	人文景观	未统计
58	英山大别山茶叶谷	AAA	英山县杨柳湾镇东部	乡村田园	未统计
59	白莲河示范区斗方山风景区	AAA	浠水县白莲镇斗方山村	人文景观	未统计
60	浠水县花涧谷	AAA	浠水县清泉镇翟铺村	现代娱乐	未统计
61	浠水县闻一多纪念馆	AAA	浠水县清泉镇红烛路	人文景观	27.9
62	浠水月湖滨水生态景区	AAA	浠水县清泉镇北城新区	现代娱乐	227.9
63	浠水梓木星空景区	AAA	浠水县白莲河梓木山	自然景观	未统计
64	蕲春县三江生态旅游度假区	AAA	蕲春县漕河镇严垅村	人文景观	85
65	湖北鄂人谷生态旅游度假村	AAA	蕲春县漕河镇严垅村	人文景观	未统计
66	蕲春县横岗山生态园	AAA	蕲春县刘河镇高潮村	自然景观	未统计
67	蕲春县龙泉花海观光园	AAA	蕲春县蕲州镇龙泉庵村	综合吸引	未统计
68	蕲春县大鑫湾仙人湖养生度假区	AAA	蕲春县大同镇游山村	人文景观	82
69	蕲春县李时珍纪念馆	AAA	蕲春县蕲州镇时珍路	人文景观	50.92
70	蕲春县李时珍百草园	AAA	蕲春县漕河镇长林岗村	综合吸引	未统计
71	蕲春县牡丹中医药健康养生园	AAA	蕲春县赤东镇徐亮村	乡村田园	未统计
72	蕲春九棵松旅游区	AAA	蕲春县横车镇九棵松村	乡村田园	未统计
73	武穴市仙姑山风景区	AAA	武穴市仙姑山	综合吸引	未统计
74	武穴市横岗山景区	AAA	武穴市横岗山	自然景观	未统计
75	武穴市希尔寨生态农庄	AAA	武穴市梅川镇铜鼓村	现代娱乐	未统计
76	武穴市宋河生态山庄	AAA	武穴市梅川镇吕四房村	自然景观	未统计
77	武穴市龙门花海景区	AAA	武穴市余川镇	乡村田园	未统计
78	武穴通天河景区	AAA	武穴市余川镇王冲村	现代娱乐	未统计
79	黄梅县玫瑰谷景区	AAA	黄梅县柳林乡老铺村	现代娱乐	未统计
80	黄梅县富源庄园	AAA	黄梅县独山镇尤詹村	乡村田园	未统计
81	黄梅县春秋苑	AAA	黄梅县黄梅镇蒋花园村	现代娱乐	未统计
82	黄梅县绣娘田园	AAA	黄梅县杉木乡藕塘村	乡村田园	33.3
83	黄梅袁夫稻田景区	AAA	黄梅县大河镇永安村	现代娱乐	未统计

（资料来源：市文化和旅游局）

【东坡赤壁景区】国家AAAA级旅游景区，全国重点文物保护单位、省级风景名胜区、湖北省文化遗址公园、中国华侨国际文化交流基地，位于黄冈市区西北，面积33公顷，是集文物保护、山水观光、人文体验、休闲娱乐等功能为一体的文化旅游景区。"赤壁"因其北面一山陡峭如壁，山石颜色赤红而得名；北宋元丰三年（1080年）春，著名文学家苏轼因乌台诗案贬谪黄州，留下千古传诵的《赤壁赋》《后赤壁赋》《念奴娇·赤壁怀古》等名篇作品，后人因此将赤壁和苏东坡合称东坡赤壁。东坡赤壁风景区有九亭、三楼、三阁、三堂、一像，现存历代名人书画碑刻近700块，其中文物藏品82件（套），藏有清代选刻的《景苏园帖》石刻108块。年内，景区推出半票入园活动，市民凭本人身份证在国庆节期间购票可享受半票入园优惠。2022年，景区接待游客26.35万人次。

【黄冈市遗爱湖景区】国家AAAA级旅游景区，国家湿地公园、湖北最美十大湖泊、全国最大的东坡文化主题公园，位于黄冈市区，由东湖、西湖、菱角湖组成，面积5.03平方千米，水面2.94平方千米，环湖岸线29千米，有主体景区12个，展览馆6个，是集东坡文化、生态保护、休闲娱乐等于一体的综合性开放式公园。湖岸蜿蜒曲折，移步换景，小岛点缀，湖汊相通，湖面宛若天成。景区由"一环、两片、五区、十二景"构成。一环是沿湖观光旅游的环形主路线；两片是东湖片区和西湖片区；五区是东坡文化休闲区、文化商业休闲区、竹园生态休闲区、原生态自然保护区和市民户外运动游乐区。遗爱"十二景"指遗爱清风、临皋春晓、东坡问稼、一蓑烟雨、琴岛望月、红梅傲雪、江柳摇村、幽兰芳径、水韵荷香、大洲竹影、霜叶松风、平湖归雁，包含中国传统文化中春夏秋冬、风花雪月、梅兰竹菊等元素，与苏东坡人格魅力、人生历程、艺术作品紧密相连，情景交融，富有诗情画意。2022年，在遗爱湖梅园、东坡外滩、江柳摇村、红梅傲雪广场先后举办"正月十五闹元宵"文化惠民专场演出、"文艺点亮生活"学雷锋文化志愿服务进景区活动、"庆国庆 喜迎二十大"文化惠民演出等特色活动。

【红安县天台山风景区】国家AAAA级旅游景区，国家级森林公园、国家地质公园、湖北省级风景名胜区，位于红安县北部，面积120平方千米。景区由主峰、九焰山古兵寨、爱河风情谷、对天河漂流区、香山湖、天台镇6大景区组成。天台山"佛宗道源，山水灵秀"，是中国佛教八大宗之一的"天台宗"起源地。2022年，景区接待游客10.3万人次。

【麻城市龟峰山景区】国家AAAA级旅游景区，位于麻城市龟山镇，面积73平方千米，东起林峰西麓，西迄铺头坳水库西缘，南到八叠山，北抵柿饼山。由龟头、龟背、龟尾等9座山峰组成，最高峰龟背岭海拔1320米，全长16千米，宽7千米，景区标志性的奇特景观龟峰，神形酷似一只翘首苍天的巨型神龟，被誉为"天下第一龟"。龟背岭6666.67公顷原始古杜鹃花群落，树龄古老，保存完好，株型优美，景观壮丽。"人间四月天，麻城看杜鹃"，成为游客喜爱的品牌。年内，景区投资2000万元打造山体扶梯，全长168米，提升高度68米，接待量为每小时6000人，由上中下三段6部户外扶梯组成，其间设三个休息平台，可供游客休憩观景、摄影打卡等。2022年，景区接待游客69.3万人次。

【罗田县天堂寨景区】国家AAAA级旅游景区，国家森林公园、世界地质公园，位于罗田县北部，与安徽天堂寨交界。面积120平方千米，最高峰海拔1729.13米，是大别山主峰，也是江淮分水岭。有"植物的王国、天然的氧吧、动物的乐园、云雾的海洋、圣水的世界、杜鹃花的领地、娃娃鱼的故乡"之称。景区常年降雨量1350毫米，湿度85%，年均气温12.6摄氏度，水质为地表一级卫生饮用水。景区内有"神仙谷""哲人峰""鹊桥""小华山""天堂瀑布""天堂大峡谷""猴谷"等特色景观。年内，景区举行大别山第二届"老米酒，兜子火，除了神仙就是我"天堂吊锅节。2022年，景区接待游客51.2万人次。

【黄梅县东山问梅村景区】国家AAAA级旅游景区，位于黄梅县五祖镇，面积16.39平方千米，景区依托"黄梅戏""黄梅挑花""岳家拳"等国家级非物质文化遗产资源，采用文旅融合方式，打造问梅村文旅商街、大型光影秀、东山博览馆、稻田乐园及凤源里社区等特色文旅项目，具备参观游览、康养度假、文化体验、亲子研学、演艺游乐、商务会展等服务功能。年内，景区推出梦幻流星雨、炫彩北极光、震撼极光秀、黄梅戏快闪、国内舞蹈等特色节庆活动。2022年，景区接待游客34.28万人次。

【英山县桃花冲旅游风景区】国家AAAA级旅游景区，位于英山县，面积28平方千米，是大别山著名的旅游避暑胜地，主峰海拔1698.7米。景区林木葱茏，绿树成荫，植物种类繁多，享有大别山植物生态基因库美誉。景区内的银杏、大别山五针松、天女花等珍稀树种被称为植物王国的活化石。野生动物保护完好，仅国家级保护动物就有娃娃鱼、穿山甲、香獐、金钱

2022年国庆假期期间，黄梅县东山问梅村景区推出国风舞蹈表演等特色文化演艺活动

（市文化和旅游局 供图）

豹、果子狸等40余种。境内盛产天麻、三七、桔梗、麝香等名贵药材。古代四大发明家之一的毕昇故居就在森林景区东南侧。年内，景区举办第六届红叶节活动和首届滑雪比赛。2022年，景区接待游客43.2万人次。

【浠水县三角山旅游风景区】 国家AAAA级旅游景区，位于浠水县东部，面积64平方千米，因山顶有三柱奇峰，状如兽角，突兀苍穹，故称"三角山"，又因形似笔架，故又称笔架山，以其古、奇、特、丽闻名遐迩。山中的"笔架飞瀑"胜景，载入《中国名胜辞典》。景区有大小山峰28座，名胜古迹、革命纪念遗址等景观景点156处，植物种类1100余种。境内有"两大革命遗址""两大险境""两大古寨""三大古寺""四大古庵""八大奇石"等主要景点。夏季最高气温26~28摄氏度，空气清新，是理想的旅游避暑胜地、休闲疗养地。年内，景区改变固有的运营方式，创造性开展系列滑雪培训、红色教育、户外拓展、青少年暑期夏令营和研学等活动，提升景区客流和人气。2022年，景区接待游客5.38万人次。

【蕲春县李山生态旅游区】 国家AAAA级旅游景区，位于蕲春县大同镇，面积3.07 平方千米，景区以"茶"为核心，围绕茶文化、红色文化、农耕文化，发展乡村旅游，先后获评"湖北旅游名村""荆楚美丽乡村示范村"。有红军洞、红色广场、红色长廊等红色景点，有民俗文化墙、移民文化体验园等，有重参与、亲农耕、尝美食、存回忆的野外体验，有人工湖、茶博园、观湖亭、茶壶、茶街、茶道等茶文化，有农家乐组团、九龙韵亭、40公顷茶园基地等特色的茶旅融合项目。2022年，景区获评国家AAAA级旅游景区，接待游客22万人次。

【全国乡村旅游重点村雾云山村】 雾云山村位于蕲春县檀林镇，该村依托资源特点和优势，打造"雾云山梦幻梯田生态精品旅游区""中国农耕文化摄影基地"。村内的核心景点雷公岩梯田，是唐朝一位田姓官员来此避难开辟，总面积为7.3公顷，分为310块小田，落差120米，站在高处俯瞰，梯田景观变幻多姿。尤其是日出、日落时，灌满水的梯田色彩幻化、线条优美，具有较高的艺术欣赏价值和审美价值。摄影界称之为华中地区可同世界文化遗产——云南元阳梯田相媲美的自然梯田景观。2022年，雾云山村开展生态环境系统修复工作，完善景区基础设施建设，提升景区旅游资质，接待游客15.2万人。

2022年8月17日，"谷哥"徐志新在湖北网络文明大会暨全民数字素养与技能提升月活动上讲述助农直播推动乡村振兴的故事　（市文化和旅游局 供图）

【全国乡村旅游重点村燕窝垸村】 燕窝垸村位于罗田县骆驼坳镇，因三面环山、形似燕窝而得名。"世界板栗看中国，中国板栗看罗田，罗田板栗看谷哥怎么吃!"是燕窝垸村第一书记"谷哥"徐志新的直播金句，在他的带领下，燕儿谷逐渐发展成为集农旅、农文、农养、农教、助农直播等多种业态融合发展的田园综合体，走上生态立村、产业兴村的发展新路，带动当地及周边贫困户增收致富，成为"两山理论"实践转化的乡村样板。2022年"谷哥"直播间带货1.5亿元山货，新提供就业岗位150余个，带动农户增收超过5000万元。燕窝垸村从人均收入不足千元的贫困村成为全国文明村、全国乡村治理示范村、全国乡村旅游重点村。

【全国乡村旅游重点村八一村】 八一村位于中国历史文化名镇七里坪镇区东1千米处。该村有2处全国重点文物保护单位——鄂豫皖特区苏维埃政府旧址和中央政治保卫局第三分局，诞生张南一、程训宣等烈士200余人，是鄂豫皖苏区中心烈士陵园的所在地、全国首批红色美丽村庄试点村。现有鄂豫皖苏区中心烈士陵园、革命战争时期城墙遗址600米、政治夜校、方和明起居室、方和明事迹陈列馆、塆组党建活动室、苏维埃大礼堂、忠诚政治体验馆、《庆祝苏维埃》音乐浮雕、思源亭、红军井、书法长廊、英烈广场、"三同"书院等功能区和草莓园、桃花林、油茶基地、花椒基地等种植采摘区。八一村依托深厚的红色历史文化资源，对村内红色历史遗址遗迹进行翻修升级，积极推进打造"1+N"（1个党群服务中心+N个红色文化活动场所）红色阵地布局，努力做到"有址可寻、有物可看、有史可讲、有事可说"，大力发展红色乡村旅游。2022年，八一村先后入选第六批中国传统村落、中国美丽休闲乡村、全国乡村旅游重点村。年内，八一村与湖北明创农业科技公司合作，利用6.67公顷闲置荒地建设高标准花椒基地，种植"大红袍"花椒苗6000株，花椒林下套种野菊花。与红安长胜七里文化发展有限公司合作，开展红色旅游、红色培训业务，举办各类培训班50余次、培训人数超过3000人。

（陈柯如）

大别山生态旅游经济带建设

【概况】 2022年，黄冈市出台《黄冈市文化和旅游发展"十四五"规划》，打造大别山旅游发展轴，串联大别山"红、绿"文旅资源，促进大别山生态旅游经济带建设。建立大别山绿色生态经济带政协主席联席会议机制，协商红安县、麻城市、罗田县、英山县4个县(市)生态保护、绿色发展等问题。串联大别山红色旅游公路周边景区景点,推出特色精品旅游线路,推进创建国家全域旅游示范区。

【大别山精品旅游线路开发】2022年,黄冈市依托大别山红色旅游公路,串联沿线红色景点、自然景观、特色农旅等资源,开发多条精品旅游线路,包括红色印记旅游、世界地质奇观研学旅游、和美乡村旅游、“清廉黄冈”红色研学旅游等线路,吸引游客近150万人,带动沿线旅游消费,提高当地居民收入水平。大别山红色旅游公路于2011年竣工,投资13.89亿元,贯穿红安县、麻城市、罗田县、英山县、浠水县、蕲春县、黄梅县7个县(市),沿途串连38个景区景点,全长462.1千米,惠及沿线23个乡镇230万余人。

【大别山生态保护和近零碳绿色发展项目】2022年,湖北黄冈大别山生态保护和近零碳绿色发展项目获国务院批准,列入中国利用亚洲开发银行贷款2022—2024年备选项目规划,总净碳排放量每年620.6吨,基本实现近零碳项目目标。该项目投资31.06亿元,其中,亚行贷款支持14亿元,包含白莲河示范区生态保护与绿色产业发展、浠水县生态保护与绿色产业发展、机构能力建设和提升三个子项目,聚焦生态保护与修复、绿色产业发展、“双碳”目标及乡村振兴等国家重要战略发展方向和亚行支持领域,实现生态产品价值有效转换,促进当地居民增收和绿色经济发展。

【大别山绿色生态经济带政协主席联席会议】2022年5月23日,首届大别山绿色生态经济带政协主席联席会议在麻城召开,围绕“推进文旅融合发展,助力乡村振兴,加快大别山绿色生态经济带高质量发展”协商建言。提出共建跨县(市)绿色生态经济项目、跨县市绿色生态文旅项目、促进跨县(市)绿色生态经济融合发展等方面建议,并以专题报告、建议案等形式报党委政府决策参考。会上通过《大别山绿色生态经济带政协主席联席会议工作规则》《2022年大别山绿色生态经济带政协主席联席会议纪要》。红安县、麻城市、罗田县、英山县4县(市)作为大别山绿色生态经济带成员作交流发言。

(黄　荣)

旅游业态

【概况】2022年,黄冈市依托自身地域文化、自然景观等独具魅力的文旅资源优势,统筹整合文旅品牌、线路、客源配套等要素,实现以文塑旅、以旅彰文,推进跨地区、跨行业、跨部门资源整合和文化、旅游深度融合。通过大别山红色旅游公路、黄黄高铁两大动脉串联成丰富的高速路网结构,发挥两大交通轴的带动和集聚功能,形成发展集群。推出“红色印记旅游”“东坡文化旅游”“世界地质奇观研学旅游”“绿色生态旅游”“中医禅修康养旅游”和“美乡村旅游”等特色精品旅游线路,吸引大批游客来黄旅游。

【红色印迹旅游】2022年,黄冈市以鄂豫皖革命根据地为核心,深入挖掘和开发红色文化资源,唱响“红色大别山”“两百个将军同一个故乡”等红色旅游品牌,建设辐射带动大别山区域的红色旅游产业聚集区,创建全国红色旅游融合发展示范区。推出精品红色印迹旅游线路1条:麻城乘马会馆→三条半枪广场→王树声将军故居→红安黄麻起义和鄂豫皖苏区革命纪念园→董必武故居纪念馆→李先念故居纪念园→七里坪长胜街→八一村→王近山故居→亮剑产业园。开展游客红色文化体验、红色教育研学和品红色美食红安苕、红安绿豆粑、麻城鱼面、麻城肉糕、将乡长盛宴、菊花宴等活动,全市接待游客12.6万人次,红色研学62批次、1.27万人次。

【东坡文化旅游】2022年,黄冈市区深入挖掘东坡文化,建设东坡文化旅游区。引进葛洲坝集团投资100亿元,开展东坡赤壁单元整体改造。开发东坡文化旅游线路1条:东坡赤壁→宝塔公园→苏东坡纪念馆→遗爱湖公园→东坡文创中心→黄冈博物馆→浠水文庙→文昌公园→麻城杏花村。开发夜游东坡外滩,观看浠水杂技,品尝东坡宴特色美食,体验东坡碑帖拓印、临摹东坡书法等项目。开展东坡赤壁、黄冈遗爱湖研学游,全市接待游客36.35万人次,研学827批次,举办东坡书法展、画展32次,参观人数2.3万人次。

【世界地质奇观研学旅游】黄冈大别山世界地质公园总面积2625.54平方千米,横跨罗田县、英山县、麻城市,有地质遗迹53处,其中世界级地质遗迹4处,国家级5处,具有重要科学意义的地质遗迹点31处,具有典型性、稀有性和美学价值。2022年,黄冈市开发黄冈大别山世界地质公园研学旅游线路2条:大别山地质公园博物馆→李四光纪念馆→大别山主峰→天堂寨→天堂湖→龟峰山景区→九龙山世界地质遗迹点;夜游遗爱湖公园→鸠兹古邑→九资河大别山世界地质遗迹群。年内,黄冈大别山、雁荡山、丹霞山等20家地质公园联合发起以“访隐藏地球宝藏,拥抱活力缤纷假日”为主题的世界地质公园暑假研学活动倡议,实行门票减免等优惠政策,组织直播地质公园研学科普游,推介世界地质公园研学产品,开展自然灾害与安全教育活动。全市接待研学游932批次,大中小学生10.2万人次。

【绿色生态旅游】2022年,黄冈市开发黄梅武穴蕲春团风黄州绿色生态旅游线路:黄梅袁夫稻田→东山问梅村→武穴通天河景区→蕲春李时珍百草园→蕲州古城→蕲艾小镇→团风牛车河→黄州齐安湖生态农庄→夜游遗爱湖湿地公园。开发红安麻城罗田英山浠水生态旅游线路:红安帝王湖景区→钓鱼台康养小镇→老君眉茶基地→麻城大别山老米酒工艺→罗田圣人堂→英山乌云山茶叶公园→四季花海景区→白莲河水库等。全市接待游客532.6万人次,实现旅游收入121.5亿元。

【中医禅修康养旅游】黄冈作为全国知名的“中医药文化之乡”“禅宗文化之乡”,是医养禅修重要目的地。黄冈中医药资源富集,《本草纲目》记载的1892种药材之中,黄冈境内就有1186种,被誉为“大别山药用植物资源宝库”。黄冈禅宗文化底蕴深厚,四祖道信与五祖弘忍两位佛教禅宗祖师诞生于此,被称作“天下祖庭”,自古就有“蕲黄禅宗甲天下,佛教大事问黄梅”之誉。2022年,黄冈市坚持“中国中医药健康城”建设目标,规划全市康养旅游“一核三区四品”中医禅修康养旅游。“一核”,即打造李时珍康养文化核心区;“三区”,即发挥蕲春、黄梅人文资源优势,打造人文养生旅游区;依托蕲春及周边县市大健康产业集群，打造以蕲艾产业为主的“药养游医健”产业聚集区；整合蕲春北部中医药连片种植、罗田温泉康体、英山森林康养优势，联合打造生态旅游养生度假区。“四品”，即统筹蕲春中医药文化、黄梅禅修文化、英山生态康养、罗田温泉康体养生四个特色品牌，打造以蕲春为核心增长极，黄梅、英山、罗田为副增长极，其他县市为辐射区域的康养旅游产业布局。开发中医禅修康养旅游线路1条：黄梅东山问梅村→蕲春李时珍纪念馆→蕲州古城→蕲艾小镇→李时珍医药工业园。游客听禅宗祖师传说，赏黄梅戏表演，体验艾灸，了解蕲艾生产工艺，宿东山问梅村。全市接待游客34.28万人次，实现旅游收入62.3亿元。

【和美乡村旅游】2022年，黄冈市立足乡土特征、地域特点和发展特色，打造宜居宜业的和美乡村。麻城龟峰山→宿茯苓窝民宿→罗田燕儿谷→英山四季花海乡村旅游精品线路入选文化和旅游部推出的“乡村四时好风光——春生夏长 万物并秀”全国乡村旅游精品线路。4月22日，黄冈至黄梅高速铁路开通，市文旅局推出黄黄高铁沿线和美乡村旅游精品线路3条，“康养祈福休闲游”：黄梅问梅村→鄂东动物王国→夜宿网红民宿东山小镇→夜游问梅村→袁夫稻田→蕲春李时珍纪念园；“东坡文化主题游”：浠水三角山→四季滑雪场→东坡赤壁→遗爱湖12景；“乡村迎福体验游”：武穴龙门花海赏花→玻璃漂流→挖佛手山药→夜游问梅村→四祖寺禅修→袁夫稻田。全市接待游客122.6万人次，实现旅游收入87.2亿元。

【黄梅袁夫稻田新型农旅模式】袁夫稻田（湖北）农业发展有限公司成立于2017年，采用“公司+合作社+基地+农户+市场”的经营模式，以“永续友善”为发展理念，探寻自然生活、成长教育与家庭参与的关系，以“发展循环农业，生产有机食品，基地示范带动，农户企业互动，共利共赢发展”为目标，融合一、二、三产业，打造集大米生产、观光游览、自然教育、生态种植、餐饮美食、度假民宿等于一体的新型农旅模式。公司带动就业500人，其中贫困户50余人，为当地居民年增收800万余元。2022年被评为AAA级旅游景区。

【年度十佳旅游民宿】2022年，黄冈市文旅局组织评选2022年度全市“十佳旅游民宿”。团风县神鹰生态休闲农庄、红安县乡格里家·华格里、麻城市良栖山院、罗田县白云深处·悦驿民宿、罗田县天堂寨竹海情苑木屋、英山县鄂皖驿站、浠水县星空寨、蕲春县赤栖·观湖语亲水民宿、黄梅县东山生态休闲山庄、武穴市彭河人家获评。

（李　庆）

【鸠兹古邑文旅休闲街区开街】2022年10月28日，黄冈市首个夜游小镇——罗田县鸠兹古邑文旅休闲街区开街，近5000人参加。小镇《梦幻鸠兹》环线场景由水云天境、大别山水之古邑遗韵、鸠兹传奇、梨园今梦4大夜游景点组成，一步一景、移步换景。其中，行浸式夜游光影《梦回鸠兹》项目，运用鸠兹古国作为文化背景符号，将创作出的戏剧性生活场景植入一河两岸，以一河两岸作为载体，以光为笔，以水为墨，运用全息投影、三维动画、人物表演等方式打造想象中的人间烟火。小镇充分挖掘地方特色开发出大别山特色小吃一条街、鸠兹特色游乐一条街、鸠兹特色餐饮一条街、鸠兹特色民宿一条街等特色街区，涵盖青年旅社、茶楼、饮品、文创、非遗表演等多种经营业态。

【红安县入选“全国红色旅游融合发展试点单位”】2022年12月1日，红安县入选“全国红色旅游融合发展试点单位”名单，为全省唯一入选单位。试点范围包括城关镇、七里坪镇、高桥镇、华家河镇、天台山风景区、火连畈茶场，总面积920.37平方千米。依托区域内丰富红色文化资源、生态资源和历史文化资源，以打造全国红色旅游融合发展示范区、全国一流的红色旅游目的地为目标，构建“黄麻起义”红色旅游体验核、红色文化融合发展廊道、七里坪—天台山—火连畈茶场红绿融合组团、华家河农旅融合发展组团、高桥产城融合发展组团的“一核、一廊、三组团”融合发展格局。

（周锋刚）

旅游营销

【概况】2022年，黄冈市以武汉都市圈及周边城市为主要客源市场，与微博、微信、抖音等新媒体合作开展营销，针对性地引客入黄；主动对接宁波、武汉都市圈等城市疗养休闲客户群体，开展知名景区套票联动等活动，促进客源共享，市场互动。黄冈市文旅局微信公众号发布信息769条，官方网站发布信息834条，举行文旅宣传直播11场、发布短视频170余条、推送软文200余篇，文旅云平台发布信息4249条、文旅活动570场次、直播62场次、文化配送项目18个、精品旅游线路20条，总点击量5000万余次。全市景区对2022届高考考生、九江市民、湖南和山东援黄医疗队员实行“免门票、带家属”优惠政策。中央广播电视总台、央视新闻栏目组、中央人民广播电台直播报道，介绍红安革命歌谣、麻城堰头垸

2022年6月26日，袁夫稻田景区打造的农耕体验活动，吸引大批游客

（市文化和旅游局 供图）

表40　2022年黄冈市网红旅游民宿一览表

序号	区属	民宿名称	地址
1	团风县	东岳岩民宿	贾庙乡张家河村
2		青花谷民宿	总路咀镇肖石坳村
3	红安县	米兰花红色主题民宿	七里坪镇张家湾村
4		圆梦客栈	七里坪镇张家湾村
5	麻城市	茯苓窝康养民宿	黄土岗镇桐枧冲村
6		龟峰客栈	龟峰山景区民俗大舞台
7	罗田县	白云深处·悦驿民宿	九资河镇黄泥塘村
8		隐居三里独栋木屋别墅群	三里畈镇张家垸村
9	英山县	四季花海养心苑野奢民宿	温泉镇四季花海景区
10		冷山客栈	雷家店镇冷山村
11		天马寨独栋木屋别墅群	雷家店镇上沟村
12	浠水县	花涧谷"尚浠塘院"	清泉镇翟铺村
13		绿杨乡梓木山庄	绿杨乡梓木山村
14	蕲春县	凤凰湾度假民宿	长林岗李时珍百草园景区
15	黄梅县	东山小镇·问梅村客栈	鄂旅投东山小镇
16		百福缘农庄	五祖镇张思永村
17	武穴市	龙门休闲度假村	余川镇龙门冲村

（资料来源：市文化和旅游局）

村、麻城杜鹃花、罗田燕窝垸村、黄黄高铁、黄冈土特产等。央视纪录片《定风波》摄制组到黄冈市挖掘黄州东坡文化旅游资源，《人民日报》报道罗田县燕窝垸村等乡村旅游资源。

【旅游品牌宣传】2022年，黄冈市创新宣传推介方式、拓宽宣传渠道，打造红色文化、东坡文化、医药文化、生态文化、戏曲文化、禅宗文化等特色文旅品牌。2022年度第十六届中国文旅总评榜，黄冈市文化和旅游局获文旅推广特别贡献奖，罗田县获评2022年度文旅创新示范县，罗田县燕儿谷景区获评年度文旅融合示范景区，黄冈东坡庙会获评年度文旅融合品牌活动，黄梅鄂东动物王国获评年度最具实力亲子游景区，英山四季花海养心苑获评年度最具口碑民宿，黄梅问梅村客栈获评年度最具口碑客栈。推进全域旅游示范区创建工作，罗田县创建国家全域旅游示范区通过省级验收。黄州区、黄梅县申报纳入省级全域旅游示范区创建单位。推进红色旅游融合发展，红安县纳入全国首批十大红色旅游融合发展试点单位，罗田县骆驼坳镇燕窝垸村入选全国乡村旅游重点村，蕲春县大同镇、黄梅县苦竹乡养马岭村、英山县孔家坊乡新铺村分别入选湖北旅游名街、名镇、名村，李时珍纪念馆、英山桃花冲景区、袁夫稻田等10个景区入选"武汉都市圈 乡村走亲游"精品路线。市文旅局组织邀请网红到各县（市、区）旅游民宿打卡，推出团风县东岳岩等网红旅游民宿17家。

【旅游节会活动】2022年，由省农业农村厅和黄冈市政府共同主办的2022年中国农民丰收节湖北主会场在麻城市五脑山虎形地村举办。省委副书记、省长王忠林，副省长杨云彦等出席活动，活动通报表扬优秀农业企业、家庭农场和农民代表。现场签约项目24个，协议总投资额118亿元。11月17—20日，市人大常委会主任张社教率团参加第十二届（眉山）东坡文化节，见证江苏常州加入东坡文化联盟城市，联合发布《全国东坡遗址遗迹地18城市倡议书》。

【节会参展推介】2022年，黄冈市文旅局组织参加系列文旅推广活动，推动黄

2022年7月2日，2022武汉乡村旅游节在武汉市开幕，罗田县燕窝垸村入选全国乡村旅游重点村　（市文化和旅游局 供图）

冈文旅资源走出去，迎进来。年内，在九江市南山公园举行2022黄冈文旅（九江）专场推介活动，现场为九江市民介绍黄冈文旅资源并发放文旅大礼包。全市多个精品景点和地标优品在2022武汉乡村旅游节上展示。副市长潘国林率队到江苏省淮安市、河南省郑州市开展文旅产业链招商活动，宣传推介黄冈发展态势和资源优势。组织参加在仙桃市举办的第三届荆楚乡村文旅节，黄梅挑花、红安大布、武穴艾香等非物质文化遗产参展，蕲春大同特色小镇，乡村旅游景区龟峰山、麻城菊香人家、蕲春李时珍医药集团等参加活动。参加2022中国国际旅游交易会，推介黄冈精品旅游线路、黄冈名人。到锡林郭勒盟参加万里茶马古道茶文化专场推介活动，现场推介英山云雾茶、团黄贡茶。非遗团黄贡茶、红安大布在2022年湖北省"村晚""村游"示范活动上展示。开展黄冈鄂州"航旅"宣传推介联动，启动花湖机场旅游航线推介活动；参加安庆市"美好安徽 红色大别山"主题宣推活动，签订战略合作协议，开展"黄黄高铁"沿线站点文旅宣传，推出三条精品线路，打造"黄黄高铁"网红打卡点等。

【旅游商品开发】 2022年，黄冈市按照"春赏花、夏避暑、秋怡情、冬康养"的四季主题推进旅游商品开发。举办黄冈市精品线路评比活动，打造精品线路30余条。到云南昆明、安徽合肥、内蒙古锡林郭勒、四川眉山等省外城市宣传推介蕲春艾贴、红安花生酥、武穴酥糖、黄梅袁夫稻田米布丁、英山神峰山庄牛肉酱、浠水花涧谷蔗糖、麻城菊花茶、英山云雾茶、团黄贡茶等大别山特色旅游商品。全年各景区开发特色旅游商品项目62个，吸引游客120万余人次，实现旅游收入32.6亿元。

【"正月十五闹元宵"文化惠民】 2022年2月13—15日，黄冈市"正月十五闹元宵"系列文化惠民演出在遗爱湖东坡广场举行。演出由折子戏专场、社会文艺团队专场、综艺类专场三场活动组成，通过歌曲、舞蹈、大合唱、经典戏曲、小品、器乐演奏、诗朗诵、展览展示、知识问答等形式，宣传中共十九届六中全会和市六次党代会精神，助力全国文明城市创建。演出期间，组织开展"2022虎虎生福新春生肖文物（图片）联展""'春光万道 虎威千山'虎文化主题展""东坡'廉'想——苏东坡在黄州廉政故事展"、有奖猜谜等主题活动。活动采用线上线下同步开展的方式，观看量100万人次。

【黄冈文旅（九江）专场推介】 2022年6月11日，黄冈市、九江市在九江市南山公园举办"同饮一江水 非遗共传承"2022黄冈文旅（九江）专场推介会。活动中，两市签订九江、黄冈文旅跨江战略合作协议，向九江市民推介"同饮一江水 高铁游黄冈""特色乡村游 时尚新体验"旅游线路，发布19家景区免票、半价优惠政策，发放全市A级和网红旅游景区门票、优惠券、大别山吉祥物（原麝，杜鹃玩偶）、蕲春艾贴、红安花生酥、武穴酥糖、黄梅袁夫稻田米布丁、英山神峰山庄牛肉酱、浠水花涧谷蔗糖、英山云雾茶、麻城菊花茶等大别山特色旅游商品1万余份，线上观看量62万人次。

【参加2022中国国际旅游交易会】 2022年7月22—24日，"智慧创新 共启未来——服务旅游业高质量发展"2022中国国际旅游交易会，在昆明滇池国际会展中心举办。黄冈市文旅局展台循环播放黄冈文旅宣传片《大别山水 人文黄冈》，展示黄冈精品旅游线路、黄冈名人宣传册、非遗文创等内容，接待前来咨询游客3000余人次。

【罗田·大别山温泉滑雪节开幕】 2022年12月31日，2022冬季罗田·大别山温泉滑雪节在罗田县三里畈镇和九资河镇同时开幕，在九资河红花尖滑雪场举行启动仪式。活动期间，吸引游客22万余人次，同时通过抖音、腾讯大楚网进行同步网络直播，观看量50万余人次。

（李 庆）

旅游管理

【概况】 2022年，黄冈市开展旅游交通安全、文旅场所消防安全、新兴项目安全、文物安全、景区地质灾害管控、森林防火管控等重点领域和重点关键环节专项检查，举办全市文化和旅游行业安全管理、综合执法和旅游投诉专题培训班，开展文化市场综合执法"以案施训"专题培训，开展旅行社评级、星级饭店评级评定等工作，促进黄冈文旅产业高质量发展。

【导游管理】 2022年，黄冈市文旅局印发《关于加强导游队伍建设和管理的意见》，与黄冈职业技术学院合作编辑完成《黄冈旅游》导游手册。全市有持证导游员700余人。年内，全市举办一线导游茶文化主题培训班，培训导游90人次。组织导游参加黄梅戏进校园线上培训活动，第一批30名学员获优秀证书。兑现

2022年2月13日，黄冈市"正月十五闹元宵"系列文化惠民演出在遗爱湖东坡广场举行。图为社会文艺团队表演舞蹈

（市文化和旅游局 供图）

39名一线导游困难补贴11.7万元。

【旅行社管理】2022年，黄冈市文化和旅游局调整优化黄冈市旅行社等级评定委员会组成人员，完成AAA级及以下旅行社，复核37家，新申报AAA级旅行社，评定6家。1家AAAA级旅行社通过省文旅厅复核，1家AAA级旅行社通过省文旅厅AAAA级旅行社初评。

【旅游安全管理】2022年，黄冈市强化市文化和旅游安全生产委员成员单位工作职责，组织全市文旅行业安全生产综合检查、专项检查、联合检查8次。联合交通、水利、市场监管、公安等单位专项检查漂流场所12处、滑雪场所3处。组织开展安全生产"百日行动"、景区景点专项整治、安全生产大检查、自建房专项整治、燃气安全大检查、消防安全大检查等专项行动6次。组织督办完成1个省级、3个市级、7个县级挂牌督导整改项目。全市旅游行业安全稳定发展。

【旅游饭店管理】2022年，黄冈市文化和旅游局调整优化黄冈市旅游饭店星级评定委员会组成人员，完成25家3星级及以下酒店复核，2家4星级酒店通过省文旅厅复核。组织参加全国星级酒店技能大赛湖北赛区决赛，黄州遗爱湖德尔福大酒店1人获全省个人三等奖。

【旅游行业培训】2022年，黄冈市文化和旅游局举办全市一线导游、宣传推广、安全管理、综合执法和旅游投诉等培训班活动12场次，参训700余人次。举办2022年全市文化和旅游行业安全管理、综合执法和旅游投诉专题培训班，各县(市、区)文化和旅游局相关科室负责人及业务骨干、A级旅游景区、文化场馆、文化市场负责人等100余人参加，培训内容包括文化和旅游安全监管责任、重点领域安全管理重点、综合执法基本技能、旅游投诉处置流程等。

【文旅市场专项整治行动】2022年，黄冈市文化和旅游局启动全市文化和旅游市场打击整治养老诈骗专项行动，摸排整改以艺术品经营为名实施诈骗、非法集资、非法传销等艺术品市场涉及养老诈骗问题隐患8个，旅行社以预付卡、会员费、理财产品等形式诱导老年人"消费""投资"的旅游市场涉及养老诈骗问题隐患6个。联合公安部门开展创文攻坚和"绿色护考"专项行动，对网吧、娱乐场所、电影放映单位、体育场所开展多轮检查督导，出动执法人员188人次，检查互联网上网服务营业场所135家次，检查娱乐场所58家次，其他场所52家次。启动全市私设"景点"问题专项整治行动，制定印发《黄冈市私设"景点"问题专项整治工作方案》，开展无照经营，扰乱旅游市场秩序的；未经许可，擅自收取门票费用的；私自建设旅游设施，破坏生态环境的等7类问题进行专项摸排与整治。

(周锋刚)

旅游公共服务

【概况】2022年，黄冈市坚持以人民群众需求为导向、以群众满意为标准，制定印发《关于推动黄冈市公共文化服务高质量发展的实施意见》《黄冈市基本公共文化服务实施标准(2022年版)》，通过完善旅游基础设施建设，提升旅游市场服务水平，打造全域智慧旅游服务，创新开通旅游年卡等措施，不断补齐公共服务短板，提升公共服务效能，推动建成覆盖全域、便捷高效、保基本、促公平的现代文旅公共服务体系。

【旅游基础设施建设】2022年，黄冈市从游客需求出发，完善旅游厕所、旅游标识、停车场、游客中心等基础设施建设；提升服务效能，建成"黄冈文旅云"数字化平台；健全保障机制，加大公共文化基础设施建设投入。全市新建旅游厕所126座，建设旅游标识217处，新增游客停车场28处，车位1200余个，修复红色旅游公路破损62处、52千米，改建麻城市龟峰山游客集散中心、罗田县天堂寨游客集散中心等；加强武汉城市圈文化场馆馆际交流，联合开展阅读推广活动4次，文旅演出活动2次。完善黄冈文旅云平台、各级公共文化场馆微信公众号和网站，及时推送文化和旅游信息。

【旅游市场服务】2022年，黄冈市文旅局联合市公安局、市卫生健康委员会、市市场监督管理局、市消防救援支队实行歌舞娱乐场所、游艺娱乐场所、网吧/网咖行业"一业一证"综合许可。联合市卫生健康委员会、市市场监督管理局、市消防救援支队实行健身房/健身馆(含游泳馆)行业"一业一证"综合许可。全市网吧(网咖)、游艺娱乐场所、歌舞娱乐场所和游泳馆4个行业综合许可证实现线上线下全流程办理，办理时间平均降幅80%、申报材料平均精简50%，市场主体办理回访满意率100%。全市文旅窗口收到锦旗20余面。

【全域智慧旅游服务】2022年，黄冈市全面升级全域智慧旅游服务，推动游客智游黄冈。开展"惠游湖北"黄冈片区消费券投放活动，发放黄冈文旅电子消费券3批，品种包括住宿券(含民宿)、景区券(含景区内二次消费及营业性演出)、餐饮券(旅游特色餐饮、荆楚粮油旅游商品)、文娱券(剧本演艺、剧本娱乐、夜游项目、漂流、温泉、滑雪等)、旅游年卡券5种类别，用户通过手机在"游湖北"App、抖音、美团3家服务平台上以抢券方式领取。

【旅游年卡】2022年，黄冈市14个景点入驻湖北省旅游年卡，持卡可一年内免费游玩全省150+优质签约景区。23家景区签约入驻武汉城市圈旅游年卡，该年卡整合武汉、黄石、鄂州、黄冈、孝感、咸宁、仙桃、天门、潜江9城市优质文旅资源，为游客提供九城互通、便捷优惠的旅游产品，在旅游观光、文化体验方面享受"同城待遇"。参加"鄂"有好礼"皖"美约"惠"——2022湖北文旅宣推(安徽站)活动，黄冈市入驻湖北旅游惠民卡景区在安徽省内同步发行。截至年底，全市A级景区对安徽游客执行首道门票减免政策，两人以上团队、每两名游客免票1人。

(周锋刚)

责任编辑：黄　荣　　责任校对：席想楼

房地产业

房地产开发经营

【概况】 2022年，黄冈市房地产开发投资完成288.21亿元，比上年下降5.4%。房屋施工面积1882.24万平方米，比上年下降8.7%，其中：新开工面积364.2万平方米，比上年下降38.3%；竣工面积200.73万平方米，比上年下降16.8%。商品房销售面积460.58万平方米，比上年下降9.2%；商品房销售额234.2亿元，比上年下降11.4%。待售面积182.32万平方米，比上年下降3.6%。新开工城市棚户区改造600户，基本建成2937套。新增租赁补贴370户，全年发放租赁补贴926户、补贴资金183.32万元。

【房地产企业资质检查】 2022年，黄冈市住房和城乡建设局严格执行住建部新资质审核标准，取消房地产开发资质三级、四级、暂定级，承接二级资质审批；及时向企业传达宣传新政策，妥善做好新旧资质衔接过渡工作。全市有房地产企业761家，新增30家，其中新增一级资质企业2家，新增二级资质开发企业2家，累计46家。全年核发开发项目14个，商品房54栋，预售许可证34个。

【房地产开发企业"双随机"检查】 2022年，黄冈市有在建在售项目开发企业35家，中介机构中经纪公司48家、估价公司10家。黄冈市住房和城乡建设局严格落实"双随机、一公开"监管制度，抽查频次为每年一次。年内通过"双随机、一公开"系统，按照企业10%比例随机抽查4家开发企业公司，20%比例随机抽查8家经纪公司、2家估价公司，重点检查安全生产领域未发现问题。9月26日，市城投公司到玲珑家园项目施工现场进行安全检查。

【房地产市场信息化】 2022年，黄冈市住房和城乡建设局全面推行房屋买卖、租赁、抵押合同网签备案制度。升级完善"互联网+房屋交易"建设项目，实现湖北省政务网、"鄂汇办"App和黄冈市统一受理平台业务信息对接，"鄂汇办"App上线黄冈市房地产市场信息网功能、商品房和存量房掌上签约功能。全年全市办理房产交易业务1.42万件，商品房合同备案4593件，存量房合同备案2417件，交易审核业务7235套(件)。持续推进楼盘及业务数据建库工作，及时上报营商环境数据指标。

（曾昱凯）

2022年9月26日，市城投公司在玲珑家园项目施工现场开展国庆节前安全检查

（市城投公司 供图）

房地产中介和租赁服务

【房地产中介行业管理】 2022年，黄冈市住房和城乡建设局开展打击开发企业违法违规销售、虚假房地产广告、投机炒房、房地产市场"黑中介"等问题整治工

作,责令违法市场从业主体限期改正,记入信用档案,曝光典型案例。全年巡查市区市场88次,下达责令整改通知书23份,公布房地产"黑中介"2个。

【房地产咨询及纠纷受理】2022年,黄冈市住房和城乡建设局处理来人来电咨询10余件,受理房地产经纪纠纷13起,及时与房地产中介机构及委托人双方联系了解情况,协调解决问题,实时做好台账登记,做到"来访有记录,来信有答复,处理有反馈"。

【房地产经纪】2022年,黄冈市有从事房地产经纪活动、办理入网中介机构43家,新办理入网机构3家,办理延期机构24家。全年通过中介机构交易房产1574套,20.1万平方米。

【住房租赁管理】2022年,黄冈市住房和城乡建设局强化房屋租赁管理工作,规范租赁备案业务。通过住房租赁监管服务平台,实施租赁合同网签备案,办理房屋租赁备案156件,面积2.3万平方米。加强住房租赁行业管理,规范住房租赁中介机构行业行为,联合黄冈市市场监管局制定关于鼓励房屋租赁主体减租帮扶小微企业和个体工商户的行政指导建议,开展住房租赁市场巡查,整治涉嫌乱收费、租金波动异常等问题。

(曾昱凯)

房地产市场监管

【租购并举制度落实】2022年,黄冈市收购项目67个,房源8185套。收购房源货值40.39亿元,市值48.82亿元,整体折扣82.73%;商品房源7196套、占比87.92%;竣工房源6338套、占比77.43%。国有商品房源4343套、占比53.06%,市场化商品房源2853套、占比34.86%,还建房转换989套、占比12.08%。全市累计分配4753套(含预分配),其中只租不售861套、占比18.11%,先租后售3892套、占比81.89%。全市申请贷款40.39亿元,获授信额度31.09亿元,提款21.84亿元,支付21.95亿元。在全省率先建立以解决新市民、青年人、从事基本公共服务人员住房困难若干意见为统领"1+N"(以《市区保障性租赁住房奖补及贴息等支持政策》为主,以房源建设、筹集、分配、运营管理等配套政策,搭建保障性租赁住房数控管理平台为辅)政策体系,探索"投、建、管、运"体系建设。被省政府微信公众号宣传推广。

【房屋征收管理】2022年,黄冈市住房和城乡建设局加强房屋征收管理,通过线上政府网站公示和线下张贴征收公告、宣传标语、海报横幅等方式进行政策宣讲,营造良好的舆论氛围。7月14日,黄冈市制定出台《黄冈市城区国有土地上房屋征收与补偿操作指引》,进一步规范房屋征收与补偿制度,强化房屋征收计划编制,完善征收补偿工作流程,维护被征收人合法权益。至年底,黄冈市启动房屋征收项目110个,征收房屋4761户。

【房屋质量管理】2022年,黄冈市新开工房屋市政项目664个,建筑面积754万平方米,工程质量监督覆盖率100%。竣工验收单位工程505个,建筑面积572万平方米,竣工验收合格率100%。施工现场"两书两牌"落实率100%,住宅建筑工程"一证两书"制度执行率100%。全市房屋建筑工程获"楚天杯"10个、"大别山杯"28个。

【房屋安全鉴定】2022年,黄冈市区开展自建房安全专项整治"百日攻坚行动",重点排查整栋3层及以上用于餐饮、民宿、棋牌等商业经营的人口密集型"住改商"房屋,擅自改建、扩建改变房屋的承重结构、使用功能和布局的房屋。黄冈市组织6家房屋鉴定机构联合市住房和城乡建设局、市城管执法委等单位组成工作专班,开展房屋安全鉴定,鉴定不合格并拆除房屋165处,拆除面积1.13万平方米。6月24日,全国自建房安全专项整治工作部署会,通报表扬黄冈市自建房整治工作。

【商品房预售资金监管】2022年,黄冈市住房和城乡建设局发布《黄冈市区新建商品房预售资金监管办法(征求意见稿)》,并面向社会公开征求意见,时间为11月17日至12月16日。监管办法要求房地产企业将购房人支付的购房款(包括定金、首付款、分期付款、一次性付款、银行按揭贷款、住房公积金贷款等)全部存入预售资金监管账户。黄冈市住房和城乡建设局在预售资金实行全额监管的基础上,对项目信誉度高、无不良记录、无拖欠农民工工资等负面舆情的企业,结合项目建设资本金要求,监管比例适当下调,实行差异化监管。至年底,黄冈市区23家房地产企业建立商品房预售资金监管账户62个。

【房产不动产权管理】2022年,黄冈市房产不动产权管理机构围绕流程最优、耗时最短、登记最便利等营商环境评价要求,压缩颁证要件、审批环节和审批时间,提高房产不动产登记便利度,与市区20家金融机构62个网点签订业务合作协议,实现市区银行延伸办业务全覆盖。预告预抵押、现房抵押、抵押注销等抵押业务和新建商品房转移登记等高频业务逐步从线下转到线上,二手房转移登记、二手房交易纳税登记等高频业务实现全程网办。推进"交房即办证"改革。8月26日,黄州区澳海府售楼处试点"交房即办证",购房户"一手拿钥匙,一手拿产权",交房与领证实现"无缝衔接"。

【房地产市场风险防控】2022年,黄冈市住房和城乡建设局健全行业风险排查和应对预案,成立房地产风险项目化解工作领导小组,跟踪督办全市9个保交楼项目,关注跟进14个非保交楼项目,以项目交楼为目标,采取引入承接方等多种手段,加快项目处置,对逾期交付项目研究制定"一楼一策"方案,明确项目复工复产措施、保交楼措施、资产处置方案等,全力推进项目竣工。全年全面排查全市267个在库房地产项目,梳理出涉稳风险项目23个。

【"稳地价、稳房价、稳预期"机制完善】2022年,黄冈市住房和城乡建设局推进《关于促进黄冈市区房地产市场平稳健康发展若干措施》落实,加强在建在售规模靠前的重点房地产开发企业经营情况调度监测和跟踪服务。推动购房补贴政策落实落地,实行窗口一站受理,简化补贴申请受理环节。至12月底,受理购房补贴1078户,发放补贴金额约950万元。推进非国有市场主体租金减免，组织市区在建在售精品楼盘举办房地产展销会2次。走访万达、居然之家、紫金城、奥康等公司，帮助企业解读并用好有关财政补贴、税费减免、金融支持等优惠政策。

（曾昱凯）

物业管理

【概况】2022年，黄冈市有物业服务企业701家（其中有项目的物业管理企业519家）、从业人员2.83万人。住宅小区2574个，其中专业化物业管理小区848个、单位自管小区551个、业委会自治管理小区705个、街道社区托管小区470个，分别占比32.9%、21.4%、27.4%、18.3%，四种形式物业服务基本实现全覆盖。

【物业行业管理】2022年，黄冈市住房和城乡建设局邀请专家，组织开展全市物业服务培训会议，培训200人次，提高物业服务企业专业化水平。走访物业协会和部分物业企业，了解行业发展情况。开展专业化物业服务企业收费不透明专项整治，督促物业企业守法经营，提升服务品质。推进黄冈物业立法工作，通过地方性法规，建立物业管理法律支撑，推进物业管理工作依法治理、依法行政，公布《关于征求〈关于建立全市住宅小区规范物业管理机制的实施意见（征求意见稿）〉意见的公告》。

【红色物业】2022年，黄冈市推动物业企业党组织应建尽建。至年底，市级物业行业党委和县市区物业行业党委实现全覆盖。全市在管物业服务企业551家，从业人员1.44万名，建立独立党组织企业54家，195家企业建立联合党组织118个，选派党建指导员43名，覆盖企业200家。年内，物业行业党组织开展红色物业创建活动，组织小区居民开展传承红色基因、赓续红色血脉等红色文化活动，开展物业志愿便民服务活动，丰富小区居民物质文化生活。3月11日，市金色阳光城小区物业开展“共同缔结活动、共建美好幸福家园”便民服务活动。

【房屋专项维修资金】2022年，黄冈市出台《黄冈市市区住宅专项维修资金管理办法》，实现市区住宅专项维修资金统一管理。全市有8个县（市、区）开展住宅专项维修资金使用工作。至2022年底，黄冈市房屋专项维修资金缴存总额25.24亿元，维修资金使用金额6449.98万元。其中，市本级维修资金缴存总额6.56亿元，维修资金使用金额3139.62万元。

【房屋管理】2022年，黄冈市开展公租房小区规范管理提升年行动，全市投资建设公租房4.12万套，对符合公租房条件家庭实行实物摇号配租，低收入家庭实现应保尽保，动态调整租赁补贴范围、标准，常态化受理，分档补贴。年内，全市享受租赁补贴保障926户。制定《2022年全市高层次人才安居保障行动工作方案》，全市新增分配人才住房729套，发放人才住房租赁补贴162户、35.42万元，市区新增筹集人才公寓149套。

【房屋安全隐患排查整治】2022年，黄冈市住房和城乡建设局督导黄州区物业管理局开展房屋安全隐患排查整治，检查江山如画、满庭芳园、宝塔小区等专业化物业管理小区28个，发现消防安全隐患10处，督促整改到位8处，改造设置消防设施小区164个，实施消防车通道划线、标识改造小区168个。

【物业收费信息不透明问题专项整治】2022年，黄冈市住房和城乡建设局联合市发展改革委、市市场监督管理局、市公安局、市民政局、市自然资源和规划局，开展专业化物业服务收费信息不透明问题专项整治行动。全市公示物业服务收费信息小区716个，开展执法行动494次，出动工作人员1164人次，查处问题小区100个、违法违规物业企业155家，曝光未按要求公示物业服务相关信息、擅自允许他人利用业主共有部分进行经营、违规收费的物业公司51家。受理群众举报409件，行政执法处罚、退还金额152.49万元。

（曾昱凯）

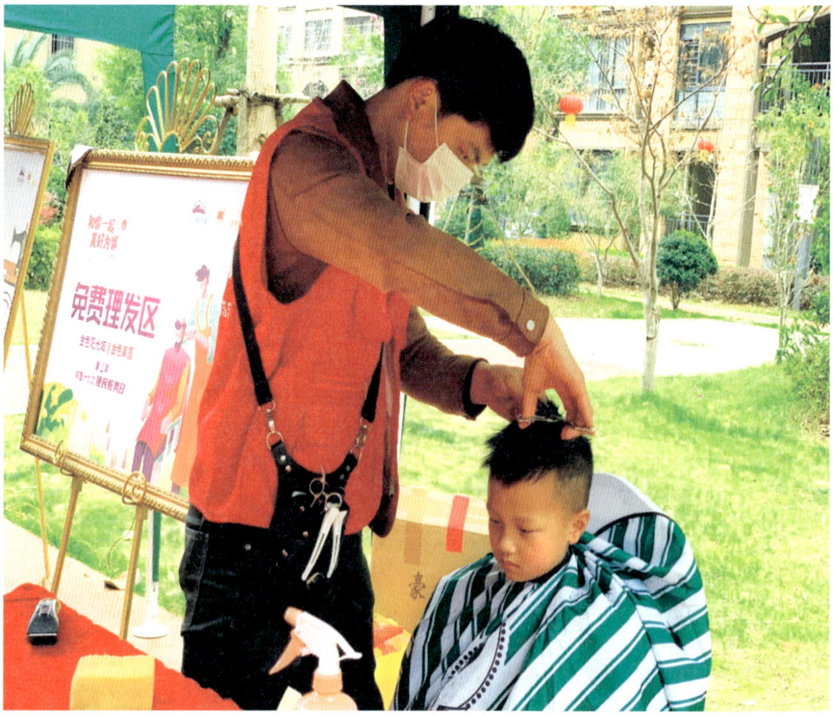

2022年3月11日，黄冈市金色阳光城小区物业组织开展“共同缔结活动、共建美好幸福家园”便民服务活动。图为志愿者为小朋友理发　（市住建局 供图）

责任编辑：何 思　责任校对：严 静

金融业

综　述

【金融改革创新】2022年，黄冈市创新出台《黄冈市企业融资纾困白名单管理办法》，配套制定优惠利率、担保增信、贷款贴息等十大支持举措，白名单授信支持5批343家企业、14.3亿元。针对融资难点问题，全市实施信贷风险补偿金政策，为重点产业企业融资定向提供风险补偿支持，向401家企业授信16.36亿元，实现财政资金6.8倍放大。创新发展普惠金融、科技金融、绿色金融，定制“蕲艾贷”“板栗贷”等产业链金融产品、“知惠贷”“科保贷”等知识产权融资产品，推动首笔排污权质押贷款落地。推广再担园区贷、创业担保贷等特色担保业务，稳步放宽反担保要求。深化“放管服”改革，依法取消中资商业银行支行高管任职资格等行政许可事项审批，推进“互联网+政务服务”，实现市场准入一网通办、全程网办。推行不动产电子证照在银行业推广应用，8个县市支持银行机构办理不动产抵押登记“市域通办”。深化“放管服”改革，推进“互联网+政务服务”，实现市场准入一网通办、全程网办。推行不动产电子证照应用，不动产抵押登记业务由原来一周缩短为1小时。依法取消保险中介许可证换发、中资商业银行支行高管资格审批等许可事项。

【金融服务】2022年，中国人民银行黄冈市中心支行(以下简称“人行黄冈中心支行”)创新金融服务方式，服务实体经济和企业上市。运用支农支小再贷款资金发放优惠利率贷款53.1亿元；改进再贴现管理，发放再贴现资金1.2亿元；落实总行两项直达货币政策工具接续转换要求，向法人银行机构提供延期还本付息激励资金1亿元，激励普惠小微企业贷款延期本金64亿元；落实总行结构性货币政策，推动银行机构向上争取6亿元政策资金，保障科技创新、交通物流等融资需求。推进综合融资成本持续下行，全年发放企业贷款加权平均利率4.11%，制造业、小微企业贷款利率平均水平低于全部贷款。加大重点领域和薄弱环节金融支持，全市涉农、基础设施、制造业贷款余额比年初分别增加288亿元、138亿元、25亿元，余额比上年增速均高于全部贷款。3月22日，在黄梅县召开黄冈市金融服务乡村振兴示范区建设暨金融示范县创建推进会。人行黄冈中心支行建成省级金融教育示范基地，建立多样化金融纠纷诉前调解机制，经验做法被《金融时报》宣传报道；创新存款保险二维码嵌入征信报告和随“车流、人流、物流”深入偏远地区宣传模式，被总行《存款保险通讯》推介；新增设国家金库黄冈高新技术产业区支库，推动跨省异地电子缴税业务全覆盖，实现增值税留抵退税业务全链条无纸化快审快办。

【金融助推绿色经济发展】2022年，人行黄冈中心支行指导黄冈大别山电厂技改项目争取1.9亿元煤炭清洁高效利用专项再贷款资金，推动18亿元碳减排支持工具再贷款资金落地黄冈。创新生态修复贷、生态资源权益抵押+项目贷等融资模式和信贷产品，推动金融服务绿色转型发展。以蕲春中银富登村镇银行有限公司为样本，发布全国首个中小银行

2022年3月22日，黄冈市金融服务乡村振兴示范区建设暨金融示范县创建推进会在黄梅县召开
(黄冈银保监分局 供图)

碳核算信息披露报告规范，被《湖北日报》宣传报道。率先在全省出台绿色贷款财政贴息政策，释放财政、金融政策协同效应，引导绿色低碳领域融资成本稳步下行。至第三季度末，全市投放绿色贷款余额397亿元，比年初新增107亿元，比上年增长49.7%。

【金融助企纾困】2022年，黄冈市加强信贷产品、服务模式、工作机制创新，支持中小微企业健康发展。成立助企纾困专班，紧扣“1+4+N”（省政府印发加强金融助企纾困工作若干措施，指导全省金融机构助企纾困政策1个。交通物流、批零住餐、文化旅游和对外贸易专项行动方案4个。出台“N”项配套政策文件，如《建立重大项目银企对接融资新机制的若干措施》《交通物流专项再贷款工作推进方案》《旅游企业贴息帮扶实施方案》等）金融纾困政策，对接困难企业、重点行业、各类市场主体，出台融资纾困“白名单”制度，推进信用培植、首贷拓展、“楚天贷款码”“301”快贷，推广智慧金融服务平台，组织开展纾困政策及产品服务宣传，编制《金融助企纾困政策产品一本通》。推进省级金融服务乡村振兴示范区建设，开展“行业规范建设年”，提升银行业标准化程度和服务质量。推动货币政策与财政政策、产业政策配套联动，加大初创企业、“白名单”企业、专精特新企业、重大项目和重要产业链融资力度，支持浠水县蛋鸡产业链、蕲春县蕲艾产业链融资发展，延链补链强链实现提速增效。开展“解难题、稳增长、促发展”企业帮扶活动和“百行进万企”银企对接活动，开展消费者权益保护和防范非法集资宣传。拓展融资渠道，推动应收账款融资162.2亿元、“政采贷”发放5.3亿元，全省首笔矿山特许经营权质押贷款落地红安县，罗田县实现全市畜牧活体质押贷款零的突破，武穴市和黄梅县分别完成全省首笔排污权抵押和全市首笔地方特产库存质押登记业务，全年办理动产融资登记业务675笔。全市普惠小微企业贷款余额492.5亿元，比上年增长25.2%。

【企业上市破零翻番攻坚行动】2022年，黄冈市金融业部门开展企业上市破零翻番攻坚行动，对表压实攻坚责任。修订上市奖励制度，实行省市县三级上市奖励叠加、无申请兑付，最高奖励1200万元。畅通绿色通道，优化企业上市政策和服务环境，解决企业改制辅导涉及的环保、税务、土地、涉诉等问题，限时出具相关证明材料。完成强大包装香港联交所上市，宏源药业过会注册；完成香江电器、龙辰科技、祥云股份3家企业报会报所在审，科峰传动、华建股份、宏中药业3家企业IPO在辅，培育入选省级上市“金种子”23家。年内，通过“网上审、微信审、邮寄办”模式办理涉外行政许可业务，推动财政专项资金补贴中小微外贸企业汇率避险业务落地，指导强大包装实业有限公司设立境外特殊公司、返程投资收购方式登陆港股上市，实现全市企业境外上市零的突破。

（徐志远　陈　功）

银行业

【概况】2022年，黄冈市银行业机构19家，网点670个，银行业机构数和网点数位列全省市州第三位。全市银行业资产总额5748.21亿元，比年初增加678.63亿元；负债总额5623.7亿元，比年初增加676.84亿元。银行业金融机构本外币各项存款余额4946.89亿元，比上年增长13.1%，比年初增加572.96亿元。本外币各项贷款余额2954.36亿元，比上年增长15.7%，比年初增加400.80亿元。人民币各项存款余额4939.43亿元，比上年增长13.05%，全年新增570.19亿元，比上年多增195.97亿元。金融机构人民币各项贷款余额2951.98亿元，比上年增长15.73%，增量、增速均位列全省（除武汉市，下同）第三位。金融业增加值占GDP比重5.98%（第三季度末数据），位列全省第一位。全年新增贷款401.13亿元，比上年多增18.53亿元。全市银行业金融机构实现账面盈利35.56亿元。

表41　2022年黄冈市银行业机构一览表

机构名称	机构网点（家）						机构情况（家）				从业人员（人）
	合计	法人机构	一级分行	二级分行	支行及支行以下营业网点	离行式自助银行	新设	撤销	升格	降格	
一、政策性银行（1家）	11	0	0	1	10	0	0	0	0	0	218
中国农业发展银行黄冈市分行	11	0	0	1	10	0	0	0	0	0	218
二、大型商业银行（6家）	441	0	0	6	343	92	0	1	0	2	4331
中国工商银行股份有限公司黄冈分行	73	0	0	1	44	28	0	1	0	2	826
中国农业银行股份有限公司黄冈分行	121	0	0	1	86	34	0	0	0	0	1443
中国银行股份有限公司黄冈分行	25	0	0	1	21	3	0	0	0	0	463
中国建设银行股份有限公司黄冈分行	54	0	0	1	43	10	0	0	0	0	819
交通银行股份有限公司黄冈分行	4	0	0	1	1	2	0	0	0	0	46
中国邮政储蓄银行股份有限公司黄冈分行	164	0	0	1	148	15	0	0	0	0	734

续表

机构名称	机构网点（家）						机构情况（家）				从业人员（人）
	合计	法人机构	一级分行	二级分行	支行及支行以下营业网点	离行式自助银行	新设	撤销	升格	降格	
三、股份制商业银行(5家)	17	0	0	5	8	4	0	0	0	0	181
招商银行股份有限公司黄冈分行	8	0	0	1	3	4	0	0	0	0	50
中国光大银行股份有限公司黄冈分行	3	0	0	1	2	0	0	0	0	0	39
华夏银行股份有限公司黄冈分行	2	0	0	1	1	0	0	0	0	0	22
中信银行股份有限公司黄冈分行	2	0	0	1	1	0	0	0	0	0	25
平安银行股份有限公司黄冈分行	2	0	0	1	1	0	0	0	0	0	45
四、城市商业银行(2家)	16	0	2	0	14	0	1	0	0	0	262
湖北银行股份有限公司黄冈分行	12	0	1	0	11	0	1	0	0	0	202
汉口银行股份有限公司黄冈分行	4	0	1	0	3	0	0	0	0	0	60
五、农村商业银行(2家)	328	10	1	0	271	46	1	1	0	0	4125
武汉农村商业银行黄冈分行	14	0	1	0	13	0	1	0	0	0	197
黄冈农村商业银行股份有限公司系统	314	10	0	0	258	46	0	1	0	0	3928
六、村镇银行(9家)	35	9	0	0	24	2	1	0	0	0	440
团风楚农商村镇银行股份有限公司	4	1	0	0	1	2	0	0	0	0	15
麻城汇丰村镇银行有限责任公司	2	1	0	0	1	0	0	0	0	0	39
红安长江村镇银行股份有限公司	5	1	0	0	4	0	0	0	0	0	79
罗田楚农商村镇银行股份有限公司	2	1	0	0	1	0	0	0	0	0	17
浠水楚农商村镇银行股份有限公司	2	1	0	0	1	0	0	0	0	0	14
蕲春中银富登村镇银行有限公司	6	1	0	0	5	0	0	0	0	0	95
武穴中银富登村镇银行有限公司	4	1	0	0	3	0	0	0	0	0	66
英山长江村镇银行股份有限公司	6	1	0	0	5	0	1	0	0	0	53
黄梅中银富登村镇银行有限公司	4	1	0	0	3	0	0	0	0	0	62
合　　计(25家)	848	19	3	12	670	144	6	4	0	4	9557

（资料来源：黄冈银保监分局）

【银行业助企纾困】2022年，中国银行保险监督管理委员会黄冈银保监分局（以下简称“黄冈银保监分局”）落实稳经济“一揽子”政策宣传工作电视电话会议精神，开展纾困政策及产品服务宣传活动，编制《金融助企纾困政策产品一本通》，精选银行普惠金融产品75个、保险惠企产品13个。制定稳住经济“一揽子”政策细化措施，督促各机构加大力度支持住宿和餐饮业、批发和零售业和交通运输等困难行业企业，落实延期还本付息政策要求。为全市7051户受困企业、个体工商户办理延期还本付息79.66亿元。

【服务乡村振兴示范区建设】2022年，黄冈市召开金融服务乡村振兴示范区建设推进会，分别在麻城市、蕲春县、黄梅县3县市推进省级金融服务乡村振兴示范区建设。选派“金融村官”参与村银共建，推广“整村授信”新模式，完成59.5万户农户和6440个新型农业经营主体建档评级工作，全市3620个行政村提前一年半完成。年底，全市银行业涉农贷款余额1948.48亿元，比上年增长17.33%；发放脱贫人口小额贷款41.99亿元，惠及贫困人口12.16万户。

【小微企业金融服务】2022年，黄冈市银行业开展“解难题、稳增长、促发展”企业帮扶活动和新一轮“百行进万企”银企对接活动。开展金融支持专精特新企业春风行动，建立主办银行制，为有融资需求的163家专精特新中小企业发放贷款38.69亿元。全市银行业普惠型小微企业贷款余额512.59亿元，增速21.13%，高于各项贷款5.44个百分点，平均利率降至5.12%，比上年下降0.26个百分点。减免小微企业利息1.28亿元，减免评估费和保险费等融资费用2781万元。

【新市民金融服务】2022年，黄冈市银行业发行带有“新市民”标识专属银行卡，为新市民开户、开卡提供便利服务，为新市民群体减免工本费、年费等费用。联合相关部门上线“黄冈市农民工实名制信息化监管系统”，协助建筑施工企业实现用工实名制管理、工资专户管理、工资代发等多项功能。年底，推出涉新市民信贷产品74个，发放涉新市民贷款余额144.24亿元。其中，创业就业类信贷产品34个，贷款余额72.49亿元；安居和消费类信贷产品32个，贷款余额70.84亿元；健康医疗、养老及其他类贷款产品8个，贷款余额0.91亿元。

【银行业消费者权益保护】2022年，黄冈银保监分局组织各银行机构开展“3·15”消费者权益保护教育宣传周、“守住钱袋子 护好幸福家”防范非法集资宣传月活动，引导人民群众远离非法集资和电信诈骗，增强消费者风险防范意识和自身保护能力。全年召开消保工作约谈会议2次，建立完善金融纠纷调解机制、小额纠纷快速解决机制，规范信访举报工作流程，办理全辖消费者投诉事项175件，举报事项44件。

（陈 功）

【中国农业发展银行黄冈分行】2022年，中国农业发展银行黄冈分行（以下简称“农发行黄冈分行”）贷款余额499.63亿元，比年初净增81.89亿元；存款日均余额62.33亿元，比年初下降4.04亿元；不良贷款余额0.44亿元，比年初下降0.12亿元；国际业务结算量1.34亿美元；FTP利润5.64亿元。全年新增有效客户108户，关联及上下游客户存款日均6.08亿元。全年争取黄州临空经济区和高新投开发区债券资金5.4亿元。全年清收5家企业不良贷款2698.46万元，不良余额4377.84万元，比年初下降1198.46万元，不良贷款率下降0.04个百分点；收回风险贷款12050万元（罗田卓尔4050万元、华夏幸福8000万元）。全年营销政府性存款67.78亿元，其中债券资金22.54亿元（城投系19.14亿元，营销率100%）。

信贷业务 农发行黄冈分行累计审批贷款224.95亿元，投放贷款131.76亿元，年末贷款余额499.63亿元，比年初净增81.89亿元，贷款余额和净增额分别位列全省第二位、第三位。其中，围绕“建设宜居宜业和美乡村”目标，支持农村路网、水网等基础设施建设、生态环境保护以及特色产业发展，营销改善农村人居环境项目，累计审批贷款61.7亿元、投放贷款35.94亿元，均位列全省第一位（不含抽水蓄能）。全年营销政府性资金67.78亿元，余额23.63亿元，比年初净增5.29亿元，政府性存款日均21.89亿元，占全行存款的35.12%。其中，营业部等8个支行营销债券资金22.54亿元，蕲春支行债券营销清单项目开户全覆盖、资金全额到账；武穴市等7个支行营销社保资金4.22亿元；红安县、蕲春县、英山县、直营业务部营销住房维修基金9.29亿元。营销乡镇财政所三资监管资金，蕲春支行、武穴支行先后开立监管账户，为乡村振兴项目贷款资金延伸和其余监管资金引存奠定基础。投放粮油贷款12.89亿元，发挥粮食收购资金供应主渠道作用。其中，投放2.85亿元贷款支持国家级农业产业化龙头企业康宏粮油开展市场化粮食收购；审批1亿元贷款支持蕲春县粮食应急储备中心项目建设；投放0.5亿元贷款支持黄商农产品加工物流配送中心项目建设，支持粮油产业链延伸。

美丽乡村建设服务 农发行黄冈分行支持农业农村基础设施建设重点领域和薄弱环节，与发改、财政、水利、交通等政府部门建立联合对接机制，推动项目审批投放落地，投放政策性农业农村基础设施贷款92.77亿元。其中，投放改善农村人居环境贷款35.94亿元，因地制宜推进乡村建设；投放水利贷款11.75亿元，支持饮水安全、水系治理和水利设施建设；投放7.18亿元农村路网贷款，支持“四好农村路”建设；投放35.10亿元城乡一体化贷款，支持城乡基础设施和公共服务协调发展。支持农村特色产业发展，开展支农惠农政策，实施“一企一策”“一站式办贷服务”，投放涉农产业贷款24.65亿元贷款，重点支持中药材、菊花、茶叶、板栗、蕲艾等区域特色产业发展。其中，投放3亿元支持黄冈智慧农业蔬菜种植示范园项目，打造品质化蔬菜全产业链；投放2.1亿元红安优势特色农业产业化提档升级项目，支持红苕产业振兴；投放1亿元支持蕲春蕲艾产业补短板项目，推动蕲艾全产业链融合发展。发挥基金引导撬动作用，推进农发基金项目落地，审批投放项目3个、金额6944万元；推动“保交楼”专项借款1.48亿元；推进5亿元设备更新改造专项贷款和6.6亿元制造业中长期贷款落地。全年为5家科技企业申报科技创新再贷款，金额4425万元。助力实体经济纾困解难。累计投放普惠小微贷款1.65亿元。落实减费让利优惠政策，首年优惠定价普惠小微企业贷款，加权平均利率2.87%，比上年减少0.76个百分点，2022年第四季度存续、新发放或到期普惠小微贷款减息1个百分点，累计减费让利99.79万元；落实延期还本付息政策，为1家企业办理400万元延期还本业务，为2家企业申请调整还款计划，涉及贷款金额11.1亿元。

营销管理 农发行黄冈分行加强信贷系统数据管理和数据质量专项治理，全年人为差错原因导致数据变更8笔，加强新信贷系统上线衔接工作，数据及授信补录6批次、6100余条；推进贷后管理工作走实，开展贷后管理工作展评并选出优秀单位3家、指出问题153个，召开贷后管理例会12次、讨论18家企业风险化解方案并给予指导，问责资金归行率不达标12人次、经济处罚8000元。按照“一企一策”持续推进不良及风险贷款处置，全年清收不良贷款2698.46万元、风险贷款1.2亿元，推动黄冈国投签订黄梅戏曲小镇PPP项目公司重组协议。

（黄 冬 陈 露）

【中国工商银行股份有限公司黄冈分行】2022年，中国工商银行股份有限公司黄冈分行（以下简称“工行黄冈分行”）实现本外币全部存款余额544.81亿元，净增71.04亿元；各项贷款余额259.91亿元，净增23.64亿元；全口径融资投放130.25亿元，其中，一般法人贷款41.14亿元，小企业贷款27.62亿元，票据贴现27.74亿元，个人贷款21.51亿元，银行卡贷款12.24亿元。

信贷业务 工行黄冈分行投放一般法人贷款41.14亿元，其中能源板块20.16亿元，制造业板块9.1亿元，交通板块7.36亿元，建筑业2.12亿元，其他合计1.91亿元。民营企业贷款净增8.91亿元，科创贷款净增8.14亿元，战略性新兴产业贷款净增5.15亿元，制造业贷款净

2022年6月24日，工行黄冈分行与黄冈市工商联联合举办“创成型”民营企业投融资对接会（工行黄冈分行 供图）

增5.06亿元，国家高新技术企业有贷户增加15户。小微企业信用贷款余额30亿元，比上年净增3.4亿元，小微企业制造业贷款余额11.3亿元，比上年净增2.7亿元。普惠个人贷款余额1.68亿元，比上年净增0.25亿元。票据贴现办理27.7亿元。个人贷款余额105.46亿元，比上年净增4.53亿元。推进低碳转型发展，法人绿色贷款余额55.1亿元，比上年净增12.9亿元，跟踪储备100亿的绿色能源项目。年内，分行支持碳减排项目10个、金额9.9亿元。

金融服务 工行黄冈分行实施城区支行“集约化经营、直通式管理”机构改革，建立“二级分行——支行（网点）”直通管理模式，通过机构改革，提升服务效能。推进数字化转型，重点推广RPA、教培云、工银“兴农通”、智慧医院、智慧学校、工银e政务等新一代“智慧厅堂+智慧营销+智慧管理”为一体智慧网点建设，安装自助终端44台，电子权证延伸机9台、征信查询机5台，上线智慧医院5家、智慧学校6家。推动“保交楼”工作，向黄冈市碧隆房地产开发有限公司新发放住房开发贷款1亿元；重启投放“恒大滨江左岸”及“蔷薇国际”风险项目按揭贷款。与黄冈市工商联联合举办“创成型”民营企业投融资对接会。推出延期还本付息服务，为个人及企业纾困解难，办理个人住房按揭贷款还本付息业务85笔、金额3122万元，办理企业客户延期还本付息金额9.86亿元，对正常经营、信用状况良好的小微企业实行不抽贷、不断贷，做到应延尽延。

乡村振兴服务 工行黄冈分行与麻城市福田河镇、黄梅县孔垅镇吴河村及企业签订乡村振兴合作协议，授信金额分别为2000万元、1000万元。调研老区涉农产业及农村产业特点及发展趋势，依托线上及线下特色产品，为涉农企业提供个性化便捷融资服务。年末，涉农贷款余额85.65亿元，比上年净增19.05亿元，完成省行年度计划346.4%，位列系统第三位，其中，普惠性涉农贷款余额12.25亿元，比上年净增3.2亿元，完成省行年度计划400%，位列系统第四位。整村授信实现机构全覆盖，录入9个县市11个行政村、418户农户授信信息；“百行进万企”对接企业1963户，对接率100%；挂牌成立农村普惠金融服务点14个；分行针对县域特色农业产业，联合地方融资性担保公司，推出蕲春“兴农蕲艾贷”、浠水“兴农禽蛋贷”等特色场景经营快贷融资方案，授信额度1.4亿元，惠及相关产业新型农业经营主体50余户。开展“服务百村 陪伴千户”融智行动，以惠农融资、兴农通App移动服务端、村集体银行账户便捷开户、工银兴农通信用卡、党建云、“e钱包”、幸福理财等特色产品助力新时期乡村振兴，对接农业农村局客户3户、乡村振兴局客户4户、农村集体经济组织7户；上线数字乡村平台“兴农通”App村镇16家，上线村民13232人，平台搭建县域全覆盖。全年代理发放土地补偿资金5500万元。

（王 颖 刘 杰）

【中国农业银行股份有限公司黄冈分行】 2022年，中国农业银行黄冈分行（以下简称“农行黄冈分行”）实现各项存款余额847.3亿元，比年初净增111.1亿元，比上年增长15.1%；各项贷款余额402.8亿元，比年初净增61.2亿元，比上年增长17.9%。综合绩效考评位列全省农行系统第三位，“双管”领导班子年度目标责任考核站稳全市金融机构前列。全年不良贷款清收处置总额2.4亿元；不良贷款余额2.5亿元，比年初增加3320万元，不良率0.62%，比年初下降0.02个百分点，保持在合理管控区间。年内，向蕲水灌区投放贷款5笔、金额3.3亿元。

深化银政合作 市委常委、副市长王玺玮一行拜访省农行党委书记王霄汉，双方就深化银政合作达成意见。市人大常委会主任张社教、市政府常务副市长刘忠诚到山东，拜访山东省农行党委副书记刘仁举，对接晨鸣项目融资事宜，晨鸣项目跨省合作取得阶段性突破。深化银团合作，先后与工行、建行、湖北银行、邮储合作，开展中电建长峡银团、红安绿水青山贷银团、黄梅绿水青山贷银团等业务，凝聚金融机构合力。深化银担合作，投放贷款6000万元。深化部门合作，与市乡村振兴局和招投标中心联手，投放富民贷8989万元、政采贷6632万元。

服务实体经济 农行黄冈分行加强与各级政府和城投合作，推广绿水青山贷、城市更新贷、产业园区贷、项目前期贷、老旧小区改造贷、经营性固定资产贷款等。支持重大项目31个，投放贷款34亿元，涉及云华安、蕲水灌区、浠水长峡及各县（市、区）生态修复、土地整治、“风光蓄电”项目等，支持项目个数、金额位列系统前列。落实稳定经济大盘部署和助企纾困要求，投放企业贷款72亿元，支持批零住餐企业162家、交通物流企业35家、文旅企业5家、制造业企业289家、农产品加工企业123家、小微企业722家，针对因疫情受困企业延期还本付息5.7亿元。支持房地产开发和个人消费，通用个贷比年初净增5.4亿元，位列系统第一位；住房按揭贷款净增3.4亿元，经营性个贷净增1.9亿元，位列系统第三位。落实减费让利要求，减免小微企业和个体工商户支付手续费571万元，企业贷款、普惠小微贷款融资成本分别比年初下降21个和36个BP。

服务乡村振兴 农行黄冈分行县域贷款比年初净增61亿元，高出整体贷款增速2个百分点。涉农贷款比年初净增44.4亿元，增量位居系统第二位。乡村产业、乡村建设、粮食安全“三大重点领域”贷款比年初净增47.5亿元，高于全国和全省农行系统平均水平。绿色信贷日均增量21.9亿元，位列系统第二位。加强巩固拓展脱贫攻坚成果同乡村振兴有效衔接，6家脱贫县贷款比年初净增44.5亿元，高出全行整体贷款增速2.6个百分点。支持农户经营，整村授信行政村覆盖率70%，“惠农E贷”余额28.3亿元，位列系统第一位。年末，“三农”事业部考核位列系统第一位。

改革创新 农行黄冈分行“全国农行产品创新基地”挂牌，改革创新工作继续走在前列，全国47个专项考核中，位居第三位。加强平台创新，乡镇治理平台、智慧招投平台率先在全省落地。加强产品创新，发放全省首笔项目链捷贷——浠水卧龙庵矿区项目链捷贷9685万元。向全市15家医院发放设备更新贷4.3亿元，发放额位列系统第二位、同业首位。运用知识产权，向湖北韩泰智能设备有限公司发放黄冈首例专利权质押贷款1550万元。推广小微企业线上续贷产品“牵手e贷”，累计投放“牵手e贷”近亿元，年化利率最低仅3.9%。加强模式创新，全域推广“一客群一方案”信贷服务模式，各县（市、区）主导产业上下游客户提供链式服务，实施方案准入和“白名单”集中审议，实行批量授信和用信，投放贷款2亿元，浠水县支行“一客群一方案”获人行武汉分行肯定。加强科技创新，运用物联网、云计算、区块链技术，搭建智慧校园、智慧医疗、智慧出行、智慧“三农”等互联网金融场景，数字化转型工作走在系统前列。

金融宣传 农行黄冈分行加强消费者权益保护，开展“3·15”消费者权益日“4·15”全民国家安全教育日、“4·26”世界知识产权日、民法典宣传月等宣传教育活动，提升人民群众学法用法守法意识，维护人民群众合法权益。开展服务收费专项整治，落实特殊群体和适老性金融服务。推进电信网络诈骗涉案账户专项治理，按月督办，按季约谈。

（张亚斌）

【中国银行股份有限公司黄冈分行】

2022年，中国银行股份有限公司黄冈分行（以下简称“中行黄冈分行”）提供信贷支持企业242家，投放贷款30.98亿元；为385家小微企业和个体工商户办理线上贷款业务453笔，授信金额7.36亿元。

金融服务 中行黄冈分行落实相关金融政策，在符合授信条件前提下，综合运用借新还旧、贷款展期、变更借款人等措施，支持民生保障行业资金周转。落实小微企业部分费用减免政策，主动为大、中型企业减免抵押登记费、评估费、保险费等涉贷费用，全年为各类授信企业承担上述费用40万余元。连续三年下调贷款利率，小微企业在分行综合融资成本为3.69%。优化和精简授信送审材料和审核内容，提高授信项目审核质效，缩短授信项目审批时限。

创新金融产品 中行黄冈分行利用大数据平台推出“中银企E贷·信用贷”“中银企E·贷银税贷”“中银企E贷·抵押贷”等线上融资产品，为385家小微企业和个体工商户办理线上贷款业务453笔，授信金额7.36亿元。推出专精特新小微企业专属信贷产品“知惠贷”产品，向13家科技型企业投放“知惠贷”7350万元，解决科技型企业投入大、流动资金偏紧和抵押物不足问题。

（夏 经）

【中国建设银行股份有限公司黄冈分行】

2022年，中国建设银行股份有限公司黄冈分行（以下简称“建行黄冈分行”）实现各项贷款净新增44.86亿元，增速18.7%；一般性存款日均新增53.77亿元，个人存款日均新增61.2亿元，县域存款在全省县域板块占比12.3%。全年实现涉农贷款总量133亿元，新增7.7亿元，其中，农户贷款新增0.4亿元，农户生产经营贷款新增0.25亿元，惠及农户1319家。年内，建行黄冈分行获评2021—2022年度全国金融文化建设优秀单位，获评总行“企业文化建设先进单位”；参加湖北省分行“践行新金融服务新发展”网点员工综合业务技能竞赛，获团体冠军。

存贷业务 建行黄冈分行实现各项贷款净新增44.86亿元，增速18.7%，市场份额提升1.82个百分点。分行加大普惠金融、制造业、绿色信贷、涉农贷款等重点领域信贷投放，其中绿色信贷较年初新增24.6亿元。支持重大项目50个，融资余额83亿元；为4500户小微企业、个体工商户提供金融支持，普惠贷款新增6.2亿元，实现线上贷款新增5.83亿元。

金融服务 建行黄冈分行落实“保租房”“保交楼”、服务新市民及社会发展薄弱领域设备更新改造等专项工作，投放住房租赁贷款11.34亿元，协助建信住房租赁湖北公司运营托管公租房5266套，对接改造贷款项目15个，投放6户、累计2.8亿元。首家试点通过智慧医保平台实现医保21项高频政务上线STM系统和裕农通终端；上线英山城管在线缴罚小程序，在全市范围推广。开展“6·14信用记录关爱日 诚信建行万里行”宣传活动，“速缴通”项目入选总行“百佳”社

2022年6月14日，建行黄冈分行开展“6·14信用记录关爱日 诚信建行万里行”宣传

（建行黄冈分行 供图）

会责任案例。运用“双子星”平台、数字化手段为商户引流获客、开拓销路。上线商户1368户，投入优惠促销补贴资金1125万元，承担政府消费券投放，累计核券680万元。推进“一老一小”和残障人士等特殊客群服务，普惠金融条线助企纾困，为城区珠明山集贸市场商户代办换证、补证等业务。与城东社区共建“裕农惠民金融服务示范点”，通过智慧终端、政务机、功能性App为社区居民提供基础支付、反假币反洗钱反诈骗宣传、普及金融知识等服务。

服务乡村振兴 建行黄冈分行分级设立“乡村振兴工作专班”和“三农业务部”，选用10名青年骨干（含省行下派4人）挂职乡村振兴工作，建立“五个一”推动机制，打造以麻城石材、浠水蛋鸡、蕲春蕲艾、红安茶叶、罗田英山中药材等“一县一品”特色产业金融服务。全年投放涉农贷款总额133亿元，新增7.7亿元，其中农户贷款新增0.4亿元，农户生产经营贷款新增0.25亿元，惠及农户1319家。开展帮扶共建，为帮扶村兴修通组公路、支渠，建设安全饮水、路灯亮化等。选派驻点帮扶工作人员常态化开展党员结对帮扶贫困留守儿童，为贫困居民义诊等公益活动。年内，分行各机构成立张富清党员突击队和金融服务队，进企业、社区、进校园开展防范金融诈骗、征信权益保护等宣教活动。

（黄红兵　涂亚娟）

【交通银行股份有限公司黄冈分行】 2022年，交通银行股份有限公司黄冈分行（以下简称“交通银行黄冈分行”）实现各项存款余额22.08亿元，各项贷款余额23.4亿元，比年初增加3.61亿元，存贷比106%，在全市大型银行中位列第一位，获2022年度人行综合评价A类金融机构。

信贷业务 交通银行黄冈分行借助煤炭清洁高效利用专项再贷款和碳减排专项贷款政策，向2家能源企业投放贷款3.78亿元。运用专精特新贷款、设备更新改造中长期贷款等产品，对接全市科创型企业、制造业企业融资需求，投放首笔设备更新改造贷款，全年战略性新兴产业贷款新增3.3亿元。

普惠金融 交通银行黄冈分行对接小微企业融资需求，全年普惠贷款新增4806万元，增幅37.3%，落实减费让利政策，普惠贷款利率比上年降低37个基点，为小微企业减少利息支出18万元。对接县市乡村振兴项目和企业，协调总分行乡村振兴部到黄冈调研，推动开发“蕲艾贷”“蔬菜贷”个性化产品，全年乡村征信贷款新增1.28亿元。

金融服务与风险防控 交通银行黄冈分行与市民政局签订智慧养老合作协议，总行、省行、分行三级联动，高效开发，实现系统内首个养老机构资金监管系统上线，系统监管养老院入住、预付费资金。现场调查、走访，排查全行所有企业客户贷款风险，坚持一户一策，制定风险防范处置方案，化解2笔对公贷款潜在风险，加大不良贷款催收力度，督促开发商履行代偿责任，收回及处置不良资产112万元，不良贷款余额127万元。开展案件警示教育、内控案防专项治理、员工异常行为专项整治、“行长讲案防”、员工高负债及涉刑涉诉排查等活动，及时消除风险隐患，全年未发生案件风险。

（陈志强）

【中国邮政储蓄银行股份有限公司黄冈市分行】 2022年，中国邮政储蓄银行黄冈市分行（以下简称“邮政银行黄冈市分行”）实现资产规模730.3亿元，2022年增长65.3亿元。信贷资产总额142.01亿元。贷款损失准备为3.72亿元，不良贷款率1.33%，贷款拨备覆盖率196.69%。至年底，全行零售贷款不良额1.36亿元，较年初压降3302万元，不良率1.42%，较年初下降0.53个百分点，不良额、不良率实现“双降”。

贷款业务 邮政银行黄冈市分行各项贷款投放86.48亿元，比上年多投7.49亿元，净增绝对值位列第四位；贷款规模142.01亿元，比年初增加21.99亿元，净增规模位列全省第二位。重点项目对接。围绕全市“建设现代化区域中心城市”发展战略，向便捷交通、物流基地、城区建设等项目授信21亿元。战略性新兴产业领域，累计向抽水蓄能、光伏风力发电等项目投放4.5亿元。支持民生惠民项目、绿色信贷项目，投放6亿元。支持全市优化产业升级，推进减息让利，全年让利1200万余元。推进乡村信用体系建设。全市建成信用村3618个，投放贷款12.3亿元。普惠型涉农贷款投放。开展“乡村振兴大走访”活动，推出“蕲艾贷”“板栗贷”等“一县一品”特色农业产业贷款，给予涉农贷款75BP内部转移定价优惠，引导新增信贷资源向乡村振兴领域倾斜，全年投放涉农贷款29.94亿元。服务小微企业，开展“百行进万企”、助企纾困千企大走访等活动，走访企业3275户，其中对接四批融资纾困“白名单”企业373家，投放贷款2.24亿元；对接专精特新企业163家，投放贷款38笔，金额2.04亿元。推出“科技信用贷”，解决企业无担保抵押融资难等问题，2022年投放“科技信用贷”8笔，金额2877万元。推出线上“小微易贷”，实现最快1天可放款，投放线上“小微易贷”350笔，金额5.33亿元。推出退役军人“军创贷”。全年消费贷款余额45.99亿元，服务客户突破2亿户，投放资金16.9亿元，净增1.21亿元。其中个人住房贷款投放1365笔、金额5.5亿元，净增1.99亿元。

2022年6月10日，黄冈市退役军人事务局与中国邮政储蓄银行股份有限公司黄冈市分行签约，推出“军创贷”项目

（邮政银行黄冈市分行　供图）

绿色金融　邮政银行黄冈市分行出台绿色金融授信营销指引和发展实施方案，推动全市绿色金融发展和信贷结构优化，构建“绿色贷款”通道，加大节能环保企业信贷支持，遏制高耗能、高污染企业盲目扩张。开展环境风险专项排查，防范化解潜在环境风险。加大绿色、低碳、循环经济等方面支持，开展上门营销活动，走访企业1900余家，全年绿色贷款规模21.3亿元，比上年末净增7.61亿元，超目标任务41个百分点。

金融服务　邮政银行黄冈市分行开展“邮爱驿站”建设活动，全市建成“邮爱驿站”11个。优化网点规划选址，启动网点微改造，优化网点布局、内部功能区、设备、台席等配置，为客户创造全新、有温度的厅堂“硬”环境。向新市民推出专属借记卡“U+卡”，最大程度减免费用，免收跨行转账手续费、账户余额变动通知短信服务费、卡工本费、年费、小额账户管理费、境内跨行ATM取现手续费6大资费，享受邮政寄递邮费8折优惠（含续重），将“U+卡”作为载体为新市民提供综合金融服务。持续推广网上银行、手机银行等互联网服务，简化转账、理财等重点高频交易操作模式，为老年群体提供更加贴心金融服务。

（肖海明　皮珍珍）

【招商银行股份有限公司黄冈分行】2022年，招商银行股份有限公司黄冈分行（以下简称“招行黄冈分行”）实现自营存款余额33.14亿元，比年初增加9.06亿元，其中，对公自营存款时点余额13.55亿元，比年初9.95亿元增长36.15%，对公日均存款12.38亿元，比年初8.2亿元。人民币储蓄存款时点余额19.59亿元，比年初新增5.46亿元，零售AUM时点余额56.77亿元，比年初新增6.58亿元。各项贷款余额14.12亿元，比年初增加4.08亿元。年内，招行黄冈分行获2022年度人行综合评价A类金融机构、2022年度人行外汇业务合规和审慎经营评估考核A类银行，被招行武汉分行评为年度反洗钱工作优秀管理机构；被人行武汉分行评为2022年度金融消费纠纷多元化解优秀调解单位。

业务扩展　招行黄冈分行加大设备更新改造贷款和制造业中长期贷款，开展精准资产业务营销，获批智能制造、环保垃圾发电、光伏发电等3个中长期项目贷款金额8亿元。针对专精特新、新三板等优质企业实现多笔投放，全年新增企业授信客户12户，户数增长150%。通过医院、医药公司、商超等核心企业供应链融资产品，实现付款代理、国内证议付、盒马商超贷等产品投放；“4321”新型政银担模式实现2户、投放1500万元。线上信用贷款“招企贷”，实现3户、投放450万元。

金融服务　招行黄冈分行3家网点获武汉分行消保服务流动红旗，东门支行全年实现零投诉工作经验在招行武汉分行消保工作会议上作交流。联合蕲春县人社局、天然气公司，在招商银行App内开设一站式灵活就业人员社保缴费和蕲春县天然气缴费平台，开通线上缴费优惠券活动，为居民提供数字化便民服务。围绕乡村振兴工作，开创性总结出一套“增”（资金投放）、“创”（普惠产品）、“优”（生活金融）、“拓”（消费帮扶）、“助”（人才振兴）五步工作法，为乡村振兴提供金融支撑。创新推出针对艾农种植户、蕲艾加工企业等特色信贷产品“艾农贷”“艾企贷”“招爱贷”，全年实现多笔业务投放。

（王　朋）

【中国光大银行股份有限公司黄冈分行】2022年，中国光大银行股份有限公司黄冈分行（以下简称“光大银行黄冈分行”）实现各项存款余额34.33亿元，比年初新增6.27亿元，各项贷款余额26.44亿元，比年初新增3.93亿元。普惠小微企业贷款余额1.26亿元，比年初新增1903.84万元，增速17.73%，高于各项贷款增速。信用贷款余额4.63万元，占比17.78%，较年初提高10.5%。

金融服务　光大银行黄冈分行执行降低小微企业融资成本原则，承担小微企业贷款评估费、抵押费，落实小微企业客户账户年费、管理费、网银服务费等减免政策。优化对公开户网上预约受理流程，在分行官网设立直通式预约办理渠道，填写相关资料后便可在约定时间内来行办理相关业务。优化企业开户流程，开户辅助证明材料清单化、标准化。加强经办柜员开户实行时限考核，开户操作不超过30分钟。开设“适老化”服务包含简爱版手机银行、95595快速响应、免费短信通知、网点助老服务等老年人特色服务，为老年客户群体提供便捷服务，网点设有爱心座椅、免费热水、便民医药箱等。上线云缴费智慧“医疗云”平台，为老年人就医提供诊前、诊中、诊后等全流程信息化服务新模式，通过自助设备、光大云缴费App及医院微信公众号为老年人提供全流程挂号诊间缴费、检查结果查询、住院押金预缴、出院结算等服务。

金融宣传　光大银行黄冈分行开展“送金融知识下乡”宣传教育活动，派出宣传组到团风县总路咀镇神树铺村向群众宣传讲解个人信息保护、防范网络诈骗和非法集资等金融知识，发放金融知识宣传资料。分行派出宣传小组到神树铺村，开展“金融知识宣传——楚天行”活动，现场宣传金融知识和相关乡村振兴金融产品，慰问困难军人军属。

（胡可可）

【华夏银行股份有限公司黄冈分行】2022年，华夏银行股份有限公司黄冈分行（以下简称“华夏银行黄冈分行”）实现各项存款余额9.02亿元，日均6.85亿元，比年初基数新增0.54亿元；其中对公存款日均7.16亿元，比年初新增2.15亿元；储蓄存款日均1.84亿元，比年初新增0.12亿元；各项贷款余额12.59亿元，其中企业贷款12.04亿元，个人贷款0.55万元；实现拨备前财务利润总额2073.51万元。

业务拓展　华夏银行黄冈分行主动对接全市482家高新技术企业名单、黄冈市专精特新企业名单、黄冈市亿元以上新开工项目清单、黄冈市亿元以上续建项目清单、省级重点融资需求企业对接清单、市包保企业问题清单等开展营销活动，全年投放贷款96笔、3.49亿元。分行信贷投放主要围绕制造业、卫生与社会工作（医院）和水利、环境和公共设施管理等行业，其中投放制造业贷款4笔、9700万元，占比58.39%；投放卫生与社会工作贷款3000万元，占比18.06%；水利、环境和公共设施管理业为2000万元，占比12.04%。

金融服务　华夏银行黄冈分行落实中小微企业应收账款等融资服务，为湖北某工程有限公司办理一笔应收账款质押融资业务，金额408万元，实现分行应收账款质押融资业务零的突破。2022年新增投放小微企业普惠贷款5户2104.68万元，普惠贷款余额比上年新增1200万元，普惠小微贷款户数15户，比

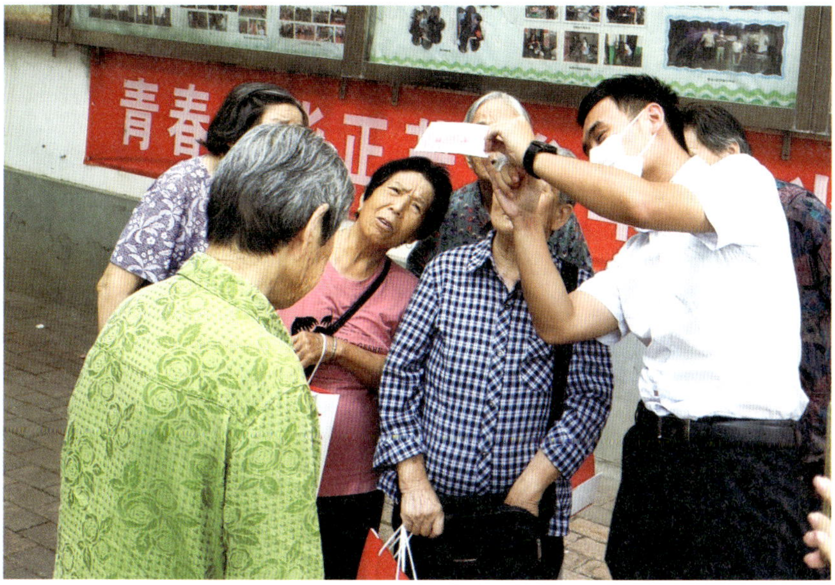

2022年7月5日，华夏银行黄冈分行工作人员进社区向老年人讲解辨别人民币真伪（华夏银行黄冈分行 供图）

年初新增2户。全年发放贷款平均利率4.95%，比上年同期贷款利率5.34%，下降39个百分点。开展进社区金融服务活动，为社区居民提供家门口信贷服务。向黄州区沙家洲生态种植家庭农场投放个人经营性贷款230万元，该笔贷款利率3.8%，降低该企业的融资成本。年内，分行减免中小微企业抵押费、评估费、保险费和公证费等业务费用13万元，降低企业融资负担。

（吴仁祺）

【湖北银行股份有限公司黄冈分行】2022年，湖北银行股份有限公司黄冈分行（以下简称“湖北银行黄冈分行”）实现各项存款余额89.1亿元，新增25.1亿元；各项存款日均余额90.4亿元，新增24.8亿元。各项贷款余额53.76亿元，比年初新增15.61亿元。逾期贷款及逾期90天以上贷款余额均为零。

金融纾困　湖北银行黄冈分行落实省政府《关于加强金融助企纾困工作若干措施》，沿用“降成本”“增额度”“简流程”政策。优化内外机制，承担客户贷款抵押物评估费、公证费、登记费等费用。根据企业合理资金需求，适度扩大信贷敞口，提供中长期信贷支持。针对小微普惠企业贷款，简化申报流程，利率优惠实行差异化，开辟绿色通道。执行监管要求，落实“两禁两限”规定，全年各项贷款均有较大幅度增长，高于贷款增幅不低于17.5%目标要求。

金融服务与消费者保护　湖北银行黄冈分行针对新市民安居乐业方面，提供装修分期、车位分期、大额消费账单分期等系列相关信贷产品。与地方合作优化创业担保贷款、贴息、简化手续、利率优惠、灵活设置还款期限、减免服务费等方式，加强对新市民创业支持。开展普及金融知识万里行、“3·15”消费者权益保护。9月，金融知识进万家等宣传活动。消费者安全保障权保护，采取设置访问权限、增加身份识别功能等措施保护客户个人金融信息，确保金融消费者个人隐私及信息安全。

（解岳中）

【汉口银行股份有限公司黄冈分行】2022年，汉口银行股份有限公司黄冈分行（以下简称“汉口银行黄冈分行”）实现各项存款余额25.12亿元，比年初增长5.31亿元；表内外贷款余额27.7亿元，比年初新增4.64亿元。全年向结对帮扶村捐款7.5万元。支持祥云集团、鲁班药业、科峰传动、绿缘新材料等重点企业发展，累计投放贷款16.71亿元。运用301助业贷、政采贷、创业担保贷、线上政采贷、新市民贷等多种类型信贷产品，服务黄冈新客群。支持红安县、武穴市等县市绿色贷款项目，2022年新增授信3.69亿元，投放绿色贷款1.73亿元。汉口银行黄冈分行与黄冈高新区签订政银战略协议，加大与市财政局、黄州区财政局和武穴市财政局等部门对接，获武穴市非税代理资格，与武穴三医院开展银医通合作。支持小微企业和实体经济发展，年度分行普惠小微投放任务完成率200%。发展零售业务，利用CRM系统各项功能，维护新老客户。开展进小区和社区、厂区、商区的“四进”外拓营销宣传活动，使金融服务更有深度、更有温度。坚持实行厅堂营销人员晨夕会、周例会、月总结制度，加强队伍过程管理。年内，筹建开设第二家县域支行——麻城支行，助力黄冈县域经济发展。

（占　玥）

【武汉农村商业银行黄冈分行】2022年，武汉农村商业银行黄冈分行（以下简称“武汉农商行黄冈分行”）各项存款余额73亿元，比年初净增15.51亿元。各项贷款余额68亿元，比年初净增9.6亿元，其中：涉农贷款余额50亿元，比年初净增10.3亿元；1000万元以下普惠、小微贷款净增额2.44亿元。贷款到期收回率97.34%，不良贷款控制余额5923.84万元，不良贷款率0.87%。

信贷业务　武汉农商行黄冈分行围绕辖内重点项目、支柱产业、乡村振兴领域布局，择优支持符合黄冈分行授信政策、具备可观现金流重点项目，累计落地项目10个，投放20.34亿元。优化普惠流程。联动前后台、各支行，针对实操中影响效率问题，落实办结时限，提高客户办贷体验，全年为110家企业发放普惠贷款6.4亿元。推广楚天贷款码平台、黄冈市智慧金融服务平台、信贷直通车平台，拓宽获客渠道，对接各类客户166家（户）。

拓展业务　全年办理“4321”（由地市级担保机构、省再担保机构、合作银行、地方政府分别按照40%、30%、20%、10%比例承担信贷风险）新型政银担贷款32户1.43亿元，拓展合作担保公司9家，实现辖区全覆盖。签订再担园区贷协议、创业担保贷款协议，为33户企业和个人发放贴息创业贷款940万元。利用楚银贷为19户农业企业和农户发放免担保费贷款3610万元，发放供应链融资贷款906万元，纳税信用贷款6567万元。

（汪佳慧）

保险业

【概况】2022年,黄冈市保险行业协会(以下简称"市保险协会")开展"行业规范建设年"活动,提升保险行业规范水平和服务能力。全市保险业实现保费收入299.62亿元,比上年增长11.84%,其中:商业保险机构实现保费收入118.54亿元,比上年增长0.12%;全年赔付支出39.21亿元,比上年增长5.55%。全年承保全市城乡居民大病医疗保险600万余人,赔付支出2.96亿元。9月6日,黄冈市普惠型商业补充医疗保险"黄惠保"上线。全市承保"黄惠保"总量79.8万人次,保费7102.2万元,保障额度2.07万亿元。全市受理辖内保险消费者投诉事项269件,信访举报事项252件。

【涉农保险】2022年,市保险协会组织召开全市农业保险推进座谈会,推动全市农险"提标、扩面、增品",实现水稻完全成本保险在7个产粮大县全覆盖。全年全市保险业实现农业保险保费收入3.84亿元,保额101.44亿元,赔款及给付2.19亿元,特色农业保险在保品种21个,"扶贫保""防贫保"为全市提供防贫扶贫保障216万人。

【新市民保险保障】2022年,市保险协会开展"新市民金融服务宣传月"活动,对接民生保障需求。全年承保全市城乡居民大病医疗保险600万余人,赔付金额2.96亿元。3家大型财险公司提供雇主责任保障1.53万人次,保险金额265.07亿元;为5.16万名建筑工人提供安全责任险,保险金额89.68亿元,赔付总额235.7万元。保险公司向建筑工人、快递骑手、网约车司机、货运司机、餐饮服务行业工作人员,推广雇主责任险、建工安责险、团体意外险、团体健康险,扩大新市民保险保障覆盖面。

2022年9月6日,黄冈市普惠型商业补充医疗保险"黄惠保"上线

(黄冈银保监分局　供图)

【保险业消费者权益保护】2022年,市保险协会组织各保险机构开展"3·15"消费者权益保护教育宣传周、"守住钱袋子 护好幸福家"防范非法集资宣传月、保险公众宣传日活动,增强保险消费者风险防范非法集资和"代理退保"骗局意识。全年召开消保工作约谈会议2次,督促各保险机构建立完善金融纠纷调解机制、小额纠纷快速解决机制,持续规范信访举报工作流程,全年办理全辖保险消费者投诉事项269件,信访举报事项252件,维护保险业消费者合法权益。

【保险业市场整治】2022年,市保险协会开展保险中介市场"多散乱"问题纠治,清理整顿辖内27家"三无"保险中介机构,8家机构完成工商注销。召开全市人身险公司银保渠道业务监管工作会议,进一步规范保险代理销售行为。全年开展"代理退保"黑产乱象专项整治行动,持续净化保险市场环境。

(陈　功)

表42　2022年黄冈市保险业机构一览表

机构名称	商业机构(网点)数(家)		保费收入(亿元)	赔付(亿元)	从业人员(人)
	县(市、区)机构	乡镇机构			
一、财产保险(19家)					
中国人民财产保险股份有限公司黄冈市分公司	11	55	11.43	7.63	1525
中国太平洋财产保险股份有限公司黄冈中心支公司	10	2	6.4	4.74	491
中国平安财产保险股份有限公司黄冈中心支公司	10	3	4.43	2.73	323
中华联合财产保险股份有限公司黄冈中心公司	13	21	2.92	2.01	134
天安财产保险股份有限公司黄冈中心支公司	4	0	0.15	0.12	62
阳光财产保险股份有限公司黄冈中心支公司	10	2	1.18	0.89	239

续表

机构名称	商业机构(网点)数(家)		保费收入(亿元)	赔付(亿元)	从业人员(人)
	县(市、区)机构	乡镇机构			
大家财险股份有限公司黄冈中心支公司	2	1	0.03	0.03	86
英大泰和财产保险股份有限公司黄冈中心支公司	6	0	0.47	0.3	123
永安财产保险股份有限公司黄中心支公司	3	0	0.08	0.07	38
国任财产保险股份有限公司黄冈中心支公司	3	0	0.08	0.07	25
太平财产保险股份有限公司黄冈中心支公司	1	0	0.21	0.18	72
长江财产保险股份有限公司湖北分公司黄冈中心支公司	7	0	0.28	0.16	92
华安财产保险股份有限公司黄冈中心支公司	6	0	0.4	0.24	135
大地财产保险股份有限公司黄冈中心支公司	6	0	0.33	0.23	154
中国人寿财产保险股份有限公司黄冈市中心支公司	10	2	1.87	1.19	364
浙商财产保险股份有限公司黄冈中心支公司	1	0	0.02	0.03	5
渤海财产保险股份有限公司黄冈中心支公司	1	1	0.1	0.07	19
国元农业保险股份有限公司黄冈中心支公司	3	4	0.05	0.04	22
华泰财产保险有限公司黄冈中心支公司	1	0	0.03	0.02	4
二、人寿保险（25家）					
中国人寿保险股份有限公司黄冈分公司	11	112	21.45	5.24	3031
中国太平洋人寿保险股份有限公司黄冈中心支公司	11	0	1.71	3.63	1765
中国平安人寿保险股份有限公司黄冈中心支公司	9	1	5.25	0.74	1030
泰康人寿保险有限责任公司湖北黄冈中心支公司	9	4	4.25	2.03	1673
新华人寿保险股份有限公司黄冈中心支公司	2	8	3.94	0.84	591
合众人寿保险股份有限公司黄冈中心支公司	3	0	0.97	0.21	192
富德生命人寿保险股份有限公司黄冈中心支公司	1	6	5.81	0.36	446
阳光人寿保险股份有限公司黄冈中心支公司	6	0	2.66	0.15	551
太平人寿保险股份有限公司中黄冈心支公司	3	3	3.73	0.57	1100
中国人民人寿保险股份有限公司黄冈中心公司	9	0	5.42	1.71	618
民生人寿保险股份有限公司黄冈中心支公司	2	0	0.13	0.04	21
长城人寿保险股份有限公司黄冈中心支公司	3	1	1.29	0.32	157
幸福人寿保险股份有限公司黄冈中心支公司	4	0	1.32	0.16	257
国华人寿保险股份有限公司黄冈中心支公司	1	0	1.78	0.12	23
信泰人寿保险股份有限公司黄冈中心支公司	4	0	1.99	0.07	215
大家人寿保险股份有限公司黄冈中心支公司	1	0	0.82	0.25	69
英大泰和人寿保险股份有限公司黄冈中心支公司	1	4	0.66	0.05	225
农银人寿保险股份有限公司黄冈中心支公司	1	0	2.09	0.88	95
华泰人寿保险股份有限公司黄冈中心支公司	2	0	0.07	0.005	78
建信人寿保险股份有限公司黄冈中心支公司	1	0	3.77	0.07	121
工银安盛人寿保险有限公司黄冈中心支公司	1	0	2.51	0.33	39
恒大人寿保险有限公司黄冈中心支公司	1	0	3.22	0.22	47
财信吉祥人寿保险股份有限公司黄冈中心支公司	2	0	1.39	0.02	188
百年人寿保险股份有限公司黄冈中心支公司	1	0	1.79	0.03	118
中英人寿保险有限公司湖北分公司黄冈中心支公司	1	0	0.12	0.003	120

（资料来源：黄冈银保监分局）

【中国人民财产保险股份有限公司黄冈市分公司】 2022年，中国人民财产保险股份有限公司黄冈市分公司（以下简称“人保财险黄冈市分公司”）实现保费11.43亿元，签单增速2.1%；全年承担保险责任1.8万亿元，支付赔款7.6亿元；上缴各类税收7647万元。累计服务个人客户44万人次；服务法人客户1000余个。车险实现保费收入4.63亿元。个非业务实现签单保费收入6056.16万元，增速18.57%。法人业务实现签单保费1.23亿元，健康险实现签单保费3.98亿元，农险业务实现保费9879万元。年内，参与蕲春县株林镇达城村驻村帮扶，完成村道路刷黑、安装路灯等项目，为村旅游景点提供公众责任险保额400万元，为村大雅柑果种植产业提供风险保障费83万元。

业务拓展　人保财险黄冈市分公司为全市4.92万头能繁母猪、54.4万头育肥猪提供风险保障费，为红安县、团风县养殖户定制牛羊鹿养殖保险，为麻城市、浠水县开办生猪期货价格保险，蕲春县、黄梅县、麻城市首次承办水稻完全成本保险，为3个县域3.45万公顷主要粮食作物提供风险保障费5.7亿元；黄冈市遭遇高温干旱天气，农作物生产受到影响，公司加大抗旱减灾和查勘理赔服务，累计出动农险专项查勘小组3个，查勘人员21人，查勘车辆7辆；运用无人机遥感、远程定损、无害化处理等技术工具，水稻保险理赔2000万元。年内，承办黄州区、红安县、团风县、麻城市主片区大病保险；公司中标第四轮大病保险项目；承办全市9个县（市、区）医疗救助保险，承保94万余人，理赔服务14.7万人次。公司率先在全省启动城市定制型商业医疗保险“黄惠保”业务，销售85万余人；推进麻城市、武穴市门诊慢特病保险业务，助力全市医疗保障体系建设。

理赔服务　人保财险黄冈市分公司通过警保联动快处快赔、车驾管一站式服务、与交警联合举办“好司机”活动、开展电动车上牌办保险等方式，参与全市道路交通文明建设。为全市8.8万余家用车主、2.3万余台客货车、4万余台摩托车车主提供风险保障费1400亿元。落实“长江高水平保护十大攻坚提升行动”等要求，重点围绕化工、建材、纺织、造纸等行业推广环污险，提高参保率。承保清洁能源项目，提升绿色保险产品创新供给能力，为全市3034台新能源车提供保险服务。落实全市助企纾困工作，推出企业财产险、责任险等保险产品，为全市600余家企业提供100亿元财产保障和安全生产、雇主责任等保险保障。公司推动治安保险服务，承保治安保险180万户，年均户数覆盖增长80%，理赔7000万元。

（吴超群）

【中国太平洋财产保险股份有限公司黄冈中心支公司】 2022年，中国太平洋财产保险股份有限公司黄冈中心支公司（以下简称“太平洋财险黄冈中心支公司”）实现保费收入6.4亿元，增速11.25%，市场份额21.02%。其中，车险保费收入2.33亿元；非车险保费收入3.55亿元；农险保费收入5196.36万元；处理各类理赔案 14.13万件，支付理赔款4.74亿元，比上年增长13.55%；全年缴纳各类税款4287.13万元。年内，太平洋财险黄冈中心支公司被分公司评为“标杆三级机构”，辖内武穴市、英山县、麻城市、罗田县、团风县5家支公司被评为“标杆四级机构”。

业务拓展　太平洋财险黄冈中心支公司为全市9.77万车主提供 2192.42亿元风险保障，其中，车损保额67.56亿元，三责保额2072.71亿元，车责险保额52.15亿元；为全市企业财产险风险保障18.3亿元，提供责任险风险保障192.5亿元。全年承保9个县（市、区）“防贫保”项目，惠及农村人口178.8万人，理赔3374.28万元。年内，推出安责险，承办“黄冈市职工和城乡居民意外伤害保险”项目，承保市直及浠水县、蕲春县、罗田县、麻城市、红安县等县市意外伤害保险，为378.19万参保居民提供保障，赔付金额1.42亿元。持续推进“一县一品”特色农业保险，英山县、罗田县、浠水县、武穴市、黄梅县5家支公司推出蔬菜、大棚、中药材、茶叶、小龙虾、食用菌、防贫保+、产业保7个品种，承保面积0.55万公顷，提供风险保障费3.34亿元。红安县、蕲春县2家支公司落实中央政策性业务承保水稻保险，提供风险保障费3.89亿元，覆盖农户、新型农业经营主体3.52万人。罗田县、黄梅县中标小麦保险承保资格；红安县、团风县中标育肥猪保险承保资格；英山县、罗田县、麻城市、红安县、团风县、武穴市、黄州区等县（市、区）中标森林保险承保资格。

理赔服务　太平洋财险黄冈中心支公司健全理赔机制，向车险理赔客户推出“公路侠”“医管家”“互信赔”3大特色理赔服务；推出非车险理赔“专享赔”“风险雷达”服务，为客户提供优质服务体验，主打“小案省心赔、重客尊享赔、人伤心相伴、风控无忧伴、支持在身边、守护在身边”6大服务举措；农险理赔通过行业领先“e农险”操作平台，持续“快赔”模式，为客户提供农户风险保障服务。

（胡　娜）

【中国人寿保险股份有限公司黄冈分公司】 2022年，中国人寿保险股份有限公司黄冈分公司（以下简称“人寿保险黄冈分公司”）实现总保费21.45亿元，缴纳税金892万元，吸纳就业人数898人，比上年增长16.8%；优化客户服务，提升理赔时效，给付满期保险金和支付赔款4.1亿元；参与医疗、健康、养老等多层次社会保障体系建设，为198万人提供大病保障。加快保险业务发展，实现居民资产配置多元化，改善居民资产负债表，全年提供保险280万余人次。

业务拓展　人寿保险黄冈分公司实现长期首年标保1.03亿元，首年期交保费3.35亿元，10期交及以上期交保费1.58亿元，短险保费1.67亿元，政策性健康保险业务1.43亿元；续收14.9亿元。个险渠道实现长险首年标保9803万元，首年期交2.74亿元，10年期及以上1.58亿元，个险短险6285万元，互动业务实现保费7258万元。银保渠道实现首年期交6134万元，其中，5年期保费1849万元，标保534万元。大短险实现保费1.67亿元。健康险渠道实现政策性健康险保费1.56亿元，委托管理经办业务保费收入1200万元，全省系统内首家承办该项业务公司。全年为280万余人次提供风险保障费7877亿元；赔付15.1万人次、4.8亿元。长险、短期业务在线上理赔5196人次，理赔金额4143.41万元。为全市12.28万老年人提供意外伤害保险保障，风险保额123亿元。加强新市民普惠保险服务，为新市民中网约车司机、快递员、外卖员等新产业人群提供专属商业养老保险286万元。推进乡村振兴工作，派出乡村振兴驻点干部16人，完成消费帮扶金额15万元，乡村振兴人口普惠保险和大病保险累计理赔超过500万元。为198万人提供大病保障，赔付1.23亿元。年内，推出企业需求组合产品10个，承保中小型企业客户525家，承保

52.5万人次，累计提供风险保障费2625亿元。加大老龄人口、妇女、学生、计生家庭等特殊群体保险产品研发和供给力度，全年为60万余人群提供意外伤害保险保障，风险保额400亿元，赔付25万人次，金额3500万元。

理赔服务与管理 人寿保险黄冈分公司开展"柜面服务焕新升级"等活动，提高客户服务效能。在职职工及城乡居民大病保险理赔上，继续采取"定点医疗机构即时结报""医保合署办公"报销方式为广大参保群众提供"一站式"补偿服务，率先在省、市、县三级医疗机构开通即时结报。通过寿险App、微信理赔、销售人员e店，推进线上理赔服务，理赔智能化替代率84.59%，长险一日赔、理赔e化率分别为93.89%和98.59%。开展"一把手合规讲堂"系列活动，受众1300余人。举办合规培训直播课5场，培训150余人次。开展销售风险常态监测，持续开展保单借款再投保监测，组织防范非法集资专题宣传和疑似问题数据访谈，开展大额和可疑交易数据分析，履行反洗钱法律义务。向478名员工及营销员开展防范非法集资访谈，预警排查谈话全市高风险销售人员34人，处理违规销售人员26人。开展促进业务平稳发展、舆情风险、重点风险专项整治、市场乱象治理、退保风险防范教育和综合治理销售误导等系列专项活动。

（陈世新）

【中国太平洋人寿保险股份有限公司黄冈中心支公司】2022年，中国太平洋人寿保险股份有限公司黄冈中心支公司（以下简称"太平洋寿险黄冈中心支公司"）实现规模保费收入11.71亿元，比上年增长3.74%，核心个险保费创历史新高，个险五项考核指标均位列全省第一位。年内，公司理赔3.2亿元，满期给付总额4319.36万元，服务客户100万人次，上缴税收276.53万元，提供再就业人员500余人。2022年，太平洋寿险黄冈中心支公司获分公司先进中心支公司称号。

业务扩展 太平洋寿险黄冈中心支公司中标2022—2025年职工、居民大病保险招投标。全年承保市直和蕲春县、浠水县、英山县3个县城镇职工和城乡居民大病保险人数217.22万人。其中，城镇职工参保人数20.35万人，城乡居民参保人数197万人。推出乡镇、村两委人身意外险产品，承办罗田、红安、浠水、蕲春、武穴等县（市、区）业务，向2000余名农村干部提供保险保障。

创新理赔服务 太平洋寿险黄冈中心支公司参与基本医疗经办，组建"专业领先、真诚服务"医保合作队伍，以合署办公方式参与黄冈市医保局基本医疗经办服务，分别参与服务医保查房、审核、结算，财务及医管等工作。配合医保局开展一站式报销服务，整合零星报销和大病结算窗口，设置综合窗口，实行一人一窗一次办结，让患者只跑一趟，只需提供一次资料，减少给付环节，提效增速。年内，开展"防范与打击非法集资""金融宣传月宣传"、防范与打非与反洗钱法制、保险知识进社区等宣教活动，通过转发微信、悬挂横幅、张贴海报、发放资料等宣传方式，增强市民金融风险防范意识。

（余汉军）

【泰康人寿保险有限责任公司湖北黄冈中心支公司】2022年，泰康人寿保险有限责任公司湖北黄冈中心支公司（以下简称"泰康人寿黄冈中心支公司"）实现保费收入4.24亿元（含黄冈市职工和城乡居民意外伤害保险保费收入），其中：续期保费收入2.89亿元；个险新单完成2500万元，个险新单价值比上年增长15%，增长率位列湖北分公司第三位；全年理赔赔付金额2821.37万元，比上年下降8.36%。满期给付件数1796件，金额5280.82万元，比上年下降24.37%；退保件数6822件，退保金额5639.11万元，退保金额比上年下降6.79%。

理赔服务 泰康人寿黄冈中心支公司推进"健保通"项目与医疗机构合作，通过系统互联互通，及时共享客户医疗信息，在客户住院时即完成理赔定性、客户出院即完成理赔并获理赔款新型商业医疗保险理赔方式，实现客户出院即一站式结算理赔变革服务。与市中心医院、市妇幼保健院、团风县人民医院、团风县妇幼保健院、黄梅县人民医院、罗田县人民医院、英山县人民医院7家医院签订健保通业务。年内，按照理赔时效快速理赔，通过"健保通"服务直赔件数968件，金额207.21万元。

合规经营 泰康人寿黄冈中心支公司有机构13家，经营保险业务许可证持有率100%，实地检查与实景拍摄相结合方式检查，13家机构经营保险业务许可证悬挂达标。5月30日，配合武穴公安机关调取黄冈市公安局7·12专案组涉黑涉恶犯罪团伙郭某某相关投保资料。

反洗钱管理 泰康人寿黄冈中心支公司开展员工异常行为风险排查，持续监测从业人员行为、收集从业人员基本情况、行为评价、处罚等相关信息，开展动态监测，确保合规经营。根据《金融机构客户身份识别及交易记录保存管理办法》《保险业反洗钱工作管理办法》要求，坚持以保单实名制为基础，按照客户资料完整、交易记录可查、资金流转规范反洗钱工作原则，开展客户身份识别和资料保存工作。根据《泰康人寿保险有限

2022年7月8日，太平洋寿险黄冈中心支公司开展保险知识进社区。图为公司员工到安居小区开展保险宣传 （太平洋寿险黄冈中心支公司 供图）

责任公司洗钱和恐怖融资风险评估和客户分类管理办法（2019修订版）》，加强高风险客户在核保、保全等方面管控。核保时加强高风险客户背景调查，合理限制高风险客户通过互联网、电话等“非面对面”方式办理相关业务。客户资料及交易记录均由运营部门负责，保管期限均在5年以上。确保客户资金安全一般建议客户通过转账交费，上报大额现金报告0份，减少洗钱风险隐患。年内，严把可疑交易上报分析质量关，分析可疑交易32笔。

消费者权益保护　泰康人寿黄冈中心支公司全年接到投诉案件54件（含重复投诉），其中通过“12378”渠道投诉案件40件，投诉至省银保监案件14件，截至年末撤诉35件，撤诉率65%。在“3·15”消费者权益保护日、非法集资宣传月、金融知识普及月等活动期间，采取线上线下宣传方式、开展打击诈骗反洗钱非法普及金融知识等宣传教育活动，帮助消费者提升依法理性维权意识和识别金融犯罪能力。

（朱林霞）

证券业

【概况】2022年，黄冈市有华泰证券黄冈东门路营业部（以下简称“华泰证券黄冈营业部”）和长江证券股份有限公司黄冈赤壁大道证券营业部（以下简称“长江证券黄冈营业部”）2家证券机构。华泰证券黄冈营业部实现非货公募销量4.78亿元，金融产品保5.14亿元，投顾团队实现财富管理业务收入150万余元；全年新开机构户2户，引入资产2亿元，非货产品销量2亿元，创收120万元。长江证券黄冈营业部实现产品销售5.5亿元，保有量超过1亿元，新增账户7436户，新增有效客户完成2596户，全年新增有效户及高净值专项营销活动完成率100%。

【长江证券黄冈营业部】2022年，长江证券黄冈营业部经营范围包括证券经纪，证券投资咨询，融资融券，证券投资基金代销；为期货公司提供中间介绍业务，代销金融产品，证券（不含股票、上市公司发行的公司债券）承销（限项目承揽、项目信息传递与推荐、客户关系维护等辅助工作）业务。年内，黄冈营业部加大证券市场营销力度，提升客户投资咨询服务水平，营业部除Level-2会销外，借助投顾专家线下会销，完成签约超过20万元，投顾产品进度位列第一位。年内，新增账户7436户，净增资产1.59亿元。

市场营销　2022年，长江证券黄冈营业部持续推进区域财富管理转型短板业务（权益类产品销售）实现产品销售5.5亿元，保有量超1亿元。年末，黄冈营业部扩大债权类产品销售，集中布局FOF产品，在权益产品全保有量方面，比上年增长2.65%，实现销量位列单体公司前位。通过产品+服务覆盖与增量+存量覆盖，提升主动创收占比，通过每日晨会、周会、月度会等方式提升员工专业投资知识，树立良好投资价值观，正确引导客户，全年新增有效客户2596户，比上年下降308户，其中开户资产超过50万元的高净值客户140余户。

证券业人才培养　长江证券黄冈营业部围绕“输入—输出”模式培养学习型人才，“输入”要求员工自身开展专业知识学习，向优秀榜样学习；“输出”组织演讲演练，通过知识星球平台开展专业知识讨论与交流。黄冈区域组织《投资最重要的事》演讲比赛；利用“知识星球”App，就“个人养老金是否值得投资”等话题，提升全员思考能力。年内，黄冈区域1名员工被选拔为公司讲师，1名员工获评区域内部讲师。

老区金融发展与公益助学活动　年内，由上海证券交易所主办，长江证券、上交所投教基地联合主办，湖北省证券期货业协会、长江证券投资者教育基地、长江证券黄冈营业部、中国工商银行红安支行联合承办的“拥抱注册制，共享高质量”主题报告会在红安县举行，50余名红安投资者参加活动，线上观看直播培训投资者43.83万余名。黄冈区域代表公司到红安县开展“衣心衣意”公益助学活动，以“支持基础教育，助力乡村振兴”为主题，向红安县多个学校捐赠物资，开展财商教育，黄冈区域志愿者代表公司为红安县永河中学等学校学生颁发“十年·十人”助学金。营业部不断拓宽帮扶模式，形成“公益助学+智力帮扶+投资者保护+财商教育”融合帮扶模式，为推进乡村教育高质量发展贡献力量。

（余海霞）

2022年10月18日，长江证券黄冈营业部到红安县永河中学开展“衣心衣意 温暖传递”公益助学活动

（长江证券黄冈营业部 供图）

【华泰证券黄冈营业部】2022年，华泰证券黄冈营业部经营范围包括证券经纪，证券投资咨询，证券承销业务（限承销国债、非金融企业债务融资工具、金融债（含政策性金融债）的项目承揽、项目信息传递与推荐、客户关系维护等辅助工作）；融资融券，证券投资基金代销，代销金融产品。年内，营业部扩大金融产品销售，加大基金投顾业务推进和股票交易型客户宣传力度，加快存量理财型客户向基金投顾客户转化，加大力度，引导交易型客户体验和参与基金投顾业务。

客户开发与服务　华泰证券黄冈营业部拓展多样化获客路径。加大银证合作力度，扩大银行渠道覆盖面；主动出击，拓宽线下获客渠道；多维度提高员工的客户黏稠度、加强存量客户服务、开发新客户，提升市场份额。加强与高频交易客户、高净值客户、融资融券客户联系，多方面合力提升营业部市场份额。营业部坚持以服务交易型客户为主，针对历史留存大量空户，及时制定存量客户激活专项方案，利用华泰证券在品牌、服务、专业、产品等优势，加大存量无效户激活力度，全年盘活无效户480户。创新工作方式，全年新增有效户及高净值专项营销活动完成率100%。

合规经营与管理　华泰证券黄冈营业部执行营业部制定日常管理办法，制定各项目标任务，每日夕会总结当天工作进度，每周五周夕会总结一周工作进展，分享经验，剖析问题。投资顾问月初填报投顾绩效得分测算表，根据储备客户情况制定当月提升得分计划，每周检视计划完成进度。针对投顾绩排名在分公司后30%的人员逐一分析原因，一人一策，制定提升得分计划，每周督导目标任务完成情况，总经理约谈目标任务完成不佳的投资顾问，帮助分析问题，提高工作质效。

（詹婷　纪昌武）

其他非银行金融机构

【概况】2022年，黄冈市有融资担保公司15家，其中政府性融资担保机构11家，从业人员221人，注册资本金25.56亿元，资产总额35.99亿元，净资产29.14亿元。全市有小额贷款公司12家，其中，在营4家，从业人员26人，注册资本金3.26亿元，贷款余额3.07亿元，营业收入0.19亿元。全市有典当机构11个，累计注册资本金1.98亿元，从业人员38人。有市农村综合产权交易中心、湖北李时珍中药材交易中心要素市场2个。全市有私募基金管理人5家（私募股权投资基金18支），黄冈长江创投基金公司管理基金规模56亿元，位列全省（市、州）第二位。

【融资担保公司】2022年，黄冈市有融资担保公司15家，在保余额42.97亿元，比上年下降3%，放大倍数1.47倍；担保业务收入0.29亿元，净利润-111万元，代偿率0.55%。服务全市中小微企业融资，在省再担保"4321"体系和产品基础上，结合黄冈实际创新开发"再担园区贷""再担政采贷""创业担保贷"等业务产品。新型政银担在保项目401笔、在保余额5.29亿元。其中，1—11月新增担保项目397笔、5.15亿元，完成省、市下达全年5亿元目标任务，进入全省再担保体系75家机构"第一方阵"。落实市政府风险补偿金政策，支持重点企业融资，累计授信383家、15.86亿元，295家企业以"白名单"形式获批贷款11.32亿元。落实降费降成本要求，"4321"新型政银担业务平均综合担保费率0.45%，风险补偿金保证费率降至0.5%，减收或免收企业担保费381.7万元。推进反担保创新，在传统不动产、设备、存货等反担保方式基础上，新增股权、应收账款、知识产权、不动产第二顺位抵押等抵质押措施。研发全市"白名单"信息化管理系统，实现市县一体线上申报、线上审批。对接不动产登记信息系统、人行征信系统，帮助企业"节成本、少跑路"。推进融资担保政策进银行、进园区、进企业，进"讲堂"，"两进两送"行动专班到光谷黄冈产业园等8个产业园、233家企业，专场政策产品推介活动8场（次），发布政策资信168条，开展风险补偿金业务专题培训10余次，"一对一"制定企业融资担保方案127个。开展融资纾困专项行动，先后服务全市农业、制造业、服务业等三大类17条产业链，重点支持28家产业化龙头企业及43家交通物流、批零住餐、文化旅游行业等困难企业。

【小额贷款公司】2022年，黄冈市有小额贷款公司12家，其中在营4家。全年为地方中小微企业和"三农"主体投放220户贷款2.56亿元。麻城市城发小额贷款有限责任公司累计投放贷款57笔1.89亿元，收回贷款81笔1.89亿元。公司实现业务余额1.77亿元，实现业务收入2613.67万元；公司上缴各项税费486.33万元，按五级分类计提风险准备金688万元，无欠息、逾期等，资金实现良性循环。

【典当行】2022年，黄冈市有典当机构11个，均为法人机构（黄州区4个、麻城市1个、罗田县1个、英山县1个、浠水县1个、黄梅县3个），注册资本金1.98亿元，从业人员38人；典当余额0.98亿元，利润总额77万元；典当总额1.29亿元，其中，涉房地产典当总额0.67亿元、涉动产典当总额0.13亿元、涉财产权利典当总额0.5亿元。

（郑　浦）

2022年4月11日，黄冈市融资担保集团到光谷黄冈产业园开展融资担保业务知识和产品讲座

（市融资担保集团　供图）

经贸合作

参与"一带一路"建设

【概况】2022年，黄冈市有经贸往来的"一带一路"共建国家和地区61个，进出口总额8.55亿美元，比上年增长73.51%，占全市进出口总额比重43.21%。其中，出口6.81亿美元，比上年增长72.91%，占全市出口总额比重38.58%；进口1.74亿美元，比上年增长319.24%，占全市进口总额比重81.78%。在越南、印度和泰国进出口总额、进口额、出口额均排名前三位。首次开通铁海、江海联运，首次发出中欧班列1趟。黄冈科技职业技术学院代表队获2022"一带一路"暨金砖国家技能发展与技术创新大赛金融科技综合能力赛全国总决赛二等奖。

【铁海、江海联运开通】2022年，黄冈市加强与"一带一路"国家经济合作，开通"黄冈港—湛江港"江海联运1条，开通麻城中韩铁海联运、麻城至宁波舟山港铁海联运、麻城至山东日照铁海联运列车3条。江海、铁海联运具有一站直达、时效高、成本低的优势，成为黄冈市联通"一带一路"共建国家和地区新通道。

【武里喃分校揭牌】2022年4月7日，黄冈职业技术学院武里喃分校暨泰中国际建筑学院揭牌仪式在线上举行，泰国武里喃职业教育委员会、武里喃技术学院，唐风国际教育集团，黄冈职业技术学院等机构主要负责人出席揭牌仪式。在双方努力下，黄冈职业技术学院成立国际交流合作工作专班，制定《国际化发展五年规划》《国际留学生管理办法》，建设远程教学智慧教室，认定双语教学资格教师，设计学生培养方案，开展学分互认，开发首门国际课程《建筑工程概论》获泰国教育部、曼谷职业教育中心及职业教育委员会认证。年内，黄冈职业技术学院指导援建菲律宾衣木斯职院，与西班牙穆尔西亚大学ENAE商学院签订学术合作谅解备忘录。

2022年9月13日，湖北省农业农村厅、罗田县政府组织专家到河铺镇红莲稻种基地测产验收
（罗田县河铺镇政府 供图）

【出口"一带一路"红莲稻制种测产验收】2022年9月13日，省农业农村厅、罗田县政府对河铺镇167公顷"珞红优1564"制种基地测产验收，经专家计算稻谷有效穗、实粒数、结实率、千粒重，得出平均亩产215千克结论。专家认定，经历60余年不遇高温干旱天气不利影响，红莲稻种制种结实率表现良好。红莲型杂交水稻是武汉大学朱英国院士团队原创科研成果，具有耐高温特点，莫桑比克、巴基斯坦、马来西亚、缅甸等"一带一路"共建国家推广面积超过3000公顷，直接经济效益超过100亿元。

【第三届中斯交流与合作论坛】2022年12月11日，黄冈师范学院和斯里兰卡萨伯勒格穆沃大学举办第三届中斯交流与合作论坛。论坛采取"线上+线下"形式，通过微赞全球直播。斯里兰卡萨伯勒格穆沃大学（以下简称"萨大"）执行校长乌达雅·拉特奈克，黄冈师范学院党委书记陈向军等出席论坛开幕式。教育部高校国别和区域研究工作秘书处主任、北京语言大学国别和区域研究院院长罗林，黄冈师范学院校长漆昌柱，萨大社会科学与语言学院院长、孔子课堂斯方负责人萨姆帕斯·费尔南多作主旨报告。论坛分组报告，双方学者讨论和交流经贸合作、教育教学、译介传播以及国际关系等课题。中斯双方专家学者、中斯文化交流与经济发展研究中心理事会成员、全体研究人员、黄冈师范学院外国语学院师生代表等80余人参加论坛。

（齐　磊　席想楼）

招商引资

【概况】2022年，黄冈市实施招商引资"一号工程"，主要指标增速较快，数量体量质量全面提升，招商工作经验在全省工作会议上作典型发言，被《湖北省政务信息》推介。坚持"全市一盘棋""市县联动"，市委常委会会议、市政府常务会多次研究招商工作，市委、市政府主要负责人坚持重大项目亲自推动、重要客商亲自会见，先后对接均瑶集团、中化蓝天等企业和客商，带头外出招商考察，推动重大项目签约落地。市政府副市长兼任产业链链长，先后带队外出招商54次；县（市、区）党政主职外出招商126次，全市上下形成"走出去、请进来、大员上"氛围。全市新签约招商引资项目558个，比上年增长39.15%；协议投资总额2437.78亿元，比上年增长53.84%；新开工入库招商引资项目518个，比上年增长54.17%；新投产项目381个，比上年增长26.16%；到位资金682亿元，比上年增长25%，占全市固定资产投资40%以上。年末，全市新批外资企业18家，比上年增长63.64%，引进外资项目5个，协议投资额105.91亿元，比上年增长5%，其中德国投资的黄冈新材料生物颗粒有限公司协议投资1.2亿元，完成投资6000万元。

【专业招商】2022年，黄冈市坚持全员招商，建设专业队伍、打造专业园区、完善专门政策、落实专门机制，成立招商分局8个、驻外招商办事处4个和武汉都市圈产业协同招商工作专班2个，设立56支产业招商队伍开展精准招引，市区首批专职干部外出招商243次，签约亿元以上项目35个。第二批61名专业招商干部，外出招商181次，获取信息79条，推动在谈项目21个。

【产业链招商】2022年，黄冈市坚持链式招商，深度开展补链延链。落实"645"（围绕6个新兴产业：光电子信息、生物医药、新能源和智能网联汽车、数字经济、高端装备、新能源，4个传统产业：精细化工、绿色建材、农产品加工、现代纺织，5个服务业：现代物流、文化旅游、商贸流通、农产品电商、现代金融）重点产业链链长制，建立完善"链长高位推动、主管部门综合统筹、链长单位担纲负责、成员单位全力推进"高效产业链招商体系。全市以高端装备、新能源、农产品加工、精细化工、文化旅游产业链为主题，组织招商推介和项目集中签约活动11场（次），现场签约项目282个，协议投资额1794.5亿元。全年产业链项目协议投资占全市招商引资项目总额90%以上。

【精准招商】2022年，黄冈市围绕"黄冈有什么、黄冈缺什么、黄冈要什么"，明确主导产业，编制招商地图，紧盯央企、上市公司、"500强"企业、行业领军企业精准招引，全年新引进主板上市企业投资项目15个，"三类"500强企业投资项目21个，百亿项目5个；TCL黄冈产业园、铭普光磁、尚赛光电、顺丰冷链物流、团风鸿路钢构、红安金牌厨柜、麻城热电汽循环产业园、英山英创汇智汽车线控、黄梅奥特莱斯等一批科技含量高、带动性强、成长性高的优质标志性项目相继落户。年内在麻城市热电汽循环产业园举行全市6月集中开工活动。

【以商招商】2022年，黄冈市出台《招商引资领域优化环境十条举措》《黄冈市社会力量参与招商引资激励措施》，市领导领衔推动重大招商项目、各单位参与"千人进千企"包保服务重点企业。全年人福医药牵线搭桥华硕科技项目落户，索菲亚、伊利在黄冈市投资第二个、第三个项目。

【招商引资机制创新】2022年，黄冈市坚持"亩产论英雄"和"7755标准"（招商引资协议投资中工业、民营占比均超过70%，实际投资中工业占比50%，工业投资中技改占比50%），加强项目评审，严把项目准入关，全市新签约项目中工业投资和民营投资占比为84.54%和82.97%。坚持项目信息闭环机制，建立从洽谈、签约、开工到投产全过程服务、全生命周期管理机制。对近三年签约未开工存量项目，按照"市政府调度三分之一，县（市、区）政府包保三分之一，市县园区推进三分之一"原则，分类调度，精准施策，推动重点项目转化落地226个。落实"红黑榜"管理，加强新签约项目开工入库、资金到位统筹调度，全年项目开工入库率46.59%，开工入库项目个数、到位资金额度均创历史新高。

【绿色建材产业链招商签约】2022年2月18日，黄冈市绿色建材产业链招商推介暨2月招商引资集中签约活动在麻城市举行。现场签约亿元以上项目60个，

2022年6月26日，黄冈市六月份重大项目开工活动麻城市热电汽循环产业园项目开工仪式现场

（市招商服务中心　供图）

协议投资额464.29亿元。其中，绿色建材项目27个，协议投资额251.25亿元。活动期间，集中签约建筑材料、高端石材、水泥制品、专用建材、建材设备制造、建材固废处理、建材流通等绿色建材项目。麻城市作为全市绿色建材产业链长单位，签约10亿元以上项目6个，投资200亿元。武穴市、团风县、红安县、浠水县等县市作为副链长单位，签约11个项目，探索出“全市一盘棋、全域协同、整体联动、链式招商”产业链招商模式。

（卢 佳）

对外贸易

【概况】2022年，黄冈市外贸进出口总值132.5亿元，比上年增长40.1%，其中：外贸出口总值118.2亿元，比上年增长42.9%；外贸进口总值14.3亿元，比上年增长20.9%。全市新批外贸企业18家，比上年增长63.64%。年内，红安强大包装上市香港联交所主板，实现外资企业上市零的突破。麻城市创建五金建材类省级外贸转型升级基地。黄冈市首个国际铁海联运班列——麻城中韩铁海联运专列开通，麻城市至山东日照市铁海联运列车首次开行。

【口岸与平台建设】2022年，黄冈市做优开放平台，建设口岸物流枢纽，加快发展“口岸+产业”“口岸+枢纽”“口岸+通道”等“口岸+”经济。对标空(陆)港型物流枢纽，完善黄冈唐家渡一类水运口岸功能，对接中欧、中韩等国际联运班列，依托集疏运体系融入武鄂黄黄国际综合交通枢纽。加快市进出口产业孵化基地建设，谋划推进B型保税物流中心建设，“一县一业”创建国家(省)级外贸出口基地，培育有机协同对外贸易物流产业集群。临港新城综合码头开港运营，唐家渡一类水运口岸通过省级验收，市进出口产业孵化基地主体工程建成封顶。临空互联网中心获批省级跨境电商产业园。

【对外贸易服务】2022年，黄冈市出台推进外贸外资高质量发展若干措施，从支持企业扩大出口、开拓国际市场、提升产品竞争力、发展外贸新业态、鼓励外资企业到资等方面加快开放型经济发展。发挥外贸综合服务中心功能，为中小企业开展出口业务提供“一站式”服务。推动中小微企业出口信用保险全覆盖。全市新增出口业绩破零企业24家，进出口企业235家。宏源药业、美丰化工年进出口额突破5000万美元，晨鸣纸业获海关AEO高级认证。联合中国进出口银行湖北分行开展融资推介活动，帮助28家企业申报融资贷款3.2亿元。举办5场汇率避险暨助企纾困融资对接会，牵线银行为15家企业授信1.2亿元。外贸新业态创新发展，孵化服务贸易主体15家、跨境电商企业15家，麻城市首次采用市场采购贸易出口石材。

表43 2022年黄冈市外贸进出口统计表

单位：亿元

区 属	进 口			出 口		
	2022年	2021年	增长率	2022年	2021年	增长率
黄冈市	14.25	11.82	20.9%	11.83	82.8	42.9%
黄州区	10.64	7.42	43.4%	10.54	8.25	76.2%
团风县	0.11	0.96	14.2%	2.88	1.58	81.7%
红安县	0.03	0.04	-28.6%	2.95	1.97	49.9%
麻城市	0.16	0.2	-19.0%	9.86	6.52	51.3%
罗田县	—	—	—	6.65	4.18	59.2%
英山县	0.0013	0.0007	85.7%	2.88	2.01	43.4%
浠水县	1.15	1.22	-5.6%	9.91	6.01	65.0%
蕲春县	0.25	0.23	8.0%	12.13	2.64	58.9%
武穴市	1.85	2.51	-26.5%	39.38	32.86	19.9%
黄梅县	0.05	0.1	-45.4%	15.98	10.99	45.4%
龙感湖管理区	0.01	—	—	1.11	0.8	39.4%

（资料来源：市商务局）

【外贸市场开拓】2022年，黄冈市（麻城市）开通中韩铁海联运专列，英山县茶叶（红茶）实现中欧班列首发。全年组织180余家企业参加中国进出口商品交易会、中国（上海）国际技术进出口交易会、中国—东盟博览会和荆楚云展等活动，帮助企业拓市场、签订单。第五届中国国际进口博览会期间，全市达成意向成交金额1400万美元，其中，黄商集团采购红酒、奶粉等进口商品500万美元。全市主要经贸合作国家(地区)45个。

【首个国际铁海联运班列开通】2022年4月26日，黄冈市首个国际铁海联运班列——麻城中韩铁海联运专列开通，驶出麻城车务段宋埠站。该班列编组40车装载2200吨石材的集装箱开往宁波北仑港，后转换轮船运至韩国。该班列为全市发展多式联运，降低物流成本，联通“一带一路”，助推外贸出口，打开新通道。麻城中韩铁海联运专列，由湖北进川物流公司承运，中国铁路武汉局集团有限公司麻城车务段点对点铁路运输，与浙江宁波港口联合，实现货物从铁路到海上无缝对接，标志麻城石材外贸出口进入多式联运新时代。采用铁海联运方式，货运周期由2个月缩短至30天左右，节省运输费用40%。9月26日，麻城市至山东日照市铁海联运列车首次开行，26厢1430吨石材运抵日照，再转海运发往日本、韩国、越南、泰国等国家。

【英山红茶首次出口俄罗斯】2022年8月22日，英山县湖北大广茶业集团有限公司生产的红茶搭乘中欧班列出口俄罗斯首批发货启动仪式在湖北大广茶业集团举行。启动仪式上，5辆载满160吨红茶货车驶出企业园区，2000吨出口茶叶分多批搭乘中欧班列发往俄罗斯。该公司“庆山春”牌英山云雾茶参展第25届中国武汉茶叶博览交易会获金奖，并与俄罗斯签订2000吨茶叶出口订单。

（邵三阳）

对外经济技术合作

【概况】2022年，黄冈市主动融入国内国际双循环新发展格局，着力做强开放功能、口岸功能、贸易功能、服务功能，市场主体日益增强，广泛开展对外经济技术交流合作活动，与"一带一路"合作伙伴进出口规模31.8亿元，比上年增长47%。年末，全市新增对外投资企业1家(湖北楚维药业有限公司)，新增对外协议投资金额392亿美元，比上年增长16.28%。

【境外及港澳地区投资】2022年，黄冈市率先在全省成立与香港合作机制领导小组，召开与香港合作工作推进会，"清单式"谋划推进9大类与香港项目合作。全年与香港、澳门(含大湾区)合作项目52个，签约金额366.57亿元。年末，全市对外直接投资129万美元。全市备案登记对外投资合作企业13家，对外劳务合作企业1家。

【经济交流与合作活动】2022年，黄冈市深入开展"云交往"，与波兰、菲律宾、新西兰、尼泊尔等国家的友好城市通过互致贺电巩固传统友谊，黄冈市参加湖北—新西兰周系列活动，出席湖北—新西兰友城工作视频会，与新西兰维斯兰市深入探讨合作；参与菲律宾依木斯市旗帜飞舞节线上庆祝活动。年末，组织广济药业、贵族真空等企业参加阿拉伯国际医疗器械展、法兰克福消费品家居用品展，与丹麦等国家开展对外经济技术合作洽谈活动。

（马 锐 王 俊）

经贸促进

【企业服务】2022年，黄冈市出台《加快推进外贸外资高质量发展若干措施》，支持企业扩大出口、开拓国际市场、发展外贸新业态。全年兑现奖补资金3600万元，惠及企业225家次。发挥11个外贸综合服务中心功能，为中小企业提供报关报检、出口退税、市场开拓等"一站式"服务。新增出口备案企业106家，业绩破零企业24家。联合中国进出口银行湖北分行开展融资推介活动，帮助28家企业申报融资贷款3.2亿元。举办汇率避险暨助企纾困融资对接会5场，牵线银行为15家企业授信1.2亿元。深化重点外资企业跟踪服务，将34家重点外资企业（项目）纳入"千人进千企"帮扶对象，制定"一企一策"工作方案，协调外汇账户设立、注册登记、环保审批、办理进口设备免税、融资服务等事项。

（邵三阳）

【出口认证】2022年，黄冈市贸促会共签发出口货物一般原产地证明书102份，涉及注册企业26家，18个国家地区，签证金额714.27万美元。全市加大"不见面审批"推进力度，电子原产地证书使用网上办理。

【《外商投资法》贯彻落实】2022年，黄冈市贯彻落实《外商投资法》及其实施条例，举办宣传活动26场（次），发放宣传资料1500余份，成立宣讲团队12个，到123家外资企业宣传132场（次）。落实外商投资准入前国民待遇加负面清单管理制度，统筹做好监督管理与外资促进工作，健全外商投诉工作机制和信息报告制度，营造开放包容外商投资环境，吸引外商企业来黄投资。全市新增外商企业18家，比上年增长63.6%，合同外资金额9377万美元。

【进出口产业服务中心项目开工】2022年2月14日，黄冈市2月份重大项目集中开工活动黄州区（黄冈市临空经济区）分会场暨黄冈进出口产业服务中心（孵化基地）项目开工仪式在黄州举行。项目位于黄冈临空经济区环白潭湖区域，总投资4.67亿元，建设用地面积1.40万平方米（1.33公顷），总建筑面积2.92万平方米（地上建筑面积1.95万平方米，地下建筑面积0.97万平方米），容积率1.62，绿化率35.6%，建筑密度30.3%。该项目是对接湖北国际物流核心枢纽机场项目，推进黄冈市建成现代化区域性中心城市的重要项目载体，申报设立黄冈海关机构的基础工程。

（邵三阳）

开发园区

综 述

【园区规模】2022年，黄冈市有开发区11个，其中：国家级1个，为湖北黄冈高新技术产业开发区；省级开发区10个，分别为湖北黄州火车站经济开发区，湖北团风经济开发区，湖北浠水经济开发区，湖北蕲春李时珍医药工业园区，湖北武穴经济开发区，湖北黄梅经济开发区，湖北罗田经济开发区，红安高新技

2022年2月14日，黄冈市二月份重大项目集中开工活动黄州区（黄冈市临空经济区）分会场。图为黄冈进出口产业服务中心（孵化基地）举行开工仪式

（市临空经济区管委会 供图）

术产业园区，湖北麻城经济开发区，湖北英山经济开发区。年末，全市开发区实现规上工业增加值1014.82亿元，进出口总额124.41亿元，实际利用外资9.32亿元，实现税收收入83.83亿元。年末，全市开发区新签约招商引资项目336个，比上年减少14.69%；协议投资1348.53亿元，比上年减少11.6%。2021—2022年度全省开发区高质量发展考评中，湖北麻城经济开发区、红安高新技术产业园区在三类省级开发区（31家）排名中分别位居第四位、六位。

【开发区扩区调区】2022年，黄冈市根据省发展改革委等部门统一部署，组织省级开发区扩区调区。全市先后推动5家省级开发区扩区调区，红安高新技术产业园区核准面积由211.28公顷调整为1181.87公顷，湖北黄梅经济开发区由527.43公顷调整为1493.4公顷，湖北罗田经济开发区由460.24公顷调整为917.5公顷，湖北武穴经济开发区由280.04公顷调整为1419公顷，湖北麻城市经济开发区由350.85公顷调整为1321.66公顷。通过省级开发区扩区调区，5家省级开发区核准面积扩大346.12%。

【开发区标准化建设】2022年，黄冈市结合2021—2022年度全省开发区高质量发展考评，开展两轮开发区高质量发展专题研究，形成《全市开发区标准化高质量发展三年行动方案（2023—2025年）》，提出加快产业发展、推动科技创新、提高亩均效益、攻坚招商引资、提升承载能力、聚焦绿色集约、加快对外开放、提高办事效率、提升数字化水平、优化体制机制10个领域38条工作措施。年内，黄冈市委、市政府结合黄冈市开发区发展实际，从园区规划、产业发展、土地集约利用、基础设施、生产生活配套、运营管理、园区服务、绿色建设、智慧化建设9个领域细化建设标准，规范开发区标准化建设。

（商天杰）

湖北黄冈高新技术产业开发区

【概况】2022年，湖北黄冈高新技术产业开发区（以下简称“黄冈高新区”）前身是黄州科技经济开发区，成立于1991年；2000年7月，湖北省人民政府批准建立黄冈高新技术产业开发区；2017年2月升级为国家高新区。规划面积为131.28平方千米，由南湖工业园（57.21平方千米）、火车站化工园（19.87平方千米）、黄冈科技新城（54.2平方千米）三大片区构成。园区现有规上工业企业109家，高新技术企业117家。2022年，在全国国家级高新区中综合排名第105名，比上年前进9位；在全省国家级高新区营商环境考评中排名第10名，比上年前进3名。全年园区完成工业总产值377.22亿元，比上年增长17.55%；规上工业总产值351.42亿元，比上年增长16.83%，高于全市2.83个百分点，占市区97.6%；规上工业增加值68.82亿元，比上年增长14.23%，高于全市1.63个百分点；固定资产投资116.65亿元，比上年增长20.15%，占市区61%；全口径税收收入16.37亿元。

【项目招引】2022年，黄冈高新区聚焦光电子信息、生物医药、高端装备等产业，开展产业链招商。先后引进伊利高端饮品、索菲亚橱柜、TCL智能制造产业园、华烁医药、尚赛光电、小驴机器人、黄冈智能科技产业园等项目落户高新区。积极跟踪三利谱偏光片、中化蓝天等重大项目信息。全年完成新签约亿元以上项目38个，完成协议投资额273.69亿元。其中，主导产业链项目33个，工业项目37个，新引进外向型经济市场主体15个；新签约项目企业法人注册率81.58%。

【项目建设】2022年，黄冈高新区申报发行专项债项目13个，争取资金28.9亿元，其中，2022年争取专项债券资金6.6亿元，资金使用率100%。推动稳健医疗、福而嘉等57个项目开工入库，仙津饮料、林立新能源等10个项目投产。建立重大项目提级调度机制，推动科技新城启动项目、化工园安全能力提升工程、伊利高端冷饮等重点项目建设。坚持要素跟着项目走，通过规划调整、扩区调区、土地清理等方式，新增项目用地410.67公顷，保障伊利、硅元、索菲亚橱柜等项目落户。

【服务企业】2022年，黄冈高新区落实稳经济一揽子政策，为企业争取各类奖补资金1.2亿元。支持重点企业“技改赋能、制造焕新”，实施技改项目33个，设备投资12.57亿元。推动索菲亚、伊利、稳健、龙辰科技、硅元新材料等企业相继追加投资，新增投资36.76亿元，完成投资额8.6亿元，建成后新增产值50.5亿元、税收2.81亿元，带动就业1160人。净增高新技术企业38家，高企、科小数量首次破百，新增国家级专精特新“小巨人”企业2家，新增省级专精特新“小巨人”企业2家，省级企业技术中心29家。通过“一企一策”精准支持，净增规上工业企业20家，产值过亿元以上企业49

2022年1月12日，小驴机器人（黄冈）有限公司机器人产品在黄冈高新区投产

（黄冈高新区管委会 供图）

家，比上年增长5家；其中，产值5亿～10亿元企业8家，产值过10亿元企业8家，税收过亿元企业3家。

【功能分区建设】2022年，黄冈高新区编制《黄冈高新区总体发展规划（2022—2025年）》《黄冈高新区"十四五"产业发展规划》《科技新城控制性详细规划》，科学布局产业功能分区。利用"三区三线"划定契机，优化化工园功能布局，新增建设用地277.33公顷。启动城东片区企业"退区入城"工作，启动基础设施建设项目50个，完成投资41.7亿元，比上年增长14.88%。投入专项债资金1亿元，实施化工园安全能力提升工程，化工园分别通过省应急厅、省经信厅合规化园区认定。与黄冈国投签订合作协议，合作项目25个，投资52.9亿元，启动建设项目7个，完成投资3.58亿元。与省联投合作，启动联投智能科技产业园和片区开发项目。推动建设智慧谷、科创大厦等配套项目，赋能专业园区建设。

【高新区改革】2022年，黄冈市委、市政府明确以黄冈高新区为主体，整合黄冈产业园、火车站经济开发区（黄冈化工园）、南湖工业园、光谷黄冈科技产业园，实行统一管理。年底，完成对原南湖工业园、黄冈产业园、火车站经济开发区（黄冈化工园）整合工作。市政府出台《黄冈高新技术产业开发区财税体制实施细则的通知》，理顺财税体制，高新区金库获批。黄冈高新区相关整合提升方案、管理机构设置方案、"三定"方案获批，方案调整管理体制、理顺职责关系、深化人事和分配机制改革、拓展发展空间、完善体制机制。

【宁波—黄冈高新区对口合作交流】2022年8月15日，宁波高新区管委会到黄冈高新区开展对口合作交流活动，实地参观考察湖北科峰智能传动公司、黄冈伊利酸奶工厂等企业。召开交流座谈会，双方就共同推进产业合作、科技金融合作、改革创新合作，完善对口合作机制，促进资源整合融合，实现资源共享、优势互补、合作共赢的目标达成共识，推动两地经济社会共同发展。

【科技创新综合服务平台项目立项】2022年8月26日，黄冈高新区黄冈科创公司与中科产业技术研究院共同承担的"科技创新综合服务平台项目"获2022年中央支持地方科技发展资金立项。年内，由中科产业技术研究院申报的"高纯石英砂国产化转化示范项目"获2022年中央支持地方科技发展资金立项，"废旧家电产品绿色柔性拆解关键技术及装备开发""智能驾驶DP—EPS高性能转向系统及制造技术研发"获2022年度湖北省揭榜制科技项目立项。黄冈市科技创新综合服务平台项目与中科研究院、融智创新研究院、武大知识产权转移服务中心、华开云等第三方科技创业服务机构开展战略合作，在孵企业获知识产权79项，其中，发明专利3项，实用新型专利4项，集成电路布图设计登记证书1项，软件著作权71项。申报国家高新技术企业5家。

【智能科技产业园开工】2022年10月14日，黄冈高新区智能科技产业园及基础设施建设项目开工建设。黄冈高新区智能科技产业园及基础设施建设项目以打造"智能科技""高端智能制造"为产业主题，重点引进光通信、光电子信息、智能制造、医疗器械、船舶装备、汽车制造等细分领域高新技术企业，项目占地160余公顷，投资35亿元。项目建成后，增加区域利税54亿元，提供就业岗位5万个，成为以武鄂黄黄为核心的武汉都市圈产业协作示范基地、政企市场化合作机制创新标杆。

【大学生创业孵化基地获优秀等次】2022年12月29日，省科技厅发布《关于2021年度省级以上科技企业孵化器（大学科技园）、众创空间绩效评价结果的公示》，黄冈大学生创业孵化基地获省科技企业孵化器绩效评价优秀等次。

（王钟霆）

黄冈市临空经济区

【概况】2022年，黄冈市临空经济区完成固定资产投资41.6亿元，比上年增长25.6%；全年固定资产投资增长25%，规模45.25亿元。新入库项目12个，投资29.85亿元，其中5000万元以上非房产项目6个，投资16.1亿元。集中开工5000万元以上项目9个，投资41.5亿元，其中，入库项目4个，投资13.34亿元。新增"四上"企业12家，完成年度目标的600%，现有四上企业44家，全年实现营业收入12.1亿元，税收0.99亿元。全年发行专项债券项目5个，发行金额12.7亿元（承接调整金额4亿元）占市区额度80%，使用金额10.22亿元，使用进度83.77%。完成土地征收17个地块103.2公顷，退地退池8个地块63.2公顷，拆迁房屋234户约5.8万平方米，拨付拆迁补偿款2045.88万元，组卷报批6个批次61.67公顷，出让土地5宗37.93公顷，出让金7.116亿元；纳入收储计划并及时签订土地收储协议临空区土地30宗173.33公顷。落实市政府"保交房、去库存、稳房市"要求，纳入黄冈市保障性租赁住房1200套，卓尔、碧桂园、澳海等受困房企纳入融资纾困白名单，推动智慧农博城项目办理完成"先建后验"。

【项目招引】2022年，市临空经济区新签约现代物流产业链项目1个（顺丰冷运中心），数字经济产业链项目2个（联投千方、湖北小快），商贸流通产业链项目6个（华禹工贸、黄鹤楼、闪电通、江苏铭洲、赤湾东方、远大北斗）及鄂东特检中心项目10个，其中，包含1个重点外向型经济市场主体。年内，园区围绕上述三大主导产业链跟踪洽谈湖北农发集团冷链物流产业园、远大北斗（中国物流）联运产业园、黑豹物流仓储基地等24个招商项目，总计划投资额超过160亿元。新签约项目开工9个，开工入库项目7个，新投产项目7个，投产入库项目6个，完成资金到位额3.51亿元。新签约项目法人注册率90%，顺丰冷运中心、黄鹤楼、鄂东特检中心等项目实现当月签约、次月开工建设。推进大别山（黄冈）国际博览中心、顺丰培训中心及顺丰生活配套中心3个重点项目建设。协调解决企业困难问题76件，兑付顺丰培训中心项目奖励资金2.08亿元。

【基础设施建设】2022年，市临空经济区实施城市人居环境提升工程、长江大保护生态治理工程，三台河生态治理工程优化方案经市规委会审定，一期景观工程完成总进度95%，加快推进二、三期工程建设；亚行贷款环境综合治理项目一期总体形象进度98%，二期总体形象进度95%。问津路电力管廊项目完工；历时9个月，建成文昌学校并投入使用；市进出口服务中心一期完成总进度29%，主体封顶；市民中心（土建工程）完成投资5.04亿元，实现总进度97.3%；路口还建小区（二期）竣工验收；榨舟街还建小区基本完工；推进投资43亿元的三台河、赤野湖、清水河三个新建棚户区改造项目建设。办理《关于保护和利用好白潭湖优质生态资源的建议》提案，园内环卫保洁、园林绿化、市政设施维护等实施市场化购买服务。开展“安全生产月”活动，督查在建重点项目工地12个。

【园区改革】2022年，市临空经济区深化“放管服”改革，稳步扩大“先建后验”“区域性统一评价”范围，促进行政审批标准化、服务供给优质化、中介服务规范化。完成审核备案事项31个，批复项目建议书3个、节能审查3个、可研8个、初设7个、备案10个。新增立项项目21个，总投资114亿元。推动“评定分离”落地见效，组建临空区定标专家库，印发《临空经济区定标实施方案》，制定“评定分离”工作流程图，在建项目6个采用“评定分离”招采方式完成项目绩效评价。创新人事管理体制，制定《黄冈市临空经济区人事制度和分配机制改革实施方案》及配套1+5文件，探索实施员额总量控制、优化内设机构、实行全员聘任上岗、绩效考核管理和薪酬制度改革5项改革措施。

【社会事业】2022年，市临空经济区补短板通堵点，4个还建小区维保工程完成总进度70%，生态停车场、断头路打通、道路改造修复、绿化等市政工程前期工作基本完工。园区成立安全生产、疫情防控督导组，常态化检查督办安全生产、疫情防控工作，出动人数158余人次、排查项目58个，下发整改通知单35份，确保企业安全生产。投入35万元为驻点村编制产业规划和村庄规划；为群众做好回迁安置、拆迁补偿、失地农民养老保险等事宜，妥善解决路口村184人、百丈咀村130人1158万元失地农民养老保险问题。全年完成黄冈站项目历史账目结算、邻里中心租金收益分红、维保工程、物业补贴、停车位及路口村公墓建设资金、智慧农博城项目4家单位回迁等工作。

【网络货运数字产业园签约】2022年3月16日，黄冈联投网络货运数字产业园招商签约仪式在市临空区举行，联投千方科技公司与首批入园的湖北至凡供应链管理有限公司、湖北哪吒科技有限公司、联江路兴（湖北）供应链科技有限公司、湖北吉运供应链欧管理有限公司、云梦惠龙易通物流有限公司5家企业签订合作协议。

【智慧农博城招商推介会】2022年9月5日，“共创智慧农批·助力乡村振兴”黄冈智慧农博城助力乡村振兴论坛暨项目招商推介会在黄州举行，由黄冈市临空经济区管委会主办，河南解放村实业集团有限公司和江苏佳海集团有限公司共同承办，黄冈市智慧农博城农产品集团有限公司与苏州南环桥农产品批发市场、昆明花童话贸易有限公司、商丘农产品批发市场等11家企业签订合作协议。

（郑 格 倪 敏）

2022年6月28日，黄冈市临空经济区检查组对在建的12个重点项目工地开展督查

（市临空经济区管委会 供图）

黄冈产业园

【概况】2022年，黄冈产业园统筹推进疫情防控与经济发展工作，规模以上工业企业18家，实现规上工业总产值85.52亿元，比上年增长7.83%；完成固定资产投资额30.71亿元；完成技改投资2.37亿元。全年增加“四上”企业4家。

【项目招引】2022年，黄冈产业园区新签约产业链亿元以上项目19个，协议总投资额68.8亿元。其中，10亿元以上项目3个（TCL黄冈智能制造产业园、东湖高新黄冈智能科技产业园和高端冷冻饮品智能制造基地示范项目）；新签约项目19个，完成注册17个，新签约项目企业法人注册率89.4%，新签约项目中引进外向型经济市场主体5个。

【项目建设与服务】2022年，黄冈产业园集中开工项目13个，入库10个，入库率78.57%，集中开工项目总投资49.58亿元；入库5000万元以上项目（不含房地产）14个，项目投资33.85亿元；储备库投资143.36亿元，储备库转建设库转化率33.3%，建设库转达效库率52.63%。年内，园区重点推进TCL智能制造产业园项目建设，制定园区详细规划图，编制土地连片开发方案和水系规划，协调融创公司推进园区EPC道路长江一路、二路北段，唐渡二路、五路、长江二路南段续建工程，投资7000万元。完善配套设施，启动园区4条道路升级改造，完成融创“星”城项目、黄冈市第三实验小学、万福棚改二期主体项目、园区绿化景观建设投资8亿元。协助骆驼户外、铭普光磁、兴和新材料等12个项目完成规划设计方案审查、办理规划工程许可证、施工许可证等开工手续，完成土地征收53.33公顷，完成工业划拨用地挂牌及划拨手续66.67公顷。

【企业扶持服务】2022年，黄冈产业园安排项目代办员，实行“一站式服务”全程代办制度；完成区域性统一评价；开展“一下三民”活动，为园区所有规上企业和重点项目安排包保领导、包联局办和包扶专员。帮助15家企业4个项目解决问题24个；联合市经信局等部门，组织园区企业开展2次政策解读和法律咨询活动。编印整理中央、省、市稳住经济一揽子政策汇编成册，发送给园区企业。推进医企合作，联合市中心医院深入中粮粮油、绿宇环保等企业，开展免费义诊、急救知识培训等活动4场（次）。联合市委宣传部到顾家家居、伊利酸奶黄冈工厂等企业开展文化演出、相亲等文化志愿服务活动3场（次）。协调黄冈职业技术学院与星晖汽车、科峰传动打造新能源汽车产业学院和智能传动产业学院。协助企业招工1000余人，引进实习实训学生50余人。兑现扶持企业资金1717.25万元。

【产业园安全生产管理】2022年，黄冈产业园召开安全生产和疫情防控工作会4次，联合区应急局邀请市区行业专家对企业安全生产、安全隐患、安全生产资料、高危重点部位等开展专项指导和检查，联合相关部门检查易发事故合创重工公司安全生产工作5次，安排专人常驻厂区，常态化安全检查督导。全年组织安全生产检查9次，发现风险隐患232处，全部整改销号。

（王钟霆）

湖北黄州火车站经济开发区

【概况】2022年，湖北黄州火车站经济开发区（以下简称“黄州火车站开发区”）签约落户企业79家，协议投资额500亿元。建成生产、试生产企业54家、规模以上企业35家，高新技术企业27家。完成固定资产投资22.07亿元，比上年增长22.68%；工业总产值92.3亿元，比上年增长25.24%。规模以上工业总产值89.7亿元，比上年增长27.54%，高新技术产业总产值85.11亿元，比上年增长48.85%；规模以上工业增加值20.49亿元，比上年增长33.05%。

【项目招引】2022年，黄州火车站开发区提高项目准入门槛，严把项目落户质量关，坚持主导产业招商，做实产业链上下游项目引进工作。新签约落户项目7个，协调投资额37.7亿元。分别是投资1.2亿元的湖北星辰项目、投资8亿元的浙江翰宇项目、投资3亿元的湖北武洲项目、投资10亿元的武汉华烁项目、投资6亿元的武汉尚赛光电项目、投资4.5亿元的武汉保华石化新材料项目、投资5亿元的武汉康蓝药业项目。新开工工业项目5个，新入库工业项目5个，新增技改入库项目5个，新投产项目6个。

【基础设施建设】2022年，黄州火车站开发区完成晨鸣纸业10千伏施工电源建设工程，华甜、林立、福而嘉土地平整项目，林立用地排水工程，人福项目挡土墙工程，TCL电力迁改工程，星立源场地平整工程，张杨路、外环路新建道路工程，九号路和四号北路新建道路工程，第二污水处理厂土地平整项目。完成宏大片区土地平整工程和排水工程量50%，完成晨鸣内环线新建道路工程投入2400万元，推进园区道路消防管网及消防栓建设项目、还建小区消防改造项目、知青路和鹰岭二路绿化项目、知青路等6条道路监控照明工程、园区封闭管理项目、道路交通信号灯提升项目、雨污管网疏通等项目建设。园区投资100万余元建设道路交通安全设施，投资706万元购置3台化工专用消防车、新招聘22名消防员，投资388万元新建5718米消防管网，投资380万元建设危化品停车场（一期），投资410万元实施园区封闭管理，协调完成园区双回路电源建设，投资6500万元启动保青污水处理厂改扩建项目，投资4600万余元的“智慧园区”项目进入验收。

【闲置土地清理】2022年，黄州火车站开发区利用园区开展清理闲置土地专项行动，完成天瑞气雾剂项目2.1公顷闲置用地清退，督促企业启动青江化工项目12.73公顷低效用地新项目建设。年内，园区利用调整基本农田窗口期，向团风县扩展土地282.75公顷。

【安全生产与环境保护】2022年，黄州火车站开发区修编《黄冈化工园总体规划》《黄冈化工园控制性详细规划》《黄冈化工园产业发展规划》《黄冈化工园消防专项规划》等专项规划，制定《产业发展指引》《“禁限控”目录》《危险化学品建设项目联合评审制度》等管理标准，完善八大类23项安全监管制度。成立安全生产领导小组，召开安全生产专题会议25次，与黄州区应急局火车站分局、高新区消防大队协调联动，开展日常巡查，召开安全生产例会19次，督办完成整改重点隐患单位2家，纳入园区“红黑榜”企业15家。隐患排查整改。组织管委会巡查专班开展夜间安全巡查，完成59家企业、137处经营性建筑、11处建筑工地安全隐患问题排查整改。投入资金80万元委托中国化学品安全协会、湖北省化学品安全协会、黄州区安全生产协会排查整改“两重点一重大”企业14家、一般化工企业19家、工贸企业17家，综合安全隐患整改完成率97%。开展综合事故演练及应急技能大比武活动2次，举办化工技能现场实训活动3场，发放安全生产宣传册5000余份，邀请省级专家开展安全专业能力培训3场（次）、300余人。环境监测。园区联合市区生态环境部门开展环保隐患排查，下达环保隐患问题整改督办函68份，移交环保违法案件2起，整改完成环保督察交办信访反馈问题11项、省生态环境厅交办问题23项、市区大气污染行动交办问题84项，危废安全处置率100%。

（王钟霆）

交通运输

铁路运输

【概况】2022年，黄冈市铁路完成客运量795.7万人次，比上年下降24.4%；完成货运量1042.5万吨，比上年增加162万吨；完成铁路资产投资34.3亿元。至年底，境内有运营在建铁路线路8条，铁路总里程626.4千米，其中，京九铁路229.1千米，沪汉蓉快速通道合肥至武汉95.7千米，安庆至九江高铁黄梅段51千米，武汉至麻城联络线45.3千米，合肥至九江铁路联络线41.8千米，武冈城际17.6千米，黄黄高铁（武汉至杭州高铁黄冈至黄梅段）125.2千米，武汉新港江北铁路（团风段）20.68千米。全市铁路里程密度为每万平方千米360千米，铁路人口密度为每百万人84.6千米，高于全省平均水平。运营铁路国家干线铁路2条（京九铁路、沪汉蓉快速铁路），里程324.8千米；高速铁路4条（武冈城际、沪汉蓉快速铁路合肥至武汉段、安九高铁黄梅段、黄黄高铁），里程289.42千米。英山、罗田2县未通铁路。黄冈市铁路线设站31座，其中：京九铁路设站14座，麻城站、黄州站为二等客货运站，浠水站、蕲春站、武穴站为三等客货运站，其余为四等及以下货站；沪汉蓉快速铁路设站3座，麻城北站、红安站、三河口站；合肥至九江铁路设站3座，黄梅站（三等站）、水码站、濯港站；武汉至麻城联络线设站2座，红安站、中驿站；武冈城际铁路设站3座，黄冈西站、黄冈站、黄冈东站；黄黄高铁设站5座，黄冈东站、浠水南站、蕲春南站、武穴北站、黄梅东站；武汉新港江北铁路设团风东站1座。全市线路及31座站分属武汉、南昌、上海铁路局管辖，其中，京九铁路蔡山（含）及联络线属武汉局管辖，京九铁路蔡山、安九高铁黄梅东站以下属南昌局管辖，安九高铁黄梅东站（含）以上、合肥至九江铁路联络线属上海局管辖。

【铁路运输重点项目】2022年，黄冈市沿江高铁武汉至合肥段项目可研报告通过中国国家铁路集团有限公司（以下简称“国铁集团”）审查，可研批复前置要件获部省批复。京九高铁阜阳至黄冈段项目预可研报告完成编制报国铁集团审查，并启动可研报告编制工作。武汉至黄冈市域（郊）铁路、武汉至红安市域铁路项目被纳入湖北省都市圈市域（郊）铁路线网规划。配合省发展改革委开展湖北省都市圈市域（郊）铁路建设规划编制工作。武汉经罗田、英山至安庆高铁和鄂州至罗田铁路被纳入湖北省“十四五”铁路网规划，初步形成线路方案研究成果。

【黄黄高铁开通运营】2022年4月22日，黄黄高铁（武汉至杭州高铁黄冈至黄梅段）开通运营。黄黄高铁自武冈城际铁路黄冈东站引出，经黄州、浠水、蕲春、武穴、黄梅，接入安庆至九江铁路黄梅东站。设计速度为每小时350千米，全长125.2千米，投资177亿元。全线设黄冈东、浠水南、蕲春南、武穴北、黄梅东5座车站；有巴河特大桥、王上湾隧道、蕲河特大桥重点控制性工程3个。站房建设。黄冈东站站型为线侧下式，站台规模2台4线，站房面积4000平方米，距中心城区14千米；黄梅东站站型为线侧平式，站房面积9995.94平方米，站台规模2台6线，距中心城区3000米；蕲春南站站型为线侧下式，站房面积9998.24平方米，站台规模2台6线，距中心城区3000米；浠水南站为线侧平式两层站房，站台规模2台4线，面积9999.8平方米，距中心城区2500米；武穴北站站房为线侧平式，站台规模2台4线，面积7998平方米，距中心城区25千米。

【武穴市铁水联运项目】2022年4月，湖北省发展和改革委员会向国家发展和改革委员会上报《关于补充报送需中央建设用地保障力度国家重大项目的函》，争取武穴市铁水联运项目纳入2022年国家重大项目。该项目包括铁路专用线工程和港口工程，估算总投资28.55亿元，其中铁路14.06亿元、港口14.49亿元。港口工程位于武穴港田镇港区马口作业区，新建5000吨级（水工结构兼顾1万吨级船舶靠泊）通用及多用途泊位6个，其中，通用泊位4个，多用途泊位2个。码头使用岸线777米，后方陆域占地44.91公顷，设计年吞吐量730万吨、通过能力795万吨。该项目被列入交通运输部、国家铁路局、中国民用航空局和国家邮政局联合印发的《大别山革命老区综合交通运输“十四五”发展规划》、湖北省发展和改革委员会印发的《湖北省“十四五”铁路发展规划》。

【沿江高铁建设项目可行性研究评估】2022年9月26—29日，国家发展和改革委员会、国家铁路局委托中铁二院和国家铁路局规划与标准研究院，开展沿江高铁武汉至合肥段项目可行性研究评估暨行业评审会。该项目全长368.3千米，投资979.7亿元，设计速度为每小时350千米，其中：湖北段线路全长163.2千米，投资404.3亿元；黄冈境内全长约91.5千米，投资约194.7亿元。

【黄冈西站站房改扩建】 2022年，黄冈西站进站地下通道建设完成。新建站房部分完成全部独立基础、基础梁施工，完成泵房深基坑支护及土方开挖、泵房主体结构施工，完成4—9轴交F轴+6.27米结构梁、柱施工和+5.6米风雨连廊结构；完成9—11轴交C—F轴+6.27米、+11.7米结构梁、板、柱施工。泵房区域±0.000以下墙体砌筑和屋面网架结构、站房室内室外装修的深化设计工作有序推进，完成项目投资4100万元。

2022年11月23日，黄冈西站站房改扩建现场，施工人员开展作业

（市交通运输局 供图）

表44　2020—2022年黄冈市交通运输主要指标一览表

指　标　名　称	计算单位	2020年	2021年	2022年
一、铁路营运里程	千米	429.5	480.5	626.4
复线里程	千米	342.4	393.4	518.6
电气化里程	千米	387.7	438.7	584.6
二、全市公路里程	万千米	3.29	3.35	3.42
1.按技术等级分				
（1）等级公路	万千米	3.25	3.31	3.39
高速公路	千米	754	771	771
一级公路	千米	687.91	829.6	944.74
二级公路	千米	2663.36	2691.55	2787.31
三级公路	千米	1883.55	1598.62	1348.69
四级公路	万千米	2.65	2.72	2.8
（2）等外公路	千米	433.5	358.9	298.41
等级公路占总里程比重	%	99	99	99
其中：二级以上公路	%	12	13	13
2.按路面等级分				
（1）有铺装路面里程	万千米	3.09	3.21	3.35
其中：沥青混凝土路面	千米	3259	3869.47	4579.95
水泥混凝土路面	万千米	2.77	2.82	2.89
（2）简易铺装路面里程	千米	695	457.82	334.56
（3）未铺装路面里程	千米	1293	956.56	554.28
铺装路面（含简易）里程占总里程比重	%	96	97	98
3.按行政等级分				
高速公路	千米	754	771	771
国道公路	千米	857.96	885.1	888.74
省道公路	千米	2016.14	2020.84	2016.14

续表

指　标　名　称	计算单位	2020年	2021年	2022年
县道公路	千米	2903.92	2897.5	2912.43
乡道公路	万千米	1.12	1.08	1.08
专用公路	千米	71.16	0	0
村道公路	万千米	1.52	1.61	1.68
三、全市公路桥梁,隧道,渡口				
1.公路桥梁	数量	5551	5650	6011
	万延米	15.5	16.19	16.9
其中:特大桥	数量	2	2	2
	延米	5845	5845	5845
大桥	数量	168	180	186
	万延米	3.23	3.54	3.65
2.公路隧道	数量	4	4	4
	长度	1018	1018	1018
3.公路渡口	处	7	7	7
其中:机动渡口	处	7	7	7
四、公路密度及通达情况				
公路密度	千米/百平方千米	189.2	192.4	197.6
乡镇通达率	%	100	100	100
乡镇通沥青(水泥)路率	%	100	100	100
行政村通达率	%	100	100	100
行政村通沥青(水泥)路率	%	100	100	100
行政村通客车率	%	100	100	100
1.等级航道	千米	393	393	393
一级	千米	200	200	200
三级	千米	40	42	42
四级	千米	14	14	14
五级	千米	17	15	15
六级	千米	14	14	14
七级	千米	109	109	109
2.等外级航道	千米	304	304	304
等级航道占内河航道总里程比重	%	56	56.3	56.3
其中:三级及以上航道所占比重	%	34	34.7	34.7
六、全市内河港口码头泊位	个	132	138	112
生产用码头泊位个数	个	110	103	77
非生产用码头泊位个数	个	22	35	35
七、营运汽车拥有量	万辆	1.98	1.89	1.79
载货汽车	万辆	1.6	1.53	1.48
	万吨位	18.44	18.17	18.04
载客汽车	辆	3863	3656	3086
	万客位	8.29	7.99	6.73
八、全市水路运输船舶拥有数	艘	512	451	351
1.机动船	艘	508	429	334

续表

指 标 名 称	计算单位	2020年	2021年	2022年
净载重吨	万吨位	80.67	68.12	58.03
功率	万千瓦	19.02	17.97	17.76
2.驳船艘数	艘	4	22	17
净载重吨	万吨位	0.85	4.3	4.16
九、公路、水路运输量				
1.公路客运量	万人	2241	2333	1828.42
公路旅客周转量	亿人/千米	11.59	14	9.46
2.公路货运量	亿吨	1.1	1.5	0.98
公路货物周转量	亿吨/千米	105.2	144.05	109.92
3.水路客运量	万人	0	0	0
水路旅客周转量	万人/千米	0	0	0
4.水路货运量	万吨	5540	6151	6717.69
水路货物周转量	亿吨/千米	253.14	263.17	297.21
十、全市内河港口货物吞吐量	亿吨	0.81	1.23	1.31
其中:液体散货	万吨	96	57.3	42.4
干散货	亿吨	0.71	1.13	1.19
件杂货	万	826	998.79	1218.81
集装箱	万标准箱	0	1.17	0.8
滚装汽车	万辆	0	0	0
十一、交通固定资产投资总额	亿元	176	227	168.3
1.公路建设	亿元	101.3	105.17	110
其中:重点工程	亿元	28.07	36.88	39.7
2.港航建设	亿元	10.91	8.62	13.5
3.站场建设	亿元	0.34	站场物流及其他24.67	4.8
4.物流建设	亿元	0.66		5.7
5.铁路建设	亿元	62.74	88.55	34.3
十二、水上交通安全				
水上交通事故	件	0	0	0
死亡人数	人	0	0	0
沉没或全损船舶	艘	0	0	0
事故直接经济损失	万元	0	0	0

（资料来源：市交通运输局）

【武汉新港江北铁路(团风段)建设】 2022年，武汉新港江北铁路黄冈境内建设任务基本完工。武汉新港江北铁路是京广、京九之间连接线，西起京广线滠口站，经五通口、香炉山、阳逻、林四房、团风东5个站点，东至京九线黄州站，全长80千米，设计速度为每小时120千米，年运载能力6300万吨，按国铁Ⅰ级铁路标准建设。该项目分两期工程建设，一期工程黄陂滠口至新洲香炉山段建成完工。二期工程香炉山至黄州段全长66千米，其中：香炉山至林四房段23千米，属新建双线铁路；林四房至黄州段43千米，属新建单线铁路，项目总投资19亿元。黄冈境内正线18千米，联络线2.6千米，投资约10亿元。至年底，武汉新港江北铁路黄冈境内征地拆迁工作完成，路基、桥梁、站房工程建设基本完工，完成投资任务99%。

（贡文彬）

公路运输

【概况】 2022年，黄冈市域内公路通车总里程3.42万千米，其中高速公路771千米、一级公路944.74千米。全年完成公路客运量1828.42万人次，旅客周转量9.46亿人千米；完成公路货运9845.68万吨，货物周转量109.92亿吨千米。年内，黄冈市鄂黄第二过江通道（燕矶长江大桥及接线）项目用地获自然资源部批复，引桥及接线工程全面施工，完成投资15.5亿元。上报蕲太高速蕲春东段用地组卷至省自然资源厅，召开施工图审查会，同步开展临建设施建设，完成投资10.21亿元。沪蓉高速红安联络线桥梁桩基工程完工，完成投资5.97亿元。全市完成一级公路路基72.98千米、路面73.08千米；完成二级公路路基46.39千米、路面60.30千米；完成新改建农村公路2345千米，危桥改造309座。完成路面大修123.93千米、中修70.22千米。创建“四美公路”1131千米，打造品质桥梁337座，绿化新（补）植13.7万株，完成安全设施精细化路段整治586千米。

【公路运输重点项目】2022年，黄冈市交通运输局与信阳市交通运输局签订麻阳高速北延线省际结点方案协议，开展项目工程可行和各项专题工作。沪渝高速黄梅至黄石段改扩建项目初步设计开标，同步开展项目工程可行和初步设计工作。武汉至黄梅高速公路委托第三方咨询机构开展前期研究工作，同时委托防洪单位提前就跨罗霍洲防洪开展专题研究，召开通道方案专家咨询会。武穴至瑞昌过江通道项目施工招标挂网，并开展工可编制。与省发展改革委对接，委托设计单位开展深化研究，争取鄂黄第三过江通道增加铁路功能。黄冈市政府与九江市政府沟通合作，推进九江至黄梅、新开至永安2个过江通道项目。

【道路养护管理】2022年，黄冈市交通运输局坚持开展预防性、季节性公路养护，清、灌缝国省干线68万米，修补坑槽4.2万余平方米。大中修工程实施养护，完成大中修养护183.5千米，路况持续稳定。常态化推动全市国省干线洒水保洁机械化，通过修整路肩、疏通边沟桥涵、修剪行道树、完善公路安全设施、开展路域环境整治等办法，保持国省干线路容路貌良好。制定《黄冈市国省干线“打造品质桥梁 创建四美公路”行动实施方案（2022—2025年）》，指导各地以打造“四美公路”（设施美、环境美、服务美、人文美）和制度化、标准化“品质桥梁”为目标，系统推进国省干线养护管理高质量发展。按照总体规划、分步实施原则，明确2022年1131千米创建线路，推动麻城、罗田、英山、蕲春等地打造一批精品线路和品质桥梁，提升全域公路颜值。“四美公路”和品质桥梁创建工作受到省公路局肯定，并在全省半年公路工作会上作经验交流。

【交通工程质监】2022年，黄冈市交通执法部门对在建项目实行应监尽监，相继开展实体质量抽查、试验能力检查、淘汰落后工艺专项检查等系列监管活动，综合运用约谈、质量预警、整改、停工等措施，处理违法违规行为。对监测出的国省干线4个项目中存在的梁板预制强度不达标、桩基础和扩大基础不合格、桥梁支座不合规、路面基层厚度不够、梁板安装错台等问题，停工整改或拆除重建。浠水县立案查处工程质量违法案3件。

【“四好农村路”建设】2022年，黄冈市被交通运输部、财政部、农业农村部、国家乡村振兴局通报表彰为“四好农村路”建设市域创建突出单位，获评全省“四好农村路”示范市。浠水县获评“四好农村路”全国示范县，武穴市获评全省“四好农村路”示范县。罗田县白庙河镇、麻城市乘马岗镇、浠水县绿杨乡获评全省“四好农村路”示范乡镇。全市创建全国示范县2个，省级示范县5个，示范乡镇21个，获示范创建奖励资金超过1.26亿元。

【交通站点（场）建设】2022年，黄冈市建成团风、红安、麻城、蕲春、罗田、英山、浠水、黄梅养护应急中心8个，升级改造完成养护管理站、服务区、驿站6个。全年完成客货站场固定资产投资10.47亿元，比上年增长63.3%，完成新（改）建农村客运站12个，农村候车亭436个；完成黄冈西、浠水、武穴客运枢纽和东华客运站改扩建等项目固定资产投资4.77亿元。全市建设物流基础设施项目12个，完成投资21.57亿元。

【城乡交通运输一体化建设】2022年，黄冈市交通运输局持续落实《湖北省推进运输结构调整实施方案》要求，推进多式联运发展。年内，麻城进川物流公司开通首条麻城中韩铁海联运专列国际铁海联运班列，麻城—日照海铁联运专列，山东港口湖北（麻城）内陆港日照正式挂牌。客运转型升级。年内，红安县推进全国城乡交通运输一体化示范县创建，实现城乡运输服务“15—30—60”（村到镇15分钟，镇到县30分钟，县域内60分钟互通）出行目标。罗田县推进全国农村客货邮融合发展样板县创建，整合客、货、邮资源，完善县乡村三级物流体系，打通农村物流服务“最后一公里”。浠水县推进班线客运向定制客运转型升级，浠水环通客运公司开通至武汉的定制客运。蕲春县推进客运站多功能发展，蕲春客运站结合大别山旅游发挥一站多能作用，助力企业转型创收。公交出行优化。落实《武汉城市圈城际公交运营一

2022年1月22日，浠水县被交通运输部、财政部、农业农村部、国家乡村振兴局评为“四好农村路”全国示范县。图为浠水县“四好农村路”路段 （市交通运输局 供图）

体化三年行动方案》,红安县、团风县开通至武汉市域城际公交4条;开通黄州至鄂州花湖机场公交,实现城市客运与航空运输零距离换乘;黄冈城区开通25路公交,优化调整6路、9路、12路、23路、27路等公交线路。

【公路运输业发展】2022年,黄冈市新增交通运输、仓储和邮政业类型规模以上企业19家,累计71家,年度进规数量位列全市服务业市场主体进规数量前列。按照2022年第三季度交通运输业GDP统计核算规则,全市新增交通运输一套表系统规模以上公路货运企业32家,累计44家。全市公路货运企业完成货物周转量109.92亿吨千米,增速位列全省第六位。联投千方网络货运数字产业园、小快科技电商数字物流产业园、闪电通数字物流产业园落户临空经济区,注册登记网络货运企业67家,其中,取得线上服务能力认定54家,完成进规9家。

【公路运输安全应急管理】2022年,黄冈市交通运输局完成隐患整治7处,其中,省综交委挂牌督办1处,市安委会挂牌督办6处。年内,联合市公安、住建、城管部门整治全市13条交通事故多发路段问题1496处。开展安全生产大检查专项行动,成立检查组690个,开展检查2283次,检查单位2490个,排查整治隐患1268个。开展公路治超专项整治,查处超限超载车辆4535辆,其中"百吨王"156台、非法改装货车405台,卸转载货物10.88万吨,处罚货运源头企业15家。约谈货车超限超载、800千米以上长途客运班线、水上运输等高风险运输企业18家,依法注销存在重大安全隐患的危货运输企业1家。完善应急预案,加强应急机械物资储备,会同公安部门在元旦、春节等重要节假日期间开展大检查,保障重要节点期间平安稳定。低温雨雪天气期间,调度全市公路应急力量,撒布融雪剂1300余吨,除雪保通公路4800千米,保障全市国省干线公路畅通。汛期,督导各县(市、区)交通运输部门排查整治隐患113处。全面完成独柱墩、公铁并行、公跨铁等风险隐患排查,建立健全排查管控清单。全市"消危行动"项目库桥梁1441座,完工1280座、在建79座。实行黄冈大桥高速卡口24小时轮班值守,做好核验健康码、行程码和异常状况处置等工作,守好防疫第一关口。

【交通运输"放管服"改革】2022年,黄冈市交通运输局持续深化"放管服"改革,组织专班调研,开展专题研究和专项培训,推进下放交通运输领域权力事项35个,印发《关于明确交通运输下放管理权限事项的通知》,同步下放和明确过渡期培训权限事项。探索推进政务服务中心部门"小综窗"改革,将公路、公共交通、道路运输、水上运输4个交通内部行业分办窗口,整合为1个交通综合办理窗口,实行统一对外办理审批业务,同时单独设置1个业务咨询窗口,提供帮办代办服务,形成前台综合受理、后台分类办理、材料网上流转、窗口统一出件的综窗新模式。

【G347巴河特大桥贯通】2022年1月24日,黄冈市G347巴河特大桥项目部主体施工全部完成,全桥贯通。该项目于2018年4月开工建设,工程连接浠水县巴河镇长春村和黄州区陶店乡孙镇村,跨越长江支流巴河和207省道,路线全长1760米。工程主体特大桥全长1500米,桥面全宽34.5米,按双向六车道标准布置,设计速度为每小时80千米,主桥为3跨260米的刚构连续梁,采用挂篮悬臂施工,引桥为预制T梁464片,总投资5.3亿元。

【S236英黄公路建成通车】2022年3月15日,S236蕲春县英黄公路张塝至黄梅界岭段建成通车。该项目于2019年9月16日开工建设,起于张榜镇韩榜村,与省道S205平交,止于蕲春县向桥乡与黄梅县交界的界岭梅春亭附近,路线穿过张榜、向桥2个乡镇14个行政村,全长31.43千米。按双向两车道二级公路标准建设,设计行车速度为每小时40千米,路基宽度8.5米。属于蕲春县首批建养一体化项目,工程移交时间为2027年3月15日,养护期5年。

【沪渝高速黄梅至黄石段改扩建工程工可通过审查】2022年11月25日,省交通运输厅在武汉组织召开沪渝高速公路黄梅至黄石段改扩建工程工可成果专家咨询会。会议邀请交通运输部规划院、安徽省交通运输厅等省内外专家和代表参加,市委常委、副市长荣先国,浠水、蕲春、武穴、黄梅县政府,市交通运输局等相关负责人视频参会。与会专家领导听取沪渝高速公路黄梅至黄石段改扩建工程工可成果汇报,审阅相关资料,准予通过审查。该项目起于黄梅县鄂皖省界的界子墩,止于黄石长江公路大桥北岸桥头沪渝高速公路与大广高速公路交叉的散花枢纽互通,经过黄梅、武穴、蕲春、浠水4个县市,全长111千米。该项目于2000年建成通车,将原双向四车道改扩建为双向八车道,总投资144亿元。

(潘攀　陈逦　罗宝华　蔡小威)

【市交通运输综合执法支队获部级表彰】2022年1月18日,交通运输部发布

2022年3月15日,S236蕲春县英黄公路张塝至黄梅界岭段建成通车

(市交通运输局 供图)

2020—2021年度全国交通运输行业精神文明建设先进集体名单，市交通运输综合执法支队获“2020—2021年度全国交通运输行业文明单位”称号。年内，交通运输部办公厅发布《关于公布2021年交通运输综合执法检查结果的通知》，黄冈市交通运输综合执法支队获“2021年交通运输法治政府部门建设通报表扬的基层集体”称号。

水路运输

【概况】2022年，黄冈市完成港口吞吐量1.31亿吨，水路货运量6717.69万吨。完成港航固定资产投资13.5亿元，超额完成年度计划目标，位列全省第二位，其中，黄州1.23亿元、浠水9.23亿元、蕲春1.27亿元、武穴1.78亿元。新开通黄冈至舟山江海直达航线、黄冈至湛江江海联运航线、黄冈至宁波铁海联运航线，黄州唐家渡临港新城综合码头开港运营。服务湖北船趣智慧航运公司注册落户黄冈，全市有10家重点港航企业进入规模以上企业，其中5万吨以上运力运输企业6家，运输船舶通航国内地级以上城市32座。全年检验完成建造船舶91艘、营运船舶764艘、产品23批次、审图52套，检验到位率、合格率均100%，服务对象满意率100%；首次承接7艘大型海船检验工作，新增船用产品生产企业2家；完成船员适任统考二期（342人）、基本安全考试六期（418人）、非统考一期（55人），累计完成船员考试815人，办理各项船舶证书665份、船员适任证书765份。

【码头项目建设】2022年，黄冈市新开工建设浠水绿色建材循环产业园码头、蕲春权顺散货码头等项目5个，续建浠河航道整治工程、武穴黄家山散货码头等项目5个，其中，浠水绿色建材循环产业园码头是黄冈历史上投资规模最大的水运工程项目，创造1期4个泊位年内开工、年内基本建成的“长涞速度”。年内，相继取得或申报完成浠水固昌散货码头、蕲春长风油库码头、武穴恒鹏综合码头、盘塘散货码头和源发散货码头、黄梅星辰散货码头和汇通散货码头7个港口工程港口岸线使用手续。武穴铁水联运码头、危化品码头项目取得省政府同意开展前期工作的批复，巴河航道提级整治工程被列入省综合交通“十四五”项目规划，麻城举水河航道开发和蕲河航道综合开发工程有序推进。

【水路运输结构优化】2022年，黄冈市交通运输部门着力优化调整水路运输结构，加快推进多式联运，打造铁水联运品牌示范线路，推进大宗货物及中长途货物“铁转水”“公转水”。黄冈至山东纸浆班轮江海航线常态化运行，定船、定港、定航线，每月4个航班，每年可实现黄冈晨鸣公司调拨纸浆至山东寿光工厂20万吨。武穴至上海转东北地区集装箱联运航线，每月4个航班，为“春耕肥”提供保障。年内，开通黄冈至舟山江海直达航线，黄冈至湛江江海联运内河集装箱航线。市政府研究出台水运奖励扶持政策，包括建立重点骨干企业培育机制和企业名录，设立江海联运发展专项资金和集装箱运输补贴，鼓励小散企业实现规模化、集约化经营，通过兼并、入股等方式扩大规模，协调银行和白名单制度，建立金融贷款扶持等政策。

【长江岸线保护和港口污染防治】2022年，黄冈市完成第一轮中央环保督察及“回头看”反馈问题整改并通过省市验收，整改第二轮中央环保督察反馈问题。按期拆除蕲春磬发码头，完成黄州华海船厂岸线补办工作；启动黄州、黄梅、蕲春部分临时砂石集并中心拆除工作。按时序推进港口排污口溯源整治和船厂舾装码头岸线管理等工作。黄州区唐家渡综合码头雨水排口整治被列为全省唯一港口码头排污口溯源整治案例。推广船舶污染防治设施设备安装，全市改造100总吨以下船舶188艘，其中产生生活污水船舶19艘，新建船舶均按要求配备防污染设施设备，完成船舶岸电系统受电设施改造66艘。推进船舶污染物接收转运处置设施全覆盖，全市沿江6个县（市、区）各建设高标准船舶污染物接收转运专用码头1处、船舶污染物接收公司至少1个，实现“船e行”系统船舶污染物接收转运处置闭环率在90%以上。推进港口岸电设施建设改造，全市37个具备港口岸电设施的生产性泊位均为标准岸电设施插件。

【内河航运专项整治行动】2022年，黄冈市开展内河船舶涉海运输专项治理、长期逃避海事监管船舶专项治理、船舶碰撞桥梁专项治理、内河船舶涉海运输专项治理等专项行动，督促签订内河船舶不从事海上运输信用承诺书。全年处理内河船舶非法涉海运输3艘，其中拆解注销处理船舶1艘；落实船舶进出港报港制度，清理长期逃避海事监管船舶434艘；开展灭失船舶跟踪管理，注销灭失船舶国籍证书909艘；摸排等级航道上桥梁37座，排查问题隐患3个；开展船舶载重线及货物装载专项检验，加强船舶检验质量监管和培训。

【舟山至黄冈江海直达航线开通】2022年2月19日，1.4万吨江海直达散货船“江海直达16”驶离舟山港老塘山码头，

2022年2月24日，1.4万吨江海直达散货船“江海直达16”到达黄州港禹杰码头

（夏 彬 摄）

于2月24日抵达黄州港禹杰码头。该航线是黄冈市首条江海直达航线，也是湖北省继舟山—武汉、舟山—黄石后第三条江海直达航线，主要以上行载运粮食，下行载运砂石为主。

【黄冈、九江港口物流跨江合作签约】 2022年3月10日，黄冈、九江港口物流跨江合作签约暨工作推进会在黄梅县小池镇召开。会上，上港集团九江港务有限公司与湖北省港口集团黄冈有限公司签订跨江合作框架协议。两地港口深化集装箱中转、口岸通关、港口物流等方面合作，发挥黄梅小池水运枢纽口岸优势、九江港口集散优势，实现两地产业协同、交通互联、生态共治、便民共享。

（张 云）

城市公交

【概况】 2022年，黄冈市有公交车1887台，其中，新能源公交车1492台，占比79%。全年更新公交车164辆、出租汽车56辆，均为新能源车。黄冈城区开通公交线路30条，总长387千米，有新能源公交车162台，每万人公交车保有量10.3台，高出全国文明城市数据指标（8台）；建有公交站场2座，公交充电桩135套，公交站点500米覆盖率90%；建成公交智能监控系统，开通实时公交微信小程序，实现全国交通一卡通、银联卡、支付宝、微信融合支付，日均保障市民出行2.8万人次。入驻共享车企3家，其中，共享电动车公司2家，共享自行车公司1家，投放共享车辆3000台。全年约谈共享车企8次，下达整改通知书3份，督促规范停车，及时修理损坏车辆，保持头盔清洁。黄冈城区有出租车企业5家，出租车693台，出租车驾驶员3969人；有网约车企业32家，网约车257台，驾驶员3354人。年内，黄冈城区成立出租车雷锋车队、红梅车队。

【公交线路优化】 2022年，黄冈城区开通25路农博城至东门公交专线，优化调整6路、9路、12路、23路、27路公交线路，增加1路、22路营运车次。优化调整公交站点，建成使用虹桥公交首末站，完成大桥公园公交首末站规划报批，建成电子公交站牌10处，增设万达商圈、黄商购物中心公交专用道。开通大别山医疗中心、南湖工业园、六福花园等定制公交专线5条，开通安一辰光电、德意金刚石、阿里巴巴黄冈客户体验中心单位职工通勤专线3条，服务职工3.5万人次。高考、中考、公务员考试、二级建造师考试期间，延长服务时间，服务考生2万余人次。元旦、中秋、国庆等节假日期间，对接高校师生，加密公交班次，日投入车辆120余台次、发班1780余班次。

【城区出租车“红黑榜”】 2022年，黄冈城区实行出租车“红黑榜”，督促出租车企业和驾驶员对标先进找差距，提升服务质量，助力全国文明城市创建。全年通过官方微信公众号“黄冈交通执法”发布“红黑榜”10期，发布红榜出租车司机33人，其中，拾金不昧13人，助人为乐2人，爱心献血10人，承担疫情转运任务8人。发布黑榜出租车司机81人，主要集中在5类行为，其中，使用服务忌语记3分，不按规定使用计程器设备记5分，违规收费者记5分，未经乘客同意、强行搭载其他乘客记5分，拒载记10分。出租车公司“红黑榜”同步公布。年内，市交通运输局开展黄冈城区第四届“最美出租车司机”评选活动，从规范守法、爱岗敬业、优质服务、安全行车、群众认可等方面评选出袁铭等“最美出租车司机”10名。

【城市公交纾困解难】 2022年5月25日，黄冈市出台《黄冈市交通运输业纾困解难若干措施》，对包括城市公交在内的运输企业实施加大公共交通扶持、加强疫情防控和应急运输保障、加大对出租车行业支持等纾困解难措施6条。通过低票价全额补贴，承担疫情防控应急保障任务费用全额补贴、驾驶员误工补贴，年度防疫、消杀一次性补贴等方式，为出租车行业减免、补贴费用720万元。

【鄂州花湖机场公交专线】 2022年10月16日，黄冈市公交公司投入2台31座纯电动无站立区公交车，开通91路黄州至鄂州花湖机场公交专线。线路营运里程35千米，单程时间55分钟，票价20元，运营时间对接机场航班，满足黄冈、鄂州两地群众出行需求。

（王 萍 孙晓琴 席想楼）

2022年10月16日，黄州—鄂州花湖机场公交专线开通试运营

（市交通运输局 供图）

责任编辑：严 静 席想楼 责任校对：何 思

邮政·通信

邮 政

【概况】 2022年，黄冈市邮政行业完成业务收入16.44亿元、业务总量18.23亿元，比上年分别增长10.8%、4.68%，其中，快递业务收入7.57亿元，快递业务量9060万件，比上年分别增长7.02%、8.54%，行业量收规模位列全省第六位。全市有寄递企业58家，新增规模以上企业3家，营业收入2000万元以上6家，1000万元以上18家。全市有邮政营业网点151处，建制村直接通邮率100%；快递企业及网点3306个，建制村快递服务通达率100%。

【邮政普遍服务】 2022年，黄冈市邮政管理部门依法派出检查人员332人次，检查邮政局所130处、投递场所36处，其中，现场检查邮政局所49处、投递场所36处，视频检查邮政局所81处。派出执法人员882人次，检查邮政普遍服务营业场所151个次、快递营业场所234个次、邮政报刊亭42个次。开展邮政专用巡视邮箱检查，全市设置巡视信箱4处，组织执法人员及社会监督员，专项监督检查所属区域在售《壬寅年》《中国共产党第二十次全国代表大会》等重点题材邮票，派出邮政管理部门工作人员5人次、社会监督员19人次，访问用户113人。3月14日，黄冈市邮政管理局联合烟草部门开展“诚信快递 你我同行”“3·15”主题宣传活动。

【快递业“两进工程”推进】 2022年，黄冈市整合交通、商务、电信、供销等资源，推动快递服务下沉到村，建成快递村级服务点2315个、辐射覆盖3610个村，分别占全市建制村总数64%、100%。持续增强行业服务能力，培育快递服务现代农业金牌项目“蕲春蕲艾”，完成寄递业务量1517万件、业务收入5879万元，带动农产品销售额3.62亿元。实施快递服务先进制造业工程，完成快递业务量2167万件、业务收入9751万元，其中稳健、五谷磨房、煜韩3家企业年寄递业务量超百万件。

【快递包装材料规范整治】 2022年，黄冈市推动实施绿色快递，持续开展生态环保法律法规培训，加大生态环保监管执法力度，推动快递包装转型升级，立案处罚未落实生态环保要求的企业3家。全市实现采购使用符合标准的包装材料比例98%，规范包装操作比例95.5%，使用可循环快递箱0.27万个，回收复用瓦楞纸箱287万个。

【快递市场监管】 2022年，黄冈市邮政管理部门推进“平安寄递”建设，推动完善寄递渠道安全监管协作机制。市委政法委组织召开迎接党的二十大全市寄递渠道安全保障会议，开展党的二十大寄递安全服务保障、安全生产专项整治三年行动、全市邮件快件处理场所安全管理规范化提升行动、寄递渠道安全生产大检查等活动。加强全市寄递渠道涉枪涉爆整治，危化品整治，网络市场整治，野生动植物、信息安全治理，活体动物寄递，禁毒工作联防联控，做好寄递渠道“扫黄打非”、打击侵权假冒等工作，防止违禁物品流入寄递渠道。深入推进“双随机、一公开”监管，全市检查快递企业及营业网点415个、邮政局所106处、投递场所36处，查处违规行为94次，下达整改通知91份，立案查处13起，被评为全省邮政行政处罚案卷评审“优秀”等次。开展全市范围快递市场秩序整顿，整治未按名址投递快件、农村快递服务违规收费、超许可地域范围经营、暴力分

2022年3月14日，黄冈市邮政管理局联合黄州区烟草专卖局开展“诚信快递 你我同行”“3·15”主题宣传 （市邮政管理局 供图）

练等违法违规行为。维护消费者合法权益,组织开展“诚信快递、你我同行”主题宣传活动,加强申诉处理,全年受理邮政快递服务问题诉求2084件,挽回用户经济损失约28万元。

【抗疫物资寄递服务】 2022年,黄冈市邮政管理局与市疫情防控指挥部、交通运输、商务等部门加强沟通协作,为邮政快递企业重点物资运输车辆办理通行证184张。全市邮政管理部门落实国务院应对新冠疫情联防联控机制综合组下发的进一步优化落实新冠疫情防控措施文件要求,坚持“保供应、保畅通、保稳定、保安全”,开展工作调度,邮件处理中心和营业网点应开尽开,纾解积压邮件快件压力,保障寄递物流畅通稳定,支撑民生保供。

【快递从业人员合法权益保障】 2022年,黄冈市邮政管理局联合市人社、市总工会、市发展改革委等9个部门印发《切实维护新就业形态劳动者劳动保障权益工作责任清单》。联合市人社局出台快递员优先参加工伤保险政策,为151名快递员购买工伤保险。联合市总工会推动快递行业集体协商工作,促成黄州区、英山县快递行业签订集体协商合同;开展“夏日送清凉”“金秋助学”等活动,慰问快递员175人次,为快递行业困难职工子女争取帮扶资金8.35万元。

【快递行业人才培养】 2022年,黄冈市选树和宣传行业先进典型,持续弘扬“小蜜蜂”精神,全市邮政快递业2个集体、12名快递员获“黄冈五一劳动奖章”“黄冈工人先锋号”“黄冈市技术能手”等称号。浠水县、英山县开展快递职业技能比武大赛,黄冈顺丰快递公司2名快递员获“助理工程师”“技术员”“快递工程专业技术人员”等职称。

（吴　喆）

【中国邮政集团有限公司黄冈市分公司】 2022年,中国邮政集团有限公司黄冈市分公司(以下简称“黄冈邮政分公司”)完成函件发送9.07万件,快递9060.42万件(出口量),报刊期发数371.31万份,报、刊发行5931.38万份,实现业务收入9.1亿元,比上年增长14.81%,完成省分公司年度预算107.23%。邮政营业网点151处,快递网点1072处,信筒(箱)217个。全市建制村直接通邮率、乡镇邮政局所覆盖率、四项业务开办率、县及县以上城市党政机关《人民日报》当日见报率、普服问题整改率均为100%。年内,黄冈邮政分公司被中华全国总工会、中华人民共和国应急管理部、国家卫生健康委员会联合授予全国“安康杯”竞赛优胜单位称号;被中国邮政集团有限公司和集团工会联合授予“2019—2021年度全国邮政系统先进集体”称号;获“2022年全省邮政企业‘建功“十四五” 奋进新征程’主题劳动竞赛八强市州分公司”称号。

邮政业务 2022年,黄冈邮政分公司创建“平安邮政”,完成重大活动期间邮政服务和安全保障工作。开展“扫黄打非”工作,防范非法出版物通过寄递渠道传播。加强省委巡视黄冈期间的巡视专用信箱邮件寄递和党报党刊投递等日常邮政服务安全畅通。服务乡村振兴,完成全市农产品寄递业务收入911万元、完成进度151.9%,农产品交易额7800万元、完成进度100%;建成区域级农产品基地6个;完成全市邮政批销交易额7769万元,完成进度100%。

绿色邮政建设 2022年,黄冈邮政分公司印发《全市绿色邮政“十四五”发展规划实施方案》《2022年绿色邮政建设行动暨生态环境保护工作要点》,推动绿色低碳转型,推进升级版绿色包装、绿色运输、绿色金融3项重点工程,构建绿色邮政发展生态,服务构建新邮政发展格局。年内,黄冈邮政分公司采购使用符合标准的包装材料比例100%。特快专递一联电子面单使用率90%,循环中转袋使用率95.59%,新增可循环快递箱(盒)1653个。

便民服务拓展 2022年,黄冈邮政分公司按“叠加+代办+代理”模式,推进网点转型发展,实现转型网点覆盖率100%,其中,商圈网点11个,校园网点2个,特色主题邮局1个。全市邮政综合服务平台完成寄递业务量29.61万件(其中,警邮业务16.85万件,税邮业务4万件),代发社保卡2.9万张,代征税款1567万元。全面开展交邮合作点合作模式,开通联运线路5条(英山4条,罗田1条)。深化邮政快递合作,全市开展邮快合作的快递公司11家。邮快合作代投社会快递公司邮件515.6万件。

基础设施建设 2022年,黄冈邮政分公司推动县乡村三级物流体系建设,全市9个县(市)均建成“三合一仓配一体”仓储中心,总面积2.14万平方米,其中麻城、浠水、黄梅、罗田、武穴仓储面积均超过2000平方米,12家电商商户进驻仓储中心,90个乡镇达到50平方米处理场地标准。全市建成自有自提点2637个(农村1787个,城区850个)。实现中邮E通使用率100%、服务覆盖率100%。新增汽车投递段道239条,累计313条,汽车化投递段道占比83.24%,重点县(市)乡镇增频两项指标均达标。

（郭培利　李　阳）

通　信

【概况】 2022年,黄冈市建设光缆31.6万皮长千米,宽带端口551.2万个,出口带宽4645G,行政村100M宽带、光网覆盖率100%,建设4G基站1.6万座,城市区域双千兆网络覆盖率100%,市域4G网络覆盖率99%,实现各县(市)主城区、镇区、行政村,名胜风景区,城际铁路、合武高铁、京九铁路、汉英高速、麻竹高速等4G网络连续覆盖,行政村光网、100M宽带覆盖率100%。推动《黄冈市5G通信基站专项规划(2020—2022年)》《关于大力支持5G通信基础设施建设的通知》《黄冈市5G产业发展行动计划(2020—2022年)》等文件落实,建成5G基站6174座,完成投资40.2亿元。黄州主城区建成1040座,开通1040座,5G网络覆盖率99%;各县(市)建成5134座,开通5134座,主城区5G网络覆盖率97%,城镇区域覆盖率63.05%,行政村覆盖率43.02%。年内,争取国家第六、第七批电信普遍服务项目,获国家补偿资金2700万余元,用于农村电子商务、远程教育、远程医疗等网络应用建设。组织申报国家2023年电信普遍服务项目,获批复2023年新建普服基站29座。推进光网城市建设,全市城域网宽带端口超400万个,推进IPv6规模部署,以ITV(互联网视听业务)互动电视、4G和5G移动网络、宽带网络三网信息融合为主要手段,通过电视、手机、电脑三屏为用户提供信息服务,提升“惠民信息”服务水平。

【通信业务】2022年，黄冈市固定宽带接入用户数184.08万户，普及率73.23%，其中500M及以上高带宽用户51.1万户。移动电话用户数491.4万户，普及率83.53%，其中5G用户数285.9万户。

中国电信股份有限公司黄冈分公司4G网络覆盖率99%，建设5G基站2177个，在偏远农村区域建设4G普遍服务基站89个，基本实现黄冈市区、各县城区及所有乡镇和部分高流量农村5G室外连续覆盖。建成全市远程医疗平台和全民健康信息平台，通过5G网络将大别山中心医院资源辐射至9个县（市）。全市建成数字乡村发展标杆示范村1862个，智慧社区432个。年内，建立大数据分析模型，开展打击治理电信网络新型违法犯罪活动，打击黄冈电信涉案号码28件。以“好服务更随心”为主题发布6项服务举措，开展“感动客户创佳绩”“金牌服务”创建活动，落实“当当慢”装维服务标准，建立宽带网络流量监控分析优化机制，提升互联网业务的感知度。建设平安乡村综治监控平台，将“天翼看家用户”接入村级监控平台。实施营业厅适老化和无障碍改造，建设“爱心翼站”127家，组织开展助老微讲堂12场，指导老年群体正确使用智能手机，普及反诈宣传。推进常用电信服务实现“跨省通办”，通过“小程序+搜索”建立营业员与客户线上“面对面”连接，打造易达成、速达成便捷服务一体化场景。落实惠企政策，为3万家中小微企业宽带提速降费。推动携号转网常态化服务，确保用户携号转网“携得了、转得快、用得好”。

中国移动通信集团湖北有限公司黄冈分公司完成投资2.5亿元，建设开通5G基站2965个，实现黄冈市乡镇及以上区域5G连续覆盖。覆盖建设开通小区宽带2844个、客户23万户。通过5G、物联网等新一代信息技术，服务信息化项目70个。“5G+智慧医院手术示教”项目获中国通信企业协会ICT最佳创新应用案例。与麻城市政府签署“5G+”战略合作协议，加快“数字政府”建设。推进数字化社区建设，建成智慧社区416个。“5G+”融合应用拓展，为中小微企业提供一体化服务解决方案，推出精品宽带、移动云、智能组网等服务，解决企业“网+云+DICT”等一系列需求，服务401家企业上云。推进“数智乡村振兴计划”实施，惠及农村客户21万户，建设乡镇标杆示范村114个，完成安防视频监控接入村组3465个；同步建设云广播、智慧党建、智能喇叭等信息化服务应用，全面提升乡村治理智能化水平。为客户提供业务远程办理、自助排障、远程业务指导、可视化账单等多项远程服务。设立“12315”消费维权服务站点12家，开展总经理接待日、倾听投诉声音、总经理抓服务等特色服务文化活动315场。开展适老服务，推出“爱心服务岗”，实行全流程“一对一”帮助老年群体办理业务，服务客户超16万人次。落实提速降费政策，为40%宽带客户提速升级，家庭宽带平均资费下降76%、专线降费87%、企业宽带降费28%，惠及中小企业1512家。实施通信应急保障措施，抢通因暴雪导致停电的基站问题。全年完成重要时点通信和网络安全保障工作37次，实现“零重大网络问题、零重大安全事件、零重要客户投诉”目标。

2022年2月7日，黄冈移动公司派出保障人员，抢通因暴雪导致停电的基站

（黄冈日报社 供图）

中国联合网络通信有限公司黄冈市分公司投入资金1.46亿元，与黄冈电信公司共建共享，实现5G覆盖小区6568个，比上年增长38.92%；4G覆盖小区2.07万个，比上年增长35.46%；新增宽带端口10万线，实现宽带住宅覆盖率88.4%，乡镇覆盖率99.08%。年内，在数字政府、工业互联网、智慧教育、智慧医疗、交通文旅、生态环境、金融证保等领域，助力地方政府和企业数字化转型。其中，助力黄冈市中小微企业工业互联网平台项目，建立地方产业链图谱，为“链长制”提供精准决策服务；助力英山县平安城市项目，为英山县公共安全提供技术支撑；助力麻城数字白果项目，打造乡镇数字治理新标杆；助力黄冈市创业担保贷款“1300”电子化审批系统建设项目，为创业者提供便捷的融资服务。开展诈骗电话专项治理和网络安全知识宣传。推动警企协作，向黄冈反诈

2022年9月20日，黄冈市铁塔公司工作人员在塔上作业，助力“智慧城市”建设

（黄冈日报社 供图）

中心推送GOIP异常线索30余次，助力公安部门打掉多个GOIP诈骗电话作案窝点，查获一批作案工具和假币200万余元；协助侦破电诈案件，涉案金额1000万余元。发挥5G网络和信息化技术优势，为13个镇360个村打造数字乡村云服务平台，助力乡村数字治理、智慧农业发展。

【通信设施建设】2022年，中国铁塔股份有限公司黄冈市分公司进一步提升偏远农村4G网络覆盖面，实现全市行政村、乡村通4G覆盖率99%。助力“智慧城市”建设，持续推进5G网络建设，全年收到运营商5G基站建设需求2222个，开工2129个，完工2124个，完工率95.6%；高铁无线通信专网基站建设目标336个，开工336个，完工336个。实现黄冈主城区5G覆盖率99%，县（市）主城区覆盖率97%，乡镇镇区覆盖率75%。推进市应急管理部门森林防火项目建设，覆盖乡镇101个，视频点位553个、云广播545个。拓展水利、国土行业“防火天网”，新建视频点157个。年内，以“服务民生促发展，绿色共享保生态”为主题，开展能源换电、充电、备电、发电四大业务，全市主要城区建成电动车换电柜73处，用户换电约70万次。与龙感湖管理区签订《黄冈市龙感湖管理区共享电单车服务项目合作协议》，全市首个“铁塔出行”共享电单车项目在龙感湖管理区投入运营。至年底，在龙感湖管理区、武穴市余川镇、蕲春县刘河镇各投放共享电单车100台。《人民日报》《湖北日报》分别刊发《黄冈首个“铁塔出行”共享电单车项目投入运营》报道。

（许煜 任响 卢旻 张仲宇 贺静怡）

无线电管理

【概况】2022年，湖北省无线电监测中心黄冈监测站（以下简称“黄冈监测站”）推进“党建+业务”融合发展，做好无线电干扰协调、服务行业用频需求、维护空中电波秩序等工作，开展台站管理支撑能力提升、700兆赫频段专项监测、“打黑查伪”、反电信诈骗宣传等专项活动，发挥技术支撑作用，保障全市无线电通信安全。

【在用台站监管】2022年，黄冈监测站开展702~798兆赫专项监测，到蕲春、浠水、团风等地广播电视发射台测试700兆赫频段。完成鄂州花湖机场电磁环境保护区内台站清理和上门核查，现场监测保护区内3家设台单位的4个无线电台（站）。实地核查辖区内在用7家设台单位无线电频率和在用无线电台（站）；核查5G宏基站33座，用时5天，派出人员25人次，出动车辆5台次，行程2400千米，抽查比1.81%，核查准确率100%。

【频率安全保障】2022年，黄冈监测站排查各类干扰9起，其中航空干扰3起、铁路GSM—R干扰1起、公众移动通信基站干扰3起、气象雷达干扰1起、高铁站对讲机干扰1起。完成鄂州花湖机场电磁环境测试和天山、回龙2个导航台测试。开展黄州、团风、浠水城区移动路测，出动车辆3台次、技术人员8人次、采集数据9.8GB。完成高考，省公务员、事业单位、二级建造师等各类考试无线电安全保障16次，查获作弊无线电发射设备4台。

【监测能力建设】2022年，黄冈监测站完成每季度在用装备巡检和应急通信系统安装，配合完成全省无线电技术设施规划及滚动项目库，完成固定站搬迁升级项目A包基础条件工作。加强广播、航空等业务频段和公众移动通信频段监测，固定监测站监测时长2.23万小时，移动监测站监测时长573小时。开展打击新型电信网络诈骗行动，完成“打黑查伪”专项行动3次，联合市文旅局在麻城查获“黑广播”1个。

【无线电业务宣传】2022年，黄冈监测站利用“世界无线电日”“世界电信和信息社会日”、无线电管理宣传月等时间节点，走进社区和学校，宣传无线电应用技术和法律法规，在黄梅戏大剧院广场电子显示屏投放反电信诈骗宣传片。《中国无线电》、中国无线电管理网站、湖北省经济和信息化厅网站、黄冈市政府网站等官方网站采用信息23篇。

（张烽华）

责任编辑：严 静 责任校对：赵舒逸

水 利

综 述

【水利项目规划】 2022年，黄冈市水利和湖泊系统围绕防洪排涝、供水保障、生态修复等工程方面谋划推进项目132个，总投资435亿元。围绕长江防洪能力提升、主要支流及中小河流治理、重点区域排涝能力建设、山洪灾害防治、水土流失治理、病险水库加固、蓄滞洪区建设等谋划项目204个，总投资797亿元。围绕水利防洪减灾，重点水源、灌区、蓄滞洪区建设和现代化改造，规模化供水等重点方向谋划项目120个，总投资754亿元。全市谋划推进荆楚安澜现代水网先导区建设项目144个，总投资442.8亿元。

（徐正勇）

【水利基础设施存量资产利用】 2022年，黄冈市水利和湖泊局研究政策，摸清水利基础设施存量资产，重点用于3个国家级150项重大水利工程、70个省级水利补短板项目工程和总投资170亿元的大别山南麓水资源配置工程项目建设。盘活水资源，依托农村饮水安全工程、大中型灌区工程、水电站工程等具有稳定现金流的项目进行融资。英山县整合石头嘴镇、金铺镇、孔坊乡、红山镇等5个水厂成立毕泉水务有限公司，银行抵押贷款3亿元，实施城乡供水一体化工程建设。盘活砂资源，依托现有砂石规划，科学开发，合理利用，实施水库、河道清淤疏浚工程，依托砂石资源进行融资。实施武穴市武穴闸、武穴二水厂取水口，黄梅县小池镇中石油油库码头、小池滨江新区综合码头等疏浚项目，疏浚江砂170万吨，收益1.4亿元。疏浚巴河、浠水河、蕲河砂量利用300万吨，折合资金2.4亿元。盘活环境资源，依托城市河湖，实施水生态治理工程，实现关联资产升值，吸引社会资本投入。浠水河生态综合整治工程采用PPP+EPC建设模式，水利部门投资2.2亿元，撬动社会资本投入20亿元。盘活闲置土地资源，梳理闲置办公用房，废弃水厂、泵站、电站等各类水利基础设施，采取出租、拍卖等方式盘活。新建黄冈市土司港泵站工程，拆除白潭湖泵站，腾退土地9公顷。

（黄 荣）

【基层水利改革创新】 2022年，黄冈市“鄂东五河片区流域综合治理政策机制研究”纳入全市重点改革项目。创新管理体制，打破部门和地域之间分割状况，统一管理流域治理，按照人口经济与资源环境相均衡原则，推进现代水网与国土空间布局中的城镇、农业、生态三大格局相协调，实现水流网与城镇网、农业网、生态网空间均衡。全市实施浠水县白莲河、麻城市明山、红安县金檀、蕲春县落马桥、麻城市大旗山、团风县响水潭、英山县张家咀、红安县郑家冲、罗田县东安河等25个大中型灌区节水配套改造，争取中央和省级投资21亿元。

（何庆升）

小流域治理

【概况】 2022年，黄冈市坚持“绿水青山就是金山银山”发展理念，把小流域综合治理作为推进乡村振兴的重要抓手，坚持源头治理、远近结合、综合施策、统筹推进，努力打造“生态美、产业强、百姓富”的小流域综合治理样板。年内，完成红安县芒子河、麻城市刘家河等10条小流域水土保持治理项目。黄冈市区三台河生态治理工程，完成绿化面积31万平方米。团风县牛车河小流域综合治理被列为黄冈市小流域综合治理示范点。4月22日，湖北省委书记王蒙徽到黄冈市区三台河生态治理工程一期项目现场，调研三台河小流域治理情况，要求切实抓好流域综合治理，统筹上下游、左右岸、干支流，统筹生产、生活、生态三大空间布局，不断增强人居环境治理的整体性、系统性。

【中小河流治理工程】 2022年，黄冈市水利和湖泊局完成中小河流治理总体方案编制，以流域为单元，统筹干支流、上下游、左右岸，整河流规划、整河流治理，逐河流明确总体治理方案和实施方案，全市规划系统治理的中小河流27条，治理长度532.91千米，投资25.47亿元，其中，2025年前完成综合治理河长277.2千米，投资11.4亿元。年内，全市开工建设巴河干流防洪治理三期、举水干流防洪治理三期（麻城段）、举水干流防洪治理三期(团风段)、浠水干流防洪治理三期4个主要支流治理工程，项目总投资11.84亿元，完成年度投资1.24亿元。开展黄州区长河、红安县倒水、麻城市阎家河、黄梅县考田河等中小河流治理项目9个，完成年度投资1.84亿元。蕲春县开展蕲河、雷溪河、铁箭河、十里河、赤东湖等水环境综合治理工作，制定出台《蕲春县赤东湖环境综合治理阶段性工作方案》，严格管理辖区内赤东湖入湖河流3条、环湖村14个。

【牛车河小流域综合治理】2022年，团风县开展牛车河小流域综合治理探索，打造成为城市近郊休闲旅游样板，牛车河小流域综合治理被列为黄冈市小流域综合治理示范点。以流域为单位统筹规划。打破行政区划界限，将环牛车河3个乡镇9个村纳入统一规划，编制实施牛车河乡村振兴示范区规划和项目建设规划，统筹推进山、水、林、田、湖、草、路和村庄系统治理。争取中福彩公益金5000万元，落实财政资金1.3亿元，城投平台融资1.5亿元，引导社会投资3.35亿元，实施重点项目82个。以流域为单位系统治理。开展污染源调查，重点整治矿山、畜禽养殖、投肥养鱼等主要污染源，关停修复矿场2家，拆除牛棚、猪圈、鸡舍36处，收回水库、湖泊、当家塘养殖承包权，实行人放天养、生态养殖。持续改善农村设施条件，流域内3座乡镇污水处理厂稳定运行，新建村级分散式污水处理设施80余处，卫生厕所覆盖率90%以上。完成退池还库20公顷、岸线复绿133.33公顷，新建绿道10千米、观景平台14座。落实河湖长制和林长制，落实禁止乱挖、乱砍树、污水直排、大型禽畜养殖、垂钓的库区“五禁”措施，引进物业公司负责环库保洁，开展常态化岸线巡查，持续改善库区水环境质量。以流域为单位协同发展。做强特色农业，发展果蔬40公顷，花卉26.67公顷，茶叶166.67公顷，油茶333.33公顷，道地药材20公顷。发展乡村旅游，依托红色、绿色、古色资源，发展民宿、露营、乡村旅游、研学旅行、农村电商等新业态，整合建设用地40.67公顷，建成月亮湾露营基地、百丈岩古民居、乡村客厅、垂钓中心等文旅项目，带动周边民宿、农家乐发展，接待游客60万余人次，旅游收入8000万余元。吸引150余名能人回乡创业，白坳农民专业合作社流转土地33公顷，发展果冻橙、葡萄、草莓等特色产业，带动在“家门口”就业群众30户，年均增收2万元以上。

（黄　荣）

水利工程建设

【概况】2022年，黄冈市有各类水利工程36万处，纳入省重大项目库的华阳河蓄滞洪区安全区、蕲水灌区、浮桥河灌区、武穴北灌区等水利工程项目开工建设。推进省定补短板项目70个，总投资104.1亿元，下达投资的项目均开工建设，项目个数、审查率、开工率、完成投资额位列全省前列。至年底，全市落实水利项目投资69.6亿元，其中，向上争取投资29亿元，地方配套投资40.6亿元，完成水利固定资产投资52亿元。

【大(中)型灌区续建配套与节水改造工程】2022年，黄冈市争取灌区新建与改造资金4.2亿元，推进蕲水灌区、浮桥河灌区、武穴北灌区3座大型灌区新建扩建工程和团风县长河灌区、红安县郑家冲灌区、麻城市大旗山水库灌区、罗田县毛家垱灌区、英山县张咀灌区、蕲春县黑沟冲水库灌区6座中型灌区续建配套与节水改造项目建设，完成投资4.6亿元。年内，红安县南门河枢纽主体工程建设完工，完成投资7500万元。蕲水灌区新建扩建工程项目位于蕲春县蕲水流域，是国家重点推进的150项重大水利工程之一，总投资15.1亿元，于2021年10月开工，建设工期3年，至2022年底完成投资3.98亿元。浮桥河灌区新建扩建工程项目位于长江中游北岸，总投资11.23亿元，包括新建、拆除重建及加固渠系建筑物1264处，于2022年9月21日开工，建设工期5年。武穴北灌区新建扩建工程项目位于武穴市中心城区以北，是湖北省重点推进的重大水利工程建设之一，总投资24.1亿元，于2022年9月21日开工，建设工期4年。

【蓄滞洪区建设】2022年，黄冈市列入《长江流域防洪规划》蓄滞洪区2个，分别为华阳河蓄滞洪区和白潭湖蓄滞洪区。华阳河蓄滞洪区位于黄梅县、安徽省境内。年内，华阳河蓄滞洪区实施西隔堤加固工程和华阳河蓄滞洪区建设工程(湖北部分)，总投资14.35亿元。白潭湖蓄滞洪区位于黄州区、团风县境内。年内，黄冈市开展白潭湖蓄滞洪区优化调整工作，推动相关成果纳入《长江流域防洪规划》。

【闸站建设】2022年，黄冈市有排涝泵站4875座，总装机容量29.23万千瓦，总排涝流量每秒1708立方米。年内，实施土司港闸站、团风县金锣港泵站、黄草湖

2022年6月30日，黄冈市土司港闸站举行首台机组试运行仪式。图为湖北省水利厅、黄冈市水利和湖泊局、湖北省水利水电规划勘测设计院有限公司人员参加试运行仪式

（市水利和湖泊局 供图）

泵站、龙感湖塞湖泵站、武穴市武穴泵站5座大中型排涝泵站建设，完成年度投资5.1亿元。土司港闸站建设项目位于黄州区长河与长孙堤交汇处，主要承担长河流域289.5千米的城市防洪排涝任务，设计排涝流量每秒170立方米，总投资4.46亿元，于2021年11月25日开工。2022年6月30日，首台机组试运行成功。

【水库建设】2022年，黄冈市实施白洋河水库、白莲河水库2座大中型水库和红安县、麻城市、罗田县、英山县、武穴市等地27座小型水库除险加固工程，完成年度投资1.98亿元。其中，白洋河水库除险加固工程项目位于浠水县境内，概算总投资1.24亿元，包括主坝、副坝、应急泄洪通道、泄水建筑物、灌溉输水涵管和发电引水隧洞进水塔拆除重建6个方面，至年底完成主体建设；白莲河水库除险加固工程项目于10月15日开工，位于黄冈市英山县、浠水县、罗田县交界处，概算总投资1.92亿元，包括挡水建筑物加固、泄水建筑物加固、取水建筑物加固等，建设工期22个月。

（宋州俊 陈 慧 张光绪 杜晚明 曹 敏）

【引水工程建设】2022年7月1日，黄冈市鄂东水厂管道工程开工铺设，总长度130千米。该项目为黄冈大别山革命老区核心区水安全保障工程，是省级重点项目和黄冈市“双百”项目之一，引水水源地为鄂东最大水库——白莲河水库，项目总投资17.5亿元，建设每日55万吨取水输水工程，向鄂东水厂输水每日30万吨，向黄冈市三水厂、团风县城关水厂输水每日25万吨，建设每日30万吨净水工程及至黄冈市区，团风县城区，浠水县巴河镇、竹瓦镇、团陂镇的配水工程，供水范围覆盖黄冈市区、团风县城及周边7个乡镇、浠水县5个乡镇，受益人口160万人。

（严 静）

农田水利

【概况】2022年，黄冈市有长江和倒水、举水、巴水、浠水、蕲水、华阳河6条一级支流，总集雨面积1.66万平方千米。有大中小型水库1199座，总库容49.22亿立方米；塘堰28万口，蓄水22.39亿立方米，水利工程有效灌溉面积23.64万公顷。7月7日梅雨期结束后，全市遭遇历史罕见的持续旱情，高温综合强度为1961年有完整气象记录以来最强。全市受旱面积13.59万公顷，农作物受灾面积10.57万公顷，成灾面积5.13万公顷，绝收面积0.34万公顷，林地受灾面积0.41万公顷，受灾184.8万人，直接经济损失9.4亿元。年内，面对极端干旱，全市启动抗旱Ⅲ级应急响应，科学分析湖库总蓄水、日消耗量、预期可供天数，统筹湖库、塘堰蓄水，抢引江水、人工增雨，加强水旱灾害防御。统筹推进水土流失综合防治，健全农业水价机制，提升农业用水效率，促进农田水利工程良性运行。

【水旱灾害防御】2022年，黄冈市水利和湖泊局开展汛前检查，组织编制方案预案2887套，修复较大水毁工程98处，完善“防汛一张图”监测站点150个，严格执行24小时值班值守制度，应对梅雨期6次较强降水。梅雨期结束后，及时启动抗旱Ⅲ级应急响应，建立由水利部门牵头的抗旱工作机制，定期调度会商，印发通知文件20余份、会商通报8期、信息日报56期，派出检查组57人次，深入一线指导抗旱工作。科学调度水利工程，全市湖库蓄水比常年偏多1～2成；沿江县市引水3322万立方米；长江水位下降后，提水7580万立方米；实施应急送水等措施，解决饮水困难人口4万人次；62个灌区日均灌溉水量1250万立方米，保障农田23.93万公顷。全市投入抗旱43.34万人次、资金2.2亿元，向上争取水利抗旱救灾资金1.3亿元。

【水土保持】2022年，黄冈市水利和湖泊局依法监管人为水土流失，跟踪检查G106麻城彭店至余家寨段改建工程等8个项目；督促各县（市、区）填报《全国水土保持监督管理系统》，组织开展卫星遥感监管，核查、认定、查处和整改销号水利部、省级图斑520个；开展生产建设项目监督执法行动，专项执法监督水土保持项目22个，自查2021年省级批复项目9个，协助省水利厅随机抽查2018年以来县（市、区）审批的水土保持方案质量，约谈存在突出问题的方案编制公司1家，遏制人为水土流失事件发生。统筹推进水土流失综合防治。全市完成新增水土流失治理面积233.08平方千米，超额完成省下达的222.01平方千米治理任务。争取中央财政水利发展水土保持治理资金3342万元，因地制宜，推进生态清洁小流域建设。国家水土保持重点工程，投资完成率100%，完成治理面积105.16平方千米，至9月底，2021年度国家水土保持重点工程完成验收。

2022年11月20日，白莲河水库除险加固工程现场。图为施工人员在水库大坝上开展作业

（市水利和湖泊局 供图）

【农业水价综合改革】2022年，黄冈市水利和湖泊局以完善农田水利工程体系和计量体系为基础，健全农业水价机制，逐步建立农业灌溉用水量控制和定额管理制度，提升农业用水效率，促进农田水利工程良性运行。年内，联合市发展改革委、市财政局、市农业农村局制定农业水价综合改革实施方案。全市下达5.54万公顷改革任务，其中水利部门完成3.62万公顷。争取农业水价综合改革资金860万元，占全省20.1%。完成各县(市、区)实施方案批复和140处量测水设施安装，完成全市73处大中型灌区成本测算并报市发改部门监审，推进全市"十三五"期间农业水价综合改革任务验收工作。

(易育林　林　浩　丁　苳　汪　俊)

水利管理

【概况】2022年，黄冈市落实水资源管理制度，以取水许可审批、水资源费缴纳、节约用水等为重点，监督检查县(市、区)水资源和节约用水情况，发放取水许可证531个，新增省级节水型单位35家，武穴市湖北祥云(集团)化工股份有限公司的工业循环水改造项目获评省级节水示范项目。年内，《黄冈市武山湖太白湖龙感湖保护条例》通过黄冈市人大常委会会议三审，河湖长制工作纳入县(市、区)党政领导班子考核和市直相关单位职能目标考核。

【水利工程安全监管】2022年，黄冈市水利和湖泊局印发领导干部责任清单、安全生产监管责任清单、安全生产综合及专业监管责任清单、年度水利安全生产工作要点和考核评分细则，明确全市水利行业安全生产工作目标和任务。全年开展安全生产大检查、度汛隐患风险排查等5项专项整治行动，出动检查组641个，检查企事业单位1370处，发现一般安全隐患734处，整改完成734处。开展在建工程质量巡查45次，下发检查意见6份，完成问题整改。推广使用水利部水利安全生产信息系统，实现安全生产精准化、信息化监管。全市录入工程数1521处，填报危险源1.35万项，其中重大危险源2156项，发现并整改隐患724处。12月23日，印发《黄冈市加强水利安全生产标准化创建方案》，完成水管单位安全生产标准化二级达标6家，项目法人标准化二级达标2家。3月18日，印发《关于做好扩权赋能强县改革中水利建设管理下放事项实施工作的通知》，明确水利建设管理事项下放权限。完成全市1998年以来列入规划的病险水库除险加固项目验收1261座。举办安全生产培训3期，开展"安全生产月""珍爱生命 预防溺水""救在身边 科普宣教"等宣传教育活动。组织各县(市、区)参加全国水利安全生产知识竞赛，其中浠水县获水利部优秀组织奖。

【水政管理】2022年，黄冈市水利和湖泊局召开专家评审会30次，办理行政许可项目51件，涵盖取水许可、生产建设项目水土保持方案许可、洪水影响评价许可、河道采砂许可(中小河流)。颁发取水许可文件41份；办理市管河道采砂许可证10个，许可采砂总量580万吨；办理取水许可证2个，许可取水总量每年5321万立方米。落实"一窗式受理、一站式服务"行政许可审批流程，缩减审批时限为1个工作日，全市办理水利审批事项44项，均按承诺时限办结，群众满意率100%。

【水政执法】2022年10月24日，黄冈市水利和湖泊局印发《黄冈市水行政执法效能提升行动实施方案(2022—2025年)》，完善执法体制，规范执法行为。联合市公安局、黄冈国投推进长江干流"智慧砂管"系统建设，采砂管理由"传统监管"向"智慧监管"转变。4月1日，制定《黄冈市2022年防汛保安专项执法行动工作方案》，组织开展全市长江干支流非法采砂综合整治专项行动，出动执法人员3900余人次，依法办理涉砂行政处罚案件30件，省水利厅宣传报道黄冈工作5次。加强区域协作，深化武汉都市圈、鄂赣皖三省四市联合执法协作机制，水利和湖泊、交通运输、公安等部门开展船舶整治、案件查处、信息共享、执法互助等执法协作，开展"2022—联动"系列长江干流联合清江执法专项行动3次，市际县际间开展联合执法142次。

(王学军　杨新意　王崇林
杨　坤　骆　意　翁山云)

2022年1月29日，黄冈市交通运输、水利和湖泊、公安部门开展打击长江干支流通航水域非法采砂联合执法行动。图为执法人员排查疑似改装采砂船舶

(市水利和湖泊局 供图)

责任编辑：严　静　　责任校对：汪小华

城市建设

城市规划

【概况】2022年，黄冈市全面推进国土空间总体规划编制，整体谋划市域国土空间开发保护新格局。召开培训会、评审会2次，开展规划城市体检，启动黄冈市区6项城市规划编制工作。

【城西片区控制性详细规划编制】2022年，黄冈市启动黄冈城西片区（科技新城）控制性详细规划编制工作，通过《控规》专家评审会、规委会审定。规划以科技为驱动，建设光谷大走廊产城融合示范区；以交通为引擎，打造武鄂黄黄区域门户节点；以生态文化为特色，塑造长江北岸生态宜居新区。规划编制过程中，契合科技研发型企业成长周期，明确主导产业类型，承接光谷高新产业转移；引入龙头企业，构建光谷科创大走廊协同产业链，为武汉建设科技创新中心提供支撑。按照"统一规划、统一储备、统一设计、统一建设、统一招商、统一运营"的六统一模式，组织编制高水平实施性规划，集中优势资源，全面统筹科技新城建设工作。结合区域资源精准盘整，明确空间承载与供给路径。

【西湖片区控制性详细规划编制】2022年，黄冈市加快推进市中心城区西湖片区控制性详细规划编制工作，完成招标和前期现场调研，对接黄州区政府与黄冈国有资本投资运营集团有限公司，分别就片区建设意向、重点企业、先期启动范围等开展座谈交流。年底，完成规划初稿。

【两潭地区概念规划编制】2022年，黄冈市自然资源和规划局整合全市文化及产业资源，开展属地化挖掘，形成代表城市生态文化特色的城市名片和黄州城乡融合发展新动能。年内，完成两潭地区概念规划编制，明确余家潭、蔡家潭地区与周边区域的关系、发展战略目标、功能分区、产业策划、空间管控、综合治理策略等内容，保护两潭地区生态基底，为可持续发展奠定良好的物质空间基础。

【黄团浠专项规划编制】2022年，黄冈市成立由市委书记、市长任组长的推进黄团浠规划一体化工作领导小组，召开2次领导小组会议研究决策黄团浠一体化工作。建立黄团浠联席会议制度，分管副市长牵头各部门负责人召开联席会议，多次研究黄团浠一体化发展方向、理念、问题和路径，加快黄团浠国土空间专项规划编制工作。年内，市自然资源和规划局启动《黄团浠一体化总体规划》编制工作，坚持黄州区、团风县和巴河镇相向发展原则，团风县城以南与黄州区北部连片发展，巴河镇向西连接黄州主城区。至年底，完成黄团浠专项规划编制，征求各部门意见，形成正式规划成果报市政府审批实施。

【城市更新规划编制】2022年，黄冈市加快推进《黄冈市中心城区城市更新规划》编制。6月26日，第3次城乡规划委员会主任会议审议通过中心城区城市更新规划，部署"十四五"期间城市更新单元，基于支撑城市重点战略功能、聚焦重大民生诉求、彰显城市独特魅力、保障资金平衡等方面原则，规划划定5个更新片区，18个更新单元，选取9大重点更新单元作为优先启动区域，按照"留、改、拆"更新策略盘整土地，制定年度实施计划。

【中心城区特色风貌色彩专项规划编制】2022年，黄冈市与深圳市蕾奥规划设计咨询股份有限公司签订合同，启动黄冈市中心城区重点地段城市设计与特色风貌色彩专项规划编制。市自然资源和规划局书面征求市直各相关部门及黄州区政府意见，邀请市文化艺术专家参加咨询讨论会，市委、市政府听取设计单位汇报2次，召开专项规划专家评审会。规划分老城区、城西片区、城东新区三大片区进行城市设计和特色风貌色彩布局，融入东坡文化、红色文化、戏曲文化、医药文化等黄冈八大优秀传统文化元素。

（王琛辉）

城市更新

【概况】2022年，黄冈市全面实行城市更新行动，创新城市更新理念，编制完成《黄冈市城市更新规划》，从国土空间布局老旧小区、棚户区（旧城）及危旧房屋、历史文化和城市风貌、城市基础设施、城市生活污水等方面实施城市更新。年内，市区主干道整治工程、赤壁单元城市更新先行区环境整治龙王山七一水库等项目先后开工。申报省住建厅城市更新省级试点城市。组织编制《黄冈市全域化推进海绵城市省级示范实施方案》，通过竞争性评审，被省住建厅、省财政厅、省水利厅列为湖北省海绵城市示范备选城市。

【中心城区城市更新】2022年，黄冈市完成《黄冈市中心城区城市更新规划》编制，建立“五年规划+年度计划”规划体系。出台《黄冈市城市更新工作指导意见》，制定规划、土地、财税等方面激励政策，研究制定城市更新相关标准、指引、导则等内容，构建“1+N+X”(1个总体方案，N个配套方案，X个落实措施)政策体系。探索“XOD+投融资模式”，引入城市发展合伙人，与省联投、中建三局等央企签订合作协议。遗爱湖水环境综合整治优化工程(EOD)一期项目建设获国开行授信8亿元，年末完成授信4亿元；东坡赤壁文化旅游项目建设获国开行授信70亿元；西湖工业园“退区入城”项目申报国开行贷款8亿元，完成企业评估工作；启动西湖片区城市更新项目征收工作。

【老旧小区改造】2022年，黄冈市纳入城镇老旧小区改造计划的561个小区，3.52万户，1661栋全部完工。争取中央资金2.78亿元，其中中央补助资金1.8亿元，中央预算内资金0.98亿元。争取年度城镇老旧小区改造省级财政奖补资金1451万元，占比14.51%，位列全省第一位。年内，浠水县申报全省老旧小区试点城市；蕲春县、麻城市、英山县多方筹措资金，借鉴“当阳模式”获长期低息银行贷款。

（曾昱凯）

【项目投资保障】2022年，黄冈国有资本投资运营集团有限公司有500万以上建设项目27个，总投资143.178亿元。至年底，实际完成货币工程量60.91亿元，按合同约定应支付工程款38.26亿元，实际支付35.31亿元。重点项目一类口岸完成省级预验收，市区垃圾发电项目实现点火运营，潭山还建小区、粮油中心一期建设基本完成，化工园区危化品专用停车场和黄冈产业园货车停车场启动建设。加速器项目完成封顶，黄冈产业园中粮大道等4条道路刷黑改造项目完工。筹集房源2233套，完成先租后售和只租不售分配736人，收购闲置土地项目15个、面积94.73公顷，投资11.2亿元、总建筑物面积33万平方米，项目争取国开行政策性贷款10亿元。

【融资渠道拓宽】2022年，黄冈国有资本投资运营集团有限公司对接各类金融机构融资到账131.23亿元，比上年增长130%；综合融资成本4.39%。10月31日，首次发行公司债10亿元(5年期)，利率3.29%，创湖北省同评级同规模中长期私募债历史利率最低。市城投公司发行三期公司债创湖北省同评级同品种同期限利率最低。

（马锐）

【城镇生活污水及黑臭水体治理】2022年，黄冈市出台《黄冈市城镇污水处理提质增效及黑臭水体治理攻坚提升行动方案》。市住房和城乡建设局联合市纪委监委专项督导武穴市整改工作，会同市生态环境局年度评估武穴市中央环保督察反馈问题整改工作，武穴市城区污水处理厂三期扩建项目(日处理1.5万吨)建成通水。组织专家，技术帮扶麻城市、武穴市污水提质增效和黑臭水体整治，排查黑臭水体5条，其中麻城市整治完成2条，武穴市西港销号验收。年内，市生态环境保护委员会办公室印发《关于加快推进农村生活污水治理、黑臭水体整治的实施意见》。以县域为单位，组织开展农村生活污水治理和黑臭水体整治现状调查，形成现状工作台账，分级管理、分类整治、分期推进。建立以县政府为责任主体、乡镇为管理主体、村级组织为落实主体、农户为受益主体、第三方运维机构为服务主体的“五位一体”运维管理体系。

【赤壁单元城市更新项目合作协议签订】2022年2月28日，黄冈市与葛洲坝集团签订黄冈市赤壁单元城市更新项目合作协议。葛洲坝集团赤壁单元实施非文物建筑更新改造、景区提升改造、开放空间公共服务建设及市政设施配套改造等。项目投资100亿元，总占地面积496公顷，用地范围北至中环路、南至八一路、赤壁大道、东门路，西至沿江大道，东至赤壁一路。该项目是黄冈市9个重点单元城市更新计划中首个签约项目。

【城市更新工作指导意见出台】2022年，黄冈市住房和城乡建设局会同市自然资源和规划局、黄州区政府、省内知名咨询机构和设计院组建专班，摸底调研黄冈市城市建设现状，征求意见并形成《黄冈市城市更新工作指导意见(送

2022年4月20日，老旧小区改造前的麻城市宋家湾小区

2022年10月12日，老旧小区改造后的麻城市宋家湾小区

（麻城市委办公室 供图）

审稿）》，完成合法性审核、公平性审查等程序。7月20日，市委深改委会议审议通过印发。《黄冈市城市更新工作指导意见》主要包括总体要求、主要任务、工作流程、更新政策、工作保障5部分内容。

【城市更新及片区开发项目启动】 2022年7月28日，黄冈市中心城区城市更新及片区综合开发工程项目启动。开工项目5个，投资8.79亿元。包括城铁西站片区开发项目中天平路和黄冈师范学院人行天桥建设、市区主干道整治工程项目中新港大道和明珠大道整治提升工程、赤壁单元城市更新先行区环境整治龙王山七一水库项目。

（曾昱凯）

市政公用事业

【城市供水】 2022年，黄冈市自来水公司城市供水总用户20.6万户，供水5377万吨。完成二水厂取水口迁建，实现一级取水；保障优质供水，水质综合合格率98.2%；增强管网运行效能，改造老旧管网5700米。推进智慧水务信息化建设，搭建GIS管网地理信息系统和二次供水管理平台，推动供水运营管理数字化、智能化、精细化、规范化。继续推进浠水巴河镇农村饮水安全工程。采取工程措施解决干旱天气长江水位过低取水困难问题，确保供水安全。建立环湖泵站监控调度系统，完成南湖污水泵站改造。

（韦 玲）

【城市供电】 2022年，全市售电量160.79亿千瓦时，比上年增长9.92%。到户均价为每千千瓦时706.94元，比上年每千千瓦时增加53.5元。线损率5.30%，比年度计划低0.08个百分点。国网黄冈供电公司制定落实供指体系深化提升17项任务，开展供电服务"大反思、大排查、大整治"，优化配网抢修、停电信息发布等11个业务流程。强化"三大管控"规范管理，制定供电服务提级管控工作制度，完善考核问责机制，实现95598投诉量下降92.79%，全年用户平均停电时间下降25.51%。实现业扩超期工单全面清零，政企联合发布金牌"电小二"服务品牌，拟定6大专业51项重点举措。推广"刷脸办电"业务，涉企事项"一证办电、一网通办""不动产+用电"一体化过户便捷服务落地。实现居民和160千瓦及以下小微企业零投资，推进投资界面延伸至用户建筑区划红线，高、低压客户平均接电时长比全省平均时长分别压减1.06天、0.16天。年内，完成22个转供电主体改造接收，惠及终端用户4593户。

（杜 薇）

【城市供气】 2022年，黄冈齐安中燃天然气有限公司敷设城区中压管网405余千米，低压庭院管网507余千米，承担黄冈城区12万余户居民及1200余户工商业用户用气管理服务，年销售气量7000万立方米，创税上亿元。

（袁 欢）

【城市绿化】 2022年，黄冈市计划新增绿地面积3万平方米，实际新增6.98万平方米，完成232%；计划新栽树木2700棵，实际新栽3889棵，完成144%。联合黄冈高新区、临空经济区，完成园林绿化投资3.57亿元，新增绿化面积157.91万平方米。年内，接管南湖工业园区二期21万平方米和团黄路1.4万平方米公共绿地养护管理工作。完成城区中环路、黄州大道、赤壁大道等路段绿化补植2.62万平方米，种植乔木378棵。新增市树市花栽植1136棵，绿化增量1865平方米。新增道路栽植树木631棵，建设绿化带，绿化增量2383平方米。完成新港路、赤壁大道、东门路、中环路69处道路封口，新栽树木145棵，绿化增量2800平方米。完成行道树池覆绿7512个，安装植草砖1596个，方格树篱288个，新增绿地面积1.2万平方米。全年布置鲜花60万余棵。完成新港路赤壁大道、中环路、遗爱湖大道、黄州大道赤壁大道4处渠化岛绿化改造，实现绿化提质1412平方米。年内，通过截干抑高、修枝减量、螺旋注射等办法，完成194棵沿街树木（法桐）飞絮治理。

【公园建设】 2022年，黄冈市区公园绿地面积542.3公顷，人均面积17.4平方米。完成园林绿化投资3.57亿元，新增绿化面积157.91万平方米，建设长河公园、白潭湖郊野公园、枫杨园、栖霞园、杜鹃园等口袋公园20处；投资396万元，完成道路绿化带封口42处。新建滨江公园并于7月1日对外开放；完成三台河绿化景观工程(一期)沥青路面铺装，项目主体工程完工。

遗爱湖公园建设　年内，黄冈市遗爱湖风景区管理处举办各类惠民活动，日均接待游客1.8万人次。推进公园整体绿化、驳岸维修和共同缔造等项目建设，栽植草坪、水生鸢尾、藤本月季等绿化植物约8500平方米；完成九曲桥沿线600米驳岸维修，沿岸播种水生植物种子1126.82平方米。党的二十大、国庆期

2022年10月3日，黄冈市民在遗爱湖公园"风车长廊"漫步

（市遗爱湖风景区管理处 供图）

间，投资120万余元，悬挂国旗、摆置鲜花和盆景展示。基础设施建设。推动园内智慧化建设，首次引入智能伴游机器人。打造网红打卡地，建成500米“风车长廊”，国庆节期间日吸引游客2万余人（次）。盘活闲置资产，与黄冈广播电视台合作建立黄冈市自媒体之家，幽兰芳径景区建设兰文化交流中心。全年园内举办演出、读书会、体育、教学等活动50余场。生态保护。落实环保督察“回头看”反馈整改，开展遗爱湖水环境综合整治，实施禁渔禁养工作。对接黄冈国投集团、大别山旅游开发有限公司，督促和指导遗爱湖旅游开发有限公司开展湖面保洁。年内，配合相关部门推进遗爱湖“湖长制”工作常态化实施，组织市级湖长巡湖12次，利用梅雨季开闸补水换水3次，换水量600万立方米，配合相关部门开展陆地岸线及环湖排口排查36次，上报处理管网堵塞、错接偷排等案件4起，有效遏制污水直排入湖。湿地科普宣教。开展世界湿地日、爱鸟周、国际生物多样性日、“6·5”世界环境日、野生动物保护宣传月、湿地保护法宣传月等主题活动，举行湿地科普宣教和公园环境整治志愿服务活动10余次。安全管理。坚持开展日排查、月整改、安全月等安全生产专项活动，组织专项排查12次，检查地段900余个，发现安全隐患问题400余个，均完成整改。园内设置各类警示牌180余块，拉警戒线750余卷，配备或更换消防灭火器150个；维修灯具3500余盏，抢修重大供水管道故障30余处，更换沟盖板260余块、水龙头80余个、取水栓310余处。

东坡赤壁公园建设　年内，黄冈市赤壁管理处组织文史专家和策划团队，梳理、研究城区历史文化遗存，形成《东坡文化旅游区景区及历史文化街区策划书》。与东坡文化研究会合作，编辑印发《苏东坡文化》第三辑。获批第十批中国华侨国际文化交流基地。完成东坡赤壁文物区安全检测通道、保养维护，完成赤壁公园湖清淤防渗治理、景区污水治理和景区环境治理、赤壁公园湖水体治理、七一水库综合治理等项目；申报2023年建设龙王山健走步道。文物保护。完善东坡赤壁文物保护规划，建成可视化安全监控手机App终端，实现全天候监控、线上线下同频管理；完成东坡赤壁数字工程建设，实现线上360° 动态展示；完成珍贵文物和不可移动文物信息建卡工作；参与《黄冈宝藏》等书籍编写。制定《赤壁管理处石刻文物拓印管理制度》，完善文物库房管理制度，加强文物复制、拓印管理；完善文物安全管理责任体系，加强文物日常监管巡查；加强员工技能培训，更新消防设备，完成干部职工培训50余人次，通过消防员资格考试4人。文旅融合与宣传。组织开展戏曲、惠民演出进公园等活动10余场。依托苏学馆，常态化开展学书法、做拓片体验活动，打造特色文化场景。组织到宜昌、九江、安徽等地开展推介活动，与武汉紫钰国旅、（荆州）湖北中乐悦游国旅签约。与支付宝、携程、深大智游宝等平台开展合作，开通云票务，实现网站门票核销一体化，简化入园核销手续，加入武汉都市圈、湖北惠民旅游年卡、三省旅游一卡通。协助中央电视台拍摄纪录片《定风波》，接待“沿着长江读懂中国·湖北千里长江行”武汉都市圈探访团，全年接待《光明日报》、湖北电视台等各类媒体20次，联合黄冈电视台开展“5·19”游赤壁线上直播、中秋慢直播等活动。搭建新媒体平台，推出各类短视频近50条，点击量近2万次。投入15万元，完成东坡赤壁3D数字化系统建设，扫描采集文物藏品83件（套），拍摄拓片200余件（套），采集音视频93件，总时长超2小时。

长河公园建设　年内，黄冈市临空经济区加快园区基础建设，推进长河公园建设。长河公园工程全长4850米，北起路口大道，南至南湖路，西到沿河大道，东抵长河大道，总面积145公顷，投资15.04亿元。公园设计践行“绿水青山就是金山银山”生态理念，通过设计最大化发挥自然功能，形成集漫步、观光、休憩、科普教育于一体的带状功能体验区。投资2.9亿元完成长河公园生态治理工程，项目总面积39公顷，其中绿化及湿地占85%以上。区域内树种150余种，80%为槭树、水杉、银杏、乌桕、黄连木、桂花等乡土树种。湿地生态系统主要由岸边植物群落和水中植物群落构成，自然岸线率90%。一期生态治理工程项目包括路口大道至玲珑湾段东岸生态治理，绿化面积约41.3公顷，投资1.66亿元。

（徐　航　王　盈　王梦瑶　倪　敏）

【城市防汛排涝】 2022年，黄冈市城区总体雨量偏少，3月16日、4月13日城区经历两轮降雨和梅雨期各轮强降雨，市区大部分道路、小区积水等内涝点数量、积水深度、积水消退时间均好于上年同期，城区未发生长时间积水情况。年内，黄冈市城管执法委建立城区防汛排涝工作会商机制和城区应急物资储备制度，修订完善《黄冈市区城市排涝应急预案》，印发《城区防汛排涝工作流程》《关于做好2022年市区城市排涝工

2022年4月11日，黄冈市城区防汛排涝工作检查组检查翡翠一品小区附近的溢流点

（市住建局　供图）

作的通知》等，明确各成员单位防汛排涝工作职能职责。常态化督办成员单位完成入梅前排涝重点项目28个，排水改造黄州区委所在路段、新港二路与新港大道交会处、斯旺达幼儿园前道路、科技职院前道路等易涝点，“封闭不封死”式改造黄州闸、二排港排口，全面探查、疏涝、修复城区路段51条，完成4个箱涵在内的老城区254千米地下排水管网疏涝，城区13处重点易涝点安装前端智能感知设备，提升城市排涝工作水平。强化重点易涝点应对措施，组建380人的应急抢险队伍，常态化坚持“人等雨”防汛排涝工作机制，按照“五个一”(一名领导、一个专班、一套措施、一套设备、一张联系卡)要求做好重点易涝点防洪排涝工作。防汛期间，市城管执法委出动人员3795人次，车辆452台次，移动泵车28台次，路面清洗车辆38台次。

(徐 航)

【城市道路维护管理】2022年，黄冈市城管执法委严控影响城市道路安全大型施工行为，制止私自占用挖掘城市道路行为；开展道路安全隐患排查整治，常态化集中开展道路破损塌陷、树穴池石隆起、路缘石缺失倒塌、窨井盖雨水箅子缺失破损等安全隐患排查，建立隐患排查台账，实行销号式整治。市财政部门列入经费100万元用于市政管理巡查、城管数字平台、创文、市民投诉、城管执法委拉练、各类检查考核发现问题交办、道路破损维修养护。通过市区创文途径列入道路改造资金900万元，改造破损道路5.3万平方米。制定文明示范路创建方案，建成赤壁大道、遗爱湖大道、中环路、新港二路、翠堤路、黄州大道南段、西湖一路、关山北路等省、市级美好示范路。市区弱电管线实施入地23条，取缔路杆397根、路障石约300根，降低行人通行路口和车辆进出路口50处。优化城区道路配电箱、通讯交换箱等城市设备，实行减量设定和合并迁移腾退路权。规范人行道停车泊位和非机动车标线施划。

【城市桥梁维护管理】2022年，黄冈市城管执法委组织专班重新收集信息，建立市区城市桥梁基本信息系统台账；加强市区桥梁日常巡查监管工作，召开市区桥梁安全管理工作会议，下达《关于加强黄冈城区城市桥梁安全隐患排查的工作函》，落实监管责任；强化桥梁养护维修和安全措施，聘请第三方桥梁检测专业技术机构，全面检测安全评估直管城市桥梁，投资120万余元维修改造二排港桥护栏和桥面破损、跳车问题；投资89万元，安全检测和评估、维修加固中环路军民桥；投资15万元，启动8座直管桥梁检测问题整改；建立市区桥梁重大事故应急预案；制定市区城市桥梁安全隐患排查整治方案，定期开展整治工作。

(裴 文)

【市区停车场建设】2022年，黄冈市新增停车泊位8905个，启动城区10个停车场建设。新增市区停车泊位3902个，施划停车泊位1856个、非机动车停车线7213米。其中，市停车场公司建成3个生态停车场。区思源学校北侧生态停车场，位于市区宝塔大道黄州区思源实验学校旁，停车场总面积3526平方米，停车泊位119个，配套直流充电桩7个，交流充电桩8个。涵晖北路东侧生态停车场，位于市区涵晖北路东侧齐安学校旁，停车场总面积2502.8平方米，停车泊位84个，配套直流充电桩9个，交流充电桩4个。涵晖北路西侧生态停车场，位于市区涵晖北路西侧，停车场总面积2069平方米，停车泊位62个，配套直流充电桩9个，交流充电桩4个。

(裴 文 陈佳林)

【遗爱湖污水处理厂污水处理】2022年6月17日，黄冈市遗爱湖污水处理厂第三期扩建工程进入进水调试阶段，整体设计处理规模为每天10万吨。其中1#、2#生物处理池设计处理规模均为每天2.5万吨，采用A·O处理工艺，3#生物处理池设计处理规模为每天5万吨，采用MBBR处理工艺。曝气部分采用德国微孔底部曝气技术和设备，深度处理阶段采用高效澄清池和气水反冲洗滤池组合工艺。经24小时出水在线监测和第三方水质检测机构检测结果显示，出水各项指标均达《城镇污水处理厂污染物排放标准》(GB 18918—2002)一级A类排放标准。全年完成污水处理3453.15万吨。

(高 思)

城市管理

【概况】2022年，黄冈市无害化处理生活垃圾22万余吨、餐厨垃圾1万余吨，城区59座公厕升级为一人一厕管理。修复破损人行道1.54万平方米，完成东坡外滩等4处小型排污口治理，清淤管网174千米，调整取缔树穴、路障石423处，更换井盖、防坠网546套。上门指导店招设置282家，全年拆除楼顶广告、竖式店招等各类违规设置广告店招840块、1.05万平方米；拆除违法建设214起、面积2.67万平方米。国庆期间，黄冈大道、赤壁大道、遗爱湖公园等地悬挂国旗近3000面。整治背街小巷25条，完成年度目标任务125%。粉刷污渍墙面1.5万余平方米；督促运营商理顺捆扎空中杂乱管线115处；清理出门出店、占道经营1.2万余次。全省第二轮城市管理工作暗访考评，黄冈市位列第四位。

(裴 文)

【垃圾处理】2022年，黄冈市实现垃圾收运处理体系100%覆盖，乡镇垃圾中转站100%覆盖，城乡生活垃圾无害化处理率100%。建成生活垃圾焚烧处理设施4座，新开工2座，生活垃圾日焚烧处理能力3900吨，垃圾焚烧占比82.5%。全市餐厨垃圾处理设施8座，新建餐厨垃圾处理设施3座，建成建筑垃圾资源化利用项目10个。巩固城区赤壁、东湖、西湖3个办事处40个社区垃圾分类，启动禹王、南湖2个办事处垃圾分类工作，升级改造生活垃圾分类收集站点324处，完成年度任务108%。黄冈生活垃圾分类工作评估位列全国125个小城市中第22位，排名上升15位。全市7个社区被湖北省城乡生活垃圾分类领导小组办公室表彰为全省垃圾分类示范创建先进社区。

【城市保洁】2022年，黄冈市实施“垃圾不落地、垃圾不上街”工程，提高城区环卫保洁频率，推动街道由“扫”向“洗”、作业工具由“大”向“小”、环卫工人由“扫地”向“捡垃圾”转变。全市开展非正规垃圾堆放点排查整治，铁路、公路沿线和河道、湖泊、塘堰、沟渠存量垃圾清理专项行动。提升一级作业标准道路由10

2022年1月4日，黄冈市启用的一批新型快速拾捡垃圾车上路作业

（市城管执法委 供图）

条到20条、二级作业标准道路由26条到57条、三级作业标准道路由13条到70条，作业等级超住建部标准。1月4日，黄冈市启用一批新型快速拾捡垃圾车上路作业。

【违法建设治理】 2022年，黄冈市城管执法委巡查报告新增违法建设121起，实施即查即拆78起，督促改正（自行拆除）不予处罚23起，依法处罚并督促补办手续8起，结案销号率90%。开展自建房安全隐患整治，拆除历史存量违法建设136起、面积1.75万平方米；推进城市更新及老旧小区改造，拆除历史存量违法建设78起、面积9163平方米。年内，配合园区项目征迁，拆除历史存量违法建设214起、面积2.67万平方米。

【市政设施维护】 2022年，黄冈市城管执法委修复破损人行道1.54万平方米；补装缺失破损窨井盖防坠网雨水箅子546套、站石866根，施划停车泊位1856个、渠化岛降坡24个，疏通管网29.18千米、清掏污水井3446座、雨水井4296座，修复管网1500米，清理牛皮癣2.2万张，拆除捆扎空中管线8025米、拆除废旧电线杆42根、调整迁移交换箱15个。制订8项各类安全隐患排查整治方案、应急预案、管理工作安排，开展全国第一次自然灾害普查和市政设施安全隐患排查整治，加固桥梁防护网120米。紧急抢修路面垮塌安全隐患5处，下发安全隐患督办函35份。

（徐　航）

【智慧城市建设】 2022年，黄冈市政务服务和大数据管理局依据智慧黄冈总体规划，按照“151”（1个城市大脑，5类重点智慧应用，1个公共服务入口）架构，建成“云网”基础设施，政务大数据、CIM、视频共享等支撑平台，“数字经济、城市治理、政务协同”等智慧应用及服务入口1个。建成包含数据资源门户、数据目录、数据交换和共享系统的政务大数据平台。平台目录填报单位50个、上线目录2.35万个，归集数据近7.8亿条；19家单位共享目录106个，共享数据558万条，数据共享交换量3.8亿次，有效支撑互联网+不动产登记、智慧金融等智慧应用及公积金、不动产、医保等业务办理。电子证照目录2000余条，证照数据22万余本，对接统一受理不动产、房管、公积金系统等，共享95.73万余次。打造全市“全域覆盖、全网共享、全时可用、全程可控”的视频共享平台，汇聚全市各类视频资源5万余路，横向连通政数局等5个部门300余路视频资源，纵向贯通10个县（市、区）3万余路视频资源，向公安、综治、城管等部门共享推送视频资源3万余路。CIM平台建设。完成CIM基础平台建设，为黄冈城市规划、城市治理、智慧交通、公共安全等综合应用提供支撑。数字城管。建成运行数字城管平台，整合部件、地图、视频等数据，全年立案16万余件，办结15.6万余件，结案率96%以上。智慧交通。整合视频、车辆（车载视频、轨迹）、驾培、治超、地理信息、行业静态6大类数据，有效治理铁路站点非法营运车辆，提升出租车管理水平。食品溯源系统。系统汇集黄冈生产经营主体、产品类别、生产流通信息等，实现食品的追溯管理，平台备案节点24家（11家自建追溯节点、10家荆楚优品、3家药品企业），接收数据1.9万余条，覆盖配送、超市、农贸等领域（蔬菜品种覆盖55种、肉类覆盖4种、药品覆盖521种）。智慧金融服务平台。政务大数据平台提供社保、公积金、水、税务、医保等23类数据，上线金融产品174个，全年注册各类用户4464个，授信金额76.23亿元，放款金额69.83亿元，通过“数据定信用、信用换贷款”，解决个人、中小微企业贷款难问题。

（罗建超）

【城市管理专项整治】 2022年，黄冈市城管执法委开展城市管理安全大排查大整改行动，出动检查人员5312人次，专家技术人员140人次，检查企业、单位、场所6735个，下达执法文书1745份，查出安全隐患1266个，均整改完成。制定2022年应急演练活动方案，开展消防演练、应急救援演练和防汛排涝演练。常态化开展专项整治。组织开展有限空间专项整治，制定有限空间作业安全管理制度和作业安全应急预案，规范有限空间作业相关操作规范，对相关人员开展知识培训和考核，增强人员安全意识。开展桥梁专项整治，全面排查直管的10座桥梁和59条主次干道，排查整改二排港桥桥头跳车等问题68处。开展户外广告专项整治，制定户外广告和招牌整治实施方案，摸排违规设置户外广告，建立台账，分类实施拆除。开展车辆安全专项整治。清淤车、叉车、挖掘机械等专用工程车辆实行建档管理、动用审批制度。每台环卫作业车、渣土车安装行车记录仪、GPS、限速仪、驾驶监控摄像头、车辆盲区摄像头等一体化设备，实时监测车辆位置、速度、行驶状态，对车辆偏离指定路线、超速等违规行为实时报警，最大程度避免安全事故发生。

（徐　航）

责任编辑：赵舒逸　　责任校对：严　静

乡村振兴

乡村规划

【概况】2022年，黄冈市"多规合一"实用性村庄规划编制完成389个，组织编制《黄冈市农村住房建筑风貌管控导则》，印发《农村自建房安全常识"一张图"》，培训农村建筑工匠815人次，争取村镇建设各类资金1.42亿元，占全省总额16.1%。

【村庄规划】2022年，黄冈市乡镇（村）坚持"原真性保护、原特色利用、原居式开发、原村庄提升"，致力保护乡村风貌、传承乡村文脉、凸显乡村风情、留住乡村记忆，年末建成一批"荆楚"风貌的美丽村镇和民居建筑。全年"多规合一"实用性村庄规划编制完成389个，其中，红安县13个，罗田县37个，浠水县27个，蕲春县20个，黄梅县50个，麻城市85个，武穴市157个。开展村庄规划"三张图"试点。以武穴市为试点，探索打破行政区划限制，完善实用性村庄规划，绘好村庄规划总体平面图、基础设施和公共服务布局图、产业发展图"三张图"。

【农村建房规划审批】2022年，黄冈市组织编制《黄冈市农村住房建筑风貌管控导则》，加强建房审批，各乡镇（村）便民服务中心设立农村建房审批服务窗口，建立联审联办联批机制，将农村建房《图集》使用纳入农房风貌设计审批、验收、监管环节，完善农村建房"带图审批、带图验收"工作模式。农房《图集》设计方案宣传覆盖行政村3908个，采用《图集》建房653户，印发《农村自建房安全常识"一张图"》13万余份。

【规划建设管控与宣传】2022年，黄冈市根据2021年1月12日黄冈市人民政府印发的《黄冈市农村村民建房管理暂行办法》文件精神，规范房屋规划建设，持续推进农房风貌整治提升、农村建房《图集》宣传推广工作。全年印发农村建房《图集》500余套，2500册，制定《图集》推广二维码台签220个，发放至10个乡镇、210个村（社区），利用村组会议、广播、微信群等方式，加强农房风貌管控宣传。

（王琛辉）

脱贫攻坚成果巩固

【概况】2022年，黄冈市乡村振兴局落实"四个不摘"要求，稳固夯实脱贫基础，以农业农村高质量发展促进乡村全面振兴。年内，承办全国中央单位定点帮扶示范培训班，全省动态监测帮扶和中彩项目培训班，全省电商直播助农大赛、全省农民丰收节等重要活动。

【监测帮扶】2022年，黄冈市组织两轮集中大排查，应纳尽纳、精准帮扶新识别监测对象3235户，到人到户落实政策，提升"三保障"水平，守住不发生规模性返贫底线。全市监测对象1.66万户、5.11万人，消除风险1.16万户、3.51万人，占比66.93%。

【脱贫增收与保障】2022年，黄冈市出台化解疫情、灾情影响措施，完善"土地流转+务工""产业基地+直播"等联农带农模式，落实小额信贷政策，衔接资金支持特色产业发展比重提高55%以上，帮助脱贫劳动力稳岗就业纳入全市下基层察民情解民忧暖民心实践活动，脱贫劳动力务工就业40.6万人。年底，全市脱贫群众年均人收入1.51万元，比上年增长14.6%，增幅超过一般农民收入5个百分点。全市落实行业主管部门责任，兜底保障水平稳步提高、持续巩固。资助困难学生45.31万人，发放助学资金3.39亿元，义务教育阶段适龄儿童实现零失学、零辍学。推出"黄惠保"补充医疗保险产品，监测对象家庭医生签约率实现全覆盖。做好日常性住房安全排查，完成农村危房改造577户。全力应对特大旱情，常态化开展饮水安全"回头看"，让群众喝上"放心水"，全市农户集中供水率96.1%。

【衔接资金管理】2022年，黄冈市建设资金项目库，衔接资金重点向产业发展，电商、田园综合体等新产业新业态，支持农村寄递物流体系建设，完善项目备案管理和公示公开，加强项目开工和资金拨付研判调度，创新资金捆绑、多村关联投入机制，强化扶贫项目资产后续管理"回头看"，组织开展"一本通"培训，出台衔接资金支持农文旅项目建设指引，建设产业发展、基础设施补短板、共同缔造以奖代补等项目2348个。年底，中央、省、市、县四级衔接资金26.4亿元，开工衔接资金项目2348个，资金拨付进度81.76%。

【社会帮扶】2022年，黄冈市深化4家中直、58家省直单位定点帮扶，推进6个重点县区域协作，组织1624家民营企业和商会参与“万企兴万村”行动。中直、省直和区域协作帮扶单位累计投入帮扶资金1.92亿元，帮助引进资金19.54亿元，采购帮销农副产品1.12亿元。1624家民营企业及商会组织与889个村完成结对，投入帮扶资金80.46亿元，吸纳脱贫人口就近就地就业2.6万人。全年全市举办乡村振兴队伍培训班500期，培训驻村工作队、乡村振兴“头雁”等4.2万人次。

（龙海兵）

乡村产业

【概况】2022年，黄冈市深化农文旅融合发展，加快现代休闲产业发展、现代农业产业园建设、新型农业经营主体培育。全市通过培训学习，加强督查指导，促进新兴市场经营主体规范化建设，引导规范、稳步、健康发展。推动休闲产业发展，现代农业产业园建设，新型农业经营主体培育。黄冈市印发实施《黄冈市分类指导乡村振兴示范片区建设的指导意见》，率先在全省启动乡村振兴示范片区建设。全年实施十大工程20个子项目均建设完成，中央下达产业园奖补资金6000万元，规范拨付5919.6万元，到位资金拨付率98.7%。

【乡村振兴示范片区建设】2022年，黄冈市印发《黄冈市分类指导乡村振兴示范片区建设的指导意见》，率先在全省启动乡村振兴示范片区建设，全市20个片区谋划项目155个、投资176.35亿元，启动项目94个、完成投资39.72亿元。团风县牛车河、英山县九龙湾、罗田县燕儿谷等乡村振兴示范片区，成为市民假期旅游新热点。全年各片区累计接待游客40万余人次，带动消费过亿元。

【现代农业产业园建设】2022年，黄冈市建成现代农业产业园2个，投资25亿元，完成产值108.5亿元，农业规上企业8家。蕲春县国家现代农业产业园主导产业为蕲艾，以蕲州、赤东、彭思、管窑4个乡镇为核心，园内农户7.68万户，区划面积5.04万公顷。产业园投资19.76亿元，实现产值103.5亿元。团风县马曹庙镇农产品工业园（省级农村产业融合发展示范园），面积4.33平方千米，其中农产品核心区用地面积33.33公顷，其他区域399.67公顷。园区有企业10家，主营业务涉及木业、酒业、粮油、水产养殖等，年产值5亿元。英山县建设现代农业集约化育苗科技园，发展蔬菜等种苗。

【新型农业经营主体培育】2022年，黄冈市出台《关于培育壮大农业产业化龙头企业实施意见》《关于加快推进农业产业化高质量发展的奖补办法》等招商引进优惠政策，截至年底，全市培育新型经营主体4833家（其中，农民专业合作社3822家，家庭农场1011家），农业企业162家。

【高素质农民培育】2022年，黄冈市开展各类农业科技培训班100余次，培育高素质农民5000人次。设立农村实用人才库，入库2万人。开展“头雁计划”，择优确定1500余名“头雁”项目培育对象库。选派200余名农村实用人才带头人赴恩施来凤、宜都南桥参加培训。全市招录“一村多”大学生280人，选派7名学员参加全省农村实用人才双创大赛，获二等奖1个、三等奖1个。

（王 珂 尹亚林）

【休闲农业】2022年，黄冈市发展各类休闲农业市场主体2700家，年接待人数1670万人次，实现营业收入98.6亿元，带动农副产品销售收入16.5亿元，带动从业人员14.47万人，其中，带动农民就业11.9万人。全市创建全国休闲农业与乡村旅游示范县2个，全国休闲农业与乡村旅游示范点1个，中国美丽休闲乡村6家，省级休闲农业示范园区41家。黄州区美丽乡村秋季采摘休闲游、英山县“四季花海·中华情园景区休闲农业精品游”成为中国美丽乡村休闲旅游行精品景点线路；浠水县城山村油菜花海、武穴市大法寺镇油菜花海被推介为“湖北最美油菜花海”、蕲春县美丽汤冲油菜花海被推介为“湖北特色油菜花海”。围绕地域文化、产业特色，开发出一批形式多样、特色各异的休闲体验、乡野旅居新类型、新模式。发展以“观光农业、农耕体验”等为一体的黄梅袁大稻田特色民宿；以“农耕、民俗、美食、太白文化”为特色的黄梅九坤太白小镇旅游景点；以“拓展体验、休闲住宿、乡村美食”为主的神峰山庄；集“生态种养、科技示范、科普教育、农耕体验”于一体的团风县黄湖现代农业产业园等新业态。建设美丽乡村。按照生态宜居要求，统筹推进休闲农业、乡村旅游和美丽乡村建设，深入推进农村改水、改厕、垃圾处理等综合治理，全市400个村达到省级乡村振兴示范村标准。至年底，英山县乌云山村、麻城市洪家河村、黄梅县濯港镇栗林村、浠水县洗马镇万当铺村、黄州区陶店乡袁家铺村、红安县七里坪镇八一村6个村先后被农业农村部评为“中国美丽休闲乡村”。

2022年4月8日，英山县现代农业集约化育苗科技园内，工作人员清理种苗

（王定初 摄）

【农村电商】2022年，黄冈市建成电商产

业园10个、县级电商运营服务中心11个，村级电商服务覆盖率在90%以上。全市有农村电商企业（含个人）3.15万家，销售额超100亿元。黄商集团自有电商平台“黄商乐购”线上销售农产品24.7万单、销售额2000万余元。浠水县建成县级电商物流仓储配送中心1个，整合4家入驻快递企业建成镇级电商物流仓储配送中心4个，电商物流服务站点200个，覆盖全县40%以上行政村；新增限上农产品网络销售企业18个，限上农产品网络销售额3.87亿元。年内，全市签约鄂东电商快递物流科技园、京迈晓秀电商平台、居然之家商业综合体项目3个，协议投资额21.1亿元，到位资金2000万元。全市举办首届黄冈优品直播带货大赛，打造大别山黑土猪肉、美玉热干面、麻城肉糕、英山云雾茶、浠水天井湖菱角、罗田板栗、罗田万岁泉金银花露、蕲春孺子牛鞋垫、蕲春珍米、黄梅君河高粱糍粑“十大网销爆款”产品。农村电商实用人才培育，组建大别山网红学院，举办农村电商人才培训800余期，人数7.5万人次。培育出直播助农达人“谷哥”（徐志新）、返乡创业直播代言人“江校长”（江明）、鄂东老男孩（文刚）等一批本土直播助农达人。

【入选全国“一村一品”示范村镇】 2022年11月1日，农业农村部发布《第十二批全国“一村一品”示范村镇名单公示》，全国396个村镇入选。黄冈市浠水县散花镇天井湖村（菱角）、黄梅县下新镇（鱼面）入选。截至年底，全市有全国“一村一品”示范村镇12个。

（王　俊）

乡村建设

【概况】 2022年，黄冈市推进美丽城乡建设行动，启动美好环境与幸福生活共同缔造活动，“擦亮小城镇”建设整治人居环境，结合流域治理布局，谋划民生实事项目392项，分类分片编制共同缔造重要节点村治理规划，打造一批生态宜居村、产业发展村、民俗风情村、特色文化村、文明示范村。全市实现127个乡镇（街道）政务服务中心全覆盖，下放到村（社区）政务服务事项270个；建成市区一体及县市综治中心9个、乡镇（街道）综治中心127个，排查矛盾纠纷1.85万件，化解率99%。

（何　浩）

【“擦亮小城镇”行动】 2022年，黄冈市“擦亮小城镇”建设美丽城镇三年行动成效总结评价工作通过省级复核。全市推荐15个乡镇（村）参与全省100个省级示范乡镇（村）评选。全年新增完工项目251个，完成投资20.99亿元。全市35个乡镇（村）经市县镇三级评价，达到省级示范型乡镇（村）创建标准，占乡镇比例32.41%。

【农房规范建设】 2022年，黄冈市完成国家农村危房改造计划，开工577户，竣工577户，超年度目标24.62%；组织开展农村建筑工匠评选40场（次），为3596名培训合格工匠建立信息数据库（月报2404人次），超年度目标259.6%，其中“带头工匠”409名；印发市县农房图集设计方案宣传资料10.03万余份，宣传覆盖3958个村（居），入户宣传26.53万人次，超年度目标65.81%；排查农房150.75万栋，对鉴定为C、D级危房5366栋农房均落实管控措施，整治率100%。

【传统村落创建】 2022年，黄冈市深入挖掘村落文化特色和历史底蕴，不断完善传统村落基础设施、公共文化服务设施，改善居住环境和居住条件，加强传统村落与传统建筑活化利用。10月26日，住房和城乡建设部、文化和旅游部等六个部门联合发文，公布第六批列入中国传统村落名录的村落名单，黄冈市有13个村入选。至年底，全市有中国传统村落49个。

【美丽乡村建设】 2022年，黄冈市深入实

表45　2022年黄冈市入选中国传统村落一览表

区属	所属乡镇	中国传统村落	区属	所属乡镇	中国传统村落
红安县	七里坪镇	盐店河村	麻城市	歧亭镇	丫头山村
	永佳河镇	熊河村		歧亭镇	杏花村
	永佳河镇	欧桥村刘云四湾		乘马岗镇	乘马岗村
	永佳河镇	喻畈村		黄土岗镇	小漆园村
	永佳河镇	椿树店村		黄土岗镇	大屋垸村
	华家河镇	祝楼村祝家楼垸		黄土岗镇	桐枧冲村茯苓窝
	华家河镇	涂湾村		黄土岗镇	东冲村
	高桥镇	长丰村		宋埠镇	谢店古村
	八里湾镇	莲花山村		宋埠镇	龙井村
	八里湾镇	陡山村		龟山镇	东垸村
	太平桥镇	戴长塘村		龟山镇	熊家铺社区梨树山村
	太平桥镇	回龙寨村石头湾		阎家河镇	石桥垸村
	高桥镇	程河村	罗田县	九资河镇	官基坪村罗家大垸
	七里坪镇	草鞋店村		河铺镇	肖家垸乌石岩村
	七里坪镇	八一村		白庙河乡	潘家垸村
	七里坪镇	柏林寺村		胜利镇	瓦房基村老闫家垸
麻城市	夫子河镇	刘家大塆村	武穴市	梅川镇	同心村李垅垸
	夫子河镇	付兴湾村		龙坪镇	花园社区
	木子店镇	洗马河村		石佛寺镇	武山寨村廖宗泰村
	张家畈镇	门前垸村	团风县	贾庙乡	百丈崖村
	木子店镇	熊家垸村		回龙山镇	林家大湾村
	木子店镇	王家畈村	英山县	吴家山林场	大河冲村
	木子店镇	刘家塆村	蕲春县	向桥乡	狮子堰村
	木子店镇	龙门河村	黄梅县	柳林乡	商子塆村
	木子店镇	牌楼村			

（资料来源：市史志研究中心）

2022年6月8日，环境整治后的中国传统村落麻城市桐枧冲村茯苓窝

（麻城市史志研究中心 供图）

施美丽乡村建设，坚持规划引领，加强统筹协调，加快基础设施建设，持续开展人居环境整治，提升村庄品质与乡村面貌，为群众提供良好的生活与工作环境，提高居民幸福指数。麻城市获批全国传统村落集中连片保护示范市；罗田县获批全国、全省乡村建设评价试点县；红安县获批省级传统村落集中连片保护利用示范县；浠水县获批省级农房和村庄建设现代化试点县。黄州区堵城镇、团风县总路咀镇、罗田县胜利镇、英山县杨柳湾镇、黄梅县濯港镇获省级擦亮小城镇工作试点。武穴市余川镇龟山村、蕲春县向桥乡斌冲村入围全省20个乡村环境微改造共建村。

【"美丽农村路"建设】2022年，黄冈市创建"美丽农村路"1418千米。黄州区王李线、英山县茶叶谷旅游公路获评全省十大美丽农村路，红安县经典旅游景区公路创建全国"十大最美农村路"通过交通运输部现场考评。市交通运输局联合市乡村振兴局开展2022年黄冈市"最美乡村振兴路"评选活动，武穴市乡道横百线（红色旅游路至下赵村）等10条"最美乡村振兴路"各获奖励30万元。

【农村人居环境整治】2022年，黄冈市实施"洁美乡村"和"绿满乡村"行动，清理农村垃圾、村内水塘、河道沟渠、农业废弃物，开展村庄清洁行动，17个行政村同步开展粪污资源化利用试点。推进农村厕所革命，建改农村无害化卫生厕所，农村卫生厕所普及率90%以上，新建改农户无害化卫生厕所2.3万余座。

（易育林　林 浩）

表46　2022年黄冈市"最美乡村振兴路"一览表

序号	区　属	最美乡村振兴路
1	红安县	红安县经典旅游景区公路
2	武穴市	武穴市乡道横百线（红色旅游路至下赵村）
3	英山县	英山县金家铺镇龙潭河村至扁石畈村环线公路
4	黄梅县	黄梅县县道五四线（横山公路）
5	麻城市	麻城市县道边石线（边店至石桥垸）
6	黄州区	黄州区乡道黄袁线
7	团风县	团风县牛车河环库乡村振兴产业公路
8	浠水县	浠水县乡道梅朴线
9	罗田县	罗田县县道八两线（八迪河至两河口公路）
10	蕲春县	蕲春县村道彭余线

（资料来源：市史志研究中心）

【农村供水】2022年，黄冈市实施农村饮水安全巩固提升工程，纳入省计划农村饮水三年补短板提标升级工程项目9个，改善农村供水37.74万人，超省定年度目标10.22%。全市争取省级基建资金1220万元，争取省级补短板资金2220万元，全市获中央补助农村饮水工程维修养护资金2039万元，完成投资2039万元，完成比例100%，受益214万人。推进鄂东大水厂工程，蕲春县、英山县、麻城市城乡供水一体化工程，武穴市水厂及管道新建工程建设，促进城乡饮水工程提档升级。年内，黄梅小池水厂、武穴梅川水厂等被评为国家"百佳水厂"。开展农村供水保障"敲门行动""水质攻坚行动"，排查整治单村供水工程季节性干旱缺水、水质合格率不高等问题。全市建成农村集中供水工程2213处，其中，千吨万人规模水厂118处。全市农村自来水普及率96.15%，规模供水人口比例81.29%，全市延伸管网145千米、增建加压站16个、打井106处、筑拦河坝（或引水堰）19个、新建水源47处，解决农村14.76万人饮水问题。

（易育林）

【和美乡村华格里路径】2022年，黄冈市和美乡村示范点、网红打卡地华格里接待法国、荷兰、巴西等教授学者12人次考察交流，接待上海、安徽、湖南等地美术协会、摄影家协会、单位团建62批次、1200余人次，实现营业收入800万余元。2016年，红安县华家河镇阳台山村协同引进华中科技大学建筑与城市规划学院教授、博士生导师汪原团队，投资1.5亿元，流转土地10公顷、村民宅基地30年使用权，发展精品民宿和共享农业，建成"大乘院"单门双层独院民宿。改建阳台山村华家湾（当地方言称华格里）15栋无人居住、年久失修房屋为鄂东北传统民居特色民宿。编制完成《红安阳台山森林康养综合体及华格里古村落修复及保护概念规划》，打造华格里书院、青少年研学中心、生态农业体验园、山地俱乐部等项目，形成集红色文化传承、传统文化研习、古村落保护实践于一体的山居综合体，打造借力高校教授专家赋能传统村落活化利用，让好山好水好文化好物产助推乡村振兴和美路径。

（黄　荣）

乡村文化

【概况】2022年，黄冈市深入挖掘地方特色文化，开展牌子锣、东腔戏、黄梅戏、绣活、挑花、岳家拳、农民乐等乡村文化惠民传承活动，加快农家书屋、百姓大舞台等乡村文化基础设施建设。全市开展非遗传承等培训82期，培训7952人，开展"红色文艺轻骑兵"送戏下乡惠民活动3200余场，举办乡土民俗展演展示交流活动162场（次），全年新建农家书屋236家，村级文化活动室1520个，百姓舞台2452个，文体广场5452个。蕲春县开展"3个1"（"一场"：村村要有一处文化广场，"一榜"：村村树立一个乡贤榜，"一评"：村村开展十星级文明户创评）和"3个2"（"两堂"：文化礼堂、道德讲堂，"两廊"：文化廊、励志廊，"两队"：志愿服务队、文艺宣传队）创建活动。

【乡村文化设施建设】2022年，黄冈市规范设置乡镇文化站121，完成改造102个，建成村服务中心4270个，90%以上村综合文化服务中心面积200平方米，功能设施完善，有专（兼职）人管理，实现免费开放Wi-Fi全覆盖；文体广场2452个，百姓舞台5452个，其中，98%村建有标准化文体广场，创建面积600平方米。在全省率先完成村应急广播项目建设，全市安装终端1.37万个。

【农家数字书屋建设】2022年，黄冈市有农家数字书屋3995个，实现行政村全覆盖，用户注册数72万人，总访问量364万次，下载量65万次。全市农家书屋和共享工程基层点实现全覆盖，麻城市图书馆按照公共文化服务体系示范区创建标准，开展偏远乡镇村级农家书屋书籍数据录入工作，完成现有农家书屋图书整理、贴识别码、信息数据录入电脑，全年完成19万册书籍整理及录入工作，完成新增录入452个农家书屋补充书籍2.71万册，图书馆自动化软件系统录入300余个村级图书室60万册图书信息，实现市"图书馆总馆—乡镇分馆—村级分馆（服务点）"三级图书馆总分馆模式。罗田县白庙河镇潘家湾村开展农家书屋阅读活动，全村党员、群众、学生纷纷走进农家书屋，阅读书籍。英山县石头咀镇大屋冲村，在湖北大学驻村工作队的帮助下，补齐乡村文化建设短板，组织镇中心小学教师、学生和各村文化能人利用农家书屋，开展"美丽乡村"墙体彩绘活动，将文化元素融入乡村产业发展中，通过乡村文化建设提升村猕猴桃市场销量。

2022年8月13日，罗田县白庙河镇潘家湾村村民在农家书屋阅读

（罗田县史志研究中心　供图）

【"张辉戏曲文化园"建设】2022年，蕲春县推进乡村文化振兴发展，蕲春县张塝镇结合"能人回乡"工程吸引东莞蕲春商会会长、富士多集团公司董事长张来生回乡投资1800万元，建设"张辉戏曲文化园"，吸引黄梅戏爱好者，发展乡村文化事业，打造乡村文旅品牌。文化园集黄梅戏培训、月月乐惠民演出、戏曲文化展示等多功能于一体的黄梅戏主题文化园。张辉，1962年出生，安徽郎溪人，湖北省黄梅戏剧院院长，国家一级演员，著名黄梅戏表演艺术家，第24届梅花奖获得者，中国戏剧家协会理事、湖北省戏剧家协会副主席，享受国务院专家津贴。

【乡村文化惠民】2022年，黄冈市开展乡村文化惠民活动，助力乡村振兴 ，丰富基层群众文化生活。麻城市开展第二个中国人民警察节、福田河元宵晚会、微电影首映式、阎家河桃花节、农民丰收节文艺演出等文化旅游推介活动。开展"红色文艺轻骑兵"演出活动、"下基层察民情解民忧暖民心"实践活动，进景区，进乡村，分别在龟峰山景区、木子店镇观石河村和吊桥沟等地开展惠民演出。开展牌子锣、音乐、舞蹈、美术（农民画）、非遗传承等培训辅导10期，培训人数600余人，辅导培训基层文艺骨干、指导文艺作品创作20余次，制作农民画墙绘600平方米，推进农村公益电影放映1200余场（次）。浠水县围绕"喜迎党的二十大"主题，开展"红色文艺轻骑兵"送戏下乡文化惠民活动，县文化馆、楚剧团、杂技团开展送戏下乡、送戏进社区、进景区、进企业活动400余场，新农村数字电影公司放映公益电影7872场。承办湖北第六届菊花奖杂技展演活动；与丁司垱镇联合举办孟家冲村桃花节；与绿杨乡政府联合举办乡土民俗展示展演交流

2022年7月10日，黄梅县九坤太白小镇群众在新建成的百姓大舞台观看黄梅戏

（黄梅县史志研究中心 供图）

活动及好客绿杨美食节；联合武汉体育学院新闻传播学院开展“乡村振兴基层行——走进浠水”体育艺术交流活动。黄州区开展文化惠民活动，持续实施公共文化服务机构“三馆一站”免费开放。年内，黄州区百姓剧场对外开放使用，举办演出活动37场（次）。7月10日，黄梅县九坤大白小镇百姓大舞台举办黄梅戏惠民活动。

（王 俊）

乡村治理

【概况】2022年，黄冈市明确13家部门乡村治理职责，构建乡村治理体系，发挥基层党组织战斗堡垒作用和党员先锋模范作用，广泛发动群众开展共同缔造活动。全市建成塆组“红星之家”1.23万个，设立塆组党支部或党小组1.7万余个，召开塆组群众会超30万场（次），征求群众意见、建议100万余条。

【基层治理与普法教育】2022年，黄冈市创新传统基层治理模式，构建“乡镇党委+村级党组织+塆组党小组+党员中心户”基层党组织体系，推动资源、服务、平台下沉，促进党组织体系和基层治理体系深度融合。调动社会主体参与社会治理，推进党员先锋站、自治组织规范化建设，推进治理服务“五方”（社区、小区党支部、小区物业、业委会、社区社会组织）联动。开展乡村普法教育，建设法治文化长廊和法治教育基地，全市所有乡镇、村实现法律顾问全覆盖。运用“村规民约”“红白理事会” 强化村级治理，打造社会治理德治示范村。加强志愿服务载体、阵地和队伍建设。

【村级债务化解】2022年，黄冈市推进村级债务化解工作，按照自有资金偿还一批、减免核销一批、清收债权偿还一批、政府兜底承接一批的方式，化解村级非经营性债务。全市化解非经营性债务41.3亿元，进度86.26%。黄州区、蕲春县、武穴市、黄梅县、白莲河示范区非经营性债务整体清零，全市获省级化债奖补资金3178万元。

【清廉村居建设】2022年，黄冈市推进打造具有黄冈特点“6+8”清廉村居建设体系，重点村推行清廉村居典型创建200个，入选省级清廉村居典型村名单15个。

【李山村入选“全国民主法治示范村”】2022年，蕲春县大同镇李山村坚持将民主与法治紧密结合，形成民主风尚，调动村民依法治村积极性、主动性、创造性。建立《村民自治章程》《村民说事议事制度》《四议两公开制度》《村民委员会工作规程》等，做到事事有规章、事事遵循制度。建立村级“小微权力清单”“监督责任清单”，及时公布村干部分工、联系方式，党员发展，网格化信息，村规民约，工程进展，财务支出、村民决议等内容，全方位公开党务、村务、财务，保障村民有知情权、监督权。李山村党支部、村委会坚持民主决策，召开“诸葛亮会”实施发展茶叶生产，开发乡村旅游。年底，李山村生态园被评为国家AAAA级旅游景区。

（曹 刚 张 颖）

表47 2022年黄冈市入选省级“清廉村居典型村”一览表

序号	区 属	清廉村居典型村	序号	区 属	清廉村居典型村
1	黄州区	陈策楼镇孟钵桥村	9	英山县	杨柳湾镇烂柴河村
2	团风县	总路咀镇肖石坳村	10	英山县	温泉镇大塆寨村
3	团风县	总路咀镇白坳村	11	浠水县	兰溪镇李汰新村
4	红安县	七里坪镇观音阁村	12	蕲春县	大同镇李山村
5	红安县	七里坪镇柏林寺村	13	武穴市	余川镇彭河村
6	麻城市	黄土岗镇堰头垸村	14	武穴市	四望镇新月河村
7	罗田县	骆驼坳镇燕窝垸村	15	黄梅县	五祖镇一天门社区
8	罗田县	凤山镇李家楼村			

（资料来源：市史志研究中心）

责任编辑：王 俊　　责任校对：胡文珍 黄 荣

参与长江经济带建设

【概况】2022年，黄冈市把推动长江经济带发展作为全局性、战略性的大事，持续开展“双十”行动(降碳减污扩绿增长十大行动和黄冈长江高水平保护十大攻坚提升行动)，推动长江经济带生态环境保护和长江经济带绿色高质量发展。成立市推动长江经济带发展领导小组，市委书记、市长任组长，建立健全市县联动、部门协同的工作机制。推进长江高水平保护十大行动，成立市县长江高水平保护十大攻坚提升行动指挥部和专项指挥部。印发《黄冈市长江经济带降碳减污扩绿增长十大行动方案》《黄冈长江高水平保护十大攻坚提升行动方案》，实施十大重点保护工程。启动长江国家文化公园黄冈段建设，发展长江文化旅游，打造绿色综合交通运输体系，加快重点行业绿色化改造，争取省级高质量发展项目45个，资金9260万元。

【重点行业绿色化改造】2022年10月12日，黄冈市出台《黄冈市工业经济稳增长促发展若干措施》，明确给予获评省级绿色工厂企业一次性奖励20万元。全市创建国家级绿色示范工厂企业7家、国家级绿色设计产品1个，省级绿色工厂3家、省级绿色设计产品1个。推进数字产业化，信息制造业、通信和软件服务业等数字产业增加值70亿元，比上年增长20.8%。全市143家企业被评为省级两化融合试点示范企业，50家企业获国家两化融合管理体系贯标；3500余家企业实现上云，打造省级上云标杆企业9家。黄冈市“5G+智慧环境”浠水河道采砂监控系统建设项目、“5G+智慧农业”助力黄冈高标准农田四情监测建设项目、“5G+智慧矿山”华新水泥智慧矿山监测建设3个项目入围工信部“绽放杯”5G应用大赛。

【综合交通绿色发展】2022年，黄冈市推进绿色公路建设，推进燕矶长江大桥、沪蓉高速红安联络线、麻安高速麻城东段、蕲太高速蕲春东段、武英高速石桥铺互通等项目开工建设，推进G347举水河大桥、G346红安县二程镇至上新集镇等“硬联通”项目建设。湖北港口集团黄冈公司与上港集团九江港务有限公司签订合作协议，试水集装箱短驳航线，依托宁波舟山港“一体两翼多联”综合物流优势，开通“麻城宁波舟山港”海铁联运线。推进绿色水运，一类口岸临港新城综合码头、浠水长莱绿色建材码头先后开港，全年完成港航水运固定资产投资13.5亿元，完成港口吞吐量1.31亿吨、水路货运量6714万吨，分别增长6.4%、24.4%。推进绿色船舶体系建设，完成全市100总吨以下188艘船舶污染防治设施设备安装，改造船舶岸电系统受电设施66艘。

【长江文化旅游建设】2022年，黄冈市创建全域旅游示范区，推进长江沿线黄州、团风、浠水、蕲春、武穴、黄梅6个县(市、区)文旅项目建设，打造东坡文化、红色文化、医药文化、戏曲文化、非遗文化等特色品牌。黄州区、黄梅县列入省级全域旅游示范区创建单位。新增全国乡村旅游重点村1家，国家AAAA级景区1家，国家AAA级景区9家，省旅游休闲街区1家，AAA级旅行社6家，自驾车旅居车营地7家。开展黄冈市十佳旅游民宿评选活动，评选具有示范作用旅游民宿10家。

【长江国家文化公园黄冈段建设】2022年，黄冈市按照“保护优先、强化传承、文化引领、彰显特色”原则，落实全省长江国家文化公园建设工作部署，成立黄冈市国家文化公园建设领导小组，建立全市部门协力、上下联动工作机制；10月17日制定出台《长江国家文化公园黄冈段建设推进方案》，挖掘文化潜力优势、谋划申报项目52个，统筹推进长江国家文化公园黄冈段建设和黄冈市国家文化公园建设相关工作。

【长江经济带降碳减污扩绿增长十大行动】2022年5月20日，黄冈市印发《黄冈市长江经济带降碳减污扩绿增长十大行动方案》，开展推动降碳减污协同增效、生态产品价值实现机制试点、建设绿色制造体系、加强绿色技术创新引领、提升水资源节约集约利用水平、推进综合交通绿色发展、推动跨江跨区合作、深化长江大保护金融创新实践、提升城乡绿色人居环境、加快长江文化旅游建设十大行动，明确重点项目35个。推进生态补偿机制落实，建立“三湖”(武山湖、太白湖、龙感湖)地区、白莲河库区流域横向生态补偿机制。全市75家企业完成排污权交易109笔、出让收入904.7万元。创建国家级绿色示范工厂8家、国家级绿色设计产品9个，推出绿色金融产品49个、投放贷款8.14亿元，授信节能环保、绿色建材、新能源等现代制造业产业链企业145家、4.75亿元。全市新能源装机365.6万千瓦，比上年增长23%，新能源装机规模位列全省市州第一位，全年风、光、水发电量47.8亿千瓦时，减少碳排放400万吨。

（张 薇）

【唐家渡临港新城综合码头开港】 2022年5月28日，黄冈唐家渡港区临港新城综合码头开港，“黄冈港—湛江港”江海联运集装箱首航启动。该港是继武汉港和黄石港后，湖北省第三个一类水运口岸，设计利用岸线496米，建设5000吨级高桩泊位4个，年设计吞吐量440万吨，其中散货360万吨、件杂货80万吨。

（张 云）

【沿江高质量发展带政协主席联席会议】 2022年9月28—29日，黄冈沿江高质量发展带政协主席联席会第一次会议在武穴市召开。市政协主席洪再林出席会议并讲话。会议协商通过《黄冈沿江高质量发展带政协主席联席会议工作规则》《黄冈沿江高质量发展带政协主席联席会议第一次会议纪要》。

（张九冬）

武汉都市圈重要功能区建设

【概况】 2022年，黄冈市发展以武鄂黄黄为核心的武汉都市圈，打造武汉都市圈重要功能区。成立黄冈市推进武汉都市圈发展工作领导小组，市委常委、市政府常务副市长担任办公室主任，市发改委党组书记、主任担任常务副主任，领导小组办公室设在市发展改革委，设置综合协调、规划指导、项目建设3个专班。黄黄高铁建成通车，鄂黄长江大桥9座以下客车免费通行，推进燕矶长江大桥、武汉至红安高速建设，推进武汉至黄冈市域（郊）铁路纳入《湖北省都市圈市域（郊）铁路线网规划》、鄂黄第三过江通道项目建设。加快光谷科创大走廊黄冈功能区建设，黄冈（光谷）离岸科创中心建成投入运营，康瑞思、科为晟、北京智网、武汉创柏4家孵化企业进驻。

【推进武汉都市圈发展重点工程】 2022年11月30日，黄冈市印发《黄冈市推进武汉都市圈发展近期重点工作清单》《武鄂黄黄共同推进十大重点工程责任清单》，明确10个重点工程：长江中游航运中心提升工程、武鄂黄黄交通强链补链工程、轨道上的都市圈建设工程、航空客货运“双枢纽”建设工程、对外开放能力提升工程、光谷科创大走廊建设工程、武汉都市圈要素市场化配置综合改革试点工程、公共服务共建共享工程、梁子湖生态环保示范工程、武汉新城建设工程。

【交通网络互联互通】 2022年，黄冈市协助武汉市编制完成武汉都市圈基础设施发展规划、交通发展专项规划，做好项目谋划储备；对接部省中长期规划、“十四五”中期规划调整，编制完成黄鄂黄全国综合交通枢纽城市总体规划；做好国家综合货运枢纽补链强链工作，协调国家发改委增加鄂黄第三过江通道铁路功能，推进武汉至黄冈市域郊铁路“2+8”专项。推动总投资620亿元的“一铁四高”（沿江高铁武合段、英山至黄梅高速、麻阳高速北延、黄黄高速改扩建、武汉都市圈环线高速北段）建设，加快建设燕矶长江大桥、蕲太高速蕲春东段，武红高速建成通车。G346红安段、G347举水河大桥、G220麻城段开工，G347黄州至团风段、G106团风竹林岗至方高坪公路、S234红安八里至韩集段加快建设。推进京九铁路阜阳至黄冈段、武汉至黄梅高速等重点项目建设；推进武穴铁水联运、麻城石材铁路专用线项目建设，打造多式联运体系。构建沿江物流大通道、大别山农副产品物流大通道，服务商贸强城建设。建设鄂东邮政快递分拣中心，补齐邮政快递业发展短板。优化武冈城际、黄州至鄂州、花湖机场等公交开行频次，构建半小时通勤圈。

2022年9月28—29日，黄冈沿江高质量发展带政协主席联席会第一次会议在武穴市召开

（武穴市委办公室 供图）

【产业发展互融互促】 2022年，黄冈市对接武汉都市圈主导产业规划，参与编制都市圈制造业产业链地图、招商地图。组建都市圈产业协同招商工作专班、新能源和智能网联汽车招商分局，黄冈市与武汉都市圈企业签约亿元以上项目57个，协议投资额509.78亿元；10亿元以上项目11个，协议投资383.74亿元。争取中央专项资金4425万元，推进黄冈人福药业项目建设；争取资金1.57亿元，助力科峰传动、顾家家居等企业发展；高端装备制造、新能源和智能网联汽车产业链与武汉上下游配套率分别为47.14%、42.27%。设立黄冈（光谷）离岸科创中心，与武汉合作共建东湖高新黄冈智能科技产业园，引进虹膜识别、北斗天云等高科技项目；组建武汉科技成果转化平台黄冈分平台，签订产学研合作协议50项，转化科技成果45项，完成技术合同成交额152亿元。建设光缆31.6万皮长千米，宽带端口551.2万个，建设5G基站5692座，完成投资40.39亿元，黄州主城区5G覆盖率99.2%；新增国家级两化融合贯标工业企业35家，省级两化融合试点示范企业120家以上，上云企业省内业务活跃用户突破1000余家。

【科技资源共建共用】 2022年，黄冈市推进科创走廊建设，对接东湖高新区光电子信息、生物医药、大健康等产业，组建黄冈（光谷）离岸科创中心，启动光谷黄冈科技产业园高新技术孵化器二期项目，开工建设东湖高新智能科技产业园，黄冈协同创新中心落户光谷黄冈科技产业园。深化企校协同创新，签约产学研合作项目50个，转化科技成果45项，湖北科峰传动公司联合武汉理工大学等高校研制国内首台智能剥虾机。全市672家规上工业企业建有研发机构，省级企校联合创新中心43家，省级以上创新平台160家；联合高校科研院所建设中科、蕲艾、石材、菊花、纺织、薯芋、心脑同治7个产业技术研究院，申请专利21项、制定标准35项、引进高层次人才38名；建成国家级孵化器（众创空间）2家、省级孵化器（众创空间）33家。

【公共服务互动互享】2022年，黄冈市实现武汉都市圈“一圈通办”事项410项，其中，全程网办309项、窗口通办62项、异地代收代办39项。武汉都市圈其他城市公积金中心转入黄冈市1834笔、2516.83万元，黄冈市转至武汉都市圈其他城市公积金中心1794笔、4646.08万元；省内跨市州网上一站式户口迁移办理迁入2587件，迁出1.72万件；全市63家定点医疗机构、399家定点药店开通异地就医住院、普通门诊费用直接结算服务，23家旅游景区加入“武汉都市圈旅游年卡”。武汉市和黄冈市率先在全省实现422个事项自助服务“跨市通办”，其中，黄冈市办理武汉市364项，武汉市办理黄冈市58项，122个高频事项在“鄂汇办”掌上异地办理。推进与“武汉通”公司、卡商、合作银行签订合作协议，启动黄冈市三代社保卡加载“武汉通”功能。

【生态环境联保联治】2022年，黄冈市开展大气污染联防联控，建设1套移动式、2套固定式机动车尾气遥感监测平台，1套大气污染物气溶胶激光雷达监测系统，更新完善重污染天气应急减排项目清单。推进流域综合治理，与武汉市会商修订《武汉市—黄冈市跨市流域上下游突发水污染事件联防联控协议》，推动团风县与新洲区建立道观河流域生态补偿机制，实施道观河水源地环境问题共保共建。争取中央水污染防治资金0.92亿元，加快麻城市举水流域、红安县倒水流域水生态修复工程和水污染防治专项治理。与黄石市、九江市、安庆市、池州市共同签订《关于长江流域上下游突发水污染事件联防联控工作协议》；加强生态环境联合执法，联合开展打击非法机制砂生产加工行动、禁止河道采砂，联合开展长江干流执法191次，组织开展应急监测培训2次、应急监测演练1次，筹措150万元采购环境应急监测仪器设备。加强城市圈固体废物处置利用，全市规划建设生活垃圾焚烧发电项目7个，协同处置武汉市黄陂区、新洲区生活垃圾25万余吨。

【鄂东省域区域性中心城市座谈会】2022年3月1日，省委书记应勇到黄冈调研深入实施区域发展布局，实地调研光谷黄冈科技产业园、武汉新港唐家渡港区、贵族真空科技股份有限公司、黄冈伊利乳业公司等产业园区、项目工地、企业车间，并出席推动黄冈建设鄂东省域区域性中心城市座谈会。应勇强调，黄冈要坚决扛起建设鄂东省域区域性中心城市的政治责任，切实增强紧迫感、使命感，抢抓发展机遇，做大做强中心城区，补齐产业发展短板，加快推动高质量发展，以一域精彩为全域添彩。省委副书记、省长王忠林主持座谈会并讲话。座谈会上，省领导听取黄冈市工作情况汇报，与省直相关部门负责人共同研究支持黄冈建设鄂东省域区域性中心城市的举措。黄冈市坚持以“五同”为抓手，全面融入武汉城市圈同城化发展，坚持产业转移精准化、配套服务集成化，统筹推进黄冈高新区与东湖高新区对接、团风县与长江新城对接、临空经济区与花湖机场对接。加快光谷科创大走廊黄冈功能区建设，做实黄冈（武汉）离岸科创中心。加快TCL智能制造产业园等产业同链项目建设，接续推进137项重点工作、43个重点项目落地。

（张　薇）

【黄冈与武汉都市圈城市住房公积金“打通用”】2022年，武汉市与黄冈市签订《武汉黄冈住房公积金同城化发展合作协议》，形成武汉、黄冈两地住房公积金“政策互同、管理互动、系统互联、数据互享、风险互控、服务互鉴”的同城化工作格局。黄冈住房公积金中心完成武汉都市圈“互为住房公积金业务办理窗口”设置，推动住房公积金业务跨市通办，推进武汉都市圈公积金同城化，实现“系统联、打通用”。全年，都市圈缴存职工到黄冈贷款381笔、1.3亿元，办理转入转出2039笔、3633.1万元。在武汉都市圈内实现住房公积金“打通用”的创新做法属全国首创，破解住房公积金不能跨市直接偿还异地贷款的全国性难题。

（吴和平）

大别山革命老区区域协作

【概况】2022，黄冈市持续开展大别山革命老区区域协作工作，落实国家发展改革委印发的《革命老区重点城市对口合作工作方案》要求，与宁波市建立对口合作关系，开展对接交流，签订政务服务跨省协议，开通海铁联运线路。先后联合安徽省六安市印发行政区域界线联检工作方案，与河南省新县签订市场监管合作协议，协同推进大别山革命老区高质量发展。

【皖鄂线第四轮界线联检】2022年，黄冈市、六安市两市民政局联合印发《六安市和黄冈市行政区域界线第四轮联合检查工作实施方案》，毗邻县市制订联检工作计划，开展省市县乡村五级联合签名活动，组织分段联检工作，在安徽省金寨县斑竹园镇举行“皖鄂线”第四轮联检暨平安边界创建活动。年内，皖鄂线9号界桩因洪水冲毁，英山县民政局、杨柳湾镇杨树堰村与岳西县民政局、白帽镇朱铺村协商重新选择新界桩埋设点。

（赵舒逸）

【黄冈与宁波对口合作关系建立】2022年5月19日，国家发展改革委印发《革命老区重点城市对口合作工作方案》，明确20个革命老区重点城市与东部城市结对关系。黄冈市作为大别山革命老区重点城市，与浙江省宁波市建立对口合作关系，时间为2022年至2030年。双方建立对口合作工作机制，市级层面对接交流6次，宁波市10个区（县）及宁波高新技术产业开发区与黄冈10个县（市、区）及黄冈高新技术产业开发区建立结对关系。年内，中国汽车线缆行业唯一一家上市公司宁波市卡倍亿电器公司总投资5亿元的汽车线缆项目落户麻城市。宁波源洋轴承有限公司投资1.5亿元、年产3亿套特微型精密轴承加工项目在罗田县通过评审。

黄州区与宁波市江北区签订“江北·黄州政务服务‘跨省通办’合作协议”，实现32个事项“跨省通办”。“麻城—宁波舟山港”海铁联运线路开通。

【跨省区域慈善协同座谈会】 2022年8月3日，“幸福家园”工程跨省区域慈善协同座谈会在黄梅县召开，主题为“共商慈善体系联动发展机制，促进三地共建幸福家园”。黄冈市、江西省九江市、安徽省安庆市3市慈善总会围绕建立三方对话交流机制、开展跨区域高效联合行动、“幸福家园”村社互助项目建设等开展交流探讨，签订“幸福家园”工程跨省区域慈善协同备忘录。

【红安县与新县市场监管协议签订】 2022年8月24日，红安县市场监督管理局与河南省新县市场监督管理局商事登记、知识产权联动机制框架合作协议签约仪式在新县举行。推进市场主体“企业开办”跨省通办、“一业一证”跨省通办互认，构建以“线上办为主、线下办为辅、自助办为补充”政务服务同城化办理新模式；采用“全程网办”和“异地代收代办”等方式，畅通服务渠道、整合服务资源、强化数据共享，实现“异地受理、属地审批、免费邮寄、协助核查”服务，解决企业和群众异地办事“多地跑”“折返跑”等难题；双方推动知识产权服务平台建设与运用、专利转让许可交易、专利专题数据库、品牌发展提升等方面交流合作，建立知识产权资源共享合作机制。

（吴海波 曾宪锋）

【扫黄打非区域联防协作】 2022年11月14日，黄梅县、蕲春县工作组到安徽省安庆市宿松县开展“扫黄打非·大别山工程”区域联防协作活动并召开座谈会。3县交流“扫黄打非”省际区域联防联治工作，探讨“扫黄打非”工作平台融合、案件查办和基层示范站点创建等。其间，黄梅县、蕲春县工作组到宿松县辖区书店、邮政局、影院等地开展联合实地检查。

（吴 燕）

【亚行大别山生态保护项目见面会】 2022年11月28日，黄冈市召开亚行湖北黄冈大别山生态保护和近零碳绿色发展项目技术援助启动见面会，亚行项目经理、水资源专家蔡学良等出席，绿色发展专家、技术援助组组长周丽君等18位亚行技术援助专家线上参会。会上，市发展改革委介绍湖北黄冈大别山生态保护和近零碳绿色发展项目推进情况。会议要求修改完善可研报告，加快环评、移民安置计划编制、筹备亚行考察团实地考察活动，主动衔接亚行和上级发改、财政部门及技术援助团队，推进项目贷款获批、开工。

（夏小俊）

跨江发展

【概况】 2022年，黄冈市落实长江中游三省协同推动高质量发展座谈会精神，开展政务服务“跨江通办”“跨省通办”业务，推进社保、医保、公积金等业务同城化，深化产业交流合作，探索跨江经济合作新机制。黄梅县小池滨江新区生产总值突破110亿元，完成固定资产投资46.46亿元，实现规上工业产值45.84亿元。浠水县散花跨江合作示范区完成固定资产22.77亿元，实现规上工业产值35.78亿元，园区企业完成投资157亿元。

【小池跨江经济合作】 2022年，黄梅县小池滨江新区（以下简称“小池滨江新区”）围绕“建设跨省跨江高质量发展示范区”发展目标，推动黄梅九江跨江经济合作。8月，《湖北小池滨江新区高质量发展三年行动计划（2022—2024年）》获省政府批准实施。黄冈、九江两市联合印发《黄冈九江跨江合作一体协同发展2022年工作要点》，推动办公联动一体化、产业协同一体化、港口资源一体化、商贸合作一体化、生态治理一体化、公共服务一体化6个方面重点任务，细化举措26条。黄梅县出台支持小池改革发展持续支持三年行动计划、深化跨省跨江合作、加强项目资金支持等硬措施16条，推动小池打造跨江跨区合作样板区。商贸企业完成销售额16.85亿元，比上年增长77.9%，限上社会消费品零售额3.19亿元，比上年增长36.02%；税收收入3.98亿元，比上年增长31.79%。全年签约招商引资项目15个，协议投资126.1亿元，其中省外资金15.23亿元。新入库项目32个，投资额27.2亿元；园区在建工业项目24个，投产企业14家；投资2.44亿元，实施工业技改项目11个。

沟通对接　小池滨江新区落实《黄冈九江跨江合作一体化发展2022年工作要点》要求，主动与九江市对接。年内，九江经济开发区一行到小池镇商议推进产业发展、共建飞地产业园等相关事宜。九江市、黄冈市港口物流跨江合作签约暨工作推进会在小池镇召开，上港集团九江港务有限公司和湖北省港口集团黄冈有限公司签订跨江合作框架协议。黄冈市、九江市以视频会议形式召开座谈会，双方签署《关于推进过江通道前期工作的协议》，明确加快推进武穴市至瑞昌县过江通道、九江市至黄梅县过江通道和拟新增新开至永安镇过江通道3个项目前期工作。

合作发展　小池滨江新区谋划江北工业园飞地经济产业布局和功能分区，加强与九江经济开发区沟通对接；黄冈市—九江市市场监管政务服务事项“跨江通办”合作备忘录和专利保护跨区域协作签约，黄梅县、九江市浔阳区开展假冒专利联合执法；黄冈市、九江市公安局签订跨江跨区域一体化警务合作协议；黄冈市、九江市建立大气污染防治联防联控工作机制、禁捕联合执法工作机制；黄梅县与九江市达成“散改集”通道建设，九江城西港—黄梅小池港两港跨江航线启动运营，填补港区无集装箱装卸业务空白；联合举办“一江两岸”大型招聘会1次；定期举办黄冈、九江招聘会和农产品展销会，企业间建立供销合作关系；开展黄梅戏演出交流活动。

跨江通办　小池滨江新区推进新区政务服务“跨省通办”业务办理，开展警务、医保、公积金、教育等领域政务服务“跨江通办”“跨省通办”，推进社保、医保、公积金等业务同城化，纳入跨江通办高频事项140个。教育领域实现幼儿园、小学入学就读无门槛；医保领域异地就医直接结算过万人；住房领域，两地住房公积金中心签订《跨江发展合作协议书》。

农业转型　小池滨江新区建成蔬菜生产基地近1333.33公顷，新增设施蔬菜基地333.33公顷，提档升级小龙虾莲子湖种苗繁育基地、冯圈蔬菜育苗及千亩种植基地、张东湾万亩虾稻种养基地。提档升级农副产品深加工和流通2个中心，新建小龙虾专业交易市场，扩建小龙虾交易区1.3万平方米；构建“专业市场+合作社+电商平台+基地+农户”的高效运转模式，打造江西九江“菜篮子”保障基地。

（余国平 戴高乐）

【散花跨江经济合作】2022年，散花跨江合作示范区(以下简称“散花示范区”)有207家企业，其中，正常生产企业188家，在建企业9家。在库投资项目25个，完成固定资产22.77亿元，示范区企业投资157亿元。年底，示范区企业创税1.14亿元，企业员工7500余人，其中规上企业4200人，占比56%。园区实施腾笼换鸟项目79个，其中规上企业19家。再利用闲置厂房20.93万平方米，收回土地24.81公顷。形成智能制造、新型绿色建材、快递包装耗材3大产业集群。黄石市深博电气有限公司、湖北省港旭机械有限公司、湖北高新明辉模具有限公司等黄石企业在散花示范区投资建厂。散花示范区、黄石江北工业园人力资源共享，企业用工互通，联合举办招聘会，化解用工缺口。散花示范区基础设施补短板项目开工，滨江大道延长线连接散花工业园和黄石江北工业园，全长1000米，红线宽度30米。两地公交增加19路班次。实施基础建设改造升级，实现两地用地、用水、用电、用气方面基本无差别化待遇；启动路网对接，打通毗邻两地断头路，统一规划设计毗邻堤防、排洪港，并实施改造；启动散花涂邮线项目，改善江北管理处与散花老政府居民生活环境；协调取消黄石长江公路大桥7座以下客车过桥费。

（黄演进）

【黄冈、九江医保事项跨江通办】2022年2月，黄冈市医疗保障局推动“跨江协作”，实现医保政务服务高频事项异地通办、就近可办。黄冈、九江医保局统一城乡居民参保登记、城乡居民参保信息变更登记、参保人员参保信息查询、异地安置退休人员备案、异地长期居住人员备案、常驻异地工作人员备案、异地转诊人员备案7个事项，经办标准，优化经办流程，缩减办理时限，方便群众、企业跨区域办事创业，服务人口、生产要素自由流动，为区域协调发展提供支撑保障。

（郑 佳）

对口支援合作

【概况】2022年，黄冈市持续实施项目援疆、教育援疆、文化润疆、产业援疆、民族团结和干部人才对口支援新疆。拨付援疆项目资金750万元，派遣援疆干部人才26人，其中，援疆干部1人，教师25人。派出53人组成援藏医疗队，到西藏参加疫情防控。

【对口支援新疆】2022年，黄冈市调整对口支援新疆工作领导小组成员单位，按席位制明确组长、副组长及成员；研究制定《2022年黄冈市对口援疆工作要点》，组织援疆干部人才述职活动，援疆前方工作队队长及援疆教师代表述职。“十四五”对口援建新疆生产建设兵团第五师八十三团养老院项目，完成主体工程、配套工程及部分内部装修。新疆生产建设兵团八十三团到黄冈对接产业援疆工作2次。新疆生产建设兵团第五师八十三团党委副书记、团长孙延星率团到黄冈考察养殖业和特色农业发展情况，考察浠水县畜禽养殖业发展情况，洽谈相关合作事宜。实施教师队伍建设“青蓝工程”“岗位练兵工程”，为兵团教师、家长、学生作专题讲座，送教到团场；开展兵团教师“师徒结对”活动，指导教学、教研等工作。开展校校结对、教师结对、学生班级结对，加强学校管理研讨、教师队伍交流、教育教学合作、学生联谊互动，提高兵团教师综合素质，提升兵团教育水平。持续推动市中医医院对八十三团医院“国医堂”业务技术支持。市中医医院接收1名八十三团医院中医专业医生进修中医适宜技术。与八十三团医院商讨选派医疗专家开展短期医疗援助工作。筹集90万元，安排市博物馆帮助新疆生产建设兵团第五师八十三团改造升级军垦陈列馆，展陈大纲《军垦凯歌》通过兵师两级宣传部门审核，完成布展。黄冈市文联与新疆生产建设兵团第五师双河市文联联合创编双河市城市形象宣传歌曲《我想去双河》。新疆生产建设兵团农五师以专题简报宣传报道黄冈市援疆工作。

（夏小俊）

【黄冈援藏医疗队】2022年8月18日至9月27日，湖北省先后组织两批援藏医疗队支援西藏疫情防控工作。黄冈市派出53人组成湖北(黄冈)援藏医疗队，到西藏山南、拉萨参加疫情防控，完成对口支援西藏共建定点救治医院和一线救治等任务。援藏期间，黄冈医疗队与当地医院强化业务融合，成立联合救治医疗组、护理组、院感组、后勤保障组等，建立行政交接班制度，实行鄂藏人员混搭排班，保证与藏族群众的有效沟通，提升联合救治能力。开展《建设医院全过程医疗质量管理体系》《新冠肺炎危重症救治》《新冠肺炎核酸检测结果判读》等业务培训和气管插管操作实地教学，提高藏区藏族群众整体救治水平。

（何幸运）

2022年10月30日，黄冈市政府召开援藏医疗队员座谈会。图为队员会后合影

（市卫生健康委 供图）

责任编辑：赵舒逸　责任校对：席想楼　陈小萍

生态环境建设

综 述

【生态环境规划】 2022年，黄冈市印发《黄冈市生态环境保护"十四五"规划》《黄冈市应对气候变化"十四五"规划》《黄冈市畜禽养殖污染防治"十四五"规划》，编制《黄冈市集中式饮用水水源地环境保护规划》，完成《鄂东大别山区山水林田湖草沙一体化保护和修复实施方案》规划构架。

（严 静）

【生态文明体制改革】 2022年，黄冈市生态环境局统筹、协调推进10个单位实施生态文明体制改革项目27项，制定出台《黄冈市畜禽养殖污染防治条例》。年内，《黄冈市武山湖太白湖龙感湖保护条例（草案三审稿）》通过黄冈市人大常委会审议，率先在全省制定出台《黄冈市畜禽养殖业生态环境保护指引》《黄冈市露天土砂石矿山环境保护指引》2个地方标准。开展主要污染物排放总量指标调查摸底和统筹调配工作，推动完成排污权交易118次，全市220个项目落实总量指标，核实发放排污许可证1250家，数量位列全省第一位。搭建银企对接交流合作平台，开展排污权抵质押贷款，规模5656吨；召开黄冈市排污权抵质押贷款银企对接暨现场签约会，现场授信10亿元。发起并磋商完成生态环境损害赔偿修复案件29例，在探索"污染者付费"和"损害者担责"的环境损害赔偿制度方面取得经验。开展黄冈市绿色产业发展专题研究，推动英山县碳汇开发试点；与建行黄冈市分行合作在大别山电厂开展"总量贷"试点，与农行黄冈市分行合作在英山县开展林业"碳汇贷"试点；针对浠水河流域、巴河流域小集镇生活污水处理问题，谋划争取发行地方政府专项债券3亿元。罗田县开展全国黑臭水体治理和全省生态保护红线监管试点。

2022年4月2日，团风县被湖北省生态环境保护委员会授予湖北省生态文明建设示范区称号。图为团风县大崎山保护区 （市生态环境局 供图）

【生态文明示范区创建】 2022年，黄冈市推进生态文明示范创建工作，深化市、县、乡、村四级联创，市政府组织召开创建国家生态文明建设示范市工作推进视频会，加强服务、协调、督办县（市、区）生态创建工作。年内，省生态环境保护委员会公布，黄州区、团风县获湖北省生态文明建设示范区。截至2022年底，全市创建国家生态文明建设示范区1个、省级生态文明建设示范区9个、省级生态乡镇81个、省级生态村592个。市政府通报表扬罗田县（国家生态文明建设示范区），红安县、麻城市、浠水县（省级生态文明建设示范区）；市本级（生态省建设工作考核全省第三名），黄州区、团风县（省级生态文明建设示范区），罗田、蕲春、武穴的6个乡镇、29个村（省级生态乡镇、生态村命名）。

（郭培高）

【国土空间生态修复】 2022年，黄冈市自然资源和规划局按照城乡建设用地增减挂钩项目管理新要求，完成武穴、团风、麻城、英山4县（市）20个项目立项，规模386.67公顷。完成《黄冈市国土空间生态修复问题清单及风险研判报告》等专题研究5个，组织召开征求意见会和专家咨询会。印发县级国土空间生态修复专项规划工作方案，开展业务培训，督导县（市）开展县级生态修复编制。蕲春完成省级试点，团风县完成专家评审。完成《鄂东大别山区山水林田湖草沙一体化保护和修复实施方案》规划构架，组织专家论证，对接孝感市大悟县纳入方案编制，有序推进方案拓展和优化。

（何 剑）

生态环境质量

【概况】 2022 年，黄冈市生态环境状况指数（EI）70.89，生态环境状况良好（EI≥75为优，55≤EI<75为良）。从各县（市、区）看，罗田县和英山县生态环境状况等级为"优"，其余县（市、区）生态环境状况等级均为"良"。

【大气环境质量】 2022年，黄冈市区二氧化硫（SO_2）每立方米9微克、二氧化氮（NO_2）每立方米20微克、可吸入颗粒物（PM_{10}）每立方米63微克、细颗粒物（$PM_{2.5}$）每立方米33微克、一氧化碳（CO）每立方米1毫克、臭氧（O_3）每立方米168微克，优良天数比例79.2%。其中，可吸入颗粒物（PM_{10}）比上年同期上升每立方米2微克，一氧化碳（CO）与上年持平，臭氧（O_3）比上年同期上升每立方米7微克。年内，纳入省考核的10个县域城市（黄州区、团风县、红安县、麻城市、罗田县、英山县、浠水县、蕲春县、武穴市、黄梅县）各污染物平均浓度分别为：二氧化硫（SO_2）每立方米6微克、二氧化氮（NO_2）每立方米13微克、可吸入颗粒物（PM_{10}）每立方米54微克、细颗粒物（$PM_{2.5}$）每立方米33微克、一氧化碳（CO）每立方米1.3毫克、臭氧（O_3）每立方米160微克，优良天数比例83.3%。

【水环境质量】 2022年，黄冈市地表水省控断面达到或好于Ⅲ类水体比例92.3%，国控断面达到或好于Ⅲ类水体比例92.9%，无劣Ⅴ类水体，均达到省定考核目标要求。年内，完成全市12条主要河流26个断面和7个湖泊、11座水库20个断面监测。其中：26个主要河流监测断面水质均符合Ⅱ—Ⅲ类标准，与上年相比，水质状况趋于稳定；20个主要湖泊、水库监测水域中，55%（Ⅱ类35%、Ⅲ类20%）水域水质符合Ⅱ—Ⅲ类标准，35%水域水质符合Ⅴ类标准，10%水域水质为劣Ⅴ类，湖库主要污染指标与上年相比，水质保持稳定并有好转趋势。

饮用水源地水质监测 年内，完成16个县级以上集中式饮用水水源地水质监测，按GB 3838—2002《地表水环境质量标准》Ⅲ类标准评价，全市饮用水水源地水质达标率100%。

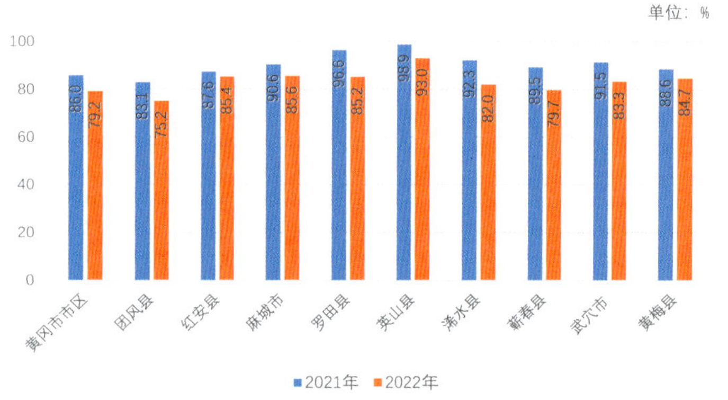

图12 2021—2022年黄冈市各县域城市空气质量指数优良天数示意图（市生态环境局 供图）

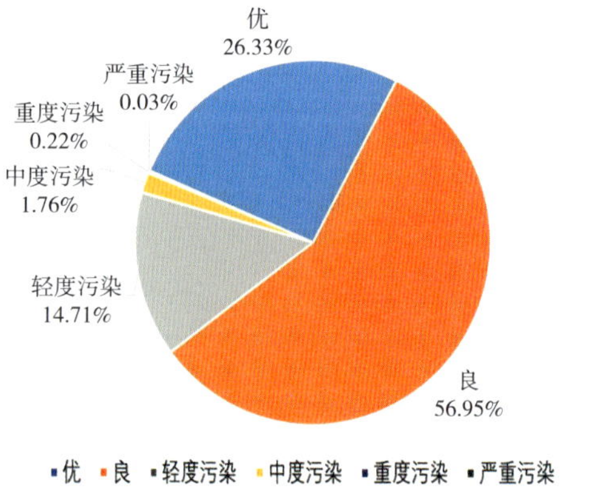

图13 2022年黄冈市环境空气质量污染天数占比示意图（市生态环境局 供图）

表48 2022年黄冈市长江、主要河流水质状况一览表

水系	监测断面名称	2021年水质类别	2022年水质类别	2022年主要污染指标	水质变化
长江干流	刘佐	Ⅱ	Ⅱ	—	—
	唐家渡大桥上游1000米	Ⅱ	Ⅱ	—	—
	姚港	Ⅱ	Ⅱ	—	—
	武穴二水厂	—	Ⅱ	—	—
举水	麻城许家湾	Ⅱ	Ⅱ	—	—
	郭玉	Ⅲ	Ⅲ	—	—
巴水	天堂林场大石板	Ⅱ	Ⅱ	—	—
	巴河镇河口	Ⅱ	Ⅱ	—	—
	巴河团风出境	Ⅱ	Ⅱ	—	—

续表

水 系	监测断面名称	2021年水质类别	2022年水质类别	2022年主要污染指标	水质变化
巴 水	三里畈镇新桥	Ⅱ	Ⅱ	—	—
	蔡店河村	Ⅱ	Ⅱ	—	—
	盂钵桥	—	Ⅲ	—	—
长 河	肖家咀	Ⅲ	Ⅲ	—	—
浠 水	杨树沟	Ⅲ	Ⅲ	—	—
	兰溪大桥	Ⅱ	Ⅱ	—	—
	莲花水文站	Ⅱ	Ⅱ	—	—
	雷店大桥下	Ⅱ	Ⅱ	—	—
蕲 水	西河驿	Ⅲ	Ⅲ	—	—
	蕲春县八里湖	Ⅲ	Ⅱ	—	好转
滠 水	下新集	Ⅱ	Ⅱ	—	—
倒 水	红安	Ⅱ	Ⅲ	—	变差
	冯集	Ⅲ	Ⅲ	—	—
阎家河	草鞋店	Ⅱ	Ⅲ	—	变差
沙 河	廖家畈村	Ⅱ	Ⅱ	—	—
西 河	落令河	Ⅱ	Ⅱ	—	—
白莲河	石龙头村	Ⅱ	Ⅱ	—	—

（资料来源：市生态环境局）

表49 2022年黄冈市县级以上集中式饮用水水源地水质状况一览表

区 属	测 点 名 称	达标率（%）	超标项目
黄冈市区	长江二水厂水源地	100	—
	长江三水厂水源地	100	—
麻城市	麻城市浮桥河水库	100	—
	三河口水库	100	—
武穴市	武穴市第二水厂水源地	100	—
团风县	团风县城镇自来水公司水源地	100	—
红安县	红安县金沙河水库	100	—
罗田县	罗田县凤山镇水源地	100	—
	黄冈罗田凤凰关水库饮用水水源地	100	—
英山县	英山县城区集中式饮用水水源地	100	—
浠水县	浠水县白莲河水厂饮用水水源地	100	—
	浠水县清泉镇城区集中饮用水水源地	100	—
蕲春县	蕲春县鸥鹰岩水库	100	—
	蕲春县蕲河西驿段水源地	100	—
黄梅县	黄梅县垅坪水库	100	—
龙感湖管理区	龙感湖费家湾集中式饮用水水源地	100	—

（资料来源：市生态环境局）

【土壤环境质量】2022年，黄冈市完成污染地块土壤环境质量调查任务51个，实现全市重点建设用地安全利用率100%，受污染耕地安全利用率100%。

【声环境质量】2022年，黄冈市区域环境噪声昼间平均等效声级平均值55.3分贝，总体水平等级一般。全市交通噪声平均等效声级值54.4分贝，质量等级为好。全市功能区噪声昼夜间点次除三季度一类区（居民区）超标外，其余季度和功能区均未超标。年内，影响全市声环境的噪声源中，交通噪声源占77.2%，工业噪声源占7.6%，施工噪声源占5.8%，其他噪声源占5.8%，生活噪声源占3.6%。交通噪声源是主要噪声源。

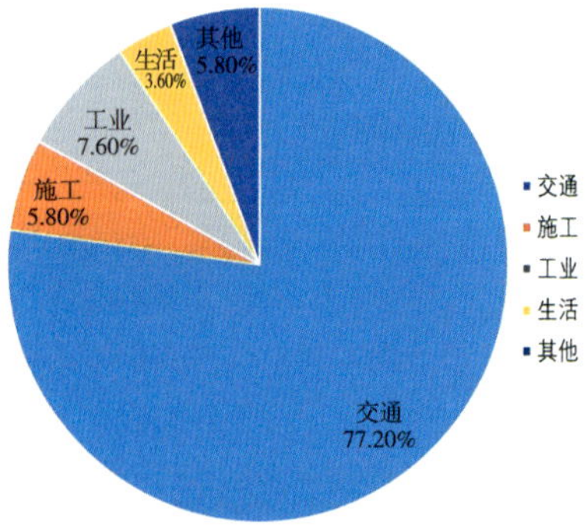

图14　2022年影响黄冈市声环境的各类噪声源占比示意图

（资料来源：市生态环境局）

表50　2022年黄冈市区域环境噪声监测统计表

区属	网格大小（米×米）	网格总数（个）	2022年等效声级平均值Leq[分贝(A)]	质量等级
黄州区	1000×1000	105	55	较好
团风县	600×600	93	57.1	一般
红安县	500×500	80	55.9	一般
麻城市	800×800	101	56.5	一般
罗田县	600×600	80	54.3	较好
英山县	500×500	81	54.8	较好
浠水县	500×500	80	58.7	一般
蕲春县	600×600	82	52	较好
武穴市	500×500	100	51.8	较好
黄梅县	600×600	103	56.6	一般

（资料来源：市生态环境局）

表51　2022年黄冈市功能区噪声监测统计表

单位：分贝

季度	1类区（居民区）		2类区（混合区）		3类区（工业区）		4类区（交通干线）		4b类区（铁路干线）	
	昼	夜	昼	夜	昼	夜	昼	夜	昼	夜
一季度	51	42	52	44	54	45	59	50	57	53
二季度	51	45	54	45	54	49	57	50	56	54
三季度	56	46	53	44	57	50	60	52	55	47
四季度	51	42	52	44	55	49	60	51	59	56
标准值	55	45	60	50	65	55	70	55	70	60

（资料来源：市生态环境局）

【辐射环境质量】2022年，黄冈市有辐射工作单位279家，其中，放射源单位10家、放射源80枚，射线装置269家590台（其中Ⅱ类射线装置29台）。全市生态环境系统开展辐射工作单位自查和年度评估工作，指导各辐射工作单位于1月份前，将辐射安全与防护年度评估报告上传全国核技术利用辐射安全申报系统审核。全市18枚闲置放射源送贮至有资质的单位处置，消除辐射环境安全隐患。市生态环境局加强输变电项目和通信基站监管，引导各企业严格按照法律法规和《通信基站环境保护工作备忘录》要求，履行环境保护主体责任，做好全市92座变电站，175条高压线路，4871个5G基站环评及验收手续、信息及时公开、减少电磁辐射等工作。

（郭培高）

土地资源保护

【概况】根据2021年国土调查数据显示，黄冈市耕地总面积48.27万公顷，其中，水田面积31.97万公顷，水浇地面积1.58万公顷，旱地面积14.72万公顷。麻城市和黄梅县耕地面积较多，分别为8.93万公顷、7.45万公顷；黄州区和英山县耕地面积最少，分别为9040公顷、1.83万公顷。水田主要分布在麻城市、浠水县、黄梅县、蕲春县和武穴市，其中，麻城市水田面积5.24万公顷，占全市水田总面积16.4%。水浇地主要分布在武穴市、黄州区、团风县和麻城市，其中，武穴市水浇地面积4446.67公顷，占全市水浇地总面积28.23%。旱地主要分布在麻城市、黄梅县、红安县、浠水县和蕲春县，其中，麻城市旱地面积3.47万公顷，占全市旱地总面积23.55%。

【耕地保护】2022年，黄冈市自然资源和规划局制定《临时用地审批细则》《耕地占补平衡实施管理办法》《黄冈市耕地保护目标责任考核细则》，落实耕地保护目标责任。

临时用地管理　加强临时用地土地复垦方案审查，对符合条件单位，5天内组织土地复垦方案评审,全年审查临时用地土地复垦方案56宗。根据临时用地土地复垦方案台账,定期下发督办通知,提醒组织复垦验收到期临时用地。年内,完成黄黄铁路、京九铁路临时用地复垦验收。下发临时用地批准通知书35件、临时用地土地复垦项目验收批复9件。

耕地占补平衡项目管理 指导督促全市备案入库项目184个,生成耕地数量指标2793.33公顷、水田指标2153.33公顷,先后调剂保障燕矶长江大桥、G347、罗田平坦原抽水蓄能、红安武红高速、蕲春蕲太高速等重大项目指标需求。

耕地保护工作研究 多次向市委、市政府报告耕地保护工作并提出建议。市委副书记带领有关部门负责人专题调研耕地保护工作,建立违法用地查处联动机制。市政府召开全市耕地流出问题排查整改工作专题督办会,分析耕地保护严峻形势,明确整改责任、要求和时限。组织学习借鉴广东、山东、湖南等地"耕地保护田长制""耕地保护有奖举报""铁塔高清摄像头实时预警监测"经验,探索耕地保护机制措施。

耕地流出问题整改 黄冈市土地违法违规问题专项整治工作领导小组办公室根据国土变更调查摸排数据,向各县(市、区)发送耕地流出问题整改提示函,各县(市、区)党委和政府组建工作专班、制定整改方案,推进耕地流出问题排查整改工作。其中:浠水县主要领导到现场指导整改,通过季度排名监督各乡镇整改到位;蕲春县政府督查室下沉乡镇督导工作落实;武穴市、团风县、罗田县提供资金保障推进耕地流出问题排查整改工作;麻城市、黄梅县、英山县建立问题整改清单,要求各乡镇对照清单逐项销号;红安县严把整改质量关;黄州区压实乡镇主体责任。

成片开发方案审查备案 全年完成团风、罗田、英山、黄梅、武穴、麻城等县(市)成片开发方案审查、出文及备案,向市政府出文20余件,征地面积7132公顷,保障县(市)重点项目用地正常报批。与审批办协调推进市区成片开发方案编制。

(段甜甜)

【全域土地综合整治项目建设】2022年,黄冈市有序推进麻城市黄土岗镇,罗田县三里畈镇,黄州区堵城镇,浠水县巴河镇、清泉镇、兰溪镇6个2020—2021年度全域土地综合整治项目(以下简称"全域项目")。麻城市黄土岗镇全域项目,形成管理体制、工作机制和工作制度,项目建设有序推进。罗田县三里畈镇全域项目,涉农整合和产业项目投入资金7100万元,罗田县三里畈镇邱家河村入围全省首批12个"美好环境与幸福生活共同缔造"以奖代补项目库。黄州区堵城镇全域项目,整合资金项目和产业投资投入1.8亿元。年内,省级财政部门下达麻城黄土岗全域项目、黄州区堵城镇全域项目基础奖补资金各300万元,浠水县巴河镇、清泉镇、兰溪镇全域项目通过市级评审,参加省级评审。市自然资源和规划局举办两期生态修复和全域项目融投资政策培训会,邀请省国土整治中心到黄冈现场指导全域项目谋划工作,与省农发集团乡投公司洽谈投资合作。

(何 剑)

地质矿产资源保护

【概况】2022年,黄冈市自然资源和规划局编制完成矿产资源总体规划,经市政府审核同意,上报省自然资源厅通过审查批准后发布实施。完成全市矿山储量年报编制,出台绿色矿山建设工作方案,推进矿产资源节约集约示范市建设。

【绿色矿山建设】2022年,黄冈市印发《黄冈市推进绿色矿山建设工作方案》,明确全市绿色矿山建设部门工作职责,制订黄冈市绿色矿山建设考核办法,分别从依法办矿、资源利用、开采方式、企业管理、环境保护、水土保持、企业形象、科技创新与智能矿山8个方面,出台具体考核内容和相应评分标准40项。矿山生态修复。制定《饰面用石材矿山专项治理工作方案》,分批分类治理全市饰面用石材矿山59家,退还307家矿山企业备用金6761.83万元。印发《关于建立矿山地质环境恢复治理基金的通知》,全市基金计提2.5亿元。核查全市历史遗留矿山图斑1981处,形成成果提交并通过部级审核。黄梅、蕲春和英山3个县市争取省级财政废弃矿山修复资金1354万元。

【武穴市获全国绿色矿业发展示范区】2020年12月11日,自然资源部公布武穴市为全国50个绿色矿业发展示范区之一。至2022年,武穴市完成全市矿产资源空间规划布局,设置华新、亚东、民本、东南、长江、振华采矿权6个,建成华新、亚东、东南、长江等6个国家绿色矿山和3个绿色工厂,完成武穴华中水泥产业园、武穴马口新型建材产业园、武穴高钙产业园、武穴长江钙基产业园建设。生态修复历史遗留矿山面积247.20公顷,组织关闭长江段矿山7个,修复关闭矿山面积181万平方米,库存矿产资源6000万吨;取消相邻矿段禁采区17个,库存石灰岩矿产资源4亿吨,开展生态修复并通过验收土地面积230.62公顷,完成历史遗留矿山生态修复治理率93.3%。2022年,武穴市完成矿业总产值56.768亿元,占全市总产值16.32%,上缴税收8.76亿元,税收贡献率60.6%。

(何 剑)

水资源保护

【概况】2022年,黄冈市平均降水深1084.1毫米,折合降水总量189.05亿立方米,比上年偏少22.0%,较多年平均偏少17.0%,属偏枯水年。全市水资源量78.82亿立方米,其中,地表水水资源量75.90亿立方米,地下水资源量20.66亿立方米,与地表水资源不重复的地下水资源量2.92亿立方米。全市总用水量31.72亿立方米,其中:农业用水23.52亿立方米,占74.1%;工业用水2.72亿立方米,占8.6%;生活用水5.48亿立方米,占17.3%。

【水资源管理】2022年,黄冈市水利和湖泊局印发《关于"十四五"用水总量和强度双控目标的通知》,严格实行水资源管理制度,持续实施水资源消耗总量和强度双控行动,逐年分解用水总量、非常规水源利用量、万元GDP用水量下降率、万元工业增加值用水量下降率、农田灌溉水有效利用系数5个指标到各县(市、区),强化水资源刚性约束能力。按照分级管理,对取水建设项目严格执行水资源论证与取水许可制度,全市发放取水许可证531个,其中市级28个;完成取水许可电子证照整治清理,从源头严把用水总量控制关。全市注册取水户396家，其中灌区113家、公共供水户190家、自备水源工业企业76家、自备水源服务业11家、典型畜禽养殖场6家。建立取用水统计台账，每季度督促取用水户填报用水量，控制全市用水总量在“红线”目标以内。印发《关于下达市管取水户2022年度取水计划的通知》，批复25家市管取（用）水单位2022年度计划用水总量7.82亿立方米。

（何庆升）

【河湖长制工作】2022年，黄冈市长度超过5千米的625条河流、列入省政府保护名录的114个湖泊、注册登记的1199座水库实施河湖长制。市级河湖长巡查责任河湖3478次，督办解决问题1049个；县乡级河湖长巡查2.2万次，解决问题1500个；开展龙感湖跨省流域（黄冈黄梅—安徽宿松）巡查，签订策湖（黄石港区—浠水—蕲春）共建合作框架协议和《新洲区、团风县开展跨界河湖联席联巡联防联控方案》。公安部门侦办非法采砂、非法捕捞水产品、污染环境等刑事、行政案件，发起联合执法行动2068次，推进河湖警长全覆盖；检察部门推进“河湖长+检察长”协作机制，发起诉讼案件11起；财政、生态和水利部门分别履行职责，保障资金，开展河湖整治。志愿者服务队先后开展城区河湖巡查和护河行动，700余名民间河湖长主动参与河湖巡查。2022年，河湖长制工作纳入县（市、区）党政领导班子考核和市直相关单位职能目标考核。全省河湖长制综合考核评价中黄冈市位列第五位。

（骆　意　翁山云）

【节约用水】2022年，黄冈市严格落实国家“节水行动”，实施节水能力提升工程，提升水资源利用效率。全市新增省级公共机构节水型单位35家，湖北祥云（集团）化工股份有限公司工业循环水改造项目获评“2022年度省级节水示范项目”。年内，市水利和湖泊局利用“世界水日”“中国水周”等节点，发放相关法律法规宣传读本800本、宣传资料1500份。对接黄州区青云社区，开展《湖北省节约用水条例》知识讲座。武穴市、黄州区、麻城市开展节水型社会建设，以点带面带动全社会践行国家“节水行动”。

（何庆升）

【二水厂取水口迁建工程竣工】2022年5月18日，黄冈市自来水有限公司二水厂取水口迁建工程竣工。该工程包括新建每日取水7万吨规模取水浮船1座和近3000米DN1000口径管道，工程建成后可实现一级取水，改善取水设施破损老旧问题，提升供水保障能力。

（韦　玲）

【污水处理环保设施开放活动】2022年5月27日，黄冈市生态环境局联合葛洲坝水务（黄冈）有限公司开展生态环保设施开放活动。活动邀请湖北方道环保科技有限公司青年志愿者服务队20余名志愿者现场参观，了解处理黄州城区生活污水和高新区工业废水的详细流程、处理工艺、达标排放等。

（严　静）

长江大保护

【概况】2022年，黄冈市长江干流省控（国控）考核断面水质达到或优于Ⅱ类水体比例97.3%，县级以上集中式饮用水取水口水质达标率100%，长江干流水质稳定在Ⅱ类优质水平。

【长江（黄冈段）保护规划】至2022年底，黄冈市编制《黄冈市生态环境保护总体规划》《黄冈长江生态保护与绿色发展战略规划》《长江黄冈段生态环境修复及绿色发展规划》《黄冈市国土空间生态修复规划（2021—2035年）》《黄冈市矿产资源总体规划（2021—2025年）》。针对第二轮中央环保督察期间黄冈市涉牧、涉矿环境问题，制定《黄冈市畜禽养殖业生态环境保护指引》《黄冈市露天土砂石矿山环境保护指引》2个地方标准。加强水污染防治、秸秆露天禁烧、土壤污染防治，加强生态环保领域地方立法，制定《黄冈市饮用水水源地保护条例》《黄冈市白莲河库区水环境保护条例》《生态文明建设考核目标体系》《绿色发展指标体系》，逐年提高生态环境保护与绿色发展类指标分值权重，实行一年一考核、五年一评价。

（王　胜　王　莹）

【长江入河排污口整治】2022年，黄冈市生态环境局印发《2022年黄冈市长江入河排污口整治攻坚提升专项行动方案》，分列年度整治计划和清单，通过部门协调会和征求意见函等方式，落实整治责任单位和主管部门，将排污口移交至相关责任部门，按时序完成整治任务；门户网站开设长江入河排污口整治工作专栏，定期梳理发布排污口整治典型案例和经验做法，接受公众监督，倒逼责任落实。年内，全市完成914个排污口整治工作（取缔155个，工程措施整治151个，其他措施整治608个），总体整治完成率78.3%。

（郭培高）

【长江（黄冈段）沿线化工企业整治】至2022年底，黄冈市持续强化长江（黄冈段）沿线化工企业关改搬转，推动企业实现转型升级，巩固全市36个沿江化工企业关改搬转成果，招引化工行业提档升级项目15个，投资250亿元，停批沿江1千米范围内新建重化工、造纸等项目环评。改造完成660余艘船舶生活污水储存或处置设施，建设运营船舶污染物接收转运专用码头6个，船舶垃圾及生活污水接收转运处置闭环率98.9%。

【长江（黄冈段）沿线国土绿化修复】2022年，黄冈市完成长江（黄冈段）沿线国土绿化8200公顷，实施森林质量提升8600公顷，开展栖息地保护修复3.28万平方米。清理取缔长江滩地非法矮围6处，腾退水面9.98万平方米，拆除违法建筑物近800平方米，通过长江委、省水利厅现场复核验收。完成长江干支流10千米范围内241.47公顷废弃矿山恢复治理任务，并通过省级核验。完成全市1981个历史遗留废弃矿山图斑核查。黄州区完成城市公园、绿道网络、街头绿地、小游园等建设任务，32项考核指标达到“湖北省省级森林城市”创建要求，完成4个森林城镇、22个森林乡村创建工作。

（王　胜　王　莹）

【长江“十年禁渔”】2022年，黄冈市召开禁捕相关会议10余次，督导调研20余次，制定文件20余份，在沿江沿湖沿街地段设置宣传栏（牌）1052块，水产品交易区域等部位设置固定提示牌1350块，引导餐馆、水产品销售商户签订并张贴禁捕承诺书4935份,开展禁捕宣传月活动30余场次,宣讲教育1621人次。全市纳入国网建档立卡退捕渔民3124人,其中,2413名有劳动能力和就业意愿退捕渔民全部完成转产就业,兜底安置就业困难退捕渔民167人。

(陈振伟　万为喜)

【长江河道采砂管理】 2022年,黄冈市出动执法人员500余人次,执法艇45艘次,执法车40余台次,参与黄冈、鄂州、黄石三地采砂执法行动,拆除三无采砂船5艘,查获非法采砂船8艘。配合省砂管局开展执法行动12次,组织或联合其他部门开展执法行动20次,在全省范围内首次查获套牌船只2艘。

(刘泽统)

【涉长江大保护环资案件审结】 至2022年底,黄冈两级人民法院审结涉及长江大保护各类环境资源案件204件,其中,湖北某林业公司诉某保险公司森林保险合同纠纷案,入选最高法森林资源民事纠纷十大典型案例。年内,黄冈中院与市检察院联合制定《关于建立公益诉讼协作机制的意见》,强化司法协同。与市检察院、市公安局、市自然资源和规划局、市农业局、市生态环境局共同制定《关于建立耕地保护协作机制的实施意见》,建立联席会议、信息通报、案件会商等工作机制,推进全域联动。主动参与湖北省生态产品价值实现机制建设,配合市发展改革委做好生态环境损害赔偿与修复机制、环境损害行政执法与司法衔接机制建设工作,凝聚长江生态环境保护合力。

(严　静)

【长江高水平保护十大攻坚提升行动新闻发布会】 2022年12月7日,长江高水平保护十大攻坚提升行动新闻发布会在黄冈市召开。会议由黄冈市生态环境局党组书记、局长邓中麟主持。发布会介绍黄冈长江高水平保护十大攻坚提升行动工作情况、农业农村绿色发展攻坚提升行动工作情况、城乡生活垃圾无害化处理攻坚提升行动工作情况、国土绿化和湿地保护修复攻坚提升行动情况。市生态环境局、市农业农村局、市城管执法委、市林业局等部门相关负责人现场答记者问。

(王　胜)

大别山南麓水资源综合治理

【概况】 2022年,中国共产党湖北省第十二次代表大会上将全省分为长江、汉江、清江3个一级流域和16个二级流域片区。黄冈市属于鄂东五河片区,包括倒水、举水、巴水、浠水、蕲水、华阳河6条一级支流(红安北部滠水流域属于府澴河片区),自北向南汇入长江,构成以长江为轴的“六大水系”。全市有流域面积200平方千米以上河流33条;大、中、小型水库1199座,数量位列全省第一位,总库容49.22亿立方米;列入湖北省湖泊保护名录湖泊114个,数量位列全省第三位,水面面积237.34平方千米,总湖容约4.11亿立方米;排涝泵站4875座,总装机容量29.23万千瓦,总排涝流量每秒1708立方米;灌区108个,实际灌溉面积23.49万公顷,灌溉水利用系数平均0.54;农村集中供水工程2213处。全市水资源量总体比较丰富,水资源量133.73亿立方米,长江过境客水资源量7200亿立方米,多年平均用水量28.84亿立方米。

(宋州俊)

表52　2022年黄冈市大别山南麓供水工程设施统计表

统计对象	合计	大型(座)	中型(座)	小(1)型(座)	小(2)型(座)
水库数量	1199	12	37	192	958
农村集中供水工程	总计	千吨万人(处)	千人以上(处)	其他工程(处)	—
	2213	118	238	1857	—
城乡供水受益人口	总计	城乡集中式供水工程(万人)	农村分散式供水工程(万人)	—	—
	712.81	691.46	21.35	—	—

(资料来源:市水利和湖泊局)

【水土保持】(参见水利【水土保持】)

(汪　俊)

【水资源配置】 2022年,黄冈市强化水资源刚性约束,从严从细管好用好水资源,落实取用水总量和强度控制制度,健全全市用水总量和强度管控指标体系,优化水资源配置。农村饮水提升工程建设。以城乡供水同域、同网、同质、同价、同管理为目标,推进建设一批城乡供水一体化工程,巩固和提升农村安全饮水保障能力。重点推进英山和黄州城乡供水一体化、麻城新建杉林河水厂、浠水巴河镇管网延伸、黄梅城东水厂扩建、龙感湖自来水提升工程等项目建设。灌区续建配套与节水改造。实施“5423”工程,即黄梅引江灌区、团风牛车河灌区新建扩建工程、白莲河灌区、明山灌区和金檀灌区续建配套与现代化改造5个大型灌区前期工作,蕲春蕲水、麻城浮桥河、武穴北新建扩建和红安南门河枢纽4处工程建设,23座中型灌区续建配套与节水改造任务。建立“旱能灌,涝能排”的农田灌排体系,解决群众关心的农田灌溉“最后一公里”问题。

(何庆升)

【流域水土治理】 2022年,黄冈市大中型水库完成生态补水14.71亿立方米,有效增强水体自净能力。开展长江流域非法矮围整治行动,腾退水面9.98万平方米,拆除违法建筑物近800平方米。实施红安县芒子河、麻城市刘家河等10条小流域水土保持治理项目,加强生产建设项目水土保持监督管理,完成新增水土流失综合治理面积233.08平方千米。

(骆　意)

【水利工程体系建设】 2022年,黄冈市建成防洪、排涝、灌溉、供水四大工程体系,有各类水利工程36万处。防洪体系。由1199座大中小型水库拦洪错峰,倒、举、巴、浠、蕲、华阳河等中小河流泄洪,114个湖泊调蓄,2535千米江河干支堤防等组成防洪体系。中心城区及重要城镇防洪标准50年一遇,其他地区

10—20年一遇。排涝体系。由716处排水涵闸、20处单机800千瓦以上外排泵站为骨干、515处小型电力排涝泵站为基础，与内湖调蓄、河网排水系统结合形成平原湖区排涝体系。中心城区排涝标准20年一遇。灌溉体系。由49座大中型水库、33条河流为骨干，1150座小水库和27万处塘堰为基础，配合253处引水闸、装机7.33万千瓦固定式电力提灌站和堰渠引水工程等，形成“引得到、输得出、灌得上、管得住”的灌溉配水系统。供水体系。由118处千吨万人供水工程为骨干、2095处中小型农村集中供水工程为辅助、少量分散工程为补充，农村饮水总体实现工程供水、水龙头入户的供水格局。实现农村集中供水率96.47%，自来水普及率95.03%，饮水安全全覆盖。

（陈　慧）

【饮用水水源地整治】2022年，黄冈市生态环境局开展饮用水水源地现场核查，完成《黄冈市集中式饮用水水源地保护规划》编制。年内，完成县级以上饮用水水源环境状况评估，定期公布水源地水质监测情况，划定乡镇级和“千吨万人”饮用水水源地保护区141处。持续推进“千吨万人”集中式饮用水水源地问题整改，建立一源一档整治台账，定期抽查督办。全市检查点位115个，出动执法人员400人次，检查发现问题14个，整改完成13个。

（郭培高）

【大别山南麓水资源配置工程研讨会】2022年10月13日，大别山南麓水资源配置工程专题研讨会召开，副市长马艳舟出席会议并讲话，各县（市、区）政府分管负责人、水利和湖泊局局长参加会议。会议听取省水利水电规划勘测设计院对大别山南麓水资源配置工程总体方案汇报，市水利和湖泊局党组书记、局长吴愿明介绍项目水量、水价及投资分摊方案（征求意见稿），各县（市、区）提出意见与建议。会议要求各县（市、区）政府和水利部门要结合各地实际，围绕工程提出合理化建议，并以政府书面文件反馈方案修改意见及建议，市水利和湖泊局及时收集各县（市、区）意见和建议，进一步修改和完善大别山南麓水资源配置工程总体方案。

（熊超凡）

白莲河生态保护和绿色发展示范区建设

【概况】2022年，白莲河生态保护和绿色发展示范区（以下简称“白莲河示范区”）实现全口径财政收入4.21亿元，财政补助资金及专项往来资金1.58亿元；全区新签约重点产业项目4个，总投资约5.61亿元。规模以上企业实现工业总产值6.99亿元，完成固定资产投资额12.6亿元，各项经济指标基本实现年初预定目标。全年白莲河示范区向灌区供水1.6亿立方米，完成灌区农业生产保丰收目标。年内，白莲河示范区有序推进生态产品价值实现机制试点创建。优化机构设置，完成首批编制置换，实现“部”改“局”并保持良好运行。白莲河示范区公安分局成立，罗田县人民法院生态环保合议庭巡回审判点在白莲河乡挂牌。

【白莲河水生态保护】2022年，白莲河示范区执行《黄冈市白莲河库区水环境保护条例》，遏制涉库违法行为，水资源、水生态、水环境协同治理格局初步显现，完善上下游、左右岸、干支流的全流域协调配合机制，持续改善白莲河流域生态环境。白莲河库区水质稳定在地表水Ⅱ类标准。

【白莲河示范区绿色产业发展】2022年，白莲河示范区围绕“一优两高、一大两绿”产业体系，突出绿色建材、特色旅游、现代农业等主导产业，开展招商引资，强化延链补链。推进覆钟地村绿色建材集中区建设。启动斗方山风景区建设三期工程，相继推进白莲河百里画廊、水利文化旅游观光、“猪头石”大别山奇石馆、朗跃高端农旅休闲体验等特色旅游项目。全市特色淡水产品（小龙虾）产业链工作现场推进会在白莲河示范区召开，“白莲经验”在全市推广。

【白莲河示范区项目建设】2022年，白莲河示范区加快实施鄂东大水厂、水污染防治、人居环境改善、水库除险加固、棚户区改造一期、综合医院、香木河大桥等重点项目，S235长香段、快白线对外快速通道纳入全省重点公路项目。亚行贷款项目获财政部、国家发展改革委批复，项目可研报告进入编制阶段；有序推进“梦幻白莲”特色文旅小镇、白莲河水库水质提升生态清淤工程、绿色建材集中加工区、现代农业加工产业园等重点项目，构建形成生态优先、协同发展的项目建设格局。

【白莲河示范区乡村建设】2022年，白莲河示范区推进7个乡村振兴示范片建设，建设还建房、安置房5.2万平方米，投资570万元更新老旧小区燃气及供水配套设施，改扩建主干道路5条，推进17个村开展垃圾分类试点。

（付宇飞）

2022年9月18日，白莲河示范区水环境保护整治后的白莲河水库

（白莲河示范区管委会　供图）

【白莲河示范区人居环境工程开工】2022年4月8日，白莲河示范区改善人居环境一期工程举行开工仪式。该项目总投资8.37亿元，包括白莲河示范区河道综合治理工程、示范区城区道路及配套市政工程一期。其中，河道综合治理项目包括白莲河示范区内3条河道（白莲河、沈家河、长河）疏浚、堤防加固及护岸等工程，配套完成治理河道拦砂堰、景观跌水、亲水平台、堤顶防洪道路、绿化植被等工程建设，治理河长总计9.95千米；白莲河示范区城区道路及配套市政工程（一期）道路建设城区道路12条，包括城市主干路2条（滨河路、莲叶路）、次干路6条（长平路、莲子东路、莲河北二路、莲河北三路、莲河东一路、莲花一路）及支路4条（渔家路、大桥东路、莲河北一路、设备厂路），道路全长约11.116千米，路面结构类型采用沥青混凝土路面。EPC总承包中标方联合体分别是中国电建集团西北勘测设计研究院有限公司、中国水利水电第四工程局有限公司、中国水电基础局有限公司。项目建设工期3年。

【首艘生态海事趸船下水试行】2022年5月30日，白莲河示范区首艘生态海事趸（接驳）船下水试行。该船是黄冈市内非自然水域第一艘生态海事趸船，船体总长约38米，型宽10米，型深1.8米，主要用于库区水上安全管理、应急救援与办理行政执法案件，可有效提高行政执法应急事件处置能力。

【白莲河示范区环境保护专项执法】2022年8月25日，白莲河示范区公安分局联合综合执法支队开展白莲河水库联合执法专项行动。出动执法车4辆，执法船艇5艘，黄冈市公安分局巡特警支队、白莲河公安分局、综合执法支队30余人，通过执法艇水面巡查、执法车辆岸上巡逻等方式，拉网式自查白莲河水库白莲河乡库段、白莲镇库段。现场劝离钓鱼人员50余人次、"三无船舶"上岸2只，签订承诺书20余份，对库区内非法捕捞、非法垂钓等行为起到有效警示警醒作用。

（严　静）

森林资源保护

【概况】2022年，黄冈市林地总面积77.05万公顷。完成造林绿化面积2.57万公顷，其中，人工造林0.89万公顷，封山育林0.82万公顷，退化林修复0.86万公顷。区划天然林保护面积36.12万公顷，生态公益林保护面积10.53万公顷。森林蓄积量4530万立方米，森林覆盖率43.74%。年内，根据《自然资源部办公厅关于确定全口径湿地范围意见的函》精神，确定2021年黄冈市湿地（内陆滩涂、灌丛沼泽、沼泽地）面积6772.96公顷。

【林业资源管理】2022年，黄冈市林业局严格执行采伐限额管理和凭证采伐制度，依法开展林木采伐审批，全市办理林木采伐许可证3884份，使用采伐限额14.41万立方米，占全市年采伐限额13.8%。持续开展森林资源督查行动，判读卫星影像疑似图斑并通过实地核实完成2.06万个，面积2961.5公顷，依法查处违法违规案件，全市森林资源管理形势持续向好。按照应保尽保原则，全市区划天然林保护面积36.12万公顷，争取天然林停伐补助资金8400万余元；生态公益林保护面积10.54万公顷（国家级3.45万公顷、省级7.09万公顷），争取公益林管护补助资金2400万余元；选聘建档立卡贫困人口生态护林员9200名，争取中央财政资金3600万余元。

2022年4月19—22日，黄冈市采用直升机喷药方式开展越冬代马尾松毛虫联防联治

（市林业局　供图）

【林业防害】2022年4月，黄冈市越冬代马尾松毛虫提早进入危害期，市委、市政府紧急发布虫情警报和防治工作通知，各县（市、区）落实林业有害生物防控主体责任，加强联防联治，开展越冬代马尾松毛虫防治工作，采取空中飞防、地面人工补防相结合模式，出动飞机200架次，喷洒无公害生物药剂7.1吨，防治面积1.67万公顷。全市监测主要林业有害生物发生面积10.37万公顷，防治面积10.40万公顷，无公害防治作业率96.01%，成灾率0.55‰，避免病虫害暴发。完成2022年度松材线虫病疫木秋季普查，全市死亡松树数量28.93万株，发生面积4770.67公顷，病死松树数量9.6万株。松材线虫病发生面积比上年下降7.7%，病死树数量比上年下降5.4%，总体发生病害呈下降趋势。年内，市林业局被省林业局评为林业重点工作表现突出单位，1人获评省林防总站先进个人。

表53　2022年黄冈市国土绿化与森林质量提升统计表

单位：万公顷

计划任务				完成情况			
合计	人工造林	封山育林	退化林修复	合计	人工造林	封山育林	退化林修复
2.57	0.89	0.82	0.86	2.57	0.89	0.82	0.86

（资料来源：市林业局）

表54　2022年黄冈市森林资源统计表

区　属	森林覆盖率(%)	森林覆盖率增长值(%)	总蓄积量(万立方米)
黄冈市	43.74	0.33	4529.93
黄州区	5.74	0.16	13.09
团风县	33.22	0.50	157.30
红安县	39.52	0.36	444.73
罗田县	70.51	0.24	1065.92
英山县	68.44	0.27	608.22
浠水县	28.33	0.21	313.93
蕲春县	41.1	0.35	518.95
黄梅县(含龙感湖)	18.74	0.19	188.01
麻城市	55.86	0.54	1047.54
武穴市	21.61	0.14	172.24

（资料来源：市林业局）

【林长制工作现场会】2022年5月18日，黄冈市林长制工作现场会在麻城召开。市委副书记、市副林长金鑫出席会议并讲话，市政府副市长、市副林长马艳舟主持会议，黄冈市林长制联系部门主要负责人，各县（市、区）副林长、林长办主任参加会议。会前，与会人员参观麻城市阎家河镇凤凰山村油茶造林基地、三河口镇林业站及狮子峰自然保护区，观摩国土绿化、林业基层基础能力建设、森林防火“四位一体”智慧平台建设及麻城市国有林场改革成果等现场。会上，黄冈市林长办主任涂宝峰通报全市推行林长制工作总体情况，麻城、蕲春、罗田3个县（市）作典型交流发言。

（黄　辉　傅瑜东）

【林长制工作在全国会议上交流】2022年6月15日，国家林业和草原局林长办召开全国全面推行林长制工作推进片区视频会议，会议由国家林业和草原局林长办副主任周少舟主持，国家林业和草原局林长办主任徐济德出席并讲话。黄冈市林业局局长、林长办主任涂宝峰在湖北分会场以《全面落实林长制 全力建设生态市》为题作经验交流。

【林业有害生物防控体系项目通过评审】2022年6月22日，省林业局组织湖北省大别山革命老区林业有害生物防控体系建设项目验收组，到黄冈市野生动物森林植物保护站进行评审。验收组听取项目实施情况汇报，查看项目资金到位及使用情况，到红安县实地核查森林健康示范点。6月23日，项目复审通过专家评审验收。

（严　静）

自然保护地保护

【概况】2022年，黄冈市完成“三区三线”（农业空间、生态空间、城镇空间三种类型空间，及分别对应划定的永久基本农田保护红线、生态保护红线、城镇开发边界三条控制线）划定中的自然保护地优化调整和修改完善，编制《黄冈市风景名胜区整合优化预案》。全市整合优化省级风景名胜区4处，其中，黄冈市东坡赤壁风景名胜区、黄梅五祖寺——挪步园风景名胜区保留，红安天台山——七里坪风景名胜区、罗田大别山风景名胜区不予保留，该方案通过省级评审。《湖北大别山国家级保护区总体规划》经国家林业和草原局评审，按专家意见修改完善。《湖北大崎山省级自然保护区范围及功能区规划》经省林业局组织评审，待省政府审批。

（黄　辉　傅瑜东）

【湖北大别山国家级自然保护区】2022年，湖北大别山国家级自然保护区（以下简称“大别山保护区”）国家重点保护野生植物繁育园面积0.33公顷，大别山五针松繁育新苗630株，繁育总量1963株，引进国家珍稀保护树种——天目铁木、河北梨、永瓣藤、黄梅秤锤树等122株，向湖北九宫山国家级自然保护区移植大别山五针松30株。保护区内发现“英山韭”和“大别山菊”新本土物种2类，邀请中国科学院武汉植物园相关专家对新物种生境和分布情况进行实地核查并确认。

科研监测　中央电视台《秘境之眼》栏目播出大别山保护区红外相机监测成果——白冠长尾雉等国家重点保护野生动物活动视频7期。新增野外监测仪及红外相机90余台，上传红外监测数据至国家林业和草原局生物多样性监测平台。参加全国生物多样性监测交流会，交流科研监测成果。

项目建设　大别山保护区争取中央林业改革发展资金等项目2批次，资金450万元。申报《大别山保护区2022年（第二批）中央财政林业草原生态保护恢复资金项目实施方案》获省林业局批复实施。实施国家重点野生动植物拯救与保护、信息化示范试点建设、国家级自然保护区补助能力建设项目3个，开展2021年度中央财政国家级自然保护区补助项目实施绩效自评。

科普宣教　大别山保护区利用“野生动植物保护日”“生物多样性日”“世界湿地日”等时间节点，举办“爱鸟周”科普讲座、志愿者爱绿护绿等活动，科普大别山保护区自然生态、野生动植物、法律法规、文明游览等知识进校园、周边社区和林场职工之家。“学习强国”学习平台、《湖北日报》《黄冈日报》报道《守护最后的4棵大别山五针松》。全年发表文章20余篇。

区校合作　大别山森林生态系统通量观测台站建成启用，该台站由大别山保护区与中国地质大学（武汉）合作共建，位于薄刀峰管理站爵主庙，海拔1050米，占地面积300平方米。与中国科学院武汉植物园合作，开展大别山五针松新造林地建档立卡动态监测；与黄冈师范学院合作，开展大别山保护区极小种群野生植物罗田玉兰专项调查，发现罗田玉兰50余棵；与华中农业大学合作，开展国家一级重点保护野生动物安徽麝资源本底及生境调查，发现安徽麝30余只。

（蒋　礼　刘祺铭）

【龙感湖国家级自然保护区】2022年，龙感湖保护区管理局(以下简称“龙感湖保护区”)与黄梅县政府、龙感湖管理区协商建立龙感湖自然保护区联席会议制度和协调工作机制。分别在黄梅县和龙感湖管理区选择4个村开展社区共管共治试点工作，探索共管共治湿地保护管理新模式，落实“共抓大保护”。

湿地修复 邀请华中师范大学生命科学学院制定水华监测预警应急处理方案，邀请中国科学院水生物研究所制定水质提升和水生植被恢复试验方案。年内，投入5085.3万元，用于提升水质，其中：投入557.3万元，联合龙感湖管理区完成严闸夹港小微湿地修复和岸线生态护坡项目，提升入湖水质；投入1250万元，完成老县河、王大圩、梅济港、夹港、新县河等入湖口生物净水坝、太阳能水循环修复、人工浮岛、浮筒截污、岸线生态治理和港道清淤疏浚，提升5条入湖河港水质；投入2558万元，完成28个村庄人工湿地修复、植被恢复和村庄环境整治；投入720万元，建成浮岛2000平方米、栽植水生植物266.67公顷，有效净化水质、恢复湿地功能。

候鸟疫源疫病监测 坚持疫源疫病监测制度，实行重点候鸟保护期每周一次监测，非重点候鸟保护期每月一次监测，救护小天鹅5只。开展区校合作，分别与华中师范大学、中国科学院武汉水生所、省疫源疫病监测中心等院校和科研机构开展科研合作，在湿地资源调查、水质提升、鸟类监测和疫情防控等方面提供科技支撑。

项目建设 龙感湖保护区申报资金4亿余元，获批退捕还湿、湿地保护与修复等项目4个，到位资金2750万元。2021年以前4个存量项目全面竣工并通过验收。入湖口清淤疏浚及综合治理、湿地生态效益补偿、中央林业改革发展资金湿地保护与修复等项目全面竣工。推进秤锤树保护示范园和湿地保护与恢复等项目建设。

巡护监测 龙感湖保护区每月组织一次全区大巡查，推广应用无人机、远程视频监控，逐步实现巡护监测智能化。全年组织执法行动8次，发现违法违规疑似问题37处，核查属实重点问题12处，破获捕鸟打鸟案件2起，禁止垂钓者400余人，发送相关职能部门交办函14份，下达整改告知书20份，拆除非法设施7处、停工整顿1处、搬离清场1处。

宣传教育 龙感湖保护区利用“爱鸟周”活动节点，开展“六个一”宣传活动，即发表一次电视讲话、出动一台宣传车、张贴一批宣传标语、制作一本宣传画册、组织一次摄影和美术比赛、发放一批宣传资料。

(伏浩然)

【黄冈大别山世界地质公园】2022年，黄冈大别山世界地质公园(以下简称“大别山世界地质公园”)拥有世界级地质遗迹4处、国家级5处、省级21处、地方级23处。大别山以中生代花岗岩地貌为特征，具有典型性、科学性及美学价值，可供研究地球早期演化进程。大别山主脊呈西北至东南走向，有海拔1000米以上山峰90余座，是中国南方与北方的天然屏障。园区内有物种2000余种，是鄂东重要的“物种基因库”“植物标本库”。其中有分布集中、保存完好、连片面积最大、生长周期最长的原生态古杜鹃群落。园区森林覆盖率在90%以上。有植物1461种，其中有南方红豆杉、大别山五针松、金钱松等国家重点保护野生植物18种；动物208种，其中有原麝、金钱豹、穿山甲等国家重点保护野生动物27种。年内，地质环境监测保护站建成并投入使用。2022年，大别山世界地质公园创建省部级品牌。先后被授予科技部2021年度全国科技活动周及重大示范活动先进、亚太地质公园活动周年贡献奖、教育部首批“大思政课”实践教学基地——科学精神专题实践教学基地称号、联合国教科文组织“地球未来节”荣誉奖等。

科研科普 大别山世界地质公园打造“非遗文化示范课堂1课时”品牌，市县联动走进学校、博物馆、社区等场所，开展“1小时课堂”5期，惠及县(市、区)科普受众100余人次。参加线上会议23次，举办主题科普活动11次，参加文旅推介活动12次，科普受众100万人次。年内，公园主导编制的科普图书入选“自然资源部优秀科普图书”“湖北省优秀科普作品”和“武汉市优秀科普书籍”等名录。

宣传推介 通过推出公园导航小程序、VR导览等多种线上游览方式，便捷游客自驾游出行。结合“地球日”“国际博物馆日”“国际生物多样性日”等节点，开展馆藏影片展映、地质标本进校园、矿产资源保护普及等科普活动，展出国内外地质公园、城市形象、城市规划等各类科普视频、宣传短片1000余次，播放话剧《大地之光》2次，全年吸引游客1万余人入馆参观。

(李 凤)

【湖北蕲春赤龙湖国家湿地公园】湖北蕲春赤龙湖国家湿地公园(以下简称“赤龙湖湿地公园”)位于蕲春县南部，规划范围主要涉及国有赤东湖渔场、恒丰湖渔场及蕲州镇、赤东镇、八里湖办事处等乡镇部分村垸。湿地公园规划范围总面积6147.25公顷。湿地公园湿地总面积3908.24公顷，湿地率63.58%。湿地面积中永久性河流73.92公顷，永久性淡水湖3385.23公顷，水产养殖场449.09公顷。湿地公园三面山丘环绕，北高南低，集丘陵、平原、湿地为一体的侵蚀与堆积、类似长江冲积平原滩地面貌，其中湿地属永久性河流、泛滥平原湿地、永久性淡水湖、草本沼泽、灌丛沼泽及人工湿地池塘湿地生态类型。2009年经国家林业局批准试点；2011年经湖北省编办批准设立蕲春县赤龙湖国家湿地公园管理处，作为副县级事业单位正式挂牌；2014年，获评为湖北省“十大最美湖泊”；2015年经国家林业局湿地管理中心考核验收，正式批准为国家湿地公园；2019年完成《湖北蕲春赤龙湖国家湿地公园总体规划》修编调规。

自然环境 赤龙湖湿地公园地属亚热带季风气候区，气候温和，四季分明，雨量充沛，资源丰富。有植物154科、606种；野生动物中，有兽类6目、11科、29种；两栖类1目、14科、11种；鸟类16目、44科、145种、爬行类3目、8科、28种；鱼类9目、17科、63种；虫类中水生浮游生物38属、50种。有国家一级重点保护鸟类白鹤、白枕鹤、白头鹤3种；国家二级保护野生植物水蕨、粗梗水蕨、野大豆、杜仲、野菱、莲、香樟7种；国家一级保护鱼类鲥鱼，省级保护鱼类长春鳊、三角鲂2种。赤龙湖湿地是东北亚地区越冬候鸟重要栖息地，是国家级水产种质资源保护区，《本草纲目》记载1892种中药材，赤龙湖有260余种。

湿地保护与修复建设 持续保护湿地公园内原有地形地貌、水系湖泊和湿地物种、生物群落，保持和维护自然生

2022年10月6日，湖北蕲春赤龙湖国家湿地公园环境整治后，出现成群的国家一级重点保护鸟类——白枕鹤（赤龙湖湿地公园管理处 供图）

态系统结构与功能完整性；与院校及科研机构开展合作，全面普查公园内野生动植物资源并建立档案。组建专人巡查队，建立巡查和举报制度，定期或不定期开展湖长制、林长制巡护巡查，同时利用巡护船、巡护车，开展每日环湖巡查工作，对侵占破坏湿地、违规建筑、违规养殖等违规行为"早发现、早报告、早制止、早处理"。鼓励和引导"渔民上岸、农民上街"，寻找替代能源，逐步实现退田还湖、退渔还湿。完善湿地公园综合管理服务区污水处理设施，建立雨水花园和多塘生态净化系统，引导居住在重建区的农户加强污染源治理。在水质较差区域，利用生态浮床技术种植本地特色湿地蔬菜，发展湿地特色农业同时净化水质、水体。实施修复工程，先后在袁湖种植莲80公顷，恢复河道2560米，退塘还湖260公顷，退田还林350公顷，恢复植被120公顷，建设缓冲带防护林65公顷；清理外来入侵物种，逐步恢复赤龙湖湿地生态系统。2022年，赤龙湖湿地公园争取实施赤龙湖国家湿地公园省级重要湿地生态补偿示范工程，项目总投资200万元，建设东湖湖滨生态缓冲带修复工程。

监测与宣教　建立科研监测体系。购置科研监测车、流速测定仪、便携式pH计等科研监测设备，建设生态监测系统，实施以科学评价和掌握湿地形成、发育和演变历程的动态监测，搭建与江汉大学、武汉植物园等科研院所联系的科技合作平台，结合动态监测与常规性监测，建立本底资源调查档案。完善科普宣教系统。新建500平方米宣教展示馆1个，设置湿地景观沙盘、LED屏、湿地植物展台、鸟类展台、蝴蝶展墙等，完善园区内物种资源解说挂牌，制作专题宣传片、宣传单、蝴蝶导赏手册，设立专业门户网站与国家林业和草原局、省林业局互联，保障湿地保护与利用宣传信息畅通与共享。

（胡伟国　许竹青）

【湖北浠水策湖国家湿地公园】 湖北浠水策湖国家湿地公园（以下简称"策湖湿地公园"）位于浠水县南部，长江中游北岸，距浠水县城30千米，湖泊因三国时期东吴大将孙策曾在此训练水军而得名。2012年12月启动国家湿地公园试点建设，2018年11月通过国家林业和草原局试点建设验收。公园规划总体面积1141.84公顷，其中湿地面积1130.13公顷，占比98.97%。公园具有长江中下游流域通江湖泊湿地资源特征，是以保护和恢复湿地生态系统功能、保护水鸟栖息地和水资源为基础，以生态旅游及科普宣教设施建设为依托，以生态养殖与策湖文化为特色，集湿地保护与修复、湿地科普宣教、科研监测、湿地旅游休闲与湿地合理利用于一体的国家湿地公园。2015年9月，成立湖北浠水策湖国家湿地公园管理处（副处级事业单位），下辖行政村6个、国有养殖场1个、集体养殖场1个，人口约8000人。

退池还湖与修复　2022年，策湖湿地公园退池还湖56.67公顷，拆除湖区围网、围栏200余公顷，恢复天然河道2560米，取缔湿地保育区内菱角种植面积200余公顷；在恢复重建区、湿地保育区种植芦苇、荷花、水草等66.67公顷，新增鸟类栖息地近13.33公顷。

水域环境改善　落实长江大保护政策，持续修复生态系统。2020年以来，终止策湖约30年的承包养殖模式，先后投放各种鱼苗约4万千克，实行人放天养；组建一支15人的专业队伍巡查管护，实行禁捕禁钓。投入近百万元，清除水葫芦、水花生等危害水生植物约233.33公顷，维护湖泊生态水环境。在策湖周边的山洲坪、仙女庙、茅山闸、沙洋湖和天井湖等村实施"渔光互补"项目近400公顷，种植莲藕66.67公顷，逐步推动水产养殖向生态环保转型发展，促进水产养殖尾水达标排放。

河湖管护机制建设　策湖湿地公园周边横跨两市两县，2021年经三方协商建立"四联机制"（联席、联巡、联防、联控），黄石江北管理区、浠水县、蕲春县三地随时联动。持续开展"周末大清河""志愿者行动"等活动，每个周末组织专人清理管护范围内长江段、策湖段水域和岸线，确保长江和策湖水面、岸线整洁。

环境保护与无害化改厕　持续开展沿湖违规畜禽养殖整治。2019年以来，策湖管理处辖区关停沿湖畜禽养殖场94家，严格落实畜禽防复养处、村干部包保责任制，2022年11月集中整改复养案例4起。打击环保违法行为。2022年10月，浠水县环境保护分局、县农业农村局依法查处1起水产养殖投粪（肥）行为，策湖纪工委对驻村干部、村支部书记和包保村干部给予纪律处分。推进"厕所革命"。2022年，6个行政村无害化改厕1158户，普及率69.59%。

（张　磊）

【湖北金沙湖国家湿地公园】 湖北金沙湖国家湿地公园（以下简称"金沙湖湿地公园"）位于长江一级支流倒水河中部，红安县城西郊，是以入库溪流、水库、沼泽、洪泛湿地、洲滩与环湖森林组成的湿地森林复合生态系统，属人工库塘湿地。2016年8月，金沙湖湿地公园通过验收，成为国家湿地公园。2019年，经湖北省林业厅批准成为湖北省第一批省级重要湿地。

2022年4月5日，水环境专项治理行动后的湖北金沙湖国家湿地公园
（金沙湖湿地公园管理处 供图）

野生动植物资源 金沙湖湿地公园有植物96科、205属、318种，有水生植被1个植被型，3个植被亚型，17个群系。鸟类77种，隶属14目34科，其中与湿地相关的鸟类30种，是西伯利亚—澳洲的候鸟迁徙路线上一处重要中转站。国家二级保护动物有栗鸢、白琵鹭、红腹锦鸡、雕鸮、鸳鸯、穿山甲等。土著鱼类29种（含亚种），隶属7目14科29属，其中鲤科种类最多（15种）；特有鱼种金沙湖鲂，被列入2015年农业农村部种质资源保护名录。

科普宣教馆 金沙湖湿地科普宣教中心位于湿地公园管理服务区，建筑面积1034.58平方米，展馆面积近750平方米，设置世界湿地、中国湿地、湖北湿地、红安湿地等5个展厅，通过各个不同湿地景观，开展室内外湿地科普宣教活动，增强公众湿地保护意识。

规划编制 金沙湖湿地公园编制《饮用水水资源保护总体规划和详细规划》《饮用水水源保护区环境保护和污染防治规划》。按照新的技术标准，重新划定饮用水水源保护区，省环保厅批准划分调整方案。

湖区生态环境维护 金沙湖湿地公园切断污水入湖途径，先后建成化肥厂沿湖围墙，建成一级保护区取水口至溢洪道620米长防护堤坝，将一级保护区阮岗湾17户住户污水并入新建管网，完成二级保护区内7个自然湾546户无害化厕所修建、9处污水收集处理池和人工湿地净化，完成二级保护区外99个自然湾、3790户无害化厕所修建；新建一、二级保护区4千米铁丝隔离网，设立宣传碑牌、界碑界桩等208处（块）。

湖区环境保护专项执法 金沙湖湿地公园持续落实河湖长制，第一责任人分别由县长、乡镇长和村主任担任。组织开展“雷霆行动”“碧水保卫战”“清湖行动”，清理湖面垃圾5万余吨，常态化组织20余人清理水面垃圾。年内，先后处置破坏湖区环境行为23起，拆除违建13处；完成水源涵养林造林33.33公顷，湖区1333.33公顷山林纳入生态公益林补偿范围。

（张学军）

【《湖北大别山国家级自然保护区总体规划》评审】 2022年9月27日，国家林业和草原局组织评审《湖北大别山国家级自然保护区总体规划》。编制方代表、国家林业和草原局中南调查规划院教授熊嘉武，湖北大别山国家级自然保护区管理局、罗田管理局、英山管理局负责人在黄冈市分会场参加线上会议。会上，专家从保护区基层基础建设、资源管护、生态修复等方面全面评议《总体规划》并提出修改意见和建议。

（严 静）

生物多样性保护

【生物资源保护】 2022年，黄冈市基本完成市域县（市、区）和省级以上自然保护地的林业外来入侵物种普查，发现空心莲子草等林业外来入侵物种17种。12月，《黄冈市二级保护古树目录》经市政府批准予以公布，目录中记载二级保护古树3042株。年内，市农业农村局、市财政局、市自然资源和规划局、市生态环境局、市城管执法委、市林业局印发《黄冈市外来入侵物种普查三年行动方案（2021—2023年）的通知》，全市农业农村、林业、生态环境等部门采取边摸排、边铲除方法，组织人员铲除“加拿大一枝黄花”62.37公顷、48.66万株。福寿螺1—6级发生面积7060公顷，全市采取摘卵、捡螺、沉螺池集中清除、放养中华鳖和放鸭食螺等措施防除面积5020公顷。浠水县、英山县水葫芦、水花生叶岬、象岬生物防治示范基地投放虫量7900万头，生物防治水葫芦、水花生面积2506.67公顷。龙感湖、武山湖、太白湖、策湖等流域开展水花生、水葫芦打捞、铲除防控示范，示范面积1833.33公顷。

（黄 辉 傅瑜东 郭培高）

【陆生野生动植物保护】 2022年，黄冈市林业局下发《关于开展陆生野生动物危害补偿和致害补偿保险工作的通知》，坚持科学预防为主、保险补偿为辅原则，开展陆生野生动物危害补偿和致害补偿保险工作，建立“林业部门投保+保险公司理赔+受灾群众获益”的陆生野生动物致害政府救济补助保险机制，团风县、蕲春县、黄梅县率先在全市落实。各县（市、区）建立打击野生动植物非法贸易联席会议制度，开展打击各类破坏野生动植物资源违法犯罪行为，检查场所263处，查办野生动植物案件22起，打击违法犯罪人员21人，收缴野生动物14只（头、尾）、野生植物78株、非法猎具渔具438个（张、台）。

（黄 辉 傅瑜东）

【生物多样性保护宣传教育】 2022年5月11—15日，黄冈市生态环境局组织全市生态环境系统干部职工参与生物多样性知识竞赛活动。年内，联合黄州区红卫社区围绕保护生物多样性开展办讲座、挂标语、搭展台、发手册、送礼品等系列活动，普及生物多样性知识，加强保护生物多样性宣传，提高民众对生物多样

2022年1月20日，中央电视台《秘境之眼》栏目推介——湖北大别山国家级自然保护区白冠长尾雉　（湖北大别山国家级自然保护区管理局 供图）

性知识的了解和生物多样性保护意识。

【生物多样性监测成果获央视推介】2022年1月20日，湖北大别山国家级自然保护区生物多样性监测成果白冠长尾雉获中央电视台《秘境之眼》栏目推介。白冠长尾雉属鸡形目，雉科，是一种森林益鸟，喜在常绿针阔混交林和落叶阔叶乔木林中栖息、隐蔽和觅食，取食鳞翅目的幼虫、虫卵，对抑制森林虫害、维护生态平衡有重要作用，其体形和羽色极具观赏价值，是大别山稀有物种，也是国家一级保护动物。

（徐红英　杨勤跃）

【蕲艾种质资源保护发展入选全国案例】2022年12月30日，蕲春县蕲艾种质资源保护与产业发展案例入选全国生物多样性优秀案例名单，是黄冈市唯一入选案例。全国生物多样性优秀案例是生态环境部首次组织遴选，案例涉及制度创新、空间保护、生态环境修复、调查监测、监督管理、生物资源利用、公众参与、城市生物多样性保护8个类型。蕲春县蕲艾研究院与全国30余家高等科研院所开展合作，引进转化高校涉艾创新成果9项，研究开发涉艾产品230余种。

（董　硕　程小年）

节能减排

【概况】2022年，黄冈市推进工业领域节能改造，完成全市54家企业节能改造，黄冈凯伦新材料有限公司等6家企业创建国家级绿色示范工厂，湖北祥云（集团）化工股份有限公司8个产品创建绿色设计产品。全面推进绿色建筑发展，黄冈玲珑家园项目被纳入2022年湖北省绿色建筑示范项目清单。全年发展绿色建筑面积507.87万平方米，完成省定年度目标任务339%。加大新能源公交车推广力度，全市现有新能源纯电动公交车1298辆，比上年增长2.14%。推行船舶受电设施改造，完成600总吨以上干散货和多用途运输船舶受电设施改造106艘，其中1200总吨以上内河干散货船和多用途船舶受电设施改造基本完成。推进公共机构节能工作，印发《关于加快推进全市公共机构能源费用托管服务工作的实施方案》，全市4家公共机构实现能源费用托管服务。

【节能政策扶持】2022年，黄冈市发展和改革委员会制定《2022年黄冈市落实绿色金融创新发展的工作措施》，明确从工作激励、项目审批、用地保障等11个方面对企业绿色低碳转型发展给予政策支持。2021—2022年，全市绿色贷款余额分别为289.2亿元、422.5亿元，支持节能税收优惠资金8726.38万元，财政安排节能相关工作预算资金3132万元。

【碳排放管理】2022年，黄冈市发展和改革委员会同湖北大学共同编制《黄冈市碳达峰实施方案》，印发实施《黄冈市“十四五”节能降耗工作方案》《关于对“两高”项目执行联审会商的通知》，现场监察18家高耗能企业单位能耗水平，核发排污许可证1310家（重点管理类251家、简化管理类1059家），实施排污登记企业9420家。全年风光水发电量47.8亿千瓦时，比上年增长43.5%，相当节约标煤143万吨，减少碳排放400万吨。

（张　薇）

【工业节能减排】2022年，黄冈市印发《关于加强磷石膏综合治理促进磷化工产业高质量发展若干措施》《关于“以消定产”加快磷石膏资源综合利用的指导意见》等文件，全面推行磷石膏无害化处理。根据湖北省磷石膏信息化监管平台显示，2022年祥云股份磷石膏产生量411.1万吨，磷石膏综合利用237.4万吨，磷石膏综合利用率57.76%，超额完成省定50%目标任务。年内，组织伊利乳业、广济药业等公司申报2022年度绿色工厂，推荐华新水泥（武穴）机制砖、百丝祥纺织本色涤棉纱申报2022年度绿色设计产品，推荐中蓝宏源申报第四批工业产品绿色设计示范企业。湖北洋源申报国家再生资源综合利用行业规范企业，13家重点企业开展节能诊断服务。全市通过工信部公告再生资源综合利用企业6家（废钢加工配送企业），年加工处理能力144.85万吨。

（许　煜）

【交通绿色减排】2022年，黄冈市有公交企业21家，公交车1644辆，其中新能源纯电动公交车1298辆，占比78.95%，比上年增加120辆，比上年增长2.14%。相当节约标煤9万吨，减少碳排放25万吨。全市农村客运车辆2761辆，其中公交化运营车辆864辆，农村公交覆盖率49.62%，比上年提升10.1%。

（潘　攀）

【建筑节能减排】2022年，黄冈市促进国家机关办公建筑、大型公共建筑、政府投资保障房等项目按照一星级及以上绿色建筑标准规划设计；制定提高绿色建筑公积金贷款额度政策，扩大绿色建筑销售市场，推动房地产开发项目创建绿色建筑标识。全市发展绿色建筑面积507.87万平方米，完成省定年度目标任务339%。印发《加强建筑节能管理的通知》，强化建筑节能工程成品检测，将实体检测结果作为节能验收前置条件，确保建筑节能施工质量符合设计要求，保障建筑节能效果。全年全市新增建筑节能能力10.77万吨标煤，完成省定年度目标任务253%；新增节能建筑面积587.77万平方米，完成省定目标任务275%。

（曾昱凯）

【公共机构节能减排】2022年，黄冈市印发《关于加快推进全市公共机构能源费用托管服务工作的实施方案》《关于开展绿色节约机关建设的通知》要求，推行绿色办公，倡导节约文明。全年市直部门水费、电费、办公用品、印刷费4项费用总计支出2259.28万元，比上年减少258.26万元，减幅10.26%。从单位情况看，降幅排名前3位单位分别是市体育中心（66.47%）、市农业农村局（62.02%）、市总工会（47.61%）。

（严倩倩）

【近零碳绿色发展项目谅解备忘录签署】2022年9月16日，黄冈市利用外国贷款工作领导办公室组织召开湖北黄冈大别山生态保护和近零碳绿色发展项目鉴别考察总结和谅解备忘录签署会议。会上，黄冈市利用外国贷款工作领导小组组长，市委常委、常务副市长刘忠诚，亚行项目鉴别团检查团团长蔡学良共同签署谅解备忘录，为项目推进奠定基础。该项目经国务院批准，入选中国亚行贷款备选项目规划，将对白莲河示范区和浠水县境内巴河流域开展生态环境治理与修复、生态补偿探索实践、近零碳乡村振兴示范建设。

（严　静）

【绿色智慧校园签约】2022年8月2日，黄冈市教育局、国网湖北综合能源服务有限公司、国网电动汽车服务湖北有限公司、国网黄冈供电公司启动“清凉教室”工程，签订聚焦“双碳”目标实现建设绿色智慧校园协议，投资1.5亿元，为全市1100余所中小学教室安装空调2.8万台。

（何皎月　丰　俊　孙　彬　唐东琦）

污染防治

【概况】2022年，黄冈市生态环境保护委员会调整相应职责和组成人员，完善《黄冈市委和市政府机关有关部门生态环境保护责任清单》，提高目标考核中生态环境保护类指标分值权重。坚持月调度、季研究生态环境工作，形成“党委领导、政府主抓、部门协作、全社会共同参与”工作格局。年内，黄冈市率先在全省出台《黄冈市深入打好污染防治攻坚战实施方案》，建立《黄冈市深入打好污染防治攻坚战重点任务清单》，落实“三个一”推进机制，强化监督考核，推进蓝天、碧水、净土保卫战，生态环境质量进一步改善。

【大气污染防治】2022年，黄冈市印发《黄冈市区2022年夏季大气污染防治攻坚行动方案》《黄冈市2022年大气污染防治百日攻坚行动方案》。市委、市政府9次就空气质量改善工作作出批示；市政府3次召开专题会议，安排部署大气污染防治工作。年内，市生态环境局组织开展工业企业挥发性有机物、加油站油气泄漏、汽修企业油漆喷涂排放达标、建筑工地6个100%、餐饮油烟达标排放、建筑外墙及露天喷涂管控6个专项整治行动。推动中石油黄冈分公司、中石化黄冈分公司实施错峰加油。督促56家企业整改无废气治理设施、治理设施未正常运行等问题。抽查检测非道路移动机械250台，督促不达标车主整改。先后建立完善联防联控、研判预报预警、应急响应、技术支撑、盯办、调度通报6项机制，实现联防联控。完成大气污染管控“一预案四清单” 编制（《黄冈市重污染天气应急预案》、2022年重污染天气应急减排清单、2022年度源排放清单、黄冈市重点污染源监管清单、重点企业绩效创建明细清单），为大气污染源头治理精准管控提供支撑。

【水污染防治】2022年，黄冈市推进地表水考核达标和重点水环境治理，全市水生态环境质量总体稳定。建成并运行黄冈水生态环境综合管理大数据平台，严格管控倒水、举水、浠水、“三湖 ”（龙感湖、太白湖、武山湖）地区、赤东湖、白莲河库区等重点区域、流域水环境质量。在“三湖”地区，建成运行针对15个入湖支流断面的水环境自动监测体系。分别在巴河、“三湖”地区、白莲河库区流域，建立生态补偿机制，市、县两级政府每年落实奖惩备用金5900万元，激励相关县、市、区加强水环境综合治理。推进“长江高水平保护”十大攻坚提升行动，建立河流、湖泊、水库联防联控机制。全市完成长江干支流10千米范围内矿山生态修复治理22个，完成国土绿化面积1.19万公顷、实施森林质量提升面积2.03万公顷，完成黑臭水体整治项目14处，完成长江入河排污口立行立改整治883个。

【土壤污染防治】2022年，黄冈市生态环境局开展重点行业用地基础信息采集、重点行业企业用地调查、重金属重点行业企业排查整治、土壤污染治理与修复技术应用试点。严格管控污染地块，全力修复治理污染耕地，土壤环境质量稳步提升。依法落实建设用地土壤污染风险管控和修复名录制度，推动农村环境整治。全年，完成污染地块土壤环境质量调查任务51个，全市重点建设用地安全利用率100%，受污染耕地安全利用率100%。完成建制村农村环境综合整治任务186个（省定任务82个），农村生活污水治理率28.64%。

【噪声污染防治】2022年，黄冈市采取设置声屏障、隔音带等方式降低噪声污染，加强高考、中考等重要时间段噪声监测和污染防治。分别开展功能区、区域环境和交通噪声监测，其中：功能区设置噪声监测点70个，区域环境噪声有效监测点位905个，昼间平均等效声级范围51.8~58.7分贝，等效声级平均值55.3分贝，环境噪声质量总体水平等级一般，城区区域环境噪声质量总体水平等级较好；交通噪声监测有效道路监测点位209个，等效声级平均值54.4分贝，道路交通噪声质量等级好。

（郭培高）

【农业面源污染防治】2022年，黄冈市持续推进农业生态环境保护，实现畜禽粪污资源化利用率94.77%，规模养殖场粪污处理设施装备配套率99.59%，分别超年度目标14.77和4.59个百分点。建成农膜回收点347个，回收废弃农膜4303.9吨，回收率90.63%，超年度目标8.63个百分点。建成生物降解膜示范点3个，示范面积84.67公顷。全市实施一批农业面源污染整治项目，其中，麻城市、蕲春县实施畜禽粪污综合利用整县推进项目，团风县、英山县组织实施2021年重点流域农业面源污染整治项目。年内，争取实施病虫绿色防控国家级示范县、省级示范区项目15个。

（吴 旋）

【医疗废物处置】2022年，黄冈市处置医疗废物6300.07吨，其中涉疫医废物1352.31吨，全年未发生环境污染事件。年内，市生态环境局对医疗废物处置实施常态化监管，并针对疫情防控开展专项执法行动，驻场督导医废处置单位安全处置医疗废物，全市医疗废物日产日清。贯彻医疗废物申报登记管理工作，及时掌握医疗废物产生数量变化，适时启动应急处置。年内，对市内唯一一家涉及医疗废物特许经营企业——黄冈市隆中环保有限公司，开展医疗废物处置临时抽查10次，双随机抽查4次，污染源自动监控现场核查5次，专项行动检查4次。4月13日，市市场监管局批准发布《医疗废物暂存间卫生管理规范》地方标准，为全国首个医疗废弃物管理规范地方标准。

（郭培高）

生态环境监督执法

【概况】 2022年，黄冈市生态环境综合执法部门持续开展涉水、涉气、涉废等各类专项执法行动和长江入河排污口排查整治，协同推进生态环境高水平保护和经济高质量发展。全年立案查处企业282家，下达行政处罚决定书176份，处罚金额1280.10万元。全市生态环境部门实施配套办法案件76件，其中，按日计罚1件，查封扣押案件36件，限产、停产案件12件，移送行政拘留案件21起，移送涉嫌污染犯罪案件6起。市级立案查处企业36件，下达行政处罚决定书23件，处罚金额272.46万元；实施配套办法案件5件。

【环保督察整改】2022年，黄冈市成立以市委书记、市长任组长的环保督察反馈意见整改攻坚指挥部，实行市级领导领衔督办、月调度、季分析、年结账、挂牌督办、笼子管理等办法推进问题整改，严格整改标准，实行一个问题一套整改方案、一名责任领导、一个牵头部门，一抓到底。各县（市、区）按照“成熟一个、公示一个、报告一个”原则，严格整改、验收、公示、备案。年内，遗爱湖、龙感湖水质得到改善，麻城白鸭山、武穴轮镜塘等问题完成整改并通过省级销号验收。黄冈市认领的200项环保督察反馈任务，整改完成177项，整改完成率88.5%。环保督察交办信访件1264件，办结1245件，总体办结率98.5%。

【环境应急管理】2022年，黄冈市生态环境部门构建多部门协管与公共安全保障体系衔接的管控制度，推动环境风险防控由事后应急处置向全过程管控转变。加强全国两会和冬残奥会期间黄冈市域环境安全防范，出动执法人员400余次，排查单位150家，建立问题清单，制定整改措施，明确整改期限，落实责任单位。推进生态环境领域隐患排查整治。印发《2022年黄冈市生态环境风险隐患排查整治实施方案》，检查重点企业污染防治设施运行、环保制度建设、环境应急预案备案演练和风险排查等情况。出动环境执法人员2050人次，检查单位1694家，发现隐患234个。年内，市生态环境局针对突发生态环境事件对生态环境的影响，编制环境监测应急预案，常态化开展环境应急监测培训，提升生态环境监测和管理水平。加强流域水环境风险防控和应急处置，健全水生态环境监测体系，守住流域安全底线。加强排查监管重点区域、流域和行业，建立清单制度，逐一销号，保障市域环境安全。全年有效处置一般环境事件2起，全市环境安全保持稳定。

【排污专项执法】2022年，黄冈市生态环境局开展重点企业排污许可证执行情况执法检查，出动执法人员1128人次，检查企业392家；发现存在环境问题企业91家，责令限期整改35家，自行关停12家；立案查处11起，行政处罚2家、处罚金额65万元，责令停产整治、实施查封扣押3起，提请市政府关停企业6家。开展涉水工业企业污水排放执法检查，办理涉水环境违法案件30件，移送行政拘留2件，收缴罚款353.4万元，推动完成环境问题整改31个。

【秸秆禁烧监管】2022年，黄冈市生态环境保护委员会办公室印发《关于切实做好2022年全市农作物秸秆露天禁烧工作的通知》，全面部署全市秸秆禁烧工作。全市出动秸秆禁烧宣传车1.62万次，张贴标语7.03万张，悬挂横幅8035条，发放“一封信”100万份，发送短信60万条；出动巡检人员18万人次；通过无人机巡查发现火点黑斑225个、总面积10.92万平方米，巡查结果以简报形式发至各县（市、区），要求各地现场核查并反馈处理结果，遏制秸秆焚烧。

【自动监控设施建设】2022年，黄冈市有110家水环境、27家大气环境重点排污单位建成自动监控设施并联网，全市重点排污单位自动监控设施建设联网率100%；全市重点单位自动监测数据即时有效传输率98.08%，补全有效传输率99.77%，均达95%考核指标。持续开展打击自动监测数据弄虚作假环境违法犯罪专项行动，办理伪造、篡改自动监测数据违法犯罪案件5起，获省生态环境厅专项案件办理奖金11.7万元。年内，市生态环境局建成机动车尾气遥感监测系统3套、黑烟抓拍系统2套、挥发性有机物走航监测车1台、气溶胶激光雷达扫描系统1套，新建空气质量自动监测站2座，在化工园建设挥发性有机物自动监测站1座，有效提升空气质量监测效能。龙感湖、太白湖15个主要入湖口水质自动监测站点基本建成。

【危废环境违法行为整治】2022年，黄冈市生态环境局依托危废物联网系统，加强企业危险废物申报登记、管理计划备案管理，检查评估全市危险废物产生和经营单位，出动执法人员455人次，排查单位1616家次，发现生态环境问题170个，整改完成170个。尾矿库环境风险管控。全市排查出尾矿库21座、闭库17座，停用3座，在用1座。执法检查废矿物油、废酸、废盐等危险废物产生、收集、贮存、转移、利用、处置单位，严厉打击危险废物违法犯罪行为，办理涉嫌环境犯罪案件3件、涉嫌环境违法移送行政拘留案件4件。

（郭培高）

责任编辑：严 静　　责任校对：赵舒逸

综 述

【科技投入】 2022年，黄冈市加大财政科技投入力度，建立稳定增长机制，市本级财政投入资金4568.34万元，争取省级科创资金170万元。全年支持科技创新项目46个，比上年压缩20个，重大项目支持资金额度与湖北省科技厅项目支持资金额度保持一致，由2021年每个项目60万元提升至100万元，重点一类项目支持资金额度由2021年每个项目30万元提升至50万元。市政府出台促进高新技术产业创新发展若干措施，支持企业开展科技创新工作，市本级兑现补助资金672.5万元，通过“揭榜制”项目解决一批技术攻关难度大、产业协同需求旺、产品经济效益高的重大关键技术，兑现科技创新奖补资金800万元。实施全社会研发投入倍增行动计划，全年投入科技研发资金27.5亿元，占GDP比重1%，比上年增长56.19%，增速高于全省40.78个百分点。武穴市鼓励企业加大科技投入，提升企业研发投入意识，增强企业自主创新能力，发放3946万元奖励157家企业和个人，73家企业落实研发费加计扣除资金2.57亿元，19家高新技术企业减免所得税1.13亿元。

【科技政策支持】 2022年，黄冈市召开全市科技创新大会，印发《黄冈市“十四五”科技创新发展规划》，召开科技工作座谈会、企业科技创新发展工作座谈会等专题会议，研究解决创新发展存在的问题，系统研究部署科技创新工作。市人大常委会就加快推进科技强市建设，在全省率先印发《黄冈市人民代表大会常务委员会关于加快推进科技强市建设的决定》。出台《黄冈（光谷）离岸科创中心组建方案》《黄冈（光谷）离岸科创中心入驻单位管理办法》，聘请第三方专业机构负责黄冈（光谷）离岸科创中心日常运营管理。

【科技改革】 2022年，黄冈市科技系统实施创新驱动发展战略，推进科技强市建设，推动改革项目取得进展。按照“研发在武汉、生产在黄冈，引才在武汉、用才在黄冈，孵化在武汉、加速在黄冈”总体思路，在武汉光谷企业天地建设集招才引智、技术研发、孵化培育、科技招商于一体的离岸科创平台——黄冈（光谷）离岸科创中心，引进小驴机器人、虹膜识别等高科技项目落户黄冈，引导黄冈本土6家企业进驻建立研发机构，就地引进技术研发人员。高新技术企业认定、科技创新平台认定等科技创新奖补政策实行“免申即享”清单，由科技部门根据奖励认定文件审核后兑现，无需企业再提出申请、佐证资料，直接享受相关优惠政策支持。鼓励孵化器运营主体围绕专家教授、创业青年团体等引进优质创业项目，支持各级孵化器参加孵化器绩效评价、大学生科技创业专项、高校科技人员创新创业专项，争取项目资金支持。组织开展科技孵化器业务培训，提升孵化器管理水平，指导运营机构开展各类创新创业活动，营造良好创业氛围。引进国家级技术转移机构中部知光成立黄冈公司，组织10批次专家教授团队到黄冈为100余家企业进行技术诊断和成果转化服务。在全省率先组建武汉科技成果转化平台黄冈分平台，面向高校科研院所发布技术需求72项，签订产学研合作协议50项，转化科技成果45项。落实《黄冈市促进科技成果转化三年行动方案》，建立健全科技成果转化服务体系。持续优化技术合同审批服务，统一压减审批服务时限至7个工作日。加强技术经纪人队伍建设，培养技术经纪人15人。

【高新技术产业】 2022年，黄冈市高新技术企业实现量质双提升，助推黄冈高新技术产业高质量发展，高新技术产业增加值327.9亿元，占全市地区生产总值比重11.93%，增速13.3%，位列全省第六位。黄冈高新区生物医药创新型产业集群、麻城经开区高端装备制造创新型产业集群，入选2022年湖北省创新型产业集群。黄冈高新区生物医药创新型产业集群规模不断扩大，2022年集群生物医药企业营业收入166.18亿元，上缴税金8.58亿元，实现净利润13.22亿元，从业人员达2.3万人。麻城经开区高端装备制造创新型产业集群，聚集249家企业，其中高新企业50家，入库科技型中小企业58家，省级专精特新“小巨人”企业11家，集群企业营业收入173亿元。实施高新技术企业倍增行动，申报高新技术企业461家，累计777家，比上年增长60.86%，位列全省第四位。入库科技型中小企业1316家，比上年增长2.5倍，完成技术合同成交额152亿元，位列全省第四位。实施企业技术创新行动，全市建有研发机构的规上工业企业672家，其中，市级企校联合创新中心72家。全市新建科技特派员示范基地62个，创办企业、经济合作组织83家，推广新技术新品种新产品240余项，解决技术难题2653项。在智能制造、生物医药、纺织服装等领域，实施技术攻关项目26项，揭榜挂帅项目8项，授权专利2670件，10项科技成果获省科学技术奖励。组建湖北中科等7个产业技术研究院，全市495家规上工业企业建有研发机构，组建省级企校联合创新中心45家，建成国家级孵化器（众创空间）2家、省级孵化器（众创空间）33家，支撑创新型产业集群发展。年内，祥云集团产值超百亿元，实现百亿级高新技术企业零的突破。祥云集团、鸿路钢构入选湖北省百强高新技术企业。

【科技型企业培育】2022年，黄冈市科技局紧盯科技重点指标，建立分片包保、集中调度、精准培育、优化服务工作机制，由班子成员分片包保县（市、区），明确责任人和时间，实行一周一督办、一月一公示，推进高新技术企业数量质量双提升。在麻城市召开高企培育现场会，营造比学赶超良好氛围。

（谢素玲）

光谷科创大走廊黄冈功能区建设

【概况】2022年，黄冈市加快光谷科创大走廊黄冈功能区建设，实现区域上的协同创新和产业联动发展。建立创新创业基地，开工建设项目16个，完成投资85.07亿元。建设技术创新平台，对接武汉东湖高新区光电子信息、生物医药、大健康等产业，精准承接关联产业及成果转化，引进总投资100亿元的三利谱偏光片项目。设立黄冈（光谷）离岸科创中心，谋划建设企业加速器和科技新城，打造前后台一体化科技型企业全链条成长体系，本土企业入驻离岸科创中心建立研发中心25家、入驻孵化8家。光谷黄冈科技产业园高新技术孵化器启动二期项目，东湖高新智能科技产业园开工建设。

【光谷科创大走廊协同创新】2022年，黄冈市推进光谷科创大走廊协同创新，通过科技共兴、产业共聚、载体共建、资源共享、生态共筑，实现区域上的协同创新和产业联动发展。做强黄冈（光谷）离岸科创中心。建设科技新城，依托产业技术研究院、大学科技园等建立科技研发基地，依托东湖高新智能科技产业园、TCL黄冈智能制造产业园、融创新城等建立创新创业基地。依托光谷黄冈科技产业园、化工园等建立特色产业基地，依托蔡家潭、余家潭等湖区建立综合性科技服务基地。建设技术创新平台，推进黄冈高新区与武汉东湖高新区对接合作，高标准规划建设黄冈科技新城，武汉新能源研究院、武汉智能装备工业技术研究院、武汉光电工业技术研究院在黄冈设立协同创新中心。武汉工程大学、湖北中医药大学与本地企业共建产业技术研究院，武汉大学科技园、华中科技大学科技园分别在黄冈设立分园。推动武汉新城经鄂黄第三过江通道至黄冈主城组团快速通道项目，武汉至黄冈城际铁路的发车数量增加，鄂黄长江大桥实现免费通行，为企业流动创造条件。武汉光谷建设团队为黄冈市打造高新技术企业孵化器，提供优质的生活、生产环境，比照武汉光谷实施发展政策。推进产业同链，与武汉都市圈企业签约亿元以上项目57个。

【三利谱偏光片项目引进】2022年，黄冈市引进三利谱偏光片项目，项目总投资100亿元，建设两条宽幅1720毫米和两条超宽幅2520毫米偏光片生产线，设计产能1.4亿平方米，分两期建设。其中一期项目投资50亿元（固定资产投资24亿元），设计产能7000万平方米，年产值50亿元。三利谱公司是国内少数具备TFT—LCD用偏光片生产能力的企业之一，是偏光片国产化的主要推动者之一，公司通过自主研发掌握系列偏光片生产核心技术，打破偏光片长期由日本、韩国等国家地区企业垄断局面。

【黄冈（光谷）离岸科创中心设立】2022年，黄冈（光谷）离岸科创中心在武汉市光谷核心区设立，距离黄冈市区车程50分钟，周边云集华中科技大学、武汉大学等多所高校和光谷软件园、国际企业中心等知名创业园区，交通高效便捷，创新资源丰富，配套设施完善。按照“政府主导、企业主体、专业运营”的原则建设运营，总建筑面积1.01万平方米，具有企业孵化、技术研发、招才引智、科技招商四大功能，旨在构建“前台研发、孵化、引才在武汉，后台转化、生产、用才在黄冈”的协同发展模式，打造黄冈市融入以武鄂黄黄为核心的武汉都市圈桥头堡，逐步形成黄冈市对外宣传推介的枢纽和窗口。年内，报名入驻企业33家。

（谢素玲）

光谷黄冈科技产业园

【概况】2022年，光谷黄冈科技产业园推进科技同兴，加快建设光谷科创大走廊黄冈功能区，武汉（黄冈）离岸科创中心投入运营；推进黄冈高新区与武汉东湖高新区对接合作，高标准规划建设黄冈科技新城；引进武汉光电工业技术研究院落户，建立黄冈协同创新中心。

【园区光电子信息产业链招商】2022年，光谷黄冈科技产业园重点围绕光电子信息产业链专业开展招商，绘制产业招商地图，制定2022年招商引资行动方案，累计接洽企业180余次，签约项目4个、协议投资额124.3亿元，开工项目2个，重点跟踪在谈项目8个。

【项目建设与土地收储】2022年，光谷黄冈科技产业园完成三江路项目路基及排水工程施工建设，“两路一渠”（三江路、兴黄路、唐渡二路沟渠）涉铁段取得施工图批复，完成道路总体线型、可研设计与批复等前期工作；连片开发项目完成可行性研究报告，批复土地120公顷，确定唐家渡路为首期开工项目，完成片区地形测量、出具勘测定界图，发布征地补偿安置方案公告；加快防汛排涝工程建设，清淤、疏浚老旧沟渠2000米，清理排水通道5处；收储标准地33.33公顷。

【科技创新】2022年，光谷黄冈科技产业园与武汉光电工研院合作设立黄冈协同创新中心，与武大科技园、华科大科技园开展科技创新异地孵化合作。引进成果转化项目3个，初步建立“研发在武汉、转化在黄冈”产业生态发展模式。高新技术孵化器一期选定1154平方米场地打造众创空间，推动完善“众创空间—孵化器—加速器—产业园”生态孵化链条。

（王钟霆　谢素玲）

【虹膜识别智能设备制造基地项目开工】2022年3月25日，光谷黄冈科技产业园举行虹膜识别智能设备制造基地项目开工仪式。项目总投资8000万元，建设虹膜采集器系列、虹膜门禁机、通道机系列以及移动核查设备系列产品。武汉虹识技术有限公司是光谷黄冈科技园引进的首家“研发在武汉、生产在黄冈”的科技型企业，是致力于虹膜生物识别核心技术及相关产品研发及应用服务及产业化的国家高新技术企业。已研制出世界首款虹膜识别专用芯片，完成从算法、芯片、模组、终端设备、解决方案到云平台的完整产业链布局。

（汪小华）

科技平台建设

【概况】2022年，黄冈市科技部门贯彻落实省委、省政府大力发展以武鄂黄黄为核心的武汉都市圈战略部署，围绕打造“科创大走廊产业转移聚集区、成果转化和协同创新示范区”定位，聚焦产业协作配套、创新载体建设、产业科技赋能、企业科技服务，实施创新驱动发展战略，高水平推进科技强市建设。黄冈市大学生创业孵化基地获国家级科技企业孵化器B类（良好）评价、“湖北青创园”首批单位，黄冈科技企业加速器二期封顶，为下一步加大高新产业投资夯实基础。

表55　2022年黄冈市省级及以上科技创新平台一览表

序号	名　称	建设单位	认定部门	区属
	湖北省重点实验室（3家）			
1	经济林木种质改良与资源综合利用湖北省重点实验室	黄冈师范学院	省科技厅	市　区
2	催化材料制备及应用湖北省重点实验室	黄冈师范学院	省科技厅	市　区
3	海工结构新材料及维护加固技术湖北省重点实验室	中交二航武汉港湾新材料有限公司	省科技厅	麻城市
	湖北省产业技术研究院（4家）			
1	湖北省中科产业技术研究院	中国科学院武汉分院 黄冈师范学院 黄冈高新技术投资有限公司	省科技厅	市　区
2	黄冈市转化医学研究院	黄冈市中心医院 武汉大学	省科技厅	市　区
3	湖北省薯芋产业技术研究院	湖北薯芋产业技术研究院有限公司	省科技厅	红安县
4	湖北省蕲艾产业技术研究院	湖北省蕲艾产业技术研究院有限公司	省科技厅	蕲春县
	湖北省临床医学研究中心（1家）			
1	湖北省食管胃恶性肿瘤临床医学中心	黄冈中心医院	省科技厅	市　区
	湖北省科技成果转化中试研究基地（2家）			
1	智能物流机械与传动系统中试研究基地	湖北中科产业技术研究院	省科技厅	市　区
2	现代农业中试基地	黄冈市农业科学院	省科技厅	市　区
	湖北省企校联合创新中心（43家）			
1	湖北省先进混凝土制品企校联合创新中心	湖北正茂新材料科技股份有限公司 武汉理工大学	省科技厅	市　区
2	湖北合金钻具企校联合创新中心	湖北鸣利来合金钻具股份有限公司 武汉理工大学 武汉工程大学	省科技厅	市　区
3	湖北省新材料企校联合创新中心	黄冈兴和电线电缆有限公司 黄冈师范学院	省科技厅	市　区
4	湖北省心脑血管药物技术企校联合创新中心	黄冈鲁班药业股份有限公司 上海医药工业研究院	省科技厅	市　区
5	湖北省贵金属功能材料企校联合创新中心	中船重工黄冈贵金属有限公司 中国船舶重工集团公司第七一二研究所	省科技厅	市　区
6	湖北省兴和电力新材料企校联合创新中心	湖北兴和电力新材料股份有限公司 黄冈师范学院	省科技厅	市　区
7	湖北省全棉水刺非织造布企校联合创新中心	稳健医疗（黄冈）有限公司 武汉纺织大学	省科技厅	市　区
8	湖北省智能机器人传动企校联合创新中心	湖北科峰智能传动股份有限公司 华中科技大学机械科学与工程学院	省科技厅	市　区

续表

序号	名　　称	建　设　单　位	认定部门	区属
9	湖北省绿色磺化新技术企校联合创新中心	武汉青江化工黄冈有限公司 台州学院	省科技厅	市　区
10	湖北省大别山（道地药材）企校联合创新中心	黄冈市卫尔康医药有限公司 湖北中医药大学	省科技厅	市　区
11	湖北省绿色建筑钢结构企校联合创新中心	湖北精诚钢结构股份有限公司 武汉理工大学材料科学与工程学院	省科技厅	团风县
12	湖北省低碳住宅企校联合创新中心	湖北鸿路钢结构有限公司 武汉理工大学、黄冈职业技术学院	省科技厅	团风县
13	湖北省精细化学品研发企校联合创新中心	武汉宜田科技发展有限公司 武汉理工大学化学化工与生命科学学院	省科技厅	红安县
14	湖北省红安苕产业链企校联合创新中心	湖北根聚地农业发展股份有限公司 湖北省农业科学院农产品加工与核农技术研究所	省科技厅	红安县
15	湖北省智慧照明企校联合创新中心	湖北捷科电子技术股份有限公司 湖北第二师范学院	省科技厅	红安县
16	湖北省名优茶生产研发技术领域企校联合创新中心	红安县老君眉茶场 华中农业大学	省科技厅	红安县
17	湖北省气体净化企校联合创新中心	红安方达环保工程有限公司 江汉大学	省科技厅	红安县
18	湖北省明钼大健康企校联合创新中心	湖北明钼健康科技有限公司 湖北中医药大学	省科技厅	麻城市
19	湖北省铁路道岔技术企校联合创新中心	湖北武铁山桥轨道装备有限公司 华东交通大学	省科技厅	麻城市
20	湖北省眼健康创新药物与抗贫血药物企校联合创新中心	湖北凤凰白云山药业有限公司 中国药科大学	省科技厅	麻城市
21	湖北省柿全产业链企校联合创新中心	湖北食为天药业股份有限公司 湖北省农业科学院果树茶叶研究所	省科技厅	罗田县
22	湖北大别山地标优品企校联合创新中心	湖北大别山药业股份有限公司 黄冈师范学院	省科技厅	罗田县
23	湖北省车用智能执行器技术研发及应用企校联合创新中心	湖北天雄科技股份有限公司 武汉工程大学	省科技厅	浠水县
24	湖北省表面处理技术企校联合创新中心	湖北韩泰智能设备有限公司 武汉理工大学汽车工程学院	省科技厅	浠水县
25	湖北省新型聚乙烯/尼龙共混型阻隔材料研发与产业化企校联合创新中心	湖北恒标塑胶有限公司 湖北大学材料科学与工程学院	省科技厅	浠水县
26	湖北省新材料技术企校联合创新中心	湖北浠水蓝天联合气体有限公司 三峡大学	省科技厅	浠水县
27	湖北省成吉湖师智能制造企校联合创新中心	湖北成吉智能机械科技有限公司 湖北师范大学物理与电子科学学院	省科技厅	浠水县
28	湖北省新材料企校联合创新中心	优彩科技（湖北）有限公司 中南民族大学化学与材料科学学院	省科技厅	浠水县
29	湖北省汽车钢板弹簧企校联合创新中心	湖北神风汽车弹簧有限公司 华中科技大学材料科学与工程学院	省科技厅	蕲春县
30	湖北省抗肿瘤原料药、兽用原料药企校联合创新中心	湖北宏中药业股份有限公司 华中科技大学同济医学院药学院	省科技厅	蕲春县
31	湖北省软磁材料及新型电感企校联合创新中心	湖北蕊源电子股份有限公司 湖北工业大学机械工程学院	省科技厅	蕲春县
32	湖北省中药资源应用研究企校联合创新中心	李时珍医药集团有限公司 湖北中医药大学	省科技厅	蕲春县
33	湖北省土壤调理剂与土壤重金属污染修复企校联合创新中心	湖北富之源生物科技有限公司 中国农业科学院农业资源与农业区划研究所	省科技厅	武穴市

续表

序号	名　　称	建 设 单 位	认定部门	区属
34	湖北省磷资源综合利用企校联合创新中心	湖北祥云(集团)化工股份有限公司 武汉工程大学	省科技厅	武穴市
35	湖北省汽车关键零部件企校联合创新中心	武穴市张榜德诚电子有限公司 黄冈师范学院	省科技厅	武穴市
36	湖北省佛手山药企校联合创新中心	湖北万星面业股份有限公司 湖北中医药大学	省科技厅	武穴市
37	湖北省果蔬精深加工及植物多肽营养功能食品开发企校联合创新中心	运鸿集团股份有限公司 武汉轻工大学	省科技厅	武穴市
38	湖北省荧光增白剂应用技术企校联合创新中心	湖北鸿鑫化工有限公司 武汉纺织大学	省科技厅	武穴市
39	湖北省金龙凿岩钎具企校联合创新中心	武穴市长江工具股份有限公司 湖北工业大学	省科技厅	武穴市
40	湖北省电子储能新能源材料企校联合创新中心	湖北富奕达电子科技有限公司 湖北工业大学	省科技厅	黄梅县
41	湖北省光线缆材料企校联合创新中心	湖北科普达高分子材料股份有限公司 湖北大学材料科学与工程学院	省科技厅	黄梅县
42	湖北省智能农机装备企校联合创新中心	湖北中轩科技有限公司 湖北工业大学	省科技厅	黄梅县
43	湖北省威艾彼饲料科技企校联合创新中心	湖北威艾彼农牧科技股份有限公司 华中农业大学	省科技厅	黄梅县
湖北省乡村振兴科技创新示范基地(10家)				
1	湖北省黄州食用菌种养带动型乡村振兴科技创新示范基地	黄冈市市区春阳蔬菜专业合作社	省科技厅	市　区
2	湖北黄州葡萄种植乡村振兴科技创新示范基地	黄冈市市区嘉裕葡萄种植专业合作社	省科技厅	市　区
3	湖北省团风果蔬农旅融合型乡村振兴科技创新示范基地	湖北团香农业集团股份有限公司	省科技厅	团风县
4	湖北省红安花生加工示范型乡村振兴科技创新示范基地	湖北红福食品工贸有限公司	省科技厅	红安县
5	湖北麻城油茶加工乡村振兴科技创新示范基地	湖北省四季春茶油股份有限公司	省科技厅	麻城市
6	湖北省罗田金银花农旅融合型乡村振兴科技创新示范基地	湖北食为天药业股份有限公司	省科技厅	罗田县
7	湖北白莲河黄牛养殖乡村振兴科技创新示范基地	湖北贺根农业科技有限公司	省科技厅	罗田县
8	湖北省浠水猕猴桃种养带动型乡村振兴科技创新示范基地	湖北全苑生态农业科技有限公司	省科技厅	浠水县
9	湖北省武穴佛手山药种养带动型乡村振兴科技创新示范基地	武穴市瑞翔山药产销专业合作社	省科技厅	武穴市
10	湖北武穴再生稻种植乡村振兴科技创新示范基地	武穴市绿康再生稻产销专业合作社	省科技厅	武穴市
湖北省农业科技园区(10家)				
1	湖北黄冈奶牛加工科技园		省科技厅	市　区
2	湖北黄州苗木花卉产业园		省科技厅	市　区
3	湖北团风生态农业科技园		省科技厅	团风县
4	湖北黄梅奶牛养殖产业科技园		省科技厅	黄梅县
5	湖北红安农业科技园区		省科技厅	红安县
6	湖北麻城油茶产业科技园		省科技厅	麻城市
7	湖北罗田板栗产业科技园		省科技厅	罗田县
8	湖北英山茶叶产业科技园		省科技厅	英山县
9	湖北省浠水特色农产品加工科技园		省科技厅	浠水县
10	湖北武穴农业科技园区		省科技厅	武穴市
湖北省校企共建研发中心(7家)				
1	湖北省校企共建包装机械设备研发中心	湖北诃力机械设备有限公司 湖北工业大学	省科技厅	市　区

续表

序号	名　　称	建　设　单　位	认定部门	区属
2	淡水鱼营养与饲料研发中心	湖北裕泰科技饲料有限公司 武汉轻工大学	省科技厅	市　区
3	药物合成绿色工艺研究开发中心	黄冈银河阿迪药业有限公司 黄冈师范学院	省科技厅	市　区
4	湖北省校企共建优质专用稻深加工研发中心	黄冈东坡粮油集团有限公司 华中农业大学	省科技厅	团风县
5	蚕丝保健制品研究开发中心	湖北梦丝家绿色保健制品有限公司 武汉大学	省科技厅	英山县
6	湖北省校企共建汽车半轴智能数控装备研发中心	湖北神力汽车零部件股份有限公司 武汉理工大学	省科技厅	英山县
7	乙基氯化物清洁高效新工艺工业化研发中心	湖北蕲农化工有限公司 武汉理工大学	省科技厅	蕲春县
湖北省工程技术研究中心（3家）				
1	湖北省定制家居工程技术研究中心	索菲亚家居湖北有限公司	省科技厅	市　区
2	湖北省氟化工工程技术研究中心	湖北省宏源药业科技股份有限公司	省科技厅	团风县
3	湖北省磷霉素系列产品工程技术研究中心	湖北迅达药业股份有限公司	省科技厅	武穴市
湖北省企业技术中心（25家）				
1	湖北兴和电力新材料股份有限公司技术中心	湖北兴和电力新材料股份有限公司	省发展改革委	市　区
2	湖北中浩建筑有限责任公司技术中心	湖北中浩建筑有限责任公司	省发展改革委	市　区
3	索菲家居湖北有限公司技术中心	索菲家居湖北有限公司	省发展改革委	市　区
4	湖北贵族真空科技股份有限公司技术中心	湖北贵族真空科技股份有限公司	省发展改革委	市　区
5	湖北科峰智能传动股份有限公司技术中心	湖北科峰智能传动股份有限公司	省发展改革委	市　区
6	黄冈鲁班药业股份有限公司技术中心	黄冈鲁班药业股份有限公司	省发展改革委	市　区
7	黄冈美丰化工科技有限公司技术中心	黄冈美丰化工科技有限公司	省发展改革委	市　区
8	湖北鸣利来合金钻具股份有限公司技术中心	湖北鸣利来合金钻具股份有限公司	省发展改革委	市　区
9	湖北楚维药业有限公司技术中心	湖北楚维药业有限公司	省发展改革委	市　区
10	山河建设集团有限公司技术中心	山河建设集团有限公司	省发展改革委	团风县
11	湖北鸿路钢结构有限公司技术中心	湖北鸿路钢结构有限公司	省发展改革委	团风县
12	湖北麻一建设有限公司技术中心	湖北麻一建设有限公司	省发展改革委	麻城市
13	湖北省宏源药业科技股份有限公司技术中心	湖北省宏源药业科技股份有限公司	省发展改革委	罗田县
14	湖北长安建设集团有限公司技术中心	湖北长安建设集团有限公司	省发展改革委	英山县
15	湖北神力汽车零部件股份有限公司技术中心	湖北神力汽车零部件股份有限公司	省发展改革委	英山县
16	湖北天雄科技股份有限公司技术中心	湖北天雄科技股份有限公司	省发展改革委	浠水县
17	湖北威风汽车配件股份有限公司技术中心	湖北威风汽车配件股份有限公司	省发展改革委	浠水县
18	赤东建设集团有限公司技术中心	赤东建设集团有限公司	省发展改革委	蕲春县
19	中农华威生物制药(湖北)有限公司技术中心	中农华威生物制药(湖北)有限公司	省发展改革委	蕲春县
20	湖北广济药业股份有限公司技术中心	湖北广济药业股份有限公司	省发展改革委	武穴市
21	湖北龙翔药业科技股份有限公司技术中心	湖北龙翔药业科技股份有限公司	省发展改革委	武穴市
22	湖北美天生物科技股份有限公司技术中心	湖北美天生物科技股份有限公司	省发展改革委	武穴市
23	湖北祥云(集团)化工股份有限公司技术中心	湖北祥云(集团)化工股份有限公司	省发展改革委	武穴市
24	湖北省科普达高分子材料股份有限公司技术中心	湖北省科普达高分子材料股份有限公司	省发展改革委	黄梅县
25	湖北亿诺瑞生物制药有限公司技术中心	湖北亿诺瑞生物制药有限公司	省发展改革委	黄梅县
湖北省院士专家工作站（41家）				
1	黄冈雪堂春生物科技有限公司专家工作站	黄冈雪堂春生物科技有限公司 黄冈师范学院	省科协	市　区

续表

序号	名　　称	建　设　单　位	认定部门	区属
2	湖北正茂新材料科技有限公司专家工作站	湖北正茂新材料科技有限公司 陈文:武汉理工大学;周明凯:武汉理工大学	省科协	市　区
3	黄冈市黄州区春阳蔬菜专业合作社专家工作站	黄冈市黄州区春阳蔬菜专业合作社 华中农业大学	省科协	市　区
4	湖北同轩高分子材料有限公司专家工作站	湖北同轩高分子材料有限公司 上海交通大学化学化工学院	省科协	市　区
5	湖北归田园生态农业科技有限公司专家工作站	湖北归田园生态农业科技有限公司 武汉工程大学	省科协	市　区
6	湖北天意种猪有限公司专家工作站	湖北天意种猪有限公司 华中农业大学	省科协	团风县
7	光谷蓝焰(团风)新能源有限公司专家工作站	光谷蓝焰(团风)新能源有限公司 武汉工程大学	省科协	团风县
8	湖北圣果酒庄有限公司专家工作站	湖北圣果酒庄有限公司 湖北省农科院	省科协	团风县
9	湖北业丰生态农业科技有限责任公司专家工作站	湖北业丰生态农业科技有限责任公司 中国科学院亚热带农业生态研究所	省科协	团风县
10	湖北团香农业集团股份有限公司专家工作站	湖北团香农业集团股份有限公司 武汉农业科学院	省科协	团风县
11	湖北亚星电子材料有限公司专家工作站	湖北亚星电子材料有限公司 武汉理工大学	省科协	团风县
12	湖北辉创重型工程有限公司专家工作站	湖北辉创重型工程有限公司 武汉理工大学	省科协	团风县
13	湖北龙信电子商务股份有限公司专家工作站	湖北龙信电子商务股份有限公司 黄冈师范学院	省科协	团风县
14	湖北中雅包装股份有限公司专家工作站	湖北中雅包装股份有限公司 华中科技大学	省科协	红安县
15	湖北斯曼新材料股份有限公司专家工作站	湖北斯曼新材料股份有限公司 武汉科技大学	省科协	红安县
16	湖北根聚地农业发展有限公司专家工作站	湖北根聚地农业发展有限公司 湖北省农业科学院	省科协	红安县
17	湖北红福食品工贸有限公司专家工作站	湖北红福食品工贸有限公司 中国农业科学院油料研究所	省科协	红安县
18	红安县瑞沣种植养殖专业合作社专家工作站	红安县瑞沣种植养殖专业合作社 华中农业大学	省科协	红安县
19	麻城市良种示范繁殖场专家工作站	麻城市良种示范繁殖场 中国农业科学院生物技术研究所	省科协	麻城市
20	湖北五脑山国家森林公园专家工作站	湖北五脑山国家森林公园 湖北生态工程职业技术学院	省科协	麻城市
21	麻城大别花乡菊业股份有限公司专家工作站	麻城大别花乡菊业股份有限公司 江汉大学生命科学学院	省科协	麻城市
22	湖北荔众新材料科技有限公司专家工作站	湖北荔众新材料科技有限公司 湖北大学	省科协	麻城市
23	湖北华龙西科生物科技有限公司专家工作站	湖北华龙西科生物科技有限公司 华中农业大学	省科协	英山县
24	湖北团黄贡茶有限公司专家工作站	湖北团黄贡茶有限公司 湖北省农业科学院	省科协	英山县
25	湖北三行科技股份有限公司专家工作站	湖北三行科技股份有限公司 黄冈师范学院	省科协	浠水县

续表

序号	名　　称	建设单位	认定部门	区属
26	蕲春县酒铺再生稻种植专业合作社	蕲春县酒铺再生稻种植专业合作社 华中农业大学	省科协	蕲春县
27	中农华威生物制药(湖北)有限公司	中农华威生物制药(湖北)有限公司 新疆医科大学第一附属医院	省科协	蕲春县
28	湖北驹龙园茶业有限公司	湖北驹龙园茶业有限公司 湖北大学生命科学学院	省科协	蕲春县
29	湖北兴建虾稻共作专业合作社	湖北兴建虾稻共作专业合作社 武汉市农业科学院武汉都市农业研究院	省科协	蕲春县
30	湖北省国营八里湖农场	湖北省国营八里湖农场 中国科学院水生生物研究所	省科协	蕲春县
31	李时珍本草药材专家工作站	李时珍本草药材 华中科技大学同济药学院	省科协	蕲春县
32	湖北鼎艾科技有限公司专家工作站	湖北鼎艾科技有限公司 邓州市中医药管理局	省科协	蕲春县
33	湖北绿食珍生态农业开发有限公司专家工作站	湖北绿食珍生态农业开发有限公司 湖北省农业科学院果树茶叶研究所	省科协	蕲春县
34	蕲春常青桑椹农业专业合作社	蕲春常青桑椹农业专业合作社 湖北省农业科学院	省科协	蕲春县
35	湖北祥云(集团)化工股份有限公司专家工作站	湖北祥云(集团)化工股份有限公司 武汉工程大学	省科协	武穴市
36	湖北美天生物科技有限公司专家工作站	湖北美天生物科技有限公司 武汉大学	省科协	武穴市
37	湖北富之源生物科技有限公司专家工作站	湖北富之源生物科技有限公司 中国农业科学院作物科学研究所	省科协	武穴市
38	成都彩虹电器中南有限公司专家工作站	成都彩虹电器中南有限公司 武汉纺织大学	省科协	武穴市
39	湖北万星面业股份有限公司专家工作站	湖北万星面业股份有限公司 湖北中医药大学	省科协	武穴市
40	武穴市民本矿产资源开发有限公司专家工作站	武穴市民本矿产资源开发有限公司 湖北中医药大学	省科协	武穴市
41	武穴市锐兴家庭农场专家工作站	武穴市锐兴家庭农场 华中农业大学	省科协	武穴市
		博士后工作站(2家)		
1	博士后科研工作站	黄冈市农科院	省人社局	市　区
2	博士后科研工作站	湖北祥云(集团)化工股份有限公司	省人社局	武穴市
		博士后创新实践基地(8家)		
1	博士后创新实践基地	湖北兴和电力新材料股份有限公司	省人社局	市　区
2	博士后创新实践基地	黄冈市农科院	省人社局	市　区
3	博士后创新实践基地	湖北鸣利来合金钻具股份有限公司	省人社局	市　区
4	博士后创新实践基地	马勒三环气门驱动(湖北)有限公司	省人社局	麻城市
5	博士后创新实践基地	湖北龙翔药业科技股份有限公司	省人社局	武穴市
6	博士后创新实践基地	湖北美天生物科技股份有限公司	省人社局	武穴市
7	博士后创新实践基地	湖北五瑞生物科技股份有限公司	省人社局	黄梅县
8	博士后创新实践基地	湖北邢绣娘食品有限责任公司	省人社局	黄梅县
		湖北省工业设计中心(1家)		
1	工业设计中心	湖北科峰智能传动股份有限公司	省经信厅	市　区

（资料来源：市科技局）

表56 2022年黄冈市省级及以上科技创业平台一览表

序号	名称	建设单位	区属
	国家级孵化器平台名单(1家)		
1	黄冈市大学生创业孵化基地	黄冈科技创业服务有限公司	市 区
	国家级众创空间平台名单(1家)		
1	黄冈市鹏展众创空间	湖北鹏展光机电化科技创业服务有限公司	武穴市
	国家级星创天地平台名单(6家)		
1	精农星创天地	罗田精农电子商务科技有限公司	罗田县
2	大别山众创中心星创天地	湖北团黄贡茶有限公司	英山县
3	英山县汇智农业星创天地	湖北志顺茶业股份有限公司	英山县
4	英山县电子商务星创天地	湖北中金泰富电子商务产业园有限公司	英山县
5	“中国菊花谷”星创天地	麻城大别花乡菊业股份有限公司	麻城市
6	湖北兆至现代农业星创天地	湖北兆至现代农业科技股份有限公司	麻城市
	国家级国际合作基地建设平台名单(1家)		
1	湖北广济药业股份有限公司	湖北广济药业股份有限公司	武穴市
	湖北省孵化器(15家)		
1	黄冈市大别山创业中心	大别山革命老区(黄冈)创业指导中心	市 区
2	黄冈市新南科技企业孵化器	黄冈市新南科技企业孵化器	市 区
3	麻城市大学生孵化基地	麻城市创业指导中心	麻城市
4	麻城市泰和经营管理有限公司	酒店管理场地租赁	麻城市
5	罗田精农科技孵化器	罗田精农电子商务有限公司	罗田县
6	英山县中小微企业孵化基地	湖北毕昇科技产业发展有限公司	英山县
7	英山县电子商务孵化基地	湖北中金泰富电子商务产业园有限公司	英山县
8	湖北南汇投资管理有限公司	湖北南汇投资管理有限公司	浠水县
9	李时珍健康产业科技企业孵化器	湖北蕲网电子商务孵化园有限公司	蕲春县
10	湖北李时珍国际医药港现代中药科技孵化器	湖北李时珍国际医药港有限公司	蕲春县
11	武穴市大学生创业孵化基地	武穴市劳动就业管理局	武穴市
12	武穴市电子商务产业园	武穴市商务服务中心	武穴市
13	武穴市省级科技企业孵化器	湖北鹏展光机电化科技创业服务有限公司	武穴市
14	黄梅县电商产业园	湖北农夫电子商务股份有限公司	黄梅县
15	湖北小池大众创业万众创新孵化器	湖北小池滨江新区尚宏资产运营管理有限公司	黄梅县
	湖北省众创空间(18家)		
1	黄冈创天下创客空间(大学生 高新区)	黄冈科技创业服务有限公司	市 区
2	大别山(黄冈)创天下	大别山革命老区(黄冈)创业指导中心	市 区

续表

序号	名　　称	建 设 单 位	区属
3	创智公园	湖北大别山创智公园孵化器管理有限公司	市　区
4	黄州青云众创空间	黄冈市市区公共就业和人才服务局	市　区
5	黄冈电商众创空间	湖北农夫电子商务股份有限公司	市　区
6	龙信网科众创空间	湖北龙信电子商务股份有限公司	团风县
7	佰昌大学生创业孵化基地	湖北佰昌科技创业孵化投资有限公司	红安县
8	麻城阳光创客空间	湖北麻城阳光文化城有限公司	麻城市
9	罗田县电子商务创业园	罗田赶街电子商务有限公司	罗田县
10	蕲春县横车镇“创天下”众创空间	蕲春正业蕲艾养生职业技能培训学校有限公司	蕲春县
11	湖北蕲艾创客家园	蕲春众享商务管理有限公司	蕲春县
12	蕲春县先天下乡村振兴众创空间	亿高高科(湖北)信息科技有限公司	蕲春县
13	蕲春管窑陶艺文化产业孵化基地	蕲春县管窑镇岚头矶工艺陶器厂	蕲春县
14	武穴市大学生创业孵化基地	武穴市公共就业和人才服务中心	武穴市
15	武穴市电子商务产业园	武穴市商务服务中心	武穴市
16	英山县中小微企业孵化基地	湖北毕昇科技产业发展有限公司	武穴市
17	黄梅创客家园	黄梅县大学生联合会	黄梅县
18	天财中小企业孵化基地	黄梅天财商贸有限公司	黄梅县
	湖北省国际合作基地(6家)		
1	湖北省低分子肝素国际科技合作基地	湖北亿诺瑞生物制药有限公司	黄梅县
2	湖北省彩色碳粉国际科技合作基地	湖北远东卓越科技股份有限公司	市　区
3	湖北省口腔护理材料国际科技合作基地	湖北瑞特威日化有限公司	团风县
4	湖北省磷霉素国际科技合作基地	湖北迅达药业股份有限公司	武穴市
5	湖北省牙轮钻头国际科技合作基地	湖北鸣利来冶金机械股份有限公司	市　区
6	湖北省绿色兽药国际科技合作基地	湖北美天生物科技股份有限公司	武穴市
	湖北省星创天地(31家)		
1	黄冈市现代农业星创天地	黄冈市农业科学院	市　区
2	黄冈春阳蔬菜农业星创天地	黄冈市黄州区春阳蔬菜专业合作社	市　区
3	黄冈葡萄种植星创天地	黄冈市黄州区嘉裕葡萄种植专业合作社	市　区
4	团香生态农业星创天地	湖北团香农业集团股份有限公司	团风县
5	黄冈东坡现代农业星创天地	黄冈东坡粮油集团有限公司	团风县
6	向阳红农业星创天地	湖北向阳红生态农业发展股份有限公司	团风县
7	蓝焰星火星创天地	光谷蓝焰(团风)新能源有限公司	团风县
8	永信食品现代农业星创天地	湖北永信食品有限公司	团风县
9	圣果酒庄星创天地	湖北圣果酒庄有限公司	团风县

续表

序号	名　　称	建　设　单　位	区属
10	红安县老君眉茶星创天地	红安县老君眉茶场	红安县
11	红安县瑞沣生态星创天地	红安县瑞沣种植养殖专业合作社	红安县
12	蜂巢创业大厦星创天地	湖北大黄蜂网络科技股份有限公司	红安县
13	麻城市龙腾生态农业星创天地	麻城市龙腾生态农业股份有限公司	麻城市
14	紫薇生态园星创天地	麻城市紫薇红苗木花卉养蜂专业合作社	麻城市
15	百信金银花特色种植产业星创天地	麻城百信特色农业经济专业合作社	麻城市
16	中馆驿生态芦笋基地星创天地	麻城市王集鸿发芦笋专业合作社	麻城市
17	辰美楚康星创天地	湖北辰美中药有限公司	英山县
18	英山一泰科技产业园星创天地	湖北一泰生物科技有限公司	英山县
19	英山县吉利中药材产业星创天地	英山县吉利中药材有限责任公司	英山县
20	湖北宏图·筑梦药材·星创天地	湖北宏图中药材科技有限公司	英山县
21	浠水县全苑农业星创天地	湖北全苑生态农业科技有限公司	浠水县
22	浠水县成坤水产星创天地	浠水县成坤水产品专业合作社	浠水县
23	湖北远志黄粉虫星创天地	湖北远志黄粉虫养殖有限责任公司	浠水县
24	石板岩农业科技示范园星创天地	蕲春兴详中药材种植有限公司	蕲春县
25	株林镇会龙康养星创天地	蕲春会龙文化产业有限公司	蕲春县
26	蕲春县回乡创业园星创天地	湖北启网科技有限公司	蕲春县
27	武穴层峰山星创天地	武穴市层峰山农产品产销专业合作社	武穴市
28	武穴绿康功能(特色)农业星创天地	武穴市绿康再生稻产销专业合作社	武穴市
29	武穴佛手山药(特色)星创天地	武穴市农二代生态农庄家庭农场	武穴市
30	邢绣娘生态园星创天地	湖北邢绣娘林农生态科技发展有限公司	黄梅县
31	袁夫稻田稻香花海星创天地	袁夫稻田(湖北)农业发展有限公司	黄梅县

（资料来源：市科技局）

表57　2022年黄冈市科技创业平台一览表

序号	名　　称	建　设　单　位	区属
1	黄冈市黄州区郑家苗木种植专业合作社	黄冈市黄州苗木花卉产业星创天地	市　区
2	团风县金辉农业种植专业合作社	团风金辉农业星创天地	团风县
3	团风县田生中药种植专业合作社	田生中药现代农业星创天地	团风县
4	团风县丰收农机耕作专业合作社	丰收农业星创天地	团风县
5	湖北圣锦源酒业有限公司	团风圣锦源现代农业星创天地	团风县
6	团风县谷阳生态农业示范园	谷阳生态农业星创天地	团风县
7	湖北薯乐现代农业有限公司	滠源田园综合体星创天地	红安县
8	湖北红福食品工贸有限公司	大别山聚英花生园星创天地	红安县
9	红安县将军红山茶油有限公司	红安县油茶产业星创天地	红安县

续表

序号	名　　称	建　设　单　位	区属
10	湖北乾源农牧有限公司	乾源农牧星创天地	麻城市
11	麻城正良农牧有限公司	正良农牧星创天地	麻城市
12	麻城市思迈特种植专业合作社	湖北思迈特星创天地	麻城市
13	湖北大广茶业有限公司	湖北大广茶业星创天地	英山县
14	湖北先秾坛生态农业有限公司	神峰山庄现代农业科技产业园星创天地	英山县
15	湖北幸生康食品有限公司	湖北幸生康农业星创天地	英山县
16	湖北万和农业发展有限公司	湖北万和农业星创天地	英山县
17	湖北皋陶茶业集团有限公司	湖北皋陶茶业星创天地	英山县
18	英山县明畅生态农业开发有限公司	英山县明畅生态农业星创天地	英山县
19	浠水县红莲养鸡专业合作社	湖北浠水智慧农村星创天地	浠水县
20	湖北华盖现代农业发展有限公司	湖北华盖现代农业发展有限公司星创天地	浠水县
21	湖北小野生物科技有限公司	湖北小野生物星创天地	浠水县
22	浠水县长福水稻专业合作社	浠水县长福水稻产业化星创天地	浠水县
23	湖北德峰农业科技发展有限公司	蕲春生态农业星创天地	蕲春县
24	蕲春县湘云专业合作社	招商局·青石大屋星创天地	蕲春县
25	蕲春县夏典铺农民专业合作社	株林镇夏典铺蕲艾科技示范园	蕲春县
26	蕲春县科乐药材种植专业合作社	株林镇陈坝村农业科技示范园星创天地	蕲春县
27	湖北虚心谷农业有限公司	湖北谦益青年农场星创天地	蕲春县
28	红竹小镇旅游开发有限公司	株林镇许家山村红竹惠农星创天地	蕲春县
29	蕲春县家刚农业有限公司	湖北蕲缘优果星创天地	蕲春县
30	湖北兴建虾稻共作专业合作社	湖北龙熹星创天地	蕲春县
31	湖北下石潭风胜旅游开发有限公司	湖北石潭花乡星创天地	蕲春县
32	武穴市爱亲人蕲艾种植专业合作社	武穴市爱亲人蕲艾星创天地	武穴市
33	武穴市大兴蔬菜产销专业合作社	武穴市大兴蔬菜产销专业合作社	武穴市
34	武穴市一秀家庭农场	武穴市一秀三产融合农业星创天地	武穴市
35	武穴市应顺农产品产销专业合作社	武穴市应顺农产品产销专业合作社星创天地	武穴市
36	湖北保昌农业生态园有限公司	保昌农业星创天地	武穴市
37	武穴市丰穗种植专业合作社	武穴市丰穗优质稻星创天地	武穴市
38	武穴市保鑫种养专业合作社	绿色优质粮油品牌创建项目星创天地	武穴市
39	武穴市邢园茶场	邢园茶场星创天地	武穴市
40	武穴市天丁药材种植家庭农场	“广济天丁”(特色)农业星创天地	武穴市
41	黄梅天财商贸有限公司	天财中小企业孵化基地	黄梅县
42	湖北龙感湖小蓝虾科技有限公司	龙感湖小蓝虾星创天地	龙感湖管理区
43	湖北金肽阳农牧发展有限公司	龙感湖金肽阳星创天地	龙感湖管理区

（资料来源：市科技局）

【科研创新平台建设】2022年，黄冈市分别依托规模以上工业企业建设研发机构，依托优势产业搭建综合性创新平台。至年底，全市建有研发机构的规模以上工业企业672家，备案比重46%，省级以上创新平台160家，获批省级重点实验室3家，省级产业技术研究院4家。累计建成国家级孵化器（众创空间）2家、省级孵化器（众创空间）33家；新备案省级星创天地5家，省级以上创业平台79家。

【产业技术研究院建设】2022年，黄冈市加强湖北省蕲艾产业技术研究院和湖北省薯芋产业技术研究院建设，全市省级产业技术研究院累计4家。湖北省蕲艾产业技术研究院是一家集研究、产品开发、技术成果转化、企业孵化为一体的高层次科技创新和孵化平台，有科研人员60人，科研设施设备20台（套），与湖北中医药大学等多所高校和科研院所建立合作关系，开展技术攻关，提升蕲艾产品科技含量，打造蕲艾全产业链。湖北省薯芋产业技术研究院围绕红安特色地标产品红安苕构建薯芋产业持续发展的集技术策源、成果转化、人才支撑、新兴企业孵化为一体的研发平台，主要开展薯芋无公害种植栽培技术、智能化轻简化生产技术、提质增效关键技术等共性关键技术的开发及产业化应用，延伸薯芋特色产业链。产业技术研究院建设，引导产业技术研究院突出集成创新、消化吸收再创新，通过关键性、创新性以及前瞻性的技术开发与推广，向企业转移技术成果，培养输送人才，促进产品更新、产业升级和结构转型。全市先后组建湖北中科、湖北心脑同治、湖北蕲艾、麻城石材、麻城菊花、鄂东纺织、湖北薯芋产业技术研究院7个。

【23家企业入库省"瞪羚"企业】2022年，湖北楚维药业有限公司、中交二航武汉港湾新材料有限公司等23家企业入库湖北省"瞪羚"企业，全市入库省科创"新物种"瞪羚企业累计48家，数量位列全省第四位。入选的23家企业中，黄冈美丰化工科技有限公司为全球防晒原料重要供应商，生产的紫外线吸收剂系列产品在国际市场占有率位列第二位，国内市场占有率位列第一位，1—9月实现产值3.81亿元，比上年增长78.6%。黄冈市华窑中祥窑炉设备有限公司自主研发的年产600万件高档细瓷辊道窑、高温还原焰日用瓷辊道窑、隧道窑、新型微晶玻璃晶化梭式窑先后获国家科技成果奖并填补国内空白。湖北韩泰智能设备有限公司是专业从事智能装备研究、设计、制造的高科技企业，拥有新型专利40余项。

（李　响　谢素玲）

科技成果

【概况】2022年，黄冈市常态化开展"千企联百校"活动，签约产学研合作项目50个，转化科技成果45项。全年通过省级审核技术合同登记3881项。年内，湖北科峰智能传动股份有限公司实施高精密减速器智能制造、微型W系列行星减速器研发与制造等30余项省、市级科技计划项目，并研制国内首台智能剥虾机。

【技术合同交易】2022年，黄冈市建立"企业需求征集、高校成果发布、部门平台搭建"创新网络，实现企业需求和高校成果"无缝对接"，实施"兜底"服务。精准征集企业需求，组织专家团队为100余家企业进行技术诊断，开展供需对接，面向高校发布技术需求72项。完成技术合同成交额152亿元。

【重大成果转化项目】2022年，黄冈市科技局组织14家企事业单位申报湖北省科技成果转化资源分站、基层站点，完成科惠网、武汉科技成果转化平台黄冈分平台系统升级，搜集各高校科研院所科技成果200余项，转化科技成果项目45项。

【10项科技成果获省科学技术奖励】2022年，黄冈市10项科研成果获湖北省科学技术奖励，其中1项为牵头完成、9项为参与完成。湖北恒祥科技股份有限公司参与的"先进聚合物发泡关键技术及产业化"、中交二航武汉港湾新材料有限公司参与的"高硅铝固废基胶凝材料低碳制备关键技术及产业化"2个项目，获省科学技术进步奖一等奖；黄冈市植保植检站参与的"稻飞虱猖獗机制及精准对靶绿色防控技术体系构建与应用"、浠水县蔬菜水果花卉科技开发中心参与的"猕猴桃种质创制与特色新品种培育"、李时珍医药集团有限公司参与的"防治代谢性疾病的中药关键技术创新及应用"3个项目，获省科学技术进步奖二等奖；黄冈师范学院、湖北中科产业技术研究院有限公司牵头完成的"高速度高精度虹膜识别关键技术及设备"、黄冈市农业科学院参与完成的"棉花绿色高效种植技术体系创建与应用"，湖北美凯化工有限公司参与完成的二苯甲酮类紫外线吸收剂新技术工艺开发及产业化、湖北诃力机械设备有限公司参与完成的大幅面柔性复合袋成型关键技术与应用4个项目，获省科学技术进步奖三等奖；湖北梦丝家绿色保健制品有限公司参与的"蚕桑轻简高效种养关键技术应用与推广"项目，获科学技术成果推广奖二等奖。

表58　2022年黄冈市获湖北省科学技术奖励一览表

序号	等级	项目名称	完成人	完成单位
1	科学技术进步奖一等奖	先进聚合物发泡关键技术及产业化	胡圣飞、罗国强、陈绪煌、魏琼、甘树森、胡承鹏、余鹏、张荣、沈强、周兵、胡晓红、段建平、刘清亭、付旭东、陈华	湖北工业大学、武汉理工大学、湖北祥源新材科技股份有限公司、**湖北恒祥科技股份有限公司**、湖北洋田塑料制品有限公司
2	科学技术进步奖一等奖	高硅铝固废基胶凝材料低碳制备关键技术及产业化	包申旭、黄修林、刘涛、周紫屡、杨林、黄晶、毛娅、房艳伟、陈永亮，高玉军、陈作炳、张冰、罗勇鹏、黄慕洋	武汉理工大学、武汉科技大学、湖北大学、中冶武汉冶金建筑研究院有限公司、**中交二航武汉港湾新材料有限公司**

续表

序号	等级	项目名称	完成人	完成单位
3	科学技术进步奖二等奖	稻飞虱猖獗机制及精准对靶绿色防控技术体系构建与应用	李建洪、华红霞、周华众、何顺、赵景、谢原利、万虎、顾辉、蔡万伦、李绍勤	华中农业大学、湖北省植物保护总站、枝江市农业技术推广中心、荆门市植物保护站、**黄冈市植保植检站**、天门市植物保护站
4	科学技术进步奖二等奖	猕猴桃种质创制与特色新品种培育	陈庆红、张蕾、齐秀娟、罗轩、高磊、顾霞、徐爱春、彭家清、何中华、杨阳	湖北省农业科学院果树茶叶研究所、中国农业科学院郑州果树研究所、十堰市经济作物研究所、宜昌市农业科学研究院、**浠水县蔬菜水果花卉科技开发中心**、赤壁神山兴农科技有限公司、湖北铭浩绿色生态科技发展有限公司
5	科学技术进步奖二等奖	防治代谢性疾病的中药关键技术创新及应用	陈旅翼、叶利春、尹世金、伍红菊、胡俊杰、王圣军、冷骏峰、刘玉琦、蔡京菁、张仲云堂	中南民族大学、**李时珍医药集团有限公司**、湖北中医药大学、湖北天勤生物科技有限公司、国药集团中联药业有限公司、武汉翼博济生生物科技有限公司
6	科学技术进步奖三等奖	棉花绿色高效种植技术体系创建与应用	杨国正、张友昌、李洪菊、罗宏海、闫振华、荣义华、胡爱兵	华中农业大学、荆门(中国农谷)农业科学研究院、湖北省农业科学院经济作物研究所、石河子大学、**黄冈市农业科学院**
7	科学技术进步奖三等奖	二苯甲酮类紫外线吸收剂新技术工艺开发及产业化	王志刚、胡燕辉、王治国、闵建华、杨雪峰、方辉明、邓友生	湖北理工学院、**湖北美凯化工有限公司**、荆门市美丰化工有限公司
8	科学技术进步奖三等奖	大幅面柔性复合袋成型关键技术与应用	严国平、夏军勇、黎厚斌、张爱军、柯雷兵、王庆九、周宏娣	湖北工业大学、武汉大学、**湖北诃力机械设备有限公司**、枣阳市东航塑编彩印有限公司、湖北中烟卷烟材料厂
9	科学技术进步奖三等奖	高速度高精度虹膜识别关键技术及设备	易开军、周贵舟、张鹏程、高俊雄、罗恒、肖欣锴、钱明珠	**黄冈师范学院**、武汉虹识技术有限公司、**湖北中科产业技术研究院有限公司**
10	科学技术成果推广奖二等奖	蚕桑轻简高效种养关键技术应用与推广	于翠、吴凡、张成、孙波、莫荣利、李德臣、周洪英、周建华、王珍、贺真、王谢、朱志贤、董朝霞、程淑兰	湖北省农业科学院经济作物研究所、湖北省果茶办公室、四川省农业科学院农业资源与环境研究所、**湖北梦丝家绿色保健制品有限公司**

说明：表格中加黑的完成单位为黄冈市企业和单位

（资料来源：市科技局）

【创新型产业集群实现零突破】 2022年8月12日，黄冈高新区生物医药创新产业集群、麻城经开区高端装备制造创新产业集群，入选2022年湖北省创新型产业集群，黄冈市省级创新型产业集群实现零突破。

【首次奖励重大技术创新成果】 2022年8月31日，黄冈市科技创新大会在黄州召开。会上宣读《市人民政府关于对湖北科峰智能传动股份有限公司重大技术创新成果兑现政策奖励的决定》，授予湖北科峰智能传动股份有限公司智能剥虾机项目“重大技术创新成果”奖牌，兑现奖金100万元。该项目获知识产权授权27项，产品达到国际领先水平。湖北科峰智能传动股份有限公司

2022年8月31日，黄冈市科技创新大会在黄州召开。大会首次奖励重大技术创新成果，湖北科峰智能传动股份有限公司获100万元奖励。图为颁奖现场（市科技局 供图）

是黄冈市国家高新技术企业、国家专精特新"小巨人"企业、湖北省支柱产业细分领域隐形冠军示范企业。

（谢素玲）

科技人才

【概况】2022年，黄冈市有研发（R&D）人员0.8万人，博士465人，硕士5762人，高级职称专业技术人才1.6万人。柔性引进科技副总106名，选派科技特派员1051名、国家三区人才76名，启动"千名人才服务基层行动"。

【科技人才引育留用】2022年，黄冈市科技局联合市委组织部首次在县（市、区）召开科技人才工作现场会，争取人才专项经费450万元，评选优秀人才创新创业平台33个。联合市科协、团市委评选"最美科技工作者"30人、青年拔尖人才2人。年内，市科技局获评全省高企认定管理工作先进集体，黄冈高企工作受到省主要领导批示肯定。

【千名人才服务基层行动】2022年6月28日，黄冈市启动"千名人才服务基层行动"，选派产业、教育、卫生、科技、金融、乡村振兴等领域特聘专员3427人，到产业集聚区、县级以下单位、社区农村、中小企业等基层一线办实事、解难题。对接138名省派专家人才到县乡镇村、园区企业、家庭农场等场所，开展科技创新、技术示范等服务。年内，各类人才为乡村开展教育教学、医疗服务、文化创意、法律援助、科技示范等各类指导1639次。

【"9+N"人才服务套餐】2022年9月，黄冈市启动"人才服务月"活动，制定"9+N"人才服务套餐。"9"，即聚焦人才事业发展和住房、医疗等"关键小事"，制定人才政策宣传落地、高层次人才体检就医"绿色通道"、子女入学跟踪服务、安居保障、金融服务、人才"五个一"、人才服务网络建设、青年人才专项服务、科技项目人才对接9大专项行动，明确牵头部门和责任单位，集中在9月推进落实。"N"，即在9大专项行动基础上，各牵头部门结合各行业人才实际需求，创新开展特色活动。市人社局、团市委、市卫健委等9大行动具体牵头单位及各县（市、区）均制定细化的服务活动方案，共同构成黄冈"9+N人才服务月"活动体系。全市举办"青年有约·爱在黄冈"等青年人才交友联谊活动9场，吸引860余名青年人才参加，120名青年才俊结对。9月6日，市人社局举办"金秋招聘月"活动，组织57家重点企业为近900名求职者提供1500余个岗位，达成就业意向435人。

（谢素玲）

科技服务

【概况】2022年，黄冈市推进科技与金融结合，开展专利转化工程和知识产权质押融资"入园惠企"行动，发挥资金杠杆作用，全年企业融资5.02亿元，位列全省第四位。全市第一批申报高企270家，申报数位列全省第一位。组织实施科技计划项目46项，安排资金1710万元。组建科技助力乡村振兴专家志愿服务团，覆盖黄冈十大重点农业产业和区域优势特色产业。年内，4家企业获批中国农技协"科技小院"。

【科技金融服务】2022年，黄冈市推进大别山金融工程，建立企业融资纾困"白名单"制度，发放优惠利率、贴息贷款14.3亿元。创新设立信贷风险补偿金，推动科技融资担保体系市域全布局，面向重点产业链定制"蕲艾贷""养殖贷""板栗贷"等特色金融产品矩阵，逐步形成"银行+政府+保险+创投+科技服务中介"相结合的科技金融体系，运行"4222"科技融资担保业务模式（由省再担保集团、市融资担保集团、合作银行和市政府按4:2:2:2比例分担风险责任），黄冈市融资担保集团联合中国银行黄冈分行、武汉农商行黄冈分行采取"再担科担贷"业务模式，为湖北恒祥科技股份有限公司、黄冈兴和电线电缆有限公司两家高新技术企业发放担保贷款合计1490万元。光谷黄冈科技产业园高新技术孵化器项目获批政府专项债券1.63亿元，孵化器一期获批银行贷款1.4亿元、二期项目担保授信3亿元。

【高新技术产业创新发展若干措施】2022年8月25日，黄冈市出台《关于促进高新技术产业创新发展若干措施的通知》，提出14条政策措施促进高新技术产业创新发展。强化企业创新主体地位，对全市纳入高新技术产业统计年产值过亿元的企业，其年产值增速或增量各前5位的给予产值进步奖励，单个企业奖励30万元；对企业研发费用总额在500万元（含）以上的，按1%的标准给予奖励，单个企业最高不超过100万元；对企业引进的科技人才入选黄冈市高层次人才的，给予所得税奖励等。支持产业技术创新，对在黄成立的技术转移服务机构，经年度绩效评价后按照技术合同成交额的5%择优给予工作经费补贴，最高不超过100万元。

【科技助力乡村振兴志愿服务行动】2022年，黄冈市组建科技助力乡村振兴专家志愿服务团，由优质稻米产业专家志愿服务队、菜籽油产业专家志愿服务队、果蔬及食用菌产业专家志愿服务队、生猪产业专家志愿服务队、道地药材产业专家志愿服务队、红安苕产业专家志愿服务队、特色淡水产品产业专家志愿服务队、茶叶产业和油茶产业专家志愿服务队、家禽及蛋制品产业专家志愿服务队、板栗产业专家志愿服务队10支农业专家志愿服务队组成。以市农学会、市农科院、市水科所、黄冈师范学院、黄冈职业技术学院等高校科研院所的农业科技工作者为主体，广泛吸纳院士专家工作站建站专家、基层"三长""土专家""田秀才"等人才。服务领域覆盖优质稻米、蔬菜、道地药材、茶产业等黄冈十大重点农业产业和区域优势特色产业，选育出米粉专用早稻2个，"浠粉稻1号"直链淀粉含量达25.6%，稻虾蛙高效种养模式获省科技厅"星创天地"路演活动优秀奖。

【4家企业获批中国农技协"科技小院"】2022年，红安红薯科技小院、蕲春生态养猪科技小院、蕲春茶叶科技小院、蕲春中药材科技小院获批中国农技协"科技小院"。红安红薯科技小院依托红安瑞洋种植养殖合作社建立，该合作社是一家从事食用菌种植、水产养殖、红苕种植等产业于一体的生态农业龙头企业。蕲春生态养猪科技小院依托蕲春县彭思能源生态养殖场建立，该养殖场是一家专业从事农村废弃物处理和资源综合利用的高新技术企业，拥有全省500立方米大型沼气池工程建设"甲级资质"。蕲春茶叶科技小院依托湖北驹龙园茶业有限公司

建立，该公司是集茶叶种植、收储、加工和销售、服务于一体的农业产业化市级重点龙头企业。蕲春中药材科技小院依托蕲春县兴农中药材专业合作社建立，该合作社拥有药材种植基地50公顷，辐射带动周边百姓种植中药材330公顷，年销售中药材2000吨。

【武穴市、麻城市获批省创新型市】2022年，武穴市、麻城市获批首批省级创新型县（市、区），认定为科技支撑产业发展创新型县市。武穴市坚持"市场主导、政府引导""企业主体、政府服务"的协同创新机制，推行"人才飞地"模式，助力企业在武汉、襄阳等地建立技术研发中心12个，引进海内外专家200余名；获批国家级鹏展众创空间、省级大学生创业孵化基地、省级电子商务产业园、博士后工作站各1个，组建院士（专家）工作站8个、工程技术研发中心5家。麻城市出台推进创新型县（市、区）建设系列政策，形成"党委政府统一领导、部门协调联动、社会各界共同参与、合力推进科技创新"工作格局，高新技术企业从2018年的36家增至2022年的124家，科技型中小企业从2018年的58家增至2022年的231家，培育国家级专精特新"小巨人"1家。

（谢素玲）

科技交流合作

【概况】2022年，黄冈市495家规上工业企业建有研发机构，组建省级校企联合创新中心45家，数量位列全省第二位。与全国62所高校科研院所建立战略合作关系，与90余所高校科研院所开展企校合作，开展院士专家老区行活动。全年引进40家高校科研院所，实现100余项科技成果在黄冈转化落户。

【外国人来华工作许可服务】2022年，黄冈市科技局承接"外国人来华工作许可"事项，按照优化营商环境要求，进一步优化服务工作流程和机制，实现"一窗通办、并联办理"，缩短事项办理时限。加强外国专家业务学习和宣传，做好外国人来华工作网上办理政策解读和问题解答，主动为企业和来华就业人员提供服务。全市办理外国人来华工作许可件20件，延期件11件。组织湖北星辰、湖北才风医疗参加第二十四届中国国际高新技术成果交易会。

【市校合作】2022年，黄冈市578家企业与90余所高校科研院所开展企校合作，实施"千企联百校"、教授回乡、科技副总等重点工程。总结"千企联百校"五步工作法（即征集需求、分类建库、组织对接、典型引路、跟踪服务），采取大型对接+小分队对接模式推动市校合作走深做实。全市企业从武汉高校和科研院所聘请科技副总50人，占全市科技副总总数的66%。武汉纺织大学教授张如全担任稳健医疗（黄冈）有限公司科技副总，2022年10月，研发"冷堆法制备技术"，全棉水刺非织造布脱漂白度提高3.1%，吸水量提高8.65%。武汉理工大学教授程晓敏团队与湖北鸣利来合金钻具股份有限公司展开校企合作，团队成员方剑博士担任公司科技副总，攻关热处理技术，三牙轮钻头占据国内市场36%的份额，远销南美、非洲和东南亚。

（李 响　谢素玲）

【湖北省机械工程学会院士专家黄冈行】2022年5月26日，由湖北省机械工程学会、中共黄冈市委组织部、黄冈市科学技术协会、黄冈市科学技术局、黄冈高新区管委会主办的"湖北省机械工程学会院士专家黄冈行"活动在黄冈市举行。召开"装备创新技术产业发展论坛暨企业技术需求对接会"，中国工程院院士，中国机械工程学会、省机械工程学会荣誉理事长李培根作《企业数字化转型中应引起重视的几个问题》报告，并现场答疑解惑。12位专家学者与黄冈市9家企业代表，交流对接技术需求。武汉大学动力和机械学院、武汉理工大学机电工程学院等6所院校与黄冈市多家企业达成初步合作意向。省机械工程学会分别向黄冈高新区管委会、湖北省中科产业技术研究院授予"湖北省机械工程学会服务站""湖北省机械工程学会协作站"牌匾。

【中国化工学会院士专家黄冈老区行】2022年7月23—24日，由中国科协科技创新部、湖北省科协支持指导，中国化工学会、黄冈市科协、武穴市人民政府、罗田县人民政府联合主办的"智汇产业链·振兴大别山"中国化工学会院士专家黄冈老区行活动在武穴市举行。中国化工学会与武穴市人民政府、罗田县人民政府签订合作协议；授予武穴市、罗田县"中国化工学会服务站"牌匾。中国工程院院士、浙江工业大学生物工程学院院长郑裕国，浙江工业大学钱塘生物产业研究院执行院长、教授柳志强分别以《医药制造工程科技创新》《做强生物制造产业 助力经济社会发展》为题作报告。

（汪小华）

2022年5月26日，中国工程院院士李培根在湖北省机械工程学会院士专家黄冈行活动现场作报告

（市科协 供图）

责任编辑：汪小华　责任校对：陈小萍

教育

综 述

【教育经费投入】2022年，黄冈市完成教育经费投入128亿元，其中，一般公共预算教育经费投入101.5亿元，比上年增加5.43亿元，增长5.7%，生均公用经费和生均财政拨款标准上升。全市教育固定资产投资项目开工100个，完成投资30.65亿元。争取资金5亿元，为511所义务教育学校改善办学条件。支持和推动县（市）一中整体迁建。投入1.55亿元实施“清凉教室”工程，为1124所学校装备节能空调2.92万台。

【“五育并举”落实】2022年，黄冈市推进各类学校落实“五育并举”（德育、智育、体育、美育、劳动教育五个方面的教育并举），加快“五育融合”，促进学生全面发展。参与教育部“新时代好少年，强国有我”主题教育活动，组织开展爱国主义读书教育朗诵比赛、红色故事演讲比赛，组织传统文化进校园、优秀影片进校园活动，开展学雷锋志愿服务、“劳动美”等实践活动，引导青少年“扣好人生第一粒扣子”。遴选250名学生参加省级体育比赛，获金牌4枚、银牌3枚、铜牌3枚。承办省体育特色项目学校运动会足球比赛（高中生组）夏令营系列活动，获教育部认可。各地各校发挥校园育人主阵地作用，开展多种形式活动。黄冈中学打造国旗下演讲、唱歌、读报、时政话题研讨、班会（主题团日）、黑板报、影视教育的“八位一体”德育模式；红安县获评全国青少年校园足球试点县、湖北省体教融合示范县；黄梅县举办全县中学生运动会和城区小学生运动会，开展中小学生绘画、书法和手工作品评选活动；蕲春县《走进本草博物世界——写给孩子们的本草歌》获全国“五个一工程”农家书屋奖。

表59　2022年黄冈市教育基本情况统计表

类　别	学校（所）	学生（万人）	教师（万人）
幼儿园	1089	19.89	2.29
小学	693	45.13	2.47
初级中学	246	21.75	2.09
高级中学	64	12.51	1.15
中等职业学校	21	5.53	0.3
特殊教育学校	10	0.37	0.03
普通高校（含成人高校）	5	5.44	0.39

（资料来源：市教育局）

【教师队伍建设】2022年，黄冈市各级各类公办学校补充教师2674人，争取“三区”（边远贫困地区、边疆民族地区和革命老区）人才教师160名，引进硕士研究生12人。全市义务教育学校开展教师城乡、校际双向交流3433人次，占专任教师总数10.09%。推动教师教育综合改革实验区建设，印发《关于做好2022年优秀教师定向培养专项计划有关事项的通知》，首次遴选黄冈师范学院大一新生66人参与市级“优师计划”；遴选黄冈名师工作室、黄冈师范学院名师工作坊主持人30名。年内，1人入选教育部“新时代中小学名师名校长培养计划”候选人，2人获“荆楚好老师”提名，6人获省第四届“楚天园丁奖”，5人获省农村先进教师，1人获省农村先进教育工作者，1人获省师德标兵。评选表彰黄冈市师德标兵20名。组织开展全市中小学心理健康教育培训，培训校长教师700余人。

【平安校园建设】2022年，黄冈市2128所学校完成“一键报警”和校园监控系统对接联通，校园安全建设任务基本完成。全面落实校园常态化疫情防控和家校协同防疫措施，科学处置应对多轮疫情和感染高峰。成立校园（校车）安全生产专业委员会，形成整体联动校车安全保障机制；开展校园周边环境专项整治，消除安全隐患716个；开展两轮暑期学生防溺水工作专项督查，整改安全问题116个。联合市市场监管部门开展食品安全专项检查3次，下达整改通知书117份、整改问题354个。开展全市校园红十字救护员培训10期，2000余名教师获应急救护员资格证书。

【教育改革】2022年，黄冈市推进实施教育改革项目11项，其中市领导领衔改革项目1项。全市教育系统总结中共十九大以来教育改革成果案例，在全市重大改革成果新闻发布会上发布。《探索建立义务教育“双减”工作长效机制》课题申报湖北省社会科学研究项目。推进教师教育综合改革实验区建设，实施《黄冈市优秀教师定向培养计划实施方案》。教联体试点改革列入市委深改委考核县（市、区）项目，全市10个教联体确定为省级试点学校。

【教育治理现代化建设专题培训】2022年，黄冈市以黄冈中学教育治理体系和治理能力现代化经验为案例，开展全市教育治理现代化建设专题培训班8期。市教育局班子成员、县（市、区）教育局局长和分管局长、全市高中校长及分管校长、市县教科院院长和全体教研员、全市骨干初中和小学校长、外派合作办学教学团队成员733人参加黄冈市教育局专题培训。

【教育合作与交流】2022年，黄冈市与内蒙古自治区乌拉特后旗、山西省兴县签订合作办学协议。全市开展合作办学学校8所，派出教学、管理人员57人，合作学校安排年轻教师到黄冈市顶岗学习63人。探索黄冈、九江两地跨江教育合作，与九江市教育局签订合作框架协议，九江市浔阳区与黄梅县，濂溪区与武穴市先后启动合作，在课程、教学、评价、科研、培训等方面交流协作。推动武汉都市圈高中阶段入学考试、教育教学、高考改革和发展研究。与黄石市、鄂州市等地开展教学合作，高三学生3月、4月两次联合调考，统一命题考试，联合召开质量分析会。根据国家发展和改革委员会《革命老区重点城市对口合作工作方案》，宁波市与黄冈市建立教育对口合作关系。

（闻　斌）

学前教育

【概况】2022年，黄冈市有幼儿园1089所，在园幼儿19.89万人。新认定普惠性幼儿园30所，覆盖率88.48%。全面实施第四期学前教育三年行动计划，推进“万个公办幼儿园学位扩充”实事项目，新建（改扩建）幼儿园32所，新增学位8570个。组织开展第四届全省幼儿园游戏活动优秀案例评选推荐活动，宣传推广省级优秀游戏案例和“安吉游戏”典型经验，获省级一等奖1个、三等奖2个；组织开展第十一届学前教育宣传月，围绕“幼小衔接，我们在行动”，专栏推送案例30余篇。

【特色园本课程】2022年，黄冈市坚持“儿童为本，过程导向，持续改进”原则，推进“一日生活皆课程”“生活即教育”教育理念，立足园所实际，以撬动幼儿自然发展为支点，以大自然、大社会为内容对象，打造特色园本课程，推动幼有所育向幼有优育转变。市实验幼儿园开展浸润式自然园本课程，从幼儿体验和探究需要出发，将自然、社会和文化等不同资源纳入课程建设体系，通过“五感”（形、声、闻、味、触）与真实自然互动走进自然。市第二实验幼儿园开展“亲自然、亲社会”课程，以“亲自然、好运动、乐游戏、爱生活、善探索”为课程目标，依托湖北省“十四五”重点课题《幼儿园亲自然项目活动的实践研究》，开展系列亲自然项目活动。市园丁幼儿园开展“食育”园本课程，以“宝贝厨房”“食育小厨房”为载体，创新设计跟着老师进厨房、餐前播报、种植小故事、食育儿歌童谣征集分享、班级趣味小厨房等游戏活动。

（闻　斌）

【3所幼儿园获省级优秀案例奖】2022年，湖北省教育厅第四届全省幼儿园（一二三级幼儿园）游戏活动优秀案例名单公布。黄冈市园丁幼儿园执教教师张艺馨、鲁敦琳、周凡案例《“钢架雪车”的坡道搭建》获一等奖，浠水县兰溪镇兰溪幼儿园执教教师袁雁、熊小洁、姚欣案例《“小山坡”欢乐多》，浠水县实验幼儿园桥北分园执教教师黄文莉、江育春、刘雨露案例《当帐篷遇上风》分获三等奖。

（严　静）

【黄冈市实验幼儿园】2022年10月，黄冈市实验幼儿园第三分园（黄冈市春晓幼儿园）建成并投入使用，由黄冈市实验幼儿园统一管理，实行“一园两区”模式。两个园区有教学班27个，在园幼儿920名，专任教师66人，其中，正高级教师1人，高级教师16人，中级教师23人，初级教师10人。年内，完成黄冈市高层次人才教师公开招聘及专项招聘工作，引进研究生2名、本科生13名。完成“互联网+”智慧食堂项目，启动D级危房改建工程。市实验幼儿园获黄冈市全面健身优秀展示奖、黄冈市级平安校园。

特色教学　组织教师参加陶艺专题培训、《幼儿园保育教育质量评估指南》专题学习、线上学术论坛学习等系列活动。组织开展“童心向冬奥　一起向未来”“快乐五一悦享劳动”“幼小衔接，我们在行动”“我要上小学”等主题教育活动。利用“七彩童心坊”“奇趣探索屋”“甜心烘焙屋”等功能室开展特色活动。

2022年5月25—30日，黄冈市实验幼儿园举行庆“六一”活动（市教育局 供图）

围绕中秋节、重阳节等传统节日设计教学活动，促进幼儿健康情感发展。

教育教研 组织教师参加全市幼儿教师专业素养论文评选，其中，获一等奖2人、二等奖1人。组织教师参加黄冈市第四届游戏案例研讨评比，6位教师撰写的2篇游戏案例获市级一等奖。湖北省教育科学规划课题《协同育人视角下幼儿劳动教育的实施路径研究》、湖北省学前教育研究会重点课题《基于儿童需要的户外体育游戏材料投放策略研究》立项。与团风县总路咀镇中心幼儿园、黄州区遗爱湖幼儿园、团风县思源实验幼儿园、浠水县思源童之梦幼儿园结成帮扶结对姊妹园，开展《不一样视角下的幼小衔接》《自主游戏专题研讨》等专题送教活动。

（段园园）

【黄冈市第二实验幼儿园】 2022年，黄冈市第二实验幼儿园有教学班29个，在园幼儿773名，专任教师68人，其中，正高级教师1人，高级教师3人，中级教师1人，初级教师41人。公开招聘教师8人，安置退役军人1人；晋升中级职称1人、初级职称25人；获评黄冈市优秀学科教师1人，获评黄冈市优秀青年教师1人。推进互联网+明厨亮灶建设，完成校园文化一期、田田乐园改造、新建葡萄架等项目建设。分别获湖北省公共机构生活垃圾分类示范点、黄冈市级平安校园、黄冈市巾帼建功示范岗、骨干教师名校跟岗培训基地等。

特色教学 探索实行“至善教育下党建融合、教育教学创新、精细化管理”模式，着力发展“亲自然、亲社会”两大办园特色，坚持实行“同龄游戏异龄化、同班游戏走班化、室内游戏室外化”的混龄教育。通过“国旗下讲话”“朗读红色经典”“童声童趣”等特色平台，开展党建+引领教育教学活动，弘扬中华优秀传统文化、厚植爱国主义情怀。组织开展“六一丛林寻宝舌尖上的美食”“今夜晚回家”等活动10余次。

教育教研 实行至善教育下课题研究、园本教研、教师培养模式，因地制宜开展“奇妙的风”“又见桂花香”“四季桌”“种子博物馆”等系列亲自然活动。组织教师参加《园本课程下的生成活动解读》《幼儿园保育教育质量评估指南》《家庭教育促进法》等系列学习培训活动。组织教师参加全市幼儿教师论文评选，获二等奖1人、三等奖2人。实行至善教育下规范办学、辐射引领、结对帮扶示范教学，与新疆农五师幼儿园等幼儿园签订帮扶协议；承接国培项目并作专题分享；承接罗田县8所幼儿园骨干教师跟岗培训项目；《如何开展园本教研》《幼儿园大型活动的组织策略》等8个专题在神农架林区幼儿园作经验分享。与市第二实验小学开展同课异构等教研方式，实现幼小对接。

（张 磊）

【黄冈市园丁幼儿园】 2022年，黄冈市园丁幼儿园有教学班11个，在园幼儿395名，专任教师23人，其中，高级教师7人，中级教师8人，初级教师8人。完成秋季适龄儿童招生122名。公开招聘教师2人，竞争上岗中层干部5人，安置退役军人1人；晋升高级职称1人、中级职称1人；获评湖北省特级教师1人，获湖北省楚天园丁奖1人。推进互联网+明厨亮灶建设，完成幼儿园门楼改造、教学楼外墙粉刷、防盗网改造等项目。获黄冈五一劳动奖状、黄冈市巾帼文明岗、黄冈市级平安校园等。

特色教学 结合教育教学工作计划和各年龄段幼儿特点，开展班级教育教学活动。打造“园园·丁丁故事屋”“宝贝厨房”，组织开展“书香伴成长”读书日、“一起向未来”毕业季、国家安全教育日等主题教育活动。结合中华传统节日开展庆祝活动，丰富教学形式，促进幼儿健康成长。

教育教研 开展省级重点规划课题《区域学前教育“三位一体”协同教研模式的构建与实施》研究，组织课题“食育故事”比赛分享、线上研讨、食育儿歌故事征集等活动。组织教师参加幼儿园课程建设学术论坛，《我国幼儿园课程实践的十年探索与反思》《教师心理健康建设与师德修养》等线上专题培训，《家庭教育促进法》等线上线下专题培训。组织学习《幼儿园保育教育质量评估指南》，开展“每周一聊”教研活动，探究教师专业发展方向。组织教师参加省市级比赛，由3位教师组织的幼儿自主游戏《“钢架雪车”的坡道搭建》获一等奖，黄冈市“未成年人防性侵”优秀课堂教学案例评选活动中2人获一等奖，教师论文比赛获市级一等奖2人、二等奖1人。

（倪 欢）

义务教育

【概况】 2022年，黄冈市有小学693所，在校生45.13万人；初中246所，在校生21.75万人。年内，新建义务教育学校14所，新增学位2.28万个，其中，市区投资5.7亿元，新建义务教育学校4所并开学，新增学位1.02万个。实施义务教

2022年9月1日，黄冈市新建的文昌学校一(1)班新生上语文课

（市教育局 供图）

育能力提升计划工程，争取资金5亿元，为511所学校改善办学条件。全市中小学引导70万名学生开展朝读经典、起点阅读、经典诵读等活动，践行社会主义核心价值观。黄冈市作为全国“新时代好少年·强国有我”成果展示活动分会场，在中央电视台新闻直播间和央视“元宇宙空间”展示。全市义务教育阶段随迁子女起始年级学生进入公办学校就读比例98.05%。

【“双减”政策落实】 2022年，黄冈市印发《关于进一步做好义务教育学校课后服务工作的通知》《关于黄冈市义务教育学校课后服务收费标准及有关事项的通知》，规范义务教育学校课后服务工作。开展校外培训机构治理。学科类校外培训机构由324家压减至22家，同步完成营改非和预收费监管工作。市教育局联合市发展改革委、市市场监管局印发《关于明确义务教育阶段线下学科类校外培训收费标准的通知》。理顺非学科类校外培训机构分类管理机制，10个县（市、区）移交非学科类培训机构943个。开展节假日校外培训常态化巡查检查。全年开展联合执法257次，明察暗访986次。畅通投诉举报渠道，核查处理投诉举报线索140余条，协调指导机构退费300万余元。年内，市教育局在市六届人大常委会第五次会议上作“双减”工作报告，并通过审议。黄冈日报社《新黄冈》杂志发布《“双减”，我们在行动》专刊。

【中小学教学教研】 2022年，黄冈市初中学业水平考试实行黄冈、孝感、咸宁三地联合命题。组织开展湖北省精品课评比推优活动。全市教育系统获湖北省优秀基础教育成果奖一等奖4个、二等奖3个。组织开展义务教育作业设计评比活动，中小学思政课一体化专题教研活动。组织召开全市小学教研员及城区学校质量分析会。

【中考】 2022年，黄冈市开展高中阶段学校招生工作，选拔1080名专任学科教师网上阅卷，评阅答题卡40万余份；普通高中录取4.4万人，中职学校录取1.75万人，招生计划和录取最低分数线均未突破，普职比进一步优化，优质高中分配生总体比例达到省规定要求。实施初中毕业生理化生实验操作考试，参加考试学生6.64万人；中考九年级考生6.65万人、八年级考生6.77万人。全市投入教育资金1.44亿元，维护和装备实验室1413间，其中，小学科学实验室458间，中学理化生实验室911间。

【“双线”控辍保学】 2022年，黄冈市建立“政府一条线、教育一条线”的“双线”控辍保学工作机制，为建档立卡贫困学生、留守儿童、残疾儿童建立台账，实行“一生一案”，落实包保，义务教育控辍保学实现动态销号清零，未出现脱贫户（原建档立卡户）子女义务教育阶段辍学现象。健全家庭经济困难学生资助体系，全市资助困难学生48.46万人次、6.18亿元，实现不让一名学生因家庭经济困难而失学目标。

【民办义务教育规范发展】 2022年秋季，黄冈市民办义务教育学校由48所减至43所，在校生由6.24万人减至3.28万人，在校生规模占比由2022年春季9.43%降至秋季4.89%，实现市域民办义务教育在校生规模占比不超过5%的目标。全市有2所“公参民”学校转为公办，7个县（市）印发《购买民办义务教育学校学位管理办法》，投入3595万元（一学年），兜底购买学位9022个。17所民办义务教育阶段学校党支部完成调整换届。5000余名民办中小学教师参与“三进三联”（进课堂、进宿舍、进食堂，联系新生、联系教师、联系家长）活动。

【县域教联体试点改革】 2022年，黄冈市、县两级成立教联体建设领导小组，教联体试点改革列入市委深改委对县（市、区）考核项目，全市有10个县（市、区）教联体被确定为省级试点学校，其中，融合型教联体7个，共建型教联体3个。黄州区加强核心校与成员校交流，选派核心校19名年轻干部到成员校挂职锻炼，选派成员校36名中层以上干部到核心校跟岗学习。搭建校长论坛、联合教科研、线上交流、主题讲座、统一联测联评等交流平台，推动教联体发展。年内，黄冈市实验小学教联体办学质量和教育教学质量提升案例在中国教育质量提升论坛上获全国二等奖。

【少先队校外实践教育基地授牌】 2022年5月18日“世界博物馆日”，由黄冈市教育局、团市委联合主办，市博物馆承办的黄冈市少先队校外实践教育基地（营地）授牌暨“红领巾讲解员”志愿服务实践活动启动仪式在博物馆举行。市文明办、市文旅局、市农科院、市图书馆、市科技馆、市现代农业科技示范园、黄州区新港大道特勤消防救援站等单位和城区部分中小学校少先队大队辅导员、博物馆讲解员及红领巾讲解员参加活动。向市博物馆、市图书馆、市科技馆、黄州区新港大道特勤消防救援站4家少先队校外实践教育基地（营地）授牌。

（闻　斌）

【市政协“双减”政策对口协商】 2022年10月21日，黄冈市政协教科卫体委员会组织召开“义务教育‘双减’政策落实情况”对口协商会，市政协副主席郭应虎出席会议并讲话。会上，市教育局介绍全市义务教育“双减”工作推进落实情况，部分政协委员围绕黄冈市义务教育“双减”政策落实协商发言。

【5名学生获宋庆龄奖学金】 2022年，教育部、中国福利会、中国宋庆龄基金会发布《关于颁发第十五届宋庆龄奖学金的决定》。黄冈市罗田县义水学校郭亦然，黄冈市红安县实验中学徐奥，黄冈市启黄中学张雅涵，黄冈市蕲春县实验小学王琳皓，黄冈市团风县中日友好贾庙中学方丽芝5名学生获得奖学金。宋庆龄奖学金是面向义务教育阶段中小学生设立的国家级奖学金，每两年颁发一次，主旨弘扬宋庆龄爱国主义精神，树立优秀少年儿童榜样。评选范围为义务教育阶段小学四年级至初中三年级的在校学生。

（王建武）

普通高中教育

【概况】 2022年，黄冈市有普通高中64所，在校生12.51万人。年内，全面落实《湖北省县域普通高中发展提升行动计划（2022—2025年）》，改善普通高中学校办学条件，支持和推动县（市）一中整体迁建工作。英山一中迁建工程开工，蕲春一中、浠水一中、红安一中、武穴育才高中迁建项目启动谋划推进工作，黄梅县新建县实验高中，罗田县整合农村高中新建县实验高中，黄州区西湖中学高中部并入黄州区一中。选派50名教育事业发展特派专员，支持农村学校和部分县（市）薄弱高中教育事业发展。承办省体育特色项目学校运动会足球比赛（高中生组）夏令营系列活动。组织高中学生参加全国奥林匹克竞赛，获金牌14枚、银牌5枚，进入国家集训队4人。

【高考】2022年，黄冈市参加普通高考（含普通类、艺术类和体育类）人数4.15万人，其中：一本（特殊录取线）上线8542人、上线率20.6%；本科上线2.1万人、上线率50.6%；专科上线4.15万人、上线率99.8%，上线人数和录取人数均比上年增长。全市物理方向最高分690分，历史方向最高分660分，大文大理600分及以上1046人，被清华大学、北京大学录取41人；军地招飞中，录取空军飞行学员10人、海军飞行学员9人、民航飞行学员16人，录取人数位列全省前列。

【普通高中招生】2022年，黄冈市教育局印发《关于做好2022年初中毕业生学业水平考试和高中阶段学校招生工作的通知》，成立市统筹高中阶段学校考试招生工作领导小组，推进招生阳光工程，确保考试招生工作公平公正。合理调控普职比，确保起始年级不出现大班额、超大班额，保障高中阶段教育均衡协调发展。省级示范高中根据各初中学校毕业生人数、办学水平综合评估结果、综合素质评价信度水平，将不低于50%的招生计划分配至区域内初中学校。全市普通高中录取新生4.4万人。

【规模普高质量建设】2022年，黄冈市聚焦“小县”一中和“大县”规模普通高中学校，根据学校教学质量分析确定提升对象并组建质量提升共同体，开展教学诊断培训、多轮跟踪视导、统一质量监测、参照比较分析等活动，实现专项提升。实施全市县域高中提升行动，对共同体学校开展阶段性质量监测，加强基于全市样本的过程评价，提升教育教学质量。在武穴市同步召开黄冈市2022年普通高中教育高质量发展培训会，加强全市普通高中综合评价，实现整体提升。联合全市省级示范高中开展高中政治、历史、地理联合大教研，促进协同提升。

（闻　斌）

【跟岗教师座谈会】2022年6月13日，吕梁市第五中学到黄冈市跟岗教师总结座谈会在黄冈市外国语学校召开。吕梁市教育局、黄冈市教育科学研究院、吕梁市第五中学、黄州中学、黄冈市外国语学校负责人、教师等50余人参加会议。会议围绕教师学术访问、教师科研合作、教育资源共享等方面开展座谈，跟岗教师交流体会，提出意见和建议。会后，吕梁市第五中学向黄冈市外国语学校赠送“山水远隔血脉相连，携手扶助情意绵长”匾额。

【足球比赛（高中组）夏令营开营】2022年7月16日，由湖北省教育厅、湖北省体育局主办，黄冈市教育局、黄冈市体育事业发展中心、红安县人民政府承办，红安县教育局、红安县文化和旅游局、湖北省新华书店（集团）有限公司协办的2022年湖北省体育特色项目学校运动会足球比赛（高中组）夏令营系列活动在红安县开营。活动为期7天，来自全省15个市（州）的27支足球队576名高中运动员和101名领队、教练等人员参加。活动分为校园足球联赛、最佳阵容选拔、爱国主义教育、教练员培训等。

【高中教学诊断分析培训会】2022年8月10—11日，黄冈市教育局召开黄冈市部分高中教学诊断分析培训会。市教育科学研究院院长洪程作《科学分析 精准诊断 为高中高质量发展提供教研服务》主题报告。黄梅五中校长黄绍慧分享黄梅五中的教学工作经验；黄梅五中和黄冈中学两校教师代表分享数学和物理教学经验。市教育局基础教育科负责人、市教育科学研究院教研员，5个县（市）的分管局长及教研单位负责人，11所高中校长、分管校长、年级主任及部分学科教师代表参加会议。

（严　静）

【黄冈中学】2022年，黄冈中学有教学班58个，学生2900余人。2022届高考，北京大学、清华大学录取23人，物理方向最高分690分，位列湖北省第17名；历史方向最高分660分，位列湖北省第3名。组织学生参加5大学科竞赛，其中入选国家集训队并保送北京大学4人，进入冬令营21人，获全国金牌14人，金牌数量位列全省第二位。

教学教研 召开专题会部署推进高效课堂，各年级各备课组进行专题研究，从重点班开始打造精品课，并在每次课后进行评课。省级重点课题结题。年内，省级重点课题《示范高中学校治理现代化制度建设研究》，被省教育科学规划领导小组专家结题鉴定为优秀等次。《黄冈中学学校治理现代化汇编》被省内外32所重点中学学习借鉴，100余个团队到校考察学习。

参赛与培训 组织学生参加全市第19届青少年科技创新大赛，其中：获一等奖6个小组（16人），二等奖15个小组（39人），三等奖4个小组（10人）；1个小组入围第36届湖北省青少年科技创新大赛，获二等奖。选送学生作品参加湖

2022年6月9日，黄梅县第一中学考生高考完奔出考场

（黄梅县委宣传部　供图）

北省学生信息素养提升实践活动，其中3件作品分别获一、二、三等奖。组织学生参加全国中学生创新作文大赛，其中：获一等奖5人，二等奖11人，三等奖38人；16人获全国总决赛资格，学校获优秀组织奖；7月全国总决赛中，获一等奖2人，二等奖8人，三等奖6人。选送12幅书画作品参加省文化和旅游厅、省教育厅联合组织的第23届湖北省中小学书画大赛，获二等奖4幅、三等奖6幅、优秀奖1幅。举办学校治理现代化培训班9期，培训市内外教育系统骨干700余人；9大学科教研组长到浠水一中交流复习备考经验；22位教师到山西吕梁地区为4300余名高中教师培训新高考新课标新教材。年内，学校研究成果《新时代普通高中育人方式变革与生态构建》，获2022年基础教育国家级成果一等奖。

德育教育　开展多种形式劳动教育、志愿服务劳动、假期家务劳动。年内，学校召开2022年德育工作会，会议围绕师生、教师、家校间沟通情况开展交流，6位老师发言。组织学生参加省教育厅关工委开展的“新时代好少年·强国有我”主题教育读书活动，其中：学校获评先进集体，1名教师获评先进个人；在相关征文活动中获一等奖7人、二等奖8人。

（王建文）

【黄州中学】 2022年，黄州中学学生高考被一本院校录取28人，美术、文化双过本科线120人。学校被授予湖北省示范平安学校、黄冈市优秀少先队集体、全市教育系统巾帼建功示范岗等称号。

教学教研　开展教育叙事交流，加强学校名师工作室建设，实行集体备课制，以备课组为单位开展研讨，共同编写导学案和教学详案，规范作业布置，淘汰无效作业。推进思政课教学改革，发挥思政课立德树人主阵地作用，学校《立德树人，从1课程到N课程的实践——黄州中学大思政课建设探访》文章获省、市多家媒体专题报道。组织8名思政教师组成中共二十大精神宣讲团，分别在黄冈电视台、黄冈广电东坡云展播《主播带你学报告，思政老师这样说》节目，相继被“学习强国”学习平台和湖北教育公众号转载。组织教师参加各类比赛，其中：在湖北好课堂、优质课、精品课比赛中，获省级、市级奖20人次；在市级、校级示范课比赛中，获奖26人次；在讲课说课比赛中，获市级、校级奖46人次；在各级论文评比中，获省、市级奖17人次；在各级教学设计评比中，获省、市级奖17人次；在全市课件制作比赛中，获一等奖5人次。全年学校教师发表文章，分别被省级刊物刊登14篇、市级刊物刊登13篇，完成3个市级课题子课题结题。

德育教育　每月定期召开班主任工作例会，两校区（黄州中学、黄冈外国语学校）合作开展班主任技能大赛活动，开办“班主任论坛”9期，提高班主任德育工作水平。开展“庆祝建团百年”系列活动。先后组织学校学生拍摄原创MV《新青年》，参加中央电视台“喜迎党的二十大——伟大的抗疫精神”文艺展演拍摄，组织优秀团员代表参观陈潭秋故居，举行新团员退队入团暨“五四”表彰大会，启动少先队建队暨红领巾争章仪式。开展“体育文化节”“教师挑战日”、第二届“东坡杯”书法大赛、“迎国庆诗歌朗诵大赛”、第六届“金话筒·校园歌手大赛”、秋季学生田径运动会和篮球比赛等文体活动。组织学生参与2022年湖北省科学营华中科技大学分营暑期夏令营活动，承办湖北省“做自己的首席安全官 少年警察梦”校园行启动仪式暨校园警察日活动。

（魏雯玲）

特殊教育

【概况】 2022年，黄冈市有特殊教育学校10所，在校生数3723人，其中，就读学生2222人，毕业226人，招生140人。有教学班145个，其中小学阶段96个、初中阶段49个。在职教职工295人，其中专任教师266人。全市特殊教育学校校园面积11.75万平方米，校舍面积5.67万平方米。

【特殊教育提升行动】 2022年，黄冈市启动实施第三期特殊教育提升计划，全市适龄残疾儿童义务教育入学率97%，非义务教育阶段残疾儿童青少年入学机会增加。推进医疗康复与特殊教育融合，浠水县特殊教育学校与民营泰和医院合作开设医教结合班，实现“医中有教，教中有康”；探索特殊教育向两端延伸，黄梅县特殊教育学校与县理工中专联合举办职业教育，蕲春县特殊教育学校与康复中心联合开设特教学前班。加强特殊教育教师队伍建设，全市特殊教育学校增补教师9人，其中专任教师6人，组织开展黄冈市特殊教育学校教师基本功大赛、第二届黄冈市残疾人职业技能大赛等活动，鼓励特校教师参加《湖北省好课堂》优质课评比等活动，提高教师教育教学水平。

（闻　斌）

【蕲春县特殊教育学校】 2022年，蕲春县特殊教育学校开办教学班18个，开设听力障碍、视觉障碍、智力障碍、脑瘫及学前康复教育等课程。在校学生212名，送教上门学生35名。专任教师40人，其中高级教师5人、中级教师26人、初级教师9人。学校建立特校专业教师指导与随班就读特殊学生“一对一”关心帮扶机制。校长李利琴获“黄冈市优秀

2022年5月13日，蕲春县特殊教育学校学生学习绘画

（蕲春县特殊教育学校 供图）

学科教师"称号。

特色教学 开设特殊群体未成年人心理咨询室，组织心理志愿者开展线上、线下志愿服务10次，帮助30余名儿童缓解心理问题。开设生活语文、生活数学主课程，学生邱超考取长春大学。开设绘画、舞蹈、手工、琴艺等艺术课程，成立乒乓球、足球和羽毛球兴趣小组，花样跳绳队，游戏小组和手球小组，学生张坤在第二届黄冈市残疾人职业技能大赛上获剪纸项目第二名，组织特长生到黄梅特校参加暑期集训。开设计算机、十字绣、家政服务、中医按摩、烘焙等职业教育课程，建成"阳光菜园"实践基地，培养学生动手种菜能力。全年解决8名学生就业问题。

教育教研 组织教师参加黄冈市特殊教育学校教师基本功赛，获一等奖1人；组织教师参加《湖北省好课堂》优质课评比活动，获市级二等奖1人；组织学校秋季优质课评选活动。组织教师参加"暑期教师研修""特殊教育学校教材国家级示范培训"等专题培训，提升教师教学水平。

（何　敏）

【浠水县特殊教育学校】2022年，浠水县特殊教育学校有教学班22个（义务教育班5个、职业教育班1个、学前教育班3个、医教结合班1个、康教结合班1个、远程送教班1个、送教班10个），学生310人，教师37人，教辅及管理人员13人。学校通过随班就读、乡镇送教、特校就读、特校送教、医教结合、康教结合、远程送教等形式，安置适龄残疾儿童577人，义务教育适龄残疾儿童入学安置率在97%以上。

特色教学 与民营泰和医院签订《医教融合服务合作协议》，开设医教结合班，对特殊学生开展针对性康复训练。开设职业教育相关专业，成立浠水特职箱包有限公司，培养残疾学生社会职业技能。开设特教学前班，为特殊幼儿实施免费康复训练。学校逐步成为集康复训练、职业教育、学前教育和义务教育于一体的综合性特殊教育机构。

教师队伍建设 组织开展教师业务培训、基本功大赛、工作论坛、教学大比武等活动。获评黄冈市优秀班主任1人、黄冈市特殊教育优质课一等奖1人、浠水县教学大比武一等奖1人、黄冈市融合教学案例大赛一等奖1人。10月，获首届湖北省残疾人书画大赛"优秀教育机构"称号。

（朱　琳）

中等职业教育

【概况】2022年，黄冈市有中等职业学校21所，在校学生5.53万人，毕业1.77万人，招生1.64万人。在职教职工3030人，其中专任教师2721人。市政府出台《关于印发黄冈市深化产教融合若干措施的通知》，构建职教发展政策支持体系，服务黄冈经济社会高质量发展。优化职业院校专业设置，5所中职学校增设纺织技术与服务、航空服务、无人机操控与维护等专业20个，7所中职学校和12个专业入选省级"双优校"立项建设。举办全市中等职业学校技能大赛，13所学校560名学生参加10个大类17个赛项比赛。英山理工中专、黄冈艺术学校分别获全国职业技能大赛二等奖、三等奖。举办专业教师培训班5期，培训骨干教师243人；组织校长、骨干教师84人参加全国"职教国培"示范项目培训和全省职业院校教学管理能力提升培训。实施职业技能提升计划，培训专业技能人才近3万人次。组织线上招聘会10场、线上宣讲会38场、线下宣讲会50场，提供就业岗位7.1万个。

（闻　斌）

【黄冈市中等职业学校(集团)】2022年，黄冈市中等职业学校(集团)录取新生1355人，其中，青海民族学生37人，西藏民族学生30人。主动对接市级产业发展布局，设置网络信息安全、物联网技术应用、数控技术应用、无人机操控与维护、应急救援技术等专业12个。电子商务专业被省教育厅、省财政厅立项为优质专业。开展校企合作，与湖北正茂科技公司共建"正茂班"、与湖北科峰传动公司共建"科峰传动班"。学校完成中央广播电视黄冈中等专业学校申报，电大教育通过省级专项评估验收。学校获第十批全国民族团结进步示范区示范单位、省级平安示范校园。

学生管理 出台大思政工作方案，办好"黄冈红色工匠大讲堂"。选树优秀毕业生典型59人，校园之星20人。完善学生社团管理制度，成立校园篮球、无人机飞行表演、动漫、茶艺、滑板、舞蹈团、格桑花开藏舞、穆清轩汉服社等社团组织。组建学校民族团结进步促进会，持续推进"民族团结+"，实现互嵌式发展，相关经验获省委、市委统战部门肯定。

人才培养 组织学生团队参加2022年黄冈市中等职业学校"立方杯"技能大赛。机械设计制造、机电设备、会计电算化3个专业类获团体一等奖，汽车维修、幼儿保育、计算机3个专业类获团体二等奖，电子信息专业获团体三等奖，49名学生获个人奖，11名教师获优秀指导教师奖，学校获"优秀组织奖"。

社会服务 参与"千人进千企"行动，开展"书记校长访企拓岗促就业"专项行动，走访重点企业110余家，签约合作企业50家、校外实习实训基地8个，开办"冠名班"15个。组织师生参加无偿献血1200余人次。成立红安县乡村振兴人才学校，捐赠电脑、投影仪、桌椅等学习设备，培训镇村干部100人、农村电商人才40人。

（白云飞）

【黄冈艺术学校】2022年，黄冈艺术学校有在校生941人，录取新生230人，中职毕业生48人；教职工71人，专任教师56人。有教学班38个，开设幼儿保育、绘画、舞蹈表演、音乐表演、戏曲表演专业5个，设置课程40门。学校教师获国家级奖项2个、省级奖项2个、市级奖项1个，入选2022年度湖北省中青年优秀文艺人才库1人，入选黄冈市2022年度青年拔尖人才培养计划1人。

人才培养 开展采茶戏班毕业汇报及折子戏专场演出、黄梅戏专业学生剧目教学展演、教师音乐会、幼师和美术专业优秀作品展等系列艺术实践和教学研究活动。获全国职业院校技能大赛中职组艺术专业技能（戏曲表演）比赛三等奖，获湖北省第十六届运动会群众体育类健身排舞比赛青年组自选项目银奖。全年获国家级奖项2个、省级奖项2个。2022年高考，学校本科过线率在80%以上、本专科升学率100%。

2022年10月23日，入选“国家艺术基金2022年度大型舞台剧和作品创作资助项目”的红色题材黄梅戏《铸魂天山》，在湖北省黄梅戏大剧院演出　　（黄冈艺术学校 供图）

文艺精品创作 红色题材大型现代黄梅戏《铸魂天山》，入选“国家艺术基金2022年度大型舞台剧和作品创作资助项目”和“2022年湖北省级文艺精品创作扶持专项资金项目”，为湖北省“喜迎二十大 礼赞新时代”百部优秀舞台艺术作品展演剧目之一，10月23—28日进行首演和公演。

服务公共文化体系建设 参加湖北省第三届（荆门）园林博览会、第十二届（眉山）东坡文化节、江西九江文旅推介演出、黄梅戏宣讲中共二十大精神等重要活动。开展庆“五一”暨鄂黄大桥免过境费文艺演出，与武汉体育学院等合作交流演出40余场，黄梅戏歌《紧跟核心去远征》被市委宣传部列为黄冈市“文艺宣讲党的二十大精神”头条作品。

（夏建国　郭　衍）

【中职学校技能大赛】 2022年5月20日，黄冈市第十四届中职学校技能大赛在红安县职业技术教育中心开幕。大赛由市教育局、市人力资源和社会保障局、市财政局联合主办，红安县教育局、麻城市教育局、红安县职业技术教育中心、麻城市职业技术教育集团承办，赛期2天。大赛设置农业类、机械设计制造类、信息技术类、计算机类、教育类等11大类15个赛项。全市中职学校12支代表队、550名选手参加比赛，6支代表队、52名选手获奖。

【英山理工中专学生获全国二等奖】 2022年8月23—27日，2022年全国职业院校技能大赛（中职组）“蔬菜嫁接”赛项在贵州农业职业学院举行，全国27个省（直辖市）52支代表队参赛。英山理工中等专业学校学生陈洁代表湖北省队参赛，以总分74.14分第9名的成绩获得全国二等奖。

【7所中职入选省级“双优校”】 2022年，湖北省教育厅、湖北省财政厅联合发布《关于公布湖北省优质中等职业学校和优质专业建设计划立项建设名单的通知》，黄冈市7所中职学校和12个专业入选省级“双优校”立项建设。7所中职学校为：黄梅理工中等专业学校、罗田理工中等专业学校、黄冈市中等职业学校（集团）、武穴市职业技术教育中心、麻城市职业技术教育集团、红安县职业技术教育中心、湖北省浠水理工中等专业学校。12个专业为：麻城市职业技术教育集团幼儿保育专业，罗田理工中等专业学校计算机应用专业、机电技术应用专业，武穴市职业技术教育中心模具制造技术专业，黄冈市中等职业学校（集团）电子商务专业，黄梅理工中等专业学校汽车运用与维修专业、老年人服务与管理专业，湖北省浠水理工中等专业学校电子技术应用专业，红安县职教中心旅游服务与管理专业，英山理工中等专业学校作物生产技术专业，蕲春县李时珍中医药职业技术学校中餐烹饪，团风理工中等学校汽车运用与维修专业。

（严　静）

普通高等教育

【概况】 2022年，黄冈市有高等院校4所，专任教师3880人，在校生5.44万人，其中：公办本科高校1所（黄冈师范学院），在校生1.97万人；公办专科院校2所（黄冈职业技术学院、湖北黄冈应急管理职业技术学院），在校生2.3万人；民办专科院校1所（黄冈科技职业学院），在校生1.17万人。持续扩大中职学校招生规模，提高市区高校本地生源比例，2022年下达招生计划2.4万人，占全年初中毕业生总数33.7%；支持市区高校招收本地生源，2022年下达指导性招生任务3550人。

【大学生创新创业就业】 2022年，黄冈市有18所学校分别以共建合作专业、订单班、冠名班等形式开展校企合作人才培养，实施订单班培养技能人才5000余人。其中，黄冈职业技术学院成立长安建筑学院、蕲艾产业学院、科峰智能传动企业学院、山河鲁班学院、星晖新能源汽车产业学院、菊花产业学院等8个产业学院和企业学院，与19家本地企业合作，推进“订单式”培养人才，先后开办“长安建筑订单班”“星晖汽车订单班”“科峰订单班”“汇游科技订单班”等，为企业定向培养4800余人。市教育局会同市人力资源和社会保障局、市财政局制定《黄冈市区职业（技工）院校毕业生留黄就业考核办法（试行）》，全年引导毕业生留黄就业1973人。

【高校科研成果转化】 2022年，黄冈师范学院与市政府、中国科学院武汉分院共建湖北省中科产业技术研究院，研究院与湖北鸿路钢构、楚维药业等市内多家企业共建研究所（创新中心）23个，与市内龙头企业湖北贵族真空、神风弹簧等组建博士工作站11个。黄冈职业技术学院29名教师被企业聘为科技副总，176名教师被聘为技术顾问。年内，黄冈师范学院美术学院教授胡绍宗著作《空间、手艺和仪式：农耕文化的整合记忆》获第十三届湖北省社会科学优秀成果二等奖，教育学院陈中文教授团队著作《文化自信的黄冈实践研究》、商学院刘汉成教授团队系列论文《倾斜性保险扶贫政策的减贫效应与路径优化研究》和计算机学院张青教授团队调研报告《互联网+红色文化路径探析——以黄冈为例》获三等奖。

（严　静）

【黄冈师范学院】2022年，黄冈师范学院有教学学院20个，专任教师1190人，博士468人，国家和省级各类专家100人，全日制在校学生1.97万人。全年招收2022级本科生4590人，2022届毕业生就业率94.09%，其中留驻黄冈就业人数占比18.8%。获评2022年湖北省大学生创业示范基地、省级示范高校征兵工作站。

人才培养　举办首届本科教育教学节，获批国家级一流专业建设点5个、省级一流专业建设点5个，一流课程17门，优秀教学基层组织3个，教研项目10项；获评省级教学成果奖15项，位列省属同类高校前列；2个专业通过教育部师范类二级专业认证，3个专业接受认证；定向培养省市“优师计划”师范生206名。成立黄冈基础教育发展研究院，召开黄冈市教师教育综合改革实验区工作推进会。教师获全省第八届高校青年教师教学竞赛奖2人，学生获评教育部典型人物1人、省“第八届长江学子”2人，在第八届中国国际“互联网”大学生创新创业大赛等高级别赛事中获奖300余项。

学科与研究生工作　制订《“十四五”学科专业建设发展规划》，新立项建设“农村基础教育治理现代化创新实践研究”等学科团队20支，遴选服务相关产业和领域学科专业30个。成立纪检监察学研究中心和纪检监察学院。举办2022年人工智能、大数据与计算机应用国际会议等高水平学术会议160场。完成2022年硕士研究生招生复试及录取，招收研究生270人，创历史新高。召开教育硕士研究生导师培训暨研究生培养基地建设研讨会，遴选新增校内导师36人，行业导师23人。

教师队伍建设　首次召开新时代人才工作会议，出台新时代人才工作系列制度，出台《师德师风考核管理办法》《关于完善绩效工资分配办法的指导意见》《修订专业技术职务任职资格评审工作管理办法》。投入人才队伍建设经费2850万元，柔性引进“万人计划”等特聘教授6人，引进培养海内外博士63名。获评省级人才项目11人、市级8人，获批人才经费369万元。连续五年上榜“湖北名师”，入选“楚天学子”人数位列全省同类高校第一位，新引进台湾教师5名。

科研与社会服务　首次出台教学科研成果认定、高质量期刊论文认定、科技成果转化管理等办法。全年到账科研经费8495万元，年度科研经费总量连续三年突破1亿元；累计获批国家级基金项目9项、省部级项目50项，授权专利52项，转化专利4项，获评省部级科研奖励9项，获奖数创历史新高。获省级领导签批智库报告8份；获批湖北省知识产权培训（黄冈）基地1个、湖北省科普教育基地1个；4个省高校人文社科重点研究基地通过评估验收，其中获评“优秀”1个；湖北中科产业技术研究院在省级考核中获优胜奖。新建驻企博士工作站2个，共建黄冈市域社会治理研究中心等智库平台3个。

对外交流与合作　成立黄冈师范学院国（境）外教师管理工作领导小组，出台《黄冈师范学院涉外活动保密管理规定》，与俄罗斯西南国立大学等高校联合开展培养本科教育、直硕项目。举办第三届中斯交流与合作论坛，选派2名教师到斯里兰卡萨伯勒格穆沃大学孔子课堂任教，学院孔子课堂负责人受到中国驻斯里兰卡大使接见。获批教育部国别中文教育调研项目等省部级课题6项、省教育厅青年教师出国研修项目18项、世界著名科学家到鄂讲学项目2项。组织开展“同唱黄梅戏、共叙同胞情”首届海峡两岸黄梅戏文化交流活动。争取社会捐赠2576.89万元，获批2021年度捐赠配比资金5802万元。

学院管理与建设　发放学生奖助学金和临时困难补助金2104.33万元、教职工医疗互助基金和困难补助金61万元。完成国有资产出租收益320万元，完成珠明山教职工生活区老旧小区改造项目，推进珠明山教职工生活区11、12栋房屋产权办证相关事宜。全年完成办学收入7亿元。投入中央财政教学重大设备贴息贷款3200万元，推进实验室标准化建设。投入2000万元，完成李时珍大健康研究院重点实验室、北区综合服务用房及国际化课程与中外合作办学“云”课堂教室一体化等5项工程项目建设、各类维修项目6000余项。推进智慧校园一期项目建设，完成新机房建设和校园网新光纤铺设。完成西校区改造，紫园餐厅、柳园餐厅、西苑餐厅装修改造。

（王　锋）

【黄冈职业技术学院】2022年，黄冈职业技术学院招收新生6404人，其中，普通招生6050人，“3+2”转段354人。2022年应届毕业生初次就业率85.35%，其中协议就业率61.49%，毕业生就业与专业关联度84.53%。

教育教学　通过专项招聘引进高层次人才41名，柔性引进国内知名高校、科研院所教授和博士104人。入选国家级职业教育“双师型”教师培训基地、2022年“全国高职院校教师发展指数”榜第一方阵、中国高职院校综合竞争力排行榜第一方阵；国家级建筑钢结构工程技术专业教学资源库通过教育部验收；建筑钢结构工程技术、制冷与空调技术、新能源汽车技术3个专业群立项建设省级专业群。获首批国家智慧教育平台湖北省试点学校称号，湖北省第九届教学成果奖4项，参评国家级教学成果奖3项；组织教师参加各类省级以上竞赛获奖26项，聂进团队获全国职业院校教师教学能力大赛一等奖，教师李金艳获评“湖北名师工作室”主持人，教师张彬获评“湖北省技能大师”称号；获批省级在线精品课程5门，参评国家级在线精品课程2门；推荐8本教材参加国家“十四五”规划教材评选，立项“1+X”证书制度（学历证书+若干职业技能等级证书制度）试点项目24个，参与制定职业技能等级证书标准2项；向坦桑尼亚输出技术岗位标准及教学标准4项，国际课程《建筑工程概论》获泰国官方认证；5项成果入选省创新案例。组织学生参加各类省级以上技能大赛，获奖129人（其中获国家级一等奖15项），组织学生团队参加全国职业院校技能大赛获二等奖2项、三等奖2项。

科研教研　申报项目18批次、151项，获科研、教研课题立项138项（其中省级以上31项）。教职工发表学术论文148篇，申报专利52项，获专利授权34项、发明专利3项，出版教材27部。出版《黄冈职业技术学院学报》6期、《黄冈职教》4期，《高职教育研究动态》4期。对接本地企业130余家，为主城区27家重点企业配备技术服务团队，成立科技服务平台

34个、产学研创新团队25个、科技副总团队31个，派出省、市级科技特派员13人，校企合作立项横向课题25项、获企业研发收入212万元；建成区域技术技能人才培养等六大中心，获批“省产业工人培训示范基地”“省农技人员知识更新培训机构”“市示范性职业技能等级认定中心”，取得职业证书鉴定权24个。

学生工作 学生柯善祥获省大学生自强之星，入选中国大学生自强之星；杨愉锐获2022年省青年五四奖章、当选省人大代表。罗梦霞组织的《国家安全》主题班会入选全国高校国家安全教育课堂；冯爱利获2022年度“百生讲坛”省级优秀微团课三等奖。

思想政治建设 召开党委会、理论学习中心组专题学习56次，制定和实施中共二十大精神学习贯彻方案，开展社会主义核心价值观教育、南湖道德讲堂12次；开展8期“青马工程”培训26次，参训学员1500余名；开展“百年新征程奋斗向未来”五四红歌比赛、“舞悦青春”校园广场舞比赛；开展线上直播心理辅导活动16期、关爱女生系列活动；“康颖·萤火”“康颖·美小护”2支志愿服务队入选2022年湖北省“本禹志愿服务队”创建团队；3支服务队入选湖北省“七彩假期”志愿服务队；建筑学院“鲁班”、教育艺术学院“蓬勃教艺”2支志愿服务队参与2022年度湖北省“三下乡”社会实践宣传展示；红十字会社团参与2022年湖北高校活力社团风采展示。

基础设施建设 维修改造教师办公楼、住宿楼各1栋，建成套房30套，入住教师28人；装修改造午休房44间，入住44人；维修改造33#、52#、56#栋房屋为周转住房，安置86人；标准化改造教师休息室4间，约180平方米；新建医护实训楼及钢构实训工棚，新增实训场所6590.04平方米，新增东区训练馆面积1900平方米。投入125万元，敷设电缆776米，优化用电荷载区域分配，提升供电效能；投入5.7万元，招标专业清洗公司，清洗消毒校园自来水储水箱30个、热水仓及饮水机内胆129台。

社会服务 制定和实施省级高水平专业群建设项目管理办法，建立“周自查、月汇报、季推进、年评比”管理机制，完成年度分解任务933项。加强建筑钢结构、新能源汽车技术、大健康等专业建设，建成由5个校级、2个省级、1个国家级重点专业群组成的专业群建设体系。制定和落实关于推进实习就业黄冈工程的实施意见。联合市直部门建设退役军人就业创业、乡村振兴、社工、大别山网红等培训学院；与市重点企业共建产业学院5个，与政校企共建理事会和11个专业群校企合作理事会，开展新型学徒制产业工人、高技能人才、社工、退役军人、大学生创业、养老护理、基层医疗卫生等培训，培训65批、2.81万人，其中培训校内师生9717人、校外人员1.83万人次。

（王紫骆）

【湖北黄冈应急管理职业技术学院】

2022年，湖北黄冈应急管理职业技术学院开设服务地方产业匹配专业12个，特色专业19个（应急救援技术、安全技术与管理、化工安全技术、安全智能监测技术、工程安全评价与监理、数字媒体技术、大数据技术、信息安全技术应用、虚拟现实技术应用、人工智能技术应用、建筑工程技术、工业机器人技术、无人机应用技术、新能源汽车技术、物联网应用技术、集成电路技术、婴幼儿托育服务与管理、电子商务、智能物流技术），录取新生2193人，在册学生3845人。

人才培养 与湖北电鹰集团联合创办黄冈无人机学院，推动筹建华为ICT产业、现代船员、网络直播电商等学院。组织2020级265名学生到科峰传动、顾家家居、青江化工等企业实习。武汉市、黄冈市消防救援支队招聘应急救援专业学生135人为专职消防员，罗伟豪考入国家综合消防救援队。消防志愿服务队被省消防救援总队授予“全省十佳消防志愿服务队”称号。参加全省第十三届大学生运动会，获田径比赛项目银牌1枚、铜牌1枚。

教师队伍建设 编制五年人才引进规划，“招硕引博”、专项招聘引进高层次人才22人。举办首届博士论坛，申报湖北省教育厅社会科学研究课题及专利10项。成立校务委员会和学术委员会，遴选、聘任专业带头人和教研室主任16人。余德文省级名师工作室获省人社厅批复成立，教师武永勤、兰尧在湖北省第一届技能大赛上获铜牌，6名教师入选教育部安全行指委和下属专委，15名教师获评学生技能大赛优秀指导教师。

重点项目建设 实施各类项目23个，完成直接投资6000万元。完成黄冈技师学院“十三五”产教融合及配套工程项目建设，建成高职智慧教室4栋、大学生心理健康教育中心、应急救援综合训练塔和应急特色工种考证中心并投入使用。投资2000万元建成学校多功能报告厅。立项申报2023年重大建设项目6个，规划投资5380万元。

社会服务 开展应急管理、消防救援、特种作业、船员、养老护理、企业员工

2022年7月17日，黄冈职业技术学院建筑学院“鲁班志愿队”参与湖北省“三下乡”社会实践，参观国家地理标志产品团风县谢河生态辣椒生产基地　　（黄冈职院 供图）

岗前培训等职业技能培训和考试考证业务，全年组织各类培训34期43班次，开展“1+X”证书和专业技能等级认定工作15批次，培训考试1万人次；服务各类社会考试2万人次，新注册开放教育本、专科学员5696人。

（白云飞）

【黄冈科技职业学院】 2022年，黄冈科技职业学院有教学院部11个，开设专业36个，在校生1.17万人，教职工1018人（其中，专任教师764人，副教授及以上高级职称130人，中级职称311人），研究生学历15.7%，“双师型”教师占50%。拥有数字终端3350台，多媒体教室259间，普通教室338间，教学仪器设备价值4896.9万元，图书馆藏书74.5万册。设国家级计算机实训基地1个、湖北省服务外包人才培养基地1个、职业资格等级认定中心1个、省级退役军人职业技能培训承训基地1个。获评湖北省少数民族工作示范点、优秀民办教育单位、平安校园。

教育教学 开展专业调研118人次，修订课程标准210门。新增融媒体技术与运营、医学检验技术2个专业。机电一体化专业设立VIP班，实施分层教学；软件学院开设《基础日语》《PS实用技巧》《游戏制作》等5项名师课程。第八届“台达杯”国际高校绿色智造大赛，软件学院团队获国际赛一等奖；2022“一带一路”暨金砖国家金融科技综合能力赛全国总决赛，金融科技学院获二等奖4人；第十届全国高校数字艺术设计大赛省赛，获一等奖1个、二等奖1个、三等奖2个；湖北省“工匠杯”系列专业大赛，获二等奖1个、三等奖2个；第十三届“蓝桥杯”全国软件和信息技术专业人才大赛全国总决赛，软件学院获C组三等奖，工商管理学院8名学生获二、三等奖；工商管理学院学前教育专业4个师生作品入选湖北高校第九届美术与设计大展；旅游学院5名学生获第二届全国院校民航空乘专业技能大赛优秀奖。2022年湖北省大学生运动会，团体总分位列全省第八位、男子团体总分位列全省第六位，个人单项第二名2人、第三名1人。学院教师主编教材8部，参编教材6部，出版专著1部；撰写论文100余篇，其中教师钱泽获搅拌机外观设计专利1项。

招生与就业 全年学院大专部招收新生6000余人；2022届毕业生2294人，完成就业1894人，就业率82.56%。年内，学院建档立卡贫困学生及残疾人毕业生300人，精准帮扶248人，实现就业率82.66%。帮助303名学生申请就业补贴金36.84万元。

教师队伍建设 引进教师80名，其中，研究生26名，高级职称教师10名；参加同等学力申硕教师23名。组织开展校内培训6场、科研能力培训2场；参加省培训28人；开展线上课程思政教学能力培训1次，参加500人次；组织各级各类专业及课程线上培训26次。

何家湖校区二期建设 2021年11月，投入1.5亿元，启动何家湖校区二期工程项目建设，2022年7月底完工，9月完成整体搬迁。项目总面积约5.5万平方米，其中教学楼1.78万平方米（含普通教室50间、专业教室50间、办公室52间）；学生宿舍680间，面积3.2万平方米；教职工宿舍85间，面积4372平方米。

（薛顺娟）

【黄冈职院专业教学资源库通过验收】 2022年3月，教育部发布《关于公布职业教育专业教学资源库2021年验收结果的通知》，黄冈职业技术学院与江苏建筑职业技术学院联合主持建设的职业教育建筑钢结构工程技术专业教学资源库项目通过验收。

（王紫骆）

【黄冈师院“挑战杯”答辩会】 2022年5月13日，黄冈师范学院2022年“挑战杯”大学生创业计划竞赛校内答辩会举行，答辩会由校团委书记黄小花主持，文学院（苏东坡书院）教师汤天勇、商学院教师周海琼、地理与旅游学院教师关江华、数学与统计学院教师陈惠汝及美术学院教师袁朝晖作为评委参与答辩会。答辩会设25个项目汇报，各项目汇报人在限定5分钟内通过PPT放映、视频及现场展示等方式呈现和讲解项目内容。校内评审为省赛选送12件优秀作品。

【黄冈师院本科教育教学节】 2022年10月4日至11月4日，以“新时代地方高校教育教学的高质量发展”为主题的黄冈师范学院首届本科教育教学节举行。教育教学节展示学院本科教育教学改革成效，普及现代教育理念，强化“课程思政”意识，推动数字赋能教育教学改革，完善教学质量保障体系。举办“优师计划”人才培养经验交流会、学校课堂教学观摩活动、优秀基层教学组织示范活动等25场次，参加教师1682人次。

【黄冈师院获省平安建设案例二等奖】 2022年，湖北省教育厅公布2021年度湖北省平安校园“七防工程”建设优秀案例

2022年10月4日，黄冈师范学院首届本科教育教学节开幕式暨主题报告举办

（黄冈师范学院 供图）

评选结果，黄冈师范学院申报的案例《“五全”联动“四化”推进——黄冈师范学院着力打造消防安全示范单位》获高校组二等奖。“七防工程”建设优秀案例评选是湖北省教育厅推动平安校园建设的省级评选活动，由各地教育局、各高校评选推荐，专家评审评选产生。

（王 锋）

成人教育

【概况】 2022年，黄冈市有黄冈师范学院继续教育学院、黄冈职业技术学院继续教育学院2所成人教育学院，老年大学1所。开展成人学历教育7019人，成人技能培训2.81万人，职业技能等级认定2060人。

【成人学历教育】 2022年，黄冈市成人学历教育招生7019人。黄冈师范学院继续教育学院招收学生（学员）2283人，其中成人高等教育1800人、全日制自考助学班315人、专本套读168人；职业教育123人。黄冈职业技术学院继续教育学院招生4736人。

【成人技能培训】 2022年，黄冈师范学院继续教育学院组织国培项目400人次、省培项目200人次。黄冈职业技术学院继续教育学院重点开展新型学徒制产业工人、高技能人才、社工、退役军人、大学生创业、养老护理、基层医疗卫生等培训。全年组织培训65批，培训2.81万人，分别是2022年度1.51倍和1.89倍，其中，校内师生培训9717人，社会培训1.84万人次。

【职业技能等级认定】 2022年，黄冈市新增职业技能等级认定中心1个。全年完成职业技能等级认定11批次、2060人，其中社会人员644人、学生1.14万人。申报职业工种认定资质19个，累计24个。推进第二批职业工种认定资质申报40个。黄冈职业技术学院继续教育学院新增职业技能等级认定职能，建成黄冈职业技术学院职业技能等级认定中心，获评2022年度黄冈市优秀人才服务平台。

【继续教育专业设置】 2022年，黄冈师范学院继续教育学院设置大数据与会计、建筑工程技术、计算机应用与技术等成人高等教育专业35个，其中高起本9个、高起专6个、专升本20个。黄冈职业技术学院继续教育学院设置机械设计、信息技术、计算机等成人高等教育专业23个。

（曹学锋 王紫骆）

【村（社区）“两委”成员培训班】 2022年9月21—23日，黄冈市2022年村（社区）“两委”成员重点培训班在黄冈职业技术学院举行。培训班由市民政局主办，黄冈职业技术学院承办，各县（市、区）民政局、乡镇（街道）村（社区）“两委”年轻成员代表180人参加培训。省民政厅和市民政局、市卫健委、市农业农村局业务骨干及黄冈职业技术学院教授、讲师采取课堂教学、互动交流、现场观摩等形式，开展农村电商、新媒体宣传、群众心理疏导等专题辅导。

（刘佳文）

【老年大学建设】 2022年，黄冈市老干部活动中心（老年大学）通过“开学第一课”理论宣讲、线上学习、交流分享等形式开展政治理论学习17次。成立市老年大学党委，管理15个临时学员党支部，开展革命传统教育、弘扬革命传统文化等活动26次。全年线下课堂开设专业40余个，教学班70余个，招收学员2000余人次。线上课堂依托“黄冈老年大学”微信公众号、腾讯会议、抖音等平台，录制网上课堂12期，指导开展线上教学，惠及学员3.7万人次。组织学员开展“我看中国特色社会主义新时代”“建言二十大”征文活动、“喜迎党的二十大 向党说句心里话”等主题活动，开展诗歌楹联展、书画展、摄影展、门球赛、桥牌赛、文艺演出11场次。选送民族舞《酒歌》参与省离退休干部庆祝中共二十大胜利召开线上文艺演出，获牡丹金奖。市老年大学获评全省第十七届中老年人才艺大赛优秀承办单位，21名教师学员作品在全省赛事中获奖。依托13个涉老社团，组织开展送春联下乡送祝福、“我唱山歌颂党恩”活动，组织参与“喜迎二十大 永远跟党走”黄州区庆祝建党101周年文化惠民晚会、“情满青砖湖 喜迎二十大”青砖湖社区文艺会演、“花好月圆庆中秋，欢声笑语颂党恩”全市庆中秋文艺演出等文化惠民活动10余场（次）。

（宛霞飞）

2022年6月29日，黄冈市老年大学参加“喜迎二十大 永远跟党走”黄州区庆祝建党101周年文化惠民晚会演出

（市老年大学 供图）

责任编辑：严 静　　责任校对：赵舒逸

文化

文化场馆

【概况】2022年，黄冈市建有文化馆12个，总建筑面积10.3万平方米；群艺馆1个，总建筑面积0.77万平方米；公共图书馆12个，总建筑面积7.94万平方米，藏书总数544.6万册；文博单位21个，总建筑面积10.78万平方米，文物藏品总计14.58万件。电影发行放映公司6家，城关电影院28家。县级以上新华书店29个，推进文化惠民工程，建成标准农家书屋3926个，新建和扩建乡镇文化站3个。截至年底，全市建成镇村史馆190个。

【纪念馆】2022年，黄冈市有各类纪念馆32家，均为国有，其中：历史名人纪念馆4家，革命类纪念馆28家；三级纪念馆3家，未定级纪念馆29家；归口文物系统的国有纪念馆7家，其他系统的纪念馆25家。全年各类纪念馆推出陈列展览10余个，接待参观团体1000余个，接待观众40万人次。年内，黄冈革命纪念馆在团风县杜皮乡动工兴建，闻一多纪念馆、李时珍纪念馆完成更新改造工程，黄麻起义和鄂豫皖苏区革命纪念馆入选全国首批“大思政课”实践教学基地、首批湖北青少年思政教育基地、首批港澳青少年教育交流基地，李四光纪念馆入选全国科学家精神教育基地。

（席想楼）

【黄冈市图书馆】2022年，黄冈市图书馆购置图书6800种、3.49万册，馆藏总量58万余册。全年接待读者49.45万人次，文献流通4.8万册次，持证读者7.71万人。采购电子资源库3个，馆藏数字资源浏览量80万次、下载量30万次。拍摄制作公开课80节，用户1.3万余人，推送信息600余篇，浏览量6万次，服务读者100万余人次。建成市人大分馆、东坡市民书房、汪家墩社区分馆、体育路社区分馆、一字门社区分馆、三台河社区分馆等分馆（城市书房）8家，配置图书1.8万余册。至年底，全市建成公共图书馆中心馆1个、总馆10个、分馆148个、基层服务点600余个，实现中心馆、总馆、分馆间通借通还，服务200万余人次。推广“临皋讲坛”“我们的节日”“童之乐”“你读书·我买单”等全民阅读活动品牌。建成具有黄冈特色的“以市带县、以上带下、分级管理、分散服务”的总分馆服务体系。

（陈建华）

【黄冈市博物馆】2022年，黄冈市博物馆被人力资源和社会保障部、国家文物局表彰为全国文物系统先进集体，被省社科联表彰为2022年全省示范社科普及基地。策划设计的《大别山红旗不倒——黄冈现代革命史陈列展》获湖北省第六届（2021年度）博物馆纪念馆六大陈列展精品奖。“红领巾讲解员”少先队志愿服务项目获评湖北省文博系统“喜迎二十大强国复兴有我——青少年荆楚文物我来讲”优秀志愿服务项目。黄冈市博物馆市实验小学中队、黄冈市博物馆明珠学校中队被湖北省少工委评为“红领巾奖章”四星章集体。考古调查与勘探。联合黄梅县博物馆、团风县博物馆、麻城市革命博物馆完成考古调查勘探项目4项。黄梅县紫云山抽水蓄能电站项目，调查面积4.8平方千米，勘探面积1.1万平方米；团风县魏家冲抽水蓄能电站项目，调查面积1平方千米，勘探面积1.1万平方米；麻城大别山电厂三期建设用地项目，调查面积3平方千米，勘探面积1.2万平方米；沪渝高速公路黄梅至黄石段改扩建工程项目调查面积11平方千米。完成考古勘探面积3.4万平方米，发现提出保护级别文物点15处，查明地下文物分布状况，编写完成《考古勘察工作报告》，经省、市专家评审，省文化和旅游厅批复通过。考古发掘项目。组织县（市、区）博物馆实施田野考古勘探及抢救性清理项目5项，勘探古遗址类面积1.5万平方米、清理面积1200平方米，清理古墓葬4座，出土遗物4件。藏品保护与管理。接收清点入库国有土地储备中心1号地块张家湾墓群出土器物6件（套），其中铜器3件（套）、陶器3件（套）。社会文物管理。开展文物征集3次，书画家杨年耀捐赠绘画作品《云上寄幽居》1幅，书画篆刻艺术家肖德梅捐赠《红色印记》系列篆刻作品108枚，陈奎仁捐赠民间收藏品36件（套）。开展辛亥革命遗址遗迹大调查，收获遗迹碑拓38卷。红安县黄麻起义和鄂豫皖苏区纪念园开展文物征集1次，外交部集邮协会原秘书长马小玲捐赠《联合国成立七十周年》纪念封签字印样原件。黄州区博物馆（李四光纪念馆）开展文物征集1次，湖北省地质局第七地质大队、湖北省地质局第三地质大队捐赠地质标本。陈列展览。引进展，杨年耀先生、卢华女士《“翰墨飘香 一剪传情”国画剪纸艺术联展》《守护中华民族的根与魂——景鸿山房主人陈奎仁收藏品展》。原创展，《纪念中国共产主义青年团成立100周年系列展览》。系列展，《纪念中国人民解放军建军95周年》。专题展，《永远在路上——中国共产党反腐倡廉历程展》，接待单位及团体讲解参观220余家，接待观众5万余人次。与潍坊市博物馆合作举办《天将金石付斯人》清代收藏家金石学家陈介祺特展，与新疆博尔塔拉蒙古自治州博物馆合作开展《青色草原 多彩家园》博州博物馆民俗风情展。巡回展览图片，《一张缩略图读懂党代会》《共产党员》《关于文物保护和传承，听习总书记这样说》《虎虎生福》。社会教育与公众服务。通过线上千年黄州"微学堂"、科普周、"红领巾讲解员"、文物进课堂、红色故事宣讲、"微视频、微党课、微制作"等方式，开展社教科普志愿活动166场，其中"六进"活动32场，惠及观众10万人次。打造校外实践教育基地、"红领巾讲解员"志愿服务、"喜迎二十大 文物进课堂"等品牌。博物馆公众号及视频号推文76篇，其中，"千年黄州"微学堂8期、专题宣传15项，点击量超6万人次。

（童 璐）

【黄冈市群众艺术馆】2022年，黄冈市群众艺术馆（以下简称"黄冈市群艺馆"）开展文化惠民演出64场，展览展示11期（次），艺术培训班6期（次），受众218.19万人次。"挥毫泼墨送春联 龙飞凤舞迎新春"黄冈市"红色文艺轻骑兵"进园区活动、"创建全国文明城争做文明黄冈人"、黄冈市"正月十五闹元宵"系列文化惠民演出、黄冈市学习宣传贯彻中共二十大精神——红色文艺轻骑兵"六进"活动，被"学习强国"学习平台报道。

（侯啸澜）

【黄冈市遗爱湖美术馆】2022年，黄冈市遗爱湖美术馆分别主办、承办、协办首届灵禽艺术摄影展，庆祝中国共产党成立100周年全国知名画家、摄影家黄冈行展览作品回顾，"喜迎二十大黄梅画家画黄梅"职工美术作品展，尚意千载·东坡遗韵——苏轼行迹与书法碑刻拓片展，礼赞二十大奋进新征程——黄冈市首届摄影艺术展，"奋进新征程礼赞新时代"黄冈市书画联展6场线下展览。全年接待观众1.3万人次，开展线下公共教育活动1场。

【演出场馆】2022年，黄冈市有专业演出场馆12家，均属国有，其中县属10家、市属2家。全市演出场馆总建筑面积8.3万平方米，观众席位1.16万个。各场馆全年演出951场次，观众388万人，营业收入888万元。年内，黄梅县黄梅戏大剧院举办黄梅戏《一代义伶邢绣娘》首演活动，湖北省黄梅戏大剧院举办原创红色题材大型现代黄梅戏《铸魂天山》首演活动。湖北省黄梅戏大剧院举办首届黄冈保利艺术节，上演《邓丽君金曲演唱会》、金星首部自导自演作品舞台剧《日出》、内蒙古艺术剧院合唱团《草原上升起不落的太阳》等剧目9场，受到观众热捧。

2022年6月23日，黄冈市博物馆在市实验小学赤壁分校开展"喜迎二十大 文物进课堂"社教活动 （市博物馆 供图）

【农家书屋】2022年，黄冈市实施"万村数字农家书屋建设"项目建设，投入685万元，采购数字设备，为每家农家书屋提供电子图书7万册、有声读物3万集，发动社会捐赠图书3万册，建成数字农家书屋3995家。全市农家书屋面积7.9万平方米，藏书量604.6万册。年内，黄冈市在团风县召开农家书屋数字建设暨"扫黄打非"工作现场会，在十里湖社区举行图书捐赠和绿书签发放仪式。罗田县举办"书香门第·耕读人家"农民读书节（晒书节）活动，为示范农家书屋、农民读书用书示范户颁发奖牌。麻城市细石岭村农家书屋争取社会力量建成集励志馆、图书馆、毕昇文创体验馆、传统教育馆于一体的特色农家书屋，设立"后山书院晋级读书奖"。

【市博物馆获评"全国文物系统先进集体"】2022年7月19日，人力资源和社会保障部、国家文物局表彰49个全国文物系统先进集体、77名全国文物系统先进工作者、2名全国文物系统劳动模范，黄冈市博物馆获"全国文物系统先进集体"称号。

（李青松）

【全国文化馆评估定级检查】2022年11月25—28日，湖北省文化和旅游厅检查组到黄冈市检查全国第五次文化馆评估定级工作。检查组分别实地查看市群艺馆和团风县、蕲春县、英山县、罗田县、麻城市、红安县等地的文化馆等级必备条件、现场确认项目和提高指标得分项目，听取各馆情况汇报，肯定黄冈市文化馆场馆建设、数字化建设、总分馆制建设和公共文化服务效能。

（童月红）

【市图书馆"中华经典传习所"成立】2022年11月30日，国家古籍保护中心设立黄冈市图书馆"中华经典传习所"。"十四五"期间国家古籍保护中心在全国范围内建立"中华经典传习所"。至2022年底，全国6家单位挂牌成立"中华经典传习所"，黄冈市图书馆为中部地区首家获批挂牌成立单位。

（陈建华）

群众文化

2022年1月3日，黄州区文化馆"红色文艺轻骑兵"在黄州宝塔公园开展送文艺活动
（黄州区文化馆 供图）

【概况】2022年，黄冈市实施基本公共文化服务标准，完善基本公共文化服务目录，规范文化场馆服务项目和流程，对接省级公共文化云和智慧图书馆体系建设项目等，全面提升公共文化服务质效，打造公共文化服务品牌。年内，开展群众文化活动800余场次，组织评选基层社会文艺团队213个，举办民俗文化生肖文物图片展3期，非遗购物节·黄冈市非遗产品线上展销活动3期，水墨意韵——黄冈市写意中国画小品邀请展、"喜迎二十大 礼赞新时代"黄冈市少儿书画优秀作品线上展4期，举办线下红舞杨舞蹈、旗袍秀培训班、线上器乐琵琶、架子鼓、钢琴、吉他、中国古典舞等艺术培训班，丰富群众文娱生活。

（周锋刚 龙 跃 侯啸澜）

【群众文化活动】2022年，黄冈市在重大节假日期间，开展群众文化活动800余场（次），参加人数1000万余人次。选送2部群众文化作品参加第十九届中国群星奖比赛。组织参加全省最美公共文化空间、最美文旅志愿服务项目（团队、志愿者）评选活动。开展"红色文艺轻骑兵"送文艺活动。

【社会文艺团队建设】2022年，黄冈市文化和旅游局组织全市第三届社会文艺团队展演，推荐作品参加省级展演活动，获一等奖2件、三等奖1件，获奖数量位列全省并列第一位。组织评选乡镇（街道）骨干社会文艺团队213个，获全省百佳社会文艺团队21个，获评团队数量位列全省第五位。全市线上线下培训社会文艺团队1046支、6.92万人次。组织"文艺点亮生活"——黄冈市新时代文明实践志愿帮扶活动，招募文化志愿者5299人，开展文旅志愿服务活动80余场次。

（周锋刚 龙 跃）

【市群艺馆文化惠民】2022年，黄冈市群艺馆文化惠民"六进"活动举办演出64场，其中线下演出50场。文化进校园，承办"小手拉大手'童'创文明城"黄冈市庆"六一"文化惠民演出暨"新时代好少年"发布仪式、黄冈市庆六一文化惠民演出等少儿文化活动。文化进福利院，举办"庆祝国庆感恩重阳"双节同庆文化志愿服务进市社会福利中心惠民演出。文化进社区，在体育路等9个社区举办"庆国庆 喜迎二十大"文化惠民演出。文化进园区，举办"挥毫泼墨送春联 龙飞凤舞迎新春"为主题的"红色文艺轻骑兵"写春联、送文艺活动，"新时代文明实践活动进企业谱写黄冈高质量发展新篇章"为主题的"春节送文艺进企业"慰问联谊活动，"青春飞扬快乐派对"黄冈产业园联谊交友活动，"喜迎二十大 奋进新征程"黄冈高新区文化志愿服务等活动。文化进景区，在遗爱湖梅园、东坡外滩、赤壁公园、江柳摇村、红梅傲雪广场、赤壁公园、滨江公园等景区，举办"文艺点亮生活"学雷锋文化志愿服务进景区活动。文化进乡镇，到浠水巴河镇举办"喜迎二十大 建设先行区"黄冈市红色文艺轻骑兵文化惠民活动。

（侯啸澜）

表60 2022年黄冈市区文艺惠民演出活动一览表

序号	活动名称	时间	地点	参与人数（万人）
1	"我们的中国梦 文化进万家"黄冈市学习贯彻党的第十九届六中全会精神暨庆元旦线上惠民演出——大型现代黄梅戏《八斗湾》	1月1日	黄冈市群艺馆四楼演播厅	6.03
2	"我们的中国梦 文化进万家"黄冈市学习贯彻党的第十九届六中全会精神暨庆元旦线上惠民演出——文艺宣讲专场	1月2日	黄冈市群艺馆四楼演播厅	3.01
3	"我们的中国梦 文化进万家"黄冈市学习贯彻党的第十九届六中全会精神暨庆元旦线上惠民演出——综艺类专场	1月3日	黄冈市群艺馆四楼演播厅	3.3

续表

序号	活　动　名　称	时 间	地　点	参与人数（万人）
4	“挥毫泼墨送春联龙飞凤舞迎新春”黄冈市红色文艺轻骑兵进园区活动	1月22日	黄冈产业园管委会	20.3
5	“新时代文明实践活动进企业 谱写黄冈高质量发展新篇章”黄冈市区新时代文明事件进企业慰问联谊活动	2月3日	湖北黄冈伊利乳业有限责任公司	15.2
6	“创建全国文明城 争做文明黄冈人”黄冈市正月十五闹元宵文化惠民演出折子戏专场	2月13日	遗爱湖东坡广场	17.1
7	“创建全国文明城 争做文明黄冈人”黄冈市正月十五闹元宵文化惠民演出社会文艺团队专场	2月14日	遗爱湖东坡广场	21.8
8	“创建全国文明城 争做文明黄冈人”黄冈市正月十五闹元宵文化惠民演出综艺类专场	2月15日	遗爱湖东坡广场	52.5
9	全市宣传干部业务能力提升培训班文化活动	2月26日	黄冈市委党校	0.01
10	“文艺点亮生活”学雷锋文化志愿服务进景区活动	3月6日	遗爱湖梅园	1.02
11	“青春飞扬 快乐派对”黄冈产业园联谊交友活动	3月26日	顾家家居	1.68
12	“喜迎二十大 奋进新征程”黄冈市庆五一线上惠民演出——黄梅戏专场《清清的义水河》	4月30日	黄冈市群艺馆四楼演播厅	0.67
13	“喜迎二十大 奋进新征程”黄冈市庆五一线上惠民演出——综艺类专场	5月1日	黄冈市群艺馆四楼演播厅	1.59
14	“喜迎二十大 奋进新征程”黄冈市庆五一线上惠民演出——社会文艺团队专场	5月2日	黄冈市群艺馆四楼演播厅	1.04
15	黄冈市第二十二届青少年爱国主义读书教育活动“与爱同行，护航成长”朗诵比赛	5月20日	黄冈市群艺馆四楼演播厅	3.44
16	“喜迎二十大 奋进新征程”黄冈高新区文化志愿服务活动	5月21日	湖北黄冈伊利乳业有限责任公司	6.64
17	“小手拉大手 童创文明城”黄冈市庆六一文化惠民演出暨新时代好少年启动仪式	5月28日	黄州区会议中心	5.96
18	“小手拉大手 童创文明城”黄冈市庆六一文化惠民演出	5月29日	黄州区会议中心	3.57
19	“喜迎二十大 奋进新征程”黄冈市端午节文化惠民演出圆梦艺术团专场	6月3日	东坡外滩、江柳摇村	1.8
20	“喜迎二十大 奋进新征程”黄冈市端午节文化惠民演出退役军人战友艺术团专场	6月4日	黄冈市群艺馆	1.6
21	“喜迎二十大 颂歌献给党”黄冈市文艺工作者庆祝建党101周年音乐会	6月24日	黄梅戏剧院小剧场	0.97
22	“喜迎二十大 建设先行区”黄冈市红色文艺轻骑兵文化惠民下基层	6月26日	浠水巴河镇七铺中心小学	3.02
23	“迎七一颂党恩”黄冈市大众声乐委员会学习贯彻省第十二次党代会精神汇报演出	6月27日	黄冈市群艺馆	0.52
24	“喜迎二十大建设先行区”黄冈市学习贯彻省第十二次党代会精神文艺宣讲进园区活动	7月16日	湖北科峰智能传动股份有限公司	4.64
25	“喜迎党的二十大 军歌嘹亮颂党恩”黄冈圆梦艺术团“庆八一”惠民演出	7月27日	黄冈市群艺馆	0.66
26	“喜迎二十大 礼赞新时代”黄冈市学习贯彻省第十二次党代会精神暨“庆八一”文化惠民演出	7月30日	黄州区文化馆	0.98

续表

序号	活动名称	时间	地点	参与人数（万人）
27	“喜迎二十大 礼赞新时代”黄冈市第三届社会文艺团队优秀作品展演	8月13日	黄冈市群艺馆	5.49
28	传承红色基因 共建清廉家庭——黄冈市2022年家庭助廉主题教育活动	8月25日	黄州区会议中心	3.53
29	“浓情中秋 礼赞师恩”黄冈市双节同庆惠民演出	9月8日	黄冈市群艺馆(线上)	1.21
30	“花好月圆庆中秋 欢声笑语颂党恩”黄冈市2022年庆中秋文化惠民演出	9月9日	遗爱湖东坡广场	2.25
31	苏东坡传说研讨暨图书捐赠活动	9月28日	体育路社区	2.04
32	“庆祝国庆 感恩重阳”双节同庆文化志愿服务进市社会福利中心惠民演出	9月29日	黄冈市社会福利中心	1.5
33	“喜迎二十大 奋进新征程”黄冈市2022年庆国庆线上惠民演出——大型古装黄梅戏《五女拜寿》	9月30日	线上	0.27
34	“庆祝国庆 喜迎二十大”文化惠民演出	10月10日	赤壁公园、刘福湾社区、东坡外滩、江柳摇村、百姓剧场、汉川门社区、一字门社区、红梅傲雪广场、赤壁社区、青云社区、东门社区、体育路社区、滨江公园、八一社区、东坡外滩	2.17
35	“礼赞二十大 讴歌大中华”黄冈市学习贯彻党的二十大精神京剧演唱会	10月29日	黄冈市群艺馆	2.58
36	“文化进万家”党的二十大精神文艺宣讲“六进”活动	11月3日	黄冈市群艺馆、遗爱湖公园、黄冈市文化和旅游局、新桥社区万景城小区、黄冈消防支队、黄冈中学、黄冈产业园管委会	1.2
37	“礼赞二十大 奋进新征程”黄冈市2022年广场舞线上大赛	12月21日	线上	3

（资料来源：市群艺馆）

【全民阅读系列活动】2022年，黄冈市开展线上、线下阅读活动1946场（次），服务读者42.48万人次。开展黄冈市第二十二届青少年爱国主义读书教育活动、“与爱同行，护航成长”朗诵比赛等活动。市全民阅读活动领导小组办公室获湖北省首届全民朗诵大赛优秀组织奖。各县（市、区）开展读书交流会、亲子阅读、朗诵比赛、文学沙龙等读书分享活动，送书进机关、进军营、进学校、进特殊人群“四进”活动。4月23日，“书香迎盛会·荆楚谱新篇”暨“4·23世界读书日”全民阅读启动仪式上，播放全民阅读宣传片《书香溢爱——黄冈市全民阅读巡礼》，邀请读者代表交流心得体会，观看读书阅读系列表演，社会各界代表100余人参加启动仪式。市委书记张家胜向全市干部群众推荐4本书：《习近平讲党史故事》《平“语”近人：习近平喜欢的典故》第二季、《数字经济时代大数据与人工智能驱动新经济发展》《长江文明》。

（段欣荣　王玉玺）

文学艺术

【概况】2022年，黄冈市文艺作品入围全国群星奖2件，获省级奖项121件，获屈原文艺奖4件，5件作品获省级资金扶持，入选省级优秀人才库10人，举办新田园诗大赛活动10场（次），参加人数1200余人次。

【群众文艺创作】2022年，黄冈市罗田县小戏《燕儿归》和黄州区表演唱《我们的季节》入围全国群星奖。选送文艺作品参加“文化力量·民间精彩”湖北省第三届社会文艺团队展演，其中，民间歌舞《茶韵英山》、小戏小品《盐红》获一等奖，民间曲艺《盛会阳光照黄冈》获三等奖，市文化和旅游局获优秀组织奖；指导选送330件少儿美术、书法作品参加湖北省第二十三届中小学生美术书法作品比赛，获奖118件，其中，美术作品获一等奖9件、二等奖11件、三等奖16件、优秀奖30件，书法作品获一等奖2件、二等奖9件、三等奖13件、优秀奖28件。湖北大鼓《盛会阳光照黄冈》获全市“启航新征程 喜迎二十大”党员教育电视片创作大赛优秀奖。

（侯啸澜）

表61　2022年黄冈市文艺精品创作扶持项目终审结果一览表

项目类型	项 目 名 称	申报单位（人）
指令项目	网络短视频《黄梅戏唱讲党的二十大系列》	黄冈市文联
	“喜迎二十大 建设先行区”省第十二次党代会精神文艺宣讲演出	黄冈市群艺馆
	美术作品《党建兴村——乌云山》	柯希仑
音乐、美术、书法、摄影作品集出版项目	摄影作品集《大别山世界地质公园——九龙山》	南春友
	音乐作品集《白衣胜雪》	丁永钢
	美术作品集《美哉黄冈》	王向晖
网络视听项目	电影《天大的事》	陈楫春
	短视频《牛车河畔展新颜》	团风县文化馆
	微电影《双生》	张烨华
	微电影《向阳而生》	戴增龙
	戏曲小品《盐红》	红安县文化馆
	黄梅戏移植剧目《梦蝶》	操敏
	歌曲《听见中国》	段友芳
	歌曲《棠树岭上好风光》	黄冈市音协
	微动漫《八哥调解队》	蕲春好仁源文化传媒有限公司

（资料来源：市文化和旅游局）

【《双人吊子》入选全国杂技展演公示名单】 2022年，文化和旅游部艺术司公示第十一届全国杂技展演参演作品名单，浠水县杂技团节目《双人吊子》入选，湖北省仅2个作品入选。浠水县杂技团《双人吊子》节目为原创杂技，由2位女演员在无防护的7米高空吊子上完成360度抛接、旋转一周抛接等系列动作。

【4件作品获省屈原文艺奖】 2022年1月7日，湖北省委、省政府作出《关于表彰湖北省第十一届屈原文艺奖获奖作品的决定》，黄冈市创作的电影《青云之梦》、黄梅戏《我的乡村我的亲》《霜天红烛》、篆刻集《红色印记》获屈原文艺奖。湖北省屈原文艺奖是湖北省重点文艺奖项，代表湖北省文艺创作生产的最高成就和水平。

（周锋刚）

2022年8月10日，浠水县杂技团在湖北省黄梅戏大剧院表演节目《双人吊子》

（市文化和旅游局 供图）

【中华诗词区域联盟新田园诗大赛】 2022年，环大别山三省五市（黄冈、信阳、六安、安庆、阜阳）中华诗词区域联盟决定，由黄冈市举办“中国·黄冈大别山三省五市中华诗词区域联盟新田园诗大赛”。年内，颁奖大会在黄州召开。黄冈市委常委、市委宣传部部长李初敏出席并致辞，市政府副市长潘国林主持。中华诗词学会副会长、《半月谈》杂志主编周清印发贺诗，中华诗词学会乡村工委主任、省中华诗词学会会长段维讲话，阜阳、安庆、六安、信阳4市诗词学会负责人，获奖代表等200人参加大会。该大赛收到参赛作品2000余件，经初审、复审、终审，评定一等奖1名、二等奖5名、三等奖7名、优秀奖90名和新秀奖10名，其中，麻城市诗人周胜辉获一等奖，罗田县诗人杨磊获二等奖，浠水县诗人熊振英、武穴市诗人吕克俭获三等奖，27位诗人获优秀奖（新秀奖）。

（刘良玉）

【10人入选省文艺人才库】 2022年11月26日，湖北省文联公布2022年中青年优秀文艺人才库评选名单，省黄梅戏剧院一级演员石蔚华、市文联副主席徐列星、罗田县作协副主席匡彬、市东坡文学艺术院副院长杨文斌、市文联办公室主任吴迪、黄冈师范学院美术系副主任王雷、黄冈艺术学校舞蹈教师秦丹、黄冈日报社摄影部记者周伟、黄冈师范学院文学院副教授汤天勇、浠水县杂技团副团长陈欢10人入选。

【5件作品入选省美术扶持工程】 2022年，湖北省美术创作重点项目扶持工程评审结果公示，黄冈市5件美术作品入选。包括：陈解华创作的中国画《梦回大别山》、黎际文创作的中国画《茶山新韵》、柯希仑创作的中国画《党建兴村——乌云山》、冯松涛创作的水彩画《雾云山村·蕲春》、蔡增杰创作的雕塑《幸福生活》。

（周锋刚）

黄梅戏艺术

【概况】 2022年，湖北省黄梅戏剧院（以下简称“黄梅戏剧院”）根据黄冈市委全面深化改革委员会《关于深化湖北省黄梅戏剧院改革的实施意见》，列出《省院对照中办、国办文件要求负面清单》9条，形成改革任务清单41条，明确32个专项实施方案、管理办法、工作计划，至年底，改革基本完成。全年开展惠民活动374场、黄梅戏文化活动10场(次)。1人入选国家人才库，6名演员获国家级、省级奖。

【“梅花表演奖”参评与剧目创作】2022年，黄梅戏剧院国家一级演员谢思琴申报参评第三十一届“中国戏剧奖·梅花表演奖”。创作改编大型古装黄梅戏《缘》、黄梅戏普法宣传视频《法治黄冈 黄梅飘香》和宣传中共二十大黄梅戏演唱视频《伟大里程碑》在中央、省市主流媒体平台播放，点击量均超过1000万人次。

【黄梅戏惠民演出】2022年，黄梅戏剧院开展惠民演出374场。其中，小剧场黄梅戏大舞台演出64场、进景区演出10场、微信公众平台展播32场、抖音直播260余场，惠及群众3000万人次。《梁祝》《罗帕记》《李时珍》《大别山母亲》《和氏璧》等黄梅戏剧目列入全省“喜迎二十大 礼赞新时代”线上展播剧目。

【黄梅戏艺术人才培养】2022年，黄梅戏剧院持续实施湖北省戏曲名家工作室人才培养项目、“1231”人才培养工程和师徒传帮机制，黄梅戏艺术家张辉向青年演员付群琼、柳忠良传授《双下山》，青年演员排练考核《楼台会》《山伯描药》《洞房》《宝玉哭灵》等折子戏10个。年内，一级演员谢思琴获评黄梅戏省级传承人，谢思琴、王刚入选湖北省中青年艺术表演人才大赛暨新人新作展演决赛，一级演员石蔚华入选2022年度湖北省中青年优秀文艺人才库。

【《天仙配》入选戏曲“像音像”工程】2022年2月17日，《天仙配》入选中国戏曲“像音像”工程。该剧由黄梅戏剧院与湖北电影制片厂共同录制，全国著名戏曲导演朱赵伟执导，湖北省黄梅戏剧院院长张辉、国家一级演员谢思琴领衔主演。《天仙配》是黄梅戏剧院代表剧目之一，黄梅戏传统经典之作。中国戏曲“像音像”工程是中宣部、文旅部于2019年启动的一项保护传统戏曲的国家重大文化工程。

【海峡两岸黄梅戏文化交流】2022年5月14日，由湖北省海峡两岸交流促进会、黄冈市政府、黄冈师范学院主办的首届海峡两岸黄梅戏文化交流活动，以视频连线方式在湖北黄冈和台湾台北同步举行。来自两岸的500余名黄梅戏专家学者、演艺人员参加活动。黄梅戏曲目品赏环节，两岸演员分别演唱《昭君出塞》《天仙配之鹊桥》《梁祝之楼台会》《女驸马之状元登科》等经典唱段。黄冈师范学院10余位台籍教师用黄梅调演唱《外婆的澎湖湾》。黄梅戏剧院院长、黄梅戏表演艺术家、中国戏剧“梅花奖”获得者张辉介绍两岸黄梅戏发展和文化交流、人才培养等情况，并与国家一级演员谢思琴表演黄梅戏《东坡》选段《黄州美景花烂漫》。

（郑 斌 高焕香）

红色文化

【概况】2022年，黄冈市开展红色文化研究，编纂出版红色文化书籍32部，召开红色文化研讨会、座谈会42次，开展红色文化宣讲400余场(次)，听众近10万人次。推进红色文化场馆建设，投资10亿元，启动长征国家文化公园英山园区、黄冈革命纪念馆等8个项目建设，完善黄冈红色文化数字馆。

【红色资源保护开发利用】2022年，黄冈市创新实施一处一策、一张网、一个数据库、一本账、一本书“五个一”工程，推进革命文物保护利用提档升级。至年底，完成革命文物保护单位文物保护标志设置更新、文物安全责任人挂牌公示(国保单位3处、省保单位35处)；陈潭秋故居纪念馆、麻城市革命博物馆等8家革命历史类纪念馆视频监控纳入市级监管平台；更新全市革命文物资源信息数据库655处，推进数字化管理馆藏革命文物档案1.56万件(套)，充实“黄冈红色文化数字馆”内容；完成全市馆藏三级以上革命文物和不可移动革命文物信息建卡；组织编写《黄冈宝藏》，推介黄冈历史文化资源和革命文物资源。持续推进黄麻起义和鄂豫皖苏区纪念园红色AAAAA级旅游景区创建，启动长征国家文化公园英山园区和黄冈革命纪念馆项目建设，推进闻一多纪念馆提档升级，新建“三条半枪”革命纪念馆，完成陂安南革命史陈列展布展。挖掘黄冈红色资源文化内涵和时代价值，创作系列红色文化艺术作品，黄梅戏《铸魂天山》获国家艺术基金。

（刘 慧）

【红色文化资源】2022年，黄冈市有不可移动革命文物655处。按类型分，故居117处，旧居12处，旧址139处，遗址32处，烈士墓、殉难地、就义处262处，诞生地、纪念地、重建地及纪念碑(亭、塔、馆)53处，标语、石刻、石洞等27处，烈士陵园13处；按保护级别分，国家重点文物保护单位3处 、省级文物保护单位35处 、县级文物保护单位362处、尚未定级文物保护单位243处。按所在地分，黄州区7处、团风县30处、红安县175处、麻城市159处、罗田县48处、英山县32处、浠水县61处、蕲春县29处、武穴市39处、黄梅县75处；按所有权分，国家所有128处、集体所有385处、个人所有143处。全市登记认定馆藏革命文物1.56万(件/套)，其中一级文物27(件/套)、二级文物87(件/套)。除文物外，还有《这里是红四军》《八月桂花遍地开》《红军三大纪律八项注意》等歌谣以及标语、宣传画等非物质红色文化形态。全市建立革命文物信息台账，655处革命遗址遗迹录入湖北省不可移动文物管理平台，632处不可移动革命文物纳入湖北省第一、二批革命文物名录。谋划推进《黄冈市红色文化数字馆》《黄冈市文物信息化综合管理平台》数字展示项目，推进英山长征国家文化公园建设，创作《铸魂天山》等红色题材戏曲剧目，改造升级董必武纪念馆等红色场馆9家，推出黄冈现代革命史陈列、黄冈建党百年历史成就等红色展览30多个，建成红色文化教育基地近300个。年内，红安县入选国家红色旅游融合发展示范创建单位。

（席想楼）

【红色文化研究】2022年，黄冈市聚焦“研究著名革命根据地，构筑红色文化新

2022年6月26日，黄冈市“喜迎二十大 建设先行区”红色文艺轻骑兵到浠水县巴河镇七铺小学开展文化惠民下基层活动

（浠水县文化馆 供图）

高地，打造红色旅游目的地”，推进红色文化研究。全市编写红色文化研究著作类成果5项，撰写红色纪念场馆展陈大纲4处，征集史料980万余字。市史志研究中心、市红色文化研究会和市博物馆联合启动《黄冈革命历史图志》编纂，编写、审读大纲7章25节，收集历史图片800余幅、文献资料500万余字。市红色文化研究会出版《黄冈红色人物志》，68万字，收录红色人物1588人；完成《新四军在湖北系列丛书——鄂东抗日民主根据地史》修订，列入中国新四军研究会《新四军和华中抗日根据地历史研究全书》；到四川省巴中市和陕西省汉中市，征集红四方面军和红二十五军史料100万余字；撰写市博物馆红色专题展馆《大别山红旗不倒》展陈大纲，新疆生产建设兵团农五师八十三团《军垦凯歌》展陈大纲；评审《黄冈市革命文物保护利用规划》《黄冈市红色旅游发展规划》。英山县完成《红二十五军在英山》初稿编写和红四军鸡鸣河会议纪念馆展陈。武穴市完成《红十五军在武穴》初稿编写，花桥镇张河口小学建成红十五军革命教育基地。

（汪小华）

【红色文化宣传教育】2022年，黄冈市依托党史宣讲团、红色文艺轻骑兵等，开展红色文化宣传宣讲活动。至年底，党史宣讲团围绕中国共产党历史和黄冈地方革命史，到市委党校、市委统战部、红安干部学院、黄冈市思源学校等单位开展红色文化宣讲50余场（次），听众1.2万人次。黄冈红色文艺轻骑兵文化志愿服务队到遗爱湖公园、草盘地镇毕昇纪念园、黄冈产业园区、新桥社区、黄冈中学、巴河镇七铺小学等场所开展专题红色文化宣传400余场，观众近10万人次。黄州区举办纪念陈潭秋诞辰126周年暨中共陈策楼小组成立100周年座谈会，浠水县召开纪念闻一多诞辰123周年座谈会，麻城举办红色故事征文比赛等。

（刘 慧）

【湖北红安革命纪念地建设管理】2022年，湖北红安革命纪念地持续推进全国红色旅游融合发展示范区、全国文物保护利用示范区、黄麻纪念园国家AAAAA级旅游景区、红安红色教育品牌、红色文化研究品牌、对外窗口金牌服务品牌创建。黄麻起义和鄂豫皖苏区纪念园景区服务“保护利用好黄麻起义和鄂豫皖苏区纪念园等红色资源”列入省第十二次党代会报告，举办全省“9·30”烈士纪念日公祭活动。探索建立“菜单式”宣讲模式，开设党性教育、廉政教育、国防教育、红色家风教育等10余个讲解专题教育活动。入选全国关心下一代党史新中国史教育基地、全国首批“大思政课”实践教学基地、湖北省文明旅游示范单位、湖北省首批港澳青少年教育交流基地。全年纪念园接待参观2483场（次）、162.7万人。红色国家AAAAA级旅游景区创建。2021年12月，文旅部接收黄麻纪念园国家AAAAA级旅游景区景观质量评审材料，黄麻纪念园为湖北省第一家在创红色国家AAAAA级旅游景区。7月，红安县召开创建国家AAAAA级旅游景区工作专题会议，明确以EPCO模式（工程施工设计+采购+施工+维护模式）实施景区创建工作路径，确定由国梦九州（北京）旅游规划设计院负责国家AAAAA级旅游景区创建指导规划编制，景域驴妈妈集团负责国家AAAAA级旅游景区规划方案编制，中南建筑设计院负责景区建筑单体设计、施工图方案。年内，完成游客服务中心建设项目可行性报告及土地证办理；景域驴妈妈集团旗下奇创集团进驻红安县开展工作。系统谋划推进项目建设。印发《关于开展红色教育示范点（村）建设的实施意见》。探索“革命纪念地+红色教育+乡村振兴”融合发展路径，争取资金1700万余元，用于建设毛咀屋兵工厂旧址纪念馆、创建省级文物保护示范区和西汪家消防工程等项目。加强革命文物保护修缮和展示利用。建成觅儿寺镇柏林湾烈士墓园、七里坪镇观音阁村等迁葬点5个，保护、整治重点红色遗址遗迹村文物本体及周边环境。推进韩先楚、郭天民、李天焕等10位将军故居修缮和复原陈列布展。完成七里坪革命法庭保护利用暨陈列馆建设项目可研报告、项目计划书、革命历史论证报告。

（胡 振）

【长征国家文化公园英山园区项目开工】2022年5月25日，长征国家文化公园英山园区建设项目开工。项目位于英山县陶家河乡，投资2.58亿元，其中，中央预算内资金8000万元，政府专项债券资金5500万元，建设工期18个月，主要建设红二十五军长征集结地历史步道英山段，全长14.9千米。该园区串联牛背脊骨战场、郁氏宗祠、安家老屋、刘家老屋、红军墓等当地红色遗址遗迹，规划建设长征文化展示区、战斗遗迹体验区、军民团结纪念区，配套建设革命传统教育基地和游客集散中心。

（陈铁强）

【黄冈革命纪念馆建设项目工程开工】2022年9月7日，黄冈革命纪念馆建设项目工程开工仪式在团风县杜皮乡黄冈革命烈士陵园举行。项目投资1860万元，占地面积2409.83平方米，建筑面积

4164平方米。纪念馆设计两层，采用现浇钢筋混凝土框架结构，建筑形体取意“八一”精神，采用大别山苏区传统民居灰瓦、白墙、檐廊等元素和荆楚中轴对称、高台基、深出檐等建筑风格。

（程时祥　罗　威）

文化遗产保护

【概况】2022年，黄冈市完成长江文物资源普查，新发现文物点53处、文物资源5821处，总量位列全省第一位。配合完成长江文明进程课题研究4个。组织开展文物水利遗产资源、红色革命标语、隐秘战线资源、少数民族文物、老字号文物、文保单位违建专题调查6个。开展第八批省级文保单位“两线”（文物保护范围和建设控制地带）划定，农业文化遗产统计、可移动资源与不可移动文物资产信息收集整理、文物数据库信息更新等工作。《黄冈市革命遗址遗迹保护条例》通过市人大常委会地方性法规实施情况专题询问；全市文物资源资产管理工作情况通过市人大常委会专题审议。红安县创建国家革命文物保护利用示范区，通过省级审定。

【文物资源资产管理】2022年，黄冈市申报各类保护项目48个，争取国家、省保护专资3474万元。投入5000万余元，实施一批文物保护修缮、展示利用和三防工程，完成国保、省保单位保护标志设置更新和文物安全直接责任人挂牌公示。黄梅县博物馆新馆建成开馆，红安县博物馆新馆启动陈列布展。

【文物保护利用改革】2022年，黄冈市完成红安李先念故居纪念馆、黄州文庙、麻城城区六乡农民协会旧址、英山李公桥、浠水登瀛室、武穴袁山河功德桥、蕲春达城庙、肖方故居保护修缮工程8个，七里坪旧址至毛咀屋红军兵工厂旧址、中央农民运动讲习所学生军指挥部旧址、黄州文庙、安家大屋消防工程4个，黄梅县博物馆馆藏出土竹木漆器类、馆藏陶瓷器文物保护、蕲春李时珍纪念馆可移动文物预防性保护、黄冈市博物馆馆藏漆木器保护等项目10个。全市16处全国重点文物保护单位和21家文博场馆视频监控纳入“黄冈智慧文旅信息化管理”平台；建成东坡赤壁等10处国保单位可视化安全监控手机App终端，实现线上、线下全天候管理；完成4008件（套）馆藏珍贵文物和198处重点文保单位文物总登记账和资源资产财务账；组织编写《黄冈宝藏》。

（童　璐　周锋刚　龙　跃）

表62　2022年黄冈市各级文物保护单位统计表

单位：处

区　属	全国重点文物保护单位	省级文物保护单位	市级文物保护单位	县级文物保护单位	合计
黄州区	1	11	14	61	87
团风县	0	8	2	68	78
红安县	5	24	2	140	171
麻城市	2	17	7	492	518
罗田县	0	10	3	131	144
英山县	1	11	4	103	119
浠水县	1	11	4	146	162
蕲春县	2	21	3	180	206
武穴市	1	5	5	76	87
黄梅县	3	11	10	447	471
总　计	16	129	54	1844	2043

（资料来源：市文化和旅游局）

表63　截至2022年黄冈市全国重点文物保护单位一览表（1—8批）

序号	文物保护单位名称	区　属	地　　点	年　代	类　别	批次、公布日期
1	东坡赤壁	黄州区	赤壁街道办事处沿江路北	明—民国	石窟寺及石刻	第六批2006.5.25
2	红安七里坪革命旧址	红安县	七里坪镇檀树岗乡	1927—1934年	近现代重要史迹及代表性建筑	第三批1988.1.13
3	双城塔	红安县	七里坪镇周家墩村	宋	古建筑	第七批2013.3
4	陡山吴氏祠	红安县	八里湾镇陡山村	清	古建筑	第六批2006.5.25
5	董必武故居	红安县	城关民主街24号	清	近现代重要史迹及代表性建筑	第六批2006.5.25
6	李先念故居	红安县	詹店镇长丰村李家大屋	清	近现代重要史迹及代表性建筑	第六批2006.5.25

续表

序号	文物保护单位名称	区属	地点	年代	类别	批次、公布日期
7	柏子塔	麻城市	阎家河镇柏子塔村九龙山	唐	古建筑	第六批2006.5.25
8	万年台戏台	浠水县	散花镇福主村	清	古建筑	第七批2013.3
9	李时珍墓	蕲春县	蕲州镇竹林湖村雨湖之滨	明	古墓葬	第二批1982.2.23
10	毛家咀遗址	蕲春县	株林镇柏条铺村毛家咀湾东南部	西周	古遗址	第七批2013.3
11	郑公塔	武穴市	郑公塔镇老街东约100米	元—明	古建筑	第七批2013.3
12	四祖寺塔	黄梅县	大河镇四祖寺村	唐—元	古建筑	第五批2001.6.25
13	五祖寺	黄梅县	五祖镇一天门社区	唐—清	古建筑	第六批2006.5.25
14	雷氏祠	麻城市	盐田河镇东界岭百亩堰村	清—民国	古建筑	第八批2019.10.7
15	毕昇墓	英山县	草盘地镇五桂墩村睡狮山	北宋	古墓葬	第八批2019.10.7
16	高塔寺塔	黄梅县	—	北宋	古建筑	第八批2019.10.7

（资料来源：市文化和旅游局）

表64　截至2022年黄冈市省级文物保护单位一览表（1—8批）

序号	文物保护单位名称	区属	地点	年代	类别	批次、公布日期
1	青云塔	黄州区	赤壁街道办事处宝塔社区	明、清	古建筑	第三批1992.12.16
2	陈潭秋故居	黄州区	陈策楼镇陈策楼村	1895—1921年	近现代重要史迹及代表性建筑	第三批1992.12.16
3	寨上遗址	黄州区	陈策楼镇豹子墒村	商周	古遗址	第六批2014.6.22
4	螺蛳山遗址	黄州区	堵城镇堵城村	新石器时代	古遗址	第五批2008.3.27
5	对面墩墓	黄州区	—	汉	古墓葬	第五批2008.3.27
6	安国寺	黄州区	安国寺路29号	清	古建筑	第五批2008.3.27
7	黄州福音堂八角楼	黄州区	法院街	1901年	近现代重要史迹及代表性建筑	第五批2008.3.27
8	禹王城城址	黄州区	禹王街道办事处禹王城	东周	古遗址	第四批2002.11.7
9	李家咀墓地	黄州区	—	东周	古墓葬	第六批2014.6.22
10	汉川门	黄州区	汉川门社区	明	古建筑	第六批2014.6.22
11	黄州文庙	黄州区	胜利街61号	清	古建筑	第六批2014.6.22
12	中湾民居	团风县	贾庙乡百丈岩村中湾	明、清	古建筑	第五批2008.3.27
13	漆氏宗祠	团风县	贾庙乡汤漆村漆家大湾	清	古建筑	第五批2008.3.27
14	东岳庙	团风县	回龙山镇回龙大街	明、清	古建筑	第五批2008.3.27
15	林育南故居	团风县	回龙山镇林家大湾	民国	近现代重要史迹及代表性建筑	第五批2008.3.27
16	张浩故居	团风县	回龙山镇林家大湾	民国	近现代重要史迹及代表性建筑	第五批2008.3.27
17	李四光故居	团风县	回龙山镇香炉山村	民国	近现代重要史迹及代表性建筑	第五批2008.3.27
18	方本仁庄园	团风县	马曹庙镇戴家湾村	民国	近现代重要史迹及代表性建筑	第五批2008.3.27
19	徐会之故居	团风县	总路咀镇宋家坳村	1900年	近现代重要史迹及代表性建筑	第六批2014.6.22

续表

序号	文物保护单位名称	区属	地点	年代	类别	批次、公布日期
20	抗日干部训练班旧址	红安县	七里坪镇盐店河村秦氏祠	1937年	近现代重要史迹及代表性建筑	第三批 1992.12.16
21	天台山石刻	红安县	七里坪镇天台山	明	石窟寺及石刻	第三批 1992.12.16
22	黄安三区农民协会旧址	红安县	七里坪镇联山村张石河湾	1926年	近现代重要史迹及代表性建筑	第五批 2008.3.27
23	秦基伟故居	红安县	七里坪镇盐店河村	民国	近现代重要史迹及代表性建筑	第五批 2008.3.27
24	郑位三故居	红安县	七里坪镇檀树马鞍山村	1902年	近现代重要史迹及代表性建筑	第五批 2008.3.27
25	九焰山遗址	红安县	七里坪镇九焰山顶	明、清	古遗址	第五批 2008.3.27
26	红安县苏维埃政府旧址	红安县	城关镇小北街	1931年	近现代重要史迹及代表性建筑	第二批 1981.12.30
27	似马山摩崖石刻	红安县	城关镇似马山村	明	石窟寺及石刻	第五批 2008.3.27
28	黄麻起义和鄂豫皖苏区革命烈士纪念碑	红安县	城关镇黄麻起义和鄂豫皖苏区革命烈士纪念园	1977年	近现代重要史迹及代表性建筑	第六批 2014.6.22
29	西汪家湾革命旧址	红安县	华河镇新庙村西汪家冲	1947年	近现代重要史迹及代表性建筑	第五批 2008.3.27
30	祝家楼古民居	红安县	华家河镇祝家楼村	清	古建筑	第六批 2014.6.22
31	陂安南苏维埃政府旧址	红安县	高桥镇庙嘴湾	1931—1935年	近现代重要史迹及代表性建筑	第四批 2002.11.7
32	高桥河桥	红安县	高桥镇高桥河村	清	古建筑	第五批 2008.3.27
33	陈锡联故居	红安县	高桥河镇长丰村	1915年	近现代重要史迹及代表性建筑	第六批 2014.6.22
34	石堰幽寻石刻	红安县	杏花乡五云山村	明、清	石窑寺及石刻	第六批 2014.6.22
35	郭天民故居	红安县	杏花乡郭受九村	1913年	近现代重要史迹及代表性建筑	第六批 2014.6.22
36	永寿桥	红安县	上新集镇李氏畈村	明	古建筑	第五批 2008.3.27
37	韩先楚故居	红安县	上新集镇复兴村	1913年	近现代重要史迹及代表性建筑	第六批 2014.6.22
38	桃花塔	红安县	永河镇周垄村	宋	古建筑	第五批 2008.3.27
39	王建安故居	红安县	永佳河镇沙河村	1907年	近现代重要史迹及代表性建筑	第六批 2014.6.22
40	黄安县农民协会旧址	红安县	胜利西街	1927年	近现代重要史迹及代表性建筑	第五批 2008.3.27
41	横山凹墓群	红安县	—	明	古墓葬	第五批 2008.3.27
43	新四军第五师13旅37团团部旧址	红安县	华家河镇新店村碾屋陈家湾	1942—1943年	近现代重要史迹及代表性建筑	第八批 2021.12.9
44	中央农民运动讲习所学生军指挥部	麻城市	乘马岗镇乘马岗村	1927年	近现代重要史迹及代表性建筑	第二批 1981.12.30
45	谢家墩遗址	麻城市	歧亭镇大胜山村谢家墩湾东北100米	新石器时代、商、周	古遗址	第三批 1992.12.16
46	万人墩遗址	麻城市	鼓楼街道办事处许家凉亭村王家院子南	新石器时代、周	古遗址	第三批 1992.12.16

续表

序号	文物保护单位名称	区属	地点	年代	类别	批次、公布日期
47	五脑山庙	麻城市	五脑山林场五脑山南麓	清	古建筑	第三批 1992.12.16
48	麻城县苏维埃政府旧址	麻城市	顺河镇柏树嘴村	1930年	近现代重要史迹及代表性建筑	第三批 1992.12.16
49	金罗家遗址	麻城市	宋埠镇新田铺村和叶店村	新石器时代—周	古遗址	第五批 2008.3.27
50	女王城遗址	麻城市	宋埠镇红梅山村	周—汉	古遗址	第五批 2008.3.27
51	玉皇阁牌坊	麻城市	宋埠镇朱家冲村	明	古建筑	第五批 2008.3.27
52	王氏祠	麻城市	黄土岗镇桐视冲村	清	古建筑	第五批 2008.3.27
53	三星桥	麻城市	盐田河镇杨家冲村	清	古建筑	第六批 2014.6.22
54	麻城城区六乡农民协会旧址	麻城市	城区南正街	1926—1927年	近现代重要史迹及代表性建筑	第五批 2008.3.27
55	红四军军部旧址	麻城市	福田河镇老街	1931年	近现代重要史迹及代表性建筑	第五批 2008.3.27
56	周道一塔	麻城市	龟山镇大坳村	明	古建筑	第六批 2014.6.22
57	喻家楼遗址	麻城市	阎家河镇喻家楼村和罗家铺村	新石器时代、西周	古遗址	第六批 2014.6.22
58	中共麻城县委旧址	麻城市	陵园路48号(麻城圣庙)	1927年	近现代重要史迹及代表性建筑	第五批 2008.3.27
59	王树声墓	麻城市	陵园路75号麻城市烈士陵园内	1994年	近现代重要史迹及代表性建筑	第六批 2014.6.22
60	余诚墓	麻城市	张家畈镇涂家坳村	1910年	近现代重要史迹及代表性建筑	第六批 2014.6.22
61	万密斋墓	罗田县	—	明	古墓葬	第三批 1992.12.16
62	王葆心墓	罗田县	大河岸镇礤石坳村	1944年	近现代重要史迹及代表性建筑	第三批 1992.12.16
63	罗田文庙大成殿	罗田县	凤山镇人民路23号	清	古建筑	第四批 2002.11.7
64	吴氏节孝祠	罗田县	河铺镇古仁墩村	元	古建筑	第五批 2008.3.27
65	独尊山寨及真武庙	罗田县	九资河镇平坦原村	明	古建筑	第五批 2008.3.27
66	新屋塆民居	罗田县	九资河镇官基坪村	清	古建筑	第五批 2008.3.27
67	泗洲山抗日石刻	罗田县	胜利镇周家垸村	1938—1941年	近现代重要史迹及代表性建筑	第六批 2014.6.22
68	罗氏琦祖支祠	罗田县	九资河镇官基坪村	1921年	古建筑	第八批 2021.12.9
69	吴大中墓	罗田县	河铺镇古仁墩村	元	古墓葬	第八批 2021.12.9
70	肖方故居	罗田县	胜利镇洗儿岭村	1907年	近现代重要史迹及代表性建筑	第八批 2021.12.9
71	段氏宅	英山县	南河镇灵芝村	清	古建筑	第三批 1992.12.16
72	灵芝桥	英山县	南河镇灵芝村	清	古建筑	第五批 2008.3.27
73	段朝立墓	英山县	—	南宋	古墓葬	第五批 2008.3.27
74	李公桥	英山县	杨柳湾镇杨树堰村	清	古建筑	第五批 2008.3.27
75	陈氏宗祠	英山县	石头咀镇咀隘口河村	清	古建筑	第五批 2008.3.27
76	卫氏宗祠	英山县	金家铺镇象鼻咀村	清	古建筑	第五批 2008.3.27
77	安家大屋	英山县	陶家河乡严坳村(新屋)、陶家河村(老屋)	清	古建筑	第五批 2008.3.27
78	红二十五军军部旧址	英山县	陶家河乡陶家河村	1934年	近现代重要史迹及代表性建筑	第五批 2008.3.27
79	乌云摩崖石刻	英山县	红山镇乌云山村	明	石窟寺及石刻	第五批 2008.3.27

续表

序号	文物保护单位名称	区属	地　　点	年代	类　别	批次、公布日期
80	张氏宗祠	英山县	孔家坊乡竹坳亭村	清	古建筑	第六批2014.6.22
81	牛背脊战斗纪念地	英山县	陶家河乡胡家湾村牛背脊骨山	1934年	近现代重要史迹及代表性建筑	第八批2021.12.9
82	浠水文庙	浠水县	清泉镇沿河街	明、清	古建筑	第三批1992.12.16
83	寨山遗址	浠水县	竹瓦镇周埠村	新石器时代	古遗址	第五批2008.3.27
84	王罗山墓群	浠水县	—	汉	古墓葬	第五批2008.3.27
85	陶谷墓	浠水县	—	宋	古墓葬	第五批2008.3.27
86	舍利宝塔	浠水县	白莲镇大岭沟村	宋	古建筑	第五批2008.3.27
87	斗方寺祖师殿	浠水县	白莲镇斗方山村	明	古建筑	第五批2008.3.27
88	古井庵	浠水县	绿杨乡范家冲林场	明	古建筑	第五批2008.3.27
89	登瀛室及登瀛墓	浠水县	绿杨乡牛头冲村	1918年	古建筑	第五批2008.3.27
90	程氏祠堂	浠水县	绿杨乡查儿山村	1926年	古建筑	第五批2008.3.27
91	盛真人墓	浠水县	绿杨乡百丈冲村	1932年	近现代重要史迹及代表性建筑	第五批2008.3.27
92	望风尖摩崖石刻	浠水县	绿杨乡绿杨桥村	元	石窑寺及石刻	第六批2014.6.22
94	万年台戏楼	蕲春县	横车镇长石村石湾西20米	清	古建筑	第四批2002.11.7
95	三角山摩崖题刻	蕲春县	株林镇三角山村	宋、清	石窟寺及石刻	第三批1992.12.16
96	达城庙	蕲春县	株林镇条铺村	清	古建筑	第四批2002.11.7
97	黄侃墓	蕲春县	青石镇大樟树村仰山堂湾西南100米	1935年	近现代重要史迹及代表性建筑	第三批1992.12.16
98	高山铺战斗遗址	蕲春县	清水河乡高山铺村严垅湾东1500米	1947年	近现代重要史迹及代表性建筑	第三批1992.12.16
99	詹大悲墓	蕲春县	蕲州镇街口村	1927年	近现代重要史迹及代表性建筑	第三批1992.12.16
100	蕲州城北门	蕲春县	蕲州镇北端	明	古建筑	第四批2002.11.7
101	金陵书院	蕲春县	蕲州镇小西门街胭脂山	清	古建筑	第四批2002.11.7
102	昭化寺	蕲春县	蕲州镇缘缺齿山	明	古建筑	第五批2008.3.27
103	顾景星墓	蕲春县	—	清	古墓葬	第五批2008.3.27
104	坳上湾遗址	蕲春县	向桥乡毛家咀村坳上湾东南250米	新石器时代	古遗址	第三批1992.12.16
105	羊角尖舍利塔	蕲春县	向桥乡童咀村	元	古建筑	第五批2008.3.27
106	仙人台庙	蕲春县	大同镇仙人台	清	古建筑	第五批2008.3.27
107	双节流芳牌坊	蕲春县	张榜镇孙冲村	清	古建筑	第六批2014.6.22
108	罗州城遗址	蕲春县	漕河镇罗州城村	汉—宋	古遗址	第六批2014.6.22
109	明荆王墓	蕲春县	—	明	古墓葬	第六批2014.6.22
110	田梦罴夫妇墓	蕲春县	—	南宋	古墓葬	第六批2014.6.22
111	黄侃家族墓群	蕲春县	青石镇大樟树村仰山堂湾笔架山上	清—1949年	近现代重要史迹及代表性建筑	第八批2021.12.9
112	潘家墩遗址	蕲春县	横车镇潘畈村	新石器时代、商周	古遗址	第八批2021.12.9
113	烟波寨	蕲春县	向桥乡枫树村丫头山上	清	古遗址	第八批2021.12.9

续表

序号	文物保护单位名称	区属	地点	年代	类别	批次、公布日期
114	鼓山遗址	武穴市	四望镇粟木村	新石器时代	古遗址	第五批 2008.3.27
115	龙表山墓群	武穴市	—	汉	古墓葬	第五批 2008.3.27
116	居氏墓	武穴市	刊江街泉塘村	民国	近现代重要史迹及代表性建筑	第六批 2014.6.22
117	饶汉祥旧居	武穴市	上河街18号	1923年	近现代重要史迹及代表性建筑	第六批 2014.6.22
118	袁山河功德桥	武穴市	武余川镇双城驿村三里桥垸	明	古建筑	第八批 2021.12.9
119	塞墩遗址	黄梅县	小池镇西喇叭湖村	新石器时代	古遗址	第四批 2002.11.7
120	焦墩遗址	黄梅县	濯港镇张城村	新石器时代、商	古遗址	第六批 2014.6.22
121	鲍照墓	黄梅县	—	南朝	古墓葬	第五批 2008.3.27
122	王仙芝墓	黄梅县	—	唐	古墓葬	第五批 2008.3.27
123	佛母塔	黄梅县	黄梅镇东禅社区	元	古建筑	第六批 2014.6.22
124	红十五军成立纪念地	黄梅县	大河镇吴祥村牛头山	1930年	近现代重要史迹及代表性建筑	第三批 1992.12.16
125	清咏亭	黄梅县	大河镇团山村	明	古建筑	第五批 2008.3.27
126	宛希俨、宛希先故居	黄梅县	下新镇宛大屋村	清	近现代重要史迹及代表性建筑	第五批 2008.3.27
127	牌楼垸民居	黄梅县	杉木乡安乐村	清	古建筑	第五批 2008.3.27
128	南山古道遗址	黄梅县	柳林乡南北山村	宋—清	古遗址	第八批 2021.12.9
129	红十五军筹备处旧址	黄梅县	大河镇吴祥村	1930年	近现代重要史迹及代表性建筑	第八批 2021.12.9

(资料来源:市文化和旅游局)

表65　2022年黄冈市级文物保护单位一览表

序号	文物保护单位名称	区属	地点	年代	类别
1	汪家冲古墓群	黄州区	禹王街道办事处汪家冲村辖区内,含国儿冲、曹家岗和枕头地三个子点墓地	东周—汉	古墓葬
2	韦家凉亭古墓群	黄州区	禹王街道办事处韦家凉亭村东部的大小岗地	东周	古墓葬
3	国山古墓群	黄州区	禹王街道办事处枫香桥村西北120米的大小的岗地	东周	古墓葬
4	樊家湾古墓群	黄州区	禹王街道办事处樊家湾村西部连绵起伏的岗地	东周—汉	古墓葬
5	罗汉山古墓群	黄州区	堵城镇芦冲村2组东南、堵城中学一带的岗地	东周	古墓葬
6	太平寺古墓群	黄州区	禹王街道办事处太平寺村辖区内,由多处不规则岗地组成	汉	古墓葬
7	龙王山古墓群	黄州区	赤壁街道办事处龙王山村8组、9组范围内的大小岗地上	东周—汉	古墓葬
8	王家湾古墓群	黄州区	路口镇王家湾村村小学南约300米一带起伏相连的岗地	汉	古墓葬
9	奶头山古墓群	黄州区	堵城镇芦冲村5组一带的岗地	东周	古墓葬

续表

序号	文物保护单位名称	区属	地点	年代	类别
10	埂子地墓群	黄州区	禹王街道办事处东湖村6组南约30米的埂子地	东周—汉	古墓葬
11	谢昶墓	黄州区	禹王街道办事处东湖村6组	明	古墓葬
12	湖心路古墓群	黄州区	赤壁街道办事处青砖湖社区湖心路东、西两侧的大小岗地	宋—明	古墓葬
13	新港路墓地	黄州区	东湖街道办事处西湖社区,新港路东侧的黄冈铝厂内	南北朝	古墓葬
14	红砂咀古墓群	黄州区	赤壁街道办事处红卫社区居民委员会红砂咀(黄州大道东侧伸向遗爱湖中的咀形地)	元—明	古墓葬
15	墩子山遗址	团风县	淋山河镇张岗村楼子湾东南岗地上	新石器时代、商周	古遗址
16	八斗湾"共存社"成立旧址	团风县	回龙山镇林家大湾村八斗湾自然村	1927后	革命遗址及建筑
17	新四军第五师司令部旧址	红安县	华家河镇王冲村王家冲上湾	近代	革命遗址及建筑
18	红四方面军指挥部旧址	红安县	七里坪镇红坪村长胜街中部	近代	革命遗址及建筑
19	王扒墩遗址	麻城市	南湖办事处塘西村	新石器时代、西周	古遗址
20	粟山岗遗址	麻城市	龙池桥办事处松鹤村	新石器时代	古遗址
21	余家寨遗址	麻城市	龙池桥办事处红石堰村余家寨湾6组	新石器时代、西周	古遗址
22	垫水岗遗址	麻城市	阎家河镇罗家铺村	西周	古遗址
23	夏家山革命旧址	麻城市	夫子河镇夏家山村夏家山塆	近代	革命遗址及建筑
24	柏树咀红军二分医院	麻城市	顺河镇柏树咀村	1930年	革命遗址及建筑
25	刘文蔚烈士墓	麻城市	顺河镇安家畈村刘鄂洼塆	1927年	革命遗址及建筑
26	李家咀遗址	罗田县	白莲乡尤家咀村内	新石器时代、周	古遗址
27	李家楼遗址	罗田县	凤山镇李家楼村	新石器时代、周	古遗址
28	中共罗田第一党支部旧址金凤楼	罗田县	胜利镇老街	1926年	革命遗址及建筑
29	郭家湾遗址	英山县	石头咀镇毛坳村	新石器时代、西周	古遗址
30	大地坪遗址	英山县	南河镇关口村	新石器时代、西周	古遗址
31	陈卫东故居	英山县	杨柳湾镇土门河村3组	近代	革命遗址及建筑
32	肖伯堂故居	英山县	雷家店镇蔡家畈村	近代	革命遗址及建筑
33	普山遗址	浠水县	竹瓦镇翠云潭村夏新湾北约200米的普山上	新石器时代	古遗址
34	砚池山遗址	浠水县	巴河镇仓山村二组仓山湾砚池山	新石器时代、商	古遗址
35	斗方禅林	浠水县	白莲镇斗方山村斗方山风景区内	五代	古建筑及历史建筑
36	抗日民主政府旧址	浠水县	绿杨乡三角山李宕村三组李家花屋	抗战时期	革命遗址及建筑
37	金盆架遗址	蕲春县	檀林镇檀林村金盆架塆西侧	新石器时代	古遗址
38	长定卡	蕲春县	檀林镇泗流山村杨树坳	清代咸丰年间	古建筑及历史建筑
39	蕲州烈士陵园	蕲春县	蕲州镇打鼓台村	近代	革命遗址及建筑

续表

序号	文物保护单位名称	区属	地点	年代	类别
40	苏憧遗址	武穴市	大金镇舒冲村苏憧垸内	新石器时代、西周	古遗址
41	樊哙城遗址	武穴市	石佛寺镇胡罗玉村胡罗玉塆东侧	西汉	古遗址
42	柯家墩遗址	武穴市	余川镇大祝村柯家墩垸东南50米的柯家墩上	新石器时代、商、西周	古遗址
43	太平军炮台遗址	武穴市	田镇办事处田家镇老街东100米	清	古遗址
44	余玠墓	武穴市	—	南宋	古墓葬
45	九江故城城址	黄梅县	蔡山镇聂福俊村蔡山镇二中西60米	西汉	古遗址
46	岳震、岳霆墓	黄梅县	—	南宋	古墓葬
47	杨家垄遗址	黄梅县	大河镇徐墩村南500米	新石器时代	古遗址
48	毗芦塔	黄梅县	大河镇四祖寺村3组青岭岗巅	唐	古建筑及历史建筑
49	鲁班亭	黄梅县	大河镇四祖寺村三组	宋	古建筑及历史建筑
50	灵润桥	黄梅县	大河镇四祖寺村四祖寺南100米处，碧玉流出水口的石鱼矶上	元	古建筑及历史建筑
51	衣钵塔	黄梅县	大河镇四祖寺村破额山脚	宋	古建筑及历史建筑
52	密月桥	黄梅县	大河镇四祖寺村三组玉带河上	元	古建筑及历史建筑
53	灵润桥石刻群	黄梅县	大河镇四祖寺村灵润桥下	唐—清	古石刻
54	吴致民故居	黄梅县	大河镇吴箭楼村吴箭楼墩	近代	古建筑及历史建筑

说明：此表统计的黄冈市级文物保护单位不含升级为全国重点文物保护单位、省级文物保护单位的市级文物保护单位

（资料来源：市文化和旅游局）

【“非遗”传承发展】 2022年，黄冈市有市级“非遗”代表性传承人261人，其中，5人申报第六批国家级“非遗”代表性传承人，12人入选第六批省级“非遗”代表性传承人，70人入选第四批市级“非遗”代表性传承人。黄梅县五祖镇、红安七里坪镇长胜街入选“湖北非遗特色村镇街区”。组织参加文化和自然遗产日“非遗”大展项目10个、全省非遗购物节活动项目10个，举办线上“非遗购物节·黄冈非遗产品线上展销”活动3期。完成国家非物质文化遗产馆藏（展）品征集，列入征信清单藏（展）品7项。2名传承人参加2022年长江沿线国家级“非遗”代表性传承人研修班，5名传承人参加国家级省级“非遗”代表性传承人新媒体推广运营培训班。

（侯啸澜）

2022年5月4日，黄梅县岳飞学校学生习练国家级“非遗”代表性项目岳家拳

（市文化和旅游局 供图）

表66　2022年黄冈市非物质文化遗产国家级代表性项目一览表

序号	项目名称	区属	类别
1	禅宗祖师传说	黄梅县	民间文学
2	李时珍传说	蕲春县	民间文学
3	苏东坡传说	黄冈市	民间文学
4	黄梅戏	黄梅县	传统戏剧
5	花鼓戏	麻城市	传统戏剧
6	湖北大鼓	团风县	曲艺
7	岳家拳	武穴市、黄梅县	传统体育
8	黄梅挑花	黄梅县	传统美术
9	民间绣活(红安绣活)	红安县	传统美术
10	针灸(蕲春艾灸疗法)	蕲春县	传统医药

（资料来源：市文化和旅游局）

表67　2022年黄冈市非物质文化遗产省级代表性项目一览表

序号	项目名称	区属	类别
1	苏东坡传说	黄冈市	民间文学
2	禅宗祖师传说	黄梅县、武穴市	民间文学
3	万密斋传说	罗田县	民间文学
4	十八老子的故事	红安县	民间文学
5	李时珍传说	蕲春县	民间文学
6	陈细怪传说	蕲春县	民间文学
7	牌子锣	黄州区	传统音乐
8	罗田畈腔	罗田县	传统音乐
9	丝弦锣鼓	团风县	传统音乐
10	荡腔锣鼓	红安县	传统音乐
11	浠水民歌	浠水县	传统音乐
12	罗田民歌	罗田县	传统音乐
13	唐家渡舞龙	黄州区	传统舞蹈
14	麻城花挑	麻城市	传统舞蹈
15	巴河天狮舞	浠水县	传统舞蹈
16	黄梅戏	黄梅县	传统戏剧
17	文曲戏	武穴市、黄梅县	传统戏剧
18	东路花鼓戏(东腔戏)	麻城市、罗田县	传统戏剧
19	皮影戏	麻城市、红安县	传统戏剧
20	英山采茶戏	英山县	传统戏剧
21	湖北大鼓	团风县	曲艺
22	浠水鼓书	浠水县	曲艺
23	岳家拳	武穴市、黄梅县	传统体育、游艺与杂技
24	武当派秘传内家拳法	英山县	传统体育、游艺与杂技
25	浠水杂技	浠水县	传统体育、游艺与杂技
26	黄梅挑花	黄梅县	传统美术
27	红安绣活	红安县	传统美术
28	英山缠花	英山县	传统美术
29	东坡饼制作技艺	黄冈市	传统技艺
30	东坡肉制作技艺	黄冈市	传统技艺
31	章水泉竹艺	武穴市	传统技艺
32	武穴酥糖制作技艺	武穴市	传统技艺
33	麻城东山老米酒酿造技艺	麻城市	传统技艺
34	油面传统制作技艺	罗田县、红安县	传统技艺
35	红安大布传统纺织技艺	红安县	传统技艺
36	蕲春管窑手工制陶技艺	蕲春县	传统技艺
37	团黄贡茶制作技艺	英山县	传统技艺
38	传统香制作技艺(艾香)	武穴市	传统技艺
39	蕲春艾灸疗法	蕲春县	传统医药
40	庞安时伤寒病疗法	浠水县	传统医药
41	针灸(蕲春火针疗法)	蕲春县	传统医药
42	麻城岐亭骨髓炎软膏组方与制作技艺(扩展项)	麻城市	传统医药
43	双峰山庙会	黄梅县	民俗
44	吊锅习俗	麻城市、罗田县	民俗
45	马家潭龙舟会	团风县	民俗
46	洗马花灯会	浠水县	民俗

（资料来源：市文化和旅游局）

表68　2022年黄冈市非物质文化遗产市级代表性项目一览表

序号	项目名称	区属	类别
1	五祖传六祖的故事	黄梅县	
2	苏东坡传说	黄冈市	
3	李时珍传说	蕲春县	
4	余三胜传说	罗田县	
5	龟峰山传说	麻城市	
6	十八老子的故事	红安县	
7	毕昇传说	英山县	
8	陈细怪故事	浠水县、蕲春县	民间文学
9	万密斋传说	罗田县	
10	秦始皇赶山填海的传说	浠水县	
11	禅宗祖师传说	武穴市	
12	徐寿辉传说	罗田县	
13	闻筱缉故事	英山县	
14	闻一多的故事	浠水县	
15	孔子河的传说	团风县	
16	畈腔	罗田县	
17	浠水民歌	浠水县	
18	红色革命歌谣	红安县、麻城市	
19	荡腔锣鼓	红安县	
20	黄州点子	黄州区	
21	英山民歌	英山县	
22	丝弦锣鼓	团风县	
23	哦呵腔	浠水县	
24	三百六十调	黄州区	传统音乐 传统音乐
25	乐儿嗬	武穴市	
26	工尺锣鼓	英山县	
27	蕲春文锣鼓	蕲春县	
28	武穴号子	武穴市	
29	罗田民歌	罗田县	
30	丝弦锣	黄梅县	
31	牌子锣	团风县	
32	天台禅乐	红安县	
33	天狮子	浠水县	传统舞蹈
34	花挑	麻城市	
35	赶柳翠	罗田县	
36	五虾戏鲶	红安县	
37	丁甲企龙	黄州区	传统舞蹈
38	黄州莲湘	黄州区	
39	狮舞（陶河舞狮）	英山县	
40	黄梅戏	黄梅县、湖北省院增补项目	
41	东腔戏	罗田县	
42	文曲戏	武穴市、黄梅县	
43	东路花鼓戏	麻城市	
44	二黄	黄冈市	传统戏剧
45	罗田皮影戏	罗田县	
46	英山采茶戏	英山县	
47	红安皮影戏	红安县	
48	麻城皮影戏	麻城市	
49	黄梅采茶戏	黄梅县	
50	黄梅小调	黄梅县	
51	架子戏	红安县	
52	英山花鼓	英山县	
53	黄冈善书	黄州区、团风县、浠水县、蕲春县第一批扩展项目、红安县第一批扩展项目	曲　艺
54	旱龙船	黄梅县	
55	娘娘船	武穴市	
56	黄州道情	黄州区	
57	岳家拳	武穴市、黄梅县第一批扩展项目	
58	浠水杂技	浠水县	传统体育、游艺与杂技
59	武当派秘传内家拳法(太极拳)	英山县	
60	小崎武术	团风县	
61	太极纯功	黄梅县	
62	黄梅挑花	黄梅县	传统美术
63	红安木雕	红安县	

续表

序号	项目名称	区属	类别
64	蕲春布贴	蕲春县	
65	黄冈民间绘画	黄州区、团风县	
66	缠花	英山县	
67	英山雕刻工艺	英山县	
68	剪纸	团风县、罗田县 第一批扩展项目	传统美术
69	英山绣活	英山县	
70	蕲春绣活	蕲春县	
71	宣纸烙画	黄州区	
72	罗田刺绣	罗田县	
73	红安鞋垫	红安县	
74	管窑陶瓷工艺	蕲春县	
75	毕昇泥活字印刷术	英山县	
76	章水泉竹编	武穴市	
77	红安大布	红安县	
78	武穴酥糖制作技艺	武穴市	
79	安息名香制作技艺	浠水县	
80	手工油面制作技艺	罗田县	
81	蕲春酸米粉制作技艺	蕲春县	
82	油面传统制作技艺	红安县	
83	麻城东山老米酒酿造技艺	麻城市	
84	团风狗脚制作技艺	团风县	
85	雪花粑制作技艺	英山县	传统技艺
86	东坡肉制作技艺	黄冈市	
87	东坡饼制作技艺	黄冈市	
88	东坡烧梅制作技艺	黄冈市	
89	蔡家山陶瓷制作技艺	麻城市	
90	麻城空心挂面制作技艺	麻城市	
91	蕲春仙人台制茶技艺	蕲春县	
92	团黄贡茶传统制作技艺	英山县	
93	老君眉茶艺	红安县	
94	鱼丸手工制作技艺	黄冈市	
95	蕲春传统手工雕版技艺	蕲春县	
96	蕲春手工石臼艾绒条制作技艺	蕲春县	
97	文雅阁书画装裱技艺	浠水县	
98	艾香制作技艺	武穴市	
99	麻城福白菊茶制作技艺	麻城市	
100	传统土法龙窑烧制技艺	红安县	传统技艺
101	竹编手工技艺	红安县	
102	英山石斛炮制技艺	英山县	
103	李时珍中草药文化	蕲春县	
104	杨济泰戒毒药艺	武穴市	
105	蕲春蕲艾	蕲春县	
106	蕲春艾灸	蕲春县	
107	庞安时伤寒病论治疗法	浠水县	传统医药
108	万密斋养生法	罗田县	
109	蕲春火针疗法	蕲春县	
110	麻城岐亭骨髓炎中医秘方	麻城市	
111	火居道	罗田县	
112	火神会	蕲春县	
113	东坡饮食文化	黄州区	
114	红安乡土饮食文化——珍珠花菜、炖茶、绿豆粑、永河皮子等制作技艺	红安县	
115	马家潭龙舟会	团风县	
116	唐家渡舞龙	黄州区	
117	达城庙会	蕲春县	
118	黄冈吊锅老米酒	麻城市、罗田县	
119	张氏龙灯	红安县	民俗
120	黄梅花灯会	黄梅县	
121	洗马灯会	浠水县	
122	婚丧习俗	英山县	
123	但店天府圣会	团风县	
124	麻乡约—麻城移民文化	麻城市	
125	詹家湖龙舟会	团风县	
126	双峰山庙会	黄梅县	
127	抬阁	浠水县	
128	楹联习俗	黄梅县	
129	回龙山庙会	团风县	

（资料来源：市文化和旅游局）

表69　2022年黄冈市非物质文化遗产代表性项目国家级代表性传承人一览表

序号	传承人	项目名称	区属
1	石九梅	挑花(黄梅挑花)	黄梅县
2	周洪年	黄梅戏	黄梅县
3	曾美玲	花鼓戏	麻城市
4	张业金	岳家拳	武穴市
5	刘寿仙	民间绣活(红安绣活)	红安县

(资料来源:市文化和旅游局)

表70　2022年黄冈市非物质文化遗产代表性项目省级代表性传承人一览表

序号	传承人	项目名称	区属
1	张　辉	黄梅戏	黄冈市
2	涂小勇		
3	谢思琴		
4	高厚鹏	苏东坡传说	
5	张　彬	东坡饼制作技艺	
6	王资腊	牌子锣	黄州区
7	徐贤安	湖北大鼓	团风县
8	熊堤生	丝弦锣鼓	
9	刘寿仙	红安绣活	红安县
10	席和玉		
11	黄珍兰	红安大布传统纺织技艺	
12	钟先梅		
13	胡伟齐	油面传统制作技艺	
14	邓永松	十八老子的故事	
15	王凡林	红安荡腔锣鼓	
16	王辉焱	红安皮影戏	
17	曾美玲	花鼓戏	麻城市
18	夏立松	东路花鼓戏	
19	宋元珍		
20	蔡　勤		
21	蔡金平	麻城花挑	
22	占玉霞	麻城东山老米酒酿制技艺	
23	占丽华	吊锅习俗	
24	潘仲英	罗田畈腔	罗田县
25	王送平	万密斋传说	
26	饶俊华	罗田民歌	
27	盛翠平	东路花鼓戏——东腔戏	
28	张昌满	罗田手工油面制作技艺	
29	方进文	吊锅习俗——罗田吊锅	
30	王贤臣	英山采茶戏	英山县
31	徐柏云	团黄贡茶传统制作技艺——绿茶制作技艺	
32	陈广英	英山缠花	
33	游玄德	武当派秘传内家拳法——武当武术	
34	高焕文	巴河天狮舞	浠水县
35	胡浠水	浠水杂技	
36	刘永青	庞安时伤寒病疗法——中医诊法	
37	周金红	洗马花灯会	
38	李柳媛	浠水民歌	
39	何良法	蕲春管窑手工制陶技艺	蕲春县
40	肖春姣		
41	陈沫金	李时珍传说	
42	韩善明	蕲春艾灸疗法	
43	孙济春	文曲戏	武穴市
44	陈　良	禅宗祖师传说	
45	张业金	岳家拳	
46	岳少明		
47	刘国安	章水泉竹艺	
48	范道正		
49	陈愿求	禅宗祖师传说	黄梅县
50	周洪年	黄梅戏	黄梅县
51	徐记柱		
52	张　莉		
53	石久梅	黄梅挑花	
54	胡德稳		
55	周桃荣		
56	雷　杰	岳家拳	

(资料来源:市文化和旅游局)

表71 2022年黄冈市非物质文化遗产代表性项目市级代表性传承人一览表

序号	传承人	项 目 名 称	区 属
1	张 辉	黄梅戏	黄冈市
2	董小满		
3	涂小勇		
4	陈 燕		
5	张 敏		
6	张安岚		
7	高厚鹏	苏东坡传说	
8	张 彬	东坡饼制作技艺	
9	陶析彻	东坡肉制作技艺	
10	胡友志	东坡烧梅制作技艺	
11	朱成柏	东坡饼制作技艺	
12	王细中	鱼丸手工制作技艺	
13	舒根文	牌子锣-黄州点子	黄州区
14	杨长华		
15	王资腊		
16	陈继光	黄冈民间绘画	
17	孙伯金	黄冈善书	
18	胡友恒	宣纸烙画	
19	龙旭光	民间绘画	
20	汪 舜	牌子锣——黄州点子	
21	刘少华	丁甲企龙	
22	王庆华	黄州莲香	
23	涂新明	黄冈善书	
24	夏育新		
25	马艳荣	民间绘画	
26	陈小莲	黄州蓝靛印染技艺	
27	唐超群	唐家渡舞龙	
28	唐启斌		
29	马厚喜	马家潭龙舟会	团风县
30	徐贤安	湖北大鼓	
31	熊堤生	丝弦锣鼓	
32	吴新明	湖北大鼓	
33	童吉全		
34	汪天才	黄冈民间绘画	
35	华贻和	湖北大鼓	
36	易跃进	黄冈善书	
37	王冬平	小崎武术	
38	马厚喜	唐家渡舞龙	
39	卢 华	剪纸	
40	杨晓霞	黄冈善书	
41	孙方利		
42	库 国	黄冈善书	团风县
43	熊建飞		
44	李春明		
45	王凡林	红安荡腔锣鼓	红安县
46	刘寿仙	红安绣花鞋垫	
47	席和玉		
48	黄珍兰	红安大布传统纺织技艺	
49	邓永松	十八老子的故事	
50	樊组林	红色革命歌搖	
51	张建平	红安荡腔锣鼓	
52	陈建明		
53	王辉炎	红安皮影戏	
54	秦基训		
55	黄从武	架子戏	
56	刘 姗	红安绣活	
57	车望娥		
58	徐胜娥		
59	胡伟清	油面传统制作技艺	
60	胡伟齐		
61	钟先梅	红安大布传统纺织技艺	
62	黄锦秀		
63	况花珍		
64	张顺良	红安乡土饮食文化	
65	韩元洪		
66	程乐军		
67	张元松	张氏龙灯	
68	卢言鑫	十八老子的故事	红安县
69	释悟乐	天台禅乐	
70	邓永松	黄冈善书	
71	许凯军	红安木雕	
72	聂凤珍	红安鞋垫	
73	胡道松	老君眉茶艺	
74	武世化		
75	韩原清	红安乡土饮食文化	
76	钟 星		
77	梅立和	红安皮影戏	
78	金书生		
79	黄从模	黄冈善书	
80	陶文成	红安大布传统纺织技艺	
81	刘花珍		
82	秦锦玉	红安鞋垫	

续表

序号	传承人	项　目　名　称	区　属
83	曾启明	传统土法龙窑烧制技艺	红安县
84	吴秋林	红安乡土饮食文化——永河皮子	
85	蔡金平	麻城花挑	麻城市
86	周　华		
87	夏立松	东路花鼓戏	
88	宋元珍		
89	曾美玲		
90	蔡　琴		
91	陈顺银		
92	林明康	龟峰山传说	
93	项绪元	红色革命歌谣	
94	梅　玲	花挑	
95	余　刚		
96	祝登祥	麻城皮影戏	
97	李成榜		
98	雷石灯		
99	陶德凯	东路花鼓戏	
100	郑卫东	麻城东山老米酒酿制技艺	
101	占玉霞		
102	占秀丽	黄冈吊锅老米酒	
103	刘明西	麻乡约—麻城移民文化	
104	金业智	麻城空心挂面制作技艺	
105	占丽华	黄冈吊锅老米酒	
106	万光英	花挑	
107	夏能传	麻城皮影戏	
108	张建林	麻城岐亭骨髓炎中医秘方	
109	梅仙桃	红色革命歌谣	
110	占金花	麻城东山老米酒酿制技艺	
111	潘仲英	罗田畈腔	罗田县
112	张昌满	罗田手工油面制作技艺	
113	王松平	万密斋传说	
114	徐拂然		
115	汪习清	余三胜传说	
116	瞿伯良		
117	李玉娟	罗田民歌	
118	饶俊华		
119	姚文魁	罗田畈腔	
120	盛翠平	东腔戏	
121	毛美亚	罗田皮影戏	
122	方进文	黄冈吊锅老米酒	
123	李兴世	民间绘画	
124	杨能香	罗田刺绣	
125	王晓东	泥塑	
126	丁际湘	剪纸	
127	罗　锋	剪纸	
128	瞿建文	罗田手工油面制作技艺	罗田县
129	屈君成	竹编手工技艺	
130	周益新	万密斋传说	
131	雷　威		
132	瞿晓东		
133	陈广英	英山缠花	英山县
134	游玄德	武当派秘传内家拳法——太极拳	
135	游玉龙		
136	周理参		
137	王贤臣	英山采茶戏	
138	杜　静		
139	徐贵妃		
140	王淑存	武当派秘传内家拳法——太极拳	
141	游小龙		
142	邹徽清		
143	冯　山		
144	方美桂	英山缠花	
145	卫小燕		
146	徐柏云	团黄贡茶传统制作技艺	
147	姜成全		
148	徐红霞		
149	徐　晨		
150	刘宗坤	英山石斛炮制技艺	
151	刘正言		
152	徐都督	浠水民歌	浠水县
153	李柳媛		
154	胡浠水	浠水杂技	
155	周　敏		
156	胡桂凤		
157	叶　晗	浠水民歌	
158	陈　欢	浠水杂技	
159	刘永清	庞安时伤寒病疗法	
160	姜　加		
161	丰冬林		
162	周金红	洗马花灯会	
163	周　强		
164	叶松炳		
165	高焕文	天狮子	
166	姜美良		
167	高陆萍		
168	余　翠	浠水民歌	
169	高陆萍	天狮子	
170	李亚彬	黄冈善书	
171	余克军	黄冈善书	
172	宋祖德	文雅阁书画装裱技艺	

续表

序号	传承人	项目名称	区属
173	宋保青	文雅阁书画装裱技艺	浠水县
174	陈沫金		
175	宋国清	李时珍传说	
176	舒　畅		
177	肖启高		
178	肖娇春		
179	李端玉	蕲春管窑陶瓷烧制技艺	
180	何建军		
181	何良法		
182	何细明		
183	韩善明	蕲春艾灸	
184	王享法		
185	王成花		
186	何登明		
187	肖鲜花	蕲春管窑陶瓷烧制技艺	
188	高全军		蕲春县
189	李从顺		
190	王文志		
191	蒋洪军	蕲春蕲艾	
192	韩　进		
193	郑水华	蕲春酸米粉制作技艺	
194	苏锦涛		
195	吕世宏	蕲春仙人台制茶技艺	
196	王　曦	蕲春手工石臼艾绒艾条制作技艺	
197	陈志祥		
198	骆百林		
199	江兴美	蕲春蕲艾	
200	韩　吟		
201	占先明	蕲春火针疗法	
202	周　畅		
203	孙济春		
204	陈双喜	文曲戏	
205	赵仕华		
206	张业金		
207	岳少明	岳家拳	
208	张奇钢		
209	刘国安		
210	范道正	章水泉竹艺	武穴市
211	甘建国		
212	陈　良	禅宗祖师传说	
213	张金福		
214	陆淑芳	文曲戏	
215	吕东明	武穴酥糖制作技艺	
216	吕旭峰	武穴酥糖制作技艺	
217	胡昌武	章水泉竹编	

序号	传承人	项目名称	区属
218	吕志斌	艾香制作技艺	
219	王志新	禅宗祖师传说	武穴市
220	赵正雄	武穴酥糖制作技艺	
221	郑和均		
222	陈愿求		
223	周火雄	黄梅禅宗祖师传说	
224	鲁发祥		
225	周洪年		
226	张　莉	黄梅戏	
227	刘国荣		
228	徐记柱		
229	王细女	文曲戏	
230	涂官保		
231	雷　杰	岳家拳	
232	石久梅		
233	胡德稳		
234	周桃荣	黄梅挑花	
235	刘素芬		
236	陈柳珍		
237	周濯街	黄梅禅宗祖师传说	
238	李辉国	丝弦锣	
239	涂小华		
240	刑凌云	黄梅戏	
241	曹沈荣		黄梅县
242	胡金顺	旱龙船	
243	余凤儒		
244	岳　进	岳家拳	
245	陈昭君	黄梅挑花	
246	常海军		
247	付定文	丝弦锣	
248	梅建军		
249	袁林权		
250	方荣智	黄梅戏	
251	余文新		
252	杨洪安	太极纯功	
253	陈章华	黄梅禅宗祖师传说	
254	王平珍	黄梅采茶戏	
255	郑玉琼	黄梅戏	
256	王玉珍		
257	卢　玲	黄梅小调	
258	袁　媛	岳家拳	
259	雷　超		
260	洪　媚	太极纯功	
261	洪　利	黄梅挑花	

（资料来源：市文化和旅游局）

哲学社会科学

【概况】2022年，黄冈市社会科学界联合会（以下简称“黄冈市社科联”）组织全市社科工作者聚焦习近平总书记视察湖北重要讲话精神、黄冈高质量发展和老区精神等内容开展课题研究，征集各类课题100余项，评审通报优秀课题成果38项。年内，围绕学习宣传贯彻中共二十大精神和省第十二次党代会精神开展理论阐释3次。指导市金融学会、市心理咨询学会等市属社科类学会完成换届工作，争取黄冈师范学院、黄冈职业技术学院支持筹备成立高校社科联、黄冈市马克思主义哲学研究会、黄冈市经济研究会。选送黄冈市博物馆作品《一湖溶大爱千载寄深情》、黄冈市遗爱湖公园作品《梦圆遗爱湖、奏响黄州人的幸福乐章》，分别获全国首届各省市区社科普及基地讲解员大赛三等奖、湖北赛区二等奖和湖北赛区优秀奖。围绕市政协提案“关于丰富和弘扬大别山精神的建议”，组织开展调研并形成成果，受到提案人肯定。

表72　2022年黄冈市社科类社会组织一览表

序号	社会组织名称	成立时间（登记时间）	主管单位	会员人数（人）	社科普及工作开展次数（次）	社科普及工作覆盖人数（人）	社科普及工作开展形式
1	黄冈市经济研究会	2008年8月	市商务局	53	4	8000	出版会刊4期
2	黄冈市司法鉴定协会	2010年1月	市司法局	73	2	150	法律宣传
3	黄冈市金融学会	2017年3月	人行黄冈市分行	322	1	200	科普周
4	黄冈市红色文化新四军研究会	1990年5月	市史志研究中心	132	5	5000	编写《黄冈红色人物志》《黄冈革命史图志》，开展课题研究、宣讲活动

（资料来源：市社科联）

表73　黄冈市第十届优秀社会科学成果奖一览表

序号	获 奖 者	获奖单位	获奖成果名称	成果形式	获奖等级
1	陈志平 熊清元	黄冈师范学院	萧绎集校注	著作	一等奖
2	王利民	黄冈师范学院	鄂东文献丛书	著作	
3	居继清	黄冈师范学院	黄冈革命文化的传承逻辑与价值转化研究	著作	
4	陈惠汝	黄冈师范学院	Coopetition strategy and pricing timing in an outsourcing supply chain with uncertain operation risks	论文	
5	陈中文	黄冈师范学院	县域义务教育阶段教师工资待遇不平衡不充分的问题及对策	研究报告	
6	余维祥	黄冈师范学院	生态文明理论与实践研究	著作	二等奖
7	郭江平	黄冈师范学院	新时代中国粮食安全研究	著作	
8	程之胜	黄冈师范学院	论习近平全面依法治国思想的历史底蕴与时代特色	论文	
9	岳　涛	黄冈师范学院	网络生态视域下的师德舆论困境：生成与化解	论文	
10	程　云	黄冈师范学院	课堂教学行为分析云模型的构建与应用研究	论文	
11	王仕杰	黄冈师范学院	教师教力：内涵、结构与特点	论文	
12	熊　岭	黄冈师范学院	“数量名”的三种语用意义——指称义、属性义和估测义	论文	
13	方　正	黄冈师范学院	晚清民国鄂东多文化巨子的历史人类学考察	论文	
14	张　威	黄冈师范学院	国家能力建设与中国经济社会发展研究	著作	
15	李红卫	黄冈师范学院	高校思想政治理论课教学研究	著作	
16	赵 华　汲艳蕊	黄冈师范学院	中国民族声乐的演唱技法与舞台魅力探究	著作	
17	李国庆	黄冈师范学院	鄂东民间工艺现代转型与开发研究	著作	
18	王楚平	黄冈市红色文化研究会	一代宗师——在中国历史上开宗立派黄冈人物传略	著作	
19	黄冈市新四军研究会	黄冈市新四军研究会	共赴国难——黄冈抗战大纪实	著作	
20	刘盛华	黄冈师范学院	基于语料库的我国学者多学科学术论文言据性研究	论文	
21	陈剑涛	黄冈师范学院	“心物二象性”与精神现象的早期演化	论文	三等奖
22	缪小勇	黄冈师范学院	为什么是黄冈？——黄冈成为中国早期马克思主义传播热土的根源探究	论文	

续表

序号	获奖者	获奖单位	获奖成果名称	成果形式	获奖等级
23	陈　松	黄冈师范学院	“显真”即是“明善”：张岱年论马克思主义哲学的唯物主义基础	论文	
24	王贵东	黄冈师范学院	马克思恩格斯的死刑思想及其启示	论文	
25	王　冉	英山县委宣传部	长安忆—唐代著名诗人的求仕之路	著作	
26	王涵青	黄冈师范学院	当代环境伦理脉络下主体核心价值抉择的反思——以程明道仁学为切入	论文	
27	陶文斌	黄冈市委党校	城市建设绿色发展研究	著作	
28	石晓萍	黄冈师范学院	大别山“乡村游”休闲体育项目开发研究	著作	
29	舒开智	黄冈师范学院	马克思主义人民美学的当代意义	论文	
30	叶　俊	黄冈师范学院	基于旅游人类学角度的乡村旅游文化建设研究——以大别山乡村旅游为例	著作	
31	江军民	黄冈师范学院	鄂东大别山特色农业资源生态产业开发研究	著作	
32	李耀威	黄冈师范学院	近代中西思想交融与<左传>文章学的转型	论文	
33	曾　军	黄冈师范学院	陈子昂诗全集(汇校汇注汇评)	著作	
34	李泽华	黄冈师范学院	Inheritance and Protection of Hubei Folk Dance “Maheng Hua Tiao”	论文	
35	张　鑫	黄冈师范学院	西洋管弦乐发展历程与编配技术研究	著作	
36	项　菊	黄冈师范学院	黄冈“非遗”保护面临的困境与对策	论文	
37	郭　伟	黄冈师范学院	近现代欧美文艺思潮对闻一多的影响	论文	
38	汤天勇	黄冈师范学院	《圣天门口》：“恢复现实主义”的启蒙写作	论文	
39	左国华	黄冈师范学院	湖北名人墨迹数字化保护的理论与实践——以墨迹数据库的构建为例	论文	
40	张红辉	黄冈师范学院	现代包装设计理念变革与创新设计	著作	
41	林国兵	黄冈师范学院	西方现代艺术观念演化史	著作	三等奖
42	张卫生	黄冈巴河文化学会	巴河记忆	著作	
43	方圣德	黄冈师范学院	东坡的遗产：地方特色文化美术课程转化与实践	著作	
44	苏琴琴	黄冈师范学院	“五四”文学革命与《红楼梦》的经典化阐释	论文	
45	宋　瑾	黄冈师范学院	黄梅戏文化产业发展中人才短缺的制约因素及其对策	论文	
46	杜雯	黄冈师范学院	写好新时代的闻一多颂	论文	
47	董礼芬	黄冈师范学院	党内法规融入高校思政课教学的若干思考	著作	
48	付友华	黄冈师范学院	地方高校学报栏目创设的实践与思考——以《黄冈师范学院学报》“名师谈教学”为例	论文	
49	胡亚学	黄冈职业技术学院	地方职业院校混合所有制改革面临的主要问题及破解建议	论文	
50	徐小双	黄冈职业技术学院	“互联网+”课程的学生参与行为研究	论文	
51	郑柏松	黄冈职业技术学院	高职院校教师职称量化评价体系的构建与探索	论文	
52	周常青	黄冈职业技术学院	高等教育成本控制存在的问题及对策建议	论文	
53	叶华光	黄冈职业技术学院	试论素质与素质教育	论文	
54	彭扬帆	黄冈师范学院	社会支持视域下失独老人的心理健康援助	论文	
55	丰建霞	黄冈师范学院	黄冈语文名师优课录	著作	
56	岑海兵	黄冈师范学院	任务复杂度和工作记忆对中国英语学习者口语产出的影响研究	著作	
57	蔡新职	黄冈职业技术学院	中国职业教育民生溯源与创新	论文	
58	袁墩文	麻城市职业技术教育集团	大学至真	著作	
59	姚淑文	黄冈市中心医院	治疗性抚触联合心理干预对重症肺炎患儿心理韧性、治疗依从性及智能发育指数的影响	论文	
60	骆　斌	蕲春县委党校	社会治理现代化视角下法治与德治的关系	论文	

(资料来源：市社科联)

【社科课题研究】2022年，黄冈市社科联申报选题《麻城县域经济高质量发展研究》，入选省社科联年度“中国调查”10个项目之一。组织全省有关社科专家开展调研，为促进黄冈市高质量发展资政献策。印发《关于开展2022年社科课题研究的通知》，包括阐释课题、基础理论课题、哲学社会科学课题、地方文化课题、对策应用课题5大类研究。全年征集相关课题100余项，评审通报优秀课题成果38项。《广播与冷战时期美国公共外交研究》入选国家社会科学基金项目。

【理论阐释】2022年，黄冈市社科联围绕学习宣传贯彻党的二十大精神开展理论阐释。联合《黄冈日报》开辟“社科专家谈”专栏，刊载一批社科专家理论阐释文章，深入宣传解读党的二十大精神。年内，围绕学习贯彻落实习近平总书记视察湖北重要讲话精神、省第十二次党代会精神，制定工作方案，组织社科专家、市直部门领导干部进行理论阐释。春节期间，组织10位高校社科专家开展志愿回乡宣讲活动30场(次)。

【智库建设】2022年，黄冈市社科联推动智库建设，开展全市社科类人才调研工作，摸底排查全市社科类人才，更新完善全市社科智库、专家库内容，吸纳一批社科专家人才入库，开展社科研讨、社科普及、志愿服务等活动，推进社科专家人才作用发挥。黄冈师范学院曹烃、彭扬帆、刘彦君3人入选省社科联首批“湖北省优秀青年社科人才培养计划”人选名单。

【社科普及宣传】2022年，黄冈市社科联组织党的创新理论宣传普及志愿服务队等社科普及志愿服务队，开展参观展览、专题讲座、宣讲宣传、志愿服务、科普宣教、视频展播、云上服务等系列社科普及活动，推动社科知识进机关、进学校、进企业、进社区，惠及干部群众10万人次。邀请社科专家开展“习近平总书记与大别山精神”“中央红军长征途中的重要会议及其历史意义”“长征精神与时代价值”等专题讲座。组织黄冈市博物馆、英山四季花海公司(长征精神体验园)、武穴市图书馆等社科普及教育基地开展红色教育、文物知识进课堂等活动。

【社会科学普及宣传周黄冈活动】2022年5月23日，湖北省第十一届社会科学普及宣传周黄冈活动以“喜迎二十大　奋进新时代”为主题在黄州区李四光纪念馆广场启动。黄冈市社科普及志愿服务队部分队员、社区志愿者和社会各界人士参加此次活动。6支社科志愿服务队在现场通过展牌宣传、现场咨询、发放宣传册、有奖互动等方式为市民普及“党的创新理论”“心理健康知识”“普法知识”“党史知识”“金融知识”“中华传统文化及东坡文化”等专题社会科学知识。市博物馆、李四光纪念馆推出“虎年生福虎虎生威”“清廉文化主题农民画”等流动展览;市博物馆讲解员团队现场激情朗诵诗歌《向上吧!黄州》，宣讲中共一大代表陈潭秋事迹。

（姚晓曦）

2022年5月23日，湖北省第十一届社会科学普及宣传周黄冈活动以“喜迎二十大　奋进新时代”为主题在黄州区李四光纪念馆广场启动　（市社科联　供图）

东坡文化研究

【概况】2022年，黄冈市有东坡文化研究会、东坡研究所、东坡书画研究会、东坡赤壁诗词社东坡文化研究团体4家，《赤壁文艺》《东坡赤壁诗词》《东坡文艺》《东坡文化研究》《文峰黄州》东坡文化刊物5个。《黄冈日报》、黄冈电视台、《鄂东晚报》和市内网站、论坛、微信公众号等均开辟东坡文化专栏专版。加强东坡文化研究宣传，推进东坡文化旅游区建设。围绕市的第六次党代会《工作报告》中提出的“建设东坡文化旅游区”，开展专题调研30次、咨询座谈3次，形成《关于建设东坡文化旅游区项目策划报告》等5项。举办东坡诗词讲堂28次，开展东坡文化研讨3次，出版《苏东坡文化》3辑。

【东坡文化传承基地建设】2022年，黄冈市东坡文化研究会授予浠水新天宝酒业有限公司东坡文化传承基地。黄冈市东坡文化传承基地是弘扬东坡文化，传承中华优秀传统文化，促进黄冈历史文化创新性、创造性发展的文化品牌。至年底，全市共建立苏东坡文化传承基地16个，分别为：东坡赤壁公园、遗爱湖公园、安国寺、黄冈师范学院、黄冈职业技术学院、黄冈应急管理职业技术学院、浠水天宝酒业有限公司、浠水县清泉寺、东坡学校、麻城光黄古道、歧亭杏花村、五祖寺、东坡文学院、黄州区文联、团风县文联、黄州区文旅局。

【东坡文化“六进”活动】2022年，黄冈市开展东坡文化进机关、企业、学校、社区、农村、景区的“六进”活动。遗爱湖景区开展东坡文化活动10余次；黄冈职业技术学院举办第二届“诵东坡诗词，讲东坡故事”比赛，近200名学生参赛；赤壁管理处推出“千古风流——历代名人与东坡赤壁图片展”，便于游客了解东坡赤壁文化内涵。7月15日，市政协举办“大力发掘东坡文化，加快建设文旅强市”双月专题协商会，市委副书记、市长李军杰出席并讲话，32名委员提出建议52份。

（冯　扬）

【东坡文化与黄州主城崛起课题研究】 2022年，黄冈市史志研究中心成立“东坡文化与黄州主城崛起”课题组，采取实地调研、查阅资料、召开座谈会等方式，历时1个月，完成《东坡文化与黄州主城崛起》研究报告，提出4个方面16条建议，市委、市政府主要领导作出肯定性批示。

（张　进）

【“东坡文化与主城崛起”研讨会】 2022年1月21日，辛丑寿苏雅集暨“东坡文化与主城崛起”研讨会在黄冈师范学院召开。黄冈市文联、鄂州市作协等10余家单位40余名代表，苏轼、黄庭坚部分后人参加。市东坡研究会会长孙璜清、黄冈师范学院教授方星移、《黄冈师范学院学报》副主编张吉兵等发言。研讨会认为，黄州是东坡文化诞生地，东坡文化是中华优秀传统文化杰出代表。新时代实现东坡文化创新发展和创造性转化，助力东坡文化旅游区建设和历史文化名城申报，为实现“主城崛起”提供文化支撑。

（余艳军　刘雪建）

【东坡赤壁诗词创作】 2022年，黄冈市东坡诗词学会联合黄州书画诗联学会到陈策楼镇，开展美丽乡村建设采风活动；组织英山县部分诗人一行20余人到金家铺镇开展“东坡文化进乡村，助力乡村振兴”诗乡创建采风活动。举办中国·黄冈大别山三省五市中华诗词区域联盟新田园诗大赛。开展东坡诗词进机关、进农村、进学校、进社区、进企业、进军营、进景点“七进”活动，到陈策楼镇、路口镇等乡镇，建新社区、赤壁社区等10个社区，陈潭秋中学、西湖中学、聚星小学、黄冈实验小学等学校授课、采风，与武警黄冈执勤中队、黄州消防大队、舟桥部队共同举办“双拥”活动，创作东坡诗词楹联1000余副（首）。全年全市有100余人次在全国诗词大赛中获奖，在省级以上刊物发表诗词500余首（篇），20余人次出版个人诗集。年内，《东坡赤壁诗词》出刊12期，刊发东坡诗词1200余首。

【东坡诗词讲堂】 2022年，黄冈市诗词学会在市区部分中小学、机关、社区、老年大学、高校等场所，设立诗词讲堂22个，不定期应邀派诗词专家上门授课。全年东坡诗词讲堂授课120场（次），听众1600余人次。

（刘良玉）

【苏东坡在黄州的故事专题报道】 2022年6月，黄冈市委宣传部、黄冈日报社邀请6名苏学研究专家参与策划“东坡越千年　遗爱传古今——苏东坡在黄州的故事”专题报道活动。6月25日、7月2日、7月12日、7月16日推出全媒专题报道4期，《千年东坡今犹在——苏东坡在黄州的遗爱故事》《一蓑烟雨任平生——苏东坡在黄州的家国情怀故事》《平生寓物不留物——苏东坡在黄州的家风家教故事》《残荷犹有傲霜枝——苏东坡在黄州的浩然清风故事》。通过苏东坡家国情怀、家风家教等故事，结合习近平总书记引用诗文，阐述苏东坡诗文现实意义。

（周　超　杨　帆）

党史编研

【概况】 2022年，黄冈市史志研究中心编印党史书籍5部，指导出版红色书籍6部；指导推动县（市、区）党史、组织史等党史基本著作编写，实现党史正史一卷全覆盖；开展党史宣讲“五进”活动150余场次，听众1万余人次；联合策划“党史上的黄冈粮食”主题宣传；编写《黄冈大事》4期、《资政参阅》2期。在全省党史和文献工作会议上交流发言。“学习强国”学习平台，中央党史和文献研究院、省委党史研究室等网站报道65次。

【党史基本著作编写】 2022年，黄冈市史志研究中心指导推动县（市、区）党史、组织史等基本著作编写，各县（市、区）先后召开动员会议，推进党史三卷和组织史七卷编写。英山县召开党史组织史资料征集动员大会，县“四大家”领导出席会议，县委常委、组织部部长讲话，县直部门、乡镇“一把手”参加会议。指导黄州区委党史正本编写，《中国共产党黄州区历史（第一卷）》完成出版。至年底，黄冈党史正史一卷出版，全市实现全覆盖。

【党史专题研究】 2022年，黄冈市史志研究中心编印《中国共产党黄冈市第六次代表大会文件汇编》《党史上的黄冈粮食》等党史书籍5部180万余字。指导出版《黄冈红色人物志》、编写完成《巍巍丰碑——黄冈红色遗址遗迹总览》等红色书籍6部200万字。推进《黄冈革命史图志》编纂、中央党史和文献研究宣传专项引导资金项目《刘邓大军在鄂东》《黄冈战“疫”》成果转化。撰写《大别山精神的黄冈元素》《工运领袖　民族楷模——林育英的革命人生及历史贡献》《简论陈潭秋的历史贡献及精神品质》等党史研究文章30余篇，被《黄冈日报》《地方革命史研究》等刊物发表。

【《黄冈大事》编写】 2022年，黄冈市史志研究中心出台《黄冈大事编纂规范》，建立健全五审工作机制，提升《黄冈大事》编纂质量。全年出刊4期（季刊），收录大事1300余条，15万字，全面记录2022年度黄冈市深入学习贯彻习近平新时代中国特色社会主义思想，认真落实统筹推进“五位一体”总体布局，协调推进“四个全面”战略布局，实现黄冈高质量发展的重要决策、重要工作、重大活动、重大事件和重要成就。全年向省市有关领导、市直机关、各县（市、区）赠阅《黄冈大事》近1000册。

【党史资料征集】 2022年，黄冈市史志研究中心落实省委党史研究室关于建设党史文献资料库的部署，采取召开会议、印发文件、现场征集等方式，面向全市和县（市、区）史志研究中心开展3轮资料征集工作，并在《黄冈日报》、黄冈广播电视台发布公告。全年征集各类史志文献资料500余种1000余册，向省委党史研究室报送300余种500余册。

【党史作品审读】 2022年，黄冈市史志研究中心会同市委网信办审核党史涉网意识形态内容22次，审核《黄冈宝藏》《黄梅地名故事》《老促会文汇（2016.3—2022.3）》等书稿28部，审读《永远在路上——中国共产党反腐倡廉历程展》《黄冈教育历史展览馆》等展陈大纲20余个，修改500余处，纠正错误223处。组织党史专家到英山县陶家河乡长征国家文化公园英山园区，研讨交流红二十五军长征集结地历史步道建设项目、红二十五军牛背脊骨战斗重点展示园建设项目勘察设计方案，审读红二十五军军部旧址、纪念馆展陈大纲。指导湖北白莲河抽水蓄能电站利用特殊工程资源建设地下党史教育长廊，审读把关陈展大纲，申报全国、全省爱国主义教育基地。

【党史宣传宣讲】2022年，黄冈市史志研究中心成立党史宣讲团，遴选党史专家32人。联合市关工委、市委党校开展党史“五进”活动，开展各类党史宣讲50余场次、听众1万余人次。全年黄冈史志网编发稿件750件；向省委党史研究室报送信息80篇，采用56篇，采用量位列全省第二位。2人获全省基层理论宣讲先进个人表彰，4人参加市委理论宣讲团。

【“刘邓大军在鄂东”转化利用】2020年6月，中央党史和文献研究宣传专项引导资金项目“刘邓大军在鄂东”立项。课题系统梳理刘邓大军挺进大别山的战略进攻行动、大别山解放区的建立与坚持，以及在鄂东各县，包括麻城、黄安、罗田、英山、黄冈、浠水、蕲春、广济和黄梅等地的军事斗争与党建活动。2022年，中共中央党史和文献研究院专家评审合格，黄冈市史志研究中心转化利用课题编研成果，形成《刘邓大军在鄂东》书稿17.2万字，报中共党史出版社审核。

【《黄冈红色人物志》出版】2022年10月，由《黄冈红色人物志》编纂委员会、黄冈市红色文化（新四军）研究会编撰的《黄冈红色人物志》出版。全书87万字，收录1911—2000年黄冈籍、客籍红色人物1580名。全书采用纲目体结构，设凡例、概述、卷首、“卷一：革命先烈”“卷二：军事将领”“卷三：党政精英”“卷四：知名人士”“卷五：客籍人物”“附录人物”“音序索引”和后记。各主卷下设“传”“录”“表”，全面系统记载在中国共产党领导下，黄冈地区在革命、建设、改革、发展历史进程中涌现的红色人物优秀代表。

【《巍巍丰碑——黄冈红色遗址遗迹总览》编写】2022年12月，黄冈市老区建设促进会编写完成《巍巍丰碑——黄冈红色遗址遗迹总览》，拟报中共党史出版社审核出版。全书80万字，收录重要事件、重要活动、重要机构遗存、重要人物故居和活动地遗存，革命烈士和党史人物墓葬，纪念设施等红色遗址遗迹757处。

（刘　慧）

档案管理

【概况】2022年，黄冈市档案馆接收新冠疫情防控档案及目录11.74万条、全文50.87万幅、实体7.55万卷（件），接收精准扶贫档案目录61.6万条、全文207.9万幅、实体3.4万卷（件），接收党史学习教育档案813件、资料158册（盘），面向社会征集档案资料450件（册）。黄冈市“两类档案”归集工作经验做法在全省档案业务培训班上作经验交流。

【档案法治宣传】2022年，黄冈市档案馆依托“6·9”国际档案日，联合建新社区、市融资担保集团，开展档案法律法规进社区、进企业活动。配合市人大完成12家市直单位档案执法检查、2家问题单位“回头看”执法检查，推进问题整改。全年市档案馆网站发布信息100余篇，省、市各类媒体、平台采用40余篇。参加省档案局组织的“喜迎二十大　档案颂辉煌”征文活动，报送征文4篇，获奖2篇。《陈潭秋：大义凛然、誓死不休》文章在《档案记忆》刊物2022年第六期刊发。

【档案业务指导与培训】2022年，黄冈市档案馆组织市直单位开展机关档案“三合一”制度编制修订，分批次全面审核57家市直机关单位档案“三合一”制度。档案业务指导。分别组织到市直机关、企事业单位、疫情防控指挥部、创文创卫指挥部和各县（市、区）档案部门，围绕“两类档案”归集、重大活动及突发事件、党史学习教育、重点建设项目及市委、市政府重点工作等，开展精准化业务指导100余次。档案业务培训。落实《乡镇档案工作办法》《国有企业资产与产权变动档案处置办法》，组织各县（市、区）档案馆和市直单位举办档案员培训班2期。鼓励市直各单位主动申报档案工作目标管理考评及复查，全年申报48家，完成目标管理考评41家。

【档案征集接收】2022年，黄冈市档案馆制定《黄冈开国将军档案资料收集归档工作实施方案》，收集进馆黄冈籍开国将军档案、资料复制件127件。编制《黄冈市档案馆口述档案征集实施办法》，采集抗美援朝老战士陈世礼口述档案、照片及视频等资料86件，到黄梅戏剧院开展“黄梅戏回娘家”口述档案采集工作。

【档案服务利用】2022年，黄冈市档案馆推进馆藏档案开放审核，制定工作方案，组建工作专班审核馆藏原黄冈地区

2022年6月9日，黄冈市档案馆开展“喜迎二十大　档案颂辉煌”“6·9”国际档案日系列宣传

（市档案馆　供图）

民政局、人事局5个全宗10.41万卷(件)档案,审核文件级目录8.29万条,其中开放目录5.76万条、控制目录1.68万条、不予鉴定目录0.85万条。接待查档群众378人次,提供档案845卷(件),复印取证735页,复制光盘16盘。与江西省九江市档案馆签订民生档案跨馆异地服务利用协议,接入全国和全省档案资源共享利用平台,办结完成查档事项75件。

【档案安全管理】 2022年,黄冈市档案馆常态化开展档案库房温湿度监测调控,按时更换防虫药剂,应对年初雨雪低温、暑期持续高温干燥等极端天气环境。组织开展库房安全检查,聘请专业公司检测档案库房消防设施,加强网络安全及档案接收、整理、数字化等环节安全保密工作,保障档案实体和信息安全。联合市档案局印发《关于开展档案安全检查的通知》,市县两级档案部门完成175家市(县)直单位、乡镇(街道)、村(社区)档案安全检查。

【数字档案馆建设】 2022年,黄冈市档案馆将馆藏档案数字化列为全面深化改革项目,实现馆藏档案数字化率100%,位列全省前列。全年全面核查189个馆藏档案全宗档案条目数、幅面数及数据量,馆藏档案数字化552.97万幅,电子目录108万条,总数据量5.24TB。档案数字化率100%,位列全省前列。督促指导市直66家单位完成2022年前室藏到期档案数字化移交工作。全市各级档案馆新增档案数字化1058万幅,平均馆藏档案数字化率82.11%。黄梅县档案馆通过湖北省示范数字档案馆测评。

(阮　超)

地方志工作

【概况】 2022年,黄冈市史志研究中心研究制订《黄冈市2021—2025年党史和地方志工作规划》,建立健全市县联动融合、"老带新"帮扶机制,营造"坐得住、学得进、思得深、写得好、干得实"氛围。全年全市编修出版乡镇志12部、村志22部,部门志1部,市、县综合年鉴11部,部门年鉴12部,地情资料18种。累计建成镇村史馆190家。年内,《罗田县扶贫志》入选中国扶贫志丛书编纂工程,论文《东坡文化与千年古城黄州崛起研究》入选首届中国地方志与中华优秀传统文化论坛,全市史志研究机构向国家方志馆捐藏志鉴书籍47种97册,市史志研究中心二级单位黄冈年鉴社由公益二类调整为公益一类,武穴市史志馆(历史陈列馆)开馆。全年办理村史馆建设等建议、提案7件,获评全市政协提案办理工作先进单位、先进个人。

【乡镇村志编修指导】 2022年,黄冈市史志研究中心审读《蕲州镇志》《黄州火车站开发区志》《温泉村志》。督促《五祖镇志》《蔡山镇志》《小池镇志》等20余部镇志启动编纂,督促《花桥镇志》公开出版、《梅川镇志》加快编纂进度。启动新一轮中国名镇名村志文化工程申报,罗田县九资河镇、蕲春县李山村、武穴市饶为市村、英山县东冲坳村和百丈河村5部镇村志通过市级审核。

【《黄冈年鉴(2022)》出版】 2022年12月,《黄冈年鉴(2022)》由武汉理工大学出版社、长江出版社出版,为第26卷。全书112.7万字,设类目39个、分目263个、条目1190个,录入图片196张、表格85张。该书篇目设置采取社会分工与以事分类相结合,内容涵盖政治、经济、文化、社会、生态等方面,增设"专记""经济合作"等类目、"市域发展布局""六破六突""千人进千企""武汉城市圈同城化发展""黄团浠一体化""跨江经济合作"等分目,突显年度特色、地方特色。

2022年12月26日,湖北省文化和旅游厅调研组参观黄州教育藏品博览馆,考察黄冈地方文化　　(市史志研究中心　供图)

【地情资料开发利用】 2022年,黄冈市史志研究中心完成《东坡文化与黄州主城崛起》课题研究,市委、市政府主要领导作出批示;加强黄冈优秀传统文化研究,推动本土红色文化、东坡文化、医药文化、名人文化等八大文化研究阐释和开发利用。审核《麻城文化简史》《黄梅地名故事》《浠水红色地名故事》等地情书籍,联合市老促会编写《黄冈革命遗址遗迹》等地情书籍,联合市红色文化研究会编写《黄冈革命史图志》,审阅、修改《蕲春要览》《红安要览》《罗田要览》,督促《武穴要览》出版,审核《"人大之家"展览方案》。年内,麻城市完成《麻城市地名志》编纂,蕲春县完成《蕲春简史》编纂,黄梅县编印《黄梅地名故事》《黄梅县古迹名胜志》,英山县创刊发行《英山大事》、出版《英山民俗汇》,红安县举办新冠防控档案图片展览。

【首部《黄冈年鉴(2022)》简本刊印】 2022年,黄冈市史志研究中心、黄冈年鉴社首次刊印《黄冈年鉴(2022)》简本,向社会各界赠阅。设置专记、黄冈概貌、政治、综合经济管理、大事记等22个类目,涵盖市域内自然、经济、政治、文化、社会、生态等内容。为32开本,全书166页、10万余字,彩色印刷。

2022年12月2日，黄冈市人大常委会机关召开《黄冈市人民代表大会志》终审会
（市史志研究中心 供图）

【《黄冈市人民代表大会志》出版】 2022年12月，《黄冈市人民代表大会志》由方志出版社出版发行。该志上限1924年10月，下限2022年3月，采用章节体，分10章、47节、110余目、82万字、收录图片80余幅，设专记、附录等专章。该志由市人大常委会机关主持编纂，市史志研究中心全程提供业务指导。该志于2021年初启动编纂工作，2021年6月成立编辑部，2022年4月21日召开编纂动员会，2022年12月2日召开《黄冈市人民代表大会志》终审会，历时2年。

【镇村史馆建设】 2022年，黄冈市开展镇村史馆建设调研，市史志研究中心调研镇村史馆50余家，选定罗田县河铺镇镇史馆、蕲春县九棵松村村史馆为黄冈市镇村史馆示范馆。至2022年底，全市建成镇村史馆190家。

（席想楼）

表74 2022年黄冈市镇村史馆一览表

序号	县(市、区)	乡镇(街道)	名称	建成时间	建筑面积(平方米)	展陈内容	建设资金来源	管理单位
1	黄州区(9家)	陈策楼镇	李家湾村史馆	2018年1月	40	村史、农耕文化	美丽乡村建设资金	李家湾村委会
2			陈策楼村史馆	2021年7月	150	村史、名人文化	省级红色美丽村庄建设专项资金	陈策楼村委会
3		堵城镇	松杨村文化礼堂/刘少卿展馆	2016年	560	村史、名人文化	项目资金	松杨村委会
4		东湖街道	六福湾社区村史馆	2016年1月	60	社区历史	自筹	六福湾社区居委会
5		赤壁街道	千年青砖湖	2016年	65	名人文化、村史	集体资金	青砖湖社区居委会
6			刘湾村史展览馆	2018年	120	村史、孝贤文化	集体资金	刘湾村民委员会
7			精彩毛纺	2018年	45	社区史	项目资金	毛纺社区居委会
8			建新社区党员生活馆	2018年	850	名人文化、村史	集体资金	建新社区居委会
9		禹王街道	唐家渡村史馆	2022年	200	村史、非物质文化遗产图展	自筹	唐家渡村委会
10	团风县(7家)	总路咀镇	瓦土库村史馆	2016年10月	60	村史、乡土文化	项目资金	瓦土库村委会
11			汪港村史馆	2018年7月	190	村史、乡土文化	自筹	汪港村委会
12		方高坪镇	山冲村史馆	2017年9月	20	村史、乡土文化	项目资金	山冲村委会
13			港口村史馆	2017年12月	160	村史、乡土文化	自筹	港口村委会
14		上巴河镇	马家潭村史馆	2017年12月	30	村史、非遗文化	自筹、项目资金	马家潭村委会
15			平麓山村(原车站村)政治生活馆	2023年6月	96	党建、村史	自筹	平麓山村委会
16		但店镇	兰家畈村政治生活馆	2020年12月	200	党建、村史	自筹	兰家畈村委会

续表

序号	县(市、区)	乡镇(街道)	名　　称	建成时间	建筑面积(平方米)	展陈内容	建设资金来源	管理单位
17	红安县(34家)	八里湾镇	八里湾村史馆	2018年	100	党建、村史	自筹	八里湾村委会
18		太平桥镇	马井村史馆	2018年	80	党建、村史	自筹	马井村委会
19			余家咀村史馆	2018年	80	党建、村史	自筹	余家咀村委会
20		永河镇	崔家边村史馆	2017年	100	党建、村史	自筹	崔家边村委会
21			永佳河村史馆	2017年	100	党建、传统手工、村史	自筹	永佳河村委会
22			刘祥村史馆	2017年	100	党建、村史	自筹	刘祥村委会
23			叶河村史馆	2018年	120	党建、民俗、村史	自筹	叶河村委会
24		二程镇	土门楼村史馆	2017年	40	党建、村史	自筹	土门楼村委会
25			关王寨村史馆	2017年	80	党建、移民史	自筹	关王寨村委会
26			西林村史馆	2017年	70	党建、产业、村史	自筹	西林村委会
27			烟炉山村史馆	2018年	70	党建、村史	自筹	烟炉山村委会
28		火连畈茶场	火连畈村史馆	2019年	80	党建、村史	自筹	火连畈村委会
29		杏花乡	长兴村史馆	2017年	120	党建、村史	自筹	长兴村委会
30			浏河村史馆	2018年	100	党建、产业、村史	自筹	浏河村委会
31		华河镇	大学村史馆	2010年	80	党建、村史	自筹	大学村委会
32			熊河村史馆	2018年	100	党建、村史	自筹	熊河村委会
33		七里坪镇	柳林河村史馆	2018年	100	党建、村史	自筹	柳林河村委会
34			周家敦村史馆	2018年	100	党建、产业、村史	自筹	周家敦村委会
35			柏林寺村史馆	2018年	100	党建、村史	自筹	柏林寺村委会
36			檀树岗村史馆	2018年	100	党建、村史	自筹	檀树岗村委会
37			八一村史馆	2021年	150	红色文化、产业、村史	自筹	八一村委会
38		天台山管理处	天台山村史馆	2018年	100	党建、旅游文化、村史	自筹	天台山村委会
39		高桥镇	程河村史馆	2017年	160	党建、红色文化、村史	自筹	程河村委会
40			占店村史馆	2017年	120	党建、村史	自筹	占店村委会
41			官木塘村史馆	2017年	100	党建、村史	自筹	官木塘村委会
42		觅儿寺镇	普安桥村史馆	2018年	100	党建、村史	自筹	普安桥村委会
43			黄家岗村史馆	2018年	100	党建、村史	自筹	黄家岗村委会
44			柏林湾村史馆	2018年	100	党建、村史	自筹	柏林湾村委会
45		城关镇	金沙社区村史馆	2019年	810	党建、村史	自筹	金沙社区居委会
46		城关镇	竹林社区村史馆	2018年	120	党建、村史	自筹	竹林社区居委会
47			建中村史馆	2018年	120	党建、村史	自筹	建中村委会
48			曹家畈村史馆	2018年	120	党建、村史	自筹	曹家畈村委会
49		上新集镇	石牛山村史馆	2016年	160	党建、村史	自筹	石牛山村委会
50			余家岗村史馆	2020年	150	党建、村史	自筹	余家岗村委会
51	罗田县(6家)	河铺镇	河铺镇史馆	2019年6月	80	镇史	自筹	河铺镇人民政府
52		骆驼坳镇	叶家圈村史馆	2019年2月	120	村史、乡风	省委组织部拨款	叶家圈村委会
53		九资河镇	罗家畈村史馆	2023年4月	180	村史	自筹	罗家畈村委会
54		胜利镇	李家坳村史馆	2016年9月	180	村史、农耕文化、乡风	扶贫帮扶资金	李家坳村委会
55			松子关村史馆	2017年6月	140	村史、农耕文化	扶贫帮扶资金	松子关村委会
56		白庙河镇	潘家湾村史馆	2018年5月	30	党建、村史、图书、村情档案	自筹	潘家湾村委会

续表

序号	县（市、区）	乡镇（街道）	名称	建成时间	建筑面积（平方米）	展陈内容	建设资金来源	管理单位
57	英山县（30家）	石头咀镇 红山镇	武显庙村史馆	2016年	40	村史、红色文化	集体资金	武显庙村委会
58			四棵枫村史馆	2016年9月	95	村史、名人文化、红色文化	省红十字会党费援建	四棵枫村委会
59			葫芦盆村史馆	2017年8月	45	村史、名人文化、红色文化	省高院援建	葫芦盆村委会
60			付坊党建、村史馆	2017年	50	村史、农耕文化	自筹	付家坊村委会
61			鸡鸣河村史馆	2018年6月	60	村史、名人文化、红色文化	集体资金	鸡鸣河村委会
62			邵河村史馆	2019年	240	村史、名人文化、红色文化	自筹	邵河村委会
63			闵河村史馆	2019年11月	90	村史、名人文化、红色文化	集体资金	闵河村委会
64			石头咀镇史馆	在建	150	村史、红色文化	集体资金	石头咀镇人民政府
65		草盘地镇	叶坊村史馆	2017年11月	40	村史	上级补助	叶坊村委会
66			红花咀村史馆	2019年11月	40	村史、红色文化	自筹	红花咀村委会
67			岩河岭村史馆	2021年10月	170	村史、红色文化、“农业学大寨”图展	自筹	岩河岭村委会
68		雷店镇	阮基冲村史馆	2018年8月	40	乡贤文化	省党管经费及自筹	阮基冲村委会
69			伍桂墩村史馆	2018年11月	350	村史、名人文化	自筹	伍桂墩村委会
70			李家冲村农耕文化展馆	2021年2月	130	村史	移民经费及自筹	李家冲村委会
71			伍家冲村陈列馆	2021年6月	100	村史、红色文化	自筹	伍家冲村委会
72			朱家山村陈列馆	2021年9月	70	村史、红色文化	自筹	朱家山村委会
73		南河镇	蔡家畈村史馆	2018年11月	160	村史、红色文化	自筹	蔡家畈村委会
74			瓦寺前村史馆	2019年	92	村史、红色文化	民政局	瓦寺前村委会
75		杨柳湾镇	河南畈村史馆	2017年	70	村史、红色、农耕文化	集体资金	河南畈村委会
76			施家湖村史馆	2017年	70	村史、红色文化	集体资金	施家湖村委会
77			芭茅街村史馆	2017年	60	村史、红色文化	组织部	芭茅街村委会
78			三门河村史馆	2017年	180	村史、红色文化	集体资金	三门河村委会
79		温泉镇	柏树祠村史馆	2017年10月	40	村史、红色文化、名人文化、孝贤文化	集体资金	柏树祠村委会
80		陶家河乡	胡家湾村史馆	2023年4月	300	村史文化、红色文化	自筹	胡家湾村委会
81		金家铺镇	龙珠村史馆	2016年	120	村史、红色文化	集体资金	龙珠村委会
82		金家铺镇	乐家冲村史馆	2017年	50	村史、红色文化、乡土文化	自筹	乐家冲村委会
83			杨家河村廉史馆	2018年	100	村史、红色文化、名人文化	扶贫资金	杨家河村委会
84			金冲村情村史、红色记忆馆	2018年	50	村史、红色文化	集体资金	金冲村委会
85			黄林冲村史馆	2021年1月	150	村史、红色文化、名人文化	自筹	黄林冲村委会
86			龙潭河村史馆	2016年8月	120	村史、红色文化	自筹	龙潭河村委会

续表

序号	县(市、区)	乡镇(街道)	名　　称	建成时间	建筑面积(平方米)	展陈内容	建设资金来源	管理单位
87	浠水县(21家)	巴河镇	巴河镇史馆	2021年12月	300	镇史、乡土文化	自筹	巴河镇人民政府
88		蔡河镇	秀美蔡河展示馆	2020年9月	50	镇史、乡土文化	项目资金	蔡河镇人民政府
89		巴河镇	长江村史馆	2017年	40	村史、乡土文化	集体资金、项目资金	长江村委会
90		蔡河镇	虎山村“虎”文化馆	2016年8月	64	村史、乡土文化	集体资金	蔡河镇虎山村
91			汪家坳还乡十恋馆	2017年12月	70	村史、乡土文化	集体资金	汪家坳村委会
92			大马桥红色发展文化长廊	2020年11月	40	村史、乡土文化	集体资金	大马桥村委会
93		丁司垱镇	清安寺村十全九美村史馆	2018年	70	村史、乡贤文化	集体资金	清安寺村委会
94		汪岗镇	窑坪村史馆	2018年	65	村史、孝贤文化、红色文化	乡贤捐助、项目资金	窑坪村委会
95			前进村史馆	2018年5月	290	村史、红色文化	政府补贴、自筹	前进村委会
96			陆家河村史展览厅	2019年	60	村史、红色文化、孝贤文化	项目资金	陆家河村委会
97		绿杨乡	三溪村史馆	2018年	120	村史、孝贤文化	项目资金	三溪村委会
98			望江村史馆	2019年	80	村史、红色文化、孝贤文化	项目资金	望江村委会
99		清泉镇	夏凉村史馆	2018年5月	80	村史、红色文化、乡土文化	项目资金	夏凉村委会
100			十月村史馆	2018年6月	280	村史、红色文化	集体资金	十月社区居委会
101			桂桥村史馆	2019年	50	村史、名人文化	项目资金	桂桥村委会
102		洗马镇	枫杨村史馆	2017年1月	40	村史、红色文化、乡土文化	集体资金	枫杨坳村委会
103			谢家坳村史馆	2018年5月	80	村史、红色文化	项目资金	谢家坳村委会
104			洗马畈村红色记忆馆	2019年1月	150	村史、红色文化	集体资金	洗马畈村委会
105		竹瓦镇	朱店村乡贤馆	2018年	80	村史、红色文化、孝贤文化	县委组织部党建示范点资金	朱店村委会
106			蟹地村幸福生活馆	2019年12月	300	村史、红色文化、乡土文化、孝贤文化	项目资金、乡贤捐助	蟹地村委会
107		关口镇	快岭村“兴乡社”村史馆	2018年	80	村史、红色文化、乡贤文化	上级拨付、自筹	快岭村委会
108	黄梅县(22家)	停前镇	停前镇停前驿站史馆	2022年	120	镇史、红色文化、古驿文化	移民资金、自筹	停前镇人民政府
109		分路镇	分路镇生活史馆	2023年	1200	镇史、红色文化、乡土文化	自筹	分路镇人民政府
110		黄梅镇	盘龙山村史馆	2020年	122	村史、红色文化、乡贤文化	自筹	盘龙山村委会
111			五里墩社区史馆	2022年	120	村史、红色文化、移民文化	自筹	五里墩社区居委会
112		小池镇	朱楼村史馆	2022年1月	240	村史、红色文化	乡贤捐资、自筹	朱楼村委会
113			莲湖村史馆	2023年7月	100	村史、乡土文化	自筹	莲湖村委会
114		停前镇	停前村史馆	2016年	150	村史、红色文化	自筹、乡贤捐资	停前村委会
115			刘壁村史馆	2016年	120	村史、红色文化	自筹、乡贤捐资	刘壁村委会
116			童寨村史馆	2016年	120	村史、孝贤文化、红色文化	自筹、乡贤捐资	童寨村委会
117		五祖镇	张思永社区史馆	2016年	100	村史、乡土文化	自筹、县委组织部拨款	张思永社区居委会
118			渡河村史馆	2017年	90	村史、乡土文化	自筹	渡河村委会
119		柳林乡	塔畈村史馆	2018年7月	80	村史、红色文化	自筹	塔畈村委会

续表

序号	县(市、区)	乡镇(街道)	名称	建成时间	建筑面积(平方米)	展陈内容	建设资金来源	管理单位
120	黄梅县（22家）	柳林乡	老铺村史馆	2021年1月	386	村史、红色文化、乡土文化	项目资金、自筹	老铺村委会
121		孔垄镇	新安社区史馆	2017年	66	村史、乡贤文化	自筹	新安社区居委会
122		小池镇	涂咀村史馆	2018年	220	村史、孝贤文化	村集合资	涂咀村委会
123		大河镇	大庙村史馆	2017年7月	70	村史、红色文化	自筹	大庙村委会
124			吴祥村史馆	在建	200	村史、红色文化	项目资金	吴祥村委会
125		苦竹乡	养马村史馆	2017年	84	村史、乡土文化	集体与个人合资	养马村委会
126			杨谷志村史馆	2017年	56	村史、乡土文化	自筹	杨谷志村委会
127		独山镇	柯思湖村史馆	2021年	200	村史、红色文化	自筹	柯思湖村委会
128			周柴村史馆	2022年	200	村史、红色文化、知青文化	自筹	周柴村委会
129		濯港镇	芭茅山村史馆	2022年5月	78	村史、红色文化、乡贤文化	自筹	芭茅山村委会
130	麻城市（41家）	麻城市经济开发区	经济开发区区史馆	在建	440	区史	自有资金	开发区管委会
131		阎家河镇	阎家河镇共同缔造教学点展馆	2018年	100	共同缔造图展、村史	项目资金	阎家河镇人民政府
132		龙池桥街道	白塔河村史馆	2023年6月	1480	村史	自筹	白塔河村委会
133		中馆驿镇	林家下湾村史馆	在建	180	村史、红色文化、名人文化	集体资金、乡贤捐助	林家下湾村委会
134		鼓楼街道	孝感乡村史馆	2017年11月	60	村史、红色文化、移民文化	自筹	孝感乡村委会
135			桃园社区文化馆	2019年1月	40	村史、乡贤文化	自筹	桃园社区居委会
136		福田河镇	福田河村史馆	2017年5月	280	村史	自筹	福田河村委会
137			小界岭抗战纪念馆	2019年8月	200	村史、红色文化	自筹	小界岭村委会
138			余家集乡愁记忆馆	2021年11月	120	村史、乡贤文化	项目资金、自筹	张店村委会
139			虎头狮村史馆	2022年11月	100	村史	项目资金、自筹	虎头狮村委会
140		夫子河镇	陶家寨村史馆	2018年5月	120	村史、名人文化、家风家训	自筹	陶家寨村委会
141		宋埠镇	谢店古村民俗陈列馆	2016年9月	180	村史、乡贤文化、乡土文化	自筹、项目资金	谢店古村委会
142			彭店村史馆	2017年	70	村史、乡土文化	自筹、项目资金	彭店村委会
143			李胜村乡村体验馆	2022年6月	80	村史、乡贤文化	自筹	李胜村委会
144		南湖街道	东方红村史馆	2016年	80	村史	项目资金	东方红村委会
145			十里铺村史馆	2017年	50	村史、乡土文化	集体资金	十里铺村委会
146			闵家集村史馆	2017年	40	村史、乡贤文化、地标优品图展	自筹	闵家集村委会
147		阎家河镇	石桥垸村史馆	2017年	75	村史、红色文化	集体资金	石桥垸村委会
148			钓鱼台村史馆	2018年	30	村史、红色文化	集体资金	钓鱼台村委会
149			古城村史馆	2018年	55	村史、红色文化、名人文化	集体资金	古城村委会
150			山水湾村史馆	2019年	80	村史、名人文化、	集体资金	山水湾村委会
151			凉亭村史馆	2020年12月	90	村史、乡贤文化	自筹	凉亭村委会
152		张家畈镇	余家冲村史馆	2022年	50	村史、科举文化、红色文化	集体资金	余家冲村委会
153			李家冲村红色文化纪念馆	2022年	600	村史、红色文化、名人文化	项目资金	李家冲村委会
154		木子店镇	后山书院	2014年	1000	村史、红色文化、乡土文化	乡贤捐助	细石岭村委会

续表

序号	县(市、区)	乡镇(街道)	名　　称	建成时间	建筑面积(平方米)	展陈内容	建设资金来源	管理单位
155	麻城市(41家)	三河口镇	舒家畈村史馆	2018年	90	村史、乡贤文化	自筹	舒家畈村委会
156		顺河镇	李斯文村史馆	2017年	30	村史、乡贤文化	自筹	李斯文村委会
157			顺河村展览馆	2022年	23	村史、乡贤文化	自筹	顺河村委会
158		铁门岗乡	走马岗村史馆	2017年5月	50	村史、乡贤文化	自筹	走马岗村委会
159			大庙岗村史馆	2017年9月	30	村史、乡贤文化	转移支付、自筹	大庙岗村委会
160		龟山镇	磨子山村史馆	2016年	60	村史	自筹	磨子山村委会
161			大坳村史馆	2016年	80	村史、名人文化	自筹	大坳村委会
162			东垸村史馆	2021年	140	村史、孝贤文化、戏曲文化、红色文化	项目资金、自筹	东垸村委会
163			西埠冲村史馆	在建	80	村史、名人文化、孝贤文化	集体资金	西埠冲村委会
164		盐田河镇	群建村史馆	2017年	90	村史、廉政文化	项目资金	群建村委会
165			雨头山村史馆	2018年8月	85	村史、乡贤文化	自筹	雨头山村委会
166			磨子河村史馆	2020年	48	村史、红色文化	自筹	磨子河村委会
167		黄土岗镇	严家畈初心馆	2018年6月	60	村史 乡贤文化	自筹	严家畈村委会
168			桐枧冲村史馆(王氏祠)	2022年	1100	村史	群众捐资	桐枧冲村委会
169			东冲农耕博物馆	2020年7月	180	村史、农耕文化	项目资金	小漆园村委会
170			洪家河乡贤馆	2022年7月	60	村史、乡贤文化	项目资金、自筹	洪家河村委会
171	武穴市(2家)	梅川镇	张牌村史馆	2018年5月	120	村史	自筹	张牌村委会
172			饶为市村史馆	2019年11月	300	村史、乡贤文化	自筹	饶为市村委会
173	蕲春县(18家)	漕河镇	枫树林社区村史馆	2016年	300	村史、乡土文化、孝贤文化	社区自筹	枫树林社区居委会
174		蕲州镇	雨湖村史馆	2002年8月	600	村史、红色文化	集体资金积累	雨湖社区居委会
175			胡风纪念馆之蕲州历史文化展馆	2014年10月	1000	村史	自筹	菩提村委会
176			红门楼村史馆	2016年	80	村史、红色文化	项目资金	红门楼村委会
177		赤东镇	乡风文明馆	2018年	60	村史、红色文化、名人文化	集体资金积累、项目资金	张岗村委会
178			北风头村史馆	2018年	138	村史、红色文化	项目资金、集体资金积累、乡贤捐助	北风头村委会
179			白河村史馆	2019年1月	60	村史、红色文化、名人文化、孝贤文化	集体资金积累	白河村委会
180		管窑镇	寒婆岭村史馆	2020年1月	22	村史、名人文化	集体资金积累	寒婆岭村委会
181		彭思镇	凤凰村史馆	2018年	343	村史、红色文化、孝贤文化	项目资金	凤凰村委会
182			余凉村史馆	2019年	900	村史、名人文化、乡贤文化、农耕文化	集体资金积累	余凉村委会
183		横车镇	九棵松村史馆	2018年12月	1100	村史	村集体自筹资金	九棵松村委会
184		株林镇	乡村记忆馆	2018年	320	村史、红色文化	美丽乡村项目资金	宋塘村委会
185			许家山村文博馆	2019年	300	村史	村集体资金	许家山村委会
186			农耕馆	2023年	60	村史	美丽乡村	达城村委会
187		狮子镇	长林村史馆	2019年	150	村史	移民项目资金	长林村委会
188		张塝镇	车门村乡村记忆馆	2017年	100	村史、红色文化	项目资金	下车门村委会
189			张塆社区村史馆	2018年	180	村史、红色文化	集体资金积累	张塆社区居委会
190		檀林镇	雾云山村农耕文化摄影展览馆	2019年	250	村史、农耕文化	集体资金和项目资金	雾云山村委会

（资料来源：市史志研究中心）

新闻出版

【概况】2022年，黄冈市有《黄冈日报》《鄂东晚报》《楚天声屏报·黄冈周刊》《黄冈师院报》4种报纸及《东坡赤壁诗词》《黄冈师范学院学报》《黄冈职业技术学院学报》3种期刊，全年共出版780期，发行量2627.02万册。黄冈市新闻出版局常态化检查市场主体3000余家（次），发现问题线索400余个，封堵有害信息1000余条，关闭非法有害网站（书店）266家，收缴非法有害出版物2.14万余册（张）。落实“一门全办”工作要求，解决“一网通办”和行政事项进入窗口。对标先进城市，压减审批承诺77天，提升企业和群众办事便利度、满意度。及时掌握办事指南、政策法规、政策解读、民生热点等相关信息，梳理“办不成事”出现的原因，制定相应解决办法，提升同类问题解决效率，实现减时限、减环节、减跑动工作目标。年内，组织全市10家媒体单位50余名记者参加省新闻出版局主办的业务培训。完成全市记者证年度核验工作。受理办理印刷企业申请32件，一次性内部资料申请44件，连续性内部资料申请2件，内部资料准印证申请45件。年度列入2022年完成软件正版化目标企业总数279家。黄冈市委宣传部被评为2022年度全国“扫黄打非”先进集体。

【期刊】2022年，黄冈市有《东坡赤壁诗词》《黄冈师范学院学报》《黄冈职业技术学院学报》3种期刊，全年共出版18期，发行量1.68万册。《东坡赤壁诗词》创刊于1985年，由中共黄冈市委宣传部主管、黄冈市文联和东坡赤壁诗社主办。坚持为社会主义服务的方向，传播先进的科学文化知识，弘扬民族优秀科学文化，促进国际科学文化交流，探索防灾科技教育、教学及管理诸方面的规律，活跃教学与科研的学术风气，为教学与科研服务。栏目设置有：社会热点、都市聚焦、乡村扫描、江山揽胜、杂咏抒怀、缅怀凭吊、纪念酬赠、人生感怀、警钟长鸣、广宇飞转自鸿、校园新苗、新诗之页、诗人专访、作品点评、吟苑纵横、诗词常识、诗词教学、先贤遗韵、诗林轶事等。《黄冈师范学院学报》创刊于1981年，由黄冈师范学院主办，为双月刊，第1、2、4、5期为文科版，第3、6期为理科版。文科版设“鄂东文史”“教育论坛”和“文艺研究”等栏目；理科版设“数学研究”“科学技术”“教学研究”和“科技情报与科技期刊”4个栏目。《黄冈职业技术学院学报》创刊于1999年，由湖北省教育厅主管、黄冈职业技术学院主办。为综合性学术期刊，办刊宗旨为：“活跃学术思想，增进学术交流，推动教学改革，促进科学发展，服务教科研”。栏目设置有：人文社科、经济论坛、技术研究、教育教学等。

（段欣荣）

【《黄冈日报》】2022年，《黄冈日报》发行16万份。黄冈日报社被评为全省宣传思想工作先进单位、城市党报“双胜利”宣传工作先进集体、全市全面依法治市先进单位、领导班子年度目标责任考核先进单位。发表文章获地市级以上新闻奖59件；省委宣传部新闻阅评组对“黄冈回响”“二十大精神20人讲”专题报道阅评2期。全年获表彰奖励20余人，获评市直宣传战线“身边的典型”和提名人选5人，获评城市党报百名优秀新闻工作者1人，1人入选湖北省中青年优秀文艺人才库，3人次获全市“好记者讲好故事”、黄冈红色故事征文比赛一二三等奖。主题宣传。先后策划组织“新春走基层”、全市全省全国两会报道、“党史上的黄冈粮食”、学习贯彻中共二十大精神等专题报道30个。由市委宣传部策划，市史志研究中心、黄冈日报社、黄冈广播电视台共同推出“党史上的黄冈粮食”专题报道，探索“跨界深融、跃层传播”，打造融媒体新产品，实现市域全媒体之间跨介质融合联动。邀请6名苏学研究专家参加，策划“东坡越千年 遗爱传古今——苏东坡在黄州的故事”大型专题报道。提前制订喜迎和学习贯彻中共二十大主题宣传报道总方案，围绕推动高质量发展、创建全国文明城市、优化营商环境、共同缔造实践活动、学习贯彻中共二十大精神等重点，推出“干出新气象”“重大项目走笔”“市域发展布局成势见效”“沿着黄黄高铁看黄冈”“锚定新发展，建设先行区”等专版、专题、专栏报道。全年参加《人民日报》采访报道3次，在《人民日报》和客户端发稿5篇（幅），在《湖北日报》发稿27篇（幅），在“学习强国”学习平台，发稿183篇（幅），在《长江日报》发稿48篇（幅）。媒体融合发展，推进报纸版面和新闻网改版提质。日报优化内容、美化版面，推进内容生产全面提质；晚报围绕“贴近生活、关注民生、引领时尚、服务百姓”定位，调整版面定位、专栏设置、版式风格等，增强报纸的可读性和服务性。实施黄冈新闻网改版，增强网站功能和安全性。落实《黄冈市深入推进互联网协议第六版（IPv6）规模部署和应用实施方案》要求，全面改版黄冈新闻网通过国家和省检测。推进新媒体平台建设，加大支持力度，选优配强队伍，突出内容生产，体现移动优先，强化融合意识，做到全媒联动，全员推动。推进媒体平台增粉工程，新媒体平台总粉丝量破210万人；微信公众号阅读量过10万有6条，“黄冈观察”抖音号过100万有113条，过1000万有8条。制定激励政策，在新闻策划中优先新媒体素材采集、推发上优先新媒体首供首发，鼓励新媒体自采自创内容生产，推进媒体融合报道。黄冈网络传媒中心策划制作“黄冈暖色调”“城市记忆符号”“爱心冰柜”等系列新媒体作品，受到好评。

（周 超 杨 帆）

【湖北省新华书店（集团）有限公司黄冈市分公司】2022年，湖北省新华书店（集团）有限公司黄冈市分公司实现营业收入6410万元、利润161万元，书记荐书销售收入557万元，其中，遗爱湖书城实现政府购买服务消费和专项奖励116万元。黄冈市新华书店遗爱湖书城于2019年建成，通过开展多种公益读书活动，推进全民阅读，促进书香黄冈建设。连续5年开展全民阅读进机关、进学校、进乡镇、进社区、进军营、进监狱、进福利院等“十进”活动，开展“新华关爱”“新华书店杯·假期读一本好书”“新华小小朗读者”、名家公益讲座、“慧悦读”“创手工”、惠民书展等活动。年内，遗爱湖书城被黄冈市全民阅读领导小组办公室、少先队黄州区工作委员会分别授牌“黄冈市青少年爱国主义读书教育活动基地”“黄州区少先队校外实践教育基地”。市政协授牌“书香政协·同心讲堂——委员读书基地”。黄州区新时代文明实践中心授牌“新华书店遗爱湖书城·未成年人辅导站”。

（黄 颖）

表75　2022年黄冈市新华书店各类畅销书排行榜

排名	书号	品名	单价（元）	版别	编著者
		政治类			
1	9787010251516	中国共产党章程	4	人民出版社	编写者
2	9787119130927	习近平谈治国理政(第四卷)	80	外文出版社	习近平
3	9787010251547	党的二十大报告辅导读本	38	人民出版社	编写组
4	9787509915196	党的二十大文件汇编	13	党建读物出版社	编写组
5	9787509915165	党的二十大报告学习辅导百问	30	党建读物出版社	编写组
6	9787010243757	习近平讲党史故事	58	人民出版社	编写组
7	9787010235080	平“语”近人:习近平喜欢的典故(第二季)	56	人民出版社	中共中央宣传部、中央广播电视台
8	9787514711578	百年大党面对面 理论热点面对面2022	26.8	学习出版社	中共中央宣传部理论局
9	9787521725735	长江文明	79	中信出版集团股份有限公司	冯天瑜、马志亮、丁援
10	9787010234953	数字经济时代 大数据与人工智能驱动新经济发展	68	人民出版社	徐翔
		旅游类			
1	9787549261420	儿行千里 沿着长江上高原	86	长江出版社	范春歌
2	9787113233211	中国自助游(彩色畅销版)	56	中国铁道出版社	《亲历者》编辑部
3	9787511371959	人一生要去的100个地方(纯美珍藏版)	48	中国华侨出版社	辞溪
4	9787547122358	舌尖中国美食游	56	星球地图出版社	编委会
5	9787113237745	中国古镇游	45	中国铁道出版社	《亲历者》编辑部
6	9787540488871	一个人用英文去旅行	39.8	湖南文艺出版社	戴巘凌
7	9787113241964	香港 澳门深度游Follow Me(第3版)	49.8	中国铁道出版社	《亲历者》编辑部
8	9787113241988	出国旅游英语1000单词速查速用	48	中国铁道出版社	《亲历者》编辑部
9	9787114074370	中国自驾旅游交通图集(全国版)	98	人民交通出版社	人民交通出版社
10	9787563739189	导游业务(第4版)	31	旅游教育出版社	全国导游人员资格考试教材编写组
		生活类			
1	9787115467935	赵治勋围棋打劫精解 162道简单问题克服弱点	39.8	人民邮电出版社	(日)赵治勋
2	9787564428228	运动损伤解剖学	65	北京体育大学出版社	(澳)布拉德.沃克
3	9787111543886	魔术就这么简单	29.8	机械工业出版社	陈远吉
4	9787547708545	四季钓鱼技巧一点通	36	北京日报出版社	蒋红明
5	9787510895449	特工训练手册 危急时刻如何绝处逢生	39.8	九州出版社	(美)克林特·埃默森
6	9787501257089	白金王朝皇家马德里全景传记	45	世界知识出版社	冯逸明
7	9787115538017	女性家庭健身基础(全彩图解版)	39.8	人民邮电出版社	李彬茹、吴栋
8	9787122371294	象棋入门与提高 象棋杀法运用(升级版)	58	化学工业出版社	刘锦祺
9	9787571314880	认真穿好每一天	29.8	江苏凤凰科学技术出版社	(日)可蒙留美
10	9787559437198	纹饰之美:中国纹样的秘密	68	江苏凤凰文艺出版社	涂睿明

续表

排名	书号	品名	单价（元）	版别	编著者
文学类					
1	9787544291170	百年孤独	55	南海出版公司	(哥伦比亚)加西亚·马尔克斯
2	9787533966102	生死疲劳	69.9	浙江文艺出版社有限公司	莫言
3	9787530221532	活着(2021版)	45	北京十月文艺出版社	余华
4	9787544276986	你当像鸟飞往你的山	59	南海出版公司	(美)塔拉·韦斯特弗
5	9787559439451	朝花夕拾	29.9	江苏凤凰文艺出版社	鲁迅
6	9787108051714	我们仨(新版精装)	35	生活.读书.新知三联发行部	杨绛
7	9787572602825	天堂旅行团	48	湖南文艺出版社	张嘉佳
8	9787559463784	莫言的奇奇怪怪故事集	59.9	江苏凤凰文艺出版社	莫言
9	9787506331746	遥远的救世主	48	作家出版社	豆豆
10	9787530221396	平凡的世界(全三册)(2021版)	138	北京十月文艺出版社	路遥
社科类					
1	9787541163777	5%的改变	49.8	四川文艺出版社	李松蔚
2	9787111495482	被讨厌的勇气“自我启发之父”阿德勒的哲学课	55	机械工业出版社	(日)岸见一郎、古贺史健
3	9787201161693	蛤蟆先生去看心理医生	38	天津人民出版社	(英)罗伯特·戴博德
4	9787544334792	扎西持林丛书 次第花开 藏人精神保持愉悦的秘密	39.8	海南出版社	希阿荣博堪布
5	9787540489304	断舍离	45	湖南文艺出版社	(日)山下英子
6	9787540481544	人性的弱点(畅销全译版)	39.8	湖南文艺出版社	(美)戴尔·卡耐基
7	9787111635574	干法	39	机械工业出版社	(日)稻盛和夫
8	9787505750852	和另一个自己谈谈心(全四册)	59	中国友谊出版公司	武志红
9	9787520711524	稻盛和夫的哲学	38	东方出版社	(日)稻盛和夫
10	9787522200514	非暴力沟通(修订版)	59.8	华夏出版社	(美)马歇尔·卢森堡
少儿类					
1	9787572123894	红蜻蜓新锐作家书系 冷湖上的拥抱	30	长江少年儿童出版社	于潇湉
2	9787534050930	中国古典四大名著:注音美绘本2·西游记	29.8	浙江人民美术出版社	吴承恩
3	9787570219872	红星照耀中国	39.8	长江文艺出版社	(美)埃德加·斯诺
4	9787534052170	中国古典四大名著 ：注音美绘本2·三国演义	29.8	浙江人民美术出版社	罗贯中
5	9787020144563	哈利·波特与阿兹卡班囚徒	49	人民文学出版社	(英)J.K.罗琳
6	9787201077642	小王子	39.8	天津人民出版社	(法)安托万·德·圣·埃克苏佩里
7	9787020144532	哈利·波特与魔法石	42	人民文学出版社	(英)J.K.罗琳
8	9787556083923	小蜜蜂童书馆 陪伴孩子成长的知识宝库 十万个为什么(彩绘注音版)	35	长江少年儿童出版社	林熙
9	9787530773727	中国的孩子	29.8	新蕾出版社	曾平标、廖子馨
10	9787572124556	少年聂海胜	25	长江少年儿童出版社	李明

（资料来源：市新华书店）

广播影视

【广播】 2022年，黄冈市有电视频道2套，“黄冈广播电视台新闻综合频道”和“黄冈广播电视台生活频道”；广播频率2套，“黄冈广播电视台新闻综合广播”调频107.6兆赫，“黄冈广播电视台交通音乐广播”调频91.4兆赫。黄冈广播电视台围绕主题主线统筹谋划宣传工作，提升叙事性故事性，采用双主播模式，新推出《声动晚高峰》《Hi，我们》等节目，实现“可视化”全新升级改版。开展主持人“老带新”活动，提高创新创优能力。围绕迎接中共二十大胜利召开、推进习近平总书记重要讲话精神在革命老区黄冈落地生根、重大项目建设、夏季粮食生产、美丽乡村建设等主题向上级台供稿，全年广播上中国之声67条，上湖北之声354条，外宣用稿量位列全省第一方阵。开通广播“空中课堂”，运用“村村响”讲好讲活中共二十大精神。举办新春读书会、“荆楚花开在黄冈，主播带你云赏花”系列户外直播活动、“一路有你、相约不晚”听友见面会等活动，其中，“世界读书日”特别节目——“有趣的黄冈方言”活动在广播和网络同步直播，网络观看量2万人次。在全省市州中率先开展大型主题采访，拍摄完成县（市、区）专访和县（市）委书记访谈，在广播电视、新媒体平台、大小屏和户外播放，与县（市、区）融媒体中心同步推送。

（白 巍 王心竹）

【电影】 2022年，黄冈市有电影院33家，票房7370.36万元。放映农村公益电影5.42万场，其中，故事片4.67万场、科教片权重折算0.75万场，完成计划场次107.69%；放映城区公益广场电影5090场，观众122万人次。结合建党、建军、国庆等重大节日和中华传统节假日，深入开展送电影进乡村、进校园、进军营、进社区、进工地“五进”放映活动。爱国主义教育电影进校园放映6693场，观众106万人次。开展“电影+党史学习、电影+楷模精神、电影+教学互动、电影+重大节日”“喜迎二十大·礼赞新时代”等主题电影展映活动。“五一”“七一”期间，组织红色文艺轻骑兵放映队送优秀影片进园区。年内，开展“大力弘扬清廉守正、担当实干之风”党风廉政宣教主题电影展映活动，放映19场，观众近万人。开展国防教育放映活动。黄冈市新农村数字电影院线公司获“全国先进基层电影服务集体”称号。

（方 曦）

【电视】 2022年，黄冈市广播电视台开办《奋进新征程 建功新时代》等主题专栏40余个，电视新闻发稿1万余条，自采率80%。推出“党史上的黄冈粮食”“数说黄冈这十年”“主播带你学报告 思政老师这样说”等主题宣传，电视栏目全新升级改版。引进人才9名，其中，高层次人才2名。完成记者证年审92人，新申领记者证6人。举办“广电夜校”7期，参加人数350余人；参加线上线下专题培训近20期，参加人数300余人。市广播电视台获“节约型机关”国家级荣誉1个、“全省宣传思想工作先进集体”等省级荣誉12个及黄冈市区创建国家卫生城市工作表现突出单位称号，1名记者被市委、市政府表彰为“全市扫黑除恶专项斗争先进工作者”。

主题宣传报道 2022年，黄冈广播电视台在中央、省级媒体发稿量创历史新高，位列全省第一方阵。全年电视上央视114条、上省台卫视650条。云上黄冈在长江云六项指标考核中上榜103次、“学习强国”学习平台上稿85条。策划执行宣传完成大型活动20余场，开办《高效办成一件事》《干在实处城管行》《全市优秀律师事务所展播》系列主题报道，新开办《健康黄州》《法治黄州》节目。《数说黄冈这十年》运用图表、动画、视频等手段，展示黄冈老区经济社会变化。开设“深入学习贯彻二十大精神”专栏，策划“主播带你学报告 思政老师这样说”，摄制《我在牛车河眺望妈妈的世界》等短视频30个，组织报道先进典型。策划摄制专题片、宣传片、短视频及微党课100余部，其中，专题片近50部，主题短视频60余个，公益广告7个。与湖北台合作摄制麻城市政府对外招商宣传片，实现拍摄外部环境、角度、技术“三创新”，在中国农民丰收节会上播放获好评。《党风政风热线》节目播出38期，拍摄记者调查短片34部、整改短片32部，发送督办函116封、收到回复函109封，办结率94%。聚焦优化营商环境，制作暗访专题片2部，摄制系列报道20余期。《坚决打好打赢抗旱减灾硬仗》系列报道获省领导肯定，《全市优化营商环境暗访调查实录》专题片获市领导肯定。

专业频道规范设置 2022年，黄冈广播电视台按广电总局推进电视频道专业化要求，黄冈广播电视台生活频道于4月8日开播。整合全台资源，推出《这里是黄州》《黄冈风物》《健康黄冈大讲堂》《乡音乡情黄冈人》《公益社区行》《舌尖上的黄冈》6个生活类精品栏目，引进《健康新食代》《非遗中国行》《觅江南》3档生活类电视节目。

2022年，黄冈广播电视台摄制的主题短视频《我在牛车河眺望妈妈的世界》

（黄冈广播电视台 供图）

安全播出　2022年，黄冈广播电视台坚持党管宣传、党管媒体，严格落实意识形态工作责任制，完善新媒体八项制度，定期开展风险研判、听取汇报，清理整顿“僵尸号”，加强微信、QQ工作群、电子邮箱监督管理。投入资金50万余元，添置备用发电机1台，整体更换UPS电池，保障播出安全。建立周二检修排查制度，全年开展自主安全检查15次，排除安全隐患10余项；升级大楼内部监控系统，确保大楼内部盲点和关键设备运行监控监管正常；配合省广电局、市委宣传部开展安全检查5次、应急演练4次、业务技能培训3次，提高人员实操和应急处变能力。健全台周编委会、日新闻晨会制度，优化生产流程，加强策采编播管理。落实三审制、重播重审制，严把宣传导向、阵地管控。

【融媒体发展】2022年，黄冈市广播电视台坚持深化改革，推进媒体融合发展。推动各大平台融合发展，《黄州新闻》《党风政风热线》《健康大讲堂》等电视节目实现网络、手机直播同步，“云赏黄州”慢直播、广播节目并网植入黄冈广电东坡云视频号，3档广播城市节目实现视频直播，增强用户黏性。推动市县融合，发挥全市融媒体中心作用，通过重大主题策划、联合采访、技术支持、业务评比等，与县级融媒体更加紧密生产融合。推动探索“新闻+政务服务”，与市生态环境局等部门建立全媒体工作站，实行全媒体传播、全媒体呈现。推动媒资库更新，补充媒资库中城镇建设、工业建设、重大项目建设、新农村建设等重要视频资料近500分钟，收集整理市领导新闻资料近1000条，上传武汉城市圈所需各类新闻、资料近100分钟。与市生态环境局合作，挂牌成立湖北省首个市级生态环境全媒体工作站。与黄冈职业技术学院进行台校合作，挂牌成立黄冈职业技术学院产教融合实践教学基地。

【短视频大赛】2022年，黄冈广播电视台举办喜迎中共二十大短视频大赛，历时10个月，收到参赛作品近500部，展播481部，进入终评作品50部，其中团风牛车河系列形成爆款。开展黄冈优秀改革案例短视频展播，播出62期，其中《徐志新：做乡村振兴的领头雁》等被“学习强国”学习平台采用。

【市自媒体之家挂牌运行】2022年4月23日，黄冈广播电视台打造的全省首个自媒体工作基地——黄冈市自媒体之家挂牌运行。整合全市自媒体资源，为自媒体从业者搭建工作平台、引入合作项目、开展学习培训、规范行业管理，引导自媒体共同做大做强。全年开展各类直播、活动10余场。

【城市慢直播·云赏黄州】2022年10月1日，黄冈广播电视台与中国广电5G共建慢直播平台推出“城市慢直播·云赏黄州”，集成摄像点信号3个，在直播黄冈矩阵6大平台同步直播，全天候、全方位、全场景展示黄冈城市形象。

（白　巍　王心竹）

文化产业

【概况】2022年，黄冈市文化旅游产业链在库项目192个，其中红色旅游项目26个、生态旅游项目46个、康养旅游项目49个、乡村旅游（田园综合体）项目71个，在库项目数量比上年增加89个，计划投资414.95亿元，完成固定资产投资125.6亿元，比上年增长45.7%。全市在库规上文化产业企业212家，比上年增加19家；实现营收124.8亿元，比上年增长44%，文化产业企业数量和增速均位列全省前列。湖北宇星水钻饰品有限公司获第二届“湖北十大最具成长性文化企业”称号。

（周锋刚　龙　跃　杜清泉）

【文旅产业链建设】2022年，黄冈市政府印发《黄冈市服务业主导产业链链长制工作要点》，围绕“主城崛起、两带协同、多点支撑”市域发展布局，打造“一心四链”，即中心城区、红色旅游产业链、生态旅游产业链、康养旅游产业链和乡村旅游产业链，创新推进文旅资源跨区域、跨产业、跨行业整合，打造黄冈特色文化品牌和文旅产业。先后引进省交投、省文旅投、省联投、北京房建、丰太集团、葛洲坝集团等一批战略资本入驻黄冈，合作建设麻城市龟峰山风景区、黄梅县非遗文化旅游区、李时珍文化旅游区、浠水县三角山旅游度假区、罗田县薄刀峰旅游区、东坡文化旅游区等大型文旅项目。

【文旅产业招商】2022年，黄冈市文化旅游产业链签约亿元以上招商项目79个，协议投资额178.9亿元。其中，红色旅游项目签约8个，协议投资额19.2亿元；生态旅游项目签约22个，协议投资额58.75亿元；康养旅游项目签约22个，协议投资额61.22亿元；乡村（田园综合体）旅游项目签约27个，协议投资额39.73亿元。

【文旅行业综合许可证发放】2022年，黄冈市文化和旅游部门推进“一事联办”改革，落实“让业主只跑一次”和“不见面审批”，市、区综合服务大厅窗口服务工作人员远程指导业主完成网上申报。黄州区文化和旅游局、黄州区政务服务和大数据管理局向黄州健身娱乐馆业主发放市区首张文旅行业综合许可证。

【文旅市场主体培育】2022年，黄冈市有文化、体育和娱乐业市场主体4048户，新

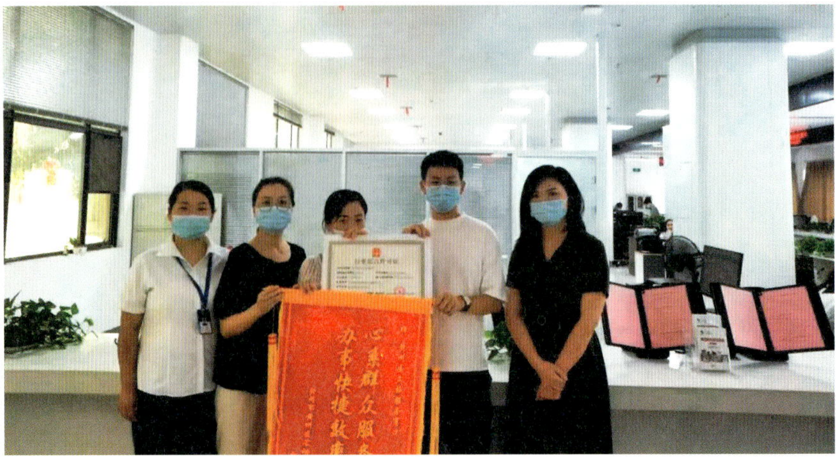

2022年9月8日，获得黄冈市区首张文旅行业综合许可证的业主向黄州区文化和旅游局赠送锦旗　（市文化和旅游局　供图）

增825户。在库规模以上文旅服务业企业46家，完成营收4.38亿元，比上年增长29.9%；新增规模以上文化旅游服务业企业11家。年内，市文化和旅游局被评为服务业市场主体培育"红榜"单位。

【文旅市场主体纾困解难】2022年，黄冈市文化和旅游局出台《支持文化旅游业市场主体纾困解难的若干措施》《黄冈城区支持文化旅游业市场主体纾困解难的六条措施》，对城区六类文旅市场主体给予困难补助，市本级发放补助92万元。开展"惠游湖北"黄冈片区消费券投放活动，投放文旅消费券1283.33万元，总核销额1076.9万元，核销率83.91%，带动地区旅游消费3392.16万元。

（周锋刚　龙　跃）

文化市场管理

【概况】2022年，黄冈市区依法纳入市文化市场综合执法支队执法监管经营单位478家，其中网吧31家、网络文化经营单位5家、歌舞娱乐场所55家、游艺娱乐场所3家、旅行社33家、出版物经营单位32家、印刷企业131家、影院6家、点播影院4家、体育场所86家、非学科类培训机构92家。

【文化市场监管】2022年，黄冈市出动文化市场执法人员1.23万人次，检查文化、文物、旅游、出版、体育等市场经营单位6070家次，其中，上网服务场所1380家次，互联网文化单位106家次，歌舞娱乐场所446家次，游艺场所70家次，电影发行放映场所269家次，印刷企业373家次，出版物经营单位324家次，体育广电场所2231家次，旅行社851家次，其他旅游经营活动13家次，文物保护单位5家次，音像制品经营单位2家次。"双随机"检查53家次，移动执法端录入3413家次，移动执法占比56.17%。

【文化市场执法与宣传】2022年，黄冈市开展网络文化市场、娱乐场所、旅游市场、文物及艺术品市场、体育市场等专项执法、"扫黄打非"专项行动16次。办理一般程序行政处罚案件39件。受理"12345"接转举报工单10件，其中文化类举报7件、旅游类举报1件、出版类举报2件，均依法按时办结。"扫黄打非"工作年终考评综合位列全省第一位，黄冈"1·06"侵犯著作权案、蕲春蒋某等人传播淫秽物品牟利案、武穴郭某非法编印传播境外有害刊物案等8起案件被全国挂牌督办；麻城"8·06"传播淫秽色情牟利案、浠水"8·02"传播涉未成年人淫秽物品案等15起案件列入全国备案案件。至年底，全市3610个行政村建设"扫黄打非"工作站，100余所中小学建成"扫黄打非·护苗"工作站，130余个文化、网络、快递等企业建成"扫黄打非"联络点，其中14个基层站点为省级示范点。黄梅县小池镇滨江新区第五小学被表彰为全省"扫黄打非"示范标兵，黄冈思源实验学校被表彰为全国示范点。强化舆论宣传，开通黄冈"扫黄打非"抖音、微信视频号官方账号，创作"扫黄打非"MTV公益歌曲，开辟《云上黄冈》"扫黄打非"专题板块，开设暑期护苗场所，建设"扫黄打非"主题公园和传承"扫黄打非"非遗文化等多种形式进行宣传引导，参与人数100万余人，8万余名未成年人受益。黄梅小戏《特殊家长会》、小品《盗版张与破烂王》、"扫黄打非三字经"等艺术创作受到群众好评。信息报送和新闻宣传连续两年位列全省第一位。

【未成年人保护专项执法行动】2022年，黄冈市文化市场综合执法支队制定《关于开展黄州城区文化市场综合执法领域未成年人保护专项执法行动实施方案》，拟定《黄冈市文化市场执法领域贯彻实施〈中华人民共和国未成年人保护法〉指导案例》，加强宣传，发挥警示教育作用，保障未成年人合法权益。组织开展"共建网络安全 共享清朗空间""扫黄打非"进校园暨无"小耳朵"等主题的校园宣讲、社区创建活动。出动执法人员700余人次，开展专项执法行动10次，查办行政处罚案件1起。

【市文化执法支队获省先进集体】2022年，黄冈市文化市场综合执法支队获评全省"扫黄打非"工作先进集体。市文化市场综合执法支队贯彻落实国家、省、市"扫黄打非"工作要求，扎实开展"扫黄打非"各专项行动，严查各类非法出版物和危害未成年人健康成长、危害国家意识形态安全和文化安全的违法违规经营活动。核查举报线索6起，查办督办案件2起，开展"扫黄打非"专项检查行动16次，查办新闻出版（版权）行政处罚案件5起，罚款6.4万元，没收违法所得2.57万元、非法出版物5952册，销毁侵权盗版等非法出版物1万余册。

（周锋刚　段欣荣）

【创文攻坚和"绿色护考"行动】2022年6月5日，黄冈市文化市场综合执法支队与市公安局网安支队联合开展网吧、娱乐场所、电影放映单位、体育场所多轮检查督导，现场整改问题5处，约谈业主3人。以走访集中约谈等多种形式，分片召开市辖区网吧经营场所专项整治暨文明城市创建工作会。在文化市场经营场所内统一设置社会主义核心价值观、文明上网等标识标牌，利用网吧、娱乐场所门厅LED，电脑终端设置开、关机屏幕等方式展示社会主义核心价值观、文明城市创建标语。开展中小学校园周边文化市场整治行动、文旅经营场所文明环境整治行动，清缴有害出版物，从严打击印刷、销售非法出版物及使用盗版教材及教辅读物行为，关停中小学校周边200米范围内网吧，严厉打击娱乐场所、网吧接纳未成年人、未在显著位置悬挂"未成年人禁止入内"警示牌、网吧不按规定核对和登记有效身份证件等违法违规行为。行动期间，出动执法人员188人次，检查互联网上网服务营业场所135家次、娱乐场所58家次、其他场所52家次，劝阻公共场所吸烟等不文明行为10人次，整改灭火器过期场所1处。

（徐小平）

【文化市场综合执法技能竞赛】2022年10月21日，首届黄冈市文化市场综合执法技能竞赛在黄州举行。该次竞赛活动分个人赛和团体赛，设置专业竞赛科目4个。市、县两级文旅局和文化执法机构组织9支参赛队、39名队员参加。其中，获个人一等奖6人、二等奖3人、三等奖4人，团体一等奖4个、二等奖5个、三等奖6个。

（周锋刚　龙　跃）

责任编辑：赵舒逸　　责任校对：严　静

卫生健康

综 述

【医疗卫生机构】2022年，黄冈市有各级各类医疗卫生机构4180个，其中，医院99个，基层医疗卫生机构4030个(卫生院131个、社区卫生服务机构64个、村卫生室3357个、门诊部10个，诊所、卫生所、医务室等其他基层医疗机构468个)，专业公共卫生机构40个，其他医疗卫生机构11个。卫生人员总数4.83万人，其中卫生技术人员3.85万人，执业(助理)医师1.5万人，注册护士1.72万人。医疗卫生机构床位数4.69万张。

【人口健康服务】2022年，黄冈市卫生健康委员会健全基层防治网络，推进心脑血管疾病一体化防治。举办“323”(解决心脑血管病、癌症、慢性呼吸系统病、高血压、糖尿病、出生缺陷、儿童青少年近视、精神卫生等影响群众健康的突出问题)攻坚行动，开展心脑血管疾病、慢性呼吸系统疾病、癌症、出生缺陷、精神卫生及儿童青少年近视等专题培训会3期；团风、英山、罗田、浠水等8个县(市、区)完成胸痛一张网全覆盖。提升全民健康素养水平。开辟“健康黄冈”微信公众号《健康科普》专栏，举办健康黄冈大讲堂；动员群众参与健康中国行动知行大赛线上答题活动，参与1.12万人；协助市体育部门举办黄冈市第二届社区运动会，将“323”攻坚行动健康科普纳入运动会科学健身指导项目，引导群众践行文明健康生活方式；黄冈市癌症防治中心微信公众号上线运营，为患者和医护人员科普肿瘤知识。疾病监测干预。组织开展出生缺陷筛查、学生视力筛查、城乡妇女宫颈癌筛查、慢阻肺高危人群筛查项目，规范实施心血管病高危人群筛查干预项目，推进县级二级以上医疗机构肿瘤登记报告全覆盖。做实家庭医生签约服务。设立家庭医生工作站，开展“治未病”，对筛查发现的慢性病患者实施健康干预和管理，推行“一病两方”，按照“预防—筛查—诊断—治疗—转诊—随访—自我管理”7步服务模式，为患者提供无缝隙、全链条闭环式医防融合服务。开展35岁以上人群心脑血管疾病筛查232.79万人次，心血管病高危人群筛查干预1020人。全年筛查发现心脑血管疾病人数5.9万人，均纳入慢病管理。组织13家基层卫生机构开展心梗、脑卒中溶栓治疗，实施70例。慢阻肺高危人群筛查6097人，肿瘤早诊早治(上消化道癌、结直肠癌、肝癌、肺癌等)1.07万人，儿童青少年视力筛查5.62万人，各县(市、区)均具备2家以上产前筛查机构，产前筛查率79.21%。2022年完成省卫生健康委员会年初下达的“323”攻坚行动目标任务。

【公共卫生体系补短板项目建设】2022年，黄冈市实施公共卫生体系补短板工程三年行动(2020—2022年)项目206个，规划总投资150.14亿元。至2022年底，全市项目开工率100%，完成投资87.85亿元。

【公共卫生安全监测保障】2022年，黄冈市部署72家市场主体，建设医疗废弃物处置大数据智能监管、饮用水水质在线监测、餐饮具集中消毒在线监管等系统，为推广智能化非现场公共卫生监管、提升监管效能奠定基础。

【卫生健康人才引进】2022年，黄冈市卫健系统加强人才引进，加大百万元年薪招博力度。引进医学博士50人、医学创新团队47个，其中，市中心医院引进8人、团队4个，市妇幼保健院引进18人、团队2个。全市引进各类卫生健康人才1762人，其中，引进学科建设和疫情防控急需紧缺人才213人；储备专业人才911人，其中，市直引进学科建设和疫情防控急需紧缺人才75人、储备专业人才293人；引进基层卫生人才472人。全年组织开展基层医疗卫生专业技术人员专项招聘338人，进入体检、考察环节169人。

(南 海)

医药卫生体制改革

【概况】2022年，黄冈市实施健康黄冈战略，推动优质医疗资源扩容和均衡布局，深化医疗、医保、医药联动改革，解决人民群众看病就医问题。制定《关于推进疾病预防控制体系改革和公共卫生体系建设的2022年重点任务》，实施公共卫生体系补短板工程三年行动(2020—2022年)项目206个，规划总投资150.14亿元。

【疾控改革和公卫体系建设】2022年，黄冈市在新冠疫情防控中建立“采送检报追”一体化体系，实现“就地扑灭、不蔓延不外溢”目标，“黄冈战法”获省市领导肯定。推进两个体系改革，制定《关于推进疾病预防控制体系改革和公共卫生体系建设的2022年重点任务》，建立多部门联动、多场所覆盖、多渠道报告的智慧化预警多点触发网络。建立院前急救指挥体系11个，配备基层移动医疗卫生服务车74台、智能健康服务包2762个。年内，黄冈市被省卫生健康委员会确认为全省公共应急决策指挥系统试点城市。

【公立医院综合改革】2022年，黄冈市持续深化公立医院综合改革，巩固药品(耗材)零差率销售。黄冈市中医医院和武穴市中医医院作为省级试点医院，探索完善管理科学、运行高效的现代医院管理制度，构建公立医院高质量发展新体系。推动公立医院薪酬制度改革，合理确定公立医院和基层医疗卫生机构薪酬水平，动态调整绩效工资总量，放开绩效工资分配办法，探索高层次人才收入分配制度改革。实施“百万年薪招博”计划，全年引进医学博士50名、医学创新团队47个。完善医疗服务价格动态调整机制。出台《黄冈市深化医疗服务价格改革试点方案》，深化医保支付方式改革。探索推进基本医疗保险市级统筹，市政府印发《关于黄冈市基本医疗保险市级统筹实施办法的通知》；完善异地就医门诊费用直接结算，出台《关于进一步提高异地就医直接结算便捷性的通知》；持续推进DIP医保支付方式改革，制定《黄冈市DIP付费结算细则和医保经办规程》等系列配套政策。

【医疗服务价格改革】2022年，黄冈市医疗保障局加快DIP医保支付方式改革，优化医疗服务价格管理，建立科学合理价格动态调整机制，推进区域点数法总额预算和按病种分值付费(DIP)省级试点，将原按项目支付转变为按病种打包收费支付，促进医保结算更加精准，全市有265家医疗机构实现DIP实际付费。黄冈市为全国唯一深化医疗服务价格改革省级试点市，支持中医药事业发展的医疗服务价格改革诊疗，支持本地中医药学科发展。推进医疗服务价格改革试点工作，起草《黄冈市深化医疗服务价格改革试点方案》。组织全市医疗机构参加国家、省级联盟药品耗材集中带量采购21个批次，药品和医用耗材平均降幅分别为53%、82%，节约医疗费用约1.06亿元，向医疗机构拨付结余留用奖励资金600万余元。

【医疗保障制度改革】2022年，黄冈市医保局统一全市基本医保、大病保险、医疗救助三重保障制度，落实医疗保障待遇清单，消除城乡之间、县域之间政策差异，完善城乡居民医保门诊保障政策，建立职工门诊共济制度，推进医保待遇公平统一。建立以三重保障为主体，补充医疗保险、商业健康保险、慈善捐赠、医疗互助共同发展医疗保障制度体系，促进多层次医疗保障有序衔接。建立生育支持政策体系，保证参保女职工生育医疗费用、生育津贴等保障与国家生育政策相适应。

【县域医共体改革】2022年，黄冈市按照“全域、纵向、紧密”要求，推进县域医共体建设，机构设置实现全覆盖，各县(市、区)均出台医共体建设实施方案，全市组建县域医共体11个。团风县整合县级医院4家、乡镇卫生院和村卫生室13家，组建县总医院，扩大服务覆盖面，到基层开展巡诊活动。推进支付方式改革，实行“总额控制、节约留用、超支合理分担”。全年投入4000万元建立信息平台，打通医共体医疗、基本公卫等信息壁垒，实现无缝对接。

【药品供应保障制度改革】2022年，黄冈市卫生健康委员会推进药品供应保障制度改革，加强基本药物配备使用。落实国家、省《关于完善国家基本药物制度的意见》，优先使用基本药物，确保国家基本药物在公立医院主导地位；落实《湖北省实施国家基本药物制度绩效考核办法》，完善基本药物优先使用考核激励机制，将绩效考核结果与基层实施基本药物制度补助资金拨付挂钩。探索将基本药物制度与县域医共体建设、分级诊疗制度等政策融合，促进基本药物优先配备使用、上下级用药衔接、短缺药品监测预警应对及降低慢性病用药负担。深化药品耗材采购改革。组织全市237家公立医疗机构执行国家组织6批219种药品、2批3种医用耗材集采中选结果；执行11个省级联盟组织4批62种药品、7批14种医用耗材集采中选结果。集采中选药品平均降幅53%，耗材平均降幅82%以上，全年节约参保患者医疗费用约7.65亿元，节约医保基金4.59亿元。加强短缺药品监测和清单管理。按照《国家短缺药品清单管理办法(试行)》和国家短缺药品清单、临床必需短缺药品重点监测清单内容，完善短缺药品信息

2022年9月7日，团风县总医院医疗小组到但店镇包家畈村开展巡诊

(团风县委办公室 供图)

直报核实处置工作和监测预警机制，实现公立医疗机构短缺药品直报全覆盖，建立短缺药品供应保障工作督查考核和激励问责机制，有效应对药品短缺，保障药品供应。医疗机构合理用药。继续推进医疗服务智能监管系统应用，采取信息系统审核、药师审方、处方点评等方式，推动合理用药。推进县级临床药学质控站建设，制定基层医疗卫生机构医疗服务智能监管系统基层合理用药指标，加强基层医疗卫生机构日常用药监管力度。医疗机构用药质量安全管理。全市医疗机构落实《湖北省医疗机构麻精药品使用管理办法》，加强特殊药品使用管理。推进县域医疗机构药房规范化建设，加强医疗机构药品储存、调剂和使用的规范化管理，提升医疗机构用药安全管理水平。

【全科医生和乡村医生培养】2022年，黄冈市卫健系统加大卫生专业技术人才引进，开展住院医师规范化培训。市中心医院培训基地招录学员82人，其中全科专业13人，59名学员参加2022年住培结业考核。启动2022年度全科医生转岗培训工作，蕲春县、浠水县设基层培训地点，全市遴选执业（助理）医师培训对象230人，组织435名在培或往年补考学员参加全省结业考试。年内，组织2022年助培生招录考试工作，完成省定招录25人。

（南 海 郑 佳）

健康黄冈建设

【概况】2022年，黄冈市人均预期寿命81.59岁，婴儿死亡率1.93‰，5岁以下儿童死亡率4.32‰，孕产妇死亡率0.08‰，产前筛查率79.21%，精神障碍患者规范管理率93.59%，二级以上公立综合性医院设老年医学科比例91.2%，三级中医医院设康复科比例100%，重大慢病过早死亡率12.34%，高血压患者基层规范管理服务率62%，2型糖尿病患者基层规范管理服务率64%，乡镇卫生院、社区卫生服务中心提供中医非药物疗法比例100%，甲乙类法定传染病报告发病率1.42‰，3岁以下婴幼儿托位数1.42万个。

【爱国卫生运动】2022年，黄冈市卫生健康委员会组织开展"爱卫生 铸健康"夏秋季爱国卫生运动百日攻坚活动，实施七大重点行动。推进无烟党政机关建设，印发《关于加强黄冈市无烟党政机关建设的通知》，全市无烟党政机关建成率98.29%。英山县创建湖北省除"四害"先进城区通过省级验收。推进"健康细胞"建设，全市创建健康社区98个，健康村1035个，健康机关385个，健康学校405个，健康医院96个，健康家庭183个。

【"323"攻坚行动】2022年，黄冈市卫生健康委员会印发实施《全市"323"攻坚行动2022年工作要点》。开展健康科普活动，推进全民健身和全民健康深度融合，居民健康素养水平31.69%，经常参加体育锻炼人数比例39.70%，人均体育场地面积2.61平方米。健全基层防治网络，注册基层医疗卫生机构胸痛救治单元123家，卒中防治站申报74家，通过验收胸痛救治单元33家、卒中防治站55家，县级医院胸痛中心通过比例80%。开展出生缺陷筛查、学生视力筛查、城乡妇女宫颈癌筛查、慢阻肺高危人群筛查等项目，规范实施心血管病高危人群筛查干预项目，全市实现二级及以上医疗机构肿瘤登记报告全覆盖。

【血吸虫病防治】2022年，黄冈市有螺环境未查出感染性钉螺，人、家畜感染率为零，黄州区陶店乡、团风县淋山河镇血吸虫病消除均达标通过验收。

【老年健康服务体系建设】2022年，黄冈市卫生健康委员会开展市中心医院大别山医养中心老年医学科、市中心医院安宁疗护中心、黄州区慈济养护中心安宁疗护、黄州区路口镇中心卫生院长期照护4个试点项目建设，探索老年医学科发展、安宁疗护制度建设、基层长期照护等经验。开展老年友善医疗机构创建工作，为老年人看病就医提供挂号、就诊、检查、取药等便利服务绿色通道，加强医疗卫生机构实施适老化改造，改善老年人就医环境。全年创建老年友善医疗机构89家，累计创建154家。

【黄冈市再度命名为国家卫生城市】2022年2月8日，全国爱卫办发布《关于2021年度国家卫生城镇复审结果的通报》，黄冈市再度命名为国家卫生城市。2017年黄冈市获国家卫生城市，2021年通过全国爱卫办复审。全国爱卫办对国家卫生城市实行动态管理，命名后每3年评审一次。复审期间，全市落实市委、市政府工作部署，对市区"五小"行业、农贸市场、车站、商超等公共场所开展健康监测、消毒消杀、环境整治，开展专项督导35次，安装灭鼠毒饵站1.8万余个，发放禁烟标识5000余张、健康主题公园宣传折页1万余份、文明健康绿色环保宣传手册2.4万余份，3次邀请国卫专家到黄冈指导。经市区两级共同努力，以818.5分通过全国爱卫办国家卫生城市复审。

（南 海）

疾病预防控制

【概况】2022年，黄冈市紧扣疾病预防控制职能，提升公共卫生服务能力和重大疾病防治能力，落实重大疾病防控措施，加强组织体系建设、队伍建设和能力建设，有效处置突发公共卫生事件，保护人民生命安全和身体健康，最大限度减少对经济社会发展的影响。全年无甲类传染病报告，乙类、丙类传染病报告发病率低于平均值，接种常规免疫疫苗超过100万剂次。

【疾病防控】2022年，黄冈市无甲类传染病报告，乙类、丙类传染病报告24种，报告发病率2.15‰，远低于近5年平均值2.96‰。艾滋病防治。按照国家3个90%抗病毒治疗工作指标，监督全市艾滋病患者药品计划、管理和发放工作，抗病毒治疗比例92.15%。结核病防治。全年免费检测疑似结核病人，肺结核患者病原学阳性率比上年下降，耐药筛查率比上年上升，均超额完成职能目标。慢性非传染病性疾病管理。全市以常规监测为基础，发挥慢病综防示范区创建示范引领作用，开展全民健康生活方式行动，推进全市影响群众健康突出问题"323"攻坚行动，推动健康黄冈建设。联合多部门开展麻风病人慰问活动。青少年近视防控。联合市教育部门，开展学生常见病和健康影响因素监测与干预、学生营养改善计划监测、儿童青少年近视筛查等项目。

【疫苗接种】2022年，黄冈市卫生健康委员会根据国家和省疫苗接种方案，实时调整全市接种方案策略、合理安排接种时间、优化接种流程、提升接种服务。统筹推进免疫规划常规工作，确保日常接种不停歇，全市接种常规免疫疫苗(含二类疫苗替代疫苗)101.56万剂次。

【医疗保障服务】2022年，黄冈市卫生应急人员值班电话和预警电话保持每天24小时畅通，加强防范、预警和传染病监测，确保在第一时间、第一现场，及时、高效、妥善处理突发公共卫生应急事件及传染病聚集性疫情。加强与市应急管理局、市气象局等部门应急联动，完善应急处置预案，做好低温冰冻灾害天气、防汛抗旱、暴雨、高温等卫生应急各项准备、处置工作，参与全市抗旱卫生应急、地震灾害逃生演练等活动。市六次党代会、六届人大一次会议、市政协六届一次会议等重大会议，中高考、研究生考试和公务员国考、省考、遴选等重大考试，烈士纪念日、农民丰收节等大型活动，选派800余人次参与医疗保障服务。

（南　海）

基层医疗卫生

【概况】2022年，黄冈市卫生健康委员会加快基层医疗卫生机构标准化建设，推动家庭医生签约，加强基本公共卫生服务，开展基层心脑血管疾病一体化防治工作大动员、大培训和大调研。召开全市基层卫生体系建设动员会，印发实施方案，组建专题调研组，完成10个县(市、区)调研工作，培训3期168人。32家基层心脑血管防治站通过胸痛救治单元验收。重点人群筛查237万人次，超额完成省定目标。全市表彰优秀医师146名。

【基层医疗卫生机构标准化建设】2022年，黄冈市卫生健康委员会实施基层医疗卫生机构标准化建设，加强基层人员、基本医疗设备配置。全市基层卫生机构配备CT33台，彩超230台，生化分析仪220台，血常规分析仪219台，X光(DR)机188台，血透机81台，呼吸机181台，移动医疗卫生服务车74台，救护车194台。村卫生室配备智能健康服务包3003台。全市开展“优质服务基层行”和社区医院创建活动，创建达到基本标准83家，达到推荐标准47家，社区医院7家。全年获批湖北省百强基层特色科室建设单位21个。

【基层医疗卫生人才培养】2022年，黄冈市卫生健康委员会落实国家农村订单定向医学生免费培养计划，签约40人，做好18名2022届农村订单定向免费医学生(西医类)住培衔接工作。实施“一村一名大学生村医”计划，完成定向招录大专层次医学生142人、社会招聘大学生乡村医生69人。开展千名人才服务基层行动，选派25名卫生事业发展特聘专员(其中市直10名)下基层服务1年。

【家庭医生签约】2022年，黄冈市有家庭医生团队2266支、6620人，签约服务356.85万人。及时面向社会公布各地家庭医生团队信息，开展重点人群排查和健康管理，承担基层救治工作。全年服务65岁以上重点人群31.82万人，服务轻症居家治疗人群23.29万人，缓解医疗资源挤兑，最大限度减少社会医疗费用总支出。

表76　2022年黄冈市优秀医师名单一览表

姓名	医疗机构及职务	职称	姓名	医疗机构及职务	职称
陈少泽	黄冈市中心医院大内科主任	副主任医师	涂林勇	黄冈市妇幼保健院外科医师	主治医师
宛　丰	黄冈市中心医院神经内科主任	主任医师	罗显刚	黄冈市妇幼保健院麻醉科医师	主治医师
邹佳华	黄冈市中心医院肿瘤科主任	副主任医师	李　鑫	黄冈市妇幼保健院儿科医师	副主任医师
吴安定	黄冈市中心医院胃肠外科副主任	副主任医师	唐晓霞	黄冈市妇幼保健院妇科医师	副主任医师
吴陈欢	黄冈市中心医院骨科二病区副主任	副主任医师	叶红丽	黄冈市妇幼保健院产科医师	主治医师
陶佳意	黄冈市中心医院泌尿外科副主任	副主任医师	褚烛天	黄冈市妇幼保健院口腔科主任	副主任医师
张志安	黄冈市中心医院妇产科主任	主任医师	刘　微	黄冈市疾病预防控制中心职业卫生科副科长	公卫医师
张　萌	黄冈市中心医院皮肤科主任	副主任医师	黄鑫胜	黄冈市疾病预防控制中心急传科负责人	公卫医师
万　鸿	黄冈市中心医院全科医学科主任	副主任医师	许　畅	黄冈市结核病防治院放射医师	医师
王　斐	黄冈市中心医院心电图室副主任	主治医师	王冬平	黄冈市中心血站副站长	副主任医师
陈万方	黄冈市中心医院检验医师	主治医师	李　泉	黄冈市惠民医院门诊部副主任	主治医师
王洲羿	黄冈市中心医院康复医学科主任	副主任医师	孙建华	黄冈市优抚医院科主任	主治医师

续表

姓　名	医疗机构及职务	职　称	姓　名	医疗机构及职务	职　称
张玉先	黄冈冠瑞医院住院部主任	副主任医师	李秀花	红安县中医医院副主任	副主任医师
聂　典	黄冈皓雅口腔医院业务院长	医师	戴芳志	红安县中医医院主任助理	医师
陈　来	黄冈益康骨科医院骨一科主任	医师	石月姣	红安县妇幼保健院副主任	副主任医师
彭光阳	黄冈平安康复医院康复科主任	副主任医师	黄永红	红安县疾病预防控制中心公共卫生首席专家	主治医师
熊光宇	黄冈爱尔眼科医院主任	医师	金小兵	红安县卫生和计划生育局综合执法局副局长	主治医师
周剑平	黄冈农工同心医院医务科科长	副主任医师	李　霞	红安县苏区医院内科主任	医师
谢泽林	黄州区人民医院内科主任	副主任医师	刘恒心	红安县八里湾镇卫生院	乡村医生
郭文娟	黄冈市中医医院脾胃病科主任助理	主治医师	罗登立	麻城市人民医院副院长	主任医师
陶拥军	黄州区妇幼保健院医务科长	主治医师	程华斌	麻城市人民医院医务科科长	副主任医师
熊　萍	黄州区东湖社区卫生服务中心综合科主任	主治医师	金红梅	麻城市人民医院产科主任	主任医师
黄　新	黄州区疾病预防控制中心性艾科科长	主治医师	毛玉萍	麻城市人民医院新生儿科主任	副主任医师
陈功尚	黄州区中西医结合医院全科医学科主任	副主任医师	李　卫	麻城市中医医院副院长	副主任医师
卢来新	黄州区赤壁社区卫生服务中心医务科长	主治医师	明　升	麻城市中医医院心血管科主任	副主任医师
叶　盛	黄冈市黄州区脑血管病医院康复医学科主任	主治医师	刘烨秋	麻城市中医医院妇产科主任	副主任医师
易晓平	黄州区路口镇中心卫生院住院部主任	主治医师	李　静	麻城市妇幼保健院副院长	副主任医师
汪志勇	黄州区陈策楼镇中心卫生院支部书记、院长	副主任医师	陈三星	麻城市妇幼保健麻醉科主任	主治医师
徐耀忠	团风县人民医院泌尿外科主任	副主任医师	李　林	麻城市疾病预防控制中心职业病防治科主任	副主任医师
邵　琼	团风县中医医院科主任	主治医师	唐少田	麻城市第二人民医院院长	副主任医师
何　萍	团风县妇幼保健院孕产保健部部长	副主任医师	刘世康	麻城市第二人民医院医务科长	副主任医师
张　琼	团风县疾病预防控制中心原血防所副所长	流传病主治医师	王爱平	麻城市三河口镇卫生院	乡村医生
徐建忠	团风县疾病预防控制中心卫生应急办主任	主治医师	姚　迅	罗田县人民医院心内科副主任	副主任医师
熊　静	黄冈麻风防治中心	医师	李　顺	罗田县人民医院泌尿外科	副主任医师
王俊兵	团风县卫生健康综合执法大队大队长	主治医师	杨　勇	罗田县人民医院康复医学科主任	主治医师
何有为	团风县精神病医院	医师	史　慧	罗田县人民医院病理科主任	主治医师
马志德	团风县上巴河镇新河村卫生室	乡村医生	雷　威	罗田县万密斋医院医务科主任	副主任医师
王水平	团风县淋山河中心卫生院医务科长	医师	瞿晓东	罗田县万密斋医院科主任	主任医师
吴　超	红安县人民医院医务科主任、胃肠外科主任	主任医师	占六娇	罗田县妇幼保健院科主任	主任医师
李克剑	红安县人民医院胸心外科主任	主任医师	吴丹霞	罗田县精神病医院医务科主任	副主任医师
彭子和	红安县人民医院骨外科二区主任	主任医师	毛国松	罗田县第二人民医院科主任	主治医师
袁安乐	红安县人民医院心内科二区主任	主任医师	徐向阳	罗田县凤山镇卫生院医务科主任	副主任医师

续表

姓　名	医疗机构及职务	职　称
廖爱珍	罗田县河铺镇八里畈村卫生室	乡村医生
付东辉	英山县人民医院产科主任	主治医师
舒　畅	英山县人民医院120急救中心主任	副主任医师
罗素红	英山县人民医院消化内科副主任	副主任医师
杨　伟	英山县妇幼保健院儿科副主任	主治医师
谭从刚	英山县中医医院骨伤科主任	副主任医师
段宗国	英山县精神病医院副院长	主治医师
段　磊	英山县疾病预防控制中心计免科副科长	医师
陶振明	英山县温泉镇卫生院	医师
董金涛	英山县杨柳湾中心卫生院医生	主治医师
占园园	英山县石头咀镇吴家山卫生室	乡村医生
吴文君	浠水县人民医院心血管内科主任	副主任医师
邱常亮	浠水县人民医院	主治医师
陈　云	浠水县人民医院医疗组长	主治医师
韦　生	浠水县中医院大外科主任	副主任医师
张清明	浠水县中医院针灸康复科主任	副主任医师
侯爱国	浠水县妇幼保健院麻醉科副主任	主治医师
胡东红	浠水县骨科医院针灸科主任	主治医师
孔细燕	浠水县疾病预防控制中心传控科副科长	主治医师
徐开益	浠水县第二人民医院大外科主任	副主任医师
杨朝晖	浠水县南城社区卫生服务中心门诊部主任	医师
皮本立	浠水县丁司垱镇卫生院	主治医师
饶大兵	浠水县团陂镇中心卫生院科主任	主治医师
夏　晶	浠水县清泉镇鱼塘角村卫生室室长	医师
张宏文	蕲春县人民医院外一科主任	主任医师
汪贤标	蕲春县人民医院麻醉科主任	主任医师
吴　勇	蕲春县人民医院内五科主任	主任医师
张周欢	蕲春县人民医院内二科副主任	副主任医师
程志伟	蕲春县人民医院医务科科长	副主任医师
陈学晋	蕲春县妇幼保健院新生儿科主任	副主任医师
徐振华	蕲春县李时珍医院医务科科长	主治医师
蔡　坤	蕲春县第二人民医院内科主任	副主任医师
朱群力	蕲春县疾病预防控制中心应急办主任	副主任医师
丁　煌	蕲春县漕河镇第二社区卫生服务中心副主任	主治医师
陈金科	蕲春县株林镇卫生院医务科长	医师
姜晓超	蕲春县横车镇马畈卫生院乡村医生	主治医师
田友民	蕲春县大同镇大桴村卫生室	乡村医生
陈　辉	武穴市第一人民医院内科主任	副主任医师
张雪刚	武穴市第一人民医院内科主任	副主任医师
刘俊成	武穴市第一人民医院医务科副科长	副主任医师
吴　越	武穴市中医医院骨科主任	副主任医师
潘　凡	武穴市中医医院神经外科主任	副主任医师
黄良锡	武穴市妇幼保健院副院长	主治医师
陶智军	武穴市第二人民医院副院长	主任医师
吴胜强	武穴市第二人民医院心内科主任	副主任医师
杨智峰	武穴市红十字会医院内科主任	主治医师
丁　丁	武穴市第三医院副院长	主任医师
张志恒	武穴市龙坪中心卫生院内科主任	副主任医师
熊帮侯	武穴市余川中心卫生院卫生室主任	乡村医生
叶林朋	黄梅县人民医院纪委书记	副主任医师
黄仑峰	黄梅县人民医院消化内科副主任	副主任医师
付　超	黄梅县中医医院医务科主任血液净化室副主任	主治医师
程久宏	黄梅县中医医院急诊科主任	主治医师
王礼国	黄梅县妇幼保健院工会主席	主任医师
李　青	黄梅县妇幼保健院乳腺科主任	主治医师
吴亚兵	黄梅县第二人民医院党委书记	副主任医师
瞿成伍	黄梅县第二人民医院院长	副主任医师
詹美芳	黄梅县大河中心卫生院	副主任医师
陈尚武	黄梅县小池镇长埠卫生室	乡村医生
陈　俊	黄梅县第三人民医院骨外科主任	医师
高冬喜	黄梅县蔡山中心卫生院内科主任	副主任医师
柳直珠	黄梅县分路中心卫生院医疗股长、内科主任	医师

（资料来源：市卫生健康委）

【基本公共卫生服务】2022年，黄冈市卫生健康委员会持续提高基本公共卫生服务项目均等化水平，规范基本公共卫生服务行为，推进基本公共卫生服务项目开展。全市建立电子档案578.23万份，建档率98.29%；国家免疫规划接种率95%以上；儿童健康管理率94.84%，孕产妇早孕建册率94.34%，产后访视率96.84%；65岁以上老年人健康管理率74.7%；严重精神障碍患者规范管理率93.01%；结核病患者管理率98.75%；老年人中医药健康管理率和儿童中医药健康服务管理率分别为75.44%和83.48%。

（南 海）

妇幼健康

【概况】2022年，黄冈市妇幼健康系统着力构建以妇幼保健机构为核心，以基层医疗机构为基础，以综合医院为支撑的妇幼健康服务体系。至2022年底，全市有助产机构176家（其中妇幼保健院11家），危重孕产妇救治中心18个（其中市级1个、县级17个），危重新生儿救治中心19个（其中市级1个、县级18个）；医疗保健机构妇产科实际开放床位3100张，儿科实际开放床位2200张。全市妇幼保健院完成新一轮基础设施更新项目，一批妇幼保健院完成整体搬迁。年内，市妇幼保健院通过省卫生健康委员会“三甲”评审，在全省市州妇幼保健院绩效考核中位列第五位，市中心医院创建国家级母婴安全优质服务单位。

【妇幼健康优化】2022年，黄冈市从事妇产科卫生专业技术人员2312人，其中妇产科执业（助理）医师1021人、儿科（新生儿科）执业（助理）医师466人。全市各妇幼保健单位落实母婴安全5项制度，加强孕产妇、新生儿安全管理评审，规范危重孕产妇和新生儿救治转诊，优化妇幼健康工作核心指标。全市孕产妇死亡率由2021年0.11‰降至2022年0.08‰，新生儿死亡率由2.18‰降至1.04‰，5岁以下儿童死亡率由6.49‰降至4.32‰。全市完成婚前医学检查1.74万人，孕前优生健康检查1.72万人，产前筛查2.78万人，产前诊断449人，阳性55人；新生儿听力筛查2.95万人，确诊14人；新生儿先天性心脏病筛查2.22万人，筛查率82.23%，筛查阳性2191人，阳性确诊人数1415人，确诊率6.38%。上报传染病报告卡200张，上报及时率100%。

【妇幼健康质控】2022年，黄冈市孕产妇住院分娩率100%，全市孕产妇系统管理率94.17%，0～6岁儿童保健覆盖率95.07%，新生儿破伤风发生率为0。全市免费叶酸增补44万余人，任务完成率106.2%。三病（艾滋病、梅毒、乙肝）母婴阻断检测率99.9%，优于省控目标值95%。新生儿五病筛查率98.6%。全年发放贫困地区儿童营养包31.5万人次。市卫生健康委员会联合市妇联、市总工会、市财政等部门开展宫颈癌免费筛查，筛查31万人次，计划三年内实现宫颈癌筛查全覆盖。

【妇幼健康服务】2022年，黄冈市妇幼保健院带动多家妇幼保健院探索举办月子中心、托儿所，为孕产妇提供延伸服务，为0～3岁婴幼儿提供照护服务。开展儿童及青少年视力低下防治、体重管理，减少和消除“小眼镜”“小胖墩”。举办妇孺国医堂，提升妇幼保健机构中医药服务能力。各妇幼保健院利用“云上妇幼”、线上孕妇课堂等，提供网上缴费、预约挂号、查询报告等便民服务。推进和应用“互联网+妇幼健康”，实现远程培训、远程会诊等。

【黄冈市妇幼保健院】2022年，黄冈市妇幼保健院落实母婴安全制度、畅通救治与转诊绿色通道，提升危重孕产妇、新生儿救治能力。全年签发出生医学证明2.88万张。免费发放叶酸4.3万人、营养包20.4万盒，三病检测率均超过99.9%，出生缺陷率1.31‰，贫困地区新生儿疾病筛查率98.54%。宫颈癌任务完成率92.02%，完成省下达目标任务。全年门急诊人次比上年增长0.7%，出院人次比上年增长7.2%；产科引进孕产妇管理系统，进行妊娠风险分级；儿科开展支气管镜检查、肺泡灌洗治疗、取异物和四级手术，妇科开展多种形式妇科微创内镜手术，检验科开展无创DNA筛查项目、地中海贫血、耳聋基因、叶酸、HPV以及STD等业务。推进省级区域儿童医疗中心建设。创建国家级妇孺国医堂，组织开展全市妇幼系统中医适宜技术培训班及“西学中”培训班。申报婚前医学检查国家重点专科、实施儿童健康服务提升项目、推进妇女全生命周期健康管理、加强不孕不育专科建设，开展市直女职工两癌筛查。年内，申报省级继续教育项目4项，市级继续教育项目3项，组织市级及以上科研项目7项。

【市妇幼保健院被评为三甲医院】2022

2022年6月28日，市妇幼保健院托儿所为0～3岁婴幼儿提供照护服务

（市妇幼保健院 供图）

年5月20日，经省卫生健康委员会组织评审，黄冈市妇幼保健院被评为三级甲等妇幼保健院。自2018年7月，黄冈市妇幼保健院启动三甲评审，全面对标落实三甲标准规范，将三级甲等妇幼保健院争创工作纳入医院整体发展规划。全院开展院级培训113项次、科级培训1921项次、各级各类演练721项次；30次内部三甲创建培训会，撰写《三甲创建工作简报》21期；进行6轮互评及自评，连续6次开展创三甲自评情况通报；举办创甲推进会33次、应知应会考试5次、全员自查5次、专项考试45场次。

（南 海）

职业健康

【概况】2022年，黄冈市卫生健康委员会指导企业落实职业病防治主体责任，现场检查指导企业14家，涉及石材加工、矿山开采、化工燃料、家具加工等多个职业病危害风险严重行业领域。落实职业卫生监管职责，各地基本建立企业监管信息户档，留存记录资料，及时依法处理违法案件，提高企业网上申报职业病危害项目的申报率和通过率。加强职业卫生监管队伍建设，各地设置职业卫生监管科（股）室，其中，7个县（市、区）有独立科室，3个县（市、区）为综合科室，平均工作人员4人。

【职业病危害调查】2022年，黄冈市卫生健康委员会逐一比对、分片包干、上门摸排核准可能产生职业危害的作业场所，职业病危害风险严重的石材开采加工类、化工类、建筑类等企业均纳入治理清单。国家平台下发企业名单9356家，核定纳入治理企业1338家，名单外补充企业224家，上报国家专项治理模块企业1562家，落实建设项目职业病防护设施"三同时"企业77家，定期开展工作场所职业病危害因素检测企业463家。近三年，开展职业病危害现状评价企业263家。

【职业病危害专项治理】2022年，黄冈市上报职业病报告卡485张，其中尘肺病440张。市卫生健康委员会制定《黄冈市工业企业职业病危害专项治理实施方案》，各县（市、区）制定专项治理年度工作方案，按"第一年不低于30%、前三年不低于90%"要求确定年度治理任务目标。用人单位对照尘毒危害治理主要工程技术措施查找问题，制定方案，明确整改措施、时限，填报尘毒危害情况及防护设施自查表、职业健康管理措施自查表。市直辖区内8家中央企业、省属企业用人单位、县（市、区）监督检查本辖区执法工作，依法从严处罚尘毒危害防治措施不落实、工作场所无防尘防毒设施、未达防尘防毒要求、不为劳动者配备符合国家标准的个体防护用品等违法行为。

【防治技术支撑体系建设】2022年，黄冈市卫生健康委员会下发《关于进一步加强职业卫生监管工作的通知》，明确县（市、区）属地管理职责要求，设置职业卫生监督科室，加强职业卫生监管队伍建设。全市10个县（市、区）卫生监督机构均设置职业卫生监督科，配备职业卫生监督执法人员35人；134个乡镇、11个街道配备职业卫生监督协管员211人。印发《关于进一步落实湖北省尘毒危害专项执法工作的函》，对全市尘毒危害专项治理工作作出具体要求。

【防治宣传教育】2022年，黄冈市举办职业健康知识讲座80场（次），听众1.2万人次，《黄冈日报》开辟职业健康知识专栏。采取线上学、课堂讲、实地看方式，培训全市执法人员40名。各县（市、区）开展职业卫生法律法规知识培训22次，培训2500人次。麻城市卫健局、麻城市应急管理局联合举办石材行业职业卫生专业知识暨安全生产知识培训，黄州区、武穴市卫生计生委综合监督局举办职业卫生相关知识培训。

（南 海）

卫生监督管理

【概况】2022年，黄冈市卫生健康综合执法支队制定实施行政执法信息公示制度、全过程记录制度、重大行政执法合法性审查制度，将实施情况记载表纳入案卷管理。通过官网公开执法主体信息、行政执法授权委托书、执法人员信息和行政许可、行政处罚信息。推进执法规范化建设，组织全市执法人员学习新修订《行政处罚法》《医疗机构管理条例》《医师法》。组织执法人员参加全省统一行政执法资格考试，提升执法能力。推行"互联网+综合监管"新模式，部署72家市场主体建设医疗废弃物处置大数据智能监管系统、饮用水水质在线监测系统和餐饮具集中消毒在线监管系统。

【公共场所卫生监督执法】2022年，黄冈市卫生健康综合执法支队加强卫生监督执法，依法对全市范围内医院、个体诊所、疫苗接种点、民办医疗机构、学校、养老院、住宿区等重点场所开展卫生监督检查，重点规范院感防控、医疗废物处置、重点人群监测、消毒等防控措施。集中开展全市医疗卫生单位夏秋季传染病防控专项监督检查。

【"双随机、一公开"卫生监督执法】2022年，黄冈市卫生执法部门强化"双随机、一公开"监管制度，组织开展11个专业领域市级随机抽查。联合市场监管、人社、公安等部门开展公共场所、职业病防治、娱乐场所随机抽查。全年完成"双随机"监督检查任务607件，完结率100%，通过市卫生健康委员会官网公开抽查结果。组织开展病案文书书写管理、人类辅助生殖技术服务、医疗美容服务、肠道门诊专项监督检查。联合市公安局、市市场监管局、市医保局等部门开展全市医疗乱象专项治理。年内，市卫生执法支队出台《优化医疗卫生行业营商环境工作实施方案》，全市推行"进一次门、查多项事"综合监督执法模式。制定公开11条针对市场主体不予处罚、减轻处罚、从轻处罚"三清单"，实施包容审慎监管柔性执法。

（南 海）

中医药管理

【概况】2022年，黄冈市有中医医院11所（市级中医医院1所，县级中医医院10所），其中三级甲等中医医院1所、三级中医医院6所、二级甲等中医医院3所、二级中西医结合医院1所，编制床位5000张。全市综合医院、妇幼保健院均设置中医科、中药房。国家级中医重点专科2个、省级中医重点专科33个，全国名老中医专家2人、湖北中医名师1人、省中青年知名中医4人。全市乡镇卫生院(社区卫生服务中心)"国医堂"创建达标率97%,100%乡镇卫生院和社区卫生服务中心、85%社区卫生服务站、65%村卫生室,均可提供中医药服务。

【中医药事业发展】 2022年4月21日,黄冈市出台《2022年全市中医药工作要点》,加强中医药服务体系建设;7月1日,出台《黄冈市县级中医药适宜技术推广基地建设标准(试行)》,开展县级中医药适宜技术推广基地建设、评估、验收工作。开展中医重点专科评审,新获评省级中医药重点专科18个。开展中医儿科、中医妇科、院内制剂3个专科评价工作,评定10个市级中医重点专科。中医药人才培训。举办基层医疗机构中医药适宜技术培训班20余场、培训2300余人次;举办黄冈市第四期"西医学中医"培训班,培训临床医师103人,推动中医药进入妇幼保健系统。参加湖北中药技能大赛、中医功法大赛,获全省中医功法大赛第二名。中医知名品牌创建。"'长江学者'吕文亮教授工作站"在市中医医院挂牌,市妇幼保健院成立金志春名老中医工作室,新创建梅芬等全国基层名老中医传承工作室5家。中医药参与公共卫生事件处置工作,发放中药100万余袋、连花清瘟胶囊3万余盒。医保支持中医药发展。争取黄冈市中医医院、蕲春李时珍医院等8家医院86个中药制剂、37个中药配方颗粒、2个中药饮片纳入全省医保支付范围。鼓励医疗机构使用本地中医药产品,将中医药应用与医保支付挂钩。发挥中医诊疗"简、便、验、廉"特色优势,针灸、推拿类治疗为主的45个病种纳入"中医康复日间诊疗"医保结算病种。年内,市医疗保障局指导黄冈市中医医院申报"钩活术治疗"立项,首次为地市州医疗机构新增医疗服务价格项目申报立项。与国家医保管理体系衔接,申报黄冈道地药材及中医适宜技术本地化医保编码,扩大中医药及中医诊疗项目报销范围。

【中药材产业发展】 2022年,黄冈市中药材种植面积7.75万公顷,其中,蕲春县2.32万公顷、英山县1.87万公顷、罗田县1.47万公顷、麻城市1.48万公顷。有中药材种子种苗繁育基地73个,千亩以上中药材规范化种植基地60个,中药材规模以上主导品种10个。蕲春县蕲艾种植面积1.48万公顷。英山县作为全国最大茯苓产地之一,年产量5000吨,苍术产量占全国销量70%。罗田县九资河茯苓年产量1.25万吨,占全国总产量六分之一;天麻年产量超0.5万吨,占全国总产量五分之一。全市中药材新型经营主体1245家,其中,省级以上中药材龙头企业17家、国家级中药材合作社示范社4家、省级中药材专业合作社10家、省级中药材农业产业化联合体4家。至年底,全市有李时珍医药集团、湖北凤凰白云山药业有限公司等规模以上药食材加工企业32家,年加工产值69.8亿元,其中,过亿元企业9家、过10亿元企业1家(李时珍医药集团54.47亿元)。全市有中药饮片生产企业9家,取得中药配方颗粒生产资质企业2家,年加工中药材3万吨,产值20亿元;中药制剂生产企业7家,年产值40亿元。湖北辰美中药有限公司、英山县吉利中药材有限责任公司、湖北一泰生物科技有限公司3家企业被湖北省经信厅认定为2022年度省级第四批专精特新"小巨人"企业。罗田县九资河镇药材专业户方永贵成立神草农业科技有限公司,带领群众发展天麻、白及等药材生产脱贫致富。

【中医药文化传承】 2022年,黄冈市卫生健康委员会举办"湖北中医药日"中医药义诊、健康讲座等系列宣传活动,服务群众1.8万余人次,发放中医健康养生手册、香囊等3万余份,赠送药品价值近30万元。开展中医药进校园活动。组织中医专家进幼儿园、进中学开展中药识别、手工制作香囊、中医知识宣讲等活动8次。年内,联合武汉市举办第四届李时珍中医药国际健康论坛。"中国中医药行、走进名医故里(蕲春站)"系列活动在蕲春县举办,该次活动由国家中医药管理局主办,中国中医药报社有限公司、湖北省卫生健康委员会、湖北省中医药管理局、黄冈市政府承办,黄冈市卫生健康委员会、蕲春县政府协办。

【黄冈市中医医院】 2022年,黄冈市中医医院拥有床位560张,设置临床、医技科室26个,其中,国家级中医重点专科2个、国家级中医重点学科1个、国家级中医二级实验室1个、省级重点专科5个、市级重点专科13个。职工742人,其中,高级职称63人,中级职称132人,博士研究生、硕士研究生40余人。年内,市中医医院获"全国文明单位""全国群众满意的医疗机构""湖北省卫生工作先进单位"称号。

中医医疗质量建设 推进中医医疗质量建设,健全中医健康服务体系。通过中医适宜技术培训、中医护理进社区等活动,为乡镇、社区医院推广使用中医药适宜技术夯实基础,筑牢社区、乡镇中医药服务网底。通过"名老中医工作室""'长江学者'吕文亮工作站"和张迎春教授等名医资源合作,提升医院医疗技术水平,与湖北省中医药大学加强长期合作,助推人才培养,强化中医药高质量发展。年内,市中医医院国家中医住院医师规范化培训基地实训中心作为中医药传承与创新人才工程项目,获批中央财政补助专项经费100万元,用于临床技能实训中心建设。医院规培基地通过国

2022年7月8日,罗田县九资河镇药材种植专家指导群众种植白及

(罗田县委办公室 供图)

家级检查。

学科建设与科研成果 针对省"323"攻坚行动,成立癌症防治中心、脑卒中防治中心、房颤中心,申报胸痛中心和委市共建省级老年病区域医疗中心等项目,加强学科建设和重大疾病诊疗服务。年内,医院重症医学科被评为黄冈市临床重点专科,中医妇科、中药制剂室被评为黄冈市中医重点专科。科研教学。全年医院有实用新型专利3项,发表专著4部,论文32篇,其中SCI有7篇,中文核心、科技核心10篇。国家中医药管理局基地建设项目"脑健康与认知障碍规范化诊疗示范中心",获科研经费10万元;主持国家重点研发计划——横向"丹术复原颗粒干预慢性稳定型心绞痛的多中心随机安慰剂对照试验",获科研经费7万元;主持湖北省重点实验室开放基金"基于分选蛋白阻断App水解通路探讨黄连解毒汤防治AD的作用机制",获得科研经费1万元。

医疗管理与服务 加强药品管理,确保用药安全规范,定期开展药品质量安全督导检查,为临床合理用药提供技术指导,开展抗菌药物临床应用专项整治、麻醉药品和精神药品管理自查等活动,严格控制药占比。加强医院感控管理,持续改进医院服务工作,确保各项院感指标控制正常。组建健康志愿服务队,开展健康科普、健康义诊、"323"攻坚行动等活动30余次,受惠民众6000余人次;组织党员进乡村、社区、学校、福利院开展健康服务、文明交通劝导活动110余次。

中医药科普宣传 2022年,市中医医院开展适宜技术进社区等活动,宣传中医药文化,提供中医药特色服务,倡导"看中医、吃中药、治未病"理念;开展"中医中药中国行""323攻坚行动——中医中药进社区""中医适宜技术推广"等活动,带给群众中医药特色服务"简、便、廉、优"实惠,提升群众中医药知识知晓率、运用率。

(南 海 吴利芳 郑 佳)

医政药政管理

【概况】2022年,黄冈市建成全省第一家气膜实验室,参与罗田、麻城、武穴、黄州、黄梅、蕲春、红安等县(市、区)疫情防控工作,救治新冠患者、无症状感染者。加强省级区域医疗中心建设,推动综合医院提档升级,推进公立医院高质量发展。

【医疗服务能力建设】2022年,黄冈市与省卫生健康委员会加强合作共建,全省第一批签订省市共建区域医疗中心合作协议,市级财政5年投入3亿元支持区域医疗中心建设。红安县人民医院、英山县人民医院晋升三级综合医院;浠水县人民医院通过三级乙等综合医院现场评审;全市核定二级综合医院3家。加快重点专科建设,开展市级重点专科评审,评出市级临床重点专科85个、建设专科7个,向省卫生健康委员会申报参评省级重点专科90个。

(南 海)

【医保服务】2022年,黄冈市医疗保障局推进医保服务标准化规范化,持续落实"减环节、减审批、减时限、减跑路"服务理念,推动11个县(市、区)医保窗口服务事项实现"一网通办、一窗通办、一事联办、一次办好"。医保服务跨省市通办。落实武汉都市圈发展协调机制会议精神,推进武汉都市圈民生同保,武鄂黄黄跨城通办服务事项增加至20个。与江西九江市签订医保"跨江合作"协议,实现7个医保服务事项跨省通办。异地就医直接结算。持续扩大异地就医结算网络,黄冈参保人员可在全国近5万家医疗机构直接结算。年内,全市异地就医住院直接结算12.4万人次,统筹基金支付11.59亿元,门诊异地就医直接结算1556.4万元。服务资源下沉,"市区通办""社区办""24小时自助办""智慧医保政务晓屋"、两定机构"医保工作站"合作银行网点"医保代办窗口"等渠道,实现市县乡村四级无差别受理,群众在家门口就能办成事。智慧医保建设。推广"码上办"医保电子服务平台,全市使用扫码结算医保待遇比例37%;优化"掌上办",上线医保余额动账提醒功能、亲情账户共济功能,26项医保服务直接在网上办理,全市医保业务网办率85%。

(郑 佳)

【血液供应保障】2022年,黄冈市参与无偿献血4万人次,献血总量1331.79万毫升,全市121家医疗机构供血1320万毫升,比上年增长8.68%,采供血增长幅度位列全省前三位。年内,组织湖北黄冈应急管理职业技术学院等高校师生参加无偿献血活动,山东省援建黄冈市血液安全保障综合大楼建成启用。

(闫勇波)

【医政医管服务】2022年,黄冈市卫生健康委员会开展"服务百姓健康行动"大型义诊周活动,将优质医疗服务向基层延伸下沉。全市188家医疗机构,选派由2500名业务骨干组成的义诊队伍,收住院患者4325人次,义诊手术21台,减免患者费用12万元,线上线下义诊服务超5万余人,发放各类健康宣传资料、杂志等5.22万份。

(南 海)

【清廉医院建设】2022年,黄冈市卫生健康

2022年11月29日,湖北黄冈应急管理职业技术学院师生参加无偿献血活动

(湖北黄冈应急管理职业技术学院 供图)

委员会制发实施方案7份，推进专项行动14个，省卫生健康委员会在全省推广黄冈市清廉医院建设“四有战法”工作经验。全年全市建成清廉医院99家，覆盖率100%。

【黄冈市中心医院】2022年，黄冈市中心医院门急诊（含体检）就诊80.5万人次，住院6.18万人次，住院手术3.5万人次，其中，三、四级手术2.99万例，占比42.38%，出院患者平均住院日9.32天，药占比30.96%（剔除高价药、谈判药后，药占比26.86%）、危重病人抢救成功率95.31%、病人总体满意度超过95.9%。全年医院完成总收入12.68亿元，其中，医疗收入11.76亿元，比上年增长24.24%。优化门诊候诊服务，配备导医、志愿者、门诊管理人员，开展老年人一站式服务、导医导诊等便民服务。年内，先后获房颤规范抗凝先锋奖、省平安医院建设活动表现突出先进集体、创建国家卫生城市表现突出单位、市平安建设优胜单位、档案工作目标管理省一级，胡玉莲获“荆楚楷模·最美健康守护者”称号。

学科建设　新增设学习困难门诊、发育门诊、肺结节门诊、早癌筛查门诊；增设糖尿病、PICC维护等5个专科护理门诊，相继启用口腔中心、血液净化中心、康复医养中心、国医堂；推行多学科联合诊疗模式，成立介入中心、血液疾病诊疗中心、胃肠肿瘤诊疗中心和肺结节专病诊疗中心等；心血管内科、感染科、重症医学科、肿瘤科、骨科、泌尿外科、妇科、新生儿科、耳鼻咽喉科、输血科获评省级重点专科。

推进“323”攻坚行动　发挥市级龙头医院引领辐射作用，推进呼吸、心血管、脑卒中、肿瘤、癌症、青少年近视等防控中心体系建设，构建卒中专科联盟救治模式和胸痛区域协同救治体系，完成国家高级卒中中心、国家胸痛中心建设及心脏康复中心国家复核认证。组织博士专家团近500人次，到7个县（市、区）47家基层医院开展学术交流、座谈、义诊等主题活动50余次，推进全市“胸痛一张网”建设，帮扶32家乡镇卫生院、社区服务中心通过胸痛单元验收工作，获“2022年度优秀市级胸痛中心联盟”；入选湖北省国家肺癌单病种质控试点暨“323”肺癌多学科诊疗试点医院。

人才科研　推进“百万元年薪引博”，招聘博士研究生10名、高层次人才56名，柔性引进江洪、王少刚等专家教授团队6个，邀请院士、教授团队到院开展业务指导5次，选送156名医护人员到复旦大学中山医院、华山医院等医院进修，出台一系列政策支持医务人员深造，提升医疗队伍业务能力。开展湖北省首例机器人甲状腺手术、鄂东南首例左心耳封堵术、黄冈首例心脏TAVR手术、3.0全飞秒激光近视手术、夫精人工授精、内镜下内痔治疗等92项新技术。建立国内首家心脑同治病区，制定心脑同治临床路径35种，设计病理研究10余项，为500余例患者实施心脑联合诊疗，为全国心脑疾病患者提供“黄冈疗法”。至年底，医院获批省市级科研项目9个、省级专科护士培训基地2个、国家及省级继教项目29项，启动药物临床试验项目10项，发表期刊学术论文66篇，其中SCI论文18篇。

公立医院改革　优化临床运营管理模式，新增中医部、医养部。创新绩效评价体系，新增创新、创业绩效奖励，完善特殊科室及新增科室绩效考核规则，调动医务人员工作积极性。加快智慧医院建设，全市率先开通互联网医院线上问诊、电子发票推送、医保线上支付等便民服务功能；启用“双向转诊”“分级诊疗”云平台，助推分级诊疗落地；创新使用5G技术，开通远程会诊、远程手术教学等功能，其中“5G+急危重症一体化救治平台”获第七季改善医疗服务行动全国医院擂台赛（城市类）卓越奖。

平台创建与服务　5月20日，湖北省鄂东（黄冈）重大疫情救治基地建成投用，并与市传染病医院救治资源整合；启动鄂东地区首个科学重点实验室“鄂东区域医学科学特检中心”建设，完成“5G+急危重症一体化救治平台”建设，获批建设心血管、神经、妇产、肾病、内分泌5个省级区域医疗中心；获批“互联网医院建设单位”“中国标准版房颤中心”，开启精准诊疗新时代。实施“春风服务”行动，开展“五进”健康服务活动，开辟特殊人群就医“绿色通道”，完成“人才服务月”活动。开展优质服务星级病房创建活动，神经内科等6个科室获评“优质护理示范病房”。

医疗帮扶　助推帮扶17家合作基层医院建成市级重点专科16个，建立紧密专科联盟2家，参与医院帮扶指导近600次，接受基层医院来院进修培训160余人次。组织到团风县回龙山镇桃花岭村送医送药，为83户因病致贫脱贫家庭户建立健康档案，捐赠医疗设备、发放药品价值2万元，捐助对口帮扶资金5万元，组织消费帮扶资金186万余元。

【大别山区域医疗中心首张门诊电子发票】2022年6月9日，黄冈市大别山区域医疗中心（黄冈市中心医院）开出首张门诊电子发票，标志黄冈市医疗系统电子发票改革试点工作启动。医院实行电子发票后，患者就诊缴费后无须排队，可通过微信小程序，实现网络查询和医疗收费电子票据下载，提升患者就医体验。年内，麻城市、英山县等医疗机构同步开展电子发票试点筹备工作。

（南　海）

2022年8月24日，黄冈市中心医院导医台护士引导老年人就医

（市中心医院　供图）

责任编辑：赵舒逸　　责任校对：严　静

体育

体育设施

【概况】2022年，黄冈市加大公共体育基础设施建设力度，结合美丽乡村建设，推进体育场地和运动器材向基层延伸，构建多元化全民健身服务体系。全市新建全民健身示范工程15个，建设体育项目6个，体育公园3个，新增面积13.8万平方米。

【体育项目建设】2022年，黄冈市完成体育领域固定资产投资10.2亿元，其中，新建罗田县体育中心，乡镇运动健身中心、中心村文体广场等全民健身示范工程，启动黄州区全民健身中心建设，推进红安县似马山体育公园、浠水县滨河体育公园、麻城市文体中心、武穴市挂玉湖文化体育园、龙感湖管理区党群综合运动中心等体育项目建设。

表77　2022年黄冈市公共体育场馆分布一览表

序号	区　属	场 馆 名 称	地　　址
1	市　级	黄冈体育中心体育场	黄州区南湖路9号
2		湖北省黄州体育馆	黄州区赤壁街道体育路17号
3	麻城市	麻城市体育馆	麻城市京九大道与闵五路交会处
4	团风县	团风县体育馆	团风县江北公路与迎宾大道交会处
5	浠水县	浠水县体育活动中心综合健身馆	浠水县闻一多大道与安时大道交会处
6		浠水县体育活动中心体育场	浠水县闻一多大道与安时大道交会处
7		浠水县体育馆	浠水县闻一多大道与安时大道交会处
8	蕲春县	蕲春县奥体中心体育场	蕲春县城南新城东壁大道与南阳三路交会处
9		蕲春县奥体中心体育馆	蕲春县城南新城东壁大道与南阳三路交会处
10		蕲春县体育馆	蕲春县城南新城东壁大道与南阳三路交会处
11	黄梅县	黄梅县体育馆	黄梅县黄梅大道101号
12		黄梅县全民健身中心	黄梅县北二环街道滨河新区路
13	武穴市	武穴市全民健身中心	武穴市沿江大道49号
14		武穴市文化和旅游局老体育馆	武穴市窝陂塘路8号
15		武穴市全民健身中心体育馆	武穴市沿江大道49号
16	英山县	湖北省英山温泉游泳跳水馆	英山县温泉路104号
17	罗田县	罗田县体育中心体育馆	罗田县栗乡大道与思源路交会处
18		罗田县体育中心综合体育馆	罗田县栗乡大道与思源路交会处
19	红安县	红安县体育馆	红安县小北街20号

（资料来源：市体育事业发展中心）

【黄州区全民健身中心】2022年，黄州区全民健身中心规划建设用地面积4462.8平方米，投资1400万元，其中，建筑占地面积1750平方米，总建筑面积3552.28平方米，高23.3米。内设篮球场、乒乓球场、网球场、羽毛球场、休息室、更衣室、器材室、办公室等。绿化面积712.73平方米。设置机动车停车位30个（含充电桩6个），非机动车停车位16个。

【罗田县体育中心】2022年，新建成的罗田县体育中心投资2.5亿元，占地面积11.33公顷，建筑面积9168平方米，其中，体育场可容纳6832人，体育馆可容纳3013人。该体育中心集多功能体育场馆、古树公园、市民广场于一体，是罗田县现代化多功能综合体育场，是黄冈市第六届运动会的主会场。

【红安县似马山体育公园】2022年，红安县似马山体育公园建设启动，总占地面积1.86万平方米，计划投资1300万元。集全民健身、休闲娱乐、体育竞技于一体，场地设有笼式足球场、篮球场、网球场、羽毛球场、门球场、环形健身步道、儿童游乐区、智能健身器材区、棋牌区、康复区等。

【浠水县滨河体育公园】2022年底，浠水县滨河体育公园主体工程完工并投入使用。该公园占地面积约10.8万平方米，投资9000万元，有篮球场、五人制足球场、羽毛球场、乒乓球场、健身广场、轮滑训练场等多种体育场地设施。该项目于2020年6月开工建设，建成健身步道2600余米、室内篮球馆1500余平方米，配建公厕2座、停车位360个、景观休闲亭1个等公共设施。

（梅梓浩）

群众体育

【概况】2022年，黄冈市举办市、县级赛事活动200余项、乡镇（村、社区）赛事活动600余项，吸引70万人次参与。新增体育社团和民办非企业单位6家，全市体育社会组织170家。新建成乡镇运动中心、村级文体广场等新全民健身示范工程15个。全年向乡村（社区）基层健身站点捐赠体育健身器材700余套件。全年培训各级社会体育指导员1320人次。

【全民健身公共服务体系建设】2022年，黄冈市体育事业发展中心加快全民健身公共服务体系建设，开展群众体育活动。举办全民健身日全民健身展示活动、全市第二届社区运动会广场舞、健身气功、太极拳线上赛、“喜迎二十大·健康向未来”乒乓球、羽毛球、网球、广播体操、气排球、足球、篮球等赛事。高标准建成市级体育社会组织党建活动中心，2家市级体育社团开展星级创建工作。市空竹爱好者协会开展全民健身进校园、进社区活动；市社会体育指导员协会、游泳协会、水上救生协会联合机关、学校、社区开展“大手拉小手·防溺不松手”公益宣传讲座和应急演练。全市完成公共体育场馆信息化升级改造16个。完善市区“百姓健身房”进入退出机制，提升开放质效。社会体育指导员总数1.5万人，每千人拥有社会体育指导员2.2名。

【省运会参赛】2022年，黄冈市代表团参加湖北省第十六届运动会群众体育类大项比赛24个、青少年体育类大项比赛38个，获金牌34枚、银牌35枚、铜牌68枚，获奖数实现历史性突破，其中：体操项目获金牌7枚、银牌8枚、铜牌6枚，奖牌数位列全省第二位；拳击项目获金牌8枚、银牌4枚、铜牌25枚。参加省运会举办的冬季项目中获金牌1枚。

【市六运会筹备】2022年，黄冈市成立黄冈市第六届运动会组委会和罗田县承办工作组委会，召开筹备工作动员会。3月，市、县两级组委会推进各项筹备工作，拟定市六运会总体工作方案，印发六运会竞赛规程总则、单项竞赛规程和赛风赛纪管理相关文件，初步确定赛程安排。赛事项目设青少年体育类13项、群众体育类30项，设大项比赛43个、小项比赛483个，首次设立冰雪比赛项目。参赛项目包括青少年、职工、农民、公安干警、残疾人、中老年人和少数民族7个类别。

【市直单位职工气排球比赛】2022年5月25—27日，黄冈市第六届市直单位职工气排球比赛在黄州体育馆举行。比赛由市总工会主办。市直40余个单位，96支代表队参赛。湖北黄冈应急管理学院获机关事业单位男子甲组金奖；市中心医院、市全民健身中心获机关事业单位男子乙组金奖；黄冈电信公司获垂直系统（含企业）男子组金奖；黄冈职业技术学院获机关事业单位女子甲组金奖；市委机关联队、市交通运输综合执法支队获机关事业单位女子乙组金奖；黄冈师范学院获女子垂直系统（含企业）女子组金奖。比赛展现职工团结协作、奋力拼搏、争创一流精神风貌。

2022年5月25—27日，黄冈市第六届市直单位职工气排球比赛在黄州体育馆举行

（市总工会 供图）

【“喜迎二十大·健康向未来”全民健身】2022年8月8日，“喜迎二十大·健康向未来”黄冈市全民健身日系列活动在市体育中心启动，黄冈市足球、篮球、网球邀请赛开赛，各县(市、区)全民健身日活动同步举行。黄州区街舞“追风少年”、爵士舞“爆炸甜心”“抖空竹”“中华少年 强国有我”“瑜伽秀”；团风县青少年篮球对抗赛、第九套广播体操展演、乒乓球对抗赛；红安县篮球赛、健身气功、少儿拉丁、太极拳；罗田县全民健身节目展演、荧光健步走；蕲春县太极拳、花式柔力球、广场舞瑜伽；武穴市“全民健身亲子跑”、健身操、应急救援知识讲解；黄梅县太极拳、剑、扇、广场舞等活动同步开展。全市参加全民健身活动120万余人次。

（梅梓浩）

竞技体育

【概况】2022年，黄冈市参加全国青少年锦标赛获金牌6枚、银牌5枚、铜牌1枚；参加湖北省年度锦标赛项目18个，获金牌29枚、银牌19枚、铜牌39枚。举办全市青少年儿童项目比赛12个，参赛人数3500人。全市注册湖北省第十六届运动会周期内运动员3200名，7名运动员被授予一级运动员称号，57名运动员被授予二级运动员称号。全市优化巩固体操、田径、拳击、射击、游泳、举重、摔跤等传统项目，新增冰雪、跳水、攀岩等新兴项目，联合社会体育培训机构共同推进体操、拳击、跆拳道等项目发展。

【体教融合】2022年，黄冈市出台《黄冈市体育传统项目学校和体育后备人才培养基地评定办法》，评定体育传统特色学校15所，体育后备人才培养基地5个，拓宽青少年体育后备人才选拔渠道。年内，红安县获批全省体教融合建设示范点。

【青少年体育赛事】2022年，黄冈市承办国家级和省级青少年体育赛事5项，其中：中国中学生跆拳道联赛总决赛、全国青年跆拳道锦标赛(乙组)，全国20个省、市、区78支代表队800余名运动员参赛；中国田径协会大众田径健身达标系列赛，14支代表队、429名运动员参赛；湖北省社会体育俱乐部十项百场联赛青少年武术搏击竞赛，46支代表队、523名运动员参赛；湖北省男子(U17、U18)足球锦标赛，8支代表队、208名教练员和运动员参赛。

【省武术搏击赛】2022年7月16日，湖北省社会体育俱乐部十项百场联赛武术搏击竞赛在蕲春县奥体中心举行。全省46支代表队、523名运动员参加比赛，获金牌46枚、银牌46枚、铜牌50枚，其中蕲春乾龙搏击俱乐部获金牌16枚、银牌11枚、铜牌10枚，获团体冠军。

2022年8月25日，“全民健身日”主题活动暨中国田径协会大众田径健身达标系列赛(黄冈站)在黄冈市体育中心举行　（市体育事业发展中心 供图）

【省男子足球锦标赛】2022年8月16日，湖北省青少年足球锦标赛(男子U17、U18组)在黄冈市体育中心举行，全省8支代表队、208名教练员和运动员参赛。比赛为期6天，比赛20场次。武汉市代表队获冠军，荆州市代表队获亚军，黄石市代表队获季军，襄阳市代表队、荆门市代表队、咸宁市代表队、宜昌市代表队和黄冈市代表队依次获4～8名；黄冈市代表队获“体育道德风尚奖”。

【中学生跆拳道联赛总决赛】2022年8月18日，中国中学生跆拳道联赛总决赛在黄冈师范学院开赛。比赛由中国中学生体育协会、湖北省教育厅、湖北省体育局主办，黄冈市体育事业发展中心、黄冈市教育局、黄冈师范学院承办，中国中学生体育协会跆拳道分会、湖北省跆拳道协会、黄冈市体育中学协办。北京、辽宁、甘肃、四川、广东、广西等20个省(直辖市、自治区)78支代表队、800余名运动员参赛。竞赛组别分为：高中组(甲组、乙组、丙组)，初中组(甲组、乙组)。高中甲组前8名、高中乙组前4名晋级2022年全国青年跆拳道锦标赛(乙组)。8月23—24日，全国青年跆拳道锦标赛(乙组)比赛在黄冈师范学院举行。郑州二中郑家辉、长沙明德中学单志杰等获10个公斤级男女前三名。该赛各项目前2名运动员获“国家一级运动员”称号，并列第三名运动员获“国家二级运动员”称号。

【田径健身达标赛】2022年8月25日，“全民健身日”主题活动暨中国田径协会大众田径健身达标系列赛(黄冈站)在黄冈市体育中心举办。比赛由中国田径协会、湖北省体育局田径运动管理中心作指导单位，由黄冈市体育事业发展中心主办，黄冈市体育中心承办。黄冈市体育中学、黄冈市10个县(市、区)和3个体育俱乐部等14支代表队、429名运动员参赛。比赛分为青年组4组16项。红安县代表队分别获青年组、甲组、乙组第一名，取得团体总分第一名。黄梅县代表队获丙组第一名。

（梅梓浩）

【市体育中学获足球锦标赛季军】2022年8月28日，2022年"我爱足球"全国五人制足球青少年锦标赛(男子U13组)在山东省东营市举办。比赛由中国足球协会主办，山东省足球协会协办，9支球队代表参加。经过7天比赛，黄冈市体育中学夺得季军，队员李梓阳获最佳阵容奖项。市体育中学U13队员们首次参加全国性比赛。

（王雅兰　姜浩丰）

体育产业

【概况】2022年，黄冈市完成体育领域固定资产投资10.2亿元，销售体育彩票6.63亿元。全市3个冬季滑雪场接待滑雪爱好者20万人，参与"体育+旅游"游客人数超3820万人次，实现综合收入275亿元。全市发放"惠动湖北"体育消费券818万元，直接拉动体育消费4000万元，核销率位列全省第一位，核销金额位列全省第二位。

【体育产业发展】2022年，黄冈市以体育赛事为依托，发展体育休闲旅游、养生康复和户外运动，建设体育公园、健身步道，推进体育与相关产业融合发展。扩大体育旅游基础设施供给，优化体育产业发展区域布局，促进体育资源高效整合，持续发展体育赛事经济、体育旅游经济和运动休闲经济，以体育"引流"吸引人口和资金聚集，为黄冈经济社会发展注入"体育+"动力。年内，开展"千人进千企"帮扶活动，举办第六届游泳、漂流专业技能人员培训班，组织2批8家体育企业外出考察学习，组织10家体育企业参加湖北(武汉)体育博览会。帮助3家体育企业争取中央财政贴息贷款1000万元。

【冰雪产业】2022年，黄冈市贯彻落实国家体育总局要求，依托自身资源禀赋，积极发展冰雪产业。参加省青少年短道速滑锦标赛，选手龙惜缘分别获女子甲组500米、女子甲组1000米、1500米项目金牌；参加省十六运会比赛，选手周亮获单板滑雪回转项目金牌。全市残疾人冰雪运动季暨冬残奥宣讲及体验活动在英山县吴家山举办，全市40余名残疾人代表、残疾人工作者及志愿者参加活动。全年建成桃花冲滑雪场和南武当滑雪场2家高山滑雪场。

桃花冲滑雪场　位于英山县桃花冲国家AAAA级旅游景区内，雪场占地4万平方米，平均海拔超1100米，场内设有初级滑道、中级滑道各一条，配有专业雪鞋、雪具等1500余套，滑雪圈200个，雪地摩托碰碰车、雪上自行车等雪上设备300套，进口造雪机8台，专业压雪车1辆，雪地电梯1台。全年投入200万元加大市场宣传、运营维护、技术支持等业务，举办"首届高山滑雪赛""桃花冲雪地电音节""桃花冲元宵滑雪喜乐会"等活动，辐射武汉、黄石、安徽岳西、江西九江等地，接待游客2.8万余人次，实现收入500万余元，带动区域就业200余人，拉动地方经济800万元。

南武当滑雪场　位于英山大别山主峰(南武当)风景区内。雪场占地面积5万平方米，建有滑雪学校、雪具大厅及游客接待中心、VIP中心、大型停车场等相关配套公共服务设施，开设雪地摩托车、冰上自行车、雪地主战坦克、雪地悠悠球、雪地碰碰车、雪地卡丁车等雪上项目。2022年，举办"第六届英山温泉滑雪节""南武当滑雪场首届汉服滑雪节"等活动，全年实现收入1100万元，入场人数4.5万人次。

2022年12月24日，英山县桃花冲滑雪世界首届高山滑雪赛举行

（英山县史志研究中心　供图）

【体彩销售】2022年，黄冈市销售体育彩票6.63亿元，市本级分配1946万元，其中，体育部门支出1586万元，财政部门支出360万元。年内，用于援建公共体育场地和设施开支952.98万元，用于资助或组织开展全民健身活动38万元，资助群众体育组织和队伍建设82.36万元，组织开展全民健身科学研究与宣传55万元，举办或承办竞技体育赛事108.66万元(含其他零星赛事)，改善各级运动队训练比赛场地设施96万元，资助体育后备人才培养43万元，支持各级各类运动队备战和参加综合性运动会210万元。财政部门支出360万元，用于修建体育相关设施。

【"惠动湖北"体育消费券发放】2022年，黄冈市贯彻落实省委、省政府决策部署拉动体育产业消费，发放"惠动湖北"体育消费券，解决体育企业现实困难。7月8日至12月31日，"惠动湖北"体育消费券分2轮4批次，向全省17个市、州同步发放。截至10月15日，全市有700余家体育健身场馆、体育培训机构、体育用品专卖店开展体育消费券核销，带动消费比例超过4倍。

（梅梓浩）

责任编辑：王　俊　　责任校对：胡文珍

社会生活

人口家庭

【出生人口】2022年，黄冈市出生人口持续减少，医疗机构出生人口2.97万人，比上年减少20.28%。全市完成婚前医学检查1.74万人，产前出生缺陷筛查2.78万人，孕产妇住院分娩率100%，新生儿死亡率由上年2.18‰降至1.04‰，三病(艾滋病、梅毒、乙肝)母婴阻断检测率 99.9%，优于省控目标值95%。

(南 海)

【婚姻】2022年，黄冈市有婚姻登记处11家，其中国家“3A”设置标准5家。设婚姻颁证室10家，有独立档案室9家，有婚姻家庭辅导室8家。全市婚姻登记工作人员71人，结婚登记窗口28个，离婚登记窗口14个。全市办理结婚登记2.72万对，离婚登记7581对，补发结(离)婚登记7960例，婚姻登记合格率100%。8月1日起，黄冈市实行婚姻登记“全市通办”，至年底，异地办理结婚登记178对，离婚登记12对，补发结(离)婚证72例。开展婚姻家庭辅导服务，编印婚姻家庭辅导手册1.09万套，发放宣传资料9600份，举办婚姻家庭辅导讲座14次。

【家庭】根据黄冈市第七次人口普查公报，截至2020年11月，黄冈市有家庭户200.79万户，家庭户人口552.74万人。黄冈市评选“最美家庭”60户，举办“传承红色基因 共建清廉家庭”黄冈市2022年家庭助廉主题教育活动。推出百万亲子家庭红廉家风打卡路线图，发布28个红色根脉打卡地。年内，接待处理婚姻家庭咨询2860件，法律咨询1354件，个案辅导133件。接待离婚劝导和调解2312件，纠纷案件136件，离婚劝导和调解成功924件。麻城市乘马岗镇郑尊元家庭获评“第十三届全国五好家庭”，武穴市蔡秋容家庭获评“2022年全国最美家庭”，黄冈市静远社会工作服务中心主任张静获评“第十三届全国家庭工作先进个人”。干小渝、郑华荣家庭被省妇联、省文明办授予“荆楚最美家庭”称号。

(刘 辉 余 嘉)

【优生优育】2022年，黄冈市出台优化生育政策促进人口长期均衡发展若干措施，召开全市优化生育政策工作联席会议，制定贯彻落实优化生育政策有关实施细则，明确生育二孩、三孩一系列奖励补贴政策，落实托育机构奖励补贴政策，降低多孩家庭抚养成本。完善生育保险政策措施，落实三孩生育待遇政策，参保女职工生育三孩费用纳入生育保险待遇支付范围，及时、足额拨付生育医疗费用和生育津贴。出台购房补贴和公积金优惠政策，符合生育政策的二孩、三孩家庭，享受其他购房补贴后，再分别补贴0.5万元、1万元。市住房公积金贷款在原最高贷款额度基础上提高10万元。

【收养】2022年，黄冈市根据《湖北省收养评估工作实施细则(试行)》，实施收养评估制度，依法开展收养评估工作，规范收养登记程序，依法登记，全年办理收养

2022年8月25日，“传承红色基因 共建清廉家庭”黄冈市2022年家庭助廉主题教育活动在黄州区举行。图为主持人向黄冈市直、黄州区直单位党政主要负责人配偶介绍活动内容

(市妇联 供图)

70件，其中机构送养1人；全市就业安置孩子6个，市社会福利中心安置孤弃孩子就业4名，为2名残疾孩子协调落实廉租房2套。提高孤儿、事实无人抚养儿童基本生活补贴，社会散居孤儿养育标准由每月1172元调整到1345元，福利机构集中供养孤儿养育标准由每月1875元调整到每月2152元。全市发放孤儿、事实无人抚养儿童基本生活补贴4220万元，物价补贴21万元。

【殡葬管理】 2022年，黄冈市投入资金2.07亿元，新(改、扩)建殡仪馆4个，开工建设城乡公益性骨灰安葬(安放)设施项目68个，建成19个。至年底，全市城乡公益性骨灰安葬(放)设施启用和在建666个，覆盖1255个村(社区)，覆盖率30.41%。落实基本殡葬惠民政策，全年惠民殡葬总支出经费771万元，惠及7065人，人均减免费用1091元。全市有殡仪馆9家，殡仪服务站23个，从事殡仪及墓葬服务、管理工作人员197人，配置遗体接运车辆80台，消毒设备53套，遗体冷藏设备264套，火化炉38台。完善殡葬服务信息化建设，设立公益性网上祭扫平台1个。绿色祭扫服务平台通过连接陵园、用户、数据、第三方服务及供应链，实现在线追思、云上祭扫。

【"黄冈最美家庭"评选】 2022年6月2日，黄冈市妇女联合会、市委精神文明建设指导委员会办公室联合表彰60户2022年"黄冈最美家庭"，其中，"清廉家庭"30户，"爱党爱国类最美家庭"4户，"孝老爱亲类最美家庭"9户，"科学教子类最美家庭"3户，"敬业奉献类最美家庭"4户，"书香润德类最美家庭"4户，"抗击疫情类最美家庭"1户，"平安和谐类最美家庭"3户，"绿色低碳类最美家庭"2户。

（刘 辉 余 嘉）

就业创业

【概况】 2022年，黄冈市就业形势保持总体稳定，实现城镇新增就业7.13万人，完成省定目标任务的118.87%；城镇失业人员再就业3.37万人，完成省定目标任务的177.42%；就业困难人员就业2.73万人，完成省定目标任务的303.84%；失业保险参保29.79万人，完成省定目标任务的101%。

【稳岗就业政策实施】 2022年，黄冈市劳动就业部门实施新一轮援企稳岗促就业政策，发放稳岗返还资金5609.75万元，惠及企业5801家、职工15.19万人；发放企业一次性吸纳就业补贴1017.9万元，惠及企业614家、职工5443人；向2235名企业职工发放技能提升补贴376.1万元；向1415家企业2.18万人发放留工培训补助1088.85万元；向573家企业1856人发放一次性扩岗补助185.6万元；为1.4万家企业减免失业保险费1.69亿元。

【企业用工服务】 2022年，黄冈市388家重点企业缺工2.39万人，其中市区90家重点企业缺工7074人。全市人社系统开展"春风行动""高校毕业生攻坚行动""金秋招聘月""直播带岗"等各类线上线下招聘活动758场(次)，组织7725家次企业参加活动，企业招聘员工2.36万人，招工完成率98.86%，其中市区企业招工6985人，招工完成率98.74%。

【重点群体就业帮扶】 2022年，黄冈市劳动就业部门为3403名失业人员发放失业保险金2623.09万元，代缴基本医疗保险753.79万元；为3164名失业人员发放失业补助金570.39万元。开展补贴性就业创业培训5.88万人。实施"才聚荆楚"工程，市政府出台《关于实施"才聚荆楚·梦圆黄冈"工程促进高校毕业生就业创业若干措施的通知》，新增高校毕业生就业创业1.02万人，完成省定目标任务的126.41%。为2604名2022届高校毕业生发放一次性求职创业补贴335.36万元。全市发放灵活就业人员社保补贴4811.57万元，惠及灵活就业困难人员1.2万人次。全市脱贫人口外出务工42.34万人，开发乡村公益性岗位安置脱贫人口就业4.56万人。建成零工驿站35家，注册用户数1400家，提供就业信息9360条，全年服务各类劳动者1.5万人次。

【创业带动就业】 2022年，黄冈市新增返乡创业6108人，完成省定目标任务的111.05%，带动就业1.91万人。发放返乡创业一次性补贴285人、142.5万元。3个园区、10个项目获评年度省级返乡创业示范园、示范项目。全市建成大学生创业孵化器11家(其中，省级示范基地2家，获省级示范奖补资金150万元)。引进大学生创业团队422个，带动大学生就业2406人。蕲春艾灸师、团风山河建筑工、麻城菊艺师等7个劳务品牌被认定为省级重点劳务品牌。全市发放创业担保贷款15.9亿元，首次突破15亿元。扶持创业6764人，带动就业2.2万人。建成创业担保贷款"1300"网办系统，实行电子化审批。

【劳动权益保障】 2022年，黄冈市调整工资保证金缴存比例，建立商品房预售资金分账直达农民工工资专户制度。市根治拖欠农民工工资工作领导小组召开专题研究部署会议 2 次，健全工作制度，调整市根治拖欠农民工工资工作领导小组，制定完善领导小组系列工作制度，出台工作考核细则和约谈办法。建立部门联动机制，与公安、住建等行业工程建设主管部门开展根治欠薪夏季制度全覆盖、集中整治欠薪专项行动。办结"互联网+督查"等平台欠薪线索37件、人社部欠薪平台线索2704条。全市审查用人单位书面材料1043家，为4969家用人单位建立诚信档案，举报投诉案件结案率、欠薪案件结案率、监管信息上线率均100%，立案和协调处理欠薪案件1071件，追发农民工工资2.38亿元，涉及2.15万人。移送公安机关拒不支付劳动报酬犯罪案件9件，申请法院强制执行欠薪案件25 件。"黄冈市保障农民工工资支付实施办法及长效机制"获评全市第一届"十大法治事件"。

【劳动监察】 2022年，黄冈市劳动保障监察局支队被省市场监管联席会议办公室评为全省市场监管领域部门联合"双随机、一公开"监管成绩突出单位；被市委、市政府评为党的二十大安保维稳工作先进集体；出台《黄冈市保障农民工工资支付实施办法》，建立保障农民工工资支付长效机制，被评为黄冈市首届"十大法治事件"。组织开展法律知识进工地、进企业、进社区活动，开展劳动保障政策法律培训25期，发放农民工维权口袋书及宣传资料10万份。执法监察。市劳动保障监察局支队开展"双随机、一公开"执法监管，抽查22家，做到抽查事项、结果公布100%。推进"千人进千企"

活动，推行企业用工承诺制度，实施重点企业服务专员帮扶机制，规范企业用工行为。实行工资保证金阶段性缓缴政策，全市缓缴资金1090万元。劳动保障诚信等级评价。评定劳动保障诚信等级A级企业45家、红名单企业14家，评定黄冈市“无欠薪诚信项目”项目施工单位26家。开展“标准化安薪项目”创建活动，公布重大欠薪违法案件4批次12件，列入欠薪失信企业1家。“智慧监察”系统运用。建立完善黄冈市农民工实名制及工资支付监管信息平台，实现省市县三级监管信息互联互通。建立全市根治欠薪智慧监察应急指挥中心，加强工资支付全过程监管和提前监测预警。全市213个规模以上建设项目纳入信息系统监管，涉及农民工8.21万人。

【大学生创业项目获省资金扶持】黄冈职业技术学院9名在校生和1名毕业生的创业项目获“才聚荆楚 创业湖北”2022年度湖北省大学生创业扶持项目资金扶持，扶持资金50万元。该院推动大学生创业资助项目政策宣传、申报与扶持工作，组织大学生创业导师到麻城、英山、浠水、黄梅等地，实地调研大学生创业项目，一对一提供政策咨询、项目诊断、技术指导、计划书指导等上门帮扶服务，助推创业项目健康发展。

【“春风行动”暨系列招聘活动】2022年1月25日，黄冈市政府主办2022年“春风行动”暨系列招聘活动，促进农民工、脱贫劳动力、高校毕业生、失业人员、退役军人等重点群体就业，保障企业用工需求。全市人社部门运用“直播带岗”、视频面试等新方法，为用人单位和求职者搭建线上对接桥梁。稳健医疗、科峰传动、索菲亚家居、黄冈TCL等15家单位线上发布1800余个招聘岗位，从薪资待遇、发展前景、工作环境、岗位要求等方面，向直播间的求职者作全方位介绍。首场2个小时吸引57万人次网上观看，在线投递简历1560份。“春风行动”持续2个月，其间举办159场次线上线下招聘活动，提供就业岗位5.6万个，开展就业创业培训1.7万人，发放“春风卡”及各类宣传资料39万份。

【高校毕业生就业服务招聘会】2022年12月13日，市劳动就业服务中心、市人才事业发展中心联合举办“才聚荆楚·梦圆黄冈”黄冈市区2022年高校毕业生就业服务招聘会在黄州举行。此次招聘会线上线下同步进行，市区39家企业参加，提供普工、技工、短期工等岗位1120余个，进场求职人数近360人次，达成就业意向112人，线上浏览量5.8万人次。

【高校毕业生就业创业若干措施】2022年9月9日，黄冈市召开促进高校毕业生就业创业新闻发布会，解读《关于实施“才聚荆楚·梦圆黄冈”工程促进高校毕业生就业创业若干措施的通知》，文件提出“人才政策25条”：到中小微企业就业，且签订1年以上劳动合同，并缴纳社会保险费的应届高校毕业生，给予一次性就业补贴；2022年新引进、在黄冈城区落户的高校毕业生给予购房补贴；在黄州城区就业创业且无自有产权住房的本科及以上毕业生，给予租房补贴；高校毕业生初次在黄创办小微企业、个体工商户的，在登记注册1年内，按带动就业人数给予创业带动就业补贴，加强对初创企业的扶持；大学生初次在黄创业租用经营场地的，给予场地租金等补贴，帮助创业者降低创业成本。放宽落户限制，高校毕业生凭毕业证书，在市内稳定住所或拟就业创业地城镇自由落户。高校毕业生从事个体经营或合伙创办企业的，按每人20万元（最多22万元）、总额不超过300万元的额度申请创业担保贷款，降低申请门槛。大学生创业扶持项目的扶持资金提高至5万～50万元（原来是2万～20万元）；创业培训补贴标准按培训类别调整为300元、1200元、1500元；放宽事业单位招录条件，市县乡事业单位采取面试、技能测试、组织考察等方式公开招聘急需紧缺的高校毕业生。

（陈科宇 晏越颖）

2022年7月25日，2名高校毕业生在黄冈市大学生创业孵化基地咨询大学生就业创业政策

（市人社局 供图）

收入与消费

【概况】2022年，黄冈市全年居民人均可支配收入呈现逐步回稳、全年增长态势，农村居民收入增速比城镇居民快1.8个百分点，城乡居民收入比进一步缩小。居民消费支出稳步恢复，八大消费项目除衣着支出、生活用品及服务支出有所下降外，其余六类消费支出均有增长。全市居民消费价格比上年上涨1.5%。

【居民人均可支配收入】2022年，黄冈市城镇居民人均可支配收入36312元，比上年增长6.7%，增速位列全省第四位；农村居民人均可支配收入17855元，比上年增长8.5%。城乡居民收入比由2021年的2.07%降为2.03%，城乡居民收入差距缩小。

【居民人均生活消费支出】2022年，黄冈市城镇居民人均生活消费支出26184元，比上年增长5.2%；农村居民人均生活消费支出15100元，比上年增长8.8%。

表78　2022年黄冈市城镇居民人均可支配收入一览表

城镇居民人均可支配收入	2022年（元）	2021年（元）	增速(%)	占可支配收入比重(%)	对增收贡献率(%)	拉动增长百分点
	36312	34032	6.7	100	100	—
一、工资性收入	24563	23250	5.6	67.64	57.59	3.86
二、经营净收入	3713	3416	8.7	10.23	13.03	0.87
三、财产净收入	1929	1803	7	5.31	5.53	0.37
四、转移净收入	6107	5563	9.8	16.82	23.86	1.60

（资料来源：国家统计局黄冈调查队）

表79　2022年黄冈市农村居民人均可支配收入一览表

农村居民人均可支配收入	2022年（元）	2021年（元）	增速(%)	占可支配收入比重(%)	对增收贡献率(%)	拉动增长百分点
	17855	16456	8.5	100	100	—
一、工资性收入	9237	8607	7.3	51.73	45.03	3.83
二、经营净收入	5929	5437	9	33.21	35.17	2.99
三、财产净收入	207	184	12.5	1.16	1.64	0.14
四、转移净收入	2482	2228	11.4	13.90	18.16	1.54

（资料来源：国家统计局黄冈调查队）

表80　2022年黄冈市城乡居民人均生活消费支出一览表

城乡居民人均生活消费支出	城镇居民			农村居民		
	2022年（元）	2021年（元）	增速（%）	2022年（元）	2021年（元）	增速（%）
	26184	24890	5.2	15100	13879	8.8
一、食品烟酒	9779	9183	6.5	5662	5244	8.0
二、衣着	2450	2487	-1.5	709	664	6.8
三、居住	2853	2659	7.3	2931	2641	11.0
四、生活用品及服务	2370	2383	-0.5	1147	1033	11.0
五、交通通信	2447	2281	7.3	1157	1055	9.7
六、教育文化娱乐	3551	3325	6.8	1675	1543	8.6
七、医疗保健	1862	1754	6.5	1258	1172	7.3
八、其他用品和服务	872	818	6.6	561	527	6.5

（资料来源：国家统计局黄冈调查队）

【居民消费价格】2022年，黄冈市居民消费价格比上年上涨1.5%，其中：食品价格上涨1.5%，非食品价格上涨1.6%；消费品价格上涨2.3%，服务价格上涨0.4%。八大类商品和服务价格呈“六涨二降”，其中，食品烟酒价格上涨1.1%，衣着价格上涨7.1%，居住价格上涨0.1%，生活用品及服务价格下降0.6%，交通通信价格上涨5.3%，教育文化娱乐价格上涨1.0%，医疗保健价格下降0.3%，其他用品及服务价格上涨2.4%。年内，全市工业品价格上涨3.4%，拉动总指数上涨1.05个百分点。受俄乌冲突局势影响，国际原油价格震荡上行，全市汽柴油价格历经6次上调。92号汽油12月均价每升7.89元，较上年同月上涨10.66%。全市交通工具用燃料价格累计上涨21.1%，拉动总指数上涨0.69个百分点。

（张琳玲）

社会保险

【概况】2022年，黄冈市有养老保险参保人员494.5万人，发放养老金160.21亿元，其中，参加职工养老保险113.6万人，失业保险29.79万人，工伤保险参保人数37.88万人。全市有医疗保险参保人数603.83万人，参保率102.34%。

【城镇企业职工养老保险】2022年，黄冈市参加城镇企业职工养老保险92.04万人（其中，在职60.77万人，享受待遇31.27万人），征收基本养老保险费46亿元，发放养老待遇83.86亿元。其中，市本级参加城镇企业职工养老保险13.65万人（在职10.45万人，享受待遇3.2万人），征收基本养老保险费7.24亿元，发放养老待遇10.08亿元。全市完成养老保险省集中系统对接全国系统；落实养老保险政策，全市完成待遇调整29.2万人，补发养老金2.39亿元；阶段性降费政策实行“免申即享”，全市缓缴养老、失业、工伤保险费3319.84万元。

【机关事业单位养老保险】2022年，黄冈市参加机关事业单位养老保险21.52万人（在职13.17万人，享受待遇8.35万人），征收机关事业单位养老保险费27.98亿元，财政补贴收入22.32亿元，发放养老待遇56.60亿元。其中，市本级参加新机关事业单位养老保险1.92万人（在职1.25万人，享受待遇0.67万人），征收机关事业单位养老保险费3.19亿元，财政补贴收入2.69亿元，发放养老待遇4.99亿元。完成老机保与企保制度衔接工作，完成全市7.9万人待遇调整，补发养老金8400万元。

【城乡居民养老保险】2022年，黄冈市参加城乡居民养老保险380.94万人（享受待遇112.3万人），缴费收入7.38亿元，发放养老金18.92亿元。全年申请城乡居民养老保险补助资金14.78亿元（其中，中央12.46亿元，省级2.32亿元）。完成四类困难人员（“易返贫人员”“低保对象”“特困供养人员”“残疾人员”）城乡居民养老保险代缴14.22万人，完成率100%。完成121.18万人待遇调整工作，使用财政资金7271万元；累计发放被征地农民养老保险补偿金3.2亿元；补贴2992名退捕渔民养老保险费869.26万元。

【工伤保险降费与社保基金管理】2022年，黄冈市工伤保险参保人数37.87万人。全年为1.5万家参保单位办理工伤保险费降费，减免工伤保险费5380.68万元，办理阶段性缓缴参保单位262家，三险累计缓缴3319.84万元。开展社保基金管理"提升年"行动。印发全市社保基金管理"提升年"实施方案，出台经办制度78个，核查疑点数据20万条，追缴损失基金736.99万元，追责问责8人。市人社局、市纪委监委、市检察院、市公安局、市财政局等部门联合开展全市基金风险检查，实现市县全覆盖。

（陈科宇 晏越颖）

【养老基金和骗保问题专项整治】2022年5月底，黄冈市启动侵占挪用养老保险基金和骗取养老保险待遇问题专项整治行动，重点整治利用职务便利侵占挪用养老保险基金和伪造资料骗取养老保险待遇等6种行为。6月1日，市人社局牵头召开8部门联席会议，建立多部门协作联动机制。市纪委监委发布征集线索的公告，市人社局和市公安局联合发布《关于依法打击侵占挪用社会保险基金和骗取、违规领取社会保险待遇行为的通告》，出台退休人员死亡信息共享、社保待遇资格确认、规范社保基金支出等防控机制制度文件78个。年内，全市人社部门开展法规宣传，发现并核实死亡冒领、重复领取、服刑人员违规领取等问题线索92个，整改问题67个，收（追）回养老保险基金665.37万元。浠水县纪委监委开展养老保险专项监督检查。全市纪检监察机关查处有关问题170个，批评教育帮助和处理179人，移送司法机关处理1人，通报典型案例20期。

【医疗保障体系建设】2022年，黄冈市医疗保险参保人数552.25万人，参保率102.34%，实现常住人口应保尽保。全市适度提高基本医保和大病保险待遇，出台《黄冈市职工基本医疗保险实施办法》，职工在各级医疗机构住院报销比例增加2%，大病保险起付线由6000元降为3000元，在职人员报销比例最高至96%、退休人员最高至98%。市医疗保障局联合相关部门出台《黄冈市优化生育政策促进人口长期均衡发展若干措施》，简化"出生一件事"联办手续，新生儿首年免缴保费，产检费报销免审即享，生育保险顺产和难产支付限额分别由1800元、3000元提高到2800元、3900元。

【医保基金监管】2022年，黄冈市医疗保障局强化医保基金预算管理，落实医保基金市级统筹和总额预算管理制度，严控医疗费用不合理增长，增强医保基金抗风险能力。全市职工医保和居民医保两项基金可支付月数均远离6个月预警线，基金运行总体平稳。建立"日常巡查+重点检查+举报专查+异地交叉随机查"监管模式，重点监管医疗机构套高收费、过度医疗、零售药店药品刷卡套现等4个违规问题，打击"三假"（假病人、假病情、假票据）。全年约谈存在问题医疗机构99家、通报批评59家、责令整改132家、暂停医保协议18家、暂停医保结算3人、移交纪检监察机关49起、移交公安机关2起，行政执法处罚、追缴金额2305.13万元。加强部门信息共享和互联互通，建立协同监管、联合执法联席机制。引入第三方推进信用体系建设，建立医保信用管理制度，实施分级分类监管，通过守信联合激励和失信联合惩戒、细化定点医药机构协议管理，规范医药机构和从业人员行为。

2022年10月17日，浠水县纪检监察工作人员在县市民服务中心开展养老保险专项监督检查

（浠水县纪委监委 供图）

【黄冈慢性病定点药店落户鄂州】2022年6月15日，黄冈市区慢性病药店资格定点暨黄冈智慧医保便民办事大厅在鄂州大参林（湖北）药业连锁有限公司鄂东航母店揭幕，黄冈慢性病定点药店落户鄂州，黄冈市慢性病就医购药实现"跨市通办"。鄂州药店结算系统与黄冈医保信息系统对接改造，设置"医保智慧晓屋"等，方便在鄂州工作或居住的黄冈市区参保人员慢性病就医购药、医保报销等难题。

【医保移动支付首家医院上线】2022年9月23日，黄冈市医保移动支付首家医院上线仪式在黄冈市中心医院举行。市医疗保障局选择黄冈市中心医院为试点单位，开展医保电子凭证全流程就医和医保移动支付。全市在职职工、退休人员和省内异地职工在黄冈市中心医院公众号，医保移动支付的个人账户完成门诊挂号、购药、检查等缴费，享受方便快捷的医保公共服务。

（郑 佳）

社会救助

【概况】2022年，黄冈市社会救助部门创新救助服务方法，实施"综合、精准、高效、温暖、智慧"5大救助举措，健全分层分类社会救助体系，加大困难群众临时救助，加强特殊困难对象帮扶救助，兜底民生保障。市政府出台《黄冈市关于改革完善社会救助制度任务清单》，明确各级社会救助部门职能职责，推动形成以基本生活救助为基础、专项救助为支撑、关爱帮扶为延伸、社会力量有效参与，分层分类、城乡统筹、兜底保障功能有效发挥的社会救助体系。黄冈市救助管理站（黄冈市流浪儿童救助保护中心）获评“全国维护妇女儿童权益先进集体”。

【社会救助标准调整】 2022年，黄冈市调整社会救助标准，城市低保标准调整为每月622元，农村低保标准调整为每年5340元，城市特困人员和农村集中供养的特困人员为每月1244元，农村分散供养特困人员为每年1.07万元，较上年度均有提升。

【困难群众救助和管理】 2022年，黄冈市落实低保和特困供养政策，符合条件生活困难群众家庭纳入保障范围。运用全省低收入人口动态监测信息平台，调查核实未纳入救助范围脱贫不稳定户、边缘易致贫户、突发困难户，累计核查1.54万户、4.81万人，纳入救助范围3723人，防止“脱保、漏保”问题。推动分散供养特困人员照料服务改革，开展分散供养特困人员生活费与护理费分开发放，明确分散供养特困人员照料护理人员，签订“四方”协议，推行“物质+服务”救助方式，保障分散供养特困人员吃穿、日常起居照料、生病住院护理等基本生活问题。

【临时救助】 2022年，黄冈市推行“先行救助”“分级审批”“急难发生地施救”等办法，缓解群众基本生活困难问题。全年临时救助1.52万人次，发放临时救助金3078.73万元，人均救助水平2022.16元。年内，市民政部门以“走进困难家庭，倾情解忧暖心”为主题，走访慰问困难群众1930人，发放资金29万余元。发挥临时救助“救急难”功能，加大因疫因灾困难群众临时救助力度，全市在册城乡低保对象按照该月补助水平，特困供养人员按照该月基本生活标准，增发一次性生活补贴，启动价格临时补贴机制。

【低保边缘家庭认定】 2022年，黄冈市民政部门对接乡村振兴部门，提取易致贫、易返贫人员基本信息；对接医保部门，提取个人住院高额支付人员基本信息；对接残联部门，提取三级及以上等级残疾人基本信息。开展调查核实相关人员信息，全市认定低保边缘家庭4531户1.35万人。

【慈善捐赠】 2022年，黄冈市开展第7个“中华慈善日”和第2个“湖北慈善周”“携手做慈善，传播真善美”主题宣传活动，加大慈善法规宣传。印发《湖北省慈善条例读本》5500册。加强慈善组织监管，指导督促慈善组织在《慈善中国》《社会慈善与募捐系统》等平台上公开组织基本信息，开展慈善组织年度报告，接受社会公众查询和监督，全市慈善组织年报率和信息公开率100%。落实慈善组织捐赠税收优惠政策，引导慈善组织参与等级评估和公益性捐赠税前扣除资格申报；引导完善全市慈善总会内部管理和制度建设，发挥慈善总会骨干作用和辐射带动作用。全市民政部门扩展社会公众参与慈善活动渠道，发展互联网慈善，开展走访慰问残疾儿童慈善活动。参与“首届湖北数字公益节”活动，动员全市17.4万名爱心人士参与捐赠，累计筹集项目资金6895.91万元，筹款总额占全省55.4%。推进“幸福家园”“医路同行”“童享阳光”三个省会联动慈善项目实施，深化“互联网+”公益，全市“幸福家园”项目筹款总额159亿元，全市慈善联动项目及社会捐赠1.67亿元，资助、救助拨款1.64亿元。

【教育救助】 2022年，黄冈市健全家庭经济困难学生资助体系，全市共资助学生45.27万名，发放资助资金3.39亿元。其中学前教育3.86万名，资助资金1930.3万元；义务教育19.42万名，资助资金8245.12万元；高中6.6万名，资助资金7691.60万元；中职15.39万名，资助资金1.60亿元。全市贷款大学生数由上年的2.31万名增加到2.67万名，贷款金额由上年的1.96亿万元增加到2.73亿元，贷款额占全省的四分之一。全市共补偿大学生553名，补偿资金355.08万元。实施大学新生路费资助工作，资助大学新生3236名，发放资金180.35万元。组织开展大学新生助学活动，资助大学新生18名，每人6000元，资助资金10.8万元。在红安县、麻城市开展困境尖子生捐资助学活动，资助学生1000名，资助资金120万元。

【医疗救助】 2022年，黄冈市出台《黄冈市重特大疾病医疗保险和医疗救助实施办法》，全市29.04万困难人口均纳入保障，累计享受待遇73.91万人次、36.61亿元。推出普惠型补充医疗保险“黄惠保”，保额260万元，保障不限医保目录、既往病史、男女老幼，年末参加保险88万人。建立职工医保门诊共济保障机制，出台《黄冈市职工基本医疗保险门诊共济保障实施办法》，新增“普通门诊统筹待遇”，在职职工年度最高可报销门诊费用1800元，退休职工最高可报销2000元。

【红十字救助】 2022年，黄冈市红十字会

2022年6月1日，黄冈市慈善总会工作人员到黄冈市启声听力语言康复中心慰问残疾儿童
（市民政局 供图）

开展“博爱送万家”活动，向中国红十字基金会争取价值100万元口罩、消毒液等疫情防控物资，支援重点地区疫情防控工作，采购价值42万元大米、家庭包等生活物资慰问困难家庭，受益人数2万余人。全市54个试点社区开展人道救助，发放价值13万元大米、食用油等生活物资，救助困难家庭540户。实施“关爱失智失能老人”项目，每月免费为黄州城区38个社区204位失智失能困难老人配送护理生活包；实施“天使”项目，筛查并救助28名先心病、白血病患儿，救助资金105万元。

【救助管理与服务】2022年，黄冈市民政部门推动资源服务平台下沉，委托下放城乡低保、特困人员供养等审核确认权限到乡镇（街道）。依托湖北省政务服务平台，推出“互联网+社会救助”新模式，困难群众通过湖北省“政务服务”网上申请和“鄂汇办”App申请“城乡最低生活保障认定、特困人员认定和临时救助对象认定”等办理社会救助业务。市县两级民政部门开通“12345”热线社会救助服务，政务服务统一平台办理城乡低保对象、特困人员、临时救助对象审核确认等社会救助事项，承诺办结时限22个工作日。自10月8日起，全市困难群众申请城乡低保、特困供养和临时救助事项实现“掌上办”。

（刘 辉 余 嘉）

社会福利

【概况】2022年，黄冈市建强社会福利机构，建立未成年人保护机制，加强高龄群体福利保障。年末，全市有未成年人131万人，其中，农村留守儿童3.4万人、困境儿童2.9万人、孤儿736人、纳入保障范围的事实无人抚养儿童1710人。全市新增事实无人抚养儿童390人，是年初保障人数的26%。全市养老机构200家，享受高龄津贴老人14.22万人，销售福利彩票3.63亿元。

【社会福利机构】2022年，黄冈市有各类养老机构200家，其中，公办养老机构160家、社会办养老机构40家（其中公建民营15家）。城乡社区居家养老服务设施分别318个和2552个，覆盖率分别85%和71%，养老床位总数5.81万张，其中，机构床位2.83万张、护理型床位1.54万张，护理型床位占比54.5%。建成县级失能特困人员供养服务机构10家，建成区域性失能特困人员供养服务机构8家。儿童福利项目建设，改建两栋儿童楼等7428平方米，新建儿童楼一栋建筑面积5000平方米，改建床位210张，新增床位140张。开展“乡镇福利院危房改造三年计划”，争取上级资金5730万元，新建、改扩建乡镇福利院111所。

【未成年人保护与关爱】2022年，黄冈市成立未成年人保护工作领导小组和未成年人救助保护中心，协同推进未成年人保护工作。政法系统派出党员干部担任法治副校长450余名，覆盖全市中小学校1286所，重点对乡镇、农村、山区及偏远地区学校的留守儿童开展集中法治宣传。各县（市、区）加强基层儿童福利工作队伍建设，选优配强乡镇（街道）儿童督导员、村（居）儿童主任。全市乡镇街道配备儿童督导员127人，配备村（居）儿童主任3926人。全市孤儿增员50人，减员103人；事实无人抚养儿童增员390人，减员47人。开展关爱困境儿童、留守儿童走访慰问活动，排查4.52万人，其中，孤儿608人、事实无人抚养儿童1683人、困境儿童1.58万人、留守儿童2.65万人，解决个性问题38个，慰问8777人，支出慰问资金148.09万元。关爱留守儿童。年内，全市建设“希望家园”项目点140个，接收服务少年儿童7396人。开展关爱留守儿童圆梦微心愿公益活动，联合爱心组织、企业、个人等，筹集微心愿礼包1544份，为家庭困难留守儿童圆梦微心愿。参加首届“湖北数字公益节”——腾讯公益“一起捐”活动，募集公益资金3.13万元。开展关爱保护困境儿童、留守儿童、留守妇女活动，“彩虹行动”巾帼志愿者到10个县（市、区）48个留守流动儿童服务站开展关爱服务，招募1000余名“爱心妈妈”开展“生活上关爱，学习上关心，心灵上关怀”爱心活动。关爱保护残疾儿童。黄州区23所试点学校，建设“向阳花”儿童之家，服务留守儿童、困境儿童1500余人。培训教师24场、800余人，培训志愿者2场，招募教师志愿者80余人。组织学校开展留守及困境儿童关爱活动8场。实施《黄冈市残疾儿童康复救助家庭生活补助实施方案》，给予享受定点机构康复训练项目的残疾儿童家庭每人每月500元生活补助，救助年龄从省定0～6岁调整到15周岁。全市2035名残疾儿童享受康复救助项目，累计发放家庭生活补助600万余元。

【高龄群体福利保障】2022年，黄冈市继续实施高龄津贴政策，规范高龄津贴和经济困难的高龄、失能老人补贴发放，排查养老服务领域高龄津贴和经济困难高龄、失能老人福利补贴发放存在

2022年7月11日，“彩虹行动”巾帼志愿者到罗田县三里畈镇留守流动儿童服务站开展关爱服务

（罗田县妇联 供图）

漏发、重发、错发、迟发等问题，制定出台《养老产业三年行动方案》，印发《关于进一步加强高龄津贴和经济困难高龄、失能老人福利补贴发放管理工作的通知》，确保资金发放精准、及时。全市享受高龄津贴老人15.41万人，享受护理补贴的老人787人、享受养老服务补贴的老人3955人。

【福利彩票】2022年，黄冈市福利彩票总销量3.63亿元，其中电脑票3.1亿元、即开票5274.98万元、无纸化投注62.07万元。筹集福利彩票公益金1.07亿元，其中，中央、省级拨付6263万元，全市筹集4480万元。

（刘　辉　余　嘉）

住房保障

【概况】2022年，黄冈市新增住房公积金缴存单位1274家，增长率70.55%；新增缴存人数2.78万人，完成年度计划的308.37%；年度住房公积金归集额51.86亿元，完成年度计划的126.49%，增长率1.49%。全年发放住房公积金贷款7031笔，金额25.59亿元，完成年度目标计划的127.96%；贷款支持购房面积88.85万平方米，个贷率60.44%。

【基本公共服务人员住房保障】2022年，黄冈市收购67个项目8185套房源。收购房源货值40.39亿元，市值48.82亿元，整体折扣82.73%；商品房源7196套、占比87.92%；竣工房源6338套、占比77.43%，完成装修交付使用。国有商品房源4343套、占比53.06%，市场化商品房源2853套、占比34.86%，还建房转换989套、占比12.08%。全市分配4753套（含预分配），其中只租不售861套、占比18.11%，先租后售3892套、占比81.89%。全市申请贷款40.39亿元，获授信额度31.09亿元，提款21.84亿元，支付21.95亿元。建立以解决基本公共服务人员住房困难若干意见为统领的“1+N”政策体系，市本级在全省率先出台财政奖补和贴息补助等支持政策，省政府微信公众号湖北发布向全省推广。制定完善房源筹集、分配、运营管理等配套政策，搭建保障性租赁住房数控管理平台，探索“投、建、管、运”体系建设。

【住房公积金管理】2022年，黄冈市完成公积金业务收入5.95亿元，公积金业务支出3.07亿元，实现增值收益2.88亿元，完成年初预算计划的120%；上缴财政1.81亿元，超额完成预算计划；完成年度公积金结息工作，全市5909家缴存单位、28.6万名缴存职工结付公积金利息2.58亿元，比上年增长12.66%。健全风险防范体系，完善线上线下监管、内部外部监督、定期不定期审计检查相结合全方位监管体系，及时发现问题，同步跟踪督导落实。开展政策执行情况与风险隐患排查，强化资金运营监管，提高运营效率，个贷逾期情况作出提醒和警示，个贷逾期率0.53‰，低于1.5‰的国家控制线。制止骗提套取住房公积金行为12起。全年，协助各级人民法院冻结相关当事人住房公积金379笔、1548万元，协助扣划535笔、2963.83万元。

【住房公积金“放管服”改革】2022年，黄冈市扩大建缴群体和政策受惠面，取消武汉都市圈和九江市职工异地贷款额度限制，落实困难企业和职工阶段性支持政策，放宽首套房贷款适用范围和先取后贷条件。优化部门营商环境，精减整合5项业务、7件要件资料，修订完善13项业务流程，开展“一证通办”“一事联办”“跨省通办”“一网通办”。推进长江中游城市群合作，协同建立互认互贷、异地转移接续、信息核查共享等合作机制。全年，向长江中游城市群缴存职工发放异地贷款399笔、1.35亿元；办理异地转移接续2177笔、3863.51万元。

【城市保障性租赁住房数控管理平台上线】2022年12月15日，黄冈城市保障性租赁住房数控管理平台上线运行。平台具有提供资产可视化运营、优化资产布局、提高资产运营效率等优势，运用对资产租售、客户管理、合同管理、收缴管理等多业态资源提供多维度经营数据支持。同时搭载黄冈市区保障房运营平台微信小程序，具备项目展示、线上选房、在线签约、在线支付等便捷功能，构建从看房、选房、签订合同、房屋交付、售后服务保障性租赁住房全周期服务通道。

（吴和平）

老龄事务

【概况】2022年，黄冈市卫健委完善老年医疗资源布局，健全基层医疗卫生机构，建立老年医院和综合性医院老年医学科为核心的老年医疗服务网络。加快二级及以上综合性医院老年医学科建设，完善老年医疗服务体系。全市有二级以上综合性医院34所，其中设置老年医学科的31所，占比91%。创新敬老爱老助老服务，推进老年友好社会建设。开展“敬老月”“老年健康宣传周”活动，开展健康宣传、义诊、体检等活动。开展全国示范性老年友好型社区创建工作，全市获命名5个，累计获命名10个。全年办理老年人优待证8000余张。

【适老化改造】2022年，黄冈市聚焦提升老年人居家生活品质，开展特殊困难老年人家庭适老化改造项目，将分散供养特困人员中的高龄、失能、残疾老年人，城乡低保对象和困难老年人中的高龄、失能、残疾家庭列入重点保障对象，在全市范围内选定符合条件家庭1689户，实施特殊困难老年人家庭适老化改造项目。民政部门委托第三方机构，按照“一户一档”入户进行改造评估、制定改造方案，确认每个家庭对于居家养老设备设施的个性化具体需求，为老年人解决地面改造、卧室改造、门改造、如厕洗浴设备改造、厨房设备改造、物理环境改造、老年用品配置7个方面“不适老、不宜居、不安全”问题，提升老年人居家养老的安全性、便利性和舒适性。全年全市争取上级专项资金255万元，地方配套资金188万元，完成改造任务1761户，超额完成居家适老化改造工作目标任务。

【医养结合发展与培训】2022年，黄冈市卫健委加大医养签约支持，规范医疗卫生机构和养老机构合作范围，鼓励养老机构与周边医疗卫生机构签订合作协议，明确合作内容、方式、费用及双方责任，签约医疗卫生机构在服务资源、合作机制等方面给予支持，全市建立签约合作关系180对。实施全国老年医学人才培训项目，选拔具备临床工作经验优秀医师、护士14人，到省级医院参加培

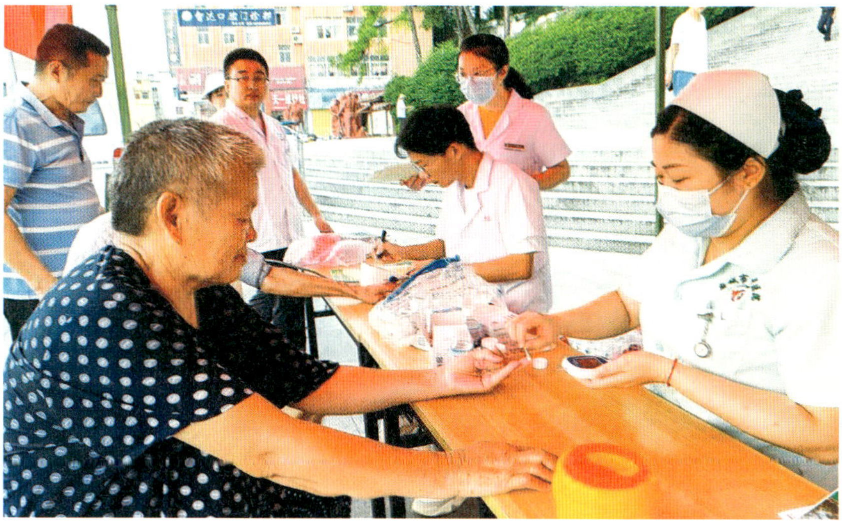

2022年7月25日，麻城市"智慧助老"暨科学健身助力老年健康主题宣传活动在麻城烈士陵园广场举行。图为医务人员现场为老年人测血糖 （麻城市卫生健康局 供图）

训。年底，全市有医养结合机构15家，床位3804张。

【"智慧助老"宣传推广】2022年，黄冈市卫健委系统组织开展打击整治养老诈骗专项行动，提高老年人防诈骗意识。开展老年人运用智能技术宣传推广活动，编制发放《老年人智能技术应用及防电信网络诈骗手册》1.5万余册，举办"智慧助老"主题宣传活动120余次，惠及老年人近2万人次。年内，麻城市开展"智慧助老"暨科学健身助力老年健康主题宣传活动。

【养老服务业发展支持】2022年3月18日，黄冈市政府印发《关于支持养老服务业发展的若干措施》，健全完善养老服务体系，推进养老事业产业协同发展。提出8条支持措施：降低养老服务市场准入门槛，推进养老服务产业发展，推进医养融合，强化用地要素保障，拓宽投资融资渠道，丰富人力资源供给，加大政策扶持力度，强化行业信用建设。明确养老服务从业人员的等级鉴定补贴从人社部门就业资金和失业保险基金中列支，养老机构运营补贴中收住失能对象的标准由每人每年1500元提高到2600元。

（南 海）

【社区食堂开办】2022年，黄冈德尔福商贸有限责任公司着力打造社区餐饮，为社区老人提供质优价廉的营养餐，免费为60岁以上老人提供清粥和米饭。至年底，开办社区食堂4家。

（吴金霞）

退役军人事务

【概况】2022年，黄冈市退役军人事务局推进完成退役军人思想政治、移交安置、就业创业、优待抚恤、拥军优属、褒扬纪念、权益维护等工作。开展"老兵永远跟党走——老兵宣讲"实践活动，组建老兵宣讲团（队）进校园、进社区宣讲。联合黄冈电视台开设"致敬老兵"专栏，录制《退役军人之歌》MV；开展"荣耀荆楚·群星工程"行动，20余名退役军人典型被省厅收录，麻城市杨志谋被评为"荆楚楷模 最美退役军人"，长津湖战役老兵黄州区陈世礼获列第三季度"中国好人榜"，选派20名优秀退役军人代表参加全省退役军人基层党员培训。黄冈市抓退役军人思想政治引领经验做法，在全省退役军人思想政治工作会议上作交流。

【退役军人移交安置】2022年，黄冈市完成年度退役军人接收任务。落实政策要求，接收符合条件军转干部、转业士官、复员军官和随军家属。根据中央、省委统一部署，为自主就业退役士兵发放地方一次性经济补助，为转业士官按时发放待安置期生活补助金。

【退役军人就业创业】2022年，黄冈市完成自主就业退役士兵培训工作，协助退役军人办理"军创贷"，落实授信贷款。依托"春风行动"招聘会、民营企业招聘月等平台推荐就业，组织招聘活动31场次，提供就业岗位，帮助退役军人就业。

【优待抚恤】2022年，黄冈市为重点优抚对象拨付生活补助，为义务兵家庭发放优待金。组织评残体检鉴定和体检会审认定工作，落实符合条件申报评残和带病回乡认定等优抚政策。市优抚医院组织短期疗养重点优抚对象，与中部战区总医院联合开展"服务老区健康行"义诊，引进医学博士王刚并成立"王刚博士工作室"。推进建档立卡和优待证申领工作，蕲春、英山、团风、龙感湖申请率均超90%。开展"手拉手 心连心 帮战友"结对帮扶，解决困难退役军人实际困难。

【褒扬纪念】2022年，黄冈市推动烈士纪念设施修缮维护，争取上级资金4000万元，迁葬、就地整修烈士纪念设施。开展清明烈士祭扫活动，全市9个烈士陵园开园祭扫，接待祭扫群众2.3万人次。全市举办9·30烈士公祭活动10场次，在红安县黄麻起义和鄂豫皖苏区纪念园举行湖北省烈士纪念日向英雄烈士敬献花篮仪式。

【双拥共建】2022年，黄冈市调整双拥工作领导小组成员，组织召开军地座谈会，制定"军地互办实事双清单"，解决随军家属安置、子女入学入托等问题。成立"黄冈拥军联盟"，打造黄冈奥康双拥街，吸纳180家商超、酒店等服务行业为军人折扣优惠。开展"情系边海防官兵"拥军活动，筹集"拥军礼包"慰问驻疆部队。开展"爱我人民爱我军"双拥主题作品征集大赛，开办双拥专栏节目，为一等功臣郑子谦等现役官兵送喜报。双拥创建中期评估获省考评组高度评价，黄冈双拥工作经验做法在《全国双拥工作简报》刊发。

【服务体系建设】2022年，黄冈市开展退役军人服务体系建设"强基础、强能力、强服务"提升行动，制定任务清单，修订星级服务站评定办法和评定标准，规范市退役军人服务中心（站）工作。在麻城市召开基层退役军人服务站“标准化、规范化、精细化”建设现场会。市委退役军人事务工作领导小组会专题研究基层服务体系建设。推荐优秀退役军人进入村（社区）“两委”、社会组织和经济组织等。制定2022年全市退役军人志愿服务活动方案，组织退役军人志愿者参加“保护长江母亲河 退役军人在行动”湖北省退役军人“长江卫士”志愿服务8市联动启动仪式；“崇尚功臣 关爱老兵”志愿服务项目参加市区志愿服务项目大赛，获优秀奖；“幸福戎装照英雄史诗册”志愿服务项目获参加全市志愿服务项目决赛组织奖，参加全省新时代文明实践志愿服务项目大赛。开展2022年度黄冈市退役军人关爱基金募捐活动，参加捐赠活动7000人，筹款20万元。

【“戎耀荆楚 关爱老兵”活动】 2022年9月27日，黄冈市发布“戎耀荆楚·关爱老兵” 2022年度退役军人关爱基金主题活动倡议书。湖北省慈善总会联合黄冈市退役军人事务部门开展专项募捐活动，为困难退役军人提供帮扶援助。全市设立退役军人关爱基金会11个，募集爱心资金967万元，为困难退役军人发放关爱基金。

【《黄冈市“十四五”退役军人服务和保障规划》】 2022年10月25日，中共黄冈市委办公室、市人民政府办公室、黄冈军分区政治工作处印发《黄冈市“十四五”退役军人服务和保障规划》，部署黄冈市“十四五”时期做好退役军人六个方面的工作，即加强思想政治引领和权益维护、推进退役军人移交安置体系建设、提升退役军人就业创业质效、加强军休干部服务管理、推进拥军优抚保障政策落实、营造烈士褒扬纪念的浓厚氛围。

【战友艺术团、兵哥哥萨克斯乐团成立】 2022年12月9日，黄冈市关爱退役军人协会召开战友艺术团、兵哥哥萨克斯乐团成立大会。黄冈市关爱退役军人协会会长梅咏成，市退役军人事务局党组书记、局长黄智利出席大会并讲话。大会学习《黄冈市关爱退役军人协会文艺分支（代表）机构管理办法》。梅咏成、黄智利向战友艺术团、兵哥哥萨克斯乐团授牌。战友艺术团团长易光友、兵哥哥萨克斯乐团团长高作清表态发言。

（杨 阳 吴锦鹏）

社区建设

【概况】 2022年，黄冈市推动减轻基层城乡社区负担，促进全市3610个行政村、316个社区治理效能提升。年末，全市建成128个乡镇社工站，覆盖率100%；孵化培育本土社工机构39个；持有社会工作职业资格证书1130人（其中，助理社会工作师996人、中级社会工作师134人）。深化“五社联动”（社区、社会组织、社会工作者、社会资源、社区社会组织联动）机制建设，发挥社会工作专业优势，开展特殊困难群体支持性服务、社区社会组织培育、志愿服务积分管理、撬动社会慈善资源。开展村（居）委会换届选举回头看工作，重点督办村居委会成员空缺的基层群众性自治组织。

【社区治理】 2022年，黄冈市制定城乡社区居民议事协商规则、社区事项准入制度及清单和“村改居”工作指导意见，落实村规民约（居民公约）和志愿服务积分制管理试点工作，培育一批示范典型，推广本土积分制管理经验。黄州区“好邻居”工作经验申报省级基层治理创新示范区，拓展社区与社区社会组织、社会工作者、社区志愿者、社会慈善资源“五社联动”机制运行模式，助力基层社会治理。全市围绕居民需求开发设计公共服务项目，探索以政府购买服务为保障、项目化运作为纽带、社区公益慈善资源资助为补充的联动模式。

【“五社联动”机制建设】 2022年，黄冈市深化“五社联动”机制建设，促进“五社”良性链接，健全社会工作服务体系，黄州、罗田、英山、浠水、蕲春、武穴、黄梅7个县（市、区）、10个乡镇（街道）被中华慈善和腾讯公益确定“五社联动”项目实施点。通过创建并规范运行乡镇（街道）社区公益基金，拓展基层社会工作专业服务，重点做好特殊困难群体支持性服务、社区社会组织培育、志愿服务积分管理、撬动社会慈善资源等工作。英山县、黄梅县创建全省“五社联动”社会工作服务体系重点县，探索建立“基层政府统筹协调建站、县级民政部门购买服务项目运作”机制。

【社会工作人才建设】 2022年，黄冈市组织开展“2022年全市社会工作能力提升线上培训”，定制个性化线上课程，打造基层社会工作者一站式学习平台，全市各级民政干部、村（社区）工作人员及其他社会工作从业者近4000人参训，实现社工提能培训全覆盖。开展城乡社区工作者提能工程，建立岗前专题培训、年度日常培训、分类定向培训工作体系，组织全市村（居）委会成员和社区专职工作人员开展轮训。

【黄冈社工学院成立】 2022年3月，黄冈市民政局与黄冈职业技术学院联合创办黄冈社工学院，探索建立具有黄冈特色的社会工作人才培养模式。社工学院以社会需求为导向，重点围绕职业能力培养、政策理论研究和业务实践交流等方面开展教学，搭建培育基层工作者社会工作化水平平台。全年，培训各级民政干部、村（社区）工作人员及其他社会工作从业者人近4000人。

【孟钵桥村获评全国先进基层群众性自治组织】 2022年11月28日，黄州区陈策楼镇孟钵桥村被民政部授予“全国先进基层群众性自治组织”称号。孟钵桥村支部引领、党员带头、群众参与，制定党员积分制管理办法和评分规则，探索可量化的农村基层治理新路。该村实行文明“银行”积分活动，文明行为分新风尚、新秩序、新标杆、新作为、新气象5大类15项内容，包括秸秆禁烧、卫生评先、志愿活动、招才引智、清廉家庭、邻里和谐等，实行物质奖励与精神奖励，村民凭积分兑换奖金或礼品，鼓励村民参与乡村治理，成为乡村治理的主要参与者、最大受益者。

（刘 辉 余 嘉）

社会组织管理

【概况】 2022年，黄冈市实施党建引领、培育扶持、综合监管等工作举措，推进全市社会组织培育发展和监督管理工作。全市有社会组织2223家，其中，社会团体959家、民办非企业单位1256家、基金会8家。全市参与乡村振兴活动社会组织205个，落实帮扶项目203个，投入24.26亿元，投入人员1.66万人，受益人数33.13万人。

【社会组织党建】2022年，黄冈市加强社会组织党建工作，初步形成组织部门、党建工作机构、业务主管单位、行业管理部门、登记管理机关相互配合的党建工作体制。民政部门在登记、年检、评估工作中同步推进党建工作，将党的建设和社会主义核心价值观写入社会组织章程，社会组织党的组织和党的工作全覆盖。黄冈市社会组织综合党委开展“永远跟党走，建功新时代”迎“七一”主题党日活动。开展以“小小实验，大大梦想”为主题的科学宣传教育等活动。举办黄冈市社会组织从业人员宣讲会，加强全市社会组织从业人员的思想引领，市区社会组织从业人员代表80人参加。

【社会组织年报】2022年，黄冈市优化社会组织年检系统，采取网上填报、网上信息公开和业务主管单位初审、登记管理机关三级审核的方式完成年报，全面掌握社会组织内部建设、党建工作、财务报告、业务活动等情况。全市应参加年度检查社会组织2078家，完成1945家，其中，社会团体应检959家，参检835家；民办非企业单位应检1171家，参检1110家。

【社会组织等级评估】2022年，黄冈市民政局组织专家成立评估小组，开展社会组织等级评估。根据《社会组织评估管理办法》，实行分类评估，确定评估等级。市建筑业协会等8家社会组织提交评估申请和资料，评估委员会组织评估专家组，考核评估，评定AAAA社会组织1个、AAA社会组织4个、AA社会组织3个。

【社会组织监管】2022年，黄冈市民政部门开展社会团体分支(代表)机构专项整治行动。全市开展自查社会团体959个，抽查检查社会团体数161个。列入整治的社会团体8个、分支(代表)机构19个，终止分支(代表)机构数14个，限期整改分支(代表)机构数5个。开展民办非企业单位非营利性对照检查工作，规范民办非企业单位管理。加强对社会组织信用管理，引导社会组织探索建立社会组织信用体系，建立社会组织登记管理信用承诺制度，作为对社会组织事中事后监管、实施信用分类监管的依据。分类拟制社会团体、民办非企业单位、基金会登记管理和社会组织注销登记信用承诺书格式范本。完善社会组织活动“异常名录”和“严重违法失信机制”，社会组织信用记录作为给予政策扶持、表彰奖励、评先评优、等级评估、购买服务等参考依据。

【行业协会商会乱收费专项整治】2022年，黄冈市民政局印发《行业协会商会乱收费专项清理整治“回头看”工作实施方案》，列出15项重点治理内容，全覆盖全方位落实专项治理要求。全市202个行业协会商会完成自查自纠。抽查检查行业协会商会88个，推动行业协会商会减免和降低经营困难会员企业尤其是中小微企业的收费。全市86个行业协会主动减免和降低收费减轻企业负担925.4万元；缓缴收费项目5个，减轻企业负担164.4万元；行业企业为其他市场主体让利减轻企业负担150万元；争取行业帮扶政策，减轻企业负担228万元。

【社会组织专项审计】2022年，黄冈市民政局印发《关于开展市级组织“双随机、一公开”抽查和监督检查审计工作的通知》，专项审计42个市级社会组织2021—2022年度财务情况，其中，通过湖北省“互联网+监管”平台抽取17个、行业协会商会10个、民办非企业单位15个，发现问题12个，整改12个。

(刘辉 余嘉)

2022年3月23日，“小小实验，大大梦想”科学宣传教育活动在黄州区“向阳花”校园儿童之家举行。图为黄冈市静远社会工作服务中心工作人员向小学生宣讲科学知识 (市民政局 供图)

区划地名管理

【概况】2022年，黄冈市推进市区地名管理试点，完成界线勘定及细化工作，完成第4轮行政区域界线联检，完成审核地名信息83余条，归集地名数据30万余条，收录红色地名2000个。

【区划管理】2022年，黄冈市推动麻城市黄金桥街道设立和浠水县城改设街道创新试点工作，开展全市行政区划优化调整调查研究，申报《黄冈主城区毗邻乡镇行政区划改革研究》课题，获2022年度十大市改革项目促进资金支持改革课题。年底，全市辖黄州区、团风县、红安县、英山县、罗田县、浠水县、蕲春县、黄梅县、麻城市、武穴市10个县(市、区)、乡(镇、街道)127个。

【界线管理】2022年，黄冈市有省级界线3条，市级界线4条，县级界线15条，乡级界线240条。全市行政区域界线勘定细化成果通过省级验收，获优秀等次10个，合格等次1个。全年，完成武汉至黄冈线、孝感至黄冈线和皖鄂线六安至黄冈段、安庆至黄冈段第4轮联检工作。年末，完成全市第4轮行政区域界线联检工作。

表81　2022年黄冈市界线情况一览表

界线等级	省级界线			市级界线				县级界线															乡级界线
界线名称	鄂豫线信阳黄冈段	鄂赣线九江黄冈段	皖鄂线（六安黄冈段、安庆黄冈段）	黄石黄冈线	武汉黄冈线	鄂州黄冈线	孝感黄冈线	浠水蕲春线	团风罗田线	黄梅武穴线	红安麻城线	黄州浠水线	武穴蕲春线	英山罗田线	麻城团风线	蕲春黄梅线	黄州团风线	麻城罗田线	浠水英山线	浠水罗田线	团风浠水线	蕲春英山线	—
线段长度（千米）	620.32			686.77				1029.57															4467.57
数量(条)	3			4				15															240

（资料来源：市民政局）

【地名管理】2022年，黄冈市开展“中国·国家地名信息库”数据质量建设行动，组织2批专班集中审核黄冈地名信息8万余条。完成《湖北聚落地名大典》（黄冈卷）编纂工作。开展黄冈市智慧地名地址协同服务平台建设试点工作，归集清洗地名、地址数据30万余条。编辑出版《英山县地名志》《浠水县地名志》《黄梅地名故事》《浠水县红色地名故事》《罗田聚落地名选粹》等地名文化丛书。全市收录红色地名2000个，其中：政区75个，村落区片838个，革命传统教育基地博物馆、纪念馆、展览馆、烈士陵园等300余个，公布革命文物旧址、遗址、故居、墓、碑等名652个，山河湖名61个；全市征集红色地名故事450篇，制作红色地名短视频67部，开展红色地名文化宣讲进单位、进支部、进校园、进社区等活动150余场（次）。

【市区部分道路规范命名】2022年，黄冈市加强、规范市区路名地名管理工作。召开黄冈市区部分道路拟命名更名征求意见会，讨论市区六个片区部分道路名称的命名、更名、规范名及名称内含等内容。召开黄冈市发展和改革委员会等单位地名办联络员会议，展示市区苏林路、黄婆汉路、叶家茶铺路等17条道路所在位置、朝向、起止点、长宽度、地名含义，讨论交流地名规范使用及智慧地名地址协同服务平台建设。

（刘　辉　余　嘉）

民族宗教事务

【概况】2022年，黄冈市召开市委民族工作会议，开展中央、省、市委民族工作会议精神宣讲进基层大讲堂活动，实现县（市、区）宣讲全覆盖。举办全市国家通用语言政策法规培训班，促进各民族交往交流交融。选树优秀代表人士参政议政、建言献策。支持举办讲经交流活动，支持宗教团体培养年轻优秀僧才，2位法师获年度省佛教讲经交流一等奖，1位道长获年度省道教讲经交流优秀奖。

【少数民族人员服务】2022年，黄冈市委统战部按照《少数民族有组织务工人员（学生）服务管理工作指南》，做好少数民族有组织务工人员、少数民族学生、少数民族流动经商人员服务管理工作。全年，市县统战民宗部门为少数民族群众办理就近入学、中高考优录、民族成份变更审批等事项100余件。

【宗教事务管理】2022年，黄冈市率先在全省创新开展宗教中国化主题日活动，开展活动50余次，拓展宗教中国化“黄冈实践”内涵，被评为全省“十佳”实践创新成果。黄梅县完成四祖寺、芦花庵全省佛教三坛大戒传戒法会，举办浠水县紫云禅寺月成法师升座法会等活动。

【民族团结进步示范单位创建】2022年，黄冈市委统战部与市教育局、市委宣传部联合印发做好新时代各级各类学校铸牢中华民族共同体意识教育工作的通知文件，联合学校开展爱国主义教育和铸牢中华民族共同体意识教育，引导广大学生践行爱国主义，铸牢中华民族共同体意识。全市5所学校获全省民族团结进步示范单位，其中黄冈市中等职业学校获市铸牢中华民族共同体意识教育基地。

【宗教中国化示范场所创建】2022年，黄冈市探索打造宗教中国化示范场所20余处，5处场（所）进入全省宗教中国化示范场所和基地授牌名单。黄梅县打造佛教中国化示范区，实施“一寺一品”工程，形成文化四祖、人文五祖、医养老祖、生态妙乐、静修芦花品牌；五祖寺邀请文艺界名人到寺院开设诗词、书画、禅茶等学习班，举办“禅起蕲黄——佛教中国化历史文化展”活动。浠水县打造三祖天然禅寺，获评全国宗教界爱国主义教育基地，发挥示范效应。

（岳　磊）

责任编辑：汪小华　　责任校对：陈小萍

综　述

【应急管理规划】2022年8月2日，黄冈市出台《黄冈市应急管理体系建设"十四五"规划》，规划期为2021—2025年。明确"十四五"期间完成7项主要任务：深化应急管理体制机制改革、加强安全风险防控体系建设、加强自然灾害防治体系建设、加强应急救援救助体系建设、加强应急预案管理体系建设、加强人才科技支撑体系建设、加强共建共治共享体系建设。实施7个重点工程项目：湖北省鄂东南（黄冈）应急救援基地建设项目、应急管理信息化建设项目、综合应急指挥中心建设工程、黄冈市智慧森林消防建设项目、森林火灾应急能力建设项目、黄冈市第一次自然灾害综合风险普查工程、地震易发区房屋设施加固工程。年内，全市应急管理部门加强组织领导，制定实施方案，细化工作分工，落实责任主体。加强经费保障，完善财政、金融、投资、产业、土地、环保等相关配套政策，把应急管理体系和能力建设资金纳入同级财政预算统筹安排，保障主要任务、重点工程实施。强化考核评估，建立健全规划实施评估制度，组织开展规划实施年度监测分析、中期评估和总结评估，分析进展情况及问题，提出改进措施，及时公布进展情况报告，确保市委、市政府决策部署落地见效。

【应急管理体系建设】2022年，黄冈市出台《关于进一步加强应急管理体系和能力建设的实施意见》，明确健全应急管理组织体系、完善应急管理运行机制、强化应急管理能力等重点任务22项。市应急管理局联合市司法局完善突发事件应对机制，修订市级突发事件总体预案，制定可操作性应急规程，举办应急管理与突发事件处置专题培训班，提高突发事件依法处置能力。完成全市第一次自然灾害综合风险普查工作，建立自然灾害综合风险与防灾减灾抗灾能力数据库。开展全市防汛抗旱综合演练及地质救援综合演练956场（次）。在全省率先建成市应急指挥中心，形成"一网两系统三平台"（防汛抗旱"一张网"、现场指挥信息传输系统、企业安全生产风险监测系统、地震综合信息服务平台、5G+大别山森林防火智慧监测平台、应急管理综合平台），提高监测预警能力、监管执法能力、辅助指挥决策能力、救援实战能力和社会动员能力。改革项目入选市委深改委5个I类改革项目之一，获20万元奖励。

（王毕勇　余晓峰）

【应急指挥平台建设】2022年，黄冈市建成安全生产、防汛抗旱、森林防火、地震防御、应急指挥、综合管理等信息化项目，建成"一中心一网两系统三平台"。投入资金900万建成市级应急指挥中心。推动8个县（市、区）建成标准化应急指挥中心，其中5个县（市、区）向乡镇延伸。建成防汛指挥系统，接入水利、水文、气象、自规、城管等部门动态监测数据，整合9个专项预警预报系统和1783个高清视频监控实时影像。全市气象信息、实时降雨、江河湖库水位、城市内涝点、洪涝灾害和地质灾害等动态信息"一网可视"，实现精准识别高风险区域，实施"点对点"调度，为市防指科学决策提供参考依据。建成现场指挥信息传输系统和企业安全生产风险监测系统。县（市、区）采购无人机25台、布控球48个、单兵装备21个等应用终端，实时向市应急指挥中心传递应急现场视频、图像、音频等信息，实现辅助决策智能化、指挥调度可视化。组织全市危化、非煤矿山、烟花爆竹批发和重点工贸企业将监测监控数据接入安全生产风险监测系统，实时监控、在线巡查、督办反馈、指导消除、闭环处置。建成5G+大别山森林防火智慧监测平台。全市布设101个乡镇监控点，468个高清摄像头，679个云广播，运用可见光、双光谱红外热成像等前沿技术，对烟火告警进行智能识别，实现森林消防信息数据自动化监测、预警、分析，智能化决策处理，具备"全时监控、自动告警、指挥调度、辅助决策、灾后复盘"五大功能。建成地震综合信息服务平台。引进泰德地震速报系统，整合地震预警平台和烈度速报站点，实现地震三要素（时间、地点、震级）快速定位、快速反馈、实时报警，彻底解决M3.0级以下地震信息接收滞后问题，提高地震应急响应处置能力。建成应急管理系统综合平台。依托省应急管理综合应用平台公文管理、监管执法、指挥调度等板块，推进数据共享、综合利用，实现综合业务"一网统管"。

（王毕勇）

【应急物资储备】2022年，黄冈市应急管理部门投入370万元补充防汛救灾物资，向全市下拨2.2万件棉被、棉大衣等御寒物资。申请省应急管理厅支持救灾帐篷120顶、省级代储救灾物资2.5万件、冬春救灾资金9275万元（其中，中央7914万元，省级1361万元）。建成自动化应急物资储备库。投入7118万元，建成鄂东南应急救援基地救灾物资储备库1.5万平方米，完成货架和自动化信息系统等配套建设。消防应急后勤保障。2022年，黄冈市消防救援支队投入专项经费2035万余元，新增各类消防车12辆，配备常规装备，水域、地震、山岳等救援器材6508件套。水域救援专业队增加水下机器人1台、各类水域救援器材1700余件套。配备战保和专业队储备物资4039件（套）。

（王毕勇 杨宏伟）

【应急救援力量建设】2022年，黄冈市加强安全生产、防汛抗旱、森林防火、地质灾害、消防应急救援力量建设，基本建成市、县常备专业力量、街道（镇）半专业队伍、村组基层群众队伍四级救援队伍体系。市应急管理局制定“472”队站建设目标（新建4个站、续建7个站、改造2个站），投入资金1.07亿元。依托市住建局、市交通局等12家市直部门，组建市级安全生产专业救援队伍12支214人。全市有防汛应急抢险队伍264支1.8万人。组建县级森林防灭火专业队伍10支500人，自然保护区（国家森林公园、国有林场）森林防灭火专业队伍21支315人，乡镇森林防灭火半专业队伍127支1905人，村级森林防灭火应急队3099支3.1万人。与湖北省地质局第三地质大队合作，组建黄冈市地质灾害应急救援支队，有专家及队员50人。与35家社会单位建立联勤协作机制，成立黄冈战区机动队，完善高层、水域、地震、化工、冰冻雨雪、仓储物流、交通事故7支专业救援队，组建搜救犬队，增强队伍类型灾害专业处置能力。全市乡镇街道成立消防救援所，新建政府专职消防队11支。黄冈市蓝天救援队、黄冈红星志愿者协会纳入应急救援管理体系。

（王毕勇 杨宏伟）

【省级综合减灾示范社区创建】2022年，黄冈市创建省级综合减灾示范社区，普及城乡居民防灾减灾意识，提升公众自救互救能力，示范带动城乡社区综合减灾能力提升。市减灾委员会指导、督促全市开展社区（村）综合减灾示范创建活动。各县（市、区）减灾委员会指导、督促社区创建单位开展制定预案、组织宣传教育演练、排查治理风险隐患、建设防灾减灾设施、储备应急物资、建设应急队伍等“十个一”创建活动。年内，湖北省减灾委员会、省应急管理厅命名黄冈市13个社区为“2022年全省综合减灾示范社区”，分别是麻城市木子店镇上马石村、黄州区赤壁街道八一社区、团风县总路咀镇双河口村、罗田县凤山镇上石源河村、浠水县南城开发区翟港社区、蕲春县张榜镇马踏石村、蕲春县漕河镇严垅村、武穴市大金镇苏塆社区、英山县金家铺镇乐家冲村、武穴市余川镇松山咀社区、麻城市木子店镇长岭关村、黄梅县分路镇大兴村、红安县杏花乡建苏社区。

（王毕勇）

【应急管理队伍建设】2022年，黄冈市深入推进应急管理事业单位改革工作，市应急管理局直属8个事业单位调整为5个公益一类事业单位，其中正县级1个、副县级1个、正科级3个，3个县市设立正科级事业单位。10个县（市、区）设立应急管理局，黄冈高新区、龙感湖管理区、白莲河示范区设立安监局，实有人员459人。黄冈市应急管理局联合市委宣传部、市总工会开展第二届“黄冈楷模·最美应急人”宣传展示活动，培育选树先进典型20名，2022年获评第四届湖北省“人民满意的公务员集体”称号。年内，市应急管理局在全省率先启动应急管理体系改革，建成市应急指挥中心，统筹推进各项应急工作。

【防灾减灾宣传】2022年，黄冈市推进防震减灾文化宣传纳入全社会科普活动，组织开展应急救援演练、防灾减灾科普知识宣传，普及防震减灾知识，提升全民地震应急逃生技能。黄冈市应急管理局在第十四个“5·12”全国防灾减灾宣传周期间，开展“减轻灾害风险 守护美好家园”主题宣传活动；第十一届湖北省防震减灾宣传活动周期间，开展防震减灾科普知识讲座、赠送科普书籍、科普展板展出等活动；“10·13”国际减灾日期间，联合市气象局、市红十字会等部门开展“早预警、早行动”主题宣传教育。与教育部门常态化开展学生地震应急疏散演练日常安全教育，举办各类防灾减灾知识讲座110余场次，电影放映前应急知识普及宣传播放3456场次。“黄冈应急管理”微信公众号用户超35万人。

（王毕勇 付凡格）

2022年8月1日，黄冈市气象工作者在武穴居杜中学(q9702)自动观测站维修雨量器

（市气象局 供图）

气象防灾减灾

【概况】2022年，黄冈市年平均气温18.2℃，较常年同期偏高1.0℃；年平均降水量1103.4毫米，较常年同期偏少19.1%；年平均日照时数1941.7小时，较常年同期偏多94.5小时。黄冈市率先在全省完成气象灾害应急预案修订工作，推进自然灾害综合风险普查信息共享应用。市政府召开全市气象灾害应急工作会议，市政府常务会专题研究气象灾害应急工作。组织开展应急保障服务，市气象灾害应急指挥部启动重大气象灾害应急响应9次。全市气象部门积极做好重大天气服务，制作发布重大气象信息专报。市气象局加大防灾减灾气象服务工作，开展气象分析研判，及时向市委、市政府呈报预报结论。市气象局获评全国气象部门抗击新冠肺炎疫情先进集体，市人工气象服务中心获评全省重大气象服务优秀集体。

【气象服务】2022年，黄冈市气象部门积极做好雨雪冰冻、早春强对流、罕见干旱高温等重大天气服务。及时研判、制作发布重大气象信息专报27期。强化农业气象灾害防御和粮食安全生产气象保障服务，与农业部门联合发布农业气象灾害预警，参与全市粮食生产安全调研督导。围绕蕲艾、福白菊、茯苓、苍术等黄冈地道中药材特色产业高质量发展，联合申报创建湖北省中药材特色农业气象服务中心，通过省气象局和省农业农村厅联合认定。推动对口村申办优质茗茶气候品质认证工作。在全省气象部门视频会上交流经验。

【人工影响天气作业】2022年8月初以来，黄冈市天气持续高温少雨，遭受多年来最严重旱情，严重影响农作物收成。全市气象部门积极开展人工影响天气作业，应对旱情影响，10个作业单位配置火箭发射架12套，开展人工增雨抗旱作业127次。

【城市运行气象保障服务】2022年，黄冈市气象局落实《市政府办公室关于全面推进城市气象保障服务高质量发展工作方案》，与住建、城管、发改等部门建立城市内涝防治联防联控机制，推进城市安全运行保障。为遗爱湖应急生态补水调度提供专项气象服务，联合制定6条补水调度措施。与环保部门合作，开展重污染天气预警和人工增雨改善空气质量专项服务。加强高温干旱时期能源保供气象服务，为电力部门科学调度提供支撑，确保高温时期不出现拉闸限电。

【产业发展气象保障服务】2022年，黄冈市气象局拓展新能源、电力气象服务，打造黄冈市电网电力负荷预测特色服务品牌，开发以气象要素为主的发电功率（用电负荷）预测预报方法和模型投入应用，被评为优秀管理创新工作，排名全省第二。与白莲河抽水蓄能电站等合作，提供水库调度、安全生产、雷电灾害防御技术支撑。推动罗田县建设薄刀峰和塔山两套负氧离子站，创建"中国天然氧吧"。联合市文化和旅游局加强旅游景区灾害性天气联防联控。

（崔芸嘉）

防汛抗旱

【概况】2022年3月以后，黄冈市经历强降雨7轮，且降水分布不均。7月梅雨期结束后，全市持续高温少雨，大部地区出现严重干旱，遭遇1961年以来最严重的气象水文干旱。洪涝、干旱灾害严重，全市受灾人口297.9万人，紧急避险6015人，转移安置5338人；农作物受灾15.24万公顷、绝收5403.1公顷，倒塌房屋204间、严重损毁646间、一般损坏2952间，直接经济损失18.31亿元。全市投入抗旱资金2.4亿元，抗旱人数46.02万人，向上争取农业、水利抗旱救灾资金1.8亿元，防范应对强降雨7轮，无一人员伤亡。

【汛前准备】2022年，黄冈市应急管理系统以案为鉴，查找全市防汛救灾工作存在的薄弱环节和能力短板。谋划防汛补短板，修订完善防汛抗旱应急预案、黄冈市区城市排涝应急预案等市级防汛预案5个，督促县（市、区）新编、修订应急预案1279个。防汛抗旱工程调度预案1078个，行业专项度汛方案及应急抢险预案1056个。编印《黄冈市防汛抗旱应知应会手册》2000册，排查风险隐患220处。

【防汛抗旱责任落实与救灾】2022年，黄冈市防汛抗旱工作实行双指挥长、双办公室主任负责制，层层压实防汛抗旱工作责任。市防办逐库、逐河、逐湖、逐堤段、逐涵闸落实各类防汛责任人7621人；完成水库、堤防、涵闸、山洪地灾防御等各类方案预案3413套。推进"抗旱一张图"编制，指导各地科学精准抗旱。市水利和湖泊局制定《关于切实做好当前抗旱工作的通知》等文件，派出18个检查组、57人次调研指导一线抗旱工作。8月12日，市防指启动抗旱Ⅲ级应急响应，组织水利、农业、应急、住建、气象、水文等部门联合会商，研判旱情形势，部署抗旱工作。累计印发会商通报8期，报送抗旱信息日报56期。全市开辟新水源41处，打深井102口，管网延伸734千米，增建加压站13处，筑拦河坝或引水堰19处。开展灌溉渠道清沟扩卡，累计疏通渠道1556千米。累计引水3322万立方米，累计抽提江水7580万立方米，保障灌溉农田24.05万公顷。组建应急送水队、抗旱服务队等解决饮水困难人口14.49万人。气象部门开展地面人工增雨作业127次。年内，全市启动防汛Ⅳ级应急响应2次，抗旱Ⅳ级应急响应1次、Ⅲ级应急响应1次。

（王毕勇 张 博）

【防汛抗旱应急指挥"一张图"试运行】2022年4月22日，麻城市应急指挥中心组织技术人员在野外与黄冈市应急指挥中心对接，利用无人机、单兵、布控球、卫星电话设备进行信息采集，应急通信，实现远程调度指挥"看得见、喊得应、调得动"，"一张图"测试成功，进入试运行，这是全省首个防汛应急指挥"一张图"。该系统接入33个专题数据包、38175路视频信号，设矢量底图、降水简报、气象预警、降水图层、监测对象、重点关注6大模块，全市1234个水库、河湖、涵闸水位监测站点，817个地质灾害监测站点，468个气象水文监测站点，15个城区易涝点监测点等，实时情况"一张图"，实现"分析研判、预警预报、应急指挥"三大功能，为全市防汛应急指挥决策提供技术支撑。

【防汛抢险救援综合演练】2022年5月20日，黄冈市举行2022年防汛抢险救援综合演练。演练模拟浠水县巴河镇下巴河北永支堤(麦堤)发生管涌、散浸险情,2个村庄百余名村民被洪水围困;一艘载有转移群众的船舶轮机舱淹没,随时可能倾覆的险情。演练设险情报告及远程指挥、灾情侦察及险情抢护,水域救援及应急排涝、疫情防控及灾后消杀等科目。黄冈军分区、市消防救援支队、森林消防四大队、湖北省地质三大队、市防汛机动抢险队、市蓝天救援队6个单位参加演练170余人,出动龙吸水、全站仪,激光雷达扫描仪、3地表位移GNSS台、声光报警器、应急通信指挥车等多种高精尖装备。演练围绕提高应对重大水旱灾害应急处置能力,重点演练指挥决策、协调联动、应急抢险三个内容,突出练指挥、练协同、练队伍、练保障四个重点,探索完善协调联动机制,检验评估防汛应急预案。该演练是黄冈市演练历史规模最大、参演单位最多、科目设定最复杂、科技信息化程度最高的一次防汛综合演练,是首次由专业应急救援队伍和志愿者救援队伍共同参与的防汛综合演练。

（王毕勇）

【抗旱保绿】 2022年,黄冈市遭受自1961年有文字记录以来罕见的大旱灾,黄冈市区自7月11日开始全面启动抗旱保绿工作。市区创文指挥部牵头,发动企业、单位、社区、志愿者等各界力量开展抗旱保绿浇水养护工作,浇灌面积覆盖全域1341公顷,有效缓解绿地缺水干旱问题。市园林中心连续87天累计出动作业人员1.07万人次、洒水车辆3633班次,总浇灌用水量约20万吨。在市区各路段安装延时滴灌袋1.2万个。在赤壁大道、黄冈大道架设遮阳棚10余千米,保护苗木和樱花树不受高温灼伤。旱情期间损毁树木400棵,在城区5万棵行道树中占比0.8%;灌木绿化零星累计死亡0.8万平方米,在267万平方米养护面积中占比0.3%,无新栽苗木因旱情死亡。苗木综合成活率99.2%,超过国家一级养护标准1.2个百分点。

（高 鑫）

2022年8月17日,黄冈市园林中心在市区开展抗旱保绿,浇灌街边苗木

（市园林中心 供图）

地质灾害防治

【概况】 2022年,黄冈市制定地震应急响应预案、地震应急处置工作规程、震后12小时应急服务清单等。全市有应急避难场所121个,城区建成区人均避难场所面积4.88平方米。排查地质灾害隐患4319点次,争取地质灾害治理资金4570万元。地质灾害比上年数量、伤亡人数、直接经济损失下降。黄冈市应急管理局获评"2022年度湖北省市(州)防震减灾工作先进单位"称号。

（王毕勇）

【地质灾害预警与治理】 2022年,黄冈市自规系统开展地质灾害巡查排查,发布市级地质灾害气象风险预警86期,风险提示短信接收15000余人次。全年,开展培训演练56次,参加3600余人次。争取三批中央、省级财政补助资5980万元,其中,9个地质灾害治理工程项目4570万元,监测预警项目800万元,能力建设项目610万元。地质灾害治理工程验收。4月21—26日、9月21—30日、11月21日至12月3日,省级专家验收并通过全市44个地质灾害治理工程。地质灾害气象风险监测预警。复核更新全市819处隐患点数据,明确各隐患点威胁对象、年龄结构及撤离路线,编制单点风险管控图。建成专业监测点320处、视频监控30处,监测预警全市三分之一的隐患点。印发黄冈市地质灾害气象风险预警响应工作方案(试行)、规范地质灾害风险预警响应工作的通知,明确各预警级别对应的响应措施,实现预警响应工作闭环。地质灾害隐患排查。推进地质灾害防治"四位一体"网格化管理,明确全市4093个网格对应的乡镇政府、自然资源和规划所、专业技术支撑单位及村委会"四员"责任,严格落实"汛期三查""雨中三查"等巡排查制度。年内,市本级开展全市地质灾害领域安全隐患大检查,派出检查组26个,出动34次,排查隐患194处,完成整改194处,完成率100%。

（何 剑）

【地震监测】 2022年,黄冈市应急管理系统强化地震监测设施巡查检查,组织各地加强国庆假期至中共二十大期间安全保障服务工作,开展行业系统巡检、地震震情监测及地震烈度速报仪返修及重装等工作。"三网一员"(地震宏观测报网、地震灾情速报网、地震知识宣传网、防震减灾助理员)建设,列入2022年市级防震减灾工作要点,纳入市安委会对县(市、区)政府考核内容,与安全生产、防汛抗旱等工作同部署、同推进、同考核。参与全省震情会商,制定防范措施。编制《黄冈及邻区地震趋势会商报告》11期。全年,黄冈市邻区(北纬29°69′~31°36′ 东经115°73′~116°12′)发生M2.0级以上地震6次。

【地震灾害防御】 2022年,黄冈市应急管理局出具"标准地块"抗震设防意见19次,编印《黄冈市建设工程抗震设防要求监管手册》。省市县三级联合16批次对黄冈LNG储气设施项目建设工程、齐安学校校安工程、罗田县人民医院等31个项目开展抗震设防要求执法检查，抗震设防要求合格率100%。完成地震易发区房屋设施加固工程，调查英山县草盘地镇20个行政村房屋抗震性能，建立"一户一档"房屋住宅数据库。投入资金290万元加固改造草盘地镇政府行政服务大厅及人才公寓1075平方米，拆除重建草盘小学。落实重大项目震害防御事前"三告知"制度，确保新建、改建、扩建重大工程达到抗震设防要求。组织开展农村工匠抗震技术培训，引导农村居民建造符合抗震设防要求的住房。加强行业协作，推动县市完成地震灾害风险普查工作。

【防震减灾科普知识宣传】2022年，黄冈市应急管理局在"5·12"国家防灾减灾日，开展防震减灾科普知识宣传活动。5月11日，在居然之家开展防震减灾科普宣传活动现场演示心肺复苏急救技能。在第十一届湖北省防震减灾宣传活动周期间，开展防震减灾科普知识讲座、赠送科普书籍、科普展板展出等活动，普及防震减灾知识，提升全民地震应急逃生技能。与教育部门联合常态化开展学生地震应急疏散演练，全市2133所学校、约50万名师生开展防震避险演练。全年，举办防震减灾科普知识讲座10余场次，组织地震、地质灾害应急演练152场次，受益群众80万人。

【防震减灾宣传活动周启动】2022年5月9日，2022年湖北省防震减灾宣传活动周启动仪式暨地震应急救援综合演练在武穴市田家镇街道马口化工园区举行。省地震局党组成员、副局长刘敏出席仪式，并向国家防震减灾科普示范学校武穴市实验小学（沿江校区）授牌。演练由湖北省地震局、黄冈市人民政府主办，黄冈市应急管理局、武穴市人民政府承办。启动仪式后，现场开展地震应急救援综合演练，模拟田家镇街道发生5.0级地震，市抗震救灾指挥部立即启动Ⅲ级地震应急响应，抗震救灾指挥部成员单位按预案开展应急处置、应急救援，现场设置人员疏散、排烟降毒、高空救援、医疗救护等救援环节。活动采取线上线下相结合方式进行，4万余人线上观看。

（王毕勇　邓美玲）

安全生产监督管理

【概况】2022年，黄冈市未发生较大及以上生产安全事故，发生一般非道路交通生产安全事故10起，比上年减少16起，下降61.5%；直接经济损失1275.69万元，比上年减少892.24万元，下降41.16%。安全生产形势总体平稳，实现"一无四降"（无较大及以上生产安全事故，安全生产事故起数、死亡人数、受伤人数、经济损失比上年下降）目标。省政府考核各市（州）政府安全生产目标责任中，黄冈市由2021年全省第14位进位到2022年全省第一方阵。

【安全生产管理】2022年，黄冈市安委办推行安全生产"一票否决"和重点管理、安全生产考核末位管理、死亡事故举一反三、安全生产领域举报奖励、企业逢会必讲5分钟安全、派驻企业安全生产联络员、"执法组+专家组"双组执法等制度，实现政府安全监管能力和企业安全管理水平双提升。组织开展安全生产专项整治三年行动"回头看"；重点时段、重要节点开展安全生产督导检查，全市安全形势平稳；开展危险化学品、烟花爆竹、非煤矿山、工贸四大行业领域安全生产"双攻坚"行动；开展交通事故预防"减量控大"，排查农村平交路口隐患1512处，完成治理1492处，总体完成率98.68%；逐步升级改造城镇燃气老旧管网，完成PE管改造11.46千米、立管改造3.8千米。

【安全责任落实】2022年，黄冈市委常委会议和市政府常务会议研究安全生产工作18次，市政府召开全市安全生产会议暨市安委会全体会议8次，市安委会印发2022年全市安全生产工作要点、强化安全生产责任落实全力实现"一无四降"目标实施方案，制定企业安全生产主体责任清单。市安委办联合市纪委监委机关组成5个督导组，督查市直20个专委会，每季度通报各专委会工作情况。全市整治重大安全隐患50处。

（王毕勇）

【农业安全生产】2022年，黄冈市未发生农业农村领域重大安全生产事故。全市聚焦农村能源、渔业渔政、农业机械、畜牧兽医、农产品质量、农药使用管理等重点领域，常态化开展安全风险隐患排查整治。全年，市农业农村安全专委会出动检查组72个，检查次数102次，检查单位194家，查出安全隐患46个，无重大隐患，整改到位46个。全市农业农村部门出动检查组555个，检查次数3144次，检查单位5638家，查出安全隐患801个，其中重大隐患3个，整改到位801个，责令停产整顿1家，约谈警示2家。6月28日，全省农业安全生产现场会暨农机事故应急救援演练在团风县举行。演练活动现场开展安全生产宣传教育，发放农业安全生产知识手册和宣传挂图，解答农民群众关心的农业安全生产问题。团风县、大冶市、洪湖市、钟祥市、襄州区5家农业农村局交流发言。

（何文斌）

【工业安全生产】2022年，黄冈市经济和信息化局与市委平安办联合印发平安

2022年5月11日，黄冈市应急管理局在居然之家开展防震减灾科普宣传。图为讲解员现场演示心肺复苏急救技能

（市应急管理局　供图）

企业创建活动的实施方案，编制平安企业创建工作指导手册，分发指导手册300余本，组织企业互相学习创建经验。严格落实安全生产工作要求，党组会研究安全生产工作20次。修订完善安全生产责任清单，向县（市、区）下达隐患问题整改督办函5份、工作提示函2份，督促麻城市对黄冈市城林民爆物品有限公司麻城分公司负责人约谈1次。6月1日，市应急管理局实地检查华仔科技有限公司安全隐患整改工作。全年开展检查、暗查暗访28次，查找隐患问题225项，整改222项，整改完成率99.12%，全行业未发生重特大安全事故。

（许煜　方洋　高雅　付方志）

2022年6月1日，黄冈市应急管理局组织执法人员和专家排查企业安全隐患，实地检查湖北华仔科技有限公司　（市应急管理局　供图）

【建筑安全生产】2022年，黄冈市加强建筑市政工程安全监管，重点检查起重机械、深基坑、高支模等危大工程，排查防控施工现场高处坠落、物体打击、基坑坍塌及密闭空间、狭窄作业面施工管理等高风险点安全隐患。在重点时段、重要节点开展建筑工程安全督导检查10余次。年内，黄冈市在黄州区万福安置小区项目举行2022年黄冈城区建设工程安全生产月启动仪式暨防高坠应急演练活动，在英山县政务中心建设项目举办黄冈市2022年建设工程质量安全文明施工现场观摩会。浠水县陪读村整治做法在全国视频会议上推介。

（曾昱凯）

表82　2022年黄冈市生产安全事故统计表

行业	事故起数（起）	比上年		死亡人数（人）	比上年		受伤人数（人）	比上年		直接经济损失（万元）	比上年	
		+,-（起）	+,-（%）		+,-（人）	+,-（%）		+,-（人）	+,-（%）		+,-（万元）	+,-（%）
合计	10	-16	-61.5	11	-20	-64.5	0	-10	-100	1275.69	-892.24	-41.16
煤矿	0	0	0	0	0	0	0	0	0	0	0	0
石油天然气	0	0	0	0	0	0	0	0	0	0	0	0
金属非金属矿山	1	1	0	1	1	0	0	0	0	150	150	0
建筑施工	2	-8	-80	2	-10	-83.3	0	-4	-100	310	-429.4	-58.1
化工	0	-1	-100	0	-2	-100	0	-4	-100	0	0	0
烟花爆竹	0	0	0	0	0	0	0	0	0	0	0	0
轻工	0	-2	-100	0	-2	-100	0	0	0	0	-100	-100
冶金	0	0	0	0	0	0	0	0	0	0	0	0
机械	1	-3	-75	1	-3	-75	0	-1	-100	0	-594	-100
有色	0	0	0	0	0	0	0	0	0	0	0	0
建材	4	2	100	4	2	100	0	0	0	473.9	283.9	149.4
纺织	0	0	0	0	0	0	0	0	0	0	0	0
烟草	0	0	0	0	0	0	0	0	0	0	0	0
商贸	0	0	0	0	0	0	0	0	0	0	0	0
工商贸其他	0	-3	-100	0	-3	-100	0	0	0	0	-84.1	-100
水上运输	0	0	0	0	0	0	0	0	0	0	0	0
铁路运输	0	0	0	0	0	0	0	0	0	0	0	0
航空运输	0	0	0	0	0	0	0	0	0	0	0	0
渔业船舶	0	0	0	0	0	0	0	0	0	0	0	0
农业机械	0	0	0	0	0	0	0	0	0	0	0	0
其他	2	-2	-50	3	-3	-50	0	-1	-100	341.79	-118.64	-25.8

说明：此表不含道路运输数据　（资料来源：市应急管理局）

【危化品专项整治】2022年，黄冈市危化品和烟花爆竹领域未发生亡人事故。全市4个化工园区均通过省级验收，成为省级合规园区。年内，编制《黄冈市危险化学品"禁限控"目录》，从源头上制止项目带病落户；开展"制度落实年"主题活动，督促企业建立健全双重预防体系、警示教育、风险评估、执法检查、典型通报等制度。推动大检查"双攻坚"行动，黄州、武穴危化品安全工作实施为期一年重点管理；全市62家危险化学品重点企业、17家烟花爆竹批发企业开展风险评估，并确定重点管理企业22家。开展执法检查57家次，责令暂时停产停业8家，行政处罚76.5万元，通报危险化学品(烟花爆竹)领域典型案例3起。全市排查出存在安全风险的老旧装置30套，企业进行设备更新投入资金2700万余元。指导涉及高危工艺的企业开展微通道、管式反应器的工程改造，提升安全水平。开展企业领导带班制度落实情况夜查3次；开展以"新能源"名义违规经营成品油的加油站、生产经营固体酒精企业以及其他非法储存危化品企业安全专项整治，行政处罚加油站点2家、罚款8万元，责令暂时停产停业1家；开展两轮全覆盖检查烟花爆竹批发企业17家。

【安全隐患防控】2022年，黄冈市开展安全生产大检查，排查整改隐患7万余条，责令停产整顿企业183家次，行政处罚741.4万元；开展小微企业专项整治，排查小微企业3541家，发现隐患6063条，完成整改5924条，整改率97.7%；组织地质灾害点隐患巡排查，出动1.49万人次，排危除险12次，避险撤离1855户4653人；开展"小微车辆"违规行驶专项整治，累计查处城区"小微车辆"重点交通违法行为13.11万起；开展工程安全隐患整治，排查建设工程项目691个，排查隐患5310个，下达执法文书916份，责令停工整顿43份，整改隐患5310个。

【安监执法】2022年，黄冈市检查企业5188家次，整改隐患问题2.24万处，立案180起(过程执法立案160起、事故立案20起)，处罚金额1400万元(过程执法处罚666万元、事故处罚734万元)，过程执法处罚金额比上年上升13.5%。公开曝光全市安全生产违法行为典型案例70余起。执法检查企业178家，立案24起，过程执法处罚146.5万元，责令停产停业整顿13家，检查数、立案数、处罚金额比上年上升182.5%、230%、667%。安全执法工作受到湖北省市场监管联席会议办公室通报表扬。

【安全事故调查处置】2022年，黄冈市发生非道路交通生产安全事故10起，追究刑事责任4人，行政处罚384.6万元，处理企业安管人员18名，处理公务人员31名，处理单位22家。

【安全知识宣传普及】2022年，黄冈市开展"全国安全生产月"、安全宣传"五进"(进企业、进农村、进社区、进学校、进家庭)、安全宣传咨询日等活动，发放宣传资料10万余份，制作展示牌360余块。组织参加湖北省公众应急知识竞赛，答题总次数超100万次，位列全省第一位。举办市县乡三级党政干部应急管理与突发事件处置专题培训班，举办全市应急管理大讲堂9期；协调湖北应急管理职业技术学院开设化工技术大专班，企业参训职工220人；持续开展企业主要负责人、实际控制人、安全管理人员、岗位操作人员业务培训，培训2.7万人次。

(王毕勇　殷　实)

消防救援

【概况】2022年，黄冈市消防救援部门处置各类警情5435起，出动消防车8651辆次、指战员4万人次，营救遇险群众664人，保护财产价值1.1亿元，处置"3·6"黄冈市创怡包装有限公司厂房、"4·24"黄冈TCL环境科技有限公司厂房、"10·2"黄冈市垃圾拆解中心火灾等灾害事故。市消防救援支队党委被湖北省消防救援总队党委表彰为"优秀支队党委"，战训、装备、火调、指挥、通信岗位练兵比武竞赛进入全省"第一方阵"。获省部级表彰4项，市级及以下表彰30余项，立个人三等功12人、记嘉奖82人。

【火灾防控】2022年，黄冈市委常委会、市政府常务会专题研究消防工作5次，市政府修订黄冈市消防工作考核实施办法、制定黄冈市火灾事故调查处理规定，各县(市、区)主要负责人、分管副职和市直部门主要负责人领衔督办重大火灾隐患12处。开展重点场所火灾隐患整治，全市确定重大火灾隐患31处并整改销案。制定黄冈市消防安全委员会成员单位职责清单，推动行业部门排查各类场所1.6万余家，督办整改火灾隐患9088处。市区分批建设无人值守、兼职人员值守和专职人员值守三类微型消防站612个。全市乡镇街道成立消防救援所，新增市政消火栓567具，新建政府专职消防队11支，完成乡镇消防专项规划修编3个。

【消防执勤训练】2022年，黄冈市消防救援支队开展"战训大讲堂"15期、召开集中战评会4次，开展支队级全流程实战化演练18次，复盘典型战例15个，归纳提炼战术经验45条。在市汽车战备码头管理中心开展消防抢险救援集结拉动演练。联合湖北黄冈应急管理职业技术学院和黄冈职业技术学院开展内河船

2022年6月2日，黄冈市消防救援支队在市汽车战备码头管理中心开展消防抢险救援集结拉动演练
(市消防救援支队　供图)

员和医疗急救技术培训，117名指战员获专业技术资质。智能接处警系统全面运行，“力量、风险、知识、案例”辅助决策信息库初步建成，全流程融入初战指挥。

【消防服务】2022年，黄冈市消防救援支队提升执法服务理念、推进优化营商环境，改进4大类15项问题。推广运用一业一证、一网通办、市场准营承诺即入制、行政处罚电子支付、网上送达等，方便群众高效办理消防审批事项。开展消防服务“好差评”评议，好评率100%。编写《12345热线消防知识库》，涵盖消防政策法规、机构职能、公共服务、民生资讯等内容，第一时间为群众答疑解惑。组织开展“驻点企业办实事”活动，落实消防惠企实事。推出“定制式”消防宣传培训，接受党政部门、社会单位、群团组织预约培训。组织2133所学校开展开学第一课活动，140万余名学生及家长开展家庭隐患自查自改。

【新港大道特勤站获全国先进集体】2022年11月7日，应急管理部发布《关于表彰第六届全国119消防先进集体和先进个人的决定》，黄冈市消防救援支队新港大道特勤站获“第六届全国119消防先进集体”称号，为湖北省4个先进集体之一。近年来，特勤站年平均接警出动820余次，出动车辆2200余辆次，营救和疏散群众3000余人，抢救和保护财产价值2300万余元。

【街办消防救援所挂牌】2022年5月9日，黄冈市首家街办消防救援所在黄州区西湖街道正式挂牌成立。消防救援所有工作人员6名，主要承担火灾扑救、隐患排查、消防宣传等任务，统筹组织属地消防工作。

（杨宏伟）

森林防灭火

【概况】2022年，黄冈市发生一般森林火灾7起，比2019年下降83%，比上年减少50%、过火面积减少86%，连续5年保持持续低发态势。市政府六届七次常务会议审议通过《黄冈市森林火灾应急预案》，3月28日颁布执行。

【火险监测预警】2022年，黄冈市应急管理系统建立5G+森林防火智慧监测平台，由1个系统、468个监控点、679个智能云广播、101个指挥中心4个部分组成，全覆盖监测全市重点森林防火区域。开展高火险天气巡查，加强野外用火管理，推进“防火码”等新技术应用，实行国有林场、重点景区等林区进山人员扫码进入。推进林区输配电设施火灾隐患专项排查治理行动，倡导文明祭祀风尚，推广秸秆还田技术，消除森林火险隐患。

【火灾应急能力建设】2022年，黄冈市争取中央预算内投资3000万元，推进麻城市、武穴市、罗田县、英山县、团风县、黄梅县、白莲河示范区7个县（市、区）森林火灾应急能力建设，配备专业队伍装备、以水灭火设施设备等。年底，罗田县、英山县、黄梅县、麻城市完成建设任务。

【火灾应急处置】2022年，黄冈市应急管理系统提升森林火灾处置能力，组织县乡村三级队伍快速处置森林火灾7起。全市建立火灾第一时间应急处置机制，发生森林火灾村，村负责人第一时间组织应急队员扑打初期火灾，并报告上级政府；镇政府接报后，第一时间组织半专业队增援扑救，并报告上级森防指；各级森防指及林业、公安等部门接到火情报告，第一时间组织队伍扑救和火案侦破工作。森林火灾明火扑灭后，组织余火清理防止复燃，留足人员看守火场，关注夜扑不熄、强扑难熄及天黑之前未扑熄的森林火灾。

（王毕勇　肖传本）

【跨区域森林防灭火应急演练】2022年10月25日，红安县与武汉市新洲区在新洲区凤凰镇关圣村，联合开展2022年森林防灭火联防联控应急演练，模拟新洲区凤凰镇关圣村发生火情。此次应急演练由红安县森林防灭火指挥部、新洲区森林防灭火指挥部、新洲区人武部主办，红安县太平桥镇政府、新洲区凤凰镇政府承办，是红安县同新洲区签订森林防灭火联防协议后组织开展的首次联合演练，旨在进一步加强新洲、红安等周边毗邻区县森林防灭火工作，建立健全区域协同、联防联控的协作机制。

（阮景明　许明辉）

【森林火灾复盘调查】2022年10月28日，黄冈市应急管理局通报国庆期间红安县七里坪镇周七家村、团风县马曹庙镇百福寺村接连发生2起森林火灾复盘情况。从火灾发生情况、火警信息处理情况、现场组织扑火情况、火场扑救情况、火案侦破情况、责任追究情况6个方面开展全程复盘，2起森林火灾分别为村民烧灰积肥、上坟祭祀引发，反馈森林防灭火工作问题和整改意见18条，刑事拘留1人，立案侦查1人，党纪政纪处分镇村干部14人。

（王毕勇）

【防灭火宣传教育】2022年，黄冈市实行重点防火期戒严管理，市应急管理局第一时间发布森林防火“戒严令”“十不准”，组织广泛张贴宣传。开通村村响、云广播，电视、微信、短信、广播、网络等平台宣传森林防灭火知识，做到“林区牧业人员、留守老人和儿童、特殊人员监管人、农事生产人员、林区施工作业人员、70岁以上老人”6个提醒到位。开展火灾案件和违规用火案例警示教育1230余场次，参加警示12.6万人次。发动党员群众组建巡护队、摩托队、妇女队、快书队等森林防灭火宣传队伍6780支，深入村组林区、田间地头开展巡回宣讲11.23万场（次）。

（王毕勇　肖传本）

【市代表队获全省技能竞赛冠军】2022年11月23—25日，由湖北省林业局主办的全省林业系统2022年森林防火技能竞赛在荆门市屈家岭管理区举行，全省12个市（州）代表队近200人参加理论考试和负重越野、无人机应用、森林灭火装备操作、野外串联水泵架设和撤收等项目比赛。黄冈市代表队13人参赛，获团体一等奖，7人获个人单项奖，占个人奖项的26%。

（柯少琴　付　朋）

责任编辑：陈小萍　责任校对：汪小华

黄州区

【概况】2022年，黄州区辖3个镇、1个乡、5个街道办事处、1个火车站经济开发区，有90个行政村、49个社区。辖区总面积362.37平方千米。年末，全区常住人口50.12万人，常住人口城镇化率80.58%；户籍人口35.36万人，总户数15.10万户。全年出生人口2135人，死亡人口1718人。全区实现地区生产总值(GDP)323.88亿元，按可比价计算，比上年增长4.9%。按三次产业分，第一产业实现增加值19.34亿元，比上年增长4.1%；第二产业实现增加值129.91亿元，比上年增长8.9%；第三产业实现增加值174.63亿元，比上年增长2.3%。批发和零售业，交通运输、仓储和邮政业，住宿和餐饮业，金融业，房地产业，其他服务业增加值分别比上年增长2.9%、-6.0%、-0.2%、5.8%、2.0%、1.8%。三次产业结构比由上年的5.9∶36.2∶57.9调整为6.0∶40.1∶53.9，第二产业占比提升3.9个百分点。全区完成地方财政总收入16.96亿元，比上年增长55.5%，其中一般公共预算收入10.93亿元、比上年增长9.3%。全区地方财政支出33.59亿元，比上年增长8.4%，其中，一般公共预算支出27.09亿元、比上年增长5.8%。一般公共预算支出中，教育支出3.33亿元，比上年增长62.5%；社会保障和就业支出3.99亿元，比上年增长18.3%；卫生健康支出2.37亿元，比上年下降35.1%；农林水支出3.75亿元，比上年下降18.4%。

表83　2022年黄州区乡镇街道情况一览表

乡镇名称	土地面积（平方千米）	耕地面积（公顷）	年末户籍人口(万人)	农业总产值（亿元）	工业总产值（亿元）	党(工)委书记 党委书记	乡镇长、办事处主任、管委会主任
赤壁街道	23.29	8.1	15.74	0.42	39.94	童承志	郭　薇
东湖街道	18.66	155	4.29	1.59	51.13	王振江	雷志武
禹王街道	44.98	929.1	2.83	1.7	82.7	尹元明	王振坤
南湖街道	19.07	107	0.85	0.41	64.22	叶中华	宋元博
西湖街道	17.85	0	–	0.12	25.87	陈方俊	吴英戈
堵城镇	59.11	4100	2.86	7.08	0.28	徐　珂	周鑫鹏
路口镇	60.92	1333	2.88	6.44	2.48	张　鄂	黄树艳
陈策楼镇	52.35	2056	3.4	8.36	1.03	杨平安	罗　颖
陶店乡	47.64	1780	2.52	8.64	1.2	付　凯	曾凡林
火车站经济开发区	6.33	0	—	—	89.71	—	何　薇

说明：常用耕地面积、农业产值不含市直及黄州经济开发区；户籍总人口由市公安局提供

（资料来源：黄州区史志研究中心）

【农业】2022年，黄州区完成农林牧渔业总产值34.28亿元，比上年增长5.2%，其中：农业产值18.44亿元，比上年增长4.1%；林业产值1.06亿元，比上年增长106.8%；牧业产值2.40亿元，比上年增长9.5%；渔业产值9.55亿元，比上年增长5.7%；农林牧渔服务业产值2.82亿元，比上年增长15.9%。全区实现农林牧渔业增加值20.64亿元，按可比价计算，比上年增长4.8%。粮食播种面积0.64万公顷、比上年增长0.05%，粮食总产量3.11万吨、比上年下降0.2%，其中秋粮产量2.23万吨、比上年增长0.05%。油料总产量0.61万吨，比上年增长2.5%；蔬菜总产量29.03万吨，比上年增长6.6%；生猪出栏4.87万头，比上年增长10.6%；牛出栏531头，比上年增长6.2%；羊出栏0.21万只，比上年增长14.4%；家禽出笼60.53万只，比上年下降7.68%；水产品产量3.72万吨，比上年增长3.7%。

【工业】2022年，黄州区完成工业增加值108.65亿元，按可比价计算，比上年增长9.1%，其中规模以上工业增加值比上年增长12.7%。125家规上工业企业完成产值359.85亿元，比上年增长15.7%。按五大主导产业分，农副食品加工及食品制造业产值103.07亿元，比上年增长17.2%，增幅高于全部规上工业产值1.5个百分点；医药及化工业产值54.02亿元，比上年增长36.3%，增幅高于全部规上工业产值20.6个百分点；家居制造业29.99亿元，比上年增长18.0%；造纸及纸制品业28.89亿元，比上年增长12.0%；汽车制造业10.47亿元，比上年下降14.4%。

【固定资产投资】2022年，黄州区500万元及以上在建投资项目276个，其中计划投资总额5000万元及以上项目184个。固定资产投资（不含农户）比上年增长2.65%，从投资结构看，500万元及以上城镇项目投资比上年增长3.24%，完成投资额占全部投资的74.67%，比上年提升0.43个百分点；房地产开发项目投资比上年增长0.94%，完成投资额占全部投资的25.33%。民间投资比上年下降8.4%，低于全部投资增速11个百分点；民间投资占全部投资比重的49.8%，比上年同期占比下降5.9个百分点。全区完成建筑业增加值21.32亿元，按可比价计算，比上年增长7.4%。88家资质以上建筑企业完成产值127.9亿元，比上年增长14.5%；实现营业收入102.39亿元，比上年增长9.3%；营业成本95.86亿元，比上年增长11.1%；利润总额2.77亿元，比上年下降16.3%。

【服务业】2022年，黄州区居民消费价格指数（CPI）101.5（上年同期为100），居民消费价格比上年上涨1.5%，涨幅分别比全国、全省平均水平低0.5个和0.6百分点，呈现温和上涨态势。年末，全区市场主体5.78万户，其中，企业1.18万户，个体工商户4.56万户，农民专业合作社355户。新增市场主体6896户，其中企业2307户、个体工商户4559户、农民专业合作社30户。全区实现批发零售和住宿餐饮业增加值43.92亿元，按可比价计算，比上年增长2.4%。全社会消费品零售总额200.13亿元，比上年增长3.5%。外贸进出口总额3.75亿美元，比上年增长54.7%。实际利用外资908万美元，比上年增长13.93%。年末，全区金融机构本外币各项存款余额801.59亿元，比上年增长13.3%，高于全市0.2个百分点。金融机构本外币各项贷款余额560.8亿元，比上年增长10.8%，余额占全市比重19.0%。金融机构贷存比70%，比年初收窄1.7个百分点。年末全区公路里程1426.1千米，其中国道35.03千米、省道73.56千米、县道143.58千米、乡道327.6千米。年末公路桥梁82座，其中特大型桥1座、大型桥4座、中型桥38座和小型桥39座。渡口3处，均为机动渡口。邮政快递业务总量3.7亿元，比上年增长1.6%。邮政营业网点11处，快递网点10处，信筒（箱）12个，函件1.15万件，快递578.72万件（出口量），报刊发行908.18万份。邮政邮路总长1890.2千米，其中农村投递路线743千米。建成旅游风景区与文物保护区16个，其中国家AAAA级旅游景区2个、国家AAA级旅游景区5个、国家AA级旅游景区1个。有星级饭店2家，旅行社23家。接待游客581.8万人次，实现旅游收入39.16亿元。

【社会发展】2022年，黄州区授权各类专利1114件，其中发明专利108件。规模以上高新技术及产品企业86家，实现增加值71.66亿元，比上年增长10.8%。学校99所，在校学生5.42万人，专任教师3357人，其中：普通中学19所，在校学生1.35万人，专任教师1488人；小学38所，在校学生3.11万人，专任教师1269人；特殊教育学校1所，在校学生177人，专任教师23人；幼儿园41所，在校幼儿9370人，专任教师577人。全区文化事业机构23个，艺术表演场所80个，电影放映单位1个，公共图书馆1家，累计发放借书证1.11万个。全年订购藏量7.56千册，藏书总量138.3千册，其中，图书119.5千册，报刊18.708千册，其他0.026千册。全年排演剧目1出，演出710场（次），观众80万人次。卫生医疗机构334个，其中医院15个、卫生院5个、疾病预防控制中心2个、妇幼保健院2个、村级卫生室89个、诊所（卫生所、医务室）189个。卫生机构床位5569张，卫生机构人员6357人，其中执业（助理）医师1544人、注册护士2424人、药师263人、技师470人、其他257人。年末有体育单项协会10个、路径健身项目20个、农民健身工程5个；参加全省青少年举重锦标赛，在男子丙组技术能力比赛中获一、三等奖，在女子丙组技术能力比赛中获三等奖，在男子乙组49公斤比赛中获第二名；参加全市少年儿童锦标赛，获金牌29枚、银牌17枚、铜牌29枚。年内，开展共同缔造改善村容村貌，全区列入黄冈市美好环境与幸福生活共同缔造试点村10个。

【人民生活】2022年，黄州区实现城镇常住居民人均可支配收入41505元，比上年增长6.6%；农村常住居民人均可支配收入22132元，比上年增长8.9%。城乡居民人均可支配收入1.88∶1，比上年缩小0.04。年末城镇职工基本养老保险参保7.5万人、城乡居民社会养老保险参保9.27万人、失业保险参保2.25万人、工伤保险参保2.48万人。全区登记失业3437人、登记失业率2.05%，新增城镇就业5918人。年底，城乡居民基本医疗保险参保16.31万人；城镇职工基本医疗保险参保2.96万人；生育保险参保1.82万人，生育保险覆盖率100%。城镇居民最低生活保障4987人，保障金支出2734.9万元；农村居民最低生活保障2546人，保障金支出1113.8万元；特困人员供养救助1023人，供养救助资金支出1533万元。结婚登记1803对，离婚登记636对。享受伤残抚恤金332人，享受定期抚恤金35

人，享受定期补助1699人。优待对象2066人，支出优待总金额2089.2万元。

【生态建设与环境保护】 2022年，黄州区森林覆盖率86.70%，市区空气质量优良天数比率79.2%。创建省级生态文明建设示范区、水生态文明城市示范区。

【招商引资项目签约】 2022年1月10日，黄冈市举行“赢战开局 再续精彩”2022年招商引资开门红项目集中签约大会，黄州区围绕产业链自主招引项目5个，分别是集中式储能电站项目、无缝钢管制造基地项目、现代水产产业园项目、叶路洲智慧农业创业产业园项目、多肽蛋白粉生产项目，协议投资额8.69亿元，实现招商引资开门红。

2022年12月10日，黄州区堵城镇“擦亮小城镇”建设项目开工仪式现场

（黄州区史志研究中心 供图）

【堵城镇“擦亮小城镇”项目建设】 2022年12月10日，堵城镇“擦亮小城镇”建设项目开工。堵城镇“擦亮小城镇”项目围绕“传承古镇文化、还原古镇风貌、打造古镇特色”的目标思路推进。项目投资2161万元，对团黄大道650米路段以及堵城大道320米路段进行环境综合整治和街道空间环境提升，具体包括翻新改造刷黑非机动车道总面积9058平方米、更换人行道铺装面积2.1万平方米、新增红色沥青自行车车道面积1804平方米、新增停车位标线等；设置雨水检查井32座，雨水口118座，改造主管道1451米等；设置通信检查井24座，预埋DN110管道9024米等；更新改造路灯73盏，改造建筑立面116栋、门楼1处，更新改造绿化面积3209平方米，新增入口标识牌1个、宋式仿古公交候车亭2个、文化廊架1处、文化小品、配套休闲座椅、花箱等设施。

（吴利芳）

团风县

【概况】 2022年，团风县辖8镇2乡，有193个行政村、17个社区。辖区总面积838平方千米。年末总户数12.51万户，户籍人口35.76万人，其中男性18.94万人、女性16.82万人。出生人口1832人，死亡人口2284人，人口自然增长率-0.13‰。年底常住人口26.51万人，其中城镇11.04万人、农村15.47万人。常住人口城镇化率41.65%，比上年增加0.78个百分点。全年新发展五类市场主体4914户，其中私营企业772户、个体工商户4027户。年末，全县五类市场主体总量3.55万户，其中私营企业5892户、个体工商户2.76万户。全年实现生产总值(GDP)138.25亿元，按不变价格计算，比上年增长4.0%，其中：第一产业增加值23.67亿元，比上年增长3.6%；第二产业增加值69.20亿元，比上年增长4.7%；第三产业增加值45.37亿元，比上年增长3.0%。三次产业结构比由上年的16.7∶50.2∶33.1调整为17.1∶50.1∶32.8。全县完成财政总收入9.50亿元，剔除增值税留抵退税因素，比上年增长9.7%，其中地方一般公共预算收入6.08亿元，剔除增值税留抵退税因素，比上年增长9.1%；上划中央收入3.42亿元，比上年下降2.9%。地方一般公共预算收入中，税收收入4.44亿元、比上年增长9.2%，占一般公共预算收入73.06%。全年财政总支出49.76亿元，比上年增长38.3%，其中一般公共预算支出33.23亿元、比上年增长22.9%。一般公共预算支出中，一般公共服务支出3.32亿元，比上年增长43.9%；公共安全支出1.03亿元，比上年增长24.1%；教育支出4.52亿元，比上年增长0.5%；科学技术支出0.62亿元，比上年增长50.9%；社会保障和就业支出5.23亿元，比上年增长11.0%；卫生健康支出2.01亿元，比上年下降34.4%；节能环保支出1.55亿元，比上年增长18.9%；城乡社区支出1.88亿元，比上年增长112.7%。

【农业】 2022年，团风县实现农林牧渔业增加值42.87亿元，比上年增长4.5%，其中农、林、牧、渔及农业服务业总产值分别完成15.72亿元、2.68亿元、11.12亿元、10.53亿元、2.82亿元，比上年增速分别为3.2%、16.7%、5.1%、5.7%、13.4%。粮食播种面积1.75万公顷，比上年增加6万公顷；总产量11.21万吨，其中夏粮产量0.55万吨、早稻产量0.61万吨、秋粮产量10.05万吨。总产量比上年减少735吨，下降0.65%。油料、蔬菜及食用菌、园林水果产量分别为1.88万吨、12.48万吨、0.06万吨，分别比上年增长13.4%、3.8%和0.8%。全年生猪存栏6.50万头，比上年增长12.0%；生猪出栏7.87万头，比上年增长10.2%。牛肉产量0.15万吨，比上年下降15.0%。年末，牛存栏1.01万头，比上年下降19.6%。家禽出笼395.48万只，比上年下降13.9%，家禽存笼690.42万只，比上年下降4.7%。禽蛋产量5.81万吨，比上年下降6.4%。

表84　2022年团风县乡镇情况一览表

乡镇名称	土地面积（平方千米）	耕地面积（公顷）	年末户籍人口（万人）	农业总产值（亿元）	税收收入（亿元）	农民人均可支配收入（元）	党委书记	乡镇长
团 风 镇	135.60	5076.70	8.15	8.09	1.20	21703	易　峰	王建鹏
淋山河镇	106.09	3843.64	6.04	3.92	0.28	17034	曹红生	邵　峥
方高坪镇	46.05	2020.69	2.54	3.2	0.15	16903	王火明	张　婕
马曹庙镇	51.08	1880.21	2.09	3.54	0.31	17206	杨辉胜	徐旭保
上巴河镇	62.27	2714.31	3.16	3.6	0.11	16287	唐　琦	於甲丰
总路咀镇	51.95	1595.02	2.32	3.98	0.1	15058	何安国	曹君涛
回龙山镇	65.32	2694.20	3.24	4.01	0.14	16732	喻更生	姚文崇
但 店 镇	127.68	3131.03	4.41	6	0.05	15413	卢　慧	匡金强
贾 庙 乡	102.36	1281.99	1.92	3.05	0.04	14510	马海峰	傅　磊
杜 皮 乡	83.24	1381.06	1.89	3.48	0.09	16903	明齐利	周文文

（资料来源：团风县史志研究中心）

【工业】 2022年，团风县有规模以上工业企业72家，完成工业总产值115.03亿元，比上年增长13.8%。完成规上农产品加工产值37.41亿元，比上年增长19.2%。分行业看，金属制品业完成产值56.34亿元，比上年增长10.3%；农副食品加工业完成产值17.10亿元，比上年增长23.9%；食品制造业完成产值15.25亿元，比上年增长19.1%，占全县规上工业总产值77.1%。全县规模以上工业增加值比上年增长12.2%。完成全口径工业增加值26.51亿元，比上年增长8.2%，其中工业制造业增加值23.91亿元、比上年增长7.1%、占地区生产总值的17.3%。全年高新技术制造业增加值比上年增长12.4%。全县规模以上工业企业产销率93.5%；实现营业收入130.52亿元，比上年下降5.3%；实现利润总额4.70亿元，比上年增长28.3%；税金总额2.30亿元，比上年增长33.9%；资产总计139.3亿元，比上年增长12.3%。

【固定资产投资】 2022年，团风县固定资产投资(不含农户)比上年增长23.3%，其中，房地产投资占全部投资比重的16.9%、比上年增长4.7%。房地产销售面积比上年增长0.04%，销售额比上年增长0.2%。分领域看，基础设施投资比上年增长50.6%，其中水利、环境和公共设施管理业投资比上年增长134%；制造业投资比上年增长7%；房地产开发投资比上年下降3.1%。分产业看，第一产业投资比上年增长42.6%；第二产业投资比上年下降13.5%，占固定资产投资比重的30.1%，其中工业技改投资比上年增长48.6%、技改投资占工业投资比重的23.9%；第三产业投资比上年增长79%。民间投资比上年增长30.8%，占全部投资比重的61.92%。全县85家资质等级以上建筑企业完成总产值319.17亿元，比上年下降28.7%。建筑业实现增加值42.70亿元，比上年增长2.6%；建筑业增加值占地区生产总值比重的30.9%，占第二产业比重的61.7%。

【服务业】 2022年，团风县实现社会消费品零售总额47.61亿元，比上年增长3.2%，其中全县限额以上消费品零售总额2.29亿元、比上年增长38.9%。从行业看，限上批发业、零售业、住宿业、餐饮业累计实现全口径销售额(营业额)2.43亿元、1.51亿元、2105万元、6651万元，比上年分别增长27.4%、52.3%、46.4%、50.2%。基本生活类商品销售较快增长，限额以上单位粮油食品类、饮料类商品零售额分别增长63.9%、24.9%。限上单位网上零售额4818.5万元，比上年增长121.2%。全县实现货物进出口总额4455万美元，比上年增长71.4%，其中：出口4291万美元，比上年增长75.1%；进口164万美元，比上年下降18%。实际使用外资530万美元，比上年下降31.9%。年末，金融机构人民币各项存款余额210.07亿元，比上年增长8.7%，金融机构各项贷款余额200.70亿元，比上年增长22.9%。年末，公路通车里程2694.576千米，农村通公路行政村比例100%。全社会货物运输量952.43万吨，其中，公路货运量656万吨，水路货运量296.43万吨。全社会客运总量79.49万人，其中，公路客运量73.74万人，水路客运量5.75万人。全年货物周转量34.1亿吨千米，旅客周转量2277.15万人千米。全年完成邮电业务总收入2.35亿元，其中，邮政收入5560万元、电信收入1.79亿元。报刊发行量314万件，固定电话用户2817户，移动电话用户22.67万户。全年接待国内游客201.1万人，比上年增长28.1%；实现综合旅游收入16.27亿元，比上年增长24.0%。国家AAA级旅游景区3家，国家A级旅游景区1家，旅游名村2个。

【社会发展】 2022年，团风县有各类学校107所，其中，普通中等专业学校1所，普通高中2所，普通初中16所，小学44所，幼儿园44所。在校学生3.6万人，其中，普通中等专业学校940人、普通中学1.21万人(普通高中4383人，普通初中7700人)、小学1.61万人、幼儿园6815人。专任教师2499人，其中，普通中等专业学校73人，普通中学885人(普通高中310人，普通初中575人)，小学1094人，幼儿园447人。全县学龄儿童入学率100%，初中毕业生升学率99%，九年义务教育普及率100%，高中阶段毛入学率97.2%。劳动年龄人口平均受教育年限9.81年。全县有各类专业技术人员338人，其中，中级技术职称以上人员183人，农业技术人员15人，女性技术人员136

人。全年组织申报高新技术企业30家(新申报24家,重新认定6家),比上年净增22家;征集有效技术需求15条,技术合同成交额8.19亿元;开展校企小分队科技对接活动20余次,签约“千企联百校”项目6项;聘用科技副总15个,选派2021—2023年三区人才11名;实现科技成果转化4项,组织科技型中小企业入库66家;高新技术产业增加值占GDP比重11..02%。全县发明专利拥有量51件,每万人发明专利拥有量1.92件。有效注册商标数量1740件。全县有公共文化机构16个,其中,公共图书馆1个,博物馆1个,文化馆1家,文化站10个,体育场馆1个。县图书馆采编图书期刊、文献资源总量18.19万册(件)。全年举办各类线上线下体育赛事50次,线上线下参与人次26万,组织参加群众性体育赛事,获团体及单项奖37项。县体育馆接待健身人员18万余人次。全县有卫生机构23个,其中,医院10个,卫生院13个,妇幼保健院(站)1个,疾病预防控制中心1个。卫生机构床位2526张,其中,医院1986张、卫生院540张,每千人拥有病床9.51张。卫生技术人员1247人,其中,执业医师和执业助理医师679人、注册护士882人,每千人拥有执业医师2.65人。8月8日,团风县总医院中医医院搬迁新院区。

【人民生活】 2022年,团风县城镇常住居民人均可支配收入32921元,比上年增长7.2%,高出全市增速0.5个百分点,其中:工资性收入2.48万元,比上年增长6.33%;经营净收入3952元,比上年增长10.39%。农村常住居民人均可支配收入16694元,比上年增长8.4%,低于全市增速0.1个百分点,其中:工资性收入1.01万元,比上年增长7.55%;经营净收入5141元,比上年增长9.06%。城乡居民人均可支配收入比1.972,差距进一步缩小。参加养老保险21.29万人,其中,参加城乡居民养老保险16.75万人,职工参加基本养老保险2.14万人,城镇离退休人员参加基本养老保险1.38万人,机关事业单位参加基本养老保险1.02万人。全县参加医疗保险28.9万人,其中,城乡居民参加基本医疗保险26.7万人、职工参加基本医疗保险2.2万人。全年享受社会救济2.4万人,享受农村最低生活保障、特困人员1.36万人,享受最低生活保障人数占救济总人数的56.54%。全县社会福利收养性单位15个,拥有社会福利收养性床位1483张,每千名老年人口养老床位数43.8张;有各类社会组织130个,农村社区综合服务实施覆盖率100%。全年登记结婚1369对,离婚537对。全年新增就业4061人,完成率116%,比上年下降15.4%;城镇失业人员再就业1058人,完成率124%;就业困难人员再就业1013人,完成率289%。年末,城镇登记失业率1.3%,比上年同期上升0.93个百分点。

【生态建设与环境保护】 2022年,团风县城市生活垃圾无害化处理率100%,实施生活垃圾处理行政村比例100%。全年$PM_{2.5}$达标天数比例92%,优良天数273天,优良天数占比75.2%。城镇集中式饮用水水源地水质达标率100%,地表水达到或好于Ⅲ类水体比例100%。全县森林覆盖率30.12%,森林蓄积量136.8万立方米;全年造林0.13万公顷,造林绿化任务完成率100%。

2022年8月8日,团风县总医院中医医院新院区举行启用仪式

(黄冈日报社 供图)

【省钢结构职业技能竞赛】 2022年10月28—29日,湖北省职业技能鉴定指导中心、黄冈市人社局、黄冈市总工会、黄冈市乡村振兴局和团风县人民政府联合主办,湖北省钢结构协会承办的“湖北工匠杯”技能大赛——全省钢结构产业行业职业技能竞赛在团风县举行。大赛以“钢构未来 团出风采”为主题,设焊工、起重装卸机械操作工、物流服务师3个赛项。来自省内9个市州35家企业120名选手参赛,武汉代表队李棒获“焊工”一等奖,鄂州代表队朱龙坤获“起重装卸机械操作工”一等奖,武汉代表队杨国伟获“物流服务师”一等奖。

【团风县入选全国信访工作示范县】 2022年1月,团风县入选全国信访工作示范县。团风县落实信访工作责任制,推行信访“365”工作法,(“3”即“三有推定”:推定群众诉求有理,推定相关单位有责,推定信访事项有解;“6”即坚持“六量并举”:去存量、控增量、防变量、提质量、聚力量、细思量;“5”即坚持“五治融合”:突出政治引领,筑牢法治保障,注重德治教化,夯实自治基础,强化智治支撑),探索新时代做好社会矛盾纠纷化解工作方法路径,构建信访工作大格局。投入资金700万余元,腾退办公用房近2000平方米,在全市率先建成矛盾纠纷多元化解中心,建立“法委统筹、镇村主导、行业主持、司法参与”联合调处机制。2021年,县级领导参与接访189批次602人,现场化解166件,限期办结23件,一次性办结率100%,群众满意率98%。探索新时代做好社会矛盾纠纷化解工作方法路径,构建信访工作大格局。投入资金700万余元,腾退办公用房近2000平方米,在全市率先建成矛盾纠纷多元化解中心,建立“法委统筹、镇村主导、行业主持、司法参与”联合调处机制。截至年底,有效处置各类不稳定因素150余起,化解信访积案74件,信访总量明显下降、信访秩序明显好转。

(程时祥 罗 威)

红安县

【概况】2022年，红安县辖13个乡镇（场、处），有393个行政村（社区）。辖区总面积1791平方千米，耕地面积5.90万公顷。年末，总户数20.95万户，户籍人口63.01万人。常住人口49.71万人，城镇人口24.41万人，城镇化率49.1%。全年出生人口3201人，出生率6.4‰；死亡人口4158人，死亡率8.4‰；人口自然增长率-2.0‰；出生人口性别比118.8。全年完成地区生产总值246.44亿元（现价），按可比价格计算，比上年增长4.7%，其中第一产业增加值35.1亿元，比上年增长4.1%；第二产业增加值110.05亿元，比上年增长8.1%。第三产业增加值101.28亿元，比上年增长1.7%。三次产业结构比由2021年的14.11∶43.68∶42.21调整为14.24∶44.66∶41.10，第一产业占比上升0.13个百分点，第二产业占比上升0.98个百分点，第三产业占比下降1.11个百分点。新增四类市场主体7647户。新设立内资企业41户、注册资本20.03亿元，私营企业1159户、注册资本41.62亿元，个体工商户6409户、资金资本94.87亿元，农民专业合作社38户、投资总额1.1亿元。四类市场主体总量5.45万户，其中个体工商户4.38万户、企业9574户、农民专业合作社1200户。全口径财政收入46.17亿元，比上年减少40.6%。地方财政总收入31.42亿元，比上年增长4%，其中，上划收入16.93亿元、比上年增长6.3%。一般公共财政预算收入14.49亿元，比上年增长1.4%；地方税收收入11.25亿元，比上年减收1842万元，下降1.6%。地方税收收入占一般公共财政预算收入比重的77.7%，比上年下降2.3个百分点。公共财政预算支出47.98亿元，比上年增加支出5.45亿元，增长12.8%，其中一般公共服务支出6.3亿元，比上年增加支出2.22亿元，增长54.6%；公共安全支出1.37亿元，比上年增加支出1319万元，增长10.7%；教育支出9亿元，比上年增加支出539万元，比上年增长0.6%；科学技术支出1.16亿元，比上年增加支出6963万元，增长148.8%；文化旅游体育与传媒支出5505万元，比上年减少支出2571万元，减少31.8%；社会保障和就业支出7.09亿元，比上年增加支出802万元，增长1.1%；卫生健康支出2.73亿元，比上年减少支出1.5亿元，减少35.5%；节能环保支出9082万元，比上年减少支出1.01亿元，减少52.5%；城乡社区服务支出3.55亿元，比上年增加支出1.86亿元，增长109.8%。

【农业】2022年，红安县农林牧渔业现价总产值62.17亿元，比上年增长5.1%。农林牧渔业增加值38.09亿元，按可比价计算，比上年增长4.8%。粮食种植面积3.11万公顷，比上年增长0.05%，其中，夏粮播种0.22万公顷，秋粮播种2.56万公顷，棉花种植面积0.11万公顷，比上年增长0.9%；油料种植面积2.83万公顷，比上年增长3.0%。粮食总产量18.34万吨，比上年减少0.99%。夏粮产量0.66万吨，秋粮产量15.84万吨；棉花产量918吨，比上年减少0.4%；油料产量8.96万吨，比上年增加4.6%；蔬菜产量32.38万吨，比上年增长2.8%；水果产量1.18亿吨，比上年增长19.16%。林业总产值7.15亿元，比上年增长7.92%。畜牧业总产值20.29亿元，比上年增长6.93%。禽蛋1.3万吨，比上年减少21.21%。生猪出栏45.41万头、比上年增长12.68%，牛出栏2.6万头、比上年增长42.86%，家禽出笼202.43万只、比上年减少14.73%。渔业总产值3.48亿元（现价），比上年增长3.96%。水产品总产量1.71万吨，比上年增长2.36%。

表85　2022年红安县乡镇（场、处）情况一览表

乡镇名称	土地面积（平方千米）	耕地总面积（万公顷）	年末总户数（万户）	年末户籍人口（万人）	乡镇（场、处）党委书记	乡镇（场、处）长（主任）
城关镇	122.22	0.51	4.6	12.45	李建涛	石朝辉
杏花乡	192.97	0.55	1.9	6.21	程晓松	余俊峰
七里坪镇	418.67	1.13	2.72	8.75	阮元兵	黄红星
华家河镇	204.9	0.51	1.65	5.28	方　辉	熊　欢
上新集镇	85.41	0.38	1.13	3.80	方丽琴（女）	曹保松
二程镇	121.37	0.5	1.39	4.34	岳光明	袁　杜（女）
高桥镇	151.74	0.65	2.01	5.89	王洪波	夏华兴
觅儿寺镇	89.48	0.32	1.37	3.72	黄　铖	郭学敏
八里湾镇	96.15	0.29	1.27	3.64	陈　昶	吴　超
太平桥镇	68.13	0.28	0.89	2.59	杨　茂	张　莎（女）
永佳河镇	228.27	0.76	2.02	6.37	吴浏海	程泰松
火连畈茶场	12.09	0.03	—	—	姜富贵	程　冲
天台山管理处	—	—	—	—	韩红兵	阮元兵

说明：乡镇（场、处）党委书记、乡镇（场、处）长（主任）以2022年12月31日在职为准；火连畈茶场的年末总户数和户籍人口数计入七里坪镇；天台山管理处为副县级机构，主任为副县级干部，其年末国土面积和耕地总面积总户数、户籍人口数计入七里坪镇

（资料来源：红安县史志研究中心）

【工业】2022年,红安县实现全口径工业增加值82.39亿元,比上年增长6.6%。其中,规模以上工业增加值比上年增长12.3%。全县115家规模以上工业企业(不含烟厂)实现工业总产值121.6亿元,比上年增长13.8%,其中国有控股企业总产值6.1亿元,比上年增长29.8%;国有企业总产值0.5亿元,比上年增长25%;外商及港澳台投资企业总产值8.9亿元,比上年增长9.9%;轻工业总产值47.3亿元,比上年增长3.1%;重工业总产值74.2亿元,比上年增长21.6%。规模以上工业企业产销率97.6%,实现营业收入107.6亿元,比上年下降2.0%。全县建筑业增加值27.71亿元,比上年增长13%。在库资质等级建筑业企业70家,比上年增加12家,实现总产值143.53亿元,比上年增长40.41%。在库建筑单位房屋建筑施工面积578.71万平方米,比上年增加78.56万平方米。

【固定资产投资】2022年,红安县固定资产投资(不含农村私人投资)比上年增长24.03%,其中500万元及以上项目280个,比上年增长45.83%。从产业看,第一产业投资比上年增长90.2%,第二产业投资比上年增长115.4%,第三产业投资比上年下降9%。从结构看,工业投资比上年增长115.11%,工业技改投资比上年增长156.06%,基础设施投资比上年增长124.8%。全年实现房地产业增加值14.67亿元,比上年下降3.6%。房地产开发投资较上年同期下降36.41%。商品房屋施工面积257.59万平方米,其中,新开工面积24.09万平方米,竣工面积4.16万平方米,销售面积25.4万平方米,销售面积比上年下降57.43%,商品房屋销售额比上年下降58.18%。

【服务业】2022年,红安县实现批发和零售业增加值10.98亿元,比上年增长1.9%;住宿和餐饮业增加值7.35亿元,比上年增长3.9%。社会消费品零售总额107.59亿元,比上年增长3.4%。分城乡看,城镇实现社会消费品零售总额59.58亿元,比上年增长5.02%;农村实现社会消费品零售总额48.01亿元,比上年增长1.35%。全年实现外贸进出口总额4455万美元,比上年增长42.9%,其中外贸出口4409万美元,比上年增长44.6%。新签约项目58个(亿元以上56个),协议投资额212.89亿元,分别完成目标任务的111.54%、119.60%。工业项目投资占比88.26%,民营项目投资占比87.32%,外向型项目15个;金牌厨柜、宁丰板材、华润光伏、法国风电、铁投绿色建材等重大项目签约落户。实际利用外资864万美元。全年实现交通运输、仓储和邮政业增加值5.66亿元,比上年下降3.3%。完成交通固定资产投资8.63亿元(不含武红高速19.18亿元)。公路总里程3143.945千米(不含高速公路3204.945千米)。全县公路网密度每百平方千米175.05千米(含高速公路178.45千米),实现所有乡镇通二级公路,100%行政村通四级以上公路。年末,金融机构本外币各项存款余额328.37亿元,比上年增长14.2%;本外币各项贷款余额233.69亿元,比上年增长11.9%。贷存比71.17%。邮政完成业务总量6061万元。全年接待游客1293.25万人次,比上年增长16.7%,实现旅游综合收入66.05亿元,比上年增长31.3%。全县有国家AAAA级旅游景区3家,国家AAA级旅游景区7家,省级旅游名镇2家、名街1家、名村2家,星级宾馆2家(四星级1家、三星级1家),农家乐5家(其中5星级2家)。

【社会发展】2022年,红安县认定高新技术企业29家,总数73家,完成高新技术产业增加值10.39亿元,高新技术产业增加值占全县生产总值比重的4.22%,国家科技型中小企业评价入库124家。全年专利授权572件,其中发明专利授权15件,发明专利每万人拥有量1.87件。转移转化科技成果14项,技术合同成交额12.05亿元。斯曼新材料研发平台、老君眉茶星创天地获评全市优秀创新创业平台。全县学校234所,其中,职业高中1所,普通中学34所,小学105所(其中教学点43所),幼儿园93所,特殊教育学校1所。在校学生8.09万人,在职教师4634人。全县有文化馆1家,建筑面积5341平方米,被文化和旅游部评为国家一级馆;图书馆1个,建筑面积6898平方米,藏品总数1.49万件(套),其中,珍贵藏品一级12件(套)、二级36件(套)、三级70件(套);剧场、影剧院1家,数字影院2处,农村电影放映队16支。八一村被确定为全国首批红色美丽村庄建设试点村。年末,广播人口综合覆盖率99.57%,电视人口综合覆盖率99.7%。建成文体广场1283座、文化长廊403条、百姓大舞台338座,标准农家书屋409家,中心书屋12家,乡镇综合文化服务中心11家。全县卫生医疗机构469家,其中,县级医院8家(私立4家)、社区卫生服务中心4家、乡镇卫生院11家、疾病预防控制中心1家、妇幼保健院1家、卫生监督执法机构1家、村卫生室384所、诊所59个。卫生人员4112人,其中,卫生技术人员3260人,卫生技术人员中执业(助理)医师1263人。平均每千人口拥有执业(助理)医师2.53人、注册护士3.56人。开放床位3602张,每千人口开放床位7.23张。全年开展体育比赛420场(次),参加体育比赛8.6万人次,获市级以上金银铜牌奖132枚,3人次打破黄冈市纪录。似马山体育公园项目加快建设,二程镇新全民健身工程和杏花乡东风社区篮球场建成。体彩销售网点48个,销售额4400万元。

【人民生活】2022年,红安县城镇常住居民人均可支配收入33585元,比上年增长6.3%;农村常住居民人均可支配收入15385元,比上年增长9.5%。年末,城镇居民人均住房面积45平方米,农村居民人均住房面积60平方米。全县在岗职工年平均工资6.4万元,比上年增长3.1%;新增城镇就业7428人,城镇失业人员实现再就业1937人;新增创业807人,发放小额担保贷款2.05亿元;扶持返乡创业525人,带动就业1575人。全年开展各类补贴性职业技能培训8096人次。开展线上线下就业招聘会67场,解决就业4236人。养老保险参保44.45万人,征收养老保险费6.41亿元,发放养老金13.65亿元。城乡居民医疗保险参保47.35万人,征收基本医疗保险费4.25亿元,支付基本医疗保险待遇4.15亿元。工伤保险参保2.88万人,征收工伤保险费497.36万元,支付工伤保险待遇880.84万元。生育保险参保4.16万人,支付生育保险待遇517万元。失业保险参保2.48万人,征收失业保险费1535万元,发放失业保险金1142.71万元。

【生态建设与环境保护】2022年,红安县万元地区生产总值能耗降低率-2.87%。全年空气,优良天数309天,优良率85.4%。县级集中式饮用水水源地水质达标率100%。林地面积7.88万公顷,森林覆盖率38.86%。

【向英雄烈士敬献花篮仪式】2022年9月30日，第九个烈士纪念日湖北省烈士纪念日向英雄烈士敬献花篮仪式在红安县黄麻起义和鄂豫皖苏区纪念园举行。省委书记王蒙徽，省委副书记、省长王忠林，省政协党组书记、主席孙伟，省委副书记李荣灿，省人大常委会党组书记、常务副主任王玲等省领导，黄冈市委书记张家胜，市委副书记、市长李军杰等市领导和社会各界代表参加仪式。仪式由王忠林主持，奏唱中华人民共和国国歌后，全场肃立，向为中华人民共和国建设事业英勇献身的英雄烈士默哀。默哀后，少年儿童献唱《我们是共产主义接班人》，18名礼兵敬献花篮，王蒙徽、王忠林整理缎带，全体人员依次瞻仰纪念碑，敬献鲜花。

（吴吉祥）

2022年9月30日，第九个烈士纪念日，2022年湖北省烈士纪念日向英雄烈士敬献花篮仪式，在红安县黄麻起义和鄂豫皖苏区纪念园举行

（湖北红安革命纪念地管理中心 供图）

麻城市

【概况】2022年，麻城市辖3个街道、15个镇、1个乡，1个省级开发区（湖北麻城经济开发区）、1个风景区（龟峰山风景区）、1个国家湿地公园（浮桥河国家湿地公园）、1个林场（国营狮子峰林场）、1个森林公园（五脑山国家森林公园），有社区23个、村429个。辖区总面积3747平方千米，耕地面积90.033千公顷。年末，全市户籍人口113.40万人，常住人口87.14万人，比上年减少0.21万人；常住人口城镇化率50.1%，比上年提高0.28个百分点。全年出生人口5138人，出生人口性别比107.34（以女性为100）。全市地区生产总值（GDP）450.49亿元，按可比价格计算，比上年增长5.0%。分产业看，第一产业增加值78.18亿元，比上年增长4.0%；第二产业增加值187.40亿元，比上年增长9.5%；第三产业增加值184.91亿元，比上年增长1.5%。三次产业结构比由上年的17.6∶39.3∶43.1调整为17.4∶41.6∶41.0。全年完成地方财政总收入30.7亿元，剔除留抵退税因素后完成33.91亿元，比上年增长7.9%；完成一般公共预算收入20.75亿元，剔除留抵退税因素后完成22.76亿元，比上年增长10.1%；地方税收收入15.9亿元，剔除留抵退税因素后完成17.92亿元，比上年增长15.4%。地方税收占一般公共预算收入的比重（比上年口径）78.7%，比上年同期占比提升3.6个百分点。一般公共预算支出71.37亿元，比上年增长5.3%，其中，教育支出11.35亿元，卫生健康支出6.49亿元，社会保障和就业支出11.18亿元。

表86 2022年麻城市乡镇（办）情况一览表

乡镇名称	土地面积（平方千米）	耕地面积（万公顷）	年末户籍人口（万人）	农业总产值（亿元）	工业总产值（亿元）	党（工）委书记	乡镇（办、场、处）长（主任）
龙池街道	35.15	0.07	11.14	1.08	48.97	李阜乔	姚　旭
鼓楼街道	38.01	0.16	7.1	1.23	18.00	熊双燕	罗　萍
南湖街道	73.19	0.23	7.6	3.73	130.80	王昌平	熊　俊
中馆驿镇	144.02	0.54	7.2	5.11	37.79	李贤任	王　超
宋 埠 镇	142.44	0.46	8.41	13.5	16.37	汪志良	熊　伟
岐 亭 镇	80.41	0.32	3.15	2.27	1.16	胡勋涛	鄢敏东
白 果 镇	162.43	0.71	12.6	8.55	135.95	何彬	鲍　汭
夫子河镇	113.21	0.29	3.9	11.35	4.71	朱贤花	刘小峰

续表

乡镇名称	土地面积(平方千米)	耕地面积(万公顷)	年末户籍人口(万人)	农业总产值(亿元)	工业总产值(亿元)	党(工)委书记	乡镇(办、场、处)长(主任)
阎家河镇	125.3	0.45	4.7	6.34	1.22	刘　俊	戴　凯
龟 山 镇	245.26	0.28	5	1.59	24.27	邹功兵	熊　炎
盐田河镇	139.22	0.22	4.6	6.31	1.49	陈和富	王光显
张家畈镇	185.92	0.4	6.2	4.97	3.25	陈孔齐	杨稷栋
木子店镇	256.42	0.41	6.1	7.84	7.06	李求明	陈　丽
三河口镇	287.86	0.39	4.5	10.23	3.87	王超辉	凌卫华
黄土岗镇	272.55	0.48	4.9	4.06	2.92	李小雄	岳春阳
福田河镇	256.74	0.37	5.2	7.15	8.31	林来澍	杨志雄
乘马岗镇	298.29	0.98	6.41	3.36	6.79	游　平	冯　立
顺 河 镇	292.59	0.95	6.3	3.62	2.06	高红文	李　斌
铁门岗乡	158.71	1.02	6.6	5.99	3.73	郑　伟	汪政权
湖北省黄冈市国营狮子峰林场	105.95	0.04	0.66	0.56	—	董　伟	董　伟
麻城经济开发区	27.5	0.05	2.61	—	73.2	丁茂林	丁茂林
龟峰山风景区	81.01	0.04	0.81	1.18	—	鲍艳山	鲍艳山
浮桥河国家湿地公园	59.53	0.08	0.75	0.31	—	崔利新	戴永学
五脑山国家森林公园	22.2	0.02	0.21	0.42	—	—	胡安波

（资料来源：麻城市史志研究中心）

【农业】2022年，麻城市实现农林牧渔业总产值143.62亿元，按可比价计算，比上年增长5.1%，其中农业、林业、畜牧业、渔业和农业服务业产值分别比上年增长4.0%、8.5%、4.0%、4.7%和14.5%。实现农林牧渔业增加值85.16亿元，按可比价计算，比上年增长4.7%。全年粮食作物播种面积4.98万公顷，比上年增长0.05%，其中夏粮播种面积0.63万公顷，比上年下降5.6%；秋粮播种面积3.98万公顷，比上年增长0.8%。全年粮食总产量36.13万吨，粮食产量连续11年稳定在7亿斤以上，其中夏粮产量2.03万吨，比上年增长2.1%；秋粮产量31.89万吨，比上年下降0.9%。林业总产值10.3亿元，渔业总产值10.22亿元。全年生猪出栏69.48万头，比上年增长3.5%；牛出栏4.64万头，比上年下降9.0%；羊出栏12.05万只，比上年下降3.0%；家禽出笼624.81万只，比上年增长3.7%；猪肉产量5.31万吨，比上年增长3.5%；禽蛋产量4.09万吨，比上年下降5.7%。

【工业】2022年，麻城市工业增加值162.66亿元，按可比价计算，比上年增长9.2%，其中，规模以上工业增加值比上年增长12.8%。在规模以上工业中，333家规模以上工业企业实现工业产值569.82亿元，比上年增长13.0%，其中新型建材产业产值308.99亿元，比上年增长9.3%；汽配冶金机械产业产值81.4亿元，比上年增长7.3%；农产品加工产业产值57.65亿元，比上年增长34.3%；电力能源产业产值63.69亿元，比上年增长31.3%。全市具有资质等级的总承包和专业承包建筑业企业完成建筑业总产值82.86亿元，比上年增长59.6%。房屋建筑施工面积405.6万平方米，比上年增长43.2%。

【固定资产投资】2022年，麻城市固定资产投资额(不含农户)比上年增长11.5%，其中500万元及以上项目累计投资237.98亿元，比上年增长15.4%。从产业看，第一产业投资额比上年增长78.9%，第二产业投资额比上年增长13.3%，第三产业投资额比上年增长6.9%。全年建筑业增加值24.82亿元，比上年增长11.7%。全年施工项目367个，新开工项目218个。全年房地产开发投资额36.85亿元，比上年下降8.5%。在库房地产开发企业商品房销售面积51.43万平方米，比上年下降38.5%。

【服务业】2022年，麻城市实现社会消费品零售总额206.70亿元，比上年增长3.3%。全年实现外贸进出口总额1.5亿美元，比上年增长43.8%。实际利用外资1906万美元，比上年增长26.6%。全年市场主体存量9.6万户，其中企业1.35万户、个体工商户8.02万户。全年有效注册商标累计5431件，其中省著名商标14件。全年批发和零售业增加值18.12亿元，比上年增长1.9%；金融业增加值15.72亿元，比上年增长6.1%；其他服务业增加值89.62亿元，比上年增长2.3%；交通运输、仓储和邮政业增加值10.91亿元，比上年下降5.6%；住宿和餐饮业增加值13.73亿元，比上半年下降0.6%；房地产业增加值29.75亿元，下降1.9%。全年规模以上服务业企业营业收入14.79亿元，比上年下降10.3%。年末，金融机构人民币各项存款余额672.99亿元，比年初增加72.63亿元，比年初增长12.1%；金融机构人民币各项贷款余额391.85亿元，比年初增加44.99亿元，比年初增长13%。高速公路总里程174千米，普通公路总里程5513.67千米。全市运营车辆2516辆，其中，公共汽（电）车125辆、出租汽车303辆。公路货运量4000万吨，公路客运量654万人次。铁路客运量289.2万人次，比上年下降33.6%；铁路货运量834.18万吨，比上年增长21.4%。全年邮电业务营业收入6.75亿元，比上年增长8.2%。全年接待旅客1096.8万人，比上年下降2.5%；实现旅游综合收入60.3亿元，比上年下降2.1%。全市国家AAAA级旅游景区4家，国家AAA级旅游景区7家。

【社会发展】2022年，麻城市申报各类科技计划项目6个，推广农业科技项目10个，开展科技培训3000人次，全年专利授权量1006项，其中发明33项。学校409所，其中普通中学37所、小学191所、幼儿园179所。在校学生14.99万人，其中，普通中学4.71万人、小学6.45万人、幼儿园3.16万人。全市公共图书馆图书藏量80.3万册，全年各类艺术表演观众170.6万人次；广播节目综合人口覆盖率99.72%，电视节目综合人口覆盖率99.85%，有线电视用户17.73万户。年末全市有各类卫生机构644家，其中医院12家，卫生机构床位6708张，医院病床使用率66.41%。全市卫生从业人员6514人，其中执业（助理）医师2070人、注册护士3025人。全年开展体育比赛320场（次），参加体育比赛8万人次，获地区以上金银铜奖牌147块，向外输送体育人才110人。

【人民生活】2022年，麻城市城镇新增就业人员1.14万人，比上年增长4.8%；城镇失业人员实现再就业7870人，就业困难人员实现再就业5160人。年末，全市城镇登记失业率3.57%。全年城镇常住居民人均可支配收入37467元，比上年增长6.5%。农村常住居民人均可支配收入17781元，比上年增长9.3%。全年城镇常住居民人均生活消费支出25980元，比上年增长6.2%。农村常住居民人均生活消费支出14483元，比上年增长8.6%。全年居民消费价格比上年上涨1.5%。分类别看，交通和通信类价格比上年上涨5.7%，居住类价格比上年上涨2.2%，其他用品及服务类价格比上年上涨1.3%，教育文化和娱乐类价格比上年上涨0.8%，医疗保健类价格比上年上涨0.7%，食品烟酒类价格比上年上涨0.2%。年末，养老保险参保68.92万人，其中，城乡居民养老保险参保53.3万人。年末，基本医疗保险参保91.28万人，其中城乡居民基本医疗保险参保85.14万人。年末，享受居民最低生活保障待遇3.68万人，其中农村3.48万人。全年登记结婚3613对，登记离婚880对。

2022年9月20—22日，“福菊杯”全国首届花卉园艺工职业技能竞赛在麻城市举行 （宋　芮　摄）

【生态建设与环境保护】2022年，麻城市植树造林0.16万公顷，森林覆盖面积17.39万公顷。全年空气质量优良天数比率85.6%。全市开展水土综合治理面积4981公顷。

【全国首届花卉园艺工职业技能竞赛】2022年9月20—22日，中国风景园林学会、中国就业培训技术指导中心主办，麻城市人民政府、中国风景园林学会菊花分会承办的“福菊杯”全国首届花卉园艺工职业技能竞赛在麻城市举行，是麻城市首次举办全国性花卉园艺工行业职业竞赛。大赛以“新时代，新技能，新梦想”为主题，设理论考试和实操考核两个环节。中国菊艺大师叶家良、北京林业大学教授董丽、北京市园林科学研究院培训部主任弓清秀等13位知名专家学者担任评委。来自全国16个省市的86名选手参加竞赛，江苏韩丹、浙江朱艺慧、河北梁凯获全能奖一等奖，江苏韩丹、浙江朱艺慧、河南郭稳利获菊花栽培技术单项一等奖，河南李刚、湖北王希、重庆黄温诚获花卉景观应用单项一等奖。湖北省风景园林学会等单位获优秀组织奖，麻城市人力资源和社会保障局等单位获特别贡献奖。

【中部（麻城）石材循环经济产业园】2022年，麻城市引进战略投资方，投资260亿元，建成总面积0.17万公顷的中部（麻城）石材循环经济产业园。园区有投产加工企业189家，其中规模以上石材企业165家，新增规上石材企业42家。全年绿色石材产业实现产值291.02亿元，比上年增长10.28%，占全市工业总产值51%。麻城市石材代表为花岗岩，品种有麻城白、浪淘沙、龙衣、幻彩麻等18种。主要矿区位于麻城市东南部白鸭山区，面积60余平方千米，有巨型麻城白花岗岩整体矿山，年产荒料约200万立方米，板材能力约7000万平方米，绝大多数为裸露岩体，相对开采成本低，且放射性不超标，抗压强度大，吸水性小，属石材上等品种。产品远销上海、山东、重庆、成都、昆明等国内大中城市，全国建有销售网点100余个。部分产品通过深加工外销到日本、韩国、东南亚和西亚等地。

（陈　国　郑天一）

罗田县

【概况】2022年，罗田县辖10镇1乡，有25个社区、394个行政村。辖区总面积2129.93平方千米(其中白莲河乡划归黄冈市白莲河示范区管辖，统计数据均计算在罗田内，下同)。年末，耕地总资源35.16千公顷，常用耕地面积32.95千公顷，其中，水田28.97千公顷，旱地 3.98千公顷，农田有效灌溉面积20.37千公顷，旱涝保收面积16.3千公顷。年末，全县总户数20.08万户，户籍人口58.29万人，常住人口46.36万人，其中，城镇人口21.42万人、乡村人口24.94万人，城镇化率46.21%。全年出生人口2542人，死亡人口3279人。全年实现地区生产总值180.77亿元，按可比价计算，比上年增长4.8%，其中：第一产业增加值38.93亿元，比上年增长4.4%；第二产业增加值45.98亿元，比上年增长8.3%；第三产业增加值95.89亿元，比上年增长3.4%。三次产业结构比21.5∶25.4∶53.1。第二产业中，全部工业增加值34.78亿元，比上年增长7.4%；第三产业中，批发和零售业、住宿和餐饮业、金融业、房地产业、营利性服务业及非营利性服务业增加值比上年分别增长0.2%、1.1%、7.4%、0.9%、9.8%和1%，交通运输仓储和邮政业比上年下降2.4%。年底，全县市场主体4.55万户，2022年新增5869户，比上年增长14.1%，其中：企业类6119户，比上年增长14.3%；个体工商户3.79万户，比上年增长14.2%；农民合作社1574户，比上年增长11.5%。全年完成全口径地方财政总收入26.21亿元，比上年下降3.8%，其中，地方公共财政预算收入7.14亿元，比上年下降1.2%。税收收入5.04亿元，比上年下降1.6%。地方财政总支出62.62亿元，比上年增长9%，其中地方公共财政支出40.74亿元、比上年下降0.8%。

表87　2022年罗田县乡镇情况一览表

乡镇名称	土地面积(平方千米)	耕地面积(公顷)	年末户籍人口(万人)	农村居民可支配收入(元)	农业总产值(亿元)	党委书记	乡镇长
凤 山 镇	257.23	4765.53	6.75	16921	8.7	徐生强	何大平
骆驼坳镇	89.23	2115.93	3.34	15611	4.88	左胜杨	宛璐露(女)
大河岸镇	151.52	3124.01	3.47	15838	5.01	胡　晶	饶喻航
九资河镇	248.00	2019.43	3.69	15886	7.62	罗 燕(女)	杨志专
胜 利 镇	226.32	3142.63	5.57	15050	5.91	彭　强	张　元
河 铺 镇	216.08	3501.01	5.44	15079	5.98	卢志雄	叶志华
三里畈镇	170.48	4266.15	6.24	16589	7.81	徐应超	罗　威
匡 河 镇	196.08	3489.75	6.02	15084	7.72	马子飞	赵　学
白庙河镇	184.71	2954.16	3.09	14956	5.21	张　鑫	张宜龙
大 崎 镇	130.42	3031.06	3.75	14987	5.86	王　峰	吴小含
平 湖 乡	100.94	1545.98	2.18	15212	3.25	罗　富	周军潮
白莲河乡	105.96	112.45	2.413	14850	3.39	涂新海	肖绪贤

(资料来源：罗田县史志研究中心)

【农业】2022年，罗田县完成农林牧渔业总产值71.34亿元，比上年增长5.4%，其中：农业产值37.58亿元，比上年增长3.8%；林业产值7.43亿元，比上年增长7.6%；牧业产值17.93亿元，比上年增长6.0%；渔业产值1.89亿元，比上年增长6.4%；农林牧渔业增加值42.04亿元，比上年增长10.2%。全年粮食种植面积4.16万公顷，比上年增长0.05%；油料作物种植面积1.51万公顷，比上年增长3.0%。全年粮食产量25.89万吨，比上年下降0.51%；油料产量3.84万吨，比上年增长5.4%。蔬菜产量31.05万吨，比上年增长3.3%；水果产量11510吨，比上年增长3.6%。全年生猪出栏14.76万头，比上年增长4.5%；牛出栏2.48万头，比上年增长14.3%；山羊出栏18.53万只，比上年增长16.7%；家禽出笼1286.4万只，比上年增长3.5%。全年肉类产量3.68万吨，增长12.5%；水产品产量6708吨，比上年增长2.4%。推进示范片区建设，投入资金7.6亿元，统筹整合项目193个，集中流转土地超七成。建设美好环境与幸福生活共同缔造示范点22个，燕窝垸村、李家楼村获评清廉村居建设省级典型村。全年木材采伐量1.73万立方米。板栗种植面积6.77万公顷，板栗产量4.2万吨，比上年下降6.7%。甜柿种植面积0.31万公顷，产量0.83万吨。全县“3+7”产业链发展格局基本形成，中药材趁鲜加工产业园、乡村振兴畜牧业养殖基地开工建设，九资河光药业获评“湖北老字号”，九资河茯苓、天麻获评“十大楚药”，其中：茯苓

2022年11月21日，罗田县九资河镇圣人堂村药农晒天麻

（罗田县史志研究中心　供图）

年产量1.25万吨，占全国总产量六分之一；天麻年产量超0.5万吨，占全国总产量五分之一。11月21日，九资河镇圣人堂村药农晒天麻，提高药材品质。

【工业】2022年，罗田县实现工业增加值34.78亿元，比上年增长7.4%。规模以上工业企业83家，比上年净增2家。规模以上工业完成总产值91.78亿元，比上年增长21%；完成营业收入82.5亿元，比上年增长15.1%；实现利润总额13.7亿元，比上年下降1.4%；产销率94.7%，比上年下降1.8个百分点。县经济开发区工业园区扩区新增面积4.58平方千米，新征土地158.67公顷，启动10亿元基础设施债券项目。全年建筑业全行业实现增加值11.17亿元，比上年增长11.1%，其中资质等级以上建筑企业64家，比上年增加13家；建筑业总产值50.75亿元，比上年增长38.2%。房屋建筑施工面积125.58万平方米，比上年下降7.5%。高新技术企业、高技术产业、战略性新兴产业和知识产权密集型产业企业43家，完成高新产业增加值16.18亿元，比上年增长19.3%，占全县生产总值比重的9%。完成技术合同登记72项，技术合同交易额6.34亿元，国家科技型中小企业入库评价77家，引进转化科技成果10项。

【固定资产投资】2022年，罗田县固定资产投资比上年增长24.2%，其中，500万元以上项目比上年增长25.8%，房地产开发投资比上年增长16%。按产业划分，第一产业投资比上年增长432.3%，第二产业比上年增长45.5%，第三产业比上年增长9.9%。资质等级以上房地产开发企业42家，在库项目28个。全年完成房地产投资18.14亿元，比上年增长16%。销售商品房面积31.31万平方米，比上年下降8%。商品房销售额14.77亿元，比上年下降10.1%。

【服务业】2022年，罗田县实现社会消费品零售额115.77亿元，比上年增长3.1%。限额以上商贸单位109家，实现限上消费品零售额12.75亿元，比上年增长26.5%。全年完成外贸出口额9924万美元，比上年增长53.5%；实际利用外资105万美元。电子商务创业园、公共服务中心、赶街县级运营中心和201个村级服务站建成运行。全县有电商企业367家，个人创业开办网店2351家、微店5283家，网络销售交易额18.26亿元。年末，金融机构本外币存款369.4亿元，比上年增长13.2%。金融机构（本外币）贷款余额190.68亿元，比上年增加28.77亿元，比上年增长17.8%。全年保险业保费收入9.04亿元，比上年增长0.2%；支付理赔及保险金支出2.69亿元，比上年增长20.6%。全年完成货物周转量1.21亿吨千米，比上年增长4.9%；旅客周转量3.18亿人千米，比上年下降7.9%。邮电业务收入3.55亿元，比上年增长3.7%。邮政业务总量6275.19万件，比上年下降4.3%。固定电话用户1.9万户，移动电话用户44.07万户，电话普及率每百人99.2部。计算机宽带互联网用户18.12万户，比上年增长5.1%。旅游景点115处，其中AAA级以上旅游景区9处。全年接待国内旅客1250万人次，比上年增长38.1%；国内旅游综合收入93.8亿元，比上年增长29.5%。国家全域旅游示范区创建通过省级初验，燕儿谷国家AAAA级旅游景区创建通过初审，进士河文化旅游区获评国家AAA级旅游景区。

【社会发展】2022年，罗田县有学校77所，其中，中等职业学校1所，普通中学20所，小学55所，特殊教育学校1所。在校学生6.37万人，专任教师4249人。幼儿园78所，在园幼儿1.58万人，专任教师897人。投资8亿元新建实验高中、城南小学、丰衣坳小学，新增学位7000余个。全县有各类艺术表演团体15个，文化馆13家，公共图书馆13家，博物馆1个，馆藏图书39.5万册；文艺演出294余场（次），观看演出人数151万人次；广播电台1座，电视台1座，电影放映单位1个，有线电视用户22.09万户；广播覆盖率99.66%，电视覆盖率99.31%，播出广播节目5510小时，电视节目2980小时；电影放映5016场（次），观看电影人次10万人次。全县行政村数字农家书屋实现全覆盖，卓尔捐建的县博物馆新馆落成移交。《青云之梦》获屈原文艺奖。全县有医疗卫生机构24家，其中，县级医院2家，乡镇卫生院17家；卫生健康工作人员3550人，其中，执业（助理）医师1414人，注册护士1465人；卫生机构床位3974张。全县有公共体育场地1464个，其中固定看台灯光球场4个。全年开展群众性体育活动（比赛）38次。

【人民生活】2022年，罗田县城镇常住居民人均可支配收入33078元，比上年增长6.7%；农村常住居民人均可支配收入15152元，比上年增长9.6%。城镇新增就业人员6019人，城镇失业人员再就业2927人，就业困难人员就业2183人。参加城镇职工基本养老保险7.47万人，比上年增加0.34万人。参加城乡居民基本养老保险34.45万人。参加城镇职工基本医疗保险3.58万人，参加城乡居民基本医疗保险44.2万人，参加工伤保险2.61万人，参加女职工生育保险2.34万人，参加失业保险2.02万人。全年实付社会保险额16.26亿元。全县城镇居民最低生活保障对象2203人，农村居民最低生活保障对象1.95万人；社会福利收养性单位16个，床位4801张，城镇社区服务设施29个。全县有福利彩票销售站点36个，销售2010万元；体育彩票销售网点33个，销售3468万元。

【生态建设与环境保护】2022年，罗田县有各类自然保护地9处，保护地面积1047.94平方千米（核减重叠后面积580.58平方千米），其中：湿地公园4处，面积45.9平方千米；森林公园、地质公园各1处，面积分别为574.12平方千米和147.56平方千米；自然保护区1处，面积117.64平方千米；风景名胜区1处，面积154.05平方千米；水产种质资源保护区1处，面积6.73平方千米。全年完成荒山、荒沙造林面积417公顷。森林覆盖率52.74%。城镇集中式饮用水源地水质达标率100%。

【东安河小学获志愿服务银奖】2022年11月25日，东安河小学"诚信栗花"助留守儿童看世界志愿服务项目获第六届中国青年志愿服务项目大赛银奖。自2014年起，东安河小学联合校外爱心人士成立志愿服务队，围绕"诚信栗花"创新求变，开展关爱留守儿童志愿服务项目，以校园板栗农场为依托，凝聚社会各界力量，连续9年开展"诚信栗花，关爱留守"文明实践活动，吸收爱心资金40万余元，帮助300余名山区儿童走出大山看世界。中国新闻网、湖北新华网、荆楚网、湖北日报、湖北教育信息网、湖北慈善网等媒体报道。

【白庙河镇创建国家卫生乡镇】2022年2月8日，全国爱卫会通报2021年爱国卫生城镇复审结果，罗田县白庙河镇获"国家卫生乡镇"。罗田县白庙河镇第九届人民代表大会第六次会议通过《关于创建国家级卫生乡镇的决定》，全力推进创建国家卫生乡镇工作。该镇投资800万元建设白庙河污水处理厂，投资80万余元建成镇垃圾分类回收中心和6个村级回收站并投入运营，实现集镇、镇区垃圾无害化处理率100%；推进厕所革命，建成公厕32座、联建小公厕340座，完成建改任务7210户，厕所建改完成率85%以上，无害化厕所普及率80%以上，其中学校100%；投资500万余元新建自来水厂；投资100万余元新建镇卫生院发热门诊，全镇无重大疫情，居民医疗保险参保率100%。

【胜利镇入选省示范乡镇】2022年1月，罗田县胜利镇入选省"擦亮小城镇"示范乡镇。该镇开展"擦亮小城镇"建设美丽城镇三年行动，投资110万余元完善垃圾投放、收集、转运和处置设施建设，投资46万元安装完成方家坳十字路口红绿灯、加强沿街立面管控，投资20万元，推进沿街立面适度改造、修复老街巷道，投资55万元打造方家坳入口、液化气站、财政所、加油站等主要节点处特色小游园。

（彭友良）

英山县

【概况】2022年，英山县辖8镇3乡，有313个村、7个社区。辖区总面积1449平方千米，耕地面积1.99万公顷。全县总户数14.56万户，常住人口30.45万人，城镇化率40.76%。实现地区生产总值130.47亿元，比上年增长4.3%，其中：第一产业增加值46.22亿元，比上年增长3.9%；第二产业增加值27.84亿元，比上年增长8.0%；第三产业增加值56.41亿元，比上年增长3.1%。三次产业结构比由上年的35.5∶19.8∶44.7调整为35.4∶21.3∶43.3。实现地方财政总收入8.34亿元，比上年增长1.8%，其中，一般公共预算收入5.29亿元，税收收入3.76亿万元，非税收入1.53亿元。财政支出56.84亿元，其中，一般公共服务支出4.27亿元，教育支出6.12亿元，社会保障就业支出6.16亿元，医疗卫生支出2.28亿元，节能环保支出1.42亿元，农林水利事务支出8.26亿元。

表88　2022年英山县乡镇情况一览表

乡镇名称	土地面积（平方千米）	耕地面积（公顷）	年末户籍人口（万人）	农民人均可支配收入（元）	党委书记	乡(镇)长
南河镇	76.71	874	2.12	15401	伍　阳	武运鑫
方家咀乡	77.97	1653.7	2.97	15191	胡　勇	郑荣娜(女)
温泉镇	150.18	3465.99	10.7	16358	杨愿军	余意朋
红山镇	69.81	1314	2.32	15437	叶晓华	王　超
孔家坊乡	92.64	2246.61	2.53	15359	胡凤平(女)	赵青华
金家铺镇	99.3	2133.41	2.75	15697	邬鹏程	伍　佳
石头咀镇	264.38	2137.31	3.82	15537	余　峰	江　成
草盘地镇	167.05	1247.41	2.45	15153	刘　良	陈婷(女)

续表

乡镇名称	土地面积（平方千米）	耕地面积（公顷）	年末户籍人口（万人）	农民人均可支配收入（元）	党委书记	乡（镇）长
陶家河乡	70.33	782	9.14	15059	徐 涛	盛 皖
雷家店镇	162.7	2020	3.38	15786	王锦强	熊智慧
杨柳湾镇	206.87	2759.3	5.11	15883	肖政权	童 威

（资料来源：英山县史志研究中心）

【农业】2022年，英山县实现农业总产值78.23亿元，比上年增长4.8%。全县粮食作物种植面积18.48千公顷；油料种植面积8.76千公顷，比上年增长7.0%；茶园种植面积17.73千公顷，比上年增长2.5%；药材种植面积12.71千公顷，比上年增长5.0%；蔬菜种植面积7.23千公顷，比上年增长2.1%。年底，粮食总产量10.53万吨，比上年下降0.28%；油料产量2.12万吨，比上年增长4.0%；茶叶产量2.86万吨，比上年增长2.5%；药材产量3.13万吨，比上年增长14.5%；蔬菜产量20.42万吨，比上年增长2.2%；板栗产量0.52万吨，比上年增长1.9%。年末，生猪存栏10.59万头，比上年下降15.8%，生猪出栏13.77万头，比上年增长4.3%；年末，山羊存栏7.07万只，比上年增长6.6%，山羊出栏8.09万只，比上年下降4.4%；年末，牛存栏1.87万只，比上年增长4.4%，牛出栏0.46万只，比上年增长32.4%；年底，家禽存笼243.05万只，比上年增长167.0%，家禽出笼170.54万只，比上年增长30.0%。全年水产品产量6432吨，比上年增长2.2%。

【工业】2022年，英山县规模以上工业企业70家，新增规上工业企业9家。工业增加值10.9亿元，比上年增长10.1%，其中：轻工业增加值增长12.9%；重工业增加值增长5.6%。分门类看，采矿业增加值比上年增长2.7%，制造业增加值比上年增长10.9%。规模以上工业企业产销率95.4%；实现营业收入40.13亿元，比上年增长13.2%；利润总额0.94亿元，比上年下降39.52%；应交增值税1.18亿元，比上年增长44.1%；资产总计33.14亿元，比上年下降5.5%。资质以内建筑企业38家，完成总产值138.97亿元，比上年增长12.6%。

【固定资产投资】2022年，英山县完成全社会固定资产投资89.81亿元，比上年增长23.0%。按投资类型分，5000万元以上项目65.91亿元，比上年增长17.0%；5000万以下项目10.1亿元，比上年增长191.9%；房地产开发项目13.75亿元，比上年增长4.0%。按产业分，第一产业完成投资额1.07亿元，比上年增长55.9%；第二产业完成投资额22.85亿元，比上年增长30.6%；第三产业完成投资额65.89亿元，比上年增长20.1%。全年完成房地产投资13.75亿元，比上年增长4.0%。商品房屋施工面积89.7万平方米，比上年下降20.6%；销售面积20.9万平方米，比上年增长15.9%。

【服务业】2022年，英山县完成社会消费品零售总额51.26亿元，比上年增长3.0%。批发业实现零售额3.20亿元，比上年下降48.5%；零售业实现零售额36.31亿元，比上年增长13.9%；住宿业实现零售额2.91亿元，比上年增长11.2%；餐饮业实现零售额8.84亿元，比上年下降2.6%。全年居民消费价格总指数（CPI）上涨1.6%。全年货物运输总量289.35万吨，比上年增长25.8%；货物运输周转量5.91亿吨千米，比上年增长18%。全年旅客运输总量82.85万人，旅客运输周转量6779.07万人千米。全县有公路总里程2874.82千米，其中高等级公路1680千米；行政村公路通畅率100%，行政村通客车率100%；公交车179辆，出租汽车169辆。全年完成邮电业务总量1.25亿元，比上年下降2.1%。全县有邮政营业网点10处（不含邮储银行网点），快递网点12处，邮政代投网点330处，邮政函件业务0.5万件，包裹业务0.3万件，快递业务175.9万件，报刊期10.6万份，发行358.5万份；固定电话用户2.37万户，移动电话用户31.31万户，互联网用户11.69万户。年底，金融机构存款余额306.41亿元，比上年增长12.47%，贷款余额158.93亿元，比上年增长19.17%。全年接待国内游客974万人次，比上年增长2.3%；实现国内旅游收入74.8亿元，比上年增长5.2%。有国家AAAA级旅游景区3家、国家AAA级旅游景区8家、星级饭店8家、旅游酒店380家、农家乐705家。

【社会发展】2022年，英山县实现高新技术产业增加值5.67亿元，占GDP比重4.3%，技术合同成交额8.68亿元。有高新技术企业32家。有普通中学21所，普通中等职业学校1所，小学98所，幼儿园35所，专任教师3159人，在校学生5.3万人。全县有公共图书馆1家，总建筑面积2892平方米，藏书429千册；文化馆12个，文物藏品8170件（套），文物保护点397个；文化站11家，农家书屋318个；剧场影剧院8家，村（社区）综合性文化服务中心建成率100%。有各类卫生机构297家，其中，医院4家，卫生院11家，疾病预防控制中心1家，妇幼卫生保健机构1家。各类卫生机构床位2164张，卫生专业技术人员1843人，其中，执业医师、执业助理医师997人，注册护士1102人。每千人口拥有床位7.09张，每千人口拥有医生3.26人。

【人民生活】2022年，英山县城镇常住居民人均可支配收入32090元，比上年增长6.8%；农村常住居民人均可支配收入15663元，比上年增长8.0%。新增就业5461人，城镇登记失业率3.36%。参加城镇职工基本养老保险4.1万人，比上年减少7650人。参加城乡居民社会养老保险21.52万人，比上年增加698人。参加城镇失业保险人数1.32万人，比上年增加482人。基本养老保险参保率99.96%。居民最低生活保障7425人，其中城镇675人、农村6750人。城乡居民医疗保险30.11万人，缴费收入2.74亿元。参加基本医疗保险2.11万人，参保资金639.56万元，门诊救助6788人次，支出315.49万元，住院救助1.07万人次，支出1546.39万元。

【生态建设与环境保护】 2022年，英山县城市建成区绿化覆盖率36.0%，园林绿地面积189.40公顷，公共绿地面积662.42公顷，城市人均公共绿地面积80.88平方米，城镇污水处理率93.27%。全年化学需氧量排放量0.149吨，氮氧化物排放量2.408吨。全年城区空气质量优良天数330天，优良率93%。

【黄冈优品直播带货大赛】 2022年6月28日，"英山云雾杯"首届黄冈优品直播带货大赛在英山县举行。直播带货活动带货销售额超3000万元，订单超150万份，拉动网上销额6亿元，话题播放量6000万余人次。英山县委书记郑光文向5位网络达人颁发"英山云雾茶推荐官""英山好物推荐官""英山文旅推荐官"证书。英山云雾茶入选大赛"十大网络爆款产品"。全省"直播达人"、电商团队参加活动。

【"一河两岸"休闲带工程建设】 英山县"一河两岸"休闲带工程于2021年动工，投资6000万元。项目包括提升改造沿河水体、护岸、道路、桥梁、绿化、亮化、外立面整饰等。其中，"一河两岸"休闲带北岸工程起点毕昇大桥，终点长安大桥以下，全长约1.8千米。至2022年底，建成南门大桥下沉广场、老住建局中心公园、老地税局办公楼综合广场、长安大桥下沉广场，涉及停车、休闲、亮化、绿化、亲水平台、健康步道等。工程按照"先摸排、再清拆、后建设"原则，扩展城区空间，为市民日常休闲娱乐提供场所，完善城市功能。

【英山县首次发现桃花水母】 2022年10月1日，英山县石头咀镇凉亭村发现国家一级保护动物——桃花水母，这是桃花水母首次在山区被发现。桃花水母是一种淡水水母，最早诞生于约5.5亿年前，对生存水体的水环境和水质状况要求极高，由于体型较小，一般出现时间较短，难以被发现和观测，活体罕见，被列为世界最高级别"极危生物"，有"水中大熊猫"之称。

（陈铁强）

2022年7月8日，投资6000万元改造后的英山县城区一河两岸向市民开放

（章卫军 摄）

浠水县

【概况】 2022年，浠水县辖12镇、1乡、1处、2区，有21个社区，623个村民委员会。辖区总面积1949.3平方千米。总户数33.42万户，户籍人口97.19万人，实现地区生产总值287.29亿元，比上年增长4.5%。其中，第一产业实现增加值83.32亿元，比上年增长4.3%；第二产业实现增加值59.65亿元，比上年增长14.9%；第三产业实现增加值140.06亿元，比上年增长8.3%。三次产业结构比由上年的28.6:19.2:52.2调整为29:20.8:50.2。人均地区生产总值4.07万元。实现地方财政总收入15.36亿元。其中，税收收入11.49亿元，非税收入3.87亿元。全年实现一般公共预算收入11.22亿元。公共财政预算支出51.51亿元，其中，教育支出11.03亿元、社会保障和就业支出9.93亿元、医疗卫生与计划生育支出5.12亿元、农林水事务支出9.10亿元、一般公共服务支出5.12亿元、节能环保支出2.56亿元、文化体育与传媒支出0.67亿元、科学技术支出0.32亿元。

表89 2022年浠水县乡镇(区、处)情况一览表

乡镇名称	土地面积(平方千米)	耕地面积(公顷)	年末户籍人口(万人)	农业产值(亿元)	税收收入(亿元)	农民人均可支配收入(元)	党(工)委书记	乡镇(区、处)长(主任)
清泉镇	240.4	7538	11.8	24.32	1.5	22411	南海君	安　健
巴河镇	227.1	8058	12.1	21.73	0.39	21352	袁江陵	张志伟

续表

乡镇名称	土地面积（平方千米）	耕地面积（公顷）	年末户籍人口（万人）	农业产值（亿元）	税收收入（亿元）	农民人均可支配收入（元）	党（工）委书记	乡镇（区、处）长（主任）
竹瓦镇	139.7	6611	7.1	12.14	0.1	19942	田鑫奎	游炎烽
汪岗镇	89.4	4661	5.6	9.51	0.07	18071	吴　晖	肖　艳
团陂镇	203.5	7060	9.3	12.18	0.07	17512	潘志能	卢　明
关口镇	218.8	7988	9.3	12.75	0.17	18647	梁琴琴	陈桂泉
蔡河镇	96.2	3674	4.1	6.32	0.07	17942	朱　敏	李　鑫
绿杨乡	115.0	1584	2.7	4.02	0.11	16645	李　群	华小章
洗马镇	133.8	4899	5.6	11.82	0.12	19629	郭校风	华　强
丁司垱镇	112.3	3464	4.1	8.35	0.13	19970	李二红	严　刚
散花镇	133.1	5176	8.5	12.32	1.37	21775	郭卫清	陈昀贇
兰溪镇	114.9	4118	5.1	10.81	0.48	20656	明瑞堂	董喜亮
白莲河镇	64	1298	2.1	3.03	0.08	18203	夏　平	华　骏
策湖国家湿地公园	30.4	441	—	—	—	—	李　伟	李　伟
浠水经济开发区	25.3	578	—	—	1.6	—	胡建文	胡建文
三角山旅游度假区	21.7	109	—	—	—	—	朱慧军	朱慧军

说明：策湖国家湿地公园、三角山旅游度假区的税收收入按地域分别纳入散花镇、绿杨乡；三角山旅游度假区、策湖国家湿地公园的户籍人口数按地域分别纳入绿杨乡、散花镇，经济开发区户籍人口纳入清泉镇

（资料来源：浠水县史志研究中心）

2022年5月15日，中央电视台财经频道宣传推广“浠水鸡蛋”品牌

（图源：荆楚网）

【农业】2022年，浠水县实现农业总产值149.33亿元，粮食播种面积5.51万公顷，比上年增加0.01万公顷；棉花播种面积0.5万公顷，比上年增加1.17万公顷；油料播种面积3.19万公顷，比上年增加0.26万公顷。粮食产量41.62万吨，比上年减少0.29万吨。棉花产量4792.5吨，比上年增加1492.5吨。油料产量8.41万吨，比上年增加7475吨。全年生猪出栏73.25万头，比上年增长1.86%；家禽出笼1680.95万只，比上年增长10.2%。年末，生猪存栏41.5万头，家禽存笼1688.73万只。2022年浠水县蛋鸡存笼1300万余只，鲜蛋年产量16.7万吨，产值28亿元，规模位列全国前列。5月15日，中央电视台财经频道宣传推介“浠水鸡蛋”。水产养殖面积0.85万公顷，水产品产量7.2万吨，比上年增加0.2万吨。全县耕地总资源6.79万公顷，其中，常用耕地面积6.44万公顷，有效灌溉面积4.58万公顷。

【工业】2022年，浠水县规模以上工业企业135家，实现规上工业总产值133.75亿元，工业产品销售率95.1%。农副食品加工业实现产值33亿元，非金属矿物制品业实现产值33.7亿元，非金属矿物采选业实现产值4.7亿元，化学原料及制品业、通用设备制品业分别实现产值4.5亿元、3.7亿元。资质以上建筑企业91家，从业人员8021人，实现建筑业总产值45.15亿元。房屋建筑施工面积104万平方米。

【固定资产投资】2022年，浠水县完成固定资产投资施工项目242个，其中新开工项目118个。完成城镇以上固定资产投资198.58亿元。工业投资87.22亿元，占比43.9%。民间投资84.64亿元，占比42.6%。全年项目改建及技术改造施工项目29个，完成项目改建及技术改造投资9.19亿元。完成基础设施建设投资额39.97亿元，其中，交通运输、仓储业投资22亿元，水利设施投资16.1亿元，分别占基础设施建设投资的55%、40.3%。房地产开发完成投资28.11亿元，房屋施工面积278.85万平方米，商品房销售面积44.31万平方米，商品房销售额20.43亿元。

【服务业】2022年，浠水县有限额以上商贸、住宿餐饮业单位198家，实现社会消费品零售总额180亿元，比上年增长3.3%。实现外贸进出口总额9.62万美元，比上年增长60.2%。公路通车里程3991.44千米(等级公路3868.40千米，其中高速公路114.4千米)，行政村公路客运班车通达率100%，桥梁824座。全县固定电话用户3.1万户，移动电话用户76.84万户，互联网宽带用户21.81万户。年末，市场主体存量7.64万个。新增市场主体1.11万户，注册资金总额721.76亿元。金融机构存款余额528.21亿元，比年初增加59.59亿元。年末，金融机构贷款余额262.27亿元，比年初增加41.52亿元。金融机构存贷比49.65%。全年保费收入12.48亿元，比上年增长2.48%。全年接待游客351.8万人次，旅游综合收入26.74亿元。

【社会发展】2022年，浠水县科技企业孵化器1个，高新技术产业增加值占GDP比重的7.4%。全县有学校135所，其中，小学93所，普通中学40所，中等职业学校1所，特教学校1所。全县在校学生9.55万人，其中，小学5.07万人，普通中学40261人，中等职业学校3998人，特教学校577人。全县幼儿园137所，在园幼儿2.3万人。全县专任教师5834人。全县有图书馆2个，博物馆1个，文化馆1个，文化站13个，剧场、影剧院4个，社区及村级文化活动室664个；有农家书屋664个；有公共图书馆图书藏量70.18万册(件)；有非物质文化保护项目230个，其中省级6个、市级13个、县级211个。全县有医院4家，卫生院13家，妇幼保健院1家，疾病预防控制中心1家；有卫生机构床位5633张，其中医院3303张、卫生院2160张；有卫生工作人员5491人，卫生技术人员4291人，其中，执业医师和执业助理医师1717人，注册护士1753人。全年主办全民健身活动3次，参加单项比赛5次。体育协会12个，体育场馆7家。

【人民生活】2022年，浠水县城镇居民人均可支配收入35920元，比上年增长7.6%；农村居民人均可支配收入18541元，比上年增长8.2%。城乡居民收入比1.94∶1。居民城乡养老保险参保60.27万人，医疗保险参保82.07万人，其中，参加城镇企业职工基本养老保险48.7万人，参加城镇失业保险参保3万人。城镇新增就业人员0.8万人，城镇登记失业率3.73%。供养五保户7332人，社会福利收养单位17个，床位3971张。享受最低生活保障待遇2.69万人，其中生活保障1555人。

【生态建设与环境保护】2022年，浠水县有垃圾中转站5座，处理垃圾5.5万吨，城区无害化处理率100%。城区空气质量优良以上天数296天，地表水达标率100%。建成运营乡镇污水处理厂15座。城市建成区绿化覆盖面积1259公顷，园林绿地面积1050.5公顷。

【获评“四好农村路”全国示范县】2022年1月22日，浠水县被交通运输部、财政部、农业农村部、国家乡村振兴局联合命名“四好农村路”全国示范县。这是浠水县继2018年获评省级“四好农村路”示范县后，获评“四好农村路”全国示范县。浠水县深入推进“四好农村路”建设，着力补齐农村交通短板，构建“干支配套、内畅外联、循环贯通”的农村交通新格局，“交通+”效应充分释放。

【洗桃线入选全国“十大最美农村路”】2022年，浠水县洗桃线入选由交通运输部主办的2022年度“我家门口那条路”——十月主题“产业兴旺路”全国前十名，洗桃线是唯一代表湖北省参加主题评选道路。洗桃线位于浠水县洗马镇中部，连通省道S201浠英路，该线起于洗马镇洗马畈村，止于清泉镇的桃树窝村，总里程21.253千米，辐射人口3万人。

(朱　滢)

蕲春县

【概况】2022年，蕲春县辖13个镇、1个乡、1个办事处，494个村和35个社区，辖区总面积2398.36平方千米，耕地面积6.19万公顷。全县户籍人口98.50万人，常住人口76.06万人，城镇化率40.9%。实现地区生产总值311.82亿元，比上年增长5.0%，其中第一产业增加值73.46亿元，比上年增长4.5%；第二产业增加值86.16亿元，比上年增长9.1%；第三产业增加值152.20亿元，增长3.2%。一、二、三产业结构比23.6∶27.6∶48.8。完成财政总收入23.21亿元，比上年增长5.3%。其中，地方一般公共预算收入14.23亿元，比上年增长10.2%。地方一般公共预算支出63.69亿元，比上年增长5.4%。

【农业】2022年，蕲春县实现农业总产值134.68亿元，农业增加值12.91亿元。规上农产品加工企业52家，创产值99.92亿元。全县农作物播种面积13.89万公顷。粮食播种面积6.48万公顷，总产45.96万吨；油料作物播种面积2.32万公顷，总产6.1万吨；棉花播种面积3667公顷，总产2934吨；经济作物播种面积7.41万公顷，水果种植面积0.57万公顷，水果产量7.65万吨，茶叶产量0.21万吨；蔬菜种植面积1.48万公顷，蔬菜及食用菌产量39.65万吨。全县蕲艾种植主体538家，有千亩连片基地18个，百亩以上连片基地61个。11月18日，“蕲春艾灸馆”全国连锁总店在蕲春县试营业。全年发放农机购置补贴887.4万元，全县农机保有

表90 2022年蕲春县乡镇(办)情况一览表

乡镇名称	土地面积（平方千米）	耕地面积（公顷）	年末户籍人口（万人）	规上企业总产值（现价、亿元）	农村常住居民人均可支配收入增速(%)	农林牧渔业总产值增速(%)	党(工)委书记	乡镇长（主任）
漕河镇	153.57	4369.1	16.51	16.48	10.74	5.21	刘琪林	徐　俊
赤东镇	140.18	4554.5	6.74	14.34	9.30	5.23	朱文刚	顾　政
蕲州镇	172.86	4608.4	8.96	22.26	9.82	5.47	龚智勇	夏　晖
管窑镇	87.36	2595.5	3.15	3.18	10.37	5.38	徐红霞	占　镇
彭思镇	102.38	4823.1	4.69	13.71	7.35	4.81	刘　海	陈　琪
横车镇	193.77	8251.7	9.59	27.11	9.15	4.19	熊　勇	张源泉
株林镇	147.43	4199.2	4.96	1.58	8.62	5.16	吴凤生	郭文利
刘河镇	231.09	8583.3	9.47	6.86	8.52	4.93	陈　虎	康爱金
狮子镇	239.83	3775.9	6.69	0.84	7.63	4.58	王志勇	王志勇
青石镇	207.26	4190.3	7.19	1.07	8.69	4.99	杨景涛	杨景涛
向桥乡	162.99	2377.7	4.46	0.08	7.80	4.96	霍海林	丁　威
张塝镇	209.26	3937.7	6.33	3.85	9.03	5.04	蔡　宁	徐　蕾
大同镇	137.66	1146	2.99	2.37	8.57	4.86	邓鑫智	程　杰
檀林镇	172.69	3369.1	4.89	1.42	8.78	4.74	顾德权	高　银
八里湖办事处	40.03	1109.3	1.88	1.94	9.56	5.01	童　剑	蔡正飞

（资料来源：蕲春县史志研究中心）

量6.74万台(套),农机装备总动力42万千瓦。全县有国家级生态公益林925.7公顷,省级生态公益林8368公顷。出栏生猪69.48万头,出栏牛7.13万头,出栏羊9.54万头,肉类总产7.24万吨;家禽出笼903.4万羽,禽蛋产量5.72万吨。水产养殖水域面积1.394万公顷,水产品总产量8.47万吨,实现渔业总产值27.98亿元。推广虾稻综合种养面积0.95万公顷,稻田“无沟化”虾稻轮作种养新模式被国家知识产权局授予“小龙虾养殖系统”实用新型专利,小龙虾产量1.15万吨。注册登记农民专业合作社1678个、家庭农场798家、家庭渔场52家。创建全国休闲渔业示范基地2个。新增千头猪场15家,入列全国生猪调出大县行列。绿色食品认证9个,有机食品认证11个,“二品一标”产品34个,获地理标志保护农产品14个。

2022年11月18日,“蕲春艾灸馆”全国连锁总店在蕲春县试营业

（蕲春县史志研究中心　供图）

【工业】2022年,蕲春县有规模以上工业企业138家,完成规上工业总产值199.37亿元,比上年增长11.07%。全年规模以上工业增加值比上年增长12.4%,其中,采矿业增加值增长25.3%,制造业增长11.8%,电力、热力、燃气及水生产和供应业增长83.7%。全县规上工业企业完成固定资产投资90.4亿元,工业投资占固定资产投资比重的57.99%。完成工业技改投资23.87亿元,工业技改投资占工业投资比重的24.6%。新增省级制造业单项冠军示范企业(产品)15家;专精特新“小巨人”企业增至24家,其中,国家级2家(新增神风弹簧1家)、省级22家(新增13家),蕊源电子获财政部、工信部建议支持国家级专精特新重点“小巨人”企业称号;新增神风弹簧、李时珍医药集团2

家智能制造试点示范企业。李时珍中医药大健康产业园、东瀚空港新能源专用车等项目建成投产。资质等级建筑业企业89家，实现建筑业总产值118.79亿元，比上年增长29.5%。房屋建设施工面积218.63万平方米，房屋竣工面积22.79万平方米。

【固定资产投资】2022年，蕲春县完成固定资产投资比上年增长18.8%。民间投资、工业投资和工业技改投资分别增长42.5%、57.4%、2.3%。高新技术制造业投资比上年增长74.6%。房地产投资比上年下降4.0%，商品房销售面积66.63万平方米，比上年增长9.1%。全年新开工入库500万元以上项目240个，投资196.59亿元，其中：5000万元以上项目148个，投资174.82亿元；亿元以上项目59个、投资112.85亿元。列入省级重点项目2个，投资79.1亿元，在建项目2个，完成投资1.46亿元；列入市级重点项目12个，投资294.78亿元；在建项目11个，完成投资24.94亿元；列入县重点项目137个，投资283.19亿元；在建项目137个，完成投资73.62亿元。

【服务业】2022年，蕲春县实现社会消费品零售总额177.48亿元，比上年增长3.6%。发展市场主体1.34万户，总数10.07万户。使用外资310万美元，有外贸企业58家，从业人员4000余人，总产值12.46亿元，全年完成外贸进出口总额1.85万美元，比上年增长51.7%。电商团队3100家，完成电子商务交易额67.02亿元，其中艾制品销售20亿元。蕲艾登上“十大楚药”榜首，品牌价值105.08亿元，位列全国区域品牌排行榜第30名，全国中药材地标品牌价值最高品牌，湖北唯一入围前30强地标品牌。开展对外经济技术合作国家和地区15个。年末，从事商贸经营限上企业333家，从业人员约4000人，商贸营业面积35万平方米。年末，金融机构本外币各项存款余额641.07亿元，比上年增长12.8%；各项贷款余额348.21亿元，比上年增长15.8%。交通建设完成货币工程量23.5亿元，下降43.8%；公路通车里程4117.7千米，新修公路桥梁10座，总长228.6米；全县公路桥梁累计717座，总长34.7千米；加固和改造桥梁55座。公路运输车辆3777辆，出租车262辆。新建口袋公园5个、高速口绿色文化带2处。城区建成区面积3289公顷，建成区绿地面积1286.34公顷。完成小型水库整险加固40座，更新供水管网76.95千米，受益人口13.65万人。运行水电站14座，装机31台，容量2.05万千瓦。全年邮政业务总量1.23亿元，电信业务4.66亿元，固定电话用户3.28万户，移动电话用户59.28万户，互联网宽带接入用户27.55万户，有线电视用户7.11万户。狮子镇获评国家级“全域森林康养试点乡镇”，大同镇获评“湖北旅游名镇”，李山生态园创建国家AAAA级旅游景区，九棵松旅游区国家AAA级旅游景区启动创建。全县有国家AAAA级旅游景区3家和国家AAA级旅游景区9家，星级饭店4家。全年接待旅客286万人次，实现旅游综合收入20.3亿元。

【社会发展】2022年，蕲春县认定高新技术企业52家，总数88家，产值171.35亿元，增加值43.72亿元。建成省级产业技术研究院1家，省级技术研发平台4家，省级科技孵化器2家，省级众创空间3家，省级星创天地4家。新增市级企校联合创新中心9家，县级企校联合创新中心41家，新增省级星创天地1家、市级星创天地2家，市级优秀人才创新创业平台2家。全年授权专利814件，其中：发明专利17件，实用新型专利616件，外观设计专利181件；有效发明专利109件，万人发明专利拥有量1.43件。各类专业技术人员2.06万人，其中高级职称1804人。各类学校299所（不含教学点），在校学生15.45万人，在职教职员工1.13万人。公共文化机构19个，其中，文化馆2个，博物馆1个，公共图书馆2家，图书藏量68万册。各类文学艺术团体65个，其中文艺演出团体58个。卫生医疗机构489个，其中，医院6个，乡镇卫生院15个。医疗技术人员3841人，医疗床位5980张，平均每千人拥有病床7.84张。全年举办各类大型体育运动会17场（次），新建改建体育场所3处、健身场所112处。参加省运会获金牌5枚、银牌2枚、铜牌11枚；参加省级比赛获金牌25枚、银牌15枚、铜牌22枚；参加市级比赛获金牌47枚、银牌48枚、铜牌46枚。7月，承办湖北省社会体育俱乐部十项百场联赛（蕲春站）武术搏击竞赛，来自全省各地运动员603人参赛。

【人民生活】2022年，蕲春县安置城镇就业人员9162人，开展劳动力转移培训6790人，城镇登记失业率3.52%，全年外出务工26.1万人，劳务收入102.01亿元。全县新增优抚对象352人、累计8260人，全年发放优抚金5430.6万元。城镇居民人均可支配收入35505元，比上年增长6.4%；农村居民人均可支配收入18486元，比上年增长8.6%。城镇居民人均消费性支出22725元，比上年增长6.3%；农村居民人均消费支出14903元，比上年增长9.4%。参加社会养老保险64.87万人，参加失业保险3.08万人。收缴社会养老保险金11.18亿元，发放18.51亿元；收缴失业保险金1715.12万元，发放95.12万元；参加城镇职工和城乡居民医疗保险81.27万人，参保率97.3%以上，收入9.59亿元，支付8.86亿元。最低生活保障对象1.23万户2.48万人，其中，城镇低保708户1344人，农村低保1.15万户2.35万人，发放低保金1.11亿元。“五保”对象6035人，其中，分散供养4899人，集中供养1136人。提供住宿民政服务机构29个，养老床位2830个。

【生态建设与环境保护】2022年，蕲春县环境治理投入资金4.27亿元，推进国家生态文明示范县建设，新增省级生态镇1个，省级生态村9个。年底，中央专项资金3800万元的蕲河流域水环境综合治理与水生态修复工程项目启动；中央专项资金4418万元的原县农药厂银山厂区土壤污染治理与修复项目完工；中央专项资金1000万元的青石镇白鸡尖砒霜厂遗留场地土壤治理项目完工；中央专项资金1000万元的刘河镇石鼓冲磁铁矿周边农田治理项目完成部分工程；整治违法排污企业162家，关闭企业2家。污水集中处理率96.09%，生活垃圾无害化处理率100%，工业固体废物产生量2.645万吨，城区空气质量优良以上天数287天。

【中央单位定点帮扶工作示范培训班】2022年7月20日，2022年第一期中央单位定点帮扶工作示范培训班在蕲春县开班，国家乡村振兴局党组成员、副局长洪天云出席开班式并讲话，省委副书记李荣灿在开班式上致辞，市委书记张家胜出席开班仪式，介绍黄冈乡村振兴工作开展情况。培训为期3天，主要开展理论授课、政策解读、案例教学、经验交流、现场教学观摩等教学活动。

【中医药文化传播行动】2022年8月26日，“2022年中医药文化传播行动·走进名医故里”主题活动暨蕲春站开幕式在蕲春县李时珍医药港举行，“人民英雄”国家荣誉称号获得者、中国工程院院士、国医大师张伯礼以视频形式致辞。国家中医药管理局副局长秦怀金宣布活动开幕，并向李时珍、华佗、孙思邈、张仲景四大名医故里代表人授旗。湖北省卫健委副主任、省中医药管理局局长邓小川主持开幕式，副市长潘国林出席开幕式。蕲春以蕲艾为核心的中医药大健康产业产值过百亿元，蕲艾品牌价值105.08亿元，大健康产业集群成为全省成长型产业集群，“蕲春艾灸疗法”入选国家非遗项目目录，“蕲春艾灸师”获全国劳务品牌第一名。

（张　颖）

武穴市

【概况】2022年，武穴市辖4个街道办事处、8个镇，有55个社区、281个村。辖区总面积1241.7平方千米。总户数24.80万户，户籍总人口81.34万人，常住人口65.92万人，城镇化率57.57%。实现生产总值378.35亿元，比上年增长5.3%。其中，第一产业增加值70.09亿元，比上年增长4.3%；第二产业增加值133.85亿元，比上年增长9.5%；第三产业增加值174.41亿元，比上年增长2.8%。三次产业结构比由上年的18.4::34.4:47.2调整为18.5:35.4:46.1。完成全口径财政收入41.94亿元，地方财政总收入26.10亿元。地方公共财政预算收入18.11亿元，税收收入13.48亿元。全年地方公共财政预算支出73.67亿元，比上年增长12.3%；一般公共预算支出48.66亿元，比上年增长17.8%，其中，一般公共服务支出6.32亿元，教育支出9.32亿元，卫生健康支出3.98亿元，社会保障和就业支出8.54亿元。

【农业】2022年，武穴市实现农业总产值127.63亿元，比上年增长5.3%。完成农业增加值75.91亿元，比上年增长4.9%。粮食种植面积4.62万公顷(比上年增加20.47公顷)，其中，夏粮播种面积0.51万公顷，早稻播种面积0.24万公顷，秋粮播种面积3.87万公顷。棉花种植面积0.27万公顷，比上年增长2.3%；油料种植面积2.72万公顷，比上年增长2.5%；蔬菜种植面积0.68万公顷，比上年增长3.0%。粮食总产量32.87万吨，比上年下降0.4%；棉花产量0.30万吨，比上年增长21.0%；油料产量6.9万吨，比上年增长3.9%；蔬菜产量23.03万吨，比上年增长1.9%。全年生猪出栏105.12万头，比上年增长3.7%；牛出栏0.64万头，比上年增长17.6%；羊出栏1.61万只，比上年增长20.0%；家禽出笼600.11万只，比上年下降6.1%。

表91　2022年武穴市镇(街道)情况一览表

乡镇名称	土地面积(平方千米)	年末耕地面积(公顷)	年末户籍人口(万人)	工(农)业总产值(亿元)	地方税收收入(亿元)	人　均纯收入(元)	党(工)委书记	镇　长(主任)
梅川镇	257.17	8761.55	14.04	14.32	0.59	17421	郭建涛	吴　通
余川镇	188.77	5310.05	7.31	13.02	0.06	12202	黄长春	朱灿健
花桥镇	147.41	8354.92	9.01	16.05	0.32	16471	王　亮	杨志刚
大金镇	73.85	3201.55	4.86	8.93	0.12	15556	汪祖水	杜景山
四望镇	101.66	4323.28	5.17	13.99	0.04	11328	高　威	卜召峰
石佛寺镇	111.71	4926.23	7.18	5.33	0.38	17799	彭小勇	汪青青
大法寺镇	120.94	4454.45	6.57	12.59	1.5	11942	肖　翔	陈苓苓
田镇街道	53.6	455.47	2.47	14.83	2.13	21070	王　超	梅银国
武穴街道	42.43	616.79	14.70	58.88	0.74	36143	王金华	干子凯
刊江街道	43.38	1310.95	4.44	0.47	0.83	18755	黄建洲	游红亮
龙坪镇	75.88	3861.99	4.69	26.74	0.19	22922	胡　超	李　瀚
万丈湖街道	24.9	1195.98	0.89	5.81	0.05	20237	李会会	毛汪林

说明：工(农)业总产值一栏，梅川镇、石佛寺镇、刊江街道统计数据为农业总产值；大法寺镇统计数据为工业总产值；其他镇(街道)统计数据为工农业总产值

（资料来源：武穴市史志研究中心）

【工业】2022年,武穴市工业增加值118.7亿元,比上年增长9.1%,其中规模以上工业增加值增长13.0%。193家规模以上工业企业完成产值270.2亿元,比上年增长14.9%,其中轻工业完成55.4亿元,比上年增长34.1%;重工业完成214.9亿元,比上年增长10.8%。全部制造业增加值增长16.1%。全部工业用电量19.8亿千瓦时,比上年增长6.7%。4月13日,湖北华电武穴石佛寺一期渔光互补光伏发电项目建成投产。该项目规划总容量100兆瓦,采用整体规划、分布实施的方式建设。一期47兆瓦渔光互补光伏发电项目总投资3.4亿元,年均上网电量5012.52万千瓦·时。年均发电小时数为1065.48时。规模以上工业销售产值254.1亿元,比上年增长17.4%,工业企业产品销售率94.0%;主营业务收入255.61亿元,比上年增长19.0%;利税总额39.69亿元,比上年增长12.6%;资产总计373.76亿元,比上年增长25.8%。建筑业实现增加值15.38亿元,比上年增长12.9%。具有资质建筑业企业53家,完成总产值67.97亿元,比上年增长34.0%。商品房屋施工面积153万平方米,比上年下降1.6%。

【固定资产投资】2022年,武穴市固定资产投资额(不含农户)比上年增长26.1%,其中500万元及以上项目投资额比上年增长33.3%。民间投资增长43.9%,工业投资比上年增长39.5%。全年投资项目352个,项目计划投资559亿元。在建项目349个,其中,新开工项目174个,亿元以上项目125个。全年入库投资项目中,工业投资项目108个,工业新开工项目86个。

【服务业】2022年,武穴市第三产业增加值174.41亿元,比上年增长2.8%。市场主体11.98万个,比上年增长10.4%,注册资金总额822.96亿元。社会消费品零售总额182.96亿元,比上年增长3.7%。219家限上企业实现社零额25.7亿元,比上年增长21.8%。金融机构各项本外币存款余额530.67亿元,比上年增长16.5%,金融机构各项贷款余额321.30亿元,比上年增长20.7%。保险保费收入7.93亿元,比上年下降1.7%;保险赔付支出3.10亿元,比上年增长20.6%。公路总里程2668.37千米,其中,国道95.58千米,省道111.99千米,新修公路里程33千米,行政村客运班车通车率100%。货运量1044万吨,货物周转量2.11亿吨千米,客运量190万人,旅客周转量1.45亿人千米。公共汽车营运辆数159辆,出租车辆数201辆。邮政业务总量9556.38万元,国内邮政快递302.21万件。全年接待游客585万人次,实现旅游收入39.2亿元,比上年增长12%。全市景区总数7个,国家AAAA级旅游景区1个,国家AAA级旅游景区6个。

【社会发展】2022年,武穴市规上高新技术产业增加值58.01亿元,高新技术企业增加值占GDP比重的15.3%。全市专利授权776件,其中发明专利25件。全市有各类学校279所,在校学生14.49万人,在校教职工9926人,专任教师7887人。公共图书馆图书藏量52.85万册,社区及村级文化活动室337个,农家书屋338个。全市有非物质文化保护项目71个,其中省级6个、市级10个、县级71个。全市有各类医院14家,卫生院10家;卫生机构床位4985张,其中,医院3220张、卫生院1287张。卫生技术人员4256人,其中执业(助理)医师1780人、注册护士1946人。全年举办全民健身活动比赛85次,参加全民健身活动161万人;省青少年体育比赛获奖牌59枚,其中,金牌20枚、银牌23枚、铜牌16枚;市青少年体育比赛获奖牌69枚,其中,金牌15枚、银牌30枚、铜牌24枚。

2022年4月13日,湖北华电武穴石佛寺一期渔光互补光伏发电项目建成投产
(武穴市史志研究中心 供图)

【人民生活】2022年,武穴市新增城镇就业人员1.10万人,再就业0.62万人,年末城镇登记失业人员0.43万人。全年城镇常住居民人均可支配收入39789元,比上年增长7.3%。农村常住居民人均可支配收入21201元,比上年增长9.0%。全年城镇常住居民人均生活消费支出27227元,比上年增长4.9%。农村常住居民人均生活消费支出17483元,比上年增长8.4%。全市居民消费价格指数101.5%。城乡居民医疗保险参保62.90万人,城镇职工基本医疗保险参保5.76万人,养老保险参保52.08万人。五保供养4457人,享受最低生活保障待遇2.28万人,养老床位3483张,综合服务设施覆盖率100%。专业技术人员2.11万人,其中中级技术职称以上1.34万人。福利彩票网点48个,销售额3300万元。体育彩票销售点58个,销售额6136万元。

【生态建设与环境保护】2022年,武穴市地表水达标率100%,城区细颗粒物均值每立方米39.9微克,一般工业固体废物综合利用率100%。森林面积2.50万公顷,森林蓄积量171.5万立方米,森林覆盖率20.2%,累计退耕还林面积0.3万公顷。

【获评"平安湖北建设示范县(市)"】2022年2月8日,武穴市获评2021—2022年度平安湖北建设示范市,"平安前哨"工作经验被申报为全国百例优秀基层社会治理典型案例。武穴市深化平安武穴建设和市域社会治理现代化，维护政治安全和社会稳定，夯实平安建设基层基础，优化法治服务保障，加强政法队伍教育建设，平安武穴建设迈上新台阶，人民群众获得感更加充实、幸福感更可持续、安全感更有保障。

【获评全省“四好农村路”示范县】2022年4月27日，武穴市获评全省“四好农村路”示范县称号。武穴市将“四好农村路”示范创建与脱贫攻坚、产业布局、美丽乡村建设紧密结合，全市新建农村公路76千米，扩宽135千米，刷黑67千米，打造美丽乡村示范线150千米，建成交通驿站12座、农村公交站亭67座，改造农村危桥65座，高质量建成仙人湖环湖路、余川大道等一批示范线，形成干支相连、内畅外联、城乡互通、畅安舒美的农村公路网络。武穴市农村公路养护管理考核排名全省第八位，横百线公路获评黄冈市“十大最美乡村振兴路”。

【武穴经开区配套工程开工】2022年10月20日，湖北武穴经济开发区园区配套功能提升工程开工。项目总估算投资8.77亿元，包括火车站工业园污水处理厂及配套管网、园区综合服务区、职教中心产业园校区、大金卫生院（人民医院园区分院）4个建设项目。建成后可完善园区产、学、研基础配套设施，提升园区承载能力，为企业和职工提供优质工作、生产、生活环境。

（陈家欢　夏慧君）

黄梅县

【概况】2022年，黄梅县辖4个乡、12个镇，有488个村（社区）。辖区总面积1707.84（含龙感湖管理区）平方千米，常用耕地面积7.45万公顷（含龙感湖管理区）。总户数30.91万户，户籍人口96.05万人。完成地区生产总值300.15亿元，比上年增长5.2%，其中，第一产业增加值完成77.29亿元，第二产业增加值完成96.05亿元，第三产业增加值完成126.8元，分别增长4.7%、9.2%、2.8%。三次产业结构比由上年的25.5∶30.8∶43.7调整为25.8∶32.0∶42.2。人均地区生产总值39268元。全年完成全口径财政总收入39.25亿元，比上年下降27.2%。完成地方财政总收入15.76亿元，比上年下降3.2%，其中，一般公共财政预算收入10.61亿元、比上年下降1.3%。全口径税收收入12.86亿元，比上年下降6%。地方税收收入7.85亿元，比上年下降3.6%。地方税收占一般公共预算收入比重的74.0%。非税收入2.77亿元，比上年增长6.1%。一般公共预算支出52.96亿元，比上年下降5.8%。一般公共服务支出5.56亿元，比上年增长12.6%。

表92　2022年黄梅县乡镇情况一览表

乡镇名称	土地面积（平方千米）	耕地面积（公顷）	年末户籍人口（万人）	财政收入（亿元）	人均纯收入（元）	党委书记	乡（镇）长
黄梅镇	83.6	3791.38	13.12	0.56	25404	田华为	王　波
孔垄镇	125.2	8386.36	10.47	0.32	19821	桂江兵	潘　淳
小池镇	129.1	6431	10.61	4.44	25263	黄治治	商胜辉
下新镇	140.0	2970.57	2.85	0.16	17406	田聪聪	刘　斌
大河镇	141.3	4992.86	7.20	0.11	17455	黎文亮	石超群
停前镇	83.2	2835.18	3.94	0.01	17513	柯　潇	魏　斌
五祖镇	85.2	992.36	2.70	0.17	15262	徐树乔	钱燕（女）
濯港镇	163.4	9461.41	8.54	0.31	22195	涂桢华	潘　拯
蔡山镇	119.3	7885.49	9.61	0.08	19471	邓海鸿	黎治军
新开镇	95.7	5075.79	6.17	0.1	20346	姚　敏	闻　博
独山镇	89.9	3474.72	3.41	0.42	18929	胡剑彪	邱华（女）
分路镇	77.9	4176.82	5.23	0.05	19340	沈　青	朱　英
柳林乡	62.5	576.32	1.76	0.01	14468	邓泽敏	万金良
杉木乡	92.1	4083.73	4.95	0.14	19617	祝子笑	熊　飞
苦竹乡	72.2	2165.11	3.45	0.02	15903	孙丽（女）	赵　松
刘佐乡	48.3	2595.01	2.02	0.02	20339	谢新桥	曾　卓

（资料来源：黄梅县史志研究中心）

【农业】2022年，黄梅县完成农林牧渔业总产值127.79亿元，其中，农业产值49.32亿元，林业产值4.99亿元。全年粮食种植面积6.05万公顷，比上年增长0.05%；棉花种植面积0.43万公顷，比上年下降7.4%；油料种植面积3.15万公顷，比上年增长2.4%。粮食产量42.69万吨，比上年下降0.4%；棉花产量0.36万吨，下降8.5%；油料产量8.26万吨，比上年增长5.6%；肉类总产量6.21万吨，比上年下降2.1%。生猪出栏52.06万头，比上年增长5.1%；禽蛋产量3.07万吨，比上年增长56.4%；全年水产品产量10.6万吨，比上年增长3.7%。申报市级重点龙头企业13家，省级龙头企业2家。完成能人回乡创业新增签约项目80个，协议投资额108.9亿元。整合财政资金0.568亿元，建设美丽乡村示范村和整治村34个。

【工业】2022年，黄梅县在库规模以上工业企业151家，规模以上工业增加值比上年增长12.6%。完成规模以上工业产值240.21亿元，比上年增长12.1%，其中：轻工业产值127.22亿元，比上年增长5.71%；重工业产值112.99亿元，比上年增长16.7%。分行业看，纺织服装业产值48.81亿元，比上年下降2.2%；非金属矿物制品业产值60.25亿元，比上年增长5%；农副食品加工业产值55.01亿元，比上年增长19.7%；化学原料和化学制品制造业产值15.97亿元，比上年增长30.5%；其他产值60.17亿元，比上年增长16.45%。全年规模以上工业实现主营业务收入202.06亿元，比上年增长11.1%；实现利润总额9.23亿元，比上年增长58.6%。资质等级总承包和专业承包建筑业企业72家，完成产值69.49亿元；房屋建筑施工面积186.05万平方米，房屋建筑竣工面积130.2万平方米。

【固定资产投资】2022年，黄梅县固定资产投资额比上年增长15.4%，其中：民间投资比上年增长51.0%，占全部投资的80.3%，比上年同期增加18.9个百分点；工业投资比上年增长80.8%，占投资比重的46.2%，比上年同期增加16.7个百分点；工业技改投资比上年下降7.9%，占工业投资比重的20.0%，比上年同期降低19.3个百分点。分产业看，第一产业投资额比上年增长15.3%，第二产业投资额比上年增长80.8%，第三产业投资额比上年下降10.3%。全年实现建筑业增加值16.43亿元，比上年增长11.7%。在库房地产企业58家，商品房销售面积69.8万平方米，销售额30.24亿元。

【服务业】2022年，黄梅县实现社会消费品零售总额181.80亿元，比上年增长3.5%。全年外贸进出口总额2.39亿美元，比上年增长39.4%；全年外贸出口总额2.38亿美元，比上年增长40.2%；实际利用外资1035万美元。年末金融机构存款余额557.72亿元，比上年增长13.0%；金融机构贷款余额285.93亿元，比上年增长16.4%。商业保险机构实现保费收入7.21亿元，比上年增长4.0%。公路里程3253千米，其中等级公路3253千米。农村通公路行政村比重100%，公路桥梁472座。电信运营商业务总量3.9亿元，固定电话用户8.53万户，移动电话用户54.91万户。邮政营业网点21处，快递网点16处，信筒(箱)21个，快递780万件。全年接待游客584万人次，比上年增长4%；旅游综合收入43.6亿元，比上年增长6%。

【社会发展】2022年，黄梅县新增市场主体1.23万户，实现高新技术产业增加值38.87亿元，占GDP比重13%。全年新认定高新技术企业44家，总数79家；申报各类科技计划项目2项，专利授权量674项。全县有幼儿园149所，在园幼儿2.57万人；小学82所，在校学生6.22万人，专任教师3063人；普通中学33所，在校学生5.26万人，专任教师3851人；普通中等职业学校2所，在校学生9158人，专任教师448人。11月5日，黄梅县举行黄梅一中庆祝建校110周年暨高质量发展大会。全县有卫生机构573个，卫生机构床位6230张，医院、卫生院技术人员5380人，其中执业医师2395人、注册护士2477人。全年创建全国卫生乡镇3个、省级卫生乡镇5个，16家乡镇卫生院创建国家“优质服务基层行”先进单位。全县有县级文化馆1家，图书馆1家，文化馆分馆16家、图书馆分馆19家，新建和改扩建全县村级综合文化服务中心488家。年末，广播覆盖率99.86%，电视覆盖率99.77%。全县有国家AAAA级旅游景区2家、国家AAA级旅游景区5家。“黄梅文旅云”上线。县文化馆评定为国家一级文化馆，五祖镇被省文旅厅命名为“湖北省非遗特色村镇街区”。

【人民生活】2022年，黄梅县城镇常住居民人均可支配收入37520元，比上年增长7.4%；农村常住居民人均可支配收入20187元，比上年增长8.8%。城镇常住居民人均生活消费支出29045元，比上年增长6.1%，其中，食品消费1.06万元，教育文化娱乐服务消费3645元；农村常住居民人均生活消费支出16091元，比上年增长8.5%，其中，食品消费5965元，教育文化娱乐服务消费2005元。

【生态建设与环境保护】2022年，黄梅县完成人工造林1273公顷，开展退化林修复530公顷、封山育林666公顷，义务植树156万株。空气优良天数305天，优良率84.7%。空气质量年均浓度可吸入颗粒物(PM_{10})每立方米54微克，细颗粒物($PM_{2.5}$)每立方米33微克。省控以上

2022年11月5日，黄梅县举行黄梅一中庆祝建校110周年暨高质量发展大会

（黄梅县史志研究中心　供图）

河流监测断面3个，地表水水质优良Ⅰ—Ⅲ类。省控以上湖泊监测断面1个，地表水水质优良Ⅰ—Ⅲ类。有省级生态乡镇6个、生态村52个，市级生态乡镇16个、生态村346个。

【水产绿色养殖技术观摩培训会】2022年8月19日，“515”行动水产绿色养殖技术观摩培训会在黄梅县举行。中国科学院院士桂建芳，省农业事业发展中心副主任郑国蓉，县长马梁等出席。会上，中国水产科学研究院长江水产研究所研究员李谷，中国科学院水生生物研究所研究员张堂林，湖北省水产技术推广总站研究员汤亚斌分别作池塘养殖尾水湿地处理技术与应用、小龙虾摄食行为与合理投喂技术、稻田养大虾技术授课。会前，与会人员现场观摩小池镇张东湾虾稻连作基地、湖北省小龙虾产业控股集团康宏有限公司。

【鄂东纺织新材料技术研究院挂牌】2022年9月17日，鄂东纺织新材料技术研究院在黄梅经济开发区管委会挂牌成立。该院由黄梅县、武汉纺织大学共建，是黄冈市首个纺织行业技术研究机构。纺织服装产业是黄梅县五大主导产业之一，被中国纺织工业联合会认定为中国长丝织造产业基地，其中大胜工业园是全国纺织产业转移8个示范园区之一。

【华阳河蓄滞洪区主体工程开工】2022年10月23日，投资7.576亿元的华阳河蓄滞洪区建设工程主体工程开工仪式在黄梅县刘佐乡举行。该工程是黄梅县投资最大的单体水利工程。黄冈市副市长马艳舟宣布工程开工。华阳河蓄滞洪区建设工程（湖北部分），是“十四五”国家150项重大水利工程重要组成部分。华阳河蓄滞洪区位于长江中下游交界处的鄱阳湖入江口北岸，地跨湖北、安徽两省，由华阳河流域内部分湖泊和沿湖垦区组成，保护着长江中下游湖北、江西、安徽3省8大江堤的防洪安全，承担着25亿立方米蓄洪任务，受益面积1.1万平方千米，保护耕地63.33万公顷，保护人口1173万人。

（张文杰）

龙感湖管理区

【概况】2022年，龙感湖管理区辖6个办事处，54个农业生产队和3个居民委员会。辖区总面积98平方千米，其中耕地面积4378公顷，林地面积726公顷，果园面积15.6公顷，精养水面1236公顷。总人口3.73万人。实现地区生产总值20.79亿元，其中一、二、三产业增加值分别为5.61亿元、7.98亿元、7.20亿元，分别比上年增长22.87%、11.69%、23.57%，产业结构比27∶39∶34。全年实现全口径财政收入2.01亿元，比上年增长12.38%。全年完成全社会固定资产投资12.19亿元。全区实现社会消费品零售总额20.56亿元，比上年增长28.89%；外贸出口额1623万美元。

【农业】2022年，龙感湖管理区实现农业总产值15.69亿元，粮食播种面积4200公顷。市级龙头企业6家，新增市级龙头企业3家，培育“龙感湖天鹅米、龙感湖小龙虾（小蓝虾）、龙感湖黄籽油菜、龙感湖麻鸭”区域公用品牌4个，建设美丽乡村示范村1个。栽植意杨40公顷，新增其他四旁绿化面积20公顷。

【工业】2022年，龙感湖管理区规上企业36家，实现工业总产值25.12亿元。工业用电量2.77亿千瓦时，比上年增长15.55%。10家企业进规，在库项目47个，新进库项目32个。5000万元以上项目17个，5亿元以上项目7个，10亿元以上项目4个。实施技改项目14个、扩规提能项目18个，工业投资8亿元，其中工业技改投资4.3亿元、占工业投资50%以上。培育省级专精特新企业3家，省级单项冠军企业1家，培育创新企业2家。申报高新技术企业11家，总数18家。

【固定资产投资】2022年，龙感湖管理区启动交通建设投资3.43亿元，完成交通建设固定资产投资 9157.9万元。完成黄小高速龙感湖互通口至城区一级公路大修等项目10个。新签约项目31个，合同投资额134.3亿元，其中，现代纺织项目19个，协议投资71.78亿元。新开工入库项目12个，入库率70.6%；新投资入库项目4个，完成率400%。

【服务业】2022年，龙感湖管理区外贸进出口总额28.89万美元，比上年增长38.25%。举办郁金香花展、中秋国庆水幕光影秀等节庆活动。全年接待游客6万人次，实现旅游收入40万元。

【社会发展】2022年，龙感湖管理区组建广场舞、旗袍秀、手拍鼓等队伍16支，举办专题培训班3期。开展洁城行动、美丽环境与幸福生活共同缔造活动，新建队（社区）文体广场6个。放映公益电影744场。

【人民生活】2022年，龙感湖管理区城乡居民医疗保险参保2.75万人，基金2551.15万元。职工基本医疗保险参保619人，基金325.51万元。支出城乡居民医保基金2355.33万元。有职保退休人员1.09万人，新增职保退休490人。举办2022年“春风行动”招聘活动，提供就业岗位800个，达成就业意向361人。受理各类劳动争议案件21件，调解处理15起。发放城乡低保资金720.04万元，新增城乡低保对象31户41人，退出保障城乡低保对象 52户122人。为574名重度残疾人发放重度护理补贴68.7万元、413名困难残疾人发放困难补贴34.92万元。全区80岁以上高龄老人1464名，发放高龄津贴79.45万元。

【生态建设与环境保护】2022年，龙感湖管理区投资2000万元的医药小区土壤修复与风险防控项目完工，投资2120万元的严闸港水环境综合治理项目完成工程量95%。开展秸秆禁烧，宣传巡查250次。开展环保执法，立案查处环境违法案件6起，罚款29.4万元。受理生态环境信访18件，办结率100%。35家企业排污许可证实现联网监测。

（严春林）

责任编辑：王 俊　　责任校对：席想楼

先进个人

全国先进个人

全国人民满意的公务员

阮利红　黄州区委常委、组织部部长

全国优秀信访局局长

张秋林　红安县委办副主任、县信访局局长

全国优秀办信员

程细明　黄冈市纪委监委信访室主任

全国三八红旗手

虞红霞　黄梅县爱心义工协会会长

中国青年五四奖章

张　裕　罗田籍快递小哥

全国五好家庭

郑尊元家庭　麻城市乘马岗镇

全国最美家庭

蔡秋容家庭　武穴市

全国家庭工作先进个人

张　静　黄冈市静远社会工作服务中心主任

全国农产品成本调查工作先进个人

陈　红　武穴市发展和改革局事业管理八级职员

全国社会救助工作先进个人

胡　平　英山县城乡救助管理局局长

中国生态文明奖先进个人

汪叙君　团风县生态环境保护志愿者协会会长

全国粮食生产先进个人

黄金安　浠水县种粮大户、湖北禾溢园家庭农场负责人

全国机关事务工作先进个人

丁利军　罗田县政协常委、二级主任科员（罗田县机关事务服务中心原主任）

全国优秀城乡社区工作者

余真富　麻城市南湖街道关厢社区党总支书记、居民委员会主任

全国新时代中小学名校长培养对象

陈　平　黄冈市实验小学

全国优秀希望学子

晏　棋　罗田县希望小学

全国老中医药专家学术经验继承工作指导老师

柳朝阳　黄梅县中医医院老中医、院长

湖北省先进个人

省委、省政府记一等功

王　燕　罗田县公安局

范小旺　浠水县应急管理局

陶玉池　武穴市农业农村局

陈　锐　黄冈市人民检察院

湖北省安全生产优秀工作者

范嘉玮　黄冈市消防救援支队防火监督科副科长

范小旺　浠水县应急管理局党委书记、局长

杨晨曦　英山县应急管理局党委书记、局长

湖北省人民满意的公务员

程呈友　浠水县人民法院

林梅香　英山县民政局

张　凯　黄冈市卫生健康委员会

张　琴　黄冈市市场监督管理局

吴庚学　红安县公安局

荆楚楷模

邢锦辉　黄梅县孔垄镇邢圩村乡村医生

荆楚楷模·最美健康守护者

胡玉莲　黄冈市中心医院新生儿科主任

湖北省三八红旗手标兵

周从贵　红安县城关镇小丰山村党支部书记、村委会主任、村妇联主席

湖北省三八红旗手

鲁　林　蕲春县妇联党组书记、主席

朱　莉　罗田县幼儿园副高级教师

张菊云　英山县温泉镇秀峰社区居委会党总支书记、主任
夏丽娟　武穴市师范附属小学副校长
吕李霞　黄梅县妇联幼儿园教师
张满花　蕲春县土库楼乡村文化服务中心主任

湖北青年五四奖章

杨愉锐　武穴市大金镇周梓村党支部书记
骆群曙　罗田县白庙河镇付家庙村驻村第一书记(工作队长)、武汉生物工程学院团委副书记

湖北省最美巾帼奋斗者

王慧梅　黄冈市天宏商贸有限公司董事长
洪　利　湖北梅开二度文化有限公司总经理
高腊华　浠水县第一中学专职心理教师、浠水县阳光姐姐家庭教育指导中心负责人
蔡秋容　武穴市巾帼志愿服务队队长
王晓玲　蕲春县新时代女性创业就业服务中心负责人、蕲春蓝丝带母婴服务有限公司总经理
汪海华　黄冈市妇幼保健院妇女保健科主任

荆楚最美家庭

干小渝、郑华荣家庭

湖北省最美妇联人

周从贵　红安县城关镇小丰山村妇联主席
高秀娟　蕲春县漕河镇妇联主席

湖北省岗位学雷锋标兵

张　飞　黄州万景城小区综合党支部委员

湖北省社区建设先进工作者

欧运英、何慧、陈辉银、王秀丽、尹定向、任美玲、田富、潘树青、吕岚、朱学章

荆楚好老师

张　燕　蕲春县茅山小学校长

荆楚好老师提名奖

张　伟　浠水县绿杨乡程畈小学校长

黄冈市先进个人

黄冈市首届十大法治人物

黄新国　黄冈市人大常委会机关一级调研员、市法学会副会长、省“八五”普法讲师团成员
樊汉明　湖北黄商集团股份有限公司党委书记、董事长
蒋升平　蕲春县纪委副书记、监委副主任、县委巡察办主任
吴书怀　黄冈市公安局法制支队支队长
林　俊　黄冈市中级人民法院民一庭副庭长、四级高级法官
邹　丽　麻城市人民检察院副检察长
蒋三华　黄梅县四级调研员、孔垄镇矛盾纠纷调处中心主任
刘革平　黄冈市生态环境局综合执法支队支队长
程学军　红安县农业综合执法大队副大队长
詹宏奎　团风县公安局治安管理大队大队长

黄冈五一劳动奖章

熊三权　湖北绿宇环保有限公司仪电班长
陈　栋　湖北贵族真空科技股份有限公司项目技术负责人
马国伟　湖北黄冈伊利乳业有限责任公司总经理
彭　伟　黄冈市公安局三级警长
胡焱平　国网蕲春县供电公司农村配电运维工
詹　程　黄冈市城投房地产开发有限公司副总经理
黄　志　黄冈环境卫生管理中心垃圾处理公司职工
张　展　黄冈中学教师
陈中建　黄冈市蔬菜办公室主任
兰立敏(女)　黄冈市强制隔离戒毒所一级警长
曾　尚　黄冈市疾控中心健康管理服务中心主任
代波涛　中铁建投黄冈建设开发有限公司董事长
瞿全胜　黄冈百佳物业集团有限公司总经理
石　磊(女)　湖北宇阔物流有限公司安全生产管理员
许　峰　黄冈市楚雄化工股份有限公司车间职工
欧志鸿　黄冈市第二实验小学校长
殷文斌　黄州区赤壁街道办事处宝塔社区居委会社区专职工作者
桂学军　湖北馥雅食品科技有限公司总经理
王　鹏　湖北辉创重型工程有限公司装配工
周志利　团风县思源实验学校副校长
雷爱民　团风县农业农村局农艺师
李　文(女)　湖北斯曼新材料股份有限公司技术经理
葛　翠(女)　红安县邮政分公司理财经理
吴　奇　湖北华萤铝模科技有限公司技术经理
胡良建　红安县人民医院主任医师
吴宏文　麻城市第一中学校长
罗慕君　麻城市人才交流中心职工
郝　辉　麻城市龙腾生态农业股份有限公司董事长
王红旗　麻城市王集鸿发芦笋专业合作社技术员
谢红蕾(女)　麻城卓尔金龙纺织有限公司挡车工
余　霞(女)　英山承庆鞋业有限公司车间课长
胡　顺　英山县牛背脊骨旅游开发有限公司职工
蔡佑存(女)　湖北如普帽业有限公司职工
郑　勇　英山理工中专教师
王木春　罗田县公安局科员
文家涛　湖北富华建筑安装有限公司职工
田　华(女)　罗田理工中等专业学校教师
陈　玉(女)　罗田县新普生药业有限公司职工
周冬明　浠水晨科饲料科技有限公司叉车工
綦松青　黄冈市劲马窑炉机械有限公司电焊工
邱　时　湖北省腾丰机械科技有限公司电焊工
范三秋(女)　浠水县实验二小教师
怀　军　浠水县总工会副主席
高维学　蕲春县公路管理局道班班长
何晓胜　湖北明窑陶艺股份有限公司配釉师

汪华忠　蕲春县邮政分公司金融员
黄　峰　蕲春县赤东镇十大垅陶瓷工业园新天地瓷业有限公司机电工
徐　猛　湖北彭思桥食品有限公司技术员
袁晓英（女）武穴街道中心学校党总支书记、小桥小学校长
阮忠义　湖北广济药业股份有限公司工会主席
李　亮　湖北迅达药业股份有限公司总经理
戴界胜　武穴市巨隆鞋业有限公司职工
兰　飞　武穴微缘牵线婚恋咨询有限公司运营总监
柯柳琴（女）黄梅县人民医院主治医师
张文忠　黄梅县第一中学党委副书记、纪委书记
张　力　黄梅县城市管理执法大队职工
施建华　湖北金博励新型建材科技有限公司车间主任
王有平　湖北捷玛换热设备制造有限公司铆焊技工
张红英（女）龙感湖中通、韵达快递公司快递员
汪正奇　白莲河示范区城乡建设管理中心主任

黄冈青年五四奖章
王　阁　湖北玖玥生态农业旅游有限公司总经理
方祥辉　黄梅县站前大道消防救援站站长助理

尹　凡　武穴市民族宗教事务局副局长
田　根　湖北竞成建筑工程有限公司董事长
刘　灵　中粮家佳康（湖北）有限公司副总经理
刘　益　黄州中学办公室主任
孙博文　黄冈市得闻农业科技有限公司总经理
杜　雯　黄冈师范学院数统学院团委书记
杜　霸　中共黄冈市委办公室信息科负责人
李　涛　湖北联统机械有限公司总经理
李　森　中国联通黄冈市分公司政企客户服务中心总经理
李松博　黄梅县融媒体中心记者
杨　凯　长园天弓智能停车系统（湖北）有限公司科技副总经理
吴　勇　湖北简约互联网有限公司董事长
汪子云　湖北广昊建设工程有限公司董事长
张　盛　黄冈市农科院水稻所副所长
全　稳　湖北新明珠绿色建材科技有限公司物流部叉车组组长
郑　归　黄冈市疾病预防控制中心免疫规划科科长
黄　雨　黄冈思源实验学校余家湾校区执行副校长
曹明顺　黄冈职业技术学院智能制造学院实训中心主任
潘新星　浠水县长福农业产业化综合服务有限公司董事长

（资料来源：黄冈日报社）

表93　截至2022年底黄冈市获二等功以上退役军人一览表

序号	姓　名	籍　贯	立功等级次数
1	朱　杨	黄州区	二等功1次
2	郭　峰	黄州区	二等功1次
3	李　煜	黄州区	二等功1次
4	洪　伟	黄州区	二等功1次
5	程　刚	黄州区	二等功1次
6	张前正	蕲春县	二等功1次
7	王云凯	英山县	二等功1次

（资料来源：市退役军人事务局）

先进集体

全国先进集体

国家卫生城市
黄冈市

全国双拥模范城
黄冈市

全国首批“四好农村路”建设市域突出单位
黄冈市

全国“科创筑梦”助力“双减”科普行动试点城市
黄冈市

全国政府采购支持绿色建材促进建筑品质提升政策实施范围城市
黄冈市

全国无偿献血先进城市
黄冈市

全国美好环境与幸福生活共同缔造活动首批试点县市
红安县　麻城市

全国红色旅游融合发展试点单位
红安县

全国农业现代化示范区
麻城市

“四好农村路”全国示范县
浠水县

全国司法行政系统先进集体
黄冈市司法局

全国粮食生产先进集体
黄冈市农业农村局

全国交通运输行业文明单位
黄冈市交通运输综合执法支队

全国文物系统先进集体
黄冈市博物馆

全国119消防先进集体
黄冈市消防救援支队新港大道特勤站

全国五四红旗团支部
湖北卫尔康健康产业集团有限公司团支部
黄梅县大学生联合会团支部

全国服务农民、服务基层文化建设先进集体
黄冈市新农村数字电影院线有限公司

全国科学家精神教育基地
李四光纪念馆

中国华侨国际文化交流基地
东坡赤壁

全国“五好”标杆县级工商联
麻城市工商联
蕲春县工商联

全国农产品成本调查工作先进集体
蕲春县发展和改革局

全国科技工作者状况调查优秀站点
武穴市科协

全国“大思政课”实践教学基地
湖北省红安青少年研学实践教育营地
湖北黄冈大别山世界地质公园
红安县黄麻起义和鄂豫皖苏区纪念园

国家级全域森林康养试点建设乡(镇)
蕲春县株林镇

第十二批全国“一村一品”示范村镇
黄梅县下新镇(鱼面)
浠水县散花镇天井湖村(菱角)

全国示范性老年友好型社区
黄冈市红安县城关镇北门岗社区
黄冈市罗田县凤山镇皇庙岗社区
黄冈市英山县温泉镇东门社区
黄冈市浠水县兰溪镇盐客树村
黄冈市武穴市田家镇街道上郭社区

全国先进基层群众性自治组织
黄州区陈策楼镇孟钵桥村村民委员会

全国乡村旅游重点村
红安县七里坪镇八一村

中国美丽休闲乡村
红安县七里坪镇八一村

全国美好环境与幸福生活共同缔造活动首批试点村
麻城市阎家河镇石桥垸村
红安县七里坪镇柏林寺村
罗田县三里畈镇苍葭冲村

第六届中国青年志愿服务项目大赛银奖
罗田县“诚信栗花”助留守儿童看世界志愿服务项目

全国学雷锋志愿服务“四个100”先进典型
英山县红十字“救”在身边志愿服务项目

湖北省先进集体

湖北省生态文明示范市
黄冈市

平安湖北建设示范市
黄冈市

湖北省服务业发展贡献市
黄冈市

湖北省投资和项目建设贡献奖
黄冈市

湖北省河湖长履职担当成绩突出地区
黄冈市

湖北省自然资源资产编制平衡表试点市
黄冈市

湖北省公共应急决策指挥系统试点市
黄冈市

湖北省衔接推进乡村振兴补助资金绩效评价考核和国家巩固拓展脱贫攻坚成果评估工作A(优秀)等级
麻城市、团风县、罗田县、英山县、浠水县

湖北省巡查履职成绩突出的河湖长联系单位
黄冈市水利和湖泊局

省委、省政府记一等功
武穴市综合行政执法局
红安县司法局觅儿寺司法所

湖北省安全生产红旗单位
黄梅县消防救援大队
红安县应急管理局
麻城市木子店镇人民政府

湖北省人民满意的公务员集体
黄冈市应急管理局
麻城市卫生健康局
团风县信访局
黄州区陈策楼镇党委

湖北省三八红旗集体
中国联通黄冈市分公司政企客户事业部
黄州区教育局
团风县人民检察院第一检察部
麻城市幼儿园
浠水县清泉镇凤栖山社区居民委员会

湖北省全民阅读示范基地
黄冈市图书馆

湖北省十大科技馆
黄冈市科技馆

湖北省纪检监察系统先进集体
黄州区纪委监委

湖北省十佳科技志愿服务队
黄州区科技志愿服务队

湖北省级文明旅游示范单位
湖北四季花海旅游发展有限公司
黄麻起义和鄂豫皖苏区纪念园

湖北省中小学幼儿园校园安全突出集体
黄冈中学

湖北省村庄清洁行动先进单位
黄州区
蕲春县
团风县团风镇
红安县华家河镇
麻城市三河口镇
武穴市大金镇
浠水县绿杨乡

湖北省首批非遗特色村镇街区
黄梅县五祖镇
红安县七里坪镇长胜街

湖北省学雷锋活动示范点
黄州区赤壁街道建新社区

湖北省综合减灾示范社区(村)

龙感湖严家闸长青社区
浠水县散花镇叶家桥村
团风县杜皮乡杜皮咀社区
蕲春县张塝镇韩榜村
黄梅县大河镇香炉山村
英山县草盘地镇西洪村
武穴市梅川镇杨铺村
麻城市南湖街道万家堰社区
红安县高桥镇官木塘村
罗田县河铺镇兴旺社区
黄州区赤壁街道宝塔社区
团风县团风镇黄草湖村
团风县团风镇得胜桥村
武穴市梅川镇吴伏七村
罗田县白庙河镇牌形铺村
浠水县汪岗镇栗寺坳村

湖北省百佳社区居民委员会

黄州区东湖街道余家湾
红安县城关镇北门岗
罗田县凤山镇河东街
浠水县清泉镇凤栖山
蕲春县漕河镇傅畈
黄梅县黄梅镇西河桥
麻城市龙池街道园林
武穴市武穴街道下港

湖北省百佳村民委员会

黄州区陈策楼镇陈策楼村
团风县马曹庙镇朝阳山村
团风县杜皮乡雪山岭村
红安县高桥镇高楼村
红安县杏花乡百罗村
罗田县白庙河镇付家庙村
英山县金家铺镇龙珠村
英山县方家咀乡白羊山村
浠水县竹瓦镇朱店村
蕲春县檀林镇槐树村
黄梅县独山镇东观村
麻城市阎家河镇石桥垸村
麻城市木子店镇长岭关村
武穴市余川镇彭河村

湖北省最美城市公园

黄州区宝塔公园
黄梅县东禅公园

湖北省十大最美农村路

黄州区王李线
英山县茶叶谷旅游路

湖北省优秀建筑业企业

山河建设集团有限公司
湖北长安建设集团股份有限公司
赤东建设集团有限公司
湖北中浩建筑有限责任公司
海通建设集团有限公司
中建三局长江有限公司
湖北麻一建设有限责任公司

湖北省健康企业名单

湖北黄冈伊利乳业有限责任公司
红安娃哈哈饮料有限公司
马勒三环气门驱动(湖北)有限公司
中牧实业股份有限公司黄冈动物药品厂
湖北广济药业股份有限公司
麻城市众拓石业有限公司

湖北省平安工地示范名单

武汉新港唐家渡港区一类水运口岸工程项目

黄冈市先进集体

县(市、区)党政领导班子年度目标责任考核优胜单位

武穴市、麻城市、蕲春县

县(市、区)党政领导班子年度目标责任考核进步单位

武穴市、罗田县、红安县、黄州区

市直单位领导班子年度目标责任考核优胜单位

党群部门:市委办公室、市委组织部、市纪委监委机关、市委宣传部、市人大常委会办公室、市委政法委、市政协办公室、市委政研室、市委统战部、市委直属机关工委、市检察院、市委编办、黄冈广播电视台

政府部门:市政府办公室、市公安局、市生态环境局、市应急管理局、市卫健委、市农业农村局、市交通运输局、市财政局、市水利和湖泊局、市经信局、市城管执法委、市政府研究室、市住建局、市司法局、市教育局、市统计局、市乡村振兴局、市医保局

双管类单位:市消防救援支队、市税务局、市气象局、市烟草局、国家统计局黄冈调查队

金融类单位:农发行黄冈分行、农行黄冈分行、建行黄冈分行、黄冈农商行、中行黄冈分行、邮政储蓄银行黄冈分行

市直单位领导班子年度目标责任考核进步单位

党群部门:市工商联、黄冈广播电视台、市委机要和保密局、市科协、市残联

政府部门:市司法局、市商务局、市审计局、市农业农村局、市公共检验检测中心

双管类单位:省邮政公司黄冈分公司、市烟草局、市消防救援支队、市气象局

金融类单位:邮政储蓄银行黄冈分行、农行黄冈分行、建行黄冈分行

开发区(示范区)领导班子年度目标责任考核优胜单位

黄冈高新区、龙感湖现代农业示范区

经济社会发展十强乡镇(街道)

蕲春县漕河镇、黄梅县小池镇、黄州区赤壁街道、罗田县凤山镇、黄梅县黄梅镇、黄州区东湖街道、麻城市龙池桥街道、浠水县清泉镇、武穴市武穴街道、武穴市刊江街道

经济社会发展十快乡镇(街道)

武穴市四望镇、罗田县大河岸镇、红安县华家河镇、浠水县丁司垱镇、蕲春县管窑镇、团风县上巴河镇、英山县南河镇、黄梅县濯港镇、麻城市龟山镇、黄梅县独山镇

黄冈青年五四奖章

黄州区人民医院医学检验科
红安县公安局交通警察大队
湖北省宏源药业科技股份有限公司青年突击队
浠水县人民检察院青年"法治进校园"宣讲队
蕲春县纪委护航行动领导小组办公室
武穴市公安局网络安全保卫大队
谦益农业(湖北)有限公司公共事务中心
黄冈市人民政府办公室青年读书班

中铁大桥局五公司燕矶长江大桥青年突击队
中船重工黄冈贵金属有限公司银系列产品增产项目青年突击队
黄冈职业技术学院医药学院

黄冈五一劳动奖状

湖北科峰智能传动股份有限公司
索菲亚家居湖北有限公司
黄冈市园丁幼儿园
黄冈市园林绿化服务中心
湖北骏源豆制品股份有限公司
黄州区疾病预防控制中心
团风县卫生健康局
湖北鸿路钢结构有限公司
红安县农村公路管理局
湖北金马塑业有限公司
国药控股麻城有限公司
都市环保麻城水务有限公司
麻城市疾病预防控制中心
湖北均瑶恩赐天然矿泉水有限公司
英山县机关事务服务中心
湖北天堂水电股份有限公司
湖北大别山药业股份有限公司
浠水县科学技术和经济信息化局
国家税务总局浠水县税务局
湖北韩泰智能设备有限公司
湖北宏中药业股份有限公司
湖北蕲春鑫丰废旧家电拆解有限公司
湖北佰强钢材贸易有限公司
武穴市城市投资发展集团有限公司
武穴市实验高级中学
湖北鸿鑫化工有限公司
黄梅县财政局
湖北鄂旅投黄梅文化旅游投资开发有限公司
湖北铭宇水晶饰品有限公司
湖北申田新材料科技有限公司

黄冈市工人先锋号

湖北星晖新能源智能汽车有限公司电池车间
中粮家佳康(湖北)有限公司屠宰车间
中国移动通信集团湖北有限公司黄冈分公司家客集客班组
黄冈市博物馆群工部
中铁三局集团黄冈至黄梅铁路HHXO-2标项目部无砟轨道施工班组
黄冈大别山发电有限责任公司发展部项目组
国网黄冈供电公司输电运检分公司检修班
黄冈市环境卫生管理中心清洁服务公司
黄冈市中心医院康复医学科
黄冈市公共交通发展有限公司19路车队
中牧实业股份有限公司黄冈动物药品厂生产管理部
湖北大二互科技股份有限公司设备车间
黄冈爱尔眼科医院青白科
团风县公安局团风水陆派出所
湖北华扬科技发展有限公司微生态车间
湖北高德急救防护用品有限公司反光衣车间
红安县应急管理局红安县应急救援和保障服务中心
湖北立方建设工程有限公司工地施工组
国网红安县供电公司供电服务指挥分中心
国网麻城市供电公司城区供电服务站
湖北麻城市嘉丰石材有限公司石材加工车间
麻城市交通物流发展局市场监管股
湖北宏钊建材有限责任公司宏钊压制部
英山县九昇城乡发展投资集团有限公司黄砂站
湖北神力汽车零部件股份有限公司机加工车间
湖北英山云雾茶业股份有限公司眉茶精制加工车间
湖北中蓝宏源新能源材料有限公司锂盐主生产车间
罗田县公共交通公司8号公交线
罗田县疾病预防控制中心应急办
湖北威风汽车配件股份有限公司智能车间
湖北三行科技股份有限公司钣金车间
湖北新明珠绿色建材科技有限公司物流部
优彩科技(湖北)有限公司生产管理部
湖北天雄科技股份有限公司冲压班
蕲仁堂科技有限公司仓库打包组
湖北赛尚服饰集团有限公司服装定制智能制造生产线
湖北蕲春安捷物流有限公司安捷宿松车队
蕲春县东昌汽车运输有限公司华海旅行社
武穴市中小企业融资担保有限责任公司风控部
武穴市武黄湖生态渔业有限公司保洁队
武穴市民本矿产资源开发有限公司总工程办公室
国家税务总局武穴市税务局第一税务分局
湖北欧雷登显示科技有限公司工程设备部
黄梅县政务服务和大数据管理局不动产登记服务窗口
国网黄梅县供电公司供电服务指挥分中心
黄梅县城市供排水有限责任公司排水项目部
湖北云泰时代光学仪器有限公司众议达研发部
湖北亿诺瑞生物制药有限公司生产二部203车间
振天建设集团有限公司武汉高新二路项目部市政施工班组
湖北白莲河抽水蓄能有限公司水电分公司运行维护部

（资料来源：黄冈日报社）

逝世人物

佀合兴　原中共黄冈地委政法委副书记。男，汉族，中共党员，1929年1月出生，河南省清丰县人。1946年7月参加革命工作，1948年8月加入中国共产党。1991年8月离休，享受副厅级待遇。2022年12月21日因病医治无效在黄州逝世，享年94岁。

张　平　原黄冈地区林业局局长。男，汉族，中共党员，1930年3月出生，湖北省武穴市人。1949年5月参加革命工作，1950年12月加入中国共产党。1990年12月离休，享受副厅级待遇。2022年10月9日因病医治无效在黄州去世，享年93岁。

陈秀泓　原黄冈地区行署副专员。男，汉族，中共党员，1936年9月出生，江苏省南京市人。1960年4月参加工作，1959年4月加入中国共产党。历任黄冈地区机械厂厂长，黄冈地区工业局党组书记、局长，黄冈地区行政公署副专员，1998年10月退休。2022年12月28日因病医治无效在黄州去世，享年87岁。

（资料来源：市委老干部局）

责任编辑：胡文珍　刘　慧　**责任校对：**王　俊

组织机构及负责人名录

中国共产党黄冈市委员会

书　记　张家胜
副书记　李军杰
　　　　金　鑫
常　委　张家胜
　　　　李军杰
　　　　金　鑫
　　　　胡爱民
　　　　李初敏
　　　　董　波(挂职,2022.05止)
　　　　余友斌
　　　　何　飞
　　　　刘忠诚
　　　　赵建新
　　　　李　玲
　　　　王玺玮(2022.05止)
　　　　王亚凌(挂职,2022.06任)
　　　　荣先国(2022.08任)
秘书长　余友斌
副秘书长　刘君峰
　　　　刘应文
　　　　贺剑平
　　　　李小桂
　　　　张文杰
　　　　刘堂军
市委保密委员会专职副主任
　　　　吴文庆

市委工作机构

市委办公室

主　任　刘君峰
纪检监察组组长　段立志
副主任　陈　佳
　　　　付后裕

市委组织部

部　长　何　飞
常务副部长　朱凤娥
副部长　雷兴威
　　　　柳红梅
　　　　董全丽
纪检监察组组长　周　进
副部长　殷　惠

市委宣传部

部　长　李初敏
副部长　蔡志勇
　　　　童　俊
纪检监察组组长　王　文
副部长　陈李虹

市社会科学联合会

主　席　丁建怀
副主席　陈　磊

市委统一战线工作部

部　长　李　玲
副部长　郑涤尘
　　　　饶　彬
　　　　蔡　花
　　　　许正清
　　　　张以标

市委政法委员会

书　记　金　鑫
纪检监察组组长　罗红波
副书记　王西华
　　　　朱桂霞

市委政研室

主　任　盛飞泉
副主任　叶少华

市委外事办

主　任　夏　菁
副主任　朱学军
　　　　谢八一
　　　　张丽萍

市委机构编制委员会办公室

主　任　柳红梅
副主任　李新奇
　　　　贯新三

市委直属机关工作委员会

书　记　余友斌
常务副书记　张曙红
纪工委书记　杨新生
副书记　胡　盼
　　　　龚　雄

市委巡察办

主　任　商　林
副主任　叶小平
　　　　梅　欢

市信访局
局　长　　李小桂
副局长　　唐春江
　　　　　邓志祥
　　　　　李　波

市委老干部局
局　长　　雷兴威（兼）
副局长　　方晓霞
　　　　　何朝华

市委直属事业单位

市史志研究中心
主　任　　江　明
副主任　　张　进
　　　　　陈　军
　　　　　叶永清

市档案馆
馆　长　　罗　伟
副馆长　　黄　勇
　　　　　胡　岚

市委党校、市行政学院
校　长　　何　飞（兼）
院　长　　刘忠诚（兼）
常务副校（院）长　张　健
副校（院）长　吴敬秋
　　　　　张素瑜
　　　　　何为东

黄冈日报社
社　长　　叶大军
总编辑　　占焕军
副总编辑　何运林
　　　　　詹　钊
副社长　　姜焕勇

黄冈广播电视台
台　长　　王保国
总编辑　　胡　丹
副台长　　胡　伟
　　　　　朱鸿儒
　　　　　刘蕲武
　　　　　杨赛凤

湖北红安革命纪念地管理中心
书　记　　阮　璘
主　任　　刘晓军
副主任　　李银飞

黄冈市人民代表大会

主　任　　张社教
副主任　　詹旺民
　　　　　陈少敏（2022.01任）
　　　　　黄强胤（2022.01任）
　　　　　屈凯军（2022.01任）
　　　　　吴晓文（2022.01任）
　　　　　郭小野（2022.01任）
秘书长　　黄智敏（2022.01任）
副秘书长　陈念思
　　　　　江晓明
　　　　　李　文
　　　　　吴晓鹏
　　　　　杜　军
　　　　　姜　彬
纪检监察组组长　商鹏程

市人大常委会工作机构

办公室
主　任　　黄智敏
副主任　　刘　刚
　　　　　项志奇

研究室
主　任　　徐　锐
副主任　　杨志文
　　　　　明天娇

代表选举人事任免工作委员会
主　任　　涂杏华
副主任　　王立果

法制工作委员会
主　任　　江海松
副主任　　沈向阳

预算工作委员会
主　任　　余能华
副主任　　邓玲燕

信访室
主　任　　叶　芬

市人大各专门委员会

法制委员会
主任委员　詹旺民（兼）
副主任委员　江海松
　　　　　唐志红
　　　　　胡启旺

监察和司法委员会
主任委员　陈卫东
副主任委员　朱小平
　　　　　丁鸿鸣

财政经济委员会
主任委员　缪　丞
副主任委员　余能华
　　　　　殷义华
　　　　　段学枝

教育科学文化卫生民族宗教侨务外事委员会
主任委员　杨仕英
副主任委员　夏义春
　　　　　苏　玲

城建与环境资源保护委员会
主任委员　熊清海
副主任委员　吕　林
　　　　　王　婷

农业与农村委员会
主任委员　何　山
副主任委员　李　曙
　　　　　王建军

社会建设委员会
主任委员　吴秀梅
副主任委员　吴　罡
　　　　　陶孝平

黄冈市人民政府

市　长　　李军杰
副市长　　刘忠诚
　　　　　董　波（挂职，2022.06止）
　　　　　陈少敏（2022.01止）
　　　　　王玺玮（2022.06止）
　　　　　王亚凌（挂职，2022.06任）
　　　　　荣先国
　　　　　肖红娟（2022.01任）
　　　　　潘国林
　　　　　王文忠
　　　　　马艳舟（2022.01任）
秘书长　　蔡绪安
副秘书长　吴元西
　　　　　刘　斌
　　　　　叶自元
　　　　　何峰华
　　　　　杨立峰

市政府工作部门

市人民政府办公室

主　任　蔡绪安
纪检监察组组长　来小芳
副主任　李　欢

市发展和改革委员会

主　任　郭　鹰
副主任　王喜元
　曾晓东
　石志红

市教育局

局　长　何兰田
纪检监察组组长　王　林
副局长　瞿建新
　丁意辉
　皮建明

市科学技术局

党组书记　胡　华
局　长　熊　卫
副局长　秦志平
　欧文志
　胡　春

市经济和信息化局

局　长　刘　婷
副局长　田晓明
　冯　军
　朱亚平

市公安局

书记、局长　王文忠(兼)
副书记、副局长　徐正明
副局长　余延生
　曹幼松
　梅　军
纪检监察组组长　秦　盛
副局长　李　慧
政治部主任　雷　洪

市民政局

局　长　王凤华
副局长　肖　军
　汪福民

市司法局

局　长　董成钢
副局长　廖胜利
　董　昌
　叶　茂

市财政局

局　长　瞿　伟
纪检监察组组长　胡志勇
副局长　文秀丽
　郑　庆
　刘恩峰
　邓佑生

市人力资源和社会保障局

局　长　段炎山
副局长　艾福民
　胡楚君
　袁广文
　李友学
纪检监察组组长　王国平

市自然资源和规划局

局　长　彭文胜
副局长　江津民
　何正升
　张　越
　邓志群

市生态环境局

局　长　邓中麟
副局长　汪　凇
　周中元
　徐　胜
　唐国中

市住房和城乡建设局

局　长　李学军
副局长　杨石明
纪检监察组组长　尹春明
副局长　方林生
　何　华
　徐向华

市交通运输局

局　长　孙迎松
副局长　郑志武
　全晓耕
纪检监察组组长　田永忠
副局长　张　阳
　李　剑

市水利和湖泊局

局　长　吴愿明
副局长　詹汉彬
　肖寿文
　方建华
　张　胜
　刘君瑜

市农业农村局

局　长　闫　吉
副局长　凌家瑞
纪检监察组组长　吴　浩
副局长　李　伟
　蒋晓曼
　曹　慧

市商务局

局　长　肖红军
副局长　彭　波
　陈　旭
　黄　蔓
　周　密

市文化和旅游局

局　长　涂宝峰
副局长　王宝超
　王　萍
　程建华
　段　晶
　刘　海

市卫生健康委员会

主　任　李　刚
副主任　曾　勇
　胡红军
　张　凯
　戴纯清
纪检监察组组长　万焱元
副主任　范向阳

市退役军人事务局

局　长　黄智利
副局长　胡于松
　林国兵
　王　浩

市应急管理局

局　长　郭金城
副局长　胡剑峰
　王国防
　魏　军
　曹玉海

市审计局

局　长　余红志
副局长　郭教育
　周敦超

市政府国有资产监督管理委员会

主　任　刘千鸿
副主任　赵鸿雁
　钱志通
　李　武

市市场监督管理局
局　长　余水兵
副局长　石玉艳
纪检监察组组长　李学清
副局长　江金文
陈建军
陈兴旺

市统计局
局　长　胡朝晖
调查监测分局局长　夏建军
副局长　熊先化
周圣书
饶维学

国家统计局黄冈调查队
队　长　蓝耀春
副队长　龚争雄
邵　勇
纪检监察组组长　杨先发

市医疗保障局
局　长　袁国俊
副局长　陈志刚
管　鹏

市人民防空办公室
党组书记　游　伟
主　任　黄玉琴
副主任　甘　惠
易星明

市政府研究室
主　任　蔡　伟
副主任　胡立才

市乡村振兴局
局　长　董本汉
副局长　段文俊
程　舒

市地方金融工作局
书　记　江冠华
局　长　杨金叶
副局长　李拥军
范　琴

市林业局
局　长　骆明正
副局长　刘　涛
陈智化
张心玲
王　烈

市城市管理执法委员会
主　任　黄文浩
副主任　赵浚锋
童晓斌
贺群新
方焱平

市政务服务和大数据管理局
局　长　陈选明
副局长　周　炜
王　昕

市政府直属事业单位

市机关事务服务中心
主　任　丁　剑
副主任　万晓铭
占银安
翟又兵

市公共资源交易中心
主　任　周志华
副主任　杨光荣
郭彦震
赵　森
贺　翔

市招商服务中心
主　任　鲍红专
副主任　饶少阳
朱　慧
王仲良
张景平
严万彪

黄冈住房公积金中心
主　任　杨希杰
副主任　韩先华
宛林斌
齐慧琴
程万钧

市体育事业发展中心
党组书记　南策志
主　任　余　觅
副主任　王立新
汪　敏
王轶男

市公共检验检测中心
主　任　姜　宽
副主任　王　欣
潘俊宏
舒淑芬
何志诚
徐　海

中国人民政治协商会议黄冈市委员会

主　席　洪再林
副主席　王银芬（2022.01任）
何东英（2022.01任）
詹汉彬（2022.01任）
郭应虎（2022.01任）
黄玉琴（2022.01任）
詹才红（2022.01任）
周银芝（2022.01任）
夏志东（2022.01任）
蔡艮生（2022.01任）
秘书长　余　凡（2022.01任）
纪检监察组组长　王　斌
副秘书长　王　升
漆秋红
胡陆武
廖绍初
刘　畅
叶　广

政协各专门委员会工作部门

办公室
主　任　余　凡（兼）
副主任　张　森
张任南

研究室
主　任　詹建文
副主任　赵　超

委员工作委员会
主　任　陈　敬
副主任　李　敏

提案委员会
主　任　唐春江
副主任　李　文
廖永松
贺剑平（兼）
王梅春（兼）

经济委员会
主　任　查文胜
副主任　乐才平
吴拥军
蔡　花（兼）
余水兵（兼）
杨金叶（兼）

农业和农村委员会

主　任　程贵斌
副主任　何必武
凌建军
董本汉(兼)
熊　卫(兼)
曹　慧(兼)

社会法制和人口资源环境委员会

主　任　谢　兢
副主任　金琼莉
唐宏宁
程　华
黄智利(兼)
张　章(兼)

教科卫体委员会

主　任　徐大明
副主任　李益雄
颜胜兰
江　明(兼)
胡红军(兼)
覃玲琳(兼)

文化文史和学习委员会

主　任　余　赤
副主任　张新秀
兰　辉
秦龙志(兼)
张安岚(兼)

港澳台侨外事民族宗教委员会

主　任　孙新民
副主任　张洁玉
孙泽红

中共黄冈市纪律检查委员会
黄冈市监察委员会

市纪委书记、市监委主任
胡爱民
市纪委副书记、市监委副主任
尹胜利
田保成
施振宁
市纪委常委、巡察办主任
商　林
市纪委常委、市监委委员
周祥益
市纪委常委　刘　扬
市纪委常委、市监委委员
韩小毛
冯　健
市监委委员　柳　林
陈中华

黄冈市中级人民法院

院　长　文利红
副院长　熊晓明
姜立勇
纪检监察组组长　罗红波
副院长　程　兵
潘敬秋
政治部主任　吕子雄
副院长　倪志勇

黄冈市人民检察院

检察长　万　强
副检察长　赵加新
吴炳先
石　玲
政治部主任　邹才发

民主党派·工商联

民盟黄冈市委员会

主任委员　陈少敏
副主任委员　童保红
黄菊花
秦　媛
王惠斌

民建黄冈市委员会

主任委员　余　觅
副主任委员　吴晓鹏
孟志丹
倪志勇
瞿全胜

民进黄冈市委员会

主任委员　肖红娟
副主任委员　宋淑娟
周素梅
何启明
杨　飞

农工党黄冈市委员会

主任委员　詹汉彬
副主任委员　黄玉琴
王　升
冯　扬
黄　卫

市工商业联合会(总商会)

党组书记　蔡　花
主　席　李　果
副主席　龙　芒
向　东

群众团体

市总工会

主　席　李　玲(兼)
常务副主席　杨艳红
副主席　李均成
舒　展
曹钢城
范佳喜

共青团黄冈市委员会

书　记　张　章
副书记　洪　英
涂梦佳

市妇女联合会

主　席　张　敏
副主席　徐　菲
李　娟

市文学艺术界联合会

主　席　秦龙志
副主席　郑能新
徐列星

市科学技术协会

主　席　彭学海
副主席　吕　霞
熊心咏

市残疾人联合会

理事长　胡晓燕
副理事长　叶文青
邵　桦

市红十字会

常务副会长　李俊东
副会长　郭荣琳
专职监事长　吴海舟

市侨联

主　席　石　磊
副主席　胡文胜

其他单位

黄冈市消防救援支队

政治委员　刘　飞
支队长　李功全
副支队长　李奕芳
　徐洪波
　朱宏亮
　章伟鹏
副政治委员　刘崇发
政治处主任　孙　浩

省黄梅戏剧院

党委书记　彭学文
副书记、院长　张　辉
党委副书记　郑　斌
副院长　周　斌
　冯　浩

市赤壁管理处

主　任　徐冬梅
副主任　华光明
　李　林

遗爱湖风景区管理处

主　任　周金中

黄冈高新区管委会

主　任　涂　军
副主任　柯伟超
纪检监察组组长　张劲松
副主任　王梅春
　张　丹

黄冈临空经济区管委会

主　任　段汉国
纪检监察组组长　沈晓鹏
副主任　夏国民
　何青钢
　吴晓军

白莲河示范区管委会

主　任　陆续中
党工委副书记　龚志光
纪检监察工委书记　戴卫兵
副主任　王星驰
　郭金维
　万物春
　罗　兴

龙感湖国家级自然保护区管理局

局　长　李　林
副局长　张莹华
　陈国勋

湖北大别山国家级自然保护区管理局

局　长　陈智化
副局长　孔阳春
　漆　俊

黄冈大别山世界地质公园管理中心

主　任　高志峰

湖北金沙湖国家湿地公园管理处

主　任　冯兴潮
副主任　钟　坚
　李劲松
　秦清文

湖北浠水策湖国家湿地公园管理处

主　任　李　伟
副主任　陈智斌
　方志明
　万树春

湖北蕲春赤龙湖国家湿地公园管理处

主　任　胡宏辉
纪委书记　田　赟
副主任　张保国
　胡伟国
　杜　伟
　王　欣

市供销社

主　任　陶志斌
副主任　叶丹勇
　王晓虎

黄冈国有资本投资运营集团有限公司

董事长　胡胜新
总经理　程永富
副书记　石　艳
副总经理　刘云江
　陈　雄
　陈新斌
纪委书记　张红军

黄冈市融资担保集团有限公司

董 事 长　王　琳
副总经理　熊少军
　胡冯娇
纪委书记　史　哲

市水文局

局　长　杨仁华
副局长　何绍冰
　张　磊

市气象局

局　长　吴李霞
副局长　李相猛
纪检监察组组长　林　坤
副局长　陈光涛

市邮政管理局

局　长　王　宁
副局长　吴孝琴
　余　洁

中国邮政集团有限公司黄冈市分公司

总经理　张中生
副总经理　唐三强
　辛红辉
　易礼军

市烟草专卖局(公司)

局长、经理　张宏志
副局长、副经理　魏亚纯
副经理　曾　桑
副局长　石磊峰
纪检监察组组长　郑　伟

省无线电监测中心黄冈监测站

副站长　王亚芳

国家税务总局黄冈市税务局

局　长　金　明
副局长　黄永红
　李志刚
纪检监察组组长　谢　浩

人民银行黄冈中心支行

行　长　许　波
副行长　张晓峰
　吴怀国
　朱文胜
纪委书记　易　敏

黄冈银保监分局

局　长　徐　中
副局长　叶辉扬
　叶胜斌
纪委书记　苏红友

中国银行黄冈分行

行　长　方国森
副行长　张　强
　徐　倩
纪委书记　潘金柱

工商银行黄冈分行

行　长　伍先跃
副行长　廖　毅
　余红雨
纪委书记　王　彦
副行长　陈　晶

农业银行黄冈分行

行　长　别必科
副行长　张建群
　毛　佳
纪委书记　彭礼兴

建设银行黄冈分行

行　长　谢　伟
副行长　刘中桃
　朱洪波
　万旅章
纪检监察组组长　邢　辉

农业发展银行黄冈分行

行　长　王良勇
副行长　龚衢毅
　贺　奕
　凤　翔

邮政储蓄银行黄冈分行

行　长　熊乃乙
纪委书记、副行长　朱少平
副行长　黄凌云
　王继东

中国人保财险黄冈市分公司

总经理　蒋俊坡
副总经理　李志平
总经理助理　刘　畅
　丁康阳

中国人寿保险黄冈分公司

总经理　何　斌
副总经理　覃祥平
　杨全辉
总经理助理　刘佳群
　邓　璐

太平洋人寿保险黄冈中心支公司

总经理　肖　勇
总经理助理　熊　亮
　尹　腾
　汪祝思
　张广怀

太平洋财险黄冈中心支公司

党委书记、总经理　陈银桥
党委书记　张云荣
副总经理　石　涵
　余　跃
　李　帆

中国电信黄冈分公司

总 经 理　高家红
副总经理　范建明
　来　宏
　陈泽辉
纪委书记　孙年龙
副总经理　张　萌

中国移动湖北公司黄冈分公司

总 经 理　高　瞻
副总经理　江　强
　苏　胜

中国联合网络通信公司黄冈分公司

总 经 理　许　雪
副总经理　何　斌
　郑建华
　周　创
纪检监察组组长　李春清

中国铁塔股份有限公司黄冈分公司

总 经 理　王国宏
副总经理　马　军

国网黄冈供电公司

总 经 理　万　康
副总经理　李　伟
二级职员　李金恩
副总经理　舒新义
　陈建国
纪委书记　张　森
副总经理　郑志遥
　干　磊

中石化黄冈石油分公司

书　记　万兴威
经　理　张　播
副经理　丰　格
　陈　宁
　何　祥

中石油黄冈销售分公司

书记、执行董事　简念秋
副书记、总经理　刘正权
总会计师　王太晓
副经理　安长亮

高　校

黄冈师范学院

党委书记　陈向军
副书记、院长　漆昌柱
副书记　陈朝阳
　王基家
副院长　马志斌
　宋文生
　夏庆利
　胡国珍
纪委书记　胡　娟

黄冈职业技术学院

党委书记　田洪光
副书记、院长　姜安心
副书记、副院长　熊发涯
党委副书记　郑柏松
副院长　刘东山
纪检监察组组长　胡　燕
副院长　刘明涛
　陈全胜
　胡亚学

湖北省黄冈应急管理职业技术学院

党委书记　陈　红
副书记、院长　邹功平
副书记　杨红斌
纪委书记　蔡得利
副院长　宋绍合
　张向阳
　徐　宙
　曾　伟

黄冈科技职业技术学院

书　记　汤伯意
校　长　李友芳
副校长　蒋国璋
　丁　静
　董艳燕

黄冈市中等职业学校(集团)

党委书记　陈　红
副书记、校长　邹功平
纪委书记　蔡得利
副校长　程中东
　王　寻
　冯春明
　廖记格

黄冈师范学院继续教育学院

书　记　曹学锋

院　长　　吴定雪
副书记　　万志强
副院长　　范义富
　　　　　胡建新

黄冈职业技术学院继续教育学院
书记、院长　　周常青
副院长　　杨　帆
　　　　　张正超
　　　　　魏　鹏

县(市、区)

黄州区

中共黄州区委员会
书　记　　夏志东
副书记　　陈　风
　　　　　殷育红
常　委　　夏志东
　　　　　陈　风
　　　　　殷育红
　　　　　沈剑虹
　　　　　阮利红
　　　　　林　岚
　　　　　童文军
　　　　　张思路
　　　　　张竞平
　　　　　李　纲
　　　　　闻　静
　　　　　黄显军
　　　　　刘　宇

区人大常委会
主　任　　何志春
副主任　　徐惠群
　　　　　罗　霞
　　　　　杨平安
　　　　　王振江
　　　　　周宏波
　　　　　徐利民

区人民政府
区　长　　陈　风
副区长　　张竞平
　　　　　张思路
　　　　　徐晓燕
　　　　　许俊军
　　　　　王振林
　　　　　童承志
　　　　　罗　雁

政协黄州区委员会
主　席　　万小勇
副主席　　王立三
　　　　　许春梅
　　　　　邓建军
　　　　　胡晓辉

团风县

中共团风县委员会
书　记　　何永红
副书记　　胡　凯
　　　　　童国锋
常　委　　何永红
　　　　　胡　凯
　　　　　童国锋
　　　　　陈家兴
　　　　　郭国胜
　　　　　汪秀芬
　　　　　张　毅
　　　　　胡文中
　　　　　徐绪忠
　　　　　周建航

县人大常委会
主　任　　丁永忠
副主任　　丰雷霆
　　　　　黄菊花
　　　　　何耀清
　　　　　汪克俭
　　　　　欧济兵
　　　　　杨辉胜

县人民政府
县　长　　胡　凯
副县长　　郭国胜
　　　　　汪秀芬
　　　　　徐　林
　　　　　祁玉林
　　　　　彭　哲
　　　　　唐　宁
　　　　　叶青峰

政协团风县委员会
主　席　　丁　晗
副主席　　曹红生
　　　　　朱　帆
　　　　　李　文
　　　　　罗婧琳

红安县

中共红安县委员会
书　记　　刘堂军
副书记　　胡　广
　　　　　王映辉
常　委　　刘堂军
　　　　　胡　广
　　　　　王映辉
　　　　　高　伟
　　　　　余宏波
　　　　　梅　军
　　　　　杨　俊
　　　　　陈　威
　　　　　熊　谷
　　　　　熊孟元
　　　　　韩　琼
　　　　　阮　璘

县人大常委会
主　任　　张治祥
副主任　　高红英
　　　　　王辉军
　　　　　涂春生
　　　　　李国彬
　　　　　梅新文
　　　　　韩红卫

县人民政府
县　长　　胡　广
副县长　　高　伟
　　　　　杨　俊
　　　　　叶金容
　　　　　余品祥
　　　　　董　炜
　　　　　彭　杰
　　　　　秦良骥
　　　　　丁洪建(挂职)
　　　　　舒小安(挂职)

政协红安县委员会
主　席　　张凤珍
副主席　　刘美华
　　　　　姚福祥
　　　　　吴　昀
　　　　　秦觉飞

麻城市

中共麻城市委员会
书　记　　汪国兵
副书记　　裴永波
　　　　　冯　向
常　委　　汪国兵
　　　　　裴永波
　　　　　冯　向
　　　　　彭伍亚
　　　　　罗　俊

叶　旭
周　斐
程　伟
张　杰
潘　琪

市人大常委会
主　任　段　虎
副主任　吴怀高
阎中乐
肖裕明
陈　林
黄国元
伍　惠

市人民政府
市　长　裴永波
副市长　叶　旭
程　伟
张　星
陈　琪
田　涛(挂职)
于　婧(挂职)
洪为民
吴　静
王开伟

政协麻城市委员会
主　席　徐平权
副主席　凌建平
丁谷良
项双能
肖　昶
葛　娅

罗田县

中共罗田县委员会
书　记　郝爱芳
副书记　周　黎
王　波
县委委员　郝爱芳
周　黎
王　波
陈世龙
秦新平
段炎涛
熊　庆
张卫兵
张志刚
王成超
赵小虎
丰　峰
卫　松
胡凌海
叶锦明
邱常国
刘晓宇
刘　峰

县人大常委会
主　任　秦新平
副主任　陈　建
朱建荣
余　勇
胡　静
李帝武
张　军

县人民政府
县　长　周　黎
副县长　赵小虎
闫　常
张卫兵
王成超(挂职)
卫　松
胡凌海
叶锦明
刘晓宇
胡志林(挂职)
邹黎曙(挂职)
胡　桂(挂职)

政协罗田县委员会
主　席　陈世龙
副主席　方志东
何晓艳
周广才
张智文

英山县

中共英山县委员会
书　记　郑光文
副书记　王海霞
张春梅
常　委　郑光文
王海霞
张春梅
程水清
童　壁
张全斌
周　锋
贺志东
黄军文
陈德峰
刘德峰

县人大常委会
主　任　李　文
副主任　郑伦福
江光霞
万志勇
邬曙东
段水平
查海滨

县人民政府
县　长　王海霞
副县长　张全斌
陈德峰
黄　伟
李向阳
秦　孟
崔保田
陈　琼
王　俊

政协英山县委员会
主　席　卢　峰
副主席　伍　松
黄　泓
陈连佳
李　强

浠水县

中共浠水县委员会
书　记　付　宇
副书记　陈正红
王　祥
常　委　付　宇
陈正红
王　祥
时　扬(挂职)
张飞雄
林晓英
张明波
尹小军
汪湘云
柴晓峰
李国民
武　昭

县人大常委会
主　任　周祖胜
副主任　宋雪聪
南幼旺
王爱国
周尚武
黄建文
邓爱萍

县人民政府
县　长　陈正红
副县长　尹小军
高　磊（挂职）
时　扬（挂职）
汪湘云
夏　清
徐　敏
柯珍堂
孙维雄
曾文平
熊汉平

政协浠水县委员会
主　席　杨嘉国
副主席　方嗣兴
夏世清
胡　婷
汪　东

蕲 春 县

中共蕲春县委员会
书　记　胡安元
副书记　陈　丹
桂勇军
常　委　胡安元
陈　丹
桂勇军
何朝阳
毛红志
梅　军
陈　青
鲍晨辉
欧阳畅贤
杨振武
程桂君
杨　进

县人大常委会
主　任　蔡寿益
副主任　丁珍桃
张　勰
王国喜
徐焱明
陈启明
缪建华

县人民政府
县　长　陈　丹
副县长　何朝阳
欧阳畅贤
杨　进（挂职）
周素梅
丰洪波
周志刚
高金磊
李链稳
侯绍明（挂职）

政协蕲春县委员会
主　席　李国忠
副主席　陈大柱
郑维全
江　河
方　敏

武 穴 市

中共武穴市委员会
书　记　胡　昊
副书记　查　俊
王光华
常　委　胡　昊
查　俊
王光华
田　斌
叶国庆
董晓燕
晏哲锋
叶　林
文　辉
徐　楷
曹广库

市人大常委会
主　任　蔡　军
副主任　张国平
汤林超
徐　忠
李治先
陶玉平
虞凤仪

市人民政府
市　长　查　俊
副市长　晏哲锋
叶　林
胡新志
马　聪
田琦峰
付海强
江卫国
蔡　慧
张进华

政协武穴市委员会
主　席　夏志军
副主席　董学敏
叶丽萍
程小兵
张　颖

黄 梅 县

中共黄梅县委员会
书　记　刘欲晓
副书记　马　梁
周　明
常　委　刘欲晓
马　梁
周　明
车继彪
罗盘军
陈建新
钟　林
宋德友
徐　波
黄治冶
潘郭华
於小平

县人大常委会
主　任　欧阳水平
副主任　潘泽锋
费军广
李　磦
段丽芬
黄朝晖
郭昆鹏

县人民政府
县　长　马　梁
副县长　钟　林
於小平
陈永胜
张　玲
曹战利
王小恒
刘远征

政协黄梅县委员会
主　席　龚家雄
副主席　吴爱华
罗　军
邓解球
王学周

说明：名单收录截至2022年12月31日，在职县级以上党政群团机关、法院、检察院、金融、大专院校及民主党派等单位在职领导干部名单均由各单位提供。

文献选编

在市委六届五次全体会议暨市委经济工作会议上的讲话

中共黄冈市委书记　张家胜

（2022年12月27日）

今天召开市委六届五次全体会议暨市委经济工作会议。会议应到市委委员55名，实到市委委员48名，符合规定人数。有关方面负责同志和市第六次党代会部分代表列席会议。

这次全会的主要任务是，深入学习贯彻党的二十大精神和中央经济工作会议精神，认真贯彻落实省委十二届三次全体会议暨省委经济工作会议精神，审议《市委常委会2022年以来传达学习贯彻落实习近平总书记重要讲话和重要指示批示精神情况报告》；总结2022年全市经济工作，分析当前经济形势，部署2023年经济工作，为奋力谱写全面建设社会主义现代化国家黄冈篇章开好局起好步。

今天上午的会议有三项议程：一是我代表市委常委会，报告2022年以来传达学习贯彻落实习近平总书记重要讲话和指示批示精神情况；二是我就贯彻落实中央经济工作会议和省委十二届三次全体会议暨省委经济工作会议精神，做好我市经济工作讲几点意见；三是李军杰同志对明年经济工作进行安排部署。

首先，我代表市委常委会，报告2022年以来传达学习贯彻落实习近平总书记重要讲话和指示批示精神情况。这个报告已印发给大家，这里我作个简要说明，请同志们予以审议。

党的十八大以来，习近平总书记先后5次考察湖北，参加全国人大湖北代表团审议，作出一系列重要指示，为新时代湖北改革发展把脉定向、指路领航。市委常委会深入学习贯彻落实习近平总书记重要讲话和指示批示精神，推动全市改革发展稳定各项工作取得新进展、新成效。

一是建立健全学习贯彻机制，坚持不懈学懂弄通做实习近平新时代中国特色社会主义思想。建立健全传达学习机制。把学习习近平总书记重要讲话和指示批示精神作为市委常委会会议的第一议题，作为市委理论学习中心组学习的首要内容。市委常委会共安排38次会议、46个议题，市委理论学习中心组举行12次集体学习。建立健全调查研究机制。聚焦武汉都市圈建设、流域综合治理、企业上市、专项债券发行、安全生产等重大问题，召开市委专题会议34次、专家咨询座谈会12次，认真谋划高质量发展的思路举措，制定优化生育政策促进人口长期均衡发展、工业经济稳增长促发展等政策措施。建立健全督促检查机制。构建"任务分解、建账交办、督办落实、办理反馈"闭环落实机制，列账跟进督办党的十八大以来习近平总书记重要指示批示一百多件，做到件件有落实、事事有回音。

二是牢牢把握全年工作主题主线，扎实做好迎接党的二十大和学习宣传贯彻党的二十大精神各项工作。认真落实"疫情要防住、经济要稳住、发展要安全"重要要求，着力营造平稳健康的经济环境、国泰民安的社会环境、风清气正的政治环境。党的二十大召开后，市委常委会第一时间传达学习大会精神，研究部署学习宣传贯彻工作，召开全市传达学习会议，精心组织宣传宣讲和教育培训，分5期对1598名在职县级干部和乡镇党（工）委书记进行集中轮训，组建"两团多队""五路大军"全覆盖开展宣讲。系统谋划贯彻落实举措，召开市委六届四次全会，审议通过《中共黄冈市委关于认真学习宣传贯彻党的二十大精神的意见》，持续兴起学习宣传贯彻热潮。

三是全面对标对表狠抓落实，一丝不苟推动习近平总书记重要讲话和指示批示精神在黄冈落地生根。深入学习贯彻习近平总书记关于推动经济平稳健康发展重要要求，全力推进工业强市、产业兴市，以强县工程为抓手推进乡村振兴，深化重点领域和关键环节改革，着力优化营商环境，奋力推动黄冈高质量发展。深入学习贯彻习近平总书记关于科技自立自强重要要求，着力构建以企业为主体、市场为导向、产学研用深度融合的创新体系，加快建设科技强市。深入学习贯彻习近平总书记关于增进民生福祉重要要求，加快发展社会事业，增加普惠性服务供给，推进巩固拓展脱贫攻坚成果同乡村振兴有效衔接，努力创造老区人民美好生活。深入学习贯彻习近平总书记关于生态文明建设重要要求，统筹山水林田湖草系统治理，持续打好蓝天、碧水、净土保卫战，着力打造人与自然和谐共生的美丽黄冈。深入学习贯彻习近平总书记关于基层治理重要要求，深化党建引领基层治理，有序推进资源服务平台下沉，广泛开展美好环境与幸福生活共同缔造，扎实推进市域社会治理现代化。

四是坚持和加强党的全面领导，以永远在路上的坚定与执着推动全面从严治党向纵深发展。深入学习贯彻习近平总书记关于全面从严治党重要讲话和指示批示精神，坚决落实新时代党的建设总要求，扛牢管党治党政治责任，持之以恒推进全面从严治党。深入推进党风廉政建设和反腐败斗争，加强对“一把手”和领导班子监督，保持惩治腐败高压态势，持续营造风清气正、干事创业的良好政治生态。

下面，我就贯彻落实中央经济工作会议精神和省委十二届三次全会暨省委经济工作会议部署，做好我市经济工作，讲五点意见。

一、切实把思想和行动统一到党中央决策部署和省委工作要求上来

12月15日至16日，中央经济工作会议在北京举行。习近平总书记在会上发表重要讲话，全面总结今年经济工作，系统回顾新时代十年我国经济发展的伟大成就，深入分析当前国内国际经济形势，对明年经济工作作出重大部署，精辟阐述了事关我国经济社会发展的重大理论和实践问题，丰富和发展了习近平经济思想，为做好明年经济工作指明了前进方向、提供了根本遵循。12月22日，省委十二届三次全会暨省委经济工作会议总结了2022年全省经济工作，部署了2023年全省经济工作。我们要全面学习领会，一丝不苟地推动党中央决策部署和省委工作要求在黄冈落地见效。

学习领会中央和省委经济工作会议精神，要着重把握好以下几点：一是要深刻领会把握新时代十年我国经济社会发展取得的历史性成就，更加深刻领悟“两个确立”的决定性意义，增强“四个意识”、坚定“四个自信”、做到“两个维护”，更加紧密团结在以习近平同志为核心的党中央周围，风雨无阻向前行；二是要深刻领会把握党中央和省委对当前经济形势的科学判断，用全面、辩证、长远的眼光看待形势变化，进一步坚定发展信心，保持发展定力，发扬斗争精神，主动担当作为，依靠顽强斗争打开事业发展新天地；三是要深刻领会把握党中央和省委关于明年经济工作的总体要求，坚决扛起稳定经济大盘的政治责任，坚持稳字当头、稳中求进，科学制定经济发展主要目标，自觉把“六个统筹”贯穿到经济社会发展全过程各方面，推动经济实现整体好转、风险得到有效管控、社会大局保持稳定；四是要深刻领会把握党中央和省委关于明年经济工作的部署安排，锚定高质量发展首要任务，从扩大国内需求、加快建设现代化产业体系、落实“两个毫不动摇”、吸引和利用外资、有效防范化解重大经济金融风险等方面入手，纲举目张做好经济工作；五是要深刻领会把握党中央和省委关于加强党对经济工作领导的重要要求，不断提高领导经济工作的能力和水平，充分调动各方面积极因素，以新气象新作为推动高质量发展取得新成效。

二、关于今年经济工作和当前经济形势

今年以来，在党中央和省委正确领导下，全市上下认真贯彻“疫情要防住、经济要稳住、发展要安全”的重要要求，积极应对产业链供应链不畅、疫情多点反复、罕见高温干旱等超预期因素影响，攻坚克难，团结奋斗，经济社会发展取得了新的成效。经济运行稳中有进。前三季度，GDP增速居全省第5位，连续5个季度保持在全省第一方阵；截至11月，规上工业增加值、固投、社零等主要经济指标增速持续保持快于全省、稳中有进的良好势头。发展质效不断提升。全市新增“四上”企业个数突破一千家，其中，规上工业企业新增、净增个数均居全省第3位。入选省级以上专精特新“小巨人”企业数量居全省第4位。强大包装成功上市，宏源药业顺利过会，打破了黄冈连续22年无企业上市的困局。动能转换加速推进。截至11月，全市新签约、新开工、新入库项目数量和投资额均创历史新高，成功招引百亿项目5个，实现历史性突破。民间投资增长25.8%，工业投资增长44.4%，工业技改增长12.1%。改革开放持续深化。“放管服”改革不断深化，市属国有企业改革扎实推进，以高新区为主体整合市区园区改革取得突破性进展；围绕对接共建武汉都市圈，黄黄高铁开通运营，燕矶长江大桥、G347等硬联通项目加快建设。改善民生成绩斐然。截至11月，城镇新增就业6.6万人，新建成义务教育学校14所、增加学位2.28万个。深入开展党员干部下基层察民情解民忧暖民心实践活动，推动解决群众急难愁盼问题2.87万个。

在外部环境复杂、宏观经济下行、区域竞争激烈的背景下，能够取得这样的成绩来之不易，值得倍加珍惜。同时，我们也要清醒看到，当前经济运行还面临企业经营成本上升、房地产市场持续低迷、接触性服务业恢复不快等问题和隐忧，部分县市财政运转困难，部分项目因市场因素影响没有达到预期进度等。我们要坚定信心、正视问题，认真复盘总结一年来经济工作中行之有效的成功做法，在今后工作中不断坚持和完善，不断取得新的更大成效。

做好明年的经济工作，我们必须准确把握当前经济形势。从经济运行趋势看，受复杂严峻国际环境和持续疫情影响，需求收缩、供给冲击、预期转弱三重

压力仍然较大，但我国经济韧性强、潜力大、活力足，长期向好的基本面没有变，随着各项政策效果持续显现，明年经济运行有望总体回升。从宏观政策走势看，围绕做好明年经济工作，中央经济工作会议明确了一系列推动经济发展的财政政策、货币政策、产业政策、科技政策和社会政策，必将大力提振市场信心，有力促进经济发展。同时，随着疫情防控政策措施的优化调整，流行高峰平稳渡过后，影响市场和企业生产经营的系列困难问题将得到极大缓解，经济运行将加速回归常态。从自身发展态势看，今年以来，我市经济运行持续向好的态势不断巩固，稳增长的基础不断夯实，经济发展进入提速换挡期。但发展不平衡不充分、"工业腿短"突出、产业层次偏低、产业链培育不足、县域经济整体实力不强等影响经济质量变革、效率变革、动力变革的深层次问题仍比较突出。

总的来看，当前黄冈正处在四期叠加的有利时机，即：经济运行提速换挡期，主要经济指标保持较快增长，成功实现由长期拖全省后腿向为全省大局做贡献的转变，经济发展正在跨入量质齐升的新赛道。重大战略机遇叠加期，随着长江经济带高质量发展、长江中游城市群建设、促进中部地区崛起、支持革命老区振兴发展等国家战略的深入实施，特别是省第十二次党代会部署大力发展以武鄂黄黄为核心的武汉都市圈，给黄冈经济社会发展带来了一系列重大机遇，各种政策红利将持续释放。发展格局重构窗口期，武汉新城、花湖机场的建设，将为黄冈实现市域发展空间布局优化重塑，全面融入武汉都市圈，打造内陆开放新高地带来全新机遇。动力变革瓶颈突破期，去年以来，我们坚持以思想破冰引领发展突围，全市各级各部门在发展理念、发展方式上发生了深刻变化，在产业发展、招商引资、项目建设、科技创新、营商环境等方面取得了明显成效，推动高质量发展的新理念、新动能正在发力见效。面对千载难逢的机遇、千帆竞发的态势、千钧负重的责任，我们必须用新时代发展要求审视自己，用强烈的忧患意识警醒自己，用奋勇争先的精神激励自己，保持战略定力，坚定必胜信心，危中寻机、化危为机，奋力保持经济运行稳中向好态势，不断谱写新时代黄冈高质量发展新篇章。

三、关于明年经济工作的总体思路

明年是贯彻落实党的二十大精神的开局之年，是贯彻落实省第十二次党代会和市第六次党代会部署的关键之年，做好明年经济工作至关重要。总体要求是：以习近平新时代中国特色社会主义思想为指导，全面贯彻落实党的二十大精神和中央经济工作会议精神，深入贯彻习近平总书记关于湖北工作的重要讲话和指示批示精神，落实好省第十二次党代会和市第六次党代会部署，坚持稳中求进工作总基调，完整、准确、全面贯彻新发展理念，着力推动高质量发展，更好统筹疫情防控和经济社会发展，更好统筹发展和安全，全面深化改革开放，大力提振市场信心，把实施扩大内需战略同深化供给侧结构性改革有机结合起来，扎实做好强信心、稳增长、防风险、推改革、惠民生各项工作，推动经济运行整体好转，实现质的有效提升和量的合理增长，加快建设武汉都市圈重要功能区，为奋力谱写全面建设社会主义现代化国家黄冈篇章开好局起好步。

做好明年经济工作，必须把握好以下几个关键问题。

第一，必须更加突出高质量发展这一首要任务。发展是党执政兴国的第一要务，任何时候都不可偏废、不能松懈。现阶段，发展不充分是黄冈的主要矛盾，是我们最突出的短板。在新的征程上，我们必须保持经济量的合理增长，而且要高于全省平均增长速度，才能逐步缩小差距、赶超跨越。要在全市上下持续营造向发展聚焦、为发展开路、以发展论英雄的鲜明导向和浓厚氛围，在"稳"的基础上付出最大努力、实现最有效的"进"。同时，新阶段我们要的是高质量发展，而不是粗放的、低效的增长。必须完整、准确、全面贯彻新发展理念，从单纯追求规模和速度转向追求质量和效益，不断塑造新的竞争优势，实现更高质量、更有效率、更加公平、更可持续、更为安全的发展。

第二，必须更加突出提振市场信心这一重要抓手。今年中央经济工作会议反复强调"信心"问题，明确提出要大力提振市场信心，从改善社会心理预期、提振发展信心入手，做好经济工作。当前，我们所面临的内外部环境严峻复杂，市场信心总体不足，特别是三年疫情之下，群众消费需求疲软，市场主体投资信心不足。随着疫情防控政策的优化调整，以及国家一系列宏观政策综合发力，明年经济发展的预期明显向好，市场信心将得到有效提振。我们要因势利导，团结带领广大市场主体和全市干部群众增强信心、奋力拼搏，切实把恢复和扩大消费摆在优先位置，把扩大内需同供给侧结构性改革有机结合起来，加速释放经济活力，有力推动全市经济整体性好转。

第三，必须更加突出打造武汉都市圈重要功能区这一目标引领。打造武汉都市圈重要功能区，是省委赋予黄冈的重大使命任务，是未来一个时期黄冈发展的目标定位。我们要全面对标落实武汉都市圈发展战略、目标任务，充分发挥黄冈发展空间充足、人力资源充沛、自然生态良好、人文历史厚重等比较优势，借势借力武汉光谷新城、鄂州花湖机场等核心动能，着力优化市域发展格局，着力提升黄冈在武汉都市圈中的能级，加速主城崛起，加快全域振兴，推动"三城、四基地"建设尽快成势见效，为武汉都市圈高质量发展和建设全国构建新发展格局先行区作出应有贡献。

第四，必须更加突出以流域综合治理统筹四化同步发展这一实施路径。推进以流域综合治理为基础的四化同步发展，是省委立足新发展阶段，完整、准确、全面贯彻新发展理念，探索以四化同步发展推进中国式现代化的具体行动。黄冈是水利大市，集一江六水、百湖千库于一域，推动以流域综合治理为基础的四化同步发展，既是目标、也是路径，既管当前、又管长远。我们要认真贯彻全省流域综合治理和统筹发展规划纲要精神，高标准高水平抓好市级规划编制实施，项目化、清单化、节点化推动规划落地落实，努力走出一条安全底线更加稳固、四化同步更有成效的黄冈高质量发展新路子。

第五，必须更加突出构建现代化产业体系这一主攻方向。当前，我市高质量发展的最大短板在产业，最大潜力也在产业，必须坚定不移走好工业强市、产业兴市之路，打好产业基础高级化、产业链现代化攻坚战。要坚持传统产业转型升级、新兴产业培育壮大“双轮驱动”，深入对接全省“三高地两基地”建设和五大重点产业集群，以协同配套做大产业规模，以科技创新引领产业升级，着力构建符合黄冈实际、具有比较优势的现代化产业体系，挺起高质量发展的坚实“脊梁”。

第六，必须更加突出以人民为中心这一发展思想。以人民为中心的发展思想，集中体现了我们党的根本宗旨和初心使命，是做好新时代经济工作的重要原则。我们要始终坚持人民至上，坚持共建共治共享理念，统筹办好普惠性、基础性、兜底性民生实事，运用共同缔造理念和方法更好满足多层次多样化民生需求，以更有温度的民生答卷标注高质量发展的新高度，朝着共同富裕的宏伟目标稳步迈进。

四、关于做好明年经济工作的切入点和发力点

做好明年经济工作，要站位全局、服务大局，找到找准结合点、切入点、发力点。重点抓好七个方面工作。

一是要全力以赴稳增长、稳预期。稳增长不仅是经济问题，也是政治问题。我们要把稳增长放在更加突出位置，把扩投资和促消费结合起来，把扬优势和补短板结合起来，把抓当前和利长远结合起来，突出做好稳增长、稳就业、稳物价工作，保持全市经济社会发展良好势头。要抓实现有增长点。持续释放稳住经济“一揽子”政策措施红利，用好用足各类降本减负政策措施，加强用工、用地、融资等要素保障，集中资源优先保障产业链供应链稳定，全力支持重点产业、重点企业扩大产能、稳健发展，以现有增长点的稳固来稳住全市增长面。要培育新增长点。持续用力推进“数字赋能、技改提能、制造焕新”，大力实施产业基础再造、产业链提升、数字经济跃升等工程，不断释放新的产能，形成新的增长点。要加强经济运行调度。紧盯重点指标、重点企业、重点行业、重点地区，科学调度、精准施策，强化过程管控、结果管控，以周保月、以月保季、以季保年。

二是要多措并举扩投资、促消费。当前，总需求不足是经济运行面临的突出矛盾，也是市场主体感受最为直接的困难。要积极扩大有效需求，充分发挥投资的关键作用和消费的基础作用，为经济发展注入新动力。要持续扩大有效投资。发挥政府性投资的杠杆作用，紧盯新兴产业、基础设施、公共服务等重点领域，用足用好政府专项债资金，撬动更多民间投资。谋深做实项目储备，抓牢抓实重点项目，全力做好服务保障工作，推动谋划项目早落地、新上项目早开工、竣工项目早投产，尽快形成实物工作量。进一步完善招商引资项目落地机制，紧盯实际到位资金这个关键核心指标，追求实实在在的投资、实实在在的税收、实实在在的发展。要持续提振消费。多渠道增加城乡居民收入，加快批零住餐等传统消费提质升级，推动住房、新能源汽车、绿色家电等大宗消费稳步提升，促进养老、教育、医疗、文化、体育等服务性消费加快发展。特别是要抓住住房消费这个重点，多策并举，改善预期，支持刚性和改善性住房需求，增加保障性租赁住房和共有产权房有效供给，解决好从事基本公共服务人员住房问题，加快推进老旧小区改造和城市更新。

三是要聚焦产业抓创新、强链条。开展科技创新提能行动。当前，我市R&D经费投入占GDP比重仅1%，规上工业企业建有研发机构的仅占1/3，产业链与创新链融合还远不够。要坚定不移以技术创新为主攻方向，加快建立完善以企业为主体、市场为导向、产学研用深度融合的技术创新体系，有效提高科技成果转化和产业化水平。高标准建设光谷科创大走廊黄冈功能区，做实用好光谷黄冈科技产业园、离岸科创中心等平台，吸引更多创新要素向黄冈聚集。开展主导产业提升行动。扎实推进工业强市，突出强龙头、补链条、聚集群，促进光电子信息、生命健康、高端装备制造等战略性新兴产业“幼苗成大树”，促进绿色建材、农产品加工等传统优势产业“老树发新芽”，突破性发展绿色能源产业，着力打造一批千亿级、五百亿级、百亿级产业集群梯队。开展现代服务业提质行动。依托花湖机场物流枢纽，突破性发展以供应链管理为核心的生产性服务业，引入智慧物流、商贸会展、供应链金融等高附加值产业，以供应链现代化带动产业链现代化。大力发展医疗健康、养老育幼、文化旅游等生活性服务业，推动服务业提质增效。

四是要坚定不移强县域、促振兴。坚持以强县工程为抓手，加快推进以县城为重要载体的就地城镇化和以县域为单元的城乡统筹发展，促进农民增收，推进乡村振兴。要着力推动县域经济发展。支持各县（市、区）按照规模化、集群化、集约化方向，大力发展特色产业，改造升级传统产业，积极培育新兴产业，形成主导产业突出、竞争优势明显的县域经济发展格局。要着力提升县城功能品质。坚持空间拓展与功能提升并重、产业发展与城市建设共融，加强县城规划建设管理，不断提升县城教育、医疗、文化等公共服务水平，增强县城功能品质和综合承载能力。要着力推进乡村振兴。始终坚持农业农村优先发展，稳定粮食生产，夯实农业底盘，持续巩固拓展脱贫攻坚成果。下大力气做好农业产业化这篇文章，全

产业链发展十大农业重点产业链。做好“接二连三”文章，鼓励发展农旅融合、乡村旅游、直播带货等新业态新模式，增强农村发展内生动力。

五是要持之以恒推改革、优环境。围绕更好发挥政府作用以使市场在资源配置中起决定性作用，推动改革开放和高质量发展深度融合、高效联动。要以控制成本为核心优化营商环境。做实“一个窗口”，整治“体外循环”“隐形审批”，推进政务服务标准化、规范化、便利化。以工程项目建设审批制度改革为切入点，深化“放管服”改革，完善“助企惠民政策”直达机制，着力降低企业制度性交易成本。要深化重点领域和关键环节改革。坚持市场化改革方向，加强要素市场化配置改革，加快建设高标准市场体系。全面落实“两个毫不动摇”，深化国资国企改革，加快完善现代公司治理；依法保护民营企业产权和企业家权益，从政策和舆论上支持民营经济和民营企业发展壮大。要加快构建内陆开放新高地。深度参与共建武鄂黄黄国际综合交通枢纽和湖北航空客货运“双枢纽”，加强与黄石、鄂州、九江等跨江跨区合作，不断增强贸易功能、服务功能、开放功能。培育引进外贸龙头企业，组织企业“组团”出海，抢占海外市场。

六是要千方百计惠民生、增福祉。坚持在发展中保障和改善民生，坚持尽力而为、量力而行，采取更多惠民生、暖民心举措，不断实现人民群众对美好生活的向往。要强化就业优先政策，健全就业公共服务体系，促进高质量充分就业，千方百计提高城乡居民收入，着力促进农民等低收入者增收，不断缩小收入差距、城乡差距，让发展成果更多更公平惠及人民群众。要紧紧抓住群众最关心最直接最现实的利益问题，统筹做好教育、医疗、养老、育幼等各方面工作，解决好群众急难愁盼问题，健全社会保障体系，兜牢兜实民生底线。要统筹生产、生活、生态三大空间布局，坚持在保护中发展、在发展中保护，协同推进降碳、减污、扩绿、增长，努力建设人与自然和谐共生的美丽黄冈。

七是要守牢底线防风险、保安全。安全是发展的前提，发展是安全的保障，二者犹如车之双轮、鸟之两翼，不可偏废。要有效防范化解经济金融风险。扎实做好保交楼、保民生、保稳定各项工作，坚持法治化市场化为原则，“一城一策”“一楼一策”防范化解房地产领域风险，确保房地产市场平稳发展。加强对金融领域的监管，压实各方责任，及时摸排化解潜在风险隐患，严厉打击非法集资、涉众金融、电信诈骗等金融领域违法犯罪行为，防止出现区域性系统性金融风险。防范化解地方政府债务风险，坚决遏制增量、化解存量，坚决杜绝新增隐性债务上新项目、铺新摊子。要有效防范社会领域重大风险。做好新阶段疫情防控工作，按照“压峰缓疫、快处减损”工作策略，因时因势优化疫情防控措施，推动工作重点由“防感染”转到“保健康、防重症”，确保平稳转段，顺利渡过流行期。统筹抓好安全生产、防汛抗旱、森林防火、综治维稳等工作，加快推进市域社会治理现代化，加强疾控体系、公共卫生体系和应急管理体系建设，千方百计守护人民群众安全健康。

五、加强党对经济工作的领导，凝聚高质量发展的强大合力

加强党的领导，是做好经济工作的根本保障。各级党委(党组)要切实扛起抓经济工作的政治责任，把准方向，提升能力，攻坚克难，团结奋斗，创造性抓好党的二十大精神和党中央、省委关于经济工作部署的贯彻落实。

一是要持续强化加快发展的政治责任。加快发展是全市上下共同的政治责任。各地各部门要进一步提高政治判断力、政治领悟力、政治执行力，善于用政治眼光观察和分析经济社会问题，善于从讲政治的高度思考和推进经济工作，以贯彻落实党中央重大决策部署的实际行动坚定捍卫“两个确立”、坚决做到“两个维护”。各级领导干部要守土有责、守土担责、守土尽责，以奋发有为的精神状态和“时时放心不下”的责任意识做好经济工作，以实绩论英雄，以实干促发展，干出不负时代、不负人民的精彩业绩。

二是要持续提升抓经济工作的能力水平。各级领导干部要学懂弄通做实习近平经济思想，学习好、贯彻好、运用好贯穿其中的认识论、方法论，不断提高领导经济工作的政治能力、战略眼光、专业水平。要加强对发展大局大势的研判和把握，牢牢把握工作主动权，着力增强抓经济工作的系统性、专业性、前瞻性，努力成为行家里手、内行领导。

三是要持续完善狠抓落实的制度机制。各级领导干部要把抓落实作为开展工作的主要方式，把更多精力用在抓发展抓项目上来，把功夫下到抓深入、抓具体、抓落实上，以上率下抓落实，雷厉风行抓落实，只争朝夕抓落实。要始终保持“拼抢实”的状态和作风，点对点、实打实、硬碰硬推动各项工作落地见效。要树立正确政绩观，敬畏历史、敬畏文化、敬畏生态，多做打基础、利长远、赢未来的实事好事，少搞看着热闹、没有实效的表面文章，坚决杜绝形象工程、政绩工程。

四是要持续营造干事创业的浓厚氛围。牢牢把握团结奋斗的时代要求，最大限度把各方面的智慧和力量凝聚起来，最大限度把人民群众的积极性、主动性、创造性发挥出来，切实让干部敢为、地方敢闯、企业敢干、群众敢首创。要不断完善容错纠错机制和干部实绩考核体系，树立重实干、重实绩、重担当的鲜明导向，为负责者负责，为担当者担当，为干事者撑腰，进一步激扬正气、激励担当、激发活力。

做好明年经济工作任务艰巨、责任重大。我们要坚持以习近平新时代中国特色社会主义思想为指引，踔厉奋发、勇毅前行，锐意进取、扎实工作，努力完成明年经济社会发展各项任务，加快建设武汉都市圈重要功能区和全国革命老区绿色发展示范区，为湖北建设全国构建新发展格局先行区作出更大贡献！

政府工作报告

黄冈市第六届人民代表大会第二次会议通过

黄冈市人民政府市长　李军杰

（2023年1月5日）

现在，我代表市人民政府向大会报告工作，请予审议，并请市政协委员和列席人员提出意见。

一、2022年工作回顾

过去一年，在市委坚强领导下，我们以习近平新时代中国特色社会主义思想为指导，全面贯彻落实党中央国务院和省委、省政府决策部署，积极应对经济下行和多重超预期冲击，经济发展稳中向好，社会事业全面进步。

*有力应对多难局面。*面对疫情多地散发、持续反弹的严峻局面，在市委正确领导下，我们因时因势优化防控措施，团结带领全市广大干部群众发扬斗争精神，顽强拼搏，以最小代价实现最大防控成果，尽最大努力实现经济、就业、稳定等多重目标动态平衡。面对历史罕见特大旱灾，坚持科学调度，在优先保障群众生活饮水前提下，实现大旱之年粮食丰收。大力推进农村平交路口安防设施建设，交通亡人事故比上年下降29.6%。推进"人物技"同防，安全事故比上年下降20.5%。山区居民烤火中毒、城区易涝点积水等群众反映强烈的问题得到有效解决。落实保交楼、保民生任务，多措并举化解恒大、蔷薇国际等房地产项目风险。

*推动经济承压前行。*落实稳经济一揽子措施，分行业制定针对性政策，深化"千人进千企"，推动市场主体降本增效。全市减税降费59.9亿元，贷款降息8.3亿元。坚定不移推进专业招商，新签约项目个数增长42.1%，到位资金额增长21.3%，成功引进5个百亿项目。能源投资成为生力军，在建新能源项目总投资415亿元，居全省第一位。麻城百万千瓦新能源基地一期投产，平坦原、紫云山、魏家冲抽水蓄能开工，华电武穴、大别山电厂三期纳入全省新增煤电规划。新增"四上"企业1000家，新入库项目1783个，增量拉动效应明显。大别山电厂、李时珍医药集团产值过50亿元，祥云集团超百亿、实现百亿级工业企业零的突破。科技型企业迅猛发展，专精特新企业达到163家，数量居全省第四位。高新技术企业净增200家以上、总数突破700家，实施技改项目402个，发展动能明显增强。1至11月，工业、社零、投资等主要指标保持快速增长、全面进位，信贷、用电、收入等关联指标协调增长，经济运行稳健向好。预计全年GDP增长6%左右、增速保持全省前列，总量有望达到2800亿元。预计规上工业增加值增长12%左右、固投增长17%左右、招商引资到位资金680亿元，均超年度目标。

*推动区域协同发展。*在市委直接领导下，立足全局和长远，科学谋划武汉都市圈黄冈功能区建设，系统制订城市发展战略，编制国土空间规划、流域综合治理和统筹发展规划，划定"三区三线"，对全域发展方向、重点和路径统筹更加有效。加快推进同城化，黄黄高铁开通运营，燕矶长江大桥、武红高速、G347等硬联通项目加快建设，鄂黄长江大桥9座及以下客车实现免费通行。与东湖高新区共建的光谷黄冈科技产业园启动二期项目，与省联投共建的智能科技产业园开工建设。引进三利谱偏光片、TCL智能制造产业园等产业同链项目57个。人福药业试产。临港新城综合码头开港运营，智慧农博城、顺丰冷运中心等开工建设。启动东坡赤壁片区起步区建设。

*加快推进改革创新。*深化"放管服"改革，800个高频事项实现最多跑一次，98%的政务服务事项一网通办。创新设立信贷风险补偿金和企业"白名单"制度，为401家困难企业担保贷款30.6亿元。实行经营性资产集中管理，推进市属国有企业改革，组建黄冈国投公司。以黄冈高新区为主体，改革整合市区园区。5个省级开发区完成扩区调区，4个化工园通过全省合规认定核查。强大包装在香港联交所成功上市，宏源药业过会，年内新增2家上市公司。入选全国政府采购支持绿色建材试点。组建大别山网红学院，成功举办首届燕儿谷乡村振兴助农大直播、黄冈优品直播带货大赛。承办农民丰收节湖北主会场活动。麻城开通中韩铁海联运石材专列，英山茶叶中欧班列首发。外贸进出口额突破百亿。

*社会事业协调发展。*城镇新增就业6.6万人，养老、医保、救助等社会保障体系实现全覆盖。全面落实城乡低保、特困供养、临时救助、残疾人"两项补贴"，发放社会救助金15.02亿元。改造老旧小区561个，适老化改造1761户。探索租购并举，为4978名从事基本公共服务人员解决住房困难。新增学前教育学位8570个、义务教育学位2.28万个。市妇幼创建三甲医院，三级综合医院达到7家。"323"健康问题攻坚行动扎实推进。创文创卫成效明显，通过国家卫生城市

评审。启动长征国家文化公园英山园区建设。落实防止返贫动态监测和帮扶机制，35048名“三类对象”消除返贫致贫风险。前三季度，城乡居民收入分别增长7.3%、9.3%，增速居全省第三、第二。统筹推进乡村发展、乡村建设、乡村治理，启动20个乡村振兴示范片区建设，“四好农村路”省级示范市创建通过验收。推进水利补短板强功能，蕲水灌区、武穴北灌区、西隔堤整险加固、举水团风段治理等快速推进，实施白洋河等100个水库除险加固工程。扎实推进环保督察反馈问题整改，国控断面水质达标率92.9%，县级以上集中式饮用水水源地水质达标率100%。扎实推进全域省级森林城市创建。开展首批112个共同缔造试点。深入推进全国市域社会治理现代化试点城市创建，平安黄冈、法治黄冈建设成效明显。

一年来，我们始终把政治建设摆在首位，以实际行动捍卫“两个确立”，践行“两个维护”。深化党建与业务融合发展，政府治理能力和治理效能不断提升。稳步推进法治政府建设，自觉接受人大、政协监督及各方面监督。严格落实全面从严治党主体责任，驰而不息正风肃纪，风清气正的政治生态持续巩固。

国防动员和双拥共建深入开展，工青妇等群团组织桥梁纽带作用有效发挥，民族宗教、外事侨务、老龄、残疾人、慈善事业等实现新进步。司法、信访、保密、档案、审计、统计、史志、人防、地质、气象、水文等工作取得新成效。

同时我们也清醒认识到，发展中还面临着不少困难和挑战：GDP和社零增速没有达到年初预期；经济总量不大、人均水平不高、发展不平衡不充分仍是最大实际；主城区能级不高，工业体量不大、产业结构不优的局面尚未根本改变；民生领域还有不少短板，优质公共服务供给不足。我们将坚持问题导向，以更大决心、更实举措，认真加以解决。

各位代表，奋斗充满艰辛，成绩来之不易。根本在于习近平总书记掌舵领航、在于习近平新时代中国特色社会主义思想科学指引，是市委坚强领导的结果，是市人大、市政协监督支持的结果，是全市上下团结奋斗的结果。在此，我代表市人民政府，向全市人民，向人大代表、政协委员，向各民主党派、人民团体和社会各界人士、离退休老同志，向驻黄人民解放军、武警官兵、驻黄单位，向所有关心支持黄冈发展的社会各界朋友，致以崇高的敬意和衷心的感谢！

二、2023年工作安排

今年是全面贯彻落实党的二十大精神的开局之年，是贯彻落实省第十二次党代会和市第六次党代会部署的关键之年，也是我市全面转向高质量发展的攻坚之年。要围绕“建设武汉都市圈重要功能区和全国革命老区绿色发展示范区”目标定位，系统谋划，整体推进，重点突破。

总体要求是：以习近平新时代中国特色社会主义思想为指导，全面贯彻落实党的二十大精神和中央经济工作会议精神，深入贯彻习近平总书记关于湖北工作的重要讲话和重要指示批示精神，落实好省第十二次党代会和市第六次党代会部署，坚持稳中求进工作总基调，完整、准确、全面贯彻新发展理念，着力推动高质量发展，更好统筹疫情防控和经济社会发展，更好统筹发展和安全，全面深化改革开放，大力提振市场信心，把实施扩大内需战略同深化供给侧结构性改革有机结合起来，扎实做好强信心、稳增长、防风险、推改革、惠民生各项工作，推动经济运行整体好转，实现质的有效提升和量的合理增长，加快建设武汉都市圈重要功能区，为奋力谱写全面建设社会主义现代化国家黄冈篇章开好局起好步。

主要预期目标是：地区生产总值增长7%左右；规上工业增加值增长8.5%；社会消费品零售总额增长10%；固定资产投资增长13%；城镇新增就业6万人以上；居民收入增长与经济增长基本同步；生态环境质量持续改善，能耗强度目标在“十四五”内统筹。

做好今年工作，既要立足当前应对经济下行风险，更要着眼长远坚定不移推动高质量发展。一是坚持稳字当头、稳中求进，面对复杂严峻的经济环境，靶向发力为市场主体纾困解难，政企同心共渡难关，更大激发市场活力和发展内生动力。二是抓住宏观政策加力增效窗口期，在流域综合治理、科技创新、产业链和供应链支撑、现代交通物流体系、区域和城乡协同发展方面扩大有效投资，深化改革开放，把扬优势与补短板结合起来，为动能转换创造条件，为高质量发展奠定基础。三是突出产业结构调整。立足资源禀赋，以供应链提升产业链，全面推动大建材和特色农产品加工等传统产业优化升级，成为壮大工业、带动城乡的主力军。突出同城化赋能，整合园区基础设施、产业生态和政策支撑体系，聚焦重点领域和关键环节，加快发展战略性新兴产业。四是把集聚更多高素质人口作为提升城市能级的主要任务。结合城市更新，整合教育、医养、生态、文旅等优势资源，围绕城市特色推动公共服务体系现代化，提升综合承载力。充分发挥都市圈经济优势，更多运用市场手段推进生活性服务业发展，把好山好水好文化转化为多样化、个性化、高品质的服务供给，吸引流动性消费。五是坚持尽力而为、量力而行，突出问题导向办实事，在帮扶困难群众上善作善成，在补齐民生短板上持续用力，在促进共同富裕上久久为功，让人民群众共享发展成果。

重点做好五个方面工作：

（一）以流域综合治理统筹发展和安全。

*加强底线管控。*按照从源头到入江口全流域、干支流共治模式，将全市划分为7个三级流域单元和26个四级流域治理单元。分区分类制定安全管控负面清单，以底线控制指引国土空间布局优化。水安全方面，推进长江堤防升级、中小河流治理、华阳河蓄滞洪区建设、病险水库除险加固、灌区新建扩建、城乡供水一体化等工程，加快大别山南麓水资源配置工程前期工作。水环境方面，开展龙感湖、遗爱湖、赤东湖等重点水域综合治理，实施城乡污水收集处理补短板工程，推进排污口溯源整治和农业面源污染防治。强化白莲河水库上游污染防治，保障饮用水安全。粮食安全方面，守住耕地红线，确保粮食产量稳定在50亿斤以上。新建改造高标准农田22万亩。水生态方面，强化治山理水，严格执行“三线一单”管控。推进大别山区水土保持与生态修复、湿地生态修复，加强自然保护地建设。

*明确发展指引。*注重发挥比较优势，分类分区明确发展定位，合理规划人口、城市和产业布局，因地制宜制定正面清单，以国土空间布局有序促进发展有序，推动发展战略与空间布局相结合、相统一。因势利导建立流域基本单元差异化考核体系，引导特色发展，走出“绿色

增长、集约高效”的四化同步发展路径。

强化项目支撑和目标考核。依据安全管控负面清单和四化同步发展正面清单，坚持全市“一盘棋”，以县市区为主体，建立重大投资项目库，积极争取国省政策性资金支持，加快落地实施。将2025年四化同步发展和支撑体系建设目标合理分解到各行业和各地区，形成年度计划和工作台账，与高质量发展考核结合起来，确保流域综合治理和统筹发展规划落到实处。

（二）推进城乡融合发展。

加快推进主城崛起。推动主城区与光谷紧密协同、与花湖机场全面对接、与鄂州同城发展，建设科技新城、商贸强城、文旅名城。以与光谷产业同链和协同创新为主要动力，启动实施36个园区提档升级项目，全面提升黄冈高新区现代化、专业化建设和运营水平，打造光谷产业创新发展重要承载地。以共建武鄂黄黄国际综合交通枢纽和一体化发展为契机，加大枢纽、通道、网络建设力度，加快燕矶长江大桥建设，推动鄂黄第三过江通道前期工作。启动白潭湖—巴河片区商贸物流基地建设，大力发展以供应链管理为核心的生产性服务业。加快智慧农博城、顺丰冷运中心等项目建设，打造特色农产品集散交易基地。以资源整合和城市更新为抓手，推进文化、旅游、教育和医疗康养资源融合发展、创新发展，加大旧城改造力度，提升城市风貌和品质，提高城市综合承载力和美誉度。加大城市更新力度，加快实施遗爱湖EOD一期等57个城市功能补短板项目、西湖工业园等5个城市更新项目。大力推进东坡文化旅游区建设，推进沙街、文峰宝塔创建历史文化街区。

优化市域空间格局。以主城区为核心，以浠水、团风为两翼，共同打造武鄂黄黄紧密联系圈层。支持麻城抓住沿江高铁和京九高铁建设重大机遇，加快建设陆运交通枢纽，积极探索水运入江通道。支持武穴铁水联运项目，联通京九铁路与长江水道，与宁波港协作发展，实现通江达海，建设水运交通枢纽。支持蕲春等沿江县市区统筹港产城发展，深化跨江合作，加快建设开放型产业体系。推进小池高质量发展新三年计划，支持黄梅打造东向开放“桥头堡”。提升拓展大别山红色文化资源价值，支持红安建设全国红色旅游融合发展示范区。发挥罗田、英山自然生态优势，打造华中生态康养基地。

提高县城综合承载能力。在全市范围内开展城市体检，重点在优化城市空间形态、改善生态环境、基础设施体系化建设、完整居住社区建设、历史文化保护和特色风貌塑造等方面补短板，有针对性实施城市更新，提升城市治理水平。健全政策体系，推行租购并举，推动解决从事基本公共服务人员住房困难试点向新市民、青年人延伸，积极探索房地产业新发展模式。推行以国有平台为主体的城市物业经营模式，创新“国企主导投资、资源特许经营”的旧改市场化参与和运营机制，实现城市更新可持续发展。因地制宜建设特色农产品加工中心、物流配送中心和游客集散中心，健全供销社、邮政、农村金融服务体系，提升县城对周边农村地区的服务功能和带动能力。

实施乡村建设行动。以共同缔造统领乡村建设，广泛依靠群众、教育引导群众、组织带动群众参与乡村建设和管理。统筹资源要素配置，持续推动平台、资源、服务下沉。理顺乡镇综合行政执法体制，强化乡村建设规划和风貌管控，推进农房和村庄建设现代化试点。大力整治提升农村人居环境，实施垃圾分类自然村占比34%，农村生活污水处理率30%以上。深化农文旅融合，持续推进20个乡村振兴示范片区建设，建成一批高品质田园综合体。实施乡村振兴人才集聚工程，深化农村改革，激发乡村振兴活力。巩固拓展脱贫攻坚成果，增强内生发展动力。最大限度盘活农村闲置资源资产，多措并举化解村级债务，发展壮大村级集体经济。大力培育新型经营主体，完善联农带农机制。加快公交、供水供气向农村延伸，新建改建农村公路1000千米，城市公交向76个行政村延伸，天然气向373个行政村覆盖，改造偏远农村小水厂200个。新建5G基站2000座以上，实现县城和3A及以上景区5G网络全覆盖，乡镇镇区基本覆盖，行政村覆盖50%以上。

（三）建设现代化产业体系。

推进农业产业化。突出需求侧拉动，同步发展线上线下销售，加快农业优品种、调结构、提品质，推动特色种植养殖规模化、标准化、品牌化发展。聚焦十大重点产业链，集中精力解决种子、农机、物流、冷链、品控、渠道、品牌等核心问题，打造具有地域特色和市场竞争力的农业产业链、供应链。建成设施蔬菜基地38万亩、道地药材基地108万亩，扩大名特优水产、牛羊养殖，发展生猪规模养殖。支持大别山道地药材产业园建设。新增绿色、有机、地标产品20个以上，农产品承诺达标合格证实施率达到100%。打造一批区域公用品牌，建设100个优质农产品直供基地。全面提升县级农产品质检机构能力。

系统提升传统优势产业。把农产品加工业作为补齐工业短板的突破口，推动“一县一园”建设，新增规上农产品加工企业30家，通过三年努力，规上农产品加工产值过千亿。统筹建材全产业链协调发展，强化品牌建设，推动集约开采与精深加工有机结合、精深加工与贸易流通有效衔接，实现供应链和产业链相互支撑、良性互动，提升综合竞争力和抗风险能力。大力开发新型建材产品，发展装配式建筑建材，促进由原材料基地向新材料基地升级，形成千亿产业。支持麻城举办首届国际石材博览会，支持浠水建设中部建材交易转运基地。聚焦智能、绿色建造和建筑工业化，加快建筑业转型发展。以化学原料药、电子化学品、精细磷氟化工为主攻方向，推动化工向中高端迈进。强化磷石膏综合利用。推进祥云新材料产业园建设。加快传统纺织业优化升级，发展精梳高端纱线、功能性纤维材料、可穿戴智能纺织品、产业用纺织品，向服装鞋帽延伸。支持黄梅建设绿色印染产业园。

大力发展新兴产业。把新兴产业作为新旧动能转换的重要支点，以增量崛起带动结构调整。面向光谷，量身定制专业园区、专项政策、专业服务，开展专业招商，承接产业转移。主动配套光电子信息产业，聚焦芯、屏领域，引进细分领域目标企业。加快长飞光纤配套、TCL关联产业导入，推动三利谱偏光片、尚赛光电半导体等项目开工。积极承接光谷生物城产业转移，打造国家原料药绿色生产基地、省级生物医药产业基地。推动人福药业分批投产，加快华烁医药基地建设。以中药材和健康食品为基础、以医药生产加工为支撑，打造三产融合的生命健康千亿产业。加快伊利高端冷冻饮品项目、大别山板栗产业融合基地建设。以科峰传动、中船重工、韩泰智能等企业为引领,发展智能专用设备、新能源汽车、应急装备制造业,建设智能机器人产业园。加快平坦原、紫云山抽水蓄能、武穴风光储一体化等项目建设,推动蕲春花园抽水蓄能、华电武穴、大别山电厂三期开工。精准配置资源,支持新能源装备制造业发展。把新基建作为培育新动能、发展新经济的突破口,加快发展工业互联网,拓展场景应用,促进数字经济和实体经济深度融合。

发展现代服务业。直面产业转型升级的难点和痛点,加快发展网络销售、快递物流、专业仓储、交易市场、检验检测等生产性服务业。围绕共建武鄂黄黄国际综合交通枢纽,大力发展多式联运、现代仓储物流、展示交易、数字平台等。与头部企业合作,在市区建设供应链管理中心,打造长江中游城市群物流、资金流、信息流交换节点。在城镇化地区,整合具有本地特色的优势资源,推进生活性服务业市场化、特色化、品牌化融合发展,大力发展主客共享的文旅消费、夜间消费、康养消费。改善消费条件,创新消费场景,促进住房改善、新能源汽车、养老服务等消费。着眼于都市圈人口的流动性消费,以各类田园综合体为载体,充分挖掘特色农产品资源,融入传统文化、历史民俗、养生养老、旅游休闲等元素,发展体验式农文旅融合新模式。支持直播电商、智慧零售等新业态发展,新增年销售额过千万电商企业25家以上。净增规上服务业企业60家以上、限上商贸企业150家以上,服务业增加值增长7%以上。

(四)加快新旧动能转换。

强化科技和人才支撑。扩大人才、科技、信息等高级要素投入,推动增长方式转变。加快光谷科创大走廊黄冈功能区建设,做实离岸科创中心,配套建设科技加速器和特色专业园区,搭建前后台一体化平台。加快科创企业导入,新增高新技术企业60家、科技型中小企业60家。新培育专精特新企业20家以上。推动湖北中科、石材、蕲艾、薯芋产业研究院运营,组建中药材、茶叶、钢构、磷资源产业研究院。围绕关键共性技术需求,市县政府组织揭榜攻关。发挥财政资金引导作用,激励企业加大研发投入,R&D经费投入强度达到1.1%,技改投资增长10%以上。优化在黄高校专业设置,深化产学研协同,推动职业教育与产业需求精准匹配,更好服务地方发展。成立3个市级现代产业学院,创建2个省级、1个国家级高水平专业群。创新柔性引才模式,让各类优秀人才近悦远来。

构建现代交通物流体系。开工建设沿江高铁合武段,加快京九高铁阜阳至黄冈段、黄冈市域铁路前期工作,全面接入武汉轨道交通网。完善市域高快速路网,加快蕲太高速东段、G347等硬联通项目建设,开工英山至黄梅高速、麻阳高速北延线、沪渝高速黄黄改扩建工程,开展武汉至黄梅高速、武穴至瑞昌、黄梅至九江过江通道前期工作。推进京九铁路、沿江港口、花湖空港的多式联运,完成麻城石材铁路专线主体工程,谋划罗霍洲铁水联运、浠水公空联运。加快大别山物流大通道建设,实施“一县一中心”物流建设工程,完善县乡村三级物流体系,畅通工业品下乡和农产品进城双向渠道。实现村级物流服务点全覆盖。建成运营市进出口产业孵化基地,建设B型保税物流中心,提升唐家渡口岸贸易和服务功能,争取设立海关。进出口总额增长10%左右,外商直接投资增长6%以上。

发展供应链经济。围绕特色农产品和石材建材等产业,大力发展供应链服务业,增强科技研发、检验检测、人才金融、销售流通、品牌建设等一条龙服务功能,系统推进产业转型升级。支持麻城建设全国性石材交易中心。支持罗田、英山依托大别山绿色品牌,打造辐射周边省份的特色农产品网络销售平台。支持蕲春打造全国中药材交易中心、浠水打造华中蛋品交易中心、黄梅建设区域性水产品交易中心。支持各地因地制宜建设特色供应链,推动黄州蔬菜,红安建材家居,团风、浠水新型建材,罗田中药材,英山茶叶,蕲春蕲艾,麻城菊花,武穴建材、化工,黄梅和龙感湖纺织、小龙虾供应链建设。对接花湖机场,建设空港商贸物流产业园,大力发展平台经济,引进一批集储运贸一体化、第三方物流优势企业,建成一批大宗商品中转基地、农产品交易平台、综合性商品交易中心。

推动深层次改革。深化国资国企改革,推动黄冈国投专业化、市场化发展,加快县级平台公司战略性重组。市县共建保障房运营和物业管理公司,探索供应链管理、数字化应用场景开发等业务板块市县合作。深化“放管服”改革,聚焦办事创业痛点堵点,向最好水平看齐,向最难处动刀,推动数字赋能、流程再造,以控制成本为核心优化营商环境。推进资源要素市场化配置、行政执法体制、公物仓制度等领域改革,加强国有资产监管。深化信贷风险补偿金和“白名单”制度,放大政策效应。强化政银担合作,优化贷款结构,持续提升存贷比,信贷总量增长13%以上。推动香江电器、龙辰科技、祥云集团过会上市,推动科峰传动、宏中药业、华建股份报会。深化专业招商、产业链招商,在专业园区、专项政策、专项基金等方面积极探索,2022年新签约亿元以上项目500个、到位资金730亿元以上。强化政策支持,引导现有企业增资扩能。健全企业家参与涉企政策制定机制,建立常态化政企沟通渠道,及时掌握企业困难和诉求。从市场主体真实需求出发,依法依规保护利益,真刀真枪改善环境,实实在在解决问题!

(五)协调发展社会事业。

完善多层次社会保障体系。加强普惠性、基础性、兜底性民生建设,全面提升社会保障水平。强化就业优先,精准援企稳岗,做好重点群体就业工作。深化职业技能提升行动,做强“艾灸师”等劳务品牌。依法治理拖欠农民工工资问题。扩大社会保险覆盖面,构建多层次医疗保障制度。完善社会救助体系,发展社会福利和慈善事业,确保困难群众求助有门、受助及时。加强“三留守”人员关爱服务。整合政府和市场资源,充分发挥资源禀赋优势,多形式、多渠道发展养老产业。推动“一老一小”整体解决方案落地实施,完成2500户适老化改造,新增婴幼儿普惠托位1000个。改造老旧小区638个,农村危房应改尽改。

办好人民满意教育。扩大普惠性学前教育资源,新建公办幼儿园15所。推进义务教育优质均衡发展,改善100所学校办学条件,280所学校纳入教联体试点。落实“双减”政策,强化校外培训治理。推进高中教育多样特色发展,分

步推动农村普高进城。推进特殊教育高质量发展。支持黄冈师院“申硕”“更名”，建设高水平师范大学。支持黄冈职院、科技职院创建本科层次职业院校，支持应急管理学院打造特色高水平专业群。推进外来人口与本地人口教育公平化、均等化，发挥黄冈教育品牌对提升城市功能、服务高质量发展的基础性支撑作用。

推进健康黄冈建设。优化疫情防控措施，保障好群众的就医用药，着力保健康、防重症。持续推进疾控体系改革和公共卫生体系建设，建强城市医联体、县域医共体，带动基层医疗机构服务能力提升，促进基本公共卫生服务均等化。整合城市医疗资源，统筹功能，提升效能。广泛开展全民健身活动，办好市六运会。持续提升国家“学生饮用奶计划”在城乡的覆盖率。高举李时珍品牌，推进国家中医药综合改革试验区创建，推动中药材种植加工、健康食品开发、中医药服务全产业链发展，打造康养福地。

建设新时代文化高地。突出优秀历史文化对城市综合竞争力的战略性支撑作用，立足深厚文化底蕴，厚植道德土壤，把文化优势转化为发展优势、社会治理优势，以文化赋能城市发展。深入挖掘红色文化、东坡文化、中医药文化、名人文化等优秀文化资源，协同发挥好政府和市场作用，促进项目化、园区化、场景化，在保护中发展、在发展中保护。争创全国文明城市。完善公共文化设施，增加高品质文化服务供给。加强文艺人才培养，繁荣文艺精品创作。加强文物保护利用和非物质文化遗产传承，加快长征、长江国家文化公园建设。争取龟峰山景区5A创建通过国家验收、黄麻起义纪念园通过国家景观质量评审，推进天堂寨景区、黄梅“非遗”文化旅游区5A创建。深入推进全域旅游示范区创建，扩大文旅品牌宣传，培育文创产业新业态，把黄冈建成让人向往的旅游目的地城市。

加快发展方式绿色转型。深入推进长江高水平保护十大攻坚提升行动，协同推进降碳、减污、扩绿、增长。大力发展循环经济、低碳经济，推进绿色产品、绿色矿山、绿色建筑、绿色工厂、绿色园区和绿色供应链建设。推行固废无害化处理、资源化利用。探索用能权、碳排放权、排污权交易，推进白莲河生态产品价值实现机制试点。推进国家生态文明建设示范区创建，大力发展生态旅游、森林康养。支持罗田、英山创建“两山”理论实践创新基地。

加强和创新社会治理。运用共同缔造理念创新基层治理。走好新时代党的群众路线，探索“五共”方法机制，办好群众身边事，共同缔造新生活。扎实开展“六大行动”，推广经验，扩大试点。加强社区工作者、志愿者队伍建设，提升小区治理水平。发挥县乡社会矛盾综合治理中心作用，完善“一站受理、多元化解”机制。推进智慧黄冈数字底座建设，集约建设云计算中心。完善数字城管、智能交管、应急管理、社会治安立体防控、多规合一等系统平台。推进审批智能化、服务自助化和办事移动化，提升政务服务事项网上办理深度。推进智慧医疗、智慧社区、智慧养老、智慧教育、智慧文旅重点工程建设。

坚决守住安全底线。深入推进安全生产大排查大整治，落实闭环管理，提升本质安全能力。开展科技强安专项行动，加强智能化信息化管控，提升防灾减灾救灾能力。完善社会治安防控体系，常态化开展扫黑除恶，严打电信网络诈骗、黄赌毒等突出违法犯罪活动。争创平安中国建设示范市。稳妥化解金融、房地产、政府债务等领域风险。维护民族宗教领域和谐稳定。强化“三品一特”安全监管。重点开展高层建筑和“三合一”场所火灾隐患、工程机械和动火作业安全、小型游乐场所安全、溺水安全防范、城镇居民超限气瓶安全、自建房安全、地质灾害点安全隐患等专项整治，着力解决重点公共区域视频监控数量不足、集镇中心街道护栏缺失、校园食品安全、化工园区封闭管理不到位等突出问题。

支持国防和军队建设，深化国防动员体制改革，加强国防后备力量建设，完善退役军人服务保障，推动军民融合深度发展，巩固军政军民团结。深入开展“八五”普法。做好“五经普”工作。

三、建设人民满意的服务型政府

提高政治能力。忠诚拥护“两个确立”，坚决做到“两个维护”，用习近平新时代中国特色社会主义思想统一意志和行动。坚定不移把加强党的全面领导贯穿到政府工作全过程、各领域，确保党中央决策部署、省委省政府和市委工作要求落地生根。

严格依法行政。自觉尊法学法守法用法，运用法治思维和法治方式开展工作。规范行政决策程序，广泛听取各民主党派、人民团体和社会各界意见建议。严格规范公正文明执法，完善行政机关负责人出庭应诉制度。依法接受人大及其常委会的法律监督和工作监督，自觉接受政协民主监督，主动接受社会和舆论监督，加强审计监督、统计监督，深化政务公开，让阳光透视权力。认真办理人大代表建议和政协提案，提高办理质量和效率。

提升工作能力。干部队伍治理能力是保障战略任务落实的前提和关键。重点提升五种能力：一是将上级决策部署与具体实际相结合，实事求是，创造性抓好贯彻落实的能力；二是从群众中来、到群众中去，依靠群众、发动群众、服务群众的能力；三是精准服务市场主体，促进经济平稳运行和产业结构调整的能力；四是更多运用市场手段推进动能转换，将本地比较优势转化为核心竞争力的能力；五是统筹发展和安全能力，有效防范化解各类风险挑战，实现经济社会发展行稳致远。

持之以恒转变作风。深入整治“领导不研究业务、市不管县、部门本位主义”顽疾，推动更多政府部门从行政管理局向项目推进局、产业发展局、要素保障局转变。严格落实中央八项规定及其实施细则精神，持续纠治形式主义、官僚主义，切实为基层减负松绑。深化重点领域、关键环节廉政风险防控。科学精准问责，为担当者担当。坚持政府过紧日子，把宝贵资金用在发展紧要处、民生急需处，集中财力办大事、办实事。

各位代表！空谈误国，实干兴邦。让我们更加紧密地团结在以习近平同志为核心的党中央周围，在省委省政府和市委坚强领导下，踔厉奋发、勇毅前行，加快建设武汉都市圈重要功能区和全国革命老区绿色发展示范区，为湖北建设全国构建新发展格局先行区做出更大贡献，奋力谱写全面建设社会主义现代化国家黄冈篇章！

统计资料

表94 2022年黄冈市国民经济主要指标一览表

指　　标	单　位	2022年	2021年	增幅(%)
国土面积	平方千米	17457.20	17457.20	—
常住人口	万人	579.02	578.82	—
地区生产总值	亿元	2747.90	2543.17	8.1
第一产业	亿元	545.60	500.51	9.0
第二产业	亿元	946.07	845.21	11.9
第三产业	亿元	1256.22	1197.45	4.9
规模以上工业增加值增速	%	12.60	20.40	-
固定资产投资(不含农户)增速	%	17.40	23.60	-
社会消费品零售总额	亿元	1451.29	1403.73	3.4
进出口总额	亿元	132.50	94.50	40.2
出口	亿元	118.20	82.70	42.9
进口	亿元	14.30	11.80	21.2
实际外商直接投资	万美元	3293.00	7057.00	-53.3
地方财政总收入	亿元	222.05	227.63	-2.5
一般公共预算收入	亿元	140.85	141.01	-0.1
税收收入	亿元	99.50	102.58	-3.0
一般公共预算支出	亿元	559.62	505.37	10.7
金融机构本外币存款余额	亿元	4946.89	4373.93	13.1
金融机构本外币贷款余额	亿元	2954.36	2553.57	15.7
城镇常住居民人均可支配收入	元	36312.00	34032.00	6.7
农村常住居民人均可支配收入	元	17855.00	16456.00	8.5
居民消费价格总指数	上年=100	101.50	99.80	—
城镇化率	%	49.43	48.65	—

表95　2022年黄冈市常住人口一览表

地　区	常住人口（万人）	城镇人口（万人）	农村人口（万人）	城镇化率（%）
黄州区	50.12	40.39	9.73	80.58
团风县	26.51	11.04	15.47	41.65
红安县	49.71	24.41	25.30	49.10
罗田县	46.36	21.42	24.94	46.21
英山县	30.45	12.41	18.04	40.76
浠水县	70.46	26.82	43.64	38.06
蕲春县	76.06	31.11	44.95	40.90
黄梅县	76.29	37.08	39.21	48.60
麻城市	87.14	43.66	43.48	50.10
武穴市	65.92	37.95	27.97	57.57

说明:龙感湖管理区计入黄梅县

表96　2022年黄冈市地区生产总值一览表

单位:亿元

地　区	地区生产总值	第一产业	第二产业	第三产业
黄冈市	2747.90	545.60	946.07	1256.22
黄州区	323.88	19.34	129.91	174.63
团风县	138.25	23.67	69.20	45.37
红安县	246.44	35.10	110.05	101.28
罗田县	180.77	38.93	45.95	95.89
英山县	130.47	46.22	27.84	56.41
浠水县	287.29	83.32	59.65	144.32
蕲春县	311.82	73.46	86.16	152.20
黄梅县	300.15	77.29	96.05	126.80
麻城市	450.49	78.18	187.40	184.91
武穴市	378.35	70.09	133.85	174.41

表97 2022年黄冈市地区生产总值指数一览表

单位:%

地区	地区生产总值			
	指数	第一产业	第二产业	第三产业
黄冈市	4.9	4.2	8.6	2.6
黄州区	4.9	4.1	8.9	2.3
团风县	4.0	3.6	4.7	3.0
红安县	4.7	4.1	8.1	1.7
罗田县	4.8	4.4	8.3	3.4
英山县	4.3	3.9	8.0	3.1
浠水县	4.5	4.3	8.3	3.2
蕲春县	5.0	4.5	9.1	3.2
黄梅县	5.2	4.7	9.2	2.8
麻城市	5.0	4.0	9.5	1.5
武穴市	5.3	4.3	9.5	2.8

表98 2022年黄冈市一般公共预算收入一览表

单位:亿元、%

地区	2022年	增幅	2021年	增幅
黄冈市	140.85	8.7	141.01	35.6
市直	21.99	12.1	24.62	26.2
黄州区	10.93	9.3	7.88	71.8
团风县	6.08	9.1	6.13	34.2
红安县	14.48	10.1	14.29	35.3
罗田县	7.14	8.3	7.23	39.8
英山县	5.29	1.2	5.67	32.1
浠水县	11.22	9.5	11.09	51.9
蕲春县	14.23	10.2	13.94	36.0
黄梅县	10.61	7.5	10.75	33.3
麻城市	20.75	10.1	20.20	29.1
武穴市	18.11	3.2	19.21	36.8

说明:地方一般公共预算收入使用剔除增值税留抵退税因素后的比上年增速

表99　2022年黄冈市农林牧渔业总产值一览表

单位:万元、%

地　区	2022年	2021年	比上年增长
黄州区	34.28	31.52	5.2
团风县	42.87	39.13	4.5
红安县	62.17	57.00	5.1
罗田县	71.34	64.91	5.4
英山县	78.23	73.16	4.8
浠水县	149.33	136.64	5.0
蕲春县	134.68	121.77	5.3
黄梅县	127.79	115.61	5.6
麻城市	143.62	132.60	5.1
武穴市	127.63	116.77	5.3
龙感湖管理区	8.81	9.03	-5.9

说明:本表中农林牧渔业产值增长速度按比上年价计算

表100　2022年黄冈市农林牧渔业增加值一览表

单位:万元、%

地　区	2022年	2021年	增速
黄州区	20.64	18.93	4.8
团风县	25.02	22.78	4.2
红安县	38.09	34.84	4.8
罗田县	42.04	38.17	5.0
英山县	49.28	45.98	4.4
浠水县	87.64	80.01	4.6
蕲春县	77.30	69.73	4.9
黄梅县	81.91	73.93	5.1
麻城市	85.16	78.45	4.7
武穴市	75.91	69.29	4.9

说明:本表中农林牧渔业增加值增长速度按比上年价计算(黄梅县含龙感湖管理区)

表101　2022年黄冈市规模以上工业增加值增长速度一览表

单位：%

地　区	2022年	2021年
黄冈市	12.6	20.4
黄州区	12.7	24.0
团风县	12.2	21.4
红安县	12.3	21.6
罗田县	12.2	23.8
英山县	10.1	20.9
浠水县	12.5	19.3
蕲春县	12.4	22.9
黄梅县	12.6	12.0
麻城市	12.8	23.8
武穴市	13.0	14.2
龙感湖管理区	9.5	31.9

表102　2022年黄冈市固定资产投资增长速度一览表

单位：%

地　区	2022年	2021年
黄冈市	17.4	23.6
黄州区	2.7	37.2
团风县	23.3	28.7
红安县	24.0	12.7
罗田县	24.2	19.6
英山县	23.0	34.0
浠水县	18.6	33.4
蕲春县	18.8	34.0
黄梅县	15.4	29.3
麻城市	11.5	23.9
武穴市	26.1	–5.1
龙感湖管理区	60.5	23.1

表103　2022年黄冈市社会消费品零售总额一览表

单位：亿元、%

地　区	2022年	增幅	2021年	增幅
黄冈市	1451.29	3.4	1403.73	22.1
黄州区	200.13	3.5	193.29	23.7
团风县	47.61	3.2	46.15	18.3
红安县	107.59	3.4	104.10	20.8
罗田县	115.77	3.1	112.33	17.5
英山县	51.26	3.0	49.78	11.5
浠水县	180.00	3.3	174.28	19.8
蕲春县	177.48	3.6	171.38	22.3
黄梅县	181.80	3.5	175.73	23.7
麻城市	206.70	3.3	200.20	31.7
武穴市	182.96	3.7	176.48	18.6

表104　2022年黄冈市高新技术产业增加值一览表

单位：亿元、%

地　区	2022 年	2021 年	比上年增长
黄州区	71.66	64.67	11.3
团风县	15.23	14.69	12.4
红安县	10.39	14.45	-1.6
罗田县	16.18	11.19	19.3
英山县	5.67	3.17	16.9
浠水县	21.38	18.90	6.0
蕲春县	43.72	34.46	11.8
黄梅县	38.87	22.40	20.8
麻城市	44.00	24.96	9.6
武穴市	58.08	45.84	16.2
龙感湖管理区	2.72	1.19	6.1

说明：本表中高新技术产业增加值增长速度按比上年价计算

表105 2022年黄冈市城镇常住居民人均可支配收入一览表

单位:元、%

地　区	2022年	增幅	2021年	增幅
黄冈市	36312	6.7	34032	10.4
黄州区	41505	6.6	38935	10.5
团风县	32921	7.2	30710	9.4
红安县	33585	6.3	31595	10.8
罗田县	33078	6.7	31001	9.6
英山县	32090	6.8	30047	10.0
浠水县	35920	7.6	33383	10.6
蕲春县	35505	6.4	33369	11.1
黄梅县	37520	7.4	34935	10.9
麻城市	37467	6.5	35180	10.4
武穴市	39789	7.3	37082	10.5

表106 2022年黄冈市农村常住居民人均可支配收入一览表

单位:元、%

地　区	2022年	增幅	2021年	增幅
黄冈市	17855	8.5	16456	12.0
黄州区	22132	8.9	20323	14.3
团风县	16694	8.4	15400	12.1
红安县	15385	9.5	14050	10.9
罗田县	15152	9.6	13825	13.2
英山县	15663	8.0	14503	11.4
浠水县	18541	8.2	17136	11.7
蕲春县	18486	8.6	17022	12.4
黄梅县	20187	8.8	18554	12.8
麻城市	17781	9.3	16268	14.0
武穴市	21201	9.0	19450	13.6

表107　2022年黄冈市外贸出口一览表

单位：万美元、%

地　区	2022年	增幅	2021年	增幅
黄冈市	176526	37.7	128175	48.5
黄州区	21702	69.9	12772	57.6
团风县	4291	75.1	2450	20.2
红安县	4409	44.6	3050	98.6
罗田县	9924	53.5	6467	21.6
英山县	4305	38.3	3113	56.6
浠水县	14792	59.0	9301	63.4
蕲春县	18105	53.2	11821	54.0
黄梅县	23848	40.2	17012	33.5
麻城市	14713	45.8	10088	43.8
武穴市	58776	15.6	50865	52.1
龙感湖管理区	1661	34.4	1236	64.8

表108　2022年黄冈市“四上”企业个数一览表

单位：个

地　区	“四上”企业总数		规模以上工业企业数		规模以上服务业企业数	
	2022年	2021年	2022年	2021年	2022年	2021年
黄冈市	4402	3164	1451	1295	238	137
黄州区	477	337	125	109	58	30
团风县	227	167	72	65	8	6
红安县	361	282	115	109	11	5
罗田县	320	251	83	81	17	15
英山县	231	170	70	61	10	5
浠水县	477	325	135	114	21	10
蕲春县	501	347	138	114	17	10
黄梅县	486	350	151	139	26	15
麻城市	737	506	333	299	40	23
武穴市	545	400	193	179	30	18

表109 2022年湖北省各市州地区生产总值一览表

单位:亿元、%

地 区	2022年	增幅	2021年	增幅
湖北省	53734.92	4.3	50091.23	12.9
武汉市	18866.43	4.0	17688.03	12.0
黄石市	2041.51	5.6	1873.86	13.0
十堰市	2304.68	3.6	2152.22	10.9
宜昌市	5502.69	5.5	5044.87	16.8
襄阳市	5827.81	5.4	5358.43	14.7
鄂州市	1264.55	5.1	1164.20	12.9
荆门市	2200.96	1.0	2131.06	10.8
孝感市	2776.97	5.2	2565.82	13.4
荆州市	3008.61	5.1	2733.93	12.0
黄冈市	**2747.90**	**4.9**	**2543.17**	**13.8**
咸宁市	1875.57	4.3	1748.24	12.6
随州市	1328.78	4.4	1247.96	12.0
恩施自治州	1402.20	3.3	1300.76	11.6
仙桃市	1013.14	5.3	935.43	6.3
潜江市	886.65	2.6	844.04	11.2
天门市	730.05	-1.8	723.60	12.1
神农架林区	35.61	0.2	35.24	10.1

说明:2021年数据为最终核实数

表110　2022年湖北省各市州地方一般公共预算收入一览表

单位：亿元、%

地　区	2022年	增速	2021年	增速
湖北省	3280.73	8.5	3283.30	30.7
武汉市	1504.74	3.7	1578.65	28.3
黄石市	136.74	17.8	125.69	42.5
十堰市	115.67	10.5	115.62	29.4
宜昌市	218.21	18.5	198.42	41.8
襄阳市	220.93	13.2	211.34	32.1
鄂州市	73.84	15.3	68.88	42.1
荆门市	103.17	9.0	103.17	29.2
孝感市	137.21	11.3	134.77	34.5
荆州市	142.05	11.8	136.76	29.7
黄冈市	**140.85**	**8.7**	**141.01**	**35.6**
咸宁市	96.03	12.1	94.09	32.7
随州市	50.61	8.4	50.38	40.4
恩施自治州	76.81	8.7	75.51	31.0
仙桃市	34.51	2.1	37.12	16.1
潜江市	27.32	10.1	26.91	26.2
天门市	21.82	9.6	21.37	50.2
神农架林区	5.16	5.2	5.22	36.6

表111 2022年湖北省各市州工业增加值增长速度一览表

单位:%

地区	2022年	2021年
湖北省	7.0	14.8
武汉市	5.0	14.2
黄石市	11.3	17.3
十堰市	3.4	3.4
宜昌市	10.6	23.5
襄阳市	12.1	20.3
鄂州市	11.3	20.3
荆门市	-6.5	5.0
孝感市	11.9	18.0
荆州市	13.1	13.0
黄冈市	**12.6**	**20.4**
咸宁市	6.3	16.9
随州市	6.8	17.7
恩施自治州	6.6	18.2
仙桃市	11.0	-7.9
潜江市	-3.3	15.1
天门市	-41.3	16.9
神农架林区	-17.5	13.8

表112 2022年湖北省各市州固定资产投资增长速度一览表

单位：%

地　区	2022年	2021年
湖北省	15.0	20.4
武汉市	10.8	12.9
黄石市	18.3	25.4
十堰市	19.3	27.3
宜昌市	19.8	27.9
襄阳市	19.1	27.0
鄂州市	15.0	25.3
荆门市	13.1	18.8
孝感市	18.3	24.5
荆州市	19.6	26.2
黄冈市	**17.4**	**23.6**
咸宁市	17.2	24.9
随州市	15.1	21.0
恩施自治州	16.3	23.3
仙桃市	19.5	20.6
潜江市	4.6	0.5
天门市	-12.7	12.7
神农架林区	-17.4	8.7

说明：表中固定资产投资额不含农户投资

表113　2022年湖北省各市州外贸出口总额一览表

单位:亿元、%、位

地　区	数值	位次	比上年增长	位次
湖北省	4209.30	1	20.0	1
武汉市	2153.00	2	11.6	2
黄石市	201.30	5	20.6	5
十堰市	156.80	7	46.9	7
宜昌市	365.90	3	19.2	3
襄阳市	346.00	4	37.2	4
鄂州市	24.50	14	50.2	14
荆门市	136.20	9	42.4	9
孝感市	148.50	8	29.1	8
荆州市	178.80	6	41.3	6
黄冈市	**118.20**	**11**	**42.9**	**11**
咸宁市	113.60	12	37.0	12
随州市	125.70	10	25.3	10
恩施自治州	20.00	15	129.2	15
仙桃市	86.80	13	-3.1	13
潜江市	18.40	16	10.2	16
天门市	15.60	17	25.8	17
神农架林区	0	18	77.5	18

表114　2022年湖北省各市州外贸进口总额一览表

单位：亿元、%、位

地　区	数值	位次	比上年增长	位次
湖北省	1961.5	1	5.4	10
武汉市	1379.2	2	-3.3	13
黄石市	210.7	3	30.8	7
十堰市	4.3	14	1.5	11
宜昌市	48.8	6	55.8	4
襄阳市	25.5	8	-17.6	15
鄂州市	18.2	10	50.5	5
荆门市	64.5	5	66.1	2
孝感市	25.3	9	26.5	8
荆州市	29.4	7	57.2	3
黄冈市	**14.3**	**11**	**20.9**	**9**
咸宁市	8.6	13	-9.0	14
随州市	3.9	15	-24.2	16
恩施自治州	0.1	16	-37.4	17
仙桃市	8.9	12	-55.4	18
潜江市	119.6	4	67.8	1
天门市	0.1	16	35.1	6
神农架林区	0	18	0	12

表115 2022年湖北省长江沿岸中等城市主要经济指标一览表

地区	地区生产总值（单位：亿元、%、位）				地方一般公共预算收入（单位：亿元、%、位）				规模以上工业增加值增速（单位：%、位）		固定资产投资增速（单位：%、位）	
	指标值	位次	增幅	位次	指标值	位次	增幅	位次	增幅	位次	增幅	位次
攀枝花市	1220.5	16	3.5	13	84.0	14	–2.3	14	5.9	12	10.2	10
宜宾市	3427.8	8	4.5	8	275.8	5	9.8	7	7.5	9	10.2	10
泸州市	2601.5	12	4.1	11	192.5	7	8.2	10	6.0	11	10.6	9
宜昌市	5502.7	3	5.5	2	218.2	6	18.5	1	10.6	5	19.8	1
荆州市	3008.6	9	5.1	4	142.0	10	11.8	6	13.1	1	19.6	2
岳阳市	4710.7	5	5.4	3	185.0	8	8.1	11	8.3	7	13.2	6
鄂州市	1264.6	15	5.1	4	73.8	15	15.3	3	11.3	3	15.0	5
黄冈市	**2747.9**	**11**	**4.9**	**6**	**140.85**	**11**	**8.7**	**9**	**12.6**	**2**	**17.4**	**4**
黄石市	2041.5	14	5.6	1	136.7	12	17.8	2	11.3	3	18.3	3
九江市	4026.6	7	4.3	9	303.4	4	3.8	12	5.6	13	9.5	13
安庆市	2767.5	10	2.9	14	174.9	9	13.7	5	1.0	17	12.3	8
铜陵市	1209.9	17	2.9	14	103.8	13	14.3	4	4.9	16	8.8	14
芜湖市	4502.1	6	4.1	11	388.6	2	9.5	8	6.6	10	5.4	15
马鞍山市	2521.0	13	4.6	7	958.2	1	2.2	13	7.7	8	13.2	6
扬州市	7105.0	2	4.3	9	325.5	3	–5.4	15	8.7	6	10.0	12
镇江市	5017.0	4	2.9	14	--	--	--	--	5.6	13	0.1	16
南通市	11379.6	1	2.1	17	--	--	--	--	5.1	15	–2.9	17

表116　2022年湖北省全国20个革命老区主要经济指标一览表

地　区	地区生产总值（单位：亿元、%、位）				地方一般公共预算收入（单位：亿元、%、位）				规模以上工业增加值增速（单位：%、位）		固定资产投资增速（单位：%、位）	
	指标值	位次	增幅	位次	指标值	位次	增幅	位次	增幅	位次	增幅	位次
赣州市	4523.63	2	5.2	3	306.06	4	4.1	15	8.8	4	9.7	9
吉安市	2750.33	9	5.1	4	190.87	6	4.9	13	8.8	4	8.7	12
龙岩市	3314.47	4	5.0	5	356.31	2	8.1	10	5.5	12	9.0	11
三明市	3110.14	6	3.1	15	111.35	13	6.3	12	3.3	15	9.4	10
梅州市	1318.21	17	0.5	20	83.96	15	−11.6	20	−2.8	18	−11.0	18
延安市	2231.93	11	4.6	7	180.40	7	28.3	2	5.7	11	−2.9	16
庆阳市	1022.26	18	4.4	8	70.33	17	13.4	4	3.5	14	11.3	8
六安市	2004.64	12	4.2	9	161.26	10	9.3	7	8.7	6	16.2	3
信阳市	3196.23	5	3.2	14	136.96	12	1.2	17	3.2	16	12.9	6
黄冈市	**2747.90**	**10**	**4.9**	**6**	**140.85**	**11**	**8.7**	**8**	**12.6**	**1**	**17.4**	**1**
百色市	1729.10	14	4.2	9	101.45	14	−1.9	18	6.2	10	6.7	14
巴中市	765.01	19	1.3	19	51.83	19	7.8	11	−4.5	19	7.1	13
恩施州	1402.20	15	3.3	13	76.81	16	8.7	8	6.6	9	16.3	2
遵义市	4401.26	3	3.1	15	276.12	5	2.2	16	10.3	3	−17.5	20
长治市	2804.80	8	7.2	1	310.50	3	38.6	1	12.4	2	6.4	15
汕尾市	1322.02	16	1.5	18	61.30	18	16.2	3	−6.3	20	−6.2	17
临沂市	5778.50	1	4.2	9	420.20	1	9.6	6	7.0	8	12.0	7
丽水市	1830.87	13	4.0	12	170.90	9	4.2	14	5.0	13	16.0	4
郴州市	2980.49	7	5.7	2	178.00	8	10.7	5	8.4	7	13.0	5
张家界市	592.40	20	2.3	17	44.60	20	−1.9	18	0.0	17	−15.7	19

表117 2022年湖北省大别山6市主要经济指标一览表

地区	地区生产总值（单位：亿元、%、位）				地方一般公共预算收入（单位：亿元、%、位）				规模以上工业增加值增速（单位：%、位）		固定资产投资增速（单位：%、位）	
	指标值	位次	增幅	位次	指标值	位次	增幅	位次	增幅	位次	增幅	位次
黄冈市	2747.90	4	4.9	2	140.85	4	8.7	4	12.6	1	17.4	1
信阳市	3196.23	2	3.2	5	136.96	5	1.2	6	3.2	5	12.9	5
六安市	2004.60	5	4.2	4	161.30	3	9.3	3	8.7	2	16.2	2
驻马店市	3257.56	1	5.2	1	204.48	1	14.7	1	6.0	4	13.5	4
安庆市	2767.46	3	2.9	6	174.90	2	13.7	2	1.0	6	12.3	6
随州市	1328.78	6	4.4	3	50.61	6	8.4	5	6.8	3	15.1	3

（资料来源：市统计局）

表118 2022年黄冈市地名命名情况一览表

区属	标准名称	地名类别	地名来历、含义	地址或起止点
黄州区	西湖街道	行政区划名	以黄冈市区西湖命名	办事处设在新港大道60号
	三台河社区	社区名	以西湖街道的三台河命名	社区居委会设在东门路66号
	西湖社区	社区名	以黄冈市区西湖命名	社区居委会设在新港大道60号
	新港路社区	社区名	以新港路命名	社区居委会设在新港大道116号
	珠明山社区	社区名	“珠明山”指社区内的朱庙山谐音	社区居委会设在新港大道86号
	新桥社区	社区名	该社区位于三台河西端，1954年洪水冲垮三台河桥，1955年重新建桥，故名	社区居委会设在新桥街63号
	红卫社区	社区名	以历史背景而命名，源于“文革”时期，取红卫兵名字的红卫二字，故名	社区居委会设在黄州大道98号
	遗爱湖社区	社区名	以地理实体中的湖命名，该社区处于遗爱湖中原西湖、东湖、菱角湖三交位置，故名	社区居委会设在黄州大道101号
	居然之家垂直森林城市综合体	楼宇名	以“生态、智能”为核心设计理念，是多产品组合于一体的跨时代新型城市综合体商业小区	胜利街88号
	翡翠公馆小区	城市居民点	“翡翠”寓意居住人群高端、纯粹，“公馆”指建筑品质与品位在公馆之上得到的体现	西湖一路55号

续表

区 属	标准名称	地名类别	地名来历、含义	地址或起止点
团风县	澜铂湾小区	城市居民点	“澜铂湾”是对小区的美称，澜即波“澜”不惊、力挽狂“澜”，铂即铂金品质追求更好的一种工匠精神，湾即长河公园毗邻，玉带环腰，碧水为财，风水盛景汇一湾	沿河路与和谐路交会处
	湖滨花园小区	城市居民点	“湖滨”取北临湖滨路的路名，“花园”取美丽园林住宅之意	湖滨中得胜村旁
	山河万里小区	城市居民点	“山河万里”是对小区的美称，“山河”代表山河集团，“万里”寓意广阔、宽广	江北公路体育馆旁
	鸿路橘子洲小区	城市居民点	“鸿路”指鸿路集团开发建设的，“橘子洲” 寓意建成美丽的公园式住宅小区	广场路与江北公路交会处
	文昌大道	街路巷名	“文昌”寓意经济文化繁荣昌盛，“文昌大道”寓意团风走向经济文化繁荣昌盛的道路	起点湖光路，止点绕城路
罗田县	书香家园	城市居民点	位于新实验小学旁	书香路与万密斋大道交叉路口
	河东花苑	城市居民点	位于河东街	罗田县兰花街城东花园旁
	滨河御景	城市居民点	项目临近义水河	义水南路与古城路交会处
浠水县	望湖路	街路巷名	位于月湖公园	起点彩虹大道，止点月湖公园
	黄亭路	街路巷名	“黄亭”意为黄泥咀村至凉亭岗村，“路”即为道路	凉亭岗村陈家染铺，止点黄泥咀街
	府前路	街路巷名	“府”指县政府，前指位置在门前	起点彩虹大道，止点揽月路
	月山路	街路巷名	位于月山脚下	起点彩虹大道，止点安时大道
	旭日路	街路巷名	旭光普照之意	起点同舟路，止点月山路
	皓月路	街路巷名	月夜月光皎洁之意	起点同舟路，止点月山路
蕲春县	银山路	街路巷名	“银山”与"金山路“对应，来源于”绿水青山就是金山银山	起点南环大道，止点易河路
	建业路	街路巷名	建功立业之意	起点天井湖路，止点南环大道
	珑玺台小区	城市居民点	“珑玺”寓意玲珑剔透	李时珍大道与东壁大道交会处
	金色阳光城	城市居民点	城南高点，阳光明媚	文昌大道与茶山路交会处
黄梅县	马龙路	街路巷名	车水马龙、新区繁华	起点星火巷，止点马龙巷
	星火路	街路巷名	原属星火大队	起点星火巷，止点马龙巷
	同兴路	街路巷名	意为共同缔造幸福生活	起点星火巷，止点马龙巷
	云阁路	街路巷名	此处旧有紫云阁	起点雷池路，止点云阁巷
	鲍照园	口袋公园名	位于著名文学家鲍照墓前	鲍照墓前

（资料来源：市民政局）

责任编辑：王 俊

说 明

一、本索引采用主题分析索引法，按主题词首字的拼音字母（汉语拼音字母相同按声调）顺序排列，同音字按笔画数从少到多排列。英文字母开头的主题词按英文字母顺序排列，数字开头的主题词按数字0—9顺序排列。

二、分目、次分目标题用黑体字排印，其余用宋体字排印。

三、索引前面的数字表示内容所在的页码，数字后面的英文字母（a、b、c）表示栏别（即版面的左、中、右栏）。

四、“特载”“大事记”“附录”等类目及全书表格、图片未作标引。

数字首

字母首

A

B

C

D

E

F

G

H

J

K

L

M

N

P

Q

R

S

T

W

X

Y

Z